现代化工企业管理

◉ 张劲松　主编　◉ 施问超　杨思卫　蔡月祥　副主编

Modern Management in Chemical Industry Enterprise

化学工业出版社

·北京·

本书以现代企业制度、现代企业管理（科学管理）理念为指导，以国家最新法律法规为依据，管理理论与化工企业管理实际紧密结合，重在解决化工企业管理中的实际问题，给读者提供一本通晓现代化工企业各项管理工作的实用著作。全书共分十七章，涵盖了现代化工企业必须做的各项管理工作，包括：战略管理、人力资源管理、研发和项目管理、生产管理（责任制、班组和现场管理、工艺、设备、能源计量、质量、职业安全健康和环境保护等）、供销储运管理、信息化管理、财务管理、投融资管理、资本运营、公共关系、企业文化、品牌建设、危机和风险管理、组织结构、领导艺术和团队建设等内容。

本书主要面向化工企业中、高层管理人员，旨在开拓思想，提升企业管理水平和能力。本书也可作为高等院校"卓越工程师教育"学习化工企业管理的参考书，化工类专业的选修教材或教学参考书。

图书在版编目（CIP）数据

现代化工企业管理/张劲松主编．—北京：化学工业出版社，2015.1

ISBN 978-7-122-12953-6

Ⅰ.①现… Ⅱ.①张… Ⅲ.①化学工业-工业企业管理 Ⅳ.①F407.7

中国版本图书馆CIP数据核字（2014）第298175号

责任编辑：夏叶清　　装帧设计：韩　飞

责任校对：边　涛

出版发行：化学工业出版社（北京市东城区青年湖南街13号　邮政编码100011）

印　　装：北京虎彩文化传播有限公司

787mm×1092mm　1/16　印张53¼　字数1389千字　2015年3月北京第1版第1次印刷

购书咨询：010-64518888　　售后服务：010-64518899

网　　址：http://www.cip.com.cn

凡购买本书，如有缺损质量问题，本社销售中心负责调换。

定　　价：198.00元

本书顾问

（排名不分先后）

中国化工企业管理协会	会　长	王迎海
中国化工企业管理协会	秘书长	张连生
中国化学制药工业协会	原名誉会长	齐谋甲
中国化学制药工业协会	执行会长	郑　鸿
中国染料工业协会	副理事长兼秘书长	田利明
中国农药工业协会	会　长	孙叔宝
中国氮肥工业协会	秘书长	张　荣
中国磷肥工业协会	秘书长	修学峰
中国硫酸工业协会	会　长	齐　焉
中国氯碱工业协会	副理事长兼秘书长	张文雷
中国纯碱工业协会	会　长	王锡岭
中国涂料工业协会	秘书长	杨渊德
中国化学试剂工业协会	秘书长	任富聪
中国胶粘剂和胶粘带工业协会	秘书长	杨　栩
中国氟硅有机材料工业协会	秘书长	喻华清
中国造纸化学品工业协会	副理事长兼秘书长	夏华林
中国聚氨酯工业协会	秘书长	朱长春
中国合成橡胶工业协会	秘书长	王丽娟
中国无机盐工业协会	会　长	吴明钰

《现代化工企业管理》编审委员会

《现代化工企业管理》各章撰写人名单

各章名称	撰写人
1　绪论	张劲松　施问超
2　战略管理	张劲松
3　人力资源管理	陈大群　施问超
4　研发和项目管理	张劲松　屠国锋
5　生产管理(一)——责任制、工艺和班组管理	杨思卫　张劲松　郭　宇
6　生产管理（二)—— 设备和能源计量管理	陈迎春　张劲松
7　生产管理(三)——质量管理	陈景文
8　生产管理(四)——职业安全健康管理	程永海　张劲松
9　生产管理(五)——环境保护管理	施问超　杨思卫　张劲松
10　供销储运管理	蔡建华　张劲松
11　信息化管理	张劲松　胡兴旭　薛　丹
12　财务管理和审计	夏金海　吕林根　张思强 陈素琴　陈爱成　沈丽丽
13　投融资管理和资本运营	李献刚　张劲松
14　公共关系与行政管理	张劲松　陆苏华
15　企业文化和品牌建设	孙开功　张劲松
16　危机和风险管理	张劲松　施问超　宋冬梅
17　组织结构设计和团队建设	杨思卫　陈淑磊　施问超

撰写人工作单位（以姓氏拼音字母为序)：

盐城工学院：蔡建华、陈大群、陈景文、陈素琴、陈爱成、李献刚、吕林根、陆苏华、沈丽丽、宋冬梅、孙开功、夏金海、薛　丹、张思强

东港工贸集团有限公司：陈淑磊、郭　宇、杨思卫、张劲松

吉华集团股份有限公司：陈迎春、胡兴旭、屠国锋

江苏省盐城市环境保护局：施问超

江苏省滨海县安全生产监督管理局：程永海

序

目前，全球石油和化学工业正在加快推进新一轮结构调整。一是原料多元化进程加快，美国页岩气成功大规模商业化应用，生物质能等新型能源研发取得积极进展，对世界能源格局和石化产业竞争力格局均产生重要影响；二是发展重点加快向化工新材料、高端专用化学品、生物化工等新兴战略领域转移，向高附加值、高端精细产品化工延伸，许多跨国公司积极调整发展战略，果断剥离传统业务，大力发展新兴产业，通过兼并重组整合人才、资金、市场等资源，抢占未来竞争制高点；三是绿色低碳成为主流发展模式，循环经济、清洁生产、绿色化工积极推进，节能环保产业蓬勃发展，主要跨国公司普遍实施责任关怀，危险化学品监管和行业自律进一步增强。对我国石化产业来说，新一轮全球结构调整既是机遇，更是挑战。

我国石化产业具有一定的比较优势，传统产业经过几十年的快速发展，在全球已占有重要地位，产值规模、产品产量均位居世界前列，生产技术和装备也接近或达到世界先进水平。现代煤化工突破了一批关键核心技术，实施了一批示范工程，技术创新和产业化都走在世界前列；化工新材料、高端专用化学品等新兴产业的部分领域也取得了一些突破性进展。但与国际先进水平相比，我国石化产业总体上大而不强，产能过剩矛盾突出、创新能力较弱、资源环境压力较大等问题日益凸显。我国化工企业的另一个突出问题是，企业管理水平与发达国家的跨国公司相比还存在不小的差距，已经成为制约行业健康发展的一个关键因素。

《现代化工企业管理》理论与实践相结合，对现代化工企业的八大管理系统：组织和企业文化管理系统、战略规划管理系统、生产指挥管理系统、技术研发创新系统、营销供应链管理系统、财务和资本运营系统、危机和风险管理系统、人力资源和行政服务系统等作了认真的研究和介绍，提出了许多值得我们在企业管理中必须重视的实际问题，“法治、绿色、创新”的理念也使我们耳目一新。

企业管理无固定模式，每个企业都必须结合自己的特点实施管理，企业管理是智慧、胆略、知识和经验在管理实践中的综合运用。我们相信，《现代化工企业管理》一书能成为化工企业家日常管理的参谋和助手，有助于开拓思想，转变观念，提升企业管理水平。让我们一起，为实现石油和化学工业强国梦而努力。

中国石油和化学工业联合会会长 李勇武

二零一四年十月

前言

现代化学工业是国民经济的支柱产业和基础产业。当今世界，化学品已应用到人们衣、食、住、行各方面，应用到工业、农业、医疗卫生、文化教育、休闲娱乐等各行各业，应用到航空、航天、核电、节能、环保等各种领域。在世界综合国力的竞争中，现代化学工业能否保持领先地位，已成为一个国家能否取胜的重要因素之一。历史已证明：从开始的英国、法国，到后来的德国、日本，再到现在的美国，他们成为世界一流强国的时候，无一例外的也是世界一流的化工强国。

众所周知，主导着现代化学工业发展方向的是精细化工，发展精细化工已成为世界各国调整化工结构、提升化工产业能级和扩大经济效益的战略重点。随着我国新型工业化、城镇化、信息化和农业现代化不断深入发展，要求化学工业必须加快调整和升级，大力发展精细化工，以满足高新技术产业和战略新兴产业的更高需求。随着我国以保护优先为基本特征的生态文明建设战略的实施，化学工业在资源保障、节能减排、淘汰落后、环境保护、安全生产等方面，面临着更加严峻的挑战。在此关键时期，如何实现我国的化学工业持续发展，化工生产如何实现安全优质、高产低耗、环境友好的目标，如何实施国际化经营战略，做大、做强、做精、做优我国化学工业，是摆在我们每一个“化工人”面前的任务。我国化工企业管理面临的挑战主要表现为：创新能力差，品牌意识不强，员工整体素质较低，装备状况落后，责任关怀意识淡薄，功利化倾向严重，环境与发展的矛盾突出。

《现代化工企业管理》一书正是在这种情况下应运而生。为了给化工企业的中、高层经营管理者提供一本现代化工企业管理的实用著作，也为了给“卓越工程师教育培养计划”提供一本面向世界、面向未来，培养具有创新精神和适应社会发展需要的化工企业管理人才的教学参考书，我们在 2011 年开始组织编写本书。

本书由盐城工学院和企业合作，且以企业为主编写，是高校与企业合作的成果。全书充分体现了四个原则和三个特色，四个原则是：以现代企业制度、现代企业管理（科学管理）理念为指导，以国家最新法律法规为依据，企业管理理论与企业管理实际紧密结合，重在解决现代化工企业管理中的实际问题；三个特色是：法治、绿色、创新，即依法经营管理企业，推行绿色化工理念，持续技术、管理创新。

《现代化工企业管理》是一本从化工企业管理实践中产生的书，浓缩了企业管理理论精华，涵盖了现代化工企业管理的各项实务操作，全书包括：战略管理、人力资源管理、研发管理、生产管理（责任制、班组和现场管理、工艺、设备、能源计量、质量、职业安全健康和环境保护等）、供销储运管理、信息化管理、财务管理、资本运营、公共关系、企业文化、品牌建设、危机和风险管理、组织结构、领导艺术和团队建设等内容。希望本书能帮助我国的化工企业更好地走向未来，走向世界，走向现代化。

全书由张劲松和施问超修改、统稿，最后由张劲松审定。绘图工作主要由郭宇完成。

中国石油和化学工业联合会李勇武会长热情地为本书作序，各有关化工行业协会专家应邀担任本书顾问，给了我们很大的鼓舞。本书编写和出版过程中，得到了中国染料工业协会田利明副理事长兼秘书长的支持和帮助，得到了东港工贸集团有限公司王云富董事长、吉华集团股份有限公司邵佰金董事长、江苏滨海经济开发区沿海工业园领导的鼓励和支持，得到了沈阳化工研究院罗钰言教授的支持和帮助。在此谨表示诚挚的感谢！

恳请读者对本书批评指正，提出宝贵意见。

《现代化工企业管理》编审委员会

2014 年 11 月

主编 张劲松(曾用名：蒋嘉生)，1945 年生，江苏海门人，高级工程师。1968 年毕业于南京大学化学系，从事化工企业技术、研发和管理工作 45 年。1985 年参加化工部检查团，赴北京、大连、郑州、淄博、杭州检查五大化工企业的全面质量管理工作；1995—2002 年期间领办过化工企业，具有丰富的化工企业管理经验。在化工技术创新研发中也卓有成就，1983 年农药“虫螨净”研制获江苏省科技成果三等奖，1987 年研发成功国际领先的 1-氨基蒽醌溶剂法工艺，2009 年在蒽醌二硝化方面也取得了世界领先的成果。已发表发明专利 20 项、论文 10 多篇，开发化工产品技术 30 多项，曾任中国化工学会第六届染料专业委员会委员，是我国有一定影响的化工专家。

致　谢

东港工贸集团有限公司王云富董事长对本书的鼓励和支持
（http:// www. dankong. com）

吉华集团股份有限公司邵佰金董事长对本书的鼓励和支持
（http://www. jihuadyes. com）

江苏滨海经济开发区沿海工业园对本书的鼓励和支持
（http://www. ycyhchem. com）

目录

2 战略管理 38

3 人力资源管理 93

9 生产管理(五)——环境保护管理 413

10 供销储运管理 475

16 危机和风险管理 722

17 组织结构设计和团队建设 772

1 绪论

人类的所有活动，概括起来是三个方面：改善生存和生活、繁衍后代、对付敌人。

有史以来，化学化工及其产品一直是同发展生产力、保障人类生活活动必需和应付战争等过程密不可分。一部化工史，是人类认识自然、改造自然的历史，还应该是适应自然的历史。

现代社会，化工产值占 GDP 的比重已经是经济现代化的重要标志。20 世纪末期，精细化工率的高低已经代表了一个国家或地区化学工业发达程度和化工科技水平。绿色化工，是21 世纪的化工，是世界化工发展的方向。

化学工业创造了人类现代物质文明的世界，化工已成为一个国家国民经济的重要支柱。在当今世界综合国力的竞争中，化工能否保持领先地位，已成为一个国家能否取胜的重要因素之一。历史已证明：从开始的英国、法国，到后来的德国、日本，再到现在的美国，他们成为世界一流强国的时候，无一例外的也是世界一流的化工强国。

从化工企业特点出发，用现代企业制度（公司制）和现代企业管理（科学管理）的理念，以现行法律法规为依据，紧密联系我国化工企业的管理实际，阐述现代化工企业的各项管理工作，做大做强我国的化学工业，是本书的主要内容。

1.1 古代和近代化工史

1.1.1 古代的化学加工

化学加工在形成工业之前的历史，可以从 18 世纪中叶追溯到远古时期，从那时起人类就能运用化学化工或与之有关的方法加工制作一些生活必需品，如制陶、酿造、染料、颜料、冶炼、制漆、造纸以及制造药品、肥皂和火药。

很早的洞穴人就使用颜料来装饰他们的洞穴内壁，最早的颜料都是土系颜料，包括土黄、土红与粉白。他们还利用焚烧后的动物脂肪取得炭黑。用这些颜料能绘画出光感而细腻的作品，法国和西班牙的洞穴和岩壁绘画就是例证。

我国新石器时代就有了陶器，公元前50世纪左右已有了红陶、灰陶、黑陶、彩陶等出现。在浙江河姆渡出土文物中，即有该时期的木胎碗外涂红色生漆。公元前20世纪，夏禹以酒为饮料并用于祭祀。

公元前25世纪，埃及用染色物包裹干尸；公元前7—6世纪，腓尼基人已用草木灰和山羊脂制作肥皂。公元前4世纪，古埃及人便已经具备了制作颜料的能力。他们通过水洗来提高土系颜料的纯度，并借此来提高颜料的色彩强度与纯度。同时，他们还使用了一些新的原材料，最著名的古埃及颜料埃及蓝，约产于公元前3世纪，这是由沙子和铜制成的一种蓝色粉末。埃及人还使用了孔雀石、石青与朱砂，把这些矿物质碾碎并水洗来制取颜料，朱砂被认定为最早的亮红色颜料。植物染料是古埃及人的另一项杰作，他们找到了一种通过透明的白灰从“混合”的染料中提取色素的方法，这个过程被称为“色淀合成”。直至今日温莎牛顿在制作天然玫瑰茜红时仍利用此方法。

中国也是世界上最早使用农药防治农作物有害生物的国家，远在3000年以前人们就知道用草本灰杀虫，用草熏杀蠹虫。在国外，公元前1500年古希腊和古罗马人就使用含砷矿物粉杀虫；公元前9世纪的古希腊诗人Homer曾提到燃烧的硫黄可作为熏蒸剂。

公元前后，中国和欧洲进入炼丹术、炼金术时期，中国由炼制长生不老药推进了医药研究。秦汉时期完成最早的药物专著《神农本草经》，载录了动植物、矿物药物365种。7—9世纪已有关于硫黄、硝、炭三种成分混炼法的记载，并于宋代初用作军用火药。16世纪，李时珍的《本草纲目》总结了以前药物之大成，具有很高的学术水平。欧洲自3世纪兴起的炼金术，直至15世纪才将炼金术发展为制药，史称15—17世纪为制药时期。在制药研究中，为了配制药物，炼金术士在实验室制得了诸如硫酸、硝酸、盐酸和有机酸等一些化学品，它为化学品制备方法的发展，为18世纪中叶化学工业的建立准备了条件。

1.1.2 近代化工史

从18世纪中叶至20世纪20年代，这段时期是化学工业发展的初级阶段，作者称之为近代化学工业时期。在这一时期无机化工已初具规模，煤化工、有机化工、染料和制药工业正在形成，高分子化工处于萌芽时期，石油只是简单的炼油工业，还没有和化工生产发生联系。

1.1.2.1 无机化工初具规模

随着产业革命在西欧开始，首先是无机化学工业开始形成及发展。

第一个典型的化工厂是1749年在英国建立的用铅室法生产硫酸的工厂。先以硫黄为原料，后以黄铁矿为原料，产品主要用以制硝酸、盐酸及药物，产量也不大。

18世纪中期英国工业革命开始后，纺织、印染、造纸、制皂和玻璃等工业需求的碱量剧增，单靠从天然碱和植物灰中提取的碱量明显不足，这就需要人工制造。化学家们经过分析，认识到食盐和纯碱中含有共同的成分，就开始着手将食盐转变成纯碱的尝试。

1783年法国科学院以1200法郎高额奖金悬赏征求制造纯碱的方法。1789年法国奥尔良地区封建主公爵的侍从医生吕布兰（N. Leblanc，1742—1806）成功地创造了一种制碱的方法，1791年获得专利，建立起日产250～300kg的碱厂。吕布兰制碱法所用的原料除食盐外，还有硫酸、木炭和石灰石。生产主要分三步：第一步用硫酸将食盐转变为硫酸钠。第二步将硫酸钠与木炭、石灰石在炉中共热，硫酸钠与木炭作用后生成硫化钠和一氧化碳；接着硫化钠与石灰石进行反应，生成碳酸钠和硫化钙；由于产品中混有未反应的黑炭，呈黑色灰状物，称为黑灰，黑灰中40%～45%的碳酸钠。第三步将黑灰用水浸取，溶液经浓缩后碳酸钠结晶析出；硫化钙不溶于水，沉淀成渣被废弃。

吕布兰法副产品氯化氢最初排入大气。英国议会颁布管理条例，迫使生产者必须回收氯化氢。1836 年肥皂制造商科塞（W. Gossage，1799—1877）创造用焦炭填充的洗涤塔，使从塔底上升的氯化氢气体被下降的水吸收，制得盐酸。1866 年化工生产者迪肯（H. Deacon，1822—1876）和胡尔特（F. Hurter，1844—1896）将此氯化氢气体与预热的空气混合通过铜和锰的氧化物，生成氯气；然后将氯气通入石灰水中，得到漂白液。工业化学家钱斯（A. M. Chance，1844—1917）将含有二氧化碳的烟道气通入生产废料中，使废料硫化钙转变成硫化氢，然后用氧气氧化成硫黄。这样不仅革新了吕布兰法，又获得了一系列的副产品，使吕布兰法形成一个化工生产系统。用于吸收氯化氢的填充塔，煅烧原料和半成品的旋转炉，以及浓缩、结晶、过滤等设备，逐渐运用于其他化工企业，为化工单元操作打下了基础，化学工业因此而逐渐兴起。

1831 年，英国人首先应用接触法制造硫酸；1875 年德国用铂石棉催化制造硫酸，为接触法硫酸的工业化奠定了技术基础；19 世纪末叶出现电解食盐水生产烧碱、氯气、盐酸，整个化学工业的基础——酸、碱、氯的生产初具规模。

1.1.2.2 无机颜料配套齐全

虽然人类使用无机颜料的历史可追溯到史前时代，但直到 19 世纪早期的工业革命，才为色素的制造与贸易带来了许多新的机遇与可能，而且颜料的发展史和绘画艺术紧密地联系在一起。

钴蓝在 1802 年由 Thenard 研制出来，它可以提供一种绝佳的透明效果，而且这种颗粒化后的蓝色具有极强的持久性。它在制陶业中被广泛应用，同时，画家们也喜欢把它用来做减色和快干的效果。钴绿虽然在更早些的 1780 年就被开发出来，但却在钴蓝之后才投入使用。钴紫与钴黄同样属于钴系颜料，分别在 1860 年与 1862 年问世。另一种重要的钴系颜料钴天蓝，在 1805 年问世。通过氧化钴与铝、磷、锡、锌等金属的结合，不同色别的钴系颜料被大量开发出来。由于钴系颜料的价格昂贵，因此对于更有性价比的蓝色颜料的研发一直都没有停止过。在 19 世纪 20 年代，法国政府悬赏出 6000 法郎奖金，鼓励化学师们研制出成本在每千克 300 法郎之内的群青色。法国的化学师和德国的化学师都做到了这一点，不过这笔奖金最终被法国 J. B. Guimet 在 1828 年获得。1831 年 J. B. Guimet 在里昂附近建厂生产群青，著名的法国群青从此问世，这种色素与天然群青有同样的化学结构，但由于其无天然群青的杂质而使色泽更加纯正。

美国 1820 年对于铬的开发，为铬黄颜料的生产提供了更简单的方式。铬黄是一种价格虽低但具有很强不透明性的颜料。虽然铬系颜料有变黑的趋势，但直到 20 世纪 90 年代，它们由于具有很好的遮盖能力与性价比而始终被画家们所喜爱。由于这类铬系颜料都有铅元素，最终停止了使用。

由于锌白的毒性小，在水彩中的持久性好，因此艺术家们倾向于使用锌白来代替铅白，但锌白遮盖能力较差，直到 1834 年温莎牛顿通过加热氧化锌才使得这一问题得以解决。这种类型的氧化锌颜料也被称作中国白。

1846 年，镉黄首次被应用到艺术家颜料的生产中。随即，由于镉黄系颜料极好的持久性、丰富的色别系列、始终的色强度和高不透明性，各种镉系的黄色迅速成为黄色系这一领域的中流砥柱，而镉红却直到 1910 年才被开发。

另外两种著名的艺术家颜料，首先是印度黄，这是一种非常美丽而透明的颜色，同时耐晒牢度绝佳。它是从奶牛的尿液中提取出来的，而且这种奶牛只能喂食芒果的树叶。最终这种虐待奶牛的行径被印度政府于 20 世纪初期禁止，因此一系列色素被开发出来试图填补印度黄的位置，但直到20世纪90年代这一问题才得以解决。另一种是在1822年研发出来的翠绿色，它的出名是由于它的剧毒特性。这种含有亚砷酸铜成分的颜料可以提供一种在20世纪60年代之前都无可匹敌的、明亮而纯净的宝石绿色，但它的潜在毒性却足以致人于死命。翠绿色是在当时非常流行的壁纸颜料，这种颜料在潮湿的条件下就会挥发出亚砷酸盐的蒸气。在这种颜料被禁止使用之前，它还被认作是导致美国 Broad moor（精神病院）犯人的主要死因，据说当时那些犯人假借绘画的名义秘密地收集了足够的翠绿色，然后来实现自杀！

1874年英国奥氏锌白公司所属的威德尼斯工厂生产出了锌钡白。1916年钛复合颜料（含 TiO_2 25%）、1923年纯二氧化钛（钛白）先后投入生产，使无机颜料生产水平推进了一大步。无机颜料的色谱基本上已配套齐全。

1.1.2.3 煤化工和有机化工的形成

18世纪后期，炼铁用焦炭量大大增加，促使了煤化工的产生和发展。医药、农药、染料的发展，又促使了煤焦油的利用和有机化工的发展。

1763年在英国产生了蜂窝式煤气炉，提供了大量焦炭；1792年开始用煤生产民用煤气；1812年欧洲干馏煤气用于街道照明；1816年美国用煤干馏法生产煤气。随着钢铁工业、炼焦工业的发展，副产的煤焦油需要利用，1825年英国化学家们把煤焦油分离为苯、甲苯、萘、蒽、菲等有机化工原料，使这一领域的研究异常活跃。19世纪中叶，欧洲已有许多国家建立了炼焦厂，德国成功地建立了具有化学品回收装置的炼焦炉，由煤焦油中提取了大量的芳烃，作为医药、农药、染料等工业的原料。

有机化学品生产还有另一支柱，即乙炔化工。1895年，美国建起了以煤与石灰石为原料，用电热法生产电石的世界第一台电石炉，容量为300kW。电石再经水解生成乙炔，以此为起点生产乙醛、醋酸等一系列基本有机原料。

1.1.2.4 高分子材料的萌芽

1839年美国人固特异（Good Year）用硫黄硫化天然橡胶使其交联成弹性体，应用于轮胎及其他橡胶制品，这是第一个人工加工的用途甚广的高分子橡胶产品。这是高分子化工的萌芽时期。

1869年美国用樟脑增塑硝酸纤维素制成塑料，很有使用价值。1891年法国在贝桑松（Pesancon）建成了第一个人造纤维——硝酸酯纤维工厂，虽其产品质量差、易燃，未能大量发展，但仍被认为是化学纤维工业的开始。

1872年美国开始生产赛璐珞，被认为是第一个天然加工高分子的塑料产品，开创了塑料工业。美国人贝克兰和他的助手经过三年的艰苦努力，终于在1907年的夏天，不仅制出了绝缘漆，而且还制出了真正的合成可塑性材料——Bakelite，它就是人们熟知的“电木”、“胶木”或酚醛树脂。Bakelite一经问世，人们很快发现，它不但可以制造多种电绝缘品，而且还能制日用品。爱迪生（T. Edison）用于制造唱片，并在广告中宣称：已经用Bakelite制出上千种产品。贝克兰的发明被誉为20世纪的“炼金术”。

这些高分子材料的萌芽产品，在品种、产量、质量等方面都远不能满足社会的要求。上述高分子材料的生产，在石油化工兴起以后，才获得了很大的发展。

1.1.2.5 炼油工业起步

1854年美国建立最早的原油分馏装置，1860年美国建立了第一个炼油厂，标志炼油工业的开始。

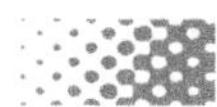

19 世纪后期，全世界已建设了许多炼油厂或炼油装置，主要生产照明用的煤油，而汽油及重质油还是用处不大的“副产品”。直至 80 年代，电灯的发明大大降低了煤油的重要性，汽油和柴油因汽车工业的发展而成为主要的炼油产品。炼油虽已有一定规模，但还只是用于燃料和润滑油，基本上未与化工发生联系。

1.2 现代化学工业的发展

第一次世界大战后，从 20 世纪 20 年代开始，世界进入了现代化学工业发展阶段。

至 20 世纪 60 年代，化学工业已真正发展成为大规模的现代化生产的工业。在此阶段合成氨、无机化工得到了飞速发展，生产规模越来越大。

20 世纪 60 年代后，石油化学工业已发展成为国民经济的基础产业和支柱产业，在经济和社会发展中起着重要作用。由于乙烯的重要性，人们把乙烯产量作为一个国家化学工业发展程度的重要标志。

高分子化工的三大合成材料：塑料、化学纤维、合成橡胶品种齐全，形成了大规模化生产。

随着社会生产水平和生活水平提高的需要，20 世纪 70 年代后期开始，精细化工蓬勃发展。精细化学品已发展到门类齐全，渗透到航空航天、信息技术、节能环保和人们生活、生产的各个方面。

与此同时，资源短缺、能源短缺、环境压力越来越大已成为化工发展的世界性难题，化学工业面临着巨大的发展机遇和挑战。

1.2.1 合成氨和无机化工

硫酸工业和纯碱工业是无机化工生产最早的两个行业。由于农业发展和军工生产的需要，以天然有机肥料及天然硝石作为氮肥主要来源已不能满足需要，迫切要求解决利用空气中氮的问题。

20 世纪初，很多化学家积极从事氨合成的理论基础研究和工艺条件试验，德国物理化学家 F. Haber 和工程师 C. Basch 于高压、高温和有催化剂存在时，利用氮气和氢气成功地直接合成了氨（哈伯-博施法）。1913 年世界上第一座日产 30t 氨的装置在德国建成投产，从而在工业上第一次实现了利用高压，由元素直接合成无机产品的生产过程。1916 年实现了氨氧化制硝酸。到 1922 年，用氨和二氧化碳合成尿素在德国实现了工业化。20 世纪 60 年代后期，生产装置规模进一步扩大，基建投资费用和产品成本进一步降低，建成了日产 1000～1500t 合成氨的单套装置；80 年代初期，建成了日产 2800t 硫酸的大型装置。随着装置规模大型化，热能综合利用有了较大发展，工艺与热力、动力系统的结合，降低了单位产品的能耗，也推动了化工工程的发展。

由于两次世界大战，军火生产需要大量硝酸、硫酸和硝酸铵等，促使这些工业迅速发展。20 世纪 50 年代以来，各企业间竞争激烈，为了降低成本、减少消耗，力求在技术上取得进步。例如：硫酸生产中，开发了二次转化、二次吸收的接触法新流程，提高了原料利用率，并降低了尾气中的 SO_2 浓度；氯碱生产中，在 70 年代开发了离子膜电解法；尿素生产中，开发了二氧化碳气提法和氨气提法等工艺；在合成氨生产中，开发了低能耗新流程等等。

无机化工是以天然资源和工业副产物为原料生产硫酸、硝酸、盐酸、磷酸等无机酸和纯碱、烧碱、合成氨、化肥以及无机盐等化工产品的工业。行业分类包括硫酸工业、纯碱工业、氯碱工业、合成氨工业、化肥工业和无机盐工业等。广义上也包括无机非金属材料和精细无机化学品如陶瓷、硫黄、无机颜料等的生产。无机化工产品的主要原料是含硫、钠、磷、钾、钙等化学矿物和煤、石油、天然气以及空气、水等。工业副产物如钢铁工业中炼焦生产过程的焦炉煤气，其中所含的氨可用硫酸加以回收制成硫酸铵，黄铜矿、方铅矿、闪锌矿、镍矿的冶炼废气中的二氧化硫可用来生产硫酸等。

与其他化工部门相比，无机化工的特点是：①在化学工业中是发展较早的部门，为单元操作的形成和发展奠定了基础，例如：合成氨生产过程需在高压、高温以及有催化剂存在的条件下进行，它不仅促进了这些领域的技术发展，也推动了原料气制造、气体净化、催化剂研制等方面的技术进步，而且对于催化技术在其他领域的发展也起到了推动作用。②主要产品多为用途广泛的基本化工原料，用途广、需求量大。其用途涉及造纸、橡胶、塑料、农药、饲料添加剂、微量元素肥料、空间技术、采矿、采油、航海、高新技术领域中的信息产业、电子工业以及各种材料工业，又与人们的衣、食、住、行以及轻工、环保、交通等息息相关。③除无机盐品种繁多外，其他无机化工产品品种不多。例如：硫酸工业仅有工业硫酸、蓄电池用硫酸、试剂用硫酸、发烟硫酸、液体二氧化硫、液体三氧化硫等产品；氯碱工业只有烧碱、氯气、氢气、盐酸等产品；合成氨工业只有合成氨、尿素、硝酸、硝酸铵等产品。但硫酸、烧碱、合成氨等主要产品和国民经济各部门有密切关系，其中硫酸曾有“化学工业之母”之称，它的产量在一定程度上标志着一个国家工业的发达程度。④无机化工产品产量较大。2009 年世界硫酸产量为 18540 万吨，世界化肥产量为 16250 万吨（以有效成分计），纯碱、烧碱的世界年产量也分别在 6000 万吨以上。⑤由于原料和能源费用在无机化工产品中占有较大比例，如合成氨工业、氯碱工业、黄磷、电石生产都是耗能较多的，技术改造的重点将趋向采用低能耗工艺和原料的综合利用。⑥目前，合成氨和无机化工大部分装置已采用连续化、自动化生产线，实现了全流程计算机控制。

1.2.2 石油化工和煤化工

石油化工起源于美国。随着石油炼制工业的兴起，产生了越来越多的炼厂气，炼厂气的利用应运而生。1917 年美国人 C. Ellis 用炼厂气中的丙烯合成了异丙醇，1920 年美国新泽西标准油公司采用此法进行工业生产。异丙醇是第一个石油化学品，它标志着石油化工的诞生。1919 年联合碳化物公司研究了乙烷、丙烷裂解制乙烯的方法；随后林德空气产品公司实现了从裂解气中分离出乙烯，并用乙烯加工成化学产品。1923 年联合碳化物公司在西弗吉尼亚州的查尔斯顿建立了第一个以裂解乙烯为原料的石油化工厂，拉开了以乙烯为原料的石油化工生产的序幕。

在 20 世纪 20～30 年代，美国的石油化学工业主要是利用单烯烃生产化学品。如丙烯水合制异丙醇、再脱氢制丙酮，乙烯用次氯酸法制环氧乙烷，丙烯制环氧丙烷等。表面活性剂烷基硫酸伯醇酯出现后，人们发现这些原来由煤和农副产品生产的新产品，也可用石油化工产品来生产，这就大大刺激了石油化工的发展。这个时期石油炼制工业发展迅速，1936 年热裂化和催化裂化分别工业化，为石油化工提供了更多低分子烯烃原料，在生产乙烯的同时，联产丙烯、C_4烃、芳烃（苯、甲苯、二甲苯）。这些发展使美国的乙烯消费量由 1930 年的 1.4 万吨增加到 1940 年的 12 万吨。

第二次世界大战前夕至 20 世纪 40 年代末，美国石油化工在芳烃产品生产及合成橡胶等高分子材料方面取得了很大进展。1941 年陶氏化学公司从烃类裂解产物中分离出丁二烯作为合成橡胶的单体。为了满足战时对梯恩梯（TNT）炸药原料甲苯的大量需求，1941 年美国研究成功由石油轻质馏分催化重整制取芳烃的新工艺，开辟了苯、甲苯和二甲苯等重要芳烃的新来源，由催化重整生产的甲苯占全美国所需甲苯总量的一半以上。而在此以前，芳烃

主要来自煤焦油。1943 年又建立了丁烯催化脱氢制丁二烯的大型生产装置。1948 年美国标准石油公司移植德国技术用氢甲酰化法生产八碳醇，1949 年乙烯直接法合成酒精投产。石油化工的不断发展，使美国在 1950 年的乙烯产量增至 68 万吨，重要产品品种超过 100 种，石油化工产品产量占有机化工产品产量的比例高达 60%（1940 年仅占 5%）。

20 世纪 50 年代起，世界经济由战后恢复转入发展时期。合成橡胶、塑料、合成纤维三大材料的迅速发展，使石油化工在欧洲、日本及世界其他地区受到广泛的重视。在发展高分子化工方面，欧洲在 50 年代开发成功一些关键性的新技术，如 1953 年联邦德国化学家 K. 齐格勒（Karl Ziegler）研究成功了低压法生产聚乙烯的新型催化剂体系，并迅速投入了工业生产。1955 年卜内门化学工业公司建成了大型聚酯纤维生产厂。1954 年意大利化学家 G. 纳塔（Giulio Natta）进一步发展了齐格勒催化剂，合成了立体等规聚丙烯，并于 1957 年投入工业生产。1957 年美国俄亥俄标准油公司成功开发了丙烯氨化氧化生产丙烯腈的催化剂，并于 1960 年投入生产。同年乙烯直接氧化制乙醛的方法取得成功，并于 1960 年建成大型生产厂。进入 20 世纪 60 年代，先后投入生产的还有乙烯氧化制醋酸乙烯酯，乙烯氧氯化制氯乙烯等重要工艺技术。石油化工新工艺技术的不断开发成功，使传统上以电石、乙炔为起始原料的大宗产品，先后转到石油化工的原料路线上。在此期间，日本、苏联也都开始建设石油化学工业。日本发展较快，仅十多年时间，其石油化工生产技术已达到国际先进水平。前苏联在合成橡胶、石油蛋白等生产上也有突出成就。

1960 年以后，有机合成原料由煤转向石油和天然气的速度加快。石油化工在世界各发达国家有机合成原料中的比例由 50%提高到 90%以上。石油化工新技术特别是合成材料方面的成就，使生产上对原料的需求量猛增，推动了烃类裂解和裂解气分离技术的迅速发展。在此期间，围绕各种类型的裂解方法开展了广泛的探索工作，开发了多种管式裂解炉和多种裂解气分离流程，使产品乙烯收率大幅提高、能耗下降。西欧各国和日本由于石油和天然气资源贫乏，裂解原料采用了价格低廉并易于运输的中东石脑油，以此为基础，建立了大型乙烯生产装置，大踏步地走上发展石油化工的道路。至此，石油化工的生产规模大幅度扩大。作为石油化工代表产品的乙烯，1980 年全世界产量达到 3580 万吨，2012 年达到 12790 万吨，北美、西欧、亚洲和中东四大区域的乙烯产量和消费量约占全球的 92%。2012 年我国乙烯产量为 1523 万吨，消费量为 3216 万吨。

20 世纪 70 年代，国际石油价格曾发生了两次大幅度上涨，乙烯原料价格骤升，产品生产成本增加，石油化工面临巨大冲击。美国、日本和西欧地区主要乙烯生产国，纷纷采取措施，包括关闭部分生产装置，适当降低装置开工率，节约生产能耗，开展副产品综合利用，进行深度加工，发展精细化学品，加强代油原料研究等。1983 年下半年起，生产又趋复苏。与此同时，世界石油化工的格局也有了新的变化。全世界大约有 1000 个石油联合化工企业，均是连续化、自动化的大型石油装置。所用原料油约占原油总产量的 8.4%，用气约占天然气总产量的 10%，这些企业大多为西方少数跨国公司所控制。

20 世纪 90 年代，世界工业生产格局发生了转移。金砖五国（中国、印度、俄罗斯、巴西、南非）的经济快速发展，产生了许多新的世界 500 强的石油化工公司。

值得注意的是，由于我国石油资源相对短缺，而煤炭资源较丰富，经过“十一五”的发展，国内煤化工产业初具规模，特别是煤制天然气、煤制烯烃、煤制油、煤制二甲醚、煤制乙二醇等产业链相对成熟。最新统计数据显示，我国现在煤化工的年产能为：煤制天然气超过 1000 亿立方米，煤制烯烃超过 2000 万吨，煤制二甲醚达 1000 万吨。我国新型煤化工，紧紧依靠自主创新技术的应用，探索建立高效率、高价值、低消耗、低排放的现代煤化工之路，成为世界上煤化工最发达的国家。煤制烯烃的发展可降低我国原油对外依存度，是石油化学工业可持续发展的重要新途径。

1.2.3 合成材料

1.2.3.1 合成树脂和塑料

20世纪20年代，德国人H. Staudinger创立了高分子化合物概念，苏联人H. H. Семёнов创立了链式反应理论。在此理论指导下，1928年，世界上第一个无色树脂——脲醛树脂问世。1930年德国法本公司用本体聚合法生产苯乙烯成功，并与其他单体共聚生成一系列树脂；1931年法本公司用乳液法生产出聚氯乙烯，美国用本体法生产出有机玻璃；1939年英国帝国化学公司（ICI）发明高压气相法生产低密度聚乙烯。尽管如此，以煤焦油为原料的酚醛树脂，在1940年以前一直位居各种合成树脂产量之首，年超过20万吨。

美国杜邦公司的W. H. Carothers发现了缩聚法制聚酰胺后，于是杜邦公司1940年开始将聚酰胺纤维（尼龙）投入市场。1943年美国杜邦公司和联合碳化物公司应用英国卜内门化学工业公司的技术建设成聚乙烯厂；1946年美国壳牌化学公司开始用高温氧化法生产氯丙烯系列产品。此后随着石油化工的发展，聚乙烯、聚丙烯、聚氯乙烯、聚苯乙烯的产量也不断扩大，随着众多年产量数十万吨以上的大型工厂的建立，它们已成为当今产量最多的四类合成树脂。合成树脂再加上各种助剂，如填料、增塑剂、润滑剂、稳定剂、着色剂等，通过各种成型方法即得到塑料制品。到今天塑料的品种已达数十种，世界年产量在12000万吨左右。

合成树脂是塑料的最主要成分，其在塑料中的含量一般在40%～100%，由于树脂的性质常常决定了塑料的性质，所以人们常把树脂看成是塑料的同义词。其实树脂与塑料是两个不同的概念，树脂是一种未加工的原始聚合物，它不仅用于制造塑料，而且还是生产涂料、胶黏剂以及合成纤维、绝缘材料等的原料。实际应用中，常按其热行为分为热塑性树脂和热固性树脂。其中，热塑性树脂有聚乙烯、聚丙烯、聚苯乙烯、聚氯乙烯等，热固性树脂有酚醛树脂、脲醛树脂、环氧树脂、氟树脂、不饱和聚酯和聚氨酯等。前者可回收再生使用，后者不可回收利用。

根据塑料不同的使用特性，通常将塑料分为通用塑料、工程塑料和特种塑料三类：①通用塑料，是指产量大、用途广、成型性好、价格便宜的塑料。有五大品种，即聚乙烯（PE）、聚丙烯（PP）、聚氯乙烯（PVC）、聚苯乙烯（PS）及丙烯腈-丁二烯-苯乙烯共聚合物（ABS）。②工程塑料，指具有良好的机械性能和耐高、低温性能，尺寸稳定性较好，可以用作工程结构的塑料。如聚酰胺（PA）、聚甲醛（POM）、聚碳酸酯（PC）、改性聚苯醚（PPO）、热塑性聚酯（PBT、PET）、超高分子量聚乙烯（UHMWPE）、甲基戊烯聚合物（TPX）、乙烯醇共聚物（EVOH）等。特种工程塑料中交联型的有：聚氨基双马来酰胺（PPTA）、交联聚酰亚胺（PI）、耐热环氧树脂等；非交联型的有：聚砜（PSF）、聚醚砜（PSE）、聚苯硫醚（PPS）、聚酰亚胺（PA）、聚醚醚酮（PEEK）等。③特种塑料，是指具有特种功能，可用于航空、航天等特殊应用领域的塑料。如氟塑料和有机硅具有突出的耐高温、自润滑等特殊功用，增强塑料和泡沫塑料具有高强度、高缓冲性等特殊性能，这些塑料都属于特种塑料的范畴。增强塑料是一种高分子复合材料，随所用树脂不同而有热塑性增强塑料和热固性增强塑料。所用增强材料大多为玻璃纤维、碳纤维、聚芳酰胺纤维，也可用石棉纤维、陶瓷纤维和棉纤维等。增强塑料不仅保留了原树脂的优良特性，而且力学性能大为提高。可用作电绝缘材料、装饰材料以及用于机械、汽车和宇航等方面。

塑料用途广泛，但由于塑料的无法自然降解性，对生态环境和动植物造成很大损害，在固体废物污染防治中已成为人类面临的一大难题。

1.2.3.2 合成纤维

虽然早在1922年人造纤维产量就已超过真丝纤维，但合成纤维工业真正发展起来是在20世纪40年代初杜邦公司的尼龙（Nylon）实现工业生产后才开始，随后腈纶、涤纶等相继投入工业生产。

合成纤维的生产分成纤聚合物制备、纺丝成形和后处理三大工序。所谓成纤聚合物是一类具有成纤性能的线型有机高分子化合物（也是一类合成树脂），成纤聚合物制备属化工生产。根据化学组成，成纤聚合物有聚酰胺（锦纶）、聚对苯二甲酸二乙酯（PET、涤纶）、聚丙烯腈（腈纶）、聚丙烯（丙纶）、聚乙烯醇缩甲醛（维纶）、聚氯乙烯（氯纶）等。除上述几种之外，常见的成纤聚合物还有高弹性的聚氨酯（氨纶）、高强度的聚对苯甲酰对苯二胺（芳纶）、耐高温的聚苯咪唑、耐腐蚀的聚四氟乙烯、耐辐射的聚酰亚胺等。

合成纤维具有耐摩擦、高模量、低吸水率、耐酸碱、电绝缘等特性。在工业领域中制作轮胎用帘子线，可提高轮胎使用寿命，并节约橡胶用量；因吸水性小、透明度高和耐腐蚀性好，制作的渔网不仅经久耐用，还能提高捕鱼效率；合成纤维还可制作绳索、运输带、传动带、帆布、滤布、潜水服、工作服、涂层织物，用作堤坝、路基的铺垫材料。具有特殊性能的合成纤维，主要用于航天器、飞机、火箭、导弹的绝缘材料、特殊防护材料、增强材料、人工内脏和外科缝线等。合成纤维性能优异，原料来源丰富，随着工业技术的不断发展，短短几十年间，世界合成纤维的产量已接近天然纤维，成为纺织纤维的重要原料。1996年，世界合成纤维产量为1900万吨，与此相应，世界棉花总产量亦为1900万吨。

聚萘二甲酸乙二醇酯（PEN）是聚酯家族中重要成员之一，是由2,6-萘二甲酸二甲酯（NDC）或2,6-萘二甲酸（NDA）与乙二醇（EG）缩聚而成，是一种新兴的优良聚合物。其化学结构与聚对苯二甲酸二乙酯（PET）相似，不同之处在于分子链中由刚性更大的萘环代替了PET中的苯环。萘环结构使PEN比PET具有更高的物理机械性能、气体阻隔性能、化学稳定性及耐热、耐紫外线、耐辐射等性能。聚萘二甲酸乙二醇酯（PEN）是20世纪90年代商业化的聚酯新品种。与PET一样，PEN可以加工成薄膜、纤维、中空容器和片材。由于其综合性能优异，有广阔的潜在市场，因而引起世界聚酯行业的关注。在大多数应用领域，PEN的性能/价格比难以与PET相竞争，因此大大限制了PEN的发展。目前全球生产PEN的企业仅有帝人集团、东洋纺、三菱化学、钟纺、UniPET、M&G（收购Shell公司的PET、PEN事业）、KOSA、杜邦及Kolon等为数不多的聚酯相关企业。

值得注意的是：聚对亚苯基苯并双噁唑纤维（PBO纤维）是含有杂环芳香族的聚酰胺家族中最有发展前途的一个成员，被誉为21世纪超级纤维。其强度是芳纶的两倍，超过碳纤维；超高模量达2000g/D，耐热温度达到600℃，在火焰中不燃烧、不收缩，耐热性和难燃性高于其他任何一种有机合成纤维；此外耐蠕变性、耐化学药品性、耐切割性、耐高湿摩耗性也超过对位芳纶；具低吸湿性（0.6%），手感极为柔软。在军工、航空航天、防弹背心、高强帆布、消防服等方面有广泛的用途。1990年日本东洋纺公司从美国道化学公司购买了PBO专利技术，东洋纺成为世界上唯一生产PBO纤维的企业，其商品名为Zylon。根据东洋纺对Zylon的发展计划，2008年生产能力达到1000吨/年。

2004年11月加拿大聚合物有限公司建成一家世界上最大的年产9.5万吨的聚对苯二甲酸1,3-丙二醇（PTT）纤维的生产厂。PTT纤维具有弹性优良、模量较低、手感柔软、易染色等特点，是一种发展前景很大的聚酯纤维。

美国的Cargill Dow Polymers公司，2002年聚乳酸酯（PLA）纤维年产已达14万吨，该树脂是以玉米淀粉发酵制成乳酸，经脱水聚合反应制得聚乳酸酯。聚乳酸酯纤维是一种新颖易生物降解的绿色环保纤维，加工的产品不仅在外观、手感和功能上独特，而且还具有抑菌、吸湿快干、生物相容等优良特性。其独特的物理机械性能和功能性，将使其在纺织服装行业获得广泛的应用。日本钟纺、尤尼吉卡，美国杜邦等也先后成功开发出聚乳酸酯纤维。国内使用的聚乳酸酯纤维大多是从美国、日本和我国台湾进口。

虽然在19世纪末和20世纪初，美国、英国、日本的大公司就开始研究从动、植物中提炼出蛋白质生产再生蛋白纤维，但至今无法大量工业化生产和推广使用。我国河南滑县华康集团李官奇于1999年研制成功的大豆蛋白质纤维制造技术不仅成本低，而且纤维性能优良，具有很高的经济价值。大豆蛋白纤维是以大豆豆粕为原料，提取出球蛋白，再通过添加功能性助剂，与腈基、羟基等高聚物接枝、共聚、共混，制成一定浓度的蛋白质纺丝液，再经湿法纺丝而成。纤维本身易生物降解，主要成分是大豆蛋白质（15%～45%）和高分子聚乙烯醇（55%～85%）。在大豆蛋白纤维生产过程中，大部分助剂和半成品纤维均可回收重新使用，提取蛋白后留下的残渣还可以作为饲料，其生产过程不会对环境造成污染。大豆蛋白纤维不但有着羊绒般的柔软手感，蚕丝般的柔和光泽，棉的保暖性和亲肤性，还有明显的抑菌功能，被专家誉为“21世纪健康舒适型纤维”。大豆纤维是世界上唯一由中国人发明的人造纤维，是继涤纶、锦纶、氨纶、腈纶、黏胶、丙纶、维纶之后的第八大人造纤维。

2013年，我国化纤产量达4134万吨，超全球产量的70%，总产值达7670亿元。吸湿排汗、阻燃、抗菌、高强高模差别化纤维迅速发展。碳纤维、芳纶、超高分子质量聚乙烯（UHMWPE)、聚苯硫醚（PPS)、玄武岩纤维（CBF）等高性能纤维的产业化取得了一定突破，新溶剂法纺丝再生纤维素纤维、聚乳酸（PLA）纤维、多类蛋白纤维、多糖纤维素生物质纤维也取得明显突破。

1.2.3.3 合成橡胶

合成橡胶是指任何人工制成的，用于弹性体的高分子材料，是由人工合成的高弹性聚合物，也称合成弹性体，是三大合成材料之一。其产量仅低于合成树脂（或塑料）、合成纤维。合成橡胶在20世纪初开始生产，从40年代起得到了迅速发展。合成橡胶一般在性能上不如天然橡胶全面，但它具有高弹性、绝缘性、气密性、耐油、耐高温或低温等性能，因而广泛应用于工农业、国防、交通及日常生活中。

20世纪30年代初，美国杜邦公司小批量生产了氯丁橡胶。德国和苏联用丁二烯作为单体，金属钠作为催化剂，合成了丁钠橡胶。作为一种合成橡胶，丁钠橡胶对于应付橡胶匮乏而言还算是令人满意的。与其他单体共聚可以改善丁钠橡胶的性能，如与苯乙烯共聚得到丁苯橡胶，它的性质与天然橡胶极其相似。1935年德国法本公司开始生产丁腈橡胶，1937年又建成了丁苯橡胶装置。事实上，在第二次世界大战期间，德国军队就是因为有丁苯橡胶，橡胶供应才没有出现严重短缺现象，前苏联也用同样的方法向自己的军队提供橡胶。由于战争的急需及天然橡胶产地被封，促进了合成橡胶不但产量飞速增加，还促使气密性极好的丁基橡胶（丁苯、丁腈等）生产技术的迅速发展和工业化，促成了多种特殊橡胶（硅橡胶、聚氨酯橡胶）的生产。

美国在战后大力研究合成橡胶。首先合成了氯丁橡胶，氯原子使氯丁橡胶具有天然橡胶所不具备的一些抗腐蚀性能。例如，它对于汽油之类的有机溶剂具有较高的抗腐蚀性能，远不像天然橡胶那样容易软化和膨胀。因此，氯丁橡胶实际上比天然橡胶更为适宜像导油软管这样的用途。氯丁橡胶首次清楚地表明，在合成橡胶领域，正如在许多其他领域一样，试管中的产物并不一定只能充当天然物质的代用品，它的性能能够比天然物质更好。

1955年美国人利用齐格勒在聚合乙烯时使用的催化剂（也称齐格勒-纳塔催化剂）聚合异戊二烯。首次用人工方法合成了结构与天然橡胶基本一样的合成天然橡胶。不久用乙烯、

丙烯这两种最简单的单体制造的乙丙橡胶也获成功，此外还出现了各种具有特殊性能的橡胶。1945 年美国合成橡胶的产量就达到 67 万吨。

合成橡胶的生产分为单体的合成和精制、聚合过程以及橡胶后处理三部分。合成橡胶产品可分通用型和特种两类：①通用型合成橡胶是指可以部分或全部代替天然橡胶使用的胶种，如丁苯橡胶、异戊橡胶、顺丁橡胶等，主要用于制造各种轮胎及一般工业橡胶制品。②特种橡胶是有特殊性能（如耐高温、耐油、耐臭氧、耐老化和高气密性等），并用于特种场合的橡胶，例如硅橡胶、氟橡胶、聚硫橡胶、氯醇橡胶、丁腈橡胶、乙丙橡胶、异戊橡胶、聚丙烯酸酯橡胶、聚氨酯橡胶和丁基橡胶等。这类橡胶的用量虽小，但对于特殊应用而言是不可缺少的胶种。

2005 年世界天然橡胶的产量为 866 万吨，合成橡胶的产量为 1196 万吨；而至 2011 年，世界合成橡胶的产量达已达 1512 万吨。

1.2.4 精细化工

第二次世界大战后，世界化工发展的最大成就即是在精细化工上的快速发展。精细化学品应用到人们衣、食、住、行各方面；应用到工业、农业、医疗卫生、文化教育、休闲娱乐等各行各业，应用到航空、航天、核电、节能、环保等各种领域。随着科学技术的发展和应用的需要，精细化学品的品种和数量还会不断增长。生产精细化学品及其中间体的行业称为精细化学工业，简称精细化工，属新材料行业。

2008 年，我国科技部公布的《国家重点支持的高新技术领域》中八大类高新技术领域，涉及使用的精细化学品品种数以万计。

1.2.4.1 精细化学品的定义、分类

精细化学品，又名精细化工产品，是与通用化工产品或大宗化学品（Heavy chemicals）相区别的一个专用术语。国内、外化工界对精细化学品的定义有多种说法，到目前为止还没有一个严格的、统一的定义。欧美一些国家把产量小、按不同化学结构进行生产和销售的化学物质，称为精细化学品（Fine chemicals），如试剂、染料、颜料等；把产量小、经过加工配制、具有专门功能或最终使用性能的产品，称为专用化学品（Specialty chemicals）或功能化学品，如催化剂、助剂、涂料和胶黏剂等，两类产品的区别见表 1-1。而中国、日本等则把这两类产品统称为精细化学品。

表 1-1 精细化学品和专用化学品的区别

项目	精细化学品	专用化学品
组成	大多为单一化合物，可用化学式表示	常常是若干化学品组成的化合物，不能用一个化学式表示
用途	最终使用性产品，用途广	最终使用性产品，用途窄
制造	一种方法或类似方法制造，不同厂家的产品基本上没有差别	加工度高，不同厂家产品互不相同，甚至完全不同
销售	按所含化学成分来销售	按其使用功能来销售
生命期	生命期相对较长	生命期短，产品更新快
附加值	相对不太高	附加值高，利润率更高，技术秘密性强，更依靠专利保护或对技术诀窍严加保密

20 世纪末期，美国商务部作了一项统计，以石油作基准计算，如果作为燃料价值为 1 的话，若把它分离为“基本原料”，则价值增至 2；若合成出“通用化学品”，将增至 3；进

一步制成“精细化学品”，将增至8；最终制成高附加值“功能化学品”，将增至106。所以，高端精品制造是国际制造业竞争的焦点。

对精细化工产品的分类也存在不同的方法，通常有结构分类和应用分类两种。日本1985年《精细化工年鉴》将精细化学品分为51类，我国化工部曾分为11类。

可根据产品功能将精细化学品分为下述各类：(1) 医药；(2) 兽药；(3) 农药；(4) 染料；(5) 颜料；(6) 涂料（油漆）；(7) 油墨；(8) 香精香料；(9) 化妆品；(10) 化学试剂；(11) 信息用化学品（感光材料、磁性记录材料）；(12) 食品添加剂；(13) 饲料添加剂；(14) 胶黏剂；(15) 催化剂；(16) 表面活性剂；(17) 水处理剂；(18) 助剂（如：纺织助剂、印染助剂、塑料助剂、橡胶助剂、农药助剂、油品添加剂等）；(19) 汽车化学品；(20) 皮革化学品；(21) 电子化学品；(22) 油田化学品；(23) 造纸化学品；(24) 有机抽提剂；(25) 混凝土外添加剂；(26) 吸附剂；(27) 工艺过程助剂等。随着应用领域的扩大，还可列出许多类别，如：能源助剂、节能材料、密封材料、土壤改良剂等。上述 (1)～(10) 类为传统的精细化学品。

1.2.4.2 精细化学品的特点

精细化学品的研究和应用领域十分广阔，其主要的特点是：

(1) 具有特定的功能和实用性特征。有些只需少量使用，即可获得显著效益。

(2) 技术密集程度高，所需研发资金多，研发周期长。如现在一个医药、农药新品的开发，通常需5～10年的时间，研发费用高达数亿至十多亿美元，研发投资占销售额的10%以上；一般精细化工企业研发费用投资也要占销售收入的3%～7%；专利开发成功率很低，如染料在0.1%左右。

精细化学品的技术密集还表现在：生产工艺流程复杂，单元反应多，中间控制要求严格。技术保密性强，专利垄断性强，情报信息快。

(3) 小批量，多品种，牌号多。但随着市场竞争激烈，企业并购加剧，现在很多精细化学品单个品种的生产规模已达万吨或数万吨。

(4) 生产设备投资大，对资金需求量大。

(5) 大量采用复配技术，实用性、商品性强，市场竞争激烈，附加值高。

(6) 产品周期短，更新换代快。

1.2.4.3 精细化工率是衡量化工科技水平的标志

精细化工产品产值占整个化工产品总产值的百分率称为精细化工率。众所周知，精细化工率的高低已经成为衡量一个国家或地区化学工业发达程度和化工科技水平高低的重要标志。美国、欧洲和日本等化学工业发达国家，代表了当今世界精细化工的发展水平，这些国家的精细化工率已达到60%～80%。2004年，全世界化工产品年总销售额约为1.5万亿美元，其中精细化学品和专用化学品约为3800亿美元（其余为大宗化学品和中间体），世界精细化学品品种已超过10万种。其中，美国精细化学品年销售额约为1250亿美元，欧洲约为1000亿美元，日本约为600亿美元，分别名列世界前三名，三者合计约占世界精细化学品总销售额的75%以上。资料显示，杜邦公司有机精细化学品业务占销售总额的60%，汽巴精化（瑞士）精细化工已占总销售额的80%～90%，德国巴斯夫、赫斯特和拜耳三大化工公司及英国ICI都将有机精细化工发展作为重点；埃克森美孚、壳牌、BP和阿托菲纳等大型石油石化公司也向精细化工原料和有机中间体领域延伸，上升趋势明显。

精细化工是现代化工发展的杰出成果，主导着现代化学工业的发展方向。大力发展精细化工已成为世界各国调整化学工业结构、提升化学工业产业能级和扩大经济效益的战略重

点。精细化工是当今制造业中最具活力的热点领域之一。从总体上了解和把握精细化工行业的发展历程、市场概况、技术研发、国家政策、企业并购和发展态势是加强现代化工企业管理不可或缺的知识和基本要求，这些知识对企业战略管理、研发管理和风险控制等尤为重要。

1.3 21世纪的化工——绿色化工

1.3.1 绿色化工的兴起和发展

1.3.1.1 绿色化工的由来

由于化学工业向大气、水和土壤等环境空间排放了大量有毒有害的物质，1992年，美国化学工业用于环保的费用为1150亿美元，清理已污染地区花去7000亿美元。1996年美国杜邦公司的化学品销售总额为180亿美元，环保费用为10亿美元。所以，无论是从环保角度还是从经济和社会的要求看，化学工业不能再承担使用和产生有毒有害物质的费用，需要大力研究与开发从源头上减少或消除污染的绿色化工技术。

绿色化工技术是指在绿色化学基础上开发的从源头上阻止环境污染的化工技术。

1.3.1.2 绿色化工在国外的发展

1984年美国环保局首先提出“废物最小化”，初步体现出绿色化学的思想。1989年美国环保局提出“污染预防”——绿色化学思想才初步形成，1990年美国联邦政府通过“防止污染行动”的法令，第一次出现“绿色化学”这个词汇，其定义为采用最少的资源和能源消耗，并产生最小废物排放的化学工艺过程。

1996年美国总统克林顿设立并颁发了“总统绿色化学挑战年度奖”，该奖分别授予4家化学公司与1位化学工程教授，同时还有67项绿色化工技术被列名。该奖设5种奖项：变更合成路线奖、改变溶剂/反应条件奖、设计更安全化学品奖、小企业奖、学术奖。此奖项每年度颁发一次。1996年美国化学会举办了第一届绿色化学和工程会议。

1997年，国际学术界久负盛名的美国Colden会议移师英国牛津，会议以绿色化学为主题，在欧洲掀起了绿色化学的浪潮。其他学术研讨会也纷纷举行。美国于1997年成立了绿色化学协会（GCI），主要目的是促进美国国内及国际的政府和企业与大学和国家实验室等学术、教育、研究机构的协作，其主要活动涉及与绿色化学相关的研究、教育、资源、会议、新闻、出版物、奖励、国际协作等诸多方面。美国绿色化学协会还在加拿大成立了分支机构，建立了加拿大绿色化学网络（CGCN）。“加拿大绿色化学奖”由加拿大化学会组织，主要用于奖励每年在推进绿色化学发展方面作出杰出贡献的个人。

英国皇家化学协会（RSC）创办了绿色化学网络（GCN），其主要目的是在工业界、学术界和学校中促进和普及对绿色化学的了解、教育、训练与实践。在绿色化学化工方面设立了诸多奖项，其中，“绿色化工水晶奖”由The Crystal Green Chemical Technology Faraday Partnership设立，主要奖励在绿色化学化工方面作出杰出贡献的企业或组织；“英国绿色化学奖”由英国皇家化学会、Salter公司、Jerwood慈善基金会、工商部、环境部联合赞助，旨在鼓励更多的人投身于绿色化学研究工作，推广工业界最新发展成果；“化学工程师学会（IChemE）环境奖”主要用于奖励在环境与安全方面做出杰出贡献的单位。

日本在环境技术的研究领域制定了新阳光计划。2000年成立了绿色与可持续化学网（GSCN），主要的目的是促进环境友好、有利于人类健康和安全的绿色化学的研究与开发。其主要的活动涉及绿色与可持续发展化学的研究开发、教育、奖励、国际间的合作、信息交流等许多方面。2002年，日本GSCN发起设立“绿色和可持续发展化学奖”，每年评选一次。2003

年在日本举行了“第一届绿色和可持续发展化学国际会议”，发表了“GSC东京宣言”。

澳大利亚皇家化学研究所RACI（The Royal Australian Chemical Institute）于1999年设立了“绿色化学挑战奖”。此奖项旨在推动绿色化学在澳洲的发展，奖励为防止环境污染而研制的各种易推广的化学革新及改进，表彰为绿色化学教育的推广做出重大贡献的单位和个人。

1.3.1.3 我国的绿色化工活动

1995年，中国科学院化学部确定了《绿色化学与技术》的院士咨询课题。

1996年，召开了“工业生产中绿色化学与技术”研讨会，并出版了《绿色化学与技术研讨会学术报告汇编》。

1997年5月，在以张存浩、闵恩泽和朱清时三位院士为会议执行主席的香山科学会议第72次学术讨论会上，以“可持续发展问题对科学的挑战——绿色化学”为主题拉开了中国绿色化学研究的序幕。

1998年在合肥召开了首届国际绿色化学高级研讨会，以后每年进行一次。目前，中国国际绿色化学高级研讨会已成为国际绿色化学顶级系列会议之一。中国化学会学术年会和化工年会均已将绿色化学作为分会之一。

绿色化学化工的研发课题和教学已在我国高等院校化工类专业蓬勃开展。

1.3.1.4 绿色化工出版物

1998年P. T. Anastas和J. C. Warner发表了“Green Chemistry：Theory and Practice”专著，详细论述了绿色化学的定义、原则、评估方法和发展趋势，成为绿色化学的经典著作。英国皇家化学会主办的“Green Chemistry”，1999年1月创刊，双月刊。该杂志2001年首次被SCI收录，其影响因子即达到了2.111，2005年达到了3.255。直接相关的国际期刊还有《Journal of Cleaner Production》。

1.3.2 绿色化学的定义

1.3.2.1 P. T. Anastas教授绿色化学的定义

绿色化学倡导人，耶鲁大学教授P. T. Anastas教授在1992年提出的“绿色化学”定义是：“The design of chemical products and processes that reduce or eliminate the use and generation of hazardous substances.”（能够减少和消除危险物质的使用和产生的化工产品和化工工艺的设计）。

绿色化学（Green Chemistry）又称为环境友好化学（Environmental Friendly Chemistry）或可持续发展的化学（Sustainable Chemistry）。在绿色化学基础上发展起来的化工技术称为绿色化工技术或清洁生产技术。“绿色化学”强调的是化学，“绿色化工”强调的是化工。

绿色化学与传统化学的不同之处在于：前者更多地考虑社会的可持续发展，促进人和自然关系的协调。绿色化学是人类用环境危机的巨大代价换来的新认识、新思维和新科学，是更高层次上的化学。

绿色化学不是环境化学，前者是研究环境友好的化学反应和技术，如新催化技术、生物技术、清洁合成技术等，后者则是研究影响环境的化学问题。

1.3.2.2 绿色化学是21世纪的化工发展方向

联合国环境规划署和环境规划中心（UNEPIE/PAC）在1989年提出清洁生产这一术语时指出：“清洁生产是指将综合预防的环境保护策略持续应用于生产过程和产品中，以期减

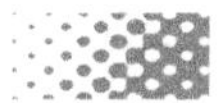

少对人类与环境的风险”。我国政府白皮书《中国21世纪议程》对清洁生产定义是：“清洁生产是指既可满足人们的需要，又可合理使用自然资源和能源，并保护环境的生产方法和措施。其实质是一种物料和能源消费最小的人类活动的规划和管理，将废物减量化、资源化和无害化，或消灭于生产过程之中”。由此可见，清洁生产的概念不仅含有技术上的可行性，还包括经济上的可盈利性，体现了经济效益、环境效益和社会效益的统一。

绿色化学即是用化学的技术和方法去减少或消灭那些对人类健康、社区安全、生态环境有害的原料、催化剂、溶剂和试剂、产物、副产物等的使用和产生。按照绿色化学的原理，理想的化工生产方式应是反应物的原子全部转化为期望的最终产物。

绿色化学是当今国际化学科学研究的前沿，它吸收了当代化学、化工、环境、物理、生物、材料和信息等学科的最新理论和技术，是具有明确的社会需求和科学目标的新兴交叉学科。从科学的观点看，绿色化学是化学和化工科学基础内容的更新，是基于环境友好约束下化学和化工的融合和拓展；从环境观点看，它是从源头上消除污染；从经济观点看，它要求合理地利用资源和能源、降低生产成本，符合经济可持续发展的要求。正因为如此，“绿色化学”将是21世纪科学发展最重要的领域之一，是实现污染预防的最基本和重要科学手段。

1.3.3 绿色化工的12项原则

1.3.3.1 1992年，P. T. Anastas教授提出绿色化工12项原则

(1) 从源头制止污染，而不是在末端治理污染。

(2) 合成方法应具备“原子经济性”原则，即尽量使参加反应过程的原子都进入最终产物。

(3) 在合成方法中尽量不使用和不产生对人类健康和环境有毒有害的物质。

(4) 设计具有高使用效益、低环境毒性的化学产品。

(5) 尽量不用溶剂、助剂等辅助物质，不得已使用时它们必须是无害的。

(6) 生产过程应该在温和的温度和压力下进行，而且能耗最低。

(7) 尽量采用可再生的原料，特别是用生物质代替石油和煤等矿物原料。

(8) 尽量减少衍生物的生成。

(9) 使用高选择性的催化剂。

(10) 化学产品在使用完后能降解成无害的物质并且能进入自然生态循环。

(11) 发展适时分析技术以便监控有害物质的形成。

(12) 选择参加化学过程的物质，尽量减少发生意外事故的风险。

1.3.3.2 2002年，P. T. Anastas教授等又提出了新的绿色化学12条原则

(1) 尽可能利用能量而避免使用物质实现转换。

(2) 通过使用可见光有效地实现水的分解。

(3) 采用的溶剂体系可有效地进行热量和质量传递，同时还可催化反应并有助于产物分离。

(4) 开发具有原子经济性，又对人类健康和环境友好的合成方法“工具箱”。

(5) 不使用添加剂，设计无毒无害、可降解的塑料与高分子产品。

(6) 设计可回收并能反复使用的物质。

(7) 开展“预防毒物学”研究，使得有关对生物与环境方面的影响机理的认识可不断地结合到化学产品的设计中。

(8) 设计不需要消耗大量能源的有效光电单元。

(9) 开发非燃烧、非消耗大量物质的能源。

(10) 开发大量二氧化碳和其他温室效应气体的使用或固定化增值过程。

(11) 实现不使用保护基团的方法进行含有敏感基团的化学反应。

(12) 开发可长久使用、无需涂布和清洁的表面和物质。

在这新的 12 条中，针对社会发展的需要，提出了一些社会迫切需要解决的问题，如能源、温室效应问题等。应该说开始提出的绿色化学 12 条原则仍然是研究绿色化学的具体法则，新提的 12 条只是对原来某些原则的具体化和深化。

1.3.4 绿色化工技术的研究内容

绿色化工技术的研究与开发，如图 1-1 所示。

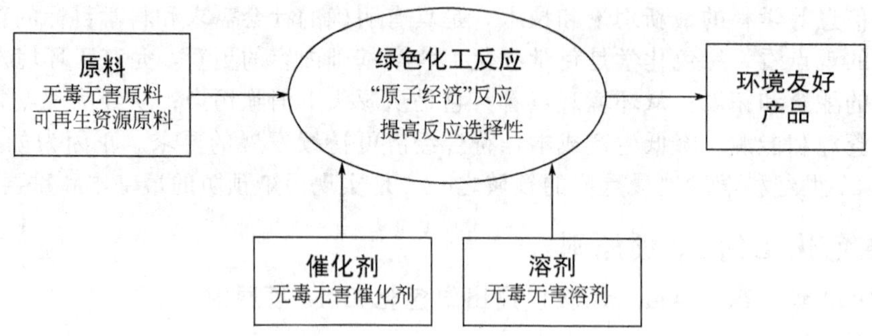

图 1-1 绿色化工技术的研究内容

绿色化工技术的研究内容，归纳起来有下列六个方面。

(1) 开发“原子经济”反应 原子经济性的概念 1991 年由美国斯坦福大学著名有机化学家 Trost 提出，并因此获得 1998 年美国“总统绿色化学挑战奖”中的学术奖。他以原子利用率（Atom Utilization，简称 AU）衡量反应的原子经济性：

$$\text{原子经济性或原子利用率}=\frac{\text{预期产物的分子量}}{\text{反应物质总和的分子量}}\times 100\%$$

原子利用率越高，反应产生的废弃物越少，对环境造成的污染也越少。绿色化学合成应考虑原料分子中的原子更多或全部地转化成最终希望的产品中的原子。如果一个产品的合成无法一步完成的话，那么减少反应步骤也是有意义的，因为步骤越多，可能造成的原子浪费越多，原子利用率越低。

(2) 无毒无害的原料和可再生资源 在现有化工生产中很多情况下仍使用有毒、甚至剧毒的化工原料。为了人类健康和安全，需要用无毒无害的原料代替它们生产所需的化工产品。

利用可再生的资源合成化学品，如利用生物质（Biomass）代替当前广泛使用的石油，是保护环境的一个长远的发展方向。以植物为主的生物质资源是一个可再生的巨大资源宝库，用之不竭，利用可再生生物质资源来消除污染，实现可持续发展，开发生物催化技术是关键。美国国家研究委员会（National Research Council）对生物质原料的利用规划见表 1-2。

表 1-2 美国国家研究委员会生物质原料制产品目标

产品种类	生物质原料产品所占比例/%		
	2000 年	2020 年	2090 年
液体燃料	1～2	10	50
有机化学品	10	25	90

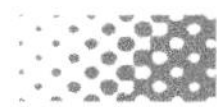

(3) 无毒无害的溶剂　大量的与化学品制造相关的污染问题不仅来源于原料和产品，而是源自在其制造过程中使用的物质。最常见的是在反应介质、分离和配方中所用的溶剂。当前广泛使用的溶剂是挥发性有机化合物（VOC)。其在使用过程中有的会引起地面臭氧的形成，有的会引起水源污染，因此，需要限制这类溶剂的使用。采用无毒无害的溶剂代替挥发性有机化合物作溶剂已成为绿色化学的重要研究方向。常用的代替溶剂有：超临界二氧化碳、超临界水、常温离子液体、两相体系反应、无溶剂体系。

在技术限制的情况下，一般采用毒性较小的溶剂代替原有毒性较大的溶剂。采用无溶剂的固相反应也是避免使用挥发性溶剂的一个研究动向，如用微波来促进固-固相有机反应。

(4) 无毒无害的催化剂　从分子筛、杂多酸、超强酸等新催化材料中大力开发固体酸烷基化催化剂。在固体酸烷基化的研究中，还应进一步提高催化剂的选择性，以降低产品中的杂质含量；提高催化剂的稳定性，以延长运转周期，以提高经济效益。

(5) 环境友好产品　绿色化学现在已有很多环境友好产品生产的实例。如在机动车燃料方面，新配方汽油可减少由汽车尾气中的一氧化碳以及烃类引发的臭氧和光化学烟雾等对空气的污染。这种新配方汽油的质量要求推动了汽油的有关炼油技术的发展。此外，保护大气臭氧层的氟氯烃代用品、防止“白色污染”的生物降解塑料已在使用。

(6) 回收利用　很多合成材料都可以通过回收利用达到循环再利用。如废聚苯乙烯泡沫塑料的回收与利用，聚烯烃、聚氯乙烯的回收与利用，橡胶的回收与利用，从聚酯废料回收其原料等。在化工生产中，要研究和发展循环经济技术，对“三废”进行资源化、减量化、再利用。

1.3.5 绿色化学和化工的发展趋势

纪红兵，佘远斌认为，以下 9 个方面是绿色化学和化工的发展趋势。

(1) 绿色化工产品设计。绿色化工产品设计要求对环境的影响最小化，这包括设计过程中的生命周期分析和循环回收、回用设计等。如果一个产品本身对环境有害，仅仅降低其成本和改进其生产工艺对环境的影响是不够的，化学工业需要思考更多的是产品全生命周期中的成本和收益，特别是要考虑社会和环境的成本。发达国家对于化工产品“绿色化”的要求，以及发展中国家受到“绿色壁垒”的限制，使得化工产品设计的绿色化成为必然趋势。在绿色化工产品设计时，要遵循全生命周期设计、再循环和再使用设计、降低原料和能量消耗设计以及利用计算机技术进行绿色化工产品的设计等原则。

由于化工产品全生命周期的想法尚不能深入化学工业界，化工产品设计的绿色化并没有成为企业发展的机遇，而更多的是企业被大环境所逼而致的。绿色化设计的标准和方法尚未建立也是其发展的重要障碍。还有新材料，如纳米材料的安全性等方面的问题尚待验证。

(2) 原料绿色化及新型原料平台。原料在化工产品的合成中极其重要，它影响了化工产品的制造、加工、生产和使用等过程。为了满足可持续发展的要求，原料的可再生性也是很重要的指标。一种日益枯竭的原料不仅具有环境方面的问题，还有经济上的弊端，因为不可再生原料不可避免地会引起制造费用和购买价格的升高。因此选择原料时，应尽量使用对人体和环境无害的材料，避免使用枯竭或稀有的材料，尽量采用可回收再生原材料，采用易于提取、可循环利用的原材料，使用环境可降解的原材料。基于以上原则，一些新型的原料平台，如以石油化工中的低碳烷烃作为原料平台、以甲醇和合成气作为原料平台、以废旧塑料为原料平台和以生物质作为原料平台等在化工生产中越来越受到瞩目。

在传统化工生产中，经常要使用到有毒、有刺激并对生态不利的原料，这些原料的绿色化是提升化工工艺和技术绿色程度的重要手段。例如碳酸二甲酯，由于其分子中含有甲氧基、羰基和羰甲基，具有很好的反应活性，有望在许多重要化工产品的生中替代光气、硫酸二甲酯、氯甲烷及氯甲酸甲酯等剧毒或致癌物。绿色氧化剂如氧气、双氧水因最终的氧化产物为水，已经在多类反应过程中替代传统的金属盐或金属氧化物氧化剂以及有机过氧化物，并且使反应条件更加温和，选择性更高。

(3) 新型反应技术。迄今为止，化学家研究了大量的化学反应，已有十几年没有新的人名反应出现，因此开发新的反应已经难上加难。从绿色角度来看，由于很多传统有机合成反应用到有毒试剂和溶剂，绿色替代物的开发给这些传统反应的重新研究提供了机遇。另外反应与生物技术、分离技术、纳米技术等的结合使得开发新型反应路径仍有空间。

(4) 催化剂制备的绿色化和新型催化技术。高效无害催化剂的设计和使用成为绿色化学研究的重要内容，选择性对于催化剂的评价和绿色程度的评价来说尤为重要，选择性的提高可开辟化学新领域，减少能量消耗和废物产生量。

目前有关绿色化学的研究中有相当的数量是应用新型催化剂对原有的化学反应过程进行绿色化改进，如均相催化剂的高效性、固相催化剂的易回收和反复使用等。但仅有很少研究者考虑了催化剂制备时的绿色化问题，如催化剂制备过程中废液的处理、催化剂焙烧过程中 NO_x 的排放，催化剂中活性成分的原子经济性、催化剂制备过程中的环境因子和环境熵等。

可以回收并反复使用的固体催化剂是环境友好的催化剂，但固体催化剂一直被普遍认为催化活性较均相催化剂低很多。通过在分子水平上构筑高活性、高选择性的固体催化剂，不仅可解决催化剂的循环回收、反复使用等问题，而且对资源的有效利用和环境保护起着积极的作用。另外，以手性金属配合物为催化剂的不对称催化反应一直是研究的核心，特别是适用范围广的手性助剂的设计和开发、手性功能和催化功能一体化的手性催化剂的设计和开发。研究过程中要注意提高手性活性，避免废弃物的生成，以及降低分离成本。手性剂和手性催化剂由于合成价格昂贵，其循环回收、反复使用性能也非常重要。酶催化剂与仿生催化剂由于在温和条件下的高效性和高度选择性往往是化学催化剂望尘莫及的，已引起了广泛的重视。

(5) 溶剂的绿色化及绿色溶剂。目前在反应介质、分离和配方中所广泛使用的溶剂是挥发性有机化合物（VOCs），因此需要限制这类溶剂的使用。采用无毒无害的溶剂，代替挥发性有机化合物作溶剂已成为绿色化学的重要研究方向，最好不用，或用环境友好的代替物替代环境不友好的溶剂。

对溶剂实现闭路循环，是解决溶剂对人类和环境影响的最终解决方法。另外超临界流体和离子液体与生物催化的结合、水作为溶剂和无溶剂系统均是目前研究者关注的焦点。

(6) 新型反应器及过程强化与耦合技术。许多工艺的改进，如反应器的设计、单元过程的耦合强化，成为绿色化工技术得以实现的基础，可极大地提高原子效率并降低能耗。微波、超声波应用于有机反应，能加快反应速度、缩短反应时间、提高产率和反应选择性、具有温和的反应条件等多种有利因素，近些年来更是作为一种绿色化学的有效手段广泛应用于有机合成中。作为光驱动的化学反应，紫外光和可见光由于其一定范围的波长，对于某些材料，如二氧化钛、半导体等，具有激发这些材料介电子的某些能带的作用，这些光源本身及受光源激发的材料具有良好的氧化性能，已广泛用于氧化反应、污染物处理等，具有极大的研究和开发价值。对一些条件非常苛刻的反应，包括温室气体的化学转化、空气中有害气体的净化等，等离子体技术的采用则非常容易解决这些问题。若等离子体与催化剂的协同作用，则可以降低等离子体击穿电压和反应温度，提高反应活性。

各种耦合技术对于化工技术开发的成功及工业化具有特别重要的作用。目前，单元操作通常是在各自的装置上完成，由于产物中混有溶剂和催化剂，在反应之后需进行分离。反应

与分离的耦合，可克服上述诸多不足，使得反应与分离在同一区域完成。“二合一”或“多合一”可能是对反应与分离过程在容器的同一区域内完成的最简单描述。另外，从大多数反应分离实例来看，如反应物的不断动态移走，可使得反应平衡发生移动，而反应的顺利进行有利于分离效率的进一步提高。反应与分离的集成毫无疑可以大大简化操作过程，缩短整个反应时间，减少中间产物与反应体系之间的分离和提纯，充分有效利用反应器，减少中间产物的损失。特别是对于不稳定的反应中间物，如原位生成中间物立即用于下个反应中，可充分提高中间物的利用效率；对于同时存在吸热和放热反应来说，放热反应的热量可以填补或部分填补吸热反应的需要。

(7) 新型分离技术。在美国，各种分离过程耗费了工业所消耗能源总量的 6%，它们占工厂花费的 70%，因此研究新型分离技术对于国民经济来说非常重要。分离追求的目标是节省能源、减少废物、避免废物盐的产生、减少循环、避免或减少有机溶剂的使用等。目前超临界流体萃取、分子蒸馏以及膜的使用以及生物分子和大分子的分离是研究的焦点。超临界流体萃取和分子蒸馏涉及高压或高真空，设备一次性投资大，操作条件也较为苛刻，这是阻碍其大规模推广应用的主要因素。用于生物大分子的新型分离手段成本较高，需进一步开发新的技术，降低成本。

(8) 绿色化工过程系统集成。可持续发展给传统的过程系统工程提出了新的挑战，为此，必须研究绿色过程系统集成的理论及方法。作为过程工业中的重要组成——化学工业，绿色化工过程系统集成涉及的是一个“化学供应链”的问题，涵盖从分子→聚集体→颗粒→界面→单元→过程→工厂→工业园的全过程，主要研究与“化学供应链”相关的过程工程或产品工程的创造、模拟、优化、分析、合成/集成、设计和控制等问题，并将环境、健康和安全对过程或产品的影响作为约束条件或目标函数嵌入模型中，以多目标、多变量、非线性为重要特征，以全系统的经济、环境和资源的协调最优为最终目标。

(9) 计算化学与绿色化学化工结合。模拟化学的数值运算与计算机化学的逻辑运算结合起来进行“分子的理性设计”，将是 21 世纪化学的特色之一。将使化学成为绿色的、更高境界的化学。在进行绿色化工工艺和技术的过程中，借助于量子化学计算的结果，可以更为精确地选择底物分子、催化剂、溶剂以及反应途径，这样可使用尽可能少的实验达到预期目标，大大减少了实验次数，提高研究效率。模拟是绿色化工技术开发的重要工具，它是在计算机上快速建立试验模型，具有比实验室和工厂成本低和快速的特点。随着计算机的不断进步及其应用越来越广泛，研究原料、反应器设计、过程开发、经济和商业模型模拟等复杂问题的解决将成为可能。对绿色化工技术的成功应用，将需要开发更多的对原料、生产过程和商业过程集成的计算方法。

1.4 化工及其在国民经济中的作用和地位

1.4.1 化工的含义

世界是由物质组成的，化学是在原子和分子的水平上研究物质的组成、结构、性质及其变化规律的科学。化学是人类认识和改造物质世界的主要方法和手段之一，直至目前，化学仍是一门以实验为基础的自然科学，是自然科学中最重要的一门基础学科。近代科学的发展，则更要依赖于化学的发展。

化学家主要对合成新物质，发现新的化学反应，测定物质的化学结构和性质，以及新的机理、规律、理论感兴趣。迄今为止，人类发现和创造的 1200 多万个化合物各自有其性质和功能。

从事技术研究的工程师所关心的是将化学知识、规律和理论用于最有效地改变和利用自然资源，生产各种产品以利于人类，这就是化工。化工属于技术领域，化学工业、化学工程和化学工艺的总称或其单一部分都可称为化工。化工的范围不断扩充，并形成新的名词，如：环境化工、化工自动化、化工过程模拟、化工技术经济、化工安全等。

化学工业按化学特性分为无机化学工业和有机化学工业；化学工业按原料可分为：石油化工、天然气化工、煤化工、磷化工、氟化工、油脂化工、生物化工、农林化工等；化学工业按产品又可分为：氯碱化工、纯碱化工、硫酸化工、农药化工、染料化工、医药化工、日用化工等等。

化工产品按吨位又分为：通用化工产品（又称：大宗化学品、大吨位化工产品）、精细化学品，前者指产量大的一些产品，如氨、乙烯、甲醇、硫酸、烧碱等等，后者指产量小、品种多、附加价值高的产品，如药品、染料、农药、催化剂等等。

化学工艺 即化工技术或化工生产技术。它是指将原料物质主要经过化学反应转变为产品的方法和过程，包括实现这一转变的全部措施。化学工艺学是以产品为目标，研究化工生产过程的学科，目的是为化学工业提供技术上最先进、经济上最合理的原理、流程、方法、设备。

化学工程 研究化工生产过程中有关的化学过程和物理过程的一般原理和共性规律，解决过程及装置的开发、设计、操作及优化的理论和方法问题。化学工程随化学工业的产生而出现，并随其发展而发展。当今已形成一大门类工程技术学科体系，即现代化学工程学科体系。

1.4.2 我国化工企业分类

1.4.2.1 化工行业分类

根据我国 GB/T 4754—2011《国民经济行业分类》，本书所研究的化工企业管理主要包括下述化工产品制造企业：26 大类的化学原料和化学制品制造业、14 大类食品制造业中的“食品及饲料添加剂制造”、27 大类医药制造业中的“化学药品原料药制造”、51 大类批发业中的“化工产品批发和进出口活动”，以及化工产品的运输、仓储企业。如表 1-3 所示。

表 1-3 国民经济行业（化工）分类和代码表

代码			类别名称	说　明
大类	中类	小类		
14			食品制造业	
	149		其他食品制造	
		1495	食品及饲料添加剂制造	指增加或改善食品特色的化学品，以及补充动物饲料的营养成分和促进生长、防治疫病的制剂的生产活动
26			化学原料和化学制品制造业	
	261		基础化学原料制造	
		2611	无机酸制造	
		2612	无机碱制造	指烧碱、纯碱等的生产活动
		2613	无机盐制造	
		2614	有机化学原料制造	
		2619	其他基础化学原料制造	

续表

代码			类别名称	说　明
大类	中类	小类		
	262		肥料制造	指化学肥料、有机肥料及微生物肥料的制造
		2621	氮肥制造	指矿物氮肥及用化学方法制成含有作物营养元素氮的化肥的生产活动
		2622	磷肥制造	指以磷矿石为主要原料，用化学或物理方法制成含有作物营养元素磷的化肥的生产活动
		2623	钾肥制造	指用天然钾盐矿经富集精制加工制成含有作物营养元素钾的化肥的生产活动
		2624	复混肥料制造	指经过化学或物理方法加工制成的，含有两种以上作物所需主要营养元素(氮、磷、钾)的化肥的生产活动;包括通用型复混肥料和专用型复混肥料
		2625	有机肥料及微生物肥料制造	指来源于动植物，经发酵或腐熟等化学处理后，适用于土壤并提供植物养分供给的，其主要成分为含氮物质的肥料制造
		2629	其他肥料制造	指上述未列明的微量元素肥料及其他肥料的生产
	263		农药制造	指用于防治农业、林业作物的病、虫、草、鼠和其他有害生物，调节植物生长的各种化学农药、微生物农药、生物化学农药，以及仓储、农林产品的防蚀、河流堤坝、铁路、机场、建筑物及其他场所用药的原药和制剂的生产活动
		2631	化学农药制造	指化学农药原药，以及经过机械粉碎、混合或稀释制成粉状、乳状和水状的化学农药制剂的生产活动
		2632	生物化学农药及微生物农药制造	指由细菌、真菌、病毒和原生动物或基因修饰的微生物等自然产生，以及由植物提取的防治病、虫、草、鼠和其他有害生物的农药制剂生产活动
	264		涂料、油墨、颜料及类似产品制造	
		2641	涂料制造	指在天然树脂或合成树脂中加入颜料、溶剂和辅助材料，经加工后制成的覆盖材料的生产活动
		2642	油墨及类似产品制造	指由颜料、联结料(植物油、矿物油、树脂、溶剂)和填充料经过混合、研磨调制而成，用于印刷的有色胶浆状物质，以及用于计算机打印、复印机用墨等的生产活动
		2643	颜料制造	指用于陶瓷、搪瓷、玻璃等工业的无机颜料及类似材料的生产活动，以及油画、水粉画、广告等艺术用颜料的制造
		2644	染料制造	指有机合成、植物性或动物性色料，以及有机颜料的生产活动
		2645	密封用填料及类似品制造	指用于建筑涂料、密封和漆工用的填充料，以及其他类似化学材料的制造
	265		合成材料制造	
		2651	初级形态塑料及合成树脂制造	也称初级塑料或原状塑料的生产活动，包括通用塑料、工程塑料、功能高分子塑料的制造
		2652	合成橡胶制造	指人造橡胶或合成橡胶及高分子弹性体的生产活动
		2653	合成纤维单(聚合)体制造	指以石油、天然气、煤等为主要原料，用有机合成的方法制成合成纤维单体或聚合体的生产活动

续表

代码			类别名称	说明
大类	中类	小类		
		2659	其他合成材料制造	指陶瓷纤维等特种纤维及其增强的复合材料的生产活动；其他专用合成材料的制造
	266		专用化学产品制造	
		2661	化学试剂和助剂制造	指各种化学试剂、催化剂及专用助剂的生产活动
		2662	专项化学用品制造	指水处理化学品、造纸化学品、皮革化学品、油脂化学品、油田化学品、生物工程化学品、日化产品专用化学品等产品的生产活动
		2663	林产化学产品制造	指以林产品为原料，经过化学和物理加工方法生产产品的活动
		2664	信息化学品制造	指电影、照相、医用、幻灯及投影用感光材料、冲洗套药，磁、光记录材料，光纤维通讯用辅助材料，及其专用化学制剂的制造
		2665	环境污染处理专用药剂材料制造	指对水污染、空气污染、固体废物等污染物处理所专用的化学药剂及材料的制造
		2666	动物胶制造	指以动物骨、皮为原料，经一系列工艺处理制成有一定透明度、黏度、纯度的胶产品的生产活动
		2669	其他专用化学产品制造	指其他各种用途的专用化学用品的制造
	268		日用化学产品制造	
		2681	肥皂及合成洗涤剂制造	指以喷洒、涂抹、浸泡等方式施用于肌肤、器皿、织物、硬表面，即冲即洗，起到清洁、去污、渗透、乳化、分散、护理、消毒除菌等功能，广泛用于家居、个人清洁卫生、织物清洁护理、工业清洗、公共设施及环境卫生清洗等领域的产品（固、液、粉、膏、片状等），以及中间体表面活性剂产品的制造
		2682	化妆品制造	指以涂抹、喷洒或者其他类似方法，撒布于人体表面任何部位（皮肤、毛发、指甲、口唇等），以达到清洁、消除不良气味、护肤、美容和修饰目的的日用化学工业产品的制造
		2683	口腔清洁用品制造	指用于口腔或牙齿清洁卫生制品的生产活动
		2684	香料、香精制造	指具有香气和香味，用于调配香精的物质——香料的生产，以及以多种天然香料和合成香料为主要原料，并与其他辅料一起按合理的配方和工艺调配制得的具有一定香型的复杂混合物，主要用于各类加香产品中的香精的生产活动
		2689	其他日用化学产品制造	指室内散香或除臭制品，光洁用品，擦洗膏及类似制品，动物用化妆盥洗品，火柴，蜡烛及类似制品等日用化学产品的生产活动
27			医药制造业	
	271	2710	化学药品原料药制造	指供进一步加工化学药品制剂所需的原料药生产活动
28			化学纤维制造业	
	281		纤维素纤维原料及纤维制造	
		2811	化纤浆粕制造	指纺织生产用黏胶纤维的基本原料生产活动
51			批发业	
	516		矿产品、建材及化工产品批发	指煤及煤制品、石油制品、矿产品及矿物制品、金属材料、建筑和装饰装修材料以及化工产品的批发和进出口活动

续表

代码			类别名称	说　　明
大类	中类	小类		
		5166	化肥批发	
		5167	农药批发	
		5169	其他化工产品批发	
53			铁路运输业	
	532	5320	铁路货物运输	
54			道路运输业	
	543	5430	道路货物运输	指所有道路的货物运输活动
55			水上运输业	
	552		水上货物运输	
		5521	远洋货物运输	
		5522	沿海货物运输	
		5523	内河货物运输	指江、河、湖泊、水库的水上货物运输活动

本书研究的化工企业管理不包括石油化工企业，石油化工企业有着特殊的管理要求。在《国民经济行业分类》中，25 大类是“石油加工、炼焦和核燃料加工业”，是“从天然原油、人造原油中提炼液态或气态燃料以及石油制品的生产活动，从油母页岩中提炼原油的生产活动，从硬煤和褐煤中生产焦炭、干馏炭及煤焦油或沥青等副产品的炼焦炉的操作活动等”不属于本书讨论的化工生产活动。GB 50160—2008《石油化工企业设计防火规范》对石油化工企业（petro chemical enterprise）的术语是：以石油、天然气及其产品为原料，生产、储运各种石油化工产品的炼油厂、石油化工厂、石油化纤厂或其联合组成的工厂。当然，由于化工企业的许多原料由石油化工企业提供，化工企业管理的有些方面，特别是安全管理也参照了对石油化工企业的要求。

1.4.2.2　企业规模分类

根据工业和信息化部、国家统计局、国家发展和改革委员会、财政部联合制定的《中小企业划型标准规定》(工信部联企业〔2011〕300 号文)，按企业的营业收入和从业人员同时达到的标准来划分中、小、微型企业，详见表 1-4。

表 1-4　中、小企业划型标准

行业	营业收入 A/万元			从业人员 B/人		
	中型	小型	微型	中型	小型	微型
工业	$40000>A\geqslant2000$	$2000>A\geqslant300$	$300>A$	$1000>B\geqslant300$	$300>B\geqslant20$	$20>B$
批发业	$40000>A\geqslant5000$	$5000>A\geqslant1000$	$1000>A$	$200>B\geqslant20$	$20>B\geqslant5$	$5>B$
交通运输业	$30000>A\geqslant3000$	$3000>A\geqslant200$	$200>A$	$1000>B\geqslant300$	$300>B\geqslant20$	$20>B$
仓储业	$30000>A\geqslant1000$	$1000>A\geqslant100$	$100>A$	$200>B\geqslant100$	$100>B\geqslant20$	$20>B$

注：工业包括采矿业，制造业，电力、热力、燃气及水生产和供应业。

本规定的中型企业标准上限即为大型企业标准的下限，国家统计部门据此制定大中小微型企业的统计分类。

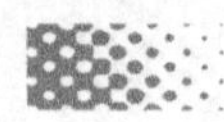

涉及化工产品的制造、批发零售、物流的化工企业的规模均按上述分类。对支持中小企业的发展，《中华人民共和国中小企业促进法》和国务院《关于进一步促进中小企业发展的若干意见》(国发〔2009〕36号）有明文规定。

1.4.3 化工在国民经济中的作用和地位

凡是制造业，都是原料经物理变化或化学（包括生物化学）变化后成为新的产品。因此，可以毫不夸张地说，化工创造了人类现代物质文明的世界；没有化工，没有现代化的社会。

令人神往的宇宙航行，若没有以化工为基础的材料科学成果，是不可想象的；先进的计算机，若没有通过化工方法研制出的半导体材料，是不会成功的；环境科学是从化学化工中衍生出来的；分子生物学、遗传工程学也与化学有着密切的联系。

石油和化学工业是国民经济的支柱产业和基础产业。石油化学工业资源、资金、技术密集，产业关联度高，经济总量大。农业、能源、医药、机械、纺织、轻工、家电、建材、包装、国防、航天航空等产业以及战略新兴产业的发展都需要石油化学工业提供基础原材料和配套产品。

化工为农副业提供化肥、农药、植物激素及生长调节剂、农膜、土壤改良剂、饲料添加剂等；

化工为人类提供防治疾病的生物制药、化学合成药和中药制剂；

化工为国防提供了各种必需的化学品；

化工为航空航天、信息产业提供了各种高新技术产品；

……

在能源领域，人类从自然界获得并且可直接加以利用的热源和动力源，包括煤、石油、天然气、油田气等，林木秸秆等植物燃料，除沼气、核燃料、水能、风能、地热能、海洋能和太阳能等一次能源外，还可通过化学加工得到汽油、柴油、煤油、重油、渣油和人造汽油等液体燃料和煤气、液化石油气等气体燃料的二次能源。在太阳能、风能、车用新能源等领域，配套化工产品的规模化生产为新能源发展奠定了坚实的基础。

化工已成为一个国家国民经济的重要支柱。在当今世界综合国力的竞争中，化工能否保持领先地位，已成为一个国家能否取胜的重要因素之一。历史已证明：从开始的英国、法国，到后来的德国、日本，再到现在的美国，他们成为世界一流强国的时候，无一例外的也是世界一流的化工强国。

1.5 我国化工企业管理的发展和挑战

1.5.1 我国化工企业发展历程

我国的近代化学工业发展较晚。1876年在天津兴办我国第一座铅室法硫酸厂，日产硫酸约2t，这是我国近代化学工业的开始；1889年在唐山建成我国第一座硅酸盐水泥厂（唐山细绵土厂，后为：启新水泥厂）；1905年在陕西延长兴办了我国第一座石油开采和炼制企业，1907年开钻出油。1921年在南京建设了中国水泥厂。这些都是我国一批有远见的实业家投资的企业。

1923年，吴蕴初在上海创办天厨味精厂，生产的味精（食品添加剂）畅销国内及远销出口；1929年创办天原电化厂，生产盐酸、烧碱、漂白粉；1934年创办天盛陶器厂，同年创办天利氮气厂，生产合成氨与硝酸。

另一个更著名的化工企业家是范旭东，1914 年于天津塘沽集资创办久大精盐股份有限公司，1917 年筹办永利制碱公司，任命侯德榜为技师长，1926 年生产出高质量的红三角牌纯碱，扬名国内外。1930 年，范旭东在南京创建永利铔厂（现中石化南京化学工业公司），设计规模为日产合成氨 39t、硫酸 120t、硫铵 150t、硝酸 10t，是中国第一座化学肥料厂，侯德榜任厂长。1937 年，装置建成投产，生产出我国第一包“红三角牌”硫酸铔（即硫酸铵，当时称肥田粉）。

1918 年建立的大连染料厂（日资“大和染料株式会社”）是中国土地上的第一个染料厂，1919 年建立了青岛染料厂。20 世纪 30 年代，在上海先后成立了大华、中孚、华元、华安、美华、华生等民族资本的染料厂，40 年代天津建立起维新染料厂（日资）、大清化工厂、东升染料厂等。这些染料厂生产的主要是硫化黑染料。还有一些药厂、肥皂厂、香精香料厂等。

1947 年，民国政府在南京燕子矶兴办南京化工厂（现已迁入中石化南京化学工业公司）。但直到 1949 年，我国的化学工业还是很弱，在世界上毫无地位。年产化肥仅 2.7 万吨，硫酸 4 万吨；原料药仅 40 种，总产量不到 100 吨，有机化学工业几乎还是空白；除少量电木外尚无高分子产品。1949 年全国化工总产值仅占全国工业总产值的 1.6%。

新中国成立后，经过了三年经济恢复期后，我国实施第一个五年计划（1953～1957），以苏联帮助中国建设的 156 个项目为中心，以 694 个大中型项目为重点，以发展重工业为主，建立起我国社会主义工业化的初步基础。新建了一些大型化工企业，如吉林、太原、兰州三个化工区和保定电影胶片厂、石家庄华北制药厂，并扩建了大连、南京、天津、锦西等地的几个老化工企业，组建了一批化工研究、设计、施工队伍。随后又建了几个塑料（聚氯乙烯）及合成纤维（聚酰胺-6）厂，开创了我国高分子化工产品的生产。1956 年 5 月，我国设立了化学工业部。

虽然我国石油化学工业起步较晚，但发展迅速。20 世纪 50 年代开始从国外引进了炼油装置和石油化工设备；1961 年我国在兰州建成了用炼厂气为原料裂解生产乙烯装置，开创了我国石油化学工业的先河。60 年代开发了大庆油田，从此我国的石油炼制工业有了大规模的发展。70 年代，随着我国石油工业的迅速发展，集中力量建设了十几个以油气为原料的大型合成氨厂，并在北京、上海、辽宁、四川、吉林、黑龙江、山东、江苏等地建设了一大批大型石油化工企业。

至 80 年代，更组建了一批大型石油化工联合企业，这些企业在现在的全国 500 强企业中许多是名列前茅的。1983 年，我国成立石油化工总公司，对炼油、石化、化纤和化肥企业实施集中领导，统筹规划，从而加快了我国化学工业的发展进程。

随着我国改革开放政策的实施，化学工业发展更加迅猛，不但石油化工在世界上地位飞速上升，精细化学品生产也从无到有。合成氨、化肥、电石、硫酸、氯碱、染料、医药、农药等数十种化工产品产量已位居世界第一，化学工业已形成一个门类齐全、品种基本配套的工业体系。我国在 20 世纪下半叶才开始工业化进程，比欧洲晚了 200 年。但中国还是取得了举世瞩目的成就。可以预见，中国化工行业在 21 世纪会有更快、更强的发展。

1.5.2 我国化工企业管理的演变

我国化工企业的发展和管理大体上可分五个阶段。

(1) 清末和民国时期属我国化学工业初创时期。在中国贫穷积弱，列强环伺，面临着主权分裂、军阀割据乃至亡国亡种的严峻形势下，一批海外留学归国的知识分子，怀着科学救国、实业救国的梦想，为发展我国民族化学工业和科学研究事业做出了巨大贡献。

(2) 新中国建立初期至1956年，我国化工企业的管理是学习苏联，厂长负责，三总师（总工程师、总会计师、总经济师）管理。是计划经济指导下的厂长负责制。

(3) 1956年，我国大陆完成社会主义工商业改造，随后企业实行党委领导下的厂长负责制和职工代表大会制度。

(4) 1966—1978，文化大革命破除了所谓“管、卡、压”的企业规章制度，企业管理混乱。在此期间，乡镇企业异军突起，以苏南地区为代表的乡镇集体化工企业大量发展。国有、集体化工企业实施党委负责制。

(5) 1978—2000，是我国化工行业市场经济发展的初级阶段。中共十一届三中全会确定了我国实施改革开放政策，全社会发展经济的积极性不断提高。我国国有、外资企业投资建设了许多重大化工项目。在乡镇集体化工企业发展的基础上，民营化工企业蓬勃兴起。

1979年开始了“拨乱反正”工作，那时的国营和集体化工企业的管理模式是党委领导下的厂长负责制。

1984年中共十二届三中全会，通过了《中共中央关于经济体制改革的决定》，实施以厂长为法人代表的厂长负责制，要求大中型企业，在厂长领导下建立“三总师”（总工程师、总经济师、总会计师）管理体制。

总工程师是企业科技管理的总负责人，在厂长的领导下，对企业的科技工作全面负责。其基本职责是加强企业科技管理，推动技术进步。具体地说，一是认真贯彻执行党和国家有关科技工作的方针、政策、法令和法规以及上级主管部门制定的有关技术工作的规定；二是组织编制和实施企业科技发展规划，技术革新、技术改造、新产品试制的计划；三是组织建立企业技术管理、设备管理、产品质量管理、科技资料管理等各种制度，推动企业现代化管理工作；四是负责组织制定并督促实施全员技术培训，加强对职工的技术教育和考核，主持专业技术人员的评审和聘任工作；五是负责开展对外技术交流活动，学习、运用、推广最新技术成果和先进技术管理方法，组织引进技术的消化和移植工作。

总经济师是企业经营管理方面的总负责人，在厂长的领导下，对企业的经营管理工作全面负责。其基本职责是加强企业经营管理，提高经济效益。具体地说，一要贯彻执行党和国家的有关方针政策和经济法规；二是负责拟定企业经营战略决策，提出企业经营目标、经营方针、经营策略和经营计划方案，负责编制企业的中长期发展规划；三是组织建立健全经济责任制，核定企业经济技术指标，制定经营工作制度，负责企业全面经营计划管理，建立健全全面计划管理体系；四是组织市场调查和需求预测，搞好经济情报工作的收集、分析和处理，组织产品销售；五是加强横向经济联系，做好对内对外经济合同的审定工作，进行经济论证；六是组织编制并督促执行经济计划、统计管理人员的业务培训规划，主持经济计划、统计人员专业技术职务聘任的业务水平的评审工作。

总会计师是企业财会管理工作的总负责人，在厂长的领导下，对企业财务管理和经济核算工作全面负责。其基本职责是严格维护国家财经纪律，精打细算，开辟财源。具体地说，一是贯彻执行党和国家各项财经法令、法规、政策、条例和制度，严格执行和维护财经纪律；二是组织编制和监督执行企业财务计划，参与拟定生产、技术、经营计划和企业发展规划、投资方案，参与建立健全经济责任制，会审对外经济合同；三是搞好企业各种资金的管理，建立健全各项财务管理制度，使资金合理使用和正常运用，组织财务检查，搞好审计监督，对违反国家财经制度的行为要坚决制止并督促纠正；四是组织企业全面经济核算工作，定期开展经济活动分析，考核经济效益和经营成果；五是组织编制并督促执行财会、核算人

员的业务培训规划，主持财会人员专业技术职称聘任的业务水平评审。

十二届三中全会后，化工部在全国开展了化工企业管理的培训，为提升我国化工企业管理打下了基础。化工部在全国化工企业推行全面质量管理（TQC），开展QC质量小组活动；制定化工行业标准、推行经济责任制和工作标准化；制定企业各项管理的规定和制度。这些都有力地推动了化工企业工作和厂长负责制的落实。

上世纪最后十年，随着现代企业制度在我国的推行，国有、集体企业改制，激发了企业家无限的创业热情，我国民营化工企业蓬勃发展。

(6) 20世纪末，我国石油化工行业进入了高速发展时期。企业要做大做强走向海外，石油和化工行业必须加快调整升级，大力发展高端化学品和化工新材料，以满足战略新兴产业和相关产业的更高要求。1998年我国化工部撤销，成立了过渡的国家石油和化学工业局。2001年国家石化局撤销，成立了中国石油和化学工业联合会（官方网站 http：//www.cpcia.org.cn，原名：中国石油和化学工业协会)，开展行业管理工作，表明我国石油化工行业完全市场化，政府职能转为加强宏观调控和执法监管。

中国石油和化学工业联合会的会员单位有化工企业管理、石油、农药、染料、氮肥、磷肥、硫酸、氯碱、腐殖酸、纯碱、橡胶、涂料、染料、电石、化学试剂、工业气体、胶黏剂和胶黏带、氟硅有机材料、化学矿业、造纸化学品、聚氨酯、膜工业、化工装备、石油和化工勘察设计、化工施工、工业防腐蚀技术、石油和化工自动化、化工机械动力技术、化工节能技术、化工环保、化工情报信息、监控化学品、合成橡胶、磁记录材料、无机盐、工业清洗等45个专业协会和我国各省、市化工协会，在行业管理上发挥了一定作用。

1.5.3 我国化工企业管理面临的挑战

1.5.3.1 我国化工进入了新的发展时期

经过改革开放30多年的发展，“十二五”时期，我国已进入全面建设小康社会的关键时期，也是加快转变经济发展方式的攻坚时期，经济全球化深入发展，国内外经济形势将继续发生深刻变化，我国石油和化学工业发展既面临有利的机遇，也有诸多严峻挑战。

从国际看：随着国际经济秩序深入调整，全球化学产业发展重心快速向具有资源优势的中东地区和拥有市场优势的亚太地区转移，产业格局将会发生变化。“和平、发展、合作”的国际环境，总体上有利于我国石化化工企业广泛、深入参与国际合作与竞争，有利于我国化工企业走出去，走向世界。国际金融危机之后，世界各国加快开发新技术，发展绿色低碳新兴产业，发达国家继续占据国际竞争的制高点。世界局部地区政治冲突和经济动荡，国际原油价格将会出现大幅度波动。一些自由贸易区的建立，在促进部分行业良性发展、改善境外产品市场准入条件的同时，也加剧了部分石化化工产品的市场竞争。国际贸易保护主义抬头，使化工领域贸易摩擦频发，围绕市场、资源、能源、技术等方面的竞争更趋激烈。而应对全球气候变化又对石化和化学工业的发展提出新的挑战。

从国内看：我国经济将继续保持平稳较快发展，工业化、城镇化和农业现代化不断深入，化工产品内需市场潜力巨大。随着经济结构的战略性调整，工业转型升级的步伐不断加快，要求化学工业必须加快调整和升级，大力发展高端化学品和化工新材料，以满足高新技术产业和战略新兴产业的更高需求。随着我国建设资源节约型和环境友好型社会战略的实施，化学工业在资源保障、节能减排、淘汰落后、环境治理、安全生产等方面，面临着更加严峻的形势和任务。

1.5.3.2 我国化工企业管理面临的挑战

在新的发展历史阶段，我国化工企业管理面临的挑战主要表现为以下几方面。

（1）创新能力差。我国化工企业研发落后，创新能力差。大多数民营化工企业技术和产品创新停留于引进、仿制，缺少自我创新能力，转型升级缓慢。一边是化工企业没有研发机构，和国外的研发创新以企业为主体差距很大；另一边是高校创新缺少市场导向，产学研脱节。

（2）品牌意识不强。我国很多化工产品的产量已位于世界前列，但缺乏叫得响的品牌，许多企业不重视品牌建设，停留在为跨国公司贴牌生产阶段。在国际市场上缺少定价权，为跨国公司打工，大而不强。

（3）员工素质较低。化工行业是一个高技术含量的行业，但由于化工企业被“妖魔化”，大部分员工是中年农民工，综合素质较低。高素质的大学生不愿进化工企业工作，我国培养的大量硕士、博士很少进入企业。也缺乏高素质的化工企业管理人员和国际化人才。

（4）装备状况差。特别是精细化工行业，装备状况落后，机械化、自动化程度低。造成生产环境差，危害员工健康，劳动生产效率低。

（5）缺乏行业管理。大多数民营化工企业，由于缺乏行业管理指导，管理停留在粗放的形式。企业缺少理性的战略和经营决策管理，缺少规避风险的能力。社会上的众多企业管理咨询公司由于对化工行业缺乏本质的了解，对化工企业的管理培训停留在表面，无法深入。

（6）化工生产与环境保护矛盾突出。以末端治理为主导的化工企业环境保护工作流于形式，清洁生产和循环经济较少实质性进步，企业保护环境的内生动因不强。许多企业管理人员对“环境保护是化工企业的生命线”这一理念缺乏理解，化工生产与环境保护矛盾尖锐。个别地方环境保护行政主管部门谈“化”色变，将化工与环保严重对立起来，阻碍了化工的发展。

（7）安全工作管理不到位。化工企业安全管理人员不懂化工生产是普遍现象，企业濒于应付检查，化工生产安全管理工作多停留于上面，停留于台账，难于将安全工作落实到车间、班组。

（8）功利化倾向。少数企业管理功利化倾向严重，缺乏法律意识和社会责任感，乐于“闯红灯”。有些企业不关心员工、周边社区群众的利益，严重挤压了企业的发展空间。

1.6 现代化工企业管理体系简介

1.6.1 现代化学工业的特点

现代化学工业具有许多不同于其他工业部门的特点。

（1）装置型工业　化工生产是在装置内连续性地进行（非工艺连续化），即物料在整套装置中连续移动，它有别于机械产品、电子产品等是“离散型”生产。化工生产装置一般由若干种设备构成为整套装置，生产装置的投资额占总投资的比例很大，因而具有装置的规模经济性。

（2）资金密集型工业　装置型工业的特点决定了化学工业是资金密集度较高的工业。除了一次性投入高外，由于多数化工产品的生产工艺流程较长，设备维修费用高、流动资金占用量大。

（3）知识和技术密集型工业　化工产品品种繁多，生产工艺路线和工艺技术复杂多样。特别是化工生产自动化程度提高，要求更高更多的知识和技术，要求管理人员和技术人员的团队合作。这些知识和技术涵盖了企业管理学、化工技术经济、营销学、化学、化工设备、化学工程、自动化、过程与控制、土建工程、安全工程、环境工程、工业卫生、公共关系等众多学科。

（4）特殊危险工业　化工生产过程常涉及高温、压力、真空、低温、腐蚀、有毒、易燃、易爆等苛刻条件。设备选用往往材料特殊、要求特别、价格昂贵，厂房常需通风排毒、耐火耐腐等特殊要求，管理也有许多特殊要求，有许多法律、法规和标准规定。

（5）高能耗、资源密集型工业　化学工业的能源消耗仅次于冶金工业，耗电量占各行业首位，能源不仅是生产中的动力，有时还是重要的原料。化工产品的原材料费用约占产品本成的60%～70%，其中大部分是自然资源，如石油、天然气、煤、盐等（未来化工的发展应越来越多地利用再生的生物质原料）。

（6）多污染工业　化学工业是产生污染物种类最多的行业。因为在主化学反应外，基本上都伴随着副反应的发生；产品要达到一定的质量要求，生产过程中基本上都要有精制除杂过程。这样，化工生产就伴随着化学物质的排放，有些是对环境有害，有些对人体健康有害。所以尽可能地减少排放，实施循环经济，对排放物进行无害化处理，降低排放物对环境和人类健康的影响，是每个化工企业家和每个员工义不容辞的责任。

1.6.2　现代企业制度

企业制度包含了产权结构、管理体制、运行制度三个方面。从企业制度演变的过程看，不同企业的发展阶段，不同企业的产权结构，就会形成不同的内部管理体制和运行制度。

1.6.2.1　企业管理体制的5种模式

由于企业产权结构的不同，企业内部管理体制基本上有5种模式。

（1）亲情化管理模式。这种管理模式利用家族血缘关系中的一个很重要的功能，即内聚功能，也就是试图通过家族血缘关系的内聚功能来实现对企业的管理。这是私营有限责任公司常用的管理模式。从历史上看，一个企业在其创业的时期，这种亲情化的企业管理模式确实起到过良好的作用。但是，当企业发展到一定程度的时候，尤其是当企业发展成为大企业以后，家族血缘关系中的内聚功能会转化成为内耗功能。我国亲情化的企业管理模式在企业创业时期对企业的正面影响几乎是99%，但是当企业跃过创业期以后，它对企业的负面作用也几乎是99%。这种管理模式的存在只是因为我们国家的信用体制及法律体制还非常不完善，使得人们不敢把自己的资产交给与自己没有血缘关系的人使用，因而不得不采取这种亲情化管理模式。

（2）友情化管理模式。这种管理模式也是在企业初创阶段有积极意义，这同样是私营有限责任公司常用的管理模式。在钱少的时候，也就是在哥们儿为朋友可以而且也愿意两肋插刀的时候，大家都可以卧薪尝胆，创业者之间完全可以不计较金钱，这种模式是很有内聚力量的。但是当企业发展到一定规模，尤其是企业利润增长到一定程度之后，哥们儿的友情就淡化了。因而企业如果不随着发展而尽快调整这种管理模式，那么就必然会导致企业很快衰落甚至破产。

（3）温情化管理模式。这种管理模式强调管理应该是更多地调动人性的内在作用，只有这样，才能使企业很快地发展。实际上，人情味原则与企业管理原则是不同范畴的原则。过度强调人情味，不仅不利于企业发展，而且企业最后往往会失控，甚至还会破产。有人认为一个企业管理者如果为被管理者想得很周到，那么被管理者就必然会有很好的回报，即努力工作，这样企业就会更好地发展。可见，温情化管理模式实际上是想用良心原则来处理企业中的管理关系。良心用经济学的理论来讲，实际上就是一种伦理化的并以人情味为形式的经济利益的规范化回报方式。在经济利益关系中，所谓的良心是很难谈得清楚的。管理并不只是讲温情，而首先是利益关系的界定。在企业管理中利益关系的界定是“冷酷无情”的，只有那种在各种利益关系面前“毫不手软”的人，尤其对利益关系的界定能“拉下脸”的人，才能称为职业经理人。

（4）随机化管理模式。在现实中具体表现为两种形式：一种是民营企业中的独裁式管理。之所以把独裁式管理作为一种随机化管理，就是因为有些民营企业的创业者很独裁。他说了算，他随时可以任意改变任何规章制度，他的话就是原则和规则，因而这种管理属于随机性的管理；另外一种形式，就是发生在国有企业中的行政干预，即政府机构可以任意干预一个国有企业的经营活动，最后导致企业的管理非常的随意化。可见，这种管理模式要么是表现为民营企业中的独裁管理，要么是表现为国有企业体制中政府对企业的过渡性行政干预。现在好多民营企业的垮台，就是因为这种随机化管理模式的推行而造成的必然结果。因为创业者的话说错了，别人也无法发言矫正，甚至创业者的决策做错了，别人也无法更改，最后只能是企业完蛋。

（5）制度化管理模式。就是指按照一定的已经确定的规则来推动企业管理。当然，这种规则必须是大家所认可的带有契约性的规则，同时这种规则也是责权利对称的。因此，企业管理的目标模式应是以制度化管理模式为基础，适当地吸收和利用其他几种管理模式的某些有用的因素。因为制度化管理比较"残酷"，适当地引进一点亲情关系、友情关系、温情关系确实有好处。甚至有时也可以适当地对管理中的矛盾及利益关系做一点随机性的处理，"淡化"一下规则。因为终究被管理的对象是人，不是物品，人是具有能动性的。适当地吸收一点其他管理模式的优点，这样做可能会更好一点。

改革开放以来，我国逐步确立了以公有制为主体、多种所有制经济共同发展的经济制度，为社会主义市场经济的形成和发展奠定了坚实的制度基础。在此经济制度下，现代企业制度呼之而出。

1.6.2.2 现代企业制度的特征和内容

现代企业制度是指适应现代社会化大生产和市场经济体制要求的一种企业制度，也是具有中国特色的一种企业制度。1993 年 11 月党的十四届三中全会明确国有企业改革要建立先进企业制度，并把现代企业制度的基本特征概括为"产权清晰、权责明确、政企分开、管理科学"十六个字。1999 年 9 月党的十五届四中全会再次强调要建立和完善现代企业制度，并重申了对现代企业制度基本特征"十六字"的总体要求。

现代企业制度是指以市场经济为基础，以完善的企业法人制度为主体，以有限责任制度为核心，以公司企业为主要形式，以产权清晰、权责明确、政企分开、管理科学为条件的新型企业制度。其主要内容包括：企业法人制度、企业自负盈亏制度、出资者有限责任制度、科学的领导体制与组织管理制度。现代企业制度的内容在《公司法》中有明确规定。

现代企业制度大体可包括以下内容。

（1）企业资产具有明确的实物边界和价值边界，具有确定的政府机构代表国家行使所有者职能，切实承担起相应的出资者责任。

（2）企业通常实行公司制度，即有限责任公司和股份有限公司制度，按照《公司法》的要求，形成由股东代表大会、董事会、监事会和高级经理人员组成的相互依赖又相互制衡的公司治理结构，并有效运转。

（3）企业以生产经营为主要职能，有明确的盈利目标，各级管理人员和一般职工按经营业绩和劳动贡献获取收益，住房分配、养老、医疗及其他福利事业由市场、社会或政府机构承担。

（4）企业具有合理的组织结构，在生产、供销、财务、研究开发、质量控制、劳动人事

等方面形成了行之有效的企业内部管理制度和机制。

(5) 企业有着刚性的预算约束和合理的财务结构，可以通过收购、兼并、联合等方式谋求企业的扩展，经营不善难以为继时，可通过破产、被兼并等方式寻求资产和其他生产要素的再配置。

1.6.2.3 实行现代企业制度的好处

(1) 有利于促进投资主体多元化和投资主体明确，有利于吸引和利用社会资金。投资主体向国家、企业、社会团体和个人联合投资发展，谁投资，谁收益。建立股份制公司可完成资本联合。

(2) 有利于资本在社会范围内得到优化配置。通过市场交易，使资源向经济效益好的企业流动，达到资本的优化配置。

(3) 三会四权（股东会、董事会、监事会和决策权、经营权、执行权、监督权）两权分离（所有权和经营权分离）的法人治理体制有利于形成权责明确、管理科学的新型企业内部管理体制。股东、董事会可通过科学合理的激励与约束策略来促使管理层的利益与公司利益、股东利益实现有效的捆绑，最大限度地发挥经营管理者的积极性和创造性，使企业的即期业绩和可持续发展能力都得到提升。这是大集团面对众多的子公司、孙公司实现有效管理的最重要的方法和机制。

(4) 现代企业制度有利于经营者施展自己的才能，促进职业经理人和企业家阶层的形成。

(5) 现代企业制度是企业永续发展的保障。一个企业要实现永续发展，就要使企业管理者的岗位上永远屹立着优秀的管理者，这就要靠制度。这个制度就是现代企业制度，它的核心是产权结构。不等于说，有了好的企业制度，就必然在企业管理者的岗位上屹立着优秀的管理者。但优秀管理者必然屹立于建有现代企业制度的企业中。企业解决了制度问题和优秀的经营管理者问题，创新精神、经营管理变革等就会随之而来。

1.6.3 现代企业管理（科学管理）

现代企业制度解决了企业产权结构和管理体制问题。即多元化的投资结构和法人治理体制，但不能解决企业管理中的许多实际问题。譬如企业内部的腐败问题，就不可能依靠产权结构和管理体制来完全解决，还必须有完善、有效的运行流程和制度。企业必须按现代企业管理的理念建立起各种管理制度。

进入21世纪以来，我国的经济虽然有了高速发展，但我国很多企业经营管理的水平已经成为制约企业发展的瓶颈。管理缺乏严谨性、科学性、系统性和延续性，其中最突出的问题就是在生产管理中缺乏现代企业管理（科学管理）的理念和方法。

1.6.3.1 科学管理的由来

18世纪中叶，从英国开始，欧洲展开了伟大的工业革命，促进了资本主义的发展，机器大工业代替了作坊式的手工业。正是这种历史背景下，现代管理之父泰勒（美，Frederick Winslow Taylor，1856～1915）1911年发表了《科学管理原理》，创造了科学管理的理论和制度，被称为“泰勒制”。一百多年来，科学管理的理论和方法也在不断发展之中，凝聚了工业文明的精髓。

1.6.3.2 科学管理的六个方面

科学管理包括了六把“金钥匙”，即标准化制定、精细化管理、绩效管理、激励机制、团队作战和以人为本。泰勒科学管理的理论和制度主要包括以下6个方面。

（1）用科学管理提高劳动生产率。劳动生产率是国家文明程度的标志，科学管理的最核心目的就是最大限度地发挥每一单位劳动力的生产效率。

（2）提升效率的有力工具是标准化与工时研究。研究工人的“合理的日工作量”，确定工作定额，是企业管理者的首要职责。并在此基础上，建立起经济责任制。

（3）培养“第一流的工人”。第一流的工人是指能够在合适的岗位上从事合适工作的工人。培养第一流的工人，主要是管理者的责任。完善的人力资源管理的基本工作之一是令企业中的员工工作能力与特长必须与其工作相互配合，并使员工乐于在这个区位上工作。

（4）在企业的生产运作中实行薪酬激励制度。解决完成劳动定额的根本就在于鼓励工人努力工作。管理层制订以工时研究和分析为基础的定额标准，在此基础上采用按工人完成定额情况确定工资报酬的“差别计件制”的激励性付酬制度。超过定额者，其全部工作量按高工资率支付报酬；没达到定额者按低工资率支付报酬。如果不能完成任务不是由于工人懒惰造成，则责任就在于管理层，应把工人调整到更加合适的工作岗位上去。泰勒强调薪酬所支付的对象并非是职位，而是工人。薪酬激励的重点在于工作效率而不在于工作的类别。

（5）“精神革命”。工人和企业之间，要停止过去的敌对关系，开始新的合作关系。由于企业更多关心的是低成本，工人更多关心的是高工资，这容易在劳资双方之间产生矛盾和冲突。解决这一问题的方法只能是努力提高劳动生产率，当生产率提高的幅度超过工资增长幅度时，企业和工人就都能够从中得到好处（双赢）。这种精神革命克服了企业传统管理上的弊端，开创了劳资合作的新局面。企业与工人之间的合作关系被泰勒誉为是整个科学管理的实质。

（6）职能分离，把计划职能与执行职能分离。计划职能由管理层掌握，执行职能由一线管理者和员工承担。同时在管理控制上实行例外原则，即企业的高管人员应当把一般的日常事务授权给下级管理人员处理，而自己只保留对非常规事项的决策权和监督权，如重大决策和人事任免等。高级管理人员应该用更多的时间和精力去研究和确定企业的发展方向和制订战略计划，同时，也可以更好地去了解员工的工作能力与个性，使其更好地与工作相结合，做到知人善任。

作者认为，我国化工企业的发展不能少了科学管理这把金钥匙，科学管理是做好企业管理工作的基础。企业想要做强做大，培养自己的核心竞争力，就必须静下心来，戒除浮躁，固本强基，把科学管理真正应用到企业生产管理实践中。

1.6.4 依法经营管理企业

我国是社会主义法治国家，政府和企业都要按法律法规来管理企业。实行改革开放政策以来，按照社会主义市场经济原则，我国逐步建立起了一套较为完整的法律法规体系。

1.6.4.1 我国的法律体系和表现形式

我国法律体系的表现形式如图 1-2 所示。

我国的法律体系是一个包含多种法律形式和法律层次的综合性系统，分为以下七个层次：

（1）宪法：《中华人民共和国宪法》是国家的根本大法，具有最高的法律效力，是《宪法》之外所有法律的立法基础和依据。宪法由国家最高权力机构——全国人民代表大会制定和公告公布施行。

（2）法律：根据《宪法》规定，全国人民代表大会及其常设机构——常务委员会，依照立法程序制定和颁布的规范性文件称为法律。如：《中华人民共和国劳动法》、《中华人民共和国环境保护法法》、《中华人民共和国能源法》、《中华人民共和国标准化法》等。

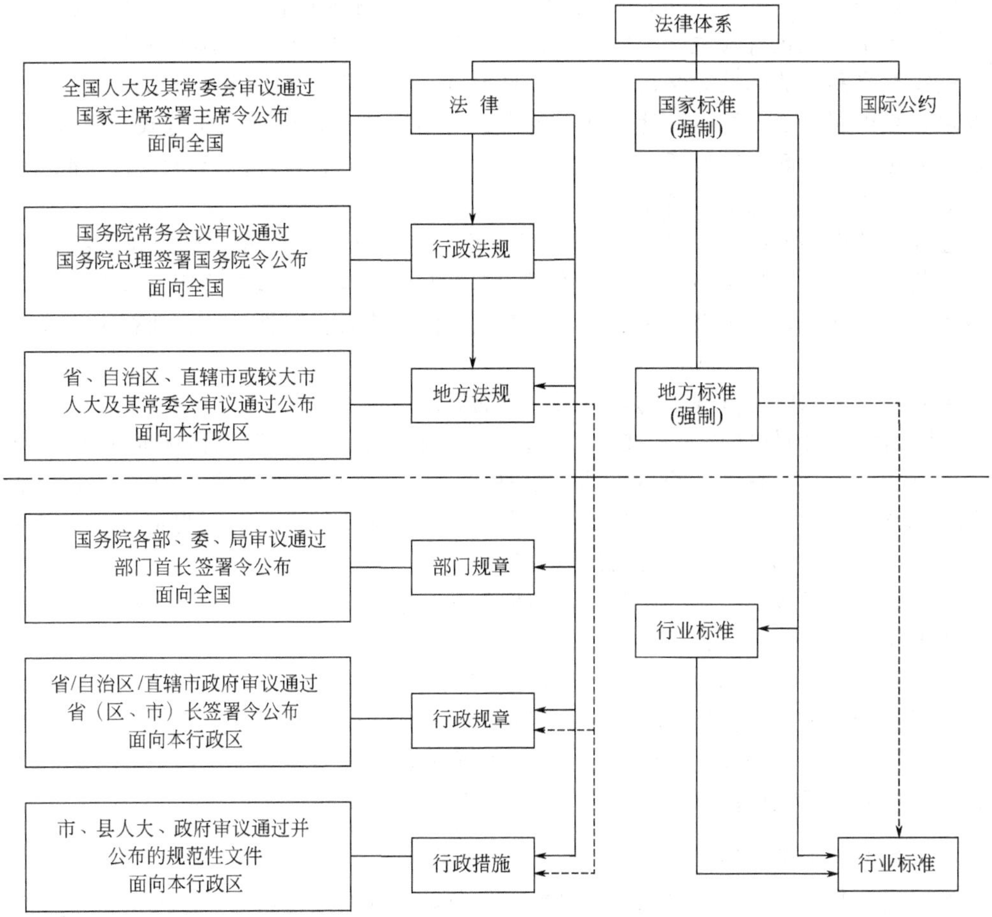

图 1-2　我国法律体系的表现形式

注：1. 点虚线上面为法律法规，下面为法律法规的外延。2. "→"表示法律效力的层次关系。

（3）行政法规：由国家最高行政机关——中央人民政府即国务院，依照法律制定和颁布实施的规范性文件称为行政法规，如：《危险化学品安全管理条例》、《排污费征收使用管理条例》、《规划环境影响评价条例》等。行政法规可以在法律授权或在法律预留的发展空间进行创新。

（4）地方性法规：由省、自治区、直辖市的地方权力机关——人民代表大会及其常务委员会，以解决本地区某一特定的问题为目标，有较强的针对性和可操作性。可以在国家法律授权或在法律预留的发展空间进行细化、深化和发展。

（5）国务院部门规章、地方人民政府规章：根据《立法法》的有关规定，部门规章之间、部门规章与地方政府规章之间具有同等效力，在各自的权限范围内施行。地方政府规章一方面从属于法律和行政法规，另一方面又从属于地方法规，并且不能与它们相抵触。

（6）标准：标准是以科学、技术和实践经验的综合成果为基础，经有关方面协商一致，由主管机构批准，以特定形式发布，作为共同遵守的准则和依据。按照标准的属性，通常分为：产品标准、技术基础标准、方法标准、管理标准、工作标准等；按照标准发生作用的范围或审批权限，可以分为：国际标准、国家标准、行业标准、地方标准和企业标准等。

《中华人民共和国标准化法》规定，对需要在全国范围内统一的技术要求，应当制定国家标准。国家标准由国务院标准化行政主管部门制定。对没有国家标准而又需要在全国某个行业范围内统一的技术要求，可以制定行业标准。行业标准由国务院有关行政主管部门制定，并报国务院标准化行政主管部门备案，在公布国家标准之后，该项行业标准即行废止。对没有国家标准和行业标准而又需要在省、自治区、直辖市范围内统一的工业产品的安全、卫生要求，可以制定地方标准。地方标准由省、自治区、直辖市标准化行政主管部门制定，并报国务院标准化行政主管部门和国务院有关行政主管部门备案，在公布国家标准或者行业标准之后，该项地方标准即行废止。

企业生产的产品没有国家标准和行业标准的，应当制定企业标准，作为组织生产的依据。企业的产品标准须报当地政府标准化行政主管部门和有关行政主管部门备案。已有国家标准或者行业标准的，国家鼓励企业制定严于国家标准或者行业标准的企业标准，在企业内部适用。

法律对标准的制定另有规定的，依照法律的规定执行。

《中华人民共和国标准化法》规定，国家标准、行业标准分为强制性标准和推荐性标准。保障人体健康，人身、财产安全的标准和法律、行政法规规定强制执行的标准是强制性标准，其他标准是推荐性标准。省、自治区、直辖市标准化行政主管部门制定的工业产品的安全、卫生要求的地方标准，在本行政区域内是强制性标准。

推荐性标准国家鼓励企业自愿采用。但推荐性标准如经协商，并记入经济合同或企业向用户作出明示担保，有关各方则必须执行。

国际标准是指某些国际组织规定的质量标准，或某些有较大影响的公司规定的并且被国际组织所承认的标准。这些标准一般也由国家统一规定。

(7) 我国已批准参加并生效的国际公约。按照我国法律规定。除我国声明保留的条款之外，国际法的效力优于国内法。

1.6.4.2 法的功能和作用

(1) 法是调整人们社会关系的行为规范。规范就是人们的行为必须遵守的准则。规范有两类：一类是社会规范，另一类是技术规范。社会规范的主要形式表现为法律，技术规范主要形式表现为标准。技术规范有时也可以上升为法律规范。

(2) 法是以国家强制力保证执行的行为规范。以国家为后盾的法律强制力表现在：在所有法律关系的主体（国家机关、企事业单位、团体、公民）在一定的法律关系里都要承担相应地权利和义务，违反法律要承担法律责任，受到法律的制裁。法律面前，人人平等。从广义上说，法律制裁可分为两类：司法制裁和行政制裁。司法制裁是行使审判权的机关实施的制裁，它又分为刑事制裁和民事制裁；行政制裁是国家行政机关对尚未构成犯罪的违法者实施的制裁，包括警告、罚款、行政拘留等。

(3) 法律守护的是道德底线，具有普遍约束力。道德也称伦理，属于意识形态范畴的社会行为规范。道德规范是社会上普遍认可的对善恶、是非、诚伪、美丑、荣辱等的观念，并以社会风尚、风俗，社会舆论来评介人们的思想和行为。法律守护的是道德底线，所以具有普遍约束力。

(4) 以法治国，保证了社会稳定，保证了我国社会主义市场经济的有序发展，保证了市场竞争的公正、公平。

1.6.4.3 遵纪守法，诚信经营，是每个企业经营管理者的责任和义务

每一个企业家，都必须依照法律法规经营管理企业。遵纪守法，诚信经营，应是每一个企业经营管理者的责任和义务。

按照法律法规经营管理企业，企业才会健康发展。我们在国内经营管理企业的时候，应

该严格按照我国的法律法规来办事，严格按照当地政府的规章来办事，才能得到政府的支持和社区群从的认可；我们在国外经营管理企业的时候，同样也要严格按照所在国家和地方的法律法规来办事，企业才会兴旺发达，持续发展。

值得注意的是，中国特色的社会主义市场经济模式在不断改革和完善之中，我国的法律、法规、标准也在不断的补充、修订和完善，企业经营管理者应关注这些变革和发展。

本书在下面各章中，作者将努力把我国现行的法律、法规和标准与实际工作结合起来，阐述现代化工企业的各项管理工作。

1.6.5 现代化工企业管理体系

1.6.5.1 现代化工企业是具有多种功能的企业法人

传统意义上的企业管理是以生产管理为核心的工厂管理。所谓工厂管理就是将劳动力、土地、资本、原材料等各种有效资源导入制造场所，凭借计划、组织、人事、指导、控制等活动，使工厂能够有计划、按步骤地如期达成生产目标，生产出令客户满意的产品。主要管理对象可以概括为人、财、物，产、供、销。

随着我国经济体制向市场经济不断深化，我国化工企业管理的内涵和外延都正在发生深刻的变化。现代化工企业管理体系在实践中孕育、成长。我们认为，现代化工企业管理体系应该按照现代企业制度、现代企业管理（科学管理）和法律法规来建立和运行。

由于现代化工企业并不仅仅是一个生产工厂，而是集研发、生产、营销、投融资、品牌文化等各种功能于一体的法人企业或是包括各种分支机构的法人企业集团。现代化工企业管理体系一般分为四个层次：最高层是决策层（经营层），确定这个体系的战略方针和目标；第二层是管理层，用各种管理技术来实现决策层制定的方针目标；第三层是执行层，贯彻执行管理指令，直接调动和组织人、财、物完成具体的任务；第四层是操作层，从事操作和完成一项项具体的任务。当然，规模小的企业可能就只有三个层次：决策管理层、执行层、操作层，甚至只有两个层次：管理执行层、操作层。

1.6.5.2 建立现代化工企业管理体系

化工企业管理是个系统工程，现代化工企业需要建立现代化工企业管理体系。作者在本书的编著中，将努力贯彻下述10个方面的管理思想和理念。

(1) 正确的经营思想和适应环境变化的企业经营战略至关重要。现代企业所处的经营环境复杂多变，制定战略、强化战略管理是企业立于不败之地的重要保证。正确的经营思想是制定正确战略的先导，必须树立市场观念、时机观念、效率观念、质量观念、竞争观念、风险观念等必须的经营观念。

(2) 确立适应现代化大生产要求的企业领导选拔制度和领导艺术。这是搞好企业管理的最根本的工作。企业投资人要用好职业经理人，才能做到四权（决策权、经营权、执行权、监督权）分离。企业决策科学民主、具有强大的执行力才能在市场竞争中获胜。要坚决克服独断专行、决策不力，职责不明、工作推诿、人浮于事、赏罚不公的状况。

(3) 以人为本，人才是取胜的法宝。有容乃大，要将各种才能、性格、经历的管理人才、技术人才、技术工人吸引到企业中来，打造高效团队。企业要与员工共赢，才能充分发挥员工的积极性和创造性。要善于识人，把对企业有用的人才吸纳进来；要敢于用人，信任他，让他承担责任；要会留人，关心他并提高其待遇。

(4) 技术创新是增强化工企业核心竞争力的主要手段，要坚定不移地确立企业自己的研发主体地位。要构建以企业为主体、市场为导向、产学研相结合的技术创新体系。合作中，企业不但要在他人的成果上继续创新，还要逐步使高校成为自己的后盾和配角。企业研发关键在于要拥有学科带头人，构筑人才梯队。要开放式管理，才能提高人才的归属感。

（5）管理体制和制度创新。不断改革不合理的管理体制和运行制度，建立适合企业自身需要的简单、合理、高效的管理模式和制度。管理水平的高效在于简单有效，而不在于繁琐复杂，无所适从。制度在执行中要有监督，更要在监督中执行。

（6）生产管理是制造企业管理的重点，包括经济责任制、工艺技术管理、设备和能源计量管理、职业安全卫生管理、质量管理、环境保护管理、班组管理和现场管理等。在所有这些管理中，工艺技术管理是核心、是依据，生产管理要密切结合工艺技术管理，才能有效实施精细化管理和定额管理。经济责任制是现代化工企业贯彻科学管理的主要手段。不断推进企业“责任关怀”的理念和制度，才能使化工生产实现安全优质、高产低耗、环境友好地生产。

（7）处理好企业公共关系，正确应对企业危机和风险；加强企业文化、品牌和企业形象建设。品牌承载了企业文化，是企业走向世界的通行证。

（8）善于将现代信息化管理的方法和手段运用到管理实践。如企业资源计划系统（ERP）、办公自动化系统（OA）、过程控制系统（PCS）、制造执行系统（MES）、电子商务等各种工具和分析、统计方法。

（9）加强财务管理，加强财务核算与控制，做好财务活动分析，不断挖掘企业经营潜力。既要做好税务筹划，依法纳税；也要注意利用政府的优惠政策，促使产业升级和结构调整。并适时做好内部审计和资产评估工作。

（10）任何一个企业，在企业达到一定规模的时候，企业的社会属性将逐步占主导地位，企业经营管理者对此必须要有清醒的认识。企业要注重资本运营，努力使企业资本社会化，实现企业的可持续发展，不断做大做强。

现代化工企业管理体系浓缩了企业管理理论精华，涵盖了化工企业管理各项实务操作。希望本书能帮助我国的化工企业更好地走向未来，走向世界，走向现代化。

参考文献

[1] 尤启冬．药物化学［M］．第2版．北京：化学工业出版社，2010.

[2] 肖刚，王景国．染料工业技术［M］．北京：化学工业出版社，2004.

[3] 钱伯章,王祖纲．精细化工技术进展与市场分析［M］．北京：化学工业出版社，2005.

[4] 沈永嘉．精细化学品化学［M］．北京：高等教育出版社，2007.

[5] 曾繁涤，杨亚江．精细化学品及工艺学［M］．北京：化学工业出版社，1997.

[6] 赵地顺．精细有机合成原理及应用［M］．北京：化学工业出版社，2009.

[7] 吕春绪等．药物中间体化学［M］．北京：化学工业出版社，2008.

[8] 齐焉等．我国硫酸工业现状及“十二五”发展规划思路［J］．硫酸工业，2010（5）：5-12.

[9] 工业和信息化部．化纤工业“十二五”发展规划．2012.

[10] 杨连珍编译．世界橡胶产量与消费分析与预测［J］．世界热带农业信息，2005（6）：2-6.

[11] 周立伟，舒朝霞．2012年世界和中国石化工业综述［J］．国际石油经济，2005（6）：46-52.

[12] 科技部，财政部，国家税务总局．高新技术企业认定管理办法．2008.

[13] 纪红兵,佘远斌．绿色化学化工基本问题的发展与研究［J］，化工进展，2013，21（5）：605-614.

[14] 闵恩泽，傅军．绿色化工技术的进展［J］，化工进展，1999（3）：5-9.

[15] 张喆．环境成本与经济发展——绿色化学［OL］，www.chem.pku.edu.cn/bianj/Web/paper/08/29.pdf 2009-08-26.

[16] 林鹿，何北海等．木质生物质转化高附加值化学品［J］．化学进展，2007,19（7/8）：1206-1215.

[17] 张锁江,张香平等．绿色过程系统合成与设计的研究与展望［J］．过程工程学报，2005，5（5）：580-590.

[18] 贡长生,单自兴编著．绿色精细化工导论［M］．北京：化学工业出版社，2008.

[19] 唐林生,冯柏成主编．绿色精细化工概论［M］．北京：化学工业出版社，2008.

[20] 美国的化学工业 [N]. 中国化工报，2010-07-02(7).

[21] 金书文. 美国化学工业 2011 年会继续劲增 [N]. 中国化工报，2010-12-10.

[22] 美国化学品市场细化规则助力产业发展 [OL]. 中国产业竞争情报网. 2012-04-12，http://www.chinacir.com/2012_hyzx/303402.shtml.

[23] 提升我国大化工产业已成当务之急 [J]. 江苏化工商情，2012，(28)：2.

[24] 张丽平. 中美产业互补性研究 [M]. 北京：商务印书馆，2011.

[25] 方真,林彦新,刑凯旋编著. 化工企业管理 [M]. 北京：中国纺织出版社,，2007.

[26] 胡筱等. 回归科学管理 [M]. 北京：中国纺织出版社，2008.

[27] 施问超,邵荣,韩香云编著. 环境保护通论 [M]. 北京：北京大学出版社，2011.

2 战略管理

人无远虑，必有近忧。在化工企业发展的各个阶段，企业家都必须明确自身所处的地位、存在的问题和未来的发展方向，制定并实施正确的战略，企业才能生存和持续发展。所以化工企业必须认真研究战略管理问题。

企业战略是企业在激烈的市场竞争中，为求生存和发展而做出的带长远性、全局性的谋划或方案。谋划即谋略、计策，是关系兴衰成败的大政方略；方案即是可分解、可操作、可落实的具体措施。因此，战略规划也称为顶层设计。企业在每一个发展阶段，都要明确经营思想和目标，用科学的方法论进行战略研究和调研，制定企业的总体战略和职能性战略，认真组织实施，并在实践中调整和完善战略。如此循环反复，不断推进战略目标，将企业做大做强。

2.1 企业战略管理概论

战略管理（strategic management）是在20世纪70年代，为适应企业竞争激烈、环境复杂多变、经营难度加大的形势，而在美国逐步形成的一门学科。它作为管理学科的分支，集中研究组织如何制定和实施科学的发展战略，以保障组织的持续、快速、健康的发展。它适用于各类社会组织，如政府机关、工商企业、学校、医院等，但重点是工商企业。进入21世纪，随着科学技术的迅猛发展和经济全球化、信息化，战略管理将变得更加重要和复杂。

2.1.1 企业战略的定义和特性

2.1.1.1 企业战略的定义

我国学者王德中将企业战略定义为：企业在市场经济竞争激烈的环境中，在总结历史经验、调查现状、预测未来的基础上，为谋求生存和发展而做出的带长远性、全局性的谋划或方案。它是企业经营思想的体现，是一系列战略性决策的结果，又是制定中长期计划的

依据。

关于企业战略，中外学者还有其他不同的定义和解释：

（1）安德鲁斯❶（Kenneth R. Andrews）认为：企业战略是一种决策模式，决定和揭示企业的目的，提出实现目的的重大方针与计划，确定企业应从事的经营业务，明确企业的经济类型与人文组织类型，以及决定企业应对员工、顾客和社会作出的经济与非经济的贡献。

（2）伊戈尔·安索夫❷（H. igor Ansoff）认为战略包括4个要素：产品与市场范围、增长向量（发展方向）、竞争优势、协同作用（整体效应）。

（3）迈克尔·波特❸（Michal E. Porter）认为：战略是公司为之奋斗的一些终点（目标）与公司为达到他们而寻求的途径的结合物。

（4）拜亚斯❹（L. L. Byars）认为：战略包括对实现组织目标和使命的各种方案的拟订和评价，以及最终选定将要实行的方案。

（5）格鲁克❺（Willian F. Glueck）认为：战略就是企业发挥战略优势、迎接环境挑战而制定的统一的、内容广泛的、一体化的计划，其目的在于保证实现企业的基本目标。

（6）我国汪应洛❻、席酉民认为：战略是贯穿于一个系统在一定历史时期内决策或活动中的指导思想，以及在这种思想指导下做出的关系到全局发展的重大谋划。

从企业战略的定义可说明以下几点：

（1）企业战略出现于市场经济体制下，适应激烈竞争的环境。计划经济体制排斥竞争，不需要战略；西方国家一直实行市场经济，但只有在第二次世界大战后，市场竞争日益激烈的形势下，企业才研究战略问题。

（2）企业战略建立在总结历史经验、调查研究现状和预测未来的基础上，并非主观想象，也不是单凭经验或照搬照抄。辩证唯物论以及西方管理理论中的系统观、权变观，都是企业战略研究的科学的方法论。

（3）长远性、全局性的谋划或方案才是战略，短期或局部的打算只能称战术。

（4）企业战略同经营思想、决策、计划等概念都有密切联系，但不能把它们混同起来。

2.1.1.2 企业战略的特性

（1）竞争性。战略是适应市场竞争的需要而产生的，是为了增强企业的竞争能力、适应能力和赢得竞争优势而制定的，所以竞争性是战略的首要特征。不考虑竞争和挑战的方案不能称为战略。其具体表现是：密切注视市场竞争态势和企业自身的相对竞争地位，抓住机遇，迎接挑战，发挥优势，克服弱点，以求在“商战”中克敌制胜，保障企业的生存和发展；而且要胜不骄，败不馁，顽强拼搏。

当然，竞争也得有道。企业之间的竞争一定要遵纪守法，遵守竞争规则和国际惯例，在科技实力和管理水平上较量，在产品品种、质量、成本、价格和销售服务等方面较量，而不是尔虞我诈、坑蒙拐骗、不择手段、挤垮对方。我国也颁布了《中华人民共和国反不正当竞

---

❶ 安德鲁斯，美国哈佛大学商学院教授，著名的战略大师。

❷ 伊戈尔·安索夫，战略管理学鼻祖，著有《公司战略》、《战略管理》、《从战略计划到战略管理》等。

❸ 迈克尔·波特，美国哈佛大学商学院教授，全球战略管理权威，著有《竞争战略》、《竞争优势》。

❹ 拜亚斯，美国著名战略学家，著有：《战略管理》。

❺ 格鲁克，著名战略学家，著有《战略管理和商业策略》。

❻ 汪应洛，西安交通大学教授，我国首批管理工程学科博导之一。与其学生、博导席酉民教授合作编著《战略研究理论及企业战略》。

争法》、《中华人民共和国反垄断法》等法律，规范企业竞争行为。

(2) 长远性。企业战略都是较长远的谋划，考虑较长远的效益。因为现代企业许多活动如新产品开发、市场开拓、技术改造、人员培训等，往往都要跨年度才能完成或产生效果。“长远”是指一年以上，一般是2～5年称为中期，5～10年为长期，更长时间为远期。

(3) 全局性。企业战略以企业全局为对象，规定出企业的总体行动，追求企业的总体效果。不过，全局和局部的划分是相对的，子系统相对于系统而言是一个局部。在系统制定出其战略以后，如把子系统视为一个全局，也可以制定比系统战略低一层次的、适用于该子系统的战略。当然，低层次战略要服从于高层次战略，各低层次战略之间要相互协调配合。

(4) 灵活性。企业战略是在总结历史经验、调查现状、预测未来的基础上制定和实施的。无论企业的外部环境或自身条件，都是发展变化的，未来又存在许多不确定性，很难预测准确。因此，战略应当有较强的灵活性，能随机应变地指导企业的总体行为。但战略又必须相对稳定，如变动频繁，就会失去指导作用，使人们无所适从，也就无所谓战略了。

(5) 主观能动性。企业战略应有客观依据，遵循事物发展的客观规律，决不能超越客观条件许可的范围去企图“战争”的胜利。但是战略的制定又应充分发挥企业管理者的主观能动性，主动地、先人一着地寻找机遇，避开威胁，改善自身条件，在客观条件许可的范围内去争取“战争”的胜利。

2.1.2 企业战略管理的过程

企业战略管理过程所含的阶段和步骤见图2-1。

企业战略管理过程一般分为两大阶段：战略规划和战略实施。

(1) 在战略规划阶段 大体可分四个步骤：

① 要树立正确的经营思想，明确经营范围；

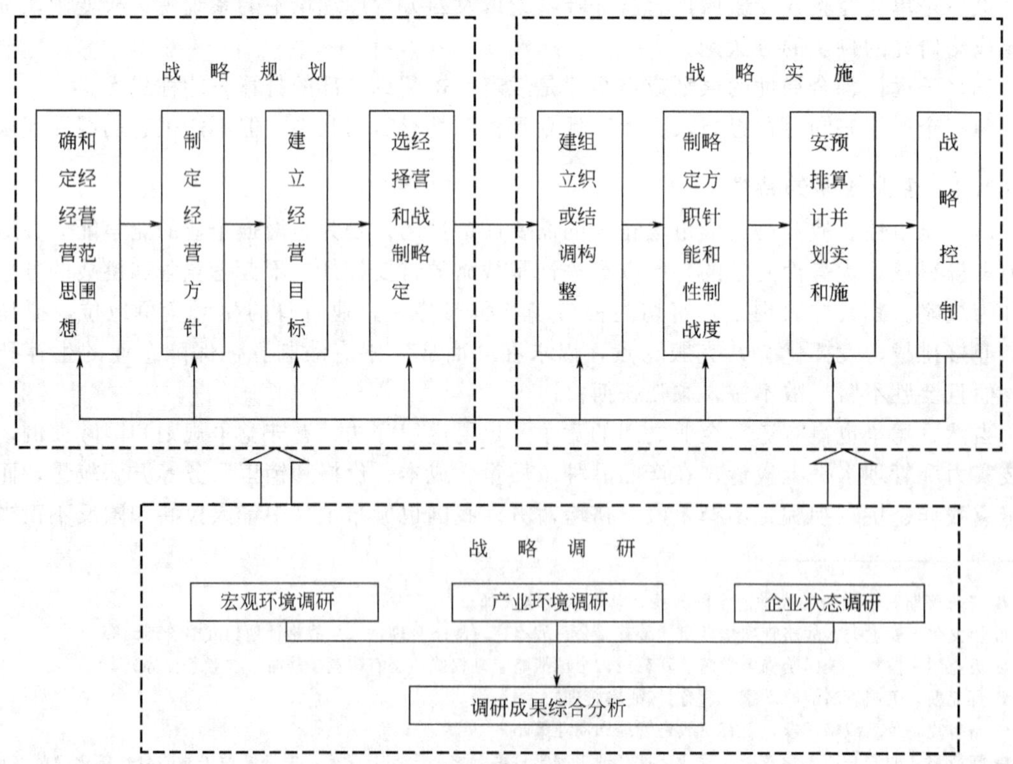

图2-1 企业战略管理过程

② 在经营思想指导下，制定出企业总体经营方针，作为一切生产经营活动（包括战略管理活动）的行为准则；

③ 建立战略规划期内的经营目标；

④ 选择和确定能够实现预定目标的经营战略。将四个步骤的成果加以综合，即构成企业的战略规划。

（2）在战略实施阶段　大体也可分四个步骤：

① 根据既定目标和战略来建立或调整企业的组织结构，相应地作出人事安排；

② 由各职能系统分别制定职能性战略、方针、程序和规章，再加以协调，以保证企业经营战略的顺利实施；

③ 根据企业战略和职能性战略以及分年度、阶段的目标，安排计划和预算，组织实施；

④ 对战略、计划和预算的实施情况进行控制，确保经营目标的实现，必要时也可以修改或调整原定的目标和战略。而战略控制又对前面各步骤有反馈作用。

企业战略管理过程以战略调研为基础。战略调研包括宏观环境、产业环境和企业自身状况三方面的调研，包括总结过去经验、调查现状和预测未来等三个环节。还须对调研成果进行综合分析，弄清关键因素、机会和威胁、优势和劣势，并把它们综合起来。战略调研为战略管理全过程（特别是战略规划阶段）提供重要依据，其工作质量好坏在很大程度上决定着战略管理过程的有效性。宏观环境、产业环境和企业自身状况之间的关系如图 2-2 所示。

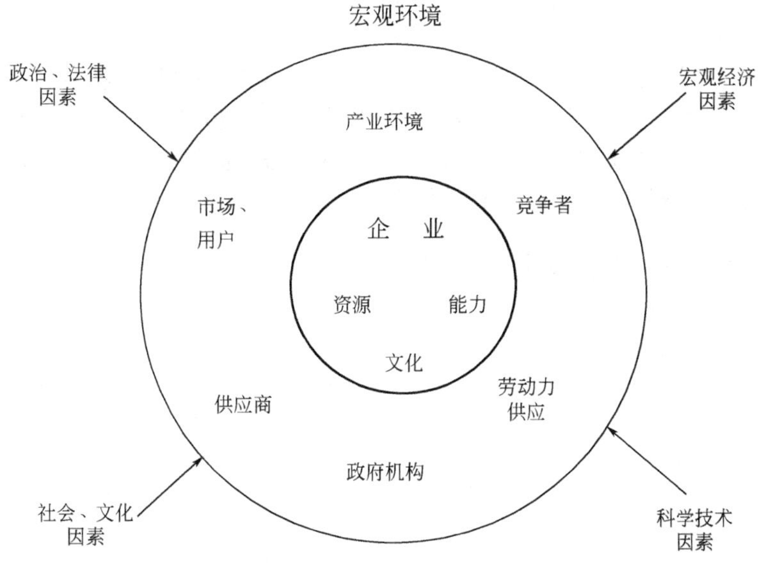

图 2-2　企业与外部环境的关系示意图

2.1.3　实施企业战略管理的作用

实施战略管理系统，把战略制定和战略实施结合起来，把组织结构调整、沟通交流信息系统、激励和报酬制度结合起来，把管理基础工作和公司文化结合起来，无疑大大增强了企业的市场竞争能力。

实施战略管理系统，对企业经营管理者至少起到了下述五个方面的作用：

（1）重视对经营环境的研究。由于战略管理将企业的成长和发展纳入了变化的环境之中，管理工作要以未来的环境变化趋势作为决策的基础，这就使企业管理者们重视对经营环境的研究，正确地确定公司的发展方向，选择公司合适的经营领域或产品，从而能更好地把握外部环境所提供的机会，增强企业经营活动对外部环境的适应性。

(2) 重视对环境的变化和分析。由于战略管理不只是停留在战略分析及战略制定上，而是将战略的实施作为其管理的一部分，这就使企业的战略在日常生产经营活动中，根据环境的变化对战略不断地评价和修改，使企业战略得到不断完善，也使战略管理本身得到不断的完善。

(3) 有利于充分利用企业的各种资源。由于战略管理把规划出的战略付诸实施，而战略的实施又同日常的经营计划控制结合在一起，这就把近期目标（或作业性目标）与长远目标（战略性目标）结合了起来，把总体战略目标同局部的战术目标统一了起来，从而可以调动各级管理人员参与战略管理的积极性，有利于充分利用企业的各种资源并提高协同效果。

(4) 增强创新意识。由于战略管理不只是计划“我们正走向何处”，而且也计划如何淘汰陈旧过时的东西，以“计划是否继续有效”来指导战略的评价与更新，这就使企业管理者能不断地在新的起点上对外界环境和企业战略进行连续性探索，增强创新意识。

(5) 避免决策失误。实施战略管理需要周密的调研、分析，研究、判断，需要集思广益，这就克服了许多企业，特别是民营企业中普遍存在的因亲情化管理、随机化管理、独裁式管理带来的决策失误，特别是在大方向上的决策失误。

西方研究人员曾考察了战略管理与企业成功之间的关系。按是否拥有正式战略管理系统将公司分成两类，对两类公司按销售额、股票价格、每股平均收益、产权收益率和总资本收益率等项目进行分析。结论是：拥有正式战略系统的企业远远优于其他组织。我国为数众多的化工企业不够重视企业战略管理研究，这一点值得引起我们高度重视。现代企业制度的基本特征是“管理科学”，实行战略管理是“管理科学”的一项基本内容。推行战略管理，企业经营管理者才能围绕企业的战略目标对生产经营诸要素进行优化组合，由局部功能优化达到整体功能优化，实现以较少的投入获得较多的产出。

2.1.4 企业战略管理者的思维方法

2.1.4.1 企业战略管理层次

企业内部战略管理层次如图 2-3 所示。

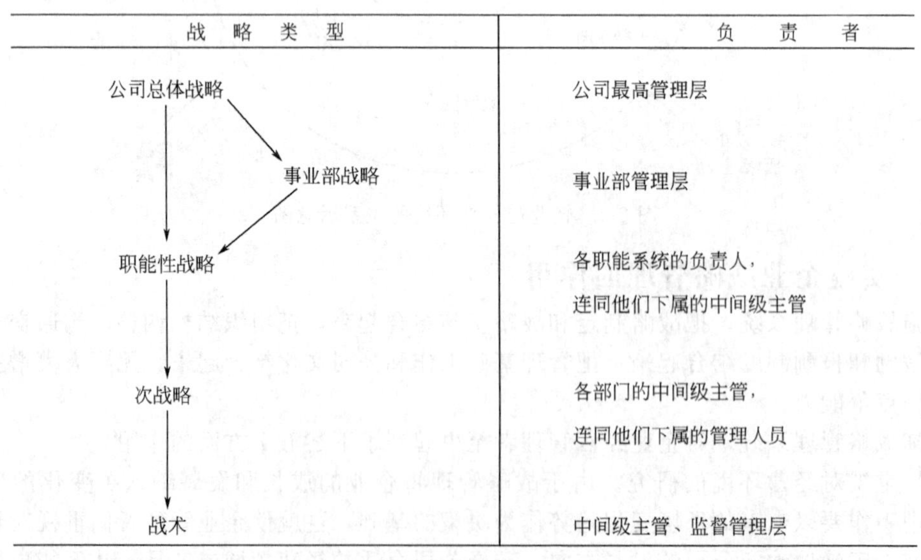

图 2-3 企业战略管理层次

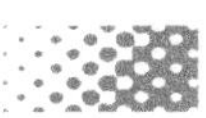

(1) 企业的总体战略 (corporate or grand strategy) 是对企业全局的谋划，由最高管理层负责。

(2) 在特大型企业中往往设有事业部，各事业部应分别制定事业部战略 (division strategy)。这一层次的战略应接受企业总体战略的指导，为实现总体战略服务，由事业部管理者负责。

(3) 无论企业是否设有事业部，各职能系统（如市场营销、生产、财务、人事等）还需根据上一层次战略分别制定职能性战略 (functional strategy)。它们接受上一层次战略的指导，为上一层次战略服务，由各职能系统的负责人（如公司分管营销的副总经理）连同下属的中间级主管（如销售处长）负责。

(4) 次战略 (sub-strategy)，是各部门的中间级主管连同其下属的管理人员负责的、为上一层次战略服务的战略。

(5) 中间级主管或监督管理层负责的短期的、执行性的方案或步骤，称为战术 (tactics)。它是为次战略服务的。

以上战略层次中重要的是企业总体战略、事业部战略和职能性战略。

2.1.4.2 企业战略经营单位

特大型企业往往按产品大类或市场地域分设若干事业部，为同一市场或不同市场提供某类产品或多类产品，在日常生产经营活动中享有相当大的自主权，直接参与市场竞争。因此，它们应当在公司总体战略和目标的约束下，制定战略，执行自己的战略管理过程。所以被称为战略经营单位 (strategic business unit, SBU)。

在实行母子公司体制的企业或企业集团中，子公司相当于母公司的事业部，也可称为战略经营单位。

在未设事业部的企业中，如个别部门、单位（如分厂）享有较大的自主权，可执行自己的战略管理过程，亦可视为战略经营单位。

2.1.4.3 企业战略管理者

企业战略管理者 (strategic manager) 又称战略家 (strategist)，是指对战略管理过程承担直接责任且责无旁贷的那些人，包括董事会和最高管理层的成员。他们要在其下属人员的帮助下从事战略调研、战略规划和战略实施，并对企业战略和目标的实现直接负责。

董事会是企业的决策机构，董事会在战略管理方面有四项基本任务：

(1) 通过其特设的委员会监测公司内外的发展情况，以引起高层管理者的注意；

(2) 对高层管理者的建议、决定和活动进行评审，提出建议或备选方案；

(3) 主动向高层管理者提出有关公司经营范围和战略方案的意见供考虑；

(4) 对企业战略方案作出批准决定。

企业的最高管理层包括董事长、总经理、常务副总经理、分管事业部和职能系统的副总经理等。他们对企业战略管理担负着较董事会更为直接的责任。他们组织进行战略调研，在综合分析的基础上拟定战略规划，待董事会审查批准后，再组织具体实施。所以他们是具体而明显的战略管理者。

为了完成任务，最高管理层需要其下属的积极支持，需要他们提供信息和组织实施。所谓下属主要指：公司计划部门人员、战略单位的管理者、职能部门的管理者。他们虽然不列入企业战略管理者，但对战略管理的成效也有较大影响。

2.1.4.4 战略性思维

企业的情况千差万别，环境千变万化，工作千头万绪，推行战略管理无疑给战略管理者，特别是最高管理层提出了很高的要求，需要善于运用战略性思维（strategic thinking)。

战略性思维，是指管理者能站在公司总体战略设想的高度，来制定决策和实施管理，对多变的市场环境灵活应付，给企业带来长期的效益。战略性思维的方法主要有以下一些。

(1) 超前意识。管理者要思维敏捷，目光远大，能先人一着地预见到事物的发展变化，提早做出决策并付诸行动。有了超前意识，就能及时地修改或调整过去执行的战略，掌握主动，在市场竞争中获胜。所以，超前意识是战略的本质和灵魂。超前意识来自对客观事物的细致观察和思考，来自对事物发展客观规律的深刻认识，要靠自己去发现和创造，因而能“见微而知著”，并非主观的“神机妙算”。

(2) 长远意识。与超前意识相联系，管理者要尽量摆脱日常事务，集中大部分时间和精力去思考未来几年乃至更长时期的事情。战略管理者层次越高，就越要考虑更长时期的问题。经常考虑长远的问题，才可能增强预见性。要“居安思危”，高瞻远瞩。对未来长远发展情况的预测当然很难准确，这是在战略管理中需要克服的困难，但绝不可只顾眼前而忽视长远。不能沉湎于眼前的市场和盈利状况。

(3) 全局意识。企业是一个系统，内含若干子系统，相互之间必然存在各种矛盾。战略管理者就要按照全局意识来处理这些矛盾，协调各方关系，实现整体优化。要根据下属经营单位的不同情况采用不同的战略。同时，也要处理好企业与外部公共关系。企业既受外部环境的影响，又可影响环境，处理好外部公共关系，也是维护企业总体利益的需要。

(4) 权变意识。战略管理是一门科学，又是一种艺术。在战略规划和实施过程中，需要一切从实际出发，具体情况具体分析，发挥各自创造性，高度机动灵活地处理问题。无论是书本知识、他人经验，还是管理者本人的成功经验，也不一定适合于当前或未来的新情况，也需要重新审视。

(5) 创新意识。《孙子兵法》云：“兵者，诡道也。”企业管理就是要强调创新，要敢于标新立异，绝不能墨守成规随大流。要不断地去创造新技术、推出新产品、开拓新市场；要设计新的组织机构，采用新的管理办法，形成自己的管理特色。要敢于承担风险，敢于否定自我，采用新的战略。制定战略，要研究竞争形势和主要竞争对手，出其不意，以新以变取胜；在实施战略过程中，也要注意竞争形势的变化，坚持创新。

(6) 人本意识。战略管理过程虽然最终由管理者负责，但必须有广大员工的参与。战略管理者要尊重人、关心人，善于调动员工的积极性和创造性，激发员工的“士气”，使员工与企业利益共赢。战略调研、战略规划、战略实施，都要以人为本。但“士气”也可能往错误方向发展，此时要纠正方向，适当降温，并注意保护员工的积极性。

一个成功的企业往往都是由一个或更多的具有战略思维的企业家在领导。对战略管理者而言，战略思维是一种高要求，它需要天才，更需要启发、培养、学习和锻炼，不断总结经验和教训，才可逐步形成。

一个明智的战略管理者应当启发和培养下属，尤其是各战略经营单位和职能系统的领导者以及计划部门人员，形成有战略思维的团队。

企业经营者应尽量避免下述错误的思维方式：①盲目模仿市场领先者；②简单重复成功的过去；③与竞争对手拼死相争；④铺大摊子，什么都想干；⑤深陷但不愿放弃。

2.1.5 企业应重视发展战略

我国财政部、证监委、审计署、银监委、保监委联合发布的文件《企业内部控制应用指引第2号——发展战略》(财会〔2010〕11号）指出：企业应重视发展战略的制定和实施，促进企业增强核心竞争力和可持续发展能力。

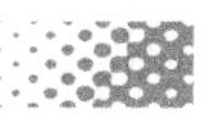

发展战略，是指企业在对现实状况和未来趋势进行综合分析和科学预测的基础上，制定并实施的长远发展目标与战略规划。

企业制定与实施发展战略至少应当关注下列风险：

(1) 缺乏明确的发展战略或发展战略实施不到位，可能导致企业盲目发展，难以形成竞争优势，丧失发展机遇和动力。

(2) 发展战略过于激进，脱离企业实际能力或偏离主业，可能导致企业过度扩张，甚至经营失败。

(3) 发展战略因主观原因频繁变动，可能导致资源浪费，甚至危及企业的生存和持续发展。

2.1.5.1 发展战略的制定

(1) 企业应当在充分调查研究、科学分析预测和广泛征求意见的基础上制定发展目标。企业在制定发展目标过程中，应当综合考虑宏观经济政策、国内外市场需求变化、技术发展趋势、行业及竞争对手状况、可利用资源水平和自身优势与劣势等影响因素。

(2) 企业应当根据发展目标制定战略规划。战略规划应当明确发展的阶段性和发展程度，确定每个发展阶段的具体目标、工作任务和实施路径。

(3) 企业应当在董事会下设立战略委员会，或指定相关机构负责发展战略管理工作，履行相应职责。企业应当明确战略委员会的职责和议事规则，对战略委员会会议的召开程序、表决方式、提案审议、保密要求和会议记录等作出规定，确保议事过程规范透明、决策程序科学民主。战略委员会应当组织有关部门对发展目标和战略规划进行可行性研究和科学论证，形成发展战略建议方案；必要时，可借助中介机构和外部专家的力量为其履行职责提供专业咨询意见。

战略委员会成员应当具有较强的综合素质和实践经验，其任职资格和选任程序应当符合有关法律法规和企业章程的规定。

(4) 董事会应当严格审议战略委员会提交的发展战略方案，重点关注其全局性、长期性和可行性。董事会在审议方案中如果发现重大问题，应当责成战略委员会对方案作出调整。企业的发展战略方案经董事会审议通过后，报经股东（大）会批准实施。

2.1.5.2 发展战略的实施

(1) 企业应当根据发展战略，制定年度工作计划，编制全面预算，将年度目标分解、落实；同时完善发展战略管理制度，确保发展战略有效实施。

(2) 企业应当重视发展战略的宣传工作，通过内部各层级会议和教育培训等有效方式，将发展战略及其分解落实情况传递到内部各管理层级和全体员工。

(3) 战略委员会应当加强对发展战略实施情况的监控，定期收集和分析相关信息，对于明显偏离发展战略的情况，应当及时报告。

(4) 由于经济形势、产业政策、技术进步、行业状况以及不可抗力等因素发生重大变化，确需对发展战略作出调整的，应当按照规定权限和程序调整发展战略。

2.2 企业战略管理研究和调研

2.2.1 战略管理研究的两大学派

对企业战略的研究，是从20世纪中期在欧美国家开始的。以1977年在美国匹兹堡大学的一次学术会议为标志，战略管理正式成为一门独立的学科。在企业战略理论发展的过程，由于研究的角度不同，产生了两个不同的学派：行业结构学派和内部资源学派。

2.2.1.1 行业结构学派

行业结构学派（Industrial Organization，简称 I/O 学派，又称外部环境学派）兴起于20世纪60、70年代。该学派的代表人物毫无疑问应该是哈佛大学商学院教授迈克尔·波特（M. E. Porter），他的专著《竞争战略》(1980) 和《竞争优势》(1985) 成为企业制定战略的宝典，也是现代市场营销学的理论基础之一。

I/O 学派的理论基础是工业经济理论，它有三个前提假设：①企业的外部环境（特别是行业和竞争环境）决定着企业能否赢得高额利润；②许多在特定的行业公司拥有类似的资源，就可以寻找到类似的战略；③实施战略所需的资源在公司间可自由流动，因为资源的流动与公司可开发的资源的差异只是暂时的。在20世纪60年代到80年代，美国企业界面临着环境的重大变化，外部环境成为公司成功地制定战略的决定性因数，I/O 学派解释了外部环境对公司战略行动的主要影响。

I/O 学派认为，公司必须在有吸引力的行业中竞争。因为许多公司有类似的战略资源，企业的资源和能力优势不具有长久稳定性，其他企业通过模仿或购买，同样可以获得。即这些资源在公司间可自由流动，所以竞争变得更激烈。在这种情况下，外部环境是企业成功地制定战略的决定性因素，企业的内部资源和能力必须服从于外部环境中存在的机会和威胁而进行调整。因此，企业必须寻找有最高潜在利润的行业，并学会怎样运用自身的资源结合行业的结构特点实施战略。

I/O 学派认为，如何选择有吸引力的行业，是企业战略管理的首要任务，因为选择了有吸引力的行业，企业就为其成功奠定了基础；战略管理的另一项重要任务是如何在已选择的行业中合理地定位，就像赛马中的骑手争夺有利的位置一样。

I/O 学派提出：当公司根据总体的、行业的和竞争环境的特征制定并实施战略时可以获得超额利润，那些开发或获得内部技能的公司可以成功（这些技能是适应外部环境和实施战略所需的），而不具备这些条件的公司往往惨遭失败。因此，超额利润率是由外部特征决定而非公司特定的内在资源和能力决定的。如果公司对总体的、行业的和竞争的环境没有全面的了解，就制定战略行动，将无法实现战略竞争力或获得高于平均利润的收益。当公司根据资源成功地抓住外部环境中的机会，减少或消除了外来的威胁，则实现了战略调试。这种战略调试就会增加企业效益。

如何对行业内竞争力量进行分析，波特提出“五因素模型”这一分析工具。“五因素模型”的基本思想是：行业潜在利润来自五个方面的竞争力（供应商讨价还价能力、购买者讨价还价能力、行业当前竞争者的竞争能力、替代产品的威胁和行业潜在进入者的威胁）的相互作用。这五种竞争的共同作用力决定了一个行业的竞争程度和内在利润水平，进而决定了该行业内部企业的获利空间。利用这个工具，根据行业结构特点，摸清盈利能力，实施一种可建立防御性竞争地位的战略，如成本领先战略、差别化战略（顾客愿意支付额外的费用购买差别化的产品）、集中化战略和既成本领先又差别化的战略。

企业进入新行业时的主要任务是权衡这五种力量，结合自身在拟进入行业中所能够获取的竞争位势，选择潜在利润水平高的行业进入。进入过程可按下述步骤：①基于行业分析的结果，选择一个具有较高潜在利润水平的行业；②基于对竞争对手理性反应的分析结果，选择一种进入战略；③如果还未拥有相应所需资源，可通过购买或模仿获取，以便在新的市场展开竞争。

2.2.1.2 内部资源学派

内部资源学派兴起于20世纪80年代后。是在彭罗斯（E. T. Penrose）理论的基础上，

以沃纳·菲儿特（B. Werner Felt）和巴尼（J. B. Barney）为代表的众多学者发展起来的基于资源的理论（Resource-Based Theory），“核心竞争力”理论是这一学派的代表。

内部资源学派的基本假设是：①每个组织都是独特资源和能力的结合体。这种独特的资源和能力的集合，是制定战略的基础和出发点，也是利润的重要来源；②假设公司具有不同资源，开发了独特的能力。同样，在特定行业竞争的所有公司不一定拥有相同的战略资源和能力；③资源不能在公司间自由流动。资源的差异（其他公司无法得到或复制）以及公司利用这些资源的独特方式是公司形成竞争优势的基础。

一个公司的资源可分为物力、人力和组织三类，单项资源无法产生持续竞争优势。只有当生产设备和公司运行的其他因素有效地成为一个整体时，它才成为战略相关资源。企业通过一系列的资源组合和整合，形成了持续竞争优势。竞争能力是一系列资源整合的结果。

资源学派认为，在制定战略行动时其内部环境比外部环境更重要。公司独特的资源和能力为战略提供了基础，这种独特的资源和能力是伴随着组织的发展过程而积累起来的，其他的组织难以通过模仿、购买之类的手段而获得，除非重复其发展过程——事实上这也是不可能的。公司战略应使公司最大限度开发有关外部环境机会的核心竞争力。

资源学派认为，并不是公司所有的资源和能力都有潜力成为持续竞争优势的基础。只有当资源和能力是珍贵的、稀有的、不完全可模仿的和不可替代的，这种潜力才能变成现实。当公司的资源（包括能力）能够更多地捕捉外部环境机会或减少威胁时，这种资源（包括能力）才是有价值的；当它没有被当前和潜在的竞争者所拥有时，我们称之为稀有的；当其他公司无法获得时称之为不完全可模仿的；当没有战略性的等价物时称不可替代的。当所有这些标准都符合，资源和能力就成了核心竞争力，并成为公司持续竞争优势、战略竞争力和获得高于平均利润的收益的基础。

从内部资源学派的基本观点出发。我们可得出的有效推论是：第一，对于外部环境中所存在的诸多机会，公司只应精心选择少数几个能够充分发挥其资源和能力优势的机会，而不是企图利用所有的机会，也不是选择看起来利润率最大的机会。第二，如果公司能够预见到未来较长时间会出现的机会，那么，公司现在要做的就是学习积累和培养相关的资源和能力。第三，虽然公司也要重视克服自身的弱点，但更重要的是公司应该更专注于培养、强化以及发挥自身的优势能力。也就是说，公司应该做自己最擅长的业务，而把自己不擅长的业务让给更擅长的人去做，不要企图吃尽全过程、全部的利润。

这种企业异质性资源的粘着性（资源流动性差，往往深嵌于企业内部，如企业文化），决定了企业进入新行业的战略步骤：①对自身现有资源进行充分的估量，识别出有价值的异质性资源；②判断这些资源所能获取最高利润的相关行业；③寻找机会进入该行业和市场。

2.2.1.3 两大学派的比较分析

（1）两大学派的根本分歧在于战略的基本着眼点和出发点不同。I/O 学派以环境分析为着眼点，认为公司应在外部环境限制的框架内制定自己的战略，而且认为战略的根本任务是“定位”；资源学派以企业自身拥有的独特资源和能力作为制定战略的出发点，认为战略的根本任务之一是界定企业已拥有的资源和能力，最大限度地开发和培养新的应对未来外部环境机会的资源和能力。

（2）两大学派对多元化、专业化经营的态度不同。I/O 学派对多元化经营持比较积极的态度，认为外部环境中的机会是企业制定战略的基础，企业应适时地将资源向有利于利用外部更有吸引力的市场机会的方向转移。也就是说，当有比目前的主导业务更有吸引力的市场机会时，企业为了利用机会，调整战略资源进入新的事业——也就是开展多元化经营——是一种明智的战略选择。

资源学派显然更主张企业专注于已有的核心业务，除非原有主导业务的产业已走向衰落。他们认为企业已有的战略资源以及在发展过程所获得的能力是企业制定战略的基础，是企业赢得竞争优势的源泉，因此不主张轻易涉足不相关业务，而使企业的核心业务受到削弱。他们认为企业应该抵制某些看起来利润潜力诱人的机会的诱惑，专心做自己擅长的业务。

(3) 创业者的"伺机而动"和守业者的"量力而行"。I/O 学派在进入新行业时所表现出来的时机导向型战略理念，我国陈宗平等称之谓"伺机而动"战略理念；而把资源学派在进入新行业时所表现出来的资源导向型战略理念，称之谓"量力而行"战略理念。

显然，创业者的成功通常是对外在机会及时把握的结果。成功的创业者往往具有一种高度"伺机而动"的战略理念，其决策主要取决于行业市场的吸引力大小，一般不会受到现有资源的限制和影响。市场变化莫测、机会稍纵即逝，未能及时把握，就等于坐失良机。至于所需资源，则可稍后筹备。高度"伺机而动"的创业者往往认为，把握机会和获取资源相比，后者更容易(实际上，白手起家的创业者几乎没有多少资源)。

许多职业经理人持有的是"量力而行"的战略理念。虽然他们对外在机会也有着敏锐的触觉，但更偏爱于依据企业现有资源寻找外在机会，尽可能使企业拥有的资源和外在机会相匹配，从中获得最大收益。他们认为高度"伺机而动"的战略行为无法充分利用企业原有资源来取得行业之间的协同效应，进入新行业的风险过大。在企业转入守业阶段后(持续发展是最好的守业)，创业者应该向低"伺机而动"和"量力而行"的战略理念转变。

我国实施改革开放后的 20 世纪 80、90 年代，呈现在企业面前的到处是市场，遍地是机会。不同产业的竞争程度不平衡，企业间竞争的激烈程度、企业经营的复杂程度也相对较低，领先进入新兴产业的企业，由于跟进者的速度较慢，先入者优势可维持较长时间。在这样的经济市场环境背景下，I/O 学派的观点是适宜的。1997 年的亚洲金融危机，2008 年爆发的美国金融海啸和继后的欧债危机使中国的企业经受了许多考验，具有核心竞争力的企业显示出强大的生命力。近几年来，市场情况有了很大的变化：产能过剩，几乎在所有产业中企业都面临激烈的竞争，企业的经营管理前所未有的复杂；每当一个明显有利可图的产业出现，就会引来一大批企业迅速跟进，先入者优势在极短的时间内消失殆尽，企业只能凭综合实力去赢得优势。在这样的背景下，资源学派的战略理念逐渐兴起并渐成主流。

适合自己是最好的。每个企业、每个企业家在经营管理中都有自身的特点，企业所处的总体的、行业的、竞争的环境也各有不同，如何实施自己企业的战略管理，是多元化经营还是向纵深发展，需要每个企业家根据自身特点去很好地领悟和把握。这是我国化工企业能否顺利实现转型升级、走向海外，在市场竞争中获胜的关键。

2.2.2 宏观环境调研

2.2.2.1 宏观环境因素

(1) 政治法律因素。世界上任何市场经济的国家，对市场经济都要进行宏观调控，仅仅是各个国家干预经济的手段不同而已。当然，宏观调控手段有的很成功，有的甚至调控不及时或调控失误，结果带来负面影响。此时，政府常常会出台新的调控措施。所以，每个企业管理者都要密切关注政治法律因素的变化。

政治法律因素，就是指政府从宏观上调控经济的行为，其手段包括路线、方针政策、法律法规、战略、规划、决定等。它对各个产业和企业都有极其巨大的影响。或者鼓励、支持

（企业可利用的机会），或者约束、限制（企业应回避或处理的威胁）。

政治法律因素包括如下几方面：①党和国家的路线、方针、重大发展战略。如中国共产党“十八大”强调加快经济发展方式的五个方面（全面深化经济体制改革、实施创新驱动发展战略、推进经济结构战略性调整、推动城乡发展一体化、全面提高开放型经济水平）。又如国务院在人大作的“政府工作报告”，又如国务院发布的《全国主体功能发展规划》、《国家中长期科学和技术发展规划纲要（2006－2020年）》等，都是重大的战略举措。②国家产业政策。如国家发展和改革委员会发布的《产业结构调整指导目录》，发改委和商务部发布的《外商投资产业指导目录》，工业和信息化部发布的《工业转型升级投资指南》和各行业“十二五”规划等。③国家根据经济形势出台的宏观调控政策。如财政金融政策，货币政策，治理经济环境、整顿经济秩序的重大决定，对各产业和企业会产生重大影响。④国家法律法规。⑤地方经济发展规划、政策和法规。⑥世界主要经济体，如美国、中国、欧盟、日本、拉美、中东、印度、东盟、俄罗斯等的政治法律因素对世界经济产生重大影响。从事国际化经营的企业，要研究打交道的所在国家或地区的政治法律因素。要研究这些经济体的法律法规和政局政策对经济的影响，对自身企业的影响。

上述诸因素（不一定很全面）对一切产业和企业都有巨大影响，我们理应高度重视。每一项政策法令的颁布，每一件重大变局，我们都要认真研究其对企业的影响，做个明白人。从中发现对企业有利的机遇和威胁，以便做出自己的应对之策。在制定战略规划、推行战略管理时，更应使这项工作经常化，进行综合分析和预测。

（2）宏观经济因素。经济因素包括国民经济发展、财政、金融、货币、国际贸易和国际收支、劳动就业、物价水平等多种因素。这些宏观经济因素与上述政治法律因素紧密联系，并对产业和企业产生直接的、巨大的影响。外向型企业，除了研究本国的经济因素外，还需研究与其打交道的这些国家和地区的经济因素，包括：国民经济发展态势、人民生活水平、通货膨胀率、失业率，以及经济周期、经济危机、关税税率、外贸支付方式、货币汇率、利润汇出方式等诸方面的因素，避免出现决策失误。

宏观经济的变化必将导致市场发生变化，企业家必须要研究宏观经济对自身企业的影响。在内部人员对宏观经济不很熟悉的情况下，一定要请教外部经济专家，倾听他们的意见。

（3）社会文化因素。宏观环境中的社会文化因素主要包括两大类：①人口统计因素：人口出生率和自然增长率、平均寿命、人口年龄结构、性别结构、劳动力资源结构、教育程度、民族结构、地域结构、人口质量、城镇化水平、家庭组成、人口控制等情况。②文化因素有：价值观、工作态度、消费倾向、伦理道德、风俗习惯等。

人口的数量、质量和迁移变动都对社会发展有影响，既可起推动和促进作用，又可起延缓和阻碍作用，也直接影响了企业员工的素质和劳动力成本。人们的价值观、工作态度能对企业人员招聘、工作安排、生产组织、管理制度、报酬制度等产生广泛的影响。而消费倾向、伦理道德、风俗习惯等直接影响了市场需求。“走出去”的企业一定要研究清楚所在国家和地区的社会文化因素，特别是文化差异和我们较大的国家，要尊重所在国的人民，要小心谨慎，多做调研。要努力做到使企业本土化，尽可能少地派遣人员，因为这样做的结果容易形成对立和矛盾。

（4）科学技术因素。科学技术是第一生产力，创新是企业永远存续的基础。许多跨国公司的研发经费常常占销售收入的10%以上。我们在进行战略调研时，必须认真重视科技情报信息的收集和研究，先人一步地抢占技术的制高点。

2.2.2.2 宏观环境调研方法

（1）调查方法有三种：①间接调查法，包括：收集媒体信息，查阅文献，参加会议（各种报告会、学术会、交易会、博览会、经验交流会等），邀请专家研讨等。②直接观察法，去现场、客户、待开发市场地区进行调查，跨国经营企业常派员去国外作必要的调查，包括所在国的政治、经济、社会文化等方面的情况。③试验法，一般由政府进行“试点”，企业宏观环境调研很少用试验法。

企业的宏观环境调研是企业独立进行的秘密工作。国家发展与改革委员会、工业和信息化部、商务部及地方政府机关发布的统计资料和经济报告，科研机构、高等院校、咨询公司、行业组织发布的规划、报告、刊物杂志和各类信息，银行保险业、证券业等的行业分析报告等都是我们需要调研的材料。

（2）预测方法：分为定性预测法和定量预测法。

定性预测法主要是约请业内专家和有关人士聚在一起，研讨宏观环境因素对未来发展的可能性，相互启发，集思广益，共同研讨。此法简便易行，但易受权威人物的影响。改变的方法是约请专家用书面的方法：①将预测内容整理成含义十分明确的问题；②在企业内外聘请熟悉情况、经验丰富的10～20名专家，将问题寄给他们，请他们提出意见；③收集各位专家的意见，整理归纳，再将归纳后的意见提交给他们，请专家将反馈意见同自己原来意见比较，或修改原来意见，或坚持己见，并把意见寄回；④待收到第二次意见后，再将整理归纳的意见提交给各位专家，征求他们的意见。如此反复三四次，直到专家们都不愿改变自己的观点为止。专家们的最后意见即为预测的结论，可能一致也可能不一致。这种方法的好处是可以消除专家相互间心理上的影响，但费时费事。

定量预测法是用计量经济模型，用计算机通过数学运算得出的结果对经济因数进行预测。但此法的结论很难与经济发展的实际情况相吻合。因此，应将定量预测法和定性预测法结合起来，并以定性预测法为主。

2.2.3 产业环境调研

2.2.3.1 产业环境调研的意义、方法和内容

产业环境调研对企业推行战略管理，制定目标、战略以及经营范围都至关重要：①考察产业状况，来看企业未来有哪些机会和威胁；②考察企业的竞争地位，发现企业在竞争中有哪些优势和劣势；③注视企业产业发展前景，以便重新审视企业的经营范围。

产业环境调研采用的方法和宏观环境调研相同，要经常进行，不断积累资料，专人负责，尽可能吸收企业内外的专家参加，集思广益，提高调研工作质量。

产业环境调研的内容有：产业状况、市场状况、竞争状况。

2.2.3.2 产业状况的调研

产业状况调研包括产业性质的调研、产业发展阶段的调研和国家有关政策法令的调研等。企业所在的产业或打算进入的产业对企业的影响很大、很直接。

（1）产业性质的调研

① 考察产业所用生产要素的配合比例。生产要素中劳动力和资本（资金）是基本要素，单位劳动力占用资本数量较少的，即资本有机构成较低的那些产业，称为劳动密集型产业；相反，资本有机构成较高的产业称为资本密集型产业；资本密集型产业往往就是技术密集型产业，但两者又各有特点。资本密集程度的高低和单位产品产量（或产值）的投资量成正比，和它所需劳动力人数成反比；技术密集程度的高低则和机械化、自动化水平成正比，和

操作工人人数成反比。在信息社会中，又产生了知识密集型产业。这类产业所用的体力劳动者不多，所需的技术装备和投资不很多，生产过程的机械化、自动化程度也不一定很高，主要依靠高素质的人才和高科技的知识来发展，来创造价值。产业类型不同，企业发展所依靠的主要力量上就出现质的差别。在发达国家和地区，经济发展程度高，科学技术水平较高，资本雄厚，劳动力相对短缺，就大力发展资本密集、技术密集和知识密集的产业；在劳动力资源丰富而资本（资金）短缺的国家或地区，在尽可能地发展资本密集、技术密集和知识密集的产业的同时，也要注意发展有特色的劳动密集型产业，满足市场需求，增加就业。劳动密集型产业亦要不断提升技术水平。化工企业，大多属知识和技术密集型产业。

② 考察产业内企业数量和规模分布。产业内企业的规模都不是很大且实力比较均衡，其中最大的几家占有的市场份额也有限，不存在能左右整个产业活动的市场领先者，产业的市场近乎完全竞争市场，企业之间也并没有特定的竞争对手，这样的产业就称为分散型产业。与分散型产业相反，产业内企业的规模都很大且实力比较均衡，产业的市场属于寡头垄断市场，为少数几家企业分割，每个企业的行为都对市场和其他企业产生影响，企业之间既相互激烈竞争，也相互依存、相互制约，这样的产业就称为集中型产业。还有些产业介于上述两类产业之间，这类产业中拥有的企业数量不少，但规模实力悬殊，能够提供最终产品给用户的只是那些享有规模经济优势、实力强大的企业，其余多数企业因规模小、实力弱而成为大企业的附庸，为他们提供配套产品和服务。这里大企业之间展开激烈的市场竞争，小企业也为争夺大企业的订单而竞争，但大企业和小企业之间只是统治与被统治的关系。上述三种产业只是典型的类型，实际工作中，我们需要对企业所属产业作具体的调研分析，以便确定自身在产业中的地位，选择合适的竞争战略。

③ 考察产业在国民经济中的地位和作用。决定产业在国民经济中的地位和作用，主要表现在三个方面：a. 产业的产值、上缴税收和吸收劳动力的数量，在国家或地方总量中的比重；b. 产业的现状和未来发展对国民经济和其它产业发生影响的程度；c. 产业在国际市场上竞争、创汇的能力，以及在国内市场上同国外厂商竞争的能力。

（2）产业发展阶段调研　一切产业都在发展，产业寿命期划分为四个阶段：导入期（或萌芽期）、成长期、成熟期、衰退期。导入期和成长期的产业称为新兴产业，有良好的发展前景。

① 导入期　某一产业刚发展的阶段。在此阶段，有较多的小企业出现，因企业刚建立或刚生产某种产品，研究开发和工程技术是这个阶段的重要职能，所以竞争压力较小。在营销上则着重广告宣传，增进顾客对产品的了解。

② 成长期　产业的产品已较完善，顾客对产品已有认识，市场迅速扩大，企业的销售额和利润迅速增长。同时有不少后续企业参加进来，产业规模迅速扩大，竞争十分激烈，那些不成功的企业已开始退出。市场营销和生产管理（提高质量、降低成本）成为关键职能。

③ 成熟期　这一阶段的特点是：产业市场已趋于饱和，销售额难于增长，在阶段的后期甚至会开始下降；产业内部竞争异常激烈，合并、兼并大量出现，许多小企业又退出，于是产业由分散走向集中，往往只留下少量的大企业。产品成本和市场营销有效性成为企业的关键要素。

④ 衰退期　市场萎缩，产业规模缩小，留下的企业越来越少，竞争依然很残酷。这一阶段的产业就是所谓的“夕阳产业”，产业可能延续一段很长的时间，也可能迅速消失。

产业寿命期的实际情况却远没有那么简单，要复杂得多。各阶段的持续时间随产业的不同而有很大的差异，同一产业在不同国家所处阶段也各不相同，有时一个产业所处的寿命期阶段并不很清晰，产业的发展也并不是总是经过四个阶段：有的跳过导入很快成长，有的经历衰退后又重新回升。在有些产业中，企业通过产品创新或发现了新用途而延长了寿命期。竞争情况也有差异，有些产业由分散走向集中，但集中了一段时期后又产生了分散……。尽管如此，产业寿命周期的概念对理解产业的一般发展过程是有帮助的，因而得到普遍应用。但在应用时，一定要从实际出发，具体情况具体分析，做出实事求是的估计，不能把它绝对化、凝固化。

(3) 国家有关政策法令的调研　处于产业寿命周期不同阶段的企业，应当采用不同的战略。另外，还可以考察其他产业特别是相关产业的发展阶段，为在必要时调整经营范围进入该产业做好准备。政府政策对产业发展过程有明显的影响，一定要结合政府出台的关于产业结构调整、转型升级的政策法令来考察产业发展阶段。

2.2.3.3　市场状况的调研

市场状况的调研包括产业客户的需求情况及采用的营销手段，也包括产业所需的生产要素（如能源、原材料、劳动力、资金等）供应情况。通过调研，发现企业面临的机遇和威胁。

(1) 客户的需求情况调研。客户（顾客、用户）需求是企业存在的理由，市场经济就决定了产业和企业必须把客户的需求、让客户满意作为自己的首要目标。客户需求调研包括：

① 考察客户需求的性质。首先，了解企业所在的产业面向那些客户，属于何种类型，有些什么特征，对商品的期望是什么，在地域和行业上的分布状况如何（分散还是集中），购买本产业商品的稳定程度等；有否潜在的客户，他们消费的动因是什么，是否会改变消费倾向，有否本产业商品的替代品等。其次，要确切地掌握客户需求，是否引起产业的重视而予以满足，是否还有未能满足的需求等等。了解客户需求的特点，如注重质量、款式、价格、服务还是其他，了解客户需求的变化及其原因，了解客户需求的相互影响以及如何适应需求的变化。做好这些工作，就能发现潜在的市场机会，找到新市场。

② 考察市场容量及其发展趋势。市场容量即在一定时间内，产业内各种不同商品的销售总量。考察时要注意到有无不属于本产业的企业也在生产和销售同类商品，如有应将其合并统计销售总量。还要考察市场容量的发展趋势，是增长、维持现状或下降，还要考察供求趋势。这些状况必须细致分析。

③ 考察产业内企业采用的营销手段。产业内有许多同类企业，要认真考察他们各自采用的营销策略和手段。在目标市场方面，是采用无差异策略、差异性策略还是集中性策略，并分析其是否有效；在产品策略方面，考察产业内企业产品的组合情况、新品开发情况、有否替代品构成威胁、有无驰名商标、有无改进包装等等；在促销策略方面，考察本产业是否广泛采用广告、人员推销、公共关系等多种促销手段，各企业促销开支情况、广告常用媒体、促销的成效和经验等等；在分销渠道策略方面，考察采用了哪些分销手段，向客户供货的直接分销与中间商的间接分销各占多少比例，间接分销的形式，与中间商的关系是否协调等等。对产业采用的营销手段和策略的考察，可以发现企业可利用的机会和面临的风险。

(2) 生产要素供应情况调研　①能源和原材料供应方面，考察来源、供应是否充足，供应紧缺者有无代用品，代用品是否价廉易得；对稀缺或进口原材料更需特别考察其交通运输状况。②劳动力市场方面，考察劳动力供应是富余还是不足，熟练劳动力的培训和流动情况。③资金市场方面，考察资金市场的发育程度，各类融资渠道，金融机构的信贷条件、信贷规模，国家金融货币政策，金融体制改革对金融市场的影响等等。

2.2.3.4　竞争状况的调研

在产业环境调研中，竞争状况的调研是最重要也是最费力的部分，也是企业外部环境中

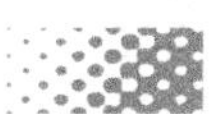

的关键部分，因为制定和实施战略的目的就是要在企业参与竞争的一个或几个产业中获胜。

(1) 调研基本竞争力量。产业的竞争决定于五种基本力量：进入威胁、替代品威胁、买方议价能力、供方议价能力和现有对手间的竞争。企业有必要对这五种竞争力量进行调研，进一步考虑如何保卫自己，抗击或按照自己意愿去影响这五种竞争力，也就是考虑战略问题。

① 进入威胁。潜在进入者进入到本产业时将形成新的竞争力量，因而对产业内现有企业构成威胁。进入威胁的强度取决于本产业进入壁垒的高低和现有企业反击程度的大小。产业进入壁垒由下述因素决定：规模经济、产品差别化、技术标准、资本需求、转换成本、销售渠道、政府政策、与规模无关的成本劣势（如专利、原料资源、交通口岸、享受的政府补贴等）。一般说，分散型、劳动密集型产业的进入威胁大些，资金、技术、知识密集型产业的进入威胁要小些。

② 替代品威胁。指那些与本产业产品具有相同功能，可相互替代的产品。替代品投入市场，其价格越有吸引力，影响也越大。面对替代品对本产业产生的威胁，本产业企业往往采取集体对付行动，如提高产品质量、开展广告宣传、扩大供货能力等。

③ 买方议价能力。作为买方（客户）必然希望所购的产品价廉物美，服务周到，且从产业现有企业的相互竞争中获利。因此，他们总是压低价格、要求提高产品质量、服务质量而同该产业讨价还价。买方议价能力的大小由下列因素决定：购买量、产品差异性、本产业的集中程度、买方的转换成本、买方盈利水平、买方自产而不再购买的可能性、买方所掌握的信息等。这些因素是变化的，企业在销售中对客户的选择应成为一项战略决策，可能由于找到议价能力较弱的客户而增强或改善自己的竞争地位，即使企业的销售只限于某一产业。

④ 供方的议价能力。作为供应方，必然希望提高其产品的价格或适当降低产品质量和服务质量来谋利，因而在进货谈判时讨价还价，这也是一种竞争行为。买方议价能力的大小由下列因素决定：供方产业的集中度、供方产品对本产业的影响程度、产品差异性、供货量、供方生产本产业产品的可能性等。虽然上述因素不可控制或会发生变化，但本产业的企业可通过战略行为来改善自己的竞争能力，如选择供货商、自行生产、消除或降低转换成本等。

⑤ 现有竞争对手间的竞争。这是常见的竞争，企业间竞争的激烈程度主要决定于下列五个因素：a. 产业增长速度。产业增长缓慢，为了争夺市场份额而激烈竞争；b. 产业的分散程度。分散型或集中型的竞争情况见前述；c. 产品差异性。产业内各企业产品差异大，各有特色，竞争小；反之，产品差异小或标准化，就竞争大；d. 高固定成本或高库存成本。成本高，迫使企业尽可能增加产量，扩大销量，竞争激烈；e. 退出壁垒。一般来说，进入壁垒高，退出也高，反之亦然；本产业退出困难，纵使失败也苦苦支撑，使竞争异常激烈。

企业间的竞争情况也是变化的，如一个企业收购了本产业的某个企业，可能使竞争更趋激烈。

需特别注意的是，虽然政府不属于竞争力，但对竞争会产生巨大影响：①政府可能为某产业建立起进入壁垒；②政府可以成为某些产业的买方（如政府订货或采购）或供方（如政府控制资源），从而影响产业竞争；③政府通过制定政策法令和执法监督，指导和约束各产业和企业间的竞争行为；也可通过减免税、补贴等方式来影响产业的发展……无论中外，企业永远都不能忽略政府干预市场的作用！

(2) 对竞争对手的调研。竞争对手包括现有的和潜在的，尽管对竞争对手的调研非常困难，但必须千方百计、排除万难地去进行。认为对竞争对手很熟悉，无需调研，或认为无法对竞争对手调研，都是不可取的。对竞争对手的调研主要包括四个方面：①未来目标。对竞争对手公司总体的、战略经营单位的、各职能系统的、部门主管的目标都尽可能地了解，包括财务目标、市场地位、技术进步、社会表现等多方面的目标。②假设。每个企业对自身、产业和竞争者都有想法和看法，这就是假设。考察竞争对手的经营历史，其成功或失败的经验教训，其领导人的经历和性格特点，其聘请的顾问，对其目标和假设都有很大影响。对手企业可能认为自己是知名公司、产业领袖、价格领先者，也可能自认为实力不足、甘居中游，也可能认为产业前景美好、一片光明，也可能认为产业已成熟即将衰退。这些假设，无论其对错，都应尽可能地了解。因为这些对企业的竞争行为起一定的影响。③现行战略。从竞争对手的实际行动及其领导人的公开讲话中了解该公司的总体战略、战略经营单位的战略和职能性战略。④能力。通过考察竞争对手发起或反应战略行动，以及处理所处环境或产业中事件的能力，来发现其优势和劣势。

(3) 从市场信号中了解竞争对手。在对竞争对手的未来目标、假设、现行战略和能力已经调研的基础上，将调研成果与捕捉的市场信号进行比较，就可以鉴别哪些信号是真实的意图，哪些信号是虚张声势或故意误导，从而迅速作出判断，采取正常的反应。

比较重要的市场信号有：①行动提前宣告。这是竞争对手使用的正式信息传递方式，如扩建工厂、推出新产品、调整产品价格等，来表达某种意图。②行动的事后宣告。竞争对手在行动（如新建工厂、新开拓市场、兼并收购等）开始或结束后才宣布，这就是事后宣告。目的是让其他企业注意到此情况而改变行动。③对产业情况的公开评论。竞争对手对市场需求和价格的预测、对生产能力增长的预测、对原料供应情况的预测等，公开发表评论，希望其他企业在同样的假设下运作，避免竞争激化。④对自身行动的讨论和解释。竞争对手经常利用某些机会来讨论或解释自身的行动，如进入某产业、降价、联合、兼并收购等。目的是希望其他企业了解其行动的原因和结果。⑤政府部门和媒体发布的公告、报道等，这也是了解竞争对手的重要渠道。

关于化工项目的竞争力分析，还可参阅 4.3.5。

2.2.4 企业自身状况的调研

“知己知彼，百战不殆”。难的是了解自己，企业应重视剖析自身状况。企业外部环境的调研（宏观环境调研和产业环境调研）主要回答“企业可以做些什么”，而企业对自身状况的调研则主要回答“企业能够做些什么”。企业状况调研一般采用职能分析法，即按企业管理的职能系统（市场营销、市场、财务、研发、人事等）分别进行，然后综合起来分析评介。对企业自身状况的调研要充分听取群众意见，注意倾听不同意见。企业状况调研分为资源条件调研，企业能力调研，以及企业文化、业绩和问题的调研。

2.2.4.1 资源条件调研

企业自身资源条件反映了企业的实力。如某项资源强于或优于竞争对手，就是企业的优势所在；反之，就是企业的劣势。

(1) 人力资源调研。由人事部门进行：①人员数量。各部门的工人、技术人员、管理人员、服务人员等的数量，是多余还是不足。②人员素质。现有人员的思想、文化、技术（业务）素质同工作需要是否相适应，特别要注意了解高中层管理者、工程技术人员和关键岗位职工的素质。③人员结构。按工作性质、性别、年龄、受教育程度、工龄等分类，考察各类人员的数量比例关系，如技术人员、管理人员占全体员工的比例，中、老、青年职工的比例，分析这些比例是否适应企业发展的需要。④人员的安排使用。各部门、职务、岗位的人员素质是否合适，是大材小用还是力不从心，是因人设岗还是人浮于事。⑤人员培训。了解企业的培训方式、条件、成效、问题等。⑥人事制度。包括人员挑选、录用的标准和程序，

业绩考评的办法，工资奖励制度，职务升迁方式等。这些制度对调动人员的积极性和创造性有重大影响。⑦人事机制。要形成有力的激励机制和约束机制，使各级各类员工都能心情舒畅地为企业、也为自己而辛勤劳动；要创造一种公开、公平、公正的竞争环境，各类人才脱颖而出、展其所长。调研考察这些机制是否形成，是否有缺陷。⑧人员流动。考察人员流动情况，防止关键岗位人员和工作骨干流失。⑨人员劳动保护。包括劳动保护的教育、措施及事故处理等。

(2) 物力资源调研。由生产部门进行：①生产设备。了解车间生产流程、设备布置、管道仪表等的先进性、合理性，主要设备完好性状况，生产线机械化、自动化程度，各岗位的生产能力是否平衡、是否存在瓶颈等。②设备维修状况。包括维修人员、维修制度和维修条件、方法等。③能源供应状况。是否保证供应，其质量和费用对企业生产和效益的影响。④原料供应状况。各类原料，特别是耗量大、价格高、运输不便、紧缺原料是否保证供应，其质量和费用对企业生产和效益的影响。⑤存货状况。原料、在产品、半成品或产成品的库存是否合理。

(3) 财力资源调研。由财务部门进行：①资产结构。包括流动资产、固定资产、无形资产等，考察有无不合理之处。②负债和所有者权益。考察流动负债、长期负债、资本、公积金、留存利润等的数额及其比例，资产负债率和资本结构，研究资产负债率过高或过低的原因。③销售收入。考察近几年各种产品和企业总体的销售收入及增减情况（着重研究企业的重点产品和新产品），考察各种产品处于寿命期的何种阶段。④销售成本。考察各产品的制造成本和销售成本总额，分析销售费用、管理费用、财务费用近几年的增减趋势、升降情况，联系物价涨跌因素进行分析。⑤盈利状况。分析近几年企业和各种产品的盈利状况及增减趋势，联系产品所处寿命期的阶段分析盈亏的原因。⑥现金流量。考察其近几年增减情况。⑦融资渠道。融资能力反映了企业实力，应作为企业财力资源的重点加以考察和研究。⑧投资风险。对各项投资，特别是长期投资要进行效益—风险分析，评定其安全程度。

(4) 技术资源调研。由总工程师室进行：①工艺技术水平。现有产品的工艺技术及来源，处国内外产业内的水平。②专利和技术诀窍。企业自身研制或从外界转让得到的技术成果，专利数及期限，已获得的效益。③新产品储备。除已投产的新产品外，正在研究或试制的新产品数，其市场需求，能否满足投产条件、预期效益。④工程技术。指为技术改造、设备更新、生产线调整的安装维修力量，是否满足要求。⑤安全技术措施。指安全技术措施已取得的成效和存在问题。⑥环境经济和环保措施。指“三废”减量化、资源化、再利用的手段和措施，已取得的成效和存在问题。⑦技术改造。指利用自有或引进技术进行技术改造，条件是否具备，实施技改对提高企业技术水平和效益产生的影响。

(5) 组织资源调研。①组织结构。包括管理体制、组织机构设置、各级各职能部门的权责划分、协作配合及信息沟通状况等。考察有无权责不清、职能交叉重叠、有事无人办等情况，考察机构能否有效运转，集权和分权是否适度，是否进行改革。②领导班子结构。领导班子结构是否优化，班子的连续性（或继承性）如何，后备管理者的储备情况如何。③劳动纪律。是否有严明纪律，实施情况如何，纪律面前是否“人人平等”，领导是否以身作则。纪律实施不佳的原因，改进办法。④管理效率。各机构工作效率如何，各级指挥是否统一有效，结合部工作是否都能尽职，是否政令畅通、会议精简、管理气氛是否融洽等。

(6) 信息资源调研。①信息化管理系统是否建立、健全，是否建立计算机信息管理系统。②信息化管理系统是否有效，是否满足管理要求。③是否有专人对科技和经济信息进行收集、整理、分析，并提供报告。④信息检索是否便利，利用是否充分。

(7) 自然条件调研。①地理位置。地形、地理，气候情况等。②交通运输条件。原、辅材料和产品的水陆运输条件等。③职工生活条件。职工生活、子女上学等是否便利。④周边环境，环境容量。是否在化工园区，周边产业是否有利于化工企业的发展。

2.2.4.2 能力调研

企业拥有的资源和条件就构成了自身的能力。调研企业的能力，就是考察企业同竞争对手相比的优势和劣势。

(1) 竞争能力调研。①产品生产线。企业现有产品生产线的宽度、深度、关联度，主产品和副产品，独家产品还是竞争性产品，是否有专利，是否标准化，是否有品牌，产品处何种寿命期等。②产品质量。考察产品质量水平在产业中的地位，质量、环境、安全管理保证体系是否健全，是否通过国际认证，用户对产品质量的评介、投诉等。③成本和价格。产品成本升降情况，同竞争对手成本的比较，降本措施，在产业中是否是价格制定者（或领先者）等。④顾客服务。企业为用户服务的举措，用户满意程度如何，交货是否迅速及时，企业形象是否改善等。⑤新产品。新品数量、产值、占销售收入的比重，新品投放市场的时机是否正确，是否受用户欢迎等。⑥竞争趋势。明确竞争趋势以便制定正确的竞争策略。竞争力调研内容详见 4.3.5.3。

(2) 适应能力调研。外部环境复杂多变，企业的适应能力会在很大程度上影响企业的生存和发展。调研时要根据企业过去的历史资料和现实情况进行考察，分析其如何适应以下情况：①经济形势、政府政策的变化。全球政治经济形势的变化、国内经济形势的变化、政府宏观调控政策等都会引起市场的供求状况的变化，考察企业能否适应、如何适应。②企业所在地状况变化。考察企业所在地产业结构调整、地方政府政策变化、环境和社区状况变化等，企业能否适应、是如何适应的。③科技进步状况。科技发展所带来的新产品、新技术、新设备、新材料，以及对替代品需求等的变化，企业有否适应措施。④客户需求变化。客户需求发生了变化，企业是否已及时应对。⑤竞争对手变化。竞争对手在产品、定价、促销、目标和战略上的新动向、新措施，企业能否迅速察觉并做出正确反应。

(3) 市场营销能力调研。①市场广度。产品在国内外市场的份额，服务于哪些产业，市场发展的前景，开拓新市场的可能性等。②价格。产品采用何种定价方法，价格调整的方法和频率，企业是产业价格的领先者还是追随者，如何运用差别定价法等。③销售手段。广告，促销手段、效果、费用的比较分析等，分销商和代理商，销售人员和费用，售后服务等。④产销率和货款回收率。

(4) 生产能力调研。①各产品线生产能力。考查各产品线的主体设备和附属设备、前后工序设备是否配套。②生产单位和企业综合生产能力。考察各生产单位（如分厂、车间）之间的能力是否配套。前后关联的生产单位、企业综合生产能力是在填平补齐的基础上按薄弱环节的能力来核定。③生产能力利用程度。生产能力利用率＝(实际产量/核定生产能力)×100％。可根据此公式，分别按生产线、生产单位和企业总体来计算，并分析生产能力利用率低的原因。企业生产能力大，是优势；但能力发挥不足，则成为劣势。④生产能力的机动程度。在市场需求发生变化时，生产能力可作相应调整。考察能力调整的机动性程度，也反映了企业的优势或劣势。⑤劳动力、能源、原材料保证程度。如有问题，应查明原因。

(5) 研究与开发能力调研。①研发机构。有无专门的研发机构，人员配备、场所、仪器条件如何，研究经费是否落实，外界科技信息是否灵通。研发制度是否健全，奖励措施是否落实；是否有学科带头人，研发人员积极性如何；是否实行开放式管理等。②研发成果。近几年取得的研发成果（新技术、新产品）占研发项目的比重，研发项目的来源（市场需求、

生产需要、研发人员自选等)，项目研发周期等。③成果转化。新产品、新技术投入生产或申请专利或对外转让的有多少，其效益与开发费用的比例关系等。④产学研合作。研发机构和外部科研院所、大专院校的联系密切程度，是否有合作研究开发的成果。科研院所、大专院校是否成为企业研发的后盾。⑤国际合作。有否和国外机构或专家合作研发。

(6) 财务能力调研。①盈利能力，考察企业的销售利润率、各产品的盈利能力、资产利润率、投资利润率、净资本利润率等。②偿债能力，考察企业的资产负债率、短期偿债能力(流动比率、速动比率) 等。③流动资产周转能力，考察企业存货周转次数和天数、应收账款周转次数和天数、流动资本周转天数等。④融资能力，企业的盈利能力和偿债能力对其融资能力有极大影响。还有资本负债率、普通股每股收益、市盈率、股利分红率等都影响企业的融资能力。

(7) 综合管理能力调研。管理者的素质和能力，包括组织领导、决策、用人、协调、应变能力，和下属及员工的关系，管理实际有效性和效率，特别是综合管理、统率全局的能力。

2.2.4.3 企业文化、业绩和问题调研

企业文化、业绩和问题调研内容见表 2-1。

表 2-1 企业文化、业绩和问题调研内容

企业文化	业　绩	问　题
文化特征：企业共有的信念和价值观包括哪些内容，是否成文，是早已存在还是刚建立，具有何种特点	目标完成情况：近几年的主要目标，是否实现，实现的程度	现存问题的内容：企业面临哪些挑战，是长期存在还是新出现的，是全行业普遍存在还是企业特有
文化建设过程：企业领导是如何塑造企业文化并在员工中宣传贯彻的，是否为员工接受并付诸实践	战略执行情况：近几年执行的战略，是否调整修改，是否成功	现存问题的重要程度：按主次轻重排队，列出现存问题
文化与目标、战略的一致性：考察近几年情况，是否出现过不一致	成绩和经验：近几年的突出成绩，有何经验，经验有何现实意义	解决问题的可能性：列出很难解决、可望解决、正在解决的问题
文化的环境适应性：环境变化时，是否文化做过局部改变，是否带来问题等	失败和教训：近几年有否失败和挫折，有何教训，教训有何意义	

企业文化是指一个企业共同拥有的信念、期望值和价值观体系，它确定企业行为的标准、方式，规范企业员工的行为。经营思想、伦理道德、企业精神、厂风厂纪等，都是企业文化的表现。企业文化对其目标的建立和战略的选择会产生巨大的影响。当文化、目标和战略三者协调一致时，就能形成企业巨大的优势。但一旦环境、形势发生巨大变化，原有文化不能适应时，也可能妨碍新目标和新战略的制定，从而成为严重的劣势。

通过上述对资源条件、能力、文化、业绩和问题多方面的调研，可以对企业自身状况有一个全面、深入的了解，发现自己同竞争对手相比所具有的优势和劣势。但只有同外部环境调研的成果结合起来，进行综合分析，才能为战略管理，特别是战略规划提供良好的基础。

2.2.5 战略调研成果的分析

战略调研综合分析的内容如图 2-4 所示。

西方战略管理著作常将宏观环境、产业环境、企业状况调研同综合分析一起称为 SWOT 分析 [也称 TOWS 分析，是优势 (Strengths)、劣势 (Weaknesses)、机会 (Opportunity)、威胁 (Threat) 英语首位字母的合写]。

在 SWOT 分析中，需注意如下几个问题：①将调查和预测结合起来，综合分析包括了总结

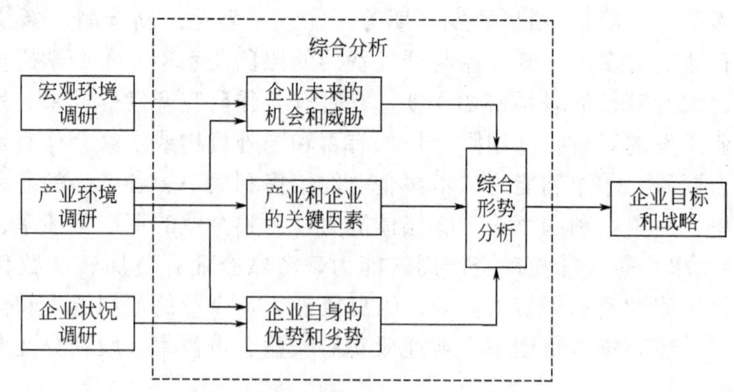

图 2-4　战略调研综合分析示意图

过去、调查现在、预测未来三个方面；②调查预测力求具体，无论是机会、威胁、优势、劣势，都要分清主次轻重，特别要结合关键因素；③注意企业文化和权力关系对分析的影响。整个分析都是由企业内部和外部的有关人员来进行的，必然受到企业文化的影响。有的企业创立者或高层领导者的意见常占支配地位。在进行分析时，发扬民主、集思广益会收到更好的结果。

2.2.5.1　关键因素分析

任何一项事业的成败都有许多因素在起作用，它们可分为关键因素（critical factor）和补充因素（complementary factor）。前者是指成败攸关的一个或几个因素，弄不好就不能成功；后者是指一些次要因素，虽然也不可忽视，但对事业成败不起决定性作用。

关键因素又称为关键要求、成功钥匙（key to success）。关键因素一般按产业来确定，该产业中具有相似目标和战略的企业都可应用。关键因素就是要回答“产业的成功或失败是什么因素造成的?”，因素一般控制在四个以下，而且全部是企业自身能够测定和控制的，并要用特别有利于行动的方式来表达。精选关键因素有以下两种方法：①宏观或由上而下法。即考虑本产业所属企业的盈利性有关的因素，再考虑对其他几个产业盈利性有关的因素，加以比较，删去其中的共同因素，最后对剩下的因素根据经验和产业实践来判断，确定本产业的关键因素。② 微观或由下而上法。即只考虑本企业所属产业，将同行业竞争对手分为成功和不成功两类，考察成功企业很注意而不成功企业却未注意的，就可认为是关键因素；另一方面，考察客户及其需求，分析他们需求的特性以及本产业产品对客户的作用，竞争者尚未注意到而企业可能赢得竞争优势的因素，那可能就是关键因素。

在进行产业环境调研时，就应注意识别对其产业有决定性影响的关键因素。忽略了任一关键因素，都会危及战略管理过程，甚至产生灾难性后果。表 2-2 举例说明某精细化工产品行业的关键因素及其成为关键因素的原因，供参考。

表 2-2　某精细化工产品行业的关键因素

关键因素	原　因
掌握某产品行业的优秀工艺技术、生产管理人员	1. 能保证产品工艺技术的可靠性和先进性 2. 能对工艺技术、产品质量持续改进 3. 能不断降低产品的成本和污染物排放
生产装置先进可靠	1. 装置可靠，保证稳定安全的生产，减少维修费用 2. 装置大型化，提高了劳动生产率 3. 装置机械化、自动化程度高，使产质量品稳定 4. 劳动环境好，稳定高素质的操作工队伍

续表

关键因素	原　因
在某产业有强有力的营销措施	1. 因该产品行业竞争激烈 2. 据调查，某产业对该产品的需求占总需求的68% 3. 某产业是国家鼓励发展的产业
充足的流动资金	1. 该产品原料价格随国际市场的波动大，在价格低位时采购贮存大批原料可降低成本 2. 该产品行业内一般的企业资金实力并不强 3. 原料成本是产品市场竞争的主要手段之一

2.2.5.2 机会和威胁分析

宏观环境和产业环境调研的目的主要是尽力发现企业未来的机会和威胁。

(1) 识别机会的途径或方法。①发现将迅速增长的产业或行业；②发现将迅速增长的市场或细分市场；③研究特定顾客的特殊要求；④现有产品的新用途和新市场；⑤采用先进技术，实现技术创新；⑥从用户和经销商方面寻找机会；⑦从供应商方面寻找机会；⑧从国际市场和国际合作中寻找机会等。

当然还有其它途径，也有偶然的机会。企业的机会很多，但要准确识别，特别要先人一步地识别出来，并非易事。这里最需要的是战略决策者的战略性思维，详见2.1.4.4。

(2) 识别威胁。威胁有多方面的来源，如：①存在于产业内外的竞争（如前述5种基本竞争力量）；②政治法律因素；③宏观经济因素；④科学技术因素；⑤社会文化因素；⑥产业发展阶段等。

当然威胁的来源还有其他，也有偶然的威胁，如美国金融危机、欧债危机对世界经济的影响等。企业面临的威胁就是对其生存和发展带来的危害、风险和挑战。

同机会识别一样，对威胁的识别也要求战略决策者的高度智慧，运用战略思维在广泛收集信息的基础上，进行超前的分析推理，能先人一步地发现和察觉，以便及早采取防范性对策。

从某种意义上来说，识别威胁比识别机会更重要。错过了一次机会，使企业错过了一次赢利或发展的机遇；但未能识别威胁，或未能对威胁采取相应的措施，带来的常常是企业的灭顶之灾，许多民营化工企业的接班人问题就是如此。因此，对企业的威胁识别和控制我们在第16章危机和风险管理专门叙述。

另一方面，机会和威胁往往同时存在于同一事物中，即“挑战与机遇并存，困难与希望同在”，这是完全符合唯物辩证法的。机会和威胁是事物矛盾的两个方面，主要方面决定着事物的性质，而且两个方面是可以相互转化的。我们应该辩证地看待事物，在捕捉机会时警惕其中潜在的风险，而在面临威胁时寻找其中潜在的机会，以利于充分发挥主观能动性，抓住机会，避开威胁。

(3) 将机会和威胁与关键因素结合起来进行分析。通过以上分析，可以发现企业未来的机会和威胁为数不少，其中同产业和企业成败的关键因素相关的显然最为重要，应当受到格外重视，因此将机会和威胁与关键因素结合起来进行分析必将提高战略调研成果分析的质量。

2.2.5.3 优势和劣势分析

(1) 优势和劣势的评定标准。企业的优势反映了实力，代表了相对于竞争对手的强项；其劣势则反映了缺陷，代表了相对于竞争对手的弱项。为查明优势和劣势，首先要有评判优劣的标准，普遍采用的标准是：历史的、规范的、竞争的和关键领域的四个方面的标准。

① 历史的标准。即将企业过去积累的历史资料和现实情况相比较，并预测其发展变化，进行时间序列分析或趋势分析。如现实状况比过去好，或在逐步改善，那就认为有优势。

② 规范的标准。即合理的、理论的或理想的标准，它来源于文献资料、行业报告、经营实践或个人认定。如财务流动比率一般应大于 2，速动比率应为 1，表明偿债能力合理。企业现实状况符合规范，或在理论上是准确的，那就是优势。

③ 竞争的标准。即利用成功的竞争者或潜在的竞争者的行动（假定竞争市场相同，且竞争者的行动是优化的）为评定依据。此法的缺陷是明显的，因假定可能错误。

④ 关键领域的标准。即将前述的关键因素作为评定依据。

上述历史的标准常用于考察财务、生产等领域的活动，规范的标准则用于考察管理活动，竞争的标准用于考察产品组合、质量、成本价格、服务等竞争因素的各项资源，关键领域的标准则用来考察同供应商、经销商的关系等。也可综合使用四个标准，如用历史的标准发现企业销售收入在逐年增长，可认为是优势；但与竞争对手比较，却远落在对方后面，则应看作为劣势。

上述四种标准中，竞争的标准和关键领域的标准是必须采用的两个标准，而且满足关键因素要求的程度只有在同竞争对手相比较的过程中才能做出准确的判断。

（2）优势和劣势的衡量方法。①定性衡量法。用文字来表述企业现在或未来的能力或特性，如说：“这家企业的主要优势是创新气氛很浓”。②有效性衡量法。是表明企业完成特定工作任务（目标）的能力，如说；“某企业的劣势是未制定销售奖励制，不能激励销售人员去超额完成其目标市场份额。”③效率衡量法。是反映从能力得到的收益的优化程度，比较典型的表述为：“本月产品合格率只有 90%，我们应当下力气抓好产品质量”。

需要注意的是，上述三种衡量法的区别在于界定特性的程度不同。如打算衡量企业总体，则可用定性的和有效性衡量法；在需要同特定目标或工作任务相联系时，则用有效性衡量法；效率衡量法则常用于基层管理者，如衡量产能利用率等等。

根据评定标准得出企业的优势和劣势，再用适当的衡量方法加以界定，还需分清它们的主次轻重。有些优势同产业和企业的关键因素相关，对企业的影响极大；而另一些优势只同补充因素有关，影响较小。这就是影响程度的差异，劣势也是如此。

为分清主次轻重，可以采用加权评分法加以量化。例如，用 5 级计分制来评定优势和劣势的重要程度（优用正，劣用负），再用不同的权重数来评定它们对企业的影响度，将每项优势或劣势的程度得分与其权重系数相乘，得分的多少即可明显看出它们的重要性。这对于企业制定战略时如何充分发挥优势克服劣势有着重要的指导意义。

与机会和威胁一样，优势和劣势往往存在于同一事物内，即优势中潜伏着劣势，劣势中潜伏着优势。管理者就要善于从优势中发现潜在的劣势，注意克服和预防；也要善于从劣势中发现潜在的优势，将劣势转化为优势。这才是一个优秀的企业管理者。

2.2.5.4 综合形势分析

明确了企业的关键因素、机会和威胁、优势和劣势之后，就要把它们综合起来，以求对企业面临的形势得出总体印象，这便是综合形势分析的任务。进行形势分析，可采用调研报告和形势分析表两种方式。

（1）调研报告。调研报告的作用是将调研成果汇集起来，为战略管理者制定企业的目标和战略提供科学依据。调研报告也可作为检验评价战略和检验战略是否有效的依据。

调研报告一般分为序言、正文主体和附录三部分。序言主要说明调研的过程、计划和预测的时间跨度、企业内部参加的部门和应邀参加的外部单位或个人、调研中遇到的困难等。

正文主体部分可按宏观环境、产业环境和内部状况，依次列出主要的信息分析所得出的成果(机会、威胁、优势、劣势)。这里最重要的是发现和反映各方面信息之间的内在联系，如宏观因素对产业因素的影响，产业因素对企业的影响、影响幅度的比较（即主次轻重）等，以利于对形势得出总结性的认识，而不是将各类信息不分轻重的简单罗列。调研报告应该是集体智慧的结晶，而不是某个人的主观臆断。结论最好是经过讨论得出的比较一致的意见，也可以写上不同的意见。附录主要是一些表格，列出分析所依据的数据、运算公式等。

(2) 形势分析表。将调研所发现的机会、威胁、优势、劣势用表的形式列出，一目了然，如表 2-3。采用这种形式，因篇幅有限，优势、劣势、机会、威胁一般控制在 5～10 个以内。

表 2-3　综合形势分析表

领域	评定标准	优势	评定等级	机会	出现的频率	考虑的行动
领域	评定标准	劣势	评定等级	威胁	出现的频率	考虑的行动

注：1. “领域”指优势或劣势涉及的职能领域（如营销、生产、财务、人事等）或整个企业。

2. “评定等级”指优势或劣势按其重要程度来评分，优势用正数，劣势用负数，还可用权重数来加权评分。

3. “考虑的行动”指从战略角度考虑如何发挥优势，抓住机会，克服劣势，避开威胁，当然只是提示性的。

2.3　企业的战略规划

战略规划也称为顶层设计，其重要性是无可比拟的。如果战略规划正确，因时、因地制宜，下面执行不得力，不过是成绩大小的问题；假如战略规划错误，逆时代潮流而动，下面执行越是得力，后果越是严重。

企业战略规划包括四个步骤：①确定经营思想和经营范围；②制定经营方针；③建立经营目标；④选择和制定经营战略。但在实际工作中，必须先明确企业的经营思想、经营范围和经营方针，再进行战略调研。即战略规划的前两个步骤必须在战略调研前由决策层先予明确，否则调研工作会漫无边际，无从着手，这是我们在战略调研前必须注意的。

2.3.1　企业经营思想、范围、方针和目标

2.3.1.1　确定经营思想

(1) 企业的经营思想也称为经营哲学。经营思想是指企业全部生产经营活动（包括战略管理活动）的指导思想，亦为企业为生产经营活动所确定的价值观、信念和行为准则。不管是否在书面上明确，实际上任何企业都有其经营思想。重要的是，我们应该审视经营思想是否正确，是否符合社会制度、经济体制和生产力发展水平的要求，是否有利于企业的生存和发展，是否为员工、股东和客户接受并支持。经营思想一旦确定，就应有相对稳定性，但也不是一成不变，应该接受实践的检验，在实践中修正和发展。

（2）企业经营思想实质上是企业文化的核心组成部分。经营思想往往由企业经营者提出，经过上下反复讨论，多次修改，逐步形成全体员工的共同认识，并用以指导全体员工的行为，代代相传。纵观世界上的知名企业，都有自己稳定的、科学的经营思想，都有长期形成的企业文化。

（3）对经营思想的内容有许多概括方法。一种方法是列举出经营思想应包含的若干观念，如：①市场观念；②用户观念；③竞争观念；④效益观念；⑤创新观念；⑥权变观念；⑦法制观念；⑧人本观念；⑨环保观念等。另一种方法是用对事对人的方法来说明，对事即对生产经营活动的描述，如：面向生产，以销定产；质量第一，质量为企业的生命；降低成本，让利于用户；遵纪守法，合法经营等。对人即包括对待顾客、员工、股东和公共关系等的描述：用户的需要是企业存在的理由；用户第一，员工第二，股东第三；尊重社区群众，尊重园区企业，打造和谐园区等。两种方法有时也没有严格的界限，如：环境保护是化工企业的生命线，既是一种环保观念，也是对化工企业环境保护事业本质属性的一种描述。

（4）企业在表述经营思想时，有多种多样的、生动活泼、内涵丰富、观念前瞻的提法。如：

① 中国石化　以“发展企业、贡献国家、回报股东、服务社会、造福员工”为企业宗旨；以“建设世界一流能源化工公司”为企业愿景；传承、丰富和弘扬“爱我中华、振兴石化”的企业精神；继承和发扬“精细严谨，务实创新”的优良作风；秉承“诚信规范，合作共赢”的企业经营理念。

② 杜邦（DuPont）　使命：实现可持续发展，在增加股东和社会价值的同时，减少经营活动给环境留下的“印迹”。愿景：成为世界上最具活力的科技公司，并创造可持续解决方案，为世界各地的人们带来更美好、更安全和更健康的生活。

杜邦公司的经营理念尤为突出环境、安全、健康，彰显其在全球化工行业中的引领作用。

2.3.1.2　确定经营范围

企业经营范围规定了企业现在或准备涉足的经营领域。在工商注册登记时的企业营业执照上都明确规定了经营范围，国家统计机关据此划分企业所属产业并进行统计。

企业在制定战略规划时，要对其经营范围重新审视。在确定企业经营范围时，需要认真分析宏观环境、产业环境和企业自身状况，考察现在的经营范围是否适当，是否需要改变。如企业捕捉到发展机遇，或原属产业前景不妙而另有迅速增长的产业出现时，就需要改变或扩张其经营范围，以免错过机会。但如不顾自身实力而盲目扩大经营范围，由于不熟悉新的领域或资源不足，管理力量跟不上，也可能带来灾难性的后果，所以对经营范围的扩张应持慎重态度。

经营范围可广可窄，视企业具体情况而定，而且不同时期可以发生变化。一般中小企业受到实力限制，经营范围较小；大型企业则经营范围广，大都从事多产业经营，甚至跨产业经营。大型企业集团或跨国公司的经营范围就更广，在国内外拥有许多全资及控股或参股子公司、分公司，涉及多种产业。

2.3.1.3　制定经营方针

经营方针是在企业经营思想指导下，为规范经营范围内的各项活动而制定的行动原则，也有人称为经营政策。经营方针是为了促进企业内部的协调和信息沟通，按相同的基本原则齐心协力地去完成企业的使命和任务。

企业经营方针有不同的层次，可分为企业总体的经营方针和各职能系统分别制定的、指

导其系统活动的职能性方针。职能性方针是总体方针的具体化，为实现总体方针服务。

经营方针是在经营思想指导下制定的，两者关系密切。有些经营思想的内容也可看作方针。如：面向市场，以销定产；用户至上，一切为用户服务；不断创新，争创一流等。

制定企业经营方针时，应注意以下几点：①符合国家大政方针、法律法规；②以企业经营思想为指导，有利于实现企业的使命和任务；③要考虑竞争对手的方针，突出自己的优势和风格；④随着外部环境和内部条件的变化，适时地修订原有方针政策。

2.3.1.4 建立经营目标

(1) 建立企业经营目标的意义和要求。拜亚斯（L. L. Byars）指出："任何组织的管理就是要引导和指挥雇员们去完成组织的目标。整个管理过程以组织目标为核心。如果没有特定的目标追求，管理就不能正常实施，该组织也不会取得应有的成就。"目标管理是现代企业管理中普遍应用的一种方法。

经营目标的作用可概括为"三力"：①推动力。目标指明方向，通过目标的制定和检查考核，可推动企业前进；②内聚力（向心力）。建立目标体系，就能协调各方面的活动，齐心协力完成各阶段目标；③激励力。目标有利于调动员工的积极性和创造性，完成企业使命和任务。

企业经营目标有三类：①按层次分，有企业总体目标、中间目标（职能系统、部门、单位的目标）、具体目标（基层、岗位、个人的目标）；②按时限分，有企业的长期目标（一个会计年度以上）、短期目标（年、季、月度目标）；③按业务性质分，有利润目标、为顾客服务的目标、员工福利目标、社会责任目标等。

建立企业经营目标的要求：①全面、详细，又突出重点；②明确具体，尽可能量化；③先进合理，积极可靠，适当留有余地；④各类别、部门、岗位的目标可相互制约，但应协调一致；⑤灵活机动，适应情况变化而及时调整；⑥目标可考核，并要落实激励措施。

企业经营目标的内容，一般有：①产品、产能和产量；②市场和销售；③产品成本、劳动生产率；④利润、上缴税收；⑤资金和财务能力；⑥研究开发及成果转化项目；⑦组织机构与职能设置；⑧人力资源；⑨客户和售后服务；⑩责任关怀（改善健康、安全及环境质量的承诺）等。

(2) 制定战略规划时建立目标的方法。①目标建立的原则是：发挥优势，抓住机会，克服劣势，避开威胁。按此原则充分发挥主观能动性，就可将在一定期限内可能获得的预期成果确定为企业目标。②在综合分析调研成果并据以确定经营目标时，要充分注意企业文化和权力关系的影响。

企业文化是企业员工共同拥有的、能确定企业行为方式的价值观体系。在对优势、劣势、机会、威胁的综合分析和处置方式上可能产生分歧，在目标的先进性、合理性、留有余地等方面也会有不少争论，这些分歧和争论只能用共同的价值观体系去加以统一和解决。

权力关系是指某个人影响另一个人或群体去做某些事的能力。如领导者处于高度权威地位，可能个人就做出决策；也可能领导者比较喜欢民主，就实行参与式决策。所以权力关系对确定经营目标有很大的影响。

(3) 经营目标确定和战略选择可以交叉进行。从理论上说，应在战略调研的基础上先制定长期的经营目标，然后再考虑选择用哪些战略去实现这些目标。但在实践中，可把经营目标确定和战略选择两者结合起来进行。如先考虑发挥企业的优势，克服劣势，对如何抓住机会，避开威胁拿出具体的谋划和方案，这就是战略了；然后再据此测算可能取得的成果，提出初步目标。对此目标不满意，又提出补充的战略或修改战略，再测算目标直到满意为止，这样就把战略和目标都定下来了。

采用这种方法要注意的是：不能以目标来迁就战略。目标要定得先进合理，留有余地；战略选择要正确，能为实现目标提供保证。

(4) 注意长期目标同短期目标的关系。一般来说，企业的战略规划属长期规划，但长期目标必须分解为阶段、年度的短期目标，只有这样才能有利于实施和检查考核实施情况，确保原定目标的顺利实现。长期目标指导着短期目标的制定，短期目标又保证长期目标的实现。总的要求是尽力做到企业的经营业绩能有一个持续、快速、健康、协调的发展，防止大起大落。

2.3.2 企业经营战略的类型

从2.1.4中，我们知道一般企业有企业总体战略和按职能系统分别制定的职能性战略。在大型和特大型企业中往往设有事业部等战略经营单位，需要制定战略经营单位的战略。

2.3.2.1 企业总体战略

企业总体战略又称公司战略或主战略（corporate，master，or grand strategy），是对企业全局的长远性谋划，由最高管理层负责制定和组织实施。无论企业规模大小，产品多少，其总体战略主要是解决经营范围、方向和道路问题。具体考虑以下几点：①企业是否应当扩张、收缩或维持现状？②假如企业要扩张，是通过内部发展，还是通过外部收购、合并或合资经营？③企业应当集中从事现有产业的经营，还是涉足于其他产业？

企业的总体战略大体上可分为扩张型、稳定型和紧缩型三种。

(1) 扩张型战略（expansion strategies)。又称发展战略或成长战略（growth strategies)。是最广泛使用的总体战略，旨在扩大规模、增加生产量和销售量，提高盈利水平等，使企业日益兴旺发达。

企业扩张的动因是：①企业是资本存在的形式和载体，而资本则以企业作为其增值的手段和途径。从这种意义上讲，企业扩张的本质也就是企业资本的扩张。企业扩张的战略目标动因是企业实现长期利润最大化，资本的本质决定了任何国家的任何企业都要追求扩张，因此，企业扩张是企业普遍追求的发展目标。②企业经营者的事业成就感。企业的发展体现了领导者的成就和功劳。③企业规模扩大，产销量增长，可获得规模效益，降低单位产品分摊的固定费用，从而降低成本，增加盈利。④扩大产品品种或实行多种经营、跨产业经营，可分散风险，保证企业持续发展（即“不把鸡蛋装在一个篮子里”）。⑤对某些产业或企业，政府制定有扶持、鼓励其扩张的政策，并给予特殊优惠，这正是企业应抓住的机遇。

尽管扩张型战略对众多企业都有极大的吸引力，但它也隐藏着风险，“发展就是冒险”。一般来说，随着企业的扩张，出现的问题和矛盾将大量增加，管理难度将增大，出现失误的可能性也将增多。实际上，盲目的过快的扩张在短期内会降低效率，从长期看，甚至可能是灾难。有时，“大，不一定好”，扩张一定要谨慎。

扩张型战略有以下几种：

① 单一经营战略（single business)。就是集中生产或提供单一的或少数几种产品或服务，面向单一的市场，或采用单一的专业技术，不开发或很少开发新产品或新服务。企业的发展主要通过市场渗透和市场开拓，以扩展市场或提高市场占有率，实现生产规模的扩大和利润的增长。

采用单一经营战略时，企业的扩张速度随着产业发展的不同阶段而有所不同，例如产品正处成产期，速度可能很快；反之，如已进入成熟期，速度就可能放慢。扩张速度还会因企

业采用的市场营销策略不同而不同，营销策略正确，速度可望加快；反之，速度则变慢，甚至会丢失市场。

采用单一经营战略的原因是：a. 有些产业性质决定了一般只能单独经营，如纯碱、保险粉行业等。b. 有些企业或限于实力，或由其经营者的价值观决定，或因科技发展速度缓慢而采用这种战略。

采用单一经营战略的风险在于，如企业现有产品或服务的市场衰退，就会出现危机。企业需要密切关注宏观环境和产业环境的变化，保有必要的新产品储备以应变，或为求得更快更好地发展，也可考虑采用下述某种战略。

② 同心多样化战略（concentric diversification）。通过开发新产品或新服务，来扩大产品或服务的品种，以求增加企业的生产量和销售量。其特点是：新增的产品或服务与原来的产品或服务在大类别上、生产技术上或营销方式上是相似的或相关联的，可以利用本企业的专门技能和技术经验、设备或生产线、销售渠道或顾客基础，所以这种战略又称为相关多样化战略（related diversification）。采用这种战略一般不会改变企业原来所属的产业部门。

同心多样化战略的采用极为普遍，因它既可分散单一经营战略面临的风险，又可充分发挥企业原有的专长，收到协同效果，且扩张起来比较容易。化工企业大多用同心多样化战略进行扩张，如 BASF、杜邦、默克、辉瑞、上海华谊化工集团等。

③ 复合多样化战略（conglomerated diversification）。是通过开发新产品或新服务，从事多种经营，来扩大企业规模，增加企业利润。与同心多样化战略的区别是：新增的产品或服务与原有的产品或服务毫不相关，不能利用企业原有的专门技术、设备、生产线等，所以这种战略又称为不相关的多样化战略（unrelated diversification），一般都是跨产业经营。

跨产业经营最突出的优点是可以充分利用不同产业的发展机会，通过向不同的市场提供产品或服务来分散经营风险，利用协同来提高企业的总体盈利能力和灵活性。但跨入原来并不熟悉的产业，必然会带来巨大的风险，并增加管理上的困难。因此在选用复合型战略时，需谨慎从事：a. 企业要有足够的实力（包括财务能力、技术能力、市场营销能力和组织管理能力）；b. 务必妥善选择多样化业务，要牢牢抓住一个主业不放手。如果没有强大的主业，企业就不可能雄心勃勃地去追求新的方向，复合多样化也难于成功。

④ 纵向一体化战略（vertical integration）。指企业在两个可能的方向上去扩张其经营业务的一种战略。如向产品销售方向发展，组建自行销售的网络直接面向用户，或将产品深度加工、提高附加值后再销售，就称为向前一体化战略（forward integration）；如向原材料供应方向发展，就称为向后一体化战略（backward integration）。这种战略在化工行业就是向上、下游延长产品链。当企业的买方（用户或经销商）和供应方都是它的竞争者，且它们利用企业的产品或向企业供应产品而获得较大利润时，企业可以通过向前或向后一体化来增加自己的利润。一体化扩大了企业规模，获得规模经济效益，有助于分散风险。

就像复合多样化战略一样，如果实行纵向一体化战略时是进入原来并不熟悉的领域，或跨产业经营，会带来很多风险，增加管理上的困难；延伸产品链，有得罪原有销售商或供应商的危险，要花费不少的人力、物力、财力，且不能很快发挥设备的产能；组织销售网络或开辟市场也要有个过程。通过纵向一体化战略实现的规模扩大，是否能获得经济效益也不能完全肯定。

所以，企业在选择纵向一体化战略时要慎重考虑，认真分析，切忌草率从事。为实行纵向一体化战略，有两个途径可供选择：一是内部发展，二是外部收购或合并。实际操作中，常采用后一种途径，因为可以利用被收购或合并企业原有的人员、经验、生产技术、设施、销售渠道等，在一定程度上克服了这个战略的不利之处。

⑤ 横向一体化战略（horizontal integration）。指企业通过收购其同行业竞争对手去扩张经营业务的一种战略。收购的结果并不改变企业原来所属的产业，但企业规模得到扩大，产品品种增多，销售收入、盈利将增大。实行横向一体化战略，企业是通过收购竞争对手（它的某些产品必然与企业的产品在直接竞争）而发展的，这一点与同心多样化战略不同。实行同心多样化战略，可以通过内部发展（如自行开发新产品或引进新产品），亦可通过收购同产业的其他企业（其产品不一定与企业自身的产品直接相互竞争）。实行这两种战略的结果是相近的：新增的产品或服务与原有的都是相似的或相关联的。

实行横向一体化战略，是在调整产业结构，促使产业规模化、集约化发展中常用的战略。优势企业以资产、资源、品牌和市场为纽带，通过整合、参股、并购等多种形式，实施兼并重组，实现优势互补，淘汰落后产能，提高了产业集中度。

⑥ 合并战略（merger）。合并是实施扩张型战略的一种手段，也可视为一种扩张型战略。

合并可分成下述几类：a. 真正意义上的合并，又称为统一（consolidation）。由 A、B 两公司合并组成 C 公司，A 和 B 不再存在。b. 收购或兼并（acquisition）。A 公司购买 B 公司的资产，继承它的负债；或 A 公司购买 B 公司的股票，继承 B 公司的资产和负债。A 公司继续经营，B 公司不再存在。c. 控股（holding）。A 公司购买 B 公司的大部分（但不是全部股票），继承 B 公司的资产和负债；或向 B 公司注入大量资本金，达到控股的程度，A、B 公司均继续经营，A 公司称为母公司，B 公司则为 A 公司的子公司。

市场经济形态下，竞争激烈，企业合并呈现出常态化。有强者收购或兼并弱者，或控制弱者谓之强弱合并。强者可以充分利用弱者已有的产品线、生产设施、劳动力和销售网络等，实现低成本扩张（对弱者设施整顿改造的费用比新建同样规模的装置的费用低许多，而时间可大大缩短）；弱者可摆脱困境，使现有资源得到合理利用，减少损失。强强合并可使企业规模进一步扩大，产品品种增加，竞争能力进一步增强，甚至达到一定程度的垄断。

采用合并战略。须注意：a. 仔细考虑合并是否必要并明确希望达到的目的，不可盲目行事；b. 按照合并目的慎重选择合并对象和合并方式，并进行细致调查研究；c. 合并在融洽友好的气氛中进行。避免傲慢的态度、笨拙的建议和鲁莽的措施；d. 倾听被合并企业管理者和职工的意见，解决他们的困难，尽可能留用管理者；e. 抓紧整顿和改造被合并企业的生产装置，使之正常生产，并迅速融为一体；f. 尽力争取政府的支持。

⑦ 合资经营战略（joint venture）。同合并一样，是实施扩张型战略的手段，也可视为一种扩张型战略。特点是：两个或两个以上的企业共同出资组建一个新企业，该企业为出资者企业共同所有。合资企业既可以是同一国家的几个企业合资（组建有限公司），也可以是不同国家或地区的几个企业合资（在我国按《中外合资经营企业法》实施），我国企业也可到国外去兴办合资企业。经营这种跨国（跨地区）的合资企业的原因主要有：便于进入外国市场；便于得到外国的资源；便于利用外国的人才和分销渠道，利用当地企业在经营、风俗习惯、社会资源、社会文化等方面的经验和知识；便于分散经营风险，有利共享，有难同当。

实行合资经营战略，要注意处理好以下问题：a. 慎选合资伙伴。要认真调研，反复商讨，求同存异，达成共识，尽可能作出大家满意的决策。b. 合资企业的控制。主要是合资比例、主要领导人职位安排等，着重考虑如何控制，有助于合资企业成功。c. 合资企业的组织管理。合资各方都应参加企业管理，但采取何种形式，派出多少人，承担什么责任，如何处理文化差异或冲突、如何遵守所在国的法律法规等问题，都要很好研究，妥善决策和实施。

（2）稳定型战略（stability strategies）。也是采用得比较普遍的战略，旨在维持现状，或者等待时机、再图扩张，或者暂时稳定、逐步紧缩。

① 暂停或谨慎前进战略（pause or proceed with caution）。在出现下述某一种或几种情况时，采用暂停战略：a. 企业经过了一段时期的快速扩张，或收购了一些企业之后，需要暂时停下来整合资源，调整结构或加强管理；b. 产业已进入成熟期，销售增长放慢，甚至零增长，前景尚不明朗；c. 外部环境中的主要因素正在或即将发生巨大变化，很难预测究竟是威胁大于机会，还是机会大于威胁。

在执行暂停或谨慎前进战略时，应当时刻注意外部环境的变化，而不能延续时间过长。外部环境是快速变动、难以预测的，它可能不久就带来许多新的机会，必须赶快去抓住；也可能带来许多新威胁，必须尽快去回避。不管怎样，高层领导者都应及时做出新的决策，改变维持现状的暂停战略，否则会使企业错过机会或遭受原本可以避免的损失。

② 抽资战略（harvest or harvesting）。也可直译为收获战略，又称利润战略（profit）。是指企业维持现状，不再追加投资以求发展，而将企业的利润或现金流量储存起来，等待机会再出手。采用这种战略的原因与暂停战略相似，主要是产业已进入成熟期，市场前景不大乐观，或者外部环境正在快速变化，预测困难，只好静观其变。

抽资战略也常被企业用于其下属的某一战略经营单位、产品线或某产品，即不再对它投资，而将其利润或现金流量抽出来，暂时储存或用以支援其他急需资金去发展的战略经营单位或产品。下述情况发生时，就可能成为企业内部采用抽资战略的对象：a. 某领域正处于稳定或开始衰退的市场中；b. 某领域不能带来满意利润，但暂时不能放弃；c. 某领域不是公司经营中的主要部分，不能对公司做出很大贡献；d. 如不再对其追加投资，其市场份额和销售额下降的幅度不大。

抽资战略和暂停战略一样，不可能长期坚持下去。如市场出现新机会，就可能改为扩张型战略；相反，如情况恶化或出现新的威胁，又可能改为紧缩型战略。

（3）紧缩型战略（retrenchment strategies）。同扩张型战略刚好相反，是在外部环境对企业不利、企业面临严重困难时所不得不采取的向后退却的总体战略。市场波涛起伏、优胜劣汰，企业处于逆境，如能及时退却，则可减少损失，还可等待时机东山再起，所以有必要采用紧缩型战略。

① 转向战略（turnaround）。是真正意义上的收缩或压缩（contraction or cut-buck），目的是渡过难关，等待形势好转，然后采用其他战略。在下列情况下需要采用转向战略：a. 经济衰退或不景气，或遇经济危机，估计要持续相当长的时间才能好转；b. 因某种原因，整个产业销售下降，导致企业财务状况不佳，资金严重短缺；c. 因某种原因（如新产品、新技术的出现），企业产品需求下降，竞争压力增大，利润减少甚至出现亏损；d. 因原材料价格或工资上涨，或其他因素，使产品成本升高而出现亏损；e. 因管理上出现问题而使企业陷于困境；等等。

实施转向战略常采取如下措施：a. 更换不适合的管理者，包括从高层到基层的管理者；b. 裁减人员或减少工时；c. 削减资本支出、研发费用、广告费、促销费用以及一些经常性开支，并加强成本控制；d. 压低产品产量，甚至将一些车间或生产线停下来；e. 拍卖闲置资产；f. 加紧催收应收货款；g. 强调集权，将原已分散的一些决策权收上来。虽然这些措施必然会遇到很大的阻力和困难，但为了更大的、全局的利益，管理者必须态度坚定，果断应变，争取尽快走出困境。

② 放弃战略（divestment or divestiture）。比转向战略更进一步，就是企业卖掉其下属的某个战略经营单位（子公司或事业部）、某个生产部门或某条生产线，以求获得资金来解

救自身的财务困难。

采用放弃战略是一个困难的抉择，因为：a. 如卖掉某个下属单位，就会影响企业技术上的成套性和经济结构的合理性，对市场经营不利；b. 企业内部各单位之间的紧密联系和依存关系，可能不允许放弃某个经营单位；c. 放弃是失败的象征，会使管理者的自尊心受到伤害，并威胁他们的前程；d. 放弃，有时还同社会目标相冲突。

但为了脱离困境，管理者必须刚柔相济，既要态度坚定、壮士断臂，又要妥善处理、心细如发。要慎重选择拟放弃的单位，要用充足的理由来说服员工特别是准备放弃单位的员工；妥善安排拟放弃的单位员工包括其管理者，使之各得其所；使'放弃'对企业技术、经济、战略上的负面影响减少到最低限度。

③ 依附战略（captive company）。当企业处于困境又想维持自身的生存时。可以去寻找一个"救星"，通常是它的最大用户，争取成为用户的依附者，借此生存下去，这就是依附战略。依附者本身还存在，但与"救星"签约，规定将其产品的绝大部分（例如85%以上）供应给"救星"，在生产技术上接受"救星"的指导和监督。

在企业兼并中，有时被兼并企业继续存在，成为优势企业的下属战略经营单位或该集团的一个成员，这样的被兼并企业可视为实施依附战略。

④ 破产或清算战略（bankruptcy or liquidation）。企业按《破产法》规定，通过拍卖资产、停止全部经营业务来结束自己的生命，通常在其他战略全部失灵时才被迫采用。

企业已符合破产条件，则应及时进行破产清算，这可能是最适当的战略，"识时务者为俊杰"。如果经营者坚持无法挽回的事业，结局仍然是不可避免地破产，但到那时可清算的东西将更少，员工（包括管理者）所承受的痛苦和损失会更大。

在实际工作中，有些企业也会将扩张型、稳定型、紧缩型三种战略组合起来使用，所以有些学者还将组合战略（combination strategies）列为总体战略。许多大型企业实行多元化经营，有些产业要扩张，有些产业要紧缩，有些产业要放弃，几种战略组合起来使用是很正常的事。

2.3.2.2 战略经营单位的战略

战略经营单位（见2.1.4.2）的战略主要是解决如何在特定的产业或市场中去参加竞争，改善自身的竞争地位，赢得竞争优势，所以实际上是一种竞争战略。它要回答的问题有两个：①本单位应当依靠低成本还是依靠其它因素（如质量或服务）去竞争？②本单位应当同主要的竞争对手正面抵抗，以追求最大的市场份额，还是寻找一个不大的、但仍有利可图的细分市场？

竞争战略有四种：总成本领先战略、差别化战略、集中化战略、既成本领先又差别化战略。这四种竞争战略对那些未设有战略经营单位的中小型企业同样适用。

(1) 总成本领先战略（overall cost leadership）。也称为较低成本战略（lower cost），就是主要依靠较低的成本来赢得竞争优势。企业通过建立合适的规模经济，改善产品的设计和工艺，延伸产品链，采用先进的设备，加强管理和控制，降低各项费用，尽可能使产品的完全成本低于竞争对手。

采用总成本领先战略，可以使战略经营单位在同五种基本竞争力量（见2.2.3.4）的相互竞争中处有利地位。在价格一定的情况下，由于总成本较低，本单位可获得高于竞争对手（或产业平均水平）的利润。如产品价格下降，则在竞争对手无利润甚至亏损的情况下，本单位还可获利。低成本有助于在强大的买方威胁下保护自己，因为买方的压力最多只能将价格压低到其成本居于第二位的竞争对手，而使本单位具备较高的市场份额。低成本也构成对强大供方威胁的防卫，可以灵活地对付供方的涨价要求；特别在产品市场需求减少、价格下降时，成本高的企业因

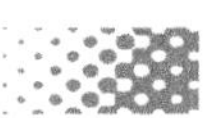

无客户或无利可图而纷纷停产，总成本领先企业却能保持生产，这无疑反映了企业的实力，在供方面前取得了主动。低成本建立起较高的进入壁垒，使潜在的竞争对手难于进入；低成本也使本单位在同替代竞争产品时比产业中的竞争对手处于更为有利的地位。

迈克尔·波特（M. E. Porter）教授将奉行总成本领先战略所需要的基本技能和资源概括为：持续的资本投入和良好的融资能力；制造过程的工程技能；对工人的严格监督；产品设计易于制造；开支节约的分销系统等。基本的组织要求包括：结构严密的组织和责任；以完成严格的定量化目标为基础的激励制度；严格的成本控制，经常而详细的报告；等等。

一个化工企业，如果具备经济规模的产品产能，企业组织机构合理职责明确，资金充裕或融资能力强，工艺先进而稳定并持续改进，装备先进而大型化，员工忠诚而素质良好，有考核指标明确的经济责任制，严格的成本控制措施，能稳定的使产品总成本处产业领先地位，就能采用总成本领先战略。

采用总成本领先战略也有风险：①竞争对手技术进步使本企业的技术落后，或产业的新参加者和追随者通过模仿和采用更先进的技术而获得较低的成本。对策：持续加强研发，永远站在工艺技术的制高点；②市场需求变化，人们开始追求差别化的产品，对价格不甚敏感。对策：实施既成本领先又差别化的战略；③原材料、能源价格上升，导致产品成本上升，竞争优势减弱。对策：一般情况下原材料价格和产品价格是同步的，所以关键是企业要有充裕的流动资金和融资能力，在原材料低价位时增加原料和产品的库存（此时一般产品市场低迷），保持生产；而在原材料价格和产品上升时扩大销售，常会带来可观的效益。这需要经营者的胆识和对市场的正确判断能力。

（2）差别化战略（differentiation）。就是依靠产品的质量、性能、品牌、外观形象、用户服务等方面与竞争对手有差别来赢得竞争优势，要求本单位的产品或服务具有特色，对特定的用户具有强大的吸引力，而使用户对价格不那么敏感。采用差别化战略同样可使战略经营单位成功地对付五种基本竞争力量。

奉行差别化战略，有时会与争取更大的市场份额相矛盾。因为要使产品在质量、性能、服务等方面具有特色，需要企业在产品研发、设计，优质原材料，周到的顾客服务等方面都得支付较多的费用，其成本或价格必然较高。在顾客不愿意或没有能力支付较高的价格时就会使市场份额受到限制。

奉行差别化战略，通常需要下列基本技能和资源：强大的市场营销能力、产品（设计和制造）工程、创造性的辨别力、强大的基础研究能力、公司在产品质量和技术领先的声誉、在产业中有悠久的传统或拥有从其他业务中得到的独特的技能组合、得到分销渠道的有力配合等等。基本的组织要求则包括：在产品研发、技术开发和市场营销等职能之间能够密切协调，重视主观测评和激励而非定量化指标，有轻松愉快和谐的气氛以吸引高技能工人、科学家或创造性人才等。

采用差别化战略同样会有风险。本单位产品的成本和价格如果同实行总成本领先战略的竞争对手的差距拉得过大，就可能失掉某些顾客，他们会购买价格较低的产品；又如顾客需要的差异程度下降，或竞争对手通过模仿而使原有的差异缩小，都会给本单位带来威胁。

（3）集中化战略（focus）。选择一个狭窄的市场（即细分市场）为目标，集中生产该狭窄市场所需的产品，满足该狭窄市场的需求。从竞争范围的角度看，集中化战略与总成本领先战略、差别化战略明显不同，后两者都是以广大的市场为目标。集中化战略可以和后两者战略分别结合，如在狭窄市场上从成本方面建立优势，则称为“成本集中化”（cost focus）战略；如在狭窄市场上从质量、服务等方面建立优势，则称为“差别集中化”（focused differentiation）战略。它们仍属于集中化战略。

不管是成本集中化战略还是差别集中化战略，在狭窄市场（即细分市场）上都能成功地同五种基本竞争力量相抗衡。本单位之所以采用集中化战略，不用怀疑是经过了调研，选择了对替代品最具抵抗力或竞争对手最弱之处作为自己的目标市场，这就增强了自己的竞争能力和竞争地位。集中化战略对于实力不很强大的企业和小型企业有着特殊的重要意义，使之在狭窄市场上比大公司具有更强的竞争力，而避免了在广大市场上与大公司争夺客户。

采用集中化战略也有风险：①如所选择的狭窄市场与广大市场之间对所期望的产品或服务的差距在缩小，则会受到那些面向广大市场的公司的竞争威胁；②如果本身的成本比面向广大市场的企业高出太多，则将丧失成本优势或差别化优势；③如果选择的目标市场的需求在萎缩，或竞争对手在狭窄市场里找到了增长迅速的细分市场，企业的生存就面临严重的威胁。

（4）既成本领先又差别化的战略。随着生产技术的进步，同时做到低成本和差别化的可能性大大增加了，有学者提出了“既成本领先又差别化的战略（both cost-leadership and differentiation）”，就是同时在产品成本和质量、服务等方面赢得竞争优势。这种竞争战略，其竞争能力显然比单独执行总成本领先战略或差别化战略更加强大。

化工产品的品种繁多，但和国外大公司比，我国每个化工产品的规格却不多。实际上，由于不同用户自身的特点（产品、工艺、设备等），对所需的产品常有不同的要求，我们不能习惯于按行业标准来生产。如果我们能根据不同的用户的要求，参考行业标准制定内控标准，在基本上不提高成本的情况下实行差别化生产，实施“既成本领先又差别化的战略”，无疑会大大提高产品在市场上的议价能力，保持产品不断提升市场份额。

美国的质量管理专家戴明（W. E. Deming）提出：要经常地、永无止境地改进生产和服务的系统，提高质量和生产率，从而经常降低成本。遵照他的观点和要求，就可能采用既成本领先又差别化的高级竞争战略。

如果企业或其战略经营单位未能采用上述四种战略中的任何一种，那就叫处于“徘徊期间”，情况就会不妙。因为他们既未能面对广大市场赢得竞争优势，又未在狭窄市场上取得优势，自然就很难同五种基本竞争力量相竞争，长此下去，迟早会被淘汰。处于“徘徊期间”状态的企业必须尽快做出决策，采取必要措施实现成本领先或差别化，或至少能与竞争对手相持，以求摆脱困境。

2.3.2.3 职能性战略

职能性战略（functional strategies）是在企业总体战略和战略经营单位的战略指导下，由各职能系统分别指定的战略，其目的是保证企业总体战略和战略经营单位战略的顺利实施和预定战略目标的实现。所以，职能性战略的制定实际上就是战略实施了。

企业状况不同，制定职能战略的内容也不尽相同。表 2-4 列出了化工企业制定的职能性战略的基本类别。

表 2-4 化工企业的职能性战略分类表

必须制定的职能性战略	选择制定的职能性战略
1. 产品战略	1. 技术改造战略
2. 市场营销战略	2. 国际化经营战略
3. 生产战略	3. 企业形象战略
4. 研究与开发战略（专利战略）	4. 组织结构调整战略
5. 人力资源战略	5. 联合战略
6. 财务战略	6. 供应战略
7. 责任关怀战略	

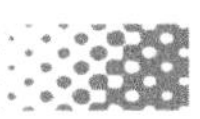

同企业总体战略相比，职能性战略具有下列特点：①时间跨度比总体战略短，如总体战略时限为5年，职能性战略一般考虑2～3年，期满再视实际情况延长或重新制订；②总体战略主要指明经营方向和道路，职能性战略则要规定出某一职能系统的具体行动方案；③职能性战略的制定，需要中层管理部门和人员的积极参与，听取他们的意见；而制定总体战略，中层则很少参与。

2.3.3 选择和制订企业经营战略

2.3.3.1 企业制定战略的时机

企业的战略是适应市场经济激烈竞争的需要而制定的，旨在谋求自身的生存和发展。所以当企业的外部环境和内部条件发生比较重大的变化，对企业的生存和发展产生重大影响时，就应当制定、调整或重新制定其战略。

(1) 企业面临激烈竞争，处境被动，就深感有制定战略，作出全局性、长远性谋划的必要。

(2) 企业在实施战略过程中，面临大好发展机遇，就必须慎重考虑是否发展、如何发展，周密筹划，来调整战略。

(3) 企业在实施战略过程中，由于政府政策变化、宏观经济状况发生变化、新技术新产品出现或新竞争者参加进来等原因，给企业带来重大威胁，此时需重新考虑战略。

(4) 外部环境变化不大，但企业自身情况大大好转（如强大的新股东加入）或严重恶化（如销售收入和利润急剧下降）时，必须重新选择战略。

(5) 爆发全球或地区严重的经济危机，企业必须重新考虑其战略。

对待时机通常有两种态度：一种是被动的，常等机会降临或危机出现后，再来考虑怎么办，再来选择战略，这种态度往往会错过机会或问题成堆、蒙受损失；另一种是主动的，即经常关注外部和企业状况的变化，不断寻找机会，先人一着地发现问题，采取行动，这种态度常常会及时地抓住机会，避开威胁，将问题解决在萌芽状态。显然后者才是优秀的企业经营者的态度。

我国社会主义市场经济发展到现在，各个行业均面临着提高产业集中度，促进规模化、集约化经营，提高市场竞争力的问题。我国的化学工业需要加快培育一批具有国际竞争力的大型企业集团，推动产业结构优化升级；进一步推动企业转换经营机制，加强和改善内部管理，完善公司治理结构，建立现代企业制度；加快国有经济布局和结构的战略性调整，促进非公有制经济和中小企业发展，完善以公有制为主体、多种所有制经济共同发展的基本经济制度。明智的企业经营者要准确抓住机遇，加强调研，认真分析，制定做大做强的战略。

2.3.3.2 战略选择的一般方法

(1) 选择战略并不是抽象地比较战略的优劣，而是从实际出发，考察战略的适用条件。不同的条件需要采用不同的战略，条件变了，战略就得改变。

(2) 考察战略的适用条件主要是两项：即企业及其下属经营单位的市场发展前景（产业吸引力、业务增长率）和自身实力（竞争能力、相对市场份额），实际上也就是客观需要与主观可能。客观，就是看面临的机会和威胁；主观，看自身的优势和劣势。所以，战略的选择原则与前述建立目标的原则是一致的，即：发挥优势，抓住机会，克服劣势，避开威胁。

(3) 考察具体条件，必须从实际出发，决不能凭主观臆断或道听途说。必须将现状调查与未来预测紧密结合，战略面向未来，所以应以预测的信息为依据，如仅根据已有的历史或现实资料来选择战略，一旦情况发生变化，就将无法应对。

(4) 在战略选择时，会面临信息缺乏和信息收集的困难。为此，要加强日常信息的收集、整理、分析工作，情报信息工作要有专人负责；二要灵活地选用相近的信息来代替，并注意替代信息带来的误差；三要多与行业协会、中国化工信息中心等单位联系，了解信息。

（5）采用“权变战略”（contingency strategy）。高明的经营管理者通常不是选择单一的战略，而是准备着一套战略，以按最可能出现的情况制定的战略为主，其余作应变之用。这对于一些新兴产业或从事国际化经营的企业尤为重要。

2.3.3.3 影响战略选择的实践因素

战略选择不仅仅是一次决策，而且包含着一连串决策。当某个领域的一连串决策表现出连贯性、递进性、系统性时，才能认为一项战略已经形成。企业的战略是在一系列决策过程中传递下来的，即有意识地、主动地就所需做出的决策逐渐向前推进的过程。在战略选择的实践中，有许多因素对这一系列决策会产生重大的影响。

（1）企业过去执行的战略。企业过去的战略是战略选择的起点，其结果是，新考虑的战略方案多数要受到过去战略的影响。实践表明，决策者既已把大量的资源投入过去的战略，他就对战略的后果承担了个人责任，如果发现后果不妙，他总是增加而不是减少新的投入。这种现象往往使得决策者在执行的战略上越陷越深。所以，企业要改变战略，就需要更换高层管理者，新管理者较少地受到过去战略的约束。

（2）管理者的因素。包括了高层管理者对待风险的态度，对中层管理者和职能人员的影响，以及企业文化和权力关系等三个因素。

任何战略都不能排除风险，寄希望于未来的投资本身就是一种冒险事业，但高层管理者对待风险的态度各不相同。有些人认为风险是成功所需要的，因而敢冒风险，愿意接受高风险项目；有些人则认为应尽可能将风险降到最低，拒绝高风险的计划项目。

对待风险的态度在不同产业的要求也不同。有些产业波动性大，高层管理者必须敢冒风险，否则将无所作为；许多大公司则常用平衡风险的办法，即对其下属的经营单位一分为二，有些风险大些，有些风险小些，力求将公司风险控制在可能承受的程度。

中层管理人员和职能人员参与战略方案的草拟和评价，因而对战略选择也有一些影响。一般情况，经过下属多级主管的筛选和过滤，下属主管送上来的都是风险较小的、逐步推进的方案，极少有高风险的、突破的方案。鉴于以上情况，高层管理者在收到下属报送的战略方案时，一定要高瞻远瞩，勇于创新，坚持全局观念，谋求整体效益。既要吸收中层管理者和职能人员参与，又要不为他们所左右。

企业文化是企业在生产经营实践中逐步形成的，为全体员工所认同并遵守的，带有本组织特点的使命、愿景、宗旨、精神、价值观和经营理念。显然，各个企业的企业文化也不相同，也会影响战略的选择。

权力关系对战略选择起着关键作用，高层管理者表示倾向某一方案，很快能达成一致。权力关系对战略选择有三种方式：判断型、谈判型、分析型。判断型是指按一个人的意志作决定，谈判型是指由目标不同的若干决策者组成一个小组来选择，分析型则是由有关专家提出现实数据来系统地评判战略。各个企业不同，对战略选择的方式也不同，一般管理者更愿意采用判断型和谈判型，而很少用分析型。

（3）环境方面的因素。包括企业对环境的依赖程度、竞争行为、时间上的考虑等因素。企业不能脱离外部环境而孤立存在。它依赖于外界的组织和个人，包括投资者、用户、竞争者、政府、工会、园区和社区等。对环境的依赖程度越大，则其战略选择的灵活性越小。

竞争行为是指在产业环境中竞争对手的行动，特别是产业领先者的行动，是影响企业战略的一个重要因素。

 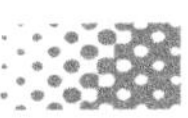

时间上的考虑有两个方面：一是作出决策的时间，二是确定实施战略的时间。作决策的时间紧迫，决策者感到有压力，决策时他往往更看重消极因素而不看重积极因素；反之，作决策的时间充裕，决策者就可以充分收集信息，提出方案，权衡利弊，优化决策。在一个企业面临突发性危机而被迫改变其战略时，就易出现考虑不周甚至失误的情况。确定实施战略的时间也很重要，时间不适当，甚至导致灾难性后果。

战略选择的影响因素很多，高层管理者如何处理好这些关系就反映出他的领导水平，这里需要战略性思维。

2.3.3.4 不同产业环境中的战略选择

(1) 分散型产业的战略选择。分散型产业（见 2.2.3.2）中战略选择的基点是，对付分散。对付之法有三：①实行集中化的竞争战略，如产品或服务类型的集中化、市场集中化、顾客类型的集中化、地理区域的集中化等等。要善于寻求自己不同于竞争对手的特色，干别人未干的事情（差别集中化）；或赢得成本优势（成本集中化）；或设法增加产品或服务的附加价值，如提供更多的售后服务、零部件配套等。②实行与其他企业联合的战略，可以是松散型的，也可以是紧密型的。③实行依附于大企业、为大企业服务的战略。

我国为数众多的化工企业，有很多是处于分散型产业中，由分散走向集中是必然趋势，明智的企业高层管理者更应及早发现、利用这种趋势，这也是发展规模经济的一个好机会。

分散型产业的独特环境要防止如下战略失误：①不顾条件寻求在产业中的支配地位，导致竞争力削弱；②过多扩大经营范围，导致管理不善，效率低下；③由于竞争激烈而对新产品过渡反应，使成本和管理费用上升，在价格竞争中处不利地位。

(2) 早期产业中的战略选择。早期产业是指新形成或重新形成的产业，即处于开发（引入）阶段和成长阶段的产业。其形成的原因有技术创新、新的消费需求出现、相对成本变化等。高新技术产业和新兴战略产业给功能精细化学品带来许多新产业的机会。传统化工产品，如中间体由于工艺创新，成本下降也会成为早期产业。

早期产业有一些共同的特征：①产业刚形成，企业数量众多，规模都很小；②企业间竞争压力不大，因各企业都忙于发展自己的技术能力而不能全力以赴地参与竞争；③存在技术不确定性，即产品的结构与生产技术都在不断地研究改进，还难于确定何者最好；④存在战略不确定性，即各个企业采用广泛的战略办法，在探索中前进。

早期产业竞争中，先驱者较之后进入者有一些优势：①名声效应，可带来差别化的优势；②经验曲线效应，可带来低成本的优势；③抢先占有和控制稀缺资源，从而提高进入壁垒；④由于在客户中形成转换成本，先驱者就拥有一批稳定的老客户。为了保持上述优势，先驱者仍需不断改进工艺，提高产品质量，降低产品成本；同时还为后进入者制造壁垒，如申请专利、技术保密等。

待产业进入成长阶段时，许多新公司会进入，竞争压力急剧增大，先驱者的劣势逐步呈现：①由于技术不确定性，先驱者自我封闭于某种技术，而该技术实际上已被迅速取代；②由于战略不确定性，先驱者可能将其资源过多地投放于开发不恰当的项目，导致竞争优势的丧失；③先驱者承担了市场开发费用，后来者却可“搭便车”；④追加投资的能力可能不如后来者。

考虑上述优势和劣势，先驱者有三种战略可选择：①继续单独发展；②同其他公司联合发展；③给别的企业许可证让他去发展，而自己退出。无论选择单独发展还是联合发展，都要同前述的竞争战略结合起来，继续寻求竞争优势。

(3) 成熟产业中的战略选择。成长阶段后期，由于激烈竞争的结果，产业中出现并购，大公司已成为整个产业活动的市场领先者或统治者，产业中出现了战略群体（这是由奉行相同或相似战略的若干企业组成的群体，并不是存在具体协议的有形组织），各公司都尽力去了解和研究其他每个公司的战略，大家都懂得了“竞争的相互依存性”的含义，这就导致了成熟产业竞争形势的巨大变化：①各企业都在选择竞争手段，增强自身的竞争能力；②他们总是集体地帮助稳定产业内部的竞争，共同防止新的入侵者、生产能力过剩和价格竞争过度，“又竞争，又联合”，这时的市场是垄断竞争市场。

在成熟产业中，企业的总体战略可根据其实力，选择进攻、维持或退却，其竞争战略可能是成本领先、差别化或集中化。他们采用可以降低竞争威胁、控制竞争力度的多种手段来保持自己的竞争优势，以维护产业和战略群体的相对稳定。这些手段有：①市场信号。竞争者采用的能直接或间接的反映其意图、目标或内部情况的行动，包括提前宣告、事后宣告、公开评论等，借以传递信息，相互了解，获得共识，防止过度竞争。②价格领先。由产业中的价格领先者按处于成本劣势的企业成本来定价，作为标准，共同遵守，以防止价格战，稳定产业关系。③竞争性产品差别化。如使产品具有不同特性，采用不同的营销技术，防止竞争对手抢走自己的顾客，又减少价格竞争带来的风险。④生产能力控制。产业内部或战略群体内部共同约定对生产能力进行控制，或某个企业要扩大产能时通过市场信号加以宣布，求得协调。⑤竞争性定价。产业内部取得共识，把价格定在对自己有利可图而对新侵入者承受不了的水平，以防止他们的入侵。⑥控制供应和分销。

但上述手段并不会使产业中的竞争消失。成熟产业就是在这种“又竞争，又联合”的形势下发展的，生产能力控制经常失效，价格战经常爆发，合并潮连续不断，成熟阶段是产业寿命周期中竞争最为残酷的一个阶段。实力强大的企业力图维持其在产业中的统治地位，而对一般企业来说，抽资战略可能比再投资会更好。

进入成熟阶段，企业最需要的是严格的成本控制、积极的营销手段、各职能系统之间的密切协作，而不是高速发展的那些战略。要特别警惕以下情况：①陷入“徘徊其间”状态，失去低成本和差别化的竞争优势；②在成熟市场上投入资金去建立市场份额或为了短期利润而轻率地放弃市场份额；③对价格竞争抱怨而作出并不理智的反应；④过分强调“创造”新产品，而不去改进和积极推销现有的产品；⑤忽视即将来临的生产能力过剩而使企业陷入两难境地。

(4) 衰退产业中的战略选择。在持续的一段时间内产品销售量绝对下降的产业为衰退产业。随着科技发展和经济变化，这种情况亦已常见。

衰退产业中的战略被称为终局战略（endgame strategies），可分为以下几种。①统治市场战略。利用正在衰退的市场，竞争者纷纷撤走的机会，追加投资，夺取市场领导地位，成为市场统治者。这是扩张型战略，往往为强大的优势企业所采用。②保有市场战略。维持现有的投资水平，保持与竞争对手相应的市场地位，等待机会。这种战略类似于稳定性战略，为较强大的企业所采用。③选择性收缩战略。分析形势，集中力量占领某个有利可图或尚有发展潜力的细分市场，紧缩甚至放弃其余的细分市场。④抽资战略。⑤放弃或迅速撤退战略。

这几种战略的选择需要考虑三个因素：①产业结构特征是否有利。如不确定性较少，退出壁垒较低，竞争对手较少，则较为有利；反之，则为不利。②企业在剩余需求上有无竞争优势。③从技术一体化、经营一体化等方面来考察企业是否有留在本产业中的战略需求。这三个因素中，前两个是主要的，应优先考虑。

一个企业如能在成熟阶段就能预见到衰退的到来，就可以早作准备，并且花费很少：①尽量减少会提高退出壁垒的那些投资或行动；②将战略重点转移到衰退阶段仍然有利可图

的细分市场；③在这些细分市场上创造转换成本，以留住老顾客。

在衰退产业中，企业应当特别警惕下述情况：①对衰退来临的信号迟钝，而依然乐观不愿采取应变策略；②过高估计自己的实力，与强大的竞争对手正面抵抗，打消耗战；③在采用选择性收缩战略或抽资战略时，经营业务选择不当或缺乏明显优势而失败。

（5）全球性产业中的战略选择。当今世界，经济全球化趋势越来越明显，从事国际化经营的企业大量涌现，跨国公司在全球范围内寻找机会，投资布点，从事生产经营，成为全球性的产业。跨国公司要在全球范围内经营，其战略调研的范围就很广，详见表 2-5。

表 2-5 国际宏观环境中重要因素的调研

经济的因素	技术的因素	政治法律的因素	社会文化的因素
经济发展速度 人均收入 投资环境 国民生产总值的趋势 货币政策和财政政策 失业水平 通货的可兑换性 工资水平 竞争的性质 地区经济协会的会员组成	技术转让的法规 能源的可获得性和费用 自然资源的可获得性 运输网络 劳动力的技术水平 专利和商标的保护 信息流的基础建设	政府的形式 政治观念 税法 政府的稳定性 政府对外国公司的态度 对外商资产的立法 反对政党和团体的力量 贸易法规 环境保护主义的活动 恐怖分子的活动 对外政策 法律体系	风俗习惯和价值观念 语言 人口统计因素 人均寿命周期 社会团体 地位象征 生活方式 宗教信仰 对外国人的态度 受教育程度

我国公司参与全球性竞争，需要考虑：①我国政府对海外产业的政策及其对竞争行为的影响（如是否帮助谈判、提供销售融资便利、有无法令限制等）；②与东道国的关系（是否协调、是否有限制）；③世界范围内的市场地位、设备、投资等的协调，保持全球性的优势；④消除对外国竞争者进行分析的困难，包括文化差异、思维习惯和有关数据等。

全球性产业中的战略选择和范围基本上有四种：①全面参与全球性竞争。面向全球，全面出击。这需要雄厚的资金和较长的时间，要克服来自政府的竞争障碍。②全球性集中。面向全球，但集中于某些细分市场。这需要企业在本产业的某些细分市场上赢得成本优势和差别化优势，能在全球范围内竞争。③国家性集中。针对某些国家市场的不同特征，集中力量赢得优势，同进入那些国家的全球性企业竞争。④选择受到保护的局部市场，这里要特别注意东道国的动态。

全球性产业的企业实施进入外国市场或在外国布点的战略，常用的有：出口、许可证、合资经营、收购、新建设施、生产分享、交钥匙工程、管理合同等。跨国经营企业要尽快从企业内部培养跨国经营人才，同时实施人才全球化。在人才的招聘和使用上，应采用人力资源本土化和国际化的政策，大胆使用国外（境外）优秀人才。

在全球性产业中，越来越多的方法是跨国联合，即产业中不同国家的企业达成合作协议。跨国联合使竞争者团结起来，克服在技术、市场准入和其他类似领域中阻碍实施全球战略的困难。

2.3.3.5 不同竞争地位的战略选择

明确企业在产业中的竞争地位，按产品的市场份额，排出企业竞争地位强弱的排名顺序，选择对付竞争对手的战略，即位次竞争战略。如果忽视了自己的位次或采取与自己位次不相称的战略，就会出现徒劳的竞争，不仅达不到预期目标，而且会给产业界造成混乱。

（1）基本的位次竞争战略。不同位次企业应采取的基本位次竞争战略见表2-6。表中所示的位次竞争战略在实际工作中必须从实际出发，灵活应用。

表 2-6　基本的位次竞争战略

企业的地位	对第一位企业的对策	对第二位企业的对策	对第三位企业的对策	对第四位企业的对策	对第五位企业的对策	基本战略
第一位	×	•包围战术 •稳定竞争 •掌握差别 •用销售力量和财务力量保持优势	•包围战术 •稳定竞争 •有效地利用第三位企业对付第二位企业 •同盟化	•包围战术 •阻碍它同第二位企业同盟	•创造互补关系 •集团化 •作为适应市场变化的尖兵来使用	•稳定市场 •稳定竞争 •包围战术 •同第二位企业保持差距
第二位	•力量用尽时休战 •等待环境变化，注意掌握机会 •在新领域领先 •以产品或技术力量为中心，打进现有领域	×	•保持20%以上的差距 •阻碍第三位企业同第一位企业结成同盟 •协调对第一位的战略	•和第四位企业协调使市场稳定 •作为对第三位企业的战略，同第四位结盟	•创造互补关系 •支持他的产品采取市场差别战略	•到力量用尽时和第一位休战 •注意市场变化，争取在新领域领先 •看准时机挑战
第三位	•采取协调路线 •共存战略 •作为对第二位的对策，和第一位结盟 •不能和第一位结盟时，联合第二位对付第一位	•同第一位结盟向第二位挑战 •把第二位打败 •把当前的目标集中到第二位	×	•同第四位企业保持差距 •在竞争上不搞过分的刺激	•成为第五位以下集团的领导者 •防止向第一、第二位集中 •作为使市场不稳定的尖兵来使用	•和第一位结盟，把第二位打败 •和第五位以下组成集团，使市场不稳定 •越过第二位，目标是第一位
第四位	•把第四位以下集结起来，形成和第一位对等的集团 •和第一位共同努力稳定市场 •用差别的产品和第一位共存	•用第四位以下的集体力量向第二位挑战 •要避免市场不稳定	•扯第三位的后腿 •聚集第三位以下的集团 •要避免竞争激化	×	•成为第五位以下集团的领导者 •创造弱者的集结条件	•和第五位以下组成集团 •和第一位协调，努力稳定市场
第五位	•建立共存条件和第一位共存 •做到不被敌视，稳定市场	•在思想上不准备竞争 •稳定市场 •基本上用对第一位的战略	•在思想上不准备竞争 •稳定市场 •基本上用对第一位的战略	•用有差别的产品向第四位挑战	×	•在思想上不准备竞争 •和第一位共存 •稳定市场 •在其他领域倾注力量

（2）低位次企业的竞争战略。企业的竞争地位及其在产业中的位次是可以改变的。低位次企业向高位次企业挑战时会受到有力的报复，往往导致失败，但在一定条件下能获得成功，关键是挑战者要具备一些基本条件和选用恰当的进攻战略。

低位次企业发起进攻或挑战的三个基本条件是：①拥有一种持久的竞争优势。挑战者必

须在低成本和差别化方面拥有超过挑战对象的明显优势，且优势必须是持久的。持久性确保挑战者在其对象能进行模仿之前有足够的时间来填补市场份额空隙，从而站稳脚跟。②在其他方面程度接近。挑战者必须有办法来抵消挑战对象的其他固有优势，如挑战者的进攻放在成本优势基础上，他就必须在产品质量、服务等方面与挑战对象大体相当；如挑战者采用的是差别化战略，就必须保持自己的成本与挑战对象接近。③具备某些抵挡挑战对象报复的办法。

低位次企业选择进攻或挑战的基本规则是：无论拥有多大实力，都应避免向高位次企业正面进攻。可将下述三种进攻战略结合使用：①重新组合。以创新获得成本优势或差别化优势，如提高质量、降低成本、开拓销售渠道、加强售后服务。②重新确定。指重新确定竞争范围，或拓宽或缩小范围，以赢得竞争优势。如实行集中化战略、一体化战略，或退出一体化、开辟新市场，或退出某个市场等。③纯投资。单纯采用追加投资的办法来获得市场份额、扩大销售额和商标知名度等。这种战略风险较大，但在领先者规模不太大且资本并不很充足的产业中仍然有效。

2.3.3.6 不同规模企业的战略选择

(1) 大中型企业的战略选择。大中型企业一般具有如下特点：①筹资能力较强；②从事大中型规模经营；③能取得较大的国内外市场份额，成为产业领先者；④在人才、技术、经营管理方面有优势，创新能力较强；⑤有可能实行多样化经营，分散经营风险，提高盈利能力；⑥有可能将许多小企业吸引在自己周围，进行专业协作；⑦由于规模大、投资多、组织结构复杂、决策较缓慢等因素，生产经营转向较难。

所以大部分大中型企业都实行多样化和一体化经营战略（小部分企业实行单一经营）。前述的扩张型战略常为大中型企业所采用。由于产品和服务多样化，市场多样化，企业常分设若干战略经营单位，并分别制定战略。这里很重要的一点是：如何保持各经营单位战略的横向协调、实现企业整体优化？

一般来说，企业内部各经营单位之间的相互关系有三种：①有形的关系，表现为各单位在市场营销、生产、技术、采购、财务、人事等方面的管理是统一的，这在执行同心多样化战略的企业中最为明显。②无形的关系，表现为各单位之间转让专门知识、技术诀窍、管理经验等，这在执行复合多样化战略的企业中可能比较明显。③与竞争者的关系，本企业的几个经营单位所生产的产品或服务与竞争对手的几个经营单位相同或相似，在同样的市场上竞争，因而必须考虑联合对抗的问题。为了横向协调各经营单位的战略，最根本的是要他们清醒地认识到上述三种关系，以增强企业整体的竞争优势。

要协调各经营单位的目标，如某经营单位的销售量有助于增强或巩固其他经营单位的地位，就可以要求他即使在较低利润的情况下，也要扩大销售量。

要协调各经营单位的进攻型或防御型战略，制定企业的总体竞争计划，去对抗多点竞争者和可能造成威胁的竞争者。

对那些不能与其他经营单位发生有意义的相互关系的单位，可以撤销或放弃，即使他们有一定的盈利能力。因为这些单位不会提高企业整体的竞争优势，及时卖掉对企业更为有利。

(2) 小型企业的战略选择。小型企业的经营特点同大中型企业恰恰相反，资本少、筹资能力弱、规模小，在人才、技术、管理上缺乏优势，较难抗御风险，但组织简单，决策较快，生产经营比较机动灵活。小型企业的成败几乎完全取决于经营者的个人能力。

小型企业可采用的战略大致有以下几种。

① 集中化即“小而专、小而精”战略。小型企业实力较弱，可以集中力量于特定的产品和细分市场，从事专业化经营。这样，既可在狭窄的产品线和市场上赢得竞争优势，站稳脚跟，还可受到大中企业的欢迎，为其提供配套产品，走以小补大、以专补缺、以精取胜的良性发展之路。采用这种战略的关键是：选准产品和目标市场，提质降本，搞好营销，树立壁垒。

②“寻找空隙”战略。寻找市场上的各种空隙，凭借快速灵活的特点，一举进入，努力取得成功。进入空隙后，再向集中化、专业化发展，或在别人跟进后迅速撤离，另寻空隙。采用这种战略的关键是：选准产品和目标市场，产品工艺简单、投资少，市场应当是其他企业忽视的或大中企业不愿涉足的。为此，高效、灵敏、准确的信息特别重要。

③ 经营特色战略。这是在分散型产业中常用的、利用小企业较易接近顾客的特点而制定的战略。针对当地或特定用户群的特殊需要，使自己的产品或服务具有与众不同的特色来吸引用户，取得用户的信任，赢得竞争优势，同其他企业（包括大中型企业）相竞争。采用这种战略的关键是：既要创造出经营特色，还要处理好成本，防止因成本提高而抵消特色优势。

④ 高新科技战略。在一些高新科技领域中，所需的功能化学品品种很多，但数量很少，企业规模小型化已成为一种趋势。由为数不多的掌握了高新技术的人才组成小企业，知识密集、机制灵活，在产品开发、技术诀窍等方面形成独特优势，这就是高科技战略。采用这种战略的关键是：研发人员要和有经验的企业管理人员、技术工人、营销人员紧密合作，尽快将研发成果转化为高利润的产品，实施高新科技战略要充分利用知识产权来保护企业的科技成果。

⑤ 联合竞争战略。若干小型企业联合起来，取长补短，在人员、资金、技术等方面紧密合作，共同开发市场，求得生存和发展。联合起来可以相互持股，组织生产和销售，克服劣势，发扬优势，加强企业管理，以提高竞争力。

⑥ 承包经营战略。既可以接受大中型企业的订单，成为他们的加工承包单位；也可利用自己的技术、管理优势，承包其他企业的车间或工厂，减少投资，以求生存和发展。在具备一定条件时即实行战略转移。

2.3.3.7 战略的检验和评价

对初步选出的战略方案进行检验和评价，才能最终确定并付诸实施。

(1) 战略检验的标准　拜亚斯（Lloyd L. Byars）认为判断某一战略是否可以接受，需要通过四项检验：①目标一致性检验。如果拟议中的战略包含着相互矛盾的目标、目的和方针，它应被否决。②行为结构检验。如果拟议中的战略发挥不出特定的组织在特定行业或相关行业结构中的优势，它应被否决。③能力检验。如果拟议中的战略提出的问题并不属于依靠组织的技巧和能力就能解决的问题，它应被否决。④运用性能检验。如果拟议中的战略从利用资源的观点看并不可行，或者如果现有的知识已说明期望的目标将不能达到，它应被否决。

经过检验，能够发挥优势、抓住机会、克服劣势、避开威胁的战略方案才是优先的战略。

(2) 战略的定性评价法　战略的评价方法有定性和定量两种方法，我们这里讨论定性评价法。就是根据检验标准，拟定若干问题予以回答，借以考察战略符合标准的程度，评价优劣并决定取舍。

George A. Steiner 和 John B. Miner（《经营方针和战略》，1977）提出了用于战略评价的

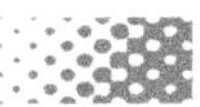

20 个问题，颇有参考价值：

① 战略是否同公司的使命和宗旨保持一致？否则，公司将进入一个管理者并不熟悉的新的竞争领域。

② 战略是否适应公司的外部环境？

③ 战略是否适应公司的内部优势、目标、方针、资源以及管理者和雇员的个人价值观？要做到对这一切都适应不太可能，但应避免重大的不协调。

④ 战略是否反映潜在风险最小，能与适应公司资源和期望的最大潜在利润保持平衡？

⑤ 战略是否适合公司市场上现有尚未被他人占领的某个细分市场？此细分市场是否可能足够长期地为公司所利用，以便收回资本投资和要求的利润水平？（细分市场通常是很快便会被占完的。）

⑥ 战略是否同公司的其他战略相冲突？

⑦ 战略是否可划分为若干相互联系合理的次战略（sub-strategies)？

⑧ 战略是否曾按适当的标准（如同过去、现在和未来的趋势协调一致）、采用适当的分析工具（如风险分析、贴现的现金流量等）进行过测验？

⑨ 战略是否曾通过制定可行的实施计划去加以测验？

⑩ 战略是否真正适合公司产品的寿命期？

⑪ 战略的时间安排是否正确？

⑫ 战略是否让产品同强大的竞争对手针锋相对？果真如此，再仔细评价。

⑬ 战略是否让公司在一家大用户面前处于脆弱地位？果真如此，再仔细考虑。

⑭ 战略是否要为新的市场生产一种新的产品？果真如此，再仔细考虑。

⑮ 公司正在将一种革命性的产品倾注市场吗？果真如此，再仔细考虑。

⑯ 战略是否模仿竞争对手的战略？果真如此，再仔细考虑。

⑰ 公司是否可能将其产品或服务率先投入市场？果真如此，这是一个巨大的优势。（第二个进入市场者获得高投资回报率的机会要比第一个进入者少得多。）

⑱ 公司是否已经对竞争形势作过真正老实而正确的评估？有无估计过高或过低的情况？

⑲ 公司是否正努力将其无法在国内销售的产品销往国外？（这种战略通常不会成功。）

⑳ 市场份额是否可能充分保证所要求的投资回报率？（市场份额与投资回报率通常是紧密相关的，但不同产品、不同市场会有些差别。）市场和产品的这种关系是否曾加以计算？

2.4 战略实施和控制

2.4.1 战略实施活动的内容

企业战略确定以后，最重要的工作就是战略实施。战略实施是贯彻执行既定战略所必须的各项活动的总称。

战略实施过程中，必须解决各种因环境复杂多变而产生的新问题，克服原定战略的某些不足。另一方面，战略实施者包括公司的各级管理者和全体员工，他们多数并未参与战略的制定，对既定战略知之甚少。这就要求抓紧挑选好执行战略的负责人，做好全员的思想教育和宣传培训工作，使他们认同战略，为实施战略做出各自的贡献。战略实施活动的内容基本上有：

（1）根据实施战略要求，建立和调整企业的组织结构；

（2）根据实施战略要求和调整后的组织结构，重新安排人员，特别是执行战略的主要负责者；

（3）要求各职能系统按照公司总体战略和战略经营单位战略的要求，分别制定其职能性战略；

（4）将各项目标和战略落实到计划或预算中，组织计划或预算的执行；

（5）做好对员工的思想教育工作，完善企业文化，用以指导和规范员工行为；

（6）健全激励制度和纪律制度，形成良好的激励机制和约束机制；

（7）健全战略控制系统和信息反馈系统，确保战略的顺利实施和预定目标的实现；

（8）在实施战略的全过程，加强组织领导和指导工作。这是战略实施成败的关键因素。

2.4.2 战略实施活动的组织

2.4.2.1 组织结构的建立和调整

建立或调整组织结构是战略实施的第一个步骤。管理者的战略选择规范着组织结构的形式，即“组织结构跟着战略走”。只有当组织结构与拟实施的战略保持一致时，该项战略才有可能顺利实施。战略有所改变，组织结构就需相应调整。

当然，对组织结构的建立和调整应持慎重态度。为此，需要考察组织结构的类型、所处产业环境、组织发展的阶段，并吸取组织结构改革的实践经验。关于化工企业的组织结构设计，在本书第 17 章中有详细的讨论，读者可参阅。

2.4.2.2 人事、文化、激励与战略

（1）人事安排与战略。人事安排是战略实施的第二个步骤，同组织结构一样，人事安排也跟着战略走。如化工企业实施纵向一体化战略，延长产品链，就需要培养工艺工程师和车间主任；如通过收购，实行同心多样化战略，那就要考虑是否调整被收购企业的某些领导人；如企业采用紧缩型战略，机构精简，人员将减少，就要研究被减员工的安置问题。人事安排是一个复杂而困难的问题，但它是实施战略所不可回避的一项任务。

在人事安排中，最重要的是如何挑选实施战略的管理者，使他们的知识、能力、经验、性格修养和领导风格同将实施的战略相适应。这些管理者身居领导岗位，挑选是否适当，对战略实施和目标实现有着关键性的影响。T. L. Wheelen 和 J. D. Hunger 就研究了首席执行官的“类型”，他们分别与不同的公司战略相适应：

① 动态产业专家。他们是“精通一行”的专家，而且积极进取，在采用横向或纵向一体化战略时，他们能独当一面。

② 分析型经营组合管理者。他们有分析头脑，有多种产业的知识，能管理多样化的产品线，在采用多样化战略时他们比较适合。

③ 谨慎型利润计划者。他们有生产或工程背景，有预算和执行标准化程序的经验，比较保守，采用稳定型战略时他们比较适合。

④ 转向专家。他们有迎接挑战、为弱小企业寻找出路的经验，采用紧缩型战略比较适合。

⑤ 职业的清算专家。善于为破产企业办理清算事宜，适合于采用清算战略的情况。

要寻找同实施的战略相适应的管理者是很困难的，特别是高层管理者。所以企业要有规划开发和培养人才，储备一批人才，让他们熟悉企业的生产、经营和文化，参与企业战略的制定和实施，这样就会较易解决与战略相适应的问题。当然，也可从外部聘用新人，他们会给企业带来新的思路和风格，在无法从内部找到适合的管理者就需这样做，只是新人要有个适应过程。

（2）组织文化与战略。组织文化就是规范全体成员行为的标准，它有影响组织改变其战略方向的能力。一个长期坚持的（也有可能是自然形成的）公司文化可能产生“战略近视

症”，当公司非常需要改变其战略方向时，高层领导者却发现解决新问题的能力受到了限制。在公司的使命、目标、战略或方针的改动同公司文化不一致时，就难于成功。

实践证明，根本不存在什么最优的公司文化。文化应当为公司的使命和战略提供最好的支持，文化应当跟随战略，战略发生了重大变化，公司文化就应随之变化或完善。但应该看到，组织文化的修改是一件困难的事情，当然文化与战略完全不相容也不多见，公司文化的局部或微小修改是有可能的，最高领导者应加强对员工的沟通，说明改变公司文化之必要，以获取支持。

在实行新战略时，要评估公司文化与战略的相容性可依次作如下考虑：①拟实施战略与公司现有文化一致吗？如果相一致，就向员工说明新战略将如何更好地履行公司的新使命。②如战略与公司现有文化有矛盾，则文化是否易于修改使之与新战略相容？如易于修改，就对公司文化作内容上的改动、培训和开发。③如公司文化不易修改，但管理者愿意作重大的组织变革，并接受可能的时间延误和费用增长，管理者就可决定建立新的经营单位来实施新战略。④如管理者不愿建立新的经营单位，但仍要坚持实施新战略，就用合资经营或分包方式，由别的公司来实施新战略。⑤在实施合并、收购战略时，特别要解决好收购方与被收购方的文化差异，尽快形成一致接受的公司文化。特殊情况下，如果被收购方仍保持一定的独立性，也允许其文化继续存在。

(3) 激励和约束。激励和约束机制是提高执行力的重要手段，要实施战略，提高各级员工的积极性至关重要。良好的激励机制和约束机制，对企业战略的实施和目标的实现有着非常重要的作用，它贯穿于战略管理全过程，应引起战略管理者的高度重视。在后面的管理各章中，我们对如何将激励机制和约束机制应用于企业管理的各项工作中有详细的讨论。

2.4.2.3 通过计划（预算）管理落实战略规划

我们可以用严格的计划管理来保证经营战略和目标的实现（国外企业经常将计划管理称为预算管理）。

战略规划通常是一年以上的中、长期规划，规划中所定的目标和战略都要有分年度的安排和要求。首先制定出第一年的计划，明确各部门、环节的目标责任，并组织执行；待第一年的计划执行到一定阶段时，根据当时的实际情况，制定第二年的年度计划，再组织执行；以此类推，逐步将战略规划所定的目标和战略落实到实处。当然，由于企业所处的外部环境和内部情况都在变化，战略规划在实施过程中有可能为了目标实现而进行调整和修改，但对目标和战略的修改应持慎重态度。

目标管理是我国企业较为普遍使用的一种现代管理方法，在企业一切活动开始前要确定目标，一切活动的结果以达到目标的程度来评价，充分发挥“目标”在激励和约束机制形成中的作用。在战略规划和年度计划的执行过程中，应该采用目标管理这种先进而有效的方法。

预算管理是一种用财务指标或数量指标来表明企业的使命、目标和战略。预算一般按年度编制，战略规划依靠预算去落实。

2.4.3 职能性战略的制定和协调

2.4.3.1 职能性战略的制定

职能性战略的概念、特点、分类我们在2.3.2.3中已作简单介绍。职能性战略制定是战略实施的第三个重要步骤，这里讨论几种主要的职能性战略。

(1) 市场营销战略。企业按产品和市场来划分的基本营销策略必然有四种：

① 市场渗透战略　是指企业用现有产品在现有市场上取得更大控制权的一种战略，在

实施单一经营战略和同心多样化战略的企业中常用。主要措施是改进产品型号和包装、灵活定价、加强广告宣传等。

② 市场开发战略　是指企业用现有产品去开拓新市场，包括国际市场的一种战略，在实施单一经营战略的企业中常用。主要措施是认真进行新市场调研，确定现有产品对新市场的适应性，并设法进入新市场。

③ 产品开发战略　是指企业为现有客户提供新的产品和服务的一种战略，在实行同心多样化战略的企业中最常用。这要求企业有强大的研究开发能力，不断开发新产品投入现有市场，要注意防止新产品对尚处于成长期的现有产品的影响。

④ 多样化的市场营销战略　是指企业向新市场的新用户提供新的产品或服务一种战略，在实施多样化战略的企业中经常采用。这里既要深入进行新市场调研，了解新用户的需求，又要有雄厚的研发能力，并肯定新产品能满足新客户的需求。

按照企业所处的竞争地位，也大致可分别采用四种各具特色的竞争战略：

① 市场领先者　拥有雄厚实力，采用的战略为：a. 扩大市场总需求的战略，如扩展新用户、拓展新用途、促进用户更多地使用本企业的产品；b. 进一步提高市场份额的战略，如开发新产品、提高产品质量、强化促销、降价等；c. 维持现有市场份额的防御战略。

② 市场挑战者　是指其市场地位仅次于领先者、为取得更大的市场份额而向领先者和其他竞争对手发起攻击和挑战的企业。其竞争战略必须选择竞争对手，确定战略目标，以自身实力为依据，发动各种攻击。

③ 市场追随者　是指满足于现有的市场地位，只是跟随领先者的战略变化而作出相应的战略调整的企业。它可采用的竞争战略有紧跟追随、保持一定距离追随、有选择的追随等。

④ 市场补缺者　是指市场营销能力薄弱、为求得生存而拾遗补缺的企业。其竞争战略是以避实就虚、集中力量为原则，将目标市场指向竞争对手力量相对不足或未注意到的细分市场上，可以是单一补缺，也可以是多种补缺。

(2) 生产战略。生产战略应当根据公司总体战略和战略经营单位战略的要求来制定。生产管理包括生产系统的设计、运行和控制。生产战略问题主要包括生产规模、生产流程、生产能力、纵向一体化等。

规模经济，即大规模生产的经济性。要注意的是：①各个产业（或产品）的经济规模也各不相同，有时候小规模企业比大规模企业能获得更好的经营业绩；②小企业永远存在，许多新产品、新技术的市场有个培育过程（小企业是孵化器），不可能一下子做的很大；③各产业（产品）在一定的技术、管理水平条件下，经济规模都有个限值，过大规模并不经济，且会造成管理混乱。所以企业在设计自身生产系统的规模时，一定要从实际出发，从市场需求出发，并留有适当余地，在需求增大时再进一步扩大规模。

生产流程受到产品的工艺、市场需求和生产规模等因素的影响。小批量生产的化工产品流程有较强的适应性，可选用通用性的设备；大批量的产品，工艺成熟，生产控制标准化，生产线设计要考虑设备专业化、大型化、机械化、自动化，要提高直接工人劳动生产率，改善劳动环境，确保本质安全，减少排放，降低成本。

生产能力随市场需求的变化而调整。战略性的调整包括增添或撤销一些生产线，新建或关闭某下属分厂（或子公司）等。随着生产能力的调整，相应地还要研究生产线的布置、设备迁移、劳动力配置等问题。

在纵向一体化战略的实施中，要注意避免过度求大求全，反而使专业化不精的情况。

(3) 研究开发战略。研究开发工作可分为三种类型：基础研究、应用研究、开发研究。

基础研究一般由政府机构、科研机构和高等院校承担。

企业则主要从事应用研究和开发研究，即将基础研究获得的技术知识加以应用，开发出新产品和新技术。国外的跨国公司研发主体是企业，三类研发工作都存在，但以应用研发和开发研究为主。如国外知名农药企业，20 年前就开始了转基因农作物种子的研究，并将之推向产业化。这些农作物含有抗虫害、杂草基因，现在已进入第二代转基因作物种子的研究，提高农作物的抗旱、抗涝的能力和改善质量。

企业制定研究开发战略，按照发展方向不同，可将战略分为四类：

① 革新型战略。即大力加强研究开发，不断推出新产品和新技术，成为产业中的技术领先者。如国外制药、农药企业，常将其销售收入的 10%以上用于研发。

② 保护型战略。主要是改进现有的产品和技术，而很少自行开发新产品和新技术。这类企业是产业中的技术追随者，研发费用不高，一旦发现市场上的新产品，就去仿造。我国的化工企业的研发基本上处于这一层面上。

③ 追赶型战略。与保护型战略紧密相关，其特点是着重研究竞争对手的产品，并设法将这些产品的优点纳入自己的产品之中，仍属技术追随者的类型。

④ 混合型战略。大型企业产品多样化，常将上述三种战略混合使用。

企业选用何种研发战略，取决于它的规模、技术实力、产业环境和竞争对手的状况。波特（M. E. Porter）教授将研究开发战略同企业竞争战略联系起来，表 2-7 说明技术领先者是易于获得竞争优势的，但技术追随者只要努力学习和仿造，也可能取得竞争优势。

表 2-7　研究开发战略与竞争优势

竞争优势	技术领先者	技术追随者
成本领先	优先设计出成本最低的产品 优先获得学习曲线效益 创造出完成价值链活动的低成本方式	通过学习技术领先者的经验，来降低产品成本和价值链活动的费用 通过仿造来减少研究开发费用
差别化	优先生产出能增加买方价值的独特产品 在其它活动中创新以增加买方价值	通过学习技术领先者的经验，使产品或交货更紧密地适应买方的需要

没有条件独立进行研究开发的，外购或引进他人的先进技术，间接使用他人的研究开发力量，也不失为一个好办法，借此可促进自身技术实力的增强。但在购买或引进之后，要注意消化、吸收和创新，形成自己的特色。与他人联合进行研究开发，也是一种好的途径。

(4) 财务战略。财务战略主要有资金筹集战略、资金应用战略和利润分配战略。

从财务角度来看，没有资金保证的战略是不可能实施的。企业发展所需资金是主要依靠自身内部的积累，还是主要依靠从外部引进，这一般决定于高层领导人的价值观。有些领导人坚持公司发展的资金应来自公司内部，靠创业人的原始投资、靠留存的利润、靠内部职工购买其股票，所以他们不轻易举债。有些企业则崇尚负债经营，不怕提高负债率，特别在收购其他企业时，就向银行或投资公司申请大量的长期贷款，或面向公众发行大量长期债券。很难比较这两种价值观的优劣，但前一种情况受到的财务局限大、风险较小，后者反之。

由于我国企业融资体系不够健全，企业可选择的融资方式有限，企业在银行的融资能力较大地影响企业的发展。我们应该很好地平衡企业的资金来源和战略方案，既不造成资金短缺或资金积压，也不造成成本太高或风险太大。

(5) 人力资源战略。人力资源（人事）管理活动包括：确定企业对人力资源的需求，招聘、挑选、培训各类员工，建立报酬制度和纪律制度，考评和提升员工，以及员工的解聘和退休等。在确定公司的目标和战略后，首先要制定的职能性战略就是人力资源战略，主要是招聘战略、使用战略和培训战略。“以人为本”是制定人力资源战略的出发点和归宿。

(6) 国际化经营战略。从国内市场向国际市场扩展，是现代企业经营活动普遍的发展趋势，也是资本扩张的本质反映。企业的国际化经营主要有出口营销、技术转让和跨国经营等三种方式。

① 出口营销　产品能在国际市场营销，说明了企业的产品具有了在国际市场上的竞争实力。企业应围绕产品出口，制定出口营销战略。

② 技术转让　国际技术转让的战略大致有下述几类：a. 延长技术寿命周期战略。是指企业将在本国已进入成熟期或标准化的技术向那些需要这种技术的其他国家或地区转让，重新开始技术寿命周期。这种战略在发达国家企业的技术转让活动中普遍采用。b. 扩大技术效用战略。是指企业在新技术投入国内使用不久即对国外转让，目的是索取高额转让费，尽快回收研发费用，并迅速占领市场，巩固竞争地位。这种战略对转让方和接受转让方都有一定的限制，往往在技术发展水平相近的国家之间进行。c. 寻找出路战略。是指新开发的技术因某种原因在本国暂时难于转化为产业，就到国外去寻找出路，以求迅速回收研发费用。

③ 跨国经营　是指企业以跨国投资为基础手段展开的盈利性经营活动。这一职能性战略主要是为满足企业总体战略目标。大致有下述几类：a. 市场进入的营销战略。目的主要是为了开拓和占领国外市场，通过投资建厂，就地销售，可降低成本，减少或消除营销障碍。b. 资源供应战略。目的是在东道国获得某种资源，包括原材料、技术、资金劳动力等，满足国内企业需要，或是为了向第三国市场供应产品。c. 竞争导向战略。目的是为了适应和满足竞争地位或竞争均势，如追随某竞争对手向相同的外国市场投资扩展。

(7) 责任关怀战略。化工企业有责任改善健康、安全和环境质量。不断提高化工企业在生产经营活动中对健康安全及环境保护的认知度和行动意识，从而避免产品生命周期中对人类和环境造成伤害。化工企业应自觉承诺实施责任关怀，制定责任关怀战略，并实现目标。

2.4.3.2　职能性战略的协调

企业内部各职能系统所处地位和承担职责不同，各自的任务和目标不同，考虑问题的角度和选择的战略难免出现若干差异。不同的职能目标和战略甚至会导致企业内部冲突，领导者的责任就是做好协调工作。

协调职能性战略的方法可采用目标管理。各战略经营单位根据公司总体目标来建立自己的目标，各职能部门根据战略经营单位目标来建立部门目标，其下属单位再依次建立目标，直到班组，进行目标的层层分解（由于化工生产的连续性和流程性特点，强调的是团队合作，所以不适宜将目标分解到岗位和个人）。在建立过程中，经过反复协商，综合平衡，使职能性战略的制定达到协调一致。

做好职能性战略的协调工作，最根本的是要让各级管理者和员工树立全局观念，自觉地将局部利益服从企业全局利益。

2.4.3.3　职能性方针和规章制度

职能性方针是职能领域内部活动基本指导原则的概括，目的是为顺利实施战略和完成目标任务。制定职能性方针的注意点参见。

规章制度是对企业各层次员工应当执行的工作职责、工作程序、工作方法等作出的文字规定，它具有法定性和强制性，要求企业全体成员严格地遵守和执行。制度的执行中必须包括监督，没有监督，再好的制度也不可能执行好，最后甚至会成为一纸空文。

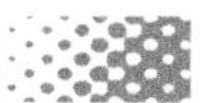

2.4.4 战略控制

2.4.4.1 战略控制的作用和原则

战略控制是战略管理过程的最后步骤。战略控制过程包括：①建立业绩标准；②测定实际业绩；③反馈（主要是采取纠正措施）。这三者常被称为控制的三要素。

战略控制是实现战略目标不可缺少的活动，其主要作用是：①对战略实施进行密切的监控，及时发现实际情况同目标、标准之间的差异，并采取纠正措施，这就为原定战略目标的实现提供了有力保证。②企业的外部环境和内部条件是不断变化的，通过战略控制，发现问题，即可及时对原定战略和目标做出必要的修改或调整。③总结管理经验，提高管理水平，为新一轮战略管理过程的启动打下良好的基础。

战略控制要注意下述原则：

(1) 控制所利用的信息应当是反映事实真相所必须的最低限，过多的控制信息会造成混乱。应集中力量抓住重点，即注意会对业绩成果产生80%影响的那20%的因素。

(2) 控制应当抓住那些有意义的活动或成果，而不管在测定上有多大困难。

(3) 控制应当是及时的，以便在事态恶化之前就采取纠正措施。

(4) 应当同时采用长期业绩测定和短期业绩测定，避免行为短期化。

(5) 控制应当针对一些例外情况，即只对超出预定范围的活动或成果采取纠正措施。

(6) 着重对达到和超过目标者实行奖励，少对未完成目标者进行惩罚。惩罚过多，不但会挫伤员工的积极性，而且可能出现虚假报告或故意降低标准的现象。

2.4.4.2 战略控制的类别

按照对业务活动的不同阶段的监控过程，战略控制可分为反馈控制、现场控制和前馈控制。

(1) 反馈控制　将活动的实际业绩成果与预定标准相比较，发现差距，采取纠正措施，即对活动的产出进行监控。反馈控制以已发生的、过去的问题为基础，并要经过信息反馈、分析原因、消除差异等过程，在时间上必然滞后，存在着已发生的损失不可挽回的缺点。

(2) 现场控制　直接监控正在进行的业务活动，考察和分析投入转换为产出的过程，发现问题及时给予指导和解决。这种控制以目标、计划、技术操作规程等规定的标准为依据。由于不待过程全部结束就发现和解决出现的问题，从而可减少许多损失。

(3) 前馈控制　以业务活动的投入作为监控对象，事前制定投入标准，再以实际投入与预定标准比较，发现差距，采取纠正措施，从而可以在业务活动开始时就防止问题和损失的出现。这种控制适用于人力、物力、和财力等各类投入。

上述三类控制都是不可缺少的。没有反馈控制的信息资料和工作经验的积累，前馈控制和现场控制就难于奏效。特别在对多层次目标进行控制时，把制定目标、纠正偏差、重新制定目标作为一个连续过程来看待时，反馈控制往往就是前馈控制的前提条件。

战略控制还可分为产出控制和行为控制。产出控制类似于反馈控制，着重监控活动的最终结果。如对销售收入、利润、产品产量和质量等可以量化的指标，就常采用这种控制。产出控制在企业、事业部、职能系统等考察总体情况时采用。行为控制则是直接监控工作人员的行为，由管理者根据工作程序和规章制度对其下属进行密切的个人观察，发现和解决所出现的问题。

按重要程度来划分，控制还可分为战略性控制、战术性控制和业务性控制。战略性控制是指从公司总体考虑，涉及企业同外部环境关系的基本战略方向的控制，它着重于长期（一年以上）业绩。战术性控制主要处理战略规划实施过程中的局部的、短期性的问题，着重于短期（一年以下）业绩。业务性控制是指处理近期活动，考虑近期（如月度、季度）业绩，如日常的产品质量、产量、销售量等。

公司这级的控制侧重于保持公司内部各种活动，以及同外部环境之间的平衡，以战略、战术性控制为主，总体盈利能力是关键因素；事业部级的控制主要关心的是维持和改善自身的竞争地位，以战术性控制为主，市场份额和单位产品成本是关键因素，需要按季、按月密切关注；职能级的控制则着重考虑如何开发和增强职能的独特能力，以战术性和业务性控制为主，如完成的销售量等，需要按日、按周进行统计分析。

2.4.4.3 业绩测定

(1) 公司业绩测定。公司总体业绩测定的标准显然应该是在战略规划中制定的经营目标。目标管理的倡导者德鲁克教授提出需要从下列8个方面监控公司的总体目标：①市场地位；②创新能力；③生产率；④物力、财力资源的利用；⑤盈利率；⑥管理者的表现和发展；⑦工作人员的表现和态度；⑧社会责任。

(2) 事业部的业绩测定。公司对事业部的控制类型与事业部制定的竞争战略有关。如事业部实行总成本领先战略，因产品成本易于测定，故公司对其采用产出控制；如事业部实行差别化战略，因体现该战略的创造性氛围、研究开发、革新型开发等难于定量，故公司对其采用行为控制。

对事业部的业绩测定经常可采用对公司业绩测定的指标，如投资回报率等。

(3) 责任中心制。如果事业部门和职能部门的活动具有相对独立性，可分别明确其经济责任，并考核其责任履行情况，给予评价。责任中心可分为下列五种基本类型：

① 成本（或标准成本）中心。主要适用于制造部门（如分厂、车间等），即对其产品根据历史资料规定出标准成本（原材料可制定内部不变价格来计算成本），再同实际成本相比较，考核其节约或超支，评定业绩优劣。

② 收入中心。主要对销售部门，对其销售收入规定出目标或标准作为经济责任，在评价其业绩时，就用实际的收入同目标或标准相比较。

③ 费用中心。主要适用于管理、服务和研究开发部门，即对其费用开支进行预算或规定限额，然后考核其节、超。

④ 利润中心。主要适用于具有较大独立性的产品事业部，他们生产和销售产品，既有销售收入，又可计算成本和费用，从而得出利润。可规定利润目标进行测定。制造部门，也可成为利润中心，即规定各产品的内部价格，这样可鼓励其生产适销对路的产品，增加其生产利润。

⑤ 投资中心。投资中心的业绩也是按其销售收入成本的差额来测定的，但不是看利润指标，而是计算投资回报率。事业部投资巨大，资产很多，显然测定投资回报率指标更为有效。

在实际测定时，对单一产品经营为主的单位，常采用成本、费用、收入、利润的组合进行考核；从事多种经营，业务广泛，就适宜用投资中心来考核。

2.4.4.4 业绩测定中应注意的问题

(1) 信息系统不健全，渠道不通畅，难于将实际业绩和差异及时有效地反应给责任部门。应加强战略信息系统的建立和管理。

(2) 行为短期化。推行战略管理，原本是有利于克服短期行为，但在战略实施过程中，将战略规划落实到年度计划或预算后，许多以会计资料为依据的业绩标准实际上是鼓励了短期行为。如以年投资回报率来评价事业部管理者，他们就常集中注意那些能产生短期效益的

因素，放弃从长期看很有利而短期内不出效益的项目，甚至削减研发费用、培训费用。此外，由于管理者能精心操纵投资回报率的分子（收益）和分母（投资），最后得出的数字可能毫无意义。如果把对管理者的奖励同业绩考评直接挂钩，而选用的测定标准不尽合理，行为短期化的现象将更为严重。

(3) 目的和手段移位。对业绩进行监控和测定本来是帮助管理者实现战略目标的手段，可是有时却被当成目的，或用于实现其它目的。①行为取代，指重视某种行为而忽视其他行为，用某种行为代替另一行为。管理者总是更多地注意那些能清晰地测定的指标，甚至据此来规定下属的报酬，而那些不易测定的行为就常被忽视。“定量化的指标驱逐了不能定量化的指标”，这样使工作的真实性部分地受到扭曲，有时会产生难于预料的损害。②次优化，是指因各部门、单位之间的协作不善而导致企业整体蒙受损失。如销售部门为争取订单，迫使生产部门加班加点，制造费用上升，销售实现了目标，而公司未能达到预期盈利。

2.4.4.5 战略控制的反馈

经过业绩测定，即可将实际业绩与预定标准相比较，发现差异，并采取纠正措施，这便是战略控制的反馈过程。我们从图 2-1 中就可看出战略控制对战略管理过程各阶段步骤的反馈作用。

(1) 分析差异和采取措施。实践表明，实际业绩与预定标准完全一致几乎是不可能的。对管理者来说，重要的问题不是工作有无差异或是可能出现差异，而是能否及时发现已出现的超出容许范围的差异，或通过对正在进行的工作深入了解，预测未来可能出现的差异。

差异产生的原因概括起来可分三类：①战略实施中的原因。如组织结构调整不合适、主要执行者选择不恰当、资源分配有问题、职能性战略有缺陷等等；②战略规划中的原因。如外部环境发生重大变化，原定的经营范围、方针、目标和战略已严重脱离实际；或因过去对外部环境和内部状况的调研过于乐观，目标制定过高，选择战略不恰当等等；③既有战略实施中的原因，也有战略规划中的原因，情况比较复杂。

由于人们所处的地位和承担的责任不同，在分析差异产生的原因和性质时，难免有不同看法，甚至引起某些对立和冲突。对此，企业高层管理者首先必须从全局出发，实事求是地分析问题，有时需要亲自做一些调查，多掌握些第一手资料；其次还要善于沟通和协调，统一各有关部门和人员的认识，共同设法消除差异。

有已经出现和预测未来将出现的两种差异。对已经出现的差异，如原因比较简单，可直接研究采取纠正措施；如原因比较复杂，可先采取临时措施使问题得到暂时缓解或停止，待原因查明后再采取针对性的纠正措施。对预计将出现的差异，则立即采取措施。

(2) 战略的修改和调整。在战略控制过程中，根据持续进行的战略调研，发现原定目标和战略已不能适应新的情况，那就需要及时研究和修改战略，或重新选择战略。社会环境复杂多变，企业内部也会发生变化，甚至是意料之外的变化，战略管理者必须密切加以注视，经常考虑有无修改调整战略之必要，保持高度的机动性，以免错失良机或造成损失，甚至危及企业的生存。战略规划的期限一般较长，不待到期就修改或调整是正常现象，“随机应变赛如神”，这也是考验管理者的能力和水平。

通过战略控制，原定目标实现，战略顺利实施，则在战略规划即将期满时，就需研究和选择新一轮的目标和战略。在本次战略控制阶段得到的各类信息，也就构成了下次战略调研的一部分重要内容。

案例：某化工集团战略规划编写大纲

一、企业发展规划目标概述

1. 未来10～20年远景目标。

2. 未来3～5年中期目标。

二、企业发展环境

（一）宏观环境分析

包括法律、政策、经济、科技等与企业发展相关的国内外环境分析，有利因素和不利因素。

（二）企业所在领域的国内外现状和发展趋势分析

1. 产业概述。

2. 国内产业情况及结构调整、发展趋势。

3. 企业主业和主导产品国内外市场分析：包括主要产品（服务）的国际国内市场需求预测、市场份额（市场占有率）等。

4. 世界产业的重组情况。

5. 技术发展趋势。

三、企业发展现状

（一）基本情况

1. 概况：包括企业发展的历史沿革、现状综合描述，重点包括资产规模、产权结构、业务范围、各产品的生产能力等。

2. 组织机构：文字叙述和企业组织结构图。

3. 法人治理结构：文字叙述或图表。说明目前企业组织形式（是按公司法还是企业法注册的）、法人治理结构的状况，包括重大问题决策层、决策层、执行层、监督层、咨询层的层级和权责关系等以及党委、工会等情况。

4. 二级企业（公司）基本情况：文字叙述和表格。

表1 ××××年（本规划期之前一年）二级企业（公司）基本情况

企业（公司）名称	产权状况		是否上市公司	资产总额/万元	净资产/万元	国有资产权益/万元	在职职工/人数	所在国家或地区（省、市）
	属性	比重/%						
1								
2								
……								
总计								

注：产权状况属性指企业（公司）属全资、控股（绝对控股、相对控股）或参股。

5. 主要经济指标：包括本规划期之前三年的主要财务数据。

表2 （本规划期之前三年）主要财务数据

年　　度	××××年	××××年	××××年
主营业务收入/万元			
利润总额/万元			
净利润/万元			
资产总额/万元			
国有资产总量/万元			
负债总额/万元			
净资产/万元			
所有者权益/万元			
成本费用总额/万元			
人工成本/万元			
在岗职工/人			
净资产收益率/%			
总资产报酬率/%			
国有资产保值增值率/%			
年度科技支出总额/万元			
技术投入比率/%			
……			

6. 企业主要业务构成情况。

表3 ××××年（本规划期之前一年）企业业务构成表

业务分类名称	资产		主营业务收入		利润总额		在职职工/人
	数量/万元	比重/%	数量/万元	比重/%	数量/万元	比重/%	
主业：							
板块1(名称)							
板块2(名称)							
……							
非主业：							
板块1(名称)							
板块2(名称)							
……							

7. 其他情况：文字叙述和表格。

（二）企业竞争力分析

分析企业的发展条件及与竞争对手在主业方面的优势和劣势、面临的发展机遇和挑战等。

1. 企业发展条件对比分析：本企业与国际国内对标企业在体制、机制、地域、资源控制能力、管理、人才、技术、营销等方面的比较分析。

2. 企业主要经济技术指标对标。

表4 企业与国内外对标企业同期主要指标对标

企业名称	对标企业1	对标企业2	本企业
年度	××××年	××××年	××××年
国际权威机构排名情况			
资产总额/亿美元			
销售收入/亿美元			
利润总额/亿美元			
所有者权益/亿美元			
雇员(职工)/人			
净资产收益率/%			
全员劳动生产率/(美元/人)			
技术投入比率/%			
主要专业技术经济指标1			
主要专业技术经济指标2			
主要专业技术经济指标3			
……			

注：若对标企业同期指标难以收集，所选用指标应注明时间（年份）。

3. 核心竞争力分析：包括本企业与国内外对标企业在资源获取能力、成本控制能力、自主知识产权与技术控制能力（包括专利、发明专利和专有技术）、企业文化和可持续发展能力等方面的比较分析。

4. 存在的主要问题：总结、归纳本企业存在的差距和问题（文字叙述和表格，可与国内外对标企业相比）。

四、企业发展发展战略与规划目标

（一）远景规划目标（提出未来10、20年的远景发展目标）。

（二）企业发展指导思想（提出企业发展的理念、方向和总体思路）。

（三）企业战略定位与战略描述（详细描述企业未来发展的定位和具体战略选择）。

五、企业三至五年发展规划

（一）发展目标

1. 总体目标：文字叙述，可定性设定。

2. 主业结构调整目标（3～5 年企业业务构成调整情况）：文字叙述和表格，其中主业构成填报表 5。

3. 主要经济指标（3～5 年企业主要经济指标完成情况）：填报表 6、表 7。

4. 产权结构调整：说明集团及重要子企业产权结构（在 3～5 年滚动规划期末）调整目标。

表 5　××××年（3～5 年滚动规划期末）主业构成表

业务分类名称	资产		主营业务收入		利润总额		在职职工/人
	数量/万元	比重/%	数量/万元	比重/%	数量/万元	比重/%	
主业：							
板块 1(名称)							
板块 2(名称)							
……							
非主业：							
板块 1(名称)							
板块 2(名称)							
……							

表 6　（3～5 年滚动规划期）主要产品（业务）量

序号	产品(业务)名称	单位	数量		
			××××年	××××年	××××年
1					
2					
……					

表 7　（3～5 年年滚动规划期）主要经济指标

年　度	××××年	××××年	××××年
主营业务收入/万元			
利润总额/万元			
净利润/万元			
资产总额/万元			
国有资产总量/万元			
净资产/万元			
所有者权益/万元			
成本费用总额/万元			
人工成本/万元			
在岗职工/人			
总资产报酬率/%			
净资产收益率/%			
资产负债率/%			
国有资产保值增值率/%			
固定资产投资总额/万元			
年度科技支出总额/万元			
技术投入比率/%			
年度经营业绩考核指标 1			
年度经营业绩考核指标 2			
年度经营业绩考核指标 3			
……			

5. 产品结构调整目标：简要文字叙述和填报表 8。

表 8 （3～5 年滚动规划期）主要产品（业务）的市场目标

<table>
<tr><th rowspan="3">主要产品
（业务）名称</th><th colspan="6">国内市场</th><th colspan="4">出口（海外业务）</th></tr>
<tr><th colspan="3">××××年
规划期第一年</th><th colspan="3">××××年
规划期第三年</th><th colspan="2">××××年
规划期第一年</th><th colspan="2">××××年
规划期第三年</th></tr>
<tr><th>数量</th><th>市场
占有率</th><th>排名</th><th>数量</th><th>市场
占有率</th><th>排名</th><th>数量</th><th>比重
/%</th><th>数量</th><th>比重
/%</th></tr>
<tr><td>产品（业务）1</td><td></td><td></td><td></td><td></td><td></td><td></td><td></td><td></td><td></td><td></td></tr>
<tr><td>产品（业务）2</td><td></td><td></td><td></td><td></td><td></td><td></td><td></td><td></td><td></td><td></td></tr>
<tr><td>……</td><td></td><td></td><td></td><td></td><td></td><td></td><td></td><td></td><td></td><td></td></tr>
</table>

注：比重为出口产品（业务）占企业该项产品（业务）总量的比重。

6. 企业组织结构调整目标：文字叙述和表格，说明 3～5 年组织结构调整方向、目标。

7. 企业技术进步指标：文字叙述和表格，说明 3～5 年技术进步方向、目标。

8. 人力资源目标：简要文字叙述 3～5 年人力资源管理目标。

9. 责任关怀目标：文字叙述 3～5 年责任关怀管理目标。

10. 投资风险控制目标

（1）资产负债率控制目标（3～5 年）：文字简要叙述和图表，要求企业在对其自身资产负债率进行分析的基础上，提出本企业在规划期内的资产负债率控制区间目标。

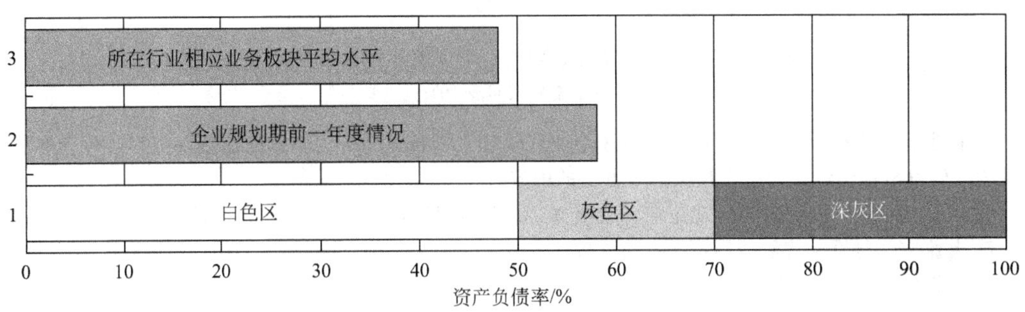

图 1 某企业规划期内资产负债率控制区间图

注：白色区为企业正常投资区。灰色区为企业投资的预警区，在此区间内应慎重投资。即企业资产负债率在此区间内时，对投资来源中增加负债部分进行分析，企业应慎重考虑负债率提高问题。深灰区为企业投资的严格控制区，原则上在投资时不应形成新的负债。

（2）非主业投资控制目标（3～5 年）：企业应根据当前所在行业发展情况、趋势和企业自身发展情况与阶段，提出本企业规划期内非主业及非主业投资控制水平。

例：某企业提出在规划期内，非主业资产占企业总资产的比重不超过 10%，用于非主业投资占企业总投资的比重不超过 5%。

（二）发展调整重点

除列明主营业务发展重点外，还应包括企业改革、改组、改造与加强管理的内容。

（三）实施计划

1. 体制、机制创新计划：文字叙述主要内容。

2. 组织结构调整和资源优化计划：文字叙述主要内容和表格，包含兼并重组内容。

3. 产业和产品结构调整计划：文字叙述主要内容和表格。

4. 投融资计划：文字叙述主要内容和表格，其中投资计划分年度填报表 9～12。

表 9 （3～5 年滚动规划期内）**年度投资计划情况表** 金额单位：万元

年度	计划总投资	按投资方向分		按项目阶段分		按资金来源分			备注
		主业	非主业	新开工	续建	自有资金	贷款	其他	
××××年									
××××年									
××××年									
合计									

表 10 （3～5 年滚动规划期内）**年度主业重大投资项目计划表**

年度：××××年

编号	项目名称	项目主要内容	总投资/万元	其中:自有资金/万元	起始时间	完成时间	投资收益率/%
1							
2							
3							
……							
合计							

表 11 （3～5 年滚动规划期内）**年度非主业投资项目计划表**

（表格样式同表 10）

表 12 （3～5 年滚动规划期内）**年度境外投资项目计划表**

（表格样式同表 10）

5. 自主创新与科研开发计划：文字叙述企业开展自主创新与科研工作方面的主要内容，包括科技投入计划、研发机构建设、知识产权保护等方面的内容。

6. 国际化经营计划：文字叙述企业“走出去”，利用两种资源、开拓两个市场的计划。

7. 企业文化建设及其他计划：文字简要叙述。

8. 责任关怀实施计划：文字简要叙述。

（四）重点项目

列出未来 3～5 年内企业可能实施的重点项目及项目基本情况。

（五）规划实施的保障措施及建议

文字简要叙述。为确保规划顺利实施所需要提供的各项制度、资金、人力等方面的保障及有关建议和意见。

参考文献

[1] 王德中编著．企业战略管理［M］．成都：西南财经大学出版社，1999.

[2] 谭劲松．企业战略管理理论的两大学派［J］．中外管理，1998（6）：29-31.

[3] 陈宗平，耿帅．结构学派与资源学派的行业进入战略理念及启示［J］，商业研究，2004（24）：12-14.

[4] 刘训峰．成为具国际竞争力的化工企业［J］．上海国资，2011,（2）：70-71.

[5] 顾红等．化工企业核心竞争力研究［J］．云南化工，2006,33（3）：46-48.

[6] 陈德湖，徐略涛．我国化工企业竞争力来源分析［J］．工业工程与管理，2004,（2）：67-70.

[7] 徐国想，吴阶宝等．我国中小化工企业发展策略研究［J］．改革与战略，2008,24（5）：138-140.

[8] 国务院国有资产监督管理委员会办公厅．关于印发《中央企业发展战略与规划编制大纲（修订稿）》的通知（国资厅发规划［2006］26 号）.

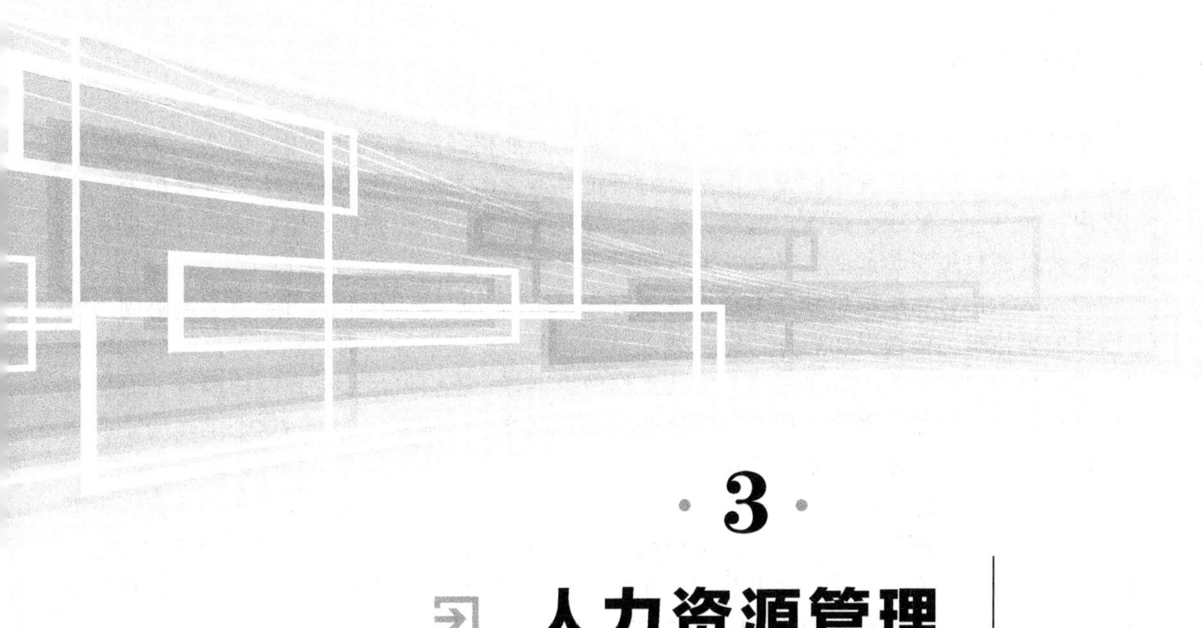

3 人力资源管理

人力资源（Human Resource，简称 HR），“是指一个组织所拥有用以制造产品或提供服务的人力；换言之，一个组织的人力资源就是组织内具有各种不同知识、技能以及能力的个人，他们从事各种工作活动以达成组织的目标”（杜拉克[1]）。

人力资源管理，是将组织内的所有人力资源作适当的获取、维护、激励以及活用与发展的全部管理过程的活动。换言之，即以科学方法使企业的人与事作适当的配合，发挥最有效的人力运用，促进企业的发展；即人与事配合，事得其人，人尽其才。

现代人力资源管理将人视为最复杂、最具能动性和最具有价值的资源，研究如何有效地获取、配置、开发和使用人力资源。现代企业管理的核心问题是人的管理。除做好常规的人事管理、建立基本的管理制度以外，更重要的是确立以人为本的管理理念，不断汲取先进的科学的人力资源管理经验，善于对员工进行激励和沟通，使员工树立正确的价值观，才能调动员工的积极性和创造性，培养员工的忠诚度和归属感，实现企业与员工共赢。

3.1 人员招聘

企业之间的竞争归根到底是人才的竞争，在市场经济中，企业的发展往往与一些高素质的人才，有时甚至是一位高素质的人才密切相关。人才招聘可分为：普通员工、管理和技术人员、高管人员等类别。招聘对象不同，处理方式不同。

人员招聘是指为了满足职位工作的需要，选择合适人员录用到特定空缺岗位的工作过程。招聘实际上包括三个相对独立的过程：招募、选拔和录用。

3.1.1 人员招聘的意义和原则

3.1.1.1 人员招聘的意义

（1）员工招聘是任何组织开展人力资源管理的一项常规工作。对于新成立的组织来说，

[1] 杜拉克（Peter Ferdinand Drucker，1909—2005），也译作“彼得·德鲁克”。美国管理学家，现代管理学之父，因其卓越贡献及深远影响，被尊为“管理大师中的大师”。

在前期已经投入了大量的物质、资金与时间，如果不能招到所需要的员工，就会无法按照预期的计划运营，造成投资源闲置或浪费。对于正常运营的组织，组织的人力资源状况处于变化之中，如升迁、降职、退休、解雇、死亡、辞职等，导致职位空缺，组织成长过程也是人力资源数量调整过程。这些情况意味着组织需要经常补充员工。

(2) 员工招聘对组织后续人力资源管理有深远影响。招聘工作的质量会直接影响到后续工作。如果招聘工作做得比较好，组织的人力资源队伍就能够胜任岗位职责，后续的各项管理工作就相对容易一些。如果招募与甄选工作做得不好，就会给后续工作造成困难，而且也会使组织的成本增加。因此，招募与甄选是人力资源管理的基础性工作，这个工作的完成质量直接影响着后续工作的效率和工作质量。

(3) 员工招聘是形成组织竞争力的重要来源。在所有构成组织竞争优势的要素中，人力资源的质量是最重要的因素之一，人力资源越来越成为企业竞争的焦点。比尔·盖茨曾说过："如果让微软最优秀的二十个人离开公司，那么微软将会变成一家无足轻重的公司"。招聘工作能否有效地完成，对提高组织的竞争力、绩效及实现发展目标，有着至关重要的影响。

同时，补充优秀员工也是激励在岗员工的一种有效方式。新招聘来的员工往往具有较强的竞争力，对老员工构成挑战，这使得招聘新员工成为一种激励手段。

(4) 人员招聘可以为组织带来其他收益。人员招聘工作有助于组织形象的传播。人员招聘既是吸引、招募人才的过程，又是向外界宣传组织形象、扩大组织影响力和知名度的一个窗口。应聘者可以通过招聘过程来了解该企业的组织结构、经营理念、管理特色、企业文化等。成功的招聘广告既可以吸引精英人员，以补充企业发展过程中的人力资源不足或改变人力资源结构，又可以展示企业实力。对于招聘高层管理者和技术人员，尤其是高级职业经理人和专业技术领导人等关键人才，可以为企业输入新的管理思想或带来技术上的重大革新。

3.1.1.2 人员招聘的原则

(1) 人岗匹配原则。招聘工作常见的误区就是盲目追求高学历、高素质的"优秀"人才。所谓"优秀"应该是员工的能力、素质、职业价值观等因素与组织用人理念、应聘岗位的任职要求等因素相匹配。人岗匹配是招聘工作中应遵循的最为重要的原则。人岗匹配具有两层含义：一是岗位要求与任职者的知识、技能、能力等素质相匹配，应量才录用，不一定要最优秀的，但是要选择最合适的；二是员工职业价值观、意向工作报酬等因素与组织现行制度与文化相匹配。

(2) 信息公开原则。企业各类人力资源的招聘信息要公开。应将招考单位、部门、岗位种类与数量、报考的资格条件、招录方式和时间等均面向所有招聘群体公告周知。这样既有利于社会人才的参与竞争，又能使此项工作置于社会的公开监督之下，防止不正之风。特别是当企业进行内部招聘时，公开招聘信息能更好地对招聘的过程进行监督，防止不公正的现象发生，提高员工的信任感和工作满意度。

(3) 合法原则。人员招聘必须遵守国家的法律，法规和政策。

要防止就业歧视行为。《劳动法》第十二条规定："劳动者就业，不因民族、种族、性别、宗教信仰不同而受到歧视"。十三条规定："妇女享有与男子平等的就业权利。在录用职工时，除国家规定的不适合妇女的工种或者岗位外，不得以性别为由拒绝录用妇女或者提高对妇女的录用标准"。

招聘工作应当贯彻公平公正的要求，对所有应聘者应一视同仁。刻意制造各种不平等的限制，或在招聘过程中徇私舞弊，既影响企业形象，又影响录用员工的质量，直接损害企业利益。

(4) 成本效益原则。招聘的效益是指投入与产出的关系。投入是指招聘成本，包括发布

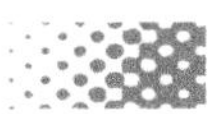

招聘信息的广告费用，对应聘者进行审查、甄选的费用，录用安置候选人的费用。产出是指通过招聘工作，最终录用员工的数量、质量及新员工在工作岗位创造的工作业绩。所谓效益最佳原则是指投入最少的招聘成本获取适合职位的最佳人选。在实际工作中，没有绝对的最佳，但以效益最佳原则来管理招聘工作，对企业获得竞争优势具有重要意义。

3.1.2 人员招募的方法

企业进行员工招募的渠道一般有两种：内部招募和外部招募。

内部招募是指在企业内部寻找合适人员来弥补空缺职位。企业内部招募有利于员工的职业生涯发展，留住核心人才，形成人力资源内部的优化配置。外部招募是指从企业外部获取符合空缺职位工作要求的人员。当企业内部的人力资源不能满足企业发展的需要时，应通过外部渠道进行招募。这两种渠道的优缺点，见表 3-1。

表 3-1 内、外部招募的优缺点

内部招募		外部招募	
优　　点	缺　　点	优　　点	缺　　点
△ 组织对候选人的能力有清晰的认识 △ 候选人了解工作要求和组织 △ 鼓励高绩效、有利于鼓舞员工士气 △ 更低的成本	△ 会导致“近亲繁殖” △ 需要有效的培训和评估系统 △ 会因操作不公或心理因素导致内部矛盾	△ 更大的候选人选择空间 △ 会把新的技能和想法带入组织 △ 比培训内部员工成本低 △ 激励老员工保持竞争力，发展技能	△ 增加与招募和甄选相关的难度和风险 △ 需要更长的培训和适应阶段 △ 内部员工可能感到自己被忽略 △ 增加搜寻成本

3.1.2.1 内部招募的主要方法

（1）工作职位公告。通常以职位公告表（见表 3-2）形式，通过布告栏、内部报纸、员工大会、AO 或文件等发布招聘消息，请内部员工应聘空缺职位。所发布信息中应描述空缺职位名称与职责要求、招聘此职位的重要性、报酬、应聘者应具备的条件等，增加职位透明度，让员工了解组织的需要。需要时也可说明希望员工介绍和推荐适合人选应聘。招聘结束后，组织需要向员工宣布应聘人及被聘理由，以保证招聘工作的公正、公平和透明。

表 3-2 职位公告表

职位公告　　　　　　　　　　　　编号：

公告日期：＿＿＿＿＿＿　结束日期：＿＿＿＿＿＿

在＿＿＿＿＿部门中有一全日制职位＿＿＿＿＿＿＿可供申请。

薪资水平：最低＿＿＿＿＿中间点＿＿＿＿＿最高＿＿＿＿＿

所要求的技术或能力（候选人必须具备此职位所要求的所有技术和能力，否则不予考虑）

1. 在现在/过去的工作岗位上表现出良好的工作绩效，其中包括：

——有能力完成、准确地完成任务

——能够及时地完成工作并能够坚持到底

——有同其他人合作共事的良好能力

——能进行有效的沟通

——可信、良好的出勤率

——较强的组织能力

——解决问题的态度和方法

——积极的工作态度：热心、自信、开放、乐于助人和奉献精神

2. 可优先考虑的技术和能力（这些技术和能力将使候选人更具有竞争力）

3. 员工申请程序如下：

(1)电话申请可打号码＿＿＿＿＿，每天下午 3:00 之前，＿＿＿＿＿＿除外

(2)确保在同一天将已经写好的内部工作申请表连同截止到目前的履历表一同送至＿＿＿＿＿＿

（2）主管推荐。主管对本部门员工的工作能力有较为全面的了解，当他们有权挑选或决定晋升人选时，他们会更关注员工的工作细节和潜在能力，会在人员培养方面投入更多的精力，同时也会促使那些正在寻求晋升机会的员工更好地表现自己。但由于主管推荐很难不受主观因素的影响，多数员工会质疑这种方式的公平性，而影响其工作积极性。

（3）内部人员信息清单（档案）。内部员工信息清单，包括每个员工的工作经历、教育程度、优点和缺点、特殊才能、参加过的培训、人才培养的方向、可能晋升的职位等与职业发展相关的信息，当出现职位空缺时，能够迅速搜索到符合条件的候选人。

人员信息清单也称技能清单，较详细的职工档案也可作参照。许多企业都已经实行计算机管理，可以极大地提高信息搜寻的效率。这种方法的缺点在于通常只包含一些“硬”指标信息，如教育程度、资格证书、所掌握的语言、所接受的培训等，而一些关于诸如人际关系技能、判断力、品德、创新能力等“软”指标信息往往被排除在外。这些“软”指标，对于许多工作恰恰是至关重要的。

（4）竞聘上岗。竞聘上岗是内部招聘的常见方法，旨在通过公开竞聘的方式，挑选出最适合、最匹配的人，使职得其才，才得其用。

竞聘上岗的主要操作步骤：①发布竞聘公告，内容包括竞聘岗位、职务、岗位说明书、竞聘条件、报名时间、地点、方式等。②进行初步筛选，剔除明显不符合要求的应聘者。③组织与竞聘岗位需要相关的测试，包括知识测试、技能测试、心理测试等。还可组织竞聘上岗演说和民意测试。④组织专业的“考官小组”进行综合全面的面试。⑤辅以一定的组织考核。对应聘者的工作业绩、实际的工作能力、群众对其的认可度等进行考核，按一定的比例（如1∶3）推荐给决策者。⑥按德、才、能、绩、体进行全面衡量，做出录用决策。⑦公布决定，宣布任命。

3.1.2.2　外部招募的主要方法

（1）广告法。广告招聘可以迅速地传达企业的招聘信息。招聘广告一般包括公司简介、招聘岗位（岗位名称、任职资格、工作职责、工作地点）、薪酬福利等政策，以及联系方式等内容。可选择的广告媒体主要有广播电视、报纸、杂志和互联网等。

（2）人才招聘会。人才招聘会可分两大类：一类是专场招聘会，即只有一家公司举行的招聘会。专场招聘会是公司欲招聘较多的人员或面向特定群体（如校园招聘会）时举行。另一类是非专场招聘会，即由某些人才中介机构组织的有多家单位参加的招聘会。

在大学校园招聘，通过举办用人单位专场招聘会，或者参加大学举办的毕业生推介会，招募潜在管理人员以及专业技术人员，已经成为我国企业常用的招募手段。

校园招聘的优点是：①企业可以找到足够数量的高素质人才；②而且新毕业学生的学习愿望和学习能力较强，可塑性很强；③与具有多年工作经验的人相比，新毕业学生薪酬较低。

校园征召也存在不足：①学生没有工作经验，需要进行一定的培训；②学生往往有过于理想化的期待，对于自身能力也有不现实的估计，容易对工作和企业产生不满；③在毕业后的前几年一般有较高的离职率；④在校园招聘需要经过系统的策划，在组织方面也需要付出较大的努力。

（3）员工推荐。是指员工从他们的朋友或相关的人中引荐求职者。这种招聘方法可以使企业和应聘者双方能迅速了解，又节省招聘费用，但是如果推荐过程受到“徇私”、“任人唯亲”等不良因素的干扰，会影响招聘的公平性。

（4）就业服务机构。专业的中介机构，掌握着丰富的人力资源资料，能够运用专业的筛

选和测试方法选择合适人员，可以为用人单位招募人员提供专业化服务。但是，因为就业服务机构不是企业本身，不能清楚了解企业对人才的要求，有时会选择到不合格的人；而且企业必须支付中介费，增加企业的招募成本。

用人单位要借助就业服务机构，首先要选择一家正规合法、声望好、有实力的就业机构；其次，必须向他们提供一份精确而完整的工作说明，这有利于就业机构找到合适的人员；再次，要参与监督就业机构的工作，比如限定他们使用的甄选技术和方法。

(5) 猎头机构。是为用人单位寻找高级管理和技术人才的服务机构。由于这些人才相对短缺，主动求职的愿望较低，运用公开的招聘方法难以吸引他们。猎头公司拥有自己的人才数据库，并能够通过非公开方式主动去发现、接触和网罗人才，还能够在整个搜寻和甄选过程中为企业保守秘密。所以，如果企业要征召一些核心员工，猎头公司的帮助是必不可少的。

(6) 网络招聘。在线招聘因其不受地域和时间的限制，且高效、快捷、费用低，信息传播范围广，成为目前企业普遍采用的招聘方式。在线招聘的方式主要有两种：第一种方式是在公司的主页设置专门的栏目发表招聘信息。有些企业的网页还提供在线申请功能，求职者可以直接在网页上填写职位申请表，并可以通过电子邮件获得回复。第二种方式是通过专业的人才招聘网站。专业的网站信息集中，访问量大，一般是由专业的就业服务公司举办，除发布招聘信息外，还可提供人才测评、代理招聘等其他服务。

3.1.3 人员甄选的方法

人员甄选指综合利用心理学、管理学和人才学等人员测评的技术和方法，根据特定岗位的胜任能力素质要求，对应聘者的综合素质进行系统的、客观的测量和评价，最终选择适合企业所需的应聘者的过程。

3.1.3.1 人员甄选的步骤

① 初步筛选——主要通过查看应聘者的基本条件，包括应聘者的个人基本信息、教育背景、工作经历、学习成绩以及求职动机、求职意向等，判断其与招聘要求间的匹配程度，初步选出基本合乎要求的合格应聘人选，淘汰求职材料不实者和明显不合格者。

② 初步面试、笔试——淘汰知识素质达不到要求和基本素质明显不合格者。

③ 心理和能力测试——设定一定的淘汰比例，淘汰测试低分者，或按面试名额限制择优进入下一阶段的选拔。

④ 面试——是整个选拔过程的关键步骤，在前三个步骤的基础上，进行综合素质的考察，选定最优候选人。

3.1.3.2 人员甄选的主要方法

(1) 笔试。笔试是用人单位根据用人要求事先拟定好试题，让应试者笔答试题，根据应试者作答的正确程度评定成绩，以此作为选拔依据的一种人才测评的方法。这种方法成本相对较低，效率高。但笔试也有局限性，无法考察应试者的品德修养、工作态度、口头表达、实际操作等多方面的能力，可能会出现高分低能的情况。

(2) 心理测验。①个性测验。该法用以了解被测试者的情绪、性格、态度、工作动机、品德、价值观等方面的内容。通过个性测试可以寻求应试者的性格特征和工作要求的匹配。随着人性价值日益受到重视和尊重，各种测量手段也层出不穷。用得较多的个性测评主要有两类：一类是自陈式测评。如卡特尔 16 种个性因素问卷、明尼苏达多相个性问卷；另一类是投射测评，如罗夏赫墨迹测评、主题统觉测评等。②职业能力测验。职业能力是一种潜在的特殊的能力，是一种对于职业成功有很大影响的心理因素。与职业活动效率有关的能力包括：语言理解和运用能力、数理能力、逻辑推理能力、知觉速度、人际协调能力、影响力、判断力和决策力等。职业能力测验可以分为两类：一类是一般职业能力测验，如美国劳工就业保险局编制的《一般能力倾向成套测验》；另一类是专门职业能力测验，主要用于职业人员的选拔和录用，例如中国公务员录用考试使用的《行政职业能力测试》。③职业兴趣测验。一个人职业上的成功，不仅受到能力的制约，而且与其兴趣和爱好有密切关系。职业兴趣作为职业素质的一个方面，往往是一个人职业成功的重要条件。了解职业兴趣的主要途径就是采用职业兴趣测验量表或问卷来进行测试。现在较常用的测验有美国心理学家库德的《职业兴趣量表》、美国心理学家霍兰德的《职业偏好量表》等。④创造力测验。一般而言，发散性思维是创造力的基本条件。创造力包括的基本能力主要是流畅力、变通力、精致力、敏觉力和独创力。创造力的测验并不玄妙，有些简单的方法就可施测，如单字联想测验、对象用途测验、寓言测验、模型含义、远隔联想等。

(3) 评价中心技术。该法是识别有才能的管理者较常用的工具，它是通过把候选人置于相对隔离的一系列模拟工作情景中，以团队作业的方式，采用多种测评技术和方法，观察和分析候选人在模拟的各种情景压力下的心理、行为、表现，以测量候选人的管理技术、管理能力和潜能等的一个综合、全面的测评系统。评价中心法可达到两方面的目的：一是为组织发展选择和储备所需的管理人才；二是对个人的潜在能力及培训和发展需要做出早期诊断。

评价中心所采用的测评技术和方法有：①无领导小组讨论。是指把一组求职者（一般5～8人）集中在一起，就既定背景下的某一给定问题展开讨论，事先不指定主持人，评价者在一旁观察评价对象的行为表现，看谁会从中脱颖而出，成为自发的领导者。目的主要是考察求职者的组织协调能力、领导能力、人际交往能力与技巧、想象能力、对资料的利用能力、辩论说服能力以及非语言的沟通能力等，同时也可以考察求职者的自信心、进取心、责任感、灵活性以及团队精神等个性方面的特点及风格。有关研究表明，无领导小组讨论对于管理者集体领导技能的评价非常有效。优点在于能充分暴露求职者的真实特点；能依据求职者的行为特征来对其进行更加全面、合理的评价；能使其在相对无意识中展示自己多方面的特点；能在用一时间对竞争同一岗位的求职者的表现进行横向比较。在实施无领导小组讨论时，需要适当控制小组的人数，一般以3～5人为宜；保持洁静、明亮、轻松而不失测评气氛的环境，就座以圆桌会议式为最佳方式，不要让求职者明显感觉到自己处于被观察被评价地位。②公文筐测验。该测验主要考察求职者对各种各样的文书问题，如备忘录、信件、电报、电话记录、报告等的处理和反应能力，以及对他人的敏感性。它是在假定的情景下实施，一般让求职者扮演组织中某一重要角色。工作人员把事先准备好的资料交给求职者，这些资料是该组织所发生的实际业务和管理环境信息，包括财务、人事、市场信息、政府的法令公文、客户关系等十几份材料，要求在规定时间内对各种材料进行处理，做出决策，形成公文处理报告。通过求职者在规定条件下处理过程的行为表现和书面报告，评估其计划、组织、预测、决策和沟通的能力。该法非常适合对管理人员、行政人员进行评价，操作简便，具有灵活性，可以根据需要设计问题。公文筐中的成绩与实际工作表现有很大的相关性，对求职者的未来工作绩效有很好的预测能力。每个受试者在平等的条件和机会下接受测试，多维度评价个体。不足之处在于费时较长，一般需2～3小时；编制公文筐的成本很高，评分主观性强；求职者单独作答，很难看到他与他人交往的能力。③演讲辩论。是求职者按照给定的材料组织并表达自己观点和理由的过程。④角色扮演。是一种比较复杂的测评方法，它模拟一个管理场景，多个求职者分别扮演一定的角色，模拟实际工作中的一系列活动。⑤还有：小组问题解决、案例分析等。

（4）面试。面试是指通过与候选人面对面交流，客观了解应聘者的业务知识、外表风度、工作经验、求职动机等信息，以便全面评判候选人适合空缺职位的程度。它能够全方位地考察应聘者的表达能力、判断能力、分析能力和其他综合能力，直观地了解应聘者的各种素质和潜能。

◆ 面试类型，按面试的问题划分，有：

① 非结构化面试　即通常所说的随机面试。面试考官可以完全任意地与应聘者讨论各种话题，面试所问的问题没有一个事先安排好的需要遵守的框架，因此可能根据不同的应聘者，提出完全不同的问题，面试的话题也会围绕不同的问题展开。一般非结构化面试中常采用案例分析、脑筋急转弯、情景模拟等方式，它比较适用于招聘高、中级管理人员。

非结构化面试的优点是：考官和应聘者在谈话过程中都比较自然，由于问题不是事先设计好的，所以问起来不会显得前后没有联系和唐突，考官可以由此全面了解应聘者的情况，应聘者也可以感觉更随便、自在，回答问题时也可能更容易敞开心扉。非结构化面试由于对不同的应聘者问不同的问题，可能会影响到面试的信度和效度。

② 结构化面试　即提前准备好问题和各种可能的答案，要求应聘者在问卷上选择答案。结构化程度最高的面试方法是设计一个计算机化程序来提问，并记录应聘者的回答，然后进行数量分析，给出录用决策的程序化结果。结构化面试在工作分析的基础上提出与工作有关的问题，设计出应聘者可能给出的各种答案。因此，考官可根据应聘者的回答迅速对应聘者作出不理想、一般、良好或优异等各种简洁的结论，可以说结构化面试是一种比较规范的面试形式。结构化面试的优点是：考官可以根据应聘者回答的情况进行评分，并对不同应聘者的回答进行比较。在结构化面试中，每一个应聘者都被问及所有相同的问题，一般不会发生漏掉重要问题的情况，面试的有效性和可靠性较高。结构化面试的缺点是：它不可能进行话题外的提问，局限了谈话的深度。而且由于每个问题都是事先安排好的，进行起来可能显得不自然，问题可能显得唐突。

③ 半结构化面试　是介于非结构化面试和结构化面试之间的一种面试方式。它包括两种含义：一种是考官提前准备重要的问题，但是不要求按照固定的次序提问，且可以讨论那些似乎需要进一步调查的题目；另一种是指考官依据事先规划出来的一系列问题来对应聘者进行提问，一般是根据管理人员、业务人员和技术人员等不同的工作类型设计不同的问题表格。

◆ 面试类型，按面试问题设问的方式划分，有：

① 压力面试　指用穷追不舍的方法对某一主题进行提问，问题逐步深入，详细彻底，直至应聘者无法回答。在这种面试中，应聘者被一系列的问题弄得很不舒服，其目的在于测试应聘者应付工作中压力的能力，了解应聘者的机智和应变能力，测试应聘者在适度的批评下是否会恼怒和意气用事。

在压力面试中，考官可以一开始就从应聘者的背景中寻找弱点，如询问他离开原来工作的原因，如工作不积极、经常缺勤等等。考官希望通过这样的问题使应聘者失去平静。又如，如果发现一个从事客户关系管理工作的人在过去两年之间改变了四次工作，就可以问应聘者是不是不负责任，或者行为不成熟，或者经常与客户发生矛盾等等。

② BD 面试（行为描述面试法）是基于行为的连贯性原理发展起来的面试方法，本质上是结构化面试。面试官通过行为描述面试了解两方面的信息：一是求职者过去的工作经历，判断他选择本组织发展的原因，预测他未来在本组织中发展的行为模式；二是了解他对特定行为所采取的行为模式，并将其行为模式与空缺职位所期望的行为模式进行比较分析。面试过程中，面试官往往要求求职者对其某一行为的过程进行描述，如面试官会提问“你能否谈

谈你过去的工作经历与离职的原因?”“请你谈谈你昨天向你们公司总经理辞职的经过”等。

◆ 面试程序，有四个阶段：

① 准备阶段。该阶段需做好三件事，一是选择经验丰富的面试考官；二是面试官认真阅读所招聘岗位的招聘标准和应聘对象的求职资料，拟定问题准备面试资料；三是布置面试场地。

② 面试开始阶段 面试开始，考官可以通过寒暄、问候、微笑来营造轻松的面谈氛围，解除应聘者的紧张和顾虑。还可让应聘者做简短的自我介绍，自然地进入面试的程序。

③ 正式面试阶段 面试考官根据事先准备的面试提纲向应聘者逐一提问，并记录相关信息。面试考官应尽可能地引导应聘者发言，以达到预期的目的。面试考官在提出问题后还需要认真倾听应聘者的回答，从中获得有价值的信息，因此倾听的技巧也是主考官需要掌握的技能。这里所指的倾听是一种主动倾听技能，可以概括为LISTEN。其中：L—使人觉得你对对方的话感兴趣（look interested）；I—以征求意见的态度倾听（inquire）；S—有目的地倾听（stay on target）；T—检验理解程度（test understanding）；E—对获得的信息分析评估（evaluate the message）；N—保持平和自然的心态（neutralize your feelings）。

④ 面试结束阶段 询问应试者是否有需要补充的信息，并允许应试者提问，并告知其面试结果通知的时间和方式，不论应聘者表现如何，面试均应在友好的气氛中结束。

面试结束后，应对应试者的表现给予客观、公正的评价并填写评价表，如表3-3。

表3-3 面试评价表

姓名	性别	年龄	应聘职位	所属部门	编号
评价要素	评价等级				
	1差	2较差	3一般	4较好	5好
个人修养					
求职动机					
语言表达能力					
应变能力					
社交能力					
自我认知能力					
性格内外向					
精神面貌					
进取心					
相关专业知识					
总体评价					
评价	O建议录用	O有条件录用	O建议不录用		
用人部门意见： 签字：	人力资源部门意见： 签字：	总经理意见： 签字：			

资料来源：王丽娟．员工招聘与配置［M］．上海：复旦大学出版社，2006.

3.1.4 人员录用和劳动合同

录用是指综合应聘者在招聘过程中的表现及所有相关的求职资料，根据组织需求，挑选出最适合的人选，并办理入职手续的过程。员工录用时必须签订劳动合同，并建立员工

档案。

3.1.4.1 录用时把握用人标准

(1) 以适用为原则，不片面追求文化程度。各公司的情况有所不同，人员的文化程度，以适用就好；文化程度过高，不见得一定有用。“适当”这两字很重要。

(2) 能力比知识更重要。必须认识到，知识分子常自陷于自己知识的格局内，以至于无法成大功立大业。高学历不等于高能力。在招聘过程中更应注重招聘那些高能力的人才。

(3) 人格比专业知识更重要。做企业首先要做人。在商场上，不仅知识和技术重要，同时更应有正义、公正、包容、谦虚的品德，这也是用人的一个要诀。

(4) 不可忽视心理素质和工作态度。现代经济社会的竞争是残酷的，而这势必给每一个企业的每一个员工造成很大的压力。企业能否顶着压力前行，是否能在竞争中脱颖而出，不仅看员工的技术水平和工作能力，还要看其是否具备良好的心理素质。在我们招聘新员工时，也考虑这些问题：新招进来的员工是否具有创造才能和创造精神？是否能领导和训练他人？他是否能在团队中工作？他是否能随机应变并善于学习？他是否具有工作热情和紧迫感？他在重压下能否履行职责等。

一个真正意义上的人才应是德才兼备的。才就是工作能力强、心理素质好；德是从工作态度中体现出来，良好的工作态度，往往能为本人带来工作激情和动力，从而提高工作效率。

(5) 要用能让手下员工尊重的管理者。如果管理者做了不受人欢迎的决定，只要它是公正合理的，还会得到员工的尊敬。对“和事佬”的管理者，员工并不会尊重。

(6) 雇用佼佼者，淘汰平庸者。专业技能只有在一次次解决实际问题的磨炼中才能迅速积累起来，聪明是被逼出来的。当专业人士遇到严峻的挑战时，他的才能将会成长更快。

一流的组织有无可匹敌的精英人才优势，而失败的组织总是忽视了区分良莠的重要性。

(7) 一流的组织才会吸引精英人才。一流的组织会不断的敦促专业人士不能仅仅满足于书本知识、模仿模型及实验室工作。他们会不懈地促使成员去处理现实生产中更为复杂的问题，应付外界完全不同的环境及文化差异，而一般性的组织不会这样做。

一流的经营管理者能够从无到有创立一个成功的企业，也能够使一个濒临倒闭的企业起死回生。因为一流的经营管理者总想与本领域最佳人士共事，所以一流的企业比其他同类竞争者更能吸引到更好的人才。

(8) 应当关注如何吸引人才，而不是对人才的流动设置障碍。一家管理良好的公司最应当关注的是如何吸引人才，没有必要了留住员工而对人才流动设置种种障碍。因为如果将这些员工困在公司，会给公司带来非常大的负面影响，使工作效率下降。

3.1.4.2 人员录用

(1) 录用决定前的工作。①体检。化工企业许多岗位使用对健康有害的原料，员工有职业病的风险。在作出最终录用决定前，应对录用者进行必要的身体检查，淘汰身体状况不符合要求的人员，以确保身体条件符合所从事工作的要求。体检应在企业指定的有资质的医疗机构进行。体检也可避免在试用期间生病而引起的劳动纠纷，体检费在新进员工工作满3个月后应给予报销。②背景调查。背景调查就是对应聘者与工作有关的一些背景信息如学历、职称、技术能力证书、工作经历等进行查证核实，以确定其任职资格。通过背景调查，一方面可以发现应聘者过去是否有不良记录；另一方面，也可以对应聘者的诚实性进行考察。在进行背景调查时要注意从各个不同的信息渠道验证信息，不要听信一个被调查者或者一个渠道来源的信息，必要时可以委托专业的调查机构进行调查。

(2) 劳动合同签订。《中华人民共和国劳动合同法》(2012 修订) 第二条规定:“中华人民共和国境内的企业、个体经济组织、民办非企业单位等组织(以下称用人单位)与劳动者建立劳动关系,订立、履行、变更、解除或者终止劳动合同,适用本法。国家机关、事业单位、社会团体和与其建立劳动关系的劳动者,订立、履行、变更、解除或者终止劳动合同,依照本法执行”。

第十条规定:“建立劳动关系,应当订立书面劳动合同。已建立劳动关系,未同时订立书面劳动合同的,应当自用工之日起一个月内订立书面劳动合同。用人单位与劳动者在用工前订立劳动合同的,劳动关系自用工之日起建立”。

第十二条规定:“劳动合同分为固定期限劳动合同、无固定期限劳动合同和以完成一定工作任务为期限的劳动合同”。

《劳动合同法》对劳动合同的订立、劳动合同内容、劳动合同的履行和变更、劳动合同的解除和终止、竞业限制、劳务派遣等都有明确规定。用人单位和劳动者必须共同遵守。

劳动合同应使用劳动和社会保障部门的规范合同文本。

劳动争议可根据《中华人民共和国企业劳动争议处理条例》(国务院令第 117 号,1993) 执行。

(3) 员工档案和安全教育。人力资源部门与新员工签订劳动合同,员工应填写档案登记表,建立员工档案,把入职的员工信息录入员工信息管理系统。

在试用期结束后,应办理各种社保关系等转移手续。化工企业新进员工要进行三级安全教育,详见 8.6.3.2。

3.2 员工培训与培养

3.2.1 要注重人才培训和培养

培训是指组织根据发展和业务需要,有计划地组织员工开展学习、训练等活动,旨在改变员工的价值观、工作态度和工作行为,提高员工的工作能力、知识水平、业务技能,最大限度地使员工的个人素质与工作需求相匹配,最终改善和提高组织绩效。

培养则是增进员工的知识和能力,挖掘员工潜力,以适应更高的业绩考核要求,或准备承担组织未来发展产生的新工作。培训和培养是相互联系的。

3.2.1.1 放手培训、培养下属

(1) 外溢成本是一种公共人力资源。许多公司不愿在培训上投资,因为培训之后的人力流失使企业陷于两难境地。确实,就单个企业而言,培训后的人员流出是一种风险损失。

接受过培训的员工个体都会得到整体素质的提高,某企业的培训人员流出,对该企业而言是成本外溢,而对其他企业而言,则是资源共享。真正的企业家考虑的是:要身体力行,加强提高员工绩效的培训,外溢成本是一种公共人力资源。这是一种大度,一种超然卓识,一种企业家应具备的理念的革命。流出员工的高素质无疑增强了企业的美誉度,也增加了企业对优秀员工的吸引力。

当企业规模达到一定程度后,管理的效益递减。而员工培训正好与此相反,培训得越充分,对员工越具有吸引力,越能发挥人力资源的高增值性,从而为企业创造更多效益。实际上培训是一种回报率极高的投资。如某公司经过对员工的一年培训,花去培训费 20 万元,但员工素质提高后,当年就为企业节省成本支出 200 万元,第二年又节省成本 300 万元。

(2) 培训能把理论水平转化为实际技能。对学历的态度应该是不唯学历,但必须重视学历,因为学历教育是一种素质教育。

聘用没有经验的高学历人才，基于如下两种观念：①素质是有弹性的，素质越高，越能达到和接近企业的经营目标，反之，则可能成为缘木求鱼；②学历教育所授知识本身很少直接作用于企业，但在把所学知识转化成企业的经验与技能的过程中，培训起到了重大作用，它一方面可把理论水平转化成实际技能，另一方面把素质所蕴藏的巨大能量诱发出来作用于企业经营。

（3）信任下属，加强对其培养。从公司内部培养管理人员，对公司的长远发展极其重要。公司的每位高层经理和中层经理都有培养下属的职责。最重要的是，管理者在培养下属时，要经常保持着“善意、气魄及努力”的宽广心胸，并展现在各种指导活动中，这是经营管理者在日常管理中应有的素质。

要信任下属，放手让下属去做，压担子，培养其独立一面工作能力；既严格要求，又手把手地教他们解决重大问题，特别是突发事件的方法；要培养下属具有一技之长，让他那个岗位“离了他不行”，不仅可提振其信心，亦可保持工作的稳定性；当下属工作中出了问题时，上级要敢于承担责任；要培养感情，彼此建立信任；要为下属开展工作创造必要的条件，甘当人梯；工作上严格要求，生活上、个人进步（评功、授奖、职称、职务晋升等）上要多关心；要身先士卒，做好表率。

（4）使个人培训最终为组织目标服务。1990 年，弗农・汉弗莱发表了题为《全组织的培训》的论文，提出从整个组织考虑“集体培训”的理论。这里的“集体”意指组织，尤其是那些复杂的组织。培训即是教育，学习是改变行为的过程，集体培训是改变复杂组织行为的过程。集体培训与个人培训的主要区别在于首先对组织进行分析，然后再进行个人分析，目的是使个人培训最终为组织目标报务，提高组织的效率和效益。

汉弗莱认为任何组织都有六个组成部分，即组织目标、机构、人员、设备、程序和资源。组织目标是组织的基础，没有这个基础，组织就不会存在。组织机构是为了实现目标而建立的具体机构，人是实现组织目标最关键的因素。要使人为组织服务，还得靠组织机构进行必须的培训和管理。设备是组织用来完成目标和任务的工具，程序是组织的“自动储存器”，资源是组织的血液，它包括资金、财产、时间、空间（所处自然环境和社会环境）、技术等等。只有通过分析整个组织因素，进行集体培训，才能使整个组织行为为组织目标服务。

案例：别具一格的杜邦培训

作为化工界老大的杜邦公司为每一位员工提供独特的培训尤为突出。因而杜邦的“人员流动率”一直保持在很低的水平，在杜邦总部连续工作 30 年以上的员工随处可见，这在“人才流动成灾”的美国是十分难得的。

杜邦公司拥有一套系统的培训体系。虽然公司的培训协调员只有几个人，但他们却把培训工作开展得有声有色。每年，他们会拟出一份培训大纲，清楚地列出该年度培训课程的题目、培训内容、培训教员、授课时间及地点等，并在年底前将大纲分发给杜邦各业务主管。主管根据员工的工作范围、员工需求，参照培训大纲为每个员工制定一份培训计划，员工会按此计划参加培训。

杜邦公司还给员工提供平等的、多元化的培训机会。每位员工都有机会接受像公司概况、商务英语写作、有效的办公室工作等内容的基本培训。还很重视对员工的潜能开发，会根据员工不同的教育背景、工作经验、职位需求提供不同的培训。培训范围从前台接待员的“电话英语”到高级管理人员的“危机处理”。此外，如果员工认为社会上的某些课程会对自己的工作有所帮助，就可以向主管提出，公司就会合理地安排人员进行培训。

为了保证员工的整体素质，提高员工参加培训的积极性，杜邦公司实行了特殊教员制。公司的培训教员一部分是公司从社会上聘请的专业培训公司的教师或大学的教授、技术专家等，而更多的则是杜邦公司内部的资深员工。在杜邦公司，任何一位有业务或技术专长的员工，小到普通职员，大到资深经理都可作为知识教师给员工们讲授相关的业务知识。

3.2.1.2　制定合理的培训计划

(1) 确定被培训人员计划。根据组织目标的需求挑选被培训人员。一般而言，组织内有三种人需要培训：

第一种是可以改进目前工作的人，目的是使他们能更加熟悉自己的工作和技术。

第二种是那些有能力而且组织要求他们掌握另一门技术的人，并考虑在培训后，安排他们到更重要、更复杂的岗位上。

第三种是有潜力的人，组织期望他们掌握各种不同的管理知识和技能，或更复杂的技术，目的是让他们进入更高层次的岗位。

总之，培训对象是根据个人情况、当时的技术、组织需要而确定的。

职工的技能有三种：技术、人际关系和解决问题能力。许多培训计划都是针对职工技能中的一种或多种而进行的。

各个单位各个组织必须建立长、中短期培训计划，确定今后需要哪一方面的人才。

组织在根据需要、现有资源、被培训人员的具体情况培训项目计划。当选择被培训人员时必须考虑两个问题：一是这样的培训是否能帮助组织受益？二是这样的培训是否能帮助职工提高素质，发展技能，使其成为组织难能可贵的有用人才？

通过建立培训系统，管理者确定培训计划，为职工提供一个职业生涯发展的机会，职业生涯发展机会是员工发展的内生动因，使培训富有内源驱动力。

(2) 培训的基本方法

① 新职工的培训（职前教育引导）　成功的职前教育引导不论是正式的或非正式的，其目的是让新职员能尽快从局外人顺利地成为单位的一员，让他们轻松愉快地进入工作岗位。

② 在职培训　最常见的在职培训有两种，即：工作轮换和见习。现在还有一种在职培训是带职到学校或公司学习。尤其是管理人才的在职培训，一般采取这类方法。我们知道，现代社会中管理显得越来越重要。世界上各发达国家都十分重视管理人才的在职培训，从而不断提高企业、公司的生产效益。国外管理人才的在职培训始创于美国。现要许多发达国家也纷纷建立管理人员在职培训网络，以企业、高校和政府三位一体的形式，不断扩大在职培训人员的数量和范围。

③ 离职培训　是让职员离开工作岗位到大学或其他单位或在本单位专职学习一段时间，一般在半年、一年或更长时间内。美国出现了不少企业自办的大学，就是为企业离职培训人员提供的。离职培训的方法可包括课堂教学、影视教学或模拟教学等。

④ 支付学费的培训　这种培训方法是鼓励职工利用业余时间到附近的大学去进修。只对那些取得合格成绩的人报销学杂费。

⑤ 学徒式培训（言传身教）　有在职和离职两种。离职一般是指到技工学校学习，在职一般是指定师傅的指导下进行。这类培训最普遍用于工艺及技艺方面，因为只有经过长时间观摩学习才能熟能生巧，因此，需要在技师直接指导下不断练习才能达到熟练。学徒式培训期一般在1～3年之间。

(3) 进行跨部门的交叉培训。为了适应竞争需要，管理上必须有弹性。跨部门的交叉培训就提供了这样一种弹性。跨部门培训不一定是指让会操作某一台机器的人再去学会操作另一台。它可能是让一位秘书去做销售，也可能让一位会计外出进行测试。这种弹性能降低成本，并增加我们的竞争力。

(4) 充分利用新的技术，培训专业人才。多年来，许多公司对充分发挥专业人士的作用只采用两种方法：一是以比他们同行强度更大的训练和工作时间来强化专业人士的能力，二是增加为专业人士服务的“助手”。

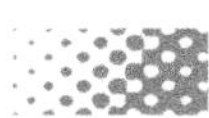

要充分利用网路信息技术，增强专业人才解决问题的能力。促进信息共享，提高员工的办事能力，如利用OA系统集中汇集资料、精心排序、客户咨询和档案搜索，使他们处理问题的能力将会进一步增强。

3.2.1.3 在工作实践中培养员工

实践出真知。在工作实践中培养员工，让他们在游泳中学会游泳，是培养员工最好的途径，因为人才都是在实践中培养出来的。

(1) 创造出理想的氛围来鼓励员工发展。要重视员工职业生涯的发展，详见3.2.2 员工职业生涯管理。

(2) 不是每件事都必须有详尽的制度，有时只需要指导原则。任何制度都会有漏洞，也不可能面面俱到，十分详尽。制度不明确时要规定原则，引导职工自我约束。如某项报销无细则，告诉员工以“节俭”为原则或“办成事”为原则就行。

(3) 要培养敢于“越权行事”勇气。人力资源管理的根本宗旨在于千方百计地培养人才，开发人才（潜能），而不是简单地管住人。在必要的时候可以越权行事，自己担负责任。不要相信“没有权力就无法工作”的鬼话，需要当机立断采取积极行动时，就要勇于负起权限之外的责任。

对于有必要突破的权限，无论如何都要加以利用，以争取最终的硕果，在企业中培养这种风气是有重要意义的，要使那些缺少活力的人也持有这种想法。如果最高层的观念与制度、手续仍然守旧不化，即使鼓励下属去越权也不会有人理会，因此企业本身的作法也要改变。需要强调的是，行使权力时不要妨碍他人，事前进行工作调整有利于避免这种情况。

(4) 给下属一条出路。“给下属一条出路”，这是哈佛经典教材给高级管理者的一句箴言，因为下属有了出路，就等于让他发挥了才能。

培养部下，尤其是培养能够交班的部下是一件大事情。从长远观点来看，要提高效率就得培养部下。一切工作完全由自己来做的经理，无论是高层经理还是中层经理都是不受部下欢迎的。该让部下做的工作就让部下去做，这是经理本来应有的态度，尽管最终可能出现某些差错，或许会多少引起一些工作效率的下降，也要坚持这样做下去。为了提高工作能力，就必须下决心作出牺牲，付出一定的代价，使部下得到锻炼和提高。因为这样做，不仅能够提高自己在最高负责人和部下中的威信，而且还能按计划把部下培养出来，这对于经理具有极大的意义。

3.2.2 员工职业生涯管理

职业生涯管理是指个人和组织对职业历程的规划、职业发展的促进等一系列活动的总和，包含职业生涯决策、设计、发展和开发等内容。

进行职业生涯管理的意义在于：①有助于提高个人人力资本的投资收益。在职业生涯规划的基础上，有的放矢地投资，获取所必需的职业能力，提高人力资本投资的收益。②确保获得组织所需要的人才。③增加组织的吸引力以留住人才。④使组织成员有成长和发展的机会，减少员工的挫折感。增强信心。

对职业生涯含义的描述主要有以下几种：

(1) 职业生涯表现为连续性的分阶段、分等级的职业经历。

(2) 职业生涯是指人一生中与工作相关的经历，包括职位、职务经验和工作任务等。

(3) 职业生涯是指人的一生中与工作相关的活动、行为、态度、价值观、愿望的有机整体。

(4) 职业生涯分为狭义和广义两种。狭义的职业生涯是指直接从事职业工作的这段时间，其上限从任职前的职业学习和培训开始；广义的职业生涯是指从职业能力的获得、职业兴趣的培养、选择职业、就职，直至最后完全退出职业劳动这样一个完整的职业发展过程。

综上所述，职业生涯就是指一个人一生中从事职业的全部历程，包含一个人所有的工作、职业、职位的外在变更和对工作态度、体验的内在变更。

3.2.2.1 职业生涯管理理论

(1) 萨柏的职业生涯阶段理论。萨柏（Donald E. Super）是美国一位有代表性的职业管理学家，他以美国白人作为自己的研究对象，把人的职业生涯划分为五个主要阶段：成长阶段、探索阶段、确立阶段、维持阶段和衰退阶段，见表3-4。

表3-4 萨柏职业生涯五阶段理论

阶段	成长阶段 （0～14岁）	探索阶段 （15～24岁）	确立阶段 （25～44岁）	维持阶段 （45～64岁）	衰退阶段 （65岁以上）
主要任务	认同并建立起自我概念，对职业好奇占主导地位，并逐步有意识地培养职业能力	主要通过学校学习进行自我考察、角色鉴定和职业探索，完成择业及初步就业	获取一个合适的工作领域，并谋求发展。这一阶段是大多数人职业生涯周期中的核心部分	开发新的技能，维护已获得的成就和社会地位，维持家庭和工作间的和谐关系，寻找接班人	逐步退出职业和结束职业，开发社会角色，减少权利和责任，适应退休后的生活

(2) 格林豪斯的职业生涯阶段理论。美国心理学博士格林豪斯（Greenhouse）的研究了不同年龄段职业生涯所面临的主要任务，并以此为依据将职业生涯划分为五个阶段：职业准备阶段、进入组织阶段、职业生涯初期、职业生涯中期和职业生涯后期，见表3-5。

表3-5 格林豪斯职业生涯五阶段理论

阶段	职业准备阶段 （0～18岁）	进入组织阶段 （18～25岁）	职业生涯初期 （25～40岁）	职业生涯中期 （40～55岁）	职业生涯后期 （55岁至退休）
主要任务	发展职业想象力，培养职业兴趣和能力，对职业进行评估选择，接受必需的职业教育和培训	进入职业生涯，选择一种合适的、较为满意的职业，并在一个理想的组织中获得一个职位	逐步适应职业工作，融入组织，不断学习职业技能，为未来职业生涯成功作好准备	努力工作，并力争有所成就。在重新评价职业生涯中强化或转换职业道路	继续保持已有的职业成就，成为一名工作指导者，对他人承担责任，维护自尊，准备引退

(3) “职业锚”理论。埃德加·施恩（Edgar. H. Schein，美国麻省理工大学斯隆商学院教授）提出了“职业锚”的概念。所谓职业锚就是指一个人进行职业选择时，始终不会放弃的理念或价值观。对职业锚提前进行预测是很困难的，因为一个人的职业锚是不断变化的，它实际上是在不断探索过程中产生的动态结果。施恩根据自己对麻省理工学院毕业生的研究，提出了五种职业锚：技术或功能型职业锚、管理型职业锚、创造型职业锚、自主与独立型职业锚和安全型职业锚，见表3-6。

表3-6 施恩的“职业锚”理论

职业锚	表　现
技术/功能型	不喜欢一般性管理活动，喜欢能够保证自己在既定的技术或功能领域中不断发展的职业
管理型	有强烈的管理动机，认为自己有较强的分析能力、人际沟通能力和心理承受能力
创造型	喜欢建立或创设属于自己的东西——艺术品或公司等
自主/独立型	喜欢摆脱依赖别人的境况，希望自己决定自己的命运
安全型	极为重视职业的长期稳定和工作的保障性

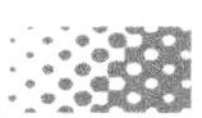

3.2.2.2 职业生涯管理的内容

（1）职业生涯管理需员工与组织互动。职业生涯管理是员工与组织开展互动合作的过程。在职业匹配过程中，个人根据自身的个性、能力、素质、家庭、婚姻和年龄等因素进行职业设计与职业选择，包括专业发展方向的选择、具体岗位的选择、职务的晋升等。员工必须有准确的职业定位：对自己充满信心、重视自己的职业形象、发展良好的人际关系、处理好家庭与事业的关系。

组织应该根据组织发展规划对个体的职业发展提供反馈和指导。IBM 公司认为："员工能力与素质的提高，是企业的成功之源"。组织必须塑造相互尊重的组织文化，适时进行职业指导：帮助制定个人职业生涯发展方案和发展措施，根据员工的特点寻找最佳契合点，把员工的个人需要与组织需要统一起来。做到人尽其才，最大限度地调动员工的积极性。

（2）员工自身职业生涯设计。职业生涯设计是在了解自我的基础上确定适合自己的职业方向、目标，并制定相应的计划，以避免就业的盲目性，降低就业失败的可能性，为个人的职业成功提供最有效率的路径，或者说，是在"衡外情，量己力"的情况下设计出合理且可行的职业生涯发展方案。职业生涯设计基本上可分为以下五个步骤：

① 自我认知。首先必须了解自己的各种特点，如基本能力素质、工作风格、兴趣爱好、价值观、个性特征、自己的长处与短处等。其中自己具备的职业技术和职业兴趣是最关键的两个因素。对自己认知程度越深刻，职业生涯的目标和方向才越明确。

② 职业认知。必须对客观环境进行考察，了解职业分类、职业性质、组织情况。职业性质需要人们深入了解，因为人们认识一个职业常常只看到表层的东西，例如对演员只看到台上的光鲜的一面，不了解"台上一分钟，台下十年功"的艰辛。

③ 确立目标。在知己知彼的情况下，根据自己的特点和现实条件，确立自己的职业生涯目标。职业生涯目标通常分为短期目标、中期目标和长期目标。短期目标一般为 1～2 年，中期目标一般为 3～5 年，长期目标一般为 5～10 年。职业生涯目标的设定是职业生涯设计的核心。

④ 职业生涯策略。详细分解目标，制定可操作的短期目标与相应的教育或培训计划，具体选择职业生涯路径，系统完善职业所需的知识和技能结构，增加职业体验和经历，积极积累人脉。

⑤ 职业生涯评估。必须根据个人需要和现实的变化，不断对职业生涯目标与计划进行评估和调整。其调整内容包括：职业技能的补充和完善、职业的重新选择、职业生涯路径的重新选择、职业发展措施与计划的变更等。

（3）企业对员工职业生涯的管理责任。①企业应让员工的发展意愿得到回应，引导员工朝公司战略要求的方向发展，为尽可能多的职员提供晋升的机会。②给员工提供职业发展的指导和控制，如：要求员工填写对职业技能和职位发展偏好的表格；发布某些职位的需求海报等。指导员工进行评估、目标设置、开发规划和行动计划的设计。③企业管理人员要与员工开展有关职业生涯的面谈，管理人员要在员工职业生涯设计中充当教练、评估者、顾问、推荐人，要了解员工职业生涯的发展进程，以及每个阶段员工的需求和兴趣的差异，与员工就未来开发行动达成一致意见，提供资源，帮助员工达到职业生涯目标。④开发职业生涯管理系统。企业要开展职业发展的专家咨询，培育能支持职业生涯管理的企业文化，加大培训的力度和培训内容的覆盖范围。

3.3 用先进的科学经验管理员工

3.3.1 管理者与员工是合作共赢关系

3.3.1.1 生产力的三个物质要素和三个非物质要素

发达国家把科学、技术、管理称为现代化社会鼎足而立的三大支柱。

生产力包括劳动者、劳动手段、劳动对象三个物质要素，生产力也包括科学、技术、管理三个非物质要素。

非物质要素中的科学、技术必须物化在物质要素中，才能成为现实的生产力。管理与科学、技术不同，它不是物化在物质要素中，而是通过它把物质要素合理、有效、科学地组织起来。如果管理水平高，组织得好，则可能取得事半功倍的经济效益；如果管理水平低，组织得不好，则可能使物质要素力量抵消，造成经济效益低下。可见，三个物质要素必须借助于组织管理，才能成为有效的社会生产力。

3.3.1.2 人本管理思想应运而生

随着现代工业的发展，社会的进步和教育程度的不断提高，企业员工的素质发生了很大变化。企业中员工不再只是为了生存而工作。他们渴望能力的充分发挥和更大的前途。由于企业的发展越来越依靠知识资本，而员工是也是知识、技能的所有者，这就决定了企业经营管理者与员工的关系不再是简单的雇用与被雇用的关系，更多体现为合作者的关系。企业经营者和员工双方的共同“投资”促成了企业的发展。在市场经济条件下，科技含量较高的企业更是如此。

企业兴衰的决定因素是人，缺乏人性化管理的企业必将在市场竞争中逐渐丧失活力和前进的动力。“以人为本”虽是人人皆知，但我国有相当多的化工企业在这方面认识不足，特别是对车间生产工人。主要表现在以下几方面：①视工人为高速运转的机器，只是个打工者，生产管理只看到生产效率，而看不到工人的辛劳；②对人性化管理的认识不够，简单认为保证按月发工资就行了；③缺乏沟通管理机制，与工人缺少沟通和交流；④企业在感叹招工难、人留不住的同时，又缺少将农民工向城镇企业职工转化的、人性化关怀的实质性措施。

人性化管理的目的是塑造具备职业素养和职业精神的人才，化工行业在不断提升工工艺和装备技术水平的今天，实行人性化管理尤为重要。人性化管理具备以下特征：①具有共同认知理念。没有共同的认知理念作为基础，便很难达到管理上所要求的各种细节。②良好的沟通渠道，纠正不整齐、不协调的步伐。③具备交流的互动平台。管理者与被管理者在这个平台之内互动交流，发挥真知灼见，探讨真理。④管理者与被管理者的主、被动角色是可转换的。主动是发自内心的，被动也是心悦诚服的。

在科学管理中，沟通占有重要位置。沟通是生产运作与企业决策的基础，以人为本的沟通机制强调对人社会属性和个性的包容。我国的化工企业，无论是国有还是民营企业，大多级别制很强，隔级几乎没有正式沟通渠道，信息不通畅，在企业发展过程中，矛盾和弊端不断显现，效率降低，重复性、无效性工作过多，严重影响企业的发展。建立和健全人性化的沟通机制，形成企业上下一心，上情下达，下情上达，双向通畅，以人为本的理念就会成为企业发展的核心动力。

3.3.1.3 现代企业管理的理念是员工与企业合作共赢

全球著名的管理咨询顾问公司盖洛公司曾经进行过一次关于如何建立一个良好的工作场所的调查，所谓良好的工作场所必须是这样的地方：一是员工对自己的工作感到满意；二是员工希望有良好的业绩，事业有成，有发展前途，是有作为的员工最根本的需求。问卷调查还发现，员工在薪酬和福利待遇之外有 12 个需要，它们集中体现了员工对做好工作的期望：

(1) 在工作中我想知道公司对我有什么期望；

(2) 我希望有把工作做好所必须的器具和设备；

(3) 在工作中我有机会做我最擅长做的事；

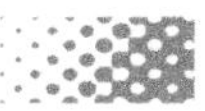

(4) 在过去的7天里，我出色的工作表现得到了承认和表扬；

(5) 在工作中我的上司把我当一个有用的人来关心；

(6) 在工作中有人常常鼓励我向前发展；

(7) 在工作中我的意见一定有人听取；

(8) 公司的使命或目标使我感到工作的重要性；

(9) 我的同事们也在致力于做好本职工作；

(10) 我在工作中经常会有一个最好的朋友；

(11) 在过去的6个月里，有人跟我谈过我的进步；

(12) 去年，我在工作中有机会学习和成长。

从上述需要可以看出，在员工满足他的生存需要之后，更加希望自己得到发展并有成就感。我们可以通过加强员工的规范化管理及人性化管理来实现上述目标。在企业中，每个员工都充当一定的工作角色，都希望处在公平、协调、尊重、平等的人际关系中共事。企业经营管理者应在支持、引导、启发人的工作自觉性中施行监督控制。民主激励是企业的一个本质属性。因此，企业应在集中管理的体制原则上体现最大限度的民主，维护和尊重员工主人翁的地位。

3.3.2 日本和美国的人力资源管理经验

3.3.2.1 日本人力资源管理的特点

日本公司的管理方法与美国公司的管理有许多不同之处，采用了如下的管理办法。

(1) 终身职业制。在日本，长期职业可转成“终身职业”，尤其是大公司。公司每年招工一次，经过试用，除了对那些严重违法违纪人员解雇外，一般都可转成终身职员，直到退休为止。这种政策使个人更加忠实于公司，每一个雇员都能在信任的基础上与公司建立长期的关系，并认识到这种关系的益处。因此，当工作有所变动时，他们乐于接受，不必有任何担心。

终身制，多了一些安全感、稳定感，少了一些危机感、紧迫感；处理得不好，也可能会抑制创造性，因为人的聪明是被逼出来的。

(2) 缓慢升职和评估。在日本，年资（工龄）是增长工资的重要因素。在同龄层次的人中，尤其是那些刚工作几年的人，他们之间的工资差别不大。职员们知道他们将一辈子工作在一起，公司今后对他们会有承认和奖励。因此，他们为了共同的利益而互助协作。再者，评估个人表现是将忠诚、热情、合作排在实际工作表现和知识的前面。奖励对职工心理上的影响要比经济上的影响更大。

从另一方面看，缓慢升职使人增加了些惰性，少了些进取性。

(3) 非专业生涯途径。终身职业可使工人在公司内轮换工作，这种长期继续培训的实践方法使职工能学到企业各方面的经验，与许多人建立亲密合作的关系。当个人确定了终身位置后，他们更能全面考虑自己的行为对整个组织的大目标的影响；他们也可以利用已建立的人际关系，与同事们共同合作，为实现公司总目标服务；全面发展，有助于员工摆正个人与组织的关系，增加忠诚度。

(4) 集体决策。日本企业决策的特点，是每个人都有一种参与公司管理的意识。一旦决策后，大家就齐心协力去做。这也许是一个费时费力的过程，但由于最后大家的一致承诺，因此执行起来花的时间就少了。但从另一方面看，商场如战场，机会转瞬即逝，冗长的决策过程难于应对必须临机决断的问题。

(5) 质量圈。第二次世界大战战败后，日本认识到，产品要打开国际市场并占领主要位置，就必须提高产品质量。质量不仅仅是成品问题，还包括按时出产品、及时交货、发票账单准确无误，以及维修服务等一整套措施。降低上述每一项的成本都可以提高生产率。日本科学家和工程师协会邀请美国的质量管理专家戴明到日本作关于质量控制的系列学术报告。戴明提出，一切有过程的活动，都应由计划（P）、实施（D）、检查（C）和行动（A）四个环节组成，PDCA 循环往复、周而复始，在提高产品质量，改善企业经营管理中起积极作用。

戴明强调将质量控制放在中层管理，日本将戴明的思想与日本的实际相结合，把质量控制的责任交给车间，就这样形成了质量圈。每个质量圈约有 8 名一般工人和 1 名年长资深的工人组成，形成比较自治的单位。这种质量圈的管理办法，充分发挥了每一个人的积极性和创造力。

(6) 能力主义管理。日本的能力主义管理是 20 世纪 70 年代发展起来的。这种能力主义管理，是将日本人力资源管理方法与美国的人力资源管理方法结合而成的。能力主义管理的意图是要维持和强化企业经营者主导式，并追求“少而精主义”。

3.3.2.2 美国人力资源管理的四个典型理论

(1) 麦金瑟的“七 S”管理分子图。1981 年，美国斯坦福工商管理学院教授理查德·巴斯卡尔和哈佛大学教授安东尼·阿索思在《日本的管理艺术》一书中提出了改进企业管理的“七 S”管理分子图，见图 3-1。

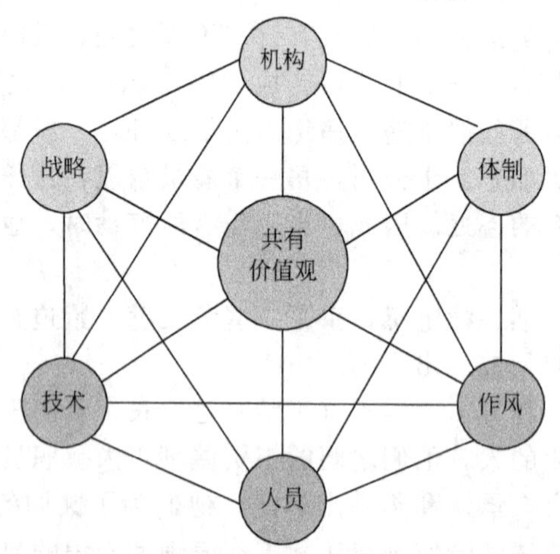

图 3-1 麦金瑟的“七 S”管理分子图

这个分子图的内容是：积极、主动、灵活的战略（Strategy）；集中而又松散的机构（Structure）；层次分明而又公开的体制（Systems）；技术、技能、技巧（Skills）；用社会化企业的哲学来管理主体人员（Staff）；不慌不忙、不紧不慢、不声不响的作风（Style）；作为道德和信仰的总体体现的精神和价值观念（Shared values）。

这个管理图的作用，首先是改变了管理思想。过去管理的注意力只注意了“硬件”因素，即战略、机构、体制，而忽视了“软件”作用，即技术、作风、人员和共同的价值观。第二是找到了美国落后于日本的原因，即西方的管理侧重于组织机构和正式体制，甚至被规范和分工束缚住了人的积极性；而日本的管理则偏重于社会和精神的力量，让人们自觉地遵从共同的意识形态去达到组织目标。第三，最重要的一点是开拓了管理者的视野，给管理者提供了一个全面观察与思考管理问题的框架。

(2)“公司文化”理论。“公司文化”或“企业文化”概念，首先是由美国管理学者托马

斯·彼得斯和小罗伯特·沃特曼合著的《成功之路》一书中提出的。他们认为，美国最佳公司成功的经验说明，公司的成功并不是靠严格的规章制度和利润指标，更不是靠电子计算机、信息管理系统或任何一种管理工具、方法、手段，甚至不是靠科学技术，关键是靠“公司文化”或“企业文化”。这里的“文化”是指一个企业或一家公司里独特的价值标准、历史传统、观点、道德、规范、生活信念、习惯作风等，并通过这些“文化”将内部的各种力量统一于共同的指导思想和经营哲学之中，汇集到一个共同方向。

“公司文化”论者认为“公司文化是企业生命的基础，发展的动力，行为的准则，成功的核心”。还认为，20 世纪 70 年代的管理实践和理论的主题是“经营战略”，而 80 年代以来的主题则是“公司文化”。

(3)“组织的生命周期”理论。这一理论是美国《管理的挑战》一书中提出的，它的基本观点是：①组织同人一样，具有生命周期，具有它的童年、青年、壮年和老年。②组织同人一样，具有个性，具有生命力，这种生命力由生命的各种因素和力量决定。③组织是一个具有生命力的有机体。④在组织的生命周期中，每一个阶段对生存和发展都有特殊要求，因而，每一个阶段在管理职责、管理风格、管理方法上都应当与每一个不同的阶段相适应。因而，每一个不同的阶段的管理者都具有完全不同的作用和责任。

“组织的生命周期”理论的问世，标志着管理由最初的完全封闭系统走向全面开放系统。

(4) A 战略（人与效益的关系七步骤）。美国佛罗里达大西洋大学管理学教授弗雷德里克·舒斯特在对大量企业的调查研究后，结合应用行为科学的基本理论和现代社会科学的研究方法，提炼出一套通过改造企业文化从而改善企业人力资源管理的策略，即“A 战略”。A 战略强调，关心职工的需要是获得高生产效率的关键。A 战略的七个步骤是：

第一步，用一种有效而标准化的调查方法来衡量并确定本企业人员目前的基本状况。

第二步，企业应根据调查的数据确认并致力于利用可改进的关键管理环节：①改进联系与沟通，特别以企业的总体目标与任务为重点。②通过让工资和其他报酬同个人的工作实绩直接挂钩，使贡献与报酬关系更加合理化。③实行一种灵活的报酬制度，可称为“自助餐式”的报酬。这种制度允许每个职工在考虑能力与岗位情况的基础上量力而行地选择岗位与报酬，以便使个人目标与工作实绩相一致。④重视采纳一种与生产率挂钩的奖励制度，允许职工直接和确实地分享因他们努力提高生产率给企业带来的经济效益的增长。

第三步，改变传统的经理人员考评和报酬制度，把有效的人力资源管理和利润、生产率、成本等项目一样作为考核经理人员工作绩效和确定报酬的依据。

第四步，消除阻碍职工参与管理、相互沟通和做出贡献的人为障碍。

第五步，向职工汇报在改善人力资源管理的设想和行动方面已经做了些什么，请他们协助制定进一步改善人力资源管理的计划。

第六步，再次用同样的标准化的企业气氛调查方法，测定企业成员的实际状况以确定如何进行进一步的改革。

第七步，检测企业气氛调查数据同企业经营硬指标——包括生产率、盈利率、产值增长、成本等项之间的关系。并根据由此形成的信息来制定、执行生产率战略，并作必要的修正。

3.3.2.3 日本和美国的三种管理哲学比较

(1) 第一种管理哲学：关于企业在社会上的作用问题。日本将企业作为人类群体，认为首先要为这一群体的成员服务，包括自己的职工、管理人员以及公众。利润对日本经理来说当然很重要，但满足职工需要，提供就业机会更为重要。这种哲学使得日本经理感到满足：职工需要以及在职工中建立共同目标很重要。相比之下，美国经理们将公司看作是为股东们提供利润的经济实体。由于这种思想的指导，美国公司把满足职工和公众的需要放在利润之后。最大的区别是，美国经理们趋向剥削性。

(2) 第二种管理哲学：怎样看待雇员的问题。日本经理将雇员看成为能为组织起巨大变化发挥作用的宝贵财富。日本经理将雇员看作为能人，他们靠工人去解决组织的问题，生产出高质量的产品，提供优质服务。而美国许多管理者把雇员看成为生来懒惰、不负责任，这种哲学观点阻碍了美国经理们利用工人聪明才智去帮助组织解决问题。

(3) 第三种管理哲学：注重集体还是个人解决运行中的问题。这种集体或群体的哲学主要思想是：当代组织的大部分任务要求人们通过合作才能完成。日本公司的重大决策很少是由个人作出的，大部分都是靠集体的努力产生的。集体决策有时是要花时间的，但大家意见统一后，执行起来就会大大节省时间。相比之下，美国经理相信个人的努力、创造力、动力。集体主义对他们来说就意味着失去个人自由和动力。由于职员们没有参加计划决策讨论，许多人因缺乏主人翁感和对计划决策的理解，就反对改革，最后执行起来就得多花时间。美国决策者付出这种代价是必然的。

3.3.2.4 东西方管理文化在相互渗透

一种管理方法是一种管理哲学和文化的反映。一国模仿照抄另一国管理办法是行不通的，但可以通过消化，吸取精华，根据本国的具体情况制定出自己的管理方法。

虽然日本的人力资源管理的基本观念源于西方，大部分接受于美国，但是日本将西方管理思想与日本的管理哲学相结合，成功地运用到日本社会实际和企业管理中去，而且不少方面可谓青出于蓝而胜于蓝。美国有许多学者提出了很好的理论，但由于强烈的个人主义和竞争意识以及互不信任的劳资关系，阻碍了美国在人力资源管理方面达到好的效果。现在美国有些公司开始接受长期雇工的思想，但日本的那种“年功序列”、论资排辈的缓慢升职办法是无法在美国实践的。因为论资排辈不能发挥年轻人的创造性，不利于创新，是保守的做法，要“不拘一格降人才”。许多经理，尤其是那些认为自己有能力的人，他们重视注重现实表现的奖励制度，而不欣赏论资排辈。

随着经济全球化和信息化的步伐加快，东西方管理相互渗透和相互影响越来越深刻，可谓你中有我，我中有你。上世纪70年代我国创造的QC质量小组活动。这都是员工参与管理的好形式。我们要善于将国外先进的人力资源管理经验和理论与中国的企业管理实际相结合，创造出具有中国特色的企业管理经验和管理理论。

3.3.3 变“要我工作”为“我要工作”

3.3.3.1 人自身的价值体系显得越来越重要

更加注重人自身价值已成为现代管理的客观需要，这也是先进生产力发展要求，所以在现代管理中人自身的价值体系显得越来越重要。

首先是对工作目标的影响。管理者可以告诉员工完成什么样的工作，员工也可能按管理者的要求按时完成工作。但质量的好坏，却取决于该员工价值体系对这项工作的认同程度；员工是否能够创造性的完成该项工作（高效率的完成），也取决于该员工价值体系对这项要求的认同程度。

如果他的价值体系并没有对这项要求产生认同，这项工作就是“要我工作”；如果他的价值体系对该项工作产生了认同，这项工作就会变成“我要工作”。

由于对工作目标认同的差异，在工作过程中的工作行为也会产生差异。比如，当工作出

现问题时是推诿逃避，还是认真解决，都与员工的价值体系有直接的关系。

3.3.3.2 价值体系的识别与管理

(1) 价值体系的内涵。价值体系就是指一个人用什么样的态度去处理他身边发生的事情，也就是说，在他心目中哪些事情是次要的，哪些事情是最重要的。

价值体系对一个人的影响是非常要巨大的，它足以影响人的一生。价值体系是人进行思考和行为的尺度和准则，在每一个行为和决策中都有价值体系的体现，所以说价值体系的影响也是无处不在的。任何一个人都生活在他的价值体系即价值观里，不管他自己是不是清楚什么是价值观。

虽然不是每个人都能清楚地认识到价值体系的存在，但在实实在在的影响着我们的工作。价值体系的形成源于从小所受的教育和成长的环境，并且有会随着社会实践（社会阅历）的增加而发生变化。

从理论上说，价值观就是人为什么活着？斯蒂尔斯和波特在《动机与工作行为》著作中指出，个人的兴趣、态度和需要三个主要方面的因素影响着个人的动机。

所谓"兴趣"，是指积极探究某种事物或某种活动的意识倾向，兴趣的产生主要来源于社会实践。

所谓"态度"，是指对事物的看法和采取的行动。在社会心理学中，态度也称社会态度，指个人对社会事物（人、事、物、群体、制度、观念等）所持有的稳定的心理倾向。态度不是生来就有的，而是经过社会化逐渐形成的，它可成为人格的一部分，但它并非一成不变，而是随着社会环境的改变而改变。态度的形成和改变，以个人价值观的形成和改变为基础。

所谓"需要"，是指个人生理和心理上的欲望或要求。当一个人的需求未满足时，他会更加努力以能满足他的需要。马斯洛认为人的需要可分为五个层次，他把这五种基本需要分为高低二级，其中"生理的需要、安全上的需要、社交的需要"属于低级的需要，这种需要通过外部条件使人得到满足；"尊重的需要、自我实现的需要"是高级的需要，它从内部使人得到满足，并且永远不会使人感到完全满足。

(2) 价值体系的识别。要对价值体系进行管理，首先要对员工的价值体系进识别。由于每位员工的社会背景和教育背景不同，更主要的是社会实践不同，所以价值体系也不可能相同。可采用以下两种方法了解员工的价值体系：一是沟通法。通过与员工的沟通交流可以基本了解其价值体系；二是观察法（观察阅历，观察事件），通过观察他对突发事件和对影响自己利益事情的态度来进行判断，观察法可以比较客观的了解其价值体系。

(3) 价值体系的管理。对员工价值体系的管理是对员工的高层次的管理，管理的目的是让员工从价值体系上对所做的工作产生认同，从而增强工作的主动性和协同性。在管理中要考虑和尊重员工的现有价值体系，用企业文化对员工的价值体进行引导。

完善的工作流程可以使员工养成良好的工作习惯，这些习惯有助于员工培养工作的责任心。

完善企业文化。将公司所追求的价值体系明确告诉你的员工，可以使他们更加明确工作的目标和方式，并能使员工认真地检查自己的价值体系与公司倡导的价值体系的差别，从而促进员工价值体系的提升。

3.3.3.3 为员工营造实现自身价值的良好环境

(1) 共有价值观。在麦金瑟的"七 S"管理分子图中"共有价值观"，即作为道德和信仰的总体体现的精神和价值观念放在中心位置，让人们自觉地遵从共同的意识形态去达到组织目标。

(2) 推崇创新的公司价值观念。狄西蒙尼先生说："高层管理人员的主要职责在于创造一个可以让人们理解及评价我们的经营方式的内部环境"，"我们的工作是创造及建设在消除官僚主义及冷嘲热讽的同时去支持个人创新。这一切都建立在高层人员与下层人员之间培育一种互相信任关系的基础之上"。

(3) 培养个人主动积极的精神。高层经理建立企业目标时，他们所面临的三大任务是相互依存的。如果企业经理只是强调公司狭隘的私利，那么最终还是会失去员工的士气、支持和承诺，而只有当企业目标和更为宽广的人类抱负相连时，这些情感才可能浮现。当组织价值变成一味自私心态时，公司很快就会失去认同感和自豪感。管理阶层发展出一种企业文化，肯定个人的主动积极精神是公司成长的动力。这企业文化的存在，不仅吸引员工，更会吸引顾客和其他人。当管理阶层对员工想法的尊重和注意力渐渐淡薄之后，员工的动力和承诺也会随之减弱。

(4) 引发动力。可以大胆表达自己主张的公司，通常会吸引认同公司价值的员工，而对于具体实现这些价值的公司，这些员工也会付出更深的承诺。"经理人员不是对某个老板效忠，甚至也不是对公司效忠，而是对他们相信的一套价值效忠"。

(5) 让员工意识到工作的意义，激发他们自我实现和赢得自尊的心理渴望。美国皇冠牌瓶盖公司是国际性大公司，在多年的经营困难的打击下一直不景气，弥漫着消沉、懒散风气。约翰·柯纳利收纳后，他果断决定整顿工作环境，推行新的人事政策，让他们意识到是在为自己的"利益"而工作，人人有专责。可以重新开创一番事业，赢得自尊，达到实现自我。不久公司就呈现出一种崭新的面貌。柯纳利让员工干劲十足的秘诀在于让职工意识到工作的意义，从而激起员工自我实现和赢得自尊的心理渴望。

(6) 为员工实现自身价值营造良好的环境。①给每个下属机会以充分证明自己的价值。②拆除领导和员工之间的界限，让大家出主意。③与最下层直接对话，形成统一目标的"企业大家庭"。④把公司交到员工手里，让职工成为公司的主人。⑤注意沟通。日本的成功管理经验最主要的特点就是注意沟通，如领导者和管理者与职员在一个敞开的办公室一起办公、所有各级职员工作后的社交活动以及领导与被领导之间不强调地位身份等等。⑥领导身体力行，以价值准则为动力。以身作则，榜样的力量是无穷的。⑦创造出理想的氛围来鼓励雇员发展。

3.4 员工激励与沟通

3.4.1 了解员工行为动机实行激励

3.4.1.1 "经济人"理论

泰勒的科学管理在企业管理科学中脱颖而出，百年来被迅速普及，与"经济人"理论密不可分。经济人理论是对人性的深刻分析，对人的理性研究让科学管理中企业对员工的理解更加深入。

(1) "经济人"理论假设每一个人思考和行为的目标都是理性的，并试图获得物质补偿最大化。与"经济人"相对的概念是"道德人"或"社会人"。1978 年诺贝尔经济学奖得主西蒙（美，Herbert A. Simon）修正了这一假设，认为人是介于完全理性与非理性之间的"有限理性"状态。

"经济人"假设的基本观点是：多数人十分懒惰，他们总想设法逃避工作；多数人没有雄心大志，不愿负任何责任，而甘心情愿受别人指导；多数人的个人目标都是与组织目标相

矛盾，必须用强制、惩罚的方法才能使他们为达到组织的目标而工作；多数人干工作都是为了满足基本的需要，只有金钱和地位才能鼓励他们工作。人大致可分为两类：多数人都是符合上述设想的人；另一类是能够自己鼓励自己，能够克制感情冲动的人，这些人应担当管理责任。

(2) 用制度创新来约束“经济人”。“经济人”的行为的结果始终是利己的。如何有效约束“经济人”，使其符合企业最有利原则，关键是制度创新。良好的制度既能促进个人利益最优，也能促进企业利益最优，只有能够把实现个人利益与企业利益放到“经济人”行为的同一条途径上来的制度才是好的制度，才能实现企业利益与员工利益双赢。

在制定具体的管理制度时要充分考虑下面几点：①一个良好的企业管理制度，必须是公平性、竞争性、人道性三者有机统一。公平性就是企业应当为每一个人提供公平发展的机会，真正体现按劳分配和按贡献分配的原则；竞争性就是企业应当在尽可能的条件下，为竞争者提供良好的竞争条件；人道性就是企业应当有完善的救助体系，帮助弱者得到充分的利益表达和利益保护。②企业在管理中必须不断地对利他主义的制度激励加以完善和强化。合理的激励制度体系应体现公正性、有效性、完备性和平等性。③企业在管理过程中，要善于利用教育手段来加强“经济人”的利他主义行为。④企业应当积极主动地帮助员工建立良好的信仰体系。⑤在企业权力体系中，掌握核心权力的企业管理者应优先遵守制度，明白上行下效的道理。

(3) 根据科学管理的理念制定出适合自己的以人为本的制度标准，做到：①员工能获得平等的尊重，经理人和员工是一种亲密的朋友关系，同事之间也是一种友好的协作关系；②员工能从事有挑战性的工作，具有发挥自己聪明才智的条件，员工在工作中能够获得成就感；③员工能得到许多预想不到的福利；④员工努力工作能得到丰厚的报酬。企业以规章制度来明确每一个人的职责，保证每一个员工在职责范围内发挥能动作用，做到公平、公正、公开，企业就一定能在最大化利益的同时，获得社会和员工的认同，收到良好的管理效果。

3.4.1.2 激励的主要方式类别

(1) 精神激励。精神激励是一种深入细致、应用广泛、影响极大的工作。人总是喜欢在自主自由的环境中做事，唯有如此，创意和灵感，才能层出不穷，工作效率才会提高，个人成长的速度才会加快。让员工意识到工作的意义，激发他们自我实现和赢得自尊的心理渴望，是培养有理想、有道德、有文化、有纪律的新型职工队伍的有效方式。如开展竞赛评比活动，就是发挥先进职工的进取和带头作用，在给予他们鼓励的同时，也消除了消极影响，使大家的积极性得到最大的发挥。

(2) 情感激励。情感是人对客观事物所表现出的一种感觉的态度。组织应该充分掌握个人的动机，了解个人的需求，采取正确的疏导和激励方法，找到员工的特定需要，并设法满足他们。让赞赏成为激励下属的力量，企业领导要对员工关心和信任，把集体的温暖送到他们身边，可以激发他们对企业的热忱和本职工作的责任；每个身为组织一分子的员工，都需要得到个人的成就感，也会由此体会到最基本的归属感。员工不仅是奉献时间，更奉献他们的感情，才能为公司发挥更大的效率和竞争力。

(3) 物质激励。人人都有一些与生俱来的生存和发展的需要，如稳定的收入和被人接受等生存需要，希望别人尊重自己，渴望成功，这就构成了人的内部动力。各种机遇如加薪、提职等，和各种风险如失业等也会对个人目标产生影响。物质激励永远是最有效的手段之一，要做到：①让真正努力的员工得到最好的报酬。②不能轻易削减员工的利益。③该赏就赏，能轻罚就不要重罚。用金钱激励员工，提高员工满意度。

要把物质激励和精神激励有机地结合到一起，要认识到：①工资能极大地影响人们的就业行为和工作绩效；②同报酬相联系的员工满意度与许多因素的有关；③高薪并不能保证能留住最好的员工；④重大的报酬应与优异绩效相联系。

(4) 民主激励。在企业中，每个员工都充当一定的工作角色，但都是处在公平、协调、尊重、平等的人际关系中共事。企业管理领导者也应在支持、引导、启发人的工作自觉性中施行监督控制。民主激励是企业制度的本质。因此，企业应在集中管理的体制原则上体现最大限度的民主，维护和尊重工人主人翁的地位。在企业中，即使是有不符合整体利益的行为，也应当以纪律和制度来减少或消除其实现利益的可能机会。

3.4.1.3 罗克式15种激励规则

积极向上的工作环境，需要自强自信的员工。行为学家认为，激励可产生推动人朝着期望目标不断努力的内在动机。罗克是哈佛经营谋略的著名专家，他在2000年8月出版的《激励效率》一书中提出了15种激励方法，被称为“罗克式15种激励规则”。

(1) 目标明确以后，经理可以为员工提供一份挑战性的工作，按部就班的工作最能消磨斗志。

(2) 确保员工得到相应的设备，以便把工作做得最好，员工为拥有本行业最先进的设备而自豪。

(3) 在项目、任务实施的整个过程中，经理应当为员工出色完成工作提供信息。

(4) 做实际工作的员工是这项工作的专家，所以经理必须听取员工的意见，邀请他们参与制定与其工作相关的决策，并与之坦诚交流。

(5) 公司应当建立便于各方面交流的平台，诉说关心的事，或者获得问题的答案。

(6) 当员工完成工作时，经理当面表示祝贺。这种祝贺要来得及时，也要说得具体。

(7) 如果经理不能亲自表示祝贺，经理应该写张便条，赞扬员工的良好表现。书面形式的祝贺能使员工看得见经理的赏识，那份“美滋滋的感受”更会持久一些。

(8) 公开的表彰能加速激发员工渴求成功的欲望，经理应该当众表扬员工。这就等于告诉他，他的业绩值得所有人关注和赞许。

(9) 表彰时可别忘了团队成员，应当开会庆祝，鼓舞士气。庆祝会不必太隆重，只要及时让团队知道他们的工作相当出色就行了。

(10) 经理要经常与手下员工保持联系。此外，公司文化的影响不容忽视，公司要是缺少积极向上的工作环境，不妨把几项措施融合起来，善加利用。

(11) 首先要了解员工的实际困难与个人需求，设法满足。这会大大调动员工的积极性。

(12) 现在人们越来越多地谈到按工作表现管理员工，但真正做到以业绩标准提拔员工仍然可称得上一项变革。凭资历提拔的公司太多了，这种方法不但不能鼓励员工争创佳绩，反而会养成他们坐等观望的态度。

(13) 公司应该制定一整套内部提拔员工的标准。员工在事业上有很多想做并能够做到的事，公司到底给他们提供了多少机会实现这些目标？最终员工会根据公司提供的这些机会来衡量公司对他们的投入。许多人认为，工作既是谋生的手段，也是与人交往的机会。

(14) 洋溢着社区般气氛，就说明公司已尽心竭力要建立一种人人欲为之效力的组织机构。背后捅刀子、窝里斗、士气低落会使最有成功欲的人也变得死气沉沉。

(15) 员工的薪水必须具有竞争性。即要依据员工的实际贡献来确定其报酬。

3.4.1.4 采用综合激励模式

许多行为科学专家学者的研究结果都表明，大部分人不单单都是为了经济报酬而产生动

机行为，虽然钱对人来说很重要，但是钱不是万能的。著名的管理学家德鲁克强调："金钱不能购买责任感。""金钱奖励与刺激当然重要，但是这些东西起的作用主要是消极的，它只有在其他条件使职工不愿意去承担责任的情况下才能起推动作用。只有当他已经具备了更好地工作的意图，奖金才能提高产量，否则它是无效的"。

因此，作为组织的管理者要分析本单位每个人的具体情况和需求，建立一种综合激励模式，尽量满足所属职工的不同需要使每个人都能为实现组织目标发挥最大的能量。

综合激励模式的重点是努力。努力是受个人特点、组织因素以及特殊行为模式选择的影响，受个人工作能力的制约而产生实际绩效。然后根据绩效标准给予奖惩，最后得到满足。综合激励模式注重人的主观能动性，就是注重内因。

上述这些方法其实都是一些实战经验。可知所谓激励，就是尊重员工，与员工合作共赢。

3.4.2 进行有效沟通

3.4.2.1 沟通是人力资源管理的重要内容

在经营得最成功的公司里，最重要的是沟通。沟通是人际间或群体之间传递和沟通信息的过程。在组织内，沟通是指正式的、非正式的领导与被领导者之间自上而下或自下而上的沟通信息量的过程。沟通在管理中，尤其是在人力资源管理中非常重要。组织内上下之间、群体与群体之间、人与人之间沟通渠道畅通，才能很快传递和沟通信息，体现民主、和谐气氛，引导组织成员为组织目标服务。

日本和西方国家在企业的人力资源管理中，将"职工沟通"作为提高生产率的重要途径。

在科学管理中，沟通占有重要位置。沟通是生产运作与企业决策的基础，以人为本的沟通机制强调对人社会属性和个性的包容。我国的化工企业，无论是国有还是民营企业，大多级别制很强，隔级几乎没有正式沟通渠道，信息不通畅，在企业发展过程中，矛盾和弊端不断显现，效率降低，重复性、无效性工作过多，严重影响企业的发展。建立和健全人性化的沟通机制，形成企业上下一心，上情下达，下情上达，双向通畅，以人为本的理念就会成为企业发展的核心动力。

沟通对决策过程也非常重要。在决策过程中，需要各种各样的信息，并通过大量的信息沟通来找出问题，制定政策，并控制和评价结果。沟通伴随着整个决策过程。

沟通是组织对公众进行宣传，增进公众对组织的了解和扩大组织的影响的过程。沟通是组织内公共关系人员必须具备的基本技能。有效沟通可以起到以下几点作用：①使组织成员感到自己是组织的一员；②激励成员的动机，使成员为组织目标奋斗；③提供反馈意见；④保持和谐的劳资关系；⑤提高士气，建立团队协作精神；⑥鼓励成员积极参与决策；⑦通过了解整个组织目标，改善自己的工作绩效；⑧提高产品质量和组织战斗力；⑨保证管理者和领导者倾听群众意见，并及时给予答复。

建立各种沟通渠道和网络，使职工与领导之间、职工与职工之间进行广泛的沟通；公司与顾客之间进行沟通的方法满足他们的需要，预见他们的要求。美国国际商用机器公司就是保持与用户经常的沟通，了解世界市场信息，从而提供最佳服务，独步全球。

3.4.2.2 沟通的方法

（1）日常沟通的方式

① 发布指令。发布指令应考虑的问题是：要由主管人员根据其对周围环境的预见能力以及下级的响应程度，来决定是采用具体的还是一般的指令。

有权并持有慎重观点的上级倾向于用范围明确、内容具体的指令，对下级如何执行指令不可预见时大多采用较为宽松的指令。

当指令的实施远离上级的监督时，下达指令应该特别小心。

如果上下级之间的关系将长期维持，上下级之间的信任程度又较高，则不必用书面指令；如果为了防止命令的重复和理解上的歧义，为了对所有有关人员宣布一项特定任务，尤其是不平常的任务，则书面指令大为必要。

对每一个下级准确地选择正式地和非正式地发布指令的方法，也是一种艺术。对有些下级可采用非正式的指令来启发诱导；而对另一些下级，用正式的书面或口述的命令可能会更好。

② 会议制度。通过开会，人们可以沟通信息，交流思想，统一认识。在科学技术不发达的年代，开会固然重要，就是在人类步入"信息时代"的今天，许多先进的通讯手段还不能完全取代面对面的会议。采用开会的方法，就是提供交流的场所和机会。会议的类型多种多样，要视目的和参加的人员不同而有所区别。如：工作汇报会，专题讨论会，座谈会等。值得注意的是，会议虽然是主管人员进行沟通的有效方法，但在利用这个方法时，必须讲究实效，减少"会议成本"，避免"文山会海"。

③ 个别交谈。是指人们利用正式的或非正式的形式，同下属或同级人员进行个别交谈，征询谈话对象对某一问题的看法，包括对别人、对别的上级、对谈话人自己的意见。这种形式由于是建立在相互信任的基础上，可以不受任何约束，双方都感到有一种亲切感。在个别交谈时，人们往往愿意表露真实的思想，提出不便在公开场合提出的问题。个别交谈是主管人员开展思想工作的有效方法，通过个别交谈，可以使主管人员掌握下属的思想动态，并与下属在认识、见解、信心诸方面取得一致。

必须注意的是，在进行个别交谈时，不要带有任何成见，不要先入为主，要善于启发诱导、耐心听取对方的意见。如能用形象的比喻和手势、幽默的语言和表情，造成一种十分融洽的谈话气氛，则会使谈话效果更好。

(2) 沟通信息的传递方向

① 向上沟通。由下属人员向上层管理者传递。如下级向上级反映意见、汇报工作情况、提出意见和要求、解决与客户或同事发生的纠纷等。上行沟通是管理者了解下属和一般员工对于工作、同事及整个组织的意见及想法的重要途径。

向上沟通常有两种表达形式：a. 层层传递，即依据一定的组织原则和组织程序逐级向上反映，即下属和自己的直接上级领导进行沟通。如员工和班长、班长和车间主任的沟通等。这种沟通形式在组织中较为普遍。b. 越级反映。是指组织员工向比自己的职位高两级或以上的领导反映，如基层员工和车间主任、基层员工和公司总经理的沟通都属于此类。这种沟通形式的使用较少，往往是在紧急事件发生或员工和直接上司产生沟通障碍时才会出现。

② 向下沟通。指信息自上而下的沟通，即管理者通过向下沟通的方式传送各种指令及政策给组织的下层，其中传递的信息一般包括企业战略有目标、管理制度和政策、有关工作的指示、工作内容的描述、工作程序、有关员工绩效的反馈、组织举行的各种临时活动等。

向下沟通的优点是，下行沟通顺畅可以帮助下级主管部门和组织成员明确工作的任务、组织的目标要求和领导的意图，增强员工的责任感和归属感。向下沟通渠道的缺点是，如果这种渠道使用过多，会在下属中造成高高在上、独裁专横的印象，使下属产生心理抵触情绪，影响团体的士气。

比较而言，向下沟通比较容易，居高临下，甚至可以借助于组织广播台、电视台、组织网络平等传播工具进行广泛宣传，信息更容易被传递和理解。向上沟通则困难一些，它要求

基层领导深入实际，及时反映情况，做细致的工作，拓展各种沟通渠道，鼓励和带动下属员工的积极性。一般来说，传统的管理方式偏重于向下沟通，管理风格趋于专制；而现代管理方式则是向下沟通与向上沟通并用，强调信息反馈，增加员工参与管理的机会。

③ 水平沟通。又称为横向沟通。指的是组织内部平行机构之间或同一层级人员之间的信息交流。如组织内部各职能部门之间、车间之间、班组之间、员工之间的信息交流。在企业管理中，水平沟通又可具体的划分为四种类型。一是高层管理人员之间的信息沟通；二是企业内各部门之间的信息沟通；三是中层管理人员之间的信息沟通；四是一般员工之间的信息沟通。通常采取非正式沟通的形式，组织很多政策和规章制度的制定前，不同部门的管理人员之间往往会进行多次的非正式沟通。

横向沟通具有很多优点：a. 它可以使办事程序、手续简化，节省时间，提高工作效率。b. 它可以加强各部门之间的联系、了解、协作与团结，减少各部门之间的矛盾和冲突，有助于培养整体观念和合作精神。c. 可以增加职工之间的互谅互让，培养员工之间的友谊，改善人际关系满足职工的社会需要，使职工提高工作兴趣，改善工作态度。其缺点表现在：横向沟通头绪过多，信息量大，易于造成混论；此外，横向沟通尤其是个体之间的沟通也可能成为员工发牢骚、传播小道消息的一条途径，造成涣散团体士气、不利于团结的消极影响。

④ 斜向沟通。是指处于不同层次的没有直接隶属关系的成员之间的沟通，这种沟通往往发生在同时跨工作部门和组织层次的员工之间。如人力资源主管就员工的工作业绩和员工所在班组长这种沟通了解情况时，就是在进行斜向沟通，因为这两个人即不在同一部门又不在同一组织层次。斜向沟通常常发生在项目型结构和团队结构的组织中。斜向沟通方式有利于加速信息的流动，提高工作的效率。

这四种沟通方式并存于组织活动中。上行、下行沟通都属于纵向沟通，应尽量缩短沟通渠道，以保证信息传递的快速与准确；横向的平行沟通应尽量做到广泛和及时，以保证协调一致和人际和谐。同时，为加速信息流动可灵活运用斜向沟通。

（3）沟通的主要媒介

① 口头沟通。利用口语进行沟通是这是运用最为广泛的沟通方式，常见的口头沟通方式有：交谈、讲座、讨论会、电话、语音聊天等。口头沟通存在局限性，一是语义，不同的词对不同的人有不同的意义；二是语音，语调使意思变得复杂，不利于意思的传递。意思会因人的态度、意愿和感知而被偷换。人们推知的意思可能是正确的也可能是不正确的。据估计，在口头沟通中最终原汁原味地保留下来的内容不超过原来信息的20%。有关研究表明，知识丰富、自信、发音清晰、语调和善、诚意、逻辑性强、有同情心、心态开放、诚实、仪表好、幽默、机智、友善等都能有效促进口头沟通。

② 文字沟通。当组织或管理者的信息必须广泛向他人传播或信息且必须保留时，以报告、备忘录、信函、邮件等文字形式。文字形式可以使沟通者精确地表达他所想传递的信息，并有机会在给接受者发送之前充分地准备、组织这则信息。此外，文字形式所传达信息的准确性高，书面材料是准确而可信的依据，比起口头沟通要正式。在一个有数千名职员的大型企业中，文字沟通可能是最方便的沟通途径。

采用文字进行沟通的原则有以下几个方面：a. 文字要简洁，尽可能采用简单的用语，删除不必要的用语和想法。b. 如果文件较长，应在文件之前加目录或摘要。c. 合理组织内容，一般最重要的信息要放在最前面。d. 要有一个清楚明确的标题。

③ 非言语形式。常见形式有三种：肢体语言沟通、副语言沟通、道具沟通。此外，空间沟通人与人之间的距离远近，是站着还是坐着，以及办公室的设备和摆设等等，均会影响到沟通。在各种组织中，不同的地位和权力通常由空间的安排显示出来，高层管理者一般拥

有宽敞、视野良好以及高品位摆设的办公室，不同档次的宾馆及餐饮业也可以通过空间的信息表达出来。人们衣着的不同可给对方传达一定的信息，因为衣着可明显影响人们对不同的地位、不同的身份、不同的群体的认知。非言语沟通往往会伴随着口头沟通进行，所以它往往会对有效沟通造成极大影响，这一点在沟通中必须引起足够的重视。

④ 电子媒介沟通。人们可以通过计算机网络快速传递书面及口头信息。如电子邮件、QQ、微博、微信等。视觉感知是影响思想的一个很有潜力的工具，人们更易于理解并保留视觉印象而不是文字印象。现代通讯技术可作为一个极好的工具用来支持和强化其他形式的沟通。

3.4.2.3 进行有效沟通

可以从信息加工、沟通者、沟通方法、组织制度等多方面加强对沟通活动的管理。

(1) 有效管理信息。①信息要具有价值。应该选出最具价值的信息进行传递。对于那些多余的、对工作没有意义的信息，就没有必要浪费人力、物力和财力去搜集和传递，以减少无效劳动。②信息的传递要多、快、好、省。所谓多，是就数量而言；快是就速度而言，即信息传递要迅速、及时；好是就质量而言，即要消除信息传递中的种种干扰，保持信息的真实性；省是就效益而言，要求在较短的时间内，花较少的费用，传递尽可能多的信息。在信息传递中，这几方面互相联系，互相制约，要加以协调。③要把握信息传递的“度”。在信息传递时，要注意考虑传播对象是否合理，以及应当传播到何种程度。④要注意信息的反馈。这种反馈要求是双向的，即下级主管部门经常给上级领导提供信息，同时接受上级领导的信息查询；上级领导也要经常向下级提供信息，同时对下级提供的信息进行反馈，从而形成一种信息环流。这是确保信息准确性的一条可靠途径。

(2) 有效管理沟通者。①加强组织中沟通双方对沟通重要性的认识。通常人们认为沟通是件非常简单的事，并不重视沟通的重要性。沟通虽然非常普遍，看起来非常容易，但是有效沟通却常常是一项困难和复杂的行为。②改进沟通者的态度。信息沟通不仅仅是信息符号的传递，它包含着更多的情感因素，所以在沟通过程中，沟通双方采取的态度对于沟通的效果有很大的影响。只有双方坦诚相待，相互信任时，才能消除彼此间的隔阂，从而求得对方的合作。③提高沟通者的沟通技能。一要提高自己的语言表达能力。无论是口头交谈还是采用书面交流的形式，都要力求准确地表达自己的意思。同时，还要双方相互了解对方的接受能力，根据对方的具体情况来确定自己表达的方式和用语等。二要培养积极倾听的技能。

积极的倾听要求注意听，要听得投入，全神贯注地听；不仅要用耳朵去听，还要用整个身体去听对方说话。比如，要保持与说话者的目光接触，身体微微前倾，以信任、接纳、尊重的目光让说话者把要说的意思表达清楚；听清内容，要完整地接受信息，听清全部内容，不要听到一半就心不在焉，更不能匆忙下结论；理解含义，理解信息并能听出对方的感情色彩，这样才能完全领会说话者的真正含义。同时要准确地综合和评价所接受的信息，对一些关键点要通过重复要点或提一些问题来强化和证实你所理解的信息；记忆要点，在理解对方的基础上要记住所传递的信息，可以通过将对方的话用自己的语言来重新表达，或者通过记住所说的典型事例，以及对信息加以分类和整理的方法，增进有效记忆；反馈，给予说话人适当的反馈，可以使谈话更加深入和顺利。

(3) 有效管理沟通渠道。合理顺畅的沟通渠道是组织中维系人与人之间良好工作关系的关键因素。为实现有效的组织沟通，应结合正式沟通渠道和非正式沟通渠道的优缺点，通过对组织结构的调整，设计一个包含正式和非正式沟通渠道的信息传递网络，同时缩短信息传递的链条，以便使组织的信息沟通更加迅速、及时、有效。组织沟通渠道的设置必须与组织

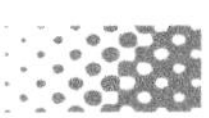

的结构、管理模式相匹配、相适合，才能有利于组织整体目标的完成。

（4）采用合适的沟通方法和技术。从沟通的速度方面考虑，利用口头和非正式的沟通方法，就比书面的和正式的沟通速度快。从反馈性能来看，面对面交谈，可以获得立即的反应，而书面沟通，则有时得不到反馈。从可控性来看，在公开场合宣布某一消息，对于其沟通范围及接受对象毫无控制；反之，选择少数可以信赖的人，利用口头传达某种信息则能有效地控制信息。从接受效果来看，同样的信息，可能由于渠道的不同，被接受的效果也不同。以正式书面通知，可能使接受者十分重视，反之，在社交场合所提出的意见，却被对方认为讲过就算了，并不加以重视。

因此，要根据沟通渠道的不同性质，采用不同的沟通方式，这样沟通效果才会更好。另外，组织还应该尽可能地给员工提供良好的办公设施，如电脑、互联网等，充分发挥现代化的信息技术给沟通带来的种种便利。

（5）创建良好的沟通氛围。①设立建议制度。是指普通员工就任何关心的问题提出意见，实际上也是为了避免向上沟通的信息被滤掉所采取的强行向上沟通的办法。单纯的鼓励是不够的，因为等级和权力的差别肯定会形成阻碍。企业内必须建立一套有效的建议制度，保证强行向上沟通，诸如接待日、意见箱、领导者直接深入基层、物质奖励等。只要有经常性的沟通制度，公司的员工向心力和凝聚力就会增强，员工就会把公司看成自己的家，就会热心参与公司的一切事务，由于员工们心情舒畅了，所以工作效率和机构效能也会提高。②建立定期的例会制度。经常召开员工会议，让各类员工聚集在一起，发表意见和提出看法，这是非常有价值的沟通形式。例会制度在企业中一般都有，但绝大多数例会属于同级人员的聚会，信息沟通因此而受限制。相反，员工会议则由一定范围内的管理人员和普通员工共同参加，实行不同等级的成员直接接触、直接沟通。③进行员工调查和反馈。对组织中员工的态度和意见进行调查，是组织的一种有用的自下而上的沟通手段。这种形式的调查使得员工感到他们可以自由表达他们真实的观点。而当调查结果反馈到员工那里时，则变成了自上而下的沟通。调查反馈使员工感到他们的意见已被管理者所听到和考虑，因而增强了组织与员工的有效沟通。

3.5 薪酬与福利管理

3.5.1 合理设计薪酬激励机制

如何激发、调动员工的工作积极性，制定薪酬激励制度，是科学管理的一个基本课题。

甘特在他的《劳动、工资和利润》中，论述了他的任务加奖金制设想。工人在规定时间内完成规定定额，可以拿到规定报酬，另加一定奖金（如 50 美分）。如果工人在规定时间内不能完成定额，则不能拿到奖金。如果工人少于规定时间完成定额，则按时间比例另加奖金。另外，每一个工人达到定额标准，其工长可以拿到一定比例的奖金；一名工长领导下的工人完成定额的人数越多，工长的奖金比例就越高。

薪酬激励制度在决定工作满意感，激发员工工作积极性，增强企业凝聚力等方面起着重要作用。现代企业的薪酬设计的根本原则是：企业努力追求最高的薪酬设计境界，使员工不遗余力地为企业目标而奋斗，打造一支高素质、具有竞争力的员工队伍，不断提高企业效益和市场竞争力。

3.5.1.1 报酬系统与薪酬体系

报酬系统与薪酬体系的构成如图 3-2 所示。

① 报酬　是指员工为企业付出劳动所获得的回报与酬劳，包括物质报酬和非物质报酬

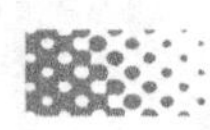

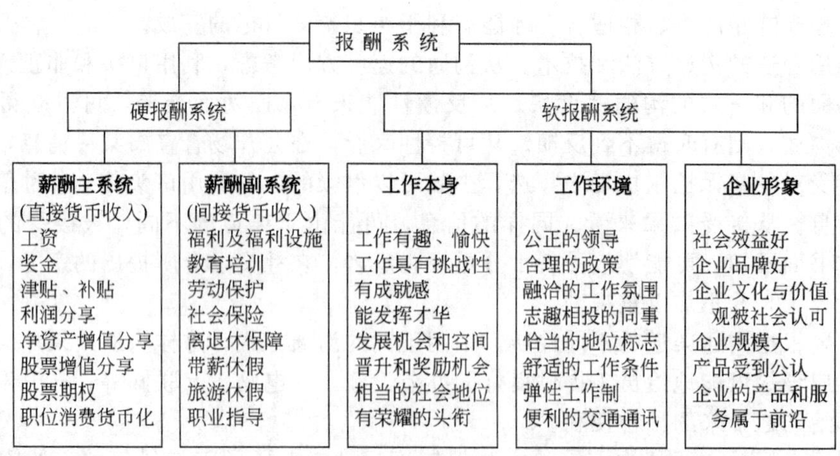

图 3-2 报酬系统与薪酬体系的构成

两个部分。通常把物质报酬包括薪酬（广义的“工资”）和物质奖励。

② 薪酬　是员工为企业所做的贡献（包括实现的绩效，付出的努力、时间、技能、经验等）而获得的直接或间接的货币收入，包括：基本薪酬、可变薪酬和福利。直接货币收入构成薪酬的主系统，用以维持员工最基本的生活需求；间接货币收入构成薪酬的辅系统，用以保障和提高员工基本需求之外的更健康、更安全、更有质量的生活需要。

3. 5. 1. 2　薪酬体系的功能

（1）保障功能。员工作为企业的人力资源，通过劳动取得薪酬来维持自身的衣食住行等基本需要，保证自身劳动力的生产。同时，员工还要利用部分薪酬来投资进修学习、养育子女，实现劳动力的增值再生产。员工的薪酬决定着他们的生存、营养和文化教育条件，是企业人力资源生产和再生产的重要保证。

（2）激励功能。薪酬不仅决定员工的物质条件，而且还是一个人社会地位的重要标志，是满足员工多种需要的经济基础。因此，薪酬公平与否，直接影响员工的积极性。正常合理的薪酬分配，有助于调动员工的积极性；反之，则会挫伤员工的积极性，丧失薪酬的激励功能。

（3）调节功能。薪酬差异是人力资源流动与配置的重要“调节器”。在通常情况下，企业一方面可以通过调整内部薪酬水平来引导内部人员流动；另一方面，可以利用薪酬的差异对外吸引急需的人才。

（4）凝聚功能。企业通过制定公平合理的薪酬可以调动员工的积极性和激发员工的创造力，使员工体会到自身的被关心和自我价值的被认可，增加对企业的情感依恋，自觉地与企业同甘共苦，为自身的发展与企业目标的实现而努力工作。

3. 5. 1. 3　影响薪酬体系的因素

（1）企业外部因素。影响企业薪酬的外部因素有人力资源市场、行业特点等多个方面。人力资源市场是一个广义的概念，包括目前正在运行的劳动力市场、人才市场和正在逐步兴起的企业家市场等，今后的人力资源市场可能还将细分，如财会人才市场、财务总监市场、人力资源经理市场和人力资源总监市场等。影响薪酬的外部因数有：

① 人力资源市场供需关系。薪酬的高低，无疑是吸引和争夺人才的一个关键性因素。对于高级管理人员与技术骨干人才而言，尽管他们的需要不仅仅着眼于金钱及物质方面，但由于薪酬在满足人们各层次需要方面的多功能性，它的作用仍是巨大的。因此，本地区、本

 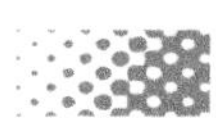

行业、本国乃至全世界的其他企业，尤其是竞争对手的薪酬政策与水准，对企业确定员工的薪酬影响很大。

② 地区及行业的特点与惯例。包括行业性质、特点及地区的道德观与价值观等。例如传统的“平均”、“稳定至上”的观点若仍主宰着某地区，那么拉开收入差距的措施就不易被接受。因此，沿海与内地之间的差异，基础行业与高科技行业、国有大中型企业密集地区与三资企业集中地区等之间的差异，必然会反映到企业薪酬政策上来。

③ 当地生活水平。这个因素从两层意义上影响企业的薪酬体系。一方面，员工对生活水平的期望，无形中给企业形成提高薪酬标准的压力；另一方面，由于物价指数上涨，为保证员工生活购买力不下降，企业往往也不得不考虑适当地调整工资。

（2）企业内部因素。①本单位的业务性质与内容。对于传统的、劳动力密集型的企业，员工们主要从事简单的体力劳动，劳动力成本在总成本中占较大比重；对于高技术的资本密集型企业，相对于先进的技术设备，劳动力成本在总成本中的比重则不大。显然由于单位业务性质与内容的不同，企业薪酬体系也应存在较大差异。②企业的经营状况与实际支付能力。资本雄厚的大公司及盈利丰厚且正处于上升阶段的企业，对员工的付酬也较慷慨；反之，规模不大或不景气的企业，在付酬上也不得不量入为出。③企业的管理哲学和企业文化。这里主要是指企业领导对员工本性的认识及态度。把员工当作“经济人”的领导，认为员工所要的就是钱，只有经济刺激才能让员工好好干活；把员工当作“社会人”的领导，认为员工从本性上有多方面的追求，钱绝非唯一的动力，员工喜爱有趣的且具有挑战性的工作。这两类领导在薪酬政策上显然是会大相径庭的。

3.5.1.4 构建薪酬体系的原则

（1）公平性原则。满足员工对薪酬分配的公平感，是设计薪酬体系和进行薪酬管理的首要原则。

薪酬的公平性原则可以分为三个层面：①外部公平。即同一行业或同一地区或同等规模的企业类似职务的薪酬应大致相同。②内部公平。即同一个企业中不同职务所获薪酬应正比于各自的贡献。比值一致，才会被认为是公平的。③员工公平。即企业应根据员工的个人因素诸如业绩和学历等，对完成类似工作的员工支付大致相同的薪酬。

为了保证企业薪酬体系的公平性，企业管理者及人力资源管理者在设计薪酬系统时应注意：企业的薪酬制度应有明确一致的要求作指导，并有统一的、可以说明的规范作根据。薪酬系统要有民主性和透明度。员工能够了解和监督薪酬政策与制度的制定和管理，并能对政策制定有一定的参与权，猜疑和误解便易于化解，不公平感也会显著降低。企业要为员工创造机会均等、公平竞争的条件，并引导员工把注意力从结果均等转到机会均等上来。

（2）竞争性原则。在人力资源市场中，企业的薪酬水平要有吸引力，才能战胜竞争对手，引进所需人才。企业究竟应将薪酬水平定在什么档次，要视本企业财力、所需人才的具体条件而定，但企业核心人才的薪酬水平至少不应低于同类人才市场平均水平。

（3）激励性原则。企业要在内部各类、各级职务的薪酬水准上，适当拉开差距，真正体现按劳按贡献分配的原则，以发挥薪酬的激励作用。“大锅饭”和“奖懒罚勤”的弊端，必须避免。

（4）经济性原则。提高企业的薪酬水准，固然可以增强企业在薪酬方面的竞争性和激励性，但同时不可避免地会导致企业人力成本的上升。所以薪酬制度不能不受经济性的制约，员工的薪酬水平，还应与员工的绩效挂钩。

（5）合法性原则。企业薪酬体系的确定应当遵守国家制定的各类相关法令和法规。

3.5.2 如何确定基本薪酬

3.5.2.1 基于职位的薪酬体系

基于职位的薪酬体系主要考虑的是职位价值，即员工承担的具体工作和责任，担任某种具体的职位也就获得与之相匹配的待遇。薪酬实践中，完全基于职位的薪酬体系相对比较少见，大部分基于职位的薪酬体系是以考虑职位价值为主，以考虑个人能力、工作绩效为辅。这样，确定的某职位的薪酬就是一个薪酬区间，而不是一个薪酬点。

(1) 基于职位的薪酬体系的特点

① 分配相对公平。基于职位的薪酬体系主要建立在岗位价值评价的基础上，反映了岗位之间的相对价值，基本做到了内部公平；同时，在确定企业薪酬水平时，一般情况下会参考同行业、同区域的社会薪酬水平，基本能够做到外部公平。

② 比较直观、易懂。基于职位的薪酬体系比较直观，容易向广大员工进行说明和解释。因此，无论是设计薪酬体系，还是推行薪酬体系都比较方便，同时管理的成本也比较低。

③ 薪酬和工作目标结合比较紧密。基于职位的薪酬体系主要的考虑因素是职位内容和职位价值，而职位内容和工作内容与工作目标又紧密相连。

④ 与职位体系结合紧密。薪酬体系与职位体系紧密结合，便于企业人力资源的一体化管理。

但基于职位的薪酬体系存在明显缺点：一是对于能力强而又无法晋升的员工的激励性不够；二是稳定性强，而变化不足。由于职位一般是相对稳定的，基于职位的薪酬也是相对稳定的，这样也就没有薪酬较大增加或较大减少带来的对员工的正激励或负激励。

企业采用展于职位的薪酬体系，应当满足以下几个前提条件：①岗位描述清晰、规范。职位薪酬体系是在岗位价值评价的基础上建立的。②职位的工作内容稳定。如果工作内容经常发生变化，工作的难度也会经常发生变化，对员工的知识、能力和经验的要求也会经常发生变化，岗位相对价值也就发生了变化。这样就会影响基于职位的薪酬体系的公平性和合理性。③职位和员工的能力匹配，否则就会发生不公平的现象，给企业带来很多的问题。

(2) 职位薪酬体系管理过程

① 制定付酬原则与策略。这是企业薪酬文化内容的一部分，是以后各环节的前提，对各环节起着重要的指导作用。它包括对员工本性的认识，对员工总体价值的评价，对管理骨干及高级专门人才作用的估计等核心价值观，以及由此衍生的有关工资分配的政策与策略，如工资差距的大小、差距标准，工资、奖励与福利费用的分配比例等。

② 岗位设计与分析。这是薪酬体系建立的依据，应建立企业组织结构系统图及其中所有岗位说明书等文件。科学的岗位设计可以除去多余的岗位、交叠重复的岗位，从而节省劳动力，提高劳动效率，免除给付不必要的薪酬；而岗位分析是公司人力资源管理的基础，也是薪酬管理的重要依据，根据岗位分析所标明的工作内容、责任大小、层级关系而确定基本薪酬和岗位薪酬。

③ 岗位评价。这是保证内在公平的关键，要以必要的精确度、具体的金额来表示每一岗位对本企业的相对价值。这个价值反映了企业对该岗位占有者的要求。岗位工作的完成难度越大，对企业的贡献也越大，对企业的重要性也越高，从而它的相对价值就越大。需要指出的是，这些用来表示岗位相对价值的金额，并不就是该岗位占有者真正的薪酬额。岗位评价的方法一般有四种：排序法、归类法、要素计点法和要素比较法。a. 排序法，即按照各个职位的价值大小进行排序，是最简单的一种职位评价方法。由于没有客观的评价尺度，评价的主观性较大，而且各职位之间的确切的差距也不清楚。b. 归类法，是指按照一定的标

准将职位归入事先确定的等级中的评价方法。是一种比较简便的方法，尤其是当职位数量较多时，它比排序法更节省时间。但这种方法的缺点是，当职位类型差别较大时，很难建立通用的职位等级，另外同排序法一样，无法准确衡量各职位之间的价值差距。c. 要素计点法，是实践中最常采用的一种工作平价方法，它主要是根据各个职位在薪酬要素上的得分来确定它们的相对价值。具体步骤是第一，确定薪酬要素，并划分每个薪酬要素的等级。第二，确定每个薪酬要素及其等级的点值。第三，确定组织内每个职位的点值。d. 要素比较法。比较法是排序法的延伸，不过排序的标准和方法更为复杂。要素比较法是根据不同的薪酬要素对典型职位进行多次排序，以确定典型职位之间的相对价值，然后再通过比较其他职位与典型职位的差异，来确定所有职位的相对价值。

④ 薪酬结构设计。经过岗位评价，无论采用哪种方法，总可得到表明每一岗位对本企业相对价值的顺序、等级、分数或象征性的金额。将企业所有岗位的薪酬都按同一的贡献原则定薪，便保证了企业薪酬体系的内在公平性。但找出了这种理论上的价值后，还必须据此能转换成实际的薪酬值，才具有实用价值，这就需要进行薪酬结构设计。所谓薪酬结构，是指企业的组织结构中各岗位的相对价值与对应的实际薪酬间的关系。

⑤ 薪酬状况调查及分析。这一步骤应与前一步骤同时进行，甚至可以安排在考虑外在公平性而对薪酬结构进行调整之前。这项活动主要应研究两个问题：要调整些什么，怎样去收集资料。调查的内容首先是本地区、本行业，尤其是主要竞争对手的工资状况。参照同行或本地区其他企业的工资水平来调整、制定本企业对应岗位的工资，以保证企业薪酬体系的外在公平性。

⑥ 薪酬分级与定薪。在岗位评价后，根据确定的薪酬结构，将各种类型的岗位薪酬归并成若干级别，形成一个薪酬等级体系。通过这一步骤，就可以确立企业每一岗位具体的薪酬范围。

⑦ 薪酬体系的运行控制与调整。企业薪酬体系一经建立，如何投入正常运作并对其实行有效的控制与管理，使其发挥应有的功能，是一个相当复杂的问题，也是一项长期的工作。

3.5.2.2 基于能力的薪酬体系

基于能力的薪酬体系是根据员工所拥有的知识、技能等来确定员工的薪酬的等级。

(1) 基于能力的薪酬体系具有的优点

① 有利于提升员工的能力。该薪酬类型鼓励员工提升自己的知识、技能或能力，有利于培养员工的核心专长和技能。

② 淡化了官本位思想，为员工提供了更多样化、更为宽广的职业生涯发展途径，使得员工不再需要依靠晋升的方式获得加薪，通过提高自己的能力也能获得薪酬的增长，排除了因客观上职位无空缺而使员工失去发展动力的情况。

③ 有利于吸引和留住优秀人才。优秀人才并不仅仅考虑职位升迁所带来的薪酬的增加，还会考虑如何使自己的知识、能力和经验等各方面有所提高，满足自我实现的需要。

(2) 基于能力的薪酬体系具有的缺点

① 增加成本。基于技能的薪酬体系要求企业在培训方面付出更多的投资，因此企业的成本可能会增加。

② 加大管理难度。基于技能的薪酬体系要求能对每一位员工的能力进行合理评判，对于能力提高的员工要能重新进行确定。因此，通常会要求企业有一个复杂的管理结构，从而加大了管理的难度。

③ 技能与绩效不能良好的匹配。技能并不等于现实的绩效，因此，该模式有时候会陷入员工能力提高了、企业的成本加大了，但企业却没有达到相应的绩效水平。

④ 会出现同工（岗）不同酬，导致员工认为内部不公平（实际上是公平的，虽然同岗，但技能不同，作用也不同）。

企业采用基于能力的薪酬体系时，需要满足两个主要条件。①能够科学、合理地界定组织所需要的能力。②能够科学、合理地评价员工的能力。

(3) 能力薪酬的设计程序

能力薪酬的设计的基础在于确定能力的价值，而能力的价值又是以组织目标以及为实现组织目标所必须完成的各项工作任务为依据的。对组织而言，如果某项能力对于完成组织目标毫无帮助，那么不论其如何难以获得，都是没有价值的。因此，能力薪酬的设计一般经过以下几个步骤：

① 确定能力要素。结合行为事件访谈法和职位说明书，通过专家小组讨论，确定具体的评估要素，并给出每一个要素的定义。

② 确定各能力素质的等级。根据对能力素质掌握程度的不同或行为表现的不同，将每一个评估要素划分成若干等级，并附以一定的描述。

③ 编制岗位能力素质模型表。通过系统的岗位分析，准确提炼出完成各岗位工作所需要的能力素质要素及其等级，计算每一个岗位的能力素质标准的得分。

④ 进行能力评价。用能力素质模型对员工进行评价，计算员工的能力素质实际得分。

⑤ 确定薪酬级别。将岗位的能力素质标准得分与员工个人能力素质的实际得分进行比较，确定该员工的薪酬级别。

3.5.2.3 基于绩效的薪酬体系

基于绩效的薪酬体系，就是以绩效价值作为支付薪酬的基础和依据，在绩效价值基础上构建的支付薪酬的方法和制度。基于绩效的薪酬体系注重对员工绩效差异的评定，员工个人的工资水平与员工个人的工作绩效直接挂钩。所以，基于绩效的薪酬体系强调以达到目标为主要评价依据，注重结果。另外，因为存在一定的收入风险，所以基于绩效的员工的工资水平一般比其他人员高一些，这一点在确定销售人员的工资上体现得比较明显。

(1) 基于绩效的薪酬体系的优点

① 通过将员工薪资与其业绩挂钩，企业能够更好地将企业目标与个人业绩结合起来，有利于企业人力资源使用效率的提高。

② 减轻组织固定成本方面的开支，有助于企业更具自身经营情况灵活调整自己的支付情况。

③ 能够更好的激励优秀员工。奖金的授予对象是那些对企业贡献大、绩效优的这部分员工。

(2) 基于绩效的薪酬体系的缺点

① 对员工进行正确的绩效评估较为困难。在绩效考核体系指标设置不合理的情况下，使绩效薪酬流于形式，可能导致更大的不公平。

② 容易导致员工之间或是员工群体之间的竞争，而这种竞争可能会忽视公司的整体利益，容易造成员工关注结果而不注重过程的现象。绩效薪酬制度以个人绩效为基础，这种奖励以个人为中心来获得奖励薪酬的制度不利于团队合作，而与团队绩效挂钩的薪酬制度也只适用于人数较少、强调合作的组织。

企业采用基于绩效的薪酬体系需要满足以下两个前提条件：ⓐ岗位的工作业绩、工作产

出比较容易量化。实行基于绩效的薪酬体系的岗位业绩必须可以量化或者易于考核。如果员工的工作业绩难以量化，则很难确定工作绩效和薪酬之间的关系，也就难以计算和发放工资。ⓑ企业具有一整套有效的绩效管理体系。为了保证绩效结果的效度和信度，企业就需要有一整套科学合理的绩效管理体系，通过绩效管理体系客观、真实地反映员工的业绩，才能够确定考核结果，并进行工资的计算和发放。例如，对于销售人员，要考虑销售的余额、毛利润或净利润、成本和费用、新产品的销售、新客户的拓展等因素，只有制定出一套科学的绩效管理方案以及合理的绩效标准，才能在此基础上确定合理的薪酬方案。

(3) 基于绩效的薪酬体系的常见模式

① 个人绩效薪酬。以个人绩效为依据而支付的薪酬。个人绩效薪酬主要有以下几种形式：

a. 计件工资。最常见的一种个人绩效薪酬形式，它是根据员工单位时间的产出水平和工资率支付的薪酬。根据工资率的不同，计件工资制又可以分为两种形式：直接计件工资制，这种计件工资制的工资率在任何产量水平都是一个常量；差别计件工资制。

b. 工时制。工时制通常适用于重复动作少、技巧要求高、周期较长的工作任务。它是根据员工单位产出消耗的时间和相应的工资率支付的薪酬。

c. 绩效调薪与绩效奖金。是在基本薪酬体系的基础上，根据员工绩效考核结果来调整薪酬水平的一种薪酬制度。这种薪酬制度通常适用于工作内容比较复杂、绩效表现需要多维指标来综合考核的工作类型。ⓐ绩效调薪。是根据员工在某种绩效评价体系中所获得的评价结果，相应地调整员工未来的基本薪酬水平的一种薪酬管理方案。调薪的周期一般为一年，调薪的幅度取决于绩效考核的结果，考核结果越高调薪幅度越大。ⓑ绩效奖金。是在基本薪酬之外，根据员工绩效评价结果给予一次性的奖励。绩效奖金与绩效调薪一样，都是基于组织对员工过去的工作业绩的评价

② 群体绩效薪酬。群体绩效薪酬是指以员工所处的团队、部门甚至整个组织的绩效为依据而支付的薪酬。群体绩效薪酬主要有以下几种形式：

a. 利润分享计划。是将员工的薪酬收入与企业的利润收入联系起来。建立利润分享计划一般需要解决三个问题：a. 确定可用于分享的利润总额；b. 确定每个员工的利润分享份额；c. 分享利润的支付方式。

b. 收益分享计划。收益分享计划实际上是将由于成本节约而带来的收益（或利润）在员工和企业间分摊的一项计划。由于多数员工不认为他们的工作会对利润有直接的影响，因此以成本节约作为激励因素相对更能取得它们的配合。

c. 股票所有权计划。让员工部分地拥有企业的股权，可以将员工的利益与企业整体绩效结合起来，同时也可以克服利润分享计划和收益分享计划中的短期化行为。目前比较常见的股票所有权计划有：ⓐ现股计划：是指公司通过奖励的方式向员工直接赠与公司的股票，或者参照股票当前的市场价格向员工出售公司的股票，使员工立即获得现实的股权。这种计划一般要求员工在一段时间内不能出售所持股票，这样可以促使员工更加关心企业的长远发展。ⓑ期权计划：是指公司和员工约定，在未来某一时期员工要以一定的价格购买一定数量的公司股票，购买价格一般参照股票当前价格来确定，这样如果未来股票价格上涨，员工按照约定价格买入股票，就可以获得收益；如果未来股票价格下跌，那么员工就会有损失。

3.5.2.4. 薪酬体系的调整

(1) 奖励性调整。为了奖励员工做出的优良业绩，鼓励员工继续努力，再接再厉，也就是论功行赏。

(2) 活指数调整。为了补偿员工因通货膨胀而导致的实际收入减少的损失，使员工生活水平不致渐趋降低，企业根据物价指数状况对薪酬体系进行调整。生活指数调整常用的方式有两类：一类是等比调整，即所有员工都在原有薪酬基础上调同一百分比；另一类是等额调整，即全体员工不论原有薪酬高低，一律给予等幅的调升。

(3) 效益调整。当企业效益好、盈利增加时，对全员进行普遍加薪，但以浮动式、非永久性为佳；当企业效益下滑时，全员性的薪酬下调也应成为当然。但需注意的是薪酬调整往往具有“不可逆性”，根据效益进行薪酬调整的应主要是奖金部分。

(4) 工龄调整。薪酬的增加意味着工作经验的积累与丰富，代表着能力或绩效潜能的提高，也就是薪酬具有按绩效与贡献分配的性质。因此，薪酬调整最好不要实行人人等额逐年递增的办法，而应将工龄与考核结果结合起来，确定不同员工工龄薪酬调整的幅度。

(5) 特殊调整。企业根据内外环境及特殊目的而对某类员工进行的薪酬调整。如实行年薪制的企业，每年年末应对下一年度经营者的年薪重新审定和调整；企业还应根据市场因素适时调整企业内不可替代人员的薪酬，以留住人才。

3.5.2.5 结构工资制

综上所述，典型的基本薪酬（工资）类型及特征如表 3-7 所示。结构工资制综合考虑了各方面的因素，能避免各种薪酬制度的弊端。

表 3-7 典型工资类型及特征

工资类型	分配原则	特点	优点	缺点
绩效工资	据近期绩效确定	与绩效直接挂钩，随绩效浮动	激励效果明显	易助长短期行为
技能工资	根据工作能力确定	因人而异，技高薪提	鼓励员工学习技术	工资和绩效、责任没有关系
年功工资	根据年龄、工龄、学历经历来确定	工资与工龄同步增长	稳定员工队伍，增强员工安全感和忠诚度	论资排辈，不利于调动员工积极性
职务工资	根据与职务相关的不同因素确定	一岗一薪、薪随职变	鼓励员工争挑重担，承担责任	激励涉及面受职务高低限制
结构工资	综合考虑员工年资/能力/职务及绩效	由基本工资、年资工资、职务工资、绩效工资等构成	综合考虑员工贡献，易产生公平感，有较好的激励作用	设计和总体实施都比较麻烦

案例：某化工有限公司结构工资制度

员工月工资由如下项目组成：①基本月工资（包括：保障工资、工龄工资、技能工资、岗位工资）；②加班工资；③绩效工资（奖金）④津贴（营养费、夜班费、防暑降温费、取暖费等）。

基本月工资。包括保障工资、工龄工资、技能工资和岗位工资：

(1) 保障工资根据当地政府公布的最低保障工资标准进行调整；

(2) 工龄工资按员工在本企业工作的工龄，在每年 3 月份进行调整；

(3) 技能工资按每个员工的工作能力、技术水平、劳动态度确定，分为十个职等，每个职等为 10 级。技能工资在技能考核后调整，企业可安排统一的技能考核或培训考核后调整，也可由员工自行申报考核后调整，对成绩突出者可破格提级。如：为公司节省费用者；改进工作方法，提高工作效率者；为公司增加收益者；有学术著作或发明，对公司确有价值者；人员精简后，两人以上工作一人担任，经三个月考验确能胜任者。

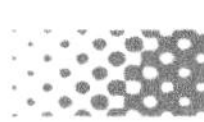

(4) 岗位工资按员工所在岗位责任大小而确定，岗位工资级数根据企业实际情况确定。所有员工，包括董事长、总经理在内均以岗位定酬。调岗者从调岗起下一个月调整，职务提升、降级也从调岗起下一个月调整。

上述基本工资按每人出勤考核情况发给。生产工人员加班当日未满 3 小时按月累加 8 小时作 1 天加班；超过 3 小时计半天；超过 7 小时计 1 天。职员（包括工段长及以上管理人员、营销人员、质检、技术、研发人员等）在正常工作日无加班。公休日、法定节假日原则上不安排加班，公休日加班安排调休。无法安排调休者需经领导批准后，按国家相关规定发给加班工资。

奖金。生产人员（包括：车间主任、工段长等一线人员）月度奖金按经济责任制考核情况发给。非生产人员（管理、技术、研发、分析、营销、后勤、服务等二、三线人员）的月度奖金根据公司根据经营生产状况和每人的实际考核奖金系数来确定。每人的实际奖金考核系数由规定系数等级和个人考核情况确定。规定的奖金系数级别与岗位工资等级级别相同。

特种津贴。包括：①营养费：高温、辐射、有毒、有害特殊岗位发放营养费，根据岗位确定等级标准（3～5 等），按出勤天数发给。②夜班津贴按实际出勤情况发给。③防暑降温费、取暖费等均在每年规定时间内根据出勤计算发给。可根据岗位确定 3～5 等标准。

年终奖。根据年度企业经营情况和个人工作考核情况发放。

研发奖。根据研发成果和奖励办法发放。

3.5.3 员工福利管理

3.5.3.1 员工福利概述

员工福利是一个综合性的概念，是企业基于雇佣关系，依据国家的法令及相关规定，以企业自身的支付能力为依托，向员工提供的、用以改善其本人和家庭生活质量的各种非货币工资和延期支付形式为主的补充性报酬与服务。

员工福利可以从几个方面来加以理解：①员工福利是总报酬的重要组成部分；②员工福利大多表现为非现金收入；③员工福利通常采取间接支付的发放形式。

福利是企业通过增加福利和设施、建立各类补贴制度、举办文化体育活动，为员工提供生活上的便利、减轻员工生活负担、丰富员工文化生活等一系列项目的总称。它是薪酬体系的一个重要组成部分。工资分配所依据的是“按劳分配”的原则，其水平根据员工劳动的数量、质量确定；而福利则是根据整个社会的生活和消费水平，以及国家的规定，有条件有限度地满足员工的物质文化需要。在现代社会，福利的形式和内容非常多，国内外已经设计和使用过的就不下百种。这里就我国企业经常涉及的几项员工福利简述如下。

① 福利设施。这是企业为员工提供的设施福利，包括为员工建立的食堂、住宅、托儿所、幼儿园、浴室、理发室、休息室、卫生室等，以及为员工参与文化娱乐活动提供的文化馆、俱乐部、图书馆、体育场等。

② 补贴。指企业根据国家的有关政策和规定，按照企业的性质和员工的福利水平，发给员工的补贴和津贴，如交通费补贴、住房补贴、伙食补贴、洗理补贴、书报补贴、独生子女补贴、生活困难补助等。

③ 教育培训。包括企业给予员工的在职或短期脱产免费培训、进修等。

④ 离退休保障。包括退休金及长期服务奖金等。

⑤ 社会保险和企业年金。包括国家强制性实施的项目，如基本医疗、养老等社会保险等项目。

⑥ 带薪休假。包括带薪的国家法定节假日及企业依据国家相关法规所制定的本企业员工在本单位工作一定时期所享有的带薪休假等。

⑦ 其他内部服务项目。包括给员工个人和家庭成员提供生活上的资助、相关咨询等服务项目。

3.5.3.2 福利管理

福利管理是薪酬管理的重要内容，为保证福利能够满足员工的需要，同时适应外部竞争，福利管理应按照下列步骤来实施。

(1) 福利调查。包括两个方面的工作：①内部调查，通过内部调查，企业可以了解现有员工在福利内容方面的要求。②外部调查，福利外部调查的目的是确定福利支付水平，以保证福利水平的外部竞争性。

(2) 福利规划。首先是在福利调查的基础上确定企业的最终福利项目，福利项目组合要符合多数员工的需要。其次福利规划还必须确定各项福利项目的覆盖范围，即确定哪些员工有权享受哪些福利项目。其三确定各项福利的支付水平和总的成本预算。最后还要确定详细的实施计划。

(3) 福利实施。是按照已经制定的福利规划，向员工提供具体的福利。在实施过程中要兼顾原则性和灵活性，如果没有特殊情况，要严格按照指定的计划来执行，以控制福利成本的开支，如发生特殊事件，企业也应当灵活处理，以保证员工的福利要求。

(4) 福利控制。目的在于及时发现福利执行过程中的问题和偏差，积极调整福利规划和实施细则，以适应内外环境的变化。

3.5.3.3 弹性福利

(1) 弹性福利

又称为自助式福利，或弹性福利计划。是一种有别于传统固定式福利的新型员工福利制度，员工可以从企业所提供的一份列有各种福利项目的“菜单”中自由选择其所需要的福利。弹性福利制强调让员工依照自己的需求，从企业所提供的福利项目中选择组合属于自己的一套福利“套餐”。每一个员工都有自己“专属的”福利组合。另外，弹性福利制非常强调“员工参与”的过程，希望从别人的角度来了解他人的需要。但事实上，实施弹性福利制的企业，并不会让员工毫无限制地挑选福利项目，通常公司都会根据员工的薪水、年资或家庭等因素来设定每一个员工所拥有的福利限额。在福利清单所列出的福利项目都会附一个金额，员工只能在自己的限额内选择喜欢的福利。

(2) 弹性福利的类型

① 附加型弹性福利计划。这是最普及的一种形式，是在现有的福利计划之外，再提供其他不同的福利措施或扩大原有福利项目的水准，让员工去选择。

② 核心加选择型。由“核心福利”和“弹性选择福利”所组成，前者是每个员工都可以享有的基本福利，不能自由选择；后者可以随意选择，并附有价格。

③ 弹性支付账户。这是比较特殊的一种，员工每一年可从其税前总收入中拨取一定数额的款项作为自己的支付账户，并以此账户去选择购买雇主所提供的各种福利措施。拨入支用账户的金额不须扣缴所得税，不过账户中的金额如未能于年度内用完，余额就归公司所有；既不可在下一个年度中并用，亦不能够以现金的方式发放。

④ 福利套餐型。是由企业同时推出不同的福利组合，每一个组合所包含的福利项目或优惠水准都不一样，员工只能选择其中一个的弹性福利制，性质如同餐厅里的套餐消费。

⑤ 多退少补型。一般会提供几种项目不等、程度不一的福利组合供员工选择，以组织现有的固定福利计划为基础，再据以规划数种不同的福利组合。这些组合的价值和原有的固定福利相比，有的高，有的低。如果员工看中了一个价值较原有福利措施还高的福利组合，

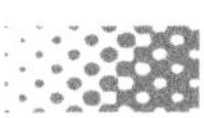

那么他就需要从薪水中扣除一定的金额来支付其间的差价。如果他的挑选的一个价值较低的福利组合，他就可以要求雇主发给其间的差额。

(3) 弹性福利的优缺点

① 弹性福利优势。由于每个员工个人的情况是不同的，因此他们的需求可能也是不同的。而弹性福利计划的实施，则充分考虑了员工个人的需求，使他们可以根据自己的需求来选择福利项目，这样就满足了员工不同的需求，从而提高了福利计划的适应性，这是弹性福利计划最大的优点。由员工自行选择所需要的福利项目，企业就可以不再提供那些员工不需要的福利，这有助于节约福利成本。这种模式的实施通常会给出每个员工的福利限额和每项福利的金额，这样就会促使员工更加注意自己的选择，从而有助于进行福利成本控制，同时还会使员工真实地感觉到企业给自己提供了福利。

② 弹性福利的缺陷。部分员工在选择福利项目时，可能只考虑能够近期收益，忽视长远利益。实施弹性福利制，通常会伴随着繁杂的管理工作；尤其在登录员工的福利资料或重新选择福利项目时，会造成承办人员极大的负担。

由于完全划一的职工福利体系和完全灵活的福利自选体系各有其不足，作为折中方案，很多企业按统一标准向员工提供一部分福利，然后允许员工在其他福利上有一定的选择余地。

3.6 日常人事工作

3.6.1 技术职称评定与职务聘任

3.6.1.1 技术职称评定与职务聘任的关系

我国现行的技术职称管理实行评聘分开。从评聘制度的内在构成上分析，评是评价机制，聘是使用机制。技术职称考评与职务聘任的区别在于：技术职称考评因人而定，没有数额限制，只是对一个人的学术、技术水平的评价，有学历、资历的硬性规定，要有国家统一考试机构的认可；职务聘任因岗择人，有数额限定，是对拟聘人员履行岗位职责能力的考察，需有岗位结构比例，按不同岗位职责需要进行选拔。

实行技术职称考评制和职务聘任制分开，能够逐步理顺职务与资格称号的关系，解决好评与聘的矛盾，真正做到对专业技术人员科学评价，合理使用，激励他们在生理和心理条件的最佳时期，在智力劳动的最佳年龄阶段建功立业。

用人单位的人力资源管理部门一方面要根据国家现行统一的技术职称评定制度规定，结合组织人才开发状况，合理确定参加统一任职资格评审人员的资历和专业技术水平标准，为组织内部人才提供发展机会。另一方面，要根据组织的人力资源战略规划科学设置岗位，合理聘用符合岗位要求的具备相应专业聘任资格的技术与管理人员。

3.6.1.2 技术职称评定的含义、原则

(1) 技术职称评定的含义。技术职称评定的实质是对专业技术人员的任职资格的认定，它是由各类各级专业技术职务评审委员会，根据政府相关管理部门统一制定的各系列专业技术职务条件和有关规定，进行评判和审核，客观公正地测定申报人的任职条件和履行职责的能力、水平，根据其测定结果，确定其任职资格，作为职务聘任的依据。当然，只有具备一定的基本任职资格的专业技术人员，才能参加专业技术职务资格的评定。

(2) 技术职称评定的原则。①德才兼备原则。“德”包括政治条件和职业道德两个方面。“才”是指学识水平、业务能力和工作成就方面达到专业要求的相应水平。这是担任专业技术职务的人员应具备的职业条件。②依法办事原则。人力资源管理部门在职称评审核和职务

聘任工作中，要严格按照法律法规的有关规定进行。我国目前评审工作依据的法规主要指经国务院批准实施的各专业职务系列条例，以及国家人事管理部门下发的各种有关文件，包括专业技术职务的设置、相应职务的职责和任职条件、评审程序、手续、评委会的组成等。这些法律规定用于规范各地区、各部门和各单位的专业技术职务资格评审，以保证评审工作的高质量，保证任职资格的权威性。③公开、平等、竞争原则。在任职资格评审前，将评审条件、评审方式和评审方法向单位内部专业技术人员公开，使每个专业技术人员都能获得公开申报的机会，并参加在相同条件下的竞争，保证专业技术职务资格评审和聘任工作的公平与公正，不埋没优秀人才。

3.6.1.3 职务聘任的含义和原则

职务聘任是指用人单位根据工作岗位的需要，聘请那些具备任职条件的专业技术人员担任相应的专业技术职务。

实行专业技术职务聘任制是为了以职务聘任为激励手段，不断保持组织结构优化，提高工作效能。职务聘任应遵循以下基本原则：

① 因事择人原则。指根据工作岗位的要求来挑选合适的人选。为了提高工作效率，就要求把合适的人聘用到与其匹配的工作岗位上去。

② 用人所长原则。聘用时要充分考虑人才的长处，根据每个人的能力、特点和特长安置其工作，并给予充分的信任，使其特长得到最大、最充分的发挥。

③ 双向选择原则。聘任制给用人单位和专业技术人员双方都赋予了选择的权力。用人单位在岗位需要的情况下，向社会招聘，有权向应聘者进行考核、审查，决定是否聘用，并有权按规定决定试用期，对不合格人员解除聘约；应聘人也可以拒聘或在聘期内提出辞职。专业技术人员要遵守合同，积极履行聘任职责，完成自己的任务，这样才能达到实行专业技术职务聘任制的目的。

3.6.1.4 技术职称评定的方法及程序

（1）技术任职资格评审方法

① 组建内部评审委员会。用人单位内部评审委员会对用人单位内部符合基本评审条件的人员进行筛选和初步考核，以确定向上级评审机构报送的人选。内部评审委员会一般由用人单位各级部门负责人、具有较高专业技术水平的专业技术和管理人员代表组成。

② 公布评审标准。评审委员会成立后，应根据本单位发展的需要，及时研究制定本年度各类职称参评的标准。一般情况下，用人单位会在国家、省级和地区统一规定的基本条件基础上，根据用人的具体需要，考虑进一步提高内部筛选的标准。

③ 评审程序。a. 专业技术人员提出申请，提交考核材料，填写专业技术业务考核表。评委会按照所申请职务系列规定的学历条件、科技成果、平时考核成绩等要求进行审查，符合基本条件的方可参加大会评审。b. 评委会审核材料。按照专业技术职务条例规定的任职条件，审核申请人提交的业绩材料，并注意听取有关部门和员工的意见。c. 专业知识测验。对本专业必需的基础理论、专业知识和外语程度进行测验。d. 论文或专题答辩。某些技术职务系列的任职资格评审采取论文和答辩形式，可以识别和考核其专业水平。e. 评议审定。召开评审委员会全体会议评议审定专业技术人员的任职条件，采取无记名投票方式，确定最终向上级部门报送的人选。

（2）专业技术资格考试制度

在专业技术职务聘任制实施中，作为任职资格评审制度的补充和完善形式，为了突出某些职务系列的实践操作特点和职业性特点，国家规定了要采取资格考试的方法，确定专业技

 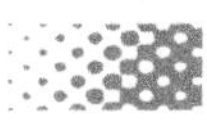

术人员的任职资格。如：注册化工工程师，注册安全工程师等。

① 参加考试者须本人提出申请，单位审查批准，到考试管理机构报名，经资格审查后，方可参加考试。

② 考试成绩合格者，获授全国统一印制的《专业技术资格证书》，在有效期内不需要再进行任职资格评审。

3.6.1.5 职务聘任的方法和程序

专业技术职务聘任的前提是职位需要，要达到这一聘任目的，必须在实行择优聘任的同时，严格按法定的程序进行。

(1) 科学设置岗位。所谓科学合理设岗是指用人单位根据组织设计和工作分析的科学要求，科学设置不同层次的岗位，规定其岗位职责，使专业技术人员的选拔、任用、考核、升迁、奖罚工作有序的进行。设定的岗位及所需人员条件要向内部员工公布，对外招聘时，要做好宣传工作，便于内外部专业技术人员根据自己的条件和岗位空缺情况进行申报。

(2) 及时公开选聘程序。要及时公开选聘程序。由单位各方面领导组成选聘机构，由人力资源管理部门制定具体的聘用计划和规定，在一定范围内发布招聘启事。应聘者材料经人事部门筛选后，将符合条件者的材料提交选聘机构审议。用人单位可以采取面试方法进行考察，由选聘机构成员综合打分，根据打分情况进行取舍，由人事部门正式通知本人，并将聘任结果公布。

(3) 制定具体管理办法：①明确聘期。聘期一般为 3 年及以上。科研、工程等系列可以与某项科研课题或工期的计划时间相同。正式聘用前，需要经过一定的试用期，如能胜任，才正式任命；不能胜任者，可安排其他工作。②明确双方的权利和义务。在聘期内，应聘人必须履行岗位职责，接受考核、检查。应聘人有权提出合理的继续教育、发挥技术专长的工作条件和相应的工资福利待遇要求。③签订聘约。聘约由单位行政领导与应聘人当面签订，在全体大会上宣布聘任情况并颁发聘书。这种仪式可以使双方产生责任感，受聘者产生荣誉感，激发积极性。

(4) 加强聘后管理。聘后通过考核制度建立考绩档案，在考核中注意考核标准，以履行岗位职责的工作实绩为主要内容，实行定性考核与定量考核相结合，平时考核与聘任期满考核相结合，考核与晋升、奖罚相结合。当受聘者丧失履行相应职务职责条件，不能完成本单位交给的工作任务时，或者不认真履行职责时，聘任单位可以解除聘约，解聘后的专业技术人员不享受原待遇。

3.6.2 社会保险管理

社会保险（简称：社保）管理是用人单位按照《中华人民共和国社会保险法》(国家主席令第 35 号，2011-07-01 实施）的规定，为员工及时缴纳相关社会保险费的过程。社会保险包括五险：基本养老保险、基本医疗保险、失业保险、工伤保险和生育保险。

无雇工的个体工商户、未在用人单位参加基本养老保险的非全日制从业人员以及其他灵活就业人员可以参加基本养老保险，由个人缴纳基本养老保险费。

人力资源和社会保障部公布了《实施＜中华人民共和国社会保险法＞若干规定》(人社部令第 13 号，2011）对实施《社会保险法》的有关问题作了规定。

我国自 1997 年开始实行统一的社会统筹和个人账户相结合的城镇企业职工基本养老保险制度，2005 年国务院下发了《关于完善企业职工基本养老保险制度的决定》(国发〔2005〕38 号)，对城镇企业职工基本养老保险制度再次进行改革和完善。按照现行制度规定，城镇各类企业职工、个体工商户和灵活就业人员都要参加企业职工基本养老保险。企业缴纳基本养老保险费的比例为企业缴费工资总额的20%左右，职工缴费比例为本人缴费工资的8%；城镇个体工商户和灵活就业人员参加基本养老保险的缴费基数为当地上年度在岗职工平均工资，缴费比例为20%。到达退休年龄且缴费年限累计满15年的人员，发放基本养老金。基本养老金由基础养老金和个人账户养老金组成。基础养老金月标准以当地上年度职工月平均工资和本人指数化月平均缴费工资的平均值为基数，缴费每满1年发给1%；个人账户养老金月标准为个人账户储存额除以计发月数。根据职工工资和物价变动等情况，国务院适时调整企业退休人员基本养老金水平。

我国的社会保险管理办法还在不断完善之中。

(1) 社保登记。《社会保险法》规定："用人单位应当自成立之日起三十日内凭营业执照、登记证书或者单位印章，向当地社会保险经办机构申请办理社会保险登记。社会保险经办机构应当自收到申请之日起十五日内予以审核，发给社会保险登记证件。

用人单位的社会保险登记事项发生变更或者用人单位依法终止的，应当自变更或者终止之日起三十日内，到社会保险经办机构办理变更或者注销社会保险登记。

工商行政管理部门、民政部门和机构编制管理机关应当及时向社会保险经办机构通报用人单位的成立、终止情况，公安机关应当及时向社会保险经办机构通报个人的出生、死亡以及户口登记、迁移、注销等情况。

用人单位应当自用工之日起三十日内为其职工向社会保险经办机构申请办理社会保险登记。未办理社会保险登记的，由社会保险经办机构核定其应当缴纳的社会保险费。"

(2) 缴费。《社会保险法》规定："用人单位应当自行申报、按时足额缴纳社会保险费，非因不可抗力等法定事由不得缓缴、减免。职工应当缴纳的社会保险费由用人单位代扣代缴，用人单位应当按月将缴纳社会保险费的明细情况告知本人。

用人单位未按规定申报应当缴纳的社会保险费数额的，按照该单位上月缴费额的百分之一百一十确定应当缴纳数额；缴费单位补办申报手续后，由社会保险费征收机构按照规定结算。

用人单位未按时足额缴纳社会保险费的，由社会保险费征收机构责令其限期缴纳或者补足。

用人单位逾期仍未缴纳或者补足社会保险费的，社会保险费征收机构可以向银行和其他金融机构查询其存款账户；并可以申请县级以上有关行政部门作出划拨社会保险费的决定，书面通知其开户银行或者其他金融机构划拨社会保险费。用人单位账户余额少于应当缴纳的社会保险费的，社会保险费征收机构可以要求该用人单位提供担保，签订延期缴费协议。

用人单位未足额缴纳社会保险费且未提供担保的，社会保险费征收机构可以申请人民法院扣押、查封、拍卖其价值相当于应当缴纳社会保险费的财产，以拍卖所得抵缴社会保险费。"

(3) 员工退休和社保个人账户转移的办理。

① 员工退休。我国现行政策规定，分干部和工人执行不同的退休年龄。

a. 干部　党政机关、群众团体、企业、事业单位的干部符合下列条件之一的，都可以退休：男年满六十周岁，女年满五十五周岁，参加革命工作年限满十年的；男年满五十周岁，女年满四十五周岁，参加革命工作年限满十年，经过医院证明完全丧失工作能力的；因工致残，经过医院证明完全丧失工作能力的。

b. 工人　全民所有制企事业单位，机关群众团体工人符合下列条件之一的，应该退休：男年满六十周岁，女年满五十周岁，连续工龄满十年的；从事井下、高空、高温、特别繁重体力劳动或者其他有害身体健康的工作，男年满五十五周岁，女年满四十五周岁，连续工龄

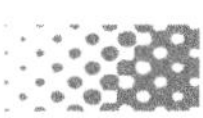

满十年的。本项规定也适用于工作条件与工人相同的基层干部；男年满五十周岁，女年满四十五周岁，连续工龄满十年的，由医院证明，并经过劳动鉴定委员会确认，完全丧失劳动能力的；因工致残，由医院证明，并经劳动鉴定委员会确认，完全丧失劳动能力。

② 社保个人账户转移。按照《城镇企业职工基本养老保险关系转移接续暂行办法的通知》(国办发〔2009〕66 号)，从 2010 年 1 月 1 日起，“参保人员跨省流动就业的，由原参保所在地社会保险经办机构（以下简称社保经办机构）开具参保缴费凭证，其基本养老保险关系应随同转移到新参保地。参保人员达到基本养老保险待遇领取条件的，其在各地的参保缴费年限合并计算，个人账户储存额（含本息，下同）累计计算；未达到待遇领取年龄前，不得终止基本养老保险关系并办理退保手续；其中出国定居和到香港、澳门、台湾地区定居的，按国家有关规定执行”。本办法适用于参加城镇企业职工基本养老保险的所有人员，包括农民工。

化工企业应积极地为员工办理退休和社保个人账户转移，特别是对高温、特别繁重体力、有毒有害工种要争取执行提前退休的规定，保障员工的合法权益。这有利于稳定员工队伍，解决化工企业用工难的问题。

(4) 企业应为农民工转化为城镇企业职工创造条件。我国正处于工业化、城镇化的发展阶段，大量的农民工进入工厂成了工人、中下层管理者，有的甚至成了企业高层管理者，成了企业的所有者（投资人）。但企业管理经营者很少考虑如何将农民工转化为城镇企业职工，用工荒、春节探亲潮就此形成。有一定规模的化工企业，有远见卓识的企业经营管理者，应适应时代潮流，尽可能地为农民工落户、转化为城镇企业职工创造条件。

3.6.3 企业年金

企业年金，即企业补充养老保险。是企业及其雇员在依法参加基本养老保险的基础上，按照《企业年金试行办法》(劳动和社会保障部令第 20 号，2004) 和本企业经济状况建立的、旨在提高雇员退休后生活水平、对国家基本养老保险进行重要补充的一种养老保险形式。

企业年金是对国家基本养老保险的重要补充，是我国正在完善的城镇职工养老保险体系(由基本养老保险、企业年金和个人储蓄性养老保险三个部分组成) 的“第二支柱”。其实质是以延期支付方式存在的职工劳动报酬的一部分或者是职工分享企业利润的一部分。

3.6.3.1 企业年金的作用

(1) 有利于树立良好的用人声誉。企业的竞争归根结底最终是人的竞争。但是，伴随着劳动人事制度改革的不断深化，人才流动机制已逐步形成。企业单位建立良好的员工福利保障制度，有利于树立良好的企业声誉，增加市场竞争力，从而吸引优秀人才加盟。

(2) 有利于激励员工。企业根据员工的贡献，设计具有差异性的年金计划，有利于形成公平合理的分配制度，充分发挥员工的潜能。在设计年金计划时，企业可以充分利用年金保险的灵活性特点，打破传统薪酬福利的“平均主义”原则，对于不同服务年限、不同职级、不同岗位、不同贡献的员工提供不同的保障计划，服务年限长、职级高、岗位技术含量高、贡献大的员工的保障额度更高，保障计划更全面。而服务年限短、职级低、岗位技术含量低、贡献小的员工的保障额度较低，保障计划较单一。建立差异化的企业年金制度，可在单位内部形成一种激励氛围，充分调动员工的工作积极性，发挥自身的最大潜力，为企业的发展多做贡献。

(3) 有利于保留优秀人才。通过年金计划中“权益归属”的设定，利用福利沉淀实现有效激励，在企业年金的计划中，设定权益归属方案，规定服务满一定的年限后方可获得相应的年金权益，与即时兑现的奖金福利相比，企业年金既使员工得到了鼓励，又达到了类似期权的良好效果，而且操作上又比期权要简单、方便得多。

(4) 合理保障员工退休收入水平。建立企业年金可以在相当程度上提高职工退休后的养老金待遇水平，解决由于基本养老金替代率逐年下降而造成的职工退休前后的较大收入差距，弥补基本养老金保障水平的不足，满足退休人员享受较高生活质量的客观需求，发挥其补充和保障的作用。

3.6.3.2 企业年金建立条件和程序

(1) 建立条件。企业依法参加基本养老保险并履行缴费义务，具有相应的经济负担能力，并已建立集体协商机制，可以建立企业年金。

(2) 建立程序。建立企业年金，应当由企业与工会或职工代表通过集体协商确定，并制定企业年金方案。国有及国有控股企业的企业年金方案草案应当提交职工大会或职工代表大会讨论通过。企业年金方案应当报送所在地区县以上地方人民政府劳动保障行政部门。中央所属大型企业企业年金方案，应当报送劳动保障部。劳动保障行政部门自收到企业年金方案文本之日起 15 日内未提出异议的，企业年金方案即行生效。

3.6.3.3 企业年金方案基本内容

企业年金方案应当明确以下 6 项基本内容。

(1) 参加人员范围。企业年金方案适用于企业试用期满的职工。

(2) 资金筹集方式。企业年金所需费用由企业和职工个人共同缴纳。企业缴费的列支渠道按国家有关规定执行；职工个人缴费可以由企业从职工个人工资中代扣。企业缴费每年不超过本企业上年度职工工资总额的十二分之一。企业和职工个人缴费合计一般不超过本企业上年度职工工资总额的六分之一。

(3) 职工企业年金个人账户管理方式。企业年金基金实行完全积累，采用个人账户方式进行管理。企业缴费应当按照企业年金方案规定比例计算的数额计入职工企业年金个人账户。职工个人缴费额直接计入本人企业年金个人帐户。企业年金基金投资运营收益，也要按净收益率计入企业年金个人账户。

(4) 计发办法和支付方式。职工在达到国家规定的退休年龄时，可以从本人企业年金个人帐户中一次或定期领取企业年金。出境定居人员的企业年金个人账户资金，可根据本人要求一次性支付给本人。

(5) 组织管理和监督方式。建立企业年金的企业，应当确定企业年金受托人，受托管理企业年金。受托人可以是企业成立的企业年金理事会。企业年金理事会由企业和职工代表组成，也可以聘请企业以外的专业人员参加，其中职工代表应不少于三分之一。受托人可以委托具有资格的企业年金帐户管理机构作为帐户管理人，负责管理企业年金账户；可以委托具有资格的投资运营机构作为投资管理人，负责企业年金基金的投资运营。受托人应当选择具有资格的商业银行或专业托管机构作为托管人，负责托管企业年金基金。

(6) 其他内容。包括支付企业年金待遇的条件、中止缴费的条件和双方约定的其他事项。

3.6.3.4 企业年金的管理

为了实现企业年金的保值增值，对企业年金进行受托管理、账户管理、托管、投资管理以及监督管理，人社部、银监委、证监委、保监委发布了《企业年金基金管理办法》(人社部第 11 号令，2011)、《关于企业年金养老金产品有关问题的通知》(人社部发〔2013〕24 号)、《关于扩大企业年金基金投资范围的通知》(人社部发〔2013〕23 号）等文件。企业年金的所

得税按相关文件执行。

参考文献

[1] 陈维政,余凯成,程文文．人力资源管理（第三版）[M]．北京：高等教育出版社，2011.
[2] 郑晓明．人力资源管理概论（第三版）[M]．北京：机械工业出版社，2011.
[3] 颜爱民,方勤敏．人力资源管理（第三版）[M]．北京：北京大学出版社，2011.
[4] 姚瑞敏,田鹏,杨炎轩．人力资源管理概论[M]．北京：科学出版社，2010.
[5] 侯荔江．人力资源管理[M]．成都：西南财经大学出版社，2009.
[6] 边慧敏．公共部门人力资源开发与管理[M]．北京：高等教育出版社，2009.
[7] 刘松博,龙静．组织理论与设计[M]．北京：中国人民大学出版社，2009.
[8] 钱振波．人力资源管理：理论、政策、实践[M]．北京：清华大学出版社，2004.
[9] 萧鸣政．人力资源管理[M]．北京：中央广播电视大学出版社，2001.
[10] 张德．人力资源开发与管理[M]．北京：清华大学出版社，2002.
[11] 廖泉文．招聘与录用[M]．北京：中国人民大学出版社，2002.
[12] 叶向峰．员工考核与薪酬管理[M]．北京：企业管理出版社，1999.
[13] 彭剑锋．人力资源管理概论[M]．上海：复旦大学出版社，2003.
[14] 褚建航．实用面试招聘技巧[M]．北京：企业管理出版社，2010.
[15] 金萍．薪酬管理[M]．大连：东北财经大学出版社，2006.
[16] 胡君辰,郑绍濂．人力资源开发与管理[M]．上海：复旦大学出版社，1999.
[17] 王丽娟．员工招聘与配置[M]．上海：复旦大学出版社，2006.
[18] 张再生．职业生涯管理[M]．北京：经济管理出版社，2002.
[19] 曾湘泉．劳动经济学[M]．上海：复旦大学出版社，2009.
[20] 赵曙明．国际企业：人力资源管理（第三版）[M]．南京：南京大学出版社，2005.
[21] 加里·德斯勒,赵曙明．人力资源管理基础[M]．北京：机械工业出版社，2007.
[22] 窦胜功,卢纪华,戴春风．人力资源管理与开发[M]．北京：清华大学出版社，2005.
[23] MBA 核心课程编辑组编辑．人力资源管理[M]．北京：九州出版社，2002.
[24] 孙宗虎,王瑞永．人力资源与行政后勤工作执行流程[M]．北京：人民邮电出版社，2010.

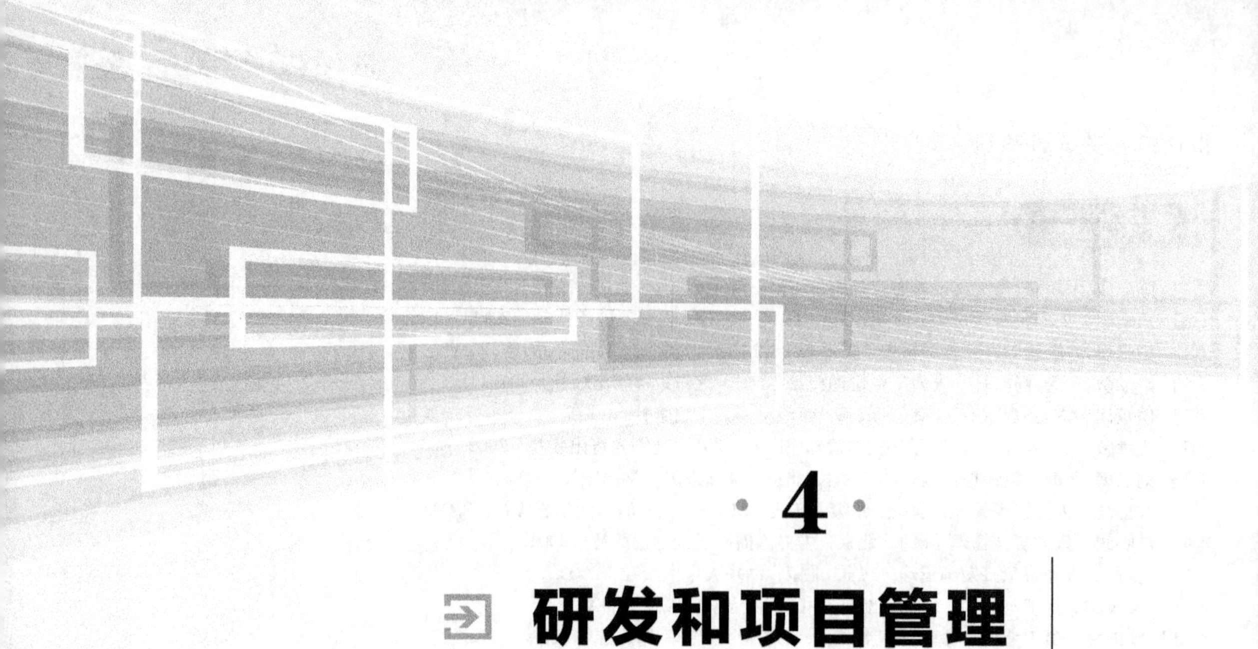

4 研发和项目管理

技术创新是增强化工企业核心竞争力的主要手段，要坚定不移地确立企业自己的研发主体地位。为了实现企业的可持续发展，有条件的企业都必须建立研发中心，进行技术创新和新产品研发，并将研发成果不断地转化为生产力。要构建以企业为主体、市场为导向、产学研相结合的技术创新体系。技术合作中，企业不但要在他人的成果上继续创新，还要逐步使高校、科研院所成为自己的后盾和配角。

企业研发关键在于要拥有学科带头人，需要大批的博士、科学家、工程师进入企业，构筑人才梯队。研发中心要实行开放式管理，加强技术引进、产学研合作和国际合作，提高研发人员的能力、责任感和归属感，使我国的化工创新赶上世界先进水平。

改革开放以来，民营化工企业实际上是享受了我国国有企业的创新成果发展起来的，大量的原国有化工企业工程师带来了以前在国有体制下无法实现的创新技术和思路。但现在大部分民营化工企业明显创新能力不足，具有创新能力的研发人员缺乏，吸引人才和创新平台建设的措施不够，值得企业经营管理者高度重视。

4.1 建立企业为主体的研发体系

长期以来，在科技研发方面，我国政府与企业角色的错位并未得到根本纠正，仍沿袭着计划经济时代以国家为主的投资体制，各级政府投入的开发经费占总投入额的70%强，企业投入占30%弱；而在美欧发达国家和新兴工业化国家，企业的研发投资要占全部研发投资的70%左右。

目前我国技术创新主体错位仍然存在，技术创新的主体仍然是科研院所和高等院校。这种主体的错位，使科技成果供需产出的结构性矛盾不能从根本上解决，更使成果转让成本大大增加。同时，由于科研经费和科研人员主要集中在科研院所和高等院校，它们不直接面向市场，不甚关心科研成果能否转化为生产力，也没有足够的资金和市场开拓能力将技术创新成果推向市场，因而很多科研成果被束之高阁。

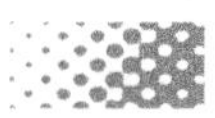

有鉴于此，重新认识市场经济条件下创新的规律，富有成效地推动科技体制创新，就成为推进现代企业发展的一个迫切要求。

4.1.1 企业为主体的研发体系是经济转型的需要

4.1.1.1 建立企业为主体的创新体系是我国的重大战略

《国家中长期科学和技术发展规划纲要（2006—2020年）》提出了加快建设以企业为主体、市场为导向、产学研相结合的技术创新体系。

国务院《工业转型升级规划（2011—2015）》(国发〔2011〕47号）强调：“坚持以市场为导向，以企业为主体，强化技术创新和技术改造，促进‘两化’深度融合，推进节能减排排和淘汰落后产能，合理引导企业兼并重组，增强新产品开发能力和品牌创建能力，优化产业空间布局，全面提高核心竞争力，促进工业结构优化升级”。

中共中央、国务院《关于深化科技体制改革，加快国家创新体系建设的意见》(中发〔2012〕6号）明确指出：“我国自主创新能力还不够强，科技体制机制与经济社会发展和国际竞争的要求不相适应，突出表现为：企业技术创新主体地位没有真正确立，产学研结合不够紧密，科技与经济结合问题没有从根本上解决，原创性科技成果较少，关键技术自给率较低；一些科技资源配置过度行政化，分散重复封闭低效等问题突出，科技项目及经费管理不尽合理，研发和成果转移转化效率不高；科技评价导向不够合理，科研诚信和创新文化建设薄弱，科技人员的积极性创造性还没有得到充分发挥。这些问题已成为制约科技创新的重要因素，影响我国综合实力和国际竞争力的提升”。要“强化企业技术创新主体地位，促进科技与经济紧密结合”。

《关于强化企业技术创新主体地位，全面提升企业创新能力的意见》(国办发〔2013〕8号）中明确要求：“以深入实施国家技术创新工程为重要抓手，建立健全企业主导产业技术研发创新的体制机制，促进创新要素向企业集聚，增强企业创新能力，加快科技成果转化和产业化，为实施创新驱动发展战略、建设创新型国家提供有力支撑”。“到2015年，基本形成以企业为主体、市场为导向、产学研相结合的技术创新体系”。“到2020年，企业主导产业技术研发创新的体制机制更加完善，企业创新能力大幅度提升，形成一批创新型领军企业，带动经济发展方式转变实现重大进展”。

4.1.1.2 我国制造业大多处于国际产业分工链低端，创新能力不强

2012年12月5日，总部位于纽约的全球最大专业信息服务提供商汤森路透集团公布“2012年全球创新企业百强”榜单，共47家美国企业、32家亚洲企业、21家欧洲企业上榜。虽然中国专利申请数领先全球，但由于专利质量及影响力不足，结果中国企业无一上榜。

众所周知，精细化工率的高低已经成为衡量一个国家或地区化学工业发达程度和化工科技水平高低的重要标志。美国、欧洲和日本等化学工业发达国家的精细化工率已达到60%～80%，但我国的化学工业处于高投资、高资源消耗的重化工时期，精细化工率只有约40%。传统精细化工产业，如制药、染料、有机颜料、农药等虽然产量全球第一，但在全球市场缺乏有影响力的品牌，缺乏议价能力，不是制造业强国。

美国化学委员会（ACC）的相关统计数据显示，2010年美国化工业研发支出比上年增长13%，超过美国《化学周刊》化工研发投资前五十强公司的平均增长速度。其中，2010年美国化工业（不包括医药行业）研发支出达到134亿美元，比2009年的119亿美元增加了15亿美元。

据相关统计数据显示，2008年巴斯夫的研发经费预算总额约为13.5亿欧元，2009年接

近14亿欧元，2010年巴斯夫研发预算总额则高达13.8亿欧元；杜邦公司每年研发预算保持在20亿美元；主要发达国家大企业的研发经费支出与其销售收入的比例已达5%～8%。与杜邦、巴斯夫等国外大型化工企业相比，我国大型企业研发经费支出与其销售收入的比例仅为2%左右。我国化工企业的研发投入严重偏低，研发经费人均支出仅为美国的1.2%，日本的1.1%。因此，要缩小与国外大型化工企业的差距，国内化工企业需要大大加强研发投入比例。

4.1.1.3 全球第四次产业转移，需要我们打造以企业为主体的技术创新体系

二次世界大战后至20世纪末，全球范围内较大规模的产业转移发生了三次：

第一次在50年代，美国将钢铁、纺织等传统产业向日本、德国等地区转移；

第二次在60、70年代，日本、德国向亚洲“四小龙”和部分拉美国家转移轻工、纺织等劳动密集型加工产业；

第三次在80年代，欧美日等发达国家和亚洲“四小龙”等新兴工业化国家（地区）把劳动密集型产业和低技术型产业向发展中国家转移，特别向中国内地转移。中国逐渐成为世界工厂。

2008年金融危机后，全球第四次产业转移开始启动。只是在这次产业转移中，中国制造业成了受冲击最大的行业。这表明，中国企业的创新能力与中国的经济大国地位并不相符，中国依靠拼资源、拼环境、拼低廉劳动力成本优势的时代已经一去不再返了。我国经济发展已开始由低成本要素驱动阶段，逐步迈入提高劳动生产率和创新驱动的阶段。在这样一个新阶段里，以创新谋求发展，从“中国制造”走向“中国创造”，无疑是企业与行业调整结构、转型升级、不断发展的最有力的引擎。这就需要我们打造以企业为主体、市场为导向、产学研用相结合的行业技术创新体系，高效配置创新资源，提升创新综合集成能力。

4.1.1.4 企业为主体的技术创新体系表现在三个方面

在市场经济条件下，人们对技术创新经济学的研究得出的最基本的一条规律是：企业必须成为技术创新的主体。这种主体性主要表现在三个方面：一是企业要成为技术创新投资的主体；二是企业要成为研究开发的主体；三是企业要成为创新利益分配的主体。

企业作为技术创新的投资主体，就意味着在国家产业政策的宏观指导下，根据市场需求变化和市场竞争格局，企业自主地选择适合本企业发展目标的创新项目，自主进行筹资、融资和投资，自己承担相应风险，政府管理部门不加干预。

企业作为研究开发主体，就意味着研究开发工作主要在企业内进行。在传统体制影响下，一些国有企业特别是大中型企业虽然也设有研究开发机构，但不论人力资源，还是物质资源，均投入不足。同时，由于企业没有成为研究开发的主体，研究开发活动主要不在企业进行，导致科技成果和企业生产经营脱节，许多科研活动没有明确的商业目的，造成了科研成果多而企业新产品少，获奖科研成果先进而企业产品落后的局面。

企业作为创新利益分配主体，就意味着在照章纳税后，企业有权对技术创新收入进行自主分配。这样企业不仅可以有效补偿技术创新投入，而且还可以有效地激励研究与开发人员，尤其是对技术创新有突出贡献的人员实行特殊的报酬机制。再者，企业可以根据有效的经济原则，组建有效的研究和开发机构，按要素、贡献分配报酬，激励研究与开发的有效增长。而企业要走到这一步，不仅需要政府的努力，同时也需要企业经营管理者转换观念。

在国家政策的引导下，我们要从企业的实际出发，进行大胆创新，把握创新的主动权，把握市场机会和技术机会，作出适合本企业的创新决策，不断提高创新水平，使企业真正成

为技术创新的主体，走上一条适合企业自身发展的创新之路，使企业始终保持旺盛的生机，不断取得新的发展。

4.1.2 研发、创新对企业发展的作用

(1) 提高企业的核心竞争能力

技术创新包括引进新产品、引入新技术、开辟新市场、控制原材料供应的新来源，实现产业化的新组织等。不能把技术创新等同于技术革新、发明创造或单纯的技术活动，而是技术开发、工程化、商业化应用和转化为经济优势的创新活动全过程。正因为如此，技术创新是实现“科技是第一生产力”的主要形式和必由之路，是各类企业生存、发展、壮大的基本前提。化工企业来的核心竞争力，包括产品性能、质量、成本、价格、服务、交货期等，其核心是技术创新。

(2) 延长产品生命周期

任何产品都有生命周期。而且由于科学技术突飞猛进，产品的生命周期越来越短，不断的更新换代、适应需求变化以及创造新的市场，都有赖于技术创新。无论国内国外，都不乏传统产业通过技术创新，提高产品技术含量，实现以质量取胜、以价格取胜、以服务取胜、以环境友好取胜的成功事例。从这个意义上说，只有“夕阳产品”，没有“夕阳产业”。

(3) 技术创新是企业生存和发展的基本前提

在当前新的国际国内环境下，加大技术创新力度，更是企业增强发展能力、应对市场竞争的必然选择。随着我国经济运行由供给约束转为需求约束，买方市场基本形成，企业面临全面竞争的发展环境，出现了利润率平均化和下降趋势，分化、调整、改组加剧，大型化、规模化和小型化、专业化竞相发展，不少企业进入“二次创业”或“再次创业”的新阶段。随着我国产业结构和市场需求的关系进入新的调整适应期，产业结构变动率大大提高，工业化开始进入高加工度产业主导阶段，新兴服务产业发展速度加快。各个产业部门和企业都面临着国际竞争的新挑战，急需适应经济全球化、世界新科技革命和“新经济”发展的趋势，抓住机遇，迎接挑战。所有这些表明，企业要适应新的环境，赢得市场竞争，必须加强技术创新，构筑和保持自己在某一领域的优势。

(4) 自主创新，创立品牌，在竞争中博得先机

自主创新是指通过拥有自主知识产权的核心技术以及在此基础上实现新产品的价值的进程。即创新所需的核心技术起源于内部的技术突破，通过独立的研究开发活动而获得的。其核心理念是要依靠自己的力量，拥有自己的核心技术，或者叫核心竞争力。自主创新的结果，一般体现为新的科学发明以及拥有自主知识产权的技术、产品、品牌等。自主创新的经济学意义，就是通过开发出新产品和新服务，获取超额利润而不是平均利润，在竞争中博得先机。

在全球化背景下，土地、劳动力等传统生产要素的权重正在明显降落，而基于技术实力、创新能力的较量更加剧烈。当产品同质化水平越来越高，企业在产品、价格、渠道上越来越不能制造差别来获得竞争优势的时候，品牌文化正好供给了一种解决之道。

企业的真正核心就是品牌，品牌战略才是企业制胜的战略，只有当企业的人力资源、研发技术、环境治理、渠道和广告等都服务于企业品牌时，企业才能获得长足的发展。作为一种高潜质的战略资源和提升竞争力的战略要素，品牌不但能增添企业的资产价值，而且还能增长企业的竞争能力，构成企业强有力的营销工具。自主品牌就是自主创新结果的一种载体，而且是最有效的载体。

一家企业是否强盛，要靠拥有自主创新技术和自主品牌，只有既保持自主创新，又增强

品牌建设，能够切实加强产业和企业的竞争力，才能推动企业发展和产业提高。所以，品牌要有精心的谋划和长期的塑造。在经济全球化潮流中，技术、产品和服务可以跨越国界流动，但品牌属于企业、属于国家。高举自主创新旗号的国内创新型企业，手握具有国际竞争力的自主品牌，就必定能够成为新时代经济全球化的强劲主体，为建设创新型国度做出重大贡献。

(5) 技术创新促使企业向管理现代化转变

企业技术创新要解决好能力和动力两方面的问题，既要有资金、技术和人才，更要有利于创新的制度和激励机制，包括企业的产权制度、内部组织、管理制度、用人制度和分配激励机制等。技术和管理要素参与分配，是企业管理中必须着力解决的一个重要问题。这就需要企业内部管理向管理现代化转变，要改革企业的产权结构、管理体制和运行制度。

4.1.3 化工企业研发方向和途径

4.1.3.1 企业研发方向的选择

研究开发工作可分为三种类型：基础研究、应用研究、开发研究。基础科学研究（科研）一般由政府机构、科研机构和高等院校承担。科学无国界，科研工作也是科学的学术研讨。

企业则主要从事应用研究和开发研究，即将基础研究获得的技术知识加以应用，开发出新产品和新技术。企业自主创新研发的结果，就是形成拥有自主知识产权的技术、产品、品牌等。企业通过创新研发，开发出新产品和新服务，就可获取超额利润。因此，化工企业的研发方向是：

(1) 根据企业的发展战略定位研发新产品。企业中长期发展战略规划，为企业未来的长期生存与发展作出了方向性、整体性、全局性的定位，并明确发展目标和相应的实施方案。根据企业的发展战略定位研发新产品，显然是研发工作的一项重要任务，也是企业为实现战略规划而采取的重要措施。

(2) 根据国家产业转型升级规划和新兴战略产业指导目录等确定研发项目。有些中小型化工企业未明确的发展战略，新产品、新技术的研发方向可参考国家指导目录，如：《工业转型升级规划（2011—2015)》(国发〔2011〕47号)、《产业结构调整目录（2011修正本)》(国家发改委令第21号，2013)、《“十二五”国家战略性新兴产业发展规划》(国发〔2011〕28号）等文件中规定的产业和产品进行研发，运用先进适用技术和高新技术改造提升传统产业（如面广量大的化工中间体产业）。

(3) 化工产品的清洁生产、工艺本质安全是个长期的研发任务。社会上“谈化色变”的状况是由于公众对化工不了解引起，也因化工生产事故和造成环境污染而造成。因此，化工企业现有产品的工艺技术改进，包括：节能减排、循环经济、清洁生产、绿色化工、工艺本质安全的研发，也包括化工污染物排放的有效的、无害化处理的技术研究，这是个长期的任务。国家发改委、科技部、工信部、财政部、环保部等部门都将此列为“优先发展的高新技术产业化重点领域”或“高新技术领域”。

4.1.3.2 企业研发途径

(1) 建设企业技术研发平台。如：企业技术中心、企业研发中心、工程技术研究中心、研究生工作站、博士后工作站、产业技术研究院、企业研究院、企业院士工作站、高技术研究重点实验室等研发平台建设。

(2) 进行产学研合作，建立由企业、高校、科研院所共同参与的“创新战略联盟”。创新战略联盟可承担重大研发任务，发挥企业家和科技领军人才在科技创新中的重要作用。

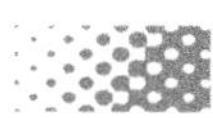

(3) 委托研发。即研发外包，企业可以将一个研发项目分拆为若干课题委托给高校或科研院所进行技术开发。

(4) 企业自主创新。主要是两个方面：一是分析企业现有产品的技术状况，研究工艺、设备上的改进方案；二是根据企业发展方向，研发新产品。

(5) 企业模仿创新。即引进、消化、吸收和再开发，实现二次创新。从全国企业的现实条件来看，主要途径应是引进再创新。即使是国外大企业，由于一个企业的技术不可能都居于领先地位，往往也采取先购买其它公司的专长技术，进而再创新的策略。

(6) 努力开展国际合作，走出去，请进来。在经济全球化的浪潮中，企业要长盛不衰，就要敢于在国际市场上竞争；要利用国外的优势，在国外创办研发机构；也要将国外专家请进来，提升企业的技术和研发水平，使产品转型升级。

4.1.3.3 中小化工企业的研发模式

(1) 产品模仿战略。指的是中小企业生产与大企业完全一样的产品，是对市场上畅销产品的拷贝。这对于中小企业来说不失为一种较好的研发战略，无须冒投资失败的巨大风险，只需跟进市场畅销产品，保证产品质量过硬，就能产生最大的投入产出比。但是产品模仿战略也容易使企业陷入“模仿陷阱”，缺乏支撑企业长期发展的核心产品或产品群。

(2) 产品改进战略。是指在原有产品的基础上对产品进行改善，如增加新的功能、提高质量和改进包装等，从而达到增加产品所给予顾客价值的一种产品研发模式。产品改进由于已有基础，开发的成本和难度都大大降低，在企业能力有限的情况下，既照顾到企业资源的现实条件，又能够循序渐进，使产品的长短期战略不脱离。

(3) 技术引进战略。这一战略的特点是使用他人的专利或转让的科研成果来为本企业服务。采用技术引进战略不需要投入过多的研发力量，收效快。但是企业不宜长期以此作为研发战略的主体。

(4) 填补空隙战略。这种战略有两种含义：一是针对市场上某一时期可能实现的潜在需求来组织研发工作；二是充分利用本企业的某种特殊技术在社会与市场上尚属空白的机会，加强研发，使之占领市场，获得利润。

(5) 产品创新战略。产品创新是获得生存根本和迅猛发展的最佳战略，产品创新关键在于技术创新与思想理念创新，而且有相当一部分产品创新研究所需要的物质、资金成本比较低，因此中小企业在产品创新方面并非完全没有机会，事实上许多中小企业就是靠产品创新在市场上一炮打响。对于有一定能力的中小企业来讲，产品创新战略才是企业发展壮大的最优战略选择。值得注意的是，产品创新在需要一定成本的同时也存在失败的风险，中小企业由于实力有限，选择产品创新项目时一定要谨慎，较好的处理办法是量力而行，在自己力所能及的领域与范围内进行突破创新。

4.1.3.4 研发人员的激励和管理

化工行业是技术密集型和资金密集型的行业，化工企业的竞争归根到底是技术的竞争。尽管如此，许多化工企业家对研发工作是又爱又恨。爱的是：谁都知道研发工作的重要性，会给企业带来巨大的利润；恨的是：研发人员用人难，要找到有水平的人不容易，要留住他更不容易！而且人一走，把技术也带走。

有些企业经营管理者最希望的是：研发人员直接将技术或新产品带给企业，这样研发时间短、费用少，也能很快见效。实际上希望个人带着成果来公司，这是一种容易使员工犯错误的行为，也不利于企业培养一个好的技术团队。如果你的企业的核心优势是靠这些渠道而得来的，那就永远不会形成自己的核心竞争力。

研发需要人，化工企业要做好研发工作，不但企业家要改变观念，确实也要对研发人员进行有效的激励和管理。一般来说，研发人员可分三类：①研究人员，指企业内主要从事研究开发项目的专业人员；②技术人员，具有工程技术、自然科学或生命科学领域的技术知识和经验，在研究人员指导下参与资料收集整理、进行实验和测试分析的人员；③辅助人员，指参与研究开发活动的熟练技工。我们这里讨论的是第一类人员——研究人员的激励和管理。

研究人员是有一定知识和经验，有一定个性特点的知识员工。这个群体的特点是：很多时候他们就是大男孩、学生与科学家的组合。他们脑子聪明反应快，有话直说、实事求是。他们善于跟计算机、实验设备或其他研发人员打交道，而面对客户或公司领导时，要么太过直率、甚至得罪人；要么过于害羞、吝于表达意见。但是这个群体是许多公司的核心资产，他们在某种程度上决定了公司在市场上的竞争优势。一旦他们对公司产生不满，有离开的念头，他们也会迅速作出决定，公司很难挽留。研发人员与一般员工有着相同的地方：在80%的情况中，他们就像公司其他的员工一样，需要激励、认可、发展，因此可用一般的HR管理工具与机制来吸引、保留并发展他们。但在另外20%的情况里，研发人员这一群体确实有一些特殊性，需要对于研发人员的发展与保留采取特殊的激励和管理办法。

(1) 企业家首先应该有爱才之心，求贤若渴，三顾茅庐而不舍的精神。要尊重、关心、爱护研发人员。“士为知己者死”，我们应该知道这句话的深刻含意。

(2) 激励知识员工的动力并不单单在于表面报酬，更多来自工作的内在报酬。知识员工的特点是：更富于追求自身价值的实现、有较强的独立性、乐于挑战性工作、具有创新精神。当今世界正在进入智慧家与资本家平起平坐的时代，智慧家拥有过人的经营智慧、管理智慧或研究开发智慧，其大脑无异于一座金矿。股权激励，是受欢迎的激励工具，提供员工股票购买计划（ESPP)，使其拥有对企业的所有权。或直接把知识转化为认股权、股利和红利；在股权安排上，给有才能的人配送股权。

(3) 要有好的考核机制和激励手段。对知识员工不仅仅是简单的感情留人、机会留人就能搞定的，满意的报酬、必要的发展愿景、充分的信任都很关键。任何人都期望有稳定的高收入，要善于使用赛马机制，避免高薪付出而无回报的情况，可参考4.1.5研发管理制度中的研发成果奖励制度。好的薪酬激励既可解决员工的后顾之忧，也能让他们安心搞科研。

(4) 学科带头人很重要，企业要有若干个学科带头人。学科带头人博学的知识、丰富的经验、良好的职业道德给研发人员树立了榜样。有些技术人员因为掌握了一些核心技术就不知道如何摆正自己的位置，让他找到自己的定位，培养良好的职业道德和团队意识十分重要，学科带头人就起到了在这样的作用。

(5) 建立技术职称体系。很多企业只有工作职位体系，而没有技术职称体系，使技术人员感到没有自己的位置，影响了他们的积极性。有些技术人员有保守的倾向，他要利用自己的技术优势保持自己的地位和待遇，这种倾向会伤害技术人员之间的合作关系。建立技术职称评判体系，举办内部技术讲座，让技术尖子把自己所知道的技术讲出来，还要让他们有能力把团队带起来，这样让他在信息共享的情况下形成权威人物。在技术职位体系上让他们不断地接受新的挑战，也在这种过程中让他们寻找最适合自己发挥能力的岗位。这就为技术人员提供了双轨的职业通道，让优秀的研发人员可在技术和管理两个通道上选择发展。让技术职称序列的人员知道晋升需要能力、知识、经验、绩效的门槛。在晋升制度上，要结果合理、过程透明，将他们研发的成果、晋升的理由公布，增加研发人员对晋升机制的了解与

信任。

(6) 用非物质激励使公司在比较中产生优势。研发人员大多生活简单，喜欢一个单纯的工作环境。薪水、奖金、股票等物质激励确实很重要，但能让研发人员工作开心、甚至在亲友面前夸耀的是什么？很可能是公司的氛围、奖状、公开的表扬、公司的弹性福利计划、员工餐厅、健身房、不错的职称、甚至是节日所发的小礼品。当研发人员的薪酬水平在人才市场与管理市场上有一定的竞争力之后，公司的员工福利会比奖金更有效益。公司要用更多的创意，来创造更有效的激励与留人方式，而并非用更多的钱来发奖金。

(7) 给创业型研发人员的另一条路——内部创业。“宁为鸡首，不为凤尾！”有些研发骨干有强烈的创业愿望。所以企业面临的问题不只是薪酬福利等问题，而是如何留住想创业的优秀人才。一方面，想创业的研发人员也面临两难：离开企业，自求发展，或许有天能成为成功的中小企业的老板；但创业的风险、资金的筹集、竞争的激烈让许多人望而却步；另一面研发人员又不甘受公司绑手绑脚，只能做个小螺丝。有一些高科技公司的作法是创造一个介于两者的环境：让研发人员内部创业。操作方式是：大大降低研发人员原有薪水，接受公司的资金，若内部创业成功，提升了公司的价值，员工便可获取相当一笔的公司股权；若失败了，回到最初的待遇。公司则扮演了风险投资（VC）或私募股权投资（PE）者的角色，从多方面评估申请者的内部创业提案。对企业而言，借着审慎评估风险与降低申请者的薪水，可以提高潜在的投资报酬率或减少失败的风险，又可保留公司看重的人才。

(8) 保持健康的流动率。研发人员群体需要有健康的流动率，研发人员的价值很多是在于他们的脑力、创意与挑战传统思维的能力。新的研发人员可以带进新的思维，促进更好的研发结果，因此我们不必担心人员的正常流动。但对于公司的关键人才，我们则应尽力保留。以 80/20 法则来看，企业大多数的价值可能是由较少数的人所创造的，因此辨别公司与部门最关键的人才，提供合适的发展与留人机制，甚至将留住 20%的关键人才纳入 HR 经理的关键绩效指标考核。

我们也要看到，有些高学历的人员自私自我意识比较强，缺乏职业道德，对研发团队起到破坏作用，应该让这样的人流动出去。

4.1.4 企业工程技术中心建立的条件和运行

4.1.4.1 省级企业工程技术中心应具备的条件

(1) 拥有一支技术水平高、工程化实践经验丰富、结构合理的技术和管理人才队伍。项目负责人具有较高的专业水平以及组织管理与协调能力。

(2) 在相关技术领域具有较强的研发实力，具备承担国家和省重大科技项目的能力，拥有一定数量的具有自主知识产权的高技术成果、发明专利或专有技术。

(3) 基本具备工程技术试验条件、工艺设备等基础设施和相对集中的设施场所，有必要的分析、测试手段。经充实完善后，具备承担工程技术研究、开发和试验任务的能力。

(4) 具有一定的经济实力，有筹措资金的能力和信誉。主管部门具有一定的资金匹配能力并作出相应承诺。

(5) 已经市级（省辖市）立项建设一年以上，初步形成技术创新机制，具有形成独立核算实体的条件。

简单地说，企业工程技术中心应做到“六有”：有场所，有人员（特别是要有学科带头人），有装备，有投入，有特色业务，有专利技术。

4.1.4.2 企业工程技术中心的运行和管理

(1) 工程中心实行管委会或董事会领导下的主任负责制。中心管委会或董事会原则上由依托单位和有关成员单位负责人及主管部门领导共同组成，具体负责工程中心发展规划、计划的审定，监督、检查和审议财务预决算及其收益方案，协调工程中心与依托单位、工程中心建设各成员单位及相关合作单位之间的关系，聘用或解聘中心主任等。

(2) 工程中心设立技术委员会，一般为7～11人，由中心依托单位和国内同行业及相关领域知名专家组成，其中，参与建设单位的委员不超过1/3，省外的委员不少于1/3。技术委员会主要审议工程中心的发展规划，研究开发方向、计划和项目，评价工程实验设计方案，帮助提供技术、经济、管理咨询和市场信息等。工程中心技术委员会委员由省科技厅负责聘任，每届任期四年。

(3) 工程中心主任每年应针对本行业、本领域急需的新材料、新工艺等关键技术问题，提出年度创新计划，提交技术委员会审议。

(4) 工程中心实行开放、流动机制，除配备一定数量的工程研究开发、工程技术和工程管理人员及高、中级技术工人等固定人员外，工程中心应积极创造条件，吸收和接纳国内外相关流动人员携带成果来实施成果转化、进行工程化研究开发和试验。工程中心应经常与本行业或领域内高等院校、重点实验室、科研院所和企业等单位开展技术交流与研讨。

(5) 工程中心可视为独立的科研单位申报省各类科技计划项目，可组织国外专家、研究人员联合从事研究和技术开发工作。

(6) 工程中心的仪器、设备及成套试验装备应纳入省大型科学仪器设备协作共用网，对社会开放。有条件的应申请国家实验室认可，不断提高行业服务能力。

(7) 工程中心应加强知识产权保护。对中心完成的专著、论文、软件等研究成果均应署中心名称，专利申请、技术成果转让、申报奖励按国家有关规定办理。

4.1.5 研发管理制度

企业研发中心的管理制度主要有：研发项目管理制度、研发费用核算管理制度、研发成果奖励制度、研发人员考核制度，以及实验室管理制度等。

4.1.5.1 研发项目管理制度

企业研发项目，即为实现节能减排、降低成本、提高产品质量、发展新产品，创造性地运用科学技术新知识，进行研发的新产品和新工艺、新材料、新技术、新设备等。

(1) 研发项目的来源。技术研发项目的来源有：①政府有关部门的委托；②外部企、事业单位委托；③集团公司下达；④研发人员自选；⑤据公司各级员工“合理化建议”确定。

(2) 各类来源研发项目的管理。①各级政府有关部门和外部企、事业委托项目，均应签订有关“研发合同”或“研发协议书”，明确研发任务的目的、期限、责任、经费等事项。无合同或协议，无研发经费不得立项。②研发人员自选研发项目以“项目建议书”形式提出，内容包括：项目理由、目的、攻克的技术关键、预期实现的目标、经济效益等；经总工程师（或研发中心主任）组织评审后立项。③合理化建议经总工程师（或研发中心主任）组织评审后立项。

(3) 研发项目的立项管理。研发项目以“研发项目计划任务书”（见表4-1）的形式立项；研发计划任务书提出后，由总工程师（或研发中心主任）对项目组织评审，并签署评审意见；签署“同意立项”的评审意见后，交总经理批准立项，并落实研发经费。

表 4-1 研发项目计划任务书

项目编号： 填报日期： 年 月 日

<table>
<tr><td>项目名称</td><td colspan="3"></td><td>项目来源</td><td></td></tr>
<tr><td>立项理由</td><td colspan="5"></td></tr>
<tr><td>技术关键</td><td colspan="5"></td></tr>
<tr><td>达到的指标</td><td colspan="5"></td></tr>
<tr><td colspan="2">起止时间</td><td colspan="4">工作内容</td></tr>
<tr><td colspan="2"></td><td colspan="4"></td></tr>
<tr><td colspan="2"></td><td colspan="4"></td></tr>
<tr><td colspan="2"></td><td colspan="4"></td></tr>
<tr><td rowspan="2">课题人员</td><td rowspan="2">经费项目</td><td colspan="4">经费预算(万元)</td></tr>
<tr><td>年</td><td>年</td><td colspan="2">年</td></tr>
<tr><td rowspan="3">负责人：</td><td>人员工资</td><td></td><td></td><td colspan="2"></td></tr>
<tr><td>直接投入</td><td></td><td></td><td colspan="2"></td></tr>
<tr><td>折旧与待摊</td><td></td><td></td><td colspan="2"></td></tr>
<tr><td rowspan="7">组员：</td><td>设计费</td><td></td><td></td><td colspan="2"></td></tr>
<tr><td>装置调试费</td><td></td><td></td><td colspan="2"></td></tr>
<tr><td>无形资产购入</td><td></td><td></td><td colspan="2"></td></tr>
<tr><td>委托外部研发费</td><td></td><td></td><td colspan="2"></td></tr>
<tr><td>其他费用</td><td></td><td></td><td colspan="2"></td></tr>
<tr><td>合 计</td><td></td><td></td><td colspan="2"></td></tr>
<tr><td>总 计</td><td></td><td></td><td colspan="2"></td></tr>
</table>

填报人： 审核人： 批准人：

（4）研发项目的过程管理。①项目（课题）负责人每月将研发进展情况向总工程师（或研发中心主任）做出书面汇报；②项目（课题）组应根据研发进展情况和碰到的问题，不断调整研发思路和方法，采取组织专题讨论、查阅资料、外部调研、专家指导、外部合作等方式，使项目不断推进达到预定目标；③总工程师（或研发中心主任）应经常检查各项目（课题）组研发工作的进展情况，发现问题及时指导和解决。④项目（课题）组应根据研发项目进度的不同阶段（小试、中试、试生产）提出研发项目技术总结报告。

（5）研发项目的评审。项目（课题）组提交研发各不同阶段的研发报告后，由研发中心技术委员会对项目进行评审，并提交书面的评审报告。项目评审报告作为成果评定奖励的依据。

（6）研发报告和评审报告交总经理签字后存档，并做好文件的保密工作。

4.1.5.2 研发费用核算管理制度

企业对研发费用必须实行专账管理。研发费用归集按照《高新技术企业认定管理工作指引》(国科发火［2008］362 号）进行；研发费用需加计抵扣的应按《企业研究研发费用税前扣除管理办法（试行）的通知》(国税发［2008］116 号）执行。

4.1.5.3 研发成果奖励制度

制定并落实研发人员奖励政策，是提高研发人员积极性、提高研发人员待遇的有效措施。通过实施研发奖励政策，企业和研发人员成果共享，可增强研发人员的荣誉感、责任感和对企业的归属感，也是吸引人才、留住人才的有力措施。

案例：◇◇◇化工有限公司研发人员奖励制度

1 总则

本制度适用于公司技术研发成果的考核奖励，研发成果包括：新产品的研发、老产品工艺改进，“三废”资源化利用等。

2 职责

2.1 工程技术中心负责本制度的实施和管理；

2.2 总经理负责对研发奖励的审批。

3 实验室（小试）成果的考核和奖励

3.1 小试在立项后进行。

3.2 小试成果必须提交技术总结报告和备查的原始记录，实验报告规范、数据可靠，实验结果比现有技术明显改进，并有工业化前景。否则不予评审结果，实验视作失败。

3.3 小试成果根据技术难易程度和价值设置特等、一等、二等、三等四种奖项：

3.3.1 特等奖：属世界创新技术，奖金30000～50000元

3.3.2 一等奖：属国内创新技术，奖金15000～30000元

3.3.3 二等奖：属省内创新技术，奖金8000～15000元

3.3.4 三等奖：属公司内创新技术，奖金3000～8000元

3.4 经技术委员会评审后确认奖励等级。奖金80%分配给课题组（其中项目研发负责人得50%），分析测试人员20%。

4 中试成果的考核和奖励

4.1 小试成果经评审，认为需要经过中试的，安排中试（产品生产能力≤100吨/年）；

4.2 中试结束必须提交中试报告，中试报告规范、数据可靠，中试报告能给大生产装置的设计、工艺技术规程、安全规程、岗位操作规程的编写提供依据。中试产品有市场前景，否则不予评审成果，试验视作失败。

4.3 中试成果根据技术难易程度和市场前景设置特等、一等、二等、三等四种奖项：

4.3.1 特等奖：未来市场销售收入超1亿元或利润1000万元以上的，奖金50万～100万元；

4.3.2 一等奖：未来市场销售收入0.5亿～1亿元或利润500万元以上的，奖金20万～50万元；

4.3.3 二等奖：未来市场销售收入0.1亿～0.5亿元或利润100万元以上的，奖金10万～20万元；

4.3.4 三等奖：未来市场销售收入0.1亿元以下或利润在100万元以下的，奖金3万～10万元；

4.4 奖金分配方法：50%分配给课题组（其中研发项目负责人不低于40%），中试车间人员共20%、分析测试人员15%、销售人员15%。

5 工业化生产阶段的研发成果奖励

按产品的销售利润计提奖金奖励

5.1 销售利润奖励提取办法：第1年按利润的30%计提，第2年按利润的20%计提，第3～5年按利润的10%计提，共提取五年。

销售利润＝产品销售收入－制造费用－财务费用（最高不超过销售收入的5%）－管理费用

5.2 奖金的分配办法：65%分配给课题组（研发项目负责人不低45%），生产部门和车间15%，分析测试人员10%，销售部门10%。

6 老产品工艺改进的成果奖励

6.1 老产品工艺改进是指对现有产品的合成路线，工艺技术和装备进行革新而达到稳定或提高质量、节能降耗、减少“三废”或“三废”资源化利用，实施循环经济而获得的成果。

6.2 小试成果或需要中试的成果按前述3、4条进行奖励；

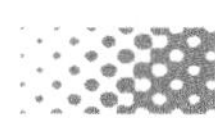

6.3 在产品质量不降低的前提下，实施老产品工艺改进，实现降本增效（包括降低“三废”处理费用）的按下述办法进行奖励：

6.3.1 产能≤50 吨/年，按实际年降本额的 35%奖励；

6.3.2 50 吨/年<产能≤100 吨/年，按实际年降本额的 30%奖励；

6.3.3 100 吨/年<产能≤500 吨/年，按实际年降本额的 25%奖励；

6.3.4 500 吨/年<产能≤2000 吨/年，按实际年降本额的 20%奖励；

6.3.5 产能>2000 吨/年，按实际年降本额的 15%奖励；

6.4 实施老产品工艺改进，未降本增效，但提高了产品质量，提高了产品市场竞争能力的，根据产品产量规模，一次性给予 3 万～10 万元奖励。

6.5 奖金的分配办法：按 5.2 执行。

7 其他奖励办法

7.1 技术研发成果申报市、省、国家级科技成果奖，创新基金，成果转化基金等项目按获资助额的 10%奖励给申报人员。

7.2 成果申报专利需经董事长或总经理批准。发明专利公开的，每项发明专利奖 3000 元，获得专利授权的，再奖 10000 元；每项实用新型、外观设计专利获授权的奖 5000 元。

8 其他说明事项

8.1 老产品工艺改进、新产品开发的降本额、销售收入、利润计算，原料以公司制订的不含税的不变价格为依据；未制订不变价格的，以当年 12 个月平均价格为依据；

8.2 年产能以全年月度最高产量为依据核定，或经公司生产、技术、财务、设备等部门讨论认定，总经理批准的产能为依据；

8.3 研发人员因失误而造成公司损失的，按损失额的 10%从奖金额中扣除；

8.4 研发人员必须完成领导布置的其它任务，自觉维护公司利益，不私自替外单位个人或企业进行研发工作，否则视情况扣减奖金额的 10%～80%，直至辞退；

8.5 所有研发项目，在申报评定奖励之前都必须按公司“研究开发项目管理制度”要求提交研发项目试验报告（技术总结报告）；使用溶剂的，必须包含有溶剂回收情况的内容；报告或原始记录不符合要求的不予成果评审。

8.6 所有研发项目不管是否获奖，研发人员均应按公司有关保密规定执行。

8.7 研发成果经公司董事长或总经理批准，可对外转让，转让收入的 60%作为研发人员的奖金。

8.8 研发项目成果课题组奖金分配，由研发项目负责人提出分配方案，总工程师审核，总经理批准。

4.1.5.4 保密制度

研发项目和技术对外保密是研发人员的基本职业道德，研发人员必须自觉维护投资者的利益。研发保密制度是研发管理的基本制度。应确定研发人员任职期间以及离开单位后的一定年限内规避同业竞争的办法；在研发技术中心内部各课题组之间也应该相互保密；应将某项研发项目（课题）分成若干个子项目（课题）交各课题组进行研究，包括外包给外部单位研究，这样既能发挥各课题组的优势，加快研发速度，也不至于因人员流动而导致研发技术失密。

4.1.5.5 实验室管理制度

实验室管理制度基本上有：实验员岗位职责，实验室安全管理制度，仪器、药品使用制度，剧毒药品领用制度，实验原始记录管理制度，实验室劳动纪律规定，实验室现场管理制度等。

4.1.5.6 研发人员日常考核制度

建立日常考核制度，对每个研发人员的每月工作进行百分考核。内容有：任务完成、劳动纪律、实验记录、现场管理、实验和研究能力、仪器维护、安全工作等情况进行评分考核。

4.2 研发项目管理

化工研发项目按研发进行的程序和规模来分，可分为：小试项目（实验室项目）、中试项目和试生产项目（大试项目）。各类项目管理都有不同的要求。

研发准备阶段技术管理的主要工作有：

(1) 文献调查。对国内、外文献进行周密、系统的调查研究，全面了解和掌握本课题的国内、外技术进展情况和存在问题。充分利用前人的成就，避免重复和走弯路，力争在最先进、合理的起点上开始工作。

(2) 研、产、销情况调查。国内、外研发情况，生产情况，市场需求，资源情况。防止课题无的放矢，不切实际。

(3) 进行预测性经济分析。以保证研发项目的经济价值。

(4) 制定全面的专题研究规划。包括：①产品（技术）的工艺技术条件，原辅材料、催化剂、助剂的来源；②产品后处理、包装、运输、储存；③化学工程研究：流程、设备、仪表等；④分析测试方法、产品质量指标等；⑤产品的商品化技术及应用；⑥副产品及“三废”回收、治理；⑦安全技术、职业健康、劳动保护等；⑧从实验室研究到工业化生产的全过程的总体安排，时间、资金、人力等的计划安排。

(5) 探索试验。对文献资料较少项目，应进行探索试验，摸索研究方向和技术路线。

(6) 必要时进行“预想设计”。根据确定的生产规模和工艺参数，对产品研发进行“预想设计”，找出数据缺乏的薄弱环节，有的放矢设计研发课题。

(7) 研发项目立项。

4.2.1 小试项目管理

研发任务立项后，首先要做的是实验室小试。虽然世界已进入了互联网时代，计算化学也有了很大的发展，但到目前为止，化学反应的研究还是以实验为主。新产品的合成也要靠大量的实验来寻找和优化合成方法，寻找具有新的功能的化合物需要合成大量的不同结构的化合物来进行筛选。

4.2.1.1 小试的任务和研究内容

小试的任务和研究内容是：

(1) 选择和确定产品生产的工艺路线，从而计算各种原辅材料的单耗、成本，估算生产总成本。

(2) 确定工艺流程和工艺条件。通过小试，达到工艺可靠、先进，产品质优、成本低，生产安全，环境友好的目的。对反应的温度、时间、压力、催化剂等进行筛选比较，使工艺条件最优。

(3) 建立原料、中间控制、产品质量的检验方法，测定和收集各种物理、化学数据。

(4) 必要时进行毒性试验，确定职业安全健康的措施。

(5) 收集取得各种数据，如：物料平衡数据等，为中试生产打下基础。

4.2.1.2 小试的工作程序

(1) 编制实验方案。包括实验的目的、内容，要达到的指标；实验项目、实验条件，应取得的数据，预计试验时间、人员安排等。

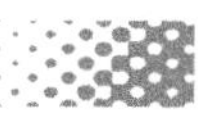

（2）做好实验物质准备，包括仪器、测试手段、原辅材料等。

（3）确定实验操作技术规程，做好人员培训。

（4）进行实验操作，严格按规程要求，精心控制反应条件，细致观察实验现象，特别是异常现象，及时、真实地记录。维护好实验仪器，确保正常实验。

（5）经常性的数据分析、整理，技术问题的研究讨论，养成科学总结和分析思考的良好习惯。

（6）撰写实验报告。

4.2.1.3 小试报告的内容

小试完成后，应很好地将实验情况总结，写出报告。小试报告的质量也反映了实验水平的高低。

（1）产品或工艺小试报告内容

① 实验目的。包括项目来源、实验要解决的问题等。

② 工艺路线述评。前人在这项目上已做的工作和成果，存在的问题等；本实验采取的工艺路线及其理由。写出化学反应方程式。

③ 实验方案。原料名称、规格、来源；反应条件，包括物料配比，投料方式，反应温度、时间、压力等，及中间控制的方法。

④ 条件实验的情况，各因素对反应的影响，提出最佳反应条件。必要时列表说明。

⑤ 稳定性实验结果，列表。表中包括：实验批号，投料量，加料方式，反应温度和时间等条件，产品得量、质量、收率、外观等情况。

⑥ 产品原料消耗核算，成本估算，效益情况。

⑦ 实验结论和讨论。提出中试或大生产应用的意见；进一步实验的建议等。

⑧ 参考文献。

（2）分析实验报告内容

① 原料：名称及规格；原料质量指标及分析方法的确定；原料分析方法。

② 产品：产品名称及规格；产品分析方法述评，本产品分析方法的确定；产品分析方法；分析方法对产品质量分析准确度的影响。

③ 中间控制（中控）分析方法：中间体或中间控制物名称；中控分析方法的确定；中间控制分析方法。

④ 结论和讨论。

（3）“三废”治理实验报告内容

①“三废”来源：说明生产工艺中“三废”产生的情况及数量；

②“三废”状况：废液、废气及废渣中的成分及含量情况的分析；

③“三废”处理方法：减量化、资源化、再利用的方法，不能循环经济利用的处理方法；

④“三废”利用与处理的实验结果；

⑤ 结论，包括处理成本分析。

（4）应用试验报告内容

①产品用途；②产品应用方法；③应用试验过程；④用户意见书；⑤应用试验讨论和结论。

4.2.2 中试项目管理

科技成果转化是一个复杂的社会系统工程，从市场分析、工艺路线选择、研究开发、中间试验（中试）、工业性试验到生产应用和大范围推广，任何一个环节受阻，科技成果转化为生产力就只能是纸上谈兵。在科技成果转化过程中，有一个必不可少的过程，那就是中间试验（中试）。

一项新技术成果转化为生产力，实验室试验、中间放大试验、工业化试生产三个阶段的资金投入比例发达国家大致为1∶10∶100，而我国仅为1∶0.7∶100；据统计，我国高校每年通过国家级鉴定的9000多项科研成果中，能转化的仅为20%，科技成果最后能形成产业的只有5%；我国50%以上的科研院所和高校缺乏中试设备和中试资金，不具备中试的条件，一些可以产生巨大经济效益的重大科技成果，都因转化工作复杂尤其是中试无法保障而“束之高阁”。我国发明协会理事长（曾任科技部部长）朱丽兰将科技成果转化难称为“世纪顽症”。

中试的目的是将实验室研究成果通过中试装置的试车，打通生工艺流程、生产出合格产品；通过中试完善工艺流程、优化工艺参数，解决工业化、商品化规模生产的关键技术；同时对中试装置的各方面进行验证．如设备、管道的材质性能，各项工艺参数，电气、仪表、自控装备的适应性等；并建立产品质量标准和中间控制方法，获取“三废”产生量及处理效果的数据，进一步验证安全生产的各项条件，获取中试生产的技术经济指标等。简言之，中试是为了实现研发成果转化，为生产车间设计提供数据。

另外，有的化工新产品的市场有个试用培育过程，有的化工新产品需要进行药效、毒性、降解残留等试验（如医药、农药产品），中试级规模的生产需要一个较长时期。

4.2.2.1 公斤级中试实验室建设

一般而言，小试放大倍数在20～100倍的称为公斤级中试实验室（产品产能<1 t/a的中试实验室）。中试规模根据产品不同而不同。危险性大、反应过程对传质、传热要求高、工程放大难度高的化学反应的放大倍数不宜过大，应根据实验情况逐步放大。

(1) 企业建立公斤级中试实验室有着比高校更好的条件。中试实验室建设需要知识面广、工程实践经验丰富、敬业精神强的化工工程师。而这一点正是国内高校师资所缺乏的。

(2) 中试实验室可大大加快企业研发成果转化的步伐。

(3) 开放式的中试实验室有利于与高校的合作，有利于高校研究成果向企业转移，成为校企合作的有效平台。

(4) 企业中试实验室向高校开放有利于高等工程教育改革，有利于培养本科生、研究生加强创新意识、创新思维和创新技能的培养，也有利于企业引进人才。

4.2.2.2 中试车间的设计和建设

小试放大倍数在100～1000倍的则需要中试车间（1t/a≤产品产能<30t/a）或经公斤级中试实验室放大试验后，需要进一步的为生产车间设计提供数据，则需要进行中试车间试验。

中试装置复杂多变，国内外均无设计标准规范；加上化工中试的未知因素多、危险性大，有些地方的安全监督部门干脆就不准建设中试车间，化工项目的成果转化就成了难题，使企业工程技术中心的建设十分尴尬。实际上，中试是化工产品研发过程中的必须过程，中试也是完善工艺，提高工艺本质安全水平的有效途径。

国务院安委会办公室《关于进一步加强危险化学品安全生产工作的指导意见》(安委办〔2008〕26号）就明确指出：“新开发的危险化学品生产工艺必须在小试、中试、工业化试验的基础上逐步放大到工业化生产”。国家安监总局、工信部（安监总管三〔2010〕186号）

文重申了这一规定。能疏勿堵，地方安监部门应允许有条件（研发能力强、工程技术水平高）的企业建设中试车间。

化工中试的目的和任务：

① 工艺路线和单元反应操作方法的最终确定。考核小试提供的合成工艺路线，在工艺条件、设备、原材料等方面是否有特殊要求，是否适合于工业生产。特别当原来选定的路线和单元反应方法在中试放大阶段暴露出难以解决的重大问题时，应重新选择其他路线，再按新路线进行中试。

② 设备材质和型号的选择。特别是腐蚀性物料对设备、管道、仪表材质的选择。

③ 搅拌型式和搅拌速度的考察。反应很多是非均相的，且反应热效应较大，在小试时由于物料体积小，搅拌效果好，传热传质问题不明显，可通过中试来选择合乎要求的搅拌器和搅拌速度。

④ 反应条件的进一步研究。试验室阶段获得的最佳反应条件不一定完全符合放大生产的要求。通过中试，就其中主要的影响因素，如加料速度，搅拌效果，反应器的传热面积与传热系数以及传热介质等工程因素，进行深入研究，以便掌握其在中试装置中的变化规律，得到更适用的反应条件。

⑤ 工艺流程和操作方法的确定。提出整个合成路线的工艺流程，各个单元操作的操作规程，安全操作要求，使反应和后处理操作方法适用工业生产的要求。特别注意缩短工序，简化操作，提高劳动生产率，从而最终确定生产工艺流程和操作方法。

⑥ 进行物料衡算，对各步物料进行核算，提出回收套用和“三废”处理的措施。当各步反应条件和操作方法确定后，就应该就一些收率低，副产物多和“三废”较多的反应进行物料衡算。反应产品和其他产物的重量总和等于反应前各个物料投量量的总和是物料衡算必须达到的精确程度。通过物料衡算，为回收副产物并综合利用、防治“三废”提供数据。

⑦ 原材料、中间体的物理性质和化工常数的测定。为了解决生产工艺和安全措施中的问题，必须测定某些物料的性质和化工常数，如密度、比热、黏度、爆炸极限等。对无分析方法或分析方法不完善的控制点或中间体、产品要进行分析方法的研究，并制订原材料、中间体质量标准。

⑧ 操作工时与生产周期等的确定，为大生产提供车间设计依据；根据原材料、动力消耗和工时等，初步进行经济技术指标的核算，提出消耗定额，原材料成本和生产成本。

化工中试车间的建设我国尚未规范。作者认为：中试车间应按照小型建设项目，列入地方建设项目管理，采用简易程序备案立项。

一般而言，中试车间的设计基础资料不够完整。原料、中间体、产品的理化特性数据不全，缺乏物料传热、传质以及反应热等的计算，设备、管道及其附件的材质可能选材错误，物料输送过程中易造成堵塞等情况，搅拌方式与小试有较大差异等，中试过程中的未知因素较多。加上中试车间管理和操作人员对工艺不熟悉，在异常情况发生时缺乏应急经验。这些情况就使化工中试车间设计时的危险识别和控制显得尤为重要，比常规化工车间提出了更高的要求，不能用临时设备、临时管道来进行中试操作。

中试车间有两类：一是具备各种化工单元装置的综合性中试车间，有一定规模的、希望长远发展的企业应建立这样的专用中试车间，这样的中试车间也可对外承接中试项目。二是专为某一化工产品中试而建设的中试车间。无论哪一类中试车间，应满足如下要求：

① 中试车间应比常规车间更为严格地按照规范设计和安装。中试车间与其他车间或装置应有足够的安全间距，以便发生事故时不导致事故扩大，方便救援和人员撤离。

② 中试车间内部布置应比常规车间有更高的要求。设备、建构筑物和通道布置等要考虑能让危险物料的输送量最少、距离最短；设备的安全间距必须符合规范，能将爆炸或火灾的破坏程度降到最低，方便操作维修和消防作业，要有足够的灭火作业空间及安全通道，有利人员疏散；物流、人流各行其道，合理布置设备，设备布置应确保化工过程顺利实施，减少配管、阀门的数量；车间厂房应有防火门、防爆墙，应布置操作控制室和室外安全楼梯。

③ 电气设计中，统一按照防爆要求设计和安装，以适应中试车间多变的要求。电气配管配线时，应将开关、电缆集管设置在操作控制室，不使动力线的保护层受腐蚀性介质的侵害。建筑和设备，应有可靠的防雷接地措施；非金属的设备、管道应有防止静电积聚的措施。

④ 仪表及自控。设计中应有足够的仪表来指示生产工况和报警，应将仪表设置在操作控制室内集中管理。与电气设计一样，仪表要满足中试车间多变的要求，统一选用防爆仪表、控制器，仪表配管配线应与电气配线分开敷设。

⑤ 安全防护装置。中试在进行反应操作时，偏离正常状态而超温、超压等的可能性较多。因此，需设置压力控制装置如安全阀、放泄阀、排泄管、防爆板、通风管，稳定装置如反应温度控制的冷却装置、紧急控制装置如报警装置和与此联锁的自动或手动的控制装置。对于一些特别危险或重要的操作，应有水封、阻火器、单向阀等阻燃阻爆设备，以及消防灭火设施；设置紧急排空设备，必要时可紧急放料。

⑥ 人身安全设施。如设置防烫设施、除尘、通风及各种消声防噪等措施，还应考虑设置救护设施，设置洗眼装置、喷淋冲洗装置等。

⑦ 废物或泄漏物排放设备。中试除了产品之外，还会有很多废物或泄漏物，可能具有一定的危险性，也必须进行安全处理，常需设置排放设备、排水器、放空管以及废气、废液处理设备。

⑧ 充分考虑检修。因中试车间维修、变更的可能性大得多，必须充分考虑维修安全性，如所有的管道都有阀门使之与被检修部分断开。

化工中试车间的人员应配备有经验的化工技术人员和工人，胆大心细、责任心强，既能严格遵守工艺纪律和劳动纪律，又有处置异常的能力和应变能力。

在中试进行前，中试人员必须进行培训学习，培训内容见 8.6.3.2。

4.2.2.3 化工中试装置的安全管理

(1) 中试企业可以委托有资质的安评机构对中试项目进行风险评估。同时组织专家对风险评估报告、试验方案和应急预案进行评审．对中试装置安全隐患进行排查。

(2) 中试企业应认真准备有关中试项目备案资料，并向当地安全生产监督管理部门申报备案；备案资料应包括：中试项目风险评估报告、试验方案、工艺技术规程、安全技术规程、岗位操作法、事故应急预案、职工培训计划、专家安全论证意见，以及危化品安全周知卡、中试装置安全管理制度、专项应急预案等。

(3) 中试企业应逐项对照中试项目安全管理检查的内容，对中试装置的安全隐患逐项整改落实。

(4) 中试项目原则上不超过两年。

4.2.2.4 中试报告和成果资料

(1) 中间试验（中试）技术总结报告。包括：中试时间、过程，解决的技术问题和方法、数据，结论和讨论，对大生产车间设计的建议等。

(2) 连续稳定运转的生产工艺规程、工艺条件和工艺流程图。

(3) 设备一览表，包括：名称、规格、型号、材质、数量、附机及防腐事项等。

(4) 能量平衡、物料平衡计算。

(5) 原料、中间控制和产品分析规程，生产控制方法及指标。

(6) 副产物及“三废”回收利用的方法和环境保护技术方案。

(7) 安全技术规程、岗位操作规程。

(8) 产品技术标准（草案）。

(9) 用户使用报告或权威机构检测报告。

(10) 成本和经济效益分析。

4.2.3 试生产项目的管理

试生产过程，是指建设项目（新建、改建、扩建）在项目安装完成后，进行调试、开车、竣工验收、项目交付之间的过程。

国家安监总局《危险化学品建设项目安全许可实施办法》(安监总局令2006第8号）规定：新建、改建、扩建危险化学品生产、储存装置和设施，伴有危险化学品产生的化学品生产装置和设施的建设项目（以下简称建设项目)，其安全许可及其监督管理，适用本实施办法。《办法》所称建设项目安全许可是指建设项目设立（审批、核准、备案）前的安全审查、建设项目安全设施设计的审查和竣工验收。建设项目未经安全许可的，不得建设或者投入生产（使用)。

《办法》规定：建设单位应当组织有关单位和专家，研究提出建设项目试生产（使用）可能出现的安全问题及对策，并按照有关安全生产的法律、法规、规章和标准制定周密的试生产（使用）方案。建设项目试生产（使用）方案应包括下列有关安全生产的内容：①建设项目施工完成情况；②生产、储存的危险化学品品种和设计能力；③试生产（使用）过程中可能出现的安全问题及对策；④采取的安全措施；⑤事故应急救援预案；⑥试生产（使用）起止日期。

安监总局《关于危险品化学建设项目安全许可和试生产（使用）方案备案工作的意见》(安监总危化〔2007〕121号）规定：属于联合生产性的建设项目试生产期限一般不得超过12个月；其他建设项目试生产（使用）期限一般不得超过6个月。

4.2.3.1 试生产安全管理

安监总局《关于加强化工过程安全管理的指导意见》(安监总管三〔2013〕88号）进一步强调要加强试生产安全管理。

(1) 明确试生产安全管理职责。企业要明确试生产安全管理范围，合理界定项目建设单位、总承包商、设计单位、监理单位、施工单位等相关方的安全管理范围与职责。

(2) 项目建设单位或总承包商负责编制总体试生产方案、明确试生产条件，设计、施工、监理单位要对试生产方案及试生产条件提出审查意见。对采用专利技术的装置，试生产方案经设计、施工、监理单位审查同意后，还要经专利供应商现场人员书面确认。

(3) 项目建设单位或总承包商负责编制联动试车方案、投料试车方案、异常工况处置方案等。试生产前，项目建设单位或总承包商要完成工艺流程图、操作规程、工艺卡片、工艺和安全技术规程、事故处理预案、化验分析规程、主要设备运行规程、电气运行规程、仪表及计算机运行规程、联锁整定值等生产技术资料、岗位记录表和技术台账的编制工作。

(4) 试生产前各环节的安全管理。建设项目试生产前，建设单位或总承包商要及时组织设计、施工、监理、生产等单位的工程技术人员开展“三查四定”(三查：查设计漏项、查工程质量、查工程隐患。四定：整改工作定任务、定人员、定时间、定措施)，确保施工质量符合有关标准和设计要求，确认工艺危害分析报告中的改进措施和安全保障措施已经落实。

(5) 系统吹扫冲洗安全管理。在系统吹扫冲洗前，要在排放口设置警戒区，拆除易被吹扫冲洗损坏的所有部件，确认吹扫冲洗流程、介质及压力。蒸汽吹扫时，要落实防止人员烫伤的防护措施。

(6) 气密试验安全管理。要确保气密试验方案全覆盖、无遗漏，明确各系统气密的最高压力等级。高压系统气密试验前，要分成若干等级压力，逐级进行气密试验。真空系统进行真空试验前，要先完成气密试验。要用盲板将气密试验系统与其他系统隔离，严禁超压。气密试验时，要安排专人监控，发现问题，及时处理；做好气密检查记录，签字备查。

(7) 单机试车安全管理。企业要建立单机试车安全管理程序。单机试车前，要编制试车方案、操作规程，并经各专业确认。单机试车过程中，应安排专人操作、监护、记录，发现异常立即处理。单机试车结束后，建设单位要组织设计、施工、监理及制造商等方面人员签字确认并填写试车记录。

(8) 联动试车安全管理。联动试车应具备下列条件：所有操作人员考核合格并已取得上岗资格；公用工程系统已稳定运行；试车方案和相关操作规程、经审查批准的仪表报警和联锁值已整定完毕；各类生产记录、报表已印发到岗位；负责统一指挥的协调人员已经确定。引入燃料或窒息性气体后，企业必须建立并执行每日安全调度例会制度，统筹协调全部试车的安全管理工作。

(9) 投料安全管理。投料前，要全面检查工艺、设备、电气、仪表、公用工程和应急准备等情况，具备条件后方可进行投料。投料及试生产过程中，管理人员要现场指挥，操作人员要持续进行现场巡查，设备、电气、仪表等专业人员要加强现场巡检，发现问题及时报告和处理。投料试生产过程中，要严格控制现场人数，严禁无关人员进入现场。

4.2.3.2 试生产成果资料

(1) 试生产技术总结报告。

(2) 工艺技术规程。

(3) 安全技术规程。

(4) 岗位操作规程。

(5) 工艺流程图、设备布置图、电气仪表安装图、设备图等图纸。

(6) 设备一览表，仪器、仪表一览表。

(7) 原料、中间控制及产品分析规程（经批准的产品技术标准）。

(8)“三同时”验收文件（安全、职业健康、环保等）。

(9) 产品用户意见书。

(10) 成本和经济效益分析

4.2.4 研发项目的评审和鉴定

4.2.4.1 研发项目评审及归档

研发项目或课题完成后（即小试、中试、试生产阶段性完成后），由项目负责人（课题组长）负责将完整的技术资料交研发中心负责人（主任或总工程师）。

公司技术委员会组织对项目的评审，并提出书面评审报告。项目评审报告作为成果评定奖励的依据。研发报告和评审报告有关人员签字后交档案室存档备查，并做好文件的保密工作。

4.2.4.2 科技成果鉴定与奖励申报

(1) 科技成果鉴定。科技成果鉴定是指科技行政管理机关聘请同行专家，按照规定的形式和程序，对科技成果进行审查和评价，并作出相应的结论。科技成果鉴定是评价科技成果

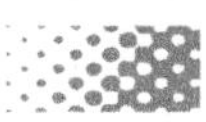

质量和水平的方法之一，国家鼓励科技成果通过市场竞争，以及学术上的百家争鸣等多种方式得到评价和认可。

科技成果鉴定严格实行归口管理，杜绝政出多门、多头管理带来的不良后果。国家科技部归口管理、指导和监督全国的科技成果鉴定工作，具体由成果司负责执行。省、自治区、直辖市科技厅（局）归口管理、监督本地区的科技成果鉴定工作，具体由省、自治区、直辖市科技厅（局）的科技成果管理机构负责执行。科技部门也可视具体情况，授权地级市及其以上科技部门或具有政府行政管理职能的单位（或派出机构）组织鉴定。

组织鉴定单位同意组织鉴定后，可以直接主持该项科技成果的鉴定，也可以根据科技成果的具体情况和工作的需要，委托有关单位对该项科技成果主持鉴定。受委托主持鉴定的单位为主持鉴定单位。主持鉴定单位可以是科技成果完成单位的上级行政主管部门或其他有关单位，主持鉴定单位要对组织鉴定单位负责。

科技成果鉴定的范围是指列入国家和省、自治区、直辖市以及国务院有关部门科技计划内的应用技术成果，以及少数科技计划外的重大应用技术成果。凡科技计划外重大应用技术成果申请鉴定的，须经省、自治区、直辖市科委或者国务院有关部门的科技成果管理机构批准，否则不能组织鉴定。? 计划外的重大应用技术成果申请科技成果鉴定，必须具备下列条件：①技术成熟并有明显的创造性；②性能指标在国内同领域中处于领先水平；③经实践证明能应用；④对本行业或本地区的经济和社会发展以及科技进步具有重大的促进作用。

（2）科技成果奖励。为了奖励在科学技术进步活动中做出突出贡献的公民、组织，调动科学技术工作者的积极性和创造性，加速科学技术事业的发展，提高综合国力。我国国家科学技术奖对国内公民、组织的奖项分 4 类：国家最高科学技术奖、国家自然科学奖、国家技术发明奖、国家科学技术进步奖。

具体评选办法见《国家科学技术奖励条例》(国务院令第 396 号修改，2003）和《国家科学技术奖励条例实施细则》(科技部令第 13 号修改，2008)。

《环境保护科学技术奖励办法》(环办〔2007〕39 号）是为了奖励在环境保护科学技术活动中做出突出贡献的单位和个人，调动广大环保科学技术工作者的积极性和创造性，促进环保科技事业发展，根据国家科学技术奖励工作办公室公告（国科奖字第 11 号)，设立中国环境科学学会环境保护科学技术奖（以下简称“环保科技奖”）。环保科技奖面向全社会，凡涉及环境保护领域科学技术成果的完成单位、组织或个人均可申报。

各省、自治区、直辖市和地级市都制定了科技成果奖励办法。

4.3 化工建设项目管理

新建、改建、扩建化学品生产、储存的建设项目（包括危险化学品长输管道建设项目）统称为建设项目。涉及化学危险品的生产、储存、使用的项目必须严格执行相关法律、法规、标准的规定。

4.3.1 项目建议书

4.3.1.1 编制项目建议书的目的

项目建议书，是项目建议人、项目建设筹建单位或项目法人，根据国民经济的发展、国家和地方中长期规划、产业政策、生产力布局、国内外市场、所在地的内外部条件，提出的某一具体项目的建议文件，是对拟建项目提出的框架性的总体设想。

项目建议书的用途有两类：一是企业内部使用，项目建议人或企业集团的下级单位向领导或上级提出实施项目的建议；二是企业外部使用，应用于项目的立项审批工作中，将项目投资的设想变为概略的投资建议，从宏观上论述项目设立的必要性和可能性。项目建议书的呈报可以供项目审批机关作出初步决策。它可以减少项目选择的盲目性，为下一步可行性研究打下基础。

由于项目建议书主要论证项目建设的必要性，建设方案和投资估算也比较粗，一般投资估算的误差为30%左右。

一个项目要获得政府的扶持，首先必须有项目建议书，项目建议书经筛选通过后，再进行项目的可行性研究。项目建议书实际上是一种常见的审批程序，是项目列入备选项目和建设前期工作计划决策的依据。涉及利用外资的项目，只有在项目建议书批准后，才可以开展对外工作。

编制项目建议书要论证的问题是：①机会研究或规划设想的效益前途是否可信，是否可以在此阶段阐明的资料基础上延伸出投资建议的决策；②建设项目是否需要和值得进行可行性研究的详尽分析；③项目研究中有一些关键问题，是否需要作专题研究；④所有可能的项目方案是否均已审查甄选过；⑤在已获资料基础上，是否可以判断项目的吸引力和可行度。

4.3.1.2 化工项目建议书的内容

(1) 总论。包括：①项目名称；②承办单位概况（新建项目指筹建单位情况，技术改造项目指原企业情况）；③拟建地点；④建设内容与规模；⑤建设年限；⑥概算的投资额；⑦效益分析情况。

(2) 项目建设的必要性和条件。包括：①建设的必要性分析；②建设条件分析，包括场址建设条件（地质、气候、交通、公用设施、征地拆迁工作、施工等）和其它条件分析（政策、资源、法律法规等）；③资源条件评价，包括原辅材料供应、交通运输、水汽电的供应、环境容量等。

(3) 建设规模与产品方案。①建设规模（达产达标后的规模）；②产品方案（拟生产销售的产品方案）

(4) 技术方案、设备方案和工程方案。①技术方案，包括：生产工艺方法（原料路线）及选择依据、工艺流程等；②主要设备方案，包括主要设备选型（列出清单表）、主要设备来源；③工程方案，包括建、构筑物的建筑特征、结构及面积方案（附平面图、规划图），设备安装工程量，主要建、构筑物工程一览表等。

(5) 环境保护。“三废”排放情况和治理措施。

(6) 职业安全健康。①主要危险危害物质及其特性；②主要职业危害（火灾、爆炸、中毒、灼烫、冻伤、电气伤害、噪声危害等）；③职业安全健康防护措施；④消防设施及措施。

(7) 投资估算及资金筹措。投资估算：①建设投资估算（总述总投资，分述建筑工程费、设备购置安装费等、公用工程、办公生活设施、交通运输设施等）；②流动资金估算；③投资估算表（总资金估算表、单项工程投资估算表）。

资金筹措：①自筹资金；②其他来源资金。

(8) 效益分析。

经济效益：①销售收入估算（编制销售收入估算表）；②成本费用估算（编制总成本费用表和分项成本估算表）；③利润与税收分析；④投资回收期；⑤投资利润率。

社会效益：概述增加社会就业，增加国家税收，减少污染物排放等社会效益情况。

(9) 结论。

4.3.2 可行性研究报告

可行性报告是项目立项时向政府审批部门申报的书面材料。

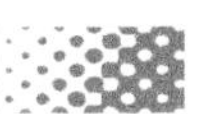

案例：某化工建设项目的可行性报告目录

1 总论

1.1 项目概述

1.1.1 项目名称、承办单位及负责人

1.1.2 承办单位情况

1.1.3 项目提出的背景及建设的必要性

1.1.4 项目建设地的条件

1.2 可行性报告编制的依据及原则

1.2.1 编制依据

1.2.2 编制原则

1.2.3 编制过程

1.2.4 研究范围

1.3 结论和建议

1.3.1 结论

1.3.2 建议

1.3.3 项目主要技术经济指标

序号	指标名称	单位	指标值	备　　注
1	产品方案			
1.1		吨/年		
1.2		吨/年		
1.3	……	吨/年		
2	建筑面积	平方米		
3	项目定员	人		
4	公用工程			
4.1	供电	kwh/年		
4.2	供水	吨/年		
4.3	供汽	吨/年		
4.4	污水处理设施	吨/年		
4.5	有机固废焚烧炉	吨/年		
5	项目年运输量	吨/年		
5.1	运入	吨/年		
5.2	运出	吨/年		
6	项目总投资	万元		
6.1	新增固定资产投资总额	万元		
6.2	铺底流动资金	万元		
7	项目总资金	万元		
8	其中:流动资金	万元		
9	资金筹措(新增部分)	万元		
9.1	资本金	万元		
	资本金占总投资比例	%		
9.2	银行借款	万元		
	其中:流动资金借款	万元		
10	销售收入(含税)	万元		
11	销售税金及附加	万元		
12	年总成本费用	万元		
13	利润总额	万元		
14	所得税	万元		
15	净利润	万元		
16	投资利润率	%		
17	投资利税率	%		
18	资本金净利润率	%		

2　市场预测和需求分析

2.1　行业现状

2.2　产品的市场需求

2.3　价格分析（附：项目产品近期市场价格表）

2.4　产品营销策略

3　产品方案及生产规模

3.1　产品方案确定及技术创新

3.1.1　产品方案确定原则

3.1.2　技术创新

3.2　产品生产规模

3.2.1　产品介绍（名称、化学名称、CAS、分子式、分子量、结构式、理化性质、用途等）

3.2.2　生产规模（附：产品生产能力表）

3.3　产品质量指标

4　工艺技术方案

4.1　工艺路线选择（国内、外工艺路线评述）

4.2　工艺路线确定（理由）

4.3　工艺技术（分别叙述各品种的化学反应方程式、方框流程图、流程说明）

4.4　物料衡算

4.5　水平衡

4.6　设备选择

4.6.1　设备选择的原则

4.6.2　主要设备一览表

4.7　仪表及自控

4.7.1　自控方案

4.7.2　仪表选择

5　原辅材料供应

5.1　主要原辅材料（原辅材料年供应量、原料来源可靠性，列表）

5.2　各品种原辅材料消耗（各品种原料消耗定额、单价、吨产品原料成本，列表）

6　工程技术方案

6.1　厂址地理位置及建设条件

6.1.1　厂址选择

6.1.2　地理位置

6.1.3　地形、地貌、地质

6.1.4　气候、气象

6.1.5　水文

6.1.6　地震烈度

6.1.7　交通运输条件

6.1.8　当地人文经济、

6.1.9　生活福利设施

6.2　总图运输

6.2.1　土地（项目需用土地面积、厂区面积及存量土地面积）

6.2.2　总平面布置（设计规范、布置原则、平面布置方案、平面布置图）

6.2.3　竖向设计（设计原则、方案）

6.2.4　物料运输（厂内运输、厂外运输）

6.3　土建工程

6.3.1　设计依据

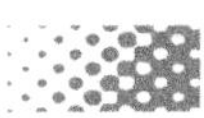

6.3.2 土建工程及投资（新增建、构筑物表）

6.4 公用工程（附：投入明细表）

6.4.1 供电

6.4.2 供热

6.4.3 供冷

6.4.4 给、排水

6.4.5 质检和研发中心

6.4.6 管廊

6.4.7 厂内道路

6.4.8 绿化

6.4.9 办公和生活设施

6.5 土地利用

6.5.1 土地使用的法律、法规

6.5.2 项目土地利用方案

6.5.3 项目用地的符合性分析

7 节能

7.1 用能标准和节能规范

7.1.1 相关法律法规、规划和产业政策

7.1.2 相关标准和规范

7.2 能源供应状况

7.3 项目能耗情况

7.3.1 项目能耗种类与应用（水、电、汽、油、煤、气等的使用）

7.3.2 能源消耗（①项目能源消耗汇总表、项目各产品能源消耗表；②能耗折算系数表；③总能耗折算表；④万元产值能耗计算）

7.4 项目能耗指标分析（与国外、国内行业、地方政府规定指标比较分析）

7.5 节能措施及效果分析（分述设备、建筑、照明、综合、管理节能措施）

7.6 结论

8 环境保护

8.1 执行规范及处理原则

8.1.1 相关法律、法规

8.1.2 执行标准

8.1.3 三废处理原则

8.2 自然条件和环境现状

8.2.1 厂址地理位置和自然条件

8.2.2 厂址环境现状与分析（大气、噪声、水环境、污水排放接管标准）

8.3 项目主要污染源及治理措施

8.3.1 废水及其治理措施

8.3.2 粉尘、废气及其治理措施

8.3.3 固废及其治理措施

8.3.4 噪声及其治理措施

8.4 项目三废治理投入及效果

8.4.1 三废治理投入（投资一览表）

8.4.2 三废治理效果

9 安全和职业健康

9.1 劳动保护及安全卫生

9.1.1 执行的法律法规及标准

9.1.2　主要危险危害物质特性分析
9.1.3　项目主要职业危害方式分析（火灾爆炸，中毒，灼烫冻伤，电气伤害，噪声危害等）
9.1.4　职业安全健康防护措施
9.2　消防
9.2.1　消防环境现状
9.2.2　本项目消防设施及措施
10　企业组织、劳动定员和人员培训
10.1　企业组织机构
10.2　劳动制度
10.3　劳动定员及工资
10.4　人员培训
11　项目实施进度
11.1　项目计划进度
11.2　工程招标
12　投资估算和资金筹措
12.1　总投资估算
12.1.1　国定资产投资估算
12.1.2　工程建设投资估算
12.1.3　项目流动资金估算
12.1.4　项目总投资
12.2　资金筹措计划
12.2.1　资金来源
12.2.2　资金筹措计划
13　经济效益分析
13.1　财务分析与评价与基础资料
13.2　产品销售收入、销售税金及附加估算
13.3　产品成本估算
13.4　项目盈利能力分析
13.4.1　投资利润率、投资利税率和资本金利润率
13.4.2　投资回收期、财务净现值、内部收益率（附：现金流量表、损益表）
13.4.3　财务评价结论
14　风险评估与分析
14.1　项目主要风险因素
14.2　防范和降低风险措施
附表一：年销售额预测表
附表二：成本、利润预测表

4.3.3　项目报批

《国务院关于投资体制改革的决定》(国发〔2004〕20 号）中指出，“对于企业不使用政府投资建设的项目，一律不再实行审批制，区别不同情况实行核准制和备案制”。

化工建设项目，经主管机关核准或备案后，对项目的节能评估、环境保护评估、安全生产评估、用水节水评估和项目规划选址、建设用地等还得办理审批手续。

4.3.3.1　政府核准投资项目

国家制订和颁布《政府核准的投资项目目录》，明确核准制的投资项目范围，划分各项目核准机关的核准权限，并根据经济运行情况和宏观调控需要适时调整。2013 年 12 月，国

务院（国发〔2013〕47号文）公布了《政府核准的投资项目目录（2013年本）》，废止了《政府核准的投资项目目录（2004年本）》。

企业投资建设实行核准制的项目，应按国家有关要求编制项目申请报告，报送项目核准机关。项目申请报告应主要包括以下内容：①项目申报单位情况。②拟建项目情况。③建设用地与相关规划。④资源利用和能源耗用分析。⑤生态环境影响分析。⑥经济和社会效果分析。

核准类项目办理程序如下：

(1) 项目单位委托有资质机构编制项目申请报告，到规划部门办理项目规划选址意见，到国土部门办理项目用地预审意见，到环境保护部门办理环境影响评价的审批意见，并委托有资质单位编制节能评估报告。外商投资项目还需准备中、外双方的有关证（照）、外方资信证明、投资意向等材料。

(2) 以上材料齐全后，项目单位向发展改革委申报申请报告核准手续。

(3) 发展改革委根据相关材料和国家产业政策、外商投资政策、市场准入条件、节能政策等，对项目出具核准文件或不予核准决定书。

(4) 项目单位凭发展改革委的项目核准文件到规划部门申请办理规划许可手续、到国土部门办理正式用地手续。

4.3.3.2 备案制投资项目的报批

《政府核准的投资项目目录》以外的企业投资项目，采用备案制。备案类项目办理程序：

(1) 项目单位填写《企业投资项目备案申请表》，备齐项目法人证书或项目业主营业执照副本及复印件，属于国家规定实行许可证生产的项目还需准备相关部门的初审意见，属于高能耗项目还需准备中介部门的能耗准入评估报告、属于5000万元以上化工类新建项目还需准备大于25%的项目资本金证明材料。

(2) 以上材料齐全后，项目单位到市发改委（或经信委）申报项目备案手续，领取《企业投资项目备案通知书》。

(3) 项目单位凭《企业投资项目备案通知书》分别到环保部门、安监部门、规划部门、国土部门、办理环评、安评、规划选址、用地等审批手续，水资源短缺地区，还需进行用水节水评估和审批。

(4) 厂房建设，应到住建部门办理施工许可手续。

4.3.4 项目实施

工程建设项目的程序基本上可分四个阶段：决策阶段（项目建议书、可行性报告）、设计阶段、建设阶段（施工、调试、试生产、竣工验收）、结束阶段（交付使用、生产运营、后评价）。

实施阶段的施工、调试、试生产可参阅有关安全管理内容。本小节主要叙述项目实施阶段的项目设计和项目竣工验收。

项目建设阶段应采用建设工程项目经理（project manager，简称PM）管理模式来进行管理。项目经理有生产指挥权、人事权、财权、技术决策权和设备、物资、材料的采购与控制权。

4.3.4.1 建设项目“三同时”

《中华人民共和国环境保护法》(2014修订）第四十一条规定：建设项目中防治污染的设施，应当与主体工程同时设计、同时施工、同时投产使用。防治污染的设施应当符合经批准的环境影响评价的要求，不得擅自拆除或者闲置。

《中华人民共和国安全生产法》(2002 制订) 第二十四条规定：生产经营单位新建、改建、扩建工程项目（以下统称建设项目）的安全设施，必须与主体工程同时设计、同时施工、同时投入生产和使用。安全设施投资应当纳入建设项目概算。

《中华人民共和国水法》(2002 修订) 第五十三条规定：新建、扩建、改建建设项目，应当制订节水措施方案，配套建设节水设施。节水设施应当与主体工程同时设计、同时施工、同时投产。供水企业和自建供水设施的单位应当加强供水设施的维护管理，减少水的漏失。

《中华人民共和国职业病防治法》(2011 修订) 第十八条规定：建设项目的职业病防护设施所需费用应当纳入建设项目工程预算，并与主体工程同时设计，同时施工，同时投入生产和使用。职业病危害严重的建设项目的防护设施设计，应当经安全生产监督管理部门审查，符合国家职业卫生标准和卫生要求的，方可施工。

建设项目在竣工验收前，建设单位应当进行职业病危害控制效果评价。建设项目竣工验收时，其职业病防护设施经安全生产监督管理部门验收合格后，方可投入正式生产和使用。

4.3.4.2 项目设计

(1) 化工项目设计规范。化工项目设计应由设计资质的单位进行，涉及的专业有：总图专业、化工工艺专业、电气专业、自控仪表专业、土建专业、给排水专业、采暖通风专业等，所以化工建设项目的设计必须由团队来完成。

涉及化工项目的设计规范、标准众多，主要有：总图运输类、建筑设计类、工艺卫生类、安全消防类、环境保护类、公用工程类、化工工艺类、化工设备类、自控仪表类、仓储运输类等。如：

《危险化学品建设项目安全设施设计专篇编制导则》(安监总厅管三〔2013〕39 号)

《关于进一步加强危险化学品建设项目安全设计管理的通知》(安监总管三〔2013〕76 号)

GB 5083—1999《生产设备安全卫生设计总则》

GB 50016—2006《建筑设计防火规范》

GB 50057—2010《建筑物防雷设计规范》

GB 50483—2009《化工建设项目环境保护设计规范》

GB 50493—2010《化工企业总图运输设计规范》

GB 50684—2011《化学工业污水处理与回用设计规范》

GBZ 1—2010《工业企业设计卫生标准》

HG/T 20519—2009《化工工艺设计施工图内容和深度统一规定》

HG/T 20546—2009《化工装置设备布置设计规定》

HG/T 20583—2011《钢制化工容器结构设计规定》

AQ 3009—2007《危险场所电气防爆安全规范》

AQ/T 3033—2010《化工建设项目安全设计管理导则》

(2) 化工车间的设计。按照工艺流程，将各种化工设备、管道、仪表等组成生产线，这就需要对化工车间进行设计。化工车间的设计需要由产品的工艺负责人负责或审核，化工车间的设计要严格执行各种规范和标准。

化工车间设计首先要确定工艺方框流程图，然后根据工艺流程和设备的操作周期等因素进行设备选定，使前后工序设备配套；绘制非标设备草图，明确容积、尺寸、搅拌形式等，交设备设计或制作单位绘制设备图；确定设备一览表，在此基础上画出工艺流程图和设备布置图，再反复进行调整确定初步设计。

车间布置设计是对车间作出合理的布局。车间布置设计的主要工作是设备布置，由产品的工艺专业工程师负责。车间布置设计时还需了解和考虑总图、土建、设备、仪表、电气、供排水等非工艺专业的情况及设备安装、维修、生产操作等方面的要求，非工艺专业是配合化工工艺专业，并为之服务，使满足工艺专业的要求。

在初步设计阶段，根据车间的占地面积、生产流程等作出车间布置总平面图，定出厂房轮廓，包括层数、层高和柱网、樑的位置，绘制设备平面布置草图、设备立面布置草图。车间厂房方案和樑的荷载确定后，交有资质的土建设计院设计。

化工车间厂房建筑基本要求：①在可能情况下尽量采用框架式或敞开式设计，确保车间良好的采光和通风；②在不影响工艺流程情况下，较高设备集中布置，可简化厂房结构，又节省投资；③设备安装洞必须避开主梁；④厂房出入口、交通通道、安全楼梯等均需精心安排设计；⑤平面力求简单，以利于建筑定型化与施工机械化；⑥厂房建筑尺寸尽量符合建筑模数要求，多采用 6m×6m 的柱网，宽度一般不超过 12m，总高度一般不超过 24m；单层厂房总宽度一般不超过 30m，以确保车间的采光、通风，防止断裂。⑦层高与设备高度、安装位置、安全因素等有关，一般为 4～6m，最低不低于 3.2m，净空高度不得低于 2.6m；高温及有害气体的厂房，应适当加高层高；⑧存在腐蚀性的介质的车间，除考虑设备防腐外，还需考虑墙、柱、地坪等防腐要求。

在施工图设计阶段，绘制带控制点工艺流程图，分层绘制设备布置平面图，标出墙厚、门窗、楼梯等的位置，并表示出设备的管口方位；绘制设备布置立面图，并表示出设备安装形式。施工图设计必须由有资质的设计单位交注册化工工程师设计，并盖章。

4.3.4.3 化工车间设备布置和安装的原则

(1) 满足工艺要求。要满足化工生产工艺流程和工艺条件的要求；同类设备、操作相似的设备，尽可能布置在一起，便于管理，还可减少备用设备；操作中有联系的设备尽量就近布置。

(2) 符合安全、职业卫生规定。对产生易燃、易爆的设备应布置在自然对流通风处，尽可能在单层厂房布置，或在顶层布置；建筑物门窗泄压面积要符合规定，要设计防火、防爆墙，设计双道门，门窗外开；必要时采用强制通风措施和防静电措施；明火设备应与易燃、易爆设备的距离应符合规范要求。传动设备要有安装防护装置的位置；噪音大的设备要采用封闭式隔离；压力设备的安全阀等安全附件要齐全。还应考虑劳动保护和厂房的卫生要求。

(3) 方便操作。设备布置应避免妨碍门窗的开启、通风和采光；应尽可能做到工人背光靠窗操作；有原料和产品出入的设备，应布置在厂房通道或离车间大门近的地方；要充分考虑操作人流与物流通道；原料、成品及排出物要有适当的位置和必要的通道。

(4) 便于安装与维修。要考虑设备及附属设备所占的位置，设备之间、设备与建筑物间的安全距离，见表 4-2。应充分考虑设备安装、拆卸和检修方便，不仅要考虑设备安装时的通道，还要考虑各单个设备检修与更换时所需的空间。二层楼以上的设备，需考虑在下层设吊洞；要考虑设起吊装置，如塔顶、房顶设永久吊架，对于大设备，可预留安装洞，待设备安装完毕后再行封砌。设备上的人孔，应对着空场地或检修通道。

(5) 经济、节约。要充分利用位能，使物料自流，减少动力消耗。一般可将计量设备布置在最高层，主要设备和反应器等布置在中层，贮藏、重型设备及传动设备布置在最底层。化工设备布置，特别在南方，一般采用室内与露天联合布置方案，以减少车间建筑面积，有利于职业健康保护。

表 4-2 化工设备的安全距离

序号	项目		净安全距离/m
1	泵的间距		≥0.70
2	泵与墙的距离		≥1.20
3	泵列与泵列的距离(双泵列间距)		≥2.00
4	计量罐的间距		0.40～0.60
5	储槽间距(车间小容积储槽)		0.40～0.60
6	换热器的间距		≥1.00
7	塔之间的距离		1.00～2.00
8	离心机周围通道		≥1.50
9	过滤机周围通道		1.00～1.80
10	反应锅盖上传动装置与天化板距离		≥0.80
11	反应锅底部与人行通道距离		≥1.80
12	反应锅卸料口与离心机距离		≥1.00
13	起吊物品与设备最高点距离		≥0.40
14	往返运动机械的运动部件与墙的距离		≥1.50
15	回转机械与墙距离		≥0.80
16	回转机械之间的距离		≥1.20
17	通廊、操作台通行部分的最小管道净空		2.00～2.50
18	不常通行地方的净高		≥1.90
19	操作楼梯斜度	一般情况	不大于 45°
		特殊情况	60°
20	控制室、仪表盘与炉子的距离		≥15.0
21	工艺设备与道路距离		≥1.00

(6) 整齐、美观。设备排列要整齐，避免过挤或过松，设备中心线应尽可能在一条直线上；管道安装要横平竖直，整齐划一。

4.3.4.3 化工项目的竣工验收

(1) 竣工验收要求。①生产性装置和公用、辅助性公用设施，已按设计内容要求建成，能满足生产使用。②能够生产出设计文件规定的产品。经考核，生产能力、工艺指标、产品质量、主要原材料消耗、主要设备、自控水平等经济技术指标达到设计要求。③按国家环保要求，严格执行国家规定的“三同时”制度。在项目建成投产的同时，“三废”治理工作按设计规定的内容同时建成投产。劳动保护、工业卫生、安全消防设施等符合设计要求。④技术文件、档案资料齐全、完整。⑤生活福利实施按设计要求基本建成，能够适应投产初期的需要。⑥化学矿山建设按设计内容完成采矿试生产和选矿试运转。⑦引进装置的验收标准按合同规定执行。

(2) 竣工验收时间和要求。化工建设项目，从化工投料试车出产品时起一般安排三个月的试生产。在试生产期间选择适当时机对生产装置进行生产考核（一般为 72h)。完成生产考核后即办理竣工验收，办理交付使用资产手续。

生产装置经试车考核证明能生产出合格产品，但确实达不到设计能力的，由主管部门组

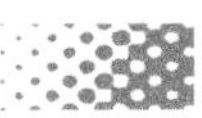

织有关单位进行核定，可按实际考核能力核定新的生产能力，并以此为依据进行工程竣工验收。

如项目建成后，经化工投料试车发生工艺技术和设备缺陷等问题，使生产装置试车不正常或不能生产合格产品的，由建设单位组织设计、施工等单位进行鉴定，分析原因，提出责任报告。对存在问题提出整改完善方案，经主管部门批准后实施，尽快达标达产。

成立验收领导小组组织验收，设组长一名，副组长1～2名，成员若干名。对各种竣工资料，包括工艺“三规”（工艺技术规程、岗位操作规程、安全技术规程）、图纸、“三废”治理、工业卫生、安全消防、劳动保护等资料整理分类，装订成册；编写竣工验收报告，验收报告需验收领导小组所有成员签字。

4.3.5 化工投资项目的竞争力分析

关于竞争对手的调研，我们在2.2.3.4中作了一些阐述，我们在这里进一步进行阐述和分析。

化工项目在建设前要对所投资的项目进行竞争力分析；项目实施后，由于国内外经济形势的变化，竞争对手的变化和市场、用户的变化都会对已投产项目的竞争力产生深刻的影响，因此我们也要适时对已投产的项目进行竞争力分析。项目实施前的竞争力分析是“投资项目可行性研究报告”的一部分，带有预测的性质；而项目投产后的竞争力分析，则是市场竞争中的实战分析了。

竞争力是企业在市场竞争的环境下，在有效利用企业资源的基础上，在产品设计、生产、销售等经营活动领域和产品价格、质量、服务等方面，比竞争对手更好、更快地满足顾客需求，为企业带来更多的收益，进而促使企业强化持续发展的能力。或者说，企业在市场竞争过程中，通过自身的优化及与外部环境的交互作用，在有限的市场资源配置中占有相对优势，从而处于良性循环的可持续发展的能力。

化工项目竞争力分析的重点就是通过各种途径，采取一切必要的手段和科学的方法，将化工企业拟建项目或改扩建项目与竞争对手相比，在自然情况、工艺技术与设备、技术创新、产品质量、生产成本、营销策略等方面的优势和劣势。通过比较，确定项目在同行业中究竟处于什么地位，以及对项目的获利能力给予客观的分析。

影响产品竞争力的主要因素是产品的质量和价格。产品质量主要由装置的技术装备因素和管理水平因素决定；而产品价格主要由产品的成本费用所决定，产品成本费用是竞争力诸多因素的集中体现。因此在进行竞争力分析时，将产品成本作为核心竞争力具有代表性。

4.3.5.1 竞争力分析的必要性和意义

（1）有利于项目进行准确的市场定位。任何投资项目不仅需要通过所能利用的各种资源或通过满足社会对该项产品的现有、或潜在的需求来获得利益，而且还要服从本企业的既定发展战略，以保证企业在市场中的地位或保证将来必要的资源供给等。进行市场竞争力分析，对于决定项目的投资范围、生产规模、所需的工艺技术及设备、建厂的地址选择等都具有重要的意义。

（2）有利于发现新形势下企业自身的差距和努力方向。通过竞争力分析比较，可以找出企业自身的差距和造成差距的原因，通过将竞争力调查获取的数据和资料进行分析、整理后，可以很好地指导企业投资行为。通过客观地比较同行业的资源、技术、经济、营销和社会等各方面的优势和劣势，能够使项目更好地满足市场需求，以获取较大的市场和利润空间。进行竞争力分析，也有利于找出竞争对手的优势，发现自己的问题和不足，从而在建设项目中取长补短，提高产品的竞争能力。

（3）有利于项目决策，有效地避免投资的盲目性。企业投资项目决策正确与否和是否有效，主要取决于企业对市场的分析、判断和预测能力。通过改革开放30多年的实践，我国的法律、法规，经贸、投资，金融、税收等政策环境将进一步与国际接轨，这必将加快我国市场机制的完善和全球经济一体化的进程。传统的市场规则已经发生重大变化，国际竞争对手进入我国市场，企业面对来自国内和国外两个方面的竞争压力；同时国内的企业也应走出去，瞄准国际市场，力争在国际市场中占有一定份额，摆在企业面前的是挑战与机遇并存。所以在现有外部环境下，进行市场竞争力分析无疑具有重要的意义。由于我国大部分化工企业在技术、效率、规模等诸多方面与国际大公司还存在一定的差距，和国内外竞争对手比较，进行产品或企业的竞争力分析，可以有效避免决策失误。

（4）竞争力分析是对项目经济评介的重要补充。在项目投资时，考察一个项目是否有效益主要是通过经济评价，而且关注的重点往往只是内部收益率一个指标，似乎只要内部收益率过关，项目效益情况就好。而现实的情况证明，有的项目虽然测算的内部收益率很高，但真正投产后却成了亏损项目。这除了外部经济、政策环境的变化、市场的变化等原因外，经济评价不能完全反映项目的真实效益情况是一个重要因素。因为进行经济评价时，通常的假设前提是产品能够全部在市场上以预期的价格卖出，而项目建成后产品的实际价格与预期的价格有差距，甚至有较大差距。进行竞争力分析就是要从成本、销售策略、技术优势、市场预测等方面考察项目将来在市场上的竞争能力，研究当市场价格低于预期价格时项目是否还有利润以及项目在将来的市场上是否具有竞争优势，这是对经济评价的重要补充。

另一方面，经济评价与竞争力分析是密切相关的，竞争力分析最终也要通过经济评价来反映。一个项目如果具有很强的竞争能力，对其进行经济评价时反映盈利能力的指标也应较好；而当一个项目的经济评价结果较差时，则该项目多半竞争能力较差。通过竞争力分析，找出项目的优势，发现项目的潜在风险，同时与经济评价相结合，不断进行方案的优化，从而最终找出一个既有较强竞争能力，又有较好经济效益的优化方案。

4.3.5.2　竞争对手的确定和分析范围

（1）竞争对手的确定。竞争对手包括现有竞争对手和潜在对手，通过对多个竞争对手的生产规模、年产量、目标市场和目标产品在总体市场上的占有率的调查和分析确定主要竞争对手。

企业竞争力分析中，知己相对容易，知彼则困难得多。应根据企业自身的发展定位，选择与自己“门当户对”的竞争对手进行“对标”分析，“对标”分析要求对对手比较了解，掌握信息比较全面，采取以一家为主，多家为辅进行分析。可选择同行业中的上市公司作为“对标”的竞争对手，一方面从上市公司的公开信息中可以方便地获得许多资料和数据，另一方面上市公司在行业内相对先进。资料的也可以从行业协会的年鉴、网站等处，从专业的杂志，从竞争对手的供应商和客户处等多方面获得。

（2）竞争力分析范围。①国内外主要同类产品生产情况。对国内外主要同类产品生产装置的基本情况、工艺技术和关键设备、生产成本、产品质量、市场营销策略、市场价格和企业管理等方面的分析是竞争力分析的重点。关键是要获得国内外主要同类企业大量的第一手资料和数据去进行竞争力分析。②目标市场和主要终端用户。竞争力分析要对目标市场或项目产品的集散地进行深入细微的调研，获取第一手的市场销售和营销资料，准确定位市场需求、确定各竞争对手销售的真实情况和营销策略。另外，还要对大型主要终端用户进行专项调查，获得他们对产品需求的真实想法、产品质量需求和以后目标产品的发展方向等。另外通过对专用产品终端消费者的调研，可以确定现行市场的特殊需求及专用产品和高附加值产

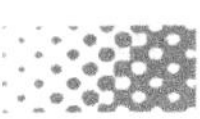

品进入市场后的流向。通过竞争力分析增强对企业产品市场的敏感性和前瞻性，有利于建设项目在进行目标产品定位时，准确地确定产品结构。

4.3.5.3 竞争力调研内容

(1) 自然状况。自然状况包括竞争对手的性质、建设时间、建设地点、工程投资情况，生产规模、装置开工率、产品牌号、主要用户、工程设计单位、施工单位等。

(2) 工艺技术水平与关键设备。工艺技术水平不仅直接影响到产品质量，而且影响到原材料、辅助材料、能源及动力等的消耗。工艺技术水平领先则装置原料及动力消耗较少，三废排放少，产品质量高，环保压力小，最重要的是先进的工艺技术可以大幅度降低目标产品的生产成本，是企业具备竞争力的重要前提和基础条件。

工艺技术水平包括主要技术来源、专利商、工艺技术、主要工艺参数、主要设备情况(包括国产化程度)、自动化程度、技术维护、技术消化和提高能力等，关键设备的使用及维护情况，特殊设备、特护设备采用了那些卓有成效的操作手段等等。

(3) 技术创新能力。技术创新能力是指竞争对手具备的技术改造、技术攻关能力和科研开发能力：①技术改造。调查竞争对手对困扰企业安全、平稳、长周期、大负荷生产进行了那些改造，具体的改造情况如何，改造的投入情况以及改造的效果等；②技术攻关。竞争对手采取了哪些提高产品质量，降低物耗、能耗，提高安全本质化水平和环保治理的技术攻关活动；③科研开发。企业的科研开发，包括工艺技术开发和新产品开发，直接决定了企业的发展，也直接决定企业未来在市场上的竞争能力。

主要调查以下内容：①竞争对手产品采用了那些新技术；②竞争对手是否拥有自己独立的研发机构，有哪些对企业进行技术支持的科研院所和高等院校，研发机构规模、人员结构组成、技术储备等；③竞争对手是否有自己的小试装置或中试装置，取得了那些成果及试验装置的主要用途；④每年竞争对手的科研费用投人情况；⑤新产品开发的种类及市场情况等等。

(4) 产品质量。对竞争对手产品涉及的主要质量标准和规模情况进行调查分析。同时分析竞争对手是否建立了本企业内部的质量保证体系和评价体系等，对于一些产品质量检测要求较高的项目是否具有依托单位等。通过竞争力分析，比较本企业同竞争对手目标产品质量的优势、劣势。

(5) 产品的完全成本。企业要想在市场竞争中占据主动，除了在品种、牌号、质量、售后服务等方面进行竞争外，价格竞争是其中的关键。所谓价格竞争，就是指企业在产品的定价方面力图胜过竞争对手，争取占有较大的市场份额；价格竞争，实际上就是成本的竞争；企业只有加强成本控制，保持较低的生产成本，才能保证产品在价格出现波动时、售价较低时仍能盈利。所以在评价一个项目的竞争力时，成本分析是其中的重要组成部分（详见12.2)。

(6) 营销策略。分析竞争对手的营销策略可以有效地指导项目的市场定位和企业行为。市场中有很多竞争对手，市场竞争手段也是多种多样的，有时即使企业在价格方面存在优势，也不一定能在竞争中获胜，所以在项目的竞争力分析中还应分析主要竞争对手的营销策略，找出相应的对策。

营销策略有产品销售策略，包括产品的售前、售中、售后服务，销售渠道覆盖面，销售网络等；产品的结构、规格、牌号等主要适用于实行差异化策略的企业；价格策略，包括价格制定的针对性，价格制定的灵活性；促销策略，促销方式及其有效性等。

企业的营销行为目的是通过向现有顾客销售更多的产品，向现有顾客推销价值更高的产品，向新顾客销售产品。从这三点出发，就形成了多种市场营销策略。通过对竞争对手的调查，区分对手在营销上的策略倾向。

化工企业主要的营销策略有：成本领先策略，差异化策略，集中性营销策略，规模发展战略，一体化策略，产品创新策略，市场渗透战略等。

(7) 产品市场价格。对本行业竞争对手近年目标产品的价格进行汇总并列表对比。值得注意的是，在网络或其它信息中获得的数据可能存在不确定性，因此，项目调查人员要到目标产品市场、集散地、客户获取第一手资料，并以第一手资料作为主要分析数据。

(8) 商标、品牌、商誉。竞争对手的产品商标、品牌、商誉如何，产品是否为用户满意，在市场上是否具有品牌效应，是否已经成为市场事实上的拳头产品、名牌产品，是否具有可靠的质量保障体系。

(9) 人力资源。化工产业是知识密集型产业，技术知识是化工发展的核心，人力资源是企业最具有竞争力的因素。员工素质直接影响到产品质量和消耗，影响到生产操作的稳定，影响到设备损耗和损伤、停车和维修费用等。调查竞争对手企业的人数、结构组成、知识层次、企业管理水平，管理者既往业绩和管理能力，管理责任和约束机制，企业对员工凝聚力、激励机制，组织结构的合理和有效性等。

(10) 其他。除了以上几个部分要进行竞争力调查外，还要调查竞争对手的信息资源及竞争对手的发展规划等。主要包括企业 ERP 系统、电子商务系统，信息资源的共享能力如何等。要调查竞争对手近期是否有扩能改造的计划以及规模、投资、产品结构等，产品更新计划、产品的发展方向等。

4.3.5.4 竞争力分析报告的编制

竞争力报告要简明扼要，直接阐述观点，语言简捷，观点突出，并尽量多的利用数据和图表量化表述竞争对手情况，做到有数据可查，有数据可比。竞争力分析报告的内容有：

(1) 自然情况。包括生产商、企业性质、建设时间、建设地点、工程投资、生产规模、装置开工率、生产牌号、主要用户。

(2) 工艺技术水平及设备。竞争对手的基本工艺技术情况包括专利权、工艺技术、主要设备、自动化程度、工艺参数、操作温度、操作压力、反应收率或得率等。

(3) 技术创新能力。包括主要技术改造、新技术及新产品开发情况。

(4) 产品质量。拟建项目（或改造前后）与国内外竞争对手的产品质量对比。

(5) 产品的生产成本。通过与竞争对手物耗对比，可以确定项目采用的工艺技术的先进程度；通过与竞争对手在投资和吨产品折旧的对比，确定项目在规模效益方面是否具有优势；通过与竞争对手能耗对比，确定项目在公用工程资源方面的竞争能力；最后确定拟建项目（或改造前后）与国内外竞争对手的生产成本对比。

(6) 产品价格。将项目与主要竞争对手目标产品价格进行比较。

(7) 市场营销对比。主要对比竞争对手目标产品的市场营销策略、产品的销售策略、价格策略、促销策略、促销方式的有效性等。

综上所述各项竞争力分析内容，得出项目的竞争力分析的结论。

完成竞争力分析报告中需要注意的问题：①网络资源在竞争力分析的应用。网络资源可以替代某些图书和一些印刷材料，作为二手资料的主要来源之一。②注重营销理念的调查。给予竞争对手的营销理念恰如其分的定位，确定对手的采用的是差异化战略、低成本战略、还是集中化战略等。③工艺技术及设备的调研。调查人员对项目的工艺技术及本行业的技术发展方向要非常熟悉，并具备对竞争对手的工艺水平、关键技术、设备及技术创新点能给予

判定的能力。④产品质量和产品价格是竞争力分析的重点。竞争力各种要素的影响最终体现在产品价格和产品质量上。而产品价格主要由产品成本费用决定，产品质量主要由技术装备因素和管理水平因素决定，产品成本费用则是竞争力诸多影响因素的集中体现。因此，将产品成本费用作为产品竞争力的主要指标，具有代表性和说服力。⑤竞争力分析的保密性。竞争力分析报告属于机密材料，资料中可能较多地涉及竞争对手生产技术、项目投资、企业管理、人力资源、生产成本等企业机密，一旦泄密，有可能涉及法律责任问题，所以要对竞争力分析报告应予以保密。

4.4 研发技术管理工作

化工企业技术管理工作的范围，总体来说有两部分：研发技术管理和生产技术管理。

生产技术管理包括工艺技术管理、设备和能源计量管理、质量管理、职业安全健康管理、环境保护管理等，这些我们在第 5～9 章中详细叙述。

研发技术管理包括：技术改造和产品发展战略、技术（情报）信息、技术档案、技术引进和合作、知识产权管理等。

4.4.1 技术改造与产品发展战略规划

产品发展战略、研究开发战略、技术改造战略是职能性战略，也是企业最重要的职能性战略（见 2.3.2.3）。化工企业参与市场竞争主要是用产品去竞争，以及与产品相联系的质量、价格、服务等。但我国化工企业普遍技术和产品创新重视不够，要根据总体市场情况和发展趋势制订技术与产品发展战略。

4.4.1.1 我国制造业发展的现状需要调整

我国制造业发展趋势与典型工业化国家的一般规律基本吻合，同时也表现出追赶国家的一些特点。当前我国劳动力成本上升、生产性服务业发展不足等问题，对制造业升级提出了挑战：

一是工业化率高于典型工业化国家在类似发展阶段的平均水平，呈挤压式增长特点。

二是制造业结构演变趋势与典型工业化国家吻合度较高。以纺织业、食品工业等为代表的劳动和资源密集型产业占 GDP 比重回落时点较早；钢铁、有色、建材等行业峰值临近；以电气制造、交通运输设备制造等为代表的资本和技术密集型产业比重长期呈上升态势，根据典型工业化国家经验，这些行业比重在人均 GDP 达到 15000 国际元左右时上升趋势才会停止。

三是重化工业比重偏高，人均 GDP 11000 国际元（我国目前约为 10000 多国际元）是钢铁、有色、建材等重工业达到峰值的普遍时点，随后转入快速下降通道。各种迹象显示，目前我国正步入重化工业阶段后期，钢铁、有色、建材等行业峰值临近。

四是制造业的服务投入系数偏低。钢铁、化工等高资源消耗产业占比大幅上升，与我国制造业大多处于国际产业链分工低端，对商务服务业、金融保险业等现代生产服务业的需求不足有关。

五是劳动力、土地等成本上涨压力增大，转型发展形势严峻。受劳动力供求格局变化影响，近年我国低端劳动力工资涨幅尤为明显。从国际比较来看，我国制造业劳动力工资跟发达国家还有较大差距，但已经明显高于越南、印尼、印度等国。随着城镇化进程加快以及大规模货币投放，房价、地价大幅上涨，从而推高了实体经济部门的生产和商业成本。

根据典型工业化国家的一般规律和我国产业结构的演变趋势，未来 10 年虽然我国工业化率将下降，但工业内部结构将不断优化升级，劳动密集型产业和资源密集型重化工业比重将不断下降，资本和技术密集型产业比重将持续上升。在工业化后期，石油工业受国内需求带动效应较强，化学工业在细分行业中仍存在较大升级空间。

尚普咨询《2013—2017 年中国化工行业分析调查研究报告》指出：在盲目投资的情况下，部分细分领域相继出现了严重的产能过剩问题，化工行业就是其中之一。产能过剩的各产品领域具体情况也有所不同，有的产品同质化重复建设的问题较突出；有的产品技术水平落后，高端产品比重低；存在技术落后和重复化建设的双重问题。

解决化工行业产能过剩问题：首先，通过兼并重组淘汰落后产能；其次要加大技术投入，弥补高端产品的缺口，并且形成创新驱动产业转型升级新动力；最后，还要与国家节能减排与环境保护的使命要求配合，加强对汞污染、磷石膏、铬渣、PM2.5、挥发性有机物等行业重大环境问题的研究，促进产业绿色、循环、低碳发展。

4.4.1.2　制订企业技术改造和产品发展战略

我国经济发展的特点，淘汰化工落后产能需要，都明确了我国化工技术改造和产品发展的战略。就是化工制造技术要向绿色化、规模化、机械化、自动化发展；产品要向高端化、市场细分化发展，化工行业要为我国高新技术产业和新兴战略产业的发展服务，开发更多的高新技术化工产品。

化工企业要重视制订企业总体发展战略，并根据企业的经营战略，制订产品发展战略、研究与开发战略、技术改造战略等职能性战略。

努力实施企业技术改造和产品发展战略，才能使企业保持持续创新、持续发展的动力。

4.4.2　化工科技情报信息和技术档案

4.4.2.1　科技情报信息工作

知己知彼，百战不殆，研发工作中的情报信息工作特别重要。企业日常管理工作的内容有：

(1) 针对本企业产业及其技术特点，积极向领导反映产品情况和市场变化等问题，提出企业发展规划咨询和改进的意见；

(2) 组织信息调查，进行课题研究，提供化工行业和专题信息，并组织信息交流，积极发挥信息导向作用；

(3) 进行新技术、新产品的调研，为新技术、新产品的开发、研制和推广应用服务。

(4) 收集、编辑有关技术和产品信息，供领导和研发人员参阅。

我国化工情报信息的获取主要渠道有：

中国化工信息中心（http：//www.cncic.gov.cn）

中国化工情报信息协会（简称：化工信息协会），下设信息与刊物分会和统计分会。英文译名：China Chemical Industry Information Association（缩写 CCIIA），http：//www.cciia.org.cn

上海市化工科技情报研究所（http：//www.shcinfo.com.cn）

中国知网（http：//www.cnki.net）

万方数据库（http：//www.wanfangdata.com.cn）

维普网（http：//www.cqvip.com）

SooPAT 专利检索（http：//www.soopat.com）

佰腾网（http：//so.5ipatent.com）专利检索

通过上述渠道，基本上能查阅国内外所有化工文献。

4.4.2.2 技术档案

企业化工技术档案可分为综合、科研开发、生产技术、建设项目、设备（仪器）等类。这些文件能够真实而客观地反映了化工企业的生产、经营、建设和发展，它来源于化工企业的各项工作，又直接服务于化工企业的各项工作，充分发挥着历史凭证、决策参考及现行依据的作用。化工企业应建立技术档案的管理制度，包括：收集归档、整理、保管、借阅等。

① 综合类有：有关生产建设、科研、设计技术方面的中长期规划、年度计划、统计报表，有关问题的指示、决议、决定等依据性文件材料，技术成果总结、技术著作、科学论文、专题技术报告，已批准、发布的各种技术标准、技术条件，国外技术考察报告及其他技术文件材料等。

② 研发类有：计划任务书，研究计划、大纲、方案、参加人员名单及上级审批文件，研究专题文献总结，观察和试验记录、数据，研究计算公式、配方和分析结果等的原始记录，试验阶段报告、总结，关键设备、图纸，中试设计、施工、竣工技术文件及各种图纸，鉴定大纲、报告、证书、成果登记表等，成果推广计划、总结及采用者意见书等，研究试验中的操作、安全、分析等各种规程，各种技术会议记录、决议和协议书、合同等。

③ 生产技术类（即生产技术档案或产品档案）：产品设计，产品配方，产品工艺，新产品试制，产品质量鉴定，产品社会调查及试验总结，产品开工投产报告，生产技术规程，年度生产技术财务计划，原材料消耗定额及技术经济指标，生产技术专题总结，生产技术报表，其他等。

④ 建设项目类分为：工程设计、施工管理类（即工程设计档案、施工管理档案）。

工程设计类，按工程项目——设计阶段——专业性质分类。按照工程设计的专业性质分为总说明（总论、技术经济），总图，运输，工艺，自动控制（仪表控制），土建，给排水，热工、外管，供电、电讯，采暖通风，概算等类。

施工管理类，按照施工阶段分为施工组织设计，土建、安装，竣工验收等类。

⑤ 设备（仪器）类（即设备档案）：按照生产装置（车间、工段等）、工艺流程及设备类别分类。

化工工艺设备及其他专用设备，可按照设备类别分为：规范和标准，容器（包括贮槽、受槽、高位槽、计量槽、扬液器、气瓶、液氨瓶、槽车容器等），换热设备（包括蒸发器和废热锅炉），塔，化工单元设备（不包括反应器）。反应设备和化工专用设备，化工机械及通风机械（包括化工成套设备），起重运输、称量和包装机械，管路附件及控制机构，非化工工艺设备等。

随着信息技术与信息产业的高速发展，电子文件逐渐成为化工企业档案的主体，使档案工作从载体形式、分类方案、保管和接收、提供利用的方式等方面发生了巨大的变化，同时也使企业档案工作进入了一个崭新的数字时代。化工企业可以应用企业资源计划系统（ERP）来进行化工技术档案的管理。

4.4.3 知识产权管理

《国家知识产权战略纲要》(国发〔2008〕18号）指出："知识产权制度是开发和利用知识资源的基本制度。……当今世界，随着知识经济和经济全球化深入发展，知识产权日益成为国家发展的战略性资源和国际竞争力的核心要素，成为建设创新型国家的重要支撑和掌握发展主动权的关键"。

"实施国家知识产权战略，大力提升知识产权创造、运用、保护和管理能力，有利于增强我国自主创新能力，建设创新型国家；有利于完善社会主义市场经济体制，规范市场秩序和建立诚信社会；有利于增强我国企业市场竞争力和提高国家核心竞争力；有利于扩大对外开放，实现互利共赢。必须把知识产权战略作为国家重要战略，切实加强知识产权工作”。

“建立以企业为主体、市场为导向、产学研相结合的自主知识产权创造体系”。

《工业转型升级规划（2011—2015）》(国发〔2011〕47号）提出：“加强重点产业专利布局，建立重点产业知识产权评议机制、预警机制和公共服务平台，完善知识产权交易体系，大力培育知识产权服务业，提升工业领域知识产权创造、运用、保护和管理能力”。

为贯彻落实《国家知识产权战略纲要》和《工业转型升级规划（2011—2015年）》知识产权相关工作要求，指导和推动工业企业知识产权管理制度化建设，有效促进工业企业知识产权运用能力提升，工信部组织编制了《工业企业知识产权管理指南》。

涉及知识产权的有《专利法》、《商标法》、《著作权法》等知识产权专门法律，《中华人民共和国商标法实施条例》(国务院令第651号，2014修订）以及GB/T 29490—2013《企业知识产权管理规范》等。

（1）知识产权的范畴

化工企业的知识产权主要有：

① 专利权和技术秘密。关于新产品、新工艺、新材料、新设计、新配方等专利权和技术秘密。

② 商标权和商业秘密。主要是指本公司的注册商标、商号等，以及所拥有的未公开的工程、设计、市场、经营、服务、财务、管理等信息。

③ 著作权。主要指本公司的产品设计图纸及其说明，计算机软件及文档资料，摄影、录像、教材、技术规范汇编等。

④ 国家法律规定保护的其它知识产权。

（2）知识产权管理的内容

① 知识产权的开发管理。企业应当从鼓励发明创造的目的出发，制定相应策略，促进知识产权的开发，做好知识产权的登记统计，清资核产工作，掌握产权变动情况，对直接占有的知识产权实施直接管理，对非直接占有的知识产权实施管理、监督。

② 知识产权的经营使用管理。对知识产权的经营和使用进行规范，建立制度。促进自主创新成果的知识产权化、商品化、产业化，引导企业采取知识产权转让、许可、质押等方式实现知识产权的市场价值。

实施商标战略，在经济活动中使用自主商标。丰富商标内涵，增加商标附加值，提高商标知名度，形成驰名商标。进行国际商标注册，维护商标权益，参与国际竞争。

③ 知识产权的收益管理。对知识产权使用效益进行统计，合理分配企业与发明人的收益。

④ 知识产权的处分管理。企业根据自身情况确定对知识产权的转让、拍卖、终止等。

（3）知识产权管理办法

企业应有职能部门（如：办公室）专人负责知识产权的管理，其主要职责是：制订管理制度、建立知识产权档案，负责知识产权的申请、纠纷处理、诉讼等工作，参与签订或审核涉及知识产权的各类合同、协议等。

严格执行科技档案的相关制度规定，包括档案密级制定、借阅程序等，对涉及本公司技术秘密和商业秘密的科技档案应采取限制阅读措施。

建立商业秘密管理制度。依法打击窃取他人商业秘密的行为。妥善处理保护商业秘密与自由择业、涉密者竞业限制与人才合理流动的关系，维护职工和企业合法权益。

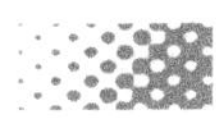

对本企业的技术秘密、商业秘密，应与有关人员签定保密协议。

4.5 国家研发创新政策

近年来，国家为实施创新驱动发展战略、建设创新型国家，强化企业技术创新主体地位，全面提升企业创新能力出台了一系列政策。

4.5.1 税收扶持政策

下述三项是国家主要的鼓励企业研发创新的税收优惠政策，还有技术改造进口设备、技术转让等税收优惠政策。

(1) 研究开费用加计扣除税收

国家税务总局《企业研究开发费用税前扣除管理办法（试行）》(国税发〔2008〕116号）规定，企业为开发新技术、新产品、新工艺发生的研究开发费用，未形成无形资产计入当期损益的，在按规定据实扣除的基础上，按照研究开发费用的50%加计扣除；形成无形资产的，按照无形资产成本的150%摊销。

研究开发费用的范围：企业从事《国家重点支持的高新技术领域》和国家发展改革委员会等部门公布的《当前优先发展的高技术产业化重点领域指南（2007年度）》规定项目的研究开发活动，其在一个纳税年度中实际发生的研发费用支出。

企业享受研究开发费用税前加计扣除政策一般包括项目确认、项目登记和加计扣除三个环节。

项目确认是指享受研究开发费用税前加计扣除政策的项目，需经当地政府科技部门或经信委进行审核，并取得《企业研究开发项目确认书》。

项目登记是指企业取得《企业研究开发项目确认书》后，经主管税务机关审核，主管税务机关对项目进行登记并出具《企业研究开发项目登记信息告知书》。

(2) 企业技术进步加速折旧

国家税务总局《关于企业固定资产加速折旧所得税处理有关问题的通知》(国税发〔2009〕81号）规定：企业拥有并用于生产经营的主要或关键的固定资产，由于以下原因确需加速折旧的，可以缩短折旧年限或者采取加速折旧的方法：①由于技术进步，产品更新换代较快的；②常年处于强震动、高腐蚀状态的。

企业采取缩短折旧年限方法的，对其购置的新固定资产，最低折旧年限不得低于《企业所得税法实施条例》第六十条规定的折旧年限的60%；若为购置已使用过的固定资产，其最低折旧年限不得低于《实施条例》规定的最低折旧年限减去已使用年限后剩余年限的60%。企业采取加速折旧方法的，可以采用双倍余额递减法或者年数总和法。加速折旧方法一经确定，一般不得变更。

(3) 高新技术企业所得税优惠

《中华人民共和国企业所得税法》(国家主席令第63号，2007）第二十八条的规定："国家需要重点扶持的高新技术企业，减按15%的税率征收企业所得税"。《关于实施高新技术企业所得税优惠有关问题的通知》(国税函〔2009〕203号）规定：认定（复审）合格的高新技术企业，自认定（复审）批准的有效期当年开始，可申请享受企业所得税优惠。企业取得省、自治区、直辖市、计划单列市高新技术企业认定管理机构颁发的高新技术企业证书后，可持"高新技术企业证书"及其复印件和有关资料，向主管税务机关申请办理减免税手续。手续办理完毕后，高新技术企业可按15%的税率进行所得税预缴申报或享受过渡性税收优惠。

4.5.2 财政专项扶持政策

国家有关部、委重点支持领域与扶持计划项目见表4-3（可登录相关部、委官网查阅有关文件）。

表4-3 国家重点支持领域与扶持计划项目

所属部委	国家科技扶持政策及计划	
科技部	1. 国家级火炬计划项目	2. 国家级星火计划项目
	3. 国家科技支撑计划	4. 国家重点新产品计划
	5. 国家科技成果重点推广计划	6. 国际科技合作与交流专项经费
	7. 科技型中小企业技术创新基金	8. 科技型中小企业创业投资引导基金
	9. 科研院所技术开发研究专项资金	10. 中央级科研院所科技基础性工作专项基金
发改委	1. 国家高技术产业专项基金	2. 产业技术研发基金
	3. 国家重大产业技术开发专项基金	4. 信息安全专项产品产业化资金
	5. 生物医药高技术产业专项基金	6. 化学创新药物高技术专项基金
	7. 生物医学工程高技术专项基金	8. 生物医学工程高技术产业化专项基金
	9. 生物创新药物高技术专项基金	10. 现代中药高技术专项基金
	11. 生物育种高技术产业化专项基金	12. 农业生物育种高技术专项基金
	13. 可再生能源发展专项基金	14. 物质能综合利用示范项目
	15. 中小企业服务体系专项补助基金	16. 企业技术中心创新能力建设专项资金
	17. 纺织工业企业专项基金	18. 集成电路产业研究与开发专项基金
	19. 高纯硅材料高技术产业化重大专项基金	20. 国家生物产业基地公共服务条件建设专项资金
	21. 电子专用设备仪器、新型电子元器件及材料核心基础产业化专项	
工信部	1. 中小企业专项发展资金	2. 关于节能减排综合利用项目
	3. 信息安全项目	4. 电子信息产业发展基金
农业部	1. 农业综合开发中央财政贴息资金	2. 国家农业综合开发产业化经营项目
	3. 国家农业综合开发投资参股经营项目	4. 农业科技成果转化资金
	5. 农业机械购置补贴专项资金	6. 可再生能源建筑应用示范项目
	7. 应用技术研究与开发专项资金	8. 科技富民强县专项行动计划资金
	9. 生物能源和生物化工非粮引导奖励资金	
环保部	1. 中央环境保护专项资金	2. 中央财政主要污染物减排专项资金
林业部	林业贷款中央财政贴息资金	
商务部	1. 中小企业国际市场开拓资金	2. 包装行业高新技术研发资金
	3. 对外经济技术合作专项资金	

国家扶持基金由财政部负责专项资金的预算管理、项目资金分配和资金拨付，并对资金的使用情况进行监督检查。专项资金的支持方式采用无偿资助、贷款贴息和资本金注入方式。

每年初，各部、委发文规定本年度基金申报材料的具体要求和管理办法，由各省、自治区、直辖市相应厅、局对申报项目进行评审后报部、委审核批准；财政部根据审核批准后的项目计划，确定项目资金支持方式，审定资金使用计划，将项目支出预算指标下达到省级财政部门，并根据预算规定及时拨付专项资金。省级财政部门负责对专项资金的使用情况进行监督和管理；财政部驻各地财政专员办事处，对专项资金的拨付使用情况及项目实施情况进行不定期的监督检查。

各省、自治区、直辖市相应厅、委发文公布本年度省级项目基金申报材料的具体要求和管理办法，由县（区）相应局、委评审后报地级市相应局、委评审，再报省、自治区、直辖市相关部门评审后，报相应厅、委审核批准。省级财政部门负责拨付资金，并对专项资金的

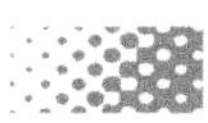

管理使用进行监督检查，也可委托审计部门或社会会计师事务所进行审计。

各省、自治区、直辖市的财政专项扶持资金的额度和项目各不相同，省级管理部门根据本地区的情况公布项目指南，供企业选择申报。

大部分项目申报，企业需要通过“国家高新技术企业”和省级“工程技术研究中心”或“企业技术中心”认定。

4.5.3 创新平台建设和认定

为鼓励和促进以企业为主体、市场为导向、产学研相结合的技术创新体系建设，强化企业创新的主体地位。各部、委出台了企业创新平台的建设和认定办法。创新平台一般分地市级、省级、国家级三级。

① 工程技术研究中心　是依托于科技实力雄厚的科研院所、高等院校或企业，拥有国内一流的工程技术研究开发、设计和试验专业人才队伍，具有较完备的工程技术综合配套试验条件，能够提供行业公益性服务，具有自我良性循环发展机制的技术研究开发平台。其建设目标是研发一流的工程化成果、培养一流的工程化人才、建设一流的工程化条件，达到一流的管理运行水平，实现人才、技术和经济运行的良性循环。

原科委《国家工程技术研究中心暂行管理办法》(1994) 和《国家工程技术研究中心建设的实施意见》(2004-04) 规定了国家工程技术研究中心的职责和任务、管理机构、立项和实施、经费管理、运行管理、验收考评、优惠政策等。工程中心研制开发出的中试产品，报经国家科委审批后，优先列入国家新产品试制鉴定计划和中试产品免税立项，享受国家有关减免所得税、产品税和增值税优惠；进口仪器设备、样机样品，以及部分原材料可减免关税。验收评审合格的，给予奖励。

各省、自治区、直辖市科技部门都发文规定了工程技术研究中心建设的文件。

② 工程研究中心　是国家发改委根据见设创新型国家和产业结构优化升级的重大战略需求，以提高自主创新、增强产业核心竞争能力和发展后劲为目标，组织具有较强研究开发和综合实力的高校、科研机构和企业等建设的研究开发实体。《国家工程研究中心管理办法》(发改委令第 52 号，2007) 规定了国家工程研究技术的任务、责任和义务、申报条件、申报与审核程序。对于通过正式核定三年以上，且评价结果为优秀或良好的工程研究中心，可提出申请国家资金补助。

③ 企业技术中心　是隶属于企业的技术研究和开发机构，其中心任务是为企业的技术进步服务。《国家认定企业技术中心管理办法》(发改委、科技部、财政部、海关总署、税务总局令第 53 号，2007) 规定了“企业技术中心”的申报条件、认定程序和办法。国家认定企业技术中心享受科技开发用品免征进口税收优惠政策。

④ 国家环境保护工程技术中心　国家环境保护重点实验室是国家环保部在“十一五”期间为加强环保科技基础能力建设，增强环保科研机构的持续创新能力而提出建设的。凡从事环境保护科学技术研究开发的科研机构、高等院校和高新企业单位法人均可申请建设国家环境保护工程技术中心和国家环境保护重点实验室。

其他企业创新平台建设还有：企业院士工作站、重点实验室、企业研究院、研究生工作站等。

4.5.4 创新创业人才政策

国家颁布的创新创业人才政策，为企业提供了吸纳人才的机会。企业经营管理者应很好地利用好这一政策，壮大和培养自己的人才队伍。

(1) 企业博士后工作站　人力资源和社会保障部“全国博士后管理委员会办公室”统一指导和具体管理全国企业博士后工作。《全国博士后管委会关于扩大企业博士后工作试点的通知》(人发〔1997〕86号) 明确开展企业博士后工作站的主要目的是：充分发挥博士后制度在科学技术研究、人才培养和使用及人才流动等方面的优势；逐步形成企业与设立流动站单位的合作机制，促进产、学、研结合，培养和造就适应国民经济和企业发展需要的高级科技和管理人才；为企业引进和培养高水平人才，提高企业的技术创新能力，推进企业的技术进步；推动高等学校和科研院所面向企业，加快科技成果转化为生产力。

工作站要与设立博士后科研流动站（简称：博士后流动站）联合招收和培养博士后人员（我国企业还不具有单独招收博士后和培养博士后人员的能力），双方单位应当按照优势互补，互惠互利，保证资金，共同受益的原则签定《联合培养博士后研究人员协议书》。由双方设站单位组成的专家组共同培养和指导，企业博士后研究人员在站工作期限二年。工作期满后由双方设站单位组织专家对博士后进行考评（成果水平、效益、工作表现和实际处理问题等能力）。

(2) 创新创业人才（“双创”人才）政策　是各省、自治区、直辖市组织部人才领导小组为培养高层次创业创新人才，面向高成长性科技型中小企业，重点选拔一批有较强技术研发和经营管理能力，敢于创业、勇于创新的高层次创业创新人才进行培育和支持。

(3) 创新人才推进计划　科技部、人社部、财政部、教育部、中科院、工程院、国家自然科学基金委员会、中国科协组织实施的创新人才推进计划。《创新人才推进计划实施方案》(国科发政〔2011〕538号) 明确：“创新人才推进计划旨在通过创新体制机制、优化政策环境、强化保障措施，培养和造就一批具有世界水平的科学家、高水平的科技领军人才和工程师、优秀创新团队和创业人才，打造一批创新人才培养示范基地，加强高层次创新型科技人才队伍建设，引领和带动各类科技人才的发展，为提高自主创新能力、建设创新型国家提供有力的人才支撑。”

扶持科技创新创业人才。着眼于推动企业成为技术创新主体，加快科技成果转移转化，面向科技型企业，每年重点扶持1000名运用自主知识产权或核心技术创新创业的优秀创业人才，培养造就一批具有创新精神的企业家。

4.6　工业企业科技活动统计

为了了解全国化学工业生产经营活动基本情况，为制定行业政策，进行经济管理和调控提供依据，根据《统计法》的规定及国家授权行业协会进行调查统计的要求，由化工各行业协会进行统计调查。中国石油和化学工业联合会会组织编写了《化学工业生产统计指标计算方法》，并经国家统计局批准（国统制〔2007〕64号文）。各地区、部门、企业应按照全国统一规定的统计范围、计算方法、统计口径和填报目录，进行报送。报送方式：联网直报或电子邮件。

统计范围：全部国有企业和年产品销售收入500万元以上的非国有企业。

本节叙述的是工业企业科技活动统计，化工生产统计在5.2.3化工生产统计中叙述。

工业企业科技活动是以工业企业为主体，有组织、有计划开展的科学技术活动，不包括独立发明人以及某些科研人员在企业外或计划外进行的科技活动。

4.6.1　工业企业科技项目统计

工业企业科技项目统计报表的内容如下。

① 项目名称。

② 项目来源。按相应的分类和代码填报，“1”国家科技项目，“2”地方科技项目，“3”其他企业委托科技项目，“4”本企业自选项目，“5”来自国外项目，“6”其他科技项目。

③ 项目合作形式。“1”与境外机构合作，“2”与国内高效合作，“3”与国内独立研究院所合作，“4”与境内注册的外商独资企业合作，“5”与境内注册的其他企业合作，“6”以本企业所办科技机构为主完成，“7”由本企业有关部门组成联合攻关小组完成，“8”其他。

④ 项目活动类型。“1”基础研究，“2”应用研究，“3”试验发展，“4”研究与试验发展成果应用。

⑤ 技术经济指标。“1”开发全新产品，“2”增加已有产品的功能，“3”提高产品性能，“4”提高劳动生产率，“5”减少能源消耗，“6”节省原材料，“7”减少环境污染，“8”为其他。

⑥ 项目起始日期。

⑦ 项目完成日期。填写项目技术鉴定的年月。如项目已完成并通过鉴定，按实际完成日期填写。如未鉴定即投产，填写投产日期。

⑧ 本年度参加科技项目人员。科研与技术开发项目组人员合计，但参加科技活动时间不足制度工作时间10%的人员不包括。项目组是从事科技活动的最小单元，参加项目人员不得重复计算，同一人参加多个项目，按最主要项目填报，其他项目免填；一般科技管理人员不填报在项目组；外单位协作人员不填报。

⑨ 本年度参加项目人员的实际工作时间。按月计算，同时参加两个及以上项目人员，按项目分别计算工作时间，但一人在报告年度内累计不超过12个月。

⑩ 本年度项目经费内部支出。不包括委托研制或合作研制而支付给外单位的经费。

4.6.2 工业企业科技项目活动情况统计

4.6.2.1 全部科技项目

在报告年度当年立项并开展研制工作，以前年份立项仍继续进行研制工作，当年完成研制和研制已告失败的科研项目。不包括委托外单位研制项目。有两类：新产品开发项目数和研究与试验项目数。

4.6.2.2 科技活动人员

报告年度直接从事或参与科技活动的人员，包括：

① 参加科技项目人员（同上）；

② 科技管理和服务人员：从事科技活动管理和为科技活动提供直接服务的人员，含科技管理工作负责人、科技管理部门工作人员，及技术中心、科研院所、中试车间、试验基地、实验室等机构内管理人员，为科技活动提供资料文献、材料供应、设备维护等服务的人员（包括中试车间、实验基地的工人）。不包括累计参加科技活动时间不足制度工作时间10%的人员，也不包括为科技活动提供间接服务的保卫、医疗保健、司机、食堂人员、茶炉工、水暖工、清洁工等人员。

③ 科技活动人员的分类：a. 全时人员，指在报告年度实际从事科技（包括管理、服务）活动时间占制度工作时间≥90%的人员；b. 高、中级技术职称人员，包括：（高级）工程师、（高级）经济师、（高级）统计师、（高级）会计师、正副教授、正副研究员、讲师、助理研究员；c. 无高、中级技术职称的大学本科以上学历人员；d. 研究与试验发展人员，指企业科技活动人员中从事基础研究、应用研究和试验发展三类活动的人员，包括直接参加、项目管理、直接服务人员。

4.6.2.3 科技经费

(1) 科技活动经费筹集总额。指企业在报告年度从各种渠道筹集到的计划用于科技活动的经费，包括：①企业资金：自有资金中提取、其他企业委托。②金融机构贷款。③政府资金：国家、省、市、县各级政府的资金，如科技专项费，科研平台建设费，各种专项基金等。④国外资金：本企业从境外企业、大学、国际组织、民间组织、金融机构及外国政府的获得的计划用于科技活动的经费。⑤其他资金：从上述渠道外获得的经费，如独立的科研院所、高校等事业单位、民间非营利机构、个人捐助等。

(2) 科技活动经费支出总额。指企业在报告年度实际支出的全部活动经费，包括：列入技术开发的经费支出以及技措技改等实际用于科技活动的支出，不包括生产性支出和归还贷款支出。

企业内部开展科技活动经费支出有：①劳务费：以货币或实物形式直接或间接支付给科技活动人员的劳动报酬和各种补贴；②原材料费：开展科技活动实际消耗的原材料、辅助材料、备用配件、外购半成品、燃料、包装物及其他材料；③购买和自制设备的支出：使用非基建项目资金购买和自制用于科技活动的仪器设备等的费用支出。包括：各类设备、试验测量仪器、运输工具、工装器具等。④其他支出：科研项目前期论证费、调研差旅费、资料费、办公费、房租水电费、维修费、印刷邮寄费、会议费、成果鉴定费等。⑤研究与实验发展经费支出：企业全部科技活动经费支出分摊成基础研究、应用研究和试验发展三类项目的经费。⑥新产品开发经费支出。

委托外单位科技活动经费支出有：①对研究院所和高等学校的开支；②对其它企业的开支。但不包括外协加工费。

全部科技项目经费内部支出合计，包括外协加工费，但不包括因委托或合作而支付给外单位的经费。其中，研究与试验发展项目支出，是指报告年度是指用于基础研究、应用研究和试验发展三类项目的支出。

4.6.2.4 企业办科技机构情况统计

(1) 企业办科技机构数：指企业自办或与外单位合办、管理上同生产系统相对独立或者单独核算的专门科技活动机构，如企业开办的技术中心、研究院所、开发中心、开发部、实验室、中试车间、试验基地，企业在国外设立的科研机构等。企业办科研机构经过资源整合，被国家或省级有关部门认定为国家级或省级技术中心的，可按一个部门填报。企业科技管理职能科室（如科研处、技术科等）一般不统计在内。

(2) 机构科技活动人员：指企业办科技机构中从事科研活动的人员合计。应等于机构人员扣除为科技活动提供间接服务的人员（如保安、医疗保健、司机、食堂人员、清洁工、水暖工等）和参加科技活动时间不足制度工作时间10%的人员。统计从事科技活动的博士、硕士数。

(3) 机构内部开展科技活动经费支出：企业办科技机构内部用于开展科技活动的经费支出。包括劳务费、业务费、管理费支出，固定资产构建费及其他维持科技机构正常运转的日常费用等支出总和。

4.6.2.5 科技活动产出情况统计

(1) 新产品产值。新产品是指采用新技术原理、新设计构思研制、生产的全新产品，或在结构、材质、工业等某一方面比原有产品有明显改进，从而显著提高了产品性能或扩大了使用功能的产品。新产品产值既包括经政府有关部门认定并在有效期内的新产品，也包括企业自行研制开发、未经政府有关部门认可，从投产之日起一年之内的新产品。

(2) 新产品销售收入。

(3) 新产品出口收入。

（4）专利申请数，向专利行政部门提出专利申请并被受理的件数。

（5）发明专利申请数。

（6）拥有发明专利数，指企业作为专利权人在报告年度拥有的、经国内或国外专利行政部门授权且在有效期内的发明专利数。

4.6.2.6 技术改造和技术获取情况统计。

（1）技术改造经费支出。技术改造是指企业在坚持科技进步的前提下，将科技成果应用于生产的各个领域（产品、设备、工艺等），用先进技术改造落后技术，用先进工艺代替落后工艺、设备，实现以内涵为主的扩大再生产，从而提高产品质量、促进产品更新换代、节约能源、降低消耗，全面提高综合经济效益。技改经费支出中属于研究与试验发展的经费支出部分，还要计入企业研究与试验发展的经费支出。

（2）引进国外技术经费支出。指企业用于购买国外技术的费用支出，包括产品设计、工艺流程、图纸、配方、专利等技术资料的费用支出，以及购买关键设备、仪器、样机和样件等的费用支出。

（3）引进技术的消化吸收经费支出。消化吸收指企业对引进技术的掌握、应用、复制而开展的工作，以及在此基础上的创新。经费支出包括人员培训费、测绘费、参加消化吸收人员的工资、工装、工艺开发费、必备的配套设施费、翻译费等。消化吸收经费支出中属于研究与试验发展的经费支出部分，还要计入企业研究与试验发展的经费支出。

（4）购买国内技术经费支出。企业购买国内其他单位科技成果的经费支出。包括购买产品设计、工艺流程、图纸、配方、专利、技术诀窍及关键设备的费用支出。

4.6.2.7 其他情况统计

（1）工程技术人员。指报告期末担负工程技术和工程技术管理工作并具有工程技术能力的人员数。包括四类：①已取得工程技术职务资格，已被聘任工程技术职务，并担任工程技术工作；②已取得工程技术职务资格或大专学历，虽无工程技术职务，但实际担任工程技术工作；③未取得工程技术职务资格或大专学历，但实际担任工程技术工作；④已取得工程技术职务资格或大专学历，并实际担任工程技术管理工作，如总工程师、车间主任，以及在计划、生产、调度、安全、环保、工艺、劳动定额、仪表计量、动力、基建等科室从事技术管理工作的人员。

不包括：取得工程技术职务资格或大专学历，但不担任任何工程技术工作或工程技术管理工作的人员。

（2）当年用于科研的基建经费支出。指在报告年度为改善科研条件，提高研制开发能力，使用基本建设基金、技措技改等资金进行新、改、扩建，购置、安装科研用固定资产，以及进行科研设备改造及大修理等的实际支出。科研与生产共用的基建项目，按用于科研的使用面积和时间分摊。

（3）享受的政府财税扶持政策。①政府对技术开发的减免税；②财政专项扶持基金；③创新创业人才基金；④知识产权扶持基金等。

参考文献

[1] 秦志强．坚持企业主体地位，构建行业创新体系——再谈创新驱动与发展［J］．江苏石油化工通讯，2013（1）．

[2] 陈志勇．我国中小化工企业研发模式与战略选择［J］．化工管理，2005（5）:41.

[3] 林军,王昆,王晓东．高校学科带头人工作绩效评估维度构建及分析［J］．江苏科技信息，2012（12）：27-29.

[4] 陈百庆．研发人员激励与管理［OL］．商业评论网，http://www.ebusinessreview.cn/articledetail-65851.html，2011.5.

[5] 申淑静,杨增雄．高新技术企业研发人员激励模式研究综述［J］．企业导报，2012（17）：170-173.
[6] 桑红源主编．精细化学品小试技术［M］．北京：化学工业出版社，2011.
[7] 廖文根,韩晓华．中试：根治“世纪顽症”的突破口［N］．科技日报，2000-07-06.
[8] 周爱东,杨红晓．中试实验室建设的思考［J］．实验技术与管理，2009，26（10）：144-146.
[9] 吴敏,樊利民,马珺．化工中试设计中的危险识别与控制［J］．化工生产与技术，2005，12（2）：45-48.
[10] 《浙江省化工（科研）试验性项目安全管理规定（试行）》（浙安监管危化（2007）151 号），2007-07-31.
[11] 李惠跃,陶朝霞．危险化学品中试项目安全管理初探［J］．化工生产与技术，2011，18（3）：56-57.
[12] 张立国．化工投资项目竞争力分析实务［J］，石油化工技术经济，2003，19（5）：20-25.
[13] 我国制造业发展的现状与趋势［N/OL］，经济日报，2013-08-05，http://www.chinadaily.com.cn/micro-reading/dzh/2013-08-05/content_9764274.html.
[14] 尚普咨询．化工行业产能过剩需三大措施［OL］，中金在线，www.cnfol.com，2013-04-16，http://hy.stock.cnfol.com/130416/124,2441,14874116,00.shtml.
[15] 中国石油和化学工业协会．化学工业生产统计指标计算方法［M］．北京：化学工业出版社，2007.

5 生产管理（一）——责任制、工艺和班组管理

生产管理对一个化工生产企业来说至关重要，为了更好地叙述化工生产管理，我们将生产管理的内容分成五章叙述：责任制、工艺和班组管理，设备和能源计量管理，质量管理，职业安全卫生管理，环境保护管理。本章介绍责任制、工艺和班组管理。

化工企业为了满足市场需要而组织化工产品的生产。化工生产要实现安全优质、高产低耗、环境友好的目标，就应在各生产环节制定明确的计划、标准、定额，并严格考核。要加强日常生产管理中的生产数据的台账、统计工作，将生产责任制落实到各车间、工段、班组。生产经济责任制是激励员工积极性、提高劳动生产率的重要手段，也是科学管理的核心内容。

生产工艺技术管理是生产各项管理的基础。实际上，生产管理的各项工作都是为了要保证达到或更好地达到生产工艺技术的要求。班组是企业中最基本的作业单位，是企业内部最基层的劳动和管理组织。企业生产管理的各项工作，如现场、工艺、设备、计量、质量、安全、环保等等工作都能落实到班组，安全优质、高产低耗、环境友好的生产目标也就实现了。

5.1 生产组织机构和职责

5.1.1 化工生产过程的组织

5.1.1.1 化工生产过程

化工生产过程，是指从原材料供应、设备调试安装、技术规程制定、生产计划编制等生产前期工作开始，按既定的工艺要求，经过一系列的化学（或生化）反应和物理处理，使其成为化工产品的过程。

生产过程一般可以分为两类：一类是流程式，即原材料经过预定的加工步骤，最后形成产品的生产过程；另一类是装配式，即分别加工不同的原材料成为零件、部件，最后组装成产品的生产过程。化工产品大多是流程式生产，而化工机械产品大多属于装配式生产。

按生产数量可划分为大量生产、单件生产和成批生产。

按确定的生产任务的方式可划分为备货生产和订货生产。

5.1.1.2 化工生产过程的组成

化工生产过程按其对成品形成的作用，可分为四个过程：

（1）生产准备过程。包括对原料正式加工前的大量准备工作，如工艺技术准备、工装设备准备、原材料采购与预处理、人员及劳动组织、能源计量准备、生产管理制度制订等。

（2）基本生产过程。劳动者对劳动对象直接进行加工的过程，它包括对原料进行加工的所有生产环节，包含了企业物流和信息流的运动，是人、财、物的主要消耗场所，直接影响产品的产量、质量、品种、成本和交货期等。

按基本生产过程中的工艺过程可以划分为相互联系的生产阶段，每个生产阶段又按劳动分工和设备，划分为不同的工种与工序。工序是指一个或一组工人在一个工作地对一个或几个劳动对象连续进行加工的过程，按作用可分为工艺工序、检验工序、运输工序等。

（3）辅助生产过程。为保证基本生产过程的正常运行所必须的各种辅助生产环节。如水、电、汽、冷冻、真空、压缩空气供应等过程，提供包装和设备维修等。

（4）生产服务过程。为上述三个生产过程的正常进行提供各种服务的活动。如搬运、存储、化验、防腐、保温等。

上述生产过程的四个过程都是不可缺少的，各有特殊功能和任务。企业的生产管理是否能取得成效，很大程度上取决于各生产过程的整体配套性和协调性。

5.1.1.3 化工生产过程的组织

（1）生产的时间组织。是指劳动对象经过生产各阶段、各工序时，在时间上的配合和衔接方式的组织。生产时间组织的任务是尽量缩短产品的生产周期。

生产周期　是指化工产品从原料投入生产开始，到产出最终产品为止，所占用的全部时间，以天数或小时表示。生产周期是代表企业生产经济技术水平高低的一个重要指标。缩短生产周期，有利于减少在制品的数量，降低流动资金的占用，提高企业的生产能力，提前交货日期，增加企业在市场上的竞争力。缩短生产周期应以提高经济效益为前提，以技术革新和科学管理为手段，使缩短生产周期不增加或少增加生产费用。生产周期是由劳动过程时间和劳动过程中断时间构成，见表5-1。

表5-1　产品生产周期的时间构成

<table>
<tr><td rowspan="4">有效作业时间</td><td rowspan="3">工艺过程时间</td><td>基本作业时间</td><td>指对产品进行加工所消耗的时间</td><td rowspan="2">劳动过程时间</td></tr>
<tr><td>全部辅助作业时间</td><td>指分析、检测、设备调整的时间</td></tr>
<tr><td>工艺必须中断时间</td><td>指产品转换（自然干燥、冷却等）、物料转换、工艺参数调整所占用的时间</td><td rowspan="3">劳动过程中断时间</td></tr>
<tr><td colspan="2">非工艺过程时间</td><td>指原材料、在制品的运输传送所占用的时间</td></tr>
<tr><td colspan="3">停放时间</td><td>指组织物流和在制品在工序间交接所占用的时间</td></tr>
</table>

上述所有时间的总和，扣除由于平行作业所节约的时间，便是产品生产的生产周期。意外停工时间不可以计入生产周期。

为了缩短化工产品生产周期，常采取的措施有：①进行技术革新，提高自动化控制水平，强化工艺条件，以缩短工艺时间；②改善工艺流程和设备布局，缩短非工艺时间；③增加平行、交叉作业时间，如多台设备生产；④改进检验、分析方法，做到自动检测和不停工检测。

（2）生产的空间组织。是指生产过程的各阶段、各工序的劳动对象在空间上的配合与衔接方式。空间组织的任务是在合理、充分地利用空间，保证生产安全和维护方便的前提条件

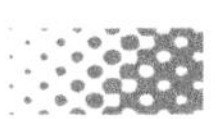

下，尽量缩短工人对劳动对象的流动路线。常用的生产过程空间组织有两种基本形式：

① 工艺专业化生产组织形式。是按照生产过程各工艺阶段的工艺性质来设置生产单位。就是在生产单位中，集中着同类的设备、同种操作人员、用同样的工艺方法生产不同的产品（“三同一不同”）。大宗化学品生产基本上都是这种形式，如氯碱厂蒸发工序，可生产32%和48%等多种规格的液碱。

这种生产组织形式的优点是：技术力量集中，专业设备集中，有利于技术革新和技术交流，提高工人技术水平；能充分利用生产能力，对产品品种变化的适应能力较强。其缺点是：在产品生产周期长，物料输送管线长，热能损失大，占用流动资金多，各生产单位之间的协调工作困难，日常管理工作复杂。

② 对象专业化生产组织形式。是以产品为对象来设置生产单位。就是在生产单位中，集中了不同类型的生产设备和不同工种的工人，对同一产品进行不同工艺的加工（“三不同一同”）。因为一个生产单位包括从原材料到产品的全过程，所以也叫封闭式组织形式。衡量对象专业化程度的主要指标是生产对象的种类数和生产单位包含的加工工艺占全部加工工艺的比重，即工艺封闭度。对象种类越少，工艺封闭度越高，对象专业化程度也就越高。大部分精细化工产品生产都采用这种形式。

这种组织形式的优点是：产品集中在一个生产单位完成，加工流程短，可以缩短生产周期，节约流动资金；可以缩短物料输送管线，减少损失；可提高生产连续性，有利于采用先进的生产组织形式；有利于控制，按时、按质、按量地完成任务，生产调度比较简单。其缺点是：由于同样的工艺、设备、技术、工人分散在不同的生产单位，所以不利于工艺变更。对象专业化程度越高，产品的调整和转化就越困难，生产单位内部协调工作量大。

上述两种组织形式各有利弊。一般来说，工艺专业化形式适合单件或成批生产；对象专业化形式适合产品品种较单一，产品结构稳定，大量生产。在实际生产中，很多化工企业也采用混合型生产组织形式，即有共性的生产环节按工艺专业化形式，其他环节则按对象专业化进行组织。这样可以充分发挥两种生产组织形式的优势，给企业带来更好的经济效益。

5.1.1.4 生产作业班次的组织

根据生产任务的情况、工艺特点和复杂程度、设备的组织形式、交货期等因素，确定合适的生产作业班次组织。

(1) 单班制。每天只安排一个班次进行生产活动，通常采用长日班制。实行单班制，便于利用非生产时间进行设备维护和检修工作，但不利于机器厂房设备的充分利用。

(2) 轮班制。亦称“接班制”或“倒班制”。在多班编制条件下，各班按规定时间间隔和既定班次顺序轮班进行生产活动的一种组织方式。

(3) 多班制。企业中每天安排两个或两个以上班次进行生产活动。通常有两班制、三班制和四班制等。将每天分为早、中班的称为两班制；将每天分为早、中、夜班的称三班制：将每天分为四个班次的称四班制。一般多采用两班制或三班制。

(4) 四八交叉制。亦称“四班交叉作业”。指在原有设备和劳动力的基础上，每昼夜组织四班生产，每班工作仍为8小时，前后两班之间工作时间相互交叉的一种劳动组织形式。以交叉2小时为例，第一班以工作时间定为8点～16点，第二班为14点～22点，第三班为20点～4点（次日），第四班为次日2点～10点。在交叉时间内，接班工人进行生产准备工作，了解和研究完成本班生产任务的关键，并与上班工人共同进行生产活动，以加强各班之间的协作，缩短生产准备和接班时间，更充分利用工时和设备。

(5) 四班三运转。企业在连续生产的情况下，设四个班，每班工作8小时。每天三班生产，一班休息，进行轮换。其换班办法是：每两天一换班，工作六天，休息两天（早班两天，中班两天，夜班两天，休息两天），见表 5-2。

表 5-2　四班三运转

班次	1日	2日	3日	4日	5日	6日	7日	8日	9日	10日
早	甲	甲	丁	丁	丙	丙	乙	乙	甲	甲
中	乙	乙	甲	甲	丁	丁	丙	丙	乙	乙
夜	丙	丙	乙	乙	甲	甲	丁	丁	丙	丙
休	丁	丁	丙	丙	乙	乙	甲	甲	丁	丁

（6）四六倒班制：是在换班日将三班分为四个班，每班工作六小时，进行倒班的一种劳动组织形式，见表 5-3。

表 5-3　四六倒班制

星期一～星期六	星期日（换班日）	星期一～星期六
乙　0点～8点	乙　0点～6点	丙　0点～8点
丙　8点～16点	丙　6点～12点	甲　8点～16点
甲　16点～24点	甲　12点～18点	乙　16点～24点
	乙　18点～24点	

四六倒班制可充分利用机器设备，根据生产和工艺特点（如化工厂），或社会公众需要（如电厂、煤气厂等），要求连续不间断地进行生产的企业或产品所采用。

5.1.1.5　化工生产过程组织的要求

化工生产过程组织，就是要根据化工产品的特点和化工生产类型的性质，对生产过程中的各种要素，包括生产设备、输送装置、工序、工作中心、在制品存放地点等进行合理的配置，使产品的生产流程最短、时间最少、消耗最低、质量最好、污染最小、效益最高。因此，组织生产过程必须符合以下四个基本要求。

（1）保持生产过程的连续性。化工生产是高度连续作业。化学反应不允许中断，一旦中断，化学反应条件发生变化，会严重影响反应的正常进行，即使再恢复反应条件，往往也不能立即以原有的反应速率进行反应，副反应会增加，收率会大大降低，不安全因素和环境污染都会增加。化工生产需要尽可能少的停顿和等待时间。另外，保证生产过程的连续性，可以缩短产品的生产周期，减少在制品的占用量，加速流动资金的周转，提高设备的利用率，有利于降低成本、节能减排，提高经济效益。

（2）保持生产过程的比例性。这是保证化工生产过程能够顺利进行的基本条件。化工生产过程各阶段之间的比例关系，特别是各道工序、各生产环节上设备能力的比例，必须进行设计计算，做出全面科学的安排。化工生产首先要求符合化学反应的比例性。生产过程的比例性还表现在各工序生产能力在时间、空间上的比例性，在组织生产过程中还要有原材料搭配比例、设备能力比例、人员分工比例、能源搭配比例、供产销平衡比例等，上述这些比例在工程设计中都应经过严格核算，进行综合平衡，列入相应的技术文件，并要严格执行，才能达到安全优质、高产低耗、环境友好的生产目标。

（3）保持生产过程的节奏性。就是化工生产过程的均衡性，是指产品从投入生产到最后完成，都有节奏地进行，企业及其各个生产环节，都能按生产计划的要求，保证在一定的时间内，产出相等的产品或者完成相等的工作量，并使各个环节保持相对的稳定。因此，生产

任务的安排要有节奏，生产过程的各个阶段、各个环节没有忙闲不均或时紧时松的现象，达到动态平衡。要做到工艺参数有规律的改变，产品产出速度有规律变化，设备有规律的维修，物资有节奏的流动，资金有节奏的循环。在动态平衡的前提下，以最适宜的速度生产出最优产品，按最适宜的时间交货，取得最大的经济效益。

(4) 保持生产过程的适应性。化工产品种类繁多，市场竞争日益剧烈，产品更新换代周期的不断缩短。品种的多样性导致化工生产工艺的多样性，也导致技术经济分析的复杂性。在化工生产中要运用技术经济原理进行资源的合理配置，重视原料路线和工艺方法的选择，进行产品结构的更新优化，及时开发新产品。化工企业在组织生产过程时要保持必要的适应性，即适当地保持一定的柔性，以适应社会、市场、经济持续发展的要求。化工企业的生产组织必须适应市场需求的多变性，在保持企业短期稳定发展的条件下，要满足和适应未来的、长期的战略变化的要求。

以上四个基本要求是相互联系、相互制约的，比例性和均衡性是连续性的前提，连续性和比例性又为实现均衡性创造条件，而适应性则是连续性、比例性、均衡性在一定程度上的调整和发展。

5.1.2 生产组织机构和职责

生产组织机构，也就是生产指挥系统。为了保证化工生产活动的正常进行，必须在企业内部建立一个统一的、强有力的、高效率的生产管理的指挥系统。

5.1.2.1 化工生产车间和工厂各部门之间的关系

化工生产车间和工厂各部门之间的关系见图 5-1。

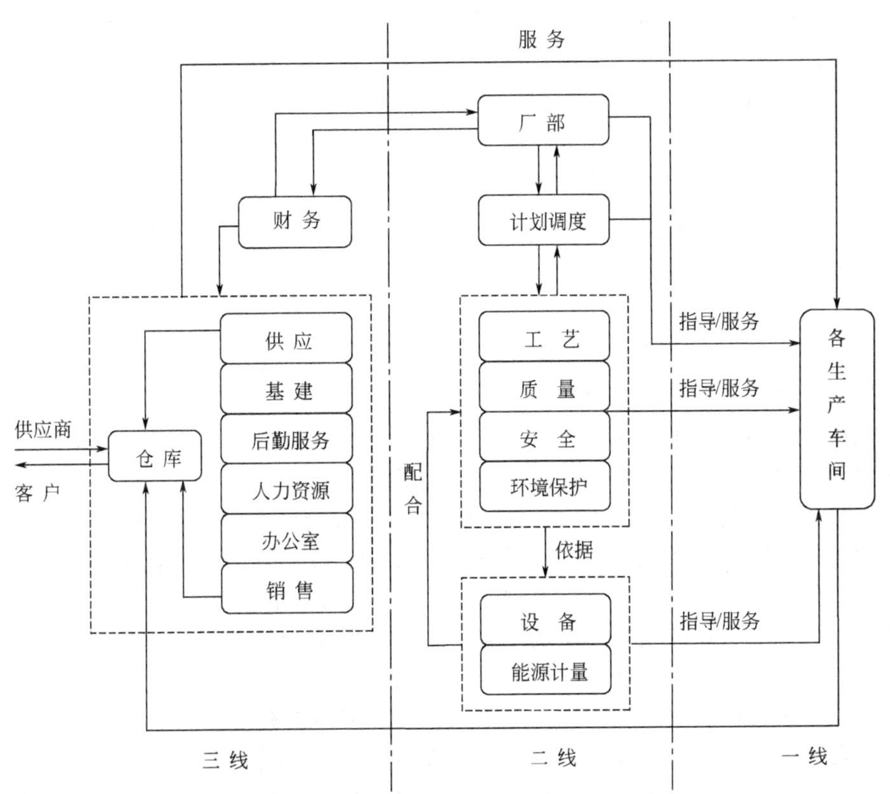

图 5-1 化工生产车间和工厂各部门之间的关系图

化工生产企业的生产车间包括：化工产品车间、污水处理车间（污水站，负责废水处理与回用）、公用工程车间（供应水、电、蒸汽、其他载热体，制冷站、空压站、仪表计量室等）等统称为一线车间，人员称为一线人员。

化工企业的财务、供应销售、基建后勤、人力资源、办公室等职能部门以及仓库（也有将仓库和储运合并为储运车间，列为二线）统称为三线。三线对一线主要是做好服务，保证一线车间生产的正常进行。供应部门采购满足生产要求的原料，车间为销售部门生产市场需要的产品。财务在总经理的领导下，既要为其他三线部门提供资金服务，又有检查、指导资金使用情况的责任。

化工企业的生产职能部门，包括计划、调度、统计，工艺、质量、安全、环保、设备、能源计量管理等，统称为二线。二线为生产一线服务，同时又检查、指导一线对企业各项规章制度的执行和生产任务的完成情况。二线即是生产管理指挥系统的参谋部，一线是作战部门。生产管理指挥系统的负责人（指挥官）一般为分管生产的副总经理。但为了加强质量、安全、环保对生产的监督作用，这三个部门常由总经理直管，直接向总经理负责。只负有生产职能的分公司（或分厂），总经理（或厂长）即是生产指挥系统的指挥官，副总经理（或副厂长）是副指挥官，具体分管某些职能部门。

5.1.2.2 化工生产组织机构的两种常用模式

（1）直线制生产组织机构。直线制生产组织的特点是，生产活动是由企业的各级主管人员直接指挥管理，不设专业的职能参谋人员和机构。企业日常的生产经营任务的分配和运作都是在厂长（经理）的直接指挥下完成的。

（2）直线职能制生产组织机构。直线职能制生产组织是直线制生产组织形式的一种改进。设立相应的职能部门，负责在相应的职能领域对组织内各单位工作进行指导管理。但是在权力配置方面，直线职能制的职能管理人员只有参谋指导权，对组织中下级单位没有直接行政指挥的权力。指挥权归属于组织中的各级主管人员。

由于直线职能制组织形式能发挥行政统一指挥和专业职能两方面的作用，适合化工生产的管理特点，因此在现实中得到广泛的应用。

5.1.2.3 化工生产指挥系统的职能部门设置

化工企业可根据企业规模、有效的管理模式来设置生产管理职能部门。

小型化工企业可以设综合的生产技术科，负责生产计划、调度、统计、工艺、安全、环保、设备、能源计量和质量管理等职能工作，但根据规定，必须设专职的安全员和环保员。质量监督检验单独设为质检科（化验室）。

一定规模的中小型化工企业，可将计划、调度、统计、工艺、设备、能源计量和质量管理等职能整合为生产技术科，安全、环保整合为环保安全科。

大中型化工生产企业一般设计划调度部（负责生产计划、调度、统计）、生产技术部（负责工艺和质量管理）、设备能源部（负责设备、能源计量）、安全技术部、环境保护部、质量检验部。前三个部门由生产副总经理分管，后三个部门由总经理分管，也有全部由生产副总分管。有的化工企业设立技术研发中心，由总工程师分管技术研发中心、生产技术部、安全技术部、环境保护部，生产副总经理分管计划调度部、设备能源部。具体分工办法，可根据企业的实际情况作出决定。大型企业集团公司总部不具有生产职能，担负生产职能的子公司或分公司，按集团公司的要求组织生产管理指挥系统，集团公司只下达生产任务、进行统计和考核。设立事业部的大型企业集团公司，由各事业部的生产计划处（或计划调度处）负责对下属生产企业进行生产管理工作的指导和考核。

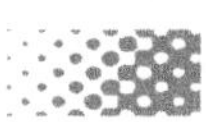

无论企业规模大小，一定要按“小机构、大企业”的思路设置生产指挥系统。俗话说：“生产要上去，管理要下去”。企业机构庞杂、职能交叉、人浮于事，只能相互推诿、扯皮，缺乏办事效率。生产职能指挥权越往上集中，生产就越被动。规模大的企业，就越需要加强生产车间的职能和权力，厂级职能部门的主要职责是协调、检查、指导、服务和考核。

5.1.2.4 化工生产车间的组织结构

化工生产车间的组织结构与车间的规模有关。但车间一般都采用直线职能制的组织结构形式，见图 5-2。

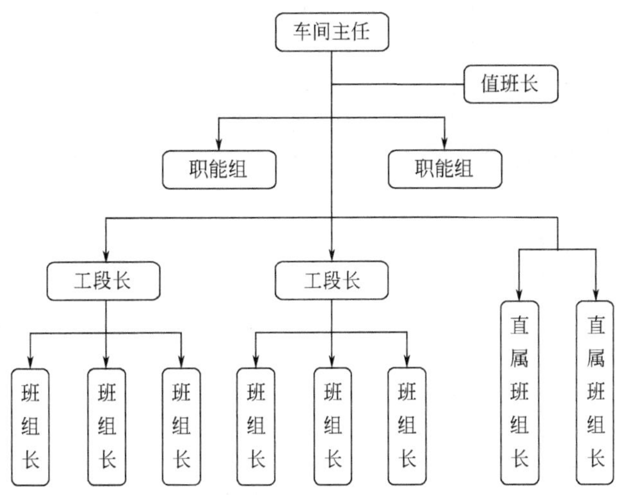

图 5-2 直线职能制的化工生产车间组织结构

很多中小型化工企业的一个车间只生产一种化工产品，按生产工序分为若干个作业组，如：缩合组、蒸馏组、精制组等，每个作业组设一名组长。每个作业组又按照上班时间分班，这样，整个车间按照上班时间分成了两个班、三个班或四个班，每个班设一名班长，即甲班班长、乙班班长等。

大中型化工企业的车间规模较大，产品的产量能力大，或一个车间生产多种产品，生产车间的职能和权力也较大，厂级职能部门主要是对生产车间监督、协调和考核。车间根据生产流程或产品再分设工段，如同组长的工作性质一样，工段长（也称：工长）职责是纵向管理，管理的是整个工段范围内的工作场所、设备、物料，重在提高工段内员工的操作技能，保证设备的正常和完好，提高和稳定产品质量、降低物料和能源消耗、实行清洁生产。工段长再下设班长和组长。除生产工段外，车间还设有直属班组，如维修组、包装组或其他辅助组，这些作业组都必须服从“值班长”的指挥。

直线职能制的化工生产车间一般除车间主任外，还设 1～2 名车间副主任或助理，分管具体的职能工作。车间办公室有承担各种职能的办事人员，还设 8 小时班的值班长（8 小时的车间主任），做好生产调度工作，负责当班的生产进度、劳动纪律、当班事务和异常情况处理等工作。

化工产品的生产是个复杂的过程，同一化工产品在各生产企业的生产工艺流程、设备、规模、管理模式都各不相同，甚至同一个化工产品在不同企业中生产，都会有不同的工艺流程和设备，化工生产车间的组织结构形式也要随机变动，使形成强有力的、高效率的生产管理指挥系统，将质量、安全、环保、设备、现场等管理工作真正在车间班组落实。这样，企业各项管理工作也就搞好了。

5.1.3 生产管理的基本方法

下面介绍的生产管理方法，适合各级生产管理人员使用。

5.1.3.1 5W2H分析法

5W2H分析法是二战中美国陆军兵器修理部首创。该方法简单、方便，易于理解、使用，富有启发意义，广泛应用于企业生产管理和技术活动。对于工作的决策和执行非常有帮助，同时也有助于理清考虑问题的思路。发明者用五个W开头的英语单词和两个H开头的英语单词进行设问，从而形成解决问题的方案，这就叫做5W2H法。

What——什么事？要做什么？用以明确工作任务的内容及目标。

Who——由谁来执行、谁来负责？用以明确工作任务的对象。

When——什么时候开始？什么时候完成？什么时候检查？用以明确工作任务的日程。

Where——在哪里做？从哪里入手、哪里结束？用以明确工作任务的空间位置和变化。

Why——为什么要这么做？告诉下级事情的重要性，可使他更负责任或受到激励。

How——用什么方法做？如何提高效率？如何实施？用以明确完成工作任务的程序、方法。

How much——做多少？做到什么程度？质量怎样？费用多少？用以明确工作任务范围及解决问题所需成本。

在工作中充分运用5W2H的方法解决问题常可以取得事半功倍的效果。

5.1.3.2 三直三现主义

“三直三现主义”是日本《现场管理者》一书提出的，其内容是说：马上现场、马上现品、马上现象（“品”就是分析判断，“直”就是马上）。

在生产现场，每天都会发生许多问题，如产品不合格、发生工伤事故、货物混装、环境污染等。遇上这些事情，首先应是到现场去查看，听取相关人员的意见。如果不这样做，而是坐在会议室里听取有关人员的汇报，仅是想象这样那样去讨论对策是错误的。因为班组长的汇报不可能那么全面，有时也可能没说到关键上，这样会使你的思路和判断出现偏差，会遗漏重大的问题。

若在听取汇报的同时马上来到现场，一看现场，多数情况会明白什么是事故发生的原因。让大多数人去看现场，进行调查，比只有少数人看现场，能了解到更多的情况。这时能马上进行的处置和对策应尽快实行，这一点至关重要，这就是“三直三现主义”，相当于现场办公。

5.1.3.3 “5个为什么”问题解析法

生产管理工作要有“打破砂锅问到底”的精神。在现场有许多问题，只要你多问几个为什么，就会得出问题的原因所在，解决问题的方法也就掌握在手中了。

“5个为什么”的特点是就存在的问题直接发问，回答也只需要就问题直接做回答。回答的结果又将成为下次发问的问题，就这样直接追问下去，连续5次就可问出问题发生的真正原因，给自己解决问题又提供了一个新的办法。“世界上怕就怕‘认真’两字”，你认真了，常常问题会迎刃而解。

5.1.3.4 现场巡查法

现场巡查也就是所谓的走动式管理。试想生产管理者如果只坐在自己的办公室里，那怎

么能了解生产进度、产品质量状况和员工精神状态呢？

生产现场巡查目的及要点如图 5-3 所示。生产现场巡查的方法有：

(1) 上班后 30 分钟的巡查方法：①带上助手巡查；②发现不合理让助手去处理；③发现与质量有关的问题，严格对待，并指示到个人；④不能明了的问题，立即派人去调查；⑤召开现场会与相关负责人共同评价发现的问题，并立即下达新的指示；⑥对发现的人际不和谐应进行协调和处理。

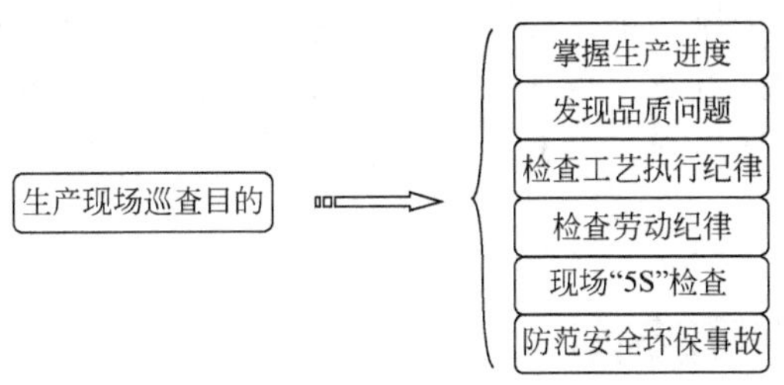

图 5-3 生产现场巡查的目的及要点

(2) 下班前 30 分钟的巡查方法：①检查设备运转情况；②统计掌握不良产品的情况；③观察员工的精神和健康状态；④听取有关工作延迟、品质不良，以及部门之间纠纷等问题的报告；⑤及时处理相关问题，不能马上解决的应做好记录。

各级生产管理者现场巡查必须注意的问题是：可以越级了解情况，但不能越级处理问题。否则会打乱正常的工作程序，打击直接下级人员的积极性。

5.1.4 ISO 管理体系标准

国际标准化组织（International Organization for Standardization，ISO）成立于 1947 年 2 月 23 日，是由各国标准化团体（ISO 成员团体）组成的世界性的联合会，总部设于瑞士日内瓦，成员包括 162 个会员国。该组织官方语言是英语、法语和俄语。参加者包括各会员国的国家标准机构和主要公司。它是世界上最大的非政府性标准化专门机构，是国际标准化领域中一个十分重要的组织。国际标准化组织的任务是促进全球范围内的标准化及其有关活动，以利于国际间产品与服务的交流，以及在知识、科学、技术和经济活动中发展国际间的相互合作。它显示了强大的生命力，吸引了越来越多的国家参与其活动。

ISO 的宗旨是在世界范围内促进标准化工作的发展，以利于国际物资交流和互助，并扩大知识、科学、技术和经济方面的合作。其主要任务是：制定国际标准，协调世界范围内的标准化工作，与其他国际性组织合作研究有关标准化问题。

我国在 1978 年加入 ISO，并在 1982 年 9 月当选并连任理事国（1983 年～1994 年），在 ISO 代表我国的是国家标准化管理委员会。香港和澳门均是 ISO 通讯成员。

ISO 于 1987 年开始颁布在全世界范围内通用的 ISO 9000 质量管理系列标准，迅速吸引了数以万计的企业实施和通过第三方（认证机构）认证，授予合格证书并予以注册，其目的在于通过审核、评定和事后监督来证明企业的质量体系符合 ISO 9000 标准。

截至 2013 年，与化工企业有关的，修订颁布的 ISO 系列标准有：ISO 10012：2003《测量管理体系》、ISO 14001：2004《环境管理体系》、ISO 27001：2005《信息安全管理体系》、ISO 9001：2008《质量管理体系》、ISO 50001：2011《能源管理体系》、OHSMS 18001：1999《职业健康安全管理体系》等标准。对此，我国都制定了相应的国家标准。

ISO 标准的作用具体表现在以下几个方面：

① 获得国际贸易“通行证”，消除了国际贸易壁垒，有利于国际间的经济合作和技术交流；

② 为提高企业的运作管理能力提供了有效方法。

③ 有利于提高产品质量，保护消费者利益，提高产品可信程度。

④ 有利于持续满足顾客的需求和期望，扩大产品市场份额；

⑤ 强化企业内部管理，提高企业的管理能力和效益；

⑥ 降低企业的各种管理成本，节省了第二方（政府产品质量管理部门）审核的精力和费用，促进企业良性和持续发展。

总之，ISO 管理体系是促使企业持续改进，提高企业生产管理水平，实现科学管理的重要手段。在有关生产管理的五章（责任制、工艺和班组管理，设备和能源计量管理，质量管理，职业安全卫生管理，环境保护管理）中，作者将结合 ISO 管理体系的理念，阐述各项生产管理工作。

5.2 生产计划调度和统计

5.2.1 生产计划和生产作业计划

5.2.1.1 年度生产计划

化工企业年度生产计划是根据市场需求对企业全年生产任务作出的统筹安排，规定在计划期内产品生产的品种、质量、数量和进度的指标。企业生产计划是根据企业销售计划制定的，是企业经营计划的重要组成部分，同时也是企业编制供应、劳动工资、财务活动等计划的基础。

年度生产计划的主要指标：

(1) 产品品种指标。包括品名、品种数、新产品数、更新换代产品数。这一指标可衡量企业产品组合的合理性和满足市场需求的能力。

(2) 产品质量指标。是企业在计划期内产品质量应达到的质量标准（国标、行标、企标或订货合同)。质量指标是综合反映企业生产技术水平和管理水平的重要标志。主要指标有产品合格率和等级品率，计算方法详见《5.2.3.2　技术经济指标》。

(3) 产品产量指标。是在计划期内完成一定合格产品的数量指标，它反映企业生产发展水平，是企业计算产值、劳动生产率、成本、利润等一系列指标的基础，也是分析企业各种产品之间比例和进行产品平衡分配的依据。

产品产量有两种表示方式：①自然实物产量。即把名称、用途相同，而规格成分不同的同类产品，按其实物单位直接相加所得的总产量；②标准实物产量。即把不同规格或不同化学成分含量的产品产量，折合成为某一标准规格或含量的产品产量。如不同含量的酒精折合成含量 100％的纯酒精，不同含氮量的氮肥折合成含氮 100％的氮肥等。

产量指标有两种：①商品产量。指计划期内生产的，可供销售的一切产品和工业性劳务作业量。②总产量。计划期内应完成的生产任务的总量，包括准备出售和自用的产品产量。通常采用实物单位或假定实物单位来计量，既是表示企业生产成果的一个重要指标，也是企业进行产供销平衡和编制生产作业计划的依据。

(4) 产值指标。是用货币表示的产量指标，能综合反映企业生产经营活动成果，以便不同行业、企业或不同时间进行比较。产值指标是化工企业销售收入的主要来源，是编制成本与利润计划的重要依据。主要指标有：①工业总产值；②工业销售产值；③出口交货值；④新产品产值；⑤工业增加值（净产值）等。这些指标的意义和计算详见 5.2.3.1 工业产品生产、销售、库存。

5.2.1.2 年度生产计划的编制

化工企业年度生产计划由生产计划调度部门编制，通常按以下四个步骤进行：

(1) 调查研究，收集资料。编制生产计划的主要依据是：销售部门提供的供销合同及协议，国内外市场动态及市场需求预测等数据；企业外部环境的变化，如经济发展趋势、行业生产动态；企业内部情况，如企业长远规划，上期合同执行情况和产品库存量，上期各种产品消耗定额，工艺规程变更和工期、消耗变化情况，各种生产资料、动力、燃料的供应保证程度，设备运行情况，生产工人思想、技术、出勤、培训情况等。还要分析研究国家有关方针政策、法律法规，总结上期计划执行的经验教训和研究贯彻企业经营方针的具体措施，等等。

(2) 编制计划草案。在调查研究基础上，制定出计划草案，明确规定产品按季、按月的产量、质量与品种要求，规定计划期末在制品、半成品库存量，规定计划所需原料、材料、能源需要量，规定外协劳务量，成本降低率和各种技术组织措施。

(3) 综合平衡。将计划草案的各项生产指标同各方面的条件进行平衡，包括：生产指标与生产能力之间的平衡；生产指标与劳动力之间的平衡；生产指标与物资供应、能源之间的平衡；生产指标与技术条件之间的平衡；生产指标与资金占用之间的平衡等。

计划编制部门应将计划草案发放到各相关单位和人员，广泛征求意见，进行充分讨论研究，并修改草案，直至较为完善，切实可行。计划切忌走两个极端：脱离实际的浮夸和消极保守。生产计划的编制与其他计划的编制一样，要留有余地，要有多种方案，确保计划在有良好的弹性。

(4) 审批定案。完成编制的年度生产计划，由总经理提交董事会批准后执行。

5.2.1.3 生产作业计划

生产作业计划是企业年度生产计划的具体执行计划，是企业组织日常生产活动的依据。化工生产作业计划是根据年度生产计划的要求，按车间、工段、班组，制定的月、旬、日具体生产作业安排。生产作业计划规定的指标包括产量、质量、物资消耗、设备维修和制造成本等。这些指标有高度的可行性和精确性。

生产作业计划具有如下作用：①是建立正常生产秩序和管理秩序，提高企业经济效益的重要手段；②是开展生产活动的依据，检查和考核生产活动的标准，也是企业开展劳动竞赛的具体条件。③是组织协调各车间、各部门实现均衡生产的重要措施。④车间员工生产活动的奋斗目标，是企业实行按劳分配、调动员工积极性的基本依据。⑤是企业计划管理的重要环节，确保了企业年度经营计划的实现。

生产作业计划的编制的要求：

(1) 编制前的准备。了解月度生产指标，了解上期在制品、半成品、成品的库存情况，了解上期生产目标完成情况，了解本期原料、能源供应情况，设备运行、保养情况，人员配备、定额完成情况，工艺调整情况，以及车间之间、部门之间需要协调的问题等。

(2) 编制方法。综合平衡，使计划符合客观情况。平衡的主要内容是产量平衡，一般旬计划按月计划的4-3-3安排，即上旬安排生产任务的40%，中、下旬各安排30%，上旬没有完成，顺延至中旬，确保计划的完成。这方法特别适用于化工产品的间歇法生产。生产作业计划最好用图表的方式表示，简明、形象、易懂。

(3) 生产作业计划，一般由生产计划部门在每月20日提出下月生产指标，各部门、各车间制定具体的生产作业计划在25日报厂计划部门，经综合平衡后，由主管生产副总经理批准后在月底前下达执行。

5.2.2 生产控制和调度

5.2.2.1 生产控制

生产控制（生产作业控制）就是协调、检查、考核生产作业计划执行情况，及时发现、分析与计划发生差异的原因，采取纠正措施，从而保证生产作业计划的完成。生产控制实际上就是对生产过程中的人、机、物、法、测、环（5M1E）和生产进度七个方面进行控制，见表 5-4。

表 5-4 5M1E 和生产进度变化把握要点表

项目	把握要点
人员(Man)	标准化作业遵守状态，个人情绪与精力，岗位与技能状况等
设备(Machine)	设备完好状况，动、静密封的跑冒滴漏状况，设备磨损与寿命管理等
材料(Material)	原辅材料规格、质量指标、批次、供应商，管理状况，使用状况等
方法(Method)	工艺纪律、工艺参数执行情况，工艺条件适合性、先进性等
检测(Measure)	检测方法是否正确可靠，检测方法变动对生产控制的影响等
环境(Environment)	现场 6S 状况，现场安全管理，人性化作业配置等
进度	生产实际进度，是否有转、停产安排调整，转产准备、联络协调等

化工生产控制的内容主要包括：

(1) 人员控制。无论自动化程度多高，生产系统都离不开人的操作。人员安排应满足生产需要，及时调度，避免忙时人少，闲时人多的反常现象。

(2) 进度控制。化工生产主要是对产出数量差异的控制。计划要求在一定时间内达到一定产量，在实际生产中会发生差异。差异出现的原因，可能是因为生产预测不准，原材料供应跟不上，装置、设备发生故障，质量较差造成返工；还有劳动者情绪不稳，出勤率降低，也会造成进度差异。为了控制进度异常，通常需要保持一定的生产余力。生产进度用图表方式，一目了然。

(3) 实物控制。就是对原料、半成品、在制品和成品等实物的流动线路发生的差异进行控制。物流方向发生混乱，会破坏生产的比例性；物流速度过快或过慢，会破坏生产的节奏性。化工生产应当制定物流控制图，规定严格的物流路线、时间和数量、质量标准。发现误差要及时采取措施加以处理。间歇法生产过程，物料在工序之间会有暂停现象，还要建立各种原料、在制品、半成品的工序交接制度。

(4) 成本控制。是指对产品制造过程中的实际成本超出计划指标的差异进行控制。具体表现为物资消耗、工时消耗、能源消耗和其他费用消耗的指标，对其与定额之间的差异进行控制。成本控制的重点应放在产品的“可变成本”部分，见 12.2 财务预算和成本控制。

(5) 质量控制。指生产过程的质量控制，建立控制点、确定控制指标对化工生产尤为重要。应使用控制图进行分析，当指标超出正常值时，应及时查清原因，采取相应的措施。

(6) 事故控制。定期进行安全检查，消灭事故隐患，控制事故发生，特别是人身事故的发生。

(7) 污染控制。采取各种有效措施，减少污染物的产生，杜绝生产过程中的跑、冒、滴、漏，原料的回收利用，降低“废水、废气、废渣”对环境的污染。

5.2.2.2 生产调度

化工生产具有工艺复杂、设备繁多、全天候作业、使用危险化学品和特种设备等特点，设立一个全厂统一的生产调度系统必不可少。

生产调度是根据企业确定经营目标、方针、计划和所下达的生产作业计划，组织协调生产。调度工作直接决定了企业能否按品种、按质量、按期限、按目标全面完成生产经营计划。加强生产调度工作，可及时了解、掌握生产进度，研究分析影响生产的各种因素，根据不同情况采取相应对策，缩小与计划的差距。生产调度是化工企业生产指挥系统活动的中心环节。

(1) 生产调度机构设置和人员素质。生产调度机构设置因企业规模、生产类型和生产特点不同而异。规模较大企业可设厂级、车间、工段三级调度网。中小企业设厂级、车间两级调度，分设调度室（生产调度科和车间调度室）。厂级调度员属生产计划调度科，车间值班长即车间调度员。

生产调度人员应有一定的专业知识和生产实践经验、组织能力和协调能力。思路清楚、反应敏捷，年富力强。新进的调度人员应经过一段时间的培训和跟班实践，厂级调度应熟悉全厂各产品的生产原理、流程和设备，懂得应急处置的程序和方法，经考核合格方可上岗。

(2) 生产调度工作内容。化工生产调度的目的是完成生产作业计划，其工作内容有：①检查、督促和有关部门及时做好生产作业的准备工作。②根据生产需要合理调配劳动力。③合理调度动力供应和运输。④了解和掌握各车间、工段的生产进度，保证生产的连续性。⑤对日、周、旬或月计划完成情况进行分析研究，及时处理存在的问题。⑥及时处理设备问题，切实保证生产的正常进行；⑦检查工艺纪律和劳动纪律执行情况，消灭安全隐患；⑧消灭跑、冒、滴、漏，督促车间做好环保工作。

(3) 生产调度工作的基本原则是：①计划性原则。这是生产调度工作的基本原则，调度工作的灵活性必须服从计划的原则性。调度人员还应不断地总结经验，协助计划人员提高生产进度计划的编制质量。②预见性原则。调度人员的基本任务是预防生产活动中可能发生的一切脱节现象，保证生产作业计划顺利进行。总之，只有提前发现问题，才能取得调度工作的主动权。③统一性原则。“一切行动听指挥”，这是社会化大生产，特别是化工生产的需要。一是各级调度人员要顾全大局，工作协调，步调一致；二是各级调度人员应当严格遵守纪律，做到下级服从上级、全厂服从调度室统一指挥。④及时性原则。调度中发现问题时，要及时发出调度指令加以解决，使生产顺利进行。要做到“小事不出班，大事不过夜”。值班调度人员，要用最快速度及时处理生产一线的突发事件。⑤求实性原则。调度人员必须具有深入实际、扎实果断的作风和敢于负责的精神，要亲自掌握第一手资料，了解和准确掌握生产活动中的情况，深入细致地分析所出现的问题，动员群众出主意想办法。只有这样，才能防止瞎指挥，使调度工作达到抓早、抓准的要求。

(4) 生产调度的信息管理。应利用各种现代化通信设备和信息技术，以提高调度工作的效率。如配备调度专用电话，安装现代化的数字监控设备、远距离文件传输设备，包括传真、电脑、网络等方式。制造执行系统（manufacturing execution system，简称 MES）能通过信息传递对从订单下达到产品完成的整个生产过程进行优化管理。当工厂发生实时事件时，MES 能对此及时做出反应、报告，并用当前的准确数据对它们进行指导和处理。在生产调度工作中，引入 MES 系统，会大大提高企业现代化生产管理水平。关于 MES，详见 11.4。

生产调度工作的制度有：

(1) 值班制度。厂级、车间都应建立调度值班制度，厂级可设中央调度控制室，将调度、监控合并在一起。值班调度员要进行车间、工段巡查，认真填写调度日志，把当班发生的问题和处理情况作出记录，并严格交接班制度。

(2) 报告制度。各级调度机构要把每日值班调度情况书面报告给上级调度部门和有关领导。厂级生产计划调度科要把每日生产情况、库存情况、产品配套进度情况、产品产量进度情况等报告领导和有关科室、车间，使各项工作能得到有效地协调配合。

(3) 调度会议制度。定期召开由厂领导、各职能部门负责人、车间主任参加的调度会议，汇报生产进度，了解需要解决的问题，协调各方面关系，明确措施和责任人，保证生产作业计划的顺利完成。调度会议一般每旬一次。

(4) 现场调度制度。在车间的生产现场讨论和解决生产中出现问题。一般性问题调度员在现场处理；生产急需解决的重大问题，调度人员会同领导、工程师与基层人员共同在现场研究解决。这种方法有利于领导者改善工作作风，深入实际，密切上下级之间的关系。

5.2.2.3 化工产品制造成本的控制

(1) 化工产品制造成本的组成。一个化工产品的生产经营成本由生产成本加上销售费用、财务费用和管理费用组成。

制造成本，即产品在车间生产过程中产生的成本。包括：直接材料（原、辅材料，水、电、汽，包装物等）、直接人工（工资和福利）以及制造费用（车间管理费和车间固定资产折旧等）。

车间管理费，即生产车间发生的管理费用。包括：车间管理人员工资及福利、劳动保护费（劳保用品、防暑降温、保健饮料、取暖费等）、维修费、化验检验费、工具费、低值易耗品摊销、租赁费、交通费（员工上下班）、差旅费、办公费、通信费等。

控制化工产品的制造成本，不断降低制造成本，特别是材料、能源的消耗是生产指挥系统的重点工作内容。

(2) 制造成本中的变动成本和固定成本。

变动成本（variable costing）是指成本总额随着产品产量的增减变化而成正比例增减变化的成本。但是，其单位产品的成本保持不变。在产品制造成本中，直接材料、直接人工都是典型的变动成本。

固定成本（fixed cost），是指成本总额在一定时期和一定产品产量范围内，不受产品产量增减变动影响而保持不变的成本。但相对于单位产品而言，单位产品所承担的固定成本与产品产量的增减成反比例变动。因为在成本总额固定的情况下，产品产量小，单位产品所负担的固定成本就高；产品产量大，单位产品所负担的固定成本就低。在产品制造成本中，车间固定资产折旧，车间管理人员工资及福利，车间应分摊的销售费用、财务费用、管理费用等是典型的固定成本。

(3) 盈亏平衡点。当期盈亏平衡点产量（Q）就是维持收支平衡时的最小产量。其计算式如下：

$$Q=(F+F_1)/(P-v)$$

式中 F——当期车间固定成本；

F_1——当期分摊的销售费用、财务费用和管理费用；

P——单位产品的销售价；

v——单位产品的变动成本。

从上式可以看出，在产品的市场销售价和单位产品的变动成本确定的情况下，只有产量

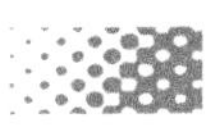

超过盈亏平衡点产量（Q）时，生产的产品才会有盈利。确保产量对产品的成本控制有着重要的意义。

5.2.3 化工生产统计

国家统计局《工业统计报表制度》（2011）规定，“本统计报表制度分为年报和定期报表，统计范围原则上为规模以上工业法人企业。规模以上工业法人企业是指年主营业务收入2000万元及以上的工业法人企业”。规模以下工业企业和全部个体经营工业单位实行抽样调查统计报表制度。

本小节叙述的是化工生产统计根据中国石油和化学工业联合会组织编写的《化学工业生产统计指标计算方法》（国统制〔2007〕64号）。研发活动统计在4.6工业企业科技活动统计节叙述。

化工企业的统计工作应由生产计划调度部门负责进行。

5.2.3.1 工业产品生产、销售、库存

（1）工业总产值（现价）。是以货币表现的工业企业在一定时期内生产的已出售或可供出售工业产品总量。它包括：①在本企业内不再进行加工，经检验、包装入库（规定不需包装的产品除外）的成品价值；②对外加工费收入；③自制半成品、在产品期末初差额价值。

工业总产值采用“工厂法”计算，即以工业企业作为一个整体，按企业工业生产活动的最终成果来计算，企业内部不允许重复计算，不能把企业内部各个车间（分厂）生产的成果相加。但在企业之间、行业之间、地区之间存在着重复计算。

（2）工业销售产值（现价）。以货币形式表现的，工业企业在报告期内销售的本企业生产的化工产品或提供工业性劳务活动价值的价值总量，包括：销售成品价值和对外加工费收入，均以不含税价计算。

注意工业销售产值与销售收入的区别：产品销售收入指企业销售产品和提供劳务等主要经营业务取得的业务总额；工业销售产值既包括对外销售的产品和劳务，也包括向本企业非工业生产部门提供的产品和劳务。

产品销售率　是销售产值和工业总产值的比率，用来反映工业产品的产销衔接情况。

出口交货值　是指工业企业交给外贸部门或自营（委托）出口（包括销往香港、澳门、台湾），用外汇价格结算的产品价值，以及外商来样、来料加工、来件装配和补偿贸易等生产的产品价值。在计算出口交货值时，要把外汇价格按交易时的汇率折成人民币计算。

新产品产值　报告期内企业生产的新产品的价值。

$$新产品产值=新产品产量\times新产品价格(不含税价)$$

（3）工业增加值。是指工业行业在报告期内以货币表现的工业生产活动的最终成果。是企业全部生产活动的总成果扣除了在生产过程中消耗或转移的物质产品和劳务价值后的余额，是企业生产过程中新增加的价值。

①“生产法”：工业增加值＝工业总产值－工业中间投入＋本期应交增值税

式中，工业中间投入——指工业企业在报告期内用于工业生产活动中一次性消耗的外购原材料、燃料、动力及其他实物产品和对外支付的服务费用。

计算工业中间投入必须注意是“外部购入的”和“本期工业总产值中已计入的”。工业中间投入按具体内容可细分为：直接材料，制造费用、管理费用、营业（销售）费用中的中间投入和财务费用五个部分。制造费用、管理费用、营业（销售）费用三类中的中间投入可采用倒算法，即从制造费用、管理费用、营业（销售）费用中分别扣除三部分：a. 固定资产折旧；b. 直接或间接支付给个人的部分，如工资、福利费、劳动保险费、待业保险费、

住房公积金、差旅费中个人所得部分；c. 支付给构成物质生产部门（指工业、农业、运输邮电业、建筑业、批发、零售、贸易、餐饮业等）以外的部分收入的各种税金、规费及其他费用，如房产税、车船使用税、土地使用税、印花税、矿山资源补偿费、排污费等。

②“收入法”：工业增加值＝固定资产折旧＋劳动者报酬＋生产税净额＋营业盈余

式中，劳动者报酬——指在报告期内劳动者从事生产活动而从本单位得到的全部劳动报酬，包括工资、福利费、奖金、津贴和各种补贴，以及由企业支付的社会保险。

生产税净额——指企业向政府缴纳的生产税与政府向企业支付的生产补贴相抵后的差额。生产税有三种形式：增值税、产品销售及附加、在管理费用中支付的各种税金。生产包括了各种利前税。

营业盈余——指常住单位创造的增加值扣除劳动者报酬、生产税净额和固定资产折旧后的余额。它相当于企业的营业利润加上生产补贴，但要扣除从利润中开支的工资和福利等。

工业增加值反映的是工业生产过程中新增加的价值量；工业总产值反映的是工业企业生产活动的总成果，企业内部虽然没有重复计算，但企业之间允许重复计算。

（4）工业增长速度。即工业增加值增长速度。利用该指标，可以判断短期工业经济的运行走势，判断经济的景气程度，也是制定和调整经济政策，实施宏观调控的重要参考和依据。分月度和年度两种指标。

$$\text{工业增长速度}=\frac{\text{报告期可比价格工业增加值}}{\text{基期现行价格工业增加值}}\times 100\%-100\%$$

工业增加值率　指在一定时期内工业增加值占同期工业总产值的比重，反映降低中间消耗的经济效益。计算公式为：

$$\text{工业增加值率}(\%)=[\text{工业增加值(现价)}/\text{工业总产值(现价)}]\times 100\%$$

（5）产品产量。指工业企业在报告期内生产的并符合产品质量要求的实物数量，包括商用量和自用量两部分。

产品产量统计计算原则：①必须是合格品（产品质量必须符合标准或订货合同），不合格品或未经检验合格的产品不计产量；②报告期内生产且已入库的产品；③准确计量，化工产品产量计算要符合统计规定；④自用量作产品产量统计；⑤产品生产时，产生的下脚料或废料，虽可出售利用，不统计为产品产量；回收利用的原料，不计算产量。

（6）产品销售量。指工业企业在报告期内销售的由本企业生产的合格产品的实物数量。来料加工，委托方是境内非工业企业或境外企业，其产品销售量由加工企业统计；如委托方是境内工业企业，产品销售量由委托企业统计，加工企业不统计。

（7）期初、期末产品库存量。是指企业在期初、期末时点上，尚存在企业产成品仓库中暂未售出的产品实物数量。产品库存量不能出现负数，如果产品未入库就售出，应将售出产品补填入库和出库凭证，并计入相应产品产量中。

产品库存量的统计范围：①本企业生产的，报告期内经检验合格入库的产品。②库存产品虽有销售对象，但尚未发货的。③境内非工业企业或境外企业来料加工产品尚未发出的。④盘点中的账外产品（盘盈产品）。盘盈、盘亏都要说明不一致的原因，不能用账面库存代替产品库存。⑤产品入库后发现有质量问题，但未办理退库手续的。

产品库存量不包括：①属于提货销售产品，已办理货款结算和开出提货单，但用户尚未提走额的产品。②代外单位保管的产品。③未办理入库手续的产品。

（8）主要化工产品产量计算的具体规定：①化工产品产量报表必须严格按照化工产品目录（参考文献［5］的附录10）规定进行填报，需要折合计算的应折合计算。主要化工产品

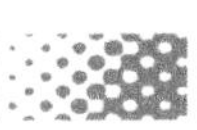

产量的计算方法见表5-5。②凡目录中列示按类别分组的产品，在报表中应分列总数和品种细数。不能只填总数，漏填细分类数；也不能只填细类数而不填总数。如有未列入目录中的品种细类产品，应在行业小类、中类、大类产品总数中应包括其产品数量。③列入目录的产品生产量除特别注明外（如商品量），一般包含自产自用量。要求填商品量的，一律填商品量；未注明商品量，一律统计生产量。有出口产品的，应填列出口交货量。④企业习惯用的计量单位与目录不一致的，按目录规定计量单位填报。

表5-5 主要化工产品产量的计算方法

代码	产品类别	产品名称	折合量	单位	备注
10000	化学矿				
10200		硫铁矿	折合S 35%	吨	以干基计
10300		磷矿	折合 $P_2O_5$30%	吨	以干基计
10400		硼矿	折合 $B_2O_3$20%	吨	以干基计
21000	基础化工原料				
21100		无机化工原料			
21110		硫酸	折100%	吨	以各规格硫酸平均浓度折算
21120		发烟硫酸	实物量	吨	
21125		盐酸，31%以上	实物量	吨	合成盐酸、副产盐酸<31%不计
21130		浓硝酸	折100%	吨	稀硝酸不计
21140		硼酸	实物量	吨	
21150		磷酸，85%以上	折85%	吨	<85%的折算，≥85%按实物量
21160		烧碱	折100%	吨	不同生产方法的固碱。液碱
21180		氢氧化钾	折100%	吨	固碱。液碱
21120		纯碱	实物量	吨	重碱不计
21230		硫化碱，60%以上	折60%	吨	<60%的折算，≥60%按实物量
21430		氰化钠	折100%	吨	固、液体
21500		电石	折300L/kg	吨	
21760		过氧化氢（双氧水）	折100%	吨	
		其他无机化工原料	实物量	吨	
22000		有机化工原料			
22740		一甲胺	折100%	吨	
22750		二甲胺	折100%	吨	
22760		三甲胺	折100%	吨	
30000	化学肥料				
30210		商品液氨	实物量	吨	
		氨水	折100%	吨	
		其他无机化工原料	实物量	吨	
31000		化学肥料合计	有效成分100%		N100%+$P_2O_5$100%+K_2O100%
31100		氮肥	折含N100%	吨	各种氮肥，以干基计
32100		磷肥	折含 $P_2O_5$100%	吨	

续表

代码	产品类别	产品名称	折合量	单位	备注
33100		钾肥	折含 K_2O100%	吨	
34100		复混肥(复合肥料)	实物量	吨	
35100		腐殖酸肥	实物量	吨	
40000	农药				
41000		化学农药原药	有效成分 100%	吨	
42000		生物源农药原药	有效成分 100%	吨	
43000		农药加工制剂	实物量	吨	
50000	涂料、颜料及着色剂				
50100		涂料	实物量	吨	油漆、建筑涂料
51300		颜料	实物量	吨	油墨、无机和有机颜料
53100		染料	商品染料实物量	吨	各类染料均不按原染料计算产量
54000		色母粒	实物量	吨	
60000	合成材料				
61000		塑料树脂及共聚物	实物量	吨	
62100		合成橡胶	实物量	吨	
63100		合成纤维单体	实物量	吨	
64100		合成纤维聚合物	实物量	吨	
70000	催化剂及各种助剂				
71000		合成氨用催化剂	实物量	吨	
73000		橡胶助剂	实物量	吨	
75000		塑料助剂	实物量	吨	
76000		印染助剂	实物量	吨	
77000		表面活性剂	实物量	吨	
78000		炭黑	实物量	吨	
79000		饲料添加剂	实物量	吨	

5.2.3.2 技术经济指标

技术经济指标是反映工业部门各行业、各企业对原材料、劳动力、设备等资源利用状况及其结果的指标。它是技术方案、技术措施、技术政策的经济效果的数量反映。技术经济指标可反映企业生产经营活动的技术水平、管理水平和经济成果。

技术经济指标一般可分工业主要产品质量指标，单位产品原材料、燃料、动力消耗指标，工业实物劳动力指标，设备利用状况指标和其他技术经济指标五类。

(1) 产品质量指标

国家重要产品的质量标准，由国家或行业主管部门制定，称为国家标准或行业标准。由企业自行制定标准经主管部门批准后使用，称为企业标准。还有一些规格特殊的产品是根据订货合同规定的技术条件作为质量标准。

某些国际组织规定的质量标准称为国际标准。进口产品经检验后取得的质量参数，只能作为分析研究产品标准的参考，不能作为国际标准。

每一种产品都要执行质量标准，各部门、各地区、各企业都必须按标准检验，不得随意修改，更不得擅自降低标准。凡是符合规定的质量标准的产品，称为合格品，否则为不合格品。

(2) 工业产品质量的常用统计指标

产品产量合格率(%)=[合格产品数量/(合格产品数量+废、次品量)]×100%

说明：①子、母项均按实物量计算；②次品包括清理设备的和场地的清扫料、清沟料等；③次品、废品还包括不需检验即可判定的次品和废品。

正品率：某些高分子聚合物的质量标准，是按用途不同分型号制定的。生产每种型号的产品，其工艺条件和配方均不相同。按一定型号的工艺条件和配方生产该型号的产品叫正品，生产出其他型号的产品叫转型品。因此，正品率是反映工艺操作质量的重要指标。计算公式为：

正品率(%)=(各型产品产量/合格品产量)×100%

说明：合格品产量包括正品产量和转型品产量（符合质量标准的转型品）

产品废(次)品率=[废(次)品量/(合格产品总量+废次品量)]×100%

(3) 单位产品原材料、燃料、动力消耗指标

单耗计算：单位产品原材料、燃料、动力消耗量，简称“单耗”，是反映化工产品生产技术水平的重要指标。基本计算公式为：

产品单耗=原材料(燃料、动力)消耗总量/某种合格产品产量

计算产品“单耗”的一些具体规定：①母项数据为经检验合格、办理入库的合格品产量，不包括废次品产量。需折算标准量的产品，其折算方法与产量同。试制阶段新产品、科研新产品、正式投产前的试生产产品，不计算单耗指标上报。②子项的消耗总量，是指生产该产品自投料开始至制成品的整个生产过程中所消耗的某种原材料（燃料、动力）的全部数量。

化工产品“单耗”指标计算方法有：①平衡法：总消耗量按“先进先出”原则处理。因为即使在制品数量相同，其所含“单耗”也是不同的。(计算公式：报告期成品原材料总消耗量=上期结转折料量+本期投料量-本期结转折料量)。此法适合于生产周期长，在产品多的产品，为大多数精细化工产品所采用。在产品计算方法有：折料系数法、扣除投料量法。详见5.3.3化工生产在产品的盘存核算。②投料法：生产过程比较简单，在产品少或几乎相等，可不计算在产品的耗料量。(计算公式：本期投料量=本期领料量+期初领而未投的存料量-期末领而未投的存料量)。

(4) 劳动生产率指标

实物劳动生产率表明在单位时间内生产的产品数量，是评价一个企业、一个行业在生产效率水平可比性较强的指标。实物劳动生产率鲜明、具体，受劳动效率以外的因数（如转移价值、价格、生产起点等的变化）影响较小。计算公式如下：

全员实物劳动生产率=产品产量/全部在岗职工平均人数

生产人员生产率=产品产量/工业生产人员平均人数

(直接)工人实物劳动生产率=产品产量/直接工人平均人数

价值量劳动生产率是指根据产品的价值量指标计算的平均每一个从业人员在单位时间内的产品生产量。是企业生产技术水平、经营管理水平、职工技术熟练程度和劳动积极性的综合表现。计算公式为：

全员劳动生产率=工业增加值/全部从业人员平均人数

式中，全部在岗职工是指在工业企业工作并由工业企业支付工资的各类人员。不论编制定员内外和出勤与否均应包括在内。不包括：由基建费开支的基建部门的职工、离开本单位仍保留劳动关系的职工、从单位领取原材料在家进行市场的家庭工。

工业生产人员指工业企业中直接从事工业生产、经营、管理的人员和专业技术人员。不包括：后勤、保安等服务人员，以及企业内从事非生产的其他人员。

（直接）工人是工业生产人员的主要组成部分，指企业生产某种产品从原料进入到产品包装入库所有工序所直接占用的全部工人数。（直接）工人包括：①原材料预处理加工（拣选整理、粉碎、熔化、配料等）人员；②各生产工序操作人员；③车间内化验（校验）分析人员及保全、保养人员；④车间内原料、在制品、半成品、成品的运送人员，灰渣、废弃物处理和排送人员；⑤生产过程中其他辅助人员（如除尘、清扫等人员）。不包括：①进厂原料和出厂成品的仓库保管人员；②进厂原料和出厂成品的科、室化验（校验）分析人员；③综合利用、多种经营生产其他产品的人员；④为全厂服务的设备制造、维修、锅炉、配电人员；⑤生活服务人员；⑥脱离生产岗位半年以上的从事非生产活动的人员，出国、学习、伤病人员；⑦参加企业劳动的学生等；⑧发外加工产品的生产人员。

平均人数计算方法：

月平均人数=(月初人数+月末人数)/2

季平均人数=报告季各月平均人数之和/3

年平均人数=12月平均人数之和/12或=四个季度平均人数之和/4

开工不满全月的，应以开工后各天实有人数之和除以报告月的日历日数求得月平均人数。

必须同一报告期。计算工人劳动生产率时，所使用的报告期产品产量与报告期平均人数的时间必须一致，即报告期时间必须相同。

(5) 设备利用情况指标

影响设备利用程度的因素基本上有两个：一是操作人员的素质，设备维护保养等管理水平；二是设备本身的质量、技术装备水平。进行设备利用情况的统计，对于搞好企业生产，提高生产效率，挖掘生产潜力，促进设备更新和技术改造，降低产品成本都有重要意义。

① 化工设备时间利用统计

化工设备时间利用率(作业率)(%)=(实际工作时间/规定工作时间)×100%

② 化工设备能力利用统计

设备台时产量=合格品产量(或处理量)/设备实际开动台时

设备实际开动台时，包括所有开动的设备、临时排除故障及小修理的台时。

设备负荷率=[合格品产量(或处理量)/设备设计(核定)能力]×100%

或　　=［设备台时产量（或处理量）/设备设计（核定）能力］×100%

设备负荷率，一般只考虑设备开动时设备能力（铭牌能力）的利用情况，不包括设备修理和各种原因停机的因素。计算设备负荷率时，子、母项用同一时间单位，如年负荷率、平均日负荷率等。

③ 化工设备综合利用统计。设备综合利用率指标往往是单台（套）设备的生产利用率指标：

设备利用系数=合格产品产量/(设备日产量能力×日历工作时间)

日历工作时间=报告期日历时间−报告期大修理时间

5.2.3.3 企业能源购进、消费与库存

化学工业是工业部门中能源消耗大户之一，通过能源统计，可对化工生产与能源消耗的关系进行定量分析，研究节能降耗的措施和办法。

一次能源（天然能源）是指存在于自然界中，经过开发但没有任何加工、转换而直接使用的能源。如原煤、原油、天然气、风能、太阳能等。二次能源（人工能源）是指一次能源经过加工、转换而生产出来的能源，如焦炭、洗煤、焦炉煤气、汽油、柴油、燃料油、液化气、电、蒸汽等。

国家统计局《能源生产和消费》（2001）规定：列入生产统计的能源包括原煤，原油，天然气，水电、核能及其他动力能（如风能、地热能等）发电量，不包括低热值燃料、生物质能、太阳能等的利用和由一次能源加工转换而成的二次能源产量。能源消费总量包括原煤和原油及其制品、天然气、电力，不包括低热值燃料、生物质能和太阳能等的利用。能源消费总量分为终端能源消费量、能源加工转换损失量和损失量三部分。

按上述规定，化工企业不列入统计中的能源还有两类：①耗能工质。生产这些物质需消耗一定能源，利用这些物质就等于间接地消耗能源，同时也减少了对其他能源的使用。有两类：一是作为能量形式使用的，如压缩空气、电石、乙炔等；二是不作为能源使用的，如自来水、深井水、和氧气等。②余热余气。指化工生产过程中释放出来的、可被回收利用的热能，有：a. 高温废气余热，如各种加热炉、窑炉、焚烧炉排除的烟气热；b. 高温产品及高温热渣液的物理热，如熔融物等；c. 冷却介质余热，如冷却水等；d. 废气废水余热；e. 化学反应热；f. 发散的可燃气体，如合成氨驰放气等。这些余热余气的回收利用是化工企业节能减排工作的重点之一。

（1）能源购进、消费与库存的统计原则

能源购进量统计原则：①和原材料一样，计算购进量的能源必须同时具备三个条件：一是已实际到达本单位，二经过验收、检验，三是办理完入库手续。②“谁购进，谁统计”。凡属本单位实际购进的，符合上述原则，不论从何处购进，包括作价购进的加工来料，均应计算在内。③按验收后的实际数量计算购进量（亏吨不计）。

能源消费量统计原则：①“谁消费，谁统计”。②何时投入使用，何时计算消费量。③消费量只能计算一次。即第一次使用时，计算其消费量。反复循环使用的能源，如余热、余能的回收利用，不再计算消费量。④自产能源，作为另一产品的原材料或燃料的，既计算产量，也统计消费量；在产品生产过程中（半成品、中间产品）消费的，不计产量也不计消费量。

工业生产能源消费，包括生产系统、辅助生产系统和附属生产系统的用能。生产系统，即生产车间；辅助生产系统，是指动力、供电、机修、供水、采暖、制冷、仪表及物资运输等辅助部门；附属生产系统，是指生产指挥系统（厂部）和厂区内为生产服务的部门和单位，如车间浴室、开水房、保健站等。

能源库存即工业企业购进的，在报告期某一时点尚未消费的实际结存的能源数量。能源库存统计原则：①时点性原则。必须按照制度所规定的时点盘存库存，不的提前或推后。②实际数量原则。应以盘点数量为准调整账面数字，差额按盘盈盘亏处理。③库存量核算，一验收合格、办完入库手续为准。④能源生产企业和能源经销企业（批发、零售）的用于经营销售的能源库存按照能源的所有权原则统计，能源使用企业用于消费的库存按照能源的使用权原则统计。

（2）能源消费统计指标

企业综合能源消费量是报告期内工业企业在工业活动中实际消费的各种能源之和（以标

煤计，不包括低热值燃料、生物质能和太阳能等的利用）。

非能源加工、转换企业：综合能源消费量＝工业生产消费能源合计

能源加工、转换企业：

综合能源消费量＝工业生产消费能源合计－能源加工、转换产出合计

终端能源消费量指报告期内生产和生活消费的各种能源在扣除了用于加工转换二次能源消费量和损失量以后的数量。

能源加工转换损失量指报告期内投入加工转换的各种能源数量之和与产出各种能源产品之和的差额。

能源加工转换效率(％)＝[能源加工、转换产出量/能源加工、转换投入量]×100％

(3) 能源经济效益统计

单位工业总产值综合能耗＝综合能源消费量/工业总产值

单位工业增加值综合能耗＝综合能源消费量/工业增加值

式中，子项以标煤计；为与同期比较，母项按可比价格计算。国家统计局规定，可比价计算总量指标有两种方法：一是按某年不变价计算，二是用价格指数换算。现在的不变价每五年更换一次基期，即 2005、2010、2015 不变价。

(4) 能源节约统计

工业产值(增加值)节能量＝[基期单位工业产值(增加值)综合能耗－报告期单位工业产值(增加值)综合能耗]×报告期工业产值(增加值)

单位产品节能量＝(基期单位产品能源消耗量－报告期单位能源产品消耗量)×报告期产品产量

计算结果为正值表示节能，负值表示超能。工业产值（增加值）按可比价格计算。

(5) 单位产品综合能源消费

又称单位产品综合能耗。计算公式如下：

单位产品综合能耗＝某种产品综合能源消耗量(标煤计)/某种产品产量

许多化工产品的综合能耗计算比较复杂，有自备电厂，生产过程中还有输出能源，计算时需注意加、减。如合成氨、烧碱、纯碱、黄磷等行业。

(6) 各种能源和耗能工质折算标准煤系数

由于各种能源的热值不同，必须折算成统一标准计量单位，才能进行汇总。企业应以实则数为准，没有实测条件的企业，按表 5-6 的折标煤系数进行折算；其他能源数据见表 5-7。

表 5-6 我国各种能源折标煤系数

序号	能源名称	平均低发热量	折标准煤系数	备注
01	原煤	5000kcal/kg	0.7143kg 标准煤/kg	
02	洗精煤	6300kcal/kg	0.9000kg 标准煤/kg	
03	洗中煤	2000kcal/kg	0.2857kg 标准煤/kg	
04	煤泥	2000～3000kcal/kg	0.2857～0.4286kg 标准煤/kg	
05	焦炭	6800kcal/kg	0.9714kg 标准煤/kg	
06	焦炉煤气	4000～4300kcal/m^3	0.5714～0.6143kg 标准煤/m^3	
	煤焦油		1.1429kg 标准煤/kg	
	粗苯		1.4286kg 标准煤/kg	
07	重油催化裂解煤气		0.6571kg 标准煤/kg	其他煤气

续表

序号	能源名称	平均低发热量	折标准煤系数	备注
07	重油热裂解煤气		1.2143kg 标准煤/kg	其他煤气
	焦炭制气		0.5571kg 标准煤/kg	其他煤气
08	发生煤气	1250kcal/m³	0.1786kg 标准煤/m³	
09	水煤气	2500kcal/m³		
10	压力气化煤气	3600kcal/m³	0.5143kg 标准煤/m³	
11	天然气	7700～9310kcal/m³	1.100～1.330kg 标准煤/m³	
12	原油	10000kcal/kg	1.4286kg 标准煤/kg	
13	汽油	10300kcal/kg	1.4714kg 标准煤/kg	1L＝0.74kg
14	煤油	10300kcal/kg	1.4714kg 标准煤/kg	
15	柴油	10200kcal/kg	1.4571kg 标准煤/kg	
16	燃料油	10000kcal/kg	1.4286kg 标准煤/kg	
17	液化石油气	12000kcal/kg	1.7143kg 标准煤/kg	
18	炼厂干气	11000kcal/kg	1.5714kg 标准煤/kg	
19	其他石油制品	7700～9800kcal/kg	1.100～1.400kg 标准煤/kg	
20	热力(当量)		0.03412kg 标准煤/MJ	
21	电力(当量)	860kcal/(kW·h)	0.1229kg 标准煤/(kW·h)	

注：1.1m³ 天然气＝0.7526kg 液化天然气。

2.其他石油制品有：润滑油、润滑脂、石脑油、石蜡、石油沥青。

表 5-7　其他能源数据和折标煤系数

序号	能源名称	平均低发热量	折标准煤系数
1	煤焦油		1.1429kg 标准煤/kg
2	粗苯		1.4286kg 标准煤/kg
3	煤矸石		0.1786kg 标准煤/kg
4	水煤浆		0.6416～0.7133kg 标准煤/kg
5	煤粉		0.7143kg 标准煤/kg
6	生物质能		1kg 标准煤/kg
7	工业废料		1kg 标准煤/kg
8	城市固体垃圾		1kg 标准煤/kg
9	热水	70kcal/kg	出口 90℃，回水 20℃计
10	饱和蒸汽	620kcal/kg	0.1～0.25MPa，<127℃
		630kcal/kg	0.3～0.7MPa，135～165℃
		640kcal/kg	>0.8MPa，>170℃
11	过热蒸汽	650kcal/kg	1.5MPa，<200℃
		680kcal/kg	1.5MPa，220～260℃
		700kcal/kg	1.5MPa，280～320℃
		750kcal/kg	1.5MPa，350～500℃

5.2.3.4 取水、用水量

(1) 工业取水量。是指工业企业从各种水资源获得的，并用于工业生产活动的水量总和。包括自来水、地表水、地下水、海水、苦咸水、矿井水、经城市污水处理厂处理后又用于工业的水量（中水量），以及企业从市场购得的其他水或水的产品（如纯净水、矿泉水、蒸汽、热水、地热水等）。工业取水总量包括主要工业生产用水、辅助生产（包括机修、运输、空压站、化验室等）用水和附属生产（包括办公、研发、厂内绿化、职工食堂、非营业的浴室及保健站、厕所等）用水。不包括非工业生产单位的用水，如基建用水、厂内居民家庭用水和附属幼儿园、学校、对外营业的浴室、游泳池等的用水量。

(2) 工业重复用水量。是指企业内部，对生产和生活排放的废水直接或经过处理后回收再利用的水量，不包括外购的上述中水量。

企业在报告期每重复利用一次，则计算一次重复用水量。水重复利用次数越多，则利用率越高。

5.2.3.5 工业产品生产能力

工业产品生产能力是指企业生产某种产品的全部设备（包括主要生产设备、辅助生产设备、起重运输设备、动力设备以及有关的厂房、建筑物等），在企业原材料、燃料、动力供应充分，劳动力配备合理，以及设备运转正常的条件下，可能达到的年产量。

(1) 设计能力、核定能力和查定能力

设计能力，是指企业进行新建、扩建或技改时，设计文件中规定的产品生产能力。

核定能力，指企业进行设备更新、技术改造等措施，产品生产能力已超过原设计能力；或由于设备等情况发生变化，设计或施工有缺陷，达不到原来的设计能力，由企业重新核定后的产品生产能力。

查定能力，是指企业既没有设计能力也没有核定能力，或由于生产技术条件变化较大，使目前的生产水平与原设计能力或核定能力相差较大，由企业根据产品生产能力的计算原则和方法，自行查定后的产品生产能力。

(2) 工业产品生产能力的表示方法

有三种表示法：①用一年的产品生产实物量或折合量表示，这是主要的基本方法。②用原料处理量表示，适用原料单一，生产多种产品的企业。如年处理粗苯能力 5 万吨。③用设备数量表示，如拥有 750MW 成套发电机组一套，拥有 1250kW 密闭电石炉 10 台。

(3) 工业产品生产能力的主要统计指标

年初生产能力，企业在报告期年初全部设备的最大可能年产量。如企业生产方向和产品品种构成无变化，年初生产能力一般等于上年度年底生产能力。

本年新增能力。计算企业新增生产能力必须具备下述三个条件：①按设计或计划规定的形成生产能力所必须的主体工程、主体设备和配套设备均已建成，并具备生产设计部分产品及全部产品的能力。②经负荷试运转，证明已具备生产条件，并正式移交生产部门；或经验收鉴定合格。③安全、环保设施同时建成并移交生产。

本年减少能力，由于设备报废、拆除、关停或自然灾害等原因而减少的生产能力。

年末生产能力＝年初生产能力＋本年新增能力－本年减少能力

全年平均生产能力＝

年初生产能力＋当年新增的年平均生产能力－本年减少的年平均生产能力

当年新增(减少)的年平均生产能力＝

新增(减少)设备的年生产能力×[自增加(减少)那月到年底的月数/12]

产品生产能力利用率(%)=(本年实际生产量/全年平均生产能力)×100%

5.2.3.6 劳动工资与安全生产

(1) 劳动工资

平均工资=报告期实际支付的全部职工工资总额/报告期全部职工平均人数

平均工资指数=(报告期职工平均工资/基期职工平均工资)×100%

平均实际工资指数=(报告期职工平均工资指数/报告期城镇居民消费价格指数)×100%

工资总额支付给职工的全部劳动报酬，不论其是否计人成本，不论其是以货币还是以实物形式支付，均包括在工资总额内。具体包括有：计时工资、计件工资、奖金、津贴和补助。

(2) 安全生产统计

企业连续安全生产天数。指企业或生产装置在一定时期（年、季、月）内连续安全生产的天数，不包括事故停车检修和计划大修的天数。持续安全生产的时间长，说明安全生产工作规则的成绩越好。

伤亡事故统计是指职工在生产和工作中发生的伤亡。凡由于企业设备或劳动条件不良而引起的伤亡，都应作为因工伤亡事故加以统计。伤亡事故统计，只限因工伤亡，不包括非因工伤亡。

在企业因工伤亡的人员中，有本企业职工，也有非本企业职工的外单位施工人员和民工、生产实习人员以及参加生产劳动的学生等。为了便于主管部门对企业的伤亡事故统计进行分析比较，对职工伤亡和非本企业人员的伤亡要进行分别统计。在伤亡事故报告中，只统计本企业职工的伤亡数字，对本企业以外人员，要掌握其伤亡数字。

通常使用的指标有：

千人伤亡率(%)=[报告期死亡人数(人)/报告期职工平均人数]×1000%

千人重伤率(%)=[报告期重伤人数(人)/报告期职工平均人数]×1000%

重伤是指损失工作日等于和超过105日的失能伤害。以上这些指标都是相对指标，不能视为频率指标（所谓频率是指单位时间内所发生的次数）。在计算出相对指标后还要说明事故所造成的损失和原因，并上报死亡、重伤事故调查报告书。详见《8 生产管理（四）——职业安全健康管理》章。

5.2.3.7 环境保护

(1) 工业企业环境保护基本情况

年末从事环保、监测职工人数：专职环保人员，指在企业从事环境管理、科研、监测工作的专职人员和以环保工作为主的兼职人员数，不包括“三废”综合利用和污染治理车间或班组中的生产人员。

年末环保设施固定资产原价：①指生产经营用固定资产中直接用于防治污染、“三废”综合利用、环保监测仪器、仪表、装置和构筑物等方面固定资产的原价。②废水、废气、固体废物等治理设施（包括构筑物）的投资额（原价），不包括已报废设施的投资额。

“三废”综合利用经济成果：①“三废”综合利用产品产量和工业总产值。指企业利用“三废”（废水、废气、固体废物）作为主要原料生产的产品，已经销售或准备销售的，应计算产品产量和产品产值。②“三废”综合利用产品利润。指利用“三废”（废水、废气、固体废物）生产的产品，销售后所得利润。

污染环境赔偿情况：①缴纳排污费总额。指企业向地方环保主管部门全年交纳排污费总额。②污染赔款总额。由于污染事故造成损失，向当地农村、个人、集体或其他企业全年付出的赔偿总额。③污染罚款总额。由于污染事故由地方环保部门决定罚款的全年总额。

（2）企业工业废水排放及治理利用统计

工业废水排放量指企业厂区所有排放口排到企业外部的工业废水量，包括生产废水、外排的直接冷却水、超标排放的矿井地下水、与工业废水混排的厂区生活污水：①直接排入海的工业废水量。指废水经过工厂的排污口直接排入海，而未经过城市下水道或其他中间体，也不受其他水体的影响。②直接排入江、河、湖、水库的工业废水量。同上，指废水经过工厂的排污口直接排入江、河、湖、水库，而未经过城市下水道不受下水道污水的影响。③报告期内年排放的废水中的化学耗氧量（COD）的排放量。④报告期内排放的工业废水中氨氮排放量。不包括外排的间接冷却水（清污不分流的间接冷却水应计算在工业废水排放量内）。

工业废水达标排放量：①报告期内废水中各项污染物指标都达到国家或地方排放标准的外排工业废水量，包括未处理达标的、处理达标的或经污水处理厂处理后达标排放的。

工业废水达标率=（工业废水达标量/工业废水排放量）×100%

② 废水处理设施数：用于防治水污染和经处理后综合利用水资源的实有设施（包括构筑物）数，以一个废水治理系统为单位计。附属于设施内的水处理设备和配套设备不单独计，报废设施不计。

（3）企业工业废气排放及治理利用统计

工业废气排放量，报告期内企业厂区内燃烧和生产工艺过程中产生的各种排入大气的含有污染物的气体总量，以标准状态（273K，101325Pa）计算。

① 工业废气排放量=燃料燃烧过程中废气排放量+生产工艺过程中废气排放量

② 工业 SO_2 排放量=燃料燃烧过程 SO_2 排放量+生产工艺过程中 SO_2 排放量

③ 烟尘排放量。指企业厂区内燃烧燃烧产生的烟气中夹带的颗粒物排放量。

④ 工业粉尘排放量=

排尘系统排风量×除尘设备出口气体含尘平均浓度×除尘设备运行时间

工业废气中污染物去除量：

① SO_2 去除量=燃料燃烧过程中（废气治理设施）SO_2 去除量+
生产工艺过程中（废气治理设施）SO_2 去除量

② 烟尘去除量。指企业厂区内燃烧燃烧产生的烟气中，经治理设施去除的烟尘量。

③ 工业粉尘去除量。指企业在生产过程中产生的废气，经过各种废气治理设施处理后，去除的粉尘总量（不包括电厂去除的烟尘）。

④ 废气治理设施数。指企业用于减少在燃料燃烧和生产过程中拍向大气的污染物或对污染物加以回收利用的废气治理设施数。

（4）企业工业固体废物排放及治理利用统计

报告期内统计指标有：

① 工业固废产生量。在生产过程中产生的固体状、半固体状和高浓度液体状废弃物的总量，包括危险废物、冶炼废渣、粉煤灰、炉渣、煤矸石、尾矿、放射性废物和其他废物等。危险废物至列入国家危险废物名录或根据国家规定的危险废物鉴别标准和鉴别方法认定，具有爆炸性、易爆性、易氧化性、毒性、腐蚀性、易传染疾病等危险特性之一的废物。

② 工业固废排放量。将所产生的固体废物排放到固体污染防治设施、场所以外的数量。

③ 工业固废储存量。以综合利用或处置为目的，将固废暂时储存或堆放在专设的储存设施或专设的集中堆存场所内的数量。专设的储存设施或集中堆存场所必须有防扩散、防流失、防渗漏、防止污染大气、水体的措施。

④ 工业固废处置量。将固废焚烧或者最终置于符合环境保护规定要求的场所，并不再

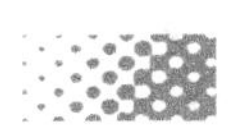

回收的工业固废量（包括当年处置往年工业固废储存量）。处置方式有：填埋（危险废物应安全填埋）、焚烧、专业储存场（库）封场处理、深层灌注、回填矿井及海洋处置（经海洋管理部门同意投海处置）等。

⑤ 工业固废综合利用量。通过回收、价格、循环、交换等方式，从固体废物中提取或者使其转化为可以利用的资源、能源或其他原材料的固废量（包括当年利用往年工业固废储存量）。

⑥ 工业固废综合利用率＝

［工业固废综合利用量/(工业固废产生量＋综合利用往年储存量）］×100%

(5) 企业污染治理情况

① 本年安排污染治理项目数：本年由国家、部门、地方或企业安排的，以治理污染，“三废”综合利用为主要目的的治理废水、废气、固体废物、噪声及其他（如恶臭）环境污染治理工程的总数；不包括“三同时”项目。

② 污染治理项目本年完成投资额：即上述污染治理项目的投资额。

③ 污染治理项目本年投资来源合计。包括：国家预算内资金（国家、地方财政、主管部门、国家专业投资公司的拨款）、国家预算内更新改造资金、企业综合利用利润留成资金、环境保护补助资金、环保贷款和其他资金（利用外资、自筹等）。

④ 本年竣工项目数：上述污染治理的竣工项目数。

⑤ 本年竣工项目新增处理能力。处理、利用“三废”的能力。其中，“治理废气”为治理燃料燃烧和生产工艺（含工艺粉尘）废气的能力之和。

⑥“三废”综合利用产品产值：指利用“三废”为主要原料生产的产品产值（现价），已经销售或准备销售的产品产值，不包括自用。

5.3 定额管理和经济责任制

5.3.1 精细化管理和定额管理

科学管理包括了六把“金钥匙”，即标准化制订、精细化管理、绩效管理、激励机制、团队作战和以人为本。这六把“金钥匙”对我国的化工企业发展至关重要，特别在企业的生产运作过程中，但也常常被忽略。

5.3.1.1 生产作业标准化

(1) 生产作业标准化的重要性。在企业生产运作中，生产是以既定成本、工时，定量生产出品质均匀、符合质量标准要求的产品。要达到此目的，必须对生产作业的流程、方法、条件等加以规定并贯彻执行，使之标准化。

很多企业也常为担心某个员工“跳槽”带走企业的关键生产技术而头疼；也为某个员工掌握了关键生产技术而对其毫无办法。实际上，如果出现这样的现象对企业是十分危险的。要避免这种危险的方法就是“生产作业标准化”。我们常会发现，某企业挖走了某个产品的班组长或工段长，但却无法生产出令人满意的产品，其原因是虽然他掌握了该产品的生产技术，但他对生产的许多控制标准和方法（或“细节”）很难带走。这也就印证了一句话：细节决定成败！由此可见，生产作业标准化的重要性。

(2) 制订生产作业标准的原则。①目标指向原则。即遵循标准总是能保持生产出相同品质的产品，没有与目标无关的词语、内容。②显示原因和结果原则。③准确性原则。④数量化原则。使每个读标准的人必须能以相同的方式解释标准。⑤现实性原则。标准必须是现实的，即可操作的。⑥及时修订性原则。标准在需要时必须修订，持续改进。

(3) 化工生产作业基本的标准。化工生产作业基本的标准有：工艺（技术）规程、岗位操作规程、安全规程三大规程以及原料、中间控制、成品指标和检验规程，这些规程也被称为作业指导书。

GB/T 15479—2003《企业标准体系 技术标准体系》规定了有关生产技术的14类标准：产品标准，工艺技术标准，半成品技术标准，设备、基础设施和工艺装备技术标准，检验、验收和试验方法标准，测量、检验和试验设备技术标准，包装、搬运、储存、标志技术标准，安装、交付技术标准，服务技术标准，能源技术标准，安全技术标准，职业健康卫生标准，环境技术标准，信息技术标准。当然，每个企业应当根据自身实际情况，建立起切实可行的、有效的生产作业标准。企业技术标准的存在形式可以是标准、规范、规程、守则、操作卡、作业指导书等。

(4) 生产作业标准的实施程序。①策划与确定实施方案。须策划实施某标准的若干方案，经多方论证后确定一个最佳方案。②实施标准的计划。实施标准列入企业工作计划，并规定有关部门应承担的任务和完成期限。③实施准备。有三个方面：标准资料、组织和技术准备，要解决实施中的技术难题。④标准实施宣传培训。让实施标准的员工理解和掌握标准的内容和要求。⑤实施过程。一是书面通知有关部门，说明标准实施范围、起始日期和要求；二是各部门应严格实施标准；三是标准的解释权归生产技术部门。⑥实施效果的检查总结。必须做到三个方面：一是随时了解标准实施中的问题，必要时提出纠正措施并记录；二是实施一定阶段后要总结，对标准的水平和实施效果进行评介；三是必要时修订标准并列入计划。

5.3.1.2 用精细化夯实管理

“精细化”是企业在生产管理上的精耕细作，是科学管理的一个重要部分。精细化管理以提高企业生产效益为目的，通过对生产运作管理的细化、分解和落实，保证在生产运作的各个环节充分发挥效率。

企业强弱的表现形式之一，就是精细化。一个企业能否生存与发展，科学的精细化管理起着不可忽视的重要作用。

精细化管理要求企业在管理中多用“数学”，重点是关注细节、数据、工具，少用或不用“语文”，尽量少以权力、经验、感觉、判断来做管理。

简言之，精细化管理就是精确定位、合理分工、细化责任、量化考核。精确定位就是对每个部门、每个岗位的职责都要定位正确，对每个系统的各个工作环节都要规范清晰、有机衔接；合理分工就是细分工作职责和办事程序，从而建立制衡有序、管理有责、高效运行的内部管理系统；细化责任是指通过对各个业务部门的责任细化，建立完善的内部管理制度；量化考核是指将各部门、各机构的经营目标量化，对经营结果进行控制和考核，做到定量正确、考核及时、奖惩兑现。

(1) 对精细化管理的理解和认识：

① 精细化管理是一种科学的管理方法。企业要实现精细化管理，必须建立科学量化的标准，建立可以操作、易于执行的作业程序以及基于生产作业程序的具体管理工具。

② 精细化管理也是一种科学的管理理念。是企业严谨、认真和精益求精的思想在生产运作中的贯彻执行，体现了企业对生产运作的完美追求。

③ 精细化管理强烈排斥人治，崇尚标准与规则。标准和规则包含程序与制度，它要求管理者从监督、控制为主的角色向服务、指导为主角色转变，更多关注满足被服务者的需求。

 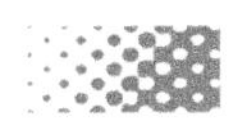

④ 精细化管理研究的范围是企业组织管理的各个单元和各个运行的环节，更多的是基于原有管理基础之上的改进、提升和优化。

⑤ 精细化管理关注的重点是转型期与管理效益提升期的企业，也适用于社会各类组织。

⑥ 实施精细化管理是基于企业战略清晰化、内部管理规范化、资源效益最大化的基础上提出来的，是企业的个体利益和整体利益、短期利益和长期利益的综合要求。

⑦ 精细化管理最终解决方案只能是通过训练，使企业成员素质提升的方式来实现。

⑧ 精细化管理是持续渐进的长远过程，是自上而下的积极引导和自下而上的自觉响应的管理模式。

（2）精细化管理的特征有：①以建立完美的工作流程为中心，强调不断改善。②精细化管理强调的是数量化与精确性。③精细化管理关注企业的财务状况，尤其是成本和各个重要的运转指标。④强调企业建立学习型的组织。

（3）实施精细化管理的好处：企业要全面、协调、可持续地发展，做大做强，必然要求企业有强大的执行力和高超的运作水平，这些都依赖于精细化管理的强大支撑。实行精细化管理的好处有：

① 增强企业的市场竞争力。我国的企业在市场竞争中，面临着和国内、外企业的竞争，国外企业管理的精细化，就势必要求我国企业改变粗放式管理模式，才能接受国外企业的挑战。

② 准确衡量经营状况。企业的最终目的和生存之本是盈利，回报率、销售收入、成本和利润是所有者衡量企业状况的依据。这使企业需要从粗放管理迈向精细管理。

③ 保证生产顺利进行。科学技术的发展使社会分工越来越细，专业化程度越来越高，这就需要通过制订和贯彻执行各类技术标准和管理标准，从技术和组织管理上把各方面的工作有机地联系协调起来，形成一个统一的体系，保证生产和工作有条不紊地进行。

④ 提高产品销售利润。市场竞争使企业生产销售利润下降，处微利状态。企业除了思路、观念需要及时地进行转变之外，还需要进行更加精细化的管理。

⑤ 追求细节制胜。市场竞争使企业之间在产品、技术、成本、工艺和服务等方面同质化越来越强，产品或服务只有在精细化管理之中才能不断得到提高和发展。

⑥ 挑战更高要求。市场发展的要求就是“没有最好，只有更好”。这个要求也迫使企业的发展过程是个不断追求卓越和完美，实际上也是不断追求细节完善的过程。

5.3.1.3 劳动定额和激励

如果说，现代企业管理的基础是科学管理是，那定额管理就是科学管理的基石。

定额就是在一定时间、条件下，生产某种产品或进行某种工作消耗的人力、物力、财力所规定的限额。实行劳动定额管理也就是把企业提高劳动生产率的具体任务落实到每一个员工身上，促使他们采用先进技术，改进生产工具，推广先进经验，达到挖掘生产潜力、节省劳动时间、提高劳动生产率的目的。

生产企业中，定额管理也是成本核算、成本控制和成本分析的基础，对于节约使用原材料，合理组织劳动力，调动劳动者的积极性，提高设备利用率，降低成本，提高经济效益，都有重要作用。

定额管理的主要内容有：明确定额编制原则，设置管理机构，制订、修订各项技术经济指标，建立健全定额体系，采取有效措施保证定额的贯彻执行，定期检查分析定额的完成情况，认真总结定额管理经验，最终实现标准化。

（1）明确定额管理的编制原则：①先进可行性原则。定额应以行业平均先进水平为基准来制定本企业的定额，这就平均先进性原则。但定额标准应与企业战略目标相一致，在保持先进性、前瞻性的同时，定额指标要真实合理，不浮夸冒进，不掩盖问题。定额指标符合企业现有生产规模、人员、设备设施的状况才会对企业生产经营具有指导性。②科学性原则。应科学地运用工艺计算和技术分析方法，分析和计算定额。定额才能够对实际工作起到科学的指导作用，促进和提高基础管理水平。③品质优先原则。定额管理应以保障产品内在品质为前提，不能单纯为提高数据水平而给生产造成不利影响，不能为降低成本而影响产品质量。

（2）设置定额管理机构。如果没有专门的定额管理机构和管理人员去推行、考核，即使定额标准制定得很合理，也不能发挥作用。定额管理机构（通常是生产技术部门）要配备一定数量的、具有专门技术知识和工作能力的人员。其主要职责包括：制定定额管理的规章制度，负责定额管理各环节的组织、计划、协调、监督工作；进行定额的编制、审核、执行、修订和考核工作，总结推广定额管理经验，形成定额标准并保持标准的先进性，持续改进定额管理体系。

（3）建立完善定额指标体系。①分析流程、确定项目。要认真分析企业生产涉及的所有环节业务流程，逐一摸排各环节可能发生的人力、物力、财力资源消耗，按照作业环节层级关系进行分级设置指标，形成一个完整的体系。在确定具体项目指标时，一要注意根据某一条主线进行分级设置，并将最低级别也就是最小单元作为研究控制对象，确定定额指标；二是注意最终确定的定额指标是能控制的、具有实际可操作性的。②分类测算、量化定额。把指标项目定额量化测算口径归为四大类：一是按行业有关政策规定和标准测算的费用项目；二是依据实际发生量和相关耗材、劳务市场价格水平核定的费用项目；三是采用实地跟踪、过程跟踪方法测算的费用项目；四是依据历年累积资料和实际情况测算的综合费用项目。为了准确量化定额标准，在具体实践中可采取实地查看、线路跟踪、基层反馈、开会座谈、翻阅资料等多种措施寻找定额量化依据，以便能够形成完整的定额标准体系。③对照标杆、优化定额。将定额指标优化与行业对标工作、定额指标年度执行差异等紧密结合起来，列出定额优化项目：一是尚未达到行业先进标准的；二是对成本影响较大的；三是定额量化标准与实际支出差异较大的；四是年度之间实际支出差异较大的。将上述项目列入年度工作重点，采取有针对性的措施加以解决。

（4）定额标准制订和完善。划定企业定额标准的覆盖范围，根据企业现状，本着先易后难，逐步推进的原则，确定了定额标准体系的覆盖范围，通常包括：劳动定额、费用定额、库存定额、物耗定额、能耗定额、工艺定额、设备定额、安全定额、环境定额等类。同时，确定了定额标准的编制要求，主要包括：指标名称、定义、定额（值）、测量周期（分月度、季度、半年）、控制方式（分考核、评价）等。为保证定额的科学合理，保持定额管理的连续性和动态性，确定定额标准原则上每年修订一次，必要时进行适当调整。产品消耗定额管理见 10.2.3.1。

（5）建立和完善定额考核制度。定额考核制度和定额标准是定额管理的重要手段和必要措施，两者相辅相成，不可分割。定额考核制度分为考核指标和评价指标。考核指标纳入企业月度经济责任制考核体系或季度工作目标管理体系实施考核，考核结果与部门绩效挂钩，兑现奖惩；评价指标作为企业纵向对比进步程度的指标，仅实施分析评价，不与部门绩效挂钩，但出现异常波动时，需要部门做出深入分析，查找原因进行改进，评价指标相对稳定后一并纳入考核。考核指标实施周期性经济责任制考核；评价指标，进行必要的周期性分析，作为改进的依据。

定额管理的作用：①提升了企业基础管理水平。通过建立并实施定额管理，企业形成了

“人人关注定额，人人承担定额”的氛围，通过定额管理的带动和辐射作用，促进费用管理、能源管理、工艺管理、安全、环境管理、人力资源管理、设备管理、计量管理等专业管理水平的提升。②配置更加合理、高效。通过实施定额管理，有效调配了企业资源的配置水平和利用效率，各项费用、能耗、物耗、库存等指标同比均有所下降，人力资源配备更加合理，高效，企业各项资源配置更加合理、高效。③绩效考核体系更加科学。定额管理体系的建立，成为企业绩效考核体系的有益补充，使企业的绩效考核体系更加科学、完善。

5.3.2 生产经济责任制

以化工产品确定的生产经济承包责任制（简称“经济责任制”）是在化工生产管理中贯彻科学管理理论的具体方法。作者在多年的化工生产管理实践中，在生产某一个产品的车间或工段（如车间是生产一个产品，即以车间为单位；如果车间有几个产品，工段是生产一个产品，则以工段为单位）推行经济责任制，可以说是无往而不胜。

通过实行经济责任制，很好地落实了科学管理的六把“金钥匙”，极大地提高了车间一线员工的积极性和创造性，稳定和提升了产品质量，明显地降低了产品的原材料、能源和各项费用消耗，较大幅度地提高了劳动生产率。经济责任制将员工的利益和企业利益密切结合起来，增强了企业的市场竞争能力和应变能力。

经济责任制以“六定”（定员、定质、定产、定耗、定管理、定报酬）为原则，以车间主任或工段长牵头承包，车间主任或工段长有用人权、内部考核分配权（其本人报酬由厂部或车间批准）。实行经济责任制，有效地推动了生产运行的标准化、精细化和定额管理工作。以下为某精细化工企业经济责任制的实例，供参考。

案例：×××工段经济责任制

一、定员

共　　人。其中：工段长1人；甲、乙、丙三班，每班　人（其中1人任班长）；维修组4人（其中1人任组长）；备料包装组3人（其中1人任组长）。共计　人。

二、定质

×××产品质量标准如下（企标：JHQ/　　　　　　）

指　标		一级品	合格品
1. 外观			
2. □□□□纯度(HPLC)/%	≥		
3. ○○○○○含量(HPLC)/%	≤		
4. 干燥失重(105℃)/%	≤		
5. 灰分/%	≤		

附注：本产品化工行业标准为HG××××—2009，企标指标高于行标。

产品包装规格：50kg/袋。

1. 所有产品均需由质检科检验合格后交下工段（或：××车间，或成品仓库），交接时双方在交货单上签字认可，并附有质量检验单，内容包括：批号、日期、数量、包装规格、检验数据、级别结论。否则下工段（或：××车间，或成品仓库）有权拒收。

2. 以合格品为统计产量、消耗的标准品，一级品折算合格品的系数为1.06。不合格品需方让步接受的，以双方协商的打折系数统计产量，并在交货单上注明；不合格品需方不接收的，不计算产量。

三、定产定酬

1. 每月基本产量为：合格品　　　吨（以25天生产计）。

2. 全工段（不包括工段长工资）每月基本工资总额为：　　元/月，折　　元/吨产品，人均基本工资为：　　元/月。实际生产运行过程中，因改进流程和设备、合理调配工人的工作而减少的用工数，基本工资总额不变。

3. 如下达作业计划产量数低于月基本产量的，由厂部补贴　　元/吨。

补贴工资总额（元）=补贴　　元/吨×计划和月基本产量的差额数

四、定消耗

1. 每吨产品（以合格品计）原料消耗指标如下：

原料名称	规格	指标/(kg/t)	不变价/(元/t)	金额/(元/t)	备　注
合　计					

注：为了比较和考核，采用原料不变价格，由企业自定。

原料节、超总额(元)=[每吨产品消耗指标(元)－实际每吨产品消耗(元)]×实际产量

（正值为节约，奖励；负值为超耗，扣罚）

原料节、超奖罚比例：工段得20%，其中：工段长得10%（工段长的比例应根据全工段总人数进行调整），即总额的20%×10%=2%，其余18%由本工段其他人员分配。

2. 每吨产品（以合格品计）水、电、汽、辅助材料及费用消耗指标如下：

项目	规格	指标	不变价/元	金额/(元/t)	备　注
工艺用水	m^3				
循环水	m^3				
电	度				
蒸汽	t				
维修费用	元/t				
包装费	元/t				
车间管理费	元/t				
合　计					

水、电、汽、辅助材料及费用节、超总额(元)=

[每吨产品消耗指标(元)－实际每吨产品消耗(元)]×实际产量

（正值为节约，奖励；负值为超耗，扣罚）

水、电、汽、辅助材料及费用节、超奖罚比例：工段得30%，其中：工段长得15%（工段长的比例应根据全工段总人数进行调整），即总额的30%×15%=4.5%，其余25.5%由本工段其他人员分配。

上述工艺用水如使用二次水（回收水）减半计算用水量。

五、定管理

1. 安全管理：每月无大小事故，人均奖200元。发生事故，全工段扣除安全奖，并按事故损失额的10%赔偿，其中工段长赔偿30%，当班班长赔偿15%，当事者赔偿10%，其余45%由工段内其他员工分摊。

2. 劳动纪律：按员工奖惩办法处理。

3. 工艺纪律：按员工奖惩办法处理。

4. 现场管理（5S）：①操作纪录及时、完整，版面清洁无涂改，字迹端正；②工作场地清洁，无杂物堆放，无化工物料散落，包装堆放整齐，标识清楚；③交接班做到“五交五不交”，交接班记录完整、清洁；④操作规程、安全规程上墙，并严格执行；⑤地面、下水道清洁、通畅，无垃圾杂物。

5. 设备管理：①动、静密封跑冒滴漏率：零；②设备完好率：100%（详见 6.5.1 设备完好标准）；③做好设备台账；④做好维修台账。

6. 环保管理：①做好通风排毒；②无污染废气排放；③无粉尘排放，改善生产环境；④废水排放量不超标（　　m^3/月），废水污染物浓度不超标（指标：　　）。⑤固废台账清楚。

上述管理工作进行百分考核，详见附件一～附件四。

六、考核、分配办法

工段长、班组长、工人全员进行绩效考核，奖金按绩效考核情况进行分配。

工段奖金总额＝(产量工资＋节约奖)×管理考核分%－基本出勤工资总额

注：① 安全奖不计入奖金总额，直接结算到个人。

② 工段奖金总额不包括工段长分配部分。节约奖为正值，也可为负值。

③ 工段管理百分考核分与工段长考核分相同。

全工段考核总分＝∑（个人奖金系数×个人百分考核分）

注：① 个人奖金系数根据各人的技能级别、工龄、职务、岗位等确定。

② 全工段考核总分不包括工段长考核分。

分值＝工段奖金总额÷全工段考核总分

个人奖金＝分值×个人百分考核分×个人奖金系数

个人月总报酬＝基本出勤工资＋个人奖金

工段长月总报酬＝基本出勤工资＋奖金

奖金＝(原料、能源、费用消耗奖罚数)×个人百分考核分×个人奖金系数

七、关于订立经济责任制的几点说明

(1) 消耗指标原则上按上年平均水平确定，定指标时留有余地，确保完成。刚开始实行经济责任制时可试行三个月后在调整确定。以后每年年底前确定下年度指标，不断推进，这样即使在工艺无重大改革的情况下，也会达到一个新的水平。

(3) 在生产中发现的问题，应积极进行创新研究，改革工艺和设备、降低原料消耗、减少污染物排放。研发成果应另行奖励研发人员。

(4) 责任制一旦确定，管理者应信守承诺，坚决兑现报酬和奖励。如应为指标偏低，导致奖金发放过多，可留存一部分在停产时发放，但需与工段协商同意。

(5) 多产品车间主任以监督、协调和服务管理为主，车间主任考核工段长和其他车间职能管理人员。车间主任应将其考核指标分解各工段长，工段长应将责任制指标分解落实到班组，工段长考核班、组长，班、组长考核工人。形成指标层层分解、层层考核。

(6) 管理工作量化为百分考核。同一件事未做好，职务越高，扣分越多。只有负责人承担起责任，才能使管理工作真正落到实处。

附件一　车间主任绩效百分考核表

项　目	工 作 标 准	分值	自评分	考核分
1. 完成生产任务	因车间原因未完成公司下达的当月的各品种生产任务。 按产值计，欠产 1%，扣 4 分。 制造成本比计划降、超 1%，奖、罚 2 分	40		
2. 安全工作	车间内发生一起一般事故扣 6 分，发生一起较大事故全扣。 安全工作台账齐全，缺 1 项扣 1 分。 每周进行安全隐患排查，少一次扣 2 分。	10		
3. 工艺管理	操作规程、安全规程齐全，不全或虚假扣 1～5 分。 工艺台账齐全，未做扣 5 分；未用作生产分析扣 2 分。	10		
4. 质量管理	质量中间控制严格，数据齐全，数据不全扣 1～3 分。 中间产品合格率≥95.0%，每降 1%扣 2 分。	8		

续表

项 目	工作标准	分值	自评分	考核分
5. 能源计量管理	台账、数据齐全,缺一项台账扣1分。 能源消耗无定额每项扣1分;未考核扣3分。 计量管理达标,未达标扣1～5分。	4		
6. 设备管理	设备完好率100%,发现带病运转设备一台次扣2分; 静密封泄漏有一处扣0.5分;动密封泄漏有一处扣1分。 设备台账、维修台账齐全,缺项1起1分。	5		
7. 环保管理	废气随意排放一次,扣3分;粉尘未达标,扣6分; 废水排放量少排5%,奖4.5分;超5%,扣3分; 废水超浓度排放,每次扣4.5分; 固废台账、污染物排放台账缺1项,扣1分。	12		
8. 现场管理	符合6S要求。各级检查,发现一起问题扣0.3分。	5		
9. 统计核算	数据可靠,盘存核算规范。数据不正确1项扣1分。	3		
10. 班组建设	每月开展合理化建议活动,未开展扣2分,有成效奖2分。 开展班组竞赛,班组学习经常化、管理多样化。视情况评分	3		
11. 临时工作	未完成领导安排的临时工作,每次扣1分。	3		

注：1. 多品种产品生产车间，车间职能以监督、协调和服务管理为主。

2. 单品种产品生产车间，车间职能同工段长，车间主任按附件一进行绩效百分考核。

3. 对分管车间副主任、工程师、安全员、统计核算员的各项职能工作绩效百分考核另订。

附件二　工段（长）绩效百分考核表

项 目	工作标准	分值	自评分	考核分
1. 完成生产任务	完成车间下达的当月生产任务,欠产1%,扣3分。	50		
2. 产品合格率	产品一次合格率95%;降1%扣1分。	8		
3. 安全生产	违章指挥每次扣5分,工段内发生一起一般事故扣4分,发生一起较大事故全扣。	10		
4. 劳动纪律	迟到、早退、串岗、缺岗、睡觉的一人次,扣0.3分。	4		
5. 工艺纪律	发现一次违规操作的,扣3分。 工艺台账齐全、准确,不完整扣2分。	6		
6. 现场管理	符合6S要求。各级检查,发现一起问题扣0.2分。	5		
7. 设备管理	设备完好率100%,发现带病运转设备一台次扣2分; 静密封泄漏有一处扣0.5分;动密封泄漏有一处扣1分。 设备台账、维修台账齐全,缺项1起0.1分。	4		
8. 环保管理	废气随意排放一次,扣2分;粉尘未达标,扣4分; 废水排放量少排5%,奖3分;超5%,扣2分; 废水超浓度排放,每次扣3分; 固废台账、污染物排放台账缺项一次,扣0.5分。	10		
9. 临时工作	未完成领导安排的临时工作,每次扣1.5分。	3		

附件三　班（组）长绩效百分考核表

项 目	工作标准	分值	自评分	考核分
1. 完成生产任务	完成工段下达的当月生产任务,欠产1%,扣4分。	40		
2. 中控合格率	中控不合格不进入下岗位,违者每次扣2分。	7		

续表

项　目	工 作 标 准	分值	自评分	考核分
3. 安全生产	违章指挥的每次扣4分； 班内发生一起一般事故扣2分，发生一起较大事故全扣。	7		
4. 劳动纪律	本班迟到、早退、串岗、缺岗、睡觉的一人次，扣0.2分。	5		
5. 工艺纪律	发现违规操作，每次扣2分。	6		
6. 现场管理	符合6S要求。各级检查，发现一起问题扣0.1分。	5		
7. 设备管理	组内设备完好率100%，发现带病运转设备一台次扣1分； 静密封泄漏有一处扣0.3分；动密封泄漏有一处扣0.5分。	3		
8. 环保管理	废气随意排放一次，扣1分；粉尘未达标，扣2分； 废水排放量少排5%，奖1.5分；超5%，扣1分； 废水超浓度排放每次扣1.5分。	7		
9. 操作记录	未及时记录的每次扣0.5分，记录不全的每次扣0.5分； 记录弄虚作假每次扣1分；记录本损坏污染涂改扣2分。	4		
10. 交接班	未能认真执行"五交无不交"，每次扣1分。	4		
11. 团结	班(组)内不团结，吵架每次扣1.5分；打架每次扣5分。	3		
12. 班组管理	每天召开班前会或班后会，并有记录。缺一次扣1分。	3		
13. 学习能力	根据应知应会学习、考试成绩评分。	3		
14. 临时工作	未完成领导安排的临时工作，每次扣1.5分	3		

附件四　操作工绩效百分考核表

项　目	工 作 标 准	分值	自评分	考核分
1. 完成生产任务	未完成班(组)长布置的生产任务，每次扣5分； 不服从正常调度安排每次扣8分。	60		
2. 安全生产	未按规定穿戴劳保用品的每次扣2分， 违反安全规定的每次扣4分，发生事故全扣。	8		
3. 劳动纪律	迟到、早退一次扣2分；班长未同意私自调岗扣3分； 上班离岗、串岗、缺岗，做与本岗位无关事情的扣2分；班上睡觉的一次，扣5分。	5		
4. 工艺纪律	违反操作规程的，每次扣5分。	8		
5. 操作记录	未能及时、完整记录的，发现一次扣2分；记录弄虚作假每次扣5分；记录本损坏、污染、涂改扣5分。	5		
6. 交接班	未当面交接班每次扣2分，情况不清接班的每次扣3分；未做交接班记录或记录不全的扣3分。	5		
7. 团结	在班上或班后吵架每次扣2分，打架一次扣10分。	3		
8. 技术学习能力	根据应知应会学习、考试成绩评分。	3		
9. 临时工作	未完成领导安排的临时工作，每次扣3分。	3		

5.3.3 化工生产在产品的盘存核算

制定标准化，实行定额管理，推行经济责任制，可有效地提高车间管理人员和工人的积极性和创造性，提升了各项基础管理工作，使产品质量稳定、消耗下降。但我们千万不要忽略了统计核算工作，特别是忽略了车间在产品的核算工作。

很多化工企业月末的车间盘存核算一般由财务人员、统计人员会同车间进行。由于化工生产的连续性、复杂性和专业性，在产品的盘存核算并不容易。如果盘存人员不懂化工生产，盘存数据不正确，使原料消耗数据不正确，直接影响了员工的奖金，甚至使经济责任制无法推行下去。所以必须重视在产品的盘存核算。

化工生产在产品的盘存核算应按技术核算规程进行，即按照化工统计的要求和规定进行盘存核算。盘存核算的工作要求是：①首先，财务确定全厂统一的盘存核算日期和时间（如每月 26 日 8：00）。②盘存核算必须由技术人员共同参加，即由财务、统计、生产技术科和车间会同进行。③产品产量、原料消耗、能源消耗等数据必须按化工生产统计的规定执行。④盘存的在产品（原料、中间产品、半成品、未入库验收的成品）都必须正确计量。⑤将在产品折算为原料（计算方法有：折料系数法、扣除投料量法）如果需要核算中间产品消耗的，也可同时折算为中间产品。⑥用“本期成品原材料的消耗总量＝上期盘存＋本期领用－本期盘存”的公式计算总消耗。以入库验收的产品数量为依据，计算产品的单耗。

案例：染料中间体 1-氨基蒽醌生产的盘存核算

1-氨基蒽醌（1-AA）分三个工段生产，其硝化工段生产工艺是：在硝化锅中，蒽醌在二氯乙烷溶剂存在下，用浓硝酸和发烟硫酸进行硝化；硝化反应完成后，将物料放入稀释锅稀释，分去稀酸水，用液碱中和至中性，蒸馏出二氯乙烷；然后用压滤机过滤、洗涤，得到的湿粗硝基蒽醌滤饼送干燥机干燥至水分合格，得粗硝基蒽醌（简称：粗硝）。其精制工段生产工艺是：在精制锅中，粗硝基蒽醌加热溶解于一定数量的二甲基甲酰胺（DMF）中，缓慢冷却结晶，过滤、洗涤，压干，得湿精硝基蒽醌（即：1-硝基蒽醌，简称：精硝）；滤出的母液用真空精馏的办法回收 DMF。其还原工段生产工艺是：将一定数量（折干计）的精硝投入还原锅中，加水打浆，再加入 30%硫氢化钠（NaHS）溶液，升温进行还原反应，过滤、洗涤、压干，滤饼干燥，得 1-氨基蒽醌。

在进行在产品核算时，各个设备内都有物料，储槽、计量槽内有液体原料，现场还有固体的中间产品，如粗硝基蒽醌（干、湿两种）、精硝基蒽醌（湿）、1-氨基蒽醌湿滤饼、未验收入库的 1-氨基蒽醌等。如何进行在产品的盘存核算呢？车间月末在产品盘存核算情况见下面的附表 1 和附表 2。

附表 1　1-氨基蒽醌车间在产品盘存核算表　　日期：2013 年 12 月 26 日

实物或设备	批数或实盘数	在产品折算成中间产品或原料/kg								
		精硝（折干）	粗硝（干）	蒽醌	二氯乙烷	浓硝酸	发烟硫酸	32%液碱	DMF	30% NaHS
二氯乙烷储槽					9810					
二氯乙烷分液器					2400					
二氯乙烷计量槽					340					
浓硝酸储槽						16720				
浓硝酸计量槽						480				
发烟硫酸储槽							21090			
发烟硫酸计量槽							415			
液碱计量槽								1130		
硝化锅	6 批			12000	14100	5190	6600			
稀释锅	3 批			6000	264	2595	3300	330		
压滤机	2 批			4000	176	1730	2200	220		
干燥机	1 批			2000	88	865	1100	110		

续表

实物或设备	批数或实盘数	在产品折算成中间产品或原料/kg								
		精硝（折干）	粗硝（干）	蒽醌	二氯乙烷	浓硝酸	发烟硫酸	32%液碱	DMF	30% NaHS
DMF 储槽									10545	
DMF 计量槽									650	
精制锅	3 批		7500	5682	250	2457	3125	313	7800	
过滤设备	2 批		5000	4065	179	1759	2236	224	332	
DMF 回收系统	3 批								7452	
30% NaHS 储槽										85300
30% NaHS 计量槽										690
还原锅	4 批	8000	11111	9033	397	3907	4968	497		8800
1-AA 压滤机	2 批	4000	5556	4517	199	1954	2484	248		4400
1-AA 干燥机	2 批	4000	5556	4517	199	1954	2484	248		4400
粗硝(湿)	6 批			12000	528	5190	6600	660		
粗硝(干)　,kg	12000		12000	9756	429	4219	5366	537		
精硝(折干),kg	8783	8783	12199	9918	436	4290	5455	546	566	
1-AA　　,kg	7265	8448	11733	9539	420	4126	5246	525	544	9293
合　计		17231	76055	93027	30215	57436	72669	5588	27889	112883

盘存人（签字）：　　　　　　　　　　　　　　核算人（签字）：

注：1. 每批硝化投：蒽醌 2000kg，二氯乙烷 2350kg（耗 88kg），浓硝酸 865kg，发烟硫酸 1100kg；耗 32%液碱 110kg。

2. 每批精制投：粗硝（干）2500kg，DMF 2600kg（耗 116kg）。

3. 每批还原投：精硝（折干）2000kg，30%NaHS 溶液 2200kg。

4. 蒽醌×1.23＝粗硝；粗硝×0.72＝精硝（折干）；精硝×0.86＝1-氨基蒽醌。

关于盘存核算表的说明：①反应设备、过滤干燥设备的物料尽可能按批投料量折算为原料；②容器内液体原料直接计量盘存；③中间产品能按批折算的按批折算为原料，无法按批投料计算的中间产品、半成品按系数法折算为原料，系数根据生产实际的平均数据确定。④盘存核算是个严肃的工作，涉及经济责任制的双方利益，盘存人、核算人要签字确认。

附表 2　1-氨基蒽醌产品原料消耗统计表

本月产量：637.45t　　　　　　　　　　　　　　报告日期：2013-12-27

原料名称	上月盘存	本月领用	本月盘存	本月消耗	单耗/(kg/t)	不变价/(元/t)	金额/元
蒽醌	69362	860000	93027	836335	1312.0	24500	31488.00
二氯乙烷	26727	39840	30215	36352	57.0	3000	171.00
98%硝酸	39382	382400	57436	364346	571.6	1600	914.56
发烟硫酸	78326	460000	72669	465657	730.5	400	292.20
32%液碱	48616	40000	5588	43028	67.5	700	47.25
DMF	26446	50000	27889	48557	76.2	5500	419.10
30%硫氢化钠	124462	800000	112883	811579	1273.2	1000	1273.20
合 计							34569.31

关于消耗统计表的说明：原材料消耗是一个化工产品技术经济指标中的重要指标，体现了企业的技术水平、管理水平，也体现了企业的实力，所以每个化工产品都要重视原材料消耗的统计工作。为了与历史时期的生产水平比较，企业内部可确定原料的不变价格，计算产品的原料成本与历史同期进行比较。同理，如需要对中间产品，如精硝（即：1-硝基蒽醌）进行原料消耗的指标统计，即将精制工段和还原工段交接的精硝进行统计（需有交接验收单，并由两工段交接验收人员签字确认，并一式三联：存根、交货、收货）。统计当月精硝总产量和有关原料的消耗，即可核算。

5.4 工艺技术管理

5.4.1 工艺技术管理的内容

生产技术管理是以工艺技术管理为核心和依据，进行质量、标准、安全、环保、设备、能源、计量等各项技术管理工作，目的是保证生产正常有序地进行，实现安全优质、高产低耗、环境友好的生产目标。设备和能源计量管理、质量管理、职业安全卫生管理、环境保护管理见下面各章。

工艺技术管理（简称：工艺管理）的内容包括：

① 组织制定、执行各种化工产品的生产工艺技术规程及以此为中心的其他规程制度，如岗位操作规程、控制分析规程、技术核算规程、安全技术规程及工艺管理制度等；

② 督促和检查各项技术规程、制度的执行情况；

③ 建立工艺台账，通过生产实践，不断积累数据进行技术经济分析，改进生产技术；

④ 开展合理化建议活动，落实技术组织措施（简称：技措）；

⑤ 根据生产实践，使各种规程和制度不断得到修订和完善。

为了提高企业生产技术水平，增加产量，提高质量，降低消耗，提高劳动生产率，改善劳动条件，搞好环境保护和安全生产，企业所采取的各种技术措施，包括新技术、新工艺、新设备、新材料等生产组织和技术上改进的一切措施，总称为技术组织措施（技措）。实施技措项目要制定实施计划，技措计划内容包括：措施项目名称、完成日期、措施的执行者、措施的效果、实施技措所需的人力、物力和资金等情况。

实施技措计划项目，主要解决以下问题：

① 克服生产技术上的薄弱环节，充分挖掘企业内部潜力。

② 对职工提出的合理化建议和技术革新，制定技术措施，在生产中加以推广和应用。

③ 改善劳动条件，消除隐患，保证安全生产和消除环境污染。

④ 改善劳动组织，提高管理水平，合理利用资源，扩大品种，提高产品质量。

技措项目不同于小改小革项目，也不同于技改项目。小改小革是群众性的技术革新项目，技措项目是对产品生产线局部的技术和生产管理的改进；技改项目是对整个生产线的生产规模、工艺和装备进行全面的调整和改造，或对企业的产品结构、技术装备、生产工艺进行重大转型升级。

技措计划一般由生产技术部门提出，总工程师或副总经理审核，总经理批准执行。

化工企业工艺技术管理的重点是三大规程：产品工艺技术规程、岗位操作规程、安全技术规程。三大规程必须严格遵守，才能确保化工企业生产的正常运行，所以也被称为化工企业的“第一法规”，可见其重要性。

需要特别指出的是：工艺技术管理实质上包括质量、安全、环保等技术管理。换言之，质量、安全、环保等技术管理工作本来就属于工艺技术管理的范畴。但我国的许多化工企业，普遍弱化了工艺技术管理，甚至无人管理。为了应付接连不断的安全、环保检查，加强

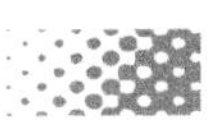

了安全、环保管理机构，但大部分人员根本就不懂化工生产或对本厂的化工生产只是一知半解，甚至有些安全、环保管理人员还不是学化工专业的。此种情况，造成了化工生产与安全、环保工作严重脱节，实质上是削弱了安全、环保工作。安全、环保工作应该在技术负责人的指导下进行。

在设备和能源计量工作与工艺、质量、安全、环保工作的关系上，设备和能源计量工作应该服务和配合工艺、质量、安全、环保工作。

5.4.2 化工产品工艺技术规程

产品工艺技术规程（简称“工艺规程”）是生产指挥员、生产技术管理人员、技术经济管理人员开展工作的共同技术依据。工艺技术规程是用文字、表格和图纸，将化工产品、原材料、工艺过程、工艺设备、工艺指标、劳动保护、安全技术、环境保护等内容，给予具体的规定和说明，是一项综合性的技术文件，具有技术法规的作用。

有人说：工艺技术规程是化工企业的“宪法”，任何人进入化工厂的大门，都得遵守工艺技术规程。这话实在一点也不为过，任何一个化工企业，都要认真编写和修订每一个化工产品的工艺技术规程，这是实现化工生产标准化、精细化管理的重要保证。

工艺技术规程是研发和生产经验的总结，对正常生产具有指导和保证作用。

5.4.2.1 工艺技术规程的编写

通常一种化工产品就得有一份工艺技术规程。几个产品，工艺有部分相同，也可合编为一份共同的工艺技术规程。产品工艺技术规程由该产品的工艺工程师负责编写，生产技术部门审核，总工程师批准，报集团公司备案。

案例：工艺技术规程编写大纲

（一）产品概述

1. 产品名称（通用名、俗名、商品名、外文名、学名）。

2. 结构式、分子式、分子量。

3. 产品的物理、化学性质和产品用途。

4. 产品质量标准（包括：标准号、技术指标）。

（二）生产基本原理与化学反应方程式

1. 国、内外生产工艺路线。

2. 本规程选择的工艺路线及选择依据。

3. 各工序生产原理和化学反应方程式（包括副反应）。

4. 生产工艺路线叙述，包括：方框流程图、工艺流程说明。

5. 物料平衡图。

6. 水衡算图。

（三）生产工艺条件

1. 各工序投料配比一览表（包括：原料名称、质量规格、体积、重量、分子量、摩尔数、摩尔比等）。

2. 各工序操作工艺条件一览表（包括：岗位名称、操作项目、操作时间、温度、压力等）。

3. 关键岗位控制指标一览表（包括：岗位名称、控制点、工艺控制指标范围等）。

4. 异常现象和处理方法一览表。

（四）生产周期和产量能力

1. 设备一览表（包括：设备位号、设备名称、规格型号、材质、数量、搅拌形式、搅拌转速、附机泵规格型号、仪表等）

2. 各工序设备生产周期和产能（包括：每批操作时间、每天操作次数，日、月、年产能）。

（五）原材料、中间控制、成品质量规格

1. 原材料质量指标一览表（包括：名称、标准号、技术指标、内控指标等）。

2. 中间控制一览表（包括：岗位名称、控制物名称、控制项目及指标、分析方法、取样点、检测次数、检测人等）。

3. 成品内控质量指标。

（六）副产品利用及排出物处理方法

1. 副产品及利用（包括：名称、数量、质量、利用办法等）。

2. 排出物名称及处理方法（包括：排出物名称、排出点、成分、数量、处理方法，控制指标、检测方法和次数）。

（七）人员组织（包括：工段、班组的设置，人员配备、技能素质要求等）

（八）劳动卫生和安全

1. 化学危险品 MSDS 资料。

2. 职工劳动保护（包括：预防化学品、噪声、辐射等对人体健康伤害的措施和办法，职业病防治办法，车间允许浓度、通风排毒措施，劳保用品穿戴规定，健康检查规定等）。

3. 安全技术措施（包括：储运安全措施，使用安全规定，安全通道、门窗泄压面积，消防设施、紧急预案等）。

（九）岗位操作技术文件（岗位操作规程，安全技术规程，原料、中控、成品分析规程）。

（十）原材料、能源消耗定额。

（十一）参考文献。

附表：规程修改与补充表。

附图：带控制点工艺流程图（施工图）、设备布置图、关键性设备结构图。

5.4.2.2 如何保证工艺技术规程的执行

(1) 明确工艺管理工作以生产技术科为中心，设备、安全、环保、质量、能源计量等与工艺密切相关的职能部门的工作必须首先服从工艺的要求。

(2) 建立工艺技术管理制度，明确工艺技术规程制定、修改的程序、职责和办法。

(3) 强调工艺纪律的执行和检查，明确车间主任、工段长、班组长、操作工执行工艺纪律的责任和要求，明确为反工艺纪律事项的处置办法。

(4) 车间配备工艺工程师专职负责工艺技术管理。

(5) 各产品由车间工艺工程师负责建立工艺台账，密切跟踪原料、中间产品质量变化和工艺指标脱标对生产的影响。不断积累数据进行技术经济分析，改进生产技术。

(6) 加强对工人的培训、考核，建立上岗操作证制度，建立技术等级考核制度，不断提高工人的操作技术水平，确保工艺指标的稳定执行。

(7) 开展合理化建议评审活动，鼓励车间员工积极参与小改小革，不断完善和改进工艺技术。

(8) 建立关键岗位控制点。关键岗位的确定原则是：①对产品的质量、成本、生产稳定性产生重大影响的岗位；②工艺复杂，对操作人员要求高或发生问题较多的工序；③对安全生产有较大影响的岗位。调度值班人员对关键岗位控制指标应进行重点检查，发现脱标应下达整改通知书。

(9) 安装自控记录仪表，统计各工序工艺指标合格率情况。每月车间工艺工程师应有工艺控制分析报告，分析其对产品产量、质量的影响。工艺控制分析报告交生产技术科。

(10) 工艺变更应办理相关手续。生产技术科对工艺调整应有书面的《工艺调整通知

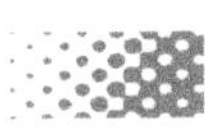

书》，车间需要对工艺进行优化改变时，应提出《工艺变更申请表》，交生产技术科审核，总工程师批准。

5.4.3 岗位操作规程和安全技术规程

岗位操作规程、安全技术规程、产品工艺技术规程合称为化工厂的“三大规程”，是保证化工生产正常进行的最基本的技术文件，也是化工厂的技术法规。化工企业的许多生产事故，大部分是由于违规操作引起。由此可见这“三大规程”的重要性。

5.4.3.1 岗位操作规程

岗位操作规程（即“岗位操作法”），是产品工艺技术规程的一部分。岗位操作规程是岗位操作工必须严格执行的、具体的操作规定。岗位操作规程的内容有：

（1）反应原理和化学反应方程式。

（2）开车前准备（包括：设备、阀门、仪表等检查，原料准备等）。

（3）正常开车（包括：投料的温度和时间、投料顺序，各步操作方法和应控制的温度、时间，物料处理的方法等）。

（4）异常现象和处理（列表：异常现象、原因、处理方法）。

（5）正常停车（正常操作完成后的阀门、设备、仪表等检查和处理，物料等处理方法）。

（6）异常停车（非正常停水、停电或反应异常需紧急停车时的处理方法）。

（7）产、质量标准、消耗定额。

5.4.3.2 安全技术规程

安全技术规程（也称：安全操作法、安全操作规程），是产品工艺技术规程的一部分，安全技术规程是对工段或岗位安全操作的具体规定。各级安全管理人员在进行化工企业安全工作检查时，首先要检查安全技术规程的各项规定执行情况。

安全技术规程的内容有：

（1）危险化学品使用规定（包括：品名、规格、危险类别、物化数据、毒性数据、危害程度、劳保措施、储运要求、急救措施、消防措施等）。

（2）岗位操作注意事项（包括：防止超温、超压、冲料、堵塞、气体外泄、物料变质、凝固等事项）。

（3）重点关键岗位的管理事项。

（4）动力、照明电气使用要求。

（5）设备使用要求，设备检查、检修操作中的安全注意事项（包括压力容器安全操作）。

（6）正常停车和异常停车时的特别点（包括：防止传质、传热失效而导致事故的注意事项）。

（7）本工段（岗位）的紧急预案。

（8）劳保用品穿戴规定。

（9）环境安全等其他安全规定。

（10）其他。

5.4.4 工艺安全管理

化工工艺安全技术是化工企业安全管理的最重要环节之一。

工艺安全事故的预防方法强调采用系统的方法对工艺危害进行辨识，根据工厂不同生命周期或阶段（研发、设计、投产前和生产过程中）的特点，采取不同的方式辨别存在的危害，评估危害可能导致的事故的频率及后果，设法消除危害或减轻危害。

工艺安全的重点是工艺系统或设施本身的缺陷或安全操作的隐患，重视泄漏事故对人员的伤害、环境的破坏和对工厂设施的损坏。

化工企业要执行国家安监总局《关于加强化工过程安全管理的指导意见》（安监总管三〔2013〕88号），要按照AQ/T 3034—2010《化工企业工艺安全管理实施导则》的要求，全面加强化工工艺安全管理。

5.4.4.1 工艺安全信息

工艺安全信息就是通过对化工工艺的危害和风险的识别、分析，使人们知道化工工艺过程中存在的各种危害和风险。主要包括：化学品危害信息、工艺技术信息、工艺设备信息三方面。

（1）化学品危害信息。至少应包括：①毒性；②允许暴露限值；③物理参数，如沸点、蒸气压、密度、溶解度、闪点、爆炸极限；④反应特性，如分解反应、聚合反应等；⑤腐蚀性数据，腐蚀性以及材质的不相容性；⑥热稳定性和化学稳定性，如受热是否分解、暴露于空气中或被撞击时是否稳定；与其它物质混合时的不良后果，混合后是否发生反应；⑦对于泄漏化学品的处置方法和注意事项。

（2）工艺技术信息。至少应包括：①工艺流程简图；②工艺路线及化学反应原理；③设计的物料最大存储量；④安全操作范围（温度、压力、流量、液位或组分等）；⑤偏离正常工况的后果评估，包括对员工的安全和健康的影响。

（3）工艺设备信息。至少应包括：①材质；②带控制点工艺流程图；③电气设备危险等级区域划分图；④泄压系统设计和设计基础；⑤通风系统的设计图；⑥设计标准或规范；⑦物料平衡表、能量平衡表；⑧仪表安全系统（如：联锁、监测或抑制系统）

5.4.4.2 工艺风险分析

企业应建立管理程序，成立工艺危害分析领导小组，每三年对以前完成的工艺危害分析重新进行确认和更新。包括：

① 企业操作人员对工艺安全信息掌握情况；

② 设备、设施运行安全可靠、完整情况：包括压力容器和压力管道，管件和阀门，泄压和排空系统，紧急停车系统，监控、报警系统，联锁系统，各类动设备（包括备用设备）等。

③ 工艺过程进行风险分析情况：包括工艺过程中的危险性；工作场所潜在事故发生因素；控制失效的影响；人为因素等。

④ 操作规程执行情况。操作人员应严格执行操作规程，对工艺参数运行出现的偏离情况及时分析，保证工艺参数控制不超出安全限值，偏差及时得到纠正。

⑤ 操作人员素质。劳动纪律执行情况，知识、能力和责任性，团队意识，异常处置能力，突发事件应变能力等。这些都会直接影响到工艺安全。

5.4.4.3 开、停车管理

（1）开车前安全审查。化工生产装置开车前必须成立由相关人员组成的检查小组，根据检查清单，对现场安装好的设备、管道、仪表及其他辅助设施进行目视检查，确认是否已经按设计要求完成了相关设备、仪表的安装和功能测试，确认工艺危害分析报告中的改进措施和安全保障措施是否已经按要求予以落实，确认员工培训、操作程序、维修程序、应急反应程序是否完成。

安全审查应满足下列要求：①现场工艺和设备符合设计规范；②系统气密测试、设备空运转调试合格；③操作规程和应急预案已制订；④编制并落实了装置开车方案；⑤操作人员培训合格。操作人员已熟练掌握操作规程和安全技术规程，熟练掌握异常处理办法，懂得如何穿戴劳动防护用品，懂得应急处置的方法。⑥各种危险因素已消除或控制。如生产装置泄压系统或排空系统排放的危险化学品已引至安全地点并得到妥善处理等。

(2) 停车安全审查。化工生产装置停车分为常规停车和紧急停车两种情况。如果准备工作不充分、不细致，都将可能导致相关的伤害和事故的发生。

常规停车是指化工装置试车运行一段时间后，因装置检修、预见性的公用工程供应异常或前后工序故障等所进行的有计划的主动停车。常规停车时应编制停车方案，停车方案主要包括：停车的组织、人员与职责分工；停车的时间、停车顺序；装置的隔绝、置换、吹扫、清洗等；事故应急预案；釜内残余物料的处理；停车后的设备、设施的维护、保养等。

常规停车应注意以下事项：①指挥、操作等相关人员全部到位，按停车方案规定的步骤进行；②与上下工序及有关工段保持密切联系，严格按照规定程序停止设备的运转；③设备卸压操作应缓慢进行，压力未泄尽之前不得拆动设备；注意易燃、易爆、易中毒等危险化学品的排放和散发，防止造成事故；④易燃、易爆、有毒、有腐蚀性的物料应向指定的安全地点或贮罐中排放，设立警示标志和标识；排出的可燃、有毒气体如无法收集利用应排至火炬烧掉或进行其它无毒无害化处理；⑤系统降压、降温必须按要求的速度（速率）、先高压后低压的顺序进行，凡需保压、保温的，停车后按时记录压力、温度的变化，停车时严禁高压串低压；⑥停车时应做好有关人员的安全防护工作，防止物料伤人。⑦长时间停车应排空管道内介质，以放停车期间发生泄漏；冬天长时间停车必须将管道、设备内水、蒸汽应排空，并长开阀门，防止冻裂管道、阀门和设备。

紧急停车是指化工装置运行过程中，突然出现不可预见的设备故障、人员操作失误、工艺操作条件恶化、突然停电停汽停水等情况，无法维持装置正常运行造成的非计划性被动停车。

紧急停车有不可预见性，应根据设计文件和工艺装置的有关资料，全面分析可能出现紧急停车的各种可能性，提前编制好有针对性的停车处置预案。

生产装置紧急停车时应遵守下列要求：①发现或发生紧急情况，必须立即按规定向生产调度部门和有关方面报告，必要时可按照不伤害人的原则，先妥善处理后报告。②发生停电、停水、停汽及机电设备等发生异常情况时，必须采取措施，防止系统超温、超压、跑料及机电设备的损坏。并通知有关岗位协调处理，按程序紧急停车。③出现紧急停车时，生产场所的检修、巡检、施工等作业人员应立即停止作业，迅速撤离现场。④有火灾、爆炸预兆时，应迅速组织人员，清理现场易燃物资；发生火灾、爆炸、大量泄漏等事故时，应首先切断气（物料）源，启动事故应急预案。

5.4.4.4 工艺安全符合性审核

企业应建立并实施工艺安全符合性审核程序，至少每三年进行一次工艺安全的符合性审查，以确保工艺安全管理的有效性。策划工艺安全符合性审核的范围时，需要考虑以下因素：①企业的政策和适用的法规要求；②工厂的性质（加工、储存、其他）；③工厂的地理位置；④覆盖的装置、设施、场所；⑤需要审核的工艺安全管理要素；⑥上次审核后相关因素的变更（如：法规、标准、工艺设备相邻建筑、设备或人员等）；⑦人力资源等。

审核组中至少包括一名工艺方面的专家。如果只是对个别工艺安全系统管理要素进行审核，也可以由一名审核人员完成。审核组成员应接受过相关培训、掌握审核方法，并具有相关经验和良好的沟通能力。

企业的符合性审核程序中应确定审核的频率。在确定符合性审核频率时需要考虑的因素包括：①法规要求、标准规定、企业的政策；②工厂风险的大小；③工厂的历史情况；④工厂安全状况；⑤类似工厂或工艺出现的安全事故。

审核的实施、跟踪和改进审核过程要形成文件，发现的工艺管理系统及其执行过程中存在的差距，应予以记录，并提出和落实改进措施。

5.4.4.5 化工过程安全管理

国家安监总局《关于加强化工过程安全管理的指导意见》（安监总管三〔2013〕88号）指出：化工过程（chemical process）伴随易燃易爆、有毒有害等物料和产品，涉及工艺、设备、仪表、电气等多个专业和复杂的公用工程系统。加强化工过程安全管理，是国际先进的重大工业事故预防和控制方法，是企业及时消除安全隐患、预防事故、构建安全生产长效机制的重要基础性工作。

化工过程安全管理的主要内容和任务包括：收集化工过程安全生产信息；风险辨识和控制；完善并严格执行操作规程；通过规范管理，确保装置安全运行；开展安全教育和操作技能培训；严格新装置试车和试生产的安全管理；保持设备设施完好性；作业安全管理；承包商安全管理；变更管理；应急管理；事故和事件管理；化工过程安全管理的持续改进等。

《指导意见》要求：企业要成立化工过程安全管理工作领导机构，由主要负责人负责，组织开展本企业化工过程安全管理工作。企业要明确责任部门，按照AQ/T 3034—2010《化工企业工艺安全管理实施导则》的要求，全面收集生产过程涉及的化学品危险性、工艺和设备等方面的全部安全生产信息，并将其文件化。

化工企业要结合本企业实际，完善安全生产责任制和安全生产规章制度，开展全员、全过程、全方位、全天候化工过程安全管理。

5.4.4.6 重点监管危险化工工艺

(1) 重点监管危险化工工艺及技术要求。为“合理规划、严格准入，改造提升、固本强基，完善法规、加大投入，落实责任、强化监管”，国家安监总局于2013年1月两次公布了《重点监管的危险化工工艺目录》(2013年完整版)。规定列入《目录》的重点监管的危险化工工艺必须按照《重点监管的危险化工工艺安全控制要求、重点监控参数及推荐的控制方案》要求，设置相应的安全联锁，温度、压力、液位的超限报警，可燃、有毒气体浓度检测信号的声光报警，自动泄压、紧急切断、紧急联锁停车等自动控制方式，或采用智能自动化仪表、可编程序控制器（PLC）、集散控制系统（DCS）、紧急停车系统（ESD）、安全仪表系统（SIS）等自动控制系统，尽可能减少现场人工操作，提高企业的安全自动控制水平。

列入《重点监管的危险化工工艺目录》的危险化工工艺包括：光气及光气化工艺、电解工艺（氯碱）、氯化工艺、硝化工艺、合成氨工艺、裂解（裂化）工艺、氟化工艺、加氢工艺、重氮化工艺、氧化工艺、过氧化工艺、胺基化工艺、磺化工艺、聚合工艺、烷基化工艺、新型煤化工工艺、电石生产工艺、偶氮化工艺等18种工艺。

(2) 重点监管危险工艺技术改造程序。

① 改造内容的确认。企业应当请安全评价机构对本单位的生产装置和储存设施是否涉及自动控制技术改造内容进行确认，并在评价报告中列出专门章节，对生产装置、储存设施自动控制情况进行专项评价。

② 改造方案的制定。经评价确认需要进行自动控制技术改造的，企业应组织内部工艺技术人员或邀请化工设计单位、自动控制技术改造实施单位、安全评价机构和有关专家等，对相关的生产装置或储存设施进行危险性分析评估，确定关键控制点，并委托化工设计单位或自动控制技术改造实施单位编制自动控制技术改造方案。方案编制完成后，企业要组织内部技术人员和有关专家对方案进行论证。

③ 改造工程的实施。企业应委托具备相应资质条件的单位进行自动控制技术改造施工，并选用安全可靠、经过认证的安全仪表产品。自动控制技术改造实施单位进行安全仪表的安装、测试及安装、测试后自动控制系统的试运行，同时负责培训企业有关工程技术人员和有关操作人员。

企业要会同自动控制技术改造实施单位编制完善的试运行的停、开车方案，落实好各项安全生产措施，保障停、开车安全。自动控制系统正常运行后，企业负责其日常维护。涉及安全仪表的检测、检验，属法定检测、检验的，必须由有资质的单位进行。

④ 改造工程的验收。自动控制系统试运行结束后，企业应组织有关专家和化工设计单位、自动控制技术改造实施单位和安全评价机构，对自动控制技术改造工程进行验收，并形成书面验收意见。验收完成后书面告知当地安监部门。

5.4.5 工艺变更管理

5.4.5.1 变更管理的重要意义

作为工艺安全管理的一个核心内容，变更管理（management of change，MOC）已经被国内外企业普遍重视，但是残酷的现实告诉我们：很多灾难性事故的直接原因是不受控的变更。化工生产中如何控制变更带来的风险，严格的变更管理对于工艺操作安全、产品质量、产品成本控制的重要性越来越为化工企业各级管理人员，工艺、质量、安全、环保管理人员所认识。

变更管理是工艺安全管理体系中最重要的要素之一。当操作条件发生变化，或者替代设备与原设备的规格要求不符，就意味着发生变更。比如，化学品供应商的更换，工作程序进行修改，或者现场人员配置变化，公司组织架构变化等都属于变更范畴。如果没有对这些变更进行有效控制，可能导致工艺过程操作风险的增加甚至事故发生。

变更管理是在变更实施之前，针对装置设计、操作、组织架构及其他活动所进行的评估和控制过程，以确保在变更实施过程中不会引入新的危害，并且保证当前已存在的危害，对员工、公众及周边环境的影响不会在不了解的情况下增加。

在工厂内部，变更管理被称为“即时风险评估控制系统”。建立变更管理系统的目标是：

① 减少与变更相关的事故次数和工艺安全审计的不合格项。

② 将变更管理贯穿到过程/项目的生命周期中，以及应用在非传统的变更类型中。

③ 根据装置规模大小、已知的风险以及其变更管理系统使用频率、安全文化来定制具体的变更系统。

④ 对公司内部变更管理系统运行绩效进行远程、实时和低成本监控。

⑤ 对变更管理系统的问题进行快速诊断，而不必进行或等待工艺安全管理审计。

⑥ 使得变更管理系统更加有能力抵御人为失误，即容错性更强。

⑦ 有效监督变更管理系统的运行绩效和效率。

⑧ 投入尽可能少的资源，取得更好的变更管理结果。

5.4.5.2 变更的范围和分类

凡对已经文件化的工艺技术、生产设备、管理制度等所做的改变，且需要相应改变工艺安全信息、工艺流程图、管线与仪表图、操作程序、报警和联锁设置值等均属于变更。变更具体包括：

① 产品生产能力的改变，包括：装置布局的调整、物料运输线路的改变；

② 设计安装过程的改变；

③ 原料、催化剂、助剂的改变，包括供应商的变化；

④ 操作规程的改变，工艺参数的调整（如温度、流量、压力等）；

⑤ 设备、设施的改变，工具的改变或改进等；

⑥ 试验与测试方法的改变；

⑦ 产品质量的改变；

⑧ 仪表控制系统及逻辑的改变；

⑨ 安全装置及安全联锁的改变；

⑩ 其他（包括：现场人员调整、管理职能调整、信息传递方式调整等）。

变更的类别有：

① 同类替换：符合原设计规格的更换，经批准后即属于同类替换。如：阀门的同类型、同规格、同压力等级、同尺寸和相同密封材质的替换；管道、法兰的同材质、同规格、同压力等级、同尺寸、同厚度的替换；泵、压缩机的同材质、同压力等级、同尺寸、同能力、同密封、同润滑的替换；仪表、电气同量程、同单位、同倍数、同规格的替换等。

② 一般变更：影响较小、不造成任何工艺参数的改变，不涉及质量、安全、环保风险的变更，但又不是同类替换。如供应商的变更、分析方法的变更等。

③ 重大变更：影响较大，是涉及重大质量、安全、环保风险的变更，如工艺路线变更、原辅材料变更、关键工艺参数变更、设施功能的变化。

④ 紧急变更：因异常情况而导致的被动工艺变更，需要在48小时内实施的临时变更。

同类替换可不执行变更管理流程，由车间分管负责人批准实施。

一般变更由生产技术科负责人批准实施，重大变更和紧急变更由总工程师或生产副总经理批准实施。变更的审批表车间必须保留原件备查。

生产技术科应明确规定每一个变更等级分类的标准和必须采取的技术工作。对不在既定的变更申请类别的变更，变更管理人员应根据实际情况确定变更类别，提出审查要求。

应对班组长以上管理人员进行工艺或设备管理的培训，每年至少一次。使班组长以上的生产管理人员明了变更管理的重要性和申请、审批流程。

5.4.5.3 重大变更和紧急变更的管理

重大变更必须成立变更审查小组。小组的人数根据实际情况确定：有时候一个人就能完成整个危害评估步骤，有时需要至少两个人对所有变更进行审查；有些变更需要几个人或几个部门共同进行审查，此时就需要总工程师或生产副总经理任组长，成员由主管工程师、车间（副）主任、工艺、设备、安全、环保等相关专业技术人员组成。如果公司技术力量不能满足审查要求，应聘请其他技术人员支持。评估者的任务是：①确定因变更而引人或加剧的危害。②确定变更是否能够被安全地实施（应考虑工艺安全问题与传统安全问题，如工业卫生和个人防护用品）。③确定变更执行过程重安全控制措施是否充分（如设计特性，工作许可，增加工作人员，执行过程中的特殊监督等）。④确定变更执行前必须完成的任务（如更新工艺安全信息、编制操作规程、确定人员所需的培训深度，或同相关人员进行沟通、采购相关材料）。⑤确定是否需要其他审查（如环境、电气、机械等的技术审查）。⑥如果需要，确定开车前安全审查或开车前准备情况的审查。⑦确定在变更完成后所需要的记录和相关工

作，以满足相应的法规规定和公司的要求（如竣工图纸等）。

（1）重大变更的管理

① 重大变更应当按照变更审批表的申请、审查和批准的流程进行。

② 变更申请人必须逐项对变更可能引起的其他连带影响，如工艺安全信息、管理程序、培训要求等进行确认。

③ 技术与安全审查应充分考虑变更对安全、健康、环境及工艺系统的影响，必要时进行系统的安全分析；并应明确采用的工艺安全分析方法与此变更相适应。

④ 技术与安全审查应明确变更对产品质量、操作、维修及成本的影响。

⑤ 涉及操作规程修改的，审批时应提交修改后的操作规程。

⑥ 审批应明确对人员培训和沟通渠道的要求。

⑦ 审批应明确变更的限制条件，如时间期限、物料数量等。

⑧ 在变更审查通过批准后，由生产技术部门及申请单位负责落实变更的实施。并就变更的内容及技术安全审查提出的建议，与变更的执行单位进行沟通，并指定实施的监督人。

⑨ 在变更效果验证后按照审批表确定的完成时间更新相关的工艺安全信息，如变更引起的工艺流程图、管线与仪表图、设备数据表、报警设置与连锁值、操作与维修保养记录表、新增加的物料安全技术说明书（MSDS）等。

⑩ 完成变更的工艺、设备在运行前，生产技术部门应对涉及变更影响的人员进行培训和沟通。必要时，制订培训计划，培训内容包括：变更目的、作用、程序、变更内容，变更中可能出现的风险和影响，以及同类事故案例等。变更涉及的人员有：变更所在区域人员：操作工、维修工；涉及变更的直线组织管理人员。

对承包商、供应商、外来人员、相邻装置或社区人员等进行沟通。

⑪ 变更应严格按照变更审批确定的内容和范围实施，并对变更过程进行跟踪。

⑫ 变更实施若涉及作业许可，应办理作业许可证。

⑬ 变更实施完成后，应对变更是否符合规定内容，是否达到预期目标进行验证，提交工艺设备结项报告，并完成如下工作：所有与变更先关的工艺信息都已更新；规定了期限的变更，期满后应恢复变更前状况；实验结果已记录在案；确认变更结果；变更实施过程的相关文件已归档。

⑭ 变更所在区域应建立变更工作文件、记录，包括：变更管理程序、变更申请审批表、风险评估记录、变更登记表以及工艺设备变更结项报告。

（2）紧急变更的管理

在夜间、周末假日和一些例外情况下，需要在48h内实施的工艺及设备的变更，必须申请紧急变更。

紧急变更申请必须得到主管部门、职业安全卫生（HSE）部门、公司主管领导同意及授权后，并填写紧急变更审批表，方可执行。

紧急变更完成后，紧急变更申请人需补报书面变更审批表，并报生产技术科归档。

紧急变更有效期为一个月，到期前必须将工艺或设备恢复原状，若无法恢复原状，则需在期限内申请延期或申请正式变更。

5.5 班组管理

国务院国资委《关于加强中央企业班组建设的指导意见》（国资发群工〔2009〕52号）指出："班组是企业从事生产经营活动或管理工作最基层的组织单元，是激发职工活力的细胞，是提升企业管理水平，构建和谐企业的落脚点"。"在班组建设和班组长队伍建设中，做到工作内容指标化、工作要求标准化、工作步骤程序化、工作考核数据化、工作管理系统化，奠定企业扎实的管理基础。把班组长培养成为政治强、业务精、懂技术、会管理和具有现代意识的企业基层管理者；提升班组成员的综合素质，把班组员工培育成为有理想、有道德、有纪律、有文化，敬业、勤奋、创新、踏实，热爱本职岗位的劳动者”。

班组是企业的细胞，“生产要上去，管理要下去”，只有把企业管理的各项工作落实到班组工作中去，才能使化工生产真正实现安全优质、高产低耗、环境友好的目标。

5.5.1 班组和班组建设

5.5.1.1 班组的特点

班组是企业中基本作业单位，是企业内部最基层的劳动和管理组织。班组有如下特点：

(1) 结构小——班组为企业最基层单位，结构最小，不能再分。

(2) 管理全——质量、安全、生产、工艺、劳动纪律……麻雀虽小，五脏俱全。

(3) 工作细——班组工作非常具体，需要班组长耐心、细致。

(4) 任务实——上面千条线，下面一根针，企业所有管理内容最终都要落实到班组。

(5) 群众性——班组工作是一项群众性很强的活动，需要班组长团结员工，集中大家的智慧和力量才能更好地完成。

“班”与“组”是有区别的。按作业工序分工的称为“组”，组长管的是24h，管辖范围是车间（或工段）的某一部分；按时间分工的称为“班”，班长管的是8h内各个组的工作，管辖范围是车间（或工段）的所有部分。换言之，按时间纵向管理的是“组”，横向管理的是“班”，如此形成网络式管理。组长管理的是整个组范围内的设备、工作场所，职责是提高组员的操作技能，重在产品质量、物料能源消耗管理；班长管理的是整个班的生产进度，重在生产任务的完成，当班事务和异常处理。

5.5.1.2 班组建设的内容

国资委《关于加强中央企业班组建设的指导意见》明确提出了班组建设的内容。

(1) 班组基础建设。要根据生产（工作）需要，坚持人力资源合理配置、精干高效的原则，科学合理设置班组。建立健全以岗位责任制为主要内容的生产管理、安全环保与职业健康管理、劳动管理、质量管理、设备管理、成本管理、5S管理、操作规程、学习培训与思想教育管理等班组标准化作业和管理制度。完善和加强信息记录、标准规范、定额计量工具及职工行为养成等基础工作。加强班组基本设施建设，加大资源保障力度，努力改善员工工作、学习和休息条件，适时推进班组信息化建设，不断提高班组现代科学管理水平。

(2) 班组组织建设。完善以班组长为核心的生产指挥、组织协调、岗位协作等职能，理顺运行机制，整合、优化班组各项资源，实现班组目标。

(3) 班组创新建设。要把组织员工学习创造作为班组持续创新建设的重要内容，通过建立攻关团队、创新小组、专业技术协会等形式，增强员工的创新意识和节能减排意识，完善班组创新成果奖励机制，开展提合理化建议、技术革新、发明创造、“五小”（小改进、小发明、小设计、小建议、小革新）、QC小组、班组劳动竞赛和降本增效等活动，提高班组自主创新能力，班组主要技术经济指标持续进步，不断增强企业核心竞争力。

(4) 班组技能建设。要以培养高素质、高技能、适应性强的员工队伍为目标，通过读书自学、岗位培训、技术比武等活动，激发员工的学习热情，增强学习的紧迫性和自觉性，充实和更新员工的科学技术和文化知识，全面提升员工的技能水平、服务水平、协作能力和自主创新能力。

(5) 班组思想建设。要以构建社会主义核心价值体系为主线，用中国特色社会主义理论

体系武装职工头脑，加强社会主义、爱国主义、集体主义教育，遵纪守法教育、社会主义荣辱观教育及企业精神教育，增强员工的主人翁责任感。要紧紧围绕完成企业生产经营任务、提高经济效益等中心工作，结合班组实际做好深入细致的思想政治工作，培养员工良好的职业道德和社会公德。

(6) 班组民主建设。要尊重员工的主人翁地位，坚持和完善班务公开、班组民主生活会、对话会等民主管理形式，保障员工享有对企业改革发展、班组生产目标任务和各项规章制度的知情权、参与权，对班组经济责任制、奖金分配、先进评选等事项的参与权、监督权，以及平等享有教育、培训、职业健康等权利。

(7) 班组文化建设。要根据本企业文化特点努力塑造独具特色、凝聚员工精神内涵和价值取向的班组理念。要通过大力弘扬改革创新的时代精神，培育个人愿景，加强爱岗敬业、诚实守信、遵章守纪、团结和谐、开拓创新和提升执行力为主要内容的班组文化建设，制订和完善员工行为规范，推行与传播班组文化，塑造班组良好整体形象。

(8) 班组团队建设。要以企业愿景为平台，把员工的个人愿景融入团队的使命中，培育员工共同价值理念和团队意识，建立班组良好的沟通氛围与沟通平台，构建和睦的人际关系，形成班组团队精神，加强班组间的协作配合，努力把班组建设成为一支精干高效的团队。

(9) 班组健康安全环保建设。要坚持以人为本，关爱员工生命，结合企业和岗位的特点，大力开展班组健康、安全、环保宣传教育活动，增强员工的健康、安全、环保意识；组织员工学习国家相关法律法规，增强员工遵章守纪的自觉性；加强安全操作技能培训，增强员工自我防范能力。认真落实健康、安全、环保责任，严格执行各项规章制度和操作规程。建立健全各项应急预案，开展应急预案的培训和演练，加强对危险源、污染源的控制。

5.5.1.3 班组管理工作的重点

(1) 实行人性化管理。班组管理中要尊重工人的主体意识，尊重人、理解人、信任人、帮助人、培养人，听取和采纳工人的意见和合理化建议，给予员工最大的工作权限，有效调动其主观能动性。

(2) 构建有效的激励与竞争机制。将经济责任制的各项指标层层分解到工段、班、组，考核到每个员工。经济手段永远是调动员工积极性的有效手段。

(3) 标准化管理是班组管理的必要措施。企业的各项管理工作，如：质量、设备、安全、环保、能源、计量、现场管理（6S、交接班、巡回检查等）、经济核算等等只有在班、组落实了，这些工作才能真正做好。这就要我们将各项工作进行标准化，明确各项工作在班、组达到的标准、定额、流程，并做到日清月结。

(4) 强化培训教育，提高员工素质。对工人的培训教育是企业的职责和义务，强化对工人生产知识、工作技能、岗位职责和工作标准的教育培训，对工人的技能实行考核定级，并与工资、奖金、晋升提拔挂钩。

(5) 发挥班组长作用。班组长要当好兵头将尾的角色，就要有职有权；就要自律，做好表率；就要技能突出；就要有组织领导能力，当好大哥；就要精打细算，从小事抓起。

5.5.2 班组长及其日常工作

5.5.2.1 班组长职责和权限

(1) 班组长的职责。①劳务管理：人员的调配、排班、勤务、考勤、员工的情绪管理，新进员工的技术培训以及安全操作，生产现场的卫生，班组的建设等都属于劳务管理。②生产管理职责：生产管理职责包括现场作业、人员管理、产品质量、制造成本、材料管理、机

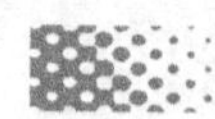

器保养等。③辅助上级：班组长应及时、准确地向上级反映工作中的实际情况，提出自己的建议，做好上级领导的参谋助手。

（2）班组长的权限。在班组日常管理中，班组长拥有八大权力。如图5-4所示。

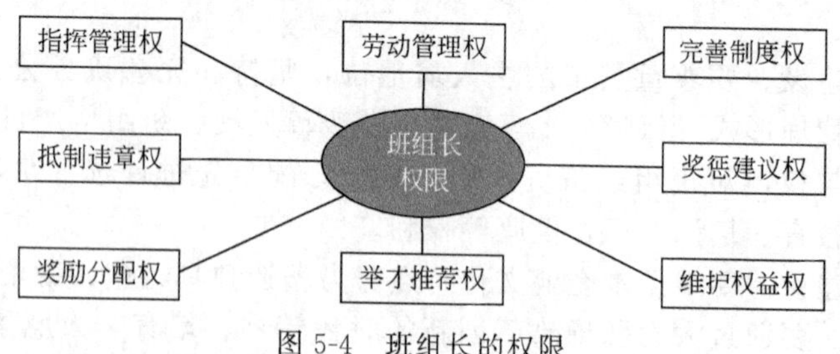

图5-4　班组长的权限

5.5.2.2　班组长的日常工作

（1）现场确认。班组长每天上班后的第一件事，就是去生产现场。在规定上班时间前15min提前到达现场，从质量、产量、交货期和人员、设备、材料、方法、环境等角度把握上一个班的状况，做到上班之前就对工作安排心中有数，意外事情提前联络、及时处理。

（2）工作交接。①工作预交接。提早到达现场的目的就是把握状况，进行工作的预交接。例如，发现上一个班某台设备坏了，作业员工正在协助维修人员进行抢修，看来不是马上能修好，班组长就要把本班该岗位作业员工紧急叫到现场，提前介入，掌握状况，尽快接手。②正式工作交接。工作交接也称“交班”，一般发生在相同作业场所、执行同一个生产计划、使用相同设备进行交替作业的班组之间，由前后交接班组长及其上级共同进行。根据实际需要，有时班组骨干或相关作业人员也需要参与。接班的班组长必须做到接班之后对当班工作安排心中有数，尤其是对产品要求、5M1E变化点的应对、转停产安排等重要事项。

（3）班前会。上班时首先召开班前会，确认人员出勤情况，总结头一天工作，布置当天工作及人员调配，进行工作指导和人员教育。

（4）生产确认。班组长必须对生产安排的落实情况进行现场确认。利用班前会安排好班组工作后，员工各就各位开始工作。生产现场的确认包括以下内容：①生产批号是否正确；②作业人员是否到位；③相关人员对当班的生产数量是否清楚；④现场的材料是否正确堆放；⑤设备是否正常；⑥工艺条件和作业标准是否得到遵守；⑦质量是否进行过首检；⑧实际转产时间及转产是否安排好。

（5）质量巡检。质量巡检是班组长日常工作的重要内容之一。在质量巡检过程中，尤其要加强对质量记录的确认，通过质量记录把握一线员工的作业状态。

（6）变化点把握。任何事物每一天都在以某种方式变化着。变化点管理是现场管理中的重要内容，其目的是预见性地发现问题，在事故、故障和损失出现之前即采取主动的改善行动。把握现场变化点一般从5M1E以及进度共七个方面进行（见表5-4）。

（7）异常应对。异常的情形有很多种，有的是人员行为异常（如违章、违纪、违反规范），有的是生产状态异常（如偏差、事故、隐患），发现异常后要善于区分不同的情形和程度，采取恰当的行动。①按异常的严重程度和可能的损失大小，该及时纠正的，要立即纠正，直到消除异常；该停产调整的，要立即停机进行解决；需要计划性纠正的要明确具体的时间计划和相关安排，并跟踪落实。②按异常内容涉及的职能分工，本班组能够独立解决的问题要立即行动、全力以赴；需要跨部门解决的问题，要用好的方法争取相关部门的支持，快速行动、共同解决；必须委托别的职能部门解决的问题，要充分说明重要性和紧迫性，全力争取对方的理解和支持，尽快解决问题，本班组要做好跟踪、辅助工作。

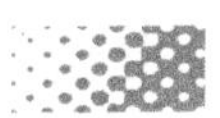

(8) 交流、联络和协调。在一天的工作中，班组长应该结合具体业务，充分利用业务带来的机会，进行跨部门、跨级别的沟通，向上报告、横向联络，参加会议、协调关系，通报信息、商量工作，志在解决问题。在沟通中，不仅要做务实的交流，还要做“务虚”的交流，以增进部门之间、同事之间的了解和理解。

(9) 填写报表、总结工作。班组长需要每天按要求填写相关报表，记录生产、质量、员工出勤、效率和班组其他工作的结果及相关信息。日常报表是进行数据分析的重要统计渠道，是班组目标管理的重要基础，也是今后进行追溯性管理、业务分析和课题改进的基础资料。报表的填写要准确、及时，要尽量数字化、具体化、避免大而空的形式主义。班组工作报表填写不一定全部由班组长进行，可以发挥骨干分工进行，但班组长要全面把握、签字确认，确保无误。

在报表填写的同时，班组长要对当天工作进行总结，包括：①与计划、目标对比，是否完成任务，是否达到目标。②与正常状态对比，是否有变化，是否有异常。③当天工作出现过哪些问题，解决对策及结果如何。④当天工作有无遗留问题或事项。⑤评价当天的员工表现，明确第二天班前会时要做的教育工作。

(10) 认真交接班，做到“五交五不交”。“五交”：①交生产：交本班工艺指标执行情况，产、质量完成情况，原、辅助材料消耗和存量情况等。②交设备：各种设备、仪表运行情况，跑冒滴漏情况及处理等。③交安全：不安全因素及已采取的措施，事故处理情况等。④交记录：原始记录是否正确完整，岗位内的定置定位、清洁卫生情况，其他工种在辖区内活动情况等。⑤交上级指令、要求和注意事项。“五不交”：①生产或设备有异常，情况不清不交。②工具及防护、消防器材不齐全不交。③岗位卫生未做好不交。④原始记录不清不交。⑤接班者未到或不签字不交。

5.5.2.3 班组长的能力素质

国资委《关于加强中央企业班组建设的指导意见》(2009) 提出了班组长的任职条件：“思想政治素质好、责任意识强，具有良好的职业道德；熟悉生产，懂业务，技术精；了解现代管理知识，具有一定的管理水平和分析问题、解决问题的能力；以身作则，坚持原则，办事公道，关心爱护和团结员工，有较好的群众基础，身心健康；经过岗位培训”。

具体而言，要胜任班组长这一基层管理岗位必须具备以下的能力素质：

(1) 专业能力。在所管辖的团队内，班组长对自己的业务（人员、设备、原料、工艺等）娴熟，能够指导下属并向上司提供建议。班组长作为基层管理人员，这方面的能力特别重要。所以，作为班组长，如果固步自封，不愿意深入学习专业知识，很难想象能处理好生产中的问题。

(2) 目标管理能力。在处理业务时，具备 PDCA（计划、实施、检查、总结）循环处理问题的能力，如图 5-5。

计划 (Plan)：首先明确该项管理活动的目的，是否有必要实施；然后分析管理活动目前处于什么样的状态，尽可能用数字来说明；再根据对现状的分析，明确推进该项管理的组织方法，这就是制订计划。

实施 (Do)：实施时首先对该项管理活动的相关人员进行培训，尤其是生产一线的相关人员；广泛征集员工的看法、意见及改善措施；如意见确实正确可行，则应该及时修改计划。

检查 (Check)：检查是否按计划日程实施，如果没有按时实施，应查找原因；检查是否按计划达成预定目标，要分析哪个方面出了问题，或哪个方面做得比较突出；查找失败原

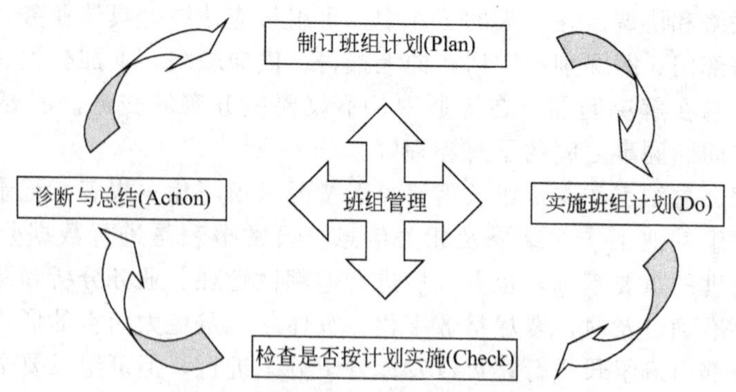

图 5-5　班组管理的 PDCA 循环图

因，并及时纠正错误。

总结（Action）：活动基本结束时，要着手总结及反省；与改善前进行比较，总结管理活动后的效果，总结管理实施过程中的优秀事例及活动方法；总结成功经验，制定或修改工作规程及其他有关规章制度；把未解决的问题或新出现的问题带入下一个 PDCA 循环。

(3) 问题解决能力。具有发现问题的意识和想象预测能力，一旦发现妨碍实现目标的问题，应立即分析现状，找到原因，思考对策，并提出对策直至解决工作中的问题。

(4) 组织能力。为了实现班组目标，班组长要善于利用每一个成员的特点进行任务分解，发挥全体人员的能力，同心协作，使班组达到 1＋1＞2 的效应。

(5) 交流、交际能力。良好的沟通协调，能减少摩擦、融洽气氛、提高士气，有助于构筑良好的信赖关系。班组长应具备语言表达、倾听、商谈及说服对方的能力。

(6) 倾听的能力。每个人都希望受到重视，并且有表达自己的愿望。所以，友善的倾听者自然成为最受欢迎的人。一位因感到自己待遇不公而愤愤不平的员工倾诉完后心情就会平静许多。

(7) 幽默的能力。幽默可以使工作气氛变得轻松，使人感到亲切。利用幽默批评员工，不会使员工感到难堪，还能让其体会到工作的愉悦。

(8) 激励的能力。要让员工充分地发挥自己的才能努力去工作，就要把员工的“要我去做”变成“我要去做”，实现这种转变的最佳方式就是对员工进行激励。用激励的方式而非命令的方式安排员工工作，更能使员工体会到自己的重要性和工作的成就感。优秀的班组长也善于激励自己。

(9) 培养、指导员工的能力。为了顺利展开日常业务，需要向员工传授必要的知识及方法，指出员工在意识和行动上的不足之处，使大家理解业务的重要性，提高大家的干劲。熟悉员工的需求，在工作中让他们发挥自己的特长，使他们的成就感和工作能力能够长期地得到提高。

(10) 自我约束、控制情绪的能力。班组长的情绪会影响到下属及其他部门的员工，一个成熟的班组长应该有很强的情绪控制能力；要非常了解自己的优、缺点，努力克服缺点，增强自己的知识、人格、健康等能力素质。

5.5.2.4　班组人际关系管理

班组长的工作除了保证完成工作任务之外，还要建立一支高士气的团队，这就要求班组长具备处理人际关系、调动员工积极性的能力和技巧。处理人的办法，古今中外，历来就有三种：培训教育、经济手段、行政措施。

(1) 激励与沟通。处理好班组内人际关系的重要办法就是激励和沟通。所谓激励，就是

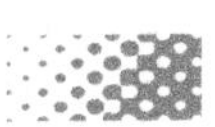

激发和鼓励员工的积极性和创造性；所谓沟通，是指信息在两个或者两个以上的人群中传递和理解的过程；是把一个组织中的成员联系在一起，以实现共同目标的手段；没有沟通，就没有管理。如何正确进行激励和沟通，详见 3.4。

（2）员工驾驭管理。作为一名班组长，在管理工作中应提高对班组成员的驾驭能力。要充分发挥管理者的影响力，也就是力争牵着别人的思想走，对组内员工动之以情，晓之于理，用建议代替命令。对不同的人应用不同的方式。

（3）员工冲突管理。冲突是由双方的观点、利益要求不相容而引起。对待班组内冲突，班组长既不能视而不见，也不能贸然行事。要正确看待冲突，有些冲突暴露了以前隐藏的矛盾和问题；但许多冲突会带来有害的结果，给双方带来压力，危害身心健康，影响工作，必须妥善解决和控制。

① 批评教育法。教育当事人要顾全大局，严于律己，宽以待人，各自多做自我批评；利益冲突，双方各作出些让步，以缓和对立情绪；工作关系的冲突，提倡换位思考，求大同存小异。

② 协商解决法。冲突双方都在气头上，可以先作“冷处理”，然后等待时机协商解决。协商双方要有诚意。

③ 仲裁解决法。协商无法解决，就需第三者或较高层次领导人出面调解，进行仲裁使冲突解决。仲裁者要有权威性，秉公办事。

④ 行政干预法。如果协商不解决，事情又比较严重，由上级主管部门作出行政决定，迫使双方停止冲突，并按有关规章制度处理，强制双方执行。

⑤ 目标引导法。如发生一些具体的小事情冲突，可通过较高的目标巧妙地转移，使双方在新的目标上通力合作。

（4）特殊情况处理。①如何对待非正式的小群体。非正式的小群体的出现往往是由于某种共同的背景、利益及信息沟通的需要而形成。如老乡经常在一起，时间久了就形成了非正式小群体。非正式小群体常有强烈的排他性，有领袖人物，有不成文的规矩。处理方法是：用人员组合的方法让他们成为正式组织，把其小团体利益与正式组织的利益紧紧拴在一起；如成效不大，用行政措施把其拆散。②如何正确处理老乡、朋友、同学与工作的关系。因为老乡、朋友、同学，同自己关系密切，就要严格要求。如果因为有此关系而对工作不严格要求，另有照顾，结果是害人害己。③如何处理违反劳动纪律和工艺纪律的行为。处理违纪行为，要铁面无私，照章处理，不处理甚至会造成更大的后果。同时要动之以情，晓之于理，对违纪员工很好的进行教育。

5.5.2.5 班组生产过程控制

班组的中心任务是搞好生产，班组的一切活动都是围绕着这个中心进行的。班组长必须做好生产过程的控制管理。

（1）人员状态控制。①有始有终——抓好上下班的 10min。通常上下班 10min 内容易出现各种状况，如迟到、旷工、情绪不稳定，缺原料、质量问题、设备故障等；下班早退、串岗，匆忙交班，做事敷衍，忘记关水电、忘记整理等。这需要班组长平时以身作则，言传身教；建立相应的对策，形成制度。②人员流动——运用状态看板。这适用于离散型班组，如物料组、动力组、实验组、业务部等，不适用与流水线作业的班组。把班组人员名单纵向列出，可能流动的场所横向列出，制成看板，悬挂在班组明显位置，使人员流动状态一目了然，有利于员工自律。③人有“三急”——工位顶替。上厕所、喝水，临时请假，意外受伤，临时工作等需要临时离岗。离岗者要口头申请，班组长确认临时替岗者。④关注新手。

新进厂人员、新提拔人员、新调岗人员都是新手。要对他们重点管理，安排专人负责带岗；经应知应会考核合格后方可独立上岗。

(2) 关注工艺设备等变更。详见 5.4.5。

(3) 掌握生产进度。化工生产周期由"工艺技术规程"所规定，一般掌握和控制生产进度的责任人是车间主任或工段长、值班长，班组长是具体执行者。班组长应用报表及时反映生产进度状况。

(4) 关键岗位加强管理。化工生产中的关键岗位有：对产品质量有较大影响的岗位、危险程度大的岗位、不易检测依靠操作控制的岗位。管理的目的是保证操作符合标准。对关键岗位的管理要：①安排有资质、有责任心的人承担；②利用仪器加强监控；③100%检验此岗位生产的产品；④出现问题优先处理。

(5) 发现异常及时处理。异常就是生产过程中发生的各种问题和不正常现象。异常及时控制和处理一般都能化解；但未及时发现或控制不力，则可能扩大，严重时甚至酿成事故。班组长对生产过程管理的主要目的就是消除异常，确保稳定生产。而发现和消除异常，经验十分重要。

异常处理原则：①按照操作规程、安全规程处理；②无把握时不自作主张，必须请示。化工生产事故中，因车间管理人员自作主张处理异常而发生的事故比例超过50%，必须引起高度重视。③突发事情果断处理。生产现场发生突发事情在所难免，班组长常是现场最高指挥官，这就需要班组长沉着冷静，果断决定，稳住局面，把负面影响降到最低；并及时通知上级和相关部门，分析原因，解决问题。④重大问题第一时间解决。必须分清轻重缓急，重大问题一定要第一时间处理；不管处理结果如何，都要把处理措施和最新状况向上级汇报。

5.5.3 班组质量管理

5.5.3.1 班组质量管理的指标

合格率：产品(或中间产品)的合格率=(合格品数量/总产品数量)×100%

一次合格率（直通率）：产品在各工序检验点的一次通过的比率。反映了各工序生产的产品需要再调整或返工的情况，不良产品多的岗位显然需要更多的工作量或原料消耗。

一次合格率(直通率)=(一次合格品数量/总产品数量)×100%

限度样本。对于不能或难于借用仪器设备来定量检测来判断产品品质的，我们可用样品实物来作为判断比较的基准参照物。这个做基准实物的样本，就叫限度样本。

实际使用时，通过对被检测样品和限度样本的品质特性进行比较，就可确定产品是否合格。限度样本应制作"限度样本卡"，卡片与限度样本一起作为资料进行管理。

5.5.3.2 生产过程质量控制

(1) 落实"三检制"。指的是操作工自检、员工间互检和检验人员专检相结合的品质检验制度。"三检制"有利于提高员工质量意识，增强他们的责任感。

① 自检。工艺技术规程一般均有规定岗位自检的项目，车间或工段也可增加需要岗位自检的项目，以加强产品质量的控制。自检一般通过目测产品的外观、结晶形态、色泽、气味等来判断是否合格，可与限度样本对照比较质量的优劣；也可采用简单的测试方法，如pH、薄层检测等。

② 互检。后道工序作业者在作业前，检查前道工序交付的产品是否合格。一般也是目测检查，与限度样本进行比较；也可采用简单的测试方法，如pH、薄层检测等。"不合格"则做上标记，返回给前道工序。

③ 专检。由专职的检验人员取样检测，化工作业中一般称为“中控检验”（中间控制分析）。中控人员分为车间管理和质检部门管理两种模式。随着仪器分析的普遍应用，中控手段技术复杂程度的提高，中控由质检部门专业化管理的模式越来越普遍采用。

(2) 控制好 5M1E。生产质量波动的主要因素是人（Man）、机（Machine）、材料（Material）、工艺（Method）、检测（Measure）和环境（Environment），简称 5M1E。变化把握要点详见表 5-4。

(3) 严格执行“三不”原则。“不合格原料不进厂，不合格中间体不进入下岗位，不合格产品不入库”是化工生产企业的优良传统。“三不”原则是质量保证的基础，从总经理到每个员工、从车间到每个班组都得严格执行。如果未能执行好“三不”原则，再推行全面质量管理、推行 ISO 9000 族标准都是一句空话。

“三不”原则是班组现场质量管理的一个基本运行体系。实施过程需注意以下要点：

① 不合格原料不进厂。采购部门应对供应商进行甄别，质检部门严格执行标准，仓库对不合格原料拒收，车间对不合格原料局拒绝领料。

② 不合格中间体不进入下岗位。前道工序对不合格品应认真查找原因，采取措施，使品质问题及时纠正，对已有的不合格品应返工合格后交后道工序；后道工序有权拒收前道工序的不合格品；在经济责任制考核中，不合格品不计产量。

③ 不合格产品不入库。最后工序生产的产成品，经质检部门检验不合格的不入库，无合格证仓库有权拒收；在经济责任制考核中，不合格产品不计产量。

(4) 认真处理不合格品。①认真分析不合格品（不良品）产生的原因，从 5M1E 五个方面细化，用因果图进行分析。找出原因后正确采取对策。②对不合格品进行标识、隔离和统计，防止不合格品混入合格品中。③对不合格品研究返工处理办法。

(5) 开展 QC 小组活动。详见 7.2.2。

5.5.4 班组安全管理

化工企业的事故绝大部分发生在班组，班组安全工作搞好了，事故减少了，企业的安全管理措施才真正落实到了实处，安全管理工作才能收到实效。班组安全工作必须做到下述几点：

(1) 牢固树立安全意识。安全意识是安全规章的基础。在影响班组安全工作的众多因数中，班组成员的安全意识最关键，往往对班组成员的安全责任心和安全行为起着直接支配作用。一定要树立“安全工作、警钟长鸣”的意识，安全工作，长记在心。化工生产，一定要胆大心细，凡事三思而后行。

(2) 关注作业环境。事故的发生的环境因数不可忽视。脏乱的工作场所、不恰当的车间布置、不合理的物流路线、不好的通风采光照明、危险的工作环境都容易造成事故的发生。班组成员在安全防范中要对环境加以关注，随时清理不安全因数。

(3) 关注员工状况。员工的身体状况、是否加班引起疲劳、员工精神不集中、相互之间不团结，都是事故发生的原因。安全生产从某种意义上说，是关心人的工作。在生产过程中班组成员要做到互相关心、互相帮助；对那些性格内向或孤僻的人，班组长应主动接近他们、关心他们、帮助他们，以情感人，增强团结；要关注班组成员的不良情绪，这往往是事故的起因。

(4) 实施安全教育。班组安全教育有；①新工人安全教育。“三级安全教育”的最后一关教育即“班组安全教育”，而且是最重要的教育，因为班组是工人每天上班的工作场所。班组安全教育内容有：岗位作业基本情况和作业特点、操作规程、安全规程、规章制度、危险和有害因素、防护设施和劳保用品的正确使用等。②变换工种教育；③复工教育：因各种原因离岗三个月的、工伤事故后复工的必须重新进行班组安全教育。

(5) 监督、教育作业人员佩戴和正确使用劳保用品。劳动保护用品是防止员工在生产作业过程中受到意外伤害的措施。一定要监督和教育作业人员佩戴和正确使用劳保用品。

(6) 监督员工严格执行操作规程。操作规程和安全规程是确保生产安全进行的保证，是从市场实践中总结起来、不断完善的结晶，甚至是鲜血换来的教训。对于操作规程和安全规程必须认真执行，任何人都不能违反。①操作过程中要保持精力集中，情绪饱满，精心操作；②要认真做到文明操作，设备不带病运行，防护装置齐全，现场秩序井然；③遵守劳动纪律和工艺纪律；④对突发情况，不紧张急躁，冷静对待；⑤杜绝麻痹、侥幸心理，认真排除不安全因素。

(7) 监督员工严格遵守作业标准。事故与违章操作密切相关。严格要求员工遵守作业标准是避免事故的重要手段，是爱护员工的表现。不严格遵守作业标准，其本质上就是事故隐患。

(8) 杜绝违章作业行为。国家安监总局发布的强制性标准《化学品生产单位八项作业安全规范》，每个车间、工段、班组都必须严格遵守，杜绝违章作业。

(9) 经常进行安全检查、做好安全记录。围绕着 5M1E（人、机、料、法、测、环），定期进行班组安全检查，排除安全隐患；做好安全活动、安全教育、违章处罚和安全奖励的台账。

5.5.5 5S 现场管理

5.5.5.1 5S 的发展历程

5S 起源于日本，是指在生产现场中对人员、机器、材料、方法等生产要数进行有效的管理，这是日本企业独特的一种管理办法。日本企业将 5S 运动作为管理工作的基础，推行各种品质的管理手法，第二次世界大战后，产品品质得以迅速地提升，奠定了经济大国的地位。

1955 年，日本的的宣传口号为“安全始于整理，终于整理整顿”。1986 年，日本的 5S 的著作逐渐问世，从而对整个现场管理起到了冲击的作用，并由此掀起了 5S 的热潮。在丰田公司的倡导推行下，5S 对于塑造企业的形象、降低成本、准时交货、安全生产、高度的标准化、创造令人心旷神怡的工作场所、现场改善等方面发挥了巨大作用，逐渐被各国的管理界所认识。随着世界经济的发展，5S 已经成为工厂管理的一股新潮流。

5S 是指整理（Seiri）、整顿（Seiton）、清扫（Seiso）、清洁（Seiketsu）、素养（Shitsuke）等五个项目，因日语的罗马拼音均为“S”开头，所以简称为 5S。

5S 现场管理适用于企业内部生产、研发、仓库和行政后勤所有各部门的办公室管理。

5S 现场管理是一种管理思想，也是一种管理技巧；是质量管理系统的基础，也是实施 ISO 9001 的捷径。

5.5.5.2 5S 现场管理的内容

5S 的内容如图 5-6 所示。

(1) 整理

定义：区分要与不要的物品，现场只保留必需的物品。

内容：①将工作场所任何东西分为要的和不要的两类；②不必要的东西晶块处理掉。

目的：①腾出空间，改善和增加作业面积；②行道通畅，提高工作效率；③减少磕碰的机会，保障安全；④防止误用、误送等事故；⑤有利于减少库存，节约资金；⑥塑造清爽的

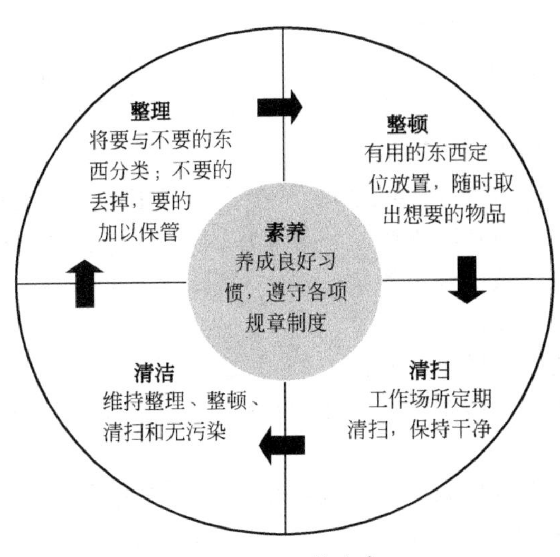

图 5-6　5S的内容

工作场所，心情愉快。

意义：把要与不要的人、事、物分开，再将不需要的人、事、物加以处理。首先，对生产现场的现实摆放和停滞的各种物品进行分类，区分什么是现场需要的，什么是现场不需要的；其次，对于现场不需要的物品，诸如用剩的材料、多余的半成品、切下的料头、切屑、垃圾、废品、多余的工具、报废的设备、工人的个人生活用品等，要坚决清理出生产现场，这项工作的重点在于坚决把现场不需要的东西清理掉。对于车间里各个工位或设备的前后、通道左右、厂房上下、工具箱内外，以及车间的各个死角，都要彻底搜寻和清理，达到现场无不用之物。生产现场摆放不要的物品是一种浪费，即使宽敞的工作场所，将易变窄小；棚架、橱柜等被杂物占据而减少使用价值；增加了寻找工具、零件等物品的困难，浪费时间；物品杂乱无章的摆放，增加盘点的困难，成本核算失准。

注意点：要有决心，不必要的物品应果断地加以处置。

实施要领：①自己的工作场所（范围）全面检查，包括看得到和看不到的；②制定“要”和“不要”的判别基准；③将不要物品清除出工作场所；④对需要的物品调查使用频度，决定日常用量及放置位置；⑤制订废弃物处理方法；⑥每日自我检查。

（2）整顿

定义：必需品定位、定方法摆放整齐有序，明确标示。

内容：①对整理后留在现场的物品分类放置，排列整齐；②明确数量，并有效标识。

目的：①工作场所一目了然；②整齐的工作环境；③减少寻找物品时间。

意义：把需要的人、事、物加以定量、定位。通过前一步整理后，对生产现场需要留下的物品进行科学合理的布置和摆放，以便用最快的速度取得所需之物，在最有效的规章、制度和最简捷的流程下完成作业。

整顿“三定”原则：定点（地点）、定容（容器、颜色）、定量。

实施要领：①物品摆放要有固定的地点和区域，以便于寻找，消除因混放而造成的差错；②物品摆放地点要科学合理。如经常使用的东西应放得近些（如放在作业区内），偶尔使用或不常使用的东西则应放得远些（如集中放在车间某处）；③物品摆放目视化，定量包装的物品做到过目知数，摆放不同物品的区域采用不同的色彩和标记加以区别。

（3）清扫

定义：清除现场赃污，清除作业区域垃圾。

内容：①谁分管，谁清扫。如设备、工具、场地等，要自己清扫，不依赖他人；②设备清扫，重在设备维护保养。同时做好设备点检、润滑工作；③清扫为了改善。清扫时发现有泄漏，要查明原因，采取措施加以改进。

目的：①清除“脏污”，保持现场干净、明亮；②稳定产品品质；③减少工业伤害。

意义：将工作场所、设备污垢去除，使异常原因容易发现；做好设备保养工作，提高设备利用率；消除跑冒滴漏，减少环境污染。

注意点：责任化、制度化。

实施要领：①建立清扫责任区（室内、外）；②执行例行扫除，清理脏污；③调查污染源，予以杜绝或隔离；④建立清扫标准，作为规范。

（4）清洁

定义：将整理、整顿、清扫制度化、规范化，维持其成果。

内容：① 车间环境整齐、清洁；②工人自身清洁，如工作服清洁、仪表整洁，及时理发、刮须、修指甲、洗澡等；③工人精神上“清洁”，文明礼貌、尊重别人；④环境清洁，无气味污染，无粉尘、噪音和污染源；⑤工人身体健康，精神愉快，劳动热情高。

目的：认真维护并坚持整理、整顿、清扫的效果，使其保持最佳状态。

意义：通过对整理、整顿、清扫活动的坚持与深入，消除发生事故的根源，创造一个良好的工作环境，使员工能愉快地工作。

注意点：制度化，定期检查。

实施要领：①落实前面的 3S 工作；②制订考评方法；③制订奖惩制度，加强执行；④主管经常带头巡查。

（5）素养

定义：人人按章操作、依规行事，养成良好的习惯。

内容：①服装、仪容、识别证标准；②共同遵守的有关规则、规定；③礼仪守则；④训练（新进人员强化 5S 教育、实践）；⑤各种精神提升活动（晨会、礼貌运动等）。

目的：①培养具有好习惯、遵守规则的员工；②提高员工文明礼貌水准；③营造团体精神。

意义：努力提高人员的修养，养成严格遵守规章制度的习惯和作风，是 5S 活动的核心目的。提升人的品质，培养对任何工作都讲究认真的人。

注意点：长期坚持，才能养成良好的习惯。

实施要领：①领导带头；②常抓不懈；③制定标准；④制定奖惩制度。

5.5.5.3 5S 现场管理的原则、方法和效用

（1）推行 5S 现场管理的原则

自我管理原则：良好的工作环境，不能单靠添置设备，也不能指望别人来创造。应当充分依靠现场人员，由现场的人员自己动手创造一个整齐、清洁、方便、安全的工作环境，养成现代化大生产所要求的遵章守纪、严格要求的风气和习惯。因为是自己动手创造的成果，也就容易保持和坚持下去。

勤俭办厂的原则：开展 5S 活动，会从生产现场清理出很多无用之物。实际上，有的只是在现场无用，但可用于其他地方；有的虽是废物，但应本着废物利用、变废为宝的精神，该利用的应千方百计地利用，需报废的也应按报废手续办理并收回其残值，千万不可只图一时痛快，不分青红皂白地当作垃圾一扔了之。对于那种大手大脚、置企业财产于不顾的败家

子作风，应及时制止、批评、教育。

持之以恒的原则：5S活动开展起来比较容易，可以搞得轰轰烈烈，在短时间内取得明显的效果，但要坚持下去，持之以恒，不断优化就不太容易。不少企业发生过一紧、二松、三垮台、四重来的现象。因此，开展5S活动，贵在坚持。企业首先应将5S活动纳入岗位责任制，使每一部门、每一个人都有明确的岗位责任和工作标准；其次，要严格、认真地搞好检查、评比和考核工作，将考核结果同各部门和每一个人的经济利益挂钩；第三，要坚持PDCA循环，不断提高现场的5S水平。即通过检查，不断发现问题，不断解决问题。在检查考核后，还必须针对问题，提出改进的措施和计划，使5S活动坚持不断地开展下去。

(2) 推行5S现场管理的方法

① 定点照相。就是对同一地点，面对同一方向，进行持续性的照相，其目的就是把现场不合理现象，包括作业、设备、流程与工作方法予以定点拍摄，并且进行连续性改善的一种手法。

② 红单作战。使用红牌子，使工作人员能一目了然地知道工厂的缺点在哪里的整理方式，而贴红单的对象，包括库存、机器、设备及空间，使各级主管都能一眼看出什么东西是必需品，什么东西是多余的。

③ 看板作战（visible management）。使工作现场人员，能一眼就知道何处有什么东西，有多少的数量，同时亦可将整体管理的内容、流程以及订货、交货日程与工作安排日程，制作成看板，使工作人员易于了解，以进行必要的作业。

④ 颜色管理（color management method）。运用工作者对色彩的分辨能力和特有的联想力，将复杂的管理问题，简化成不同色彩，区分不同的程度，以直觉与目视的方法，以呈现问题的本质和问题改善的情况，使每一个人对问题有相同的认识和了解。

⑤ QSmart 5S巡检系统。是为制造业企业彻底贯彻5S管理而开发的一套包含硬件在内的一体化解方案，使5S管理的实施更为系统化，标准化，同时也进一步提高5S巡检的效率，并为5S的有效实施提供更为有力的系统保证。巡检仪的工作方法简单说明如下：a. 用户在管理端软件定义相应的检测区域，检查点，检测项目等内容；b. 巡检仪可通过网络从管理端下载相应的检查内容；c. 操作人员手持巡检仪根据巡检路线进行检测；每个巡检点都标志有相应的ID卡，巡检人员刷卡，记录检查的时间，并自动调出相应的检查项目；d. 检查完毕后，操作人员将数据通过网络上传到系统数据库中；e. 在系统软件中，对不合格项，系统将通过邮件发送到相关的5S负责人邮箱中；f. 系统可生成5S巡检日报表及汇总的趋势图等报表；g. 对不合格项目，系统将对改善措施及纠正的流程进行记录跟踪并记录在系统中。

(3) 推行5S现场管理的作用

5S管理的五大作用可归纳为5个S，即：Safety（安全）、Sales（销售）、Standardization（标准化）、Satisfaction（客户满意）、Saving（节约）。

① 确保安全。通过推行5S，往往可以避免因跑冒滴漏而引起的事故，因不遵守安全规而程导致的各类事故、故障的发生；因灰尘或油污所引起的公害等。因而能使生产安全得到落实。

② 扩大销售。5S是一名很好的业务员，拥有一个清洁、整齐、安全、舒适的环境，一支良好素养的员工队伍的企业，常常更能博得客户的信赖。

③ 标准化。通过推行5S，在企业内部养成守标准的习惯，使得各项活动、作业均按标

准的要求运行，为提供稳定的产品质量打下基础。

④ 客户满意。推行5S后，清扫、清洁得到保证，产品在一个卫生状况良好的环境下生产、保管、直至交付客户，质量得以稳定。

⑤ 节约。通过推行5S，一方面减少了生产的辅助时间，提升了工作效率；另一方面因降低了设备的故障率，提高了设备利用率，从而可降低生产成本。

(4) 5S现场管理提升了人的素质。通过实施5S现场管理以规范现场、现物，营造了干净、整洁的工作环境，培养了员工良好的工作习惯，最终目的是提升了人的素质：①革除马虎之心，养成凡事认真的习惯；②养成了遵守规定的习惯；③自觉维护工作环境，保持整洁的良好习惯；④培养了文明礼貌的习惯。

通过实施5S现场管理，增加了员工归属感和组织活力。在干净、整洁的环境中工作，员工的尊严和成就感可以得到一定程度的满足。由于5S要求进行不断地改善，因而可带动员工进行改善的意愿，使员工更愿意为5S工作现场付出爱心和耐心，进而养成"以厂为家"的好作风，人人都变成了有修养的员工。这是5S现场管理最有价值的地方。

员工有了尊严和成就感，自然会尽心尽力地努力工作，推动了思想意识的改善，提出合理化建议及改善活动，从而进一步增加了企业的活力。

5.5.6 班组"六小"活动

化工企业班组"六小"活动，是班组管理工作的重要手段。"六小"活动作为群众性的创新活动，在促进企业降本增效、节能减排工作中发挥了重要作用。

"六小"，即合理化建议中的"小核算，小革新，小发明，小建议，小节约，小经验"。与5S现场管理一样，合理化建议、"六小"活动不仅仅在生产班组进行，同样适用于企业内部行政、研发、后勤、财务等所有部门。

(1) 以"四节四降四提高"为主要内容，实现降本增效、节能减排。

四节：节能、节材、节资、节时。

四降：降低排放、降低消耗、降低成本、降低资金占用。

四提高：提高能源和原辅材料利用率、提高全员劳动生产率、提高投入产出率、提高资金和存货的周转率。

(2) 使"六小"成为全员创新平台。"六小"活动作为群众性的创新活动，全员参与至关重要。以"六小"活动这一具体形式，最大化地把群众吸引和组织到企业经营管理与建设发展中来，提高企业对员工的向心力，增强员工的主人翁责任感。

"小核算"可以精打细算，降本增效；

"小革新"可以提高产品的竞争力，成为一个大项目；

"小发明"可以转化为一个专利；

"小建议"可以形成一个制度；

"小节约"可以涓涓细流汇成江河；

"小经验"可以带动一大片员工提升操作技能。

(3) 使"六小"活动成为制度。企业要努力使"六小"活动成为制度，以推动全员参与管理：一是周期化，每年确定一个月为年活动周期，对全年"六小"活动进行总结、评比、交流、表彰，对下年"六小"活动确定目标和要求；二是月度化，将"六小"活动纳入月度工作计划和总结中，实施PDCA循环；三是制度化，明确"六小"项目的评审、奖励办法，形成制度。

参考文献

[1] 王春来，夏剑锋编著．化工企业生产管理［M］．北京：中国纺织出版社，2008.

[2] 李勇 主编．化工企业管理［M］．北京：化学工业出版社，2009.

[3] 赵志军 主编．化工企业管理与技术经济［M］．北京：化学工业出版社，2002.

[4] 江艳玲，涂高发编著．班组精细化管理［M］．深圳：海天出版社，2011.

[5] 中国石油和化学工业协会．化学工业生产统计指标计算方法［M］．北京：化学工业出版社，2007.

[6] 吴筱 主编．科学管理［M］．北京：中国纺织出版社，2008.

[7] 阳庆华．精细化管理理念在企业管理中的应用［J］．现代企业管理，2012（15）：206.

[8] 侯爱武，李平．定额管理在生产企业中的应用［J］．现代企业教育，2011（2）：55-56.

[9] 周立宏．精细化管理——企业制胜的法宝［J］．管理现代化，2010（6）：29-31.

[10] 美国化学工程师学会化工过程安全中心著，赵劲松等译．工艺安全管理［M］．北京：化学工业出版社，2013.

[11] 吴济民．国外化工企业工艺安全技术管理［J］．中国安全生产科学技术，2011，7（7）：192-198

[12] 江艳玲，涂高发编著．班组精细化管理［M］．深圳：海天出版社，2011.

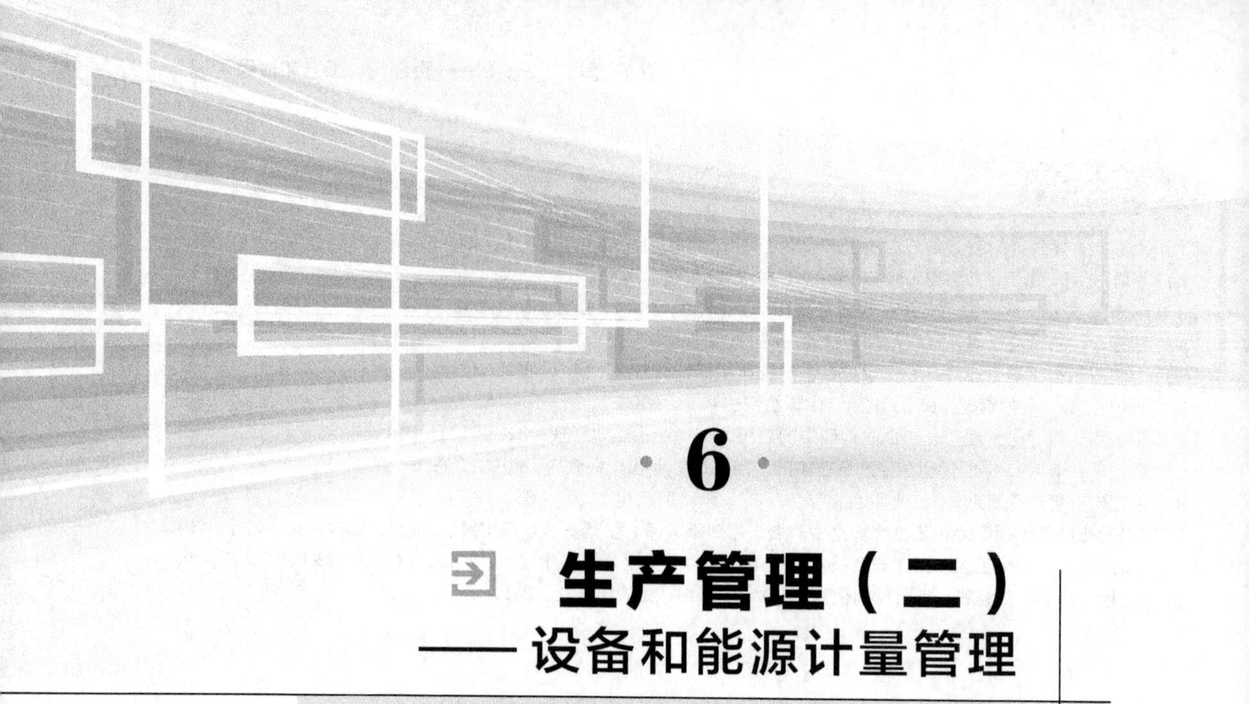

6 生产管理（二）——设备和能源计量管理

“工欲善其事，必先利其器”。设备是生产力的重要因素之一。生产能力的大小、生产效率的高低，产品的质量和交货期，原料、能源消耗，员工安全和健康，环境保护等无不与设备的先进性，设备状态的完好性紧密相关。

设备管理、能源（用水）计量管理是化工企业生产管理中的基础工作。只有抓好这些基础管理工作，才能保障生产有序地进行，才能保证化工生产实现安全优质、高产低耗、环境友好的目标。

设备的运动表现为两种形态：物质运动和价值运动。前者是指设备调研、规划、设计、制造、选购、安装、使用、维修、改造、更新、报废等；后者是指设备的初始投资、维修费用支出、折旧、更新改造资金的筹措、使用和支出等。设备管理就是根据企业生产经营目标，通过一系列的技术、经济和组织措施，对整个寿命周期过程的所有设备物质运动和价值运动形态进行综合管理。其根本目的是达到设备寿命周期费用最少而综合效能最高。

设备管理应当以企业效益为中心，坚持预防为主，依靠技术进步，促进生产经营发展。设备管理中，应当贯彻国家的法律法规，对企业的生产设备进行科学管理。坚持设计、制造与使用相结合，维护与计划检修相结合，修理、改造与更新相结合，专业管理与群众管理相结合，技术管理与经济管理相结合的原则。做到综合规划、合理选购、及时安装、正确使用、精心维护、科学检修、安全生产、适时改造更新，不断改善和提高企业技术装备的素质。

6.1 概述

6.1.1 我国化工企业设备管理的变革

建国初期，在企业管理方面，基本上是学习苏联的工业管理体系，照搬照抄了不少管理模式和规章制度，也引进了总机械师、总动力师的组织编制，设备管理上推广苏联的计划预修制度。在当时的历史条件下，对我国的企业管理工作起到了一定推动作用。但由于生搬硬套，许多办法不完全适合国情，也带来了不少弊病和消极作用。

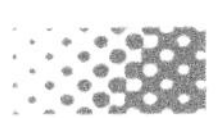

20 世纪 60 年代初期，我国设备管理工作进入一个自主探索和改进阶段，其特点是：管理权力下放，克服了权力过分集中的弊端，修订了大修理管理办法，改进了计划预修制度和备品配件管理制度。推行“预防为主，维修保养与计划检修并重”的方针，创造了“专群结合、专管成线、群管成网”、“四懂三会”、“润滑五定”等好方法，也采取了一些比较适合我国企业具体情况的包机包修制、巡回检查制和设备评级活动等措施。

“文化大革命”期间，我国设备管理工作和制度也遭到严重破坏。

20 世纪 70 年代末，中国共产党十一届三中全会以后，通过企业整顿，建立健全了各项责任制，恢复了许多行之有效的规章制度和管理机构，设备管理工作有了新的开端。化工行业通过治理脏乱差，创建无泄漏工厂、清洁文明工厂，开展设备升级评优活动，设备管理工作进入了新的发展阶段。

1987 年国务院颁发《全民所有制工业交通企业设备管理条例》，1989 年化工部颁发《化学工业设备动力管理规定》和《化学工业企业设备动力管理制度》，1992 年颁发《化工企业计量控制管理办法》。1990～1995 年，组织编写了《设备维护检修规程》，分通用、动力、化机、仪器仪表、氮肥纯碱、硫酸磷肥、化工、橡胶、矿山 9 个分册出版，涉及《规程》2000 种左右，大大提高了我国化工设备管理的水平。

1998 年化工部撤销，标志着我国化学工业完全走上了市场经济道路。化工行业设备管理工作主要由中国化工机械动力技术协会协调。协会主持修订了《化工无泄漏工厂管理办法》、《设备密封管理标准》、《设备管理统计指标计算方法》、《设备完好评级标准》、《化工维修（技改）防腐蚀施工资格认证管理办法》等化工设备管理制度，努力推进化工设备管理现代化。但由于协会工作很难进行监督指导，对各个化工企业设备管理工作的影响和推动作用不是很大。

必须清醒地认识到，虽然我国化工行业有了很大发展，化工设备制造技术也有了长足的进步，但我国的化工企业装备水平、设备管理水平与发达国家还有不少差距，特别是许多民营化工企业，由于设备工程师缺乏，设备管理仍是个薄弱环节。这需要更多的企业经营管理者、化工设备工程师共同努力，来改善我国化工企业的设备管理面貌。

6.1.2 设备管理模式的发展历程

6.1.2.1 事后维修管理模式

1950 年前，设备管理基本上是经验管理的事后维修模式，即设备在使用中出了故障才维修，大致分为操作工兼修和专业维修两个阶段。事后维修往往严重影响产品质量和生产效率，难于满足企业生产经营的需要。

6.1.2.2 预防定期维修管理模式

针对事后维修的缺点和问题，1950 年后提出了预防维修的概念。即为了防止生产过程中设备意外故障而按照预定计划进行的预防性维修，有苏联的计划预修制和美国的预防维修两种。

苏联的计划预修制，也称为“设备的统一计划预修和使用制度”，规定设备经过规定的运行时间后，要进行预防性的定期检查、调整和各类计划修理。美国的预防维修制是以检查为主的维修体制，是利用检测、状态监测和诊断技术，对生产设备状态进行预测，有针对性的安排维修。

预修制显著减少或避免生产设备故障的偶然性，将潜在的故障消灭在萌芽状态。这两种设备管理模式优点是避免或减少了故障停机损失，但也可能造成维修过剩或不足。

6.1.2.3 生产维修管理模式

20 世纪 60 年代，美国在原预防维修制的的基础上提出了生产维修的概念，主要内容有：

① 对维修费用低的寿命型故障，且零部件易于更换，采用定期更换策略，实行无维修；

② 对维修费用高的偶发性故障，且零部件更换困难，运用状态监测方法，实行随时维修；

③ 对维修费用很高的零部件，应考虑无维修设计，消除故障根源，避免发生故障，实行维修预防。

生产维修管理突出了维修策略的灵活性，提出了维修预防、提高设备可靠性设计水平及无维修设计思想。生产维修是对重点设备进行预防维修，对一般设备进行事后维修，使故障损失和维修费用总和为最小的经济维修方式。

6.1.2.4 现代设备管理模式

(1) 设备综合工程学（Terotechnology）。20 世纪 70 年代由英国提出，设备综合工程学是为使设备寿命周期费用最经济，而对适用于固定资产的工程技术、管理、财务等实际业务进行综合研究的学科。设备综合工程学有五个特点：①要考虑设备寿命周期费用最小化。如采购设备时只考虑价格便宜，而实际使用后一系列费用却增加很多，显然很不经济。②生产过程中的设备问题，需要把技术、经济、管理密切结合起来考虑才能作出正确的判断和决策。③要重点研究设备的可靠性（无故障）、维修性（易修性）。④要对设备“一生”实行全过程的管理。⑤要建立设备信息反馈体系：一是将设备使用过程中的信息反映给维修部门，以便正确维修；二是将设备使用中的故障、缺陷、维修性、资源消耗、人机配合等的信息反映给设计部门，以便改进设计和质量。

(2) 全员生产维修管理（TPM）。由日本设备工程协会提出，定义是：以把设备的综合效率提到最高为目标，建立以设备“一生”为对象的生产维修总系统，涉及设备的计划、使用维修等所有部门，从企业的最高领导到第一线工人都参加，加强生产维修思想教育，开展小组为单位的生产维修目标管理活动。全员生产维修的特征是“三全”：全效率——利用 5M（最少的资金 money、精干人员 Man、高效设备 Machine、最少的材料 Material 和最优方法 Method），来达到产量最高、质量好、成本低、按期交货、作业环境良好、没有公害、操作人员劳动情绪饱满和守纪律；全系统——从设备的设计开始就采取维修预防，在使用过程中实行以日常检查和维修为基本内容的预防维修，对于故障频率高的设备，则改善维修以防止故障重复发生，建立起以设备“一生”为管理对象的维修体制；全员参加——凡是涉及设备的规划、设计、制造、使用、维修、采购的所有部门，其有关人员均应参与设备管理活动，包括企业的经理和工人。

(3) 设备综合管理。是中国特色的，采用技术、经济与法律手段对设备进行全过程管理的模式。具有下述特点：①两个目标：提高设备综合效率、追求寿命周期费用的经济性；②三项方针：依靠技术进步、促进生产发展、预防为主；③五条原则：设计、制造与使用相结合，维护与计划检修相结合，修理、改造与更新相结合，专业管理与群众管理相结合，技术管理与经济管理相结合。

设备综合管理是设备管理现代化的重要标志，主要表现在：①设备管理由低水平向制度化、标准化、系列化和程序化发展；②由设备定期大小修、按期按时检修向预知检修、按需检修发展；③由不讲经济效益的纯维修型管理向修、管、用并重，追求设备“一生”的最佳投资效益发展；④由单一固定维修方式向多种维修方式、集中维修和联合检修发展；⑤由单纯行政

管理向运用经济手段管理发展；⑥维修技术向新工艺、新材料、新工具、新技术发展。

本章主要是按照我国的设备综合管理模式来讨论化工企业的设备管理。

6.1.3 设备管理的意义和任务

6.1.3.1 化工企业设备管理的重要意义

(1) 设备管理水平体现企业内部管理水平的高低。企业内部管理水平的高低，体现了企业内功的强弱。内功强，企业抗风险的能力就强，市场竞争力就强，生存和发展的能力就强。设备管理水平是企业的管理水平、生产发展水平和市场竞争能力的重要标志之一。因为设备管理是一项综合性的管理工作，是一项技术含量很高的工作，是一项细致的工作，是一项反映了员工整体素质的工作。

一个化工企业的生产车间，如果设备排布整齐，运转正常，无跑冒滴漏，无油污物料，管道横平竖直，窗明地净，任何人一看就觉得这个企业内部管理水平高。

(2) 设备管理是搞好安全生产、环境保护的保证。根据化工企业安全事故的统计，80%以上的事故是设备不安全因素造成的，特别是一些压力容器、动力运转设备、电器设备等管理不好则更是事故的隐患。设备状况差，跑冒滴漏严重，也造成有毒、有害气体、液体的排放，粉尘飞扬，带来了环境污染。科学、合理的设备管理，为安全生产和环境保护创造了良好的条件。

(3) 设备管理是产品产量、质量、效率和交货期的保证。在市场经济条件下，企业往往是按合同组织生产，合同一经签定，即受到法律保护，违约将受到经济制裁。如果没有较高的设备管理水平和良好设备运转状态做保证，生产就会不正常，不可能很好地履行供货合同。

设备管理好的企业，有时虽然没有先进装备，但由于设备合适，运转状态良好、效率高，一样能生产出高质量的产品。反之，若疏于管理，虽然设备很先进，但带病运转，缺零少件，拆东墙补西墙，不能发挥全部设备的效能，是很难保证产品产量、质量、效率和交货期的。

(4) 设备管理是企业提高效益的基础。工艺技术再先进的产品，都必须建立在具备合适的设备及良好的管理水平之上，设备运转正常，企业效益也稳步增长。要提高人的工作效率，前提是要提高设备生产效能、减少设备故障、提高设备利用率。要想节能降耗、降低生产成本就必须强化设备管理。另外，设备运转一定的周期后还要进行大修，大修费用在设备管理中也是一项重要的支出，设备管理抓得好，设备大修理周期就可以延长，大修理费用就会降低。所以设备管理是提高企业经济效益的基础。

(5) 设备管理是企业长远发展的重要条件。企业的技术进步，主要表现在产品开发、生产工艺的革新和生产装备技术水平、检测手段的提高上，这也是企业核心竞争力的基础。企业要在激烈的市场竞争中求得生存和发展，就要采用新工艺、新技术、新设备、新材料，不断推动技术进步，才能实现企业长远的发展战略目标。

6.1.3.2 化工企业设备管理的任务

企业设备管理的主要任务是：对设备和动力进行综合管理，不断改善和提高设备（装备）素质，保持设备完好和稳定的动力供应，在确定安全生产的条件下，充分发挥设备的效能，以取得最好的投资效益。必须抓好五个重要环节，即：合理选型、正确使用、精心维护、科学检修、更新改造。具体来讲需要完成下述任务：

(1) 必须满足化工生产工艺要求。必须明确，在设备和工艺的关系之间，设备必须服从工艺。在设备选型和安装时，必须满足化工工艺的要求，才能保证生产时做到安全优质、高产低耗、环境友好。这最基本的一点，可惜常为许多化工企业所忽略，有些企业管理者或设备管理人员在设备订购、制作、安装时根本就不愿听取工艺技术人员的意见，在试生产时碰到问题再费时费力地去调整。为此，跨国化工公司的企业招聘生产管理工程师时要求必须懂工艺和设备，他们在生产管理时将工艺和设备的职能合并在一起。化学工艺学的本质就是为化工生产提供技术上最先进、经济上最合理的反应原理、流程、方法和设备。

(2) 保持化工装置处于完好状态。要根据化工行业完好设备的具体标准，用好、修好、管好各种生产设备，要通过正确使用、精心维护、适时检修使设备保持完好状态，随时可以满足生产经营的需要，投入正常运行，完成生产任务。

(3) 不断改善和提高化工技术装备素质。技术装备素质是指适合企业生产和技术发展的内在品质，它包括以下标准：工艺适用性、运行可靠性、技术先进性和自动化程度。要不断采用新材料、新技术、新设备来更新改造设备，提高技术装备的素质。

(4) 充分发挥化工设备效能。设备效能是指设备的生产效率和功能。效能即单位时间的产能和适应多品种的生产能力。发挥设备效能的途径有：①按照工艺规范选用设备，在保证产品质量的前提下，缩短生产时间，提高生产效率；②通过技术改造，提高设备的可靠性与易修性，减少故障停机和修理时间，提高设备的可利用率。③加强生产、维修计划的综合平衡，合理组织生产与维修。

(5) 取得良好的设备投资效益。设备投资效益是指设备寿命期内的产出与投入比。提高设备投资效益是设备管理的出发点和落脚点，其根本途径在于推行设备综合管理。

6.1.4 化工企业设备类别

国外设备工程学把设备定义为“有形固定资产的总称”，包括土地（我国土地使用权为无形资产）、建筑物（厂房、仓库等）、构筑物（水池、码头、围墙、道路、基础等）、机器、装置，以及车辆、船舶、工具等。

我国化工企业通常所说的设备包括生产、办公、生活所需的机械、装置、设施和仪表仪器等，能长期使用并在使用中基本保持原有实物形态的固定资产。

化工企业设备种类繁多，对设备的分类方法各有不同。化工企业的设备可分为生产设备和非生产设备两大类。非生产设备主要是指办公用设备和生活用设备。办公用设备包括计算机、复印机、传真机、通讯广播、教育设备等，生活用设备包括炊事机械、医卫设备、体育设备及其他生活设施。生产设备主要是生产、环保、运输、研发、质检等系统所用设备。化工企业设备管理的范围主要是生产设备的管理。

按构成要素来分，可分为单台设备和成套设备。所谓成套设备就是为了完成某种功能，将机械、装置及其他有关要素有机地组合起来的设备集合体。如硫酸生产成套设备，制冷系统成套设备等。

按其用途分类，有通用设备和专用设备两大类。通用设备是工业领域各行业普遍使用的设备，如工业锅炉、金属加工设备、输送设备等。专用设备是指设备的结构、性能适用于某一行业或特定产品专用的工业设备。

化工专用设备按行业用途分类，有：

① 化肥生产专用设备，如：合成氨、尿素、硝铵、碳铵、磷肥、复合肥生产设备等。

② 纯碱生产专用设备，如：纯碱用石灰窑、纯碱碳化塔、煅烧炉等。

③ 硫酸生产专用设备，如：沸腾焙烧炉、硫酸用风机、转化器等。

④ 氯碱生产专用设备，如：离子膜电解槽、液碱三效蒸发器、氯氢处理成套设备等。

⑤ 染料生产专用设备，如：染料喷雾干燥塔等。

还有其他类别的专用设备，如农药自动包装机、盐酸三合一石墨合成炉等。

根据设备性质，作者将化工企业设备分为22类，详见表6-1。

表 6-1　化工企业设备分类及代号表

序号	类别	设备举例	代号
1	炉窑类	蒸汽锅炉、油气化炉、沸腾炉、热风炉、加热管式反应炉、电石炉、立式窑、干燥窑、石灰窑等	F
2	塔器	精馏塔、二氧化硫转化塔、干燥塔、三合一盐酸塔、气体吸收塔等	T
3	反应设备	中和锅、氧化锅、还原釜、缩合锅，加氢反应锅等	R
4	容器类	硝酸储罐、盐酸罐、纯苯储槽、中和料中间槽、苯胺计量槽、氢气柜等	V
5	热交换器	石墨换热器、螺旋板式换热器、喷淋管式冷却器、列管冷凝器等	H
6	机泵类	离心泵、往复真空泵、各种物料输送泵等	P
7	动力机械	减速机、压缩机、鼓风机、冷冻机、空分机等	W
8	减速机	各类减速机	U
9	分离设备	压滤机、三足离心机、卧式卸料沉降离心机、吸滤桶等	S
10	干燥设备	真空耙式干燥机、喷雾干燥机、闪蒸干燥机、热风循环烘箱等	D
11	电气设备	变压器、发电机、电动机、配电柜等	E
12	电动机	各类电动机	M
13	起重运输设备	皮带输送机、斗式提升机、吊车、厢式货梯，汽车、铲车等	Q
14	矿山设备	球磨机、浮选设备、磁选机、粉碎机等	K
15	包装机械	自动灌装机、真空包装机、封口机、打包机、打码机等	B
16	机械加工设备	金属切削机床、空气锤、高频发生器、氩弧焊机、砂轮机等	G
17	仪器类	液相色谱仪、实验设备等	A
18	计量类	汽车磅、电子秤、磅秤、流量计、压力变送器、温度计等	C
19	自动阀门	各种电磁阀、电动调节阀、气动调节阀，自动压力、温度调节阀等	AV
20	办公类	复印机、传真机等	O
21	生活类	空调机、冰箱、炊事机械等	L
22	建、构筑物	厂房，设备基础、废水处理设施、烟囱等	J

按构件运动状况又分为动设备和静设备。前者是指设备的构件产生运动或相对运动的机器设备，如泵、减速机等；后者是指构件不产生运动或相对运动的设备，容器、塔器、换热器等。

为便于对化工生产设备的管理，根据设备在生产中所起作用的重要性，以及设备发生故障后和修理停机时对产量、质量、成本、安全、交货期等的影响程度与造成生产损失的大小一般又将生产设备分为重点设备、主要生产设备和一般设备三类（也有称为 A 类、B 类、C 类设备）。对不同类型的设备采用不同的管理方法。对重点设备要进行预防维修，并尽可能实施监测维修，按标准进行定期点检，及时分析各种异常和故障情况，严格控制设备的故障率。详见表 6-2。

表 6-2　按设备的重要性分类的各类设备的管理项目

管理项目		重点设备	主要设备	一般设备
设备卡片		应有	应有	有
国定资产明细登记表		应有	应有	有
设备技术档案		必须有	应有	重点的建立
运行记录		必须有	应有	
日常维护对象		重点	使用单位重点	应进行
定期检查对象		重点	使用单位重点	应进行
检修制度		预知维修	预防维修	预防或事后维修
更新方式	按设备更新处理	全部	全部	
	通过大修更新			化工专用设备部分
	通过大修或一般维修更新			机电设备部分

6.1.5 设备能源管理的组织

随着我国现代工业的发展，专业分工越来越细。化工企业的非标设备制作、化工车间安装基本上由专职的、有资质的公司进行，化工企业已没有大的机修车间，设备管理工作的机构和内容上也有了很大的变化。

6.1.5.1 组织机构和职责

化工企业的设备能源管理根据企业规模大小，通常有一级管理和两级管理两种类型。

(1) 中小型化工企业设一级设备职能管理机构。

设备、计量、能源管理常合并为一个科室——设备科，由分管副总经理（通常是生产副总经理领导；也称为设备能源科。根据企业的实际情况，也有企业将设备能源科的职能并入生产技术科。

设备能源科的职责是：①负责设备的规划、计划、资金及信息管理；②负责设备设计、操作规程、技术资料、备品备件的技术管理；③负责设备的台账、档案和固定资产管理；④负责定型设备的采购和非标设备的制作；⑤负责安装、维修费用的核算和验收；⑥负责设备、装置的节能工作；⑦负责企业的能源、用水管理；⑧负责企业的计量管理。

(2) 大型化工企业设二级设备职能机构。

总公司设机动能源部（处），子（分）公司则为设备能源科。设事业部的大型集团公司总部不具有生产职能，由各事业部的机动能源处负责对下属企业进行设备能源管理。

总公司机动能源部由总公司分管副总领导，也有属总公司技术总监领导；子（分）公司则为设备能源科，业务上接受公司机动能源部的指导，行政上属子（分）公司的分管副总经理领导。

总公司机动能源部的职能主要是三项：运行管理、项目管理、考核及费用管理。具体是负责设备的规划编制、研究设计，公司动力装备与主要公用装置管理，公司设备运行与维护费用的编制审核，大修与更新改造的设备技术管理与实施，设备信息与资产管理，各子（分）公司设备能源科的业务指导和协调，对子（分）公司设备管理状况的考核等。

子（分）公司设备能源科的职能是在生产副总经理领导下，负责本单位生产设备的保养维护、中小修的计划与实施和生产设备的日常管理。

设备的采购和制作由总公司机动能源部负责；也可以由子（分）公司的设备能源科负责，而总公司的机动能源部负责监督和协调。后者的做法更方便设备与生产紧密配合，也有利于克服在设备的采购和制作业务中的不正常行为。

值得注意的是，有许多化工企业在机构设置和职能上简单从事。有的企业管理者认为所有的采购必须由采购部门去做，把所谓忠诚可靠的“自己人”安排在采购部门，即使捞外快也是“肥水不外流”。岂不知，设备采购是要有一定的技术水平和责任心的人去做，还要和工艺工程师密切配合，才能够购进先进和适用的设备。

6.1.5.2 设备使用部门职责

(1) 车间、班组职责。生产车间由车间副主任或车间工程师负责对使用设备的管理。主要负责正确使用设备，做到定人、定机、定岗；及时发现设备故障，消除隐患，防止事故发生；提高设备完好率，降低跑冒滴漏率。

生产班组负责定期对设备进行日常润滑、检查和保养，减少设备磨损，延长设备使用寿命，降低能耗，保证设备的正常运行。

(2) 其他使用部门职责。

办公室负责对办公设备的维护、保养。

质检科化验室负责对分析测试设备的维护保养、定期校验和仪器设备使用台账管理。

研发中心负责对实验仪器、设备的维护保养和使用台账管理。

基建、后勤部门负责对建筑物、构筑物，生活设备的维修和台账管理。

储运车间（或储运科）负责对本部门使用的衡器、计量仪器的维护保养和定期校验。

6.1.5.3 人员配备和培训

设备管理人员应具有化工工程技术方面的专业知识，熟悉化工生产与设备技术，具有组织领导与协调指挥能力，积极进取勇于创新，能深入一线及时发现问题，具有解决设备故障的实际能力，能编写与主讲设备管理与维修技术，对员工进行理论与实务操作培训。

化工生产由于使用易燃易爆、有毒有害等化学品，而且很多设备是特种设备，所以化工生产是个特殊的生产环境。这对设备管理与维修人员提出了非常严格的要求，设备的使用和维修都有许多特殊的规定，这就必须对员工进行岗前培训，上岗后还必须不断进行在职培训。培训要坚持理论联系实际，从本企业的实际情况出发，立足于本岗位的要求，使设备使用和维修人员明白该怎么做、如何做，有何限制和规定，能分析和处理现实工作中的问题，适应化工生产的需要。

6.2 化工设备的日常管理

化工设备日常管理工作的内容，归纳起来有：

① 设备动力系统的方针目标管理；

② 设备的制度标准、信息资料、计量定额及培训教育等基础管理；

③ 设备的规划选型认证、购置制造、安装调试、竣工验收等前期管理；

④ 设备的分类编号、建档立账、调拨转移、折旧提存、鉴定报废等固定资产管理；

⑤ 设备的使用维护、润滑防腐、故障事故、修理改造、仪表仪器等技术状态管理；

⑥ 设备备件的计划储备、自制外购、库存供应等备件管理；

⑦ 水、电、汽、风、冷的生产和监督使用等动力管理；

⑧ 设备的安全评介、安全装置和压力容器及特种设备的使用、维护和检修和污染防治等安全环保管理；

⑨ 设备的定额考核、节能降耗、设备寿命周期全过程费用等经济管理；

⑩ 设备管理信息系统的建立、使用与维护等信息管理。

按照设备寿命周期管理的概念，设备的日常管理可分为前期和后期管理两个阶段。化工设备的前期管理是设备投资过程的管理，主要指设备从调研、规划、选型、外购与自制、安装调试直至投产这一阶段的管理。化工设备的后期管理是设备使用过程的管理，主要是设备的运行使用、保养维修、大修改造直至报废等技术和资产管理。

6.2.1 设备的选型和采购

设备选型就是从多种可以满足相同需要的不同厂家，不同型号、规格的设备中，经过技术、经济的分析评价，选择最佳方案以作出购买决策。合理选择设备，可使有限的资金发挥最大的经济效益。

设备的选择，是企业设备管理的第一个环节。这对于新建企业选择设备，老企业购置新设备和自行设计、制造专用设备，以及从国外引进技术装备都是非常重要的。合理选择设备，就可以保证满足生产的需要，降低设备使用费用和发挥设备效能。

设备购置应达到的目标是：①工艺上适用：所选购的设备应与生产工艺的需求相适应；②技术上先进：性能指标保持先进水平，以提高产品质量和延长其使用寿命；③经济上合理：所购设备价格合理，在使用过程中能耗、维护费用低，投资回收期短；④安全、环保性能好。

为达到这三个目标，设备的选购要进行定性的技术分析和定量的经济分析。

6.2.1.1 设备定性技术分析要考虑的因素

(1) 设备的生产性。指设备的生产效率，常以功率、速率、单位时间（小时、班、日）的产品产量等表示。设备生产效率应与可预见的长远计划任务相适应，既要避免购买一台很快就超负荷的设备，又要防止选购拥有过多剩余能力的设备，后者常会因负荷不足而造成浪费。设备大型化、自动化、连续化可以大大提高设备的生产效率，降低生产成本，但投资费用大，需要较强的维修能力。

(2) 设备的可靠性。可靠性是保持和提高设备生产效率的前提条件。可靠性反映了设备性能的保持性、零部件的耐用性、运行的稳定性，包括耐化工腐蚀的能力等。设备出故障，不仅修理费用会很高，还会耽误交货日期；大型关键设备，如果可靠性差，故障率高，会造成很大的经济损失。

在进行设备选型时必须考虑设备的设计、制造质量。设备可靠性要求其主要零部件平均故障间隔期越长越好，具体的可以从设备设计选择的安全系数、环境设计、元器件稳定性设计、安全性设计等方面进行分析。

(3) 设备的维修性。又称可修性。维修性的好坏直接影响设备维护修理工作量和费用的多少。对设备的维修性可从以下几方面衡量：①设备的技术图纸、资料齐全。便于维修人员了解结构，易于拆装、检查。②结构设计合理、简单，组合化原则。零部件数量少，拆装容易，能迅速更换易损件。③通用化、标准化程度高，互换性好。④提供特殊工具、仪器和适量的备件，有方便的供应渠道。⑤有良好的售后服务质量和短时间维修承诺。

在设备的功能、效率和购置费用相同的情况下，应选择维修性好的设备。

(4) 设备的通用性。强调设备的标准化、系列化、通用化。一个企业，应尽可能减少同类设备的机型，增加同机型设备的数量，这对于设备的检修，备品、备件储备都是十分有利的。但这一点许多化工企业常常忽略，他们只关注设备的采购价，特别是由采购部门采购设备时往往如此；而设备制造厂为了进入，对首台设备往往低报价。结果该化工企业就成了“万国”设备的使用厂，备品备件通用性很差，增加了备品、备件库存和费用，而且常因为备品备件问题影响生产。

(5) 设备的耐用性。指设备的物质寿命和技术寿命，设备寿命期长，更新次数就可减少，设备每年分摊的折旧费就少。这一点也为许多化工企业忽略，以设备采购价来决定是否采购的状况，迫使设备制造企业尽可能降低材料的成本，使用价格低的代用材料，或减少材料厚度，结果设备使用寿命很短，设备更新和维修费用很高。

在化工设备的耐用性方面，有一个重要的因素必须考虑，就是材料对化工介质的耐腐蚀性。随着科学技术的进步，新材料、新技术、新工艺、新设备不断出现，化工工程师应关心其动态，提高设备的耐蚀性。

(6) 设备的安全性。安全性是设备对生产安全的保障性能，即设备应具有必要的安全防护设计与装置，防爆场所要使用防爆电机，有报警装置等，以尽量避免人、机事故和经济损失。遇有新投入使用的安全防护性元、部件，必须要求其提供实验和使用情况报告等资料。

(7) 设备的环保性。指设备防止环境污染或保护环境的能力，要求设备噪声小、排放物对环境污染程度小、配有“三废”防治的附属设备或配套工程，把设备对环境的污染控制在排放标准以内。

(8) 设备的节能性。指设备节约能源的性能。节能降耗在设备选择中越来越是重要的因素，要求设备能源利用率高、能源消耗少，余热能有效利用。

(9) 设备的操作性。要求操作方便、可靠、安全，符合人机工程学原理：①操作机构及其所设位置应符合劳动保护法规要求，适合一般体型的操作者的使用。②充分考虑操作者生理限度，不能使其在法定的操作时间内承受超过体能限度的操作力。③设备及其操作室的设计必须有利于减轻劳动者精神疲劳的要求。控制室内的噪声必须小于规定值；设备控制信号、油漆色调、危险警示等都必须尽可能地符合绝大多数操作者的生理与心理要求。

(10) 设备的配套性。设备配套分三类：①单机配套，指一台设备中各种随机工具、附件、部件配套；②机组配套，指主机、辅机、控制设备等相互配套；③项目配套，指一个项目中各种设备的配套情况，这需要工艺技术人员进行计算和分析。

6.2.1.2 设备定量经济分析评价

影响设备经济性的因素主要有：①初期投资；②对产品的适应性；③生产效率；④耐久性；⑤能源与原材料消耗；⑥维护修理费用等。

在选购设备时不能简单寻求价格便宜而降低其他影响因素的评价标准，尤其要充分考虑停机损失、维修、备品备件和能源消耗等费用，以及各项管理费。总之，以设备寿命周期费用为依据衡量设备的经济性，在寿命周期费用合理的基础上追求设备投资的经济效益最高。

设备选择必须遵守技术先进、经济合理的原则。一般地说，技术先进和经济合理是统一的，但是，由于种种原因，有时两者表现出一定的矛盾，例如自动化水平和效率很高的先进设备，在生产批量还不够大的情况下使用，往往会造成负荷不足而成本增加。在选择设备时，必须全面考虑技术和经济的要求。

常用的经济评介方法有三种：

(1) 投资回收期法

$$\text{投资回收期(年)}=\frac{\text{设备投资额(万元)}}{\text{采用该设备后年净收益或节约额(万元/年)}}$$

投资回收期是评介设备投资效益的主要方法之一。设备投资额包括购置费、运输费、安装费等各项费用，如果各方案的其它条件相同，投资回收期最短的设备为最优设备。

(2) 费用换算法。设备寿命期内所发生的费用有两大部分：购置时的一次性投资费和设备使用过程中的维持费（使用费）。计算方法有现值法和年费法两种：

① 现值法：将每年的维持费用通过将来值换算成现值的公式，换算成相当于最初第一年的费用额，加上最初一次性投资费，比较其总值，总费用最低为最优设备。

② 年费法：将购置时的一次性投资费，根据设备的使用寿命周期，按“资金时间价值”计算，换算成相当于每年分摊的原始投资，再加上每年的设备维持费，得出不同设备的年平均总费用。比较不同方案的年平均总费用，最低者为最优设备。

(3)“费用效率”分析法（寿命周期费用法）

$$\text{费用效率}=\text{系统效率}/\text{寿命周期费用}$$

式中，系统效率是指选择和评介设备的一系列因素所表示的效果，包括产量、质量、成本、交货期、安全、劳动情绪等方面，是个综合指标。

寿命周期费用，包括设备的一次性购置费和设备使用过程中的维持费。

设备购置费，包括设备价格、运输费和安装费；若是自行研制设备，包括设备方案的研究、设计、制造、安装试验，以及编印使用和维修设备的技术资料所支出的费用。

设备维持费，指设备使用期间所支出的与设备相关的一切费用，包括设备维修保养、操作人员工资与费用、能源消耗费、发生事故等的停工损失费、保险费和固定资产折旧、报废拆除费等。

6.2.1.3 设备选型和采购的具体做法

设备选购的做法通常分成三步：

第一步，在广泛收集设备市场信息（包括向设备制造厂商咨询，索取相关资料）的基础上，对各可供选择的设备进行技术定性分析，使比较方案减少到易于处理的数量；

第二步，通过经济分析评介，找出若干最优方案；

第三步，对设备制造厂家和用户进行现场考察，验证技术和经济分析，写出报告，报总工程师批准。

设备选型时，要重点对设备的各项技术定性因素进行综合分析，全面地权衡利弊得失从而确定最佳选型方案。

非标设备制作，要明确设备的工作介质和工作条件（如压力、温度等），选用合适的材质。负责工艺、设计的技术人员应在设计图纸上签字确认。

设备采购和制作可采取招投标、议标、项目小组推荐、按权限审定等办法确定供货商和制造商，严格按《中华人民共和国合同法》订立合同，明确设备的规格、型号，材质，质量，价格和交货期等，以避免经济纠纷和损失。

6.2.2 设备技术档案管理

设备技术档案管理是设备管理的一部分，担负着设备技术资料的搜集、记录、填写、积累、整理、鉴定、归档、统计、提供利用的任务。

6.2.2.1 设备技术档案的范围

做好设备技术档案管理有利于企业搞好设备管理工作，搞好生产经营活动，在建立 ISO 9000 质量体系过程中，更是一项不可缺少的工作。

设备档案是指从设备规划、设计、制造（购置）、安装、调试、使用、维修、改造、更新、直至报废等全过程中形成并经整理应当归档保存的图纸、图表、文字说明、计算资料、照片、录像、录音带、凭证和原始记录等文件资料，设备管理部门通过不断收集、整理、鉴定等工作建立的档案。应逐台建立生产设备档案资料并对其进行管理。

设备制造厂提供的说明书、设计图纸、图册、底图、维修操作规程、典型检修工艺文件等技术资料，通常由设备管理部门提供复印件使用，原件存入设备档案。

设备技术档案一般包括设备前期管理及设备后期管理两个时期的资料。

设备前期管理的主要资料有：

① 市场调研，设备选型和技术、经济论证报告；购置设备的技术、经济分析评价报告。

② 设备购置合同（副本），进口设备索赔资料（复印件）等。

③ 自制专用设备设计任务书、设计图纸和鉴定书。

④ 制造厂的设备装箱单、设备开箱检验记录。包括：技术检验文件、合格证、技术说明书等文件资料，随机备件、附件、工具清单等，设备结构及易损件、主要配件图纸。

⑤ 安装基础图及土建图，设备技术状况鉴定表。设备安装调试记录、精度检验记录和

验收移交书。对于特种设备的安装，还要有安装单位应具备的资质证书等。

设备后期管理的主要资料有：

① 设备固定资产登记卡片。

② 设备使用初期管理记录。包括设备设计能力，查定能力；润滑油的油品、用量等；设备主要缺陷和处理情况记录；工艺条件变更记录、使用单位变动情况记录等。

③ 设备运行的原始记录。

④ 设备故障和缺陷的分析报告。

⑤ 设备事故报告。包括事故分类、原因、时间、责任者、损失及防范措施，修复情况等。

⑥ 定期检查和监测记录。包括设备运转率、设备完好状况、技术鉴定文件等。

⑦ 定期维护和检修记录。包括检修日期、项目、工时等主要数据记录，主要配件更换记录，检修交工文件，检修费用记录，及有关定额变化情况等。

⑧ 大修任务书与竣工验收记录。设备改装和改造记录，包括新材料应用等。

⑨ 设备操作规程（包括：岗位职责、主要技术条件、操作程序、维护保养项目等）。

⑩ 设备检修规程（包括：检修周期、工期、项目、质量标准及验收规范等）。

⑪ 设备封存（启用）单，设备报废记录。

⑫ 其他。

要设计所需的各种表格和相应的卡片，作为一卷完整的设备档案不可缺少的应有10种表格和卡片，即：存档资料记录卡、设备主要技术特性记录表、附属设备及计量仪表登记表、设备易损件清单、设备开箱检查验收单、设备安装情况记录、设备调试验收单、设备运行情况记录表、设备维护保养记录表、设备事故报告等。

6.2.2.2 设备档案的日常管理

（1）领导重视、专人负责。建立设备档案对于任何企业来说都要经过从无到有、从少到多的过程，也是一个繁杂的工作过程。首先企业的领导要重视，设备能源科要有设备资料员专人负责，明确职责，建立相应的管理制度和考核办法。

设备的档案资料应统一存放于企业档案室。除了设备管理部门可保留部分常用设备资料（主要应为复制件），凡是需用资料的部门均应到档案室借用。企业档案室管理员应严格执行企业档案管理制度，加强对设备档案的管理，包括资料借阅和审批手续等。

（2）设备档案资料的搜集。企业设备管理部门负责设备图纸资料的收集工作，确保设备说明书、设备制造图、装配图、重要易损零件图等技术资料完整无缺。

新设备进企业，开箱应通知设备资料员到场，收集随机带来的图纸资料。如果是进口设备需提请分管生产（设备）的领导组织翻译工作。随机带来的图纸资料及外购图纸、测绘图纸等由设备管理部门组织审核校对，发现图纸与实物不符，必须做好记录，并在图纸上修改。设备管理部门组织将设备常用图纸如装配图、传动系统图、电器原理图、润滑系统图等，进行复制后供指导安装施工和生产车间维修使用。原图未经批准一律不外借或带出资料室。原图存档保管。

设备检修与维修期间，由设备管理部门组织车间技术人员及有关人员对设备的易损件、传动件等进行测绘，经校对后将测绘图纸汇总成册存档管理。

（3）设备档案资料的整理、保管。所有进入企业档案资料室保管的设备档案，设备资料员必须经过整理、清点编号、装订（指蓝图）登记。

图纸入企业档案资料室后必须按总图、零件、标准件、外购件目录、部件总图、零件的图号顺序整理成套，并填写图纸目录和清单，详细记明实有张数，图面必须符合国家制图标准，有名称、图号，有设计、校对、审核人签字。

（4）动力传导设备技术档案资料的保管。动力传导设备技术档案资料，是指蒸气管系、压缩空气管系、冷冻盐水管系、乙炔管系、氧气管系、高低压电力电缆、电力架空线路、电话电缆等的平面（立面）布置图等。动力传导设备档案资料由设备管理部门组织有关技术人员按照各种电缆、管道的实际走向进行测绘，底图交企业档案资料室作密级资料保管。

档案资料必须保持与实物或实际情况相符，根据公司管线布置变动的情况，档案资料必须作相应的变动，修改后归档。

（5）设备档案资料的借阅。应制定明确的设备档案资料借阅管理制度。原图、原件、无备件的和保密的技术档案资料一律不得外借，只能在资料室查阅。

6.2.3 设备的验收和安装

（1）设备验收。设备运达公司后，仓库应通知设备科对设备按采购合同共同进行开箱验收，按装箱单核对所有的随机资料、技术文件和证书，设备资料员将其清点收集，相关人员必须在验收单上签字。方可办理设备入库手续。

对随机配件，仓库通知使用部门进行验收，验收人在入库单上签字后方可入库。不符合申购技术要求及试验不合格的设备或备件，使用部门及时通知设备科，采购人员与供货商或制作单位联系调换、退货。

要做到四不验收：达不到验收标准不验收，无检验合格证不验收，无保用期不验收，无修理资料不验收。

（2）化工设备的安装。化工设备安装要遵循下列原则：①满足化工生产工艺要求；②符合安全、环保、节能规定；③方便操作，充分考虑人流、物流的空间；④方便检修和设备的拆卸、更换；⑤设备按中心线布置，管道横平竖直，美观整齐；⑥节省工时和材料。

化工生产装置和设备安装，由设备能源科和有资质的安装单位签订合同，明确双方的责任和义务，明确工程进度、工时、报酬、安全、材料、验收等事项。合同需经分管领导签字批准。

管道安装后，应进行试压、检漏，防腐、保温，并根据 GB 7231—2003《工业管道的基本识别色、识别符号和安全标识》进行标识。

（3）设备的调试。①设备调试前，设备能源科或设备使用部门要组织有关人员熟悉技术数据，掌握设备性能，检查设计、安装是否符合工艺要求和安全规定，对设备使用人员要进行安全培训。②需调试设备由安装部门提出验收申请，设备能源科会同使用部门制定试车方案，共同进行试车、验收，验收后会签验收意见。③设备要先后分别进行空载和负荷试验，使用部门及有关部门做好试车记录。④进口设备发现问题应在索赔期内及时向进出口公司提供质量问题的数据，在索赔期内提出索赔。⑤设备验收和试车合格后，由安装单位与使用单位、设备能源科等共同办理验收手续。

6.2.4 设备固定资产管理

固定资产，是指使用期限较长，单位价值较高，在使用过程中保持原有实物形态的资产。

《企业会计准则第 4 号——固定资产（2006）》第三条规定：“固定资产是同时具有下列特征的有形资产：①为生产商品、提供劳务、出租或经营管理而持有的；②使用寿命超过一个会计年度的。使用寿命，是指企业使用固定资产的预计期间，或者该固定资产所能生产产

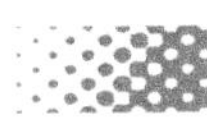

品或提供劳务的数量。”

第四条规定：“固定资产同时满足下列条件的，才能予以确认：①与该固定资产有关的经济利益很可能流入企业；②该固定资产的成本能够可靠地计量。”

第五条规定：“固定资产的各组成部分具有不同使用寿命或者以不同方式为企业提供经济利益，适用不同折旧率或折旧方法的，应当分别将各组成部分确认为单项固定资产。”

《小企业会计准则》（财会〔2011〕17 号，2013 年 1 月 1 日起施行）第二十七条规定：“固定资产，是指小企业为生产产品、提供劳务、出租或经营管理而持有的，使用寿命超过 1 年的有形资产。小企业的固定资产包括：房屋、建筑物、机器、机械、运输工具、设备、器具、工具等。”

化工设备是化工企业固定资产的主要组成部分，设备固定资产是决定企业生产能力的重要因素。为了确保企业财产完整，充分发挥设备效能，提高企业生产装备技术水平和企业效益，化工企业应当按照国家相关规定实施设备固定资产管理。

6.2.4.1 设备固定资产管理的任务

化工设备的固定资产管理即是对化工设备运动过程中的实物形态和价值形态的规律进行分析、控制和实施管理。只有当设备完成安装、调试，投入生产运行后，该设备才成为固定资产。否则在财务上只能列为在建工程、工程物资和库存物资。

设备固定资产管理应在企业总经理的领导下，通过设备管理部门、设备使用部门和财务部门的共同努力、互相配合，才能做好。设备固定资产管理的任务是：

（1）保证设备固定资产的实物形态完整和完好，并能正常维护、正确使用和有效利用。

（2）保证设备固定资产的价值形态清楚、完整和正确无误，及时做好固定资产清理、核算和评估等工作。

（3）在核准企业固定资产基数的基础上，企业经营者应保证资产的保值、增值和更新，每年年末和责任期末，应考核企业资产的保值、增值指标，进行资产保值、增值情况的分析。

（4）完善企业资产产权管理机制。在经营活动中，不得使企业资产及其权益遭受损失。企业资产如发生产权变动，应进行资产评估和鉴证。

（5）遵照《企业会计准则（2006）》或《小企业会计准则（2011）》规定，对计提的折旧费、发生的设备资产维修费按部门和用途计入成本，负责企业设备固定资产修理及技术改造资金的筹集及监管使用。

6.2.4.2 固定资产管理的职责分工

化工设备资产管理是化工企业固定资产管理的主要内容。设备管理部门、财务部门和设备使用部门必须共同管理好设备固定资产。

（1）设备管理部门。①负责各种生产用固定资产的管理，监督检查在用设备的合理使用、维护保养，及时建立账卡；②负责对固定资产使用情况的鉴定，定期组织评级检查，对固定资产的技术能力、使用年限、残值等核查审定。③负责制定重大关键设备的大修计划，审核批准使用部门提出的设备修理计划并组织实施。④负责办理和审批固定资产的增减变动、调拨手续、封存变价手续以及闲置多余设备的调剂利用、代用等事宜；负责对报废的固定资产组织鉴定。⑤参与审查生产性的基建、扩建、更新改造等项目的竣工验收工作。

（2）财务部门。①负责企业固定资产的总分类账和明细分类账的核算。②负责鉴定固定资产的合理使用，审核固定资产调入、调出、变卖的价值依据，审核工程竣工验收的财务决算；③负责执行税务部门的规定，对固定资产及时计提折旧，做好固定资产增减变动的核算工作；④参加固定资产的定期清查盘点和报废的审查、鉴定工作。⑤对大型、成套设备和特种设备实行资产安全保险，分散设备投资风险。

(3) 设备使用部门。负责对所使用的固定资产进行现场管理，对部门范围内的机器设备、管线、建筑物、构筑物负有管理责任；确保机器设备运行正常，充分挖掘设备潜力，提高设备利用率，保证建、构筑物完整，管线整齐通畅；根据固定资产性能及使用情况，及时提出修理计划。未经批准，使用部门不得任意改变固定资产的性能和结构，对闲置固定资产不得随意拆卸辅机和零部件或挪作他用。

6.2.4.3 固定资产的编号、卡片和台账

(1) 固定资产编号。为了管好、用好、修好设备，化工企业每台设备均应有自己的固定资产编号。设备的固定资产编号也是设备的一种代号，是为了满足对设备进行资产管理、计划编制、生产管理、安全管理等的需要，按企业设备管理部门的统一规定而编制的。目前，化工企业的固定资产编号尚无统一规定，较好的固定资产编号方法应该能直观地全面反映设备类别、所属工艺流程和所在位置（工厂、车间、工段），简单明了，容易被人接受和掌握，且有利于运用计算机管理。

固定资产编号应遵循以下原则：①在同一个企业内部，每个编号只代表一台设备；②编号要明确反映设备类型；③编号要反映设备所属装置及位置；④与流程程序一致，起码为原料进入处，止码是中间产品或产品出口处；⑤设备位置顺序编码应由东向西或由南向北；⑥编号应简洁，数字与符号尽可能少。

设备固定资产编号由两部分组成：设备类别用一个或两个英文字母代表，见表 7-1；第二部分是数字，一般由 5 位数组成，可根据实际情况增加位数，但不宜超过 7 位数。下面的设备固定资产编号方式，供参考：

□ □ □ □ □ □ □

设备类别号　工厂号　车间号　工段号　设备位（顺序）号

（产品装置）

公司总部可将工厂号设为 0，子公司或分厂号设为 1、2、…，属于主设备的附机，设备类别号列于主设备后，数字码与主设备同。例如，反应锅编号为 R 13206，附属于反应锅的减速机编为 RU 13206，电动机为 RM 13206。

设备编号确定后，设备管理部门和使用部门可按产品编码，建立统一的生产设备一览表，每台设备都要在明显处安装上固定资产编号铭牌，以便识别。

(2) 固定资产台账。为了加强对固定资产的管理，加强对产品成本的核算和经济责任制的落实，在建立固定资产卡片的基础上，按使用部门或产品建立固定资产台账。台账由设备管理部门管理，报财务部门。固定资产台账的式样如下：

固 定 资 产 台 账

□□车间○○产品　　　　年　月　日

序号	固定资产编号	设备名称	规格型号	单位	数量	制造商	开始使用日期	原值（元）	使用年限	折旧率	存放地点	使用人

(3) 固定资产卡片。固定资产卡片是登记固定资产各种资料的卡片。它是每一项固定资产的全部档案记录，即固定资产从进入企业开始到退出企业的整个生命周期所发生的全部情况，都要在卡片上予以记载。固定资产卡片上的栏目有：固定资产编号、设备类别、名称、规格、型号，建（制）造单位、年月，使用单位、安装地点、投产日期、原始价值、预计使用年限、折旧率、大修理日期和金额，以及停用、出售、转移、报废清理等内容。

固定资产卡片内容还包括 GB/T 14885—2010《固定资产分类代码》、设备附机、重要附件等。

固定资产卡片由设备管理部门和财务部门配合建立，设备管理部门、财务部门和设备使用部门均应留存备查。固定资产卡片样式如下面式样所示。

固定资产增加方式有：直接购入、制（建）造、在建工程转入、调拨转入、清欠转入、盘盈等。

固 定 资 产 卡 片　　　　建卡日期　　　年　月　日

<table>
<tr><td colspan="2">编　　号</td><td></td><td colspan="2">固定资产分类代码</td><td colspan="2"></td><td>使用单位</td><td></td></tr>
<tr><td colspan="2">设备名称</td><td></td><td colspan="2">规格、型号</td><td colspan="2"></td><td>安装地点</td><td></td></tr>
<tr><td colspan="2">制造单位</td><td></td><td colspan="2">材　　质</td><td colspan="2"></td><td>设备重量</td><td>kg</td></tr>
<tr><td colspan="2">制造日期</td><td></td><td colspan="2">开始使用时间</td><td colspan="2">年　月　日</td><td>变动状况</td><td>时 间</td></tr>
<tr><td colspan="2">制造号码</td><td></td><td colspan="4">使用年限　　　年，折旧率　　　%</td><td>一次大修</td><td>/ /</td></tr>
<tr><td colspan="2">增加方式</td><td></td><td colspan="4">净残值率　　　%，净残值　　　元</td><td>二次大修</td><td>/ /</td></tr>
<tr><td colspan="2">原　值</td><td>元</td><td rowspan="4">附机、件</td><td>名 称</td><td>规格型号</td><td>制造厂</td><td>停　用</td><td>/ /</td></tr>
<tr><td rowspan="3">其中</td><td>采购价</td><td>元</td><td>电动机</td><td></td><td></td><td>出　售</td><td>/ /</td></tr>
<tr><td>安装费</td><td>元</td><td>减速机</td><td></td><td></td><td>转　移</td><td>/ /</td></tr>
<tr><td>其它</td><td>元</td><td></td><td></td><td></td><td>报　废</td><td>/ /</td></tr>
</table>

6.2.4.4 化工设备固定资产的计价、折旧

(1) 固定资产原值。化工设备固定资产的原始价值称为原值，是指企业在建造或购置设备固定资产时所支出的货币总额。

《企业会计准则第 4 号——固定资产（2006）》规定："固定资产应当按照成本进行初始计量"。

"外购固定资产的成本，包括购买价款、相关税费、使固定资产达到预定可使用状态前所发生的可归属于该项资产的运输费、装卸费、安装费和专业人员服务费等"。"自行建造固定资产的成本，由建造该项资产达到预定可使用状态前所发生的必要支出构成"。"确定固定资产成本时，应当考虑预计弃置费用因素"。企业会计准则对企业以其他各种方式取得的固定资产的成本，都有明确的规定。

设备固定资产的原始价值反映固定资产的原始投资，是计算化工设备折旧的基础。由于设备资产的来源不同，其原值的确定方法也不同。用基建投资构建的设备固定资产，应以建设单位交付使用的财产移交明细表中所确定的价值作为原值；用专用拨款或专用基金等自行构建的设备固定资产，按实际工程成本确定价值；有偿调入的设备固定资产，以调拨价格或双方协议价格，加上包装费、运杂费、保险费和安装费后的价值作为原值；无偿调入的设备固定资产，按调出单位的账面价格减去原来的安装成本，加上调入单位的安装成本后的价值作为原值。

(2) 设备的重置价。即重置完全价，是指在目前条件下，重新购置、建造和安装某种设

备固定资产时所需要的全部支出。一般在企业获得无偿调拨或盘盈设备固定资产时，无法确定原值，经有资质的会计事务所进行评估时用其作为计价的标准。

(3) 设备的净值与增值。净值，是指设备固定资产原值减去其累计折旧后的余额，它反映设备固定资产的现有价值。增值，是指在原有设备固定资产的基础上进行改建、扩建或技术改造或更换核心部件后增加的设备固定资产价值。增值额为由改、扩建或技术改造而支付的费用减去过程中发生的变价收入。

(4) 设备残值与净残值。残值，是指设备固定资产报废后的残余价值，即报废设备等拆除后余留的材料、零部件或残体的价值；净残值为残值减去清理费用（拆卸、搬运、处理过程中所必须支付的人工、辅助材料、运输等费用）后的余额。化工企业应当根据设备固定资产的性质和使用情况，合理确定其使用寿命和预计净残值。

各类固定资产的净残值比例在设备原值3%～5%的范围内确定。固定资产使用寿命、预计净残值一经确定，不的随意变更。企业在确定固定资产寿命时，应当考虑下列因素：预计生产能力或实物产量；预计有形消耗和无形消耗；法律或类似规定对资产使用的限制。

(5) 化工设备固定资产的折旧。固定资产在使用过程中逐渐损耗而被转移到产品成本中的价值叫做固定资产折旧，简称“折旧”。通过折旧补偿的费用叫折旧费或折旧额。

《企业会计准则第4号——固定资产（2006）》定义为：折旧，是指在固定资产使用寿命内，按照确定的方法对应计折旧额进行系统分摊。应计折旧额，是指应当计提折旧的固定资产的原价扣除其预计净残值后的金额。已计提减值准备的固定资产，还应当扣除已计提的固定资产减值准备累计金额。

固定资产折旧是一项重要的技术经济政策，合理地计算提取折旧额能保证固定资产更新改造具有可靠的资金来源，有利于加快企业技术改造，提高装备素质；能真实反映产品成本和企业利润，有利于正确评价企业经营成果；有利于搞好国民经济计划的综合平衡。确定设备折旧的实质是恰当地规定设备折旧年限。固定资产的折旧方法已经确定，不的随意变更，并按月提取折旧。

《企业会计准则第4号——固定资产（2006）》规定：企业应当根据与固定资产有关的经济利益的预期实现方式，合理选择固定资产折旧方法。可选用的折旧方法包括年限平均法、工作量法、双倍余额递减法和年数总和法等。

折旧年限和折旧额直接影响了产品的成本，影响了企业的利润和企业所得税，所以税务部门明确规定最低折旧年限：房屋、建筑物为20年，机器、机械和其他生产设备为10年，火车、轮船以外的运输工具及与生产经营有关的器具、工具、家具等为5年。在国民经济中具有重要地位的化工生产企业允许实行加速折旧，特别是腐蚀大、易损坏的化工设备，但企业对加速折旧的化工设备应向税务机关提出申请，经审批后企业方可执行。

6.2.4.5 设备固定资产评估

我国社会主义市场经济的发展，投资主体经济成分已多元化。化工企业必须根据市场的要求，合理配置固定资产的数量和布局，优化资产配置，盘活存量资产。企业常采取收购、租赁、兼并、转让、参股、控股等合资合作手段，实行跨地区、跨国界、跨行业、跨所有制的各种资产重组的行为。另外，还可用设备固定资产进行抵押贷款，盘活资金。此时，资产评估就成为经济活动中的一项重要内容。

资产评估是指由有一定资质的专业机构和人员，根据特定的目的，按照国家有关规定，运用科学的方法，对资产价值进行评定和估算的过程。

企业的设备管理部门和人员应积极配合资产评估机构，如实反映资产状况，提供固定资

产资料。在资产评估价值确定后，应及时做好固定资产账务调整和技术档案更新。

化工设备资产评估的方法有：成本法、市场法、收益法，详见 12.6。

6.2.4.6 设备异动管理

化工设备资产的异动管理，是指对设备由于验收移交、闲置封存、移装调拨、借用、报废等情况所引起的固定资产位置变动而进行管理。

(1) 验收移交。交钥匙项目验收完成后，由项目实施方将列入固定资产的装置（设备）移交给企业，并提交凭证作为办理装置（设备）和业务的依据。在办理移交时，注意必须将设备装箱单规定的设备使用说明书、维修技术文件，各种工具、量具，随机的仪器、仪表等移交。

(2) 设备借用。因生产协作、联营等需要借入或借出设备时，要办理正式的手续和协议，并经生产部门、设备部门、财务部门签署意见，主管领导批准。对借出的设备，借出单位照提折旧费，借入单位按期向借出单位付借用费，借入单位负责日常维修管理。需长期借用的设备最好办理调拨或资产转移手续。

(3) 设备移装、封存和调拨。在法人企业内部的设备调动或移位叫做设备移装。已列入固定资产的设备，不得擅自拆卸或移装。因工艺或任务变动，需要对设备移装时，应由设备使用部门、设备管理工程师、工艺技术工程师会签，报主管领导批准后实施，并更改设备平面布置图。

(4) 闲置设备的封存。闲置设备处理是设备管理部门一项经常性的工作。凡停用三个月以上的设备，由使用部门提出设备封存申请，经领导批准后，通知财务部门暂时停止计提折旧。同时切断电源，进行保养，就地封存。封存停用设备要有明显标识，指定专人负责保管、检查、维护，保证附机、附件的完整。封存停用设备需要继续使用时，应由使用部门提出申请，报设备管理工程师办理启封手续，并通知财务部门。封存一年以上的设备，经确认不再需要时，应作为闲置多余设备调剂处理。

(5) 设备调拨。列入固定资产的设备进行调拨时，必须按分级管理原则办理相应报批手续。有偿调拨，根据设备质量情况，由调出单位和调入单位双方协商定价，办理调拨手续；无偿调拨，主管领导批准。设备调出时，所有设备附件、专用备件、使用说明书等，均应一并移交给调入单位。必要时办理资产评估和验证确认手续。

(6) 设备报废。报废设备由使用部门提出申请，经工艺、设备、财务会签，领导批准后实施。报废设备由现场拆除，使用部门做好现场清理工作，财务部门进行“固定资产清理”，设备部门将其变卖处理。

6.2.5 备品配件的管理

由于化工生产要求连续不间断地进行，而且化工生产工艺复杂，设备种类繁多，规格型号多，备品备件通用性差，需求量变化大，良好的设备备品备件管理，尤为重要。

备品备件管理（简称：备件管理）是指设备备件的生产、订货、供应、储备的组织与管理，它是设备维修工作的重要组成部分。

设备能源科负责备件的计划、供应、储备及管理工作。设备使用部门（车间）的设备员负责本车间的备件管理工作。

(1) 备件管理目标。备件管理的目的就为保证设备的使用可靠性，维修的及时性、经济性，而提供足够设备维修需要的备件，即达到“及时供应、计划储备、经济合理、科学管理”。具体实现以下目标：①把设备突发性故障所造成生产停工损失减少到最低程度；②把设备计划修理的停机时间和修理费用降到最低程度；③把备件库的储备压缩到合理供应的最低水平；④把备件的采购、制造和保管费用压缩到最低水平。

(2) 备件管理的任务。①及时、保质、保量的供应维修所需的合格备件。合理确定备件的储备品种、储备形式和储备定额，做好备件的保管供应工作。②重点做好关键设备和主要设备所需备件的供应工作。③尽可能减少备件的资金占用量。备件管理员应努力做好备件管理成本的压缩控制。④做好备件的信息收集和反馈工作。备件管理员和维修人员要不断收集备件使用中的质量、经济信息，以便改进和提高备件的使用性能。充分发挥信息管理优势，利用 ERP 系统做好备件管理工作。

(3) 备件计划的编制与执行。设备能源科通过对备件需求量的预测，结合本企业的维修能力及市场备件供应情况，编制备件采购计划。

车间必须在每月 5 日前将下月的备件消耗计划报设备能源科，备件计划须经单位主管生产的负责人签字。在当月 25 日前，各单位可视具体情况作一次补充计划，超过 25 日后上报的事故突发急用备件为零星计划，各单位备件管理员要尽量准确预测下月的备件消耗情况，减少零星计划的上报。

各单位编制计划时，必须注明备件用途及使用时间。

设备能源科备件计划员根据各单位的备件消耗计划，应及时编制出下月的备件外购、外协计划交供应部门。

(4) 备件的仓库管理。仓库保管员要做好备件入库、保管、发放、收旧等工作，做到账物一致。

备件入库上架时，要做好涂油、防锈保养工作，做到不丢失、不损坏、不变形变质，并要及时登记、挂上标签，按用途分类存放，摆放整齐。对易变形和精密件应特殊保管。对露天存放的备件要做好防雨、防晒措施。

备件管理员、仓库保管员要做好备件的处理工作。如由于设备外调、改造、报废或其它客观原因所造成的已不需要的备件，要及时上报主管领导处理。

备件管理员要做好备件图纸资料的整理工作，做好基础数据收集整理，定期进行库房盘点。

仓库保管员要及时向备件管理员反映备件动态情况，每月向主管领导报出当月备件出入库金额，库存金额及各车间当月备件领用情况。

6.2.6 设备的运行和保养

在化工企业中，设备管理的主要任务是为企业提供优良的过程技术装备，使企业的生产活动建立在最佳的物质技术基础之上，保证安全、高效、平稳、持续生产。

“预防胜于治疗”，要将设备管理职责由企业主管设备领导层层分解落实到车间、工段、班组，落实到每一个工人，将设备管理变为全员管理。

为了使设备能保持正常运行，首先是要正确使用设备，加强在设备运行过程中的检查，做好设备日常维护保养工作，及时做好设备的检修工作。

6.2.6.1 正确使用设备

正确、合理地使用设备，是指应当按照设备操作规程的要求使用设备，尽量减少设备的磨损和疲劳，延长设备的使用寿命，保持设备应有的精度，充分发挥其效能。这就需要做到以下几方面。

(1) 首先根据产品的生产技术特点和工艺过程的要求，合理配备各种类型的设备。同时，根据各种设备的性能、结构和技术经济特点，合理地安排生产任务。对设备的使用要遵循科学技术的规律，不应当精机粗用，安排超负荷、超性能、超范围的工作。

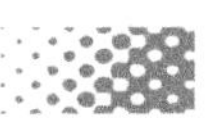

(2) 根据设备的性能、结构、制造精度、使用范围、工作条件和其它技术条件，相应配备操作人员。操作人员必须经过培训，考试合格后上岗。教育操作人员对设备要做到正确使用，精心维护，熟悉和掌握设备操作规程、维护保养技术，开展岗位练兵等活动，使操作人员做到“三好”、“三会”、“四懂”，遵守“五项纪律”和“六不准”规定。

① 三好：管好、用好、维护好设备。

② 三会：会使用、会保养、会排除故障。

③ 四懂：懂用途、懂原理、懂结构、懂性能。

④ 五项纪律：凭操作证使用设备，遵守安全操作规程；经常保持设备整洁，并按规定加油；遵守交接班制度；管好工具附件，不得遗失；发现故障立即停车检查（自己不能处理的应及时通知维修工或向上级反映）。

⑤ 六不准：不准拼设备，严禁设备超压、超速、超载、超温等超负荷运行；不准乱开、乱拆、乱装、乱割、乱焊；不准随意改动整定值，严禁拆卸安全装置；不准在无润滑状态下运行；不准考核不合格的人员上岗操作及独立从事维修工作；不准无“岗位操作证”的人员操作及检修设备。

(3) 建立与健全设备管理的各项规章制度。包括：设备操作规程、岗位责任制、包机制等。做到台台设备、条条管线、个个阀门、块块仪表都有人负责。

6.2.6.2 勤于检查设备

(1) 建立点检制度。为了提高、维持生产设备的原有性能，通过人的五感（视、听、嗅、味、触）或者借助工具、仪器，按照预先设定的周期和方法，对设备上的规定部位（点）进行有无异常的预防性周密检查，以使设备的隐患和缺陷能够得到早期发现、早期预防、早期处理，这样的设备检查过程称为点检。

重点设备的点检由专职设备工程师承担，主要设备由设备维修工承担。

设备点检要实行“五定制度”：定点——设定检查部位、项目和内容；定法——设定检查方法；定标——制定检查标准；定期——设定检查周期；定人——确定点检项目由谁实施。

设备点检时，要认真填写“点检卡”，对检查结果，进行分析，把握对象设备的劣化倾向程度和减损量的变化趋势，并对劣化的原因、部位进行分析，以控制对象设备的劣化倾向，从而预知其使用寿命，进行最经济的维护。

(2) 操作人员的巡回检查。操作人员严格按照规定时间（一般每 1 小时一次）进行设备巡回检查，严格执行“听、摸、查、看、闻”五字操作法，定时、定点按巡回检查路线对设备进行仔细检查，并认真填写设备巡回检查记录。

巡回检查轴承、运转部位的温度与润滑情况；压力、振动和杂音；控制仪表、安全装置是否完好；动静密封情况等，并认真如实填写设备巡检报表。在检查过程中对发现的设备脏、乱、缺、松、漏等问题及时进行处理。

操作人员发现设备不正常情况，应立即检查原因，并及时向班长反映。对不影响安全运行但不能立即解决的问题，要做好详细记录，待日后检修及有机会停车时处理。在危及安全的情况下，可采取果断措施或紧急停车，并及时通知值班长及相关岗位。不弄清原因、不排除故障不得盲目开车。

工段长或车间设备管理员每天要对本车间的设备巡检情况汇总整理，及时处理。

6.2.6.3 合理维护设备

(1) 操作工设备维护保养责任。操作工人在确保完成生产任务的同时，要做好设备的清扫、紧固、调整、润滑、防腐、保温和日常巡检等工作；及时发现或消除缺陷，保持设备完好；消除“跑、冒、滴、漏”，做到文明生产。

① 清扫：设备本体及周围环境卫生要保持清洁整齐，做到无垃圾、无积尘、无积料、无积水、无油垢，无明显泄漏现象。

② 紧固：负责连接、密封用的各种普通螺栓的紧固（指使用班组配备的专用工具或普通扳手可以实现的作业）。

③ 调整：负责生产过程中设备状态的调整。

④ 润滑：严禁设备在无润滑状态下运行。生产岗位操作工负责正常的非解体检修设备的以干油脂做润滑剂的设备传动部位的润滑工作（油枪给油，油杯注油，集中润滑）。

⑤ 保温与防腐：保持本岗位范围内的设备、管线的清洁和防腐保温的完好，及时消除“跑、冒、滴、漏”，做到文明生产。

(2) 机、电、仪专业维修人员对分管范围内的设备负有巡检、维护保养责任。应按要求进行相应的维护保养工作，并主动向操作人员了解设备运行情况，发现设备微小问题要及时处理，避免问题扩大。

(3) 车间应落实专人定期对备用设备进行维护保养。应做到设备无锈迹、无油污、经常保持设备清洁，标牌清晰。动设备定期盘车和切换，使备用设备处于良好状态。

(4) 车间或工段应建立设备月保养制度。对所辖区域设备、管道、支架、仪表（盘）、厂房、建筑物、设备基础等，每月定期检查、测定，并采取防潮、防汛、防冻、防尘、防腐措施，保持完好。对设备、管道的仪表和安全装置确保齐全、完好，每月定期检验、调整。

(5) 设备能源科对重点设备和主要设备要制定润滑“五定”和“三级过滤”管理制度。

润滑“五定”：①定点：确定每台设备的润滑部位和润滑点，保持其清洁与完好无损，实施定点给油。②定质：按照润滑图表规定的油脂牌号用油，润滑装置和加油器具保持清洁。③定量：在保证良好润滑的基础上，实行日常耗油量定额和定量换油，做好废油回收退库工作，治理设备漏油现象，防止浪费。④定期：按照润滑图表或卡片规定的周期加油，添油和清油，对储油量大的油箱，应按规定时间抽样化验，视油质状况确定清洗换油，循环过滤及抽验周期。⑤定人：按润滑图表上的规定，明确操作工、维修工对设备日常加油，添油和清洗换油的分工，各司其职，互相监督，并确定取样送检人员。

化工企业操作工、维修工在设备润滑上的分工原则为：①操作工：负责每班、每周或经常用手动润滑泵为润滑点加油（脂），及负责开关滴油杯，旋拧加脂杯，并通过油窗监视油位等。②维修工：负责为储油箱定期添油，清洗换油；为手动润滑泵内添加油脂，为输送链条，装配带等共用设备定期加油（脂）。负责润滑装置与滤油器的修理，清理与更换；在大修与检修中，负责拆卸部位的清洗换油（脂）及治理漏油等。

“三级过滤”是为了减少油液中的杂质含量，防止尘屑等杂质随油进入设备而采取的净化措施：①入库过滤：油液经过输入库，泵入油罐储存时，必须经过严格过滤；②发放过滤：油液注入润滑容器时要过滤；③加油过滤：油液加入设备储油部位时也必须先过滤。

6.2.6.4 科学检修设备

设备检修的分类。根据设备检修内容及修理工作量大小，可将设备检修分为小修、中修、大修及系统停车大修四类。

小修：指对设备少数易损件的修复、更换和调整，以及设备的清洗，是设备检修的日常工作。一般由车间维修人员负责修理，操作工协助进行。

中修：指对设备的主要零部件进行局部修复和调整，并更换经鉴定不能继续使用至下次

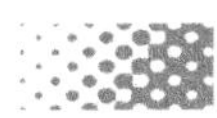

中修时的零部件。中修一般由设备管理部门负责，必要时请设备生产商派员进行检修。

大修：指对设备整体进行拆卸更换，修复已经磨损和腐蚀的多数零部件，以求基本恢复设备的原有性能。大修由设备制造商派员进行，或将设备运回原制造厂进行。大修理的同时，对设备进行更新改造，淘汰落后设备，采用先进设备。

系统停车大修：指对某个生产装置系统或企业全部生产装置系统停车大检修。一般要将系统中的一些主要设备和不停车不能检修的设备，以及主要的公用设施（总管、总阀等）都安排在系统停车大修中进行检修。系统停车大修是个复杂的系统工程，一般要成立系统大修指挥部，由生产副总经理或总工程师任总指挥。

系统停车大修的工作程序如下：

(1) 检修项目的确定：检修项目决定了停车检修的规模、检修工期等。一般装置检修项目主要有：①平时生产过程中出现的无法解决的问题与隐患；②装置技术改进的措施；③例行的检查与清理；④仪表、电气设备的检修与改进等。

(2) 检修项目材料表的确定：项目确定后，应由设备员开出材料表，报请设备能源科审核，批准后由采购部门进行订购，并应给出到货期限。

(3) 停车方案的编制。内容包括：①停车目的、范围及车间人员组织；②停车过程中的安全与环保措施；③停车过程中的巡检和岗位操作记录要求；④全装置停车前的生产准备；⑤装置具体停车方案；⑥装置停车进度表（网络图）。

(4) 装置检修方案与检修证的填写。

(5) 检修前职工的培训，检修安全培训与开停车及项目工艺处理的培训。

(6) 检修方案实施，检修验收。

(7) 开车方案的制定。如涉及装置大的改进，需进行操作规程补充的，应提前进行操作规程的编写与审批，并做好操作人员的培训。

(8) 系统调试，开车。

设备检修是保证设备正常运转和提高设备寿命的重要手段。化工企业的设备种类繁多，应针对设备的不同特性，采取分类管理（见表 6-2），这样可以使企业设备管理的有限技术力量和管理力量集中于重点设备。分类管理也提高了设备对生产的保证程度，减少了过量修理，节省了修理费用。

对重点设备（大、精、尖设备）采取“预知维修”。即在强化检查、监测的基础上，根据随时掌握的设备磨损情况来制定维修计划。当达到最宜修理的磨损程度，设备工况尚属正常，就进行设备的修理。

对主要设备采取“预防维修”，即按照一般的磨损规律来确定设备大、中修的间隔期，而不管设备是否达到最宜修理的磨损程度。这样做虽然可能出现过量修理，但由于设备的修理费用低，损失不大，却能提高设备的生产保证能力。

对次要的一般设备，因其对产品产量、质量、安全等方面的影响较小，修理技术简单，修理费用低，可采取“事后修理”的方式，即设备出现故障后在进行修理。

6.2.6.5 加强设备防腐工作

化工企业由于使用各种腐蚀介质，腐蚀造成的事故很多。如储酸槽穿孔泄漏，管道设备跑、冒、滴、漏，污染环境；有毒气体泄漏，危及员工健康和生命安全。据统计，化工设备的破坏 60%是由于腐蚀引起的，所以化工设备的防腐工作尤为重要。

据统计，发达国家每年由于金属腐蚀的直接损失约占年国民经济总产值 2%～4%，我国的腐蚀损失更大。金属腐蚀的年损失远远超过水灾、火灾、风灾和地震（平均值）损失的总和，这还不包括由于腐蚀而停工减产、火灾爆炸等造成的间接损失。

腐蚀是材料在环境的作用下引起的破坏或变质。金属和合金的腐蚀主要是由于化学和电化学作用引起的破坏，有时还同时伴有机械力、射线、电流或生物的作用。非金属的破坏一般是由于化学或物理作用引起，如氧化、溶解、溶胀等。

金属防腐蚀的方法有很多，主要有：①改善金属的本质，根据不同的用途选择不同的材料组成耐蚀合金，提高其耐蚀性。②形成保护层。在金属表面覆盖各种保护层，把被保护金属与腐蚀性介质隔开。如：金属磷化处理、氧化处理。采用非金属涂层、金属保护层等。③改善腐蚀环境。如，减少腐蚀介质的浓度，除去介质中的氧，控制环境温度、湿度等，也可在腐蚀介质中添加缓蚀剂来减少和防止金属腐蚀。④电化学保护法。根据电化学原理在金属设备上采取措施，使之成为腐蚀电池中的阴极，从而防止或减轻金属腐蚀的方法。有：牺牲阳极保护法、外加电流法等。

用非金属材料代替金属材料是防腐工作的主要手段。如在温度和压力不高，腐蚀性强的场合下使用玻璃钢和聚丙烯（PP）的设备、管道；不透性石墨设备是唯一的导热非金属材料，可作换热器、吸收塔、衬里设备，国内有耐酸型、耐酸碱型两种不透性石墨。还有如耐酸混凝土储槽、合成树脂混凝土设备（以环氧树脂和不饱和聚酯为主）等，工艺成熟，均已推广应用。非金属材料种类繁多，应根据在各种条件下，在各种介质中的耐腐蚀情况进行材料选用。

材料的耐腐蚀数据与选用，请参考 左景伊，左禹编著的《腐蚀数据与选材手册》（北京：化学工业出版社，1995）。

6.2.7 设备的更新、改造与租赁

6.2.7.1 设备更新改造的必要性

设备更新改造，即是以新的、先进的设备或工艺对现有的、落后的设备或工艺进行替换或改造工作。我国化工产品的生产，特别是精细化工产品的生产，在合成技术上并不比发达国家落后，甚至有许多产品在合成技术上、产品的内在质量上超过了发达国家。但我国的化工装备却大大落后于发达国家，机械化、自动化程度差，工人劳动强度大，劳动环境差。所以加强设备的更新改造尤为必要。

设备更新改造有如下好处：

(1) 可以提高设备的大型化、连续化、机械化、自动化水平，实现数控化。

(2) 改善设备的工艺性能，提高设备生产效率，提高和稳定产品品质。

(3) 将通用设备改装成专用、高效设备，减少劳动力使用，改善操作环境。

(4) 降低原材料及设备能源消耗，降低生产成本，提高产品的竞争力。

(5) 提高设备零部件的可靠性，维修性。

(6) 改进设备检测，监控装置，提高工艺和设备的本质安全水平。

企业通过必要的设备的寿命期和费用的计算，在最合适的时间进行合理的设备更新改造，以便达到企业盈利的最大化，提升企业的核心竞争能力。

6.2.7.2 采用新工艺、新技术、新流程、新装备、新材料

国务院《工业转型升级规划（2011—2015年）》指出：技术改造是促进企业走内涵发展道路的重要途径，充分发挥技术改造投资省、周期短、效益好、污染少、消耗低的优势，通过增量投入带动存量调整，优化工业投资结构，推动工业整体素质跃上新台阶。

运用先进适用技术和高新技术改造提升传统产业。以企业为主体，以提高工业发展质量和效益为中心，紧紧围绕传统产业提升、智能及清洁安全为重点，通过不断采用和推广新技

术、新工艺、新流程、新装备、新材料，对现有企业生产设施、装备、生产工艺条件进行改造，提高先进产能比重。

要注重把企业技术改造同兼并重组、淘汰落后、流程再造、组织结构调整、品牌建设等有机结合起来，提高新产品开发能力和品牌建设能力，提升企业市场竞争能力。化工企业，要通过技术改造，创建资源节约型、环境友好型的“两型”企业。

6.2.7.3 设备的租赁

设备的使用单位向设备所有单位（租赁公司）租进设备，并给付一定的租金，这就是设备租赁制。实行设备租赁制对设备使用单位的好处是：①投入资金少；②促进技术进步；③引进设备速度快；④可节税；⑤当企业生产经营遇到风险时，易于退出和转行。

实行设备租赁制有利于引进国外先进设备和技术。实践证明，只要对引进的设备消化、使用得好，一般都能取得较显著的经济效益。设备租赁制基本上有两种形式：

(1) 经营租赁。就是在合同规定期内，承租方分期支付租金，期满后由出租方收回设备。这种方式不改变设备的所有权。

(2) 融资租赁。租赁双方事先约定，所租设备在承租方付清最后一笔租金（有时还加付一笔名义上的购买价款）后，其所有权就归承租方所有。这样，在每期所付的租金中，既包括买价的分期付款，又包括一定的利息支出（有时还包括出租方收取的手续费）。

6.2.8 化工装置检修、拆除的安全管理

据统计，化工企业90%的事故都是在装置检修、拆除时发生的。所以我们必须特别重视化工装置检修、拆除时的安全管理。

6.2.8.1 《安全标准化通用规范》中的规定

AQ 3013—2008《危险化学品从业单位安全标准化通用规范》对检维修规定如下：

(1) 企业应严格执行检维修管理制度，实行日常检维修和定期检维修管理。

(2) 企业应制订年度综合检维修计划，落实“五定”，即定检修方案、定检修人员、定安全措施、定检修质量、定检修进度原则。

(3) 企业在进行检维修作业时，应执行下列程序：

① 检维修前：进行危险、有害因素识别；编制检维修方案；办理工艺、设备设施交付检维修手续；对检维修人员进行安全培训教育；检维修前对安全控制措施进行确认；为检维修作业人员配备适当的劳动保护用品；办理各种作业许可证。

② 对检维修现场进行安全检查；

③ 检维修后办理检维修交付生产手续。

6.2.8.2 化学品生产单位作业安全规范

化工企业“作业安全规范”是国家安监总局发布的强制性标准，对作业实行许可制度。化工企业从领导到基层的每个员工都必须一丝不苟地贯彻执行这些安全作业规范，杜绝事故的发生。这些规范有：

AQ 3018—2008《危险化学品储罐区作业安全通则》

AQ 3021—2008《化学品生产单位吊装作业安全规范》

AQ 3022—2008《化学品生产单位动火作业安全规范》

AQ 3023—2008《化学品生产单位动土作业安全规范》

AQ 3024—2008《化学品生产单位断路作业安全规范》

AQ 3025—2008《化学品生产单位高处作业安全规范》

AQ 3026—2008《化学品生产单位设备检修作业安全规范》

AQ 3027—2008《化学品生产单位盲板抽堵作业安全规范》

AQ 3028—2008《化学品生产单位受限空间作业安全规范》

AQ 3047—2013《化学品作业场所安全警示标志规范》

6.2.8.3 化工装置检修、拆除项目的安全管理

(1) 项目单位应明确项目负责人和安全管理责任人，建立安全管理制度，落实安全责任制并明确责任人。

(2) 项目必须制定专题方案，方案中应有具体的安全和职业卫生的防范、保障措施内容。

(3) 项目对外委托施工的，施工单位应具有国家规定的资质证书，并在其资质等级许可范围内开展项目施工业务。

(4) 在办理项目委托手续和签订工程施工合同时，须交待安全措施和签订安全责任书。

(5) 对项目的装置要开展危害识别、风险评价和实施必要的控制措施。对安全风险程度较高的项目或一些重大项目，须制订相应的安全技术措施（安全措施、吹扫、清洗方案、盲板位置、施工进度等），并应做到“五定”（即：定施工方案、定作业人员、定安全措施、定工程质量、定施工进度）。

(6) 项目的各项作业，须严格执行操作票或作业许可证（包括进出料、停开泵、加拆盲板和施工、检修、动火、用电、动土、高处作业、进塔入罐、射线、探伤等票证）制度和相应的安全技术规范。要明确各作业、签发人员的职责及票证的有效性。

6.2.8.4 作业安全基本要求

(1) 项目单位施工须按施工方案中安全技术措施的要求，向全体施工作业人员进行安全技术交底，特别要交待清楚安全措施和注意事项，并做好安全交底记录。

(2) 项目单位应对项目作业人员进行与作业内容相关的安全教育。凡两人以上作业，须指定其中一人负责安全。特种作业人员应按国家规定，持证上岗。

(3) 项目作业人员必须严格执行有关安全保护规定，进入装置现场前，须穿戴好劳动安全保护用品，并对项目作业所用工机具、防护用品（脚手架、跳板、绳索、葫芦、行车、安全行灯、行灯变压器、电焊机、绝缘鞋、绝缘手套、验电笔、防毒面具、防尘用品、安全帽、安全带、安全网、消防器材等）安全可靠性进行检查、确认。

(4) 有作业票证安全管理要求的，作业人员必须持相关作业票证方可进入装置现场作业。

(5) 动火、用电、动土、高处作业、进塔入罐、射线探伤等各类作业的监护人员必须履行安全职责，对作业和完工现场进行全面检查（如：消灭火种、切断电源、清理障碍等），并认真做好作业过程中的监护工作。

(6) 作业人员须达到“三懂三会一能”要求：懂本作业岗位的火灾危险性，懂火灾的扑救方法，懂火灾的预防措施；会正确报警，会使用现有的消防器材等，会扑救初期火灾；能正确使用现有的防护器具和急救器具。

6.2.8.5 现场临时用电的作业安全要求

(1) 检修、拆除作业现场要保证漏电开关、电缆、用电器具完好。

(2) 临时用电的配电器必须加装漏电保护器，其漏电保护的动作电流和动作时间必须满足上下级配合要求。

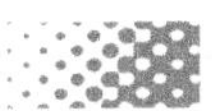

（3）移动工具、手持式电动工具应一机一闸一保护。

（4）临时用电的单相和混用线路应采用五线制，不超负荷使用。

（5）现场临时用电配电箱、盘要有防雨措施。用电线的装、拆必须由电工负责作业。

（6）放置在施工现场的临时用电箱应挂设“已送电”、“已停电”等标志牌。

（7）电焊机接线要规范，电焊把线就近搭接在焊件上，把线及二次线绝缘必须完好，不得将裸露地线搭接在装置、设备的框架上，不得穿过下水或在运行设备（管线）上搭接焊把线。

（8）临时用电线路架空布线时，不得采用裸线，架空高度在装置区内不得低于2.5m，穿越道路不得低于5m；横穿道路时要有可靠的保护措施，严禁在树上或脚手架上架设临时用电线路，严禁用金属丝绑扎，临时用电的电缆横穿马路路面的保护管应采取固定措施。

（9）行灯电压不得超过36V，在特别潮湿的场所或塔、釜、罐、槽等金属设备内作业的临时照明灯电压不得超过12V，严禁使用碘钨灯。

6.2.8.6 装置检修、拆除前的安全工作

（1）装置停车后的工作：①装置停工后交付检修、拆除前，企业应组织有关职能部门对装置停工情况进行检查确认。项目单位安全负责人组织全面检查，做好装置检修、拆除前的各项安全准备工作。②装置现场下水井、地漏、明沟的清洗、封闭，必须做到“三定”（定人、定时、定点）检查。下水井井盖必须严密封闭，泵沟等应建立并保持有效的水封。③对装置内电缆沟做出明显标志，禁止载重车辆及吊车通行及停放。

（2）装置检修、拆除前切断物料进出装置，并退出装置区：①应将物料全部回收到指定的容器内，不得任意排放易燃、易爆、有毒、有腐蚀物料。②不得向大气或加热炉等设备容器中排放可燃、爆炸性气体。③易燃、易爆、有毒介质排放要严格执行环保标准。④具有制冷特性介质的设备、容器、管线等设施，停工时要先退干净物料再泄压，防止产生低温损坏设备。

（3）装置检修、拆除前必须进行吹扫、清洗、置换合格：①设备容器和管道的吹扫、清洗、置换要制定工艺方案，指定专人负责，有步骤地开关阀门。②凡含有可燃、有毒、腐蚀性介质的设备、容器、管道，需进行彻底的吹扫、置换，使内部不含有残渣和余气，取样分析结果应符合安全技术要求。③置换过程中，应将各设备与管线上的阀全部打开，保证蒸汽、氮气和水等介质的压力和蒸塔、蒸罐时间，防止短路，确保不留死角。④吹扫置换过程中，应禁止明火作业及车辆通行，以确保安全。⑤吹扫前应关闭液面计、压力表、压力变送器、安全阀，关严或脱开机泵的前后截止阀及放空阀，防止杂质吹入泵体。应将换热器内的存水放尽，以防水击损坏设备。⑥要做到不流、不爆、不燃、不中毒、不水击，确保吹扫、置换质量。⑦经吹扫、清洗、置换合格后的设备，要确保放空和处于空气对流状态。

（4）盲板的加、拆管理：①必须指定专人负责，统一管理。②须按检修施工方案中的盲板流程图，执行加、拆盲板作业。③加、拆盲板要编号登记，防止漏堵漏拆。④盲板的厚度必须符合工艺压力等级的要求。⑤与运行的设备、管道及系统相连处，须加盲板隔离，并做好明显标识。⑥对槽、罐、塔、釜、管线等设备容器内存留易燃、易爆、有毒有害介质的，其出入或与设备连接处应加装盲板，并挂上警示牌。

6.2.8.7 项目施工期间的安全要求

（1）装置检修、拆除施工期间各级安全负责人、专（兼）职安全人员必须到装置现场进行安全检查监督。对各个作业环节进行现场检查确认，使之处于安全受控状态。

（2）对装置现场固定式（可燃气、H_2S、CO、NH_3、Cl_2及其他有毒有害气体等）报警

仪探头，要进行妥善保护。

（3）对存有易燃、易爆物料容器、设备、管线等施工作业时，须使用防爆（如：木、铜质等无火花）工具，严禁用铁器敲击、碰撞。

（4）打开设备人孔时，应使其内部温度、压力降到符合安全要求，并从上而下依次打开。在打开底部人孔时，应先打开最底部放料排渣阀门，待确认内部没有残存物料时方可进行作业，要防止堵塞现象。人孔盖在松动之前，严禁把螺丝全部拆开。在拆卸设备之前，须经相关人员检查、确认后，才允许拆开，以防残压伤人。

（5）禁止使用汽油或挥发性溶剂洗刷机具、配件、车辆和洗手、洗工作服。严禁将可燃污液、有毒有害物质排入下水道、明沟和地面。

（6）对损坏、拆除的栏杆、平台处，须加临时防护措施。检修施工完后应恢复原样。

（7）检修现场设备拆卸后敞开的管口应严防异物落入，要有严密牢固的封堵安全措施。

（8）遇有物料泄漏、设施损坏等异常情况，应停止一切施工作业，并采取相应的应急措施。

（9）进入施工作业现场的机动车辆和施工机械，必须按规定办理相关手续（特别通行证），车辆安全、阻火设施齐全，符合国家标准，按指定路线限速行驶，按指定位置停放。

6.2.8.8 装置检修完成交付开车安全要求

（1）装置单位安全生产负责人是开车方案的组织者，对装置安全开车全面负责。装置开车前，应组织有关职能部门、相关单位对装置进行全面系统的开车前检查，并签字确认。

（2）确保装置检修所有项目已完工，尾项和存在问题已整改落实，并得到验证确认。

（3）已对岗位人员进行上岗培训和安全交底工作，并经考试合格。

（4）装置区内通信、通道、通风、梯子、平台栏杆、照明和消防器具等一切安全和劳动保护设施已处于备用、完好状态。

（5）安全阀、压力表、报警仪和静电接地、连接件及静电消除器等设备安全附件完好、进入投用状态。

（6）装置吹扫置换、贯通、试压、试漏和气密性试验合格，安全装置调试复位，机、泵等传动设备完成单机试运。未经过试压、验收的设备、管道、仪表等不能投入生产。

（7）确认各设备、容器的人孔已封闭，隔离盲板已拆装，单向阀的方向正确。

（8）凡需要投用的设备、容器、管道，必须达到安全使用条件，各铭牌证件齐全。

（9）化工进料前，确认水、汽、风、电正常，所有仪表对照流程图及控制点进行核对，现场所有控制阀进行开关信号确认，保证所有控制阀均正常。

（10）现场下水井、地漏、明沟必须保持通畅，并做到定人、定时、定点检查。明沟、平台、设备、管线外表的油污、物料必须冲洗干净，避免开车过程中出现意外。

（11）现场已清理所有障碍物，保持消防通道、疏散通道畅通，不得在疏散通道上安装栅栏、堆放物品、摆放施工机具等。

（12）开车现场从严控制危险化学品和有毒有害物资的贮存，遇有紧急排放、泄漏、事故处理等异常情况，应立即停止作业。

（13）装置开车后，按开车方案进出物料。接受易燃易爆物料的密闭设备和管道，在接受物料前必须按工艺要求进行置换，分析确认合格后，方可接受物料。

（14）接受物料时应缓慢进行，注意排凝，防止出现冲击或水击现象。接受蒸汽时要先预热、放水，逐渐升温升压。

（15）装置开车应做到不跑、不冒、不滴、不漏，不随地排放余气、残渣和化学品。垃

圾废物料等应集中堆放、处理。

6.2.9 电气安全技术

电气安全技术包括触电防护技术、电力系统安全技术、静电的危害与消除、雷电危害及防护。

化工企业的电力系统安全技术包括：变、配电所及防火火防爆，动力、照明及电力系统的防火防爆，火灾爆炸危险场所的电气安全，电气设备的运行和维护技术等。这些有大量的专业技术书籍和技术规范，如 GB 50052—2009《供配电系统设计规范》、GB 50058—1992《爆炸和火灾危险环境电力装置设计规范》、GB 50257—1996 爆炸和火灾危险环境电力装置施工及验收规范》、AQ 3009—2007《危险场所电气防爆安全规范》等，这里不作赘述。

本节主要介绍触电防护技术、静电的危害与消除、雷电危害及防护。

6.2.9.1 触电防护措施

(1) 采用安全电压。在易人体接触的环境下，采用安全电压。如行灯电压不得超过 36V，在潮湿的场所或塔、釜、罐、槽等金属设备内作业的临时照明灯电压不得超过 12V，严禁使用碘钨灯。

(2) 保证绝缘性能。作业不良的环境时，如潮湿、高温、有导电性粉尘、腐蚀性气体的工作环境，应选用加强绝缘或双重绝缘的电动工具、设备和导线。电工作业人员应穿戴绝缘防护用品，如绝缘手套、绝缘鞋、绝缘垫等。

(3) 采用屏护。屏护包括屏蔽和障碍，指能防止人体有意、无意触及及过分接近带电体的遮拦、护盖、箱盒等安全装置，可防止触电，也可防止电弧烧伤和弧光短路等事故。必要时设置声、光报警信号和联锁保护装置。屏护装置应挂有“有电”等警告牌。

(4) 安全间距。是指有关规程明确规定的、必须保持的带电部位与地面、建筑物、人体、其他设备之间的最小电气安全空间距离。为了防止人体触及和接近带电体，避免车辆或其他工具碰撞或过分接近带电体，防止火灾、过电压放电和各种短路事故，在带电体与地面之间、带电体与带电体之间、带电体与人体之间、带电体与其他设备和设施之间，均应保持安全距离。

(5) 合理选用电气装置。这是减少触电危险和电气引发火灾爆炸危害的重要措施，要根据周围环境情况选择电气设备。如在干燥少尘环境可用开启式或封闭式电气设备，在潮湿多尘、腐蚀性气体的环境必须采用封闭式电气设备，在有易燃易爆危险环境中，必须采用防爆石电气设备。

(6) 安装漏电保护装置。低压配电系统中装设剩余电流动作保护装置是防止直接接触电击事故和间接接触电击事故的有效措施之一，也是防止电气线路或电气设备接地故障引起电气火灾和电气设备损坏事故的技术措施。剩余电流动作保护装置，是指电路中带电导线对地故障所产生的剩余电流超过规定值时，能够自动切断电源或报警的保护装置，包括各类带剩余电流保护功能的断路器、移动式剩余电流保护装置和剩余电流动作电气火灾监控系统、剩余电流继电器及其组合电器等。但安装剩余电流动作保护装置后，仍应以预防为主，并应同时采取其他各项防止电击事故和电气设备损坏事故的技术措施。详见 GB 13955—2005《剩余电流动作保护装置安装和运行》。

(7) 保护接地与接零。①保护接地：把用电设备在故障情况下可能出现危险的金属部分（如外壳）用导线与接地体连接起来，使用电设备与大地紧密连通。接地装置广泛选用自然接地极。②保护接零。把电气设备在正常情况下不带电的金属部分（外壳）用导线与低压电网的零线（中性线）连接起来。

注意：三相四线制电力系统中，不允许只对某些设备采取接零，而对另一些设备只接地不接零。正确做法是：采取重复接地保护装置，通常是把用电设备的金属外壳同时节地和接零。注意零线回路中不允许装设熔断器和开关。

6.2.9.2 触电急救

触电急救的步骤：①迅速脱离电源；②立即进行现场急救。

救护注意事项：①救护人员切不可直接用手、其他金属或潮湿的物件作救护工具，必须使用绝缘干燥的工具。最好只用一只手操作，以防自己触电。②应准确判断触电者脱离电源后的倒地方向，特别现在高处，更应采取防摔措施。③人在触电后有长时间的“假死”，救护人员要耐心进行抢救。但切不可给触电者打强心针！

6.2.9.3 静电的危害与消除

对静电放电与引燃的描述，静电的防护措施、静电危害的安全界限及静电事故的分析确定见 GB 12158—2006《防止静电事故通用导则》。

(1) 产生静电有内因和外因两方面原因。内因是由于物质的电子逸出功不同，当量物体接触时，逸出功较小的一方失去电子带正电，另一方则带负电。

产生静电的外因有多种：①物体的紧密接触和迅速分离（如撞击、摩擦、撕裂、挤压等）促使静电产生；②带电微粒附着到绝缘的固体上，使之带上静电；③感应起电；④固体的金属与流动的液体之间出现电解起电；⑤固体材料在机械力的作用下产生压电效应；⑥流体、粉末喷出时，与喷口剧烈摩擦产生静电等。需要指出的是，静电产生的方式不是单一的。

(2) 静电的危害。①引起爆炸和火灾。这是静电最大的危害，由静电引起的易燃液体或气体、蒸汽、粉尘与空气的混合物的火灾、爆炸事故屡见不鲜。前述吉化双苯厂“11.13”特大爆炸事故就是由静电引起。②电击。带静电电荷的人体接近接地体时，都可能产生静电电击，虽不致直接使人致命，但登高作业时因电击导致坠落事故。电击还使作业人员精神紧张，影响工作。③影响生产。如静电使粉尘吸附在设备上，影响物料过滤和输送；或引起物料结块、熔化成团。造成管路堵塞。

(3) 防止静电的措施

① 工艺控制法。从工艺流程、设备结构、材料选择和操作管理等方面采取措施，限制静电的产生，控制静电的积累，使之不造成危害。具体方法有：限制物料输送速度，正确选择设备和管道材料，合理安排物料投入顺序，消除产生静电的附加源（如液流喷溅、冲击，粉尘在料斗内的冲击等)；对静电的产生区和逸散区，采用不同的防静电措施。

② 泄漏导走法。将静电接地，导走静电。具体方法：a. 直接接地；b. 静电跨接：是将两个以上、没有电气连接的金属导体连接；c. 间接接地：将非金属全部或局部表面与接地金属相连接。具体见 HG/T 20675—1990《化工企业静电接地设计规程》。

③ 静电中和法。利用静电消除器产生离子来对异性电荷进行中和。静电消除器有自感应式、外接电源式、放射线式、离子流式和组合式等，需根据场所环境选用。

④ 消除人体静电。人体静电会使人遭到电击，对安全构成威胁，对仪器造成干扰。消除人体静电的措施有：人体接地法、工作地面导电化、安全操作（人体不接近或接触带电体，易燃易爆场所不穿化纤衣服，不用化纤制品擦洗设备等）。

⑤ 防静电检查。按照 HG/T 23003—1992《化工企业静电安全检查规程》对防静电设施和措施进行安全检查。

6.2.9.4 雷电危害及防护

雷电的危害主要有：①雷电感应。雷电使导电体产生感应电流，如果电阻较大，就会局部发热或产生火花放电，引燃易燃、易爆物品。②雷电侵入波。将配电装置和电气线路的绝缘层击穿，产生短路或是建筑物内易燃易爆物品燃烧和爆炸。③反击作用。如果防雷装置与建筑物内部的电气设备、线路或其他金属管道距离很近，它们之间会产生放电，这种现象叫反击。反击可引起电气设备绝缘破坏，金属管道烧穿。④危害人体。

防雷的措施有：①直接雷的保护措施：用避雷针、避雷线、避雷带、壁垒网等进行防雷保护。②雷电感应的保护措施，妥然接地。③雷电侵入波的保护措施有阀型避雷针、管型避雷针和保护间隙等，用于保护电力设备，防止高压侵入室内。

建筑物防雷见 GB 50057—2010《建筑物防雷设计规范》和 GB/T 21431—2008《建筑物防雷装置检测技术规范》。

6.3 特种设备的管理

特种设备是指对人身和财产安全有较大危险性的锅炉、压力容器（含气瓶）、压力管道、电梯、起重机械、客运索道、大型游乐设施、场（厂）内专用机动车辆，以及法律、行政法规规定适用本法的其他特种设备。见《特种设备安全法》（2013 制订）

国家对特种设备实行目录管理，特种设备目录需报国务院批准后执行。见《特种设备目录》（国质检锅〔2004〕31 号）和《增补的特种设备目录》（国质检特〔2010〕22 号）。

特种设备安全工作应当坚持“安全第一、预防为主、节能环保、综合治理”的原则。

国家对特种设备的生产、经营、使用，实施分类的、全过程的安全监督管理。

国家建立缺陷特种设备召回制度，鼓励投保特种设备安全责任保险。

我国特种设备的行政管理部门原为劳动部，1998 年调整为由国家质量技术监督局管理。2001 年，国家质量技术监督局与国家出入境检验检疫局合并，组建国家质量监督检验检疫总局（简称：国家质检总局）。现特种设备的行政管理部门为国家质检总局及省、市、县各级质量监督检验检疫局。

据国家质检总局统计，2012 年我国共发生各类特种设备事故 228 起，死亡 292 人，受伤 354 人。发生的事故中，承压类设备事故的主要特征是爆炸或泄漏着火，机电类设备事故的主要特征是倒塌、坠落、撞击和剪切等。统计数据显示，违规、违章仍是导致事故发生的主要原因。

2013 年 6 月 29 日，我国首次颁布了《特种设备安全法》，标志着我国特种设备管理迈上了新的台阶。

化工企业是使用特种设备较多的单位，化工企业使用除“客运索道、大型游乐设施”以外的所有特种设备，是特种设备安全管理的重点行业。特种设备操作本身存在一定的危险性，如果发生事故，不仅对操作者本人，而且对他人和周围设施均会造成严重损伤或破坏，化工企业必须加强特种设备的管理。

6.3.1 法律法规、部门规章和规范标准

有关特种设备管理的重要法律法规、部门规章有：

中华人民共和国安全生产法（国家主席令第 70 号，2002-11-01 施行）

中华人民共和国特种设备安全法（国家主席令第 4 号，2014-01-01 施行）

生产安全事故报告和调查处理条例（国务院令第 493 号，2007-06-01 施行）

特种设备安全监察条例（国务院令第 549 号修改，2009-05-01 施行）

气瓶安全监察规定（质检总局令第 46 号，2003-06-01 施行）

起重机械安全监察规定（国家质检总局令第 92 号，2007-06-01 施行）

特种设备事故报告和调查处理规定（国家质检总局令第 115 号，2009-07-03 施行）

高耗能特种设备节能监督管理办法（国家质检总局令第 116 号，2009-09-01 施行）

特种设备作业人员监督管理办法（国家质检总局令第 140 号修订，2011-07-01 施行）

关于进一步加强和改进特种设备事故报告和调查处理工作的意见（质检特函〔2010〕89 号）

2004 年开始到现在，国家质量监督检验检疫总局已颁布了 100 多件特种设备安全技术规范（TSG），新的 TSG 规范还在制订之中。其中与化工企业关联密切的有：

TSG Z0001—2009 特种设备安全技术规范制造程序导则（2009-12-01 施行）

TSG Z0002—2009 特种设备信息化工作管理导则（2010-06-01 施行）

TSG Z0006—2009 特种设备事故调查处理导则（2010-06-01 施行）

TSG Z6001—2013 特种设备作业人员考核规则（2013-06-01 施行）

TSG D0001—2009 压力管道安全技术监察规程——工业管道（2009-08-01 施行）

TSG D5001—2009 压力管道使用登记管理规则（2009-12-01 施行）

TSG D6001—2009 压力管道安全管理人员和操作人员考核大纲（2006-07-01 施行）

TSG G0001—2012 锅炉安全技术监察规程（2013-06-01 施行）

TSG G0002—2010 锅炉节能技术监督管理规程（2012-12-01 施行）

TSG G5001—2010 锅炉水（介质）处理监督管理规则（2011-12-01 施行）

TSG G5002—2010 锅炉水（介质）处理检验规则（2011-02-01 施行）

TSG G5003—2008 锅炉化学清洗规则（2008-12-01 施行）

TSG Q5001—2009 起重机械使用管理规则（2010-01-01 施行）

TSG Q6001—2009 起重机械安全管理人员和操作人员考核大纲（2009-08-01 施行）

TSG Q7015—2008 起重机械定期检验规则（2011-01-01 施行）

TSG R0001—2004 非金属压力容器安全技术监察规程（2004-09-28 执行）

TSG R0002—2005 超高压容器安全技术监察规程（2006-01-01 施行）

TSG R0003—2007 简单压力容器安全技术监察规程（2007-07-01 施行）

TSG R0004—2009 固定式压力容器安全技术监察规程（2010-12-01 施行）

TSG R0005—2011 移动式压力容器安全技术监察规程（2012-06-01 施行）

TSG R1001—2008 压力容器压力管道设计许可规则（2008-04-30 施行）

TSG R3001—2006 压力容器安装改造维修许可规则（2006-10-01 施行）

TSG R5001—2005 气瓶使用登记管理规则（2005-10-01 施行）

TSG R5002—2013 压力容器使用管理规则（2013-07-01 施行）

TSG R6001—2011 压力容器安全管理人员和操作人员考核大纲（2011-11-01 施行）

TSG R6003—2006 压力容器压力管道带压密封作业人员考核大纲（2006-07-01 施行）

TSG R7001—2013 压力容器定期检验规则（2013-07-01 施行）

TSG RF001—2009 气瓶附件安全技术监察规程（2010-05-01 施行）

TSG T5001—2009 电梯使用管理与维护保养规则（2009-08-01 施行）

TSG T6001—2007 电梯安全管理人员和作业人员考核大纲（2007-10-01 施行）

TSG ZF001—2006 安全阀安全技术监察规程（2008-08-01 实施）

TSG ZF003—2011 爆破片装置安全技术监察规程（2011-11-01 施行）

有关特种设备管理的法律、法规，部门规章和 TSG 规范及其变动情况可登陆国家质检总局特种设备安全监察局网站（http：//tzsbaqjcj. aqsiq. gov. cn）查询。值得注意的是：由

于我国特种设备的使用量在快速增长，对特种设备的管理需不断加强，公布的法律、法规、部门规章和规范、标准中有不一致的地方，以法律效力较高的文件为准。

6.3.2 特种设备管理规定

6.3.2.1 特种设备管理要求

化工企业特种设备管理是设备能源管理部门的一项重要职责。

特种设备的安全、节能由其生产、经营、使用单位及其主要负责人负责。生产、经营、使用单位都要按国家规定配备特种设备安全管理人员、检测人员和作业人员，这三方面人员都必须接受教育、培训和考试，并取得相应的资格，方可从事相关工作。作业人员的考核按TSG Z6001—2013《特种设备作业人员考核规则》执行。

化工企业对特种设备的日常管理必须做到下述几条：

(1) 特种设备投入使用前或者投入使用后30日内，应向政府特种设备安全管理部门办理使用登记，取得使用登记证书。登记标志应当置于该设备的显著位置。

(2) 建立每台特种设备的岗位责任、隐患治理、应急救援等安全管理制度，制定操作规程，保证特种设备安全运行。

(3) 每台特种设备都应当建立安全技术档案。安全技术档案包括以下内容：①设备的设计文件、产品质量合格证明、安装及使用维护保养说明、监督检验证明等相关技术资料和文件；②设备的定期检验和定期自行检查记录；③设备的日常使用状况记录；④设备及其安全附件、安全保护装置、测量调控装置及有关附属仪器仪表的日常维护保养记录；⑤设备的运行故障和事故记录。⑥高耗能特种设备的能效测试报告、能耗状况记录以及节能改造技术资料。

(4) 特种设备的安装应有符合规定的安全距离、安全防护措施，相关的建筑物、附属设施应当符合有关法规、标准的规定。

(5) 进行特种设备的经常性维护保养和定期（每月至少一次）自行检查，并做好记录；其安全附件、安全保护装置要进行定期校验、检修，并作出记录。

(6) 在设备检验合格有效期届满前一个月应向特种设备检验机构提出检验要求，检验合格有效期满未检验或检验不合格的特种设备，不得继续使用。

(7) 特种设备安全管理人员应对设备使用情况进行经常性检查，并做好记录，发现问题应立即处理；情况紧急时可决定停止使用并及时报告有关负责人。

(8) 特种设备作业人员在操作过程中发现事故隐患或其他不安全因素，应当立即向特种设备安全管理人员和有关负责人报告；设备运行不正常时，作业人员应当按照操作规程采取有效措施保证安全。

(9) 特种设备出现故障或者发现异常情况，应当对其进行全面检查，消除事故隐患，方可继续使用。特种设备不符合能效指标的，应当采取相应措施进行整改。

6.3.2.2 特种设备事故分类、预防和调查处理

特种设备事故，是指因特种设备的不安全状态或者相关人员的不安全行为，在特种设备制造、安装、改造、维修、使用（含移动式压力容器、气瓶充装）、检验检测活动中造成的人员伤亡、财产损失、特种设备严重损坏或者中断运行、人员滞留、人员转移等突发事件。《特种设备安全法》规定了事故救援与调查处理、法律责任。《特种设备安全监察条例》规定了特种设备事故的分类、预防、调查处理和法律责任。《特种设备事故报告和调查处理规定》对特种设备事故的定义、界定、事故报告、事故调查、事故处理等均作出了明确规定。事故调查的具体处理和报告还应按《关于进一步加强和改进特种设备事故报告和调查处理工作的

意见》（质检特函〔2010〕89 号文）和 TSG Z0006—2009《特种设备事故调查处理导则》进行。

（1）化工特种设备事故等级分类（《特种设备安全监察条例》中规定的、与化工有关的事故）有下列情形之一的，为特别重大特种设备事故：

a. 事故造成 30 人以上死亡，或者 100 人以上重伤（包括急性工业中毒，下同），或者 1 亿元以上直接经济损失的；

b. 600MW 以上锅炉爆炸的；

c. 压力容器、压力管道有毒介质泄漏，造成 15 万人以上转移的。

有下列情形之一的，为重大特种设备事故：

a. 事故造成 10 人以上 30 人以下死亡，或者 50 人以上 100 人以下重伤，或者 5000 万元以上 1 亿元以下直接经济损失的；

b. 600MW 以上锅炉因安全故障中断运行 240h 以上的；

c. 压力容器、压力管道有毒介质泄漏，造成 5 万人以上 15 万人以下转移的；

有下列情形之一的，为较大特种设备事故：

a. 事故造成 3 人以上 10 人以下死亡，或者 10 人以上 50 人以下重伤，或者 1000 万元以上 5000 万元以下直接经济损失的；

b. 锅炉、压力容器、压力管道爆炸的；

c. 压力容器、压力管道有毒介质泄漏，造成 1 万人以上 5 万人以下转移的；

d. 起重机械整体倾覆的。

有下列情形之一的，为一般特种设备事故：

a. 事故造成 3 人以下死亡，或者 10 人以下重伤，或者 1 万元以上 1000 万元以下直接经济损失的；

b. 压力容器、压力管道有毒介质泄漏，造成 500 人以上 1 万人以下转移的；

c. 起重机械主要受力结构件折断或者起升机构坠落的；

国务院特种设备安全监督管理部门还可以对一般事故的其他情形做出补充规定。

（2）特种设备事故预防。化工企业应当制定事故应急专项预案，并定期进行事故应急演练。

压力容器、压力管道发生爆炸或者泄漏，在抢险救援时应当区分介质特性，严格按照相关预案规定程序处理，防止二次爆炸。

（3）特种设备事故处理。特种设备事故发生后，企业应当立即启动事故应急预案，组织抢救，防止事故扩大，减少人员伤亡和财产损失，并及时向所在地县以上特种设备安全监督管理部门和有关部门报告。

县以上特种设备安全监督管理部门接到事故报告，应当尽快核实有关情况，立即向所在地人民政府报告，并逐级上报事故情况。必要时，特种设备安全监督管理部门可以越级上报事故情况。对特别重大事故、重大事故，国务院特种设备安全监督管理部门应当立即报告国务院并通报国务院安全生产监督管理部门等有关部门。

（4）特种设备事故调查。

特别重大事故：由国务院或者国务院授权有关部门组织事故调查组进行调查。

重大事故：由国家质检总局会同有关部门组织事故调查组进行调查。

较大事故：由省、自治区、直辖市质检局会同有关部门组织事故调查组进行调查。

一般事故：由设区的市质监局会同有关部门组织事故调查组进行调查。

低于《特种设备安全监察条例》规定的事故等级的设备事故，作者称为“企业事故”。

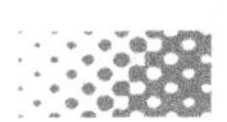

作者也将企业事故等级也分为特别重大事故、重大事故、较大事故、一般事故四类，企业特别重大事故的损失情况应低于《条例》规定的一般事故。详见8.5.3。

6.3.2.3 高耗能特种设备的节能管理

高耗能特种设备，是指在使用过程中能源消耗量或者转换量大，并具有较大节能空间的锅炉、换热压力容器、电梯等特种设备。

高耗能特种设备生产（含设计、制造、安装、改造、维修，下同）、使用、检验检测的节能监督管理，详见《高耗能特种设备节能监督管理办法》（国家质检总局令2009第116号）。

6.3.3 压力容器管理

压力容器，是指盛装气体、液化气体以及介质最高工作温度高于或等于标准沸点的液体，承载一定压力的密封设备。

压力容器有非金属压力容器、超高压容器、简单压力容器、固定式压力容器、移动式压力容器、气瓶、锅炉以及搪玻璃搅拌容器等。压力容器是化工企业使用最多的特种化工设备。

压力容器使用需执行TSG R3001—2006《压力容器安装改造维修许可规则》、TSG R5002—2013《压力容器使用管理规则》、TSG R7001—2013《压力容器定期检验规则》等强制性技术规范。

6.3.3.1 压力容器分类的工艺因数

(1) 压力。指压力容器工作时所承受的主要载荷。包括工作压力：是指压力容器在正常工作情况下，其顶部可能达到的最高压力（表压力）。设计压力：在正常操作条件下设定的容器顶部的最高压力，与相应的设计温度一起作为设计载荷条件，其值不低于工作压力。

(2) 温度。包括①介质温度：指容器内工作介质的温度。②设计温度：压力容器设计温度不同于其内部介质可能达到的温度，各容器在正常工作过程中，在相应设计压力下，表壁或元件金属可能达到的最高或最低温度。

(3) 容积（V）。是指压力容器的几何容积，即由设计图样标注的尺寸（不考虑制造公差）计算并且圆整。一般应当扣除永久连接在压力容器内部的内件的体积。多腔容器各腔分别计算。

(4) 介质。TSG R0004—2009《固定式压力容器安全技术监察规程》（简称：新容规）将容器介质分为两组，包括气体、液化气体和介质最高工作温度高于或者等于其标准沸点的液体。

第一组介质：是毒性程度为极度危害、高度危害的化学介质，易爆介质，液化气体；

第二组介质：是除第一组以外的介质。

介质危害性指压力容器在生产过程中因事故致使介质与人体大量接触，发生爆炸或者因经常泄漏引起职业性慢性危害的严重程度，用介质毒性程度和爆炸危害程度表示。①毒性程度：综合考虑急性毒性、最高容许浓度和职业性慢性危害等因素，极度危害最高容许浓度小于0.1mg/m^3；高度危害最高容许浓度0.1～1.0mg/m^3；中度危害最高容许浓度1.0～10.0mg/m^3；轻度危害最高容许浓度大于或者等于10.0mg/m^3。②易爆介质：是指气体或者液体的蒸汽、薄雾与空气混合形成的爆炸混合物，并且其爆炸下限小于10%，或者爆炸上限和爆炸下限的差值大于或者等于20%的介质。

介质毒性危害程度和爆炸危险程度按照HG 20660—2000《压力容器中化学介质毒性危

害和爆炸危险程度分类》确定。HG 20660 没有规定的，由压力容器设计单位参照 GB 5044—85《职业性接触毒物危害程度分级》的原则，确定介质组别。

6.3.3.2 压力容器的分类

(1) 按设计压力等级分类

压力容器的设计压力（p）划分为低压、中压、高压和超高压四个压力等级：

低压（代号 L）：$0.1\text{MPa} \leqslant p < 1.6\text{MPa}$；

中压（代号 M）：$1.6\text{MPa} \leqslant p < 10.0\text{MPa}$；

高压（代号 H）：$10.0\text{MPa} \leqslant p < 100.0\text{MPa}$；

超高压（代号 U）：$p \geqslant 100.0\text{MPa}$。

(2) 按壳体承压方式分类

内压容器（壳体内部承受介质压力）；外压容器（壳体外部承受介质压力）

(3) 按设计温度分类

低温容器：设计温度 $t \leqslant -20℃$；

常温容器：设计温度 $-20℃ < t < 450℃$；

高温容器：设计温度 $t \geqslant 450℃$。

(4) 按在生产工艺过程中的作用分类

反应压力容器（代号 R）：主要是用于完成介质的物理、化学反应的压力容器。如反应器、硫化罐、反应釜、发生器、分解锅、分解塔、聚合釜、高压釜、合成塔、变换炉、煤气发生炉、蒸煮锅、蒸球等。

换热压力容器（代号 E）主要是用于完成介质的热量交换的压力容器。如管壳式余热锅炉、热交换器、冷却器、冷凝器、蒸发器等。

分离压力容器（代号 S）：主要是用于完成介质的流体压力平衡缓冲和气体净化分离的压力容器。如各种分离器、过滤器、集油器、洗涤器、吸收塔、铜洗塔、干燥塔、汽提塔、分汽缸、除氧器等。

储存压力容器（代号 C，其中球罐代号 B）：主要用于储存、盛装气体、液体、液化气体介质的压力容器。如各种型式的储罐、缓冲罐、消毒锅、印染机、烘缸、蒸锅等。

(5) 按危险程度，《新容规》对压力容器的分类

《新容规》按设计压力（p）、容器（V）和介质危害性三个因素确定压力容器类别。根据危险程度的不同，将压力容器划分为Ⅰ类、Ⅱ类、Ⅲ类。Ⅰ类为危险程度低的压力容器。

由于 pV 越大，容器破裂时释放的能量越大，危险性也越大，因而对容器的设计、制造、检验、使用和管理的要求就越高。

《新容规》利用 pV 值在不同介质分组坐标图上查取相应的容器类别，简单易行、科学合理、准确唯一，克服了原《容规》划分不够严谨、人为判定成分大的缺点。

《新容规》还规定：多腔压力容器（如换热器的管程和壳程、夹套容器等）按照类别高的压力腔作为该容器的类别并且按照该类别进行使用管理。一个压力腔内有多种介质时，按照组别高的介质划分类别。

6.3.3.3 各类压力容器的安全技术管理

(1) 固定式压力容器。TSG R0004—2009《固定式压力容器安全技术监察规程》（新容规）的适用范围是同时具备下列条件的安装在固定位置使用的压力容器：①工作压力大于或者等于 0.1MPa；②压力与容积的乘积大于或者等于 2.5MPa·L；③盛装介质为气体、液化气体以及介质最高工作温度高于或者等于标准沸点的液体。本规程适用的压力容器，其范围

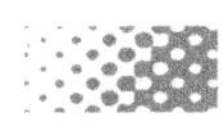

包括压力容器本体和安全附件。

(2) 移动式压力容器。TSG R0005—2011《移动式压力容器安全技术监察规程》（移动容规）的适用范围是同时具备下列条件的压力容器：①具有充装与卸载介质功能，并且参与铁路、公路或者水路运输；②罐体工作压力大于或者等于 0.1MPa，气瓶工作压力大于或者等于 0.2MPa；③罐体容积大于或等于 450L，气瓶容积大于或者等于 1000L；④充装介质为气体以及最高工作温度高于或者等于其标准沸点的液体。

容器充装使用时需执行 TSG R4002—2011《移动式压力容器充装许可规则》等技术规范。

(3) 非金属压力容器。TSG R0001—2004《非金属压力容器安全技术监察规程》的适用范围是：最高工作压力大于或等于 0.1MPa（表压，不含液体静压），且压力与容积的乘积大于或等于 2.5MPa·L 的盛装介质为气体、液化气体以和最高工作温度高于或者等于标准沸点的液体的非金属压力容器，包括石墨制压力容器、纤维增强热固性树脂（玻璃钢）制压力容器、全塑料制压力容器、移动式非金属压力容器等；以及与非金属压力容器相关的安全附件、支承结构、紧固件、含焊接（粘接）接头等。

(4) 超高压容器。TSG R0002—2005《超高压容器安全技术监察规程》的适用范围是：设计压力大于或等于 100MPa（表压，不含液体静压），且设计压力与容积的乘积大于或者等于 2.5MPa·L 的气体、最高工作温度高于或者等于标准沸点的液体的超高压容器；以及与超高压容器相连接的螺纹接头、密封面、紧固件和安全附件等。

(5) 简单压力容器。TSG R0003—2007《简单压力容器安全技术监察规程》（简规）的适用范围是同时满足以下条件的简单压力容器：①容器由筒体和平封头、凸形封头（不包括球冠形封头），或者由两个凸形封头组成；②筒体、封头和接管等主要受压原件的材料为碳素钢、奥氏体不锈钢；③设计压力小于或者等于 1.6MPa；④容积小于或者等于 1000L；⑤工作压力与容积的乘积大于或者等于 2.5MPa·L，并且小于或等于 1000MPa·L；⑥介质为空气、氮气和医用蒸馏水蒸发而成的水蒸气；⑦设计温度大于或者等于−20℃，最高工作温度小于或者等于 150℃；⑧非直接火焰的焊接容器。以及与简单压力容器相连接的接头、密封面、紧固件和安全附件等。

(6) 锅炉。TSG G0001—2012《锅炉安全技术监察规程》（新锅规）适用于符合《特种设备安全监察条例》范围内的固定式承压蒸汽锅炉、承压热水锅炉、有机载热体锅炉，以及以余（废）热利用为主要目的的烟道式、烟道与管壳组合式余（废）热锅炉。包括锅炉本体、锅炉范围内管道、锅炉安全附件和仪表、锅炉辅助设备及系统。

在锅炉的使用管理中，应认真执行 TSG G0002—2010《锅炉节能技术监督管理规程》、TSG G5001—2010《锅炉水（介质）处理监督管理规则》、TSG G5002—2010《锅炉水（介质）处理检验规则》、TSG G5003—2008《锅炉化学清洗规则》、《锅炉使用管理规则》等技术规范。

(7) 气瓶。《气瓶安全监察规定》（国家质检总局令第 46 号，2003）适用于正常环境温度（−40～60℃）下使用的、公称工作压力大于或等于 0.2MPa（表压）且压力与容积的乘积大于或等于 1.0MPa·L 的盛装气体、液化气体和标准沸点等于或低于 60℃的液体的气瓶（不含仅在灭火时承受压力、储存时不承受压力的灭火用气瓶）。该部门规章侧重于气瓶安全监察的行政管理。

《气瓶安全监察规程》（质技监局锅发〔2000〕250 号）规范了气瓶的设计、制造、充装（包括：公称工作压力、充装系数）、运输、储存、经销、使用和检验（包括定期检验周期、报废期限）。本规范性文件既有气瓶安全监察的行政管理的内容，又有技术管理的内容，但侧重于技术管理。

《溶解乙炔气瓶安全监察规程》（劳锅字〔1993〕4 号）适用于钢质瓶体内装有多孔填料和溶剂、可重复充装乙炔气的移动式乙炔瓶。乙炔瓶的设计、制造、充装、检验、运输、储存和使用等，应符合本规程的规定。但本规程不适用于盛装乙炔气体的固定式压力容器。

TSG R0009—2009《车用气瓶安全技术监察规程》适用于环境温度在－40℃～60℃使用的、盛装公称工作压力大于或等于 0.2MPa（表压）且压力与容积的乘积大于或等于 1.0MPa·L 的盛装气体燃料、液化气体燃料的车用气瓶。

气瓶使用还需执行 TSG R5001—2005《气瓶使用登记管理规则》、TSG RF001—2009《气瓶附件安全技术监察规程》等技术规范。

6.3.3.4 搪玻璃压力容器

搪玻璃反应锅是化工行业用途十分广泛的设备。虽然现行标准有 GB 25025—2011《搪玻璃设备技术条件》、GB/T 25026—2010《搪玻璃闭式搅拌容器》、GB/T 25027—2010《搪玻璃开式搅拌容器》、HG/T 2638—2011《搪玻璃设备质量分等》等产品标准。GB/T 25026—2010《搪玻璃闭式搅拌容器》的内容器设计压力为 0.25MPa、0.60MPa、1.0MPa 三个等级，公称容积为 3000L～40000L，夹套设计压力为 0.6MPa，内容器及夹套内设计工作温度为－20～200℃，搪玻璃反应锅最大的 pV 值已达 40000MPa·L。

由于 TSG R5002—2013《压力容器使用管理规则》等有关压力容器的技术规范未包括搪玻璃反应锅，在《特种设备目录》中也无“搪玻璃压力容器”，给搪玻璃反应锅的管理留下了漏洞，埋下了安全隐患，因为化工企业的反应锅爆炸事故时有发生。作者认为应尽快将搪玻璃压力容器纳入《特种设备目录》中，制定“搪玻璃压力容器安全监察规程”，进行严格管理。

(1) 搪玻璃的材质：运用搪瓷的技术将耐酸玻璃物质经多次高温搪烧复合到金属基面上，获得玻璃——金属复合物。因其覆盖层基本上保留了耐酸玻璃的大部分性质，如光洁透明、致密无孔、化学稳定性高等，因此称其为搪玻璃。

(2) 搪玻璃的性能：①耐腐蚀性，能耐有机酸、无机酸、有机溶剂及 pH 12 以下的碱液；②不粘性，表面光滑对介质不粘且容易清洗；③传热但不导电；

(3) 搪玻璃不能适应的场合：①任何浓度、任何温度的氢氟酸；②浓度大于 30%、温度大于 180℃的磷酸；③浓度在 10%～20%、温度大于 150℃的盐酸；④浓度在 10%～30%、温度大于 200℃的硫酸；⑤pH 值大于 12、温度大于 100℃的碱性介质。

(4) 搪玻璃反应锅的安装、维修注意事项：①吊装搪瓷锅时要平稳，轻起轻落，避免碰撞；吊装作业的受力点只能是吊耳、支脚或出厂时的原包装。②安装前后要进行搪瓷面检查，可用高频电火花发生器进行探伤，所用电压一般控制在 5000V，并用安全灯照射仔细检查有无脱瓷及破裂等。③安装釜盖、人孔盖、接管法兰等，两连接面必须保持平行，并按对角线逐步拧紧卡子和螺栓，而且卡子和螺栓数目要按设计要求，防止在拧紧时造成搪瓷破裂。④严防工器具等磕碰搪瓷面或掉入反应锅。⑤夹套顶部应安装不凝气体排放阀，减少夹套的腐蚀。⑥内容器应根据使用压力安装压力表、安全阀或防爆片，夹套应安装压力表和安全阀。⑦搪瓷反应锅上或附近施焊时，要覆盖锅口，保证焊渣不落在瓷面上。⑧加料管应伸长，应将加料管端超出锅壁不少于 100mm（在不与锅内部件发生冲突的前提下尽量伸长一点）这样做有两大好处：避免了腐蚀性物料介质直接接触釜壁的搪玻璃层，避免了冷料或热料对搪玻璃层造成的冷、热冲击。

（5）搪玻璃反应锅的维护保养：①定期检查，每月一次对搪瓷反应锅进行清洗、检查，以便及时发现细小爆瓷并处理；检查各紧固件及密封面的可靠度；检查搪瓷反应锅附属的电机、减速机、温度计、压力表、安全阀（或防爆片）、密封件等。②暂不使用的搪瓷反应锅应妥善保养，夹套、温度计套管等内部不要进水，严防冬季结冰胀坏瓷层。③定期检查补充或更换传动装置机械密封的润滑液。

（6）使用搪玻璃设备的注意事项

① 搪玻璃设备损坏应及时发现尽早处理。搪玻璃设备爆瓷损坏除因冷、热冲击和氢腐蚀造成大面积爆瓷外，更多的损坏是从微小缺陷开始的，如不注意经常检查瓷面是否完好、出料时不能及时发现瓷片碎屑、发现小缺陷不重视不及时处理使设备带伤工作，最终会使微小的缺陷发展成穿孔而造成更大损失或酿成事故。

② 加强搪玻璃设备外壁的防腐。在潮湿、酸气重的车间里，搪玻璃设备碳钢外壁受到严重的腐蚀，特别是法兰、阀门泄漏时带腐蚀性的料液滴到锅盖上，锅盖基材因氢腐蚀导致内壁“鳞爆”。国内很多厂家采用刷油漆和加保温层防护的办法，国外的使用单位采取在釜盖上加塑料套子。国内的搪玻璃设备在出厂时都已经涂上了油漆，使用单位在油漆层未被破坏的前提下再刷上一层机油可起到相当的防腐作用，最重要的还是要杜绝锅盖上部阀门、法兰的泄漏。

③ 搪玻璃设备的衬垫不容忽视。搪玻璃设备的法兰损坏有一半是因为垫子选材不对或安装不当所致，接管的内表面和法兰的密封面是搪过玻璃的，但外面是没有瓷层的，当垫片不耐腐蚀或泄漏时腐蚀性介质就会由内向外渗透腐蚀法兰和接管的基体，最终使设备报废。衬垫应根据反应的介质、浓度及温度来选择，并在使用前对衬垫进行必要的处理。应选择法兰面平整的搪玻璃设备；选择耐腐蚀性能好、材质软、抗老化的垫片材料；使用石棉垫片时先将其在沸水中浸泡一段时间，使其变软后再用，否则不易压紧；不重复使用没有压缩余量的旧垫片；必要时可对法兰的螺栓孔和外圆面进行防腐。

④ 夹套结垢传热效果差应清洗，但严禁用盐酸清洗夹套。要防止酸性介质误入夹套。

（7）搪玻璃反应锅安全操作规程

① 检查搅拌电机、减速机、机封等是否正常，减速机油位是否适当，机封冷却水是否供给正常。检查与反应锅相连接的管道和阀门，在确保无异常符合投料条件的情况下，方可投料。

② 投料的顺序是先投液体原料，启动搅拌，再投入固体原料。严防坚硬物体掉进釜内，严禁热釜加冷料和冷釜加热料。

③ 严格执行工艺操作规程，密切注意反应锅内温度和压力以及反应釜夹套压力，严禁超温和超压。使用带夹套的反应釜时加温、升压要缓慢、平稳，不得急速加压升温或骤冷，升、降温速率≤3℃/min。

④ 操作过程中，应定时巡回检查，温度、压力应符合工艺要求。发现问题及时处理。

⑤ 出料时严禁用金属器具铲、捅出料管口，严禁用金属器具敲击搪瓷面，若发现有瓷片碎屑应开锅检查搪瓷情况，发现损坏应修补好后再用，避免因小缺陷未发现而变为大问题。

⑥ 停车：若停电或事故等原因造成停车，应立即停止投料；打开放空阀，采取升、降温措施。长期停车应将釜内残液清洗干净，关闭底阀、进料阀、进汽阀等所有阀门。

6.3.3.5 压力容器日常维护保养

压力容器日常维护保养工作应做好以下事项：

（1）设备保持完好：①容器运行正常，效能良好；②各种装备及安全附件完整。

（2）消除产生腐蚀因素；

（3）消灭容器“跑冒滴漏”；

（4）减少与消除压力容器的震动；

（5）加强停用期间的维护保养：①内部介质排净，特别是腐蚀性介质，要做到排放置换，清洗干燥等技术处理，保持内部干燥和清洁；②压力容器外壁涂刷油漆，防止大气腐蚀；③有搅拌装置容器还需做好搅拌装置的清理、保养工作，并拆卸动力源；④各种阀门及附件应进行保养，防止腐蚀卡死等。

6.3.3.6 在用压力容器的检验

（1）年度检查（外部检验）。为了确保压力容器在检验周期内的安全而实施运行过程中的在线检查，每年至少一次。年度检查可以由使用单位的持证的压力容器检验人员进行（也可委托检验单位承担）。

年度检查内容，包括使用单位压力容器安全管理情况检查、压力容器本体及运行状况检查和压力容器安全附件检查等。

在线的压力容器本体及运行状况的检查主要内容（检查时一般可以不拆保温层）：

① 压力容器的铭牌、漆色、标志及喷涂的使用证号码是否符合有关规定；

② 压力容器的本体、接口（阀门、管路）部位、焊接接头等是否有裂纹、过热、变形、泄漏、损伤等；

③ 外表面有无腐蚀，有无异常结霜、结露等；

④ 保温层有无破损、脱落、潮湿、跑冷；

⑤ 检漏孔、信号孔有无漏液、漏气，检漏孔是否畅通；

⑥ 压力容器与相邻管道或者构件有无异常振动、响声或者相互摩擦；

⑦ 支承或者支座有无损坏，基础有无下沉、倾斜、开裂，紧固螺栓是否齐全、完好；

⑧ 排放（疏水、排污）装置是否完好；

⑨ 运行期间是否有超压、超温、超量等现象；

⑩ 罐体有接地装置的，检查接地装置是否符合要求；

⑪ 安全状况等级为 4 级的压力容器的监控措施执行情况和有无异常情况；

⑫ 快开门式压力容器安全联锁装置是否符合要求；

⑬ 安全附件的检验，包括压力表、液位计、测温仪表、爆破片装置、安全阀的检查和校验等。

（2）定期检验（内、外部全面检验）。是指特种设备检验机构按照一定的时间周期，在压力容器停机时，根据 TSG R7001—2013，《压力容器定期检验规则》，对在用的固定式和移动式压力容器的安全状况所进行的符合性检验活动。压力容器一般于投用后 3 年内进行首次定期检验，以后的检验周期有检验机构根据压力容器的安全状况等级确定：

① 安全状况等级为 1、2 级的，一般每 6 年检验一次；

② 安全状况等级为 3 级的，一般每 3 年至 6 年检验一次；

③ 安全状况等级为 4 级的，监控使用，其检验周期由检验机构确定，累计监控使用不得超过 3 年，在监控使用期间，使用单位应当采取有效的监控措施。

④ 安全状况等级为 5 级的，应当对缺陷进行处理，否则不得继续使用。

定期检验周期的调整、检验前的准备工作、检验项目与方法、安全状况等级评定等详见 TSG R7001—2013《压力容器定期检验规则》。

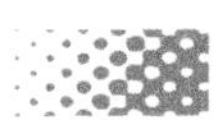

超高压容器的定期检验按照 TSG R0002—2005《超高压容器安全技术监察规程》的规定执行。

6.3.4 压力管道管理

与化工企业有关的压力管道技术规范有：TSG D0001—2009《压力管道安全技术监察规程——工业管道》、TSG D3001—2009《压力管道安装许可规则》、TSG D5001—2009《压力管道使用登记管理规则》、TSG D6001—2006《压力管道安全管理人员和操作人员考核大纲》等。

6.3.4.1 压力管道的类别

按用途分类，压力管道有长输（油气）管道、公用管道、工业管道、动力管道。

TSG D3001—2009《压力管道安装许可规则》附件 A 压力管道安装许可类别及其级别对压力管道分类如下。

(1) 长输（油气）管道（GA 类）：是指产地、储存库、使用单位间用于输送商品介质的管道。根据输送介质、距离和设计压力又分为：GA1 甲级、GA1 乙级、GA2 级。

① 符合下列条件之一的长输（油气）管道，为 GA1 甲级：输送有毒、可燃、易爆气体或者液体介质，设计压力≥10MPa 的和输送距离≥1000km，且公称直径≥1000mm 的。

② 符合下列条件之一的长输（油气）管道，为 GA1 乙级：a. 输送有毒、可燃、易爆气体介质，设计压力≥4.0MPa，＜10MPa 的；b. 输送有毒、可燃、易爆液体介质，设计压力≥6.4MPa，＜10MPa 的；c. 输送距离≥200km，且公称直径≥500mm 的。

③ GA1 级以外的长输（油气）管道，为 GA2 级。

(2) 公用管道（GB 类）：是指城镇或乡镇范围内用于公用事业或民用的燃气管道和热力管道，通常用 GB 表示，级别划分为：①GB1 级——燃气管道；②GB2 级——热力管道，分两类：设计压力大于 2.5MPa；设计压力≤2.5MPa。

(3) 工业管道（GC 类）：是指企业、事业单位所属的用于输送工艺介质的工艺管道、公用工程管道及其他辅助管道，共分为三个级别，即 GC1、GC2、GC3。

① GC1 级，符合下列条件之一的工业管道，为 GC1 级：a. 输送 GB 5044—1985《职业接触毒物危害程度分级》中规定的毒性程度为极度危害介质、高度危害气体介质和工作温度高于其标准沸点的高度危害液体介质的管道；b. 输送 GB50160—2008《石油化工企业设计防火规范》与 GB 50016—2006《建筑设计防火规范》中规定的火灾危险为甲、乙类可燃气体或者甲类可燃液体（包括液化烃），并且设计压力≥4.0MPa 的管道；c. 输送流体介质，并且设计压力≥10.0MPa，或者设计压力≥4.0MPa 且设计温度≥400℃的管道。

② GC2 级，除本附件规定的 GC3 级管道外，介质毒性程度、火灾危险性（可燃性）、设计压力和设计温度低于 GC1 级的管道。

③ GC3 级，输送无毒、非可燃流体介质，设计压力≤1.0MPa 且设计温度高于－20℃但是不高于 185℃的工业管道为 GC3 级管道。

(4) 动力管道（CD 类）：火力发电厂用于输送蒸汽、汽水两相介质的管道。划分为 CD1 级、CD2 级：①CD1 级，设计压力≥6.3MPa，或者设计温度≥400℃的动力管道为 CD1 级管道；②CD2 级，设计压力＜6.3MPa，且设计温度低于 400℃的动力管道为 CD2 级管道。

在 TSG D0001—2009《压力管道安全技术监察规程——工业管道》附件 A 工业管道级别及其介质毒性程度、腐蚀性和火灾危险性的划分中对“介质毒性程度、腐蚀性和火灾危险性的划分”更为明确具体，请参阅。

6.3.4.2 压力工业管道

化工企业的特点是管道多，而且许多管道属于压力工业管道。

TSG D0001—2009《压力管道安全技术监察规程——工业管道》适用于同时具备下列条件的工艺装置、辅助装置以及界区内公用工程所属的工业管道（以下简称管道）：①最高工作压力≥0.1MPa的；②公称直径＞25mm的；③输送介质为气体、蒸汽、液化气体、最高工作温度高于或者等于其标准沸点的液体或者可燃、易爆、有毒、有腐蚀性的液体的。

《规程》对管道元件，设计，安装，使用、改造、维修，定期检验及安全保护装置等方面提出了压力工业管道的基本安全要求。

（1）资质认定。从事管道元件制造和管道安装、改造、维修以及定期检验的无损检测人员，应当取得特种设备无损检测人员资格证书；无损检测机构应当取得国家质检总局颁布的《特种设备检验检测机构核准证》。

从事管道元件制造和管道安装、改造、维修焊接的焊接人员（以下简称焊工），必须取得焊工相应的《特种设备作业人员证》。

管道安全管理人员和操作人员应当取得相应的《特种设备作业人员证》。

管道工程设计、安装、检验应符合《规程》以及GB/T 20801—2006《压力管道规范 工业管道》的要求。管道的设计单位应当取得相应的设计许可证书，保证所设计的管道能够安全、持续、稳定、正常地生产运行。

管道安装单位应当取得特种设备安装许可，安装单位应当对管道的安装质量负责。管道施工前，安装单位应当填写《特种设备安装改造维修告知书》，向管道安装工程所在地负责管道使用登记的质量技术监督部门书面告知，并且按照规定接受监督检验。

（2）安装质量证明文件。管道安装工程竣工后，安装单位及其无损检测单位应当将工程项目中的管道安装及其检测资料单独组卷，向管道使用单位（或者其委托方技术负责人）提交安装质量证明文件，并且由管道使用单位在管道使用寿命期内保存。

安装质量证明文件至少应当包括下列内容：①管道安装质量证明书，其内容和格式参照《规程》附件D；②管道安装竣工图，至少包括管道轴测图、设计修改文件和材料代用单等；③管道轴测图上标明管道受压元件的材质和规格、焊缝位置、焊缝编号（区别现场固定焊的焊缝和预制焊缝）、焊工代号、无损检测方法、局部或者抽样无损检测焊缝的位置、焊缝补焊位置、热处理焊缝位置等，并且能够清楚地反映和追溯管道组成件和支承件；④管道元件的产品合格证、质量证明书或者复验、试验报告（由使用单位或其委托方采购的管道元件除外）；⑤管道施工检查记录、无损检测报告、检验和试验报告。

提交安装质量证明文件时，同时还需要提交安装监督检验报告。

6.3.4.3 压力管道的使用、改造和维修

管道的使用单位负责本单位管道的安全工作，保证管道的安全使用，对管道的安全性能负责。使用单位应当配备必要的资源和具备相应资格的人员从事压力管道安全管理、安全检查、操作、维护保养和一般改造、维修工作。

使用单位的管理层应当配备一名人员负责压力管道安全管理工作。管道数量较多的使用单位，应当设置安全管理机构或者配备专职的安全管理人员，在使用管道的车间（分厂）、装置均应当有管道的专职或者兼职安全管理人员。

管道使用单位应当建立管道安全技术档案并且妥善保管。管道安全技术档案应当包括以下内容：①管道元件产品质量证明、管道设计文件（包括平面布置图、轴测图等图纸）、管道安装质量证明、安装技术文件和资料、安装质量监督检验证书、使用维护说明等文件；

②管道定期检验和定期自行检查的记录；③管道日常使用状况记录；④管道安全保护装置、测量调控装置以及相关附属仪器仪表的日常维护保养记录；⑤管道运行故障和事故记录。

使用单位应当按照管道有关法规、安全技术规范及其相应标准，建立管道安全管理制度并且有效实施。管道安全管理制度的内容至少包括以下内容：①管道安全管理机构以及安全管理人员的管理；②管道元件订购、进厂验收和使用的管理；③管道安装、试运行以及竣工验收的管理；④管道运行中的日常检查、维修和安全保护装置校验的管理；⑤管道的检验(包括制订年度定期检验计划以及组织实施的方法、在线检验的组织方法)、修理、改造和报废的管理；⑥向负责管道使用登记的登记机关报送年度定期检验计划以及实施情况、存在的主要问题以及处理；⑦管道事故的抢救、报告、协助调查和善后处理；⑧检验、操作人员的安全技术培训管理；⑨管道技术档案的管理；⑩管道使用登记、使用登记变更的管理。

管道使用单位应当在工艺操作规程和岗位操作规程中，明确提出管道的安全操作要求。管道的安全操作要求至少包括以下内容：①管道操作工艺指标，包括最高工压力、最高工作温度或者最低工作温度；②管道操作方法，包括开、停车的操作方法和注意事项；③管道运行中重点检查的项目和部位，运行中可能出现的异常现象和防止措施，以及紧急情况的处置和报告程序。

管道使用单位，应当按照 TSG D5001—2009《压力管道使用登记管理规则》的要求，办理管道使用登记，登记标志置于或者附着于管道的显著位置。不能达到合乎使用要求的管道，使用单位应当及时予以报废，并且及时办理管道使用登记注销手续。

使用单位应当建立定期自行检查制度，检查后应当做出书面记录，书面记录至少保存 3 年。发现异常情况时，应当及时报告使用单位有关部门处理。

操作人员在作业过程中发现事故隐患或者其他不安全因素，应当及时向现场安全管理人员和单位有关负责人报告。在用管道发生故障、异常情况，使用单位应当查明原因。对故障、异常情况以及检查、定期检验中发现的事故隐患或缺陷，应当及时采取措施，消除隐患后，方可重新投入使用。

管道发生事故有可能造成严重后果或者产生重大社会影响的使用单位，应当制定应急救援预案，建立相应的应急救援组织机构，配置与之适应的救援装备，并且适时演练。

化工企业在进行压力管道的设计，元件采购，安装，使用、改造、维修，定期检验和安全保护装置等工作时，均应认真查阅压力管道相关的法规和技术规范，严格按照法规和技术规范执行，才能保证压力管道的安全运行，保障员工生命和企业财产安全。

6.3.5 起重机械管理

起重机械的法规和技术规范有：《起重机械安全监察规定》（国家质检总局令第 92 号，2006）、TSG Q5001—2009《起重机械使用管理规则》、TSG Q6001—2009《起重机械安全管理人员和作业人员考核大纲》、TSG Q7015—2008《起重机械定期检验规则》、TSG Q7016—2008《起重机械安装改造重大维修监督检验规则》、GB 28755—2012《简易升降机安全规程》等。

化工企业日常使用的起重机械基本上都是轻小型起重机械，列入《特种设备目录》的见表 6-3。

使用表 6-3 中起重机械的化工企业应严格执行相关部门规章和安全技术规范。《起重机械安全监察规定》规定：起重机械使用应当办理使用登记，起重机械使用单位应建立健全相应的起重机械使用安全管理制度；设置起重机械安全管理机构或者配备专（兼）职安全管理人员从事起重机械安全管理工作；对起重机械作业人员进行安全技术培训；做好日常维护保

表 6-3 化工企业常用的列入《特种设备目录》的起重机械

代码	种类	类别	品种	备注
4000	起重机械			
4800		升降机		
4860			施工升降机	
4870			简易升降机	GB 28755—2012《简易升降机安全规程》
4880			升降作业平台	
4C00		轻小型起重设备		
4CB0			钢丝绳电动葫芦	
4CC0			防爆型钢丝绳电动葫芦	
4CE0			气动葫芦	使用压缩空气，简单气路连接，无电缆线；速度快而可调；重量轻，60℃以上可正常操作
4CF0			防爆气动葫芦	
4CG0			带式电动葫芦	

养，并做出记录；制定起重机械事故应急救援预案，根据需要建立应急救援队伍，并且定期演练。使用单位应当建立起重机械安全技术档案，执行定期周期检查（内容详见《规定》）。

GB 28755—2012《简易升降机安全规程》自 2013 年 2 月 1 日实施。该规程的实施，终结了我国化工企业长达数十年的用电动葫芦改装自制升降机的历史。

6.3.6 场（厂）内专用机动车辆

场（厂）内专用机动车辆是指除道路交通、农用车辆以外仅在工厂厂区、旅游景区、游乐场所等区域使用的专用机动车辆。在厂区主要进行物流运输。列入《特种设备目录》的场（厂）内专用机动车辆见表 6-4。

表 6-4 列入《特种设备目录》的场（厂）内专用机动车辆

代码	种类	类别	品种
5000	场(厂)内专用机动车辆		
5100		场(厂)内专用机动工业车辆	
5110			叉车
5120			搬运车
5130			牵引车
5140			推顶车

叉车（5110），广义又可理解为堆垛用（高起升）车辆，它具有平台、货叉或其他承载装置，可把货物起升到一定高度进行堆垛或堆放作业的车辆。包括：平衡重式叉车、前移式叉车、托盘堆垛车、侧面式叉车、侧面堆垛式叉车、三向堆垛式叉车等。

搬运车（5120），有固定平台搬运车、托盘搬运车等。

牵引车（5130），车辆后端有牵引连接装置，用来在地面牵引其他车辆的工业车辆。

推顶车（5140），车辆前端装有缓冲牵引板，用来在地面上作推顶其他车辆的工业车辆。

场（厂）内专用机动车辆使用单位应办理使用登记证书，驾驶员要取得《特种作业人员证书》。要建立安全技术档案，建立相关的安全管理制度，做好日常维护保养和定期检验。

场（厂）内专用机动车辆使用单位要认真执行 GB 10827—1999《机动工业车辆 安全规范》和 GB 4387—2008《工业企业厂内铁路、道路运输安全规程》，确保安全作业。

6.3.7 起重吊运安全技术

化工生产物料输送中常用的起重吊运机械有：升降机、电梯、叉车等。

化工设备安装检修中，常用的大型机械有：塔式起重机、桅杆式起重机、卷扬机等；小型机械有：千斤顶、手拉葫芦、电动葫芦等。

起重吊运伤害事故是化工企业的常见多发事故，主要有：吊物坠落、挤压碰撞、触电和机体倾翻等。

6.3.7.1 起重吊运安全要求

(1) 作业者必须经过培训，持证上岗。

(2) 作业者在操作前，必须认真检查制动器、吊钩、钢丝绳和安全装置等，发现不正常应在操作前排除。

(3) 开车前，必须鸣铃报警，确认起重机上无人或周围无人时，才能闭合电源。闭合电源前，所有控制器手柄应置于零位。

(4) 操作应按指挥信号进行。听到紧急停车信号或呼叫，无论是谁发出，都应立即执行。

(5) 小高度、短行程试吊。所吊重物接近额定重量，或吊运液态金属、有害液体、易燃易爆物品时，吊运前必须检查制动器，并用小高度（200～300mm）、短行程试吊后在平稳地吊运。

(6) 工作中突然断电，应将所有控制器手柄扳回零位；在重新工作前，应检查起重机动作是否正常。

(7) 有下列情况，作业者不得操作：①超载或物体重量不清时，包括吊拔重量和拉力不清的埋置物体；②信号不明确；③物品捆绑、吊挂不牢或不平衡，可能引起滑动时；④被吊物上有人或浮置物；⑤起重机械结构或零件有影响安全的缺陷或损伤，如制动器或安全装置失灵、吊钩防松动装置损坏、钢丝绳损伤等；⑥作业场地昏暗；⑦重物捩角出与钢丝绳之间未加衬垫；⑧液体化学品包装不可靠。

(8) 不得在有载荷下调整起升、变幅机构的制动器；不得利用限位开关停车。

(9) 吊臂（升降机）下严禁站人。吊运重物不得从人头顶通过，操作中接近人时，应给与断续铃声或报警。

(10) 25t 以上吊车进入现场，只允许停在检修道上，严禁压坏地下设施和堵塞消防通道。

(11) 吊运货物在无障碍的线路上运行，吊物底面应吊离底面 2m 以上；有障碍物要穿越时，吊物底面应高出障碍物 0.5m 以上。

(12) 重物不得在空中悬停时间过长，且起落要平稳；非特殊情况不得紧急制动和急速下降。

(13) 吊重物回转时，动作要平稳，不得突然制动；重物重量接近额定重量，回转时重物距地面高度不应太高，一般在 0.5m 左右。

(14) 严禁用生产设备、管道、构架及生产性构筑物做起重吊装锚点，与其它设备、容器、管道、阀门、电线等保持一定的安全距离，以免造成碰撞、损坏。

(15) 电气设备的金属外壳必须接地。禁止在起重机上存放易燃易爆物品，司机室应配备灭火机。

(16) 不得在起重吊运时进行检查检修。

6.3.7.2 厂内叉车安全操作规程

(1) 驾驶员必须经过相关部门考试合格，取得特殊工种操作证，方可驾驶叉车。

(2) 驾驶员必须认真学习并严格遵守操作规程，熟悉车辆性能和操作区域道路情况。掌握维护叉车保养基本知识和技能，认真按规定做好车辆的维护保养工作。

(3) 严禁带人行驶，严禁酒后驾驶；行驶途中不准饮食和闲谈；不准行驶途中手机通话。

(4) 车辆使用前，应严格检查，严禁带故障出车，不可强行通过有危险或潜在危险的路段。

(5) 不得用单个货叉运转货物，不得用货叉尖端去挑起货物；货叉必须全部插入货物下面并使货物均匀地放在货叉上。货叉地段离地高度保持300～400mm。

(6) 对于尺寸较大的影响视线的货物要小心搬运，在物品影响前行视线时，应倒行；不要搬运未固定或松散的货物。

(7) 平稳起步，转向前一定要先减速，正常行驶速度不得超过5km/h，平稳制动停车。

(8) 不准在货叉上站人，叉车上不准载人运行。

(9) 通过路口时，或在车间有可能出现人的地段，必须“一慢、二鸣（笛）、三通过”；转弯或倒车，必须鸣笛。在货场、车间、仓库、窄路倒车时，应有人在一侧指挥。

(10) 严禁用货叉或托盘举升人员从事高处作业。

(11) 严禁长时间用货叉使物品停留在高处，严禁在用货叉下面进行检修或长时间停留作业。

(12) 叉车必须符合国家规定安全技术要求，必须按时年检。未经年检或年检不合格的叉车，不得作业。

6.4 能源（用水）计量管理

能源指煤炭、原油、天然气、焦炭、煤气、成品油、液化石油气、生物质能和电力、热力以及其他直接或者通过加工、转换而取得有用能的各种资源。

《节能减排“十二五”规划》（国发〔2012〕40号）指出：目前“我国能源利用效率总体偏低。我国国内生产总值约占世界的8.6%，但能源消耗占世界的19.3%，单位国内生产总值能耗仍是世界平均水平2倍以上。2010年全国钢铁、建材、化工等行业单位产品能耗比国际先进水平高出10%～20%”。“要进一步完善和落实相关产业政策，提高产业准入门槛，严格能评、环评审查，抑制高耗能、高排放行业过快增长，合理控制能源消费总量和污染物排放增量。加快淘汰落后产能，实施节能减排重点工程，改造提升传统产业”。

化工行业是高耗能、高污染的行业，节能（节水）减排是化工企业转型升级的一个重要任务，化工企业做好能源（用水）计量管理工作显得十分重要。

能源计量管理工作是企业基础技术工作之一，它对于企业的生存和发展有着很大的促进作用，化工企业要发展、要进步，就必须建立适合自身实际，符合科学规范的能源计量管理体系。只有完善能源计量管理制度，加强能源计量器具的控制管理，合理的分析和运用好能源计量数据，才能尽快提升企业现代化管理水平。

6.4.1 法律法规、部门规章和标准

有关能源（用水）计量管理的重要法律法规、部门规章和标准主要有：

中华人民共和国计量法（国家主席令第 28 号，1986-07-01 施行）
中华人民共和国水法（国家主席令第 74 号，2002-10-01 施行）
中华人民共和国水污染防治法（国家主席令第 87 号，2008-06-01 施行）
中华人民共和国节约能源法（国家主席令第 77 号修订，2008-04-01 施行）
中华人民共和国计量法实施细则（1987 年 1 月 19 日国务院批准）
中华人民共和国强制检定的工作计量器具检定管理办法（国发〔1987〕31 号）
取水许可和水资源费征收管理条例（国务院令第 460 号）
取水许可管理办法（水利部令第 34 号，2008）
重点用能单位节能管理办法（国家经贸委令第 7 号，1999）
节约用电管理办法（国家经贸委/国家发展计划委，2001）
计量标准考核办法（国家质检总局令第 72 号，2005）
国家计量检定规程管理办法（国家质检总局令第 36 号，2006）
计量基准管理办法（国家质检总局令第 94 号，2007-07-10 施行）
制造、修理计量器具许可监督管理办法（国家质检总局令第 104 号，2008-05-01 施行）
计量检定人员管理办法（国家质检总局令第 105 号，2008-05-01 施行）
计量比对管理办法（国家质检总局令第 107 号，2008-08-01 施行）
能源计量监督管理办法（国家质检总局令第 132 号，2010-11-01 施行）
GB/T 19022—2003 测量管理体系 测量过程和测量设备的要求
GB/T 2589—2008 综合能耗计算通则
GB/T 3484—2009 企业能量平衡通则
GB/T 5623—2008 产品电耗定额制定和管理导则
GB/T 7119—2006 节水型企业评介导则
GB/T 12452—2008 企业水平衡测试通则
GB/T 18820—2011 工业企业产品取水定额编制通则
GB/T 12723—2008 单位产品能源消耗限额编制通则
GB 17167—2006 用能单位能源计量器具配备和管理通则
GB/T 21367—2008 化工企业能源计量器具配备和管理要求
GB/T 23331—2009 能源管理体系 要求
GB 50684—2011 化学工业污水处理与回用设计规范

6.4.2 能源计量管理要求

6.4.2.1 法律法规、部门规章的要求

(1)《中华人民共和国节约能源法》规定：节约能源（简称：节能），是指加强用能管理，采取技术上可行、经济上合理以及环境和社会可以承受的措施，从能源生产到消费的各个环节，降低消耗、减少损失和污染物排放、制止浪费，有效、合理地利用能源。

国家实行节能目标责任制和节能考核评价制度，将节能目标完成情况作为对地方人民政府及其负责人考核评价的内容。国家实行有利于节能和环境保护的产业政策，限制发展高耗能、高污染行业，发展节能环保型产业。国家鼓励、支持开发和利用新能源、可再生能源。

国家鼓励、支持节能科学技术的研究、开发、示范和推广，促进节能技术创新与进步。

国家实行固定资产投资项目节能评估和审查制度。不符合强制性节能标准的项目，依法负责项目审批或者核准的机关不得批准或者核准建设；建设单位不得开工建设；已经建成的，不得投入生产、使用。国家对落后的耗能过高的用能产品、设备和生产工艺实行淘汰制度。

(2)《能源计量监督管理办法》规定：用能单位应当建立健全能源计量管理制度，明确计量管理职责，加强能源计量管理，确保能源计量数据真实准确。

用能单位应当配备符合规定要求的能源计量器具。能源计量器具应当满足能源分类、分级、分项计量要求。用能单位应当建立能源计量器具台账，加强能源计量器具管理。用能单位应当按照规定使用符合要求的能源计量器具，确保在用能源计量器具的量值准确可靠。

用能单位应当加强能源计量数据管理，建立完善的能源计量数据管理制度。用能单位应当保证能源计量数据与能源计量器具实际测量结果相符，不得伪造或者篡改能源计量数据。用能单位应当将能源计量数据作为统计调查、统计分析的基础，对各类能源消耗实行分类计量、统计。

重点用能单位制定年度节能目标和实施方案，应当以能源计量数据为基础，有针对性地采取计量管理或者计量改造措施。重点用能单位应当配备专业人员从事能源计量工作。重点用能单位的能源计量工作人员应当具有能源计量专业知识，定期接受能源计量专业知识培训。

质量技术监督部门应当对重点用能单位的能源计量器具配备和使用，计量数据管理以及能源计量工作人员配备和培训等能源计量工作情况开展定期审查。

(3)《重点用能单位节能管理办法》规定：所称重点用能单位是指：①年综合能源消费量1万吨标准煤以上（含1万吨，下同）的用能单位；②各省、自治区、直辖市经济贸易委员会（经济委员会、计划与经济委员会，下同）指定的年综合能源消费量5000吨标准煤以上（含5000吨，下同）、不足1万吨标准煤的用能单位。能源消费的核算单位是法人企业。

重点用能单位应按照合理用能的原则，加强节能管理，推进技术进步，提高能源利用效率，降低成本，提高效益，减少环境污染。

重点用能单位每年应安排一定数额资金用于节能科研开发、节能技术改造和节能宣传与培训。应健全能源计量、监测管理制度，配备合格的能源计量器具、仪表，能源计量器具的配备和管理应达到《企业能源计量器具配备和管理导则》规定的国家标准。应建立能源消费统计和能源利用状况报告制度。重点用能单位应指定专人负责能源统计，建立健全原始记录和统计台账。

重点用能单位应在每年1月底前向主管经济贸易委员会报送上一年度的能源利用状况报告。报告应包括能源购入、能源加工转换与消费、单位产品能耗、主要耗能设备和工艺能耗、能源利用效率、能源管理、节能措施和节能经济效益分析、预测能源消费等。

重点用能单位应建立能源消耗成本管理制度。应根据国家经济贸易委员会和省、自治区、直辖市经济贸易委员会会同有关部门制定的单位产品能耗限额，制定先进、合理的企业单位产品能耗限额，实行能源消耗成本管理。

重点用能单位应建立有利于节约能源、降低消耗、提高经济效益的节能工作责任制。明确节能工作岗位的任务和责任，通过岗位责任制和能耗定额管理等形式将能源使用管理制度化、落实到人，纳入经济责任制。

重点用能单位应开展节能宣传与培训。主要耗能设备操作人员未经节能培训不得上岗。重点用能单位应设立能源管理岗位，聘任的能源管理人员应熟悉国家有关节能法律、法规、方针、政策，具有节能知识、三年以上实际工作经验和工程师以上（含工程师）职称，并报主管经济贸易委员会备案。能源管理人员负责对本单位的能源利用状况进行监督检查。

(4)《高耗能特种设备节能监督管理办法》（质检总局令第116号，2009）对特种设备的节能降耗的管理作出了明确规定。

我国经济处于深化改革、转型升级的重要时期，企业管理者应密切关注新的能源计量法规。

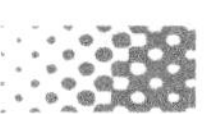

6.4.2.2 能源管理、测量管理体系标准

（1）能源管理体系（GB/T 23331—2009 和 ISO 50001：2011）

我国 GB/T 23331—2009《能源管理体系 要求》颁布后，中国国家认证认可监督管理委员会（简称：国家认监委）随即在化工、冶金等 10 个重点行业开展了能源管理体系认证试点工作。ISO 50001：2011《能源管理体系——要求及使用指南》在 2011 年 6 月 15 日正式发布，我国在推动 ISO 50001 的建立中发挥了重要作用。

GB/T 23331—2009 从能源管理体系的全过程出发，遵循系统管理原理，通过实施一套完整的标准、规范，在组织内建立起一个完整有效的能源管理体系，注重建立和实施过程的控制，使组织的活动、过程及其要素不断优化，通过履行节能监测、能源审计、能效对标、内部审核、组织能耗计量与测试、组织能量平衡统计、管理评审、自我评价、节能技改、节能考核等措施，不断提高能源管理体系持续改进的有效性，实现能源管理方针和承诺并达到预期的能源消耗或使用目标。

GB/T 23331—2009《能源管理体系 要求》具体包括以下四个方面的内容：①坚持全过程控制。降低能源消耗、提高能源利用效率都是在产品实现和服务提供的行为活动中体现的，能源管理体系标准更注重对过程的控制要求。②运用 PDCA 循环。通过在组织内各层次应用 PDCA 概念进行能源因素识别、目标指标和管理方案制定，以及运行控制、检查和管理评审等活动，最终实现保持和持续改进能源管理的过程能力。③充分结合能源管理的特点。将能源管理的特点充分体现在能源管理体系的各项具体要求中，努力与现行的能源管理方法，如与能源诊断、综合能耗计算、节能量计算等技术相结合。④充分借鉴现有的管理体系标准。我国能源管理体系标准遵循管理体系标准的国际惯例、发展趋势和一般要求，借鉴 ISO 9001、ISO 14001、ISO 27001 等应用比较广泛的国际管理体系标准的理念和方法，在标准构架、相关表述和要求方面与国际通行的管理模式相协调。

能源管理体系核心旨在以下几个方面：①在日常的能源管理工作中，依靠开发和应用节能技术、装备仅仅是节能工作的一个方面，还要应用系统的管理方法降低能源消耗、提高能源利用效率，推动“行为节能”成为能源管理的关键。②由于大多数企业缺乏能源管理的专业人员，且员工的节能意识普遍薄弱，这就要求企业必须强化全体员工的节能意识，需要企业通过建立完善的能源管理体系，引进培养专业的能源管理人才，设置合理的管理控制岗位，为企业的节能减排目标发挥积极的作用。③建立能源管理体系可以促使企业解决一、二、三级计量的缺失，从各种产品生产线、主要耗能设备的耗能计量（电、燃气、蒸汽、水、压缩空气、采暖通风量等），到锅炉蒸汽产量的计量、空气压缩机产出的压缩空气的计量，再到取用地下水、地表水等取水计量，排水和回用水的计量等等。没有这些数据，企业的节能减排就失去了大量可供分析和参考的因素，这也是以微观控制达到宏观成果的必要途径。④为企业建立有效能耗检测的管理制度。目前大部分企业未实施主动的能源利用效率的检测，无法确切的了解工艺、设备、设施等能源使用效率和能源使用的合理性，不利于企业发现自身与国际先进能耗管理水平之间的差距，找出可提高能效的途径和方法。

综上所述，能源管理体系是我国借鉴 ISO 质量管理、环境管理体系的成功模式，结合能源管理领域的特点和要求制订的。通过实施一套完整的标准、规范，在企业内建立起一个完整有效、形成文件的能源管理体系，注重建立和实施过程的控制，使组织的活动、过程及其要素不断优化，实现能源管理方针和承诺并达到预期的能源消耗或使用目标。

化工企业在实施能源管理体系认证的工作中，应该执行 GB 17167—2006《用能单位能源计量器具配备和管理通则》、GB/T 21367—2008《化工企业能源计量器具配备和管理要求》、GB/T 3484—2009《企业能量平衡通则》、GB/T 5623—2008《产品电耗定额制定和管理导则》等标准。

(2) 测量管理体系(GB/T 19022—2003 idt ISO 10012：2003)

GB/T 19022—2003《测量管理体系 测量过程和测量设备的要求》的认证证书(中国中启计量体系认证中心颁发)分为A级、AA级和AAA级三个级别，AAA级为最高级。

计量工作是企业一项重要的技术基础工作，没有计量保证能力的支撑和高质量的计量管理水平，企业就不能在激烈的市场竞争中站稳脚跟。然而，计量工作又是一项管理性很强的综合性工作，涉及企业的生产经营管理、工艺质量控制、能源计量、安全和环境监测等诸多环节。国际上许多著名企业通行的做法是把企业的计量工作放在保证企业实现产品质量的重要位置上。

测量管理体系是GB/T 19000族标准之一。它和质量管理体系、环境管理体系等同样是一个组织的若干不同专项管理体系之一，成为一个组织的管理体系的重要组成部分，同时它也是质量/环境/能源/职业健康安全管理等体系的基础。

化工生产要实现安全优质、高产低耗、环境友好的目标，就是要把各种管理“要求”转化成“标准化、制度化、规范化”的管理体系。但不论哪个管理体系，始终都要把“监视和测量装置的控制”作为管理体系的关键要求加以明确，其目的就是实现管理过程的受控和产品实现过程的受控，把过程中可能产生的不正确结果从源头或生产过程中加以控制或消除，并经过分析、沟通、纠正和预防措施，实现持续改进。

测量管理体系的建立，是为了满足计量的法制要求和顾客的计量要求，也为企业实施名牌战略提供了强有力的支持。根据国家《中国名牌产品管理办法》的有关规定，在企业申报国家名牌产品时，必须取得《测量管理体系》认证。节能降耗评价过程中，对企业是否通过测量管理体系认证也有明确要求。ISO 10012：2003标准是对测量和测量过程的最高标准，国家质检总局和国家认监委明确规定：对获得测量管理体系认证证书的企业，实施其他体系认证时，可免于对相关条款的审核。由于测量管理体系认证考核，不仅是独立的第三方审核，也有政府计量行政部门的监督考量，可使企业计量管理水平和计量检测能力得到了加强和提高，为企业参与国内外招标、签订合同等活动提供了稳固的计量基础保证作用。

建立测量管理体系，开展体系认证工作，主要应做好以下几项工作：

(1) 根据实际，领导决策，统一思想。要按照GB/T 19022—2003的要求，明确贯标的目的及其必要性和可行性，尤其是最高管理者必须认清测量管理体系的作用和目的。并根据实际情况，确定贯彻标准的时间表和具体要求，对体系的重要内容和建立原则提出计划任务书论证报告，以证明体系符合标准要求，并作为体系建立和运行的依据，根据计划任务书和论证报告制定体系文件——计量管理手册和程序文件。

(2) 培训审核员。内审员是企业进行贯标工作的骨干力量，由于2003版标准在标准思路及结构内容上都有了很大变化，尤其是以八项质量管理原则(以顾客为中心、领导作用、全员参与、过程方法、系统管理、持续改进、以事实为决策依据、互利的供方关系)作为指导思想，采用过程方法或过程模式建立新的体系结构，都涉及思想认识要提高、思想观念要转换等问题。通过培训要让计量人员真正掌握2003版标准的深刻内涵及其对测量管理体系的要求、审核的技巧方法，确保参加贯标的计量人员取得内审员资格证书，为建立测量管理体系或标准转换做好准备。还要特别针对测量管理体系的难点和重点部门(设计/技术部门、采购部门等)进行培训，让这些部门的领导和相关人员理解和参与测量管理体系的建立和发展。

(3) 建立健全贯标或标准转换的工作班子。应成立以最高管理者为组长的贯标或转换工作小组，具体负责测量管理体系的建立、组织实施工作。同时，必须强化计量主管部门的核

心作用，设立专门的计量管理机构来实施管理，有时计量部门也可以与其他部门（如质管部门）合并设置，但必须有专门的人员进行管理。

(4) 制定贯标或标准转换的实施计划。应结合企业的实际情况制定具体的实施计划，其内容一般可包括以下六个方面：①培训；②进行测量管理体系的策划；③编制或编写修改完善体系文件；④试运行；⑤开展审核与管理评审；⑥申请确认审核或复评换证。计划应提出具体的进度安排、具体的责任部门分工情况、任务落实的部门或人员、监督执行的部门等等，计划要经最高管理者批准，然后实施。通常作为初次开展贯标工作的企业，一般要求体系文件批准后有3～4个月的试运行期，要具有体系运行充分的客观证据；加上标准学习文件的编制、培训、实施，全体员工思想观念的转变等等，通常大约需要6个月的时间。

(5) 组织培训。培训要针对全体员工进行，可以分为两个层次进行：①管理层：即计量职能部门和贯标的骨干队伍（内审员、各个体系覆盖部门的主要领导等），这是培训的重点，要使他们真正吃透标准，识别新标准中新增或变化的内容，并能自如的应用和不断改进完善，达到了这种效果，培训工作就是成功的。②执行层：即具体从事实施和操作的人员，如一般管理人员、测试人员、检验人员，他们主要是要理解和掌握本职工作的要求和程序，能严格按文件规定进行操作，增强参与意识、计量意识和对测量过程的控制。培训工作必须加强计划性、针对性和有效性，注重效果，做好记录，为贯标工作打下了一个坚实的基础。

(6) 建立正规计量体系，迎接审核。完成培训工作之后，就要重点建立一个正规的计量体系。为此，应注意以下四个方面的问题；①必须具有完整的计量体系文件；②文件控制、文件更改应符合标准的要求；③实际活动与书面文件或非书面承诺应一致；④必要的运作情况应有可以追溯的记录。评审的内容主要包括以下三个方面：①计量活动及其结果是否符合规范要求；②各项规定是否得到有效贯彻；③实施结果是否满足生产经营对计量的要求。

与其他管理体系一样，测量管理体系的建立是一项全面的、全过程的、全员参与的工作，是要通过PDCA循环，不断持续改进才能得以实现的。有条件的化工企业，应首先进行测量管理体系的认证，然后再进行其他体系的认证就顺理成章了。在进行测量管理体系的认证时，应同时按上述能源管理体系的要求做好工作。

6.4.3 化工企业计量工作的日常管理

化工企业最大的特点是流程性生产，生产过程几乎都在机、炉、塔、罐、釜、管道内进行，且存在高温、高压、易燃、易爆、有毒、腐蚀等恶劣工况条件。除能源计量工作外，化工企业大量的计量工作是原材料、中间体、产品的检测，化工生产过程中物位、温度、压力、流量等的监控和测量，污染物排放监测，因而计量检测设备种类繁杂、数量众多，且使用环境恶劣。如何管好、用好这些计量检测设备，使其更好地为生产工艺服务，为节能降耗、经济核算提供准确可靠的计量数据，是化工企业计量工作的重要任务。化工企业计量工作的日常管理要做好以下工作。

(1) 落实计量管理机构和职责及人员培训

中小企业一般在设备能源科设有计量室，负责计量器具的台账登记、校验、检定、周检等工作。车间由分管设备的副主任或设备工程师负责计量工作；生产班组负责计量器具的检查，在计量室计量员指导下做好计量器具的保养、校验等工作。

根据《计量检定人员管理办法》(国家质检总局令第105号，2007) 规定，计量检定人员从事计量检定活动，必须具备相应的条件，并经质量技术监督部门核准，取得《计量检定员证》。具备相应条件的，可按规定要求取得省级以上质量技术监督部门颁发的《注册计量师注册证》。

(2) 做好检测设备的进厂检验和使用前检定

对所有新购进厂的计量检测设备按有关计量检定规程（规范）要求实施全检（而非抽检!)，检定结论作为进厂检验的依据；另一方面，对检定（校准）合格的计量检测设备，粘贴合格证/准用证彩色标记，当作已实施了使用前检定，合格证的有效期按检定规程执行(一般为1年)，使用者领用时，只要其在彩色标记表明的合格有效期内，即可直接投入使用。这种办法简化了工作程序，提高了工作效率，也彻底杜绝了不合格计量检测设备的入库。

(3) 做好计量设备的分级管理、并做好台账

① A类计量器具：《计量法》第九条规定，强制检定的计量器具包括企业使用的最高计量标准器具以及用于贸易结算、安全防护、医疗卫生、环境监测方面的计量器具。

凡属强制检定的A类计量器具必须登记造册，报县级政府计量行政部门备案，并向其指定的检定机构申请周期检定。检定周期由政府计量行政部门按照规定并结合实际使用情况确定。企业计量主管人员要建立本企业强检计量器具台账，并根据计量行政部门签发的强检计量器具检定合格证书上的有效期编制本企业下年度的强制检定计量器具周期检定计划表。经公司主管领导批准后，按计划送检（包括现场检定），从而保证强检计量器具的量值溯源，确保企业计量器具的量值统一和准确。

② B类计量器具：对国家规定的强制检定计量器具以外的准确度要求高的计量器具。

③ B1类：在线安装，工艺对计量器具准确度要求高，管路上有旁通阀并可以定期拆卸的仪器。每年制定周期检定（校准）计划，由检定员通知各使用部门按时将计量器具送到计量室，并对此类计量器具进行合格、限用、禁用、报废、封存标志管理。检定（校准）完成的计量器具要贴上合适的标志，使用者可根据标志直观地掌握计量器具所处的状态，正确决定对该计量器具的使用权限等。

④ B2类：固定安装在连续运转的装置上，工艺对其准确度要求较高，随设备停车才能拆卸的计量器具。按设备检修的自然周期安排检定（校准)。化工企业停车检修时间受市场形势、设备磨损、工艺条件等因素的影响，计量人员必须抓好企业的每一次小修、中修、大修停车的时机，在有限的时间内合理安排对仪器的检定（校准)，并填写检定（校准）记录单，以方便进行历史比对，从而及时发现哪个位置的仪器易产生示值变动，或易被腐蚀、磨损等，便于检定（校准）人员随时提出整改意见，确保量值准确可靠。

⑤ B3类：是指除B1类、B2类计量器具之外，仪器非常先进，但国家暂无检定规程或校准规范的计量器具。此类计量器具，企业要协同仪器生产厂家的工程技术人员按仪器的预期使用要求，参考仪器的说明书编写校准规范，经单位技术负责人审核批准后自行校准。一般来讲，这类计量器具准确度高、示值稳定性好、能够现场调试校准，操作方便。对这类计量器具不固定校准周期，根据现场情况随时进行调试、校准、分析。

⑥ C类计量器具：对A、B类计量器具以外的部分在用计量器具。包括：对计量数据无严格准确度要求的指示用计量器具，固定安装与设备配套不可拆卸的计量器具，国家计量行政部门明令允许一次性使用或实行有效期管理的计量器具，用于生活方面的户用计量器具，对计量数据无严格准确度要求、性能不易变化的低值易耗计量器具。管理方法是，国家

规定进行一次性检定的计量器具，对计量数据准确度要求不高，性能不易变化的低值易耗器具，可在入库验收后投入使用；指示用计量器具、固定安装不能拆卸的计量器具以及用于生活方面的户用计量器具，可进行有效期管理或延长检定（校准）周期。

（4）做好计量数据管理

① 应建立能源、物料统计报表制度，统计数据应能追溯至计量检测记录。重点用能单位可根据需要建立能源计量数据中心，利用计算机技术实现能源计量数据的网络化管理。

② 能源、物料计量（检测）数据应采用规范的表格式样记录，并应便于数据的汇总和分析，且应说明被测量与记录之间的转换方法或关系。

③ 按生产周期（班、日、周）及时统计计算其单位产品的产量和各种能源、物料的消耗量。

④ 对重点用能设备（或系统）和产品的能源消耗、物料消耗和生产作业进度及时控制和管理。

工业生产活动的过程，实际上是生产过程中人流、物流、信息流这三个基本因素相互作用的过程。由计量测量手段提供的数据信息，是工业生产信息流的主要组成部分，它所组成的可测量的量的信息一般占工厂数据信息量的80%左右，它是组织、协调管理，控制生产的神经系统。工业生产的三大要素（原料、工艺、计量测试）中最关键的是计量测试。计量测试技术高低在一定意义上标志着一个企业现代化管理的水平。

6.4.4 化工企业的节水减排

《中华人民共和国水法》规定：水资源，包括地表水和地下水。国家对水资源依法实行取水许可制度和有偿使用制度。国家厉行节约用水，大力推行节约用水措施，推广节约用水新技术、新工艺，发展节水型工业、农业和服务业，建立节水型社会。

《水法》还规定：工业用水应当采用先进技术、工艺和设备，增加循环用水次数，提高水的重复利用率。新建、扩建、改建建设项目，应当制订节水措施方案，配套建设节水设施。节水设施应当与主体工程同时设计、同时施工、同时投产。在江河、湖泊新建、改建或者扩大排污口，应当经过有管辖权的水行政主管部门或者流域管理机构同意，由环境保护行政主管部门负责对该建设项目的环境影响报告书进行审批。

6.4.4.1 化工企业面临水资源短缺的挑战

化学工业是用水大户。2005年我国化学工业耗水量达到300亿吨左右，占全国耗水总量5573亿吨的5.3%，工业耗水量的20%以上，是我国工业中最大的用水产业之一。目前世界面临着严重的水危机，而我国的水资源短缺问题与世界相比更加突出。虽然我国水资源总量约为2.8万亿立方米，占全球水资源的6%，仅次于巴西、俄罗斯、加拿大，居世界第四位，但人均水资源量（淡水）只有2200m^3，不到世界平均水平的1/4，在世界上名列121位，我国是世界上13个贫水国之一。我国黄淮河及内陆河流域有11个省、区、市的人均水资源拥有量低于联合国可持续发展委员会确定的1750m^3用水紧张线，其中有9个地区低于500m^3严重缺水线。

我国化工企业水资源短缺的状况还存在如下问题：①水污染日趋严重。随着社会经济发展和城市人口增长，工业废水和城市生活污水排放量迅速增加，其中工业废水占废水总量的82%。石油化工废水排放总量占全国废水排放总量的17.8%，由于95%以上的污水未经处理直接排放，使我国主要江、河、湖、库受到严重污染，从而极大地减少了可供利用的有限的水资源。②企业自身水资源循环再生利用不够。水循环利用率不高，全国平均水平不到

50%，远远低于发达国家80%的水平。③节水意识差，生活用水浪费严重。

6.4.4.2 努力成为节水型企业

GB/T 7119—2006《节水型企业评介导则》、GB/T 12452—2008《企业水平衡测试通则》、GB/T 18820—2011《工业企业产品取水定额编制通则》是化工企业实施节水减排的基本标准。

(1) 工业企业产品取水定额。工业企业产品取水定额即是单位产品取水量指标，是国家和企业用水节水的源头管理控制指标，对节水减排有着重要意义。

单位产品取水量（V_{ui}），是指企业生产单位产品需要从常规水资源提取的水量。产品是指最终产品、中间产品或初级产品；对某些行业或工艺（工序），可用单位原料加工量为核算单元。在生产设备改善、工艺革新和管理水平提高后，应调整定额指标，促进节水和技术进步。

单位产品用水量（V_{ut}）按下式计算：

$$V_{ut}=\frac{V_i+V_j+V_r}{Q}$$

式中 V_{ut}——单位产品用水量，m^3/单位产品

V_i——在一定的计量时间内，生产过程中常规水资源的取水量总和，m^3

V_j——在一定的计量时间内，生产过程中非常规水资源的取水量总和，m^3

V_r——在一定的计量时间内，生产过程中重复利用水量总和，m^3

Q——在一定的计量时间内产品产量。

上述常规水资源，是指取自地表水（以净水厂供水量）、地下水、城镇供水工程、以及企业从市场购得的其他水或水的产品（如蒸汽、热水、地热水等）的水量。非常规水资源，是指企业取自海水、苦咸水、矿井水和城镇污水再生水等的水量，以净化后或淡化后供水计量。

上述工业生产的用水量，包括主要生产用水、辅助生产（包括机修、运输、空压站、化验等）用水和附属生产用水（包括办公、研发、绿化、浴室、食堂、厕所、保健站、汽车用水等）。不包括非工业生产的用水量（如基建用水、厂内居民家庭用水和外供水，如企业附属幼儿园、学校、对外营业的浴室、游泳池等的用水量）和居民生活用水量。

(2) 水平衡测试。对用水单元和用水系统的水量进行系统的测试、统计、分析得出水量平衡关系的过程。所谓水量平衡，即用水单元和用水系统的输入水量之和应等于输出水量之和。根据水平衡测试结果，计算本企业内各种用水评价指标，包括单位产品取水量指标、重复利用率、漏失率、排水率、废水回用率、冷却水循环率、冷凝水回用率、达标排放率、非常规水资源替代率等。根据水平衡测试分析结果，不断挖掘企业内部节水潜力，提出取水、用水、排水、节水的改进措施。

水量测试方法、水平衡测试的程序等详见GB/T 12452—2008《企业水平衡测试通则》。水平衡测试也可委托有资质的第三方机构进行。

(3) 用水技术档案。企业应建立用水技术档案，其内容包括：①用水节水规章、制度；②各种水源（自来水、地下水、地表水及其他水源）的水量、水质和水温参数；③供水、排水管网图；④水表配备系统图；⑤供水、用水、排水日常记录台账及相关汇总表格；⑥近年用水节水技术改造情况；⑦近年水平衡测试文件。

(4) 节水型企业。GB/T 7119—2006《节水型企业评介导则》规定，节水型企业评价指标体系包括基本要求、管理考核指标和技术考核指标。节水型企业管理考核应满足表6-5的要求。

表 6-5 节水型企业的管理考核指标及要求

考核内容	考核指标及要求
管理制度	有节约用水的具体管理制度； 管理制度系统、科学、适用、有效； 计量统计制度健全、有效
管理人员	有负责用水、节省管理的人员，岗位职责明确
管网(设备)管理	有近期完整的管网图，定期对用水管道、设备等进行检修
水计量管理	具备依据 GB/T 12452 要求进行水平衡测试的能力或定期开展水平衡测试 原始记录和统计台账完整，按照规范完成统计报表
计量设备	企业总取水，以及非常规水资源的水表计量率为 100%； 企业内主要单元的水表计量率≥90%； 重点设备或者各重复利用用水系统的水表剂量率≥85%； 水表的精确度不低于±2.5%

节水型企业必须满足以下基本要求：

(1) 企业在新建、改建和扩建项目时应实施节水的“三同时、四到位”制度。“三同时”即工业节水设施必须与工业主体工程同时设计、同时施工、同时投入运行；“四到位”即工业企业要做到用水计划到位、节水目标到位、管水制度到位、节水措施到位；

(2) 严格执行国家和相关取水许可制度，开采城市地下水应符合相关规定；

(3) 生活用水和生产用水分开计量，生活用水没有包费制；

(4) 蒸汽冷凝水进行回用，间接冷却水和直接冷却水应重复使用；

(5) 具有完善的水平衡测试系统，水计量装置完备；

(6) 企业排水实行清污分流，排水符合 GB 8978—2006《污水综合排放标准》的规定，不对含有重金属和生物难于降解的有机工业废水进行稀释排放；

(7) 没有使用国家明令淘汰的用水设备和器具。

节水型企业的技术考核指标应满足以下要求：

(1) 单位产品取水量应达到本行业先进水平，并达到 GB/T 18916《取水定额》的要求；

(2) 重复利用、用水漏损、排水等方面的技术考核指标应达到本行业先进水平。

6.4.4.3 污水处理和回用

GB 50684—2011《化学工业污水处理与回用设计规范》是强制性规范标准，自 2012 年 5 月 1 日起实施。本规范总结了 20 多年来化工、石化、石油天然气行业在污水处理与回用方面科研、设计和运行管理方面的实践经验，是我国第一部关于化工行业污水处理与回用的设计规范，适用于新建、改建和扩建的化工污水处理与回用工程的设计。

《规范》共分 12 章，主要技术内容包括：总则，术语，设计水质、水量，收集与预处理，活化处理，厌氧生物处理，活性污泥法，生物膜法，化工特种污染物处理，回用处理，污泥处理与处置，总体设计。本规范对防止化学工业污水排放引起的水体污染，改善和保护水环境、节约水资源，对我国化工污水处理与回用工程设计实现安全可靠、经济合理、管理方便起到了极其重要的作用。

6.5 设备评级和设备、能源计量管理考核

化工企业应定期组织设备的检查评级工作，开展评比“完好设备”、“无泄漏车间、工段、班组”活动，建立设备、能源计量管理工作考核标准，并认真进行考核，不断提高企业

设备、能源计量管理工作水平。

6.5.1 设备完好标准

下面的动设备、静设备、工业炉、建（构）筑物的完好标准，供参考。根据设备完好标准，对设备进行检查评级工作，可将设备评为完好设备和不完好设备，完好设备又分为优和良。

6.5.1.1 动设备完好标准

（1）主、辅机的零部件完整齐全，质量符合要求；

（2）各种测量仪表、显示仪表、信号联锁、自动调节装置、安全装置齐全完整、灵敏准确；

（3）基础、机座稳固可靠，地脚螺栓及各部连接螺栓紧固，符合要求；

（4）管线、阀门、支架安装合理、完整，标志分明，符合要求；

（5）防腐、保温（冷）、防冻设施完整有效，符合要求；

（6）设备运转正常，性能良好，达到铭牌出力或查定能力：①设备润滑良好，实行“五定”、“三级过滤”；②无振动，无杂音等不正常现象；③各部温度、压力、转速、流量、电流等运行参数符合规程要求；④生产能力达到铭牌出力或查定能力。

（7）设备运转记录、技术资料齐全、准确：①设备运行参数、运转时间累计记录齐全、准确；②设备操作规程、维护保养、检修规程齐全；③设备图纸、检修记录、技术改造方案、事故原因分析等资料齐全准确。

（8）设备及环境整齐、清洁，无跑、冒、滴、漏。

（9）运行时间能达到间隔期。

6.5.1.2 静设备（塔、容器、换热器）完好标准

（1）零部件完整齐全，质量符合要求：①主体完整，仪表、安全装置齐全、灵敏好用；②管线、阀门、支架安装合理、整齐，标志符合要求；③基础及支座牢固、完整，各部螺栓齐全、满扣，紧固符合要求。④防腐、保温层完好，符合规范要求，设备无过热、无变形。

（2）设备运行正常，达到铭牌出力或查定能力：①达到设计压力，满足正常生产要求；②压力、温度、液位等工艺参数稳定，符合操作规程要求；③各管口无堵塞现象，运行时无异常响声和振动。

（3）设备运行记录、技术资料齐全、正确：①各种运行记录齐全、正确；②有完整设备技术资料档案，记录准确、齐全；③有操作规程、维护检修规程。

（4）设备整洁，无跑、冒、滴、漏，防腐保温完整有效。

（5）大型储罐属重点设备，除达上述要求外，还需专业人员定期检测附件、壁厚、基础等。

6.5.1.3 工业炉完好标准

（1）零部件完整齐全，质量符合要求：①炉体完好，仪表灵敏可靠，水位计、安全阀、排污阀、安全设施等齐全好用；②炉墙、炉膛、烧嘴无脱落、断裂现象；③炉体辅件完整、可靠；

（2）运行正常，能达到铭牌出力或查定能力：①压力、温度、液位等参数正常，符合规定要求；②炉管无局部过烧、裂纹、鼓包、剥落，检测出的“C”级管全部更换。

（3）设备运行记录、技术资料齐全正确：①有完整的运行记录，字迹清晰、工整；②有

经上级质检部门批准登记的设备技术资料档案及图纸；③有操作规程、检修、维护规程及检测记录。

（4）设备整洁，无跑、冒、滴、漏现象，防腐、保温完好有效。

6.5.1.4 建筑物、构筑物完好标准

（1）档案图纸资料完整、齐全；

（2）基础部分无裂纹、倾斜、腐蚀，下沉量保持在允许范围内；

（3）承重部分的构架梁、柱、楼板、框架及墙体结构完整，无倾斜、无裂纹；

（4）地面完整，排水通畅，防腐良好；

（5）屋盖无漏水、无积物、无设计外负荷，排水良好；

（6）门窗玻璃完整，围栏、楼梯牢固完好；

（7）避雷、防火、安全装置完整可靠。

6.5.2 设备、能源计量管理工作考核

要做好设备、能源计量管理工作，就要对相关部门和责任人的工作实行考核。设备、能源计量管理工作的组织和相关责任人在 6.1.5 设备能源管理的组织中已有叙述。

表 6-6 提供了对设备能源科的设备、能源计量管理工作的百分考核标准。

表 6-6 设备、能源计量管理工作考核标准

考核项目	考核内容	考核办法	评分标准
管理制度 15 分	1. 设备、能源计量管理责任制 2. 特种设备管理制度 3. 建(构)筑物、设备基础管理制度 4. 设备维护保养管理制度 5. 设备检修管理制度 6. 设备巡检、包机管理制度 7. 设备密封管理制度 8. 设备润滑管理制度 9. 设备防腐管理制度 10. 备品备件管理制度 11. 设备更新改造和报废管理制度 12. 设备事故管理制度 13. 计量、仪表管理制度 14. 供电管理制度	查文件	缺一项制度扣 3 分； 制度不完善，每项扣 0.5 分
档案台账 15 分	1. 设备固定资产台账 2. 建(构)筑物一览表 3. 特种设备台账及检修记录 4. 安全附件台账及校验、更换记录 5. 动密封台账及维修记录 6. 润滑台账及变更记录 7. 计量器具台账及校验、更换记录 8. 设备巡检记录 9. 设备安全隐患整改台账 10. 报警联锁系统实验记录 11. 防雷接地检测记录 12. 静电接地检测记录 13. 设备事故台账 14. 一般项目检修计划 15. 重点项目检修技术方案/任务书/验收记录 16. 月/季/年度大修总结	查资料	缺一项台账、记录，扣 3 分； 台账、记录不完善，每项扣 0.5 分

续表

考核项目		考核内容	考核办法	评分标准
指标 20分		1. 全部设备完好率≥95%	查资料 查现场	每降低1%，扣1分
		2. 主要设备完好率100%		
		3. 静密封泄漏率≤0.5‰		超0.1‰，扣0.5分
		4. 动密封泄漏率≤2‰		超0.1‰，扣0.2分
		5. 一、二级能源计量率(检测率)：100%		每降低1%，扣1分
		6. 计量器具周检合格率：95%		
现场检查 50分	电气	1. 应急电源稳定可靠，制定故障应急预案	查现场	应急电源不可靠，扣2分；无应急预案，扣1分
		2. 操作箱、控制盘开关名称齐全		不齐全，每处扣0.5分
		3. 接地、接零、保护等装置完善		不完善，每处扣0.1分
		4. 电机接线盒密封与设备防爆等级符合要求		不符合要求，每处扣0.5分
		5. 附属设备(电缆槽架、穿线管、保温、伴热等)符合规定		
		6. 事故照明能够正常投用		不能正常切换，扣0.5分
		7. 日常制度： "三票"(工作票、操作票、临时用电票)； "三定"(定期试验、定期检修、定期清扫)； "五记录"(检查检修、试验、运行、事故、设备缺陷记录)； "五规程"(检修、试验、安全、运行及事故处理规程)		每缺一项扣0.5分 不符合要求，一处扣0.2分
	仪表计量	1. 开表率、控制率、联锁投用率≥98%	查现场	不达标，扣0.5分
		2. 执行器件(调节阀、电动执行机构、电磁阀等符合规定 3. DCS机柜、分析仪表柜符合规定 4. 信号联锁装置维护管理符合规定 5. 附属设备(仪表支架、穿线管、接壁箱、仪表箱、保温伴热等)符合规定		不符合要求，一处扣0.2分
		6. 档案、台账齐全，月/年检计划完善		缺一项扣0.5分
		7. 现场标识清晰齐全		标识不清晰，每处扣0.2分
	现场管理	1. 跑、冒、滴、漏，挂牌管理	查现场	无牌，每一处扣0.2分
		2. 清洁文明：设备轴见光、设备见本色；地沟盖、阴井盖等齐全；无杂物、无垃圾、无死角 3. 设备润滑，"五定"、"三级过滤" 4. 色标：齐全，清晰		不符合要求，一处扣0.5分
		5. 安全附件(液位计、安全阀、防爆膜、压力表、温度计、流量计、报警装置等)齐全，灵敏，可靠		不完好，一台扣0.5分
		6. 防护器件、消防器件、通信设备、照明设备应完好		
		7. 工机具、备品、材料：按规定摆放 8. 作业票证：填写齐全完整 9. 劳保用品佩戴符合要求 10. 重要部位设置明显的安全警示牌 11. 检修工完料净场地清		不符合要求，一处扣0.5分

其他部门的设备、能源计量管理工作的百分考核标准可参照制定。应将具体的职责分解落实到责任人，并加以考核，以提高企业整体的设备、能源计量管理工作水平。

参考文献

[1]《化工企业设备管理》编写组编著. 化工企业设备管理［M］. 北京：中国纺织出版社，2008.
[2] 王春来，夏剑锋编著. 化工企业生产管理［M］. 北京：中国纺织出版社，2008.
[3] 中华人民共和国财政部. 企业会计准则. 2006 年 6 月.
[4] 中华人民共和国财政部. 小企业会计准则. 2011 年 11 月.
[5] 左景伊，左禹编著. 腐蚀数据与选材手册. 北京：化学工业出版社，1995.
[6] 浙江省安全生产监督管理局. 浙江省化工装置检修安全管理规定（试行），2007-09-10.
[7] 邓志明. 化工企业静电火灾原因及防治对策［J］. 江西化工，2007（4）：238～240.
[8] 国家质检总局关于 2012 年全国特种设备安全状况的情况通报. http：//tzsbaqjcj. aqsiq. gov. cn/tzwj/zjwh/201306/t20130609_361071. htm.
[9] 刘伟. 实施测量管理体系 提升企业管理水平［J］. 工业技术监督，2009（8）：29～31.
[10] 李炘. 完善能源管理体系 推进行业节能降耗［J］. 中国石油和化工经济分析，2011（9）：24～26.
[11] 张卫东. 测量管理体系在企业管理中的地位和作用初探［J］. 西部煤化工，2007（1）：36～38.
[12] 刘家有. 化工企业计量检测设备管理［J］. 企业计量工作，2003（2）：12～13.
[13] 李少珍. 化工企业计量器具如何分类管理［J］. 中国计量，2007（11）：21～22.
[14] 杨力. 建立现代企业制度必须加强计量管理［J］. 工业计量，2004，14（6）：2～4.
[15] 马奇涛，王宝庆，刘红姝等. 化工生产企业节水潜力研究［J］. 环境科学导刊，2010，29（2）：65～67.
[16] 代广辉，刘舰，赵笑时. 化工企业水资源紧缺原因及对策［J］. 科技信息，2010，（18）：722～723.

7 生产管理（三）——质量管理

质量是改善企业经营管理、降低成本和提高经济效益，增强企业竞争能力的重要途径。在全球经济一体化的大背景下，市场竞争日趋激烈，其核心竞争之一就是产品质量的竞争。质量是产品进入国际市场的“国际通行证”，质量是企业的生命！没有质量，企业就难于生存和发展。

质量问题不仅是一个经济问题、技术问题，也是一个社会问题。质量对于人民生命财产、社会安定以及一个国家在国际上的声誉都有着很大影响。20 世纪世界著名质量管理大师约瑟夫·朱兰（Joseph M. Juran）曾说：“20 世纪是生产率的世纪，21 世纪是质量的世纪，质量是和平占领市场最有效的武器”。我国化工企业的各级管理人员和每个员工都要树立全面质量管理（Total Quality Management，TQM）的理念，实行全员、全面、全过程的质量管理，把“质量第一”的思想贯彻到采购、生产、销售、服务的每一个环节中去，实现企业与顾客的“双赢”或“多赢”，争取在国内外市场竞争中立于不败之地。

7.1 质量和质量管理

7.1.1 狭义和广义的质量

7.1.1.1 狭义的质量概念

狭义的质量概念是指实物产品能够满足顾客使用要求所具备的特性，一般包括产品的性能、精度、纯度、成分、寿命等与产品的性能、可靠性、安全性、经济性等相关的实物产品内在质量的特性，以及产品的外形、色泽、手感、气味、光洁度、美学、造型、装黄、款式、包装等外部质量特性。“狭义质量”的核心要求是质量的符合性。它们是：

① 产品性能　即根据产品使用目的所提出的各项功能要求，包括正常性能、特殊性能、效率等；

② 可靠性　即产品在规定时间内和规定条件下，完成规定功能的能力；

③ 安全性　即产品在流通和使用过程中保证安全的程度，被视为关键特性而需要绝对保障；

④ 经济性　即产品寿命周期的总费用，包括生产成本与使用成本两个方面。

《中华人民共和国产品质量法》（2009 年修正）中的“质量”即产品质量，属狭义质量的范畴。

7.1.1.2　广义的质量概念

ISO 标准中有关“质量”的定义即属于广义质量概念。GB/T 19000—2008《质量管理体系——基础和术语》中“质量”的定义是：

（1）质量（quality）一组固有特性满足要求的程度。

注 1：术语“质量”可使用形容词，如：差、好或优秀来修饰。

注 2：“固有的”（其反义是“赋予的”）是指原来就有的，尤其是那种永久的特征。

（2）特性（characteristic），可区分的特征。

注 1：特性可以是固有的或赋予的。

注 2：特性可以是定性的或定量的。

注 3：有各种类别的特性，如：

——物理的（如：机械的、电的、化学的或生物学的特征）；

——感官的（如：嗅觉、触觉、味觉、视觉、听觉）；

——行为的（如：礼貌、诚实、正直）；

——时间的（如：准时性、可靠性、可用性）；

——人因工效的（如：生理的特性或有关人身安全的特征）；

——功能的（如：飞机的最高速度）。

（3）要求（requirement），明示的、通常隐含的或必须履行的需求或期望。

注 1：“通常隐含”是指组织（2.3.1）、顾客（2.3.5）和其他相关方（2.3.7）的惯例或一般做法，所考虑的需求或期望是不言而喻的。

注 2：特定要求可使用限定词表示，如：产品要求、质量管理要求、顾客要求。

注 3：规定要求是经明示的要求，如：在文件（2.7.2）中阐明。

注 4：要求可由不同的相关方（2.3.7）提出。

从上述质量的定义可知：质量是针对一组特性而言，不同的对象所具有的质量特性是不一样的。所谓“特性”就是特有的性质，能够与其他的对象区分开的性质。就一般硬件产品而言，通常包括：安全性、可靠性、环保性、耐用性、可维护性等。这些特性是在产品加工中逐渐形成的，所以我们说这些特性是固有的，即随着产品在加工过程中流转，最后与产品一道作为过程的输出而提供出来。质量便是这组固有的特性满足要求的程度，满足要求的程度越高，质量就越好。因此，如果用质量来反映某种状况，就必须家修饰词，如：好、差、高、低等。

上述“要求”包含了三部分内容，即“明示的要求”、“隐含的要求”和“必须履行的要求”。

① 明示的要求就是通过口头、书面或其他明确的方式提出的要求。

② 隐含的要求属于不言而喻的要求，一般是所有顾客的要求，这是一种常识性的要求，这种要求在很多情况下顾客是不会提出的。如人们去某饭店用餐，可能会对口味提出要求，因为每个人喜好的口味不同，但一般不会对饭店提供的餐具提出要求。因此这一要求是众所周知的，不需多言，但饭店对此必须做出规定。

③ 必须履行的要求一般是泛指法律法规等强制性要求。

7.1.1.3　狭义质量与广义质量概念的比较

朱兰博士将广义质量概念与狭义质量概念进行了比较，见表 7-1 所示。

表 7-1　狭义质量与广义质量概念的比较

主　题	狭义质量概念	广义质量概念
产品	有形制成品(硬件)	硬件、服务、软件和流程性材料
过程	直接与产品制造有关的过程	所有的过程,制造等核心过程、销售等支持性过程等
产业	制造业	制造、服务、政府等营利或非营利各行各业
质量被看做是	技术问题	经营问题
顾客	购买产品的顾客	所有有关人员
如何认识质量	基于职能部门	基于普遍适用的三部曲原理①
质量目标体现在	工厂的各项指标中	公司经营计划承诺和社会责任
劣质成本	与不合格的制造品有关	无缺陷使成本总和最低
质量的评价主要基于	符合规范、程序和标准	满足顾客需求
改进是用于提高	部门业绩	公司业绩
质量管理培训	集中质量管理部门	全公司范围内
负责协调质量工作	中层质量管理人员	高层管理者组成的质量管理委员会

① 即“朱兰质量三部曲”——质量策划、质量控制和质量改进。

这里要强调的是，无论狭义质量概念还是广义质量概念中的产品质量均是从顾客的角度出发来定义的；而从生产企业的角度来说，为了便于企业内部从事质量管理工作、评价产品质量状况，以便最大程度满足顾客的质量要求，就必须把适用性要求具体加以落实，并定量声明。用定量声明的质量特性，通常称为质量特性参数或适用性参数。质量特性参数通常表现为各种数值指标，即质量指标。一个具体产品常需用多个指标来反映它的质量。同时，企业为了便于生产，往往将顾客所要求的使用质量特性转化为生产中用以衡量产品质量的标准或规格。

7.1.1.4　质量概念的特性

现代关于质量的概念包括对社会性、经济性和系统性三方面的认识。

① 质量的社会性　质量的好坏不仅从直接的用户，而是从整个社会的角度来评价，尤其关系到生产安全、环境污染、生态平衡等问题时更是如此。

② 质量经济性　质量不仅从某些技术指标来考虑，还从制造成本、价格、使用价值和消耗等几方面来综合评价。在确定质量水平或目标时，不能脱离社会的条件和需要，不能单纯追求技术上的先进性，还应考虑使用上的经济合理性，使质量和价格达到合理的平衡。

③ 质量系统性　质量是一个受到设计、制造、使用等因素影响的复杂系统。例如，汽车是一个复杂的机械系统，同时又是涉及道路、司机、乘客、货物、交通制度等特点的使用系统。产品的质量应该达到多维评价的目标。费根堡姆认为，质量系统是指具有确定质量标准的产品和为交付使用所必须的管理上和技术上的步骤的网络。

7.1.2　质量管理及其发展

7.1.2.1　质量管理的含义

质量管理（quality management，QM）是指导、控制组织各类管理中与产品、体系或过程质量有关的相互协调的管理活动。质量管理，通常包括制定质量方针和质量目标以及质量策划、质量控制、质量保证和质量改进。

质量管理体系（quality management system，QMS）就是组织内部建立的、为保证产

品质量或实现质量目标所必需的、系统的质量管理活动；是一个组织的一项战略决策，涵盖了有关质量管理的组织架构、职责、权限以及运行机制及从确定顾客需求、产品设计研制、原材料采购、产品生产、检验、销售、交付之前全过程的策划、实施、监控、纠正与改进活动的要求，并予以制度化、标准化，成为企业内部质量工作的要求和活动程序。

现代质量管理大师朱兰于 1951 年首次出版的《质量控制手册》❶，成为质量管理领域的权威著作。他被誉为质量管理领域的“首席建筑师”，对二战后的经济复兴和质量革命的推动起到了巨大的促进作用，同时也为世界质量管理的理念拓展和方法论创立做出了卓越贡献。朱兰博士在 82 岁发表的论文《质量三部曲》中将质量管理划分为三个普遍适用的过程，即：质量策划、质量控制和质量改进，这就是著名的朱兰质量三部曲。

著名的质量管理专家戴明博士❷认为，质量管理就是是一种以最经济的手段，制造出市场上最有用的产品，并在生产的各个阶段应用统计学的原理与方法。一旦改进了产品质量，生产率就会自动提高。他的名言是：质量并非意味着最佳，而是客户使用和售价的最佳。

全面质量管理的创始人菲根堡姆❸认为，质量管理就是为了在最经济的水平上生产出充分满足顾客质量要求的产品，而综合协调企业各部门活动，构成保证与改善质量的有效体系。

QCC（Quality Control Circles 的缩写，品管圈。又名质量控制圈、质量小组、QC 小组等）之父、日本质量管理大师石川馨❹认为，推行日本的质量管理是经营思想的一次革命，其内容归纳为 6 项：①质量第一，②面向消费者，③下道工序是顾客，④用数据、事实说话，⑤尊重人的经营，⑥机能管理。

7.1.2.2 世界质量管理的发展

质量管理的发展与工业生产技术和管理科学的发展密切相关，世界质量管理的发展大致经历了五个阶段。

（1）质量检验阶段。20 世纪前，产品质量主要依靠操作者本人的技艺水平和经验来保证，属于“操作者的质量管理”。20 世纪初，以 F. W. 泰勒为代表的科学管理理论的产生，促使产品的质量检验从加工制造中分离出来，质量管理的职能由操作者转移给工长，是“工长的质量管理”。随着企业生产规模的扩大和产品复杂程度的提高，产品有了技术标准（技术条件），公差制度也日趋完善，各种检验工具和检验技术也随之发展，大多数企业开始设置检验部门，有的直属于厂长领导，这时是“检验员的质量管理”。上述几种做法都属于事后检验的质量管理方式。

（2）统计质量控制阶段。1924 年，美国数理统计学家 W. A. 休哈特提出控制和预防缺陷的概念。他运用数理统计的原理提出在生产过程中控制产品质量的“6σ”法，绘制出第一张控制图并建立了一套统计卡片。与此同时，美国贝尔研究所提出关于抽样检验的概念及其

---

❶ 该书自 1951 年问世以来，已被译成多国文字。前四版的书名为《质量控制手册》（Quality Control Handbook），1999 年出版的第五版名为《朱兰质量手册》。由于本手册的全面性、实用性和权威性，在长达半个多世纪里一直是质量管理领域中最具影响力的质量管理方面的著作之一。

❷ 戴明（W. Edwards. Deming，1900～1993）。世界著名的质量管理专家，他因对世界质量管理发展做出的卓越贡献而享誉全球。以戴明命名的《戴明品质奖》，至今仍是日本品质管理的最高荣誉。

❸ 菲根堡姆（Armand Vallin Feigenbaum，1920～），全面质量控制之父、质量大师、《全面质量控制》的作者。

❹ 石川馨（Kaoru Ishikawa，1915～），1939 年毕业于东京大学工程系，主修应用化学。石川馨的名字是与戴明和朱兰访日后 1955－1960 年间发起“全面质量控制”运动相联系的。20 世纪 60 年代初期日本“质量圈”运动的最著名的倡导者。

实施方案，成为运用数理统计理论解决质量问题的先驱，但当时并未被普遍接受。以数理统计理论为基础的统计质量控制的推广应用始自第二次世界大战。由于事后检验无法控制武器弹药的质量，美国国防部决定把数理统计法用于质量管理，并由标准协会制定有关数理统计方法应用于质量管理方面的规划，成立了专门委员会，并于 1941～1942 年先后公布一批美国战时的质量管理标准。

(3) 全面质量管理阶段。20 世纪 50 年代以来，随着生产力的迅速发展和科学技术的日新月异，人们对产品的质量从注重产品的一般性能发展为注重产品的耐用性、可靠性、安全性、维修性和经济性等。在生产技术和企业管理中要求运用系统的观点来研究质量问题。在管理理论上也有新的发展，突出重视人的因素，强调依靠企业全体员工的努力来保证质量。此外，“保护消费者利益”运动的兴起，企业之间市场竞争越来越激烈。为了参与竞争，各国企业纷纷提出了“产品责任”和“质量保证”等许诺，质量成为企业竞争的核心要素。在这种情况下，时任美国通用电器公司的质量总经理的 A. V. 费根鲍姆于 60 年代初提出了全面质量管理（TQM）的概念。

(4) 20 世纪 70 年代，田口玄一博士提出田口质量理论，它包括离线质量工程学（主要利用三次设计技术）和在线质量工程学（在线工况检测和反馈控制）。田口博士认为，产品质量首先是设计出来的，其次才是制造出来的。因此，质量控制的重点应放在设计阶段，从而将质量控制从制造阶段进一步提前到设计阶段。

(5) 20 世纪 80 年代至现在，利用计算机进行质量管理（CAQ），出现了在 CIMS 环境下的质量信息系统（QIS）。借助于先进的信息技术，质量控制与管理又上了一个新台阶，因为信息技术可以实现以往所无法实现的很多质量控制与管理功能。

7.1.2.3 我国质量管理的发展

20 世纪 60 年代，我国国营企业中曾创造了鞍钢宪法的“两参一改三结合”、大庆的“三老四严”等管理理念和模式。“两参一改三结合”的核心内容是：干部参加劳动、工人参加管理、改革不合理的规章制度；领导干部、技术人员和工人群众三结合。“三老四严”的内容是：当老实人、说老实话、办老实事；严格的要求、严格的组织、严肃的态度、严明的纪律。在那个时代这些管理理念和模式对保证产品的质量发挥了极为重要的作用，但主要强调的是人的因素，缺乏法律和制度的约束。

20 世纪 70 年代，我国邀请日本专家石川馨来华讲授 TQM，从 1978 年开始我国推行 TQM，从此我国在国有企业中开展了长达 20 多年的深入、持久的 TQM 推行工作，无论在更新管理观念、提高企业素质，还是在增强企业的市场竞争力等方面，都取得了一定成效。

1979 年 8 月 31 日，全国性的质量组织——中国质量协会（China Association for Quality，CAQ，http：//www.caq.org.cn）成立。现在 CAQ 的主管机关是国务院国资委。中国质协接受国资委和民政部的监督管理；同时接受国家质量监督检验检疫总局和中国科学技术协会的业务指导。

1985 年，原国家经委颁布了《工业企业全面质量管理办法》，TQM 在全国被普遍推广，逐步从工业企业推广到交通运输、商贸企业及部分金融、卫生等企事业单位。

为了保障消费者利益，我国陆续颁布了一系列与质量相关的法律和法规，如《产品质量法》、《消费者权益保护法》、《计量法》、《标准化法》等，使我国的产品质量管理走上了法制轨道。

为了引导企业提高质量管理水平，追求卓越绩效，提高产品、服务和经营质量，增强竞争能力，2001 年中国质量管理协会重新启动了全国质量管理奖评审工作。2004 年国家质检

总局发布了 GB/T 19580《卓越绩效评价准则》和 GB/Z 19579《卓越绩效评价准则实施指南》指导性标准技术文件。所有这些工作，都极大地推动了我国质量管理工作的发展，对提高我国产品质量的整体水平发挥了极大作用，也为我国企业走向国际市场奠定了坚实的基础。

7.1.3 质量管理的术语

GB/T 19000—2008《质量管理体系——基础和术语》中质量管理的主要术语有：

质量管理体系（quality management system，QMS）在质量方面指挥和控制组织的管理体系。

质量管理（quality management）在质量方面指挥和控制组织的协调的活动。

注：在质量方面的指挥和控制活动，通常包括制定质量方针和质量目标，以及质量策划、质量控制、质量保证和质量改进。

质量方针（quality policy）由组织最高管理者正式发布的关于质量方面的全部意图和方向。

注 1：通常质量方针与组织的总方针相一致并为制定质量目标提供框架。

注 2：本标准中提出的质量管理原则可以作为制定质量方针的基础。

质量目标（quality objective）在质量方面所追求的目的。

注 1：质量目标通常依据组织的质量方针制定。

注 2：通常对组织的相关职能和层次分别规定质量目标。

质量策划（quality planning）质量管理的一部分，致力于制定质量目标并规定必要的运行过程和相关资源以实现质量目标。

注：编制质量计划可以是质量策划的一部分。

质量控制（quality control）质量管理的一部分，致力于满足质量要求。

质量保证（quality assurance）质量管理的一部分，致力于提供质量要求会得到满足的信任。

质量改进（quality improvement）质量管理的一部分，致力于增强满足质量要求的能力。

注：要求可以是有关任何方面的，如。有效性、效率或可追溯性。

企业的各级管理者应以身作则坚持执行质量方针，这是有效实施质量方针，实现质量目标的前提，也是培养员工树立质量意识的最好方法。在企业内部，还应该用通俗易懂的语言向尽可能多的人宣传质量方针和质量目标，应该让员工意识到企业目标和为达到这些目标而始终如一地执行质量方针的必要。以下收录了一些典型的企业质量方针和目标标语，供参考。

质量——亘古不变的制胜法宝。

21 世纪——质量领先者的世纪。

今日的质量，明日的市场。

市场是海，质量是船，品牌是帆。

以质量求生存，以改革求发展。

质量是信誉的保证，信誉是质量的体现。

质量是企业效益的保证，质量是企业发展的动力。

质量——价值与尊严的起点。

> 质量创造生活，庇护生命，维系生存。
> 质量——最好的推销员。
> 优质产品，是打开市场大门的金钥匙，是走向世界的桥梁，是市场竞争制胜的保证。
> 产品质量是通向市场的基石，是赢得顾客信赖的关键。

7.1.4 现代质量管理的理念创新

(1) 树立大质量观　质量水平是一个国家经济、科技、教育和管理水平的综合反映，现代质量管理以“人人皆顾客，事事皆过程”的大质量观为理念，将客户满意作为评价质量的标准。同时，质量水平的高低不仅从直接的顾客，而是从整个社会的角度来评价，尤其关系到生产安全、职业健康、环境污染、生态平衡等问题时更是如此。

(2) 质量人才的培养　质量管理是一门应用科学，质量管理的深入与创新的关键因素是人，只有不断培养素质全面的质量管理人才，才能保证质量管理工作的全面改进。质量管理人才资源建设要以能力建设为核心，重点培养质量管理人才的“学习能力、实践能力和创新能力”，企业也应努力成为质量方面的学习型组织。

(3) 质量战略在企业战略中的地位　质量是企业获得市场竞争力的最具震撼力的要素，是克“敌”制胜的强大武器，所以，一个企业在制定战略决策时不能不把质量决策置于一个核心的地位，而质量战略中有关质量方针和目标乃至实施的各种活动，应致力于实现从企业内部向国际市场的跨越，实现企业当前利益向可持续发展的长远利益的跨越，实现企业质量管理模式从局部改进向整体变革的跨越，实现企业竞争力从部分提升到综合构建的跨越，最终赢得市场。

(4) 质量系统　互联网对企业的组织形式和管理机制产生了深刻的影响，企业为追求利润最大化，由过去对整个过程的控制和管理迅速转变为将整个经营过程分解为环环相扣的链节，并将某些链节的职能转接至能以更高效率、更低成本的外部企业及组织去完成，企业与外部组织间建立了具有相同利益及价值追求的共同体，质量管理的使命和职责将是建立一个与之相适应的 QMS，以保证和控制共同体的质量。

(5) 个性化质量　需求的个性化发展趋势迅猛，“顾客满意理论”、“顾客价值管理”、“顾客关系管理”等思潮的兴起即说明了这种趋势。“个性化需求”的实质集中在满足顾客的差异性、动态性、层次性的需求。企业应与时俱进，这样才能在市场竞争中取胜。互联网的发展为满足个性化需求成为可能，质量管理的对象和模式也就不可避免地随之发生了变革。

(6) 质量文化　质量文化是一个企业的质量及质量管理的理论和实践的历史积淀及环境氛围的产物，其核心思想与企业的核心价值标准密切相关，这种价值标准将对企业的质量决策产生重大影响。质量文化在当代呈现的价值取向是：质量不仅是一个国家的兴国之道，更是一个企业的生命所系，质量管理成为企业最高决策层的首要职责，制定质量方针和目标成为企业战略决策的重大任务；以满足顾客的个性化需求为导向，重质量者得市场，轻质量者遭淘汰。要营造人人参与质量管理、人人关注质量的氛围，强调持续改进以及用数据展示改进成果的质量文化。还要不断吸取国际优秀企业质量文化，密切结合中国实际，创建富有中国特色的质量文化。

7.2 全面质量管理（TQM）

在近百年的质量管理发展史上，TQM 属于质量管理理论和实践发展的第三个阶段。费

根堡姆提出 TQM 的概念，至今有半个世纪。

7.2.1 TQM 的内容和特点

7.2.1.1 TQM 的内容

全面质量管理（Total quality management，TQM），也称为 TQC（Total quality control）。费根堡姆认为，TQM 是“为了能够在最经济的水平上、并考虑到充分满足顾客要求的条件下进行生产和提供服务，并把企业各部门在研制质量、维持质量和提高质量方面的活动构成为一体的一种有效体系”。

TQM 理论在日本得到了普遍接受并在实践中取得了巨大成功，统计技术，特别是“因果图”、“流程图”、“直方图”、“检查单”、“散点图”、“排列图”、“控制图”等被称为“老七种工具”的方法（详见 7.4）被普遍用于质量改进。期间，著名质量管理学家石川馨、田口玄一等人对 TQM 理论不断进行补充和丰富，对质量管理理论和方法的发展做出了巨大贡献。

归纳而言，TQM 就是指一个组织以质量为中心，以全员参与为基础，把专业技术、生产管理、质量教育工作有效地结合起来，建立起全员参与生产全过程的 QMS，旨在有效利用各种资源，以最经济的手段持续地使顾客和所有相关方受益所开展的管理活动。TQM 更加适应现代化大生产对质量管理整体性、综合性的客观要求，是质量管理发展历史上的一个巨大进步，已成为一门系统性很强的管理科学。

质量管理的基本原理适用于任何企业和生产过程，由于企业行业、规模的不同，方法的使用上略有不同，但基本原理是相同的。实行 TQM 的目的在于使企业长期获得顾客的满意，以满足企业成员和社会的利益。20 世纪末，许多运用 TQM 的“世界级”企业使产品或服务质量获得了迅速提高，引起了世界各国的广泛关注，TQM 的观点逐渐在全球范围内获得了广泛传播，各国都结合自己的实践有所创新和发展。他们的成功经验证明，开展 TQM 使企业的质量管理目标从“追求企业利益最大化”向“体现企业的社会责任”的方向发生了转移，企业开始强烈地关注顾客，对顾客需求的变化做出迅速而持续的反应，坚持不断地改进工作质量，进而不断地提高产品质量，最终极大地提高了企业的总体管理水平。同时，TQM 的开展在企业文化改造与重组的层面上，对企业产生了深刻的影响，使企业获得了持久的竞争能力，TQM 已成为一种使企业获得核心竞争力的管理战略。

现在我们熟知的 ISO 9000 族质量管理标准、卓越经营模式、六西格玛管理模式等，都是以 TQM 的理论和方法为基础发展起来的。

7.2.1.2 TQM 的主要特点

（1）TQM 活动的全部过程，就是质量计划的制订和组织实现的过程，质量概念和全部管理目标的实现有关。

（2）坚持以客户为导向的指导思想。这里的客户既指“内部客户”——企业内部与前道工序有关联的后道工序，又指“外部客户”——企业产品的消费者或使用单位。

（3）质量管理工作涵盖了产品设计、生产、销售、服务等全过程，从过去局部性的管理走向全面性、系统性的管理。针对影响质量的关键因素，要求企业所属各单位、各部门都要参与质量管理工作，发动和依靠全体员工，把质量控制工作落实到每一名员工，运用各种科学管理方法和程序，对生产经营全过程的质量进行全面、有效的控制。TQM 的最大特点集中反映在“三全一多”上，即全过程、全面的、全员的质量管理及所采用管理的方法是科学的、各种多样的。

(4) 把过去的事后检验和“把关”为主转变为以预防和改进为主；把过去的就事论事、分散管理变为用系统的观点进行全面管理；从管理“结果”转变为管理“因素”，这些观念和管理方式的转变将质量事故消灭在发生之前，使每一道工序都处于控制状态。

(5) TQM 活动的核心是提高人的素质，调动人的积极因素，人人作好本员工作，通过提高工作质量来提高与保证产品质量和服务质量，将过去以分工为主的管理模拟式转变为以协调为主，使企业联系成一个紧密的有机整体。最高管理者强有力和持续的领导，以及该组织内所有成员的教育和培训是这种管理活动取得成功所必不可少的。

7.2.2 质量管理小组（QC 小组）

在实践中，通常通过开展质量管理小组（Quality control circle，简称 QC 小组）活动来推进 TQM 工作。QC 小组是指企业中由相同、相近或互补的生产或工作岗位上的员工，围绕企业的经营战略、方针目标、工作现场存在的问题或用户迫切需要解决的问题，以改进质量、降低消耗、提高企业经济效益为目的，运用 TQM 的理论和方法以及其他一些科学方法，自发组织起来按照一定程序开展质量管理活动的小组。

实践证明，QC 小组活动是企业员工参与 TQM 的一种有效组织形式，是员工参加企业民主管理的经验与现代科学管理方法相结合的产物，务实地开展 QC 小组活动已成为企业有效推行 TQM 的重要手段，可以发挥以下几方面的作用：①有利于开发智力资源，发挥员工的潜能，提高员工的素质；②有利于预防质量问题和持续改进质量；③有利于实现全员参与管理，改善和加强企业管理工作，提高管理水平；④有利于改善人与人之间的关系，增强员工的团结协作精神；⑤有助于提高员工的科学思维能力、组织协调能力、分析与解决问题的能力，从而提高员工的综合素质；⑥有助于塑造充满生机和活力的企业文化；⑦有利于提高顾客的满意程度。

7.2.2.1 QC 小组的组建

QC 小组的组建原则：从实际出发，自愿参加，上下结合，领导、技术人员、工人三结合。既可以在班组、车间（部门）建立，也可以跨班组、跨车间（部门）建立。特别要重视生产现场、施工现场、服务现场的质量管理小组的组建。

QC 小组的人数以 3～10 人为宜，最多不超过 15 人，应根据课题的难易程度及实际情况来定。建立 QC 小组后要进行登记注册。登记注册的目的：一是便于企业掌握小组活动情况、加强管理，有针对性地帮助指导小组活动，发现产品质量和生产上有薄弱环节时，还可建议或帮助组织小组，使整个企业形成质量管理的组织网络；二是便于对 QC 小组的督促检查，引导他们选择不同课题进行活动；三是可议增强小组成员的责任感和荣誉感。

QC 小组的登记还包括小组课题登记。小组成立后，要选举组长，确定小组的名称并填写“QC 小组登记表”，登记的小组需经公司质量管理部门注册认可。对停止活动持续半年的质量管理小组，应予注销。这样，既避免了走形式，搞浮夸，也有利于督促质量管理小组开展活动。

7.2.2.2 开展 QC 小组活动的步骤及应注意的问题

QC 小组开展活动可遵循美国质量管理专家戴明（Edwards Deming）博士所总结的 PDCA 循环模型（见 7.2.3）的基本步骤进行，在每一个环节中都会应用到“老七种工具”和“新七种工具”（见 7.4）中某个方法，基本步骤及需要注意的问题如下：

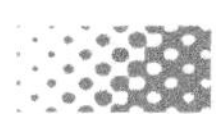

(1) 选定课题。企业中的课题有两大类型，一类是改进型，另一类是创新型。课题可以来源于上级部门下达的指令性课题、本企业质管部门推荐的指导性课题或 QC 小组自选的课题。无论何种类型的课题，选题应注意：①有依据，来源可靠。主要依据：企业的方针、目标和中心工作；生产、服务或工作现场存在的关键问题及薄弱环节；用户迫切需要解决的问题等。应注意选题要小而实，避免大而笼统；要先易后难，避免难于攻克，以增强小组成员的信心；要具体明确，避免空洞模糊，如《降低××产品的不合格率》、《提高××釜冷却系统的制冷温差》等。

(2) 调查现状。应注意：①调查的客观性；调查的时间性；②要用数据说话，对数据分层整理和分析。

(3) 设定目标。目标通常以定量数值来度量，所以也称为目标值。设定目标值为 QC 活动指出了奋斗的方向，反映了 QC 活动要用数据说话的要求，同时为活动效果的检查提供了依据。设定目标应注意：①目标应明确并与课题一致；②目标的高度应与企业的方针、目标相一致；③应从实际出发，目标不要设定得太多、太高。

(4) 分析和确定原因。可按人、机器设备、材料、方法（规程）和环境（简称人、机、料、法、环）等因素进行分析，结合实际，针对具体问题具体分析，找出质量问题产生的具体原因。

(5) 活动计划。针对目标及所确定的原因，根据小组人员的特长，合理安排小组人员分工及活动时间。

(6) 制定对策。在制定对策过程中应注意：①制定对策是为了解决具体问题，要针对所确定的原因制定相应的对策和具体措施；②对策应具有可实施性和检查性，而不是空洞的口号；③对策应由小组成员集思广益，全员参与共同提出；④制定对策时通常要回答 5W1H：Why——为什么要制定对策？What——需要做些什么事？Where——在哪里进行？Who——由谁来做事？When——何时进行和完成？How——怎么进行和完成？

(7) 实施对策。应注意：①严格按照对策计划行事；②保持经常性和全员性；③根据实际情况，必要时应修改对策；④注意记录和检查。

(8) 检查效果。应注意：①针对活动的目标值进行检查；②实事求是，以事实和数据为依据；③对于不同性质的目标应由相关部门和领导参加检查，如对于技术性的目标，应由技术部门人员和相关领导参加检查；④检查方法与现状调查时所用的方法一致；⑤效果检查要经权威部门进行验证；⑥经检查若未达到预定目标，小组应进行新的一轮 PACD 循环；⑦对于经验证效果良好的活动结果应形成文件性控制程序，在未产生更好的活动结果之前不能随意更改程序文件。

(9) 巩固措施。采取巩固措施时应注意：①必须经过活动实践证明是行之有效的措施；②巩固措施要具体明了，切实可行，不能抽象空洞。

(10) 活动总结。总结本项课题活动的经验和不足，明确所遗留的问题，制定下一步活动的计划和今后推进的方向。

(11) 发表活动成果。QC 小组活动的成果包括有形和无形成果。前者可以用物质或价值的形式表现出来，如产品质量提高、成本降低等；后者难以用物质或价值的形式表现出来，如改善生产和服务现场的环境、提高解决问题的能力等；将成果纳入有关标准、操作规程、制度和规定中。

7.2.2.3 质量分析工具在 QC 小组活动中的应用对比

TQC 中常用“老七种工具”质量分析工具。“老七种工具”和“新七种工具”（详见

7.4）作为质量管理的基本工具，被广泛应用在QC小组活动中，其中的每种方法都各有特点，在遵循PDCA循环开展QC活动时应注意根据活动的目的加以应用，详见表7-2。

表7-2 新、老七种工具在QC活动中的应用

QC活动阶段 \ 工具		老七种工具							新七种工具						
		调查表	直方图	分层法	排列图	因果图	散布图	控制图	关联图	系统图	亲和图	矩阵图	矩阵数据	PDPC	箭线图
P	选题	△	△	△	■	△		△	△		■				
	确定目标		△	△	△			△				△			
	现状调查	■	△	△	■	△		△	△		■	■	△		
	原因分析	△	■	△	■	■	■	■	■	■		■			
	制定对策					△						△		■	△
D	对策实施		△		△			■					△		■
C	检查效果	△	■	△	■			■							
A	巩固措施	△						△		△		■			△
	遗留问题		△		■			△							■

注：■ 特别有用；△ 可用

在TQM工作中，无论何时、何处都会用到数理统计方法，但要注意，数理统计方法只是TQM中的一个内容，它不等于TQM。同时应注意，质量成本是衡量和优化TQM活动的一种手段，建立QMS是开展质量管理工作的一种最有效的方法与手段。在具体工作中，企业可以选择一两个质量课题，采用QC小组活动的方式，加以解决并取得成功，然后按这种方式逐步地实施质量管理计划。

7.2.3 戴明十四要点和PDCA循环

7.2.3.1 戴明十四要点

有人评论，戴明的理论帮助日本从一个衰退的工业国转变成了世界经济强国。

戴明学说简洁易明，其主要观点十四要点（Deming's 14 Points）成为全面质量管理（TQM）的重要理论基础：

（1）创造产品与服务改善的恒久目的。最高管理层必须从短期目标的迷途中归返，转回到长远建设的正确方向。也就是把改进产品和服务作为恒久的目的，坚持经营，这需要在所有领域加以改革和创新。

（2）采纳新的哲学。必须绝对不容忍粗劣的原料，不良的操作，有瑕疵的产品和松散的服务。

（3）停止依靠大批量的检验来达到质量标准：检验其实是等于准备有次品，检验出来已经是太迟，且成本高而效益低。正确的做法，是改良生产过程。

（4）废除价低者得的做法。价格本身并无意义，只是相对于质量才有意义。因此，只有管理当局重新界定原则，采购工作才会改变。公司一定要与供应商建立长远的关系，并减少供应商的数目。采购部门必须采用统计工具来判断供应商及其产品的质量。

（5）不断地及永不间断地改进生产及服务系统。在每一活动中，必须降低浪费和提高质量，无论是采购、运输、工程、方法、维修、销售、分销、会计、人事、顾客服务及生产制造。

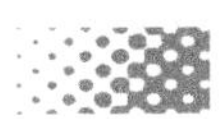

(6) 建立现代的岗位培训方法。培训必须是有计划的，且必须是建立在可接受的工作标准上。必须使用统计方法来衡量培训工作是否奏效。

(7) 建立现代的督导方法。督导人员必须要让高层管理知道需要改善的地方。当知道之后，管理当局必须采取行动。

(8) 驱走恐惧心理。所有同事必须有胆量去发问，提出问题，表达意见。

(9) 打破部门之间的围墙。每一部门都不应只顾独善其身，而需要发挥团队精神。跨部门的质量圈活动有助于改善设计，服务，质量及成本。

(10) 取消对员工发出计量化的目标。激发员工提高生产率的指标、口号、图像、海报都必须废除。很多配合的改变往往是在一般员工控制范围之外，因此这些宣传品只会导致反感。虽然无须为员工订下可计量的目标，但公司本身却要有这样的一个目标：永不间歇地改进。

(11) 取消工作标准及数量化的定额。定额把焦点放在数量，而非质量。计件工作制更不好，因为它鼓励制造次品。

(12) 消除妨碍基层员工工作畅顺的因素。任何导致员工失去工作尊严的因素必须消除，包括不明何为好的工作表现。

(13) 建立严谨的教育及培训计划。由于质量和生产力的改善会导致部分工作岗位数目的改变，因此所有员工都要不断接受训练及再培训。一切训练都应包括基本统计技巧的运用。

(14) 创造一个每天都推动以上13项的高层管理结构

7.2.3.2 PDCA 循环（戴明环）

TQM 思想集中体现在戴明博士所总结的 PDCA 循环上。PDCA 循环又称质量环（戴明环），是管理学中的一个通用模型，也是有效进行任何一项工作的合乎逻辑的工作程序，它反映了质量工作过程的四个阶段，这四个阶段顺序进行，周而复始地循环下去并阶梯式上升，质量不断地得到改进，见图 7-1。

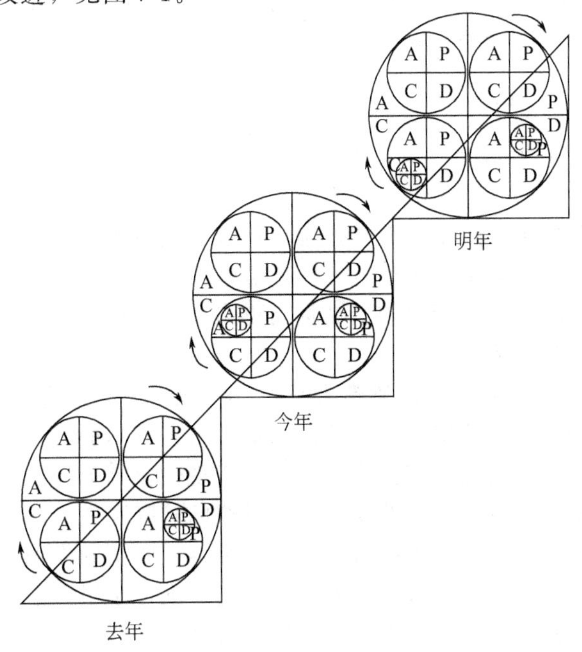

图 7-1 PDCA 循环图

每个部门、小组都有自己的 PDCA 循环，构成企业大循环中的小循环。每个 PDCA 循环都包含四个阶段，每个阶段分别包含具体的工作内容，见图 7-2。

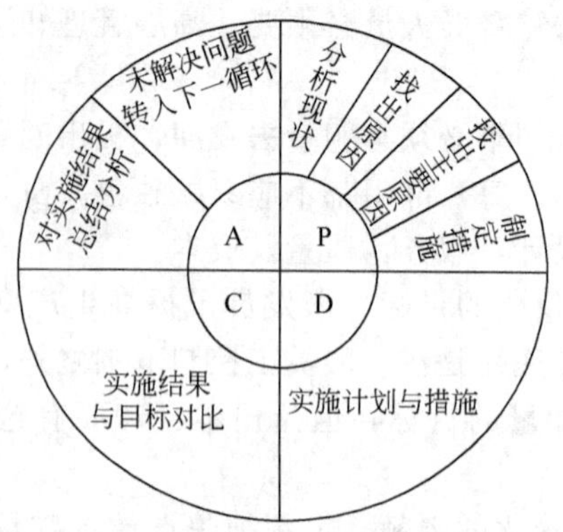

图 7-2 PDCA 循环的四个阶段所包含的具体步骤

(1) 计划 (Plan，简写为 P) 阶段：计划和确定方针与目标，确定活动计划。P 阶段包括四个步骤：①分析现状，找出所有存在的质量问题和主要质量问题；②诊断分析产生质量问题的各种影响因素，包括技术方面的因素（机器、原材料、工艺方法以及生产环境条件等）和人方面的因素（操作者、班组长和企业的其他人员）；③找出影响质量的主要因素；④针对影响质量的主要因素，制定相应对策，提出改善计划，明确何谓 5W2H（见 5.1.3.1）。

(2) 执行 (Do，简写为 D) 阶段：按照制定的对策实施，以实现质量控制和改进的目标。

(3) 检查 (Check，简写为 C) 阶段：在计划执行过程中或执行之后，对照计划要求，检查、验证计划执行的效果，及时发现计划过程中的问题，总结经验，并对改进的效果进行评价，进一步找出问题。

(4) 处理 (Act，简写为 A) 阶段：①根据检查结果进行总结，把成功的经验和失败的教训都纳入到有关的标准、制度和规定之中，巩固已经取得的成绩，防止质量问题重现；②找出这一循环尚未解决的问题，转入下一个 PDCA 循环。

7.2.4 精良生产 (LP)

精良生产（Lean Production，LP）是 20 世纪 50 年代日本年轻有为的工程师丰田英二和大野耐一根据当时日本的实际情况：国内市场小，所需的汽车种类繁多，又没有足够的资金和外汇购买西方的最新生产技术，而在日本丰田公司创造的一种新的生产方式。这种生产方式综合了单位生产方式与大批量生产方式的优点。使工厂的工人，设备以及厂房开发，新产品等一起投入都大为减少，而产出的产品种类更多，质量更好。使丰田公司成为世界上效率最高，质量最佳的汽车制造厂。

美国麻省理工学院出版的《美国制造业的衰退及对策——夺回生产优势》（1989）和《改造世界的机器》（1990）的两本专著系统深入地总结了日本的成功经验和美国的教训，提出了“精良生产”的概念。精良生产被公认为适用于现代化制造业的组织方式。

精良生产的特点是：①重视客户的需求，以最快的速度和适宜的价格提供质量优良的适销产品去占领市场，并向用户提供优质服务。②重视企业职工的作用，并强调雇员是比机器更重要的资产，要求并通过培训使每个工人一专多能。推行小组自治工作制，赋予每个职工以一定的独立自主权，并充分发挥职工的创造性运行企业文化。生产线上的每一个工人在生产出现故障时都有权拉铃让整个工区的生产停下来，并立即与小组人员一起查找故障原因，

并做出决策，解决问题，排除故障。③减少精良生产中一切不创造价值的工作，减少管理层次。精简组织结构，简化开发过程和生产过程，减少生产费用，强调一体化质量保证。在生产中采用准时制生产方式，精简间接工作岗位和中间管理层，简化产品检验环节，简化与协作厂的关系。

精益求精，尽善尽美，持续不断地改进生产，降低成本，力求达到零废品，零库存，实现产品品种多样化。“精”指质量高，“良”指库存低，这就是精良所在。

精良生产方式中，精益求精的管理使得它在人员、厂房、时间等方面资源的利用大大优于大量生产方式。譬如以库存来说，精良生产中的基本观念是及时供应（just in time），尽可能减少库存，甚至消灭库存。精良的含义包括质量，在消耗同样多的资源的条件下，可以提高更好的功能、更可靠的性能和更长的使用寿命。这实质上是提高了资源的利用率。

简言之，精良生产是运用多种现代管理方法和手段，以社会需求为依据、以充分发挥人的作用为根本，有效配置和合理使用企业资源，最大程度的为企业谋求经济效益的一种新型生产方式。最终使企业成为精干的、高度柔性的、低成本的、世界级的竞争者。

关键的组织特点有两个：

① 精良生产能够把最大量的工作任务和责任转移到生产线真正增值的那些工人们身上；

② 具有一个处于适当位置的、一旦发现问题就能快速追查并找出最终原因的检测缺陷系统。

精良生产是一种先进的制造业运行模式，可以大大提高企业的生产效率。因此，精良生产中最重要的是其思想，而不是其形式。只有领会其精神，才能真正发挥其优势。

7.3 ISO 9000 族标准

ISO 9000 族标准是由国际标准化组织/质量管理和质量保证技术委员会（ISO/TC 176）在总结各个国家和地区，特别是发达国家的质量管理经验的基础上，制定的一系列关于质量管理的正式国际标准、技术规范、技术报告、手册和网络文件的统称（注意许多 ISO 9000 族中的国际标准被编在 ISO 10000 范围内）。该系列标准于 1987 年首次发布，分别于 1994 年、2000 年、2008 年进行了三次修订，对不同组织的发展产生了深刻的影响，发挥了举世瞩目的作用。

2008 版 ISO 9000 族标准继承了 2000 版标准的特点，是 2000 版标准的修正性版本，使标准更加明了并易于理解和使用。2008 版标准的主要目的是证实组织具有持续的符合顾客和法律法规规定要求的产品生产能力，并改进组织的总体绩效，力求增强客户的满意度。

ISO 9001 是 ISO 9000 族标准所包括的一组 QMS 核心标准之一，是迄今为止世界上最成熟的质量框架，目前全球有 161 个国家/地区的超过 75 万家组织正在使用这一框架。ISO 9001 不仅为 QMS，也为总体管理体系设立了标准，适合于希望改进运营和管理方式的任何组织，它可以帮助各类组织通过客户满意度的改进、员工积极性的提升以及持续改进来获得成功。此外，ISO 9001 可以与其他管理系统标准和规范（如 OHSAS 18001 职业健康与安全体系和 ISO 14001 环境管理体系）兼容。ISO 9001：2008《质量管理体系——要求》突出采用过程方法建立 QMS，是 QMS 认证审核，第一、第二、第三方审核的依据。

7.3.1 ISO 9000 族标准的构成和特征

7.3.1.1 ISO 9000 族质量管理体系标准的构成

ISO 质量管理体系标准分为三类：

（1）A 类——管理体系要求标准。向市场提供有关组织的管理体系的相关规范，以证明组织的管理体系是否符合内部和外部要求（例如通过内部和外部各方予以评定）的标准。有管理体系要求标准（规范）、专业管理体系要求标准。如：

GB/T 19001—2008 idt ISO 9001：2008《质量管理体系　要求》。

（2）B类——管理体系指导标准。通过对管理体系要求标准各要素提供附加指导或提供不同于管理体系要求标准的独立指导，以帮助组织实施和（或）完善管理体系的标准。有关于使用管理体系要求标准的指导、关于建立管理体系的指导、关于改进和完善管理体系的指导、专业管理体系指导标准。如：

GB/T 9004—2000 idt ISO 9004：2000《质量管理体系　业绩改进指南》

GB/T 19016—2005 idt ISO 10006：2003《质量管理体系　项目质量管理指南》

GB/T 19022—2003 idt ISO 10012：2003《质量管理体系　测量过程和测量设备的要求》

GB/T 19024—2008 idt ISO 10014：2006《质量管理体系　实现财务和经济效益的指南》

（3）C类——管理体系相关标准。就管理体系的特定部分提供详细信息或就管理体系的相关支持技术提供指导的标准。例如管理体系术语文件，评审、文件提供、培训、监督、测量绩效评价标准，标记和生命周期评定标准。如：

GB/T 19000—2008 idt ISO 9000：2005《质量管理体系　基础和术语》

GB/T 19010—2009 idt ISO 10001：2007《质量管理　顾客满意　组织行为规范指南》

GB/T 19012—2008 idt ISO 10002：2004《质量管理　顾客满意　组织处理投诉指南》

GB/T 19013—2009 idt ISO 10003：2007《质量管理　顾客满意　组织外部争议解决指南》

GB/T 19015—2008 idt ISO 10005：2005《质量管理体系　质量计划指南》

GB/T 19017—2008 idt ISO 10005：2005《质量管理体系　技术状态管理指南》

GB/T 19023—2003 idt ISO 10013：2001《质量管理体系　文件指南》

GB/T 19015—2008 idt ISO 10005：2005《质量管理体系　质量计划指南》

GB/T 19025—2001 idt ISO 10015：1999《质量管理　培训指南》

GB/T 19011—2003 idt ISO 10011：2002《质量和（或）环境管理体系审核指南》

7.3.1.2　ISO 9000族标准质量管理体系的特征

ISO 9000族标准所建立的质量管理体系具有如下特征：

（1）符合性。欲有效开展质量管理，必须设计、建立、实施和保持QMS，企业的最高管理者对依据ISO 9001标准设计、建立、实施和保持QMS的决策负责，对建立合理的组织结构和提供适宜的资源负责；管理者代表和质量职能部门对形成文件的程序的制定和实施、过程的建立和运行负直接责任。

（2）唯一性。QMS的设计和建立，应结合企业的质量目标、产品类别、过程特点和实践经验。因此，不同组织的QMS具有不同的特点。

（3）系统性。QMS是相互关联和作用的组合体，包括：①组织结构——合理的组织机构和明确的职责、权限及其协调的关系；②程序——规定到位的形成文件的程序和作业指导书，是过程运行和进行活动的依据；③过程——QMS的有效实施，是通过其所需过程的有效运行来实现的；④资源——必需、充分且适宜的资源包括人员、资金、设施、设备、料件、能源、技术和方法。

（4）全面有效性。QMS的运行应是全面有效的，既能满足组织内部质量管理的要求，又能满足组织与顾客的合同要求，还能满足第二方认定、第三方认证和注册的要求。

（5）预防性。QMS应能采用适当的预防措施，有一定的防止重要质量问题发生的能力。

（6）动态性。最高管理者定期批准进行内部QMS审核，定期进行管理评审，以改进

QMS；还要支持质量职能部门（含车间）采用纠正措施和预防措施改进过程，从而完善 QMS。

（7）持续受控。QMS 所管理的过程及其活动应持续受控。企业应综合考虑利益、成本和风险，通过 QMS 持续有效运行使其管理最佳化。

7.3.1.3 ISO 9000 族标准与 TQM 的比较

ISO 9000 族标准是以 TQM 的理论和方法为基础发展起来的，两者有许多相同之处，也有很多差异，研究他们之间的关系有助于质量管理活动的有效开展。

（1）两者的相同点主要有：①管理理论和统计理论的基础一致。两者均认为产品质量形成于产品全过程，都要求质量体系贯穿于质量形成的全过程；在实现方法上，两者都使用了 PDCA 循环运行模式。②都要求对质量实施系统化的管理，都强调“一把手”对质量的管理。③最终目的一致，都是为了提高产品质量，满足顾客的需要，都强调任何一个过程都是可以不断改进，不断完善的。其中 TQM 是为企业打基础，ISO 9000 质量管理活动是企业求发展。

（2）两者的不同点主要有：①期间目标不一致。TQM 活动的目标是改变现状，其作业只限于一次，目标实现后，管理活动也就结束了，下一次计划管理活动虽然是在上一次计划管理活动的结果的基础上进行的，但绝不是重复与上次相同的作业。而 ISO 9000 质量管理活动的目标是维持标准现状，其目标值为定值，管理活动是重复相同的方法和作业，使实际工作结果与标准值的偏差量尽量减少。②工作中心不同。TQM 是以人为中心，而 ISO 9000 是以标准为中心。③执行标准及检查方式不同。实施 TQM 的企业所制定的标准是企业结合其自身特点制定的自我约束的管理体制，其检查方主要是企业内部人员，检查方法是考核和评价（方针目标讲评，QC 小组成果发布等）。ISO 9000 族标准是国际公认的 QMS 标准，它是供世界各国共同遵守的准则，由公正的第三方对质量体系进行认证，并接受认证机构的监督和检查。

7.3.2 八项质量管理原则

长期以来，在质量管理领域逐步形成了一系列颇具影响并具指导性的原则、思想和方法，如 TQM 中的“三全管理”，朱兰的“质量三部曲”等，ISO/TC 176 技术委员会在总结质量管理实践和经验的基础上，对这些先进理念进行了高度概括和充分提炼，用易于理解的语言归纳为“八项质量管理原则”，反映在 GB/T 19000—2008 idt ISO 9000：2005 标准引言中。八项质量管理原则是主导 QMS 要求的一种哲学思想，包含了质量管理的全部精华，构成了质量管理知识体系的理论基础。

成功地领导和运作一个组织，需要采用系统和透明的方式进行管理。针对所有相关方的需求，实施持续并改进其业绩的管理体系，可使组织获得成功。质量管理是组织各项管理的内容之一。本标准提出的八项管理原则被确定为最高管理者用于领导组织进行业绩改进的指导原则。

（1）以顾客为关注焦点。组织依存于顾客。因此，组织应该理解顾客当前的和未来的需求，满足顾客要求并争取超越其期望。在市场经济中，组织的生存和发展完全取决于其顾客的满意和信任，组织一旦失去了顾客，也就丧失了市场份额，组织的生存就会受到威胁。为了获得顾客的信任，组织的首要任务就是识别和理解顾客的要求，并将识别的需求转化为产品（服务）的特性，体现在向顾客交付的产品（服务）之中。同时，要对顾客的满意程度进行监视和控制，不断改进产品（服务）的质量。

（2）领导作用。领导者应确保组织的目的与方向一致。他们应当创造并保持良好的内部环境，使员工能充分参与实现组织目标的活动。实践证明：80%质量问题与管理有关，20%与员工有关。

(3) 全员参与。各级人员都是组织之本，唯有其参与，才能使他们为组织的利益发挥其才干。员工是组织实现其功能的必要资源，只有他们的充分参与才能给组织带来效益。组织应通过培训、教育及奖惩，增强员工的工作责任感，不断提高员工的能力、知识和经验。只有激励和调动全员参与组织活动的积极性，充分发挥员工的聪明才能，组织才能获得效益和发展。

(4) 过程方法。将活动和相关的资源作为过程进行管理，可以更高效地取得期望的结果。过程是建立 QMS 的基础，过程包括识别过程、确定过程（输入、活动、输出、自愿、程序、过程责任者）、控制过程等。ISO 族标准认为：一切工作都是通过过程来完成的，质量管理就要对与产品质量有关的过程实施全面控制。过程控制也体现了预防为主的思想。

(5) 管理的系统方法。将相互关联的过程作为体系来看待、理解和管理，有助于组织提高实现目标的有效性和效率。

(6) 持续改进。持续改进总体业绩应当是组织的永恒目标。ISO 族标准认为持续改进是"增强组织满足顾客要求的能力的循环活动"。顾客不断变化的要求和期望，以及竞争的压力和科学技术的发展，促使组织要持续改进其产品和过程，以适应不断变化的要求。

(7) 基于事实的决策方法。有效决策是建立在数据和信息分析的基础上。决策是针对预期目标寻求并实行最佳方案的活动。质量管理过程中存在着大量需要决策的问题，如组织是否采用 QMS？如何确定质量方针、质量目标？资源如何配置？质量改进的项目如何选择？等等。只有对数据和信息进行科学分析或判断才可能避免决策失误。

(8) 与供方互利的关系。组织与供方相互依存的，互利的关系可以增强双方创造价值的能力。质量管理八项原则是一个组织在质量管理方面的总体原则，这些原则需要通过具体的活动得以体现。原则的应用可分为质量保证和质量管理两个层面。就质量保证来说，主要目的是取得顾客足够的信任以表明组织能够满足质量要求，因而所开展的活动主要涉及：识别顾客的质量要求、制定质量方针和目标、建立并实施 QMS，最终确保质量目标的实现；质量管理作为一个组织经营管理的重要组成部分，以保证经营目标的实现。组织要生存、要发展、要提高效率和效益，须臾离不开顾客，离不开质量。因而，从质量管理的角度，要开展的活动就其深度和广度来说，要远胜于质量保证所需开展的活动。

7.3.3 贯标过程中常见的问题及对策

这里特别强调在质量方针和质量目标的建立、质量策划、质量控制和质量改进过程中应注意的问题，以及其他贯标过程中常见的问题及对策。

7.3.3.1 制定质量方针应注意的问题

(1) 制定的质量方针必须与企业的宗旨相适应，力求用高度概括、简洁、形象的语言予以表达。

(2) 良好的质量绝不是完全靠命令和企业最高管理者的指令，而是集体合作努力的结果。所以，质量方针应该是全部有关人员的共识并参与制定，而且还应把企业的背景、文化、技术和市场走向及管理者的长期目标考虑进去。ISO 9000 族标准要求管理者将质量方针正式地文件化，并按文件控制要求对其制订、批准、评审和修改等环节予以控制，以保证所有相关人员理解该方针，并且采用适当的步骤全面地实施，落实到各质量管理活动之中。

(3) 不同的组织可以有不同的质量方针，必须根据市场的需求信息和本组织的人员素质、技术、资源、环境、生产能力等条件，制定有特色的质量方针。

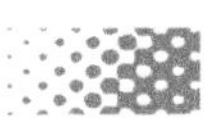

(4) 制定的质量方针应满足要求和持续改进的承诺。包括满足顾客明示的或隐含的要求，适用的法律、法规所规定承担的责任与义务，以及企业对顾客的承诺。企业为了满足顾客不断提高的要求，同时为了自身的不断发展，必须确立持续改进质量这一永恒的目标。

(5) 质量方针的基本要求应包括供方的组织目标和顾客的期望和需求，也是供方质量行为的准则，一般包括：产品设计质量、同供应厂商关系（如确定供货验收方法、协助供应商开展质量保证活动、定期对其质量保证能力进行调查和评价等）、质量活动的要求、售后服务、制造质量、经济效益和质量检验的要求、关于质量管理教育培训等。

(6) 企业要与时俱进，所制定的质量方针应在持续的适宜性方面得到评审，以增强实施的有效性和持续改进的需求。

7.3.3.2 制定质量目标应注意的问题

质量目标的制定为企业全体员工提供了其在质量方面关注的焦点和追求的目标；同时，质量目标可以帮助企业有目的地、合理地分配和利用资源，以达到策划的结果。一个合理的质量目标可以激发员工的工作热情，引导员工自发地努力为实现企业的总体目标做出贡献，对提高产品质量、改进作业效果较其他激励方式具有不可替代的作用。要制定合理的质量目标，首先要明确企业存在什么问题，知道企业的强项和弱项，针对目前现状和市场未来的前景来制定目标。

要使质量目标真正地符合企业的实际情况，在管理中起到作用，在质量策划中需要对质量目标涉及到的问题进行综合考虑：

(1) 质量目标与质量方针保持一致。质量目标的内容应与质量方针提供的框架相一致，且包括持续改进的承诺和满足要求的所有内容。这是“以顾客为中心”的管理原则在质量目标中的具体体现，也是实现“顾客满意”的重要手段。实践中，在充分理解质量方针实质的基础上，从质量方针引导出质量目标，如：质量方针是“开拓创新”，可以导出在一定时期内开发多少种新产品；质量方针是“顾客满意”，可以导出顾客投诉率应控制在多少等。

(2) 根据具体要要求和实际情况制定企业的质量目标。质量目标既不能过高，也不能过低，应充分考虑企业的现状及未来的需求，否则就会失去制定质量目标的意义。应本着“谋其上，获其中；谋其中，获其下”的思路，不断激励员工的积极性和创造性，使质量目标成为促进持续改进的动力。

(3) 企业的质量目标应具有前瞻性。应密切关注市场的现状和未来，充分考虑顾客和相关方的需求和期望及满足的程度，才能使质量目标有充分的引导作用，并与市场需求相吻合。

(4) 质量目标是质量方针的展开和落实。质量目标应是可以测量的，尤其在作业层次上质量目标必须是定量可测的，否则目标的实施就不能检查、不能评价，实施就易流于形式。

(5) 质量目标在相关的职能和各层次上必须展开。展开可按“目标管理”系统图法，由上而下的逐级展开，以达到由下而上的逐级保证。

(6) 质量目标要在评审中加以改进。如果企业已经建立了 QMS，就需要在管理评审过程中发现问题，对质量目标的适宜性、充分性和有效性进行评审，提出纠正措施，以改进质量目标，使其更好地发挥作用。

7.3.3.3 质量策划过程应注意的问题

质量策划是质量管理诸多活动中不可或缺的中间环节，是连接质量方针和具体的质量管理活动之间的桥梁和纽带，是“指导”质量控制、质量保证和质量改进的活动，目的就是要确保质量目标的实现。质量控制、质量保证和质量改进只有经过质量策划，才可能有明确的对象和目标，才可能有切实的措施和方法。任何一项质量管理活动，不论涉及的范围大小、内容多少，都需要进行质量策划。但是，GB/T 19000—2008 标准所要求的质量策划并不是包罗万象的，而是针对那些影响组织业绩的项目进行的质量策划。一般包括：

(1) QMS 的策划。这是一种宏观的质量策划，应由最高管理者负责进行，根据质量方针确定的方向，制定质量目标，确定 QMS 的要素，分配质量职能等。在组织尚未建立 QMS 而需要建立时，或虽已建立却需要进行重大改进时，就需要进行这种质量策划。

(2) 质量目标的策划。组织已建立的 QMS 虽不需进行重大改变，但却需对某一时间段（如中长期、年度、临时性）的业绩进行控制，或者需对某一特殊的或重大的项目、产品、合同和临时的、阶段性的任务进行控制时，就需要进行这种质量策划，以便调动各部门和员工的积极性，确保策划的质量目标得以实现。例如，每年进行的综合性质量策划（策划结果是形成年度质量计划），这种质量策划的重点在于确定具体的质量目标和强化 QMS 的某些功能，而不是对 QMS 本身进行改造。

(3) 过程运行的策划。针对具体的项目、产品、合同进行的质量策划，同样需要设定质量目标，但重点在于规定必要的过程和相关的资源。这种策划包括对产品实现全过程的策划，也包括对某一过程（例如设计和开发、采购、过程运作）的策划，还包括对具体过程（例如某一次设计评审、某一项检验验收过程）的策划。

(4) 质量改进的策划。质量改进虽然也可视为一种过程，但却是一种特殊的、可能脱离了企业常规的过程。因此，更应当加强质量策划。如果说有关过程的策划一旦确定，这些过程就可以按策划规定重复进行的话，那么质量改进则不同，一次策划只可能针对一次质量改进课题（项目）。这样，质量改进策划就可能是经常进行的，而且是分层次（组织及组织内的部门、班组或个人）进行的管理活动。质量改进策划越多，说明组织越充满生机和活力。

建立、完善质量体系一般要经历质量体系的策划与设计，质量体系文件的编制、质量体系的试运行，质量体系审核和评审四个阶段，每个阶段又可分为若干具体步骤。在体系建立整个过程中，企业员工质量意识的树立及质量管理人员队伍，尤其是骨干力量的培养至关重要，教育培训必不可少。具体建立的步骤及应注意的事项在很多专业书籍中均有叙述，在此不再赘述。

7.3.3.4 质量控制和质量改进应注意的问题

质量控制是为了达到质量要求所采取的作业技术和活动，即专业技术和管理技术两个方面，涉及产品质量形成全过程的各个环节。朱兰、田口玄一等都曾提出了质量控制和改进的方法，强调“预防为主”，在产品设计阶段就进行质量控制。质量控制和改进通常采用直方图、数据分层法、控制图、排列图、因果分析图、散布图、统计分析表等工具，以监视过程并分析和排除 PDCA 循环所有阶段中导致不满意的因素，以此来确保产品和服务质量。

(1) 现代质量工程技术把质量控制划分为：质量设计——产品开发设计阶段的质量控制、质量监控——生产过程中的质量监测、事后质量控制——传统的产品抽样检验三个阶段。在这三个阶段中最重要的是质量设计，其次是质量监控，再次是事后质量控制。对于那些质量水平较低的生产工序，事后检验是不可少的，但质量控制应是源头治理，预防越早越好。事后检验控制要逐渐取消，事实上，一些发达国家中的企业已经取消了事后检验。

(2) 要保证产品质量，必须加强对生产过程的质量控制，通过对影响工作质量的人、机、料、法、环五大因素进行控制，并对质量活动的成果进行分阶段验证，及时发现问题，采取相应措施，最大限度地减少产品质量特性值与设计目标值之间的波动。

(3) 在生产过程的质量控制工作中，应首先明确工序能力。即生产工序处于正常和稳定

的状态下所表现出来的保证生产合格产品的能力，也可以理解为工序质量，通常用工序能力指数来衡量。

（4）开展质量控制活动应切实加强企业内部的生产现场管理，它与有否合同无关。根据质量控制对象的重要程度和监督控制要求的不同，可设置“质量控制点”，并根据各质量控制点的重要性或其质量后果影响程度的不同，采取不同的运作程序和监督要求。同时，要注意确定在每个质量控制点应采用什么类型的检验方法，一般地，对缺陷数、不合格率等离散变量采用计数检验法，使用计数控制图，而对长度、高度、重量、强度等连续变量的计量采用计量检验法，使用计量控制图。

（5）在质量控制和诊断中通常采用数理统计的方法，但是数理统计方法有其自身的特点和局限性，分析结果的可靠性对数据量依赖性大，对小批量生产的质量难以发挥作用。

质量控制和抽样理论将沿着多样化、小样本化、模糊化和柔性化方向发展，应用先进的在线检测技术和在线识别技术，利用现有的系统工程学理论，如粗集理论（RST，Rough Set Theory）、数据包络分析技术（DEA，Data Envelopment Analysis）、模糊逻辑（FL，Fuzzy Logic）、神经网络（NN，Nerve Network）、遗传算法（GA，Germ Arithmetic）、混沌理论（CT，Chaos Theory）等，可进一步拓宽了传统数理统计的应用范围。

7.3.3.5 其他贯标过程中常见问题及对策

就国内企业贯彻 ISO 900 族标准，实施 QMS 过程中遇到的常见问题进行分析，并给出对策建议。

（1）贯彻 ISO 9000 族标准的动机过于注重眼前利益，影响标准的推行效果和 QMS 的运行效果。常见情况此类情况，初期贯彻 ISO 9000 族标准时，企业领导很重视，企业员工大都很有信心，也取得了一定成效；可是一旦企业通过了认证，就不再投入精力去设法提高 QMS 运行的效果。ISO 9000 族标准与所有其它标准一样，是用以实现一个或一组目标的一种工具，但实施 ISO 9000 族标准的主要目标是实现组织的全面质量改进；企业只有真正领悟其精神，把推行 ISO 9000 族标准与企业的实际结合起来，才可能不流于形式，真正提高企业的质量管理水平，增强企业的发展潜力。

（2）企业员工的传统和习惯性思维不能快速适应全新管理模式的发展，影响标准的推行效果和 QMS 的运行效果。ISO 9000 族标准管理的最大特点是过程程序化，“写你要做的、做你写下的、记你已做的”是 ISO 9000 族标准的精辟表达。ISO 9000 族标准所贯穿的程序化管理思想与企业传统的管理思想和模式常常存在着较大的反差，使得员工们参照 QMS 文件进行工作的自觉性一时难以发挥，这就必然影响 QMS 的有效实施。ISO 9000 族标准为组织的管理提供了一个管理体系，要想发挥这个体系的效能，就要求各级管理人员和员工时刻站在体系内，把日常工作与体系要求有机地融合在一起。在体系运行过程中，若企业的员工，尤其是有些管理层人员仍旧不自觉地脱离体系，凭自己的经验和传统的管理方式进行管理，QMS 运行在某些控制节点就只能是形同虚设。

（3）中、基层领导对推行标准的认识不模糊，中、基层领导的作用没有得到充分发挥。企业上层领导从企业自身的发展要求出发，往往高度重视 QMS 的建立与运行，对适用的标准和体系文件都有一定的认识和理解，会有意识地按照体系要求有效地管理企业。但仅有上层领导的积极性是远远不够的，需要中层领导的桥梁和纽带作用，需要基层领导带动广大员工学习 QMS 文件、执行质量管理标准与规范，并切实运行 QMS。从企业的 QMS 运行过程中可以发现，在基层领导作用的发挥上经常出现问题。

（4）对标准条款的理解不透彻、不全面，使制定的体系文件缺乏操作性。ISO 9000 族标准是西方发达国家质量管理发展到一定阶段的产物，具有明显的西方文化背景。由于东西方文化间的差异，可能造成对标准的不同理解，或对标准中的一些概念理解不够或不透，这些都会影响标准推行的效果。此外，企业部分质量体系文件缺乏企业特色，可操作性不强，与企业管理现状无法衔接，其结果必然是写的不能做，做的没有写，形成的QMS文件不仅达不到良好的控制效果，反而加剧了“两张皮”现象。

(5) 过分依赖内审员的作用。内审员通常是贯标和建标的第一批人员，是建立、实施、保持、提高管理体系运行效果的骨干力量，对体系运行起监督作用，对管理体系的保持和改进起参谋作用，在第二、三方审核中起内外接口作用，在推行标准和建立QMS过程中起桥梁和纽带作用，在体系的实施中发挥带头作用等。但是，有的企业依靠内审员完成所有与体系有关的各项工作，包办了许多其他职能部门及人员的工作，这种过分依赖内审员作用的做法对QMS的正常运行埋下了隐患，是制假、造假的根源。假如说QMS是一部汽车的话，内审员只能起到抽检和维护的作用，不能替代其他功能。

(6) 审核员水平的参差不齐降低了审核的有效性。有些审核员只注重企业运行的QMS与标准条款的符合性，而忽视了认证审核的有效性；不懂得企业管理，发现不了深层次问题，不能把认证审核与企业管理有效地结合起来，这些都会妨碍QMS的有效运行。要请既懂企业管理又懂专业的审核员参与审核，这样才有助于帮助企业持续改进QMS。

(7) 市场利益的驱动导致某些认证机构、咨询机构不规范竞争，降低申请企业的基本条件。这种做法使一些企业怀疑认证的功效，使得企业部分管理者认为推行标准的工作只是管理者代表以及质量管理部门的工作，只需在每年的审核中配合即可，放松了必须扎实地推行ISO 9000族标准的信念，还导致了部分员工丧失执行标准的信心。

要杜绝上述情况的发生，只有从两方面着手：一是要加强认证审核行业的规范和引导作用，限定认证证书的时效；二是要加强监督审核的力度和认证机构的自律规范。

(8) 信息沟通不畅，导致标准推行困难，体系运行效果不佳。QMS本身就是职责清晰、权限明确、接口严密的运行系统。信息沟通的基础是各接口单位的职责划分，根据归口业务的范围和体系文件的规定，采用各种不同的方式进行信息传递，同时做好相应的记录或证据的获取。目前有些企业在QMS运行过程中存在两种严重的问题：一是没有切实履行体系规定的各自职责；二是没有及时将信息记录下来。前者严重违背了建立QMS的宗旨，使体系的运行形式化；后者产生的根源在于传统工作习惯，没有养成勤记、勤查、敢于自我提高的良好工作风气。上述两种倾向是信息沟通不畅的根源，是体系运行的最大阻力和障碍。

(9) 对制定的QMS文件的执行力不够，影响QMS的运行效果。一个组织的基本质量管理活动一般包括管理评审、制定质量计划、对合同进行评审、设计控制、文件和资料控制、采购控制、供方质量评价、产品标识和可追溯性、检验、测量和试验设备控制、不合格品控制、纠正和预防措施、质量记录控制、内部质量审核、培训和确定统计技术方法等。企业根据实际情况对上述环节制定相应的程序文件，若在实际操作中不能严格执行，再好的QMS文件也是形同虚设。

(10) 培训不到位。QMS是一个逻辑严密、结构清晰、权限明确、自我完善、自我提高的质量管理模式，在实施的过程中，真正体现了管理不漏项、事事有人管、人人都管事、管事有绩效、时时在提高的原则。因此QMS的运行不是某个人的事情，必须通过全方位、多层次、全过程的培训，人人养成经营、管理、工作离不开管理体系，这才是QMS有效运行的保证。企业如果在培训过程中，只重视决策层、管理层和内审员的培训，不重视一线员工的培训；只重视集中学习，不重视分散、多层次的培训；只重视管理体系形式的内部审核，不重视管理体系的绩效考核和持续改进；培训的层次、深度、持续性不够……就谈不上良好

工作习惯和质量意识。

（11）质量检查流于形式，缺乏监督考核制度，会对推行 ISO 9000 族标准及运行 QMS 产生更恶劣的影响。质量检查是体系按 PDCA 循环运作中的第三步曲，检验体系的遵守与落实情况，发现问题，纠正和改进，最终提高企业的质量管理水平和产品质量。企业每年通过内部审核、质量月检查以及管理评审等质量检查，如果检查出 QMS 运行中暴露出的问题，却不进行认真分析并整改，这些检查便会流于形式，加之又缺乏监督考核制度，QMS 就会形同虚设。

（12）企业实施 QMS 过程中只重视市场需求，习惯性地选用质量要求标准，而忽视质量使用指南在企业绩效管理方面的作用，没有考虑 ISO 9000 族标准的整体性及在实施过程中对企业改进的关联作用。针对上述问题，应引导申请认证的企业在推行 ISO 9000 族标准过程中突出质量方针、质量目标的前瞻性和促进作用，把企业绩效的持续改进纳入到企业的质量方针、质量目标之中。

7.4 质量管理中常用分析工具

在质量管理工作中，发现问题是前提，分析问题是手段，改进和解决问题是目的。如何预测并监控过程、产品或服务的质量状况，如何对质量波动进行分析并改进，始终是企业日常质量管理工作中的核心内容。人们在长期的生产、经营实践中总结出了许多有效的质量管理方法，其中，20 世纪 60～70 年代产生的“老七种工具”和后来随着世界经济形势的发展而产生的“新七种工具”，在生产、服务及管理中得到了广泛应用，已成为企业质量管理的有效工具。利用现代系统工程学理论，结合先进的在线检测技术和在线识别技术，赋予了这些方法新的生命，现简介如下。

7.4.1 质量管理的老七种工具

“老七种工具”包括调查表、直方图、分层法、排列图、因果图、散布图、控制图，起源于 1962 年日本科学技术联盟，20 世纪 70 年代备受日本工业界推崇，并很快在日本企业的现场质量管理中发挥了巨大作用。“老七种工具”强调用数据讲话，重视对生产过程的控制，已成为质量分析与管理的有效工具，开创了“预防性 TQM”时代。

7.4.1.1 调查表法

调查表法是利用统计调查的方法，收集数据并对数据进行粗略整理和分析的统计图表，又叫检查表、核对表、统计分析表。

（1）适用场合。①由同一个人或在同一个地点重复观察和收集数据时使用；②当收集有关事件、问题、缺陷、缺陷部位、缺陷原因等情况的频数或特征的数据时使用；③收集生产过程数据时使用。

（2）调查表的类型。调查表法常用于其他工具的前期统计工作，常用的调查表有不合格项目调查表、缺陷位置调查表、质量分布调查表、缺陷原因的调查表、特性检查表、频数检查表等。简单的数据采集表，有助于确定事物发生的频率；图形化的检查表，可以帮助人们确定事物发的位置或问题的类型。

① 不合格项目调查表　质量管理中的“合格”与“不合格”都是相对于特定的标准、规格和公差而言的。不合格项目调查表的目的是统计各种不合格项目的比例。如不合格品调查见表 7-3 所示。

表 7-3 不合格品调查表常用格式

调查日期	调查数	合格数	不合格品			不合格品类型			
			废品数	次品数	返修品数	废品类型	次品类型	返修品类型	合格品率%

② 缺陷位置调查表　这种调查表有两种表现形式：将产品的外形图、展开图画出来，然后在上面标出缺陷位置；用语言、文字来描述具体的不合格项目，通过调查统计出每个不合格项目的频数。

③ 频数调查表　是在数据收集时进行频数统计的表格，这种表格能很好地满足及时性的需要，每调查一个数据，就可以在表格上的相应的组内作一个标记，在调查完毕后，频数分布表也就随之完成，我们便能据此方便地做出直方图（见 7.4.1.2）。

（3）调查表制作及实施步骤：①确定检查的项目；②确定检查的频率；③确定检查的人员及方法；④确定相关条件的记录方式，如作业场所、日期、工程等；⑤确定检查表格式。(图形或表格)；⑥确定检查记录的符号。如：正、＋、△、*、○等，例如表 7-4。

表 7-4 不合格品原因调查表

调查日期	调查数	调查点	调查人	批号	不合格原因				
					纯度	色泽	水分	杂质	粒度
2014/07/01	45	1# 成品库	×××	20140526	＋	＋	＋	＋	－
2014/08/09	56	2# 成品库	×××	20140489	－	＋	－	－	－

（4）应用调查表法应注意的问题：①明确收集数据的目的，即需要解决什么问题；②确定为达到目的所需收集的数据及收集数据的方法，对不同类别的数据要分别收集并分开放置记录本；③确定对数据的分析方法和负责人；④根据目的设计调查表格式，包括调查人、时间、地点和方式等。经常评审和修改调查表格式；⑤对收集的数据进行检查；⑥把检查表放置在数据源的地方。

7.4.1.2 直方图

直方图是频数直方图的简称，又称柱状图。是用一系列宽度相等而高度不等的长方形表示数据分布的工具图。长方形的宽度表示数据范围的间隔，高度表示在给定间隔内的数据数。直方图能够直观地显示出数据的分布情况，适用于对大量“计量值数据”进行整理加工，分析数据的分布状态，找出其中的统计规律，以便于对其总体的分布特征进行推断，对工序或批量产品的质量水平及其均匀程度进行分析。分析出现这些图形的原因，便于采取对策，改进质量。

（1）制作和应用直方图的步骤

第一步，收集数据。一般要随机抽取 50 个以上的质量特性数据，并按先后顺序排列。

第二步，找出数据中的最大值 x_{max}、最小值 x_{min}，并计算出极差（R）。$R=x_{max}-x_{min}$；

第三步，参考选用表（表 7-5），将取得的数据分组，一般按经验确定分组数（k）；

表 7-5 组数 k 选用表

数据个数	适当的分组数 k	一般使用的组数
50～100	5～10	10
100～250	7～12	10
250 以上	10～20	10

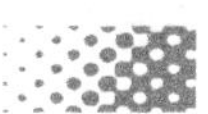

第四步，计算组距（h）： $h=R/k$；

第五步，确定各组数据的界限值（界限值单位 δ 应取最小测量单位的 1/2）；

第六步，编制频数分布表（f）(统计各组数据的频数 f_i)；

第七步，按数据值比例画横、纵坐标；

第八步，绘制直方图。在直方图上应标注出公差范围（T）、样本大小（n）、样本平均值（x）、样本标准偏差值（s）、公差中心 M 的位置等。

案例 1：某厂每包产品的质量规格为 1000g±0.5g，用直方图法对 100 包产品的实际包装量进行分析。

① 收集数据。为了简化计算，表中所录数据等于实测数据（x）减去 1000g。

$n=100$，测量单位：g

43	28	27	26	33	29	18	24	32	14
34	22	30	29	22	24	22	28	48	1
24	29	35	36	30	34	14	42	38	6
28	32	22	25	36	39	24	18	28	16
38	36	21	20	26	20	18	8	12	37
40	28	28	12	30	31	30	26	28	47
42	32	34	20	28	34	20	24	27	24
29	18	21	46	14	10	21	22	34	22
28	28	20	38	12	32	19	30	28	19
30	20	24	35	20	28	24	24	32	40

② 确定数据的极差。$R=x_{max}-x_{min}=48-1=47$（g）

③ 确定组距（取组数 $k=10$）。$h=R/k=47/10=4.7\approx 5$（g）

④ 确定各组的界限值（界限值单位 δ 应取最小测量单位的 1/2，$\delta=1/2=0.5$）。

第一组下限值 $=x_{min}-\delta=1-0.5=0.5$，第一组上限值 = 第一组下限值 + 组距 $=0.5+5=5.5$；

第二组下限值 = 第一组上限值 $=5.5$，第二组上限值 = 第二组下限值 + 组距 $=5.5+5=10.5$；

依此类推求出第三组及之后各组的上限值：15.5，20.5，25.5，30.5，35.5，40.5，45.5，50.5。

⑤ 编制频数分布表。

组号	组 界	组中值	频数统计	频数 f_i
1	0.5～5.5	3	｜	1
2	5.5～15.5	8	｜｜｜	3
3	15.5～20.5	13	正＋｜	6
4	20.5～25.5	18	正正＋｜｜｜｜	14
5	25.5～30.5	23	正正正＋｜｜｜｜	19
6	30.5～35.5	28	正正正正正＋｜｜	27
7	35.5～40.5	33	正正＋｜｜｜｜	14
8	40.5～45.5	38	正正	10
9	45.5～50.5	43	｜｜｜	3
10	50.5～55.5	48	｜｜｜	3
合 计				100

⑥ 绘制直方图。

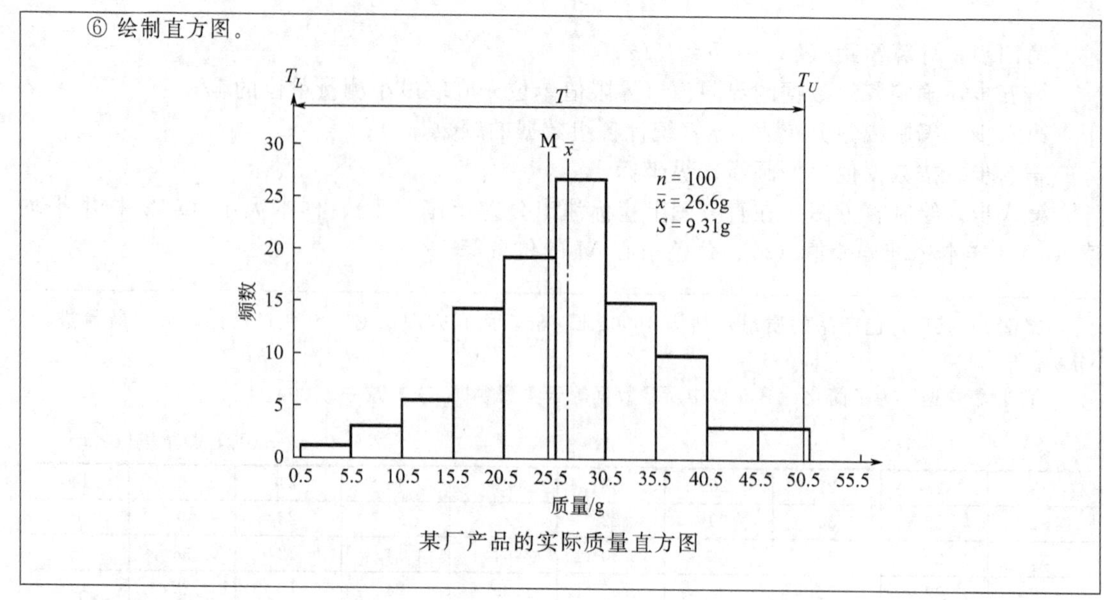

某厂产品的实际质量直方图

（2）直方图的常见形状及对过程（工序）状态的判断

直方图的图形包括正常型和非正常型两类。其中正常型直方图的图形中央有一顶峰，左右大致对称，表明这时工序处于稳定状态。非正常型直方图的图形有偏左、偏右的情形，造成这种状况的原因有：①一些形位公差要求的特性值是偏向分布；②生产者受到心理因素的影响，导致加工中心偏位。常见的非正常型的直方图有单峰型、双峰型、锯齿型、平顶型、孤岛型等，如图 7-3 所示。

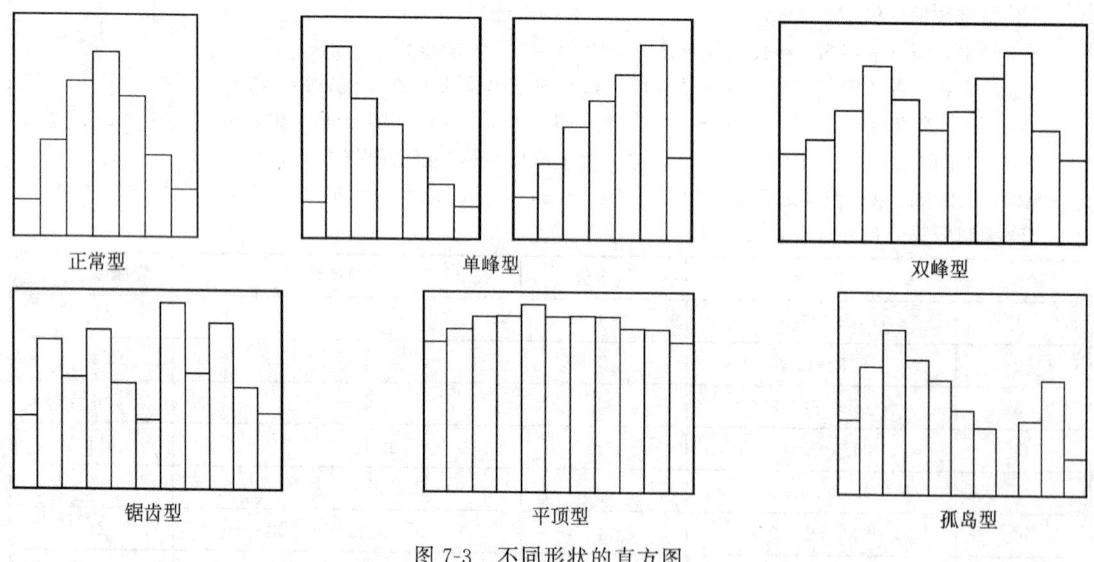

图 7-3　不同形状的直方图

双峰型直方图出现了两个顶峰，可能是由于不同加工者生产的，或是不同材料、不同加工方法、不同设备生产的两批产品混在一起造成的。锯齿型图形呈锯齿状，参差不齐，多是由于分组不当或检测数据不准造成的。平顶型图形无突出顶峰，多是由于生产过程中缓慢变化的因素（如设备磨损）造成的。孤岛型图形明显的分为两部分，呈孤岛形状，通常是由于测量有误或生产中的突发因素造成的。

（3）应用直方图法应注意的问题：①从直方图得到任何结论前，应保证所研究的时段内

过程稳定；②当数据是数值型时才适合应用直方图。如果是分类的则适合应用条形图；③如果收集的数据较少，在解释该直方图时要严格推敲；④对直方图的解释都只是理论上的，必须对过程经过直接观察进行确认；⑤如果过程稳定，直方图可以用来预测未来的情况；如果过程不稳定，直方图仅仅体现过去的情况。

7.4.1.3 分层法

当影响质量的因素调查清楚之后，要根据实际情况从设备、工艺方法、原材料、操作者、检测手段等不同角度进行分类整理，把性质相同的、在同一条件下收集来的原始质量数据归纳在一起，按照不同的目的加以合理地分类整理，找出变化的规律，以便分析影响产品或服务质量的具体原因，这种方法即为分层法。分层法又称分类法、分组法、层别法，是与其他数据分析工具结合使用的一种工具。把分类划分成的数据组称为“层”，当不同来源和不同类别的质量数据混在一起时，很难准确判断数据的特征，通过数据分层可以将这些数据加以区分，较方便地把错综复杂的质量影响因素分析清楚。

在实际应用中，数据可按人员、设备、方法、材料、测量、环境、时间、其他标志等进行分类，如：①按不同时间，不同班次进行分层；②按使用设备的种类进行分层；③按原材料的进料时间、原材料成分进行分层；④按检查手段、使用条件进行分层；⑤按操作人员分层；⑥按工艺方法分层；⑦按工作环境分层；⑧按不同缺陷项目进行分层等等。

在需要将不同来源、不同类别的数据加以区分研究时，分层法是不可替代的工具。

通常，需要将分层法与其他统计方法一起结合起来使用，即把性质相同、在同一条件下收集的数据归纳在一起，然后再分别使用其他方法制成分层排列图、分层直方图、分层散布图、分层控制图等等。

(1) 分层法的实施步骤：①收集数据。在收集数据之前首先要考虑数据来源中哪些因素会对最终结果产生影响，再采取恰当的数据收集方法，以保证收集到有价值的信息；②在将这些数据画在散布图、直方图或其他分析工具上时，要用不同的标志或颜色来区分不同的数据来源；③分别对这些分层数据的子集进行分析。

案例2：某企业高压反应釜在使用过程中经常发生釜压下降的情况，为解决这一问题，对“高压反应釜使用”工序进行现场统计分析。

采集数据：A、B、C三个工人各自用两个供货商提供的橡胶法兰垫分别采集43次釜压数据，其中，使用甲供货商的法兰垫，三人分别发现有11、13、8次釜内压力达不到要求的现象，使用乙供货商的法兰垫，分别有6、7、2次压力达不到要求的现象发生。

分析原因：通过分析，推知造成釜内压力达不到要求的原因有以下两个：① 该工序中负责安装法兰接口的三个工人A、B、C的操作方法有差异，导致接口漏气；② 法兰接口的橡胶法兰垫由甲、乙两个供货厂家提供，法兰垫的生产原材料有差异。

针对上述两个因素，将数据进行分类列表。从下表可明显看出：使用乙供货厂家提供的法兰垫，采用工人C的操作方法可以显著减少高压反应釜釜内压力降低现象发生。

分层法分析高压反应釜法兰接口漏气问题

工人	密封垫供货方	漏压	不漏压	漏压率%	密封垫供货方	漏压	不漏压	漏压率%
A	甲	11	32	25.6	乙	8	35	18.6
B		13	30	32.2		5	38	11.6
C		8	35	18.6		2	41	4.7
合计		32	97	24.8		15	114	11.6

（2）应用分层法应注意的事项：①在收集数据前要考虑清楚数据分析过程中是否需要分层，制定好收集分层信息的相关计划；②图表中要包含图例和文字，对不同的记号或颜色加以说明。

实践证明，分层法可以帮助我们清楚地分析隐藏在现象后的事物间的错综复杂关系，有助于我们尽快地发现事情的本质和原因，作出正确的判断，采取有效的措施来解决问题。

7.4.1.4 主次因素排列图法

主次因素排列图法，又称帕雷托图法（Pareto chart），简称排列图法。是统计和显示一定时间内各种类型质量缺陷或问题的数目，将出现的质量问题和质量改进项目按照重要程度依次排列，找出影响产品质量的主要问题，以便确定产生质量问题的主要因素和确定质量改进关键项目的简单而有效的图表方法。排列图法也是将质量改进项目从最重要到最次要进行排列的图标工具，其结果在图上用不同长度的条形加以表示。主次因素排列图有各种形状，如正态分布型、偏态型（左峰型或右峰型）、孤岛型、锯齿型、平顶型等。

排列图最早由意大利经济学家维尔弗雷德·帕雷托（Vilfred Pareto）用于统计社会财富分布状况，发现了“关键的少数，次要的多数”原理，该原理后来被朱兰运用到质量管理中，使其成为解决产品质量的主要问题的一种常用方法。

朱兰发现，各种可能的原因中有 20％造成了 80％左右的问题，其余 80％的原因只造成 20％的问题和缺陷。由于影响产品和服务质量的因素很多，为了有效改进质量，必须首先抓住造成大部分质量问题的少数关键原因。排列图法还可以用于查明生产过程中最可能产生某些缺陷的部位，以确定从哪里入手解决质量问题。在 PDCA 循环中，用以 P 阶段的现状调查（找出主要的问题）和确认要因（从全部原因中找出主要原因）两个关键步骤。

案例 3：某玻璃仪器厂对 2014 年 5 月份生产中出现的不合格品进行统计分析，数据和绘制的排列图如下。

某玻璃仪器厂 2014 年 5 月份不合格品统计分析表

序号	不合格项目	不合格品数 f_i	频率 P_i/%	累计频率 F_i/%	影响因素类别
1	污痕	60	50.0	48.6	主要因素
2	杂质	21	17.5	70.5	主要因素
3	划痕	20	16.7	86.8	有影响因素
4	气泡	10	8.3	96.5	有影响因素
5	缺口	9	7.5	100	次要因素
	合　计	120	100		

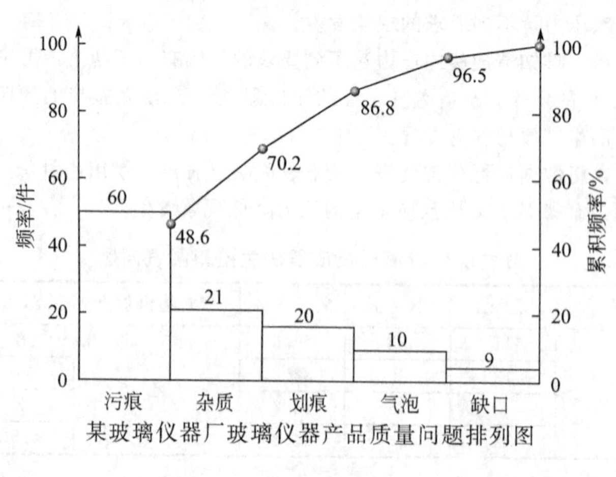

某玻璃仪器厂玻璃仪器产品质量问题排列图

上图中纵坐标表示产生的不合格品件数，横坐标上的五个直方图表示影响质量的五种因素，由高到低依次为：污痕、杂质、划痕、气泡和缺口，各因素的累计频率分别为48.6%，70.2%，86.8%，96.5%，100%，各点联接成曲线即可得到主次因素排列图。分析可知，污痕和杂质是导致不合格品产生的主要因素。

（1）绘制排列图步骤：①确定分析对象，一般是指不合格项目、废品件数、消耗工时等；②收集和整理数据，可先按照不同的项目进行数据分层，然后列表汇总每个项目发生的频数 f_i，按照 f_i 的大小进行项目排列。③计算频数 f_i、频率 P_i(%)、累积频率 F_i 等。④绘图，排列图由一个横坐标轴，两个纵坐标轴，几个按顺序排列的矩形和一条累积频率折线组成。左边的纵轴表示频数 f_i，右边的纵轴表示累积频率 F_i，横坐标表示质量项目，按其频数大小从左向右排列。各矩形的底边等宽，其高度表示对应项目的频数 f_i。各矩形右侧或右侧延长线上各点的纵坐标值代表对应项目的累计频率，依次连接各点，所得到的折线即为累积频率折线。⑤依据排列图，确定主要因素、有影响的因素和次要因素。

主要因素——累计频率 F_i 在0～80%左右的若干因素，它们是影响产品质量的关键原因，其个数为1到2个，最多3个。

有影响因素——累计频率 F_i 在80%～95%左右的若干因素，它们对产品质量有一定影响。

次要因素——累计频率 F_i 在95%～100%左右的若干因素，它们对产品质量仅有轻微影响。

（2）排列图的用途。①找出主要因素。排列图可以把影响产品质量的“关键的少数与次要的多数”直观地表现出来，使我们明确应该从哪个方面着手来提高产品质量；②解决质量问题。除产品质量以外，其他工作，如节约能源、减少消耗、安全生产等都可以用排列图来改进工作质量。

7.4.1.5 因果分析图

产品的质量总是受到许多因素的影响而产生波动，找出这些因素，按相互关联性整理而成的层次分明、条理清楚，并标出重要因素的图就叫因果分析图，又称石川图，特性要因图、树枝图。简单地讲，因果分析图就是表示质量特性波动与其潜在原因关系的一种图，用于分析和寻找影响产生质量问题的原因。

因果分析图通过层层深入的分析研究来找出影响质量的原因，从交错复杂的大量影响因素中理出头绪，逐步将影响质量的主要、关键、具体原因找出来，从而明确所要采取的措施。在PDCA循环中主要用于P阶段的原因分析（找出主要问题的全部原因）步骤。因果分析图的形状像一根树枝，更像一条带刺的鱼骨，所以又称为鱼刺图。在图上，需要解决的问题和所有产生问题的原因都被列举出来，他们之间通过箭头，按照他们的相互逻辑关系连接起来，体现出各个因素之间的依附、隶属关系。

因果图的绘制步骤：

（1）确定要研究的质量问题和对象，即确定要解决的主要质量问题（特性），画出主干，箭头指向右端的结果即为研究的质量问题和对象。应注意：①主要质量问题要具体，不能笼统；②不能确定多个主要质量问题。

（2）分析、寻找影响主要类别因素的原因并一层层地展开下去，画在相应的中枝、小枝上。应注意：①原因要从大到小、从粗到细地画在图上；②因果关系的层次要分明，展开分析直至能够找出真正原因，可以直接采取具体措施为止。

（3）对结果有最大影响的原因（要因）进行标记。

(4) 确定因果图中的主要、关键原因，再到现场调查研究，验证所确定的原因是否属实，是否有漏洞，以此作为制定质量整改措施的重点项目。

(5) 注明必要的有关事项，如标题、绘制人、日期、参加人等。

采用因果分析图法对某化工厂导致“产品纯度达不到技术标准”问题的各种可能因素进行分析，见图 7-4。通常影响工序质量的因素有人、机、料、法、环及管理等几个主要方面，其中：

人——人员熟料度、习惯、是否按作业指导书操作、体力、情绪等；

机——机械磨损、参数变动等；

料——供应商变更、材料用错、材料性能、尺寸变化等；

法——生产流程变更、作业方法改变、工具、夹具不当等；

环——电源、水、温度、湿度、照明度、物品摆放混乱等；

管理因素——紧急订单、频繁转机、人员流动、设计不当等。

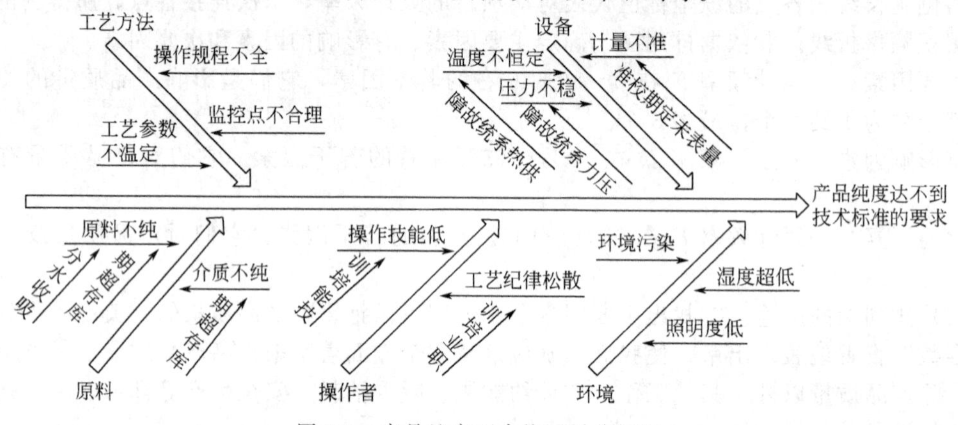

图 7-4 产品纯度不合格因果分析图

从图 7-4 中可以很容易地找出“产品纯度达不到技术标准”这一事件的所有因素及主要因素，通过对关键性因素的控制，可以从根本上解决这个质量问题。

7.4.1.6 散布图

散布图就是分析对质量产生影响的一对变量之间的相关关系，用于判断和控制影响因素的一种有效方法，又称相关图、散点图。

在质量管理中，常常有一些变量共处于一个统一整体中，它们相互联系、相互制约。有些变量之间存在确定性的关系，有些变量却存在着相关关系。散布图通过分析代表两种因素的数据之间的关系，通过作图对数据的相关性进行直观地观察，不但可以得到定性的结论，还可以通过观察剔除异常数据，从而提高用计算法估算相关程度的准确性。

如果我们通过分析得出两个变量 x 和 y 之间存在某种相关关系，其中 y 的值随着 x 的值变化而变化，则称 x 为自变量，y 为因变量。这样就可以通过绘制关于 x 和 y 的散布图来分析它们之间的相关关系。显然，散布图的形式就是一个直角坐标系，它是以自变量 x 的值作为横坐标，以因变量 y 的值为纵坐标，通过描点作图的方法得到的点状图形。

(1) 散布图的绘制。①收集数据，填入数据表；②把各组数据按坐标位置描点：按需要控制的项目作为 x 轴，x、y 轴取值范围的长度基本相等，特殊原因造成个别偏离分布趋势的点子可舍去。

(2) 散布图的观察及分析。散布图大致有以下 5 种情形，分别表现了 x、y 之间不同的关系：

完全正相关：x 增大，y 随之显著增大，如图 7-5(a) 所示，它们之间可用直线 $y=ax+b$ 表示 ($a>0$)；

① 正相关：x 增大，y 基本上随之增大，如图 7-5(b) 所示，表明此时除了因素 x 之外，y 还受其他因素影响；

② 完全负相关：x 增大，y 随之显著减小，如图 7-5(c) 所示，它们之间可用直线 $y=ax+b$ 表示 ($a<0$)；

③ 负相关：x 增大，y 基本上随之减小，如图 7-5(d) 所示，表明同时除了因素 x 之外，y 可能还受其他因素影响；

④ 不相关：表明 x 和 y 之间无相关关系，x 变化对 y 没有什么影响，如图 7-5(e) 所示；

⑤ 存在相关关系，但关系较复杂：如图 7-5(f) 所示，表明 x 和 y 之间存在着相关关系，但关系比较复杂，是曲线相关而不是线性相关。

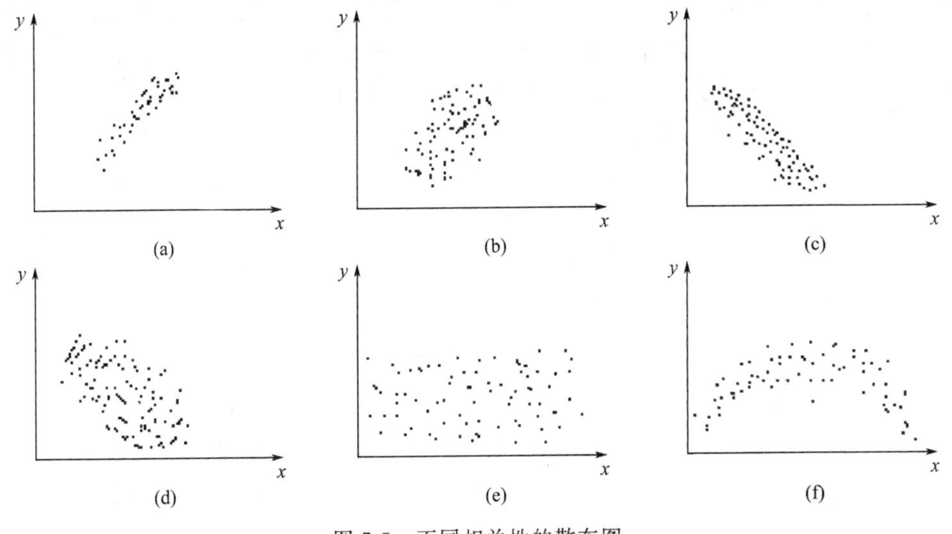

图 7-5　不同相关性的散布图

(3) 散布图与相关系数 r 。为了表达两个变量之间相关关系的密切程度，常用相关系数 (r) 来表示。相关系数 r 的计算公式：

$$r=\frac{\sum(x-\overline{x})(y-\overline{y})}{\sqrt{\sum(x-\overline{x})^2\cdot\sum(y-\overline{y})^2}}$$

式中，x——n 个 x 数据的平均值；

y——n 个 y 数据的平均值；

不同的散布图有不同的 r，r 满足：$-1\leqslant r\leqslant 1$，可以依据 r 的值来判断散布图中两个变量之间的关系，见表 7-6。

表 7-6　相关系数与两个变量间相关性的关系

r 值	两个变量之间的关系
$r=1$	完全正相关
$0<r<1$	正相关(越接近于 1,越强;越接近于 0,越弱)
$r=0$	无关
$-1<r<0$	负相关(越接近于−1,越强;越接近于 0,越弱)
$r=-1$	完全负相关

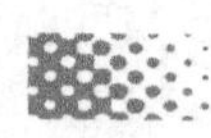

应注意：相关系数 r 所表示的两个变量之间的相关是线性相关性。因此，当 r 的绝对值很小，甚至等于 0 时，只能说明 x、y 之间不是线性相关，而可能是非线性的相关关系，如图 7-5(f) 所示。

(4) 绘制和应用散布图时，应注意以下事项：①要有足够大的样本，数据收集应在 30 组以上；②不同性质的数据应分开作散布图；③应观察是否出现异常点或离群点，即有个别点子距离总体点较远，如果出现这样的数据点，应及时剔除，如果是原因不明的数据点，应慎重处理，以防判断错误；④即使散布图表明了某种相关关系，也不要轻易认为变量之间是因果关系，因为这两个变量可能同时受第三个变量的影响；⑤画出数据点后，若点的散布形状与直线越相近，说明这两个变量之间的相关性就越强。如果直线的趋势不明显，需要采用统计量来判断属于哪种相关关系；⑥如果图中显示的两个变量不相关，应考虑自变量分布范围是否过宽或过窄，有时会因为数据覆盖的范围过宽或过窄而导致相互之间的关系不够明显；⑦如果散布图表明变量之间不相关，还应考虑数据是否可以被分层。变量 x、y 在多种不同条件下表现出不同的关系，此时需要对这些数据进行分层分析。如图 7-6，从整体上看，x、y 似乎有密切的相关关系，但是，显然这些数据来自三个不同的条件，应分为三个层次，在每一个层次内部 x 与 y 都无关，所以，实际上 x 与 y 并无相关关系。⑧画出散布图只是分析变量间关系的第一步，需要进一步学习“相关性分析”和“回归分析”等相关统计方法知识进行深入分析。

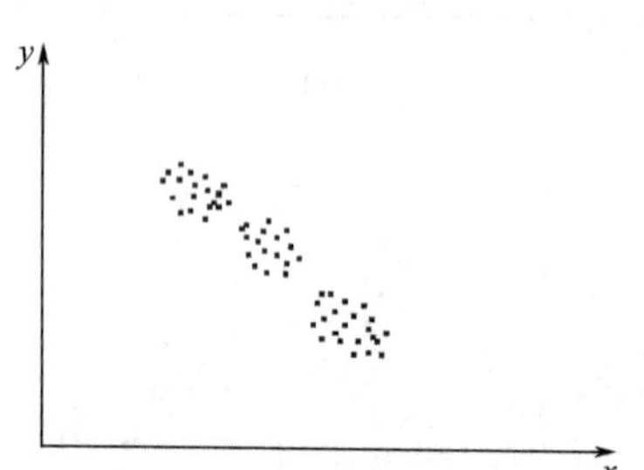

图 7-6　特殊情形的散布图

7.4.1.7　控制图

控制图又叫管理图，是一种对过程变异进行分析和控制的图形工具。通过对当前数据和由历史数据计算所得的控制限的比较，可以判定当前过程变异是稳定的（受控），还是不稳定的（不受控），以保证工序质量。针对不同的过程、不同的数据，采用不同的控制图。计量型数据要成对使用控制图，计数型数据通常使用一张控制图。作为工序质量控制的重要工具，控制图可以对工序过程进行分析、预测、判断、监控和改进，预防不合格品产生。控制图上有中心线 CL、控制上限 UCL 和控制下限 LCL，并有按时间顺序抽取的样本统计量数值的描点序列，如图 7-7 所示。

(1) 控制图的基本原理。产品质量的波动分为正常波动和异常波动两类。控制图就是用

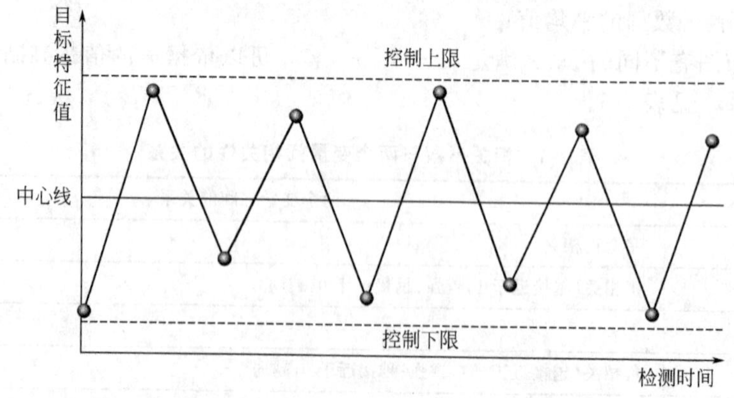

图 7-7　控制图示例

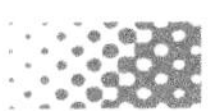

来及时反映和区分正常波动与异常波动的一种工具，控制图上的控制界限是区分正常波动与异常波动的科学界限。测量值围绕中心线 CL 波动，如果测量值高于图中的控制上限 UCL 或低于控制下限 LCL，说明过程失控，这样就得仔细调查问题所在，找出非随机方式波动的因素。

（2）控制图适用的场合：①希望控制当前过程，问题出现时能察觉并能对其采取补救措施时使用；②希望对过程输出的变化范围进行预测时使用；③判断一个过程是否稳定（处于统计受控状态）时使用；④分析过程变异来源是随机性（偶然事件）还是非随机性（过程本身固有）时使用；⑤决定如何完成一个质量改进项目时使用，以防特殊问题出现，或对过程进行基础性的改变。

（3）常规控制图的分类：一般按数据的性质分为计量值控制图和计数值控制图两大类。

计量值控制图：①均值-极差控制图（x-R）；②均值-标准差控制图（x-S）；③中位数-极差控制图（x-R）；④单值-移动极差控制图（x-Rs）。

计数值控制图：①不合格品率控制图（P）；②不合格品数控制图（nP）；③单位不合格品数控制图（u）；④不合格数控制图（C）。

（4）绘制及实施控制图的步骤。控制图的制作，首先要根据需要确定作为研究和控制对象的样本质量特性值，再确定样本质量特性值的数据类型，根据数据类型选择不同的控制图。计量值控制图控制的样本质量特性值主要是质量中心位置和质量分布的离散差异程度；计数值控制图是将样本不合格品数、不合格率、缺陷数等样本质量特性值作为研究和控制对象。以最常用的计量值控制图为例，其研究和控制的样本质量特性值（统计量）为样本平均数 x 和样本极差 R。样本极差可以反映质量数据分布的离散程度，但是计算要比标准差来得简单。正常情况下，统计量的点分布应在中心线附近，在控制界限之内。如果统计点在控制界限外就说明工序出现异常，处于不稳定状态，需要查明原因。

实施控制图的具体步骤是：①根据数据类型选择合适的控制图；②选定合适的抽样频率；③按照相应的程序收集数据、构建控制图并进行数据分析；④寻找控制图中的失控信号，对失控点进行标明，并调查产生的原因；⑤在控制图上继续对新得到的数据进行描点，并观察是否存在新的失控信号。

（5）常规控制图的判断准则。在数据点随机排列的情况下，出现下列情况之一就可判断过程处于稳定状态，即没有异常波动的状态：连续 25 个点，落在控制界外的点数为 0；或连续 35 个点，落在控制界外的点数小于等于 1；或连续 100 个点，落在控制界外的点数小于等于 2。

以均值 x 控制图为例，有下列八条检验准则可以判断异常状态：

准则 1：1 个点超出上控制限或下控制限，见图 7-8。可能原因是：①描点错误或计算错误；②测量系统发生变化或测量仪器分辨率不足；③由过程中大的变差引起的波动。这种情形需要立即采取措施。

准则 2：连续 7 个点在均值的一侧，见图 7-9。这种情形可能是由平均值的变化引起的。

准则 3：连续 6 点递增或递减，见图 7-10。可能由下列原因引起：①设备磨损；②不一样的原材料。

准则 4：连续 14 个点上下交替变化，见图 7-11。可能由下列原因引起：①过度调整；②班次间的变差；③设备间的变差。

准则 5：2/3 的点距中心线的距离超过 2 个标准差（同一侧），见图 7-12。可能由下列原

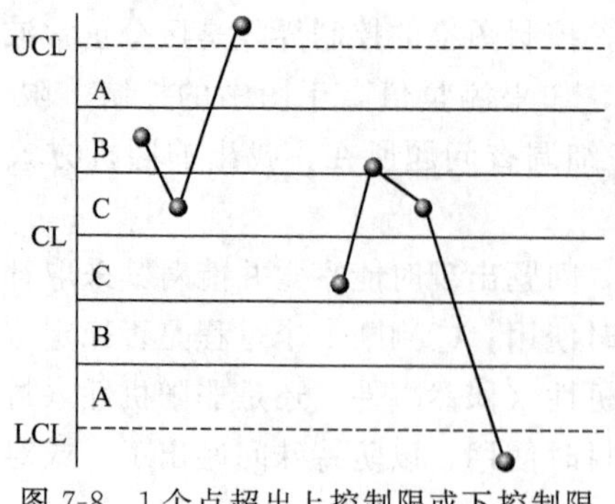

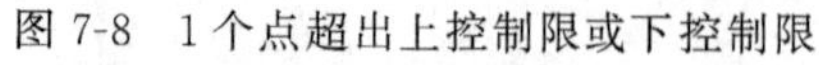
图 7-8　1 个点超出上控制限或下控制限

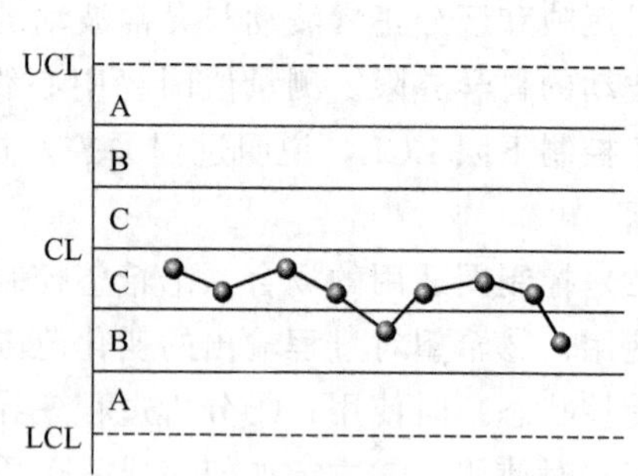

图 7-9　连续 7 个点在均值的一侧

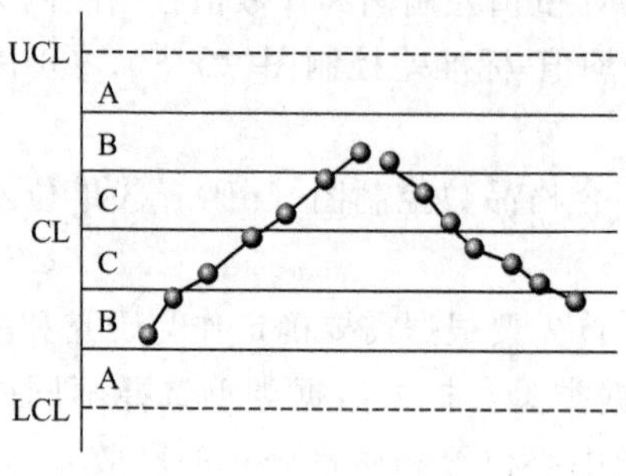

图 7-10　连续 6 点递增或递减

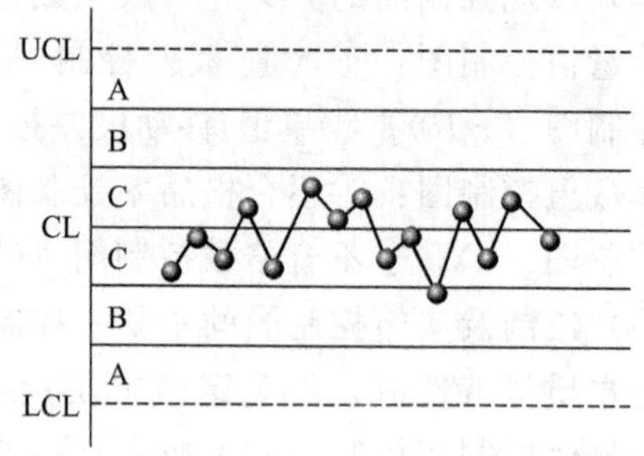

图 7-11　连续 14 个点上下交替变化

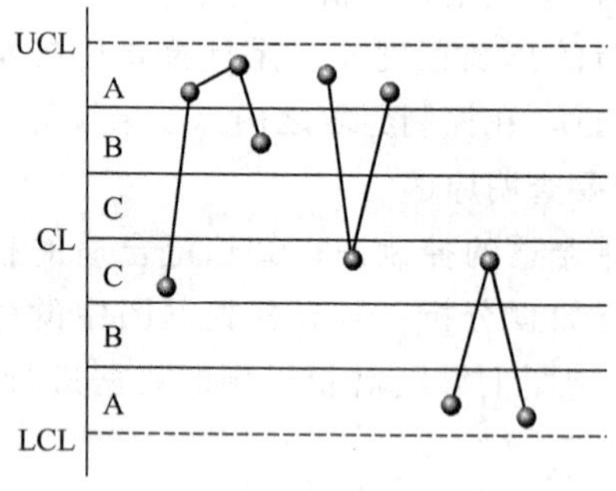

图 7-12　2/3 的点距中心线超过 2 个标准差（同一侧）

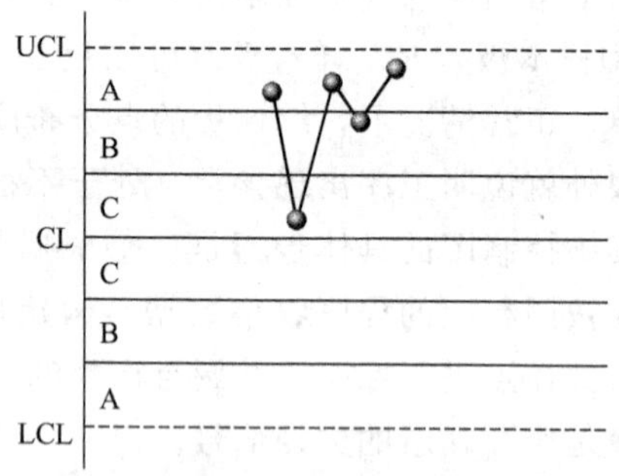

图 7-13　4/5 的点距中心线超过 1 个标准差（同一侧）

因引起：①控制限计算错误或描点错误；②过程或抽样方法出现分层；③数据被修正；④主要的特殊原因。

准则 6：4/5 的点距中心线的距离超过 1 个标准差（同一侧），见图 7-13。可能的原因：判定标准 1，5，6 相互关联。

准则 7：连续 15 个点排列在距中心线 1 个标准差范围内（任一侧），见图 7-14。可能由下列原因引起：①发生在组内变差大于组间变差的情况下；②过去控制限的或不正确计算的控制限。

准则 8：连续 8 个点距中心线的距离大于 1 个标准差（任一侧），见图 7-15。可能由下列原因引起：①过度控制；②不同的过程绘制于同一张图中。

（6）应用常规控制图应注意的事项：①所控制的过程必须具有可重复性，即具有统计规律；②按照相应的程序收集数据、构建控制图并进行数据分析；③应选择能代表过程的主要质量指标作为控制对象。控制对象要明确并要能定量描述，还要尽量容易测量，以便在过

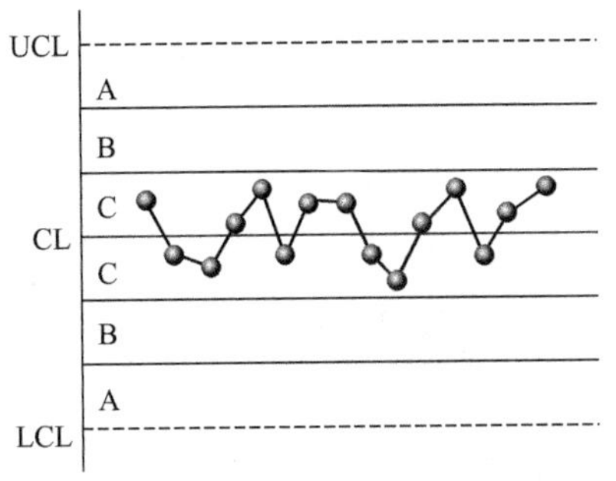

图 7-14 连续 15 个点排列在距中心线 1 个标准差范围内（任一侧）

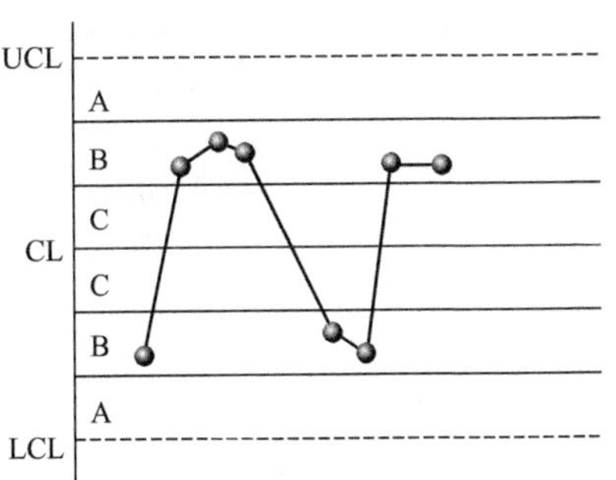

图 7-15 连续 8 个点距中心线的距离大于 1 个标准差（任一侧）

程发生异常时容易对过程采取措施。若直接测量控制对象有困难时，可采用代用特性；④抽样的频率要恰当；⑤根据所控制质量指标的数据性质来选择控制图类型。如数据为计量值的，应选择 x-R 图、x-Rs 图等；数据为计件型的，应选择 P 或 nP 图；数据为计点的，应选择 C 或 u 图；⑥根据控制图的判断准则对过程进行分析判断。对初次使用的人员来说，如有异常情况则应从样品的取法是否随机、数据的读取是否正确、计算有无错误、描点有无差错等方面进行检查，然后再调查过程方面的原因；⑦寻找控制图中的失控信号，对失控点进行标明，并调查产生的原因，应执行“查出原因，采取措施，保证消除，纳入标准，不再出现”；⑧控制图只起报警作用，而不能告知造成异常的因素是什么；⑨控制图是根据过程在总体上处于稳态下的条件进行判定的，如果条件变化时，控制图也必须重新制定。

7.4.2 质量管理的新七种工具

20 世纪 70 年代末至 80 年代初，面对世界经济形势的新变化，为了提高产品的竞争能力，日本“质量管理研究会”根据推进 TQM 的需要，经过多年研究和实践，提出了“质量管理新七种方法”，简称“新七种工具”，成为开拓质量管理新时代的标志。“新七种工具”包括关联图、系统图、亲和图、矩阵图、矩阵数据分析法、过程决策分析图和箭条图等，它是“为设计寻找捷径”的一种整理、分析语言文字资料（非数据）的方法，结合了统计方法和思考过程，注重分析和定性，着重用来解决 PDCA 循环中“P”阶段的有关问题，充分体现了 TQM 的特点，完善了质量管理理论，使质量管理转向了“思考性 TQM”时代。

“新七种工具”具有以下几个方面的特点：

(1) 从复杂事物中运用图表形式整理出语言和数据等信息，用于质量管理；

(2) 使用“新七种工具”可以全面深入地分析研究问题，能够抓住实质，预测结果，提出改进新计划、新方案，以防止遗漏和差错，减少失误。

“新七种工具”可以用于：①方针目标管理、计划实施；②新品开发、成本管理、安全生产；③质量设计、保证和改进，QC 小组活动等。

7.4.2.1 系统图法

系统图又称树图，是把要实现的目的与需要采取的措施或手段系统地展开，并绘制成图，以明确问题的重点，寻找最佳手段或措施的质量分析工具。具体地讲，就是根据要实现的目的找出手段，又将上一级水平的手段作为下一级水平的目，进一步找出手段，这样按顺序层层展开形成树状图，最终找到最基础的问题和最初的着手点。系统图的基本工作原理如图 7-16 所示。

在图 7-16 中，当制定了“目的 1”后，把达到“目的 1”的“手段 1”作为“目的 2”

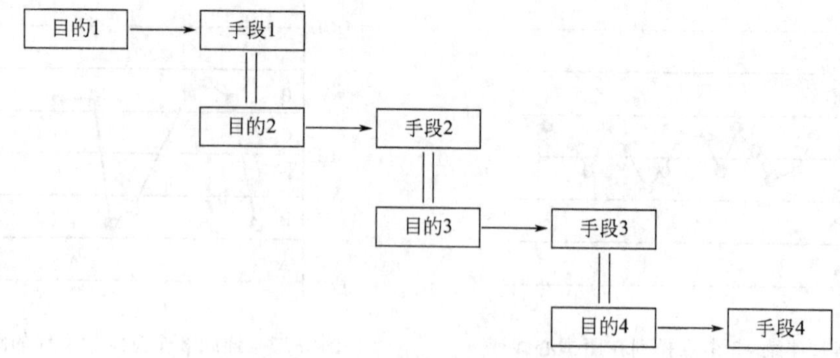

图 7-16　系统图法的基本工作原理

来研究，所达到“目的 2”的“手段 2”又作为“目的 3”来研究，这样依次进行下去，当把最后一个目的实现后，其他的目的就都实现了。

系统图能够系统地把某个质量问题分解成许多组成要素，以显示问题与要素，要素与要素之间的逻辑关系和顺序关系或因果关系，帮助我们揭示该质量问题与其组成要素之间的关系，从而明确问题的重点，以寻求达到目的所应采取的最适当的手段和措施。

系统图与因果图（见 7.4.1.5）可以转换，有从左到右单侧展开型和自上而下宝塔型两种基本形式。图 7-17 显示了一种因素单侧展开型系统图与因果图的转换。

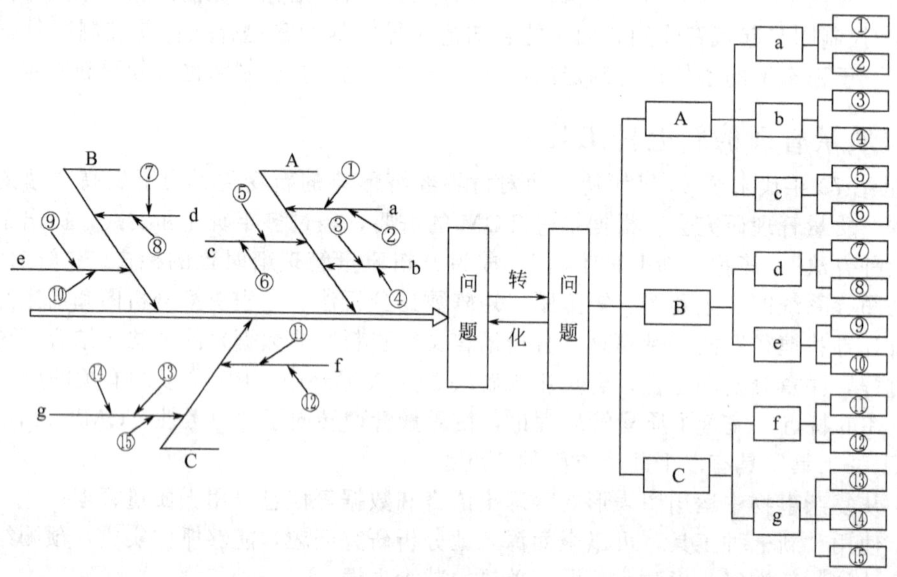

图 7-17　因果图与因素展开型系统图的转换

（1）系统图的绘制步骤：①明确目的或目标：用简明的语言表达并记录所要达到的目标。②提出手段和措施：从上至下展开式的提出下一级水平的手段或措施；或是从下至上汇集式的提出上一级水平的手段或措施；③使手段或措施系统化，即制成相互连接、顺序排列的系统图；④核查目标；⑤逐项制定实施计划，确定其具体内容、日常进度、责任者等。

（2）系统图的应用。分析因果关系常用因果图，但因果图有若干缺点，如同一水平的因素难以相互比较，难以量化，因素层次较多时相互关系容易混乱，也难以将因素与对策之间的关系表示出来，而系统图则可以避免这些问题，它可以将最末端的因素（具体的措施）依据效果大小、难易程度、投资成本、重要程度、普及程度、评价、优先顺序等进行综合评估和相互比较，从而帮助我们找出解决问题的手段或对策。

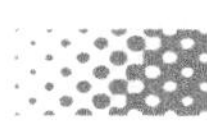

7.4.2.2 关联图法

关联图是将具有依存或因果关系的一系列有关问题的要素用箭线连接起来的连线图。关联图把与事物有关的各环节按相互制约的关系连成整体，表达了原因和结果之间的相互关系，便于统观全局，从中找出主要因素、找到解决问题的着手点。

(1) 关联图主要用途：①制定质量方针、质量保证计划和实施措施等；②分析、研究潜在不良品和提高质量的因素，制定不良品的对策及其改进措施；③制定工序管理故障对策；④制定开展 QC 小组活动的规划；⑤改善企业劳动、财务、计划、外协、设备管理等各部门的业务工作质量；⑥在创建亲和图、因果分析图或者树图（见 7.4.1.5）后，可更加全面地揭示各影响因素之间的关系。

(2) 关联图的绘制步骤：①提出主要质量问题，针对主要问题收集资料，列出全部影响因素；②用简明语言归纳各因素；③用箭头指明各因素之间的因果关系，绘制关联图，从中找出重点因素。

(3) 关联图的类型：①按应用形式分：多目的型、单一目的型；②按结构形式分：中央集中型、单向汇集型、关系表示型、应用型。如图 7-18 所示。

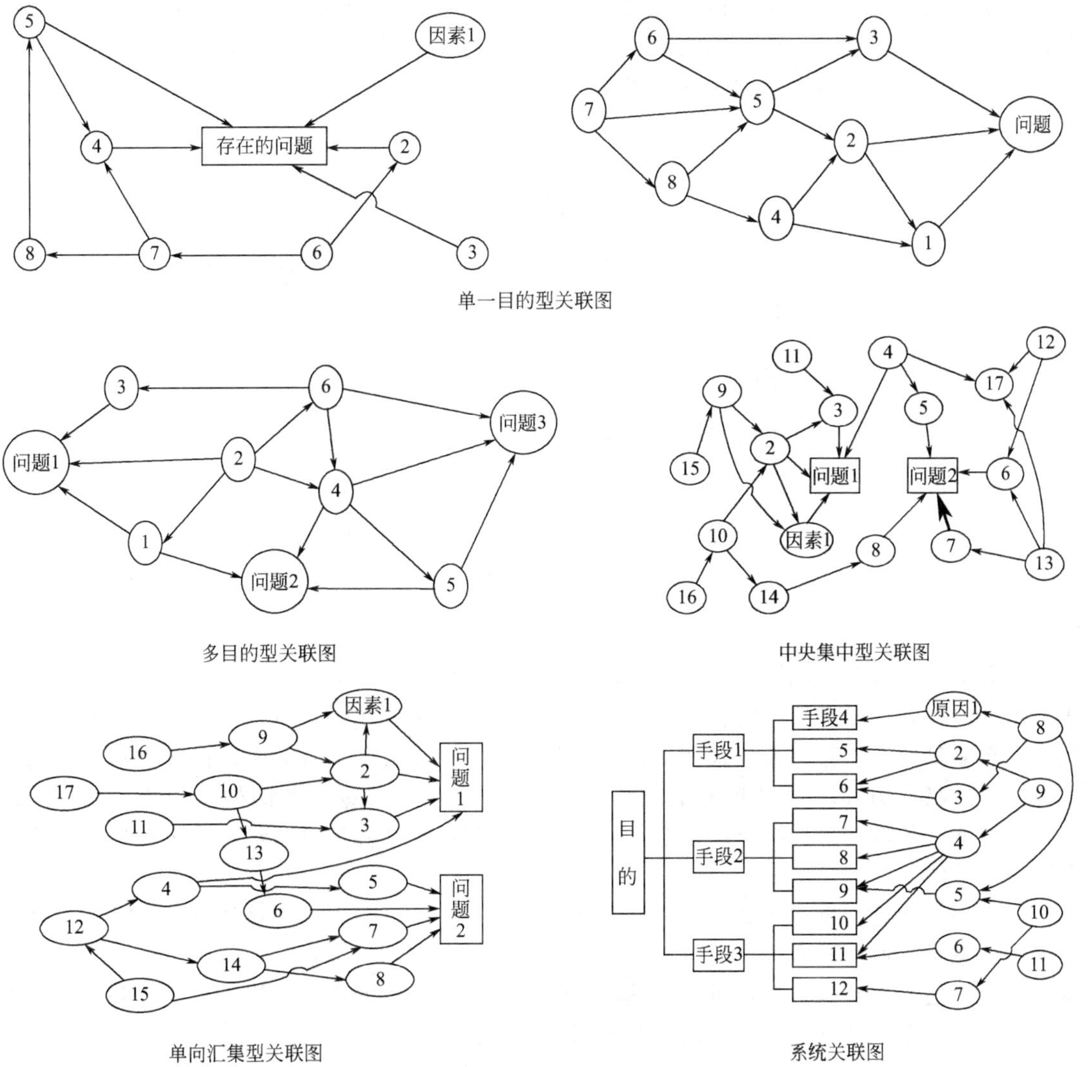

单一目的型关联图

多目的型关联图

中央集中型关联图

单向汇集型关联图

系统关联图

图 7-18 不同类型的关联图

(4) 关联图主因和问题判别：①箭头只进不出是问题；②箭头只出不进是末端因素；③箭头有进有出是中间因素；④箭头出多于进可作为主因。

(5) 关联图与因果图的比较。在实际应用中，有人往往会将关联图与“老七种工具”中的因果分析图混淆，实际上两种方法有很大区别，详见表 7-7。

表 7-7 关联图与因果图的比较

因果图	关联图
只限因果关系，从因果关系入手	一切关系，从整体部署，全局出发
只限一个问题，箭头方向一致	可多个问题，箭头方向不定，可扩散
箭头不可逆，一因素一箭头	箭头可逆，一因素可多箭头
短期，基本不变	动态，不断变化
措施前后各绘制一次	多次分析，研究绘制
措施不绘入图	一般需要考虑措施及其结果

关联图从整体出发，从混杂中找重点，关系清晰明确，容易理解。但是，对于同一问题，图形、结论可能不一致；表达不同，箭头可能与原意相反；比较费时间，寻找着手点较困难，希望大家在应用中多加注意。用关联图法分析某工厂经常丢损零部件备件的原因，见图 7-19。

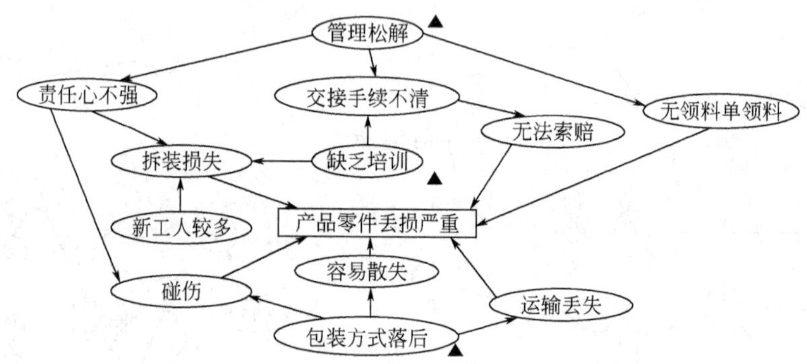

图 7-19 用关联图分析某工厂零部件备件容易丢损的原因

注：▲ 要因

7.4.2.3 亲和图法

亲和图法又称 KJ 法或 A 型图解法，由日本川喜田二郎（Kawakida Jiro）首创，是一种将对未来的问题、未知的问题、无经验领域的问题的相关事实、意见、构思等语言资料收集起来，按照其内在相互关系（亲和性）进行归纳整理，作成归类合并图，以找出解决问题途径的方法。具体的讲，KJ 法就是把杂乱无章的语言资料，依据相互间的亲和性（相近的程度、亲感度、相似度）进行统一综合，按照它们之间的亲和性加以归纳，分析整理，绘成亲和图（A 型图）。

一般的程序是：事实→调查→文件阅读→综合→灵感→创新。这里的“灵感”其实是一种潜在的思维，但并不是一个人的凭空幻想，而是基于“熟能生巧”的前提，在一定的实践基础之上，突然得到的平时百思不得其解的答案。通过大量的事实依据进行综合分析，加上个人“灵感”最后达到创新，这就是亲和图法的宗旨。

不像关联图那样用逻辑推理来明确因果关系，亲和图是按情理性归类，只适用于解决那

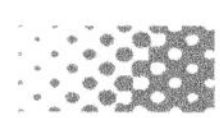

些需要时间、慢慢解决、不容易解决而又非解决不可的问题，不适用于速战速决或简单的问题。

(1) 亲和图法的主要用途：①认识新事物（新问题、新办法）；②理性归纳思想；③从现实出发，采取创新式的措施，打破现状；④促进协调，统一思想；⑤贯彻上级方针，使上级方针成为下属的主动行为。

(2) 应用亲和图法的主要步骤：①确定对象（主题）：判断对象是否适宜于使用亲和图法来解决问题；②收集语言、文字资料：尊重事实，汇集原始思想；③制作卡片：把收集到的原始思想写成卡片；④整理卡片：把自己感觉相似的资料归并在一起，理出新的思路；⑤制作标签卡片：把同类的卡片集中分类，写出分类卡片；⑥选择卡片：依据最终目的，选择使用上述卡片；⑦绘制亲和图。

收集资料的方法很多，如直接观察法，“头脑风暴法”（Brain Storming，BS 法）、回忆法等。BS 法是一种会议形式，主持者一般是非常有经验的人。会议有四条常用原则：①与会者不分上、下级关系，都有自由、平等的发言机会；②与会者之间要相互尊重，不得对他人的意见公开批评指责；③提倡与会者畅所欲言，并且尽量做到“言之能尽”；④与会者要善于结合别人的意见，提出更新颖、更有效的方案。

BS 法有以下三种具体方法：①奥斯本智力激励法：通过会议，使与会者互相启发，取长补短，引起创造性设想的连锁反应。与会者一般 8～10 人，时间 30～60min。会议要目的明确，围绕目的自由发言，提出的最好都是建议，任何人都应避免做出判断性的结论。会议主持人应把所有人的发言都记录成卡片。②默写式智力激励法：适用于习惯默写的人。这种方法也称“653 法”，即每次会议由 6 人参加每人在 5min 内提出 3 个问题。会议首先明确目的，并对与会者提出的疑问进行解释，然后每人发几张空白卡片，每个人在卡片上写下自己的 3 个看法，5min 之后与会者将自己的卡片与他人交换，然后结合别人卡片的看法，再写下 3 个看法，这样重复进行 6 次，最终将会得到 6×3×6＝108 条建议和看法。③卡片式智力激励法：会前明确议题，每次 3～8 人参加，时间为 60min。每人拿 50 张卡片，另有 200 张卡片备用。开始 10min，每个人对会议的看法、意见写在卡片上，每一条写一张卡片。然后用 30min 的时间进行交流发表意见，每人每次只读 1 张卡片，他人受到启发后，可以将新的意见写在备用卡上。最后 20min，与会者各自交流、讨论思想，提出新的建议。

BS 法是在时间有限、气氛紧张的条件下进行的，与会者的大脑会处于一种高度兴奋状态，有利于激励智力，提出新的设想。

(3) 应用亲和图经常出现的错误：①应用范围错误；②问题复杂化；③用作因果图论证；④采用逻辑思维画成关联图。

7.4.2.4 矩阵图法

矩阵图就是针对复杂问题找出成对的因素群，分别排成行和列，在其交点上表示成对因素间相关程度的定性分析图。简单地讲，矩阵图就是利用矩阵形式分析影响问题的因素之间相互关系的一种图形，通过多因素综合考虑，探索解决问题的方法，它借助数学中矩阵的形式，把影响问题的各对应因素列成一个矩阵图，然后依据矩阵的特点找出确定关键点。

(1) 矩阵图的用途：主要用于寻找改进老产品的着手点，寻找研制新产品、开发新市场的战略，系统核实产品的质量与各项操作的关系，对工作质量进行全面管理；了解市场与产品的关联性关系，制定产品的市场开发战略；确定产品质量特性与责任部门的关系，明确质量要求与工序管理的关系，寻找质量问题的原因；确立质量保证体系的关键环节等质量管理工作。

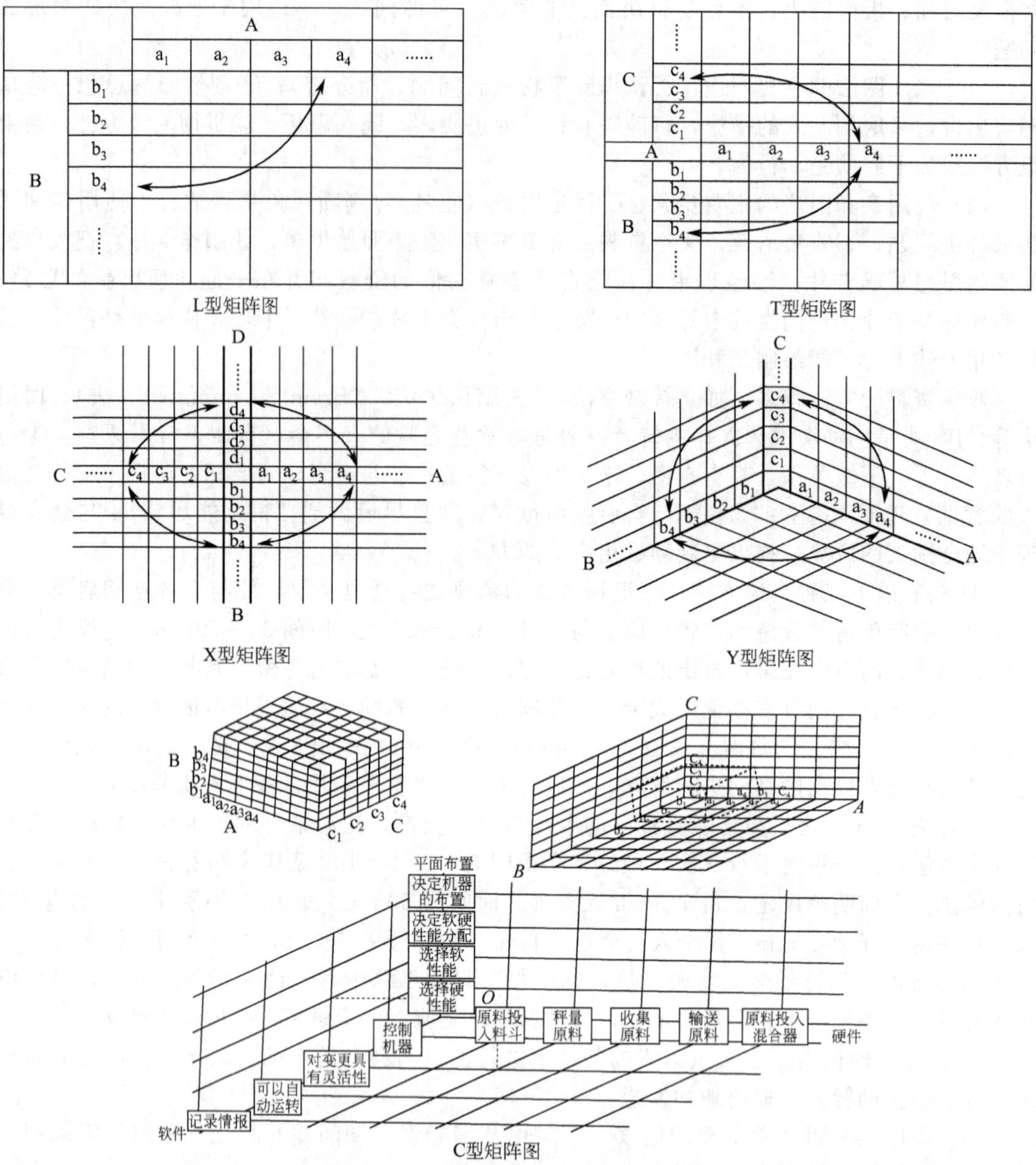

L型矩阵图

T型矩阵图

X型矩阵图

Y型矩阵图

C型矩阵图

图 7-20　矩阵图的主要类型

（2）矩阵图的主要类型，如图 7-20 所示。

L 型矩阵图：将一组对应数据用行和列排列成二元表格形式，如右图中 A、B 因素的对应。

T 型矩阵图：由 A 因素和 B 因素，B 因素和 C 因素两个 L 型矩阵图组合起来的一种矩阵图。

X 型矩阵图：由 A 和 B，B 和 C、C 和 D、D 和 A 四个 L 型矩阵图组合起来的一种矩阵图。

Y 型矩阵图：三个 L 型矩阵图组成的三维空间矩阵图。

C 型矩阵图：三个 L 型矩阵图组成的三维立体空间矩阵图。

（3）应用矩阵图的基本程序：①确定事项；②选择对应的因素群；③选择适用的矩阵

图；④分析评价各因素的关联；⑤行列终端统计并明确解决问题关键。

有时，也可将矩阵图与系统图结合起来使用。如果作矩阵图所需对应的事件已确定，则可将每一事件的要素利用“系统图”予以展开，直到得出具有实际意义的最末端水平的要素，然后将各事件的要素对应起来即可作出矩阵图与系统图结合使用的矩阵图。如图 7-21 所示。

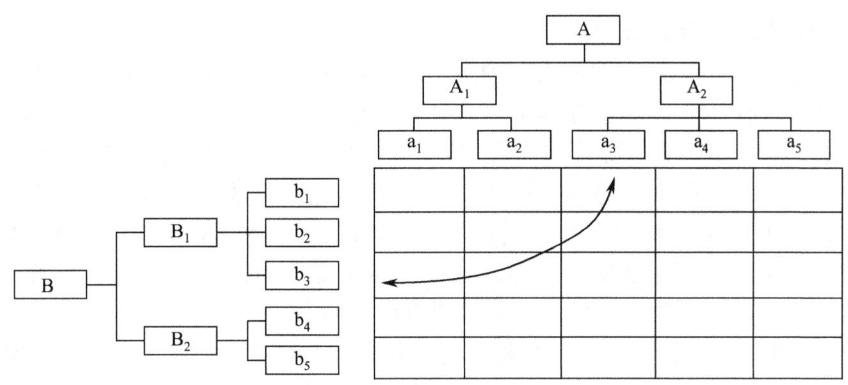

图 7-21 矩阵图与系统图的组合

7.4.2.5 矩阵数据分析法

案例 4：某日化厂计划开发具有洗涤、抗头皮屑、防脱发、染发四功能合一的新型洗染发剂，研发人员对市场上 15 种不同品牌的同类产品的使用满意度进行深入调查，调查对象包括不同性别、不同年龄段的用户，共 160 人，按性别、年龄段共分为 10 个小组，每组人数相等。用定量的分值衡量用户对洗染发剂四种功能的满意度，每种功能分别为 2.5 分，总分 10 分，最后取平均值来衡量每一品牌产品的使用满意度。采用矩阵数据分析法的结果见下表。

采用矩阵数据分析法分析不同品牌洗染发剂产品的使用满意度

评价组			产品 1	产品 2	产品 3……	产品 15
男	1	16～20 岁	8.3	5.8		4.2
	2	21～30 岁	5.6	5.3		3.6
	3	31～40 岁	6.4	6.1		3.4
	4	41～50 岁	5.3	5.7		4.5
	5	50 岁以上	4.5	4.8		3.1
女	1	16～20 岁	7.3	6.2		4.1
	2	21～30 岁	6.2	5.8		4.5
	3	31～40 岁	6.5	6.1		3.4
	4	41～50 岁	5.8	5.3		4.2
	5	50 岁以上	5.1	5.2		3.6

矩阵数据分析法就是当矩阵图上各要素之间的关系能够定量表示时，通过计算来分析整理数据的方法。该方法是“新七种工具”中唯一利用数据来分析问题的方法，属于数学上的多元分析方法，与矩阵图的区别在于：矩阵数据分析法不是在矩阵图上填符号，而是填数据，形成一个分析数据的矩阵。它的基本思路是通过搜集大量数据，组成矩阵，求出相关数矩阵，以及求出矩阵的特征值和特征向量，确定第一主成分、第二主成分等。通过变量变换

的方法，将众多的线性相关指标转换为少数线性相关的指标。

矩阵数据分析法主要用于：①根据市场调查的数据材料，分析、预测客户对产品质量的要求；②分析大量数据组成的不良因素；③分析复杂因素相互交织在一起的工序，以改进工序质量；④使功能特性分类具体化；⑤进行复杂的质量评价；⑥分析曲线的对应数据；⑦顾客满意度调查；⑧新产品用途分析。

7.4.2.6 过程决策分析图法

过程决策分析图（Process Decision Program Chart），简称 PDPC 法，也称为过程决策程序图法。是在执行一个过程或为达到一个预期目的之前，预测过程可能发生的情况，从而事先采取相应预防纠正措施，提出实施方案以达到目标的一种动态管理程序方法。通常，即使在正常条件下一个过程也会遇到许多无法预料的问题和事故，采用 PDPC 法就是要不断获取新的信息，并经常考虑：原计划是否可行？是否可以采取效果更佳的方案？预测今后还会有什么问题？应采取什么措施？等等。这样，在遇到不利情况时，仍可有条不紊的按第二、第三方案使过程继续顺利进行，从而达到最终目的。

PDPC 法主要用于：①制订方针目标实施计划；②制订新产品开发的实施计划；③制订重大事故防范措施；④制订生产质量问题防止措施；⑤提出选择处理质量纠纷的方案。

过程决策程序图的绘制步骤：①充分预测；②随机实施。

例如，欲把不合格品率从较高的状态 A_0 降到低状态 Z，在计划阶段首先要制定从 A_0 到 Z 的实现手段 $A_0, A_1, A_2, \cdots, A_p$ 的第一个系列活动。如果在实际过程能够按照这个计划进行，当然是我们所希望看到的，但是一般来说，由于各种错综复杂的客观因素的影响，很少有顺利进行下去的过程。因此，我们必须在事先对可能出现的困难进行预测。假如我们从技术或管理的角度判断出实现 A_3 的困难比较大，那么我们可以考虑从 A_2 转经 $B_1, B_2, B_3, \cdots, B_q$ 达到 Z 的第二个系列活动。如果以上两个系列活动成功的把握都不大，还需要考虑第三个系列活动 $C_0, C_1, C_2, \cdots, C_r$，或第四个系列活动 $D_1, D_2, \cdots, D_s$，思考方法如图 7-22 所示。

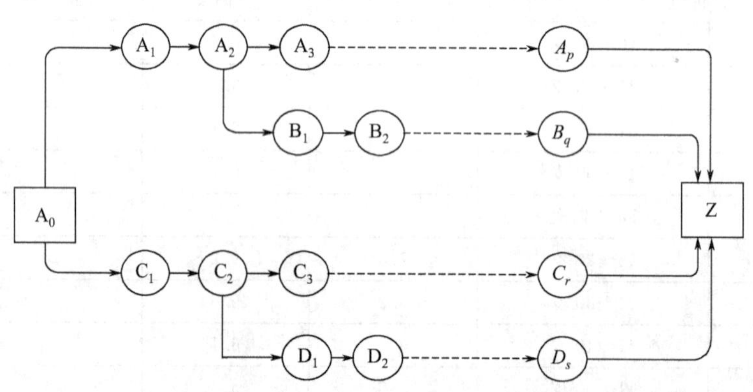

图 7-22 PDPC 法示意图

从图 7-22 不难看出，计划制定的过程中，实现的手段不只有一种，而是经过考虑设计了多种，这就大大提高了实现目标的可能性。在具体的实施手段的过程中，可以按照各系列依时间顺序进行，也可以考虑几种系列同时进行。归纳起来，PDPC 法具有以下几个特征：①从整体、全局掌握系统的状态，做出全局性的判断；②可以按时间顺序掌握系统的进展情况；③可以密切注视系统进程的动向，掌握系统输入和输出之间的相互关系，使得前因后果之间更加紧凑；④只要信息获取及时，计划措施就可以不断补充、变化；⑤需要操作者对系

统、事物有较深刻的认识和理解。

PDPC 法显示了高度的预见性和随机应变性。这些特性为过程最终实现目标起到了很好的保障作用。但在应用 PDPC 法过程中容易犯如下两个典型的错误：①与系统图混淆。系统图是以目的——手段体系展开事物，是静态的，而 PDPC 图是把要展开的事项系列从某种状态按时间顺序转移到另一种状态，是动态的；②与箭线图混淆。箭线图处理的对象比较确定，处理精度很高，而 PDPC 图更多用于预测。

7.4.2.7 箭线图法

箭线图又称矢线图，是一种利用网络技术来制订最佳日程计划并有效管理实施进度的方法，特别在运用于工序繁多、复杂、衔接紧密的一次性生产项目上时效果尤为明显。箭线图是为弥补甘特图（Gantt Chart）的不足而设计改进的方法，主要利用了在计划评审技术（PERT）和关键路径法（CPM）中使用的两种类型网络图。通过网络图，可进行时间优化、时间费用优化、时间资源优化。

除了上述“老七种工具”和“新七种工具”外，人们在实践中还总结出了许多其他质量管理方法，如：对策表、流程图、水平对比法、彩虹图、矢线图、其他图等，其中，对策表在 PDCA 循环中主要用于 P 阶段的制定对策（针对主要原因制定措施计划）步骤，在此不再一一介绍。

7.5 化工生产日常质量管理

我们知道，质量包括“狭义的质量”和“广义的质量”概念。在化工生产企业的日常质量管理工作中，既有大量的是围绕着原料、中间产品和成品的狭义的质量管理工作，也有开展 TQM、贯彻 ISO 9000 族标准的广义的质量管理工作。

但在我国目前的化工企业中，“人治”大于“法治”，重权力、轻技术，重市场开发、轻质量管理的倾向明显；有些化工企业的质量观念陈旧，既没有很好地抓产品的“狭义质量”，更没有建立起以满足顾客需求为目标的“全面质量”的观念，因而在全球经济一体化的市场竞争中经常处于被动地位。这些情况在化工企业的日常质量管理工作中必须纠正。

7.5.1 现代化工生产质量管理的要求

7.5.1.1 现代化工生产的特点

从制造方式的角度而言，化工属于典型的“流程型”制造行业。依据工艺流程，化工生产过程分为连续流程型、间歇生产型、连续与间歇结合型三类。与其他行业相比，现代化工生产具有以下特点：

① 化工生产中的物料是在一定工艺条件下，按照一步或多步化学反应途径进行反应最终转化为产品，所涉及的反应类型多，反应机理复杂，在反应过程中往往伴随有不同程度的副反应发生；

② 工艺流程多种多样，不同产品的生产工艺流程不同，同一产品采用不同的原料进行生产，其工艺流程也不尽相同，有时即使采用的原料相同，产品也相同，但采用的加工方法或工艺路线不同，流程也有区别；

③ 化工生产的工艺参数多，而且各工艺参数的相互关联性强，如物料浓度、物料计量比、反应压力、温度、时间、介质、pH 值等；

④ 各工艺环节之间相互制约性强，关键技术难度大；

⑤ 化工原料、中间体和产品的种类繁多，性质差异较大，多数属于易燃、易爆、有毒、

氧化-还原性和腐蚀性的物质，不安全因素很多，若不严格按工艺规程作业，就容易发生事故；

⑥ 化工生产设备、生产过程、生产环境、生产方式、生产工艺及原料、中间品和成品的储运等均具有其特殊性；

⑦ 为了提高产品的纯度，化工生产中往往要采用各种方法进行后续分离和纯化处理，分离和纯化过程同样涉及多种相互关联的工艺参数；

⑧ 化工产品精细化是提高化学工业经济效益的重要途径，精细化工产品的科学技术含量高、附加值高、品种多，相对于大化工规模小，市场适应性强。如何开发出具有优异性能或功能，并能适应快速变化的市场需求的产品，是我国精细化学品工业发展的方向。

⑨ 现代化工产品的更新换代较快，越来越多地依赖新技术和新工艺的研发，与生物、材料、微电子等不同学科的相互结合，为化工的发展注入了新的活力；

⑩ 现代化工趋向于大型化、连续化、自动化及智能化，对生产和管理人员的操作技能及管理水平提出了较高的要求；

⑪ 现代化工强调可持续发展，人们已采用绿色化学原理来合成化学品，使化工生产更加高效、节能和环保。

7.5.1.2 现代化工生产质量管理的要求

从上述特点出发，化工生产企业的质量管理有以下要求：

(1) 化工企业质量管理的重心是生产过程管理。狭义的生产过程是指产品生产过程，即从原材料投入，经过一系列的化学反应和/或加工，到成品产出的全过程，包括原料的预处理、单元化学反共用能源工程等辅助生产过程和供应、运输、仓储等生产服务过程。

如上述，化工生产过程属于“流程型”的，是连续性的，生产过程的工艺参数多，各工艺环节之间的相互制约性显著，每个工艺环节都可能不同程度地影响产品的质量。因此，化工企业的质量管理不仅是对原料、产成品的质量检验，更重要的是对生产过程的质量控制，通过对生产工序中的相关工艺参数进行有效管控，以实现对产品质量的控制。要控制好这些工艺参数，就要建立完善的生产过程控制体系，严格控制每个工序，不断提高过程控制的技术和管理水平，才能确保生产出稳定的、符合客户要求的产品。

(2) 化工企业的质量管理要与 QMS 的落实紧密结合，切实抓好与工艺参数的稳定性直接相关的设备状态、动力供给、原料和溶剂等供应及储运等各环节的管理。

(3) 化工工序多为动态，过程质量控制的时效性尤为重要，应借助先进的在线检测和识别技术，利用系统工程学理论，建立有效的实时信息管理系统。应、中间品和产品的分离与精制等。广义的化工生产过程除此之外还包括：设备维修、员工培训、

(4) 化工企业的质量管理与环境管理、安全管理等紧密相关，应树立系统性管理的理念开展化工企业的质量管理。

7.5.1.3 现代化工生产质量管理的注意点

化工企业开展质量管理工作的程序及基本要求与其他类型的企业大致相同，但根据化工生产及质量管理的特点，开展质量管理工作的内容及侧重点有很多差异。化工企业开展质量管理工作应重点注意以下几个方面：

(1) 针对企业的实际情况和所制定的发展战略，建立科学的、切实可行的 QMS，并有效地实施。同时，随着企业内部新产品的更新、工艺技术水平的不断提高和企业外部市场的变化，要与时俱进，适时地对 QMS 的适宜性进行评审，必要时对其进行修改，以适应变化的环境和持续改进的需求。

（2）要将企业的质量目标分解到各个生产环节及服务生产的所有部门，建立质量管理网络，如原料供应、生产车间、动力、设备检修等。

（3）建立健全岗位责任制，及时制订和修订并严格执行各项制度，遵守生产纪律，要将管理制度细化，将控制指标精确化，将监督检查严格化，将考核指标具体化。如大家熟悉的质量管理“三不”制度：“不合格的原料不进厂、不合格的中间品不进入下一个岗位、不合格的产品不入库”，如果不能严格执行的话，再好的质量管理技术也发挥不了作用。同时，要不断学习和借鉴国际企业的质量管理理念和经验，因地制宜地在本企业应用。如杜邦化学公司流行一个公式：1%＝100%，意思是他们的产品只要有1%不合格，就是100%不合格，杜邦公司正是以这种严格的管理理念来控制质量，所以该公司长期以来一直位居世界化工行业的前列。

（4）重视和强化员工的质量培训和教育。员工的培训和教育是需要花钱、花时间的事情，我国很多企业疏于这方面的管理。培训和教育是加强企业员工的质量意识、提高企业质量管理水平的必须手段，化工企业尤其应该重视。化工企业是“流程型”的连续性生产企业，生产一线的每一个员工的工作都跟产品质量息息相关，只有员工的质量意识提高了，员工才能自觉地将自己的岗位工作同企业的产品和服务质量、成本、效益及顾客利益联系起来，尽职尽责地做好自己的工作。

7.5.2 日常质量管理机构和职责

7.5.2.1 质量管理机构设置原则

企业质量管理机构的设置，由于企业的特点及具体情况的不同，无固定的模式。但组织机构设置应当服从于质量体系和质量目标，应立足于质量职能的有效实施。企业质量管理机构的设置，应注意如下一些原则。

（1）立足现实，实事求是。质量管理机构的设置，一定要从企业的现实出发，从每一个企业的实际情况出发，充分考虑企业生产经营的客观需要，按照企业的规模、地理条件（企业的集中、分散、联合的程度）、生产性质、技术复杂程度等具体情况，实事求是地、合理地确定。

（2）统一领导，分级管理。要处理好质量管理的集权与分权、上级机构与下级机构之间的关系。凡属企业全局性的质量决策，权力集中在企业的最高层质量管理机构。以保证企业质量活动的统一与协调。同时，又要使下属各级质量管理机构都有主动开展质量管理活动的权力，以发挥它们的主动精神和创造精神。

（3）明确分工，有利协调。质量管理机构的设置要保证质量职能的全面落实。强调机构的实体性和专业性，机构之间要有明确的职能分工，以利于专业质量管理技术的开发和业务工作的建设。要明确并强调协调职能，使各层次的机构都具备进行横向协调的能力。

（4）力求精干，讲求效率。质量管理机构的设置应作到层次合理，组织系统完善，人员精干。机构设置和人员配备都要从工作的有效性着眼，并有利于不断提高工作效率。

（5）立足长远，适宜应变。随着我国社会主义市场经济的发展，对外贸易交往的加强，都将会不断地给企业的质量管理工作提出新的任务。如：企业生产社会化程度的提高，国家质量法治的加强，质量认证与产品许可证制度的实施，国际市场的开发等等，都将为企业的质量管理带来新的课题。因此，质量管理机构的设置应具有一定的战略观点，使其具有较强的应变能力，保证企业在发展环境条件变化时，质量管理工作不致陷于被动的状态。

（6）质量检验机构必须要受制于质量管理机构。企业的质量管理，是企业经营管理的中心环节，是系统性的综合管理工作。产品质量检验工作或称技术检验工作，是具有执法意义的技术工作。两者性质不同，涉及的范围不同。职能差异更是十分显著。经验证明，不论出于何种考虑，采用什么方式，如要把质量管理置于质量检验机构之下其结果都是不好的，不是影响质量管理的深入推进，就是影响检验工作职能作用的发挥。所以，坚持质量管理机构与质量检验机构的相对独立，质检机构置于质量管理机构的指导之下，是企业质量组织工作的原则之一。

7.5.2.2 质量管理职能机构的设置及其职能

（1）全面质量管理办公室。对实行直线职能管理体制的企业，常采用综合质量管理办公室的方式，也就是当前大部分企业设立的“质管部”、“质保部”或“全质办”，或者与企管办合并办公，一套人马两块牌子。

质量管理部门内部机构的设置及人员的配备，大体上应包含：质量职能、管理技术的开发；质量政策、质量计划的协调；质量管理活动的协调；质量信息的管理；质量检查与考核、内部质量审核的实施等。

质量管理部门的职权有：①对企业领导执行质量职能的情况进行考察和评价，提出合理的质量改进建议。②对企业各部门质量职能的实施，进行组织、协调、督促、评价和考察。③对企业质量管理活动的成果及有功人员提出奖励方案或建议。④按企业领导批准的预算，掌握质量管理活动费用的使用。⑤直接向国家、行业或地方质量管理行政部门实事求是地反映企业质量管理工作的情况、存在问题等。

（2）质量管理组织网络。为了实施应有的各项质量职能，需要建立起一个严密、协调、高效的质量管理工作网络。我国企业质量管理的实践，一般形成行之有效的三级质量管理系统。

① 厂（公司）级质量管理组织　a. 厂长（经理）是企业生产行政工作的全面负责人，对企业的产品质量负完全责任。因而，厂长（经理）是企业质量管理组织的法定负责人，应亲自主持和领导企业的质量管理工作。b. 在大、中型企业里，为了质量决策的可靠与执行顺利，可成立以厂长（经理）为主任的质量管理委员会，作为企业质量管理的决策组织。c. 企业的综合质量管理部门（如质管办、质量管理推进室、质量管理部等）是厂长（经理）实施质量管理职能的参谋和办事机构。

② 车间（分厂、科室）质量管理组织　a. 车间（分厂、科室）的质量管理领导小组是在车间主任领导下的质量管理中层决策组织。b. 车间设质量管理组（30 人以下车间设专职质量管理员）是车间的质量管理职能工作机构，分厂与此相同。c. 科室的专（兼）职质量管理员，是科室质量职能工作的管理人员。

③ 工段、班组质量普及组织　a. 工段设专（兼）职质量管理员，在工段长领导下，负责质量管理活动的组织、协调与监督考核工作。b. 班组设兼职的质量员，在班组长领导下，负责质量管理活动的开展与协调。c. 工段、班组建立的质量管理小组组长、工序控制点的负责人，也是工段、班组履行质量管理职能的兼职工作人员。

（3）企业集团的质量管理组织网络。企业通过扩张、并购等形式逐步组成企业集团，由核心企业对其紧密层成员企业的产、供、销、人、财、物等主要方面实行统一管理，成为风雨同舟、利害一致的经济实体。

在企业集团内，企业文化、品牌建设是形成企业凝聚力的重要资源，质量自然地成为同命运的生命线，质量管理也不容置疑地处于各项管理的中心环节。集团的综合企业管理机构通过制订共同的管理制度、共同的质量管理活动和工作计划，带动各厂质量管理活动的开展，形成集团质量管理组织系统。集团企业质量管理机构统一组织、指挥、协调各有关企业

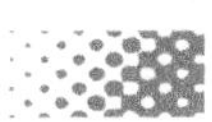

质量管理职能的实施。同时，集团检验部门拥有成品质量检验控制权。在具体作法上，一是集团派出驻厂代表，指导和监督成员厂的检验工作；二是集团的检验部门负责进厂原料和产品的统一验收或抽样检验；三是各成员厂之间进行质量互检，发现质量问题时，联合进行现场分析，研究改进措施，以利保持产品的质量信誉。

(4) 中小企业的质量管理机构。中小企业的日常质量管理可由生产技术部门进行，因为质量管理，特别是狭义的质量管理本身是工艺技术工作的一部分。原料、中间控制、产品内控指标的制定和监督实施（应属于质量保证，QA）是生产技术部门的日常工作；质量检验（quality test）属质量控制（quality control，QC），是执行部门；TQM 工作，应建立以总经理为首的质量管理委员会来决策和实施。这样机构简单、职责清晰。

7.5.2.3 日常质量管理的主要职责

(1) 坚持按标准组织生产。标准化工作是质量管理的重要前提，是实现管理规范化的需要，“不讲规矩不成方圆”。企业的标准分为技术标准和管理标准。工作标准实际上是从管理标准中分离出来的，是管理标准的一部分。技术标准主要分为原材料辅助材料标准、工艺工装标准、半成品标准、产成品标准、包装标准、检验标准等。它是沿着产品形成这根线环环控制投入各工序物料的质量，层层把关设卡，使生产过程处于受控状态。在技术标准体系中，各个标准都是以产品标准为核心而展开的，都是为了达到产成品标准服务的。

管理标准是规范人的行为、规范人与人的关系、规范人与物的关系，是为提高工作质量、保证产品质量服务的。它包括产品工艺规程、操作规程和经济责任制等。企业标准化的程度，反映企业管理水平的高低。企业要保证产品质量，首先要建立健全各种技术标准和管理标准，力求配套；二是要严格执行标准，把生产过程中物料的质量、人的工作质量给予规范，严格考核，奖罚兑现；三是要不断修订改善标准，贯彻实现新标准，保证标准的先进性。

(2) 强化质量检验机制。质量检验在生产过程中发挥以下职能：一是保证的职能，也就是把关的职能。通过对原材料、半成品的检验，鉴别、分选、剔除不合格品，并决定该产品或该批产品是否接收。保证不合格的原材料不投产，不合格的半成品不转入下道工序，不合格的产品不出厂；二是预防的职能。通过质量检验获得的信息和数据，为控制提供依据，发现质量问题，找出原因及时排除，预防或减少不合格产品的产生；三是报告的职能。质量检验部门将质量信息、质量问题及时向厂长或上级有关部门报告，为提高质量，加强管理提供必要的质量信息。

要提高质量检验工作，一是需要建立健全质量检验机构，配备能满足生产需要的质量检验人员和设备、设施；二是要建立健全质量检验制度，从原材料进厂到产成品出厂都要实行层层把关，做原始记录，生产工人和检验人员责任分明，实行质量追踪。同时要把生产工人和检验人员职能紧密结合起来，检验人员不但要负责质检，还有指导生产工人的职能。生产工人不能只管生产，自己生产出来的产品自己要先进行检验，要实行自检、互检、专检三者相结合；三是要树立质量检验机构的权威。质量检验机构必须在厂长的直接领导下，任何部门和人员都不能干预，经过质量检验部门确认的不合格的原材料不准进厂，不合格的半成品不能流到下一道工序，不合格的产品不许出厂。

(3) 实行质量否决权。产品质量靠工作质量来保证，工作质量的好坏主要是人的问题。因此，如何挖掘人的积极因素，健全质量管理机制和约束机制，是质量工作中的一个重要环节。

质量责任制或以质量为核心的经济责任制是提高人的工作质量的重要手段。质量管理在企业各项管理在占有重要地位，这是因为企业的重要任务就是生产产品，为社会提供使用价值，同时获得自己经济效益。质量责任制的核心就是企业管理人员、技术人员、生产人员在质量问题上实行责、权、利相结合。作为生产过程质量管理，首先要对各个岗位及人员分析质量职能，即明确在质量问题上各自负什么责任，工作的标准是什么。其次，要把岗位人员的产品质量与经济利益紧密挂钩，兑现奖罚。对长期优胜者给予重奖，对玩忽职守造成质量损失的除不计工资外，还处以赔偿或其他处分。关键部位、薄弱环节以及主要因素等采取的特殊管理措施和办法，实行强化管理，使工厂处于很好的控制状态，保证规定的质量要求。

此外，为突出质量管理工作的重要性，还要实行质量否决。就是把质量指标作为考核干部职工的一项硬指标，其他工作不管做得如何好，只要在质量问题上出了问题，在评选先进、晋升、晋级等荣誉项目时实行一票否决。

(4) 抓住影响产品质量的关键因素，设置质量管理点或质量控制点。质量管理点（控制点）是生产制造现场在一定时期、一定的条件下对需要重点控制的质量特性作出系统分析，找出重点部位和薄弱环节并加以控制。质量控制点及指标由技术部门确定。

质量是企业的生命，是一个企业整体素质的展示，也是一个企业综合实力的体现。伴随人类社会的进步和人们生活水平的提高，顾客对产品质量要求越来越高。因此，企业要想长期稳定发展，必须围绕质量这个核心开展生产，加强产品质量管理，借以生产出高品质的产品，让企业领导放心，让我们的客户称心！

7.5.3 化工生产过程的质量控制

任何产品的质量都有一个形成的过程，化工生产过程的质量控制是化工企业质量管理的核心环节。在企业的QMS框架下通过设计科学的质量控制系统，选用先进的或适宜的质量控制技术，对人（培训、持证上岗）、机（日常维护、需要时对设备认可）、料（符合标准要求、标识）、法（工艺操作规程、质量记录）、环（符合工作条件要求和相关法规要求）、信息（质量信息采集及反馈）进行严格监控，确保“三不”制度的切实执行，以实现对生产过程中工序状态的控制，最终控制产品质量，具体包括以下内容：

7.5.3.1 制定合理的抽样检验方案和抽样计划

抽样检验是按照规定的抽样方案，随机地从一批或一个过程中抽取少量个体进行检验、并根据样本检验的结果来判定该批产品是否符合要求或该过程是否稳定的质量管理活动。化工产品种类繁多，性状各异，属于流程性材料，在过程质量控制工作中，原料、中间品和成品的检验只能采取抽检的方法。样品抽检方案制定得是否正确、合理，直接关系到检验结果的可信度。若检验结果缺乏可信度，就不能对产品质量的符合性及工序过程的稳定性做出正确判断。所以，制定科学的抽检方案，采用正确的抽样方法对化工生产过程的质量控制活动至关重要。

抽样方案具体地规定了每批应检验的单位产品数（样本量或系列样本量）和有关接收准则（包括接收数、拒收数、接收常数和判断规则等）；抽样计划则是一组严格程度不同的抽样方案和转换规则的组合。抽样检验按检验特性值的属性，可分为计数抽样检验和计量抽样检验；按抽样的次数，可分为一次、二次、多次和序贯抽样检验。计量抽样检验是定量地检验从批中随机抽取的样本，利用样本特性值数据计算相应统计量，并与判定标准比较，以判断产品批是否符合特性值的要求。选择抽样方案的类型主要考虑产品的检验和抽样的费用两方面因素，化工产品多采用计量抽样检验的方式进行采样并检验。

企业应根据所选用的生产工艺，针对具体的原料、中间体及成品的特性，综合考虑抽检

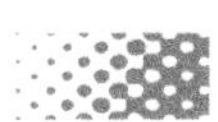

的费用，选择适用的抽样检验标准，制定科学的抽样检验方案和抽样计划。以下列举了一些我国现行的抽样检验方法标准，供抽样检验人员参考。

GB/T 2828.1—2012《计数抽样检验程序 第1部分：按接收质量限（AQL）检索的逐批检验抽样计划》（idt ISO 2859-1：1999）

GB/T 2828.2—2008《计数抽样检验程序 第2部分：按极限质量LQ检索的孤立批检验抽样方案》（neq ISO 2859-2：1985）

GB/T2828.3—2008《计数抽样检验程序 第3部分：跳批抽样程序》（idt ISO 2859-3：2005）

GB/T2828.4—2008《计数抽样检验程序 第4部分：声称质量水平的评定程序》（mod ISO 2859-4：2002）

GB/T2828.5—2011《计数抽样检验程序 第5部分：按接收质量限（AQL）检索的逐批检验序贯抽样方案体系》（idt ISO2859-5：2005）

GB/T 2828.10—2010《计数抽样检验程序 第10部分：GB/T 2828计数抽样检验系列标准导则》（mod ISO 2859-10：2006）

GB/T 2828.11—2008《计数抽样检验程序 第11部分：计数抽样检验程序 第11部分：小总体声称质量水平的评定程序》

GB/T 22555—2010《散料验收抽样检验程序和抽样方案》

GB/T 26823—2011《基于信用原则控制检出质量的零接收数计数抽样检验系统》（idt ISO 18414：2006）

GB/T 2829—2002《周期检验计数抽样程序及表（适用于对过程稳定性的检验）》

GB/T 6678—2003《化工产品采样总则》

GB/T 6679—2003《固体化工产品采样通则》

GB/T 6680—2003《液体化工产品采样通则》

GB/T 6681—2003《气体化工产品采样通则》

GB/T 19187—2003《合成生胶抽样检查程序》（ASTM D 3896：1985）

GB/T 28863—2012《商品质量监督抽样检验程序——具有先验质量信息的情形》

GB/T 6378.1—2008《计量抽样检验程序 第1部分：按接收质量限（AQL）检索的对单一质量特性和单个AQL的逐批检验的一次抽样方案》（idt ISO 3951-1：2005）

GB/T 6378.4—2008《计量抽样检验程序 第4部分：对均值的声称质量水平的评定程序》（neq ISO ISO 3951-4：2007）

GB/T 8051—2008《计数序贯抽样检验方案》（idt ISO 8422：2006）

GB/T 8052—2002《单水平和多水平计数连续抽样检验程序及表》

GB/T 8054—2008《计量标准型一次抽样检验程序及表》

GB/T 10111—2008《随机数的产生及其在产品质量抽样检验中的应用程序》

GB/T 13262—2008《不合格品百分数的计数标准型一次抽样检验程序及抽样表》

GB/T 13264—2008《不合格品百分数的小批计数抽样检验程序及抽样表》

GB/T 13393—2008《验收抽样检验导则》

GB/T 13732—2009《粒度均匀散料抽样检验通则》

GB/T 16307—1996《计量截尾序贯抽样检验程序及抽样表（适用于标准差已知的情形）》（eqv ISO 8423：1991）

GB/T 3723—1999《工业用化学产品采样安全通则》（idt ISO 3165：1976）

7.5.3.2 化工原料的质量控制

（1）依据本企业的生产工艺技术水平及客户要求，制定包括生产过程中所涉及的所有化工原料、中间体和成品的内控质量标准，即规定产品应满足的要求以确保其适用性的标准，包括的内容有：品种、规格、技术性能、试验方法、检验规则、包装、贮藏、运输等。如果已有同类产品的国际标准、国家标准、行业标准或地方标准，企业可参照执行。

（2）按照抽检方案和抽检计划采取原料样品，依照原料的控制质量标准对化工原料及时进行检验（标示、包装及质量特性值等），做好检验记录。在检验过程中，检验人员必须按照相关检测标准（国家标准、行业标准、企业内控标准等）及操作规程进行检测。同时要按照相关管理制度，如《监视和测量设备管理规定》等，管理好检测设备；

（3）制定合理的不合格原料处理处置办法，对出现质量问题的化工原料应按照相关办法及时进行处理，确保不合格的原料不进厂，更不能进入生产工序；

（4）化工原料仓储的质量管理。制定科学的化工原料仓储管理制度，根据原料的化学、物理性质，对包装袋或储存容器（制造材料、容积、耐压和耐腐蚀能力、输入输出管道设计等）、储存条件（温度、压力、光照、湿度等）及仓储区的周围环境（污染源、风向、气压、安全庇护区域）等进行科学管理，确保原料在仓储期间的质量稳定。

7.5.3.3 生产过程的质量控制

在原料进入生产设备开始到最终成品产出的整个生产过程中应着重控制以下几个环节：

（1）原料的进一步检验。原料在投入生产时应再次进行检验，质量合格才可使用，必要时应做小试验证。

（2）强化现场质量管理，保证和提供制造质量及现场服务质量。现场质量管理是对生产或服务现场进行的质量管理，主要包括过程质量控制、质量管理点、质量改进和质量管理小组活动等，任务是：质量缺陷预防、质量维持、质量改进和质量验证等四个方面。应建立、健全质量信息系统，应用上述新老七种质量管理工具，掌握工序状态的波动规律，预防和控制质量的异常波动；制定适宜的操作指导文件，并按照文件要求严格控制工序质量。操作指导文件的核心内容是化工工艺操作规程，包括：产品名称及有关参数、原料及要求、生产原理及反应式、生产流程描述、岗位控制要点、不正常现象及处理、安全生产要点、消耗定额、三废处理、工艺流程图、设备表（含关键设备结构图）等。工序质量控制的具体内容包括：①选择需要控制的对象；②选择需要监测的质量特性值；③确定需要监测的关键质量特性值；④明确影响质量的工艺参数；⑤确定重要的工艺参数；⑥确定工艺参数监控点；⑦明确质量监控责任人及其职责；⑧监控信息的处理及反馈等。

（3）工序质量控制中出现质量缺陷时的应急处理方案，该方案应形成质量控制文件。

（4）中间品检验。按照抽检方案和抽检计划采取中间品样品，依照中间品的控制质量标准进行检验，确保不合格的中间品不进入下一岗位。

7.5.3.4 化工成品的质量检验

（1）按照抽检方案和抽检计划采取成品试样，并按照相关质量控制标准对抽检的样品进行检验。应注意抽检人员须持证上岗，加强对执行情况的监督及对检验结果的可靠性的考核（内、外部检验结果比对）。

（2）完整、规范、准确地填写抽检记录，包括：抽检方案、抽样点、抽检人、抽样量、抽检用具、生产班组、生产批次、样品性状、检验标准、检验用仪器、检验场地、检验结果及抽检过程中的外部条件等。

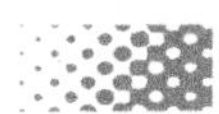

（3）检验结果的及时反馈、检验记录的保存、检验人员素质的持续提高。

（4）确保不合格的产品不入库，更不能出厂。

在整个化工生产过程的质量控制活动中，企业应始终贯彻标准规范与严格检验相结合的原则，必须对干什么？为何干？怎么干？谁来干？何时干？何地干？做出详细规定，形成科学的质量控制系统，强化内部质量审核制度，以达到持续地改进，不断满足客户要求的目标。

参考文献

[1] 全国质量管理和质量保证标准化技术委员会，中国合格评定国家认可委员，中国认证认可协会编著．2008版质量管理体系国家标准理解与实施［M］，北京：中国标准出版社，2009.

[2] 王春来，夏剑锋编著．化工企业生产管理［M］．北京：中国纺织出版社，2008.

[3] 赵地顺．精细有机合成原理及应用［M］．北京：化学工业出版社，2009.

[4] 杨辉．化工企业质量管理体系有效性的强化［J］．化工技术经济，2006，24（7）：43～47.

[5] 杨辉．新形势下化工企业的质量管理战略［J］．西部煤化工，2006，（2）：47～48.

8 生产管理（四）——职业安全健康管理

《安全生产“十二五”规划》指出：我国仍处于生产安全事故易发的特殊时期，事故总量仍较大，重特大事故尚未得到有效遏制，非法违法生产经营行为仍然屡禁不止，尘肺病等职业病、职业中毒事件仍时有发生。据国家安全生产监督管理总局的相关统计，2011 年全国石化行业的安全事故，包括危险化学品的使用安全事故已经超过了 500 起；2012 年我国危险化学品安全生产形势呈现总体稳定且事故总量下降的趋势，死亡人数降到 100 人以下，较大以上事故降到 10 起以下。

我们必须认真贯彻“安全第一，预防为主，综合治理”的方针，进一步落实安全生产责任，牢固树立安全发展理念，坚持生产必须安全，安全为了生产，切实保障员工的人身安全和职业健康，确保化工产业安全发展、和谐发展。安全工作需要实干，安全工作的重点在现场。化工企业要将安全工作扎扎实实地落实到现场，落实到每一个班组、每一个员工、每一件工作，努力实现“零事故”。

8.1 职业安全健康法律体系

8.1.1 我国职业安全健康法律体系的发展

我国实行改革开放以来，职业健康安全法律体系的建设可分为三个阶段。

(1) 恢复发展时期（1978—1990）

中国共产党十一届三中全会后，发布了《中共中央关于认真做好劳动保护工作的通知》、《国务院批准国家劳动总局、卫生部关于加强厂矿企业防尘防毒工作的报告》，要求各地区、各部门、各厂矿企业必须加强劳动保护工作，保护职工的安全和健康。确定了“安全第一，预防为主”的方针，安全生产责任制得以逐步落实，在安全生产方面加强了国际合作与交流。

1979 年 4 月，国务院重申认真贯彻执行《工厂安全卫生规程》、《建筑安装工程技术规程》、《工人职员伤亡事故报告规程》和《国务院关于加强企业生产中安全工作的几项规定》。1979 年 6 月五届人大二次会议通过了《中华人民共和国刑法》，其中明确了对交通、运输、

工矿、林场、建筑等企业、事业单位，因违反规章制度，强令工人违章作业而造成重大事故的责任者的惩办，并规定了量刑标准。1997 年 3 月八届人大五次会议修订的《刑法》，对安全生产方面的犯罪作了更为明确具体的规定。全国有 28 个省、自治区、直辖市“人大”或人民政府颁布了地方劳动保护条例。

从 1981 年开始，国家技术监督局加快了安全生产国家标准的制定进程，先后制定、颁布了一系列劳动安全卫生的国家标准，为安全生产工作提供了技术依据。

（2）逐步完善时期（1991—2002）

1991 年 3 月，国务院发布了《企业职工伤亡事故报告和处理规程》的第 75 号令，严肃了对各类事故的报告、调查和处理程序。1992 年 4 月，新《工会法》颁布实施，为工会适应新的历史时期的需要，更好地维护职工安全健康权益提供了法律依据和保障。

1994 年 7 月八届人大八次常务会议通过了《中华人民共和国劳动法》，标志着我国劳动保护法制建立进入了一个新的发展时期。依据《中华人民共和国标准化法》规定，由标准主管部门审批和发布了一批安全生产和劳动安全卫生标准，是处理有关安全生产问题的专业技术规范。

在“九五”期间，初步建立了与社会主义市场经济体制要求相适应的劳动安全卫生法规体系和标准体系；制定和修订安全生产方面的国家标准和行业标准 100 余项；加强执法监察，纠正、惩戒违反安全生产法律、法规的行为，保证了各项法律法规的正确实施，真正做到有法必依、执法必严、违法必究。安全生产工作取得了很大成绩，出现了前所未有的大好局面。

（3）职业安全健康生产格局初步形成（2003—）

十六大以来，我国进一步健全完善了安全生产方针政策和法律法规，并从体制、机制、规划、投入等方面，采取一系列举措加强安全生产；建立和形成了安全生产的理论、法律、政策体系，安全监管体制不断健全完善，安全生产状况趋于稳定好转。

近年来，针对社会主义市场经济条件下安全生产领域出现的新问题，国家法制和体制、投入和宣传教育等环节相继采取一系列重大举措。“政府统一领导、部门依法监管、企业全面负责、群众参与监督、全社会广泛支持”（国发〔2004〕2 号文）的职业健康安全生产格局已经初步形成。

2014 年 8 月 31 日，第十二届全国人大常委会第十次会议通过了修改《中华人民共和国安全生产法》的决定，新法强调“安全生产工作应当以人为本，坚持安全发展，坚持安全第一、预防为主、综合治理的方针，强化和落实生产经营单位的主体责任，建立生产经营单位负责、职工参与、政府监管、行业自律和社会监督的机制。”

8.1.2 职业健康安全管理体系

职业健康安全管理体系（Occupation Health Safety Management System，OHSMS）是 20 世纪 80 年代后期在国际上兴起的现代安全生产管理模式，它与 ISO 9000 和 ISO 14000 等标准体系一并被称为“后工业化时代的管理方法”。OHSMS 产生的主要原因是企业自身发展的要求，随着企业规模扩大和生产集约化程度的提高，对企业的质量管理和经营模式提出了更高的要求。企业必须采用现代化的管理模式，使包括安全生产管理在内的所有生产经营活动科学化、规范化和法制化。

我国发布的 GB/T 28001—2011《职业健康安全管理体系要求》、GB/T 28002—2011《职业健康安全管理体系实施指南》等同于英国 BS OHSAS 18001：2007《职业健康安全评估体系》标准，并以此来作为认证审核准则。

BS OHSAS 18001：2007 的修订包括有英国、美国、日本、中国香港、韩国等国家地区 43 家机构参与，与 ISO 9001、ISO14001 有很好的兼容性，以满足组织整合质量、环境和职业健康安全管理体系的需求。其运行模式主要是PDCA（即策划、实施、检查、改进），为生产经营单位建立一个动态的、持续改进的循环管理过程，实现既定的安全健康目标，如图8-1所示。

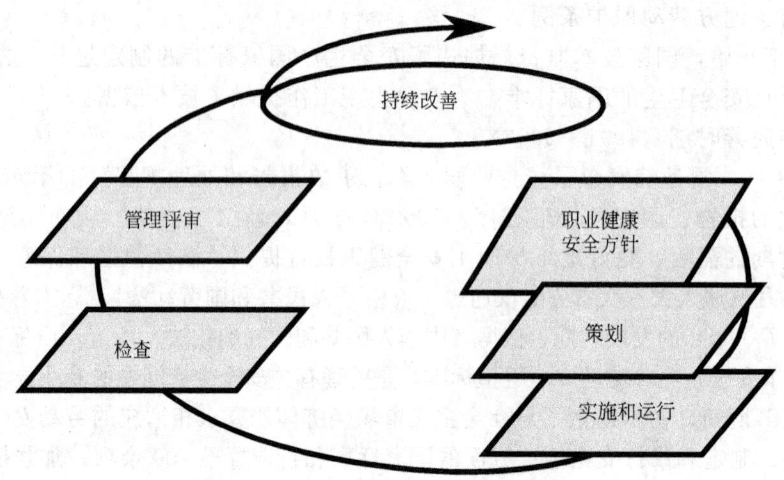

图8-1　职业健康安全管理体系运行模式

策划（P）——建立所需的目标和过程，以实现组织的职业健康安全方针所期望的结果。

实施（D）——对过程予以实施。

检查（C）——依据职业健康安全方针、目标、法律法规和其他要求，对过程进行监测和测量，并报告结果。

改进（A）——采取措施以持续改进职业健康安全绩效。

（1）职业安全健康法律法规的概念

职业安全健康法律、法规、标准是指在生产过程中产生的，与劳动者的安全和健康、生产资料和社会财富安全保障有关的各种法律规范的总和。这些法律规范都是为了保护国家、社会利益和劳动生产者的利益而制定的，是国家为了改善劳动条件，保护劳动者在生产过程中的安全与健康，保障生产安全所采取的各种法定措施。

（2）职业安全健康法律法规的作用

① 保护劳动者的安全与健康。我国的职业安全健康法律、法规、标准不仅从管理上规定了人们的安全行为规范，也从技术、设备上规定实现安全生产和保障职工安全健康所需的物质条件。

② 强化职业安全健康的法制化管理。职业安全健康法规都明确规定了加强安全生产管理的职责，推动了各级领导特别是企业领导对劳动保护工作的重视，把这项工作摆在领导的重要议事日程。

③ 指导和推动安全生产工作，促进企业安全生产。职业安全健康法律、法规、标准反映了保障生产正常进行、保护劳动者在生产过程中的职业安全健康所必须遵循的客观规律，对企业搞好安全生产工作提出了明确要求。同时，法律、法规、标准具有约束力，要求人人都要遵守，表明安全生产工作具有用国家意志强制推行的作用。

④ 提高劳动生产率，保证企业效益和国家经济建设的顺利发展。职业安全健康是关系到企业切身利益的大事，通过立法，使劳动者的安全健康得以保障，职工能够在符合安全与卫生要求的条件下从事劳动生产，从而激发其劳动积极性和创造性，促使劳动生产率大大提高。

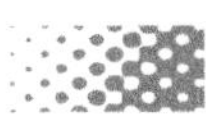

（3）OHSMS 标准强调执行法律法规

职业安全健康法律、法规、标准是国家法律体系的一部分，具有以下特点：①保护的对象是劳动者、生产经营人员、生产资料和国家财产；②具有强制性的特征；③涉及自然科学和社会科学领域。因此，职业安全健康法律、法规、标准具有政策性特点，又具有科学技术性特点。

GB/T 28001—2011 职业安全健康管理体系系列标准强调国家的职业安全健康法律法规的执行，有利于提高我国企业的职业安全健康管理水平。

OHSMS 的贯标和认证，有助于我国的化工企业走向国际市场，提升企业形象。

8.1.3 安全生产法律、法规

安全生产法律、法规体系是一个包含多种法律形式和法律层次的综合性系统，从法律规范的形式和特点来讲，既包括作为整个安全生产法律法规基础的宪法规范，也包括行政法律规范，技术性法律规范、程序性法律规范。根据法律地位及效力，安全生产法律体系分为以下七个层次。

（1）宪法

《中华人民共和国宪法》是安全生产法律体系框架的最高层级，“加强劳动保护，改善劳动条件”是有关安全生产方面最高法律效力的规定。

（2）安全生产方面的法律

基础法：《安全生产法》。它是综合规范安全生产法律制度的法律，它适用于所有生产经营单位，是我国安全生产法律体系的核心。

专门法律：规范某专业领域安全生产法律制度的法律，如《中华人民共和国消防法》、《中华人民共和国通路交通安全法》等。

相关法律：安全生产专门法律以外的其他法律中涵盖有安全生产内容的法律，如《中华人民共和国劳动法》、《中华人民共和国工会法》等，以及与安全生产监督执法工作有关的法律，如《中华人民共和国刑法》、《中华人民共和国行政处罚法》等。

（3）安全生产行政法规

由国务院组织制定并批准公布的，是为实施安全生产法律或规范安全生产监督管理制度而制定并颁布的一系列具体规定。如《国务院关于特大安全事故行政责任追究的规定》等。

（4）地方性安全生产法规

由有立法权的地方权力机关——人民代表大会及其常务委员会和地方政府制定的安全生产规范性文件。是由法律授权制定的，对国家安全生产法律、法规的补充和完善，以解决本地区某一特定的安全生产问题为目标，其有较强的针对性和可操作性。

（5）部门安全生产规章，地方政府安全生产规章

根据《中华人民共和国立法法》的有关规定，部门规章之间、部门规章与地方政府规章之间具有同等效力，在各自的权限范围内施行。地方政府安全生产规章一方面从属于法律和行政法规，另一方面又从属于地方法规，并且不能与他们相抵触。

（6）安全生产标准

是安全生产法规体系中的一个重要组成部分，也是安全生产管理的基础和监督执法工作的重要技术依据。有国标（GB）和国家安全生产行业标准（AQ），AQ 系列标准 2004 年开始发布，至 2013 年已发布 300 多项标准。

（7）已批准的国际劳工安全公约

国际劳工组织自 1919 年创立以来，一共通过了 185 个国际公约和为数较多的建议书，这些公约和建议书统称国际劳工标准，其中 70%的公约和建议书涉及职业安全卫生问题。

8.1.4 职业卫生法律、法规

8.1.4.1 职业卫生法律、法规的组成

我国职业卫生（同“职业健康”）法律、法规按其立法主体、法律效力不同，同样分为七个层次：

（1）宪法。是国家的根本大法，具最高法律地位和法律效力。其他所有职业卫生安全法律都要依据宪法的基本原则来制定。

（2）职业卫生安全法律。其法律地位和法律效力仅次于宪法，如：《职业病防治法》、《安全生产法》、《劳动法》、《突发事件应对法》等。

（3）职业卫生安全行政法规。由国务院制定的有关各类条例、办法、规定、实施细则、决定等。如：《使用有毒物品作业场所劳动保护条例》、《中华人民共和国尘肺病防治条例》、《放射性同位素与射线装置安全和防护条例》等。

（4）地方性职业卫生安全法规。由省、自治区、直辖市人大为执行和实施宪法，职业卫生安全法律、行政法规，根据本行政区域具体情况和实际需要，在法定权限内制定、发布的规范性文件。通常形式有“条例”、“办法”。

（5）职业卫生安全规章：由国务院所属部委以及地方人民政府在法律规定的范围内，依职权制定、颁布的有关职业卫生安全行政管理的规范性文件，如：《职业病分类和目录》（国卫疾控发〔2013〕48号）、《职业病危害因素分类目录》（卫法监发〔2002〕63号）、《职业病危害项目申报管理办法》（卫生部令第21号，2002）等。

（6）职业卫生标准（见8.1.4.2）。

（7）国际公约：经我国批准生效的有关职业卫生安全的国际条约、公约，是作为制定我国职业卫生安全法规参考依据之一，并应采取必要的措施履行。

8.1.4.2 职业卫生标准

职业卫生标准是以保护劳动者健康为目的，对劳动条件（工作场所）的卫生要求做出的技术规定，是实施职业卫生法律、法规的技术规范，是卫生监督和管理的法定依据。

根据《国家职业卫生标准管理办法》（卫生部令第20号，2002），我国的国家职业卫生标准分为八类：①职业卫生专业基础标准；②工作场所作业条件卫生标准；③工业毒物、生产性粉尘、物理因素职业接触限值；④职业病诊断标准；⑤职业照射放射防护标准；⑥职业防护用品卫生标准；⑦职业危害防护导则；⑧劳动生理卫生、工效学标准；⑨职业性危害因素检测、检验方法。

我国职业卫生标准分为国标（GBZ和GBZ/T）和国家安全行业标准（AQ和AQ/T）两类，安全行业标准由国家安全监督管理总局发布。GBZ和AQ标准是强制性标准，上述分类中的②～⑥一般为强制性标准；GBZ/T和AQ/T是推荐性标准。

主要的职业卫生标准见表8-1。

表8-1 主要的职业卫生标准

序号	卫生标准	标准编号
1	工业企业设计卫生标准	GBZ 1—2010
2	工作场所有害因素职业接触限值第1部分：化学有害	GBZ 2.1—2007
3	工作场所有害因素职业接触限值第2部分：物理因素	GBZ 2.2—2007
4	工作场所职业病危害警示标识	GBZ 158—2003

续表

序　号	卫生标准	标准编号
5	工作场所空气中有害物质监测的采样规范	GBZ 159—2004
6	职业健康监护技术规范	GBZ 188—2007
7	生产设备安全卫生设计总则	GB 5083—1999
8	生产过程安全卫生要求总则	GB/T 12801—2008
9	劳动力鉴定职工工伤与职业病防治致残等级	GB 16180—2006
10	工作场所防止职业中毒卫生工程防护措施规范	GBZ/T 94—2007
11	工作场所空气中有害物质的测定方法	GBZ/T 160—2004
12	建设项目职业病危害预评价技术导则	GBZ/T 196—2007
13	建设项目职业病危害控制效果评价技术导则	GBZ/T 197—2007
14	高毒物品作业岗位职业病危害告知规范	GBZ/T 203—2007
15	高毒物品作业岗位职业病信息指南	GBZ/T 204—2007
16	密闭空间作业职业危害防护规范	GBZ/T 205—2007
17	用人单位职业病防治指南	GBZ/T 225—2010
18	工作场所职业病危害作业分级 第1部分:生产性粉尘	GBZ/T 229.1—2010
19	工作场所职业病危害作业分级 第2部分:化学物	GBZ/T 229.2—2010
20	工作场所职业病危害作业分级 第3部分:高温	GBZ/T 229.3—2010
21	工作场所职业病危害作业分级 第4部分:噪声	GBZ/T 229.4—2012
22	作业场所职业危害基础信息数据	AQ/T 4206—2010
23	作业场所职业危害监管信息系统基础数据结构	AQ/T 4207—2010
24	有毒作业场所危害程度	AQ/T 4208—2010
25	建设项目职业病防护设施设计专篇	AQ/T 4233—2013
26	职业病危害评价通则	AQ/T 8008—2013
27	建设项目职业病危害预评价导则	AQ/T 8009—2013
28	建设项目职业病危害控制效果评价	AQ/T 8010—2013
29	有机溶剂作业场所个人职业病防护用品使用规范	GBZ/T 195—2007
30	个体防护装备选用规范	GB/T 11651—2008
31	呼吸防护用品的选择、使用与维护	GB/T 18664—2002
32	个体防护装备配备基本要求	GB/T 29510—2013
33	化工企业劳动防护用品选用及配备	AQ/T 3048—2013
34	化学防护服的选择、使用和维护	AQ/T 6107—2008

8.1.5 法规和标准的识别、获取及符合性评价

8.1.5.1 法律、法规和标准的识别

我国现有的法律、法规、标准和规范等种类繁多，涉及各领域、各行业、各部门，有的与化工企业有关，有的与化工企业无关，有的是部分条款有关系。所以，我们在既要遵纪守法，又不浪费人力、财力的前提下正确识别适用于本行业、本企业的法律、法规、标准和规范。

（1）成立专门的组织机构，配备专门人员负责此项工作，明确其职责。同时，企业的相关部门，包括工艺、设备、电器、仪表等有关人员必须积极配合，各司其职，各负其责。

（2）由专职机构和人员，将获取的各类法律、法规、标准和规范，召集企业相关人员，包括企业负责人，工艺、设备负责人，安全管理人员，车间负责人，各岗位班组长等进行识别。识别时要将获取的法律、法规、标准和规范逐条逐款对照，凡与本企业职业安全健康相关的一律建档，档案内容应包括：法律法规等的名称，发布部门、时间，实施时间，与本企业安全生产相关的条款、涉及部门及岗位、识别时间、识别人员等。

（3）当现行的法律、法规、标准和规范更新时，或有新的法律、法规、标准和规范进行颁布时，应及时进行适用性确认，包括废止的法律、法规、标准和规范应及时进行清理。

（4）为了将识别工作做得更加细致、准确、不漏项，可以邀请政府安全生产管理部门业务处室领导、专家，安全生产咨询机构，安全生产评价机构，与安全生产相关的其他政府部门如公安消防、质量技术监督、电力、交通、卫生等单位人员参与。

8.1.5.2 法律、法规和标准的获取

获取法律、法规和标准的渠道很多，主要通过以下方式进行：

（1）获取的范围：①中国政府承诺遵守的有关国际公约。②国家法律、法规、标准及行政规章。③地方法律、法规、标准及行政规章。④行业标准及规定。⑤安全生产主管部门的标准、规定。⑥企业自己制定的标准、准则及相关制度。⑦和相关方的协定或协议及对相关方的承诺。

（2）获取的渠道：①从政府部门及政府管理部门的官方网站获取。②从报纸、期刊、网络等媒体获取。③从产业协会或团体获取。④从安全生产咨询机构、评价机构获取。⑤从法律法规等汇编出版物获取。⑥以及另外的渠道获取。

企业应对获取的与本企业适时有效的的各种法律、法规进行甄别，应以政府官网的文件为准。

8.1.5.3 法律、法规和标准的符合性评价

法律、法规等的识别和获取是为使用做准备的，企业应将适用的安全生产法律、法规、标准及其他要求及时对从业人员进行宣传和培训，提高从业人员的守法意识，规范安全生产行为。

每年至少一次对适用的安全生产法律、法规、标准及其他要求进行符合性评价，消除违规现象和行为。

企业应该每年组织安全、环保、设备、检验检测等部门有关人员对所获取的法律、法规和标准等重点关注条款进行符合性评价，制定符合性报告表，并出具评价报告书。对不符合的条款要给出不符合原因，并提出整改意见，以便及时更正并加强执行力度，使安全事故的发生的风险降到最小。

8.2 安全风险评价与控制

风险管理起源于美国，在 20 世纪 50 年代，美国的大公司发生重大损失促使决策者认识到风险管理的重要性。在随后的几十年中，对企业的人员、财产和自然资源进行适当保护，已形成一门新的管理学科。直到 20 世纪 80 年代，风险管理开始引入我国，并日益受到重视。

由于化工企业属于高危险行业，使用的原料、中间体甚至产品本身很多是易燃、易爆、腐蚀、有毒有害的危险化学品，且生产有时需在高温、高压、腐蚀等严酷条件下完成，危险

因素较多。如果职业安全健康管理不善，一旦发生火灾和爆炸等事故，不但导致设备损坏、生产停顿，而且也会造成大量人员伤亡，甚至波及社会，产生无法估量的损失和难以挽回的影响。所以，只有加强风险意识，进行科学的管理和科学的决策，并形成相应的制度，才能避免各类风险的发生。

8.2.1 安全风险评价

正因为化工行业的危险有害性，所以，我们必须在化工生产、储存、运输各环节强化风险的识别、评估，并在风险识别的基础上，对风险发生的概率、损失程度，结合其他因素进行全面考虑，评估发生风险的可能性及危害程度，从而决定采取相应的措施。

安全风险评价的范围一般包括：规划、设计和建设、投产、运行等阶段；常规和异常活动；事故及潜在的紧急情况；所有进入作业场所的人员的活动；原材料、产品的运输和使用过程；作业场所的设施、设备、车辆、安全防护用品；人为因素，包括违反安全操作规程和安全生产规章制度；丢弃、废弃、拆除与处置；企业周边环境；气候、地震及其他自然灾害等。

8.2.1.1 风险评价方法

常用的风险评价方法有：安全检查表评价法（SCL）、预先危险分析法（PHA）、事故树分析法（FTA）、事件树分析法（ETA）、作业条件危险性评价法（LEC）、失效模型和影响分析法（FMEA）、火灾/爆炸危险指数评价法、危险与可操作性分析法（HAZOP）等。企业可根据需要，选择有效可行的方法进行风险评价。

（1）安全检查表（SCL）评价法。为了系统地找出系统中的不安全因素，把系统加以剖析，列出各层次的不安全因素，然后确定检查项目，以提问的方式把检查项目按系统的组成顺序编制成表，以便进行检查或评审，这种表就叫作安全检查表（Safety Check List）。SCL是进行安全检查，发现和查明各种危险和隐患、监督各项安全规章制度的实施，及时发现并制止违章行为的一个有力工具。

SCL的优点：①能够事先编制，有充分的时间组织有经验的人员来编写，做到系统化、完整化，不至于漏掉能导致危险的关键因素；②可以根据规定的标准、规范和法规，检查遵守的情况，提出准确的评价；③表的应用方式是有问有答，给人的印象深刻，能起到安全教育的作用。表内还可注明改进措施的要求，隔一段时间后重新检查改进情况；④简明易懂，容易掌握。

SCL的缺点：①只能作定性评价，不能给出定量评价结果；②只能对已存在的对象评价。

SCL的编制方法：列举需查明的所有会导致事故的不安全因素，采用提问的方式，要求回答“是”或“否”，“是”表示符合要求，“否”表示存在问题有待于进一步改进。在每个提问后面也可以设改进措施栏。每个检查表均需注明检查时间、检查者、直接负责人等，以便分清责任。安全检查表的设计应做到系统、全面，检查项目应明确。

编制SCL主要依据是：①有关标准、规程、规范及规定。国家及有关部门发布的各类安全标准及有关文件，是编制安全检查表的一个重要依据。为了便于工作，有时将检查条款的出处加以注明，以便能尽快统一不同意见。②国内、外事故案例。搜集国内外同行业及同类产品行业的事故案例，从中发掘出不安全因素，作为安全检查的内容。国内、外及本单位在安全管理及生产中的有关经验，自然也是一项重要内容。③通过系统分析，确定危险部位及防范措施，是安全检查表的内容。④研究成果。在现代信息社会和知识经济时代，知识的更新很快，编制安全检查表必须采用最新的知识和研究成果。包括新的方法、技术、法规和标准。

（2）预先危险分析法（Preliminary Hazard Analysis，PHA）。常应用于生产活动开始前，特别是在设计开始阶段、或厂址选择阶段、或项目发展过程的初期。首先，它能识别可能的危险，用较少的费用和时间就能改正；其次，它能帮助项目开发组分析和设计开发指南，从一开始就能消除、减小或控制主要的危险。对于现役的系统或设备也可以采用初步危险分析考察其安全性。

在长期的生产实践中，人们对化工企业内各类装置或设备可能发生的事故、事故原因、事故后果、控制措施等方面已积累丰富的资料和经验，PHA 法可以充分利用这些经验教训，优化新的设计方案，也可以应用于正常生产的安全工作。进行预先危险性分析，可以充分了解各装置可能出现的事故危害，找出消除或减轻事故危险的控制措施。对每一种可能发生的事故做到提前防范，严密控制，最大限度地降低事故的严重度和发生的概率。

（3）事故树分析法（Fault Tree Analysis，FTA）。是系统安全工程中重要分析方法之一。它采用演绎法的原理，从顶上事件开始，逐次分析每一事件的直接原因直到基本事件为止，将既定的生产系统中可能导致的灾害后果与可能出现的事故条件，如设备装置的故障及误动作、作业人员的误判断或误操作，以及毗邻场所的影响等等，用一种逻辑关系表达出来。在故障树分析中，与事故有关的三大因素：人/机/环境都将被涉及。因此，可以做到分析全面、透彻而又有逻辑性。

（4）事件树分析法（Event Tree Analysis，ETA）。起源于决策树分析（简称 DTA），它是一种按事故发展的时间顺序由初始事件开始推论可能的后果，从而进行危险源辨识的方法。它以一初始事件为起点，按照事故的发展顺序，分成阶段，一步一步地进行分析，每一事件可能的后续事件只能取完全对立的两种状态（成功或失败，正常或故障，安全或危险等）之一的原则，逐步向结果方面发展，直到达到系统故障或事故为止。所分析的情况用树枝状图表示，故叫事件树。它既可以定性地了解整个事件的动态变化过程，又可以定量计算出各阶段的概率，最终了解事故发展过程中各种状态的发生。

（5）作业条件危险性评价法（LEC）。是对具有潜在危险的环境中作业的危险性进行定性评价的一种方法。对于一个具有潜在危险性的作业条件，影响危险性的主要因素有 3 个：L（发生事故或危险事件的可能性）、E（人员暴露于这种危险环境的频繁程度）、C（事故一旦发生可能产生的后果）。

用公式表示：$D = L E C$ （D 表示作业条件的危险性）

（6）失效模型和影响分析法（Failure Mode and Effects Analysis，FMEA）。是一种用作预防措施的工具，其主要目的是发现、评价产品/过程中潜在的失效及其后果；找到能够避免或减少潜在失效发生的措施并且不断地完善。

（7）火灾/爆炸危险指数评价法。美国道（DOW）化学公司的火灾、爆炸危险指数评价法（第七版）是对工艺装置及所含物料的潜在火灾、爆炸和反应性危险利用逐步推算的方法进行客观的评价。评价过程中定量的依据是以往事故的统计资料、物质的潜在能量和现行安全防灾措施的状况。该法通过计算火灾、爆炸危险指数，提出操作过程的危险度，考虑应采取的措施；然后通过补偿火灾、爆炸危险指数计算，从而达到预防控制的目的。

（8）危险与可操作性分析法（HAZOP）。2013 年 6 月，国家安监总局和住建部《关于进一步加强危险化学品建设项目安全设计管理的通知》（安监总管三〔2013〕76 号）要求，建设单位在建设项目设计合同中应主动要求设计单位对设计进行危险与可操作性分析（Hazard and Operability Studies），并派遣有生产操作经验的人员参加对 HAZOP 审查报告进行审核。涉及重点监管危险化学品、重点监管危险化工工艺和危险化学品重大危险源（“两重点一重大”）和首次工业化设计的建设项目，必须在基础设计阶段开展 HAZOP 分析。

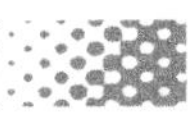

危险和可操作性研究方法可按分析的准备、完成分析和编制分析结果报告3个步骤来完成。由各种专业人员（如：工艺、设备、自控、现场操作人员等）按照规定的方法对偏离设计的工艺条件进行过程危险和可操作性研究。危险和可操作性研究方法与其他安全评价方法的明显不同之处是，其他方法可由某人单独使用，而危险和可操作性分析则必须由一个多方面的、专业的、熟练的人员组成的小组来完成。

HAZOP主要通过研究工艺管线和仪表图、带控制点的工艺流程图或工厂的仿真模型来确定，应重点分析由管路和每一个设备操作所引发潜在事故的影响，应选择相关的参数，例如：流量、温度、压力和时间，然后检查每一个参数偏离设计条件的影响。采用经过挑选的关键词表示，例如大于、小于、部分等，来描述每一个潜在的偏离。最终识别出所有的故障原因，得出当前的安全保护装置和安全措施。所作的评估结论包括非正常原因、不利后果和所要求的安全措施。详见AQ/T 3049—2013《危险与可操作性分析（HAZOP分析）应用导则》。

8.2.1.2 风险评价的实施

（1）建立风险管理制度。企业应制定化工过程风险管理制度，明确风险辨识范围、方法、频次和责任人，规定风险分析结果应用和改进措施落实的要求，对生产全过程进行风险辨识分析。

对涉及“两重点一重大”的生产储存装置进行风险辨识分析，要采用HAZOP技术，一般每3年进行一次。对其他生产储存装置的风险辨识分析，针对装置不同的复杂程度，选用SCL、HPA、FMEA、HAZOP等方法或多种方法组合，可每5年进行一次。企业管理机构、人员构成、生产装置等发生重大变化或发生生产安全事故时，要及时进行风险辨识分析。企业要组织所有人员参与风险辨识分析，力求风险辨识分析全覆盖。

（2）确定风险辨识分析内容。风险辨识分析主要包括：①工艺技术的本质安全性及风险程度；②工艺系统可能存在的风险；③对严重事件的安全审查情况；④控制风险的技术、管理措施及其失效可能引起的后果；⑤现场设施失控和人为失误可能对安全造成的影响；⑥在役装置的风险辨识分析还要包括发生的变更是否存在风险，吸取本企业和其他同类企业事故及事件教训的措施等。

（3）制定可接受的风险标准。企业要按照《危险化学品重大危险源监督管理暂行规定》（国家安监总局令第40号，2011）的要求，根据国家有关规定或参照国际相关标准，确定本企业可接受的风险标准。对辨识分析发现的不可接受风险，企业要及时制定并落实消除、减小或控制风险的措施，将风险控制在可接受的范围。

8.2.2 安全风险控制

风险是不以人的意志为转移并超越人们主观意识的客观存在，虽然人类一直希望认识和控制风险，但直到现在也只能在有限的空间和时间内改变风险存在和发生的条件，降低其发生的频率，减少损失程度，而不能也不可能完全消除风险。所以，风险控制就是风险管理者采取各种措施和方法，消灭或减少风险事件发生的各种可能性，或者减少风险事件发生时造成的损失。

8.2.2.1 风险控制措施的选择

企业应根据风险评价的结果及经营运行情况等，确定优先控制的顺序，采取措施消减风险，将风险控制在可以接受的程度，预防事故的发生。企业在选择风险控制措施时，可从以下几方面考虑：①控制措施在经济、技术、时间上是可行的，能够落实、实施的；②控制措施的先进性和安全性；③控制措施的针对性及经济合理性；④可靠的技术保证和服务。

企业选择的控制措施主要从技术、教育、管理三个方面同时进行，缺一不可：①采取工程技术措施，为实现本质安全；②采取管理措施，可规范安全管理；③采取教育措施，大大提高从业人员的操作技能和安全意识；④个体防护措施，减少职业伤害。

8.2.2.2 风险控制的实施

企业应根据风险评价的结果，落实所选定的风险控制措施，将风险控制在可以接受的程度。比如：建立重大危险源的风险评价、监测监控系统；涉及危险工艺的化工生产装置自动化与安全技术改造；淘汰不符合化工产业规划、周边安全防护距离不符合要求、能耗高、污染重和安全生产没有保障的项目或装置；针对危险化学品泄漏、扩散、火灾和爆炸等突发性灾害，开展事故灾难应急规划、应急响应、应急信息共享与集成、应急人群疏散等应急救援技术与装备研究开发，增强应急救援能力等等。

企业对确定为重大隐患的项目，应建立档案，主要包括：①评价报告与技术结论；②评审意见；③隐患影响范围和影响程度；④隐患治理方案，包括资金概预算情况等；⑤治理时间表和责任人；⑥竣工验收报告。

企业应将风险评价的结果及所采取的控制措施对从业人员进行宣传、培训，使其熟悉工作岗位和作业环境中的风险及所应采取的控制措施。

8.2.2.3 风险信息更新

企业应不间断识别与生产活动有关的风险和隐患，以便于及时组织风险评价。风险信息更新主要包括以下几个方面：

(1) 新的或者变更的法律、法规或其他要求；

(2) 操作变化或工艺改变；

(3) 新、改、扩建项目；

(4) 有对事故、事件或其他信息的新认识；

(5) 组织机构发生大的调整。

8.2.3 重大危险源管理

GB 18318—2009《危险化学品重大危险源辨识》中对危险化学品重大危险源定义是：长期地或临时地生产、加工、使用或储存危险化学品，且危险化学品的数量等于或超过临界量的单元。

危险化学品重大危险源辨识依据是危险化学品的危险特性及其数量，具体见 GB 18318—2009《危险化学品重大危险源辨识》中表 1 和表 2 对危险化学品临界量的规定和辨识指标的计算方法。

重大危险源是企业风险管理的重要内容之一。为切实加强对重大危险源的管理，《危险化学品重大危险源监督管理暂行规定》（安监总局令第 40 号，2011）对从事危险化学品生产、储存、使用和经营的企业的危险化学品重大危险源的辨识、评估、登记建档、备案、核销及其监督管理等各方面进行了明确的规定。

(1) 所有企业必须按照 GB 18318—2009《危险化学品重大危险源辨识》标准，对本单位的危险化学品生产、经营、储存和使用装置、设施或者场所进行重大危险源辨识，记录辨识过程与结果。并根据其危险性进行分级，编制评价报告。

(2) 重大危险源企业必须建立完善重大危险源安全管理规章制度和安全操作规程，并采取有效措施保证其得到执行。要根据危险化学品种类、数量、生产、使用工艺（方式）或者

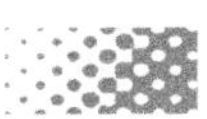

相关设备、设施等实际情况，建立健全安全监测监控体系，完善控制措施：①配备温度、压力、液位、流量、组分等信息的不间断采集和监测系统以及可燃气体和有毒有害气体泄漏检测报警装置，并具备信息远传、连续记录、事故预警、信息存储等功能；一级或者二级重大危险源，具备紧急停车功能。记录的电子数据的保存时间不少于30天；②生产装置必须装备满足安全生产要求的自动化控制系统；一级或者二级重大危险源，装备紧急停车系统；③对重大危险源中的毒性气体、剧毒液体和易燃气体等重点设施，设置紧急切断装置；毒性气体的设施，设置泄漏物紧急处置装置。涉及毒性气体、液化气体、剧毒液体的一级或者二级重大危险源，配备独立的安全仪表系统（SIS）；④重大危险源中储存剧毒物质的场所或者设施，必须设置视频监控系统；⑤安全监测监控系统符合国家标准或者行业标准的规定。

（3）明确重大危险源中关键装置、重点部位的责任人或者责任机构，并对重大危险源的安全生产状况进行定期检查，及时采取措施消除事故隐患。

（4）依法制定重大危险源事故应急预案，建立应急救援组织或者配备应急救援人员，配备必要的防护装备及应急救援器材、设备、物资，并保障其完好和方便使用。制定重大危险源事故应急预案演练计划，并按照要求进行事故应急预案演练。

（5）重大危险源事故应急预案和安全评估报告或者安全评价报告应按规定及时报送所在地县级人民政府安全生产监督管理部门备案。

8.2.4 隐患排查治理

隐患排查治理是企业安全管理的基础工作。排查治理隐患的过程，就是解决企业安全生产各个层次的矛盾问题、健全完善安全生产各类要素、提高安全保障能力的过程。

通过排查治理隐患，化解事故风险，实际上就是变被动停产为主动防范，实现关口前移、重心下移。所以，企业隐患排查治理应坚持“谁主管、谁负责”和“全员、全过程、全方位、全天候”的原则，明确职责，建立健全隐患排查治理制度和保证制度有效执行的管理体系，做到及时发现、及时消除各类隐患，实现安全生产。

《危险化学品企业事故隐患排查治理实施导则》（安监总管三〔2012〕103号）要求企业建立隐患排查治理工作责任制，完善隐患排查治理制度，规范各项工作程序，实时监控重大隐患，逐步建立隐患排查治理的常态化机制。

8.2.4.1 什么是隐患

隐患是指不符合安全生产法律、法规、规章、标准、规程和安全生产管理制度的规定，在生产经营活动中存在的可能导致不安全事故发生或导致事故后果扩大的物的危险状态、人的不安全行为和管理上的缺陷。包括：

（1）作业场所、设备设施、人的行为及安全管理等方面存在的不符合国家安全生产法律法规、标准规范和相关规章制度规定的情况。

（2）法律法规、标准规范及相关制度未作明确规定，但企业危害识别过程中识别出的作业场所、设备设施、人的行为及安全管理等方面存在的缺陷。

隐患是企业安全生产各种矛盾和问题的外在表现形式。隐患多少及其程度，客观反映了企业履行安全生产责任主体，企业法定代表人安全生产负责制，以及企业安全投入、安全科技、培训教育等方面的实际情况。

8.2.4.2 隐患排查方式

隐患排查的方式可与企业相关部门、各专业的常规工作、专项检查工作和监督检查活动相结合，可选择一种隐患排查方式或几种隐患排查方式结合进行。主要的排查方式如下。

（1）日常隐患排查。日常隐患排查指班组、岗位员工的交接班检查和班中巡回检查，以及基层单位领导和工艺、设备、电气、仪表、安全等专业技术人员的经常性检查。企业各岗位应严格履行日常检查制度，特别应对重大危险源的危险点进行重点检查和巡查。

（2）综合性隐患排查。综合性隐患排查是以落实安全基础管理和危险化学品管理为重点，各专业共同参与的全面检查。

（3）专项隐患排查。

（4）专业性隐患排查。主要是对区域位置及总图布置、工艺、设备、电气、仪表、储运、消防和公用工程等系统分别进行的专业检查。各专业隐患排查应建立一个隐患排查小组，制定排查标准，明确负责人，排查小组人员应有相应的专业知识和生产经验，熟悉有关标准和规范；

（5）季节性隐患排查。根据各季节特点开展的专项隐患检查，主要包括：①春季以防雷、防静电、防解冻跑漏为重点；②夏季以防雷暴、防暑降温、防台风、防洪防汛为重点；③秋季以防雷暴、防火、防冻保温为重点；④冬季以防火、防爆、防冻防凝、防滑为重点。

（6）重要活动及节假日前隐患排查。主要是指节前对安全、保卫、消防、生产准备、备用设备、应急预案等进行的检查，特别是应对节日期间干部、检维修队伍值班安排和原辅料、备品备件、应急预案落实情况进行重点检查。

（7）事故类比隐患排查。事故类比隐患排查是通过对已发生事故的系统分析，排查企业存在的同类事故隐患。

8.2.4.3　隐患排查频次

（1）基层单位至少每月组织一次日常隐患排查，并与交接班检查和班中巡回检查中发现的隐患一起进行汇总；

（2）企业应根据季节性特征及本单位的生产实际，每季度开展一次针对性的季节性隐患排查；

（3）企业（集团）至少每半年组织一次，基层单位至少每季度组织一次综合性隐患排查和专业隐患排查，两者可结合进行；

（4）当发生重大泄漏、火灾爆炸等工艺安全事故时，如果企业本身涉及事故中相同或相似的生产设施时，应及时进行事故类比隐患专项排查；

（5）对于区域位置、工艺技术等不会经常发生变化的专业，可依据实际变化情况确定排查间隔，但应确保实际发生变化时及时进行隐患排查。

当发生以下情形之一，企业应及时组织进行相关专业的事故隐患排查：①适应性新法律法规、标准规范颁布实施或原有适应性法律法规、标准规范重新修订后颁布实施；②组织机构发生大的调整；③操作条件或工艺改变；④外部环境发生重大变化；⑤发生事故或对事故、事件有新的认识；⑥气候条件发生大的变化或预期会发生重大自然灾害。

8.2.4.4　十大隐患排查重点的内容

根据化工企业的特点，有十大隐患排查重点：安全基础管理；区域位置和总图布置；工艺；设备；电气系统；仪表系统；危险化学品管理；储运系统；消防系统；公用工程。

（1）排查重点之一：安全基础管理隐患

① 安全生产管理机构、安全生产责任制和安全管理制度建立健全情况。

② 企业依照国家相关规定提取与使用安全生产费用以及参加工伤保险的情况。

③ 安全培训与教育情况：企业主要负责人、安全管理人员的培训及持证上岗，特种作业人员的培训及持证上岗，其他从业人员的教育培训。

④ 企业开展风险评价与隐患管理的情况:法律、法规和标准的识别和获取,定期和及时对作业活动和生产设施进行风险评价,风险评价结果的落实、宣传及培训,企业隐患项目的治理、建档与上报。

⑤ 事故管理、变更管理及承包商的管理。

⑥ 危险作业和检维修的管理情况:从业人员劳动防护用品和器具的配置、佩戴与使用,危险性作业活动作业前的危险有害因素识别与控制,《化学品生产单位八项作业安全规范》的作业许可管理等情况。

⑦ 危险化学品事故的应急管理:各级应急组织及其相关的职责建立,应急救援物资和企业应急救援队伍的配备,应急救援预案制定、培训、演练与评估、发布及备案等管理情况。

(2) 排查重点之二:区域位置和总图布置隐患

① 危险化学品生产装置和重大危险源储存设施与《危险化学品管理条例》中规定的重要场所的安全距离。

② 可能造成水域环境污染的危险化学品危险源的防范情况:邻近江河、湖、海岸布置的危险化学品装置和罐区,泄漏的危险化学品液体和受污染的消防水直接进入水域的隐患;泄漏的可燃液体和受污染的消防水流入区域排洪沟或水域的隐患。

③ 企业周边或作业过程中存在的易由自然灾害引发事故灾难的危险点排查、防范和治理情况:破坏性地震,洪汛灾害(江河洪水、渍涝灾害、山洪灾害、风暴潮灾害),气象灾害(强热带风暴、飓风、暴雨、冰雪、海啸、海冰等),由于地震、洪汛、气象灾害而引发的其他灾害。

④ 企业内部重要设施的平面布置以及安全距离:控制室、变配电所、化验室、办公室、机柜间以及人员密集区或场所,消防站及消防泵房,空分装置、空压站,点火源(包括火炬),危险化学品生产与储存设施等,其它重要设施及场所。

⑤ 其它总图布置情况:建构筑物的安全通道,厂区道路、消防道路、安全疏散通道和应急通道等重要道路(通道)的设计、建设与维护,安全警示标志的设置,其他与总图相关的安全隐患。

(3) 排查重点之三:工艺隐患

① 工艺的安全管理:工艺安全信息的管理,工艺风险分析制度的建立和定期执行,操作规程的编制、审查、使用与控制,工艺安全培训程序、内容、频次及记录的管理。

② 工艺技术及工艺装置的安全控制:装置可能引起火灾、爆炸等严重事故的部位是否设置超温、超压等检测仪表、声和/或光报警、泄压设施和安全联锁装置等设施;针对温度、压力、流量、液位等工艺参数的安全操作范围;设计合理的安全泄压系统以及安全泄压措施的完好性;危险物料的泄压排放或放空的安全性;按照《重点监管危险化工工艺目录(2013年完整版)》进行危险化工工艺的安全控制情况;火炬系统的安全性;其它工艺方面的隐患。

③ 现场工艺安全状况:工艺卡片的管理包括工艺卡片的建立和变更,以及工艺指标的现场控制;现场联锁的管理,包括联锁管理制度及现场联锁投用、摘除与恢复;工艺操作记录及交接班情况;剧毒品部位的巡检、取样、操作与检维修的现场管理。

(4) 排查重点之四:设备隐患

① 设备管理制度与管理体系的建立与执行情况:按国家相关法规制定修订本企业的设备管理制度、有健全的设备管理体系、设备管理人员按要求配备、建立健全安全设施管理制度及台账。

② 设备现场的安全运行状况：大型机组、机泵、锅炉、加热炉等关键设备装置的联锁自保护及安全附件的设置、投用与完好状况；大型机组关键设备特级维护是否到位，备用设备是否处于完好备用状态；转动机器的润滑状况，设备润滑的“五定”、“三级过滤”；设备状态监测和故障诊断情况；设备的腐蚀防护状况，包括重点装置设备腐蚀的状况、设备腐蚀部位、工艺防腐措施、材料防腐措施等。

③ 特种设备、压力容器及压力管道的现场管理；特种设备（包括压力容器、压力管道）的管理制度及台账；特种设备注册登记及定期检测检验情况；特种设备安全附件的管理维护。

(5) 排查重点之五：电气系统隐患

① 电气系统的安全管理：电气特种作业人员资格管理，电气安全相关管理制度、规程的制定及执行情况。

② 供配电系统、电气设备及电气安全设施的设置：用电设备的电力负荷等级与供电系统的匹配性，消防泵、关键装置、关键机组等以及负荷中的特别重要负荷的供电，重要场所事故应急照明，电缆、变配电相关设施的防火防爆，爆炸危险区域内的防爆电气设备选型及安装，建构筑、工艺装置、作业场所等的防雷防静电。

③ 电气设施、供配电线路及临时用电的现场安全状况。

(6) 排查重点之六：仪表系统隐患

① 仪表的综合管理：仪表相关管理制度建立和执行情况，仪表系统的档案资料、台账管理，仪表调试、维护、检测、变更等记录，安全仪表系统的投用、摘除及变更管理等。

② 系统配置：基本过程控制系统和安全仪表系统的设置是否满足安全稳定生产需要，现场检测仪表和执行元件的选型、安装情况，仪表供电、供气、接地与防护情况，可燃气体和有毒气体检测报警器的选型、布点及安装，安装在爆炸危险环境仪表是否满足要求等。

③ 现场各类仪表完好有效，检验维护及现场标识情况：仪表及控制系统的运行状况是否稳定可靠，是否满足危险化学品生产需求；是否按规定对仪表进行定期检定或校准；现场仪表位号标识是否清晰等。

(7) 排查重点之七：危险化学品管理隐患

① 危险化学品分类、登记与档案的管理：按照标准对产品、所有中间产品进行危险性鉴别与分类，分类结果汇入危险化学品档案；按相关要求建立健全危险化学品档案；按照国家有关规定对危险化学品进行登记。

② 化学品安全信息的编制、宣传、培训和应急管理：危险化学品安全技术说明书和安全标签的管理，危险化学品“一书一签”制度的执行情况，24 小时应急咨询服务或应急代理。

③ 危险化学品相关安全信息的宣传与培训。

(8) 排查重点之八：储运系统隐患

① 储运系统的安全管理情况：储罐区、可燃液体、液化烃的装卸设施、危险化学品仓库储存管理制度以及操作、使用和维护规程制定及执行情况，储罐的日常和检维修管理。

② 储运系统的安全设计情况：易燃、可燃液体及可燃气体的罐区，如罐组总容、罐组布置，防火堤及隔堤，消防道路，排水系统等；重大危险源罐区现场的安全监控装备是否符合重大危险源安全生产要求；天然气凝液、液化石油气球罐或其它危险化学品压力或半冷冻低温储罐的安全控制及应急措施；可燃液体、液化烃和危险化学品的装卸设施；危险化学品仓库的安全储存。

③ 储运系统罐区、储罐本体及其安全附件、铁路装卸区、汽车装卸区等设施的完好性。

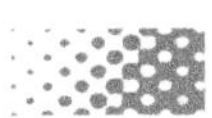

(9) 排查重点之九：消防系统隐患

① 建设项目消防设施验收情况，企业消防安全机构、人员设置与制度的制定，消防人员培训、消防应急预案及相关制度的执行情况，消防系统运行检测情况。

② 消防设施与器材的设置情况：移动灭火设备，如消防站、消防车、消防人员、移动式消防设备、通讯等；消防水系统与泡沫系统，如消防水源、消防泵、泡沫液储罐、消防给水管道、消防管网的分区阀门、消火栓、泡沫栓，消防水炮、泡沫炮、固定式消防水喷淋等；在油罐区、液化烃罐区、危险化学品罐区、装置区等设置的固定式和半固定式灭火系统；甲、乙类装置、罐区、控制室、配电室等重要场所的火灾报警系统；生产区、工艺装置区、建构筑物的灭火器材配置；其他消防器材。

③ 固定式与移动式消防设施、器材和消防道路的现场状况。

(10) 排查重点之十：公用工程隐患

① 给排水、循环水系统、污水处理系统的设置与能力是否满足各种状态下需求；

② 供热站及供热管道设备设施、安全设施是否存在隐患；

③ 空压站、空压站位置的合理性及设备设施的安全隐患。

8.2.4.5 隐患评估、治理与上报

企业应建立隐患评估、治理及关闭机制，按照“排查-评估-报告-治理（控制）-验收-关闭”的流程形成闭环管理。对排查出的各级隐患，应做到“五定”（定整改方案、定资金来源、定项目负责人、定整改期限、定控制措施），并将整改落实情况纳入日常管理进行监督，并及时协调在隐患整改中存在的资金、技术、物资采购、施工等各方面问题。

隐患排除前或者排除过程中无法保证安全的，应当从危险区域内撤出作业人员，并疏散可能危及的其他人员，设置警戒标志，暂时停产停业或者停止使用；对暂时难以停产或者停止使用的相关生产储存装置、设施、设备，应当加强维护和保养，提出充分的风险控制措施，并落实相应的责任人和整改完成时间。

隐患上报。企业应当定期通过“隐患排查治理信息系统”向属地安全生产监督管理部门和相关部门上报隐患统计汇总情况；同时报送书面隐患统计汇总表（企业主要负责人签字）。

对于重大事故隐患，危险化学品企业除依照前款规定报送外，应当及时向安全生产监督管理部门和有关部门报告。重大事故隐患报告内容应当包括：①隐患的现状及其产生原因；②隐患的危害程度和整改难易程度分析；③隐患的治理方案。

8.3 危险化学品管理

本节内容属于化工安全技术，包括危险化学品管理、防火防爆和消防技术。

化工安全技术的其他内容分见其他章。化工工艺安全技术见 5.4.4，属设备安全技术范畴的电气安全技术、设备维修拆除安全技术、特种设备管理和起重吊运安全技术、等见 6.2.8、6.2.9 和 6.3 等相关节、段。

8.3.1 危险化学品类别信息及其管理

危险化学品，是指具有毒害、腐蚀、爆炸、燃烧、助燃等性质，对人体、设施、环境具有危害的剧毒化学品和其他化学品（《危险化学品安全管理条例》，国务院令第 591 号，2011)。

危险化学品目录，由国务院安全生产监督管理部门会同国务院工业和信息化、公安、环境保护、卫生、质量监督检验检疫、交通运输、铁路、民用航空、农业主管部门，根据化学品危险特性的鉴别和分类标准确定、公布，并适时调整。

8.3.1.1 全球化学品统一分类和标签制度(GHS)

全球化学品统一分类和标签制度（Globally Harmonized System of Classification and Labeling of Chemicals，简称 GHS，又称“紫皮书”）是由联合国出版的指导各国控制化学品危害和保护人类健康与环境的规范性文件。

按照 GHS 的要求对化学品危险性进行的分类，已转化为我国 GB 13609—2009《化学品分类和危险性公示通则》标准。GHS 转化的系列国家标准有 GB 20576～20599、GB 20601、GB 20602 和 AQ 3047—2013《化学品作业场所安全警示标志规范》。

2011 年 5 月 1 日起，我国强制实行 GHS 制度，实施 GHS 制度的牵头部门是工业和信息化部。

(1) 建立 GHS 目的。目前世界上大约有数百万种化学物质，常用的约为 7 万种，且每年约上千种新化学物质问世。很多化学品对人体健康及环境造成一定的危害，如某些化学物质具有腐蚀性，致畸性，致癌性等。由于部分化学从业人员对化学品缺乏安全使用意识，在化学品生产、储存、操作、运输、废弃处置中，难免损害自身健康，或给环境带来负面影响。

多年来，联合国有关机构以及美国，日本，欧洲各工业发达国家都通过化学品立法对化学品的危险性分类、包装和标签作出明确规定。由于各国对化学品危险性定义的差异，可能造成某种化学品在一国被认为是易燃品，而在另一国被认为是非易燃品，从而导致该化学品在一国作为危险化学品管理而另一国却不认为是危险化学品。

在国际贸易中，遵守各国法规的不同危险性分类和标签要求，既增加贸易成本，又耗费时间。为了健全危险化学品的安全管理，保护人类健康和生态环境，同时为尚未建立化学品分类制度的发展中国家提供安全管理化学品的框架，有必要统一各国化学品统一分类和标签制度，消除各国分类标准，方法学和术语学上存在的差异，建立全球化学品统一分类和标签制度。

(2) 化学品 GHS 分类。①按照物理危害性，健康危害性和环境危害性对化学物质和混合物进行分类的标准；②危险性公示要素，包括包装标签和化学品安全技术说明书。

目前 GHS 共设有 28 个危险性分类，包括 16 个物理危害性分类种类，10 个健康危害性分类种类以及 2 个环境危害性分类种类，见表 8-2。

表 8-2 GHS 对化学品的危险性分类

序号	物理危害性	健康危害性	环境危害性
1	爆炸性物质	急性毒性	危害水生环境物质
2	易燃气体	皮肤腐蚀/刺激性	(1)水生急性毒性
3	易燃气溶胶	严重眼损伤/眼刺激性	(2)水生慢性毒性
4	氧化性气体	呼吸或皮肤致敏性	危害臭氧层
5	高压气体	生殖细胞致突变性	
6	易燃液体	致癌性	
7	易燃固体	生殖毒性	
8	自反应物质	特定靶器官系统毒性(单次接触)	
9	发火液体	特定靶器官系统毒性(反复接触)	
10	发火固体	吸入危害性	
11	自燃物质		

续表

序号	物理危害性	健康危害性	环境危害性
12	与水放出易燃气体物质		
13	氧化性固体		
14	氧化性液体		
15	有机过氧化物		
16	金属腐蚀剂		

（3）GHS危险性公示要素。①图形符号。GHS标签要素中使用了9个危险性图形符号，每个图形符号适用于指定的1个或多个危险性类别，具体见GB 13609—2009《化学品分类和危险性公示通则》。②警示词。是指标签上用来表明危险的相对严重程度并提醒目击者注意潜在危险的词语。GHS标签要素中使用2个警示词，分别为"危险"和"警告"。"危险"用于较为严重的危险性类别，而"警告"用于较轻的危险性类别。③危险性说明。是指分配给某个危险种类和类别的专用术语，用来描述一种危险品的危险性质。目前已经确定的危险性说明共有70条专用术语，为了方便使用和识别，每条术语还被分配了指定代码。④防范说明。是用一条术语（和/或防范象形图）来说明为尽量减少或防止接触危险化学品或者不当储运危险化学品产生的不良效应所建议采取的安全防范措施。GHS标签要素中使用4类防范说明术语，分别为：预防，发生事故泄漏或接触时的反应，储存和处置。⑤标签内容和分配。根据GHS规定，化学品包装容器的GHS标签上应当包括以下标准化的信息：产品标识符（产品正式运输名称、化学物质名称）；图形符号；警示词；危险性说明；防范说明；主管部门要求的其他补充信息以及供应商识别信息。小包装可使用简化标签。

当一种化学物质或混合物具有多种危险性时，其标签上的图形符号，警示词和危险性说明的先后顺序规定如下：①图形符号分配顺序。如果使用了骷髅和交叉骨符号，则不应出现感叹号符号；如果使用了腐蚀符号，则不应再出现感叹号符号来标识皮肤或眼睛刺激；如果使用了呼吸致敏剂等的健康危险符号，则不应出现感叹号符号来标识皮肤致敏剂或者皮肤/眼睛刺激。②警示词分配的先后顺序。如果在标签上使用了警示词"危险"，则不应再出现警示词"警告"。③危险性说明分配的先后顺序。所有危险性说明都应当出现在标签上。

（4）其他信息。①GHS分类适用于所有的化学物质、稀释溶液以及化学物质组成的混合物。但药物、食品添加剂、化妆品、食品中残留的杀虫剂等因属于有意识摄入，不属于GHS协调范围。然而，这些类型的化学物质在工人可能受到其影响的地方或在交通运输环节中，仍将受到GHS的约束。②GHS采用积木式原则，各个领域不一定需要采用GHS所有的危险性类别，对于运输而言，GHS将参照危险货物运输的相关要求，重点将在危险货物容器上标示急性毒性、物理和环境危险的象形图。采用GHS中关于信号词（signal word）和危险说明（hazard statements）等情况的要素。在工作场所，将采用GHS所有要素，包括GHS标签和化学品安全技术说明书。对于消费部门，标签将是GHS适用的重点。

8.3.1.2 危险货物分类和品名编号

GB 6944—2012《危险货物分类和品名编号》与联合国《关于危险货物运输的建议书 规章范本》（第16修订版）第二部分：分类的技术内容一致。GB 12268—2012《危险货物品名表》与联合国上述标准第三部分：货物一览表、特殊规定和例外的技术内容一致。

危险货物的类别和项别如下（注：类别和项别的号码顺序并不是危险程度的顺序）：

第1类：爆炸品

1.1项：有整体爆炸危险的物质和物品；

1.2项：有迸射危险，但无整体爆炸危险的物质和物品；

1.3项：有燃烧危险并有局部爆炸危险或局部迸射危险或这两种危险都有，但无整体爆炸危险的物质和物品；

1.4项：不呈现重大危险的物质和物品；

1.5项：有整体爆炸危险的非常不敏感物质；

1.6项：无整体爆炸危险的极端不敏感物品。

第2类：气体

2.1项：易燃气体；

2.2项：非易燃无毒气体；

2.3项：毒性气体。

第3类：易燃液体

第4类：易燃固体、易于自燃的物质、遇水放出易燃气体的物质；

4.1项：易燃固体、自反应物质和固态退敏爆炸品；

4.2项：易于自燃的物质；

4.3项：遇水放出易燃气体的物质。

第5类：氧化性物质和有机过氧化物

5.1项：氧化性物质

5.2项：有机过氧化物

第6类：毒性物质和感染性物质

6.1项：毒性物质

6.2项：感染性物质

第7类：放射性物质

第8类：腐蚀性物质

第9类：杂项危险物质和物品，危害环境物质。

危险货物品名编号采用联合国编号。每一危险货物对应一个编号，但对其性质基本相同，运输、储存条件和灭火、急救、处置方法相同的危险货物，也可使用同一编号。

8.3.1.3 危险化学品包装类别和要求

GB 6944—2012《危险货物分类和品名编号》规定，为了包装的目的，除了第1类、第2类，第7类、5.2项和6.2项物质，以及4.1项自反应以外的物质，根据其危险程度，划分为三个包装类别：

——Ⅰ类包装：具有高度危险性的物质；

——Ⅱ类包装：具有中等危险性的物质；

——Ⅲ类包装：具有轻度危险性的物质。

包装类别的具体划分见GB/T 15098—2008《危险货物运输包装类别划分方法》。危险化学品的包装必须符合GB 12463—2009《危险货物的运输包装通用技术条件》的要求，危险货物包装标志按GB 190—2009《危险货物包装标志》执行。

8.3.1.4 化学品安全技术说明书(SDS)

化学品安全技术说明书（safety data sheet for chemical products，SDS），提供了化学品（物质或混合物）在安全、健康和环境保护方面的信息，推荐了防护措施和紧急情况下的应对措施。在一些国家，SDS也被称为物质安全技术说明书（material safety data sheet，MSDS）。

SDS是化学品供应商向下游用户传递化学品基本危害信息（包括运输、操作处置、储

存和应急行动信息）的一种载体。同时，SDS还可以向公共机构、服务机构和其他涉及该化学品的相关方传递信息。下游用户可将SDS用作：①应急作业人员进行应急作业时的技术指南；②制订安全操作规程的依据；③为危害控制和预防措施的设计提供技术依据；④企业安全教育的主要内容。

根据GB 16483—2008《化学品安全技术说明书 内容和项目顺序》要求，SDS包括16大项近70个小项的安全信息内容，具体项目如下：

(1) 化学品及企业标识。主要标明化学品名称，生产企业名称、地址、邮编、电话、应急电话、传真和电子邮件地址等信息。

(2) 危险性概述。简要概述该化学品最重要的危害和效应，主要包括：危险类别、侵入途径、健康危害、环境危害、燃爆危险等信息。

(3) 成分/组成信息。标明该化学品是纯化学品还是混合物。纯化学品，应给出其化学品名称或商品名和通用名、分子式、相对分子量、浓度以及化学文摘索引登记号（CAS号）。混合物，应给出每种组分及其比例，尤其要给出危害性组分的浓度或浓度范围。

(4) 急救措施。指作业人员受到意外伤害时，所需采取的现场自救或互救的简要处理方法，包括：眼睛接触、皮肤接触、吸入、食入的急救措施。

(5) 消防措施。说明合适的灭火剂及灭火方法和因安全原因禁止使用的灭火剂，以及消防人员的个体防护等方面的信息，包括：危险特性、防护用品、灭火注意事项；并提供有关火灾时化学品的性能、燃烧分解产物以及应采取的预防措施等资料。

(6) 泄漏应急处理。指化学品泄漏后现场可采用的简单有效的应急措施、注意事项和消除方法，包括：应急行动、应急人员防护、环保措施、消除方法等内容。

(7) 操作处置与储存。主要指化学品操作处置和安全储存方面的信息资料，包括：操作处置作业中的安全注意事项、安全储存条件和注意事项。

(8) 接触控制和个体防护。在生产、操作处置、搬运和使用化学品的作业过程中，为保护作业人员免受化学品危害而采用的防护方法和手段，包括：最高容许浓度、工程控制、呼吸系统防护、眼睛防护、身体防护、手防护、其他防护要求。

(9) 理化特性。主要描述化学品的外观及理化性质等方面的信息，包括：外观与性状、pH值、沸点、熔点、相对密度（水=1）、相对蒸气密度（空气=1）、饱和蒸气压、燃烧热、临界温度、临界压力、辛醇/水分配系数、闪点、引燃温度、爆炸极限、溶解性、主要用途和其他一些特殊理化性质。

(10) 稳定性和反应活性。主要叙述化学品的稳定性和反应活性方面的信息，包括：稳定性、禁配物、应避免接触的条件、聚合危害、分解产物。

(11) 毒理学信息。提供化学品的毒理学信息，包括：不同接触方式的急性毒性（LD_{50}、LC_{50}）、刺激性、致敏性、亚急性和慢性毒性，致突变性、致畸性、致癌性等信息。

(12) 生态学信息。主要陈述化学品的环境生态效应、行为和转归，包括：生物效应（如LD_{50}、LC_{50}）、生物降解性、生物富集、环境迁移及其他有害的环境影响等。

(13) 废弃处置。是指对被化学品污染的包装和无使用价值的化学品的安全处理方法，包括废弃处置方法和注意事项。

(14) 运输信息。主要指国内、国际化学品包装与运输的要求及运输规定的分类和编号，包括：危险货物编号、包装类别、包装标志、包装方法、UN编号及运输注意事项等。

(15) 法规信息。主要是化学品管理方面的法律条款和标准。

(16) 其他信息。主要提供其他对安全有重要意义的信息，包括：参考文献、填表时间、填表部门、数据审核单位等。

安全技术说明书（SDS）规定的十六大项内容在编写时不能随意删除或合并，其顺序不可随意变更。SDS 的正文应简明、扼要、通俗易懂，数字资料要准确可靠，系统全面。SDS 的内容，从该化学品的制造之日算起，至少每五年更新一次。若发现新的危害性，在有关信息发布后的半年内，生产企业必须对技术说明书的内容进行修订。

SDS 由化学品生产企业编印，在交付商品时提供给用户；用户在接收、使用化学品时，要认真阅读 SDS，了解和掌握化学品的危险性，并根据使用的情形制订安全操作规程，选用合适的防护用品，培训作业人员。SDS 的详细编写方法见 GB/T 17519—2013《化学品安全技术说明书编写指南》。

8.3.1.5 国际化学品安全卡(ICSC)

由于 MSDS 是由化学品生产企业自己编制的一种化学品数据的存档管理文件，鉴于人力和信息资源的限制，任何企业编制的 MSDS 在数据科学完整性、可靠性上都难以达到一定的水平，而且 MSDS 在技术上可能显得过于复杂，内容过多。为简洁内容，使安全卡更加易懂易记，方便统一使用，联合国环境规划署（UNEP）、国际劳工组织（ILO）和世界卫生组织（WHO）的合作机构国际化学品安全规划署（IPCS）与欧洲联盟委员会（EU）合作编辑的一套具有国际权威性和指导性的化学品安全卡片（International Chemical Safety Cards，ICSC）。供在工厂、农业、建筑和其他作业场所工作的各类人员和雇主使用。

推广使用国际化学品安全卡已经被国际劳工组织列为《全球职业安全、健康和环境计划》的重要内容之一。国际化学品安全卡信息的传播有力地促进了全球的化学品安全管理、环境保护和可持续发展。ICSC 有中文版式样见表 8-3。

表 8-3 国际化学品安全卡

氨(无水的)　　ICSC 编号:0414

CAS 登记号:7664-41-7　　中文名称:氨(无水的)(钢瓶)
RTECS 号:B00875000　　英文名称:AMMONIA(ANHYDROUS)(cylinder)
UN 编号:1005
EC 编号:007-001-00-5
中国危险货物编号:1005
分子量:17.03　　化学式:NH_3

危害/接触类型	急性危害/症状	预　防	急救/消防
火　灾	易燃的	禁止明火、禁止火花和禁止吸烟	周围环境着火时,允许使用各种灭火剂
爆　炸	氨和空气混合物有爆炸性	密闭系统、通风、防爆型电气设备和照明	着火时喷雾状水保持钢瓶冷却
接　触		避免一切接触	
#吸　入	灼烧感,咳嗽,呼吸困难,气促,咽喉痛。症状可能推迟显现。(见注解)	通风,局部排气通风或呼吸防护	新鲜空气,休息,半直立体位,必要时进行人工呼吸,给予医疗护理
#皮　肤	发红,皮肤烧伤,疼痛,水疱。与液体接触:冻伤	保温手套,防护服	冻伤时,用大量水冲洗,不要脱掉衣服,给予医疗护理
#眼　睛	发红,疼痛,严重深度烧伤	面罩或眼镜防护结合呼吸防护	用大量水冲洗几分钟(如可能易行,摘除隐形眼镜),然后就医
#食　入			
泄漏处置	撤离危险区域！向专家咨询！切勿将水直接喷在液体上。喷水雾驱除气体。 个人防护用具:气密式化学防护服包括自给式呼吸器		

续表

包装与标志	欧盟危险性类别：T 符号 N 符号　R:10-23-34-50　S:1/2-9-16-26-36/37/39-45-61 联合国危险性类别：2.3　联合国次要危险性：8 中国危险性类别：第 2.3 项毒性气体　中国次要危险性：8
应急响应	运输应急卡：TEC(R)-20S1005 或 20G2TC。 美国消防协会法规：H3(健康危险性)；F1(火灾危险性)；RO(反映危险性)
储　存	耐火设备(条件)。与氧化剂、酸和卤素分开存放。阴凉场所。保存在通风良好的室内。
重要数据	物理状态、外观：无色压缩液化气体，有刺鼻气味。 物理危险性：气体比空气轻。 化学危险性：与汞、银和金的氧化物生成撞击敏感化合物。该物质是一种强碱。与酸激烈反应，有腐蚀性。与强氧化剂、卤素激烈反应。侵蚀铜、铝、锌及其合金。溶解在水中时，放出热量。 职业接触限值：阈限值：25ppm(时间加权平均值)，35ppm(短期接触限值)(美国政府工业卫生学家会议，2004 年)。最高容许浓度：20ppm，14mg/m^3；最高限值种类：I(2)；妊娠风险等级：C(德国，2004 年)。 接触途径：该物质可通过吸入吸收到体内。 吸入危险性：容器漏损时，该气体很快达到空气中有害浓度。 短期接触的影响：该物质腐蚀眼睛、皮肤和呼吸道。高浓度吸入可能引起肺水肿(见注解)。液体迅速蒸发，可能造成冻伤。
物理性质	沸点：－33℃ 熔点：－78℃ 相对密度(水＝1)：－33℃时 0.7 水中溶解度：20℃时 54g/100mL 蒸气压：26℃时 1013kPa 蒸气相对密度(空气＝1)：0.59 自燃温度：651℃ 爆炸极限：15%～28%(体积)
环境数据	该物质对水生生物有极高毒性。
注　解	肺水肿症状通常几个小时以后才变得明显，体力劳动使症状加重，因此，休息和医学观察是必要的。应当考虑由医生或医生指定人员立即采取适当吸入治疗法。转动泄漏钢瓶，使漏口朝上，防止液态气体逸出。
附加资料	编制/更新日期：2005 年 10 月
本卡片由 IPCS 和 EC 合作编写© 2002	
法律声明：EC 或者 IPCS 或者代表两个组织工作的任何人对本卡片信息的使用不负责任。	

ICSC 共设有化学品标识、危害/接触类型、急性危害/症状、预防、急救/消防、泄漏处置、包装与标志、应急响应、储存、重要数据、物理性质、环境数据、注解和附加资料 14 个项目。

(1) 化学品的标识　数据提供了一种化学物质的 UN 编号、CAS 登记号、化学物质毒性作用登记号（RTECS)、欧盟编号（EC）和中英文化学品名称，卡片数据库（中文版）还提供了中国危险货物编号等信息，供使用者检索查询 ICSC 数据。

(2) 危害类型　指发生火灾、爆炸时，可能造成的危险。

(3) 急性危害/症状　介绍了火灾和爆炸的危险性和经吸入、经皮肤、眼睛和食入四种途径可能造成的急性危害和症状；

(4) 预防概述　防止发生火灾和爆炸的措施以及预防化学品接触危害的措施；

(5) 急救/消防　急救指对化学物质中毒人员的急救处理办法；消防指发生化学物质火灾和爆炸时，应使用的灭火剂和灭火办法。

(6) 泄漏处置　介绍了处理中、小规模泄漏的方法及需穿戴的个人防护用品。

(7) 包装与标志　列出了联合国危险性类别、联合国次要危险性和联合国包装类别；欧盟危险性符号、风险术语（R 术语）、安全术语（S 术语）以及运输要求。中文版还补充了中国危险性类别和中国危险货物包装类别信息。

(8) 应急响应　介绍了欧洲化学工业联合会（CEFIC）出版的该物质的危险货物运输应急卡的编号以及美国防火协会法规中对该化学品的危险性等级。

(9) 储存部分介绍了储存的通则和方法。

(10) 重要数据　列出了化学品的物理状态外观、物理危险性、化学危险性、职业接触限值、接触途径、吸入危险性、短期接触的影响以及长期或反复接触对人体健康的影响。

(11) 物理性质　列出了沸点、熔点、相对密度、水中溶解度、蒸气压、蒸气相对密度、蒸气/空气混合物的相对密度、闪点、自燃温度、爆炸极限和辛醇/水分配系数等重要参数。

(12) 环境数据　说明了化学物质的生态毒性、生物蓄积性及应注意的保护对象。

(13) 注解部分　是对有关数据的补充说明。

(14) 附加资料　指明了本卡片的编制/更新日期，反映了卡片内容最新更新情况。该日期为联合国专家同业审查委员会审定卡片内容的日期，或更新日期。

ICSC 具有如下特点：

(1) 涵盖的化学品代表性强，具有优先控制的必要性。列入卡片名单的化学品大多是对人体健康和环境具有高毒性或潜在危害的常用化学品，其中包括已列入鹿特丹化学品公约（PIC 公约）国际上禁用或严格限用的危险化学品和农药；斯德哥尔摩国际公约控制的持久性有机污染物；欧洲联盟规定的重大危险源化学物质等。

(2) 信息量大、实用性强。卡片清晰概述了基本的健康与安全信息。在很大程度上，卡片中信息符合国际劳工组织关于工作场所化学品安全使用化学品公约（第 170 号）及其建议书（174 号）规定的要求。

(3) 化学品的安全信息定期补充更新。ICSC 每年定期补充新编制的卡片和进行数据更新，保持信息的实效性。

8.3.1.6　重点监管的危险化学品

危险化学品品种繁多，我国 2003 年公告的《危险化学品名录（2002 版）》中危险化学品有 3823 种，《剧毒化学品目录（2002 年版）》有 335 种，《高毒物品名录（2003 年版）》有 54 种；1996 年公布的与化学武器有关的《各类监控化合物名录》有四类近百种；1998 年公布的《中国禁止或严格限制的有毒化学品名录（第一批）》有 27 种，联合国公约管制的《易制毒化学品》有两类 22 种。

本着全面加强监管与突出重点监管相结合的原则，国家安监总局在 2011 年 6 月和 2013 年 2 月分两批公布了重点监管的危险化学品名录，两批共 74 种，见《重点监管的危险化学品名录（2013 年完整版）》（与表 8-4 的品种基本相同），突出加强危险性相对较大的危险化学品安全生产管理和监管工作，推动危险化学品安全生产形势的进一步稳定好转。同时，公布与之相配套的《重点监管的危险化学品安全措施和应急处置原则》，从特别警示、理化特性、危害信息、安全措施、应急处置原则等方面，对重点监管的危险化学品逐一提出了安全措施和应急处置原则，为危险化学品的生产、储存、使用、经营、运输安全提供了指南。

(1) 生产、储存、使用、经营重点监管危险化学品的企业，要按照《措施和原则》中提

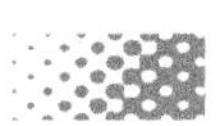

出的安全措施和应急处置原则，完善相关安全生产责任制和安全生产管理规定，切实加强对本企业涉及的《名录》中的重点监管危险化学品的安全管理。要进一步完善有关安全生产条件：对涉及重点监管危险化学品的化工装置，要增设和完善自动化控制系统，增设和完善必要的紧急停车和紧急切断系统；对储存重点监管危险化学品的设施，要增设和完善自动化监控系统，实现液位、压力、温度及泄漏报警等重要数据的连续自动监测和数据远传记录，增设和完善必要的紧急切断系统。

(2) 涉及重点监管的危险化学品的生产、储存和使用重点监管危险化学品用于化工生产的新建、扩建和改建项目，原则上应由具有甲级资质的化工行业设计单位进行设计；

(3) 在行政许可方面，对于生产重点监管危险化学品的企业及使用重点监管危险化学品用于化工生产的企业，省级或设区的市级安监部门不得委托县级安监部门实施危险化学品安全生产许可或安全使用许可。

8.3.1.7 化学品物理危险性鉴定与分类

化学品物理危险性鉴定，是指依据有关国家标准或者行业标准进行测试、判定，确定化学品的燃烧、爆炸、腐蚀、助燃、自反应和遇水反应等危险特性。

化学品物理危险性分类，是指依据有关国家标准或者行业标准，对化学品物理危险性鉴定结果或者相关数据资料进行评估，确定化学品的物理危险性类别。

《化学品物理危险性鉴定与分类管理办法》（国家安监总局令第 60 号，2013）规定：下列化学品应当进行物理危险性鉴定与分类：

(1) 含有一种及以上列入《危险化学品目录》的组分，但整体物理危险性尚未确定的化学品；

(2) 未列入《危险化学品目录》，且物理危险性尚未确定的化学品；

(3) 以科学研究或者产品开发为目的，年产量或者使用量超过 1t，且物理危险性尚未确定的化学品。

8.3.2 危险化学品生产、使用、经营许可

在我国危险化学品安全管理的各环节中，危险化学品生产企业需要取得安全生产许可证和/或工业产品生产许可证；危险化学品经营企业需要取得危险化学品经营许可证；列入危险化学品安全使用许可适用行业目录、使用危险化学品从事生产并且达到危险化学品使用量的数量标准的化工企业（危险化学品生产企业除外），应取得危险化学品安全使用许可证。

《危险化学品安全管理条例》（国务院令第 591 号，2011）规定：安全生产监督管理部门负责……核发危险化学品安全生产许可证、危险化学品安全使用许可证和危险化学品经营许可证，并负责危险化学品登记工作。

危险化学品运输也需要取得相应的资质许可，遵守相关规定，见 10.5.3。

8.3.2.1 安全生产许可证

《安全生产许可证条例》（国务院令第 397 号，2004）规定："危险化学品……生产企业实行安全生产许可制度，企业未取得安全生产许可证的，不得从事生产活动。"

国务院安全生产监督管理部门负责中央管理的危险化学品生产企业安全生产许可证的颁发和管理。省、自治区、直辖市人民政府安全生产监督管理部门负责中央企业以外的危险化学品生产企业的安全生产许可证的颁发和管理。

《危险化学品安全管理条例》（国务院令第 591 号，2011）规定：危险化学品生产企业进行生产前，应当依照《安全生产许可证条例》的规定，取得危险化学品安全生产许可证。生

产列入国家实行生产许可证制度的工业产品目录的危险化学品的企业，应当依照《中华人民共和国工业产品生产许可证管理条例》的规定，取得工业产品生产许可证。

企业取得危险化学品安全生产许可证（安全生产许可证），应当具备下列安全生产条件：

（1）建立、健全安全生产责任制，制定完备的安全生产规章制度和操作规程；

（2）安全投入符合安全生产要求；

（3）设置安全生产管理机构，配备专职安全生产管理人员；

（4）主要负责人和安全生产管理人员经考核合格；

（5）特种作业人员经有关业务主管部门考核合格，取得特种作业操作资格证书；

（6）从业人员经安全生产教育和培训合格；

（7）依法参加工伤保险，为从业人员缴纳保险费；

（8）厂房、作业场所和安全设施/设备/工艺符合有关安全生产法律/法规/标准和规程的要求；

（9）有职业危害防治措施，并为从业人员配备符合国家标准或者行业标准的劳动防护用品；

（10）依法进行安全评价；

（11）有重大危险源检测、评估、监控措施和应急预案；

（12）有生产安全事故应急救援预案、应急救援组织或者应急救援人员，配备必要的应急救援器材、设备；

（13）法律、法规规定的其他条件。

安全生产许可证的有效期限：安全生产许可证的有效期为3年。安全生产许可证有效期满需要延期的，企业应当于期满前3个月向原安全生产许可证颁发管理机关办理延期手续。企业在安全生产许可证有效期内，严格遵守有关安全生产的法律法规，未发生死亡事故的，安全生产许可证有效期届满时，经原安全生产许可证颁发管理机关同意，不再审查，安全生产许可证有效期延期3年。

8.3.2.2 工业产品生产许可证

《工业产品生产许可证管理条例》（国务院令第440号，2005）规定，国家对生产危险化学品及其包装物、容器等影响生产安全、公共安全的产品的企业实行生产许可证制度。

国家实行生产许可证制度的工业产品目录（以下简称目录）由国务院工业产品生产许可证主管部门会同国务院有关部门制定，并征求消费者协会和相关产品行业协会的意见，报国务院批准后向社会公布。需要申报生产许可证的产品可在国家质检总局官网查询。

企业生产列入目录的产品，应当向企业所在地的省、自治区、直辖市工业产品生产许可证主管部门申请取得生产许可证。企业取得生产许可证，应当符合下列条件：

（1）有营业执照；

（2）有与所生产产品相适应的专业技术人员；

（3）有与所生产产品相适应的生产条件和检验检疫手段；

（4）有与所生产产品相适应的技术文件和工艺文件；

（5）有健全有效的质量管理制度和责任制度；

（6）产品符合有关国家标准、行业标准以及保障人体健康和人身、财产安全的要求；

（7）符合国家产业政策的规定，不存在国家明令淘汰和禁止投资建设的落后工艺、高耗能、污染环境、浪费资源的情况。

法律、行政法规有其他规定的，还应当符合其规定。如危险化学品生产企业应当先取得

危险化学品安全生产许可证，才能办理工业产品生产许可证。

危险化学品生产许可证有效期 5 年。生产许可证有效期届满，企业继续生产的，应当在生产许可证有效期届满 6 个月前向所在地省、自治区、直辖市工业产品生产许可证主管部门提出换证申请。

8.3.2.3 危险化学品安全使用许可证

近年来，化工企业在使用危险化学品从事生产的过程中造成的事故时有发生，给人民群众生命和财产造成巨大损失。如 2011 年 1 月 6 日，安徽省宿州市皖北药业有限公司实验车间发生三光气泄漏事故，造成 75 名职工住院接受治疗和观察，其中使用呼吸机进行治疗的重症病人 17 人，死亡 1 人。这些事故的发生说明需要加强对使用危险化学品的安全监管，需要把涉及使用重点监管危险品的化工企业纳入安全许可范围。

《危险化学品安全管理条例》（国务院令第 591 号，2011）第二十九条规定，使用危险化学品从事生产并且使用量达到规定数量的化工企业（属于危险化学品生产企业的除外），应当取得危险化学品安全使用许可证。《危险化学品安全使用许可证管理办法》（安监总局令第 57 号，2012）严格规定了使用危险化学品从事生产的化工企业安全生产条件，规范了危险化学品安全使用许可证的颁发和管理工作。

国家安监总局、公安部、农业部联合公告（公告 2013 第 9 号）确定纳入使用许可的《危险化学品使用量的数量标准（2013 年版）》，表中化学品名称比“重点监管危险化学品名录”多了一个“三光气”（序号 61），见表 8-4。

表 8-4　危险化学品使用量的数量标准

序号	化学品名称	别　名	最低年设计使用量/(吨/年)	CAS 号
1	氯	液氯、氯气	180	7782-50-5
2	氨	液氨、氨气	360	7664-41-7
3	液化石油气		1800	68476-85-7
4	硫化氢		180	7783-06-4
5	甲烷、天然气		1800	74-82-8(甲烷)
6	原油		180000	
7	汽油（含甲醇汽油、乙醇汽油）、石脑油		7300	8006-61-9(汽油)
8	氢	氢气	180	1333-74-0
9	苯(含粗苯)		1800	71-43-2
10	碳酰氯	光气	11	75-44-5
11	二氧化硫		730	7446-09-5
12	一氧化碳		360	630-08-0
13	甲醇	木醇、木精	18000	67-56-1
14	丙烯腈	氰基乙烯、乙烯基氰	1800	107-13-1
15	环氧乙烷	氧化乙烯	360	75-21-8
16	乙炔	电石气	40	74-86-2
17	氟化氢、氢氟酸		40	7664-39-3
18	氯乙烯		1800	75-01-4
19	甲苯	甲基苯、苯基甲烷	18000	108-88-3

续表

序号	化学品名称	别　名	最低年设计使用量/(吨/年)	CAS号
20	氰化氢、氢氰酸		40	74-90-8
21	乙烯		1800	74-85-1
22	三氯化磷		7300	7719-12-2
23	硝基苯		1800	98-95-3
24	苯乙烯		18000	100-42-5
25	环氧丙烷		360	75-56-9
26	一氯甲烷		1800	74-87-3
27	1,3-丁二烯		180	106-99-0
28	硫酸二甲酯		1800	77-78-1
29	氰化钠		1800	143-33-9
30	1-丙烯、丙烯		360	115-07-1
31	苯胺		1800	62-53-3
32	甲醚		1800	115-10-6
33	丙烯醛、2-丙烯醛		730	107-02-8
34	氯苯		180000	108-90-7
35	乙酸乙烯酯		36000	108-05-4
36	二甲胺		360	124-40-3
37	苯酚	石炭酸	2700	108-95-2
38	四氯化钛		2700	7550-45-0
39	甲苯二异氰酸酯	TDI	3600	584-84-9
40	过氧乙酸	过乙酸、过醋酸	360	79-21-0
41	六氯环戊二烯		1800	77-47-4
42	二硫化碳		1800	75-15-0
43	乙烷		360	74-84-0
44	环氧氯丙烷	3-氯-1,2-环氧丙烷	730	106-89-8
45	丙酮氰醇	2-甲基-2-羟基丙腈	730	75-86-5
46	磷化氢	膦	40	7803-51-2
47	氯甲基甲醚		1800	107-30-2
48	三氟化硼		180	7637-07-2
49	烯丙胺	3-氨基丙烯	730	107-11-9
50	异氰酸甲酯	甲基异氰酸酯	30	624-83-9
51	甲基叔丁基醚		36000	1634-04-4
52	乙酸乙酯		18000	141-78-6
53	丙烯酸		180000	79-10-7
54	硝酸铵		180	6484-52-2
55	三氧化硫	硫酸酐	2700	7446-11-9
56	三氯甲烷	氯仿	1800	67-66-3
57	甲基肼		1800	60-34-4
58	一甲胺		180	74-89-5

续表

序号	化学品名称	别　　名	最低年设计使用量/(吨/年)	CAS号
59	乙醛		360	75-07-0
60	氯甲酸三氯甲酯	双光气	22	503-38-8
61	二(三氯甲基)碳酸酯	三光气	33	32315-10-9
62	2,2′-偶氮-二-(2,4-二甲基戊腈)	偶氮二异庚腈	18000	4419-11-8
63	2,2′-偶氮二异丁腈		18000	78-67-1
64	氯酸钠		3600	7775-9-9
65	氯酸钾		3600	3811-4-9
66	过氧化甲乙酮		360	1338-23-4
67	过氧化(二)苯甲酰		1800	94-36-0
68	硝化纤维素		360	9004-70-0
69	硝酸胍		7200	506-93-4
70	高氯酸铵	过氯酸铵	7200	7790-98-9
71	过氧化苯甲酸叔丁酯	过氧化叔丁基苯甲酸酯	1800	614-45-9
72	*N*,*N*′-二亚硝基五亚甲基四胺	发泡剂H	18000	101-25-7
73	硝基胍		1800	556-88-7
74	硝酸甘油		36	55-63-0
75	乙醚	二乙(基)醚	360	60-29-7

注：1. 企业需要取得安全使用许可的危险化学品的使用量，由企业使用危险化学品的最低年设计使用量和实际使用量的较大值确定。2. CAS号，是指美国化学文摘社对化学品的唯一登记号。

8.3.2.4 危险化学品经营许可证

《危险化学品经营许可证管理办法》（国家安监总局令第55号，2012）规定：在中华人民共和国境内从事列入《危险化学品目录》的危险化学品的经营（包括仓储经营）活动，适用本办法。民用爆炸物品、放射性物品、核能物质和城镇燃气的经营活动，不适用本办法。

国家对危险化学品经营实行许可制度。经营危险化学品的企业，应当依照本办法取得危险化学品经营许可证（以下简称经营许可证）。未取得经营许可证，任何单位和个人不得经营危险化学品。

从事下列危险化学品经营活动，不需要取得经营许可证：①依法取得危险化学品安全生产许可证的危险化学品生产企业在其厂区范围内销售本企业生产的危险化学品的；②依法取得港口经营许可证的港口经营人在港区内从事危险化学品仓储经营的。

经营许可证的颁发管理工作实行企业申请、两级发证、属地监管的原则。

(1) 企业申请经营许可证的条件

从事危险化学品经营的单位（申请人）应当依法登记注册为企业，并具备下列基本条件：

① 经营和储存场所、设施、建筑物符合GB 50016《建筑设计防火规范》、GB 50160《石油化工企业设计防火规范》、GB 50156《汽车加油加气站设计与施工规范》、GB 50074《石油库设计规范》等相关国家标准、行业标准的规定；

② 企业主要负责人和安全生产管理人员具备与本企业危险化学品经营活动相适应的安全生产知识和管理能力，经专门的安全生产培训和安全生产监督管理部门考核合格，取得相应安全资格证书；特种作业人员经专门的安全作业培训，取得特种作业操作证书；其他从业

人员依照有关规定经安全生产教育和专业技术培训合格；

③ 有健全的安全生产规章制度和岗位操作规程；

④ 有符合国家规定的危险化学品事故应急预案，并配备必要的应急救援器材、设备；

⑤ 法律、法规和国家标准或者行业标准规定的其他安全生产条件。

安全生产规章制度，是指全员安全生产责任制度、危险化学品购销管理制度、危险化学品安全管理制度（包括防火、防爆、防中毒、防泄漏管理等内容）、安全投入保障制度、安全生产奖惩制度、安全生产教育培训制度、隐患排查治理制度、安全风险管理制度、应急管理制度、事故管理制度、职业卫生管理制度等。

申请人经营剧毒化学品的，除符合上述规定的条件外，还应当建立剧毒化学品双人验收、双人保管、双人发货、双把锁、双本账等管理制度。

申请人带有储存设施经营危险化学品的，除符合上述规定的条件外，还应当具备下列条件：

① 新设立的专门从事危险化学品仓储经营的，其储存设施建立在地方人民政府规划的用于危险化学品储存的专门区域内；

② 储存设施与相关场所、设施、区域的距离符合有关法律、法规、规章和标准的规定；

③ 依照有关规定进行安全评价，安全评价报告符合《危险化学品经营企业安全评价细则》的要求；

④ 专职安全生产管理人员具备国民教育化工化学类或者安全工程类中等职业教育以上学历，或者化工化学类中级以上专业技术职称，或者危险物品安全类注册安全工程师资格；

⑤ 符合《危险化学品安全管理条例》、《危险化学品重大危险源监督管理暂行规定》、GB15603《常用危险化学品贮存通则》的相关规定。

申请人储存易燃、易爆、有毒、易扩散危险化学品的，除储存设施应建立在规划的专门区域内；的条件外，还应当符合 GB50493《石油化工可燃气体和有毒气体检测报警设计规范》的规定。

（2）企业如何申请经营许可证

《危险化学品经营许可证管理办法》规定，申请人申请经营许可证，应当向所在地市级或者县级发证机关（以下统称发证机关）提出申请，提交下列文件、资料，并对其真实性负责。

① 申请经营许可证的文件及申请书；

② 安全生产规章制度和岗位操作规程的目录清单；

③ 企业主要负责人、安全生产管理人员、特种作业人员的相关资格证书（复制件）和其他从业人员培训合格的证明材料；

④ 经营场所产权证明文件或者租赁证明文件（复制件）；

⑤ 工商行政管理部门颁发的企业性质营业执照或者企业名称预先核准文件（复制件）；

⑥ 危险化学品事故应急预案备案登记表（复制件）。

带有储存设施经营危险化学品的，申请人还应当提交下列文件、资料：

① 储存设施相关证明文件（复制件）；租赁储存设施的，需要提交租赁证明文件（复制件）；储存设施新建、改建、扩建的，需要提交危险化学品建设项目安全设施竣工验收意见书（复制件）；

② 重大危险源备案证明材料、专职安全生产管理人员的学历证书、技术职称证书或者危险物品安全类注册安全工程师资格证书（复制件）；

③ 安全评价报告。

其他规定，详见《危险化学品经营许可证管理办法》。

8.3.3 防火、防爆和消防技术

案例：吉化双苯厂“11.13”特大爆炸事故

这恐怕是中国化工史上最大的一次爆炸事故。2005年11月13日下午，吉化101厂苯胺新装置和苯储罐区连续发生15次爆炸，过火面积$8000m^2$。大罐爆炸碎片飞出2公里外，距事故发生地5公里外的居民楼窗户玻璃被震碎。事故造成8人死亡，近60人受伤；引发3万人疏散，82辆消防车到现场和松花江水体近2千公里的严重国际污染事故。

国务院事故及事件调查组认定，爆炸事故的直接原因是：硝基苯精制（真空精馏）岗位外操人员违反操作规程，在停止粗硝基苯进料后，未关闭预热器蒸气阀门，导致预热器内物料气化；恢复硝基苯精制单元生产时，再次违反操作规程，先打开了预热器蒸汽阀门加热，后启动粗硝基苯进料泵进料，引起进入预热器的物料突沸并发生剧烈振动，使预热器及管线的法兰松动、密封失效，空气吸入系统，由于摩擦、静电等原因，导致硝基苯精馏塔发生爆炸，并引发其它装置、设施连续爆炸。

事故中，一套苯胺新装置，一个$1500m^3$硝基苯罐、两个$2000m^3$苯罐爆炸、起火，燃烧时间长达15小时，现场物料燃烧殆尽后，火势才全部扑灭。投资数亿的化工装置因一个“外操人员”违规竟酿成特大爆炸事故，其教训和值得我们思考的问题很多。

由于许多化工企业都有易燃、易爆物品，因而火灾、爆炸是化工企业的多发事故，防火、防爆工作显得十分重要。事故发生后选择合适的消防措施也尤为重要。

8.3.3.1 燃烧和爆炸

（1）燃烧的三个条件。燃烧是可燃物质（气体、液体或固体）与氧或氧化剂发生伴有放热和发光、发烟的激烈氧化反应。不仅可燃物与氧的反应属于燃烧，没有氧参与的也是燃烧，如金属钠可在氯气中燃烧。

燃烧必须同时具备可燃物、助燃物和点火源三个条件。燃烧三要素缺少任何一个，就不能发生燃烧；但有时这三要素都存在，其中某些条件还达不到一定程度也不会燃烧，如可燃物浓度不够、助燃物的量不够、点火源不具备足够的温度和热量。如氢气在空气中的浓度小于4%就不会被点燃；空气中含氧量小于14%，一般可燃物不会燃烧。

（2）不同物态的燃烧和闪点、自燃点。

气体燃烧。由于气体在燃烧时所需热量仅用于将气体加热至燃点和将气体氧化、分解，所以气体燃烧容易，速度较快。

液体燃烧。液体燃烧有两种情况，一是在点火源的作用下（加热）液体蒸发成气体而燃烧；二是液体受热分解产生气体而燃烧。蒸气燃烧和分解燃烧都属于气体燃烧。

固体燃烧。大多数固体受热熔化为液体，然后蒸发、燃烧，如：硫、磷、石蜡等；组成较复杂的固体，先是受热后分解、蒸发成气体燃烧，有部分不分解、蒸发的物质则在气、固相界面发生燃烧，即为固相燃烧，如木柴、沥青等。蒸发、分解燃烧均有火焰产生，固相燃烧无可见火焰。

无论哪一种燃烧，都会放出大量的热，热量加热可燃物，使未燃烧部分达到燃点再燃烧，如此燃烧不断持续下去，直至三要素之一缺失，燃烧才会停止。燃烧过程中，可燃物气体与空气中的氧由于扩散，边混合边燃烧，形成混合燃烧，反应迅速，温度高而形成爆炸。

闪点。当火焰或炽热物体接近易燃或可燃液体时，液面上的蒸汽与空气混合物会发生一闪即灭的燃烧现象，即为闪燃。在规定的实验条件下，测得发生闪燃的最低温度，叫闪点。可燃物的闪点越低，火灾危险性越大。

自燃点，也叫燃点。可燃物质达到一定温度，就会发生燃烧，称为自燃。在规定的实验条件下，测得发生自燃的最低温度，叫自燃点。

自燃分为自热自燃和受热自燃两种，局部受热燃烧就是点燃。所以，在可燃物和助燃物（空气中的氧）存在的条件下，温度（或点火源、火种）通常就是燃烧发生的唯一条件了。可燃物存放时，由于发生氧化、分解、聚合等情况均会使温度升高达到燃点而发生燃烧。

（3）爆炸和爆炸极限。爆炸是一种极为迅速的物理或化学的能量释放过程。在此过程中，空间内的物质以极快的速度把其内部所含有的能量释放出来，转变为机械功、光和热等能量形态。所以发生爆炸事故，会产生巨大的破坏作用，

爆炸可分为物理爆炸、化学爆炸、核爆炸三类。化工企业的爆炸事故通常是化学爆炸；物理爆炸是只发生物态变化，不发生化学反应，容器内压力升高超过容器所能承受的压力而容器破裂的爆炸，如锅炉爆炸。

化学爆炸是由化学变化造成的。化学爆炸的物质不论是可燃物质与空气的混合物，还是爆炸性物质，都是一种相对不稳定的系统，在外界一定强度的能量作用下，能产生剧烈的放热反应，产生高温高压和冲击波，从而引起强烈的破坏作用。

化学爆炸可分为四类：①简单分解爆炸。这类爆炸没有燃烧现象，爆炸时所需要的能量由爆炸物本身分解产生。属于这类物质的基本上是爆炸物品。②复杂分解爆炸。这类爆炸伴有燃烧现象，燃烧所需要的氧由爆炸物自身分解供给。炸药就属于此类。③爆炸性混合物的爆炸。可燃气体、蒸气或粉尘与空气（氧气）混合后形成爆炸性混合物，在一定条件下发生爆炸。④分解爆炸性气体的爆炸。气体分解时产生相当数量的分解热，分解热在 80kJ/mol 以上的气体，在一定条件下（温度和压力）下遇火源即会发生爆炸，如乙炔、乙烯、环氧乙烷、二氧化氮等。

爆炸性混合物的爆炸是化工生产防火防爆的重点。爆炸混合物的爆炸需要有一定的条件，即可燃物与空气（氧）达到一定的混合浓度，并具有一定的激发能量。此激发能量来自明火、电火花、静电放电或其他能源。

可燃气体、蒸汽或粉尘与空气混合后，能引起爆炸的最高或最低浓度，称为爆炸极限(explosive limit)。能够引起爆炸的可燃气体的最低浓度称为爆炸下限，最高浓度称为爆炸上限。混合系的组分不同，爆炸极限也不同；同一混合系，由于初始温度、系统压力、惰性介质含量、混合系存在空间、器壁材质以及点火能量的大小等都能使爆炸极限发生变化。爆炸极限一般用可燃气体在空气中的体积百分数（%）来表示。

爆炸极限在安全管理工作中的意义：①用来评定可燃物燃爆危险性的大小，作为可燃气体分级和确定其火灾危险性的标准，一般爆炸下限小于 10%的为一级可燃气体，具甲类火灾危险性。②可作为设计依据，如建筑物的耐火等级、设计厂房通风系统、防爆电机的选型等。③作为制定安全生产操作规程的依据。

8.3.3.2 防火防爆技术

引发火灾的条件是：可燃物、氧化剂、点火源同时存在、相互作用；引发爆炸的条件是：爆炸品（内含可燃物和氧化剂）或者是可燃物与空气的混合物与引爆源同时存在。防火、防爆技术就是避免或消除上述条件的措施。

预防火灾和爆炸事故的基本措施有：

（1）消除导致火灾、爆炸事故的物质条件的：①尽量不用或少用易燃物。改进工艺或技术，以不燃、难燃物代替可燃、易燃物；以不燃、难燃溶剂代替可燃、易燃溶剂，沸点、闪点高的溶剂比较安全。②生产设备及系统尽量密闭，杜绝跑冒滴漏。③通风除尘，降低空气中可燃物浓度。④在可能发生火爆灾害的场所设置可燃气体（蒸气、粉尘）浓度检测报警器

(一般设定为爆炸下限的25%)，超标时报警，及时采取措施。⑤惰性气体保护，常用氮气、水蒸气或烟道气作为不燃气体，减低可燃物和氧气的浓度。⑥在燃爆危险品的使用、储存、运输等环节，根据其特性采取必要的防范措施。

(2) 消除或控制点火源：①防止撞击、摩擦产生火花。铺设不发火地面，严禁穿带钉鞋子进入燃爆危险车间，严禁使用能产生冲击火花的工具等。②防止因可燃气体绝热压缩而着火。可燃气体绝热压缩会使温度急剧上升而自燃着火，如氢气或乙炔气等从钢瓶喷出时，喷气流撞击空气受到绝热压缩，引起着火爆炸。③防止表面高温引起着火。车间高温表面较多，如加热装置、高温容器管道、高温反应器、白炽灯的表面，机械传动摩擦部分等，要注意保温、隔热、冷却。可燃气体排放口远离高温表面，严禁烘烤衣物，及时清理高温表面油污，防止受热分解、自燃。④热射光（日光）通过凸透镜、弧形或有气泡玻璃，被聚焦成高温焦点。有燃爆危险厂房必须采取遮阳措施，玻璃涂白或用磨砂玻璃。⑤防止电气、静电引起火灾，见6.2.9电气安全技术。⑥预防雷电引发火灾、爆炸事故。⑦防止明火，如加热用火、维修用火、打火机及其他火源（烟囱飞火、机动车排气、烟火等）。

防火、防爆安全装置（设备）有三类：阻火装置、火星熄灭器和防爆泄压装置。

(1) 阻火装置。又称火焰隔断装置，如安全液（水）封、水封井、阻火器、单向阀等。

(2) 火星熄灭器。烟道尾气、机动车排气飞出的火星有可能引起火灾，机动车进入生产区要安装火星熄灭器（防火帽、阻火器）。

(3) 防爆泄压装置，如安全阀、防爆片、防爆帽、防爆门、防爆球阀等。

防火、防爆检测报警仪表有：火灾自动报警系统、可燃气监测报警器等。

化工企业要严格执行AQ 3022—2008《化学品生产单位动火作业安全规范》，动火作业必须办理动火证。签发动火证时必须做到：①已清除动火现场及周围的易燃物品；②已采取有效的安全防火措施，配备足够适用的消防器材；③已与生产系统彻底隔离（地面如有可燃物、空洞、窨井、地沟、水封等，应检查分析，距动火点15m以内的，应采取清理或封盖等措施；对于用火点周围有可能泄漏易燃、可燃物料的设备，应采取有效的空间隔离措施）；④设备已进行清洗、置换，并取样分析合格；⑤现场已落实监火人；⑥动火人有资格证。

8.3.3.3 消防技术

当发生火灾、爆炸事故时，除采取疏散、隔离（未燃烧的物资和设备）措施外，就是灭火了。一切灭火方法都是为了破坏已经产生的燃烧条件，只要失去任何一个条件，燃烧就会停止。从燃烧三要素看，火灾发生了再去控制“点火源”已无意义，只能去消除可燃物和助燃物了。

(1) 灭火的基本方法有以下几种。

① 窒息灭火法。阻止空气流入燃烧区，或用惰性气体稀释空气，使燃烧物得不到足够的氧气而熄灭。

② 冷却灭火法。将灭火剂直接喷洒在燃烧着的物体上，使可燃物温度降到燃点以下，以终止燃烧；也用灭火剂喷洒在火场附近的设备或未然的可燃物上起冷却作用，防止火势蔓延。

③ 隔离灭火法。将燃烧物与附近的可燃物隔离或疏散开，使燃烧因缺少可燃物而停止。适用于扑救各种固体、液体和气体火灾。

④ 化学抑制灭火法。是使灭火剂参与到燃烧反应中去，起到抑制氧化反应的作用。具体而言，就是使燃烧反应中产生的自由基与灭火剂中的卤素离子相结合，形成稳定分子或低

活性的自由基，从而切断了氢自由基与氧自由基的连锁反应链，使燃烧停止。

无论哪种灭火方法，都要特别重视初起灭火。很多情况下，只要迅速将初起火灾扑灭，就能避免重大火灾事故。所以消防设施的布置很重要。

(2) 当发生火灾时，应视火灾类别和具体情况选用适当的灭火剂。

① 水。水是最常用的天然灭火剂，来源丰富，价格便宜。水主要用来扑灭房屋建筑的火灾，化工企业灭火时主要用作冷却、隔离火场附近的设备、房屋等，防止火势蔓延。在下列情况严禁用水灭火：a. 与水反应物质，如电石、轻金属等，遇水会扩大火势甚至爆炸。b. 不溶于水、密度小于水的易燃物体，如汽油、苯类等。c. 溶于水，但沸点低易挥发的液体。如甲醇、乙醇等，不但不能灭火，还会导致火灾蔓延。d. 带电设备、高温设备、精密仪器、文物档案等。

② 黄砂、干土。也是最常用的天然灭火剂。在化工企业扑灭初起火情特别有用，大部分的可燃液体、固体，只要用黄砂或干土覆盖就可灭火。黄砂、干土起到与空气隔绝和冷却作用。包括许多能大量挥发有毒有害气体的物质，如发烟硫酸、发烟硝酸、溴等，都可以用黄砂或干土覆盖就可大幅度减少有毒、有害气体的扩散。

③ 水泥浆。适用于受热熔融固体，既有气体燃烧又有固相燃烧的物质，水无法浇灭固体内部燃烧（阴燃），可喷射高压水泥浆覆盖灭火。适用于大面积仓库物资燃烧灭火。

④ 泡沫灭火剂。可用于各种不溶于水的可燃、易燃液体的火灾，也可用于木材、纤维、橡胶等固体灭火。因含水，不能用于带电设备、遇水燃烧物质的灭火。泡沫灭火剂种类有化学灭火剂（MP）和空气泡沫灭火剂（MPE）两大类，按发泡倍数又分为低倍数、中倍数、高倍数三类。

⑤ 二氧化碳及惰性气体灭火剂。适用于精密仪器、机械设备、图书、档案等灭火。

⑥ 卤代烷灭火剂。主要用来扑救各种易燃液体火灾。绝缘性能好，可用于带电设备灭火，也用于档案、图书资料灭火。但卤代烷破坏臭氧层，应开发新型灭火剂。

⑦ 干粉（粉末）灭火剂。是一种干燥的、易于流动的微细固体粉末，由能灭火的基料(90%以上）和防潮剂、流动促进剂、防结块剂等组成。在灭火时，借助于气体压力从容器中以粉雾状喷出。适用于扑救易燃液体、忌水性物质、电气设备的火灾。

(3) 灭火器和消防设施的管理。灭火器是扑救初起火灾的小型灭火器具。按灭火器的重量和移动方式可分：手提式灭火器、背负式灭火器、推车式灭火器等。应根据使用场所的火灾危险性质、占地面积等情况综合考虑配置灭火器的种类和数量。灭火器应标明保管人、检验人、检验日期；灭火器应放置在明显的地方，取用方便；应建立台账，定期检查，确保有效。

消防给水设施在 GB 50016—2006《建筑设计防火规范》中有明确规定。

灭火器和消防设施应放置在明显的地方，取用方便；应建立台账，定期检查，确保有效；每年用至少组织一次消防演练。

(4) 危险化学品火灾的扑救。化工行业是个特殊行业，很多情况下消防不能用常规的水来灭火。在化工行业，并不缺乏消防不当引发更大火灾爆炸事故的例子。吉化双苯厂“11.13”特大爆炸事故，消防车不恰当地大量喷水灭火，也是造成松花江大流域污染的原因。

不同的危险化学品在不同的火灾情况下，其扑救方法差异会很大，处置不当，反而使火爆事故扩大；危险化学品本身或其燃烧产物具有毒性或腐蚀性，易使人中毒、灼伤。因而，危险化学品的火灾扑救应谨慎从事，总的要求如下：

① 发生火警现场的最高负责人应挺身而出为现场指挥官直至紧急预案的现场指挥官到

 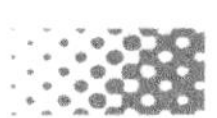

场，并做到：立即派人向上级报告；组织人员灭火，迅速扑救初起火灾是最有效的措施；组织人员转移易燃物资，防止火情扩大。

② 消防车在进入现场前，要先和化工企业现场指挥官取得联系，弄清情况后才进入火灾现场。

③ 扑救人员应根据实际情况，穿戴防护服、佩戴防护面具或面罩，并应占领上风或侧风位置。

④ 尽快选择最恰当的灭火剂和灭火方法。灭火方法按照前述 SDS 和 ICSC 描述的方法进行。

8.4 职业健康管理

本节涉及的职业健康标准有：

GBZ 1—2010《工业设计卫生标准》

GBZ 2.1—2007《工业场所有害因素职业接触限值 第一部分：化学有害因素》

GBZ 2.2—2007《工业场所有害因素职业接触限值 第二部分：物理因素》

GBZ 188—2007《职业健康监护技术规范》

8.4.1 职业病及其分类

《中华人民共和国职业病防治法》（2011 修订）规定："所称职业病，是指企业、事业单位和个体经济组织等用人单位的劳动者在职业活动中，因接触粉尘、放射性物质和其他有毒、有害因素而引起的疾病"。"职业病的分类和目录由国务院卫生行政部门会同国务院安全生产监督管理部门、劳动保障行政部门制定、调整并公布。"

国家卫生计生委、人社部、安监总局、全国总工会联合公布的《职业病分类和目录》（国卫疾控发〔2013〕48 号）规定的职业病有 10 类 132 种。十大类职业病是：

（1）职业性尘肺病及其他呼吸系统疾病，①尘肺病 13 种；②其他呼吸系统疾病 6 种。

（2）职业性皮肤病，有接触性皮炎、光敏性皮炎、电光性皮炎等 9 种。

（3）职业性眼病，有化学性眼部烧伤等 3 种。

（4）职业性耳鼻喉口腔疾病，有噪声聋、铬鼻病等 4 种。

（5）职业性化学中毒，有铅及其化合物中毒、汞及其化合物中毒等无机、有机物中毒 60 种。

（6）物理因素所致职业病，有中暑、减压病、冻伤等 7 种。

（7）职业放射性疾病，有外照射急性放射病、外照射慢性放射病、内照射放射病等 11 种。

（8）职业性传染病，有炭疽、森林脑炎、布鲁氏菌病等 5 种。

（9）职业性肿瘤，有石棉所致肺癌、间皮癌，联苯胺所致膀胱癌等 11 种。

（10）其他职业病，有金属烟热等 3 种。

职业病危害，是指对从事职业活动的劳动者可能导致职业病的各种危害。职业病危害因素包括：职业活动中存在的各种有害的化学、物理、生物因素以及在作业过程中产生的其他职业有害因素。

职业病有如下特点：①病因明确。由职业病危害因素所致，这些人为因素被控制、消除，即可防止疾病发生；②病因可测。所接触的危害因素通常可以被检测，过量接触才可以得病；③群体性。接触相同职业病危害因素的岗位人员通常集体发病；④多无特效药物。

8.4.2 主要职业危害因素及其表现形式

8.4.2.1 化工行业主要职业病危害因素

在化工生产过程中，原料、辅助材料、半成品、成品、废气、废液及废渣中的生产性毒物，以不同形态存在于环境中，主要有：

(1) 气体。在生产场所的温度、气压条件下，散发于空气中的氯、溴、氨、一氧化碳、二氧化氮、二氧化硫、三氧化硫、甲烷等气体。

(2) 蒸气。固体升华、液体蒸发时形成蒸气，如汞蒸气、苯蒸气等。

(3) 雾。混悬于空气中的液体微粒，如铬酸雾、硫酸雾，喷漆时雾滴等。

(4) 烟。为直径小于 0.1μm 的悬浮于空气中的固体微粒，如电焊时产生的烟尘等。

(5) 气溶胶尘。是液态或固态微粒在空气中的悬浮体系，它们能作为水滴和冰晶的凝结核、太阳辐射的吸收体和散射体，并参与各种化学循环，成为大气的重要组成部分。雾、烟、霾、轻雾（霭）、粉尘和烟雾等，都是天然的或人为的原因造成的大气气溶胶。

化工生产性毒物无论以那种形态在环境中存在，都会对作业人员造成危害。

8.4.2.2 化工行业主要职业危害表现形式

化工行业的职业危害表现为两种形式：化学品危害和物理性危害。

(1) 职业中毒：①急性中毒。由毒物一次或短时间内大量进入人体所致，多数由生产事故或违章操作引起。②慢性中毒。长期少量毒物进入机体所致，绝大多数是由蓄积作用的毒物引起的。③亚急性中毒。介于上述两者之间，在短时间内有较大毒物进入人体所产生的中毒现象。化工行业的职业中毒发生率较其他行业多，还常涉及非职业人群。如火灾和泄漏事故会污染四周的大气，使大批人中毒。上述《职业病目录》中的 60 种“职业性化学中毒”有许多涉及化工行业。

各种毒物引起的人体器官的损害是不同的。刺激性毒物常引起呼吸系统损害，严重时发生肺水肿；氰化物、砷、硫化氢、一氧化碳、醋酸胺、有机氟等可引起中毒性脑水肿；苯的慢性中毒主要损害血液系统，表现为白细胞、血小板减少、毒性休克；砷、锑、钡、有机汞、三氯乙烷、四氯化碳等易引起中毒性心肌炎；黄磷、四氯化碳、三硝基甲苯、三硝基氯苯等引起肝损伤；中毒性肾损伤可由重金属盐造成损伤，也可由某些毒物通过缺氧、脱水等造成损伤；窒息性气体、刺激性气体以及刺激神经的毒物造成贫血，严重时出现再生障碍性贫血；汞、铅、锰等可引起严重的中枢神经损害。

(2) 带毒状态。接触工业毒物，但无中毒症状或体征，尿中或其他生物样本中所含的毒物量（或代谢产物）超过正常值上限；或驱除试验（如驱铅、驱汞）阳性。这种状态称为带毒状态或称毒物吸收状态。

(3) 特殊职业病。如二氧化硅引起矽肺，氟致氟骨病等。

(4) 致突变、致癌、致畸（三致）。某些化学毒物可引起机体遗传物质变异。有突变作用的化学物质称为化学致突变物；能引起人类或动物致癌病的化学物质称为致癌物；可引起胚胎畸形的化学物质称为致畸物。

近年来化工职业性肿瘤流行病学调查的报告较多，如橡胶行业的恶性肿瘤发病率较高，分析认为可能与防老化剂有关；石油行业的恶性肿瘤也高于当地居民，且消化系统的肿瘤为高；氯乙烯可慢性中毒引起肝血管瘤；油漆涂料行业肠癌、肝癌患者增多等。

(5) 对生殖功能及下一代的影响。有些毒物对女工月经、妊娠、授乳等生殖功能可能产生不良影响，还可能累及下一代；铅、汞、砷、二氧化硫等可通过乳汁进入婴儿体内，影响健康；二硫化碳可引起男性精子数减少，铅、二溴氯丙烷等对男性生育功能也有影响；邻苯

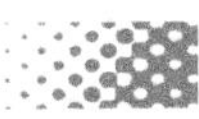

二甲酸酯（DEHP、DBP、BBP）是公认的环境性激素，可干扰内分泌，使男性精子数量减少、运动能力低下、形态异常，造成男性不育；同时也会引起女孩性早熟。

（6）物理性职业危害。表现为：①噪声危害。长时间在噪声作用下，听觉器官会受损害，同时噪声对神经系统、心血管系统及其他器官功能有损害。②振动。造成神经衰弱综合征和手部症状的振动病。③电磁辐射引起的职业病。

8.4.2.3 职业危害的判断标准

（1）卫生标准。卫生标准是从预防医学的角度出发，以确保生产作业者不得职业病为目标，而对作业环境中有害因素规定的限值。如 GBZ 1—2010《工业企业设计卫生标准》以及工业企业噪声卫生标准、作业场所局部振动卫生标准、作业场所超高频辐射卫生标准、作业场所微波辐射卫生标准、作业场所激光辐射卫生标准、车间防暑、防寒、防湿卫生标准等。

（2）职业危害程度分级标准。职业危害程度分级标准是以实现卫生标准为目的，而对作业环境中职业危害程度进行分级管理的标准。如 GBZ/T 229《工作场所职业病危害作业分级》等。

8.4.3 化工职业危害的预防和控制

8.4.3.1 从工艺、设备、环境、人四方面控制职业危害

化工企业的职业危害因素主要是粉尘、毒物及物理因素，产生于设备（系统），扩散于环境，作用于接触人群。应从工艺、设备（系统）、环境、人四个方面控制职业危害。

（1）治本——使生产过程减少或不产生危害因素。根本的途径是化工生产过程要实现机械化、密闭化、自动化。此外，还需要采取的措施有：①采用绿色化工工艺，详见 1.3。②替代。选用无毒或低毒的化学品替代已有的有毒有害化学品，选用难燃化学品替代易燃化学品。例如，用非致癌性的甲苯替代喷漆和除漆中用的苯，用脂肪烃替代胶水或黏合剂中的苯；使用水基涂料或水基黏合剂替代有机溶剂型的涂料或黏合剂；使用水基洗涤剂替代溶剂型洗涤剂；制油漆的颜料铅氧化物用锌氧化物或钛氧化物替代，用高闪点化学品替代低闪点化学品等。③变更工艺和设备。如由乙炔制乙醛，要用汞做催化剂，改用乙烯通过氧化或氧氯化制乙醛，则彻底消除了汞害；氯碱厂改用钛列管式冷却器进行间接冷却，不仅含氯废水量减少，而且现场的空气污染问题也得到较好的解决；以湿式作业为主的防尘措施等。

（2）采用卫生工程技术措施。控制和治理作业场所有害物质的空气污染的有效途径是采用卫生工程技术措施：①封闭、设置屏障。拉开作业人员与危险源之间的距离，避免作业人员直接暴露于有害环境中。最常用的方法是通过隔离整台机器、整个生产过程来实现；通过设置屏障物，使工人免受热、噪声、阳光和离子辐射的危害，如反射屏可减低靠近熔炉或锅炉操作的工人的受热程度，铅屏可保护工人免受 X 射线的伤害。②隔离操作。把生产设备与操作室隔离开，将需要控制的阀门、电控开关、仪表放在操作室内，大幅度减少了工人与化学品接触的机会。③通风排毒。借助于有效的通风，使作业场所空气中有害气体、蒸气或粉尘的浓度低于安全浓度，保证工人的身体健康，防止火灾、爆炸事故的发生。对于点式扩散源，可使用局部排风，把污染源罩起来，抽出污染空气；对于面式扩散源，要使用全面通风，用新鲜空气将作业场所中的污染物稀释到安全浓度以下。

工业生产中的无害化排放，是通风排毒工程必须遵守的重要准则，根据输送介质特性和生产工艺的不同，有害气体的净化方法也不同，大致可分为洗涤法、吸附法、袋滤法、静电法、燃烧法和高空排放法等。

（3）个体防护。毒物一般经过呼吸道或口腔、皮肤侵入人体，接触毒物作业工人的个体

防护有着特殊意义：①穿戴个人防护用品。在有害化学品的作业场所中工作时，工人就必须使用合适的个体防护用品。个体防护用品有防护服装、防尘口罩和防毒面具等。在选择个人防护用品时应考虑有害化学品的性质、作业场所污染物可能达到的最高浓度、作业场所的氧含量、使用者的面型和环境条件等因素。参见表 9-1 中的防护规范。②作业人员的个人卫生。作业人员保持良好的卫生习惯也是消除和降低化学品危害的一种有效方法。凡是接触毒物的作业都应制定有针对性的个人卫生制度，必要时列入操作规程。如不准在作业场所吸烟、吃东西，班后洗澡，不准将工作服带回家等等。

(4) 保持作业场所清洁。经常清理、清洗作业场所，对废物和溢出物加以回收处置，保持作业场所清洁，也能有效地预防和控制化学品危害。

8.4.3.2 物理因素职业危害预防与控制

(1) 噪声、振动危害的控制

① 消声降噪和减振。在设计、制造、安装设备过程中，尽力采取消声、减振措施，使噪声、振动降低到对人体无害水平。如铆接改为焊接，运转设备安装在与地面隔绝的特殊基座上（利用空气层、橡皮、软木、砂石等与房屋地基隔开），选用低噪低振设备等。

② 消除或减少噪声、振动的传播。主要办法有：吸声、隔声、隔振、阻尼（在振动体薄层上加阻尼涂层，如沥青涂层等）。

③ 使用个体防护用品。如耳塞、耳罩、防声帽，减振坐垫等。

(2) 电离辐射的防护

① 控制辐射的质和量。在不影响效果的前提下，尽量减少辐射源的强度、能量和毒性，以减少受照剂量。

② 外照射防护。使用封闭型电离辐射或射线装置进行工作，射线由外部照射人体，称为外照射，常用封闭源有 Co60、Cs137、Ra226 等。外照射防护的基本方法有时间防护、距离防护和屏蔽防护三种，通称为“外照射防护三原则”。根据射线的不同，可选择不同材料的屏蔽物。如防护 X 射线、γ 射线可用铅、铁、混凝土、砖和石头等；防护 β 射线可用铝、玻璃、有机玻璃；防护中子可用石蜡和水等。配置防护设备和报警装置，保证接触放射线的工作人员佩戴个人剂量计。

③ 内照射防护。使用开放型电离辐射源的工作，放射性核素常常以液体、气体、粉末等气溶胶状态进入环境，污染空气、设备、工作服或工作人员体表，除了对工作人员造成外照射外，还能经过人的呼吸道、消化道、皮肤或伤口进入体内，造成内照射。基本防护方法通称为“内照射防护三要素”：a. 围封隔离。对开放源及其工作场所采取层层封锁隔离，把开放源控制在有限空间内。放射性工作场所要有明显“放射性”标志，对人员和物品进出要进行监控。b. 除污保洁。工作场所要容易除去污染，操作时控制污染，随时监测污染；墙壁地面应光滑，地面台面应铺易除污材料，如橡皮板、塑料板、刷油漆等；制订严格的开放型工作的规章制度和操作规程，严防放射物泼洒、溅出；放射污染及时监测，及时洗消除污（用肥皂、洗涤剂、柠檬酸等）；c. 个人防护。使用个人防护用品（如口罩、手套、工作鞋、工作服等），遵守个人防护规则，禁止一切能使放射物侵入人体的活动。如，作业场所禁止饮水、进食、吸烟，杜绝用口吸取放射性液体等。d. 配置防护设备和报警装置，保证接触放射线的工作人员佩戴个人剂量计。

(3) 非电离辐射的控制与防护

① 高频电磁场的防护。确定场强的发生源，用金属导体（如铜丝网）将辐射源屏蔽起来，屏罩要有良好的接地。高频电磁场的防护采取“屏蔽、远距离、限时操作”三原则。

② 微波辐射的防护。a. 直接减少源的辐射，如将电磁能转化为热能。b. 屏蔽辐射源。对散射的辐射波，采用网状屏蔽，如用夹有金属丝或涂银织物组成屏蔽窗帘、帷幔、工作服、风帽等；吸收屏蔽，即将屏蔽设备的反射面用吸收微波的材料覆盖；不可能对设备屏蔽时，采用对工作地点屏蔽，或加大工作地点与辐射源的距离。c. 个人防护及安全。如防护镜和防护服，对防护设备要定期检查、维修。

③ 红外辐射线的防护。重点是对眼睛的保护，严禁裸眼直视光源，操作中应戴绿色防护镜。

④ 紫外辐射线的防护。生产中的紫外辐射主要来自电焊作业，或实验室的紫外灯等。操作者必须佩戴专用防护面罩、防护眼镜、防护手套，不得有裸露皮肤。

⑤ 激光的防护。a. 防护设施。设备要用吸光材料，工作区采光充足，操作室不得安放强反射、折射光束的设备、用具和物件；防激光罩的开启应与激光束装置联动。b. 个体防护。深色防护服，防护眼镜。c. 强化制度。作业人员必须经过培训，作业场所必须有严格的操作规程和安全制度，设警告牌，无关人员严禁入内，严禁裸眼直视激光等。

8.4.3.3 烫伤、化学灼伤的预防与急救

烧烫伤一般指由于接触火、开水、蒸汽、热油等高热物质而发生的一种急性皮肤损伤。在化工企业中，由于大量使用多种热源和强碱、强酸，烧烫伤、化学灼伤情况较多。在日常生活中烧烫伤主要是因热水、热汤、热油、热粥、炉火、电熨斗、蒸汽、爆竹等造成。

化工生产过程中，烫伤、化学灼伤大部分情况是由于设备故障、违章操作、检修失误或个人防护不好等原因引起。因此，必须加强对设备、管道等的维修与保养，严防“跑、冒、滴、漏”；应严格执行安全操作规程，杜绝违章操作；对易燃、易爆物品做好防火防爆等安全工作；应按照规定正确穿戴个人防护用品。在容易发生烫伤或化学灼伤的工作场所，应设置水冲洗设备（洗眼和喷淋）和有针对性的化学制剂冲洗剂（如工作场所易受酸伤害，应准备碱性冲洗剂），以便事故发生时可以迅速进行自救或互救。

热力、电、化学物质、放射线等造成的烧伤，其严重程度都与接触面积与接触时间密切相关，因此现场急救的原则是迅速移除致伤原因，脱离现场，同时给予必要的急救处理。在处理任何烧烫伤时，作各种正确的紧急处理，才能尽可能地降低烧烫伤对皮肤所造成的伤害。伤口范围占整体面积的10%～20%左右时，都有入院治疗的必要。在紧急处理的同时要安慰患者，以减少其恐慌。

(1) 烧烫伤的一般处理。①冲：以流动的自来水冲洗或浸泡在冷水中，直到冷却局部并减轻疼痛或者用冷毛巾敷在伤处至少10min。不可把冰块直接放在伤口上，以免使皮肤组织受伤。如果现场没有水，可用其他任何凉的无害的液体，如牛奶或罐装的饮料等。②脱：在穿着衣服被热水、热汤烫伤时，千万不要脱下衣服，而是先直接用冷水浇在衣服上降温了，充分泡湿伤口后再小心除去衣物；如衣服和皮肤粘在一起时，切勿撕拉，只能将未粘着部分剪去，粘着的部分留在皮肤上以后处理，再用清洁纱布覆盖伤面，以防污染；有水泡时千万不要弄破。③泡：继续浸泡于冷水中至少30min，可减轻疼痛。但烧伤面积大或年龄较小的患者，不要浸泡太久，以免体温下降过度造成休克，而延误治疗时机。但当患者意识不清或叫不醒时，就该停止浸泡赶快送医院。④盖：如有无菌纱布可轻覆在伤口上；如没有，让小面积伤口暴露于空气中，大面积伤口用干净的床单、布单或纱布覆盖。千万不要弄破水疱。⑤送：最好到设置有整形外科的医院求诊。

(2) 严重烧烫伤患者处理。严重烧烫伤患者在进行上述步骤时，用凉水冲的时间要长一些，至少10分钟以上，冬季要注意保暖；第一时间打120急救电话，在急救车到来之前，

检查患者的呼吸道、呼吸情况和脉搏，做好心肺复苏的急救准备，如监测呼吸次数和脉搏。

(3) 口腔和咽喉烧伤的处理。①面部、口腔和咽喉的烧烫伤是非常危险的，因为可能使呼吸道迅速肿胀和发炎，肿块可迅速阻塞呼吸道而导致呼吸困难，因此需要迅速就医。②可以采取一些措施改善伤员的呼吸情况，如解开衣领等。③如果伤员意识模糊，要随时做好心肺复苏急救准备。

(4) 化学药品烧伤的处理。①电石、干石灰烧伤应先去除石灰粉粒（用植物油或石蜡油棉签），再用大量流动水冲洗 10min 以上，尤其是眼内烧伤更应彻底冲洗，严禁用手或手帕等揉；切忌未取出粉粒就用水冲洗，以免电石、石灰遇水产生大量热而加重烧伤。②弱酸弱碱烧伤，应立即用大量流动清水彻底冲洗伤口。③强酸强碱烧伤，应用清洁的干布迅速将酸、碱蘸干后，再用流动的清水彻底冲洗受伤部位。④酸性化学灼伤可用 2%～5%小苏打（碳酸氢钠）溶液冲洗和湿敷，碱性化学灼伤可用 2%～3%硼酸溶液冲洗和湿敷。中和后，应立即用清水冲洗。

需要注意的是：不可挑破水疱或在伤处吹气，以免污染伤处；不可在伤处涂抹麻油、牙膏和酱油等，这样做并不科学，反而增加烧烫伤处感染的机会。

8.4.4 职业健康管理制度

我国《职业病防治法》规定："职业病防治工作坚持预防为主、防治结合的方针，建立用人单位负责、行政机关监管、行业自律、职工参与和社会监督的机制，实行分类管理、综合治理"。

化工企业要做好职业病防治工作，必须执行国家规定的一系列职业健康管理制度。

8.4.4.1 用人单位的职业健康职责

用人单位是职业健康的责任主体。用人单位应当建立、健全职业病防治责任制，加强对职业病防治的管理，提高职业病防治水平，对本单位产生的职业病危害承担责任。

用人单位的主要负责人对本单位的职业病防治工作全面负责。用人单位的日常管理职责有：

(1) 设置或者指定职业卫生管理机构或者组织，配备专职或者兼职的职业卫生管理人员，负责本单位的职业病防治工作；

(2) 制定职业病防治计划和实施方案；

(3) 建立、健全职业卫生管理制度和操作规程；

(4) 建立、健全职业卫生档案和劳动者健康监护档案；

(5) 建立、健全工作场所职业病危害因素监测及评价制度；

(6) 建立、健全职业病危害事故应急救援预案；

(7) 保障职业病防治所需的资金投入；

(8) 采用有效的职业病防护设施，并为劳动者提供个人使用的职业病防护用品；

(9) 采用有利于防治职业病和保护劳动者健康的新技术、新工艺、新设备、新材料，逐步替代职业病危害严重的技术、工艺、设备、材料。

(10) 实施由专人负责的职业病危害因素日常监测，并确保监测系统处于正常运行状态。

(11) 从事使用高毒物品作业的用人单位，应当配备专职的或者兼职的职业卫生医师和护士；不具备配备专职的或者兼职的职业卫生医师和护士条件的，应当与依法取得资质认证的职业卫生技术服务机构签订合同，由其提供职业卫生服务。

8.4.4.2 劳动者的职业卫生保护权利

(1) 劳动者享有下列职业卫生保护权利：①获得职业卫生教育、培训；②获得职业健康

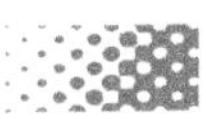

检查、职业病诊疗、康复等职业病防治服务；③了解工作场所产生或者可能产生的职业病危害因素、危害后果和应当采取的职业病防护措施；④要求用人单位提供符合防治职业病要求的职业病防护设施和个人使用的职业病防护用品，改善工作条件；⑤对违反职业病防治法律、法规以及危及生命健康的行为提出批评、检举和控告；⑥拒绝违章指挥和强令进行没有职业病防护措施的作业；⑦参与用人人单位职业卫生工作的民主管理，对职业病防治工作提出意见和建议。

（2）用人单位不得安排未成年工从事接触职业病危害的作业；不得安排孕期、哺乳期的女职工从事对本人和胎儿、婴儿有危害的作业。

（3）用人单位不得安排未经上岗前职业健康检查的劳动者从事接触职业病危害的作业；不得安排有职业禁忌的劳动者从事其所禁忌的作业；对在职业健康检查中发现有与所从事的职业相关的健康损害的劳动者，应当调离原工作岗位，并妥善安置；对未进行离岗前职业健康检查的劳动者不得解除或者终止与其订立的劳动合同。

（4）用人单位对从事接触职业病危害的作业的劳动者，应当给予适当岗位津贴。

（5）职业病病人的诊疗、康复费用，伤残以及丧失劳动能力的职业病病人的社会保障，按照国家有关工伤保险的规定执行。

8.4.4.3 职业健康管理制度

（1）职业卫生监督制度。国务院安全生产监督管理部门、卫生行政部门、劳动保障行政部门负责全国职业病防治的监督管理工作。国务院有关部门在各自的职责范围内负责职业病防治的有关监督管理工作。

县级以上地方人民政府安全生产监督管理部门、卫生行政部门、劳动保障行政部门依据各自职责，负责本行政区域内职业病防治的监督管理工作。县级以上地方人民政府有关部门在各自的职责范围内负责职业病防治的有关监督管理工作。

（2）职业卫生安全许可证制度。《使用有毒物品作业场所劳动保护条例》（国务院令第352号，2002）规定，用人单位使用有毒物品作业场所，除应当符合职业病防治法规定的职业卫生要求外，还必须符合下列要求：①作业场所与生活场所分开，作业场所不得住人；②有害作业与无害作业分开，高毒作业场所与其他作业场所隔离；③设置有效的通风装置；可能突然泄漏大量有毒物品或者易造成急性中毒的作业场所，设置自动报警装置和事故通风设施；④高毒作业场所设置应急撤离通道和必要的泄险区。

用人单位及其作业场所符合前两款规定的，由卫生行政部门发给职业卫生安全许可证，方可从事使用有毒物品的作业。

（3）职业病危害项目申报制度。《职业病防治法》规定，建立职业病危害项目申报制度。用人单位工作场所存在职业病目录所列职业病的危害因素的，应当及时、如实向所在地安全生产监督管理部门申报危害项目，接受监督。《职业病危害项目申报办法》（国家安监总局令第48号，2012）明确了申报办法。

（4）职业病危害告知制度。

① 合同告知：a. 用人单位与劳动者订立劳动合同（含聘用合同，下同）时，应当将工作过程中可能产生的职业病危害及其后果、职业病防护措施和待遇等如实告知劳动者，并在劳动合同中写明，不得隐瞒或者欺骗。b. 劳动者在已订立劳动合同期间因工作岗位或者工作内容变更，从事与所订立劳动合同中未告知的存在职业病危害的作业时，用人单位应当依照前款规定，向劳动者履行如实告知的义务，并协商变更原劳动合同相关条款。

② 作业场所危害告知：a. 产生职业病危害的用人单位，应当在醒目位置设置公告栏，

公布有关职业病防治的规章制度、操作规程、职业病危害事故应急救援措施和工作场所职业病危害因素检测结果。b. 对产生严重职业病危害的作业岗位，应当在其醒目位置，设置警示标识和中文警示说明。警示说明应当载明产生职业病危害的种类、后果、预防以及应急救治措施等内容。

③ 职业病检测、检查告知：a. 定期对工作场所进行职业病危害因素检测、评价。检测、评价结果存入用人单位职业卫生档案，定期向所在地安全生产监督管理部门报告并向劳动者公布。b. 对从事接触职业病危害的作业的劳动者，用人单位应当按照国家规定，组织上岗前、在岗期间和离岗时的职业健康检查，并将检查结果书面告知劳动者。c. 医疗卫生机构发现疑似职业病病人时，应当告知劳动者本人并及时通知用人单位。

(5) 职业卫生培训制度。①用人单位的主要负责人和职业卫生管理人员应接受职业卫生培训，遵守职业病防治法律、法规，依法组织本单位的职业病防治工作。②对劳动者进行上岗前的职业卫生培训和在岗期间的定期职业卫生培训，普及职业卫生知识，督促劳动者遵守职业病防治法律、法规、规章和操作规程，指导劳动者正确使用职业病防护设备和个人使用的职业病防护用品。

(6) 劳动者职业健康检查、诊疗制度。

① 对从事接触职业病危害作业的劳动者，用人单位应当组织上岗前、在岗期间和离岗时的职业健康检查，职业健康检查费用由用人单位承担。

② 用人单位应当为劳动者建立职业健康监护档案，并按照规定的期限妥善保存。职业健康监护档案应当包括劳动者的职业史、职业病危害接触史、职业健康检查结果和职业病诊疗等有关个人健康资料。劳动者离开用人单位时，有权索取本人职业健康监护档案复印件，用人单位应当如实、无偿提供，并在所提供的复印件上签章。

③ 职业病诊断，应当综合分析下列因素：a. 病人的职业史；b. 职业病危害接触史和工作场所职业病危害因素情况；c. 临床表现以及辅助检查结果等。用人单位应当如实提供职业病诊断、鉴定所需的劳动者职业史和职业病危害接触史、工作场所职业病危害因素检测结果等资料。

没有证据否定职业病危害因素与病人临床表现之间必然联系的，应当诊断为职业病。职业病诊断证明书应当由参与诊断的医师共同签署，并经承担职业病诊断的医疗卫生机构审核盖章。

④ 用人单位应当及时安排对疑似职业病病人进行诊断；在疑似职业病病人诊断或者医学观察期间，不得解除或者终止与其订立的劳动合同。疑似职业病病人在诊断、医学观察期间的费用，由用人单位承担。

⑤ 用人单位应当保障职业病病人依法享受国家规定的职业病待遇。用人单位应当按照国家有关规定，安排职业病病人进行治疗、康复和定期检查。

(7) 职业病危害建设项目管理制度。

① 预评价报告。建设项目（新建、扩建、改建建设项目和技术改造、技术引进项目）可能产生职业病危害的，建设单位在可行性论证阶段应当向安全生产监督管理部门提交职业病危害预评价报告。职业病危害预评价报告应当对建设项目可能产生的职业病危害因素及其对工作场所和劳动者健康的影响作出评价，确定危害类别和职业病防护措施。

未提交预评价报告或者预评价报告未经安全生产监督管理部门审核同意的，有关部门不得批准该建设项目。

②“三同时”制度。建设项目的职业病防护设施所需费用应当纳入建设项目工程预算，并与主体工程同时设计，同时施工，同时投入生产和使用。职业病危害严重的建设项目的防

护设施设计，应当经安全生产监督管理部门审查，符合国家职业卫生标准和卫生要求的，方可施工。

③ 控制效果评价与验收。建设项目在竣工验收前，建设单位应当进行职业病危害控制效果评价。建设项目竣工验收时，其职业病防护设施经安全生产监督管理部门验收合格后，方可投入正式生产和使用。

④ 预评价、控制效果评价必须由有资质单位进行。职业病危害预评价、职业病危害控制效果评价由依法设立的取得国家资质认可的职业卫生技术服务机构进行。职业卫生技术服务机构所作评价应当客观、真实。

（8）作业场所的职业危害管理制度。

① 作业场所的职业卫生要求。职业病危害因素的强度或浓度符合国家职业卫生标准；有与职业病危害防护相适应的设施；生产布局合理，符合有害与无害作业分开的原则；有配套的更衣间、洗浴间、孕妇休息间等卫生设施；设备、工具、用具等设施符合保护劳动者生理、心理健康的要求；法律、行政法规和国务院卫生行政部门、安全生产监督管理部门关于保护劳动者健康的其他要求。

② 作业场所的现场警示标识。a. 对产生严重职业病危害的作业岗位，应当在其醒目位置，设置警示标识和中文警示说明。警示说明应当载明产生职业病危害的种类、后果、预防以及应急救治措施等内容。b. 购置可能产生职业病危害设备的，应查验设备的醒目位置是否设置警示标识和中文警示说明。警示说明应当载明设备性能、可能产生的职业病危害、安全操作和维护注意事项、职业病防护以及应急救治措施等内容。c. 购置可能产生职业病危害的化学品、放射性同位素和含有放射性物质的材料的，应查验产品包装应当有醒目的警示标识和中文警示说明。贮存上述材料的场所应当在规定的部位设置危险物品标识或者放射性警示标识。d. 使用有毒物品作业场所应当设置黄色区域警示线、警示标识和中文警示说明。警示说明应当载明产生职业中毒危害的种类、后果、预防以及应急救治措施等内容。e. 高毒作业场所应当设置红色区域警示线、警示标识和中文警示说明，并设置通讯报警设备。

③ 作业场所的保护、应急设备和设施。a. 对可能发生急性职业损伤的有毒、有害工作场所，用人单位应当设置报警装置，配置现场急救用品、冲洗设备、应急撤离通道和必要的泄险区。b. 对放射工作场所和放射性同位素的运输、贮存，用人单位必须配置防护设备和报警装置，保证接触放射线的工作人员佩戴个人剂量计。c. 对职业病防护设备、应急救援设施和个人使用的职业病防护用品，用人单位应当进行经常性的维护、检修，定期检测其性能和效果，确保其处于正常状态，不得擅自拆除或者停止使用。d. 职业中毒危害防护设备、应急救援设施和通讯报警装置处于不正常状态时，用人单位应当立即停止使用有毒物品作业；恢复正常状态后，方可重新作业。e. 有毒作业场所设置有效的通风装置；可能突然泄漏大量有毒物品或者易造成急性中毒的作业场所，设置自动报警装置和事故通风设施；f. 高毒作业场所设置应急撤离通道和必要的泄险区，有可能泄漏液态剧毒物质的高风险度作业场所应专设泄险区。g. 从事使用高毒物品作业的用人单位应当设置淋浴间和更衣室，并设置清洗、存放或者处理从事使用高毒物品作业劳动者的工作服、工作鞋帽等物品的专用间。劳动者结束作业时，其使用的工作服、工作鞋帽等物品必须存放在高毒作业区域内，不得穿戴到非高毒作业区域。

④ 高毒生产装置的安全检修。a. 用人单位维护、检修存在高毒物品的生产装置，必须事先制订维护、检修方案，明确职业中毒危害防护措施，确保维护、检修人员的生命安全和身体健康。b. 维护、检修存在高毒物品的生产装置，必须严格按照维护、检修方案和操作规程进行。维护、检修现场应当有专人监护，并设置警示标志。c. 需要进入存在高毒物品

的设备、容器或者狭窄封闭场所作业时，用人单位应当事先采取下列措施：保持作业场所良好的通风状态，确保作业场所职业中毒危害因素浓度符合国家职业卫生标准；为劳动者配备符合国家职业卫生标准的防护用品；设置现场监护人员和现场救援设备。未采取上述规定措施或者采取的措施不符合要求的，用人单位不得安排劳动者进入存在高毒物品的设备、容器或者狭窄封闭场所作业。

(9) 职业危害事故应急救援预案和演练制度。从事使用高毒物品作业的用人单位，应当配备应急救援人员和必要的应急救援器材、设备，制定事故应急救援预案，并根据实际情况变化对应急救援预案适时进行修订，定期组织演练。事故应急救援预案和演练记录应当报当地卫生行政部门、安全生产监督管理部门和公安部门备案。

8.5 应急救援与事件、事故处理

与本节内容有关的法律、法规、标准主要有：

《中华人民共和国突发事件应对法》(2007)

《生产安全事故报告和调查处理条例》(国务院令第 493 号，2007)

《国家安监总局〈关于生产安全事故认定若干意见问题的函〉》(政法函〔2007〕39 号)

《生产安全事故应急预案管理办法》(国家安监总局令第 17 号，2009)

《生产安全事故信息报告和处置办法》(国家安监总局令第 21 号，2009)

AQ/T 3043—2013《危险化学品应急救援管理人员培训及考核要求》

AQ/T 9007—2011《生产安全事故应急演练指南》

AQ/T 9008—2012《安全生产应急管理人员培训及考核规范》

GB/T 29639—2013《生产经营单位生产安全事故应急预案编制导则》

8.5.1 应急预案与演练

《突发事件应对法》规定："矿山、建筑施工单位和易燃易爆物品、危险化学品、放射性物品等危险物品的生产、经营、储运、使用单位，应当制定具体应急预案，并对生产经营场所、有危险物品的建筑物、构筑物及周边环境开展隐患排查，及时采取措施消除隐患，防止发生突发事件。"

制订生产经营单位安全生产事故应急预案是贯彻落实"安全第一、预防为主、综合治理"方针，规范生产经营单位应急管理工作，提高应对风险和防范事故的能力，保证职工安全健康和公众生命安全，最大限度地减少财产损失、环境损害和社会影响的重要措施。

应急管理是一项系统工程，化工企业应结合本单位的实际情况，从公司、工厂到车间、班组分别制订相应的应急预案，形成体系，互相衔接，并按照统一领导、分级负责、条块结合、属地为主的原则，同地方人民政府和相关部门应急预案相衔接。

应急处置方案是应急预案体系的基础，应做到事故类型和危害程度清楚，应急管理责任明确，应对措施正确有效，应急响应及时迅速，应急资源准备充分，立足自救。

8.5.1.1 生产安全事故应急预案的编制

(1) 应急预案体系。是由综合应急预案、专项应急预案和现场处置方案构成。应根据本单位的管理组织体系、生产规模、危险源的性质以及可能发生的事故类型确定应急预案体系，并可根据本单位的实际情况，确定是否编制专项应急预案。风险因素单一的小微企业可只编写现场处置方案。

① 综合应急预案。生产经营单位风险种类多、可能发生多种事故类型的，应当组织编

制本单位的综合应急预案。综合预案相当于总体预案，从总体上阐述预案的应急方针、政策、应急组织机构及相应的职责，应急行动的总体思路等。一般包括本单位的应急组织机构及其职责、预案体系及响应程序、事故预防及应急保障、应急培训及预案演练等主要内容。

② 专项应急预案。是针对某种具体的、特定类型的紧急情况。如危险物质泄漏、火灾、某一自然灾害、危险源和应急保障而制定的计划或方案；是综合应急预案的组成部分，应按照综合应急预案的程序和要求组织制定，并作为综合应急预案的附件。一般包括危险性分析、可能发生的事故特征、应急组织机构与职责、预防措施、应急处置程序和应急保障等内容。

③ 现场处置方案。对于危险性较大的重点岗位，生产经营单位应当制定重点工作岗位的现场处置方案。它是针对具体装置、场所、岗位所制定的应急处置措施，如危险化学品事故专项预案下编制的某重大危险源的应急预案等。现场处置方案的特点是针对某一具体场所的该类特殊危险及周边环境情况，在详细分析的基础上，对应急救援中的各个方面作出具体、周密而细致的安排，因而现场处置方案具有更强的针对性和对现场具体救援活动的指导性。一般包括危险性分析、可能发生的事故特征、应急处置程序、应急处置要点和注意事项等内容。

(2) 应急预案编制程序。生产经营单位编制安全生产事故应急预案的程序，一般包括六个步骤。

① 成立工作组。结合本单位部门职能分工，成立以单位主要负责人（或分管负责人）为组长的应急预案编制工作组，明确编制任务、职责分工、制定工作计划。

② 资料收集。收集应急预案编制所需的各种资料（相关法律法规、技术标准、应急预案、国内外同行业事故案例分析、本单位技术资料、周边环境影响、应急资源等有关资料)。

③ 危险源与风险分析。在危险因素分析及事故隐患排查、治理的基础上，确定本单位的危险源、可能发生事故的类型和后果，进行事故风险分析并指出事故可能产生的次生、衍生事故，评估事故危害程度和影响范围，提出风险防控措施。形成分析报告作为应急预案的编制依据。

④ 应急能力评估。对本单位应急队伍、装备、物资等应急资源状况的基础上进行应急能力评估，并依据评估结果，完善应急保障措施。

⑤ 应急预案编制。依据本单位危险评估和应急能力评估结果，组织编制应急预案。应急预案编制过程中，应注重全体人员的参与和培训，使所有与事故有关人员均掌握危险源的危险性、应急处置方案和技能，应注意系统性和可操作性。应急预案应充分利用社会应急资源，与地方政府预案、上级主管单位以及相关部门的预案相衔接。

⑥ 应急预案的评审、备案与发布。评审分内部评审和外部评审，内部评审由本单位主要负责人组织有关部门和人员进行；外部评审的人员应当包括应急预案涉及的政府部门工作人员和有关安全生产及应急管理方面的专家。应急预案的评审应当注重应急预案的实用性、基本要素的完整性、预防措施的针对性、组织体系的科学性、响应程序的操作性、应急保障措施的可行性、应急预案的衔接性等内容。评审应当形成纪要并附有专家名单。

应急预案经评审或者论证后，由企业主要负责人签署发布。

应急预案经评审通过后，企业应当将其按照隶属关系向所在地县级及以上安全生产监督管理部门提出备案申请。安监部门应当组织专家对应急预案进行形式审查，符合要求的，予以备案并出具应急预案备案登记表。

(3) 应急预案主要内容。综合应急预案、专项应急预案、现场处置方案的主要内容及应急预案编制格式和要求，详见《生产安全事故应急预案管理办法》（安监总局令第 17 号，2009）和 GB/T 29639—2013《生产经营单位生产安全事故应急预案编制导则》的规定。

8.5.1.2 生产安全事故应急演练

应急演练是应急管理的重要环节。通过开展应急演练，可以实现评估应急准备状态，发现并及时修改应急预案、执行程序等相关工作的缺陷和不足；评估应急能力，识别资源需求，澄清相关机构、组织和人员的职责，改善不同机构、组织和人员之间的协调问题；检验应急响应人员对应急预案、执行程序的了解程度和实际操作技能，评估应急培训效果，分析培训需求。

企业应当制定本单位的应急预案演练计划，根据本企业的事故预防重点，专项应急预案至少每年进行一次实战演练，现场处置方案至少每季度进行一次实战演练，并可结合实际经常性开展桌面推演。

(1) 应急演练目的。①检验预案。发现应急预案中存在的问题，提高应急预案的科学性、实用性和可操作性。②锻炼队伍。熟悉应急预案，提高应急人员在紧急情况下妥善处置事故的能力。③磨合机制。完善应急管理相关部门、单位和人员的工作职责，提高协调配合能力。④宣传教育。普及应急管理知识，提高参演和观摩人员风险防范意识和自救互救能力。⑤完善准备。完善应急管理和应急处置技术，补充应急装备和物资，提高其适用性和可靠性。⑥其他需解决的问题。

(2) 应急演练原则。①符合相关规定。按照国家相关法律、法规、标准及有关规定住址开展演练；②切合企业实际。结合企业生产安全事故特点和可能发生的事故类型组织开展演练；③注重能力提高。以提高指挥协调能力、应急处置能力为主要出发点组织开展演练；④确保安全有序。在保证参演人员及设备设施的安全的条件下组织开展演练。

(3) 应急演练类型。应急演练按照演练内容分为综合演练（complex exercise）和单项演练（individual exercise），按照演练形式分为现场演练（field exercise）和桌面演练（tabletop exercise），不同类型的演练可相互组合。

(4) 应急演练内容。根据事故情景，组织下述各种演练：①预警与报告。向相关部门或人员发出预警信息，并向有关部门和人员报告事故情况。②指挥与协调。成立应急指挥部，调集应急救援队伍和相关资源，开展应急救援行动。③应急通讯。在应急救援相关部门和人员之间进行音频、视频信号或数据信息互通。④事故监测。对事故现场进行观察/分析或测定，确定事故严重程度、影响范围和变化趋势等。⑤警戒与管制。建立应急处置现场警戒区域，实行交通管制，维护现场秩序。⑥疏散与安置。对事故可能波及范围内的相关人员进行疏散、转移和安置。⑦医疗卫生。调集医疗卫生专家和卫生应急队伍开展紧急医学救援、卫生监测和防疫工作。⑧现场处置。按照相关应急预案和现场指挥部要求对事故现场进行控制和处理。⑨社会沟通。召开新闻发布会或事故情况通报会，通报事故有关情况。⑩后期处理。应急处置结束后，所开展的事故损失评估、事故原因调查、事故现场清理和相关善后工作。

应急演练的内容还应根据相关行业（领域）安全生产特点所包含的其他应急功能。

(5) 应急演练的组织与实施。一次完整的应急演练活动要包括计划、准备、实施、评估和持续改进五个阶段。有关应急演练的组织与实施、应急演练评估与总结、持续改进等内容详见 AQ/T 9007—2011《生产安全事故应急演练指南》。

8.5.1.3 应急预案的评估和修订

企业应当每年至少进行一次应急预案适用情况的评估，分析评价其针对性、操作性和实用性、实现应急预案动态优化和科学规范管理，并编制评估报告。

根据《安全生产事故应急救援管理办法》，企业制定的应急预案应当至少每三年修订一

次，预案修订情况应有记录并归档。当有下列情形之一发生的，企业应急预案应当及时修订：

(1) 生产经营单位因兼并、重组、转制等导致隶属关系、经营方式、法定代表人发生变化的；

(2) 生产经营单位生产工艺和技术发生变化的；

(3) 周围环境发生变化，形成新的重大危险源的；

(4) 应急组织指挥体系或者职责已经调整的；

(5) 依据的法律、法规、规章和标准发生变化的；

(6) 应急预案演练评估报告要求修订或生产安全事故实际应对中发现需要作出调整的；

(7) 应急预案管理部门要求修订的。

企业应急预案修订后，应按照应急预案报备程序及时重新备案。

8.5.2 应急救援与处置

一旦发生事故，应迅速启动应急救援预案，企业在现场的最高负责人任现场总指挥，积极组织抢救，妥善处置，以防止事故的蔓延扩大，减少人员伤亡和财产损失。企业各部门应发挥职能作用，做好现场抢救和警戒工作，保护事故现场。

应急救援与处置的方法是否正确非常重要，前述吉化双苯厂“11.13”特大爆炸事故，就是因应急救援措施不当，而造成重大环境污染事故。

8.5.2.1 应急救援的基本任务和形式

(1) 应急救援的基本任务：①减少人员伤亡。人是第一宝贵的，减少人员伤亡是应急救援的首要任务。由于事故发生突然、扩散迅速，所以需及时组织员工采取各种措施进行自身防护，必要时迅速撤离危险区；在应急救援行动中，快速、有序、有效地实施现场救援，是降低伤亡率、减少事故损失的关键。②迅速控制事故扩大。及时控制事故扩大是应急救援工作的重要任务。应采取果断、正确的措施，控制住事故，防止事故向重大危险源扩展。化工企业一旦发生事故，应急救援队伍应与化工技术人员一起及时控制事故的扩展。③消除危害后果，做好现场恢复。对事故造成的危害进行检测、监测，测定事故的危害区域、危害性质及危害程度。采取封闭、隔离、洗消等措施，防止对人体和环境的危害。

(2) 应急救援的基本形式。应急救援包括单位自救和社会救援两类。

① 单位自救一般是指事故规模小，依靠事故单位本身的救援力量即可完成应急救援行动。发生事故时，现场人员最了解事故现场的实际情况，如果平时应急演练做得好，就可以尽快控制事故，实施初期扑救。所以，单位自救是事故应急救援的最基本、最重要的救援形式。

② 社会救援一般是指事故发生的规模所需救援力量已超过事故单位自身救援力量，或事故危害超出事故单位区域，其危害程度较大需要动用社会应急救援力量的应急救援行动。

8.5.2.2 应急救援的实施

应急救援过程一般包括事故初期处置、事故报警、紧急疏散、现场急救、溢出或泄漏处理和消防等几个方面。

化工企业品种繁多，工艺复杂，应急救援不当引起事故或事故扩大的例子不胜枚举，所以必须谨慎从事。

(1) 事故初期处置。当发生突发性危险化学品泄漏或火灾爆炸事故时，①现场最高负责人即为现场指挥官直至紧急预案的现场指挥官到场；②立即向上级报告，通知总工程师或事故车间技术负责人到场；③迅速组织人员灭火，迅速扑救初起火灾是最有效的措施；④组织人员转移易燃物资，防止火情扩大。

特别需要注意的是：在实施上述措施时现场人员必须保护好自身的安全；在事故现场的应急处理方法上，权力必须让位于技术！

(2) 事故报警。事故如果发生在化工企业内部，需要社会救援，必须经现场指挥官同意，向当地应急救援部门或 119 和 120（如需要）报警。如果事故发生在运输途中，则应立即向 119 和 120（如需要）报警。

报警的内容应包括：事故单位、事故发生时间、地点、化学品名称和泄漏量、事故性质（外溢、爆炸、火灾）、危险程度、有无人员伤亡、报警人姓名及联系电话等。最好讲清需要救援的方式。

消防部门接到报警后，应立即按照需要救援的方式派出消防车。进入化工厂前必须与企业现场指挥官联系，取得他的同意。未经许可，严禁消防车进入化工厂！只有了解清楚现场情况，才能采取正确的救援办法。

救援人员应根据实际情况，穿戴防护服、佩戴防护面具或面罩，并应占领上风或侧风位置。

(3) 紧急疏散。①设立警戒区。事故发生后，应根据化学品泄漏或火情情况设立警戒区，并在通往事故现场的主要干道上实行交通管制。警戒区域的边界应设警示标志并有专人警戒。除消防及应急处理人员外，其他人员禁止进入警戒区。②紧急疏散人员：迅速将警戒区内与事故应急处理无关的人员撤离，应向事故现场上风向或侧风向转移；疏散人员不要在低洼处滞留。③紧急转移现场易燃物资，防止火情扩大。

(4) 紧急隔离。如火灾、爆炸事故，有扩大到周边厂房、设备、储罐的可能，应用水对这些地方进行封堵、冷却，与火灾现场紧急隔离。如不能用大量水进行隔离，可垒湿的沙包或土包墙进行隔离。

(5) 人员急救。详见 8.4.3.3　烫伤、化学灼伤的预防与急救。

(6) 泄漏控制。化学品的泄漏，按照 SDS 和 ICSC 描述的方法进行。

(7) 火情控制和消防。详见 8.3.3　防火、防爆和消防技术。

化学品事故的特点是发生突然、扩散迅速、持续时间长、涉及面广。一旦发生化学品事故，往往会引起人们的恐慌，处理不当，会引起次生、衍生灾害。因此，化工企业应不断完善事故应急救援预案，经常进行员工培训和组织演练，提高应付突发性事故的应变能力，做到遇灾不慌，临阵不乱，正确判断，正确处理，增强自我保护意识，避免伤亡事故的发生。

8.5.3　事件、事故分类和报告

8.5.3.1　事件和事故分类

安全生产事故是指在生产经营活动（包括与生产经营有关的活动）过程中，突然发生的伤害人身安全和健康或者损坏设备设施或者造成经济损失，导致原活动暂时中止或永远终止的意外事件。

安全事件是涉险事故、未遂事故等（如生产事故征兆、非计划停工、异常工况、泄漏等）。

国家安监总局、工信部（安监总管三〔2010〕186 号）提出："加强安全事件管理。企业应对涉险事故、未遂事故等安全事件（如生产事故征兆、非计划停工、异常工况、泄漏等），按照重大、较大、一般等级别，进行分级管理，制定整改措施，防患于未然；建立安全事故事件报告激励机制，鼓励员工和基层单位报告安全事件，使企业安全生产管理由单一

事后处罚，转向事前奖励与事后处罚相结合；强化事故事前控制，关口前移，积极消除不安全行为和不安全状态，把事故消灭在萌芽状态。”

“加强事故管理。企业要根据国家相关法律、法规和标准的要求，制定本企业的事故管理制度，规范事故调查工作，保证调查结论的客观完整性；事故发生后，要按照事故等级、分类时限，上报政府有关部门，并按照相关规定，积极配合政府有关部门开展事故调查工作。事故调查处理应坚持‘四不放过’和‘依法依规、实事求是、注重实效’的原则。”

国务院《生产安全事故报告和调查处理条例》规定，根据生产安全事故（以下简称事故）造成的人员伤亡或者直接经济损失，事故分为四个等级（“以上”包括本数，“以下”不包括本数）：

① 特别重大事故，是指造成 30 人以上死亡，或者 100 人以上重伤（包括急性工业中毒，下同），或者 1 亿元以上直接经济损失的事故；

② 重大事故，是指造成 10 人以上 30 人以下死亡，或者 50 人以上 100 人以下重伤，或者 5000 万元以上 1 亿元以下直接经济损失的事故；

③ 较大事故，是指造成 3 人以上 10 人以下死亡，或者 10 人以上 50 人以下重伤，或者 1000 万元以上 5000 万元以下直接经济损失的事故；

④ 一般事故，是指造成 3 人以下死亡，或者 10 人以下重伤，或者 1000 万元以下直接经济损失的事故。

国务院《特种设备安全监察条例》对涉及特种设备的特别重大事故、重大事故、较大事故、一般事故进行了补充规定。

化工企业必须努力做到杜绝事故的发生。作者认为应确定企业事故等级，在企业内部加强对安全生产事故的管理。①企业重大事故：有重伤但无死亡，或者直接经济损失在 10 万以上 50 万以下的事故。②企业较大事故：无重伤但轻伤 5 人以上，或者直接经济损失在 1 万以上 10 万以下的事故。③企业一般事故：轻伤 1 人，或者直接经济损失在 0.1 万以上 1 万以下的事故。④企业微小事故；无轻伤，直接经济损失在 0.1 万元以下的事故。

人身伤害事故的类别有：物体打击；车辆伤害；机械伤害；起重伤害；触电；淹溺；灼烫；火灾；高处坠落；坍塌；锅炉爆炸；容器爆炸；中毒和窒息；其它伤害等。

8.5.3.2 事故的报告

国务院《生产安全事故报告和调查处理条例》规定：事故发生后，事故现场有关人员应当立即向本单位负责人报告；单位负责人接到报告后，应当于 1h 内向事故发生地县级以上人民政府安全生产监督管理部门和负有安全生产监督管理职责的有关部门报告。情况紧急时，事故现场有关人员可以直接向事故发生地县级以上人民政府安全生产监督管理部门和负有安全生产监督管理职责的有关部门报告。

如果事故现场条件特别复杂，难以确定事故等级，情况十分危急，上一级部门没有足够能力开展应急救援工作，或者事故性质特殊，社会影响特别重大时，就应当允许越级上报事故。

安全生产监督管理部门和负有安全生产监督管理职责的有关部门接到事故报告后，应当依照下列规定上报事故情况，并通知公安机关、劳动保障行政部门、工会和人民检察院：①特别重大事故、重大事故逐级上报至国务院安全生产监督管理部门和负有安全生产监督管理职责的有关部门。②较大事故逐级上报至省、自治区、直辖市人民政府安全生产监督部门和负有安全生产监督管理职责的有关部门。③一般事故上报至设区的市级人民政府安全生产监督管理部门和负有安全生产监督管理职责的有关部门。

安全生产监督管理部门及负有安全生产监督管理职责的有关部门逐级上报事故情况，每级上报的时间不得超过 2h。事故报告后出现新情况的，应当及时补报。自事故发生之日起 30 日内，事故造成的伤亡人数发生变化的，应当及时补报。道路交通事故、火灾事故自发生之日起 7 日内，事故造成的伤亡人数发生变化的，应当及时补报。

上报事故的首要原则是及时。所谓“2h”起点是指接到下级部门报告的时间，以特别重大事故的报告为例，按照报告时限的要求的最大值计算，从单位负责人报告县级管理部门，再由县级管理部门报告市级管理部门、市级管理部门报告省级管理部门、省级管理部门报告国务院管理部门，直至最后报至国务院，总计需要时间 9h。

之所以对上报事故做出这样限制性的时间规定，主要是基于如下原因：快速上报事故，有利于上级部门及时掌握情况，迅速开展应急救援工作。上级安全管理部门可以及时调集应急救援力量，发挥更多的人力、物力等资源优势，协调各方面的关系，尽快组织实施有效救援。

事故的报告内容有：

① 事故发生单位概况。应包括单位的全称、所处地理位置、所有制形式和隶属关系、生产经营范围和规模、单位负责人等。

② 事故发生的时间、地点以及事故现场情况。报告事故发生的时间尽量精确到分钟；除报告事故发生的中心地点外，还应当报告事故所波及的区域；报告事故现场总体情况、设备设施损坏情况、事故前的基本情况等。

③ 事故的简要经过。

④ 事故已经造成或者可能造成的伤亡人数（包括下落不明的人数）和初步估计的直接经济损失。对于人员伤亡情况的报告，应实事求是，既不作无根据的揣测，更不能隐瞒实际伤亡人数；对于直接经济损失的初步估算，主要指事故所导致的建筑物的损毁、生产设备设施的损坏、原材料和化工产品等。由于人员伤亡情况和经济损失情况直接影响事故等级的划分，并因此决定事故的调查处理等后续重大问题，在报告这方面情况时应当谨慎细致，力求准确。

⑤ 已经采取的措施。主要指事故现场有关负责人、事故单位负责人、已经接到事故报告的安监部门为减少损失，防止事故扩大所采取的应急救援和便于事故调查采取的现场保护的具体措施等。

⑥ 其他应当报告的情况。

事故报告应遵循正确、完整的原则，尽量能够全面地反映事故情况。企业在事故报告后出现新情况时，应按有关规定及时补报。

8.5.4 事故调查及处理

8.5.4.1 事故调查处理的原则

事故调查处理应坚持下列四个原则：

① 坚持逐级上报，分级调查处理的原则；

② 坚持实事求是，尊重科学的原则；

③ 坚持公正、公开，及时通报的原则；

④ 坚持“四不放过”的原则：事故原因没有查清楚不放过，事故责任者没有严肃处理不放过，广大职工没有受到教育不放过，防范整改措施没有落实不放过。

事故调查组成员在事故调查工作中应当诚信公正、恪尽职守，遵守事故调查组的纪律，保守事故调查的秘密。未经事故调查组组长允许，事故调查组成员不得擅自发布有关事故的信息。

企业应建立事故档案和台账。

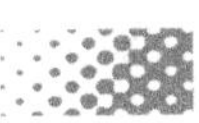

8.5.4.2 事故调查组的组成

国务院《生产安全事故报告和调查处理条例》规定：特别重大事故由国务院或者国务院授权有关部门组织事故调查组进行调查。重大事故、较大事故、一般事故分别由事故发生地省级人民政府、设区的市级人民政府、县级人民政府负责调查。省级人民政府、设区的市级人民政府、县级人民政府可以直接组织事故调查组进行调查，也可以授权或者委托有关部门组织事故调查组进行调查。未造成人员伤亡的一般事故，县级人民政府也可以委托事故发生单位组织事故调查组进行调查。

特别重大事故以下等级事故，事故发生地与事故发生单位不在同一个县级以上行政区域的，由事故发生地人民政府负责调查，事故发生单位所在地人民政府应当派人参加。

事故调查组的组成应当遵循精简、效能的原则。

根据事故的具体情况，事故调查组由有关人民政府、安监部门、负有安监职责的有关部门、监察机关、公安机关以及工会派人组成，并应当邀请人民检察院派人参加。事故调查组可以聘请有关专家参与调查。

企业重大事故，由企业负责人任命调查组长，抽调有关职能部门人员和外部聘请人员组成调查组。企业其他级别事故，由企业安全环保部门组织调查，提交调查报告。

8.5.4.3 事故调查组的职责

事故调查组履行下列职责：①查明事故发生的经过、原因、人员伤亡情况及直接经济损失；②认定事故的性质和事故责任；③提出对事故责任者的处理建议；④总结事故教训，提出防范和整改措施；⑤提交事故调查报告。

(1) 查明事故发生的经过。事故发生前，事故发生单位生产作业状况；事故发生的具体时间、地点；事故现场状况及事故现场保护情况；事故发生后采取的应急处置措施情况；事故报告经过；事故抢救及事故救援情况；事故的善后处理情况；其他与事故发生经过有关的情况。

(2) 查明事故发生的原因。事故发生的直接原因、间接原因、其他原因。

(3) 人员伤亡情况。事故发生前事故发生单位生产作业人员分布情况；事故发生时人员涉险情况；事故当场人员伤亡情况及人员失踪情况；事故抢救过程中人员伤亡情况；最终人员伤亡情况；其他与事故发生有关人员伤亡情况。

(4) 事故的直接经济损失。人员伤亡后所支付的费用，如医疗费用、丧葬及抚恤费用、补助及救济费用、歇工工资等；事故善后处理费用，如处理事故的事务性费用、现场抢救费用、现场清理费用、事故罚款和赔偿费用等；事故造成的财产损失等。

(5) 认定事故的性质和事故责任分析。通过事故调查分析，对事故的性质有明确的结论。认定为责任事故的，要按照责任大小和承担责任的不同分别认定直接责任者、主要责任者、领导责任者。

(6) 提出对事故责任者的处理建议。

(7) 总结事故教训。通过事故调查分析，在认定事故的性质和事故责任的基础上，要认真总结事故教训，主要是在安全生产管理、安全生产投入、安全生产条件等方面存在哪些薄弱环节、漏洞和隐患，要认真对照问题查找根源、吸取教训。

(8) 提出防范和整改措施。防范和整改措施要有针对性、可操作性、普遍适用性和时效性。

(9) 提交事故调查报告。

8.5.4.4 事故调查方法

在事故调查中，要注意方式、方法的运用，取证时注重技巧、策略，只有这样，才能真正、彻底地查明问题。

(1) 变被动为主动，克服事故调查滞后难题。事故调查前调查人员应先期收集事故单位有关资料，了解事故单位生产经营工艺特点，做到心中有数。事故调查中，要尽可能多询问几个当事人，并应尽量调取事故现场视频资料，尽可能还原事故过程。

(2) 定量分析和定性分析并重，找准事故原因。要对事故进行全面调查取证，对有关言证、书证进行定量分析，同时要根据事故情况需要对有关设备、设施进行检测，让数据说话。

(3) 掌握事故调查取证技巧和策略。生产安全事故调查，总的思路是围绕事故发生的经过这条主线，通过"听、看、问、查、验"的方式对事故总的情况进行详细调查。调查过程无统一标准，更无捷径可走，只能发挥聪明才智，靠细心和耐心来完成。在调查取证的具体活动中，恰当运用技巧，会起到事半功倍的效果。

A. 听取事故情况汇报。调查事故首先要听取企业负责人关于事故情况的汇报，要注意事故发生的时间：具体到几点几分几秒；地点：事故发生第一现场，具体车间、班组；事故伤亡人员的年龄、工作岗位；事故发生时一起工作的员工；事故发生时带班、值班负责人；造成事故发生的大致原因。在对事故过程基本了解之后，事故调查组人员根据事故实际情况可以分组，一般分为现场组、资料组、询问笔录组等，每组指定一名业务较好的人员任组长，每组都有企业相关人员配合，然后开始着手进行调查。

B. 查看事故现场。现场组主要任务是查明事故发生现场的情况，发现和收集证据，确定调查方向和范围。现场组人员必须亲自到现场进行勘验，现场勘验主要对事故现场的原始状态，以及与事故有关的主要物体、痕迹、遗留物等物体进行查验，获取物证。调查人员进行现场勘验检查时，要采取拍照、测量和制作简易现场图等措施，及时提取与案件有关的证据材料，获得第一手资料。通过了解现场残留物品位置、使用情况、损坏情况可以较直观地了解事故发生的经过，尽可能还原事故过程。经过现场勘验，可以获取事故发生的初始原因、致伤（死）原因。

C. 询问相关证人。询问笔录组主要是询问与事故有关的人员，重点是事故企业员工、班组长、安全负责人、主要负责人等。通过询问获得事故发生的证言、证词，通常是要求被询问人将事故发生前后所亲历的事情详细地讲述一遍，将时间、地点、人物、行为、后果、现场目击人以及事故报告等情况讲述清楚。另外，还要向被询问人了解事故相关情况，如出事的人是否受到培训教育；是否落实安全防护措施、是否遵守操作规程、设施设备是否安装安全装置等等。记录时要向被询问人了解清楚，分清哪些是其亲眼所见的事实，哪些是其猜测、评论、推断的感知事实。询问人要注意询问内容要与事故现场勘验情况相对应，形成证据链，相互印证。

询问过程中关键要做到以下几点：a. 坚持一事一问，要把一件事问到底，问清楚，要趁热打铁，一气呵成，切忌证言残缺不全；防止一件事问多人，缺乏有效性、一致性和完整性。b. 提问要明确清楚，避免被询问人含糊其辞；一旦话题扯远了，不要着急，要机智地把话题引回正题。c. 如果被询问人态度蛮横，不愿说出实情，询问人要晓之以理，动之以情，讲明其中的厉害关系。d. 询问人员说的每句话，都要慎重，不能对事故的合法或违法性进行评判；询问要抓住实质性问题就事问事，以免被询问人避重就轻或隐瞒真相，甚至拒绝回答。e. 关键地方可采用加重语气、突出重点的方法，说出的话掷地有声，紧紧抓住实质问题和被询问人已暴露的问题，有条不紊，顺藤摸瓜。f. 被询问人如果表达不清或关键时不说了，询问人可以替其说出然后再问，只要被询问人答"是"或"不是"，"对"与"不对"就行。

D. 查有关资料。根据《安全生产法》规定企业主要负责人六个方面的职责，结合事故情况，要求企业大致需提供以下资料：a. 事故单位的企业法人营业执照复印件；b. 相关单位签订的承包合同（或安全生产管理协议）；c. 企业主要负责人的身份证复印件；d. 安全管

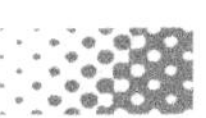

理机构、安全员任职文件、安全生产管理制度、安全操作规程、安全检查记录、安全培训记录等复印件；e. 事故现场图片、照片、影像资料；f. 单位主要负责人、安全生产管理人员、特种作业人员的资格证书复印件；g. 特种设备的检验合格证；h. 劳动防护用品的发放记录；i. 安全目标责任书签订情况；j. 安全投入台账、安全设备安装使用维护台账。

通过查看上述资料，能查出主要负责人、安全管理人员等的履职情况；同时，也能查出安全生产法律、法规贯彻执行情况，安全管理制度落实情况等；为下一步的责任追究收集证据，为事故发生总结经验教训。

E. 验证收集证据。调查得来的材料常常有真有伪，真假难辨，特别是部分询问笔录，由于被询问人的立场、态度和利害关系，所提供的情况往往不一定全部属实；同时由于角度不同，了解的程度深浅不一，因此提供的信息也有差别。所以，要进行分析梳理、鉴别选择，以确保材料的真实性和准确性，前后对应无漏洞；要及时整理调查材料，对所取得的材料证据进行全面整理，查看环节是否关联紧密，能否互相印证；一定不要孤立片面、互相矛盾，如果缺少某环节证据再开展补充调查，进行个别询问，确保调查材料的合理、合法、全面。

(4) 加强事故分析论证，力争事故调查准确。在事故调查过程中，要对收集到的各种论据材料进行综合分析，运用系统的观点、发展的观点，从现象到本质进行分析，理清事故发生的因果关系，揭示事故发生的必然性和偶然性，查清事故原因，提出防范措施。

8.5.4.5 事故调查报告

事故调查组应当自事故发生之日起 60 日内提交事故调查报告；特殊情况下，经负责事故调查的人民政府批准，提交事故调查报告的期限可以适当延长，但延长的期限最长不超过 60 日。

事故调查报告应当包括下列内容：①事故发生单位概况；②事故发生经过和事故救援情况；③事故造成的人员伤亡和直接经济损失；④事故发生的原因和事故性质；⑤事故责任的认定以及对事故责任者的处理建议；⑥事故防范和整改措施。

事故调查报告应当附具有关证据材料。事故调查组成员应当在事故调查报告上签名。

事故调查报告报送负责事故调查的人民政府后，事故调查工作即告结束。事故调查的有关资料应当归档保存。

企业事故调查报告及相关资料由安全环保部门归档保存。

8.5.4.6 事故处理

应当按照事故“四不放过”的原则进行事故处理。

重大事故、较大事故、一般事故，负责事故调查的人民政府应当自收到事故调查报告之日起 15 日内做出批复；特别重大事故，30 日内做出批复，特殊情况下，批复时间可以适当延长，但延长的时间最长不超过 30 日。

有关机关应当按照人民政府的批复，依照法律、行政法规规定的权限和程序，对事故发生单位和有关人员进行行政处罚，对负有事故责任的国家工作人员进行处分。事故发生单位应当按照负责事故调查的人民政府的批复，对本单位负有事故责任的人员进行处理。负有事故责任的人员涉嫌犯罪的，依法追究刑事责任。

事故处理的情况由负责事故调查的人民政府或者其授权的有关部门、机构向社会公布，依法应当保密的除外。

事故发生单位应当认真吸取事故教训，落实防范和整改措施，防止事故再次发生。防范和整改措施的落实情况应当接受工会和职工的监督，接受安监部门的监督。

8.6 安全生产管理制度

8.6.1 化工行业安全管理制度系列

国家安监总局、工业和信息化部联合制定的《关于危险化学品企业贯彻落实〈国务院关于进一步加强企业安全生产工作的通知〉的实施意见》（安监总管三〔2010〕186号）是对我国化工行业安全管理制度建设的全面总结，具有重要的指导意义。

对危险化学品企业（指生产、储存危险化学品的企业和使用危险化学品从事化工生产的企业），《实施意见》提出了九大系列38项制度建设的意见，叙述如下（已补充了有关新法规和标准）：

8.6.1.1 强化安全生产体制、机制建设，建立健全企业全员安全生产责任体系

（1）建立和不断完善安全生产责任体系。坚持“谁主管、谁负责”的原则，明确企业主要负责人、分管负责人、各职能部门、各级管理人员、工程技术人员和岗位操作人员的安全生产职责，做到全员每个岗位都有明确的安全生产职责并与相应的职务、岗位匹配。

（2）建立和不断完善安全生产规章制度。应建立至少包含以下内容的安全生产规章制度：安全生产例会，工艺管理，开停车管理，设备管理，电气管理，公用工程管理，施工与检维修（特别是动火作业、进入受限空间作业、高处作业、起重作业、临时用电作业、破土作业等）安全规程，安全技术措施管理，变更管理，巡回检查，安全检查和隐患排查治理；干部值班，事故管理，厂区交通安全，防火防爆，防尘防毒，防泄漏，重大危险源，关键装置与重点部位管理；危险化学品安全管理，承包商管理，劳动防护用品管理；安全教育培训，安全生产奖惩等。

安全生产规章制度、安全操作规程至少每3年评审和修订一次，发生重大变更应及时修订。

（3）加强安全生产管理机构建设。企业要设置安全生产管理机构或配备专职安全生产管理人员。安全生产管理机构要具备相对独立职能。专职安全生产管理人员应不少于企业员工总数的2%（不足50人的企业至少配备1人），要具备化工或安全管理相关专业中专以上学历，有从事化工生产相关工作2年以上经历，取得安全管理人员资格证书。

（4）建立和严格执行领导干部带（值）班制度。企业副总工程师以上领导干部要轮流带（值）班。生产车间也要建立由管理人员参加的车间值班制度。

（5）及时排查治理事故隐患，企业要建立健全事故隐患排查治理和监控制度。形成全面覆盖、全员参与的隐患排查治理工作机制，使隐患排查治理工作制度化、常态化，做到隐患整改的措施、责任、资金、时限和预案“五到位”。要建立生产工艺装置危险有害因素辨识和风险评估制度。

（6）切实加强职业健康管理。企业要明确职业健康管理机构及其职责，完善职业健康管理制度。

（7）建立健全安全生产投入保障机制，严格执行安全生产费用提取使用管理制度。安全生产费用的提取和使用要符合《高危行业企业安全生产费用财务管理暂行办法》（财企〔2006〕478号）要求。

8.6.1.2 强化工艺过程安全管理，提升本质化安全水平

（1）加强建设项目安全管理。企业新建、改建、扩建危险化学品建设项目要严格按照《危险化学品建设项目安全许可实施办法》（安监总局令2006第8号）的规定执行，严格执行建设项目安全设施、职业病防护设施“三同时”制度。新建企业必须在化工园区或集中区

 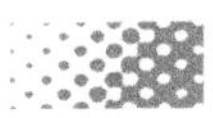

建设。规范、标准有：

GBZ 1—2010《工业企业设计卫生标准》

GBZ/T 181—2006《建设项目职业病危害放射防护评价报告编制规范》

AQ/T 3033—2010《化工建设项目安全设计管理导则》

AQ/T 4233—2013《建设项目职业病防护设施设计专篇》

AQ/T 8009—2013《建设项目职业病危害预评价导则》

AQ/T 8010—2013《建设项目职业病危害控制效果评价》

《危险化学品建设项目安全设施设计专篇编制导则》（安监总厅管三〔2013〕39号）

《关于进一步加强危险化学品建设项目安全设计管理的通知》（安监总管三〔2013〕76号）

建设项目建成试生产前，建设单位要组织设计、施工、监理和建设单位的工程技术人员进行“三查四定”（三查：查设计漏项、查工程质量、查工程隐患；四定：定任务、定人员、定时间、定整改措施），聘请有经验的工程技术人员对项目试车和投料过程进行指导。试车和投料过程要严格按照设备管道试压、吹扫、气密、单机试车、仪表调校、联动试车、化工投料试生产的程序进行。试车引入化工物料（包括氮气、蒸汽等）后，建设单位要对试车过程的安全进行总协调和负总责。

（2）积极开展工艺过程风险分析。企业要按照 AQ/T 3034—2010《化工企业工艺安全管理实施导则》、《关于加强化工过程安全管理的指导意见》（安监总管三〔2013〕88号）要求，全面加强化工工艺安全管理。

企业应建立风险管理制度，积极组织开展危害辨识、风险分析工作。要从工艺、设备、仪表、控制、应急响应等方面开展系统的工艺过程风险分析，预防重特大事故的发生。新开发的危险化学品生产工艺，必须在小试、中试、工业化试验的基础上逐步放大到工业化生产。

（3）确保设备设施完整性。企业要制定特种设备、安全设施、电气设备、仪表控制系统、安全联锁装置等日常维护保养管理制度，确保运行可靠；防雷防静电设施、安全阀、压力容器、仪器仪表等均应按照有关法规和标准进行定期检测检验。

（4）大力提高工艺自动化控制与安全仪表水平。新建大型和危险程度高的化工装置，在设计阶段要进行仪表系统安全完整性等级评估，选用安全可靠的仪表、联锁控制系统，配备必要的有毒有害、可燃气体泄漏检测报警系统和火灾报警系统，提高装置安全可靠性。

（5）加强变更管理。企业要制定并严格执行变更管理制度。对采用的新工艺、新设备、新材料、新方法等，要严格履行申请、安全论证审批、实施、验收的变更程序，实施变更前应对变更过程产生的风险进行分析和控制。

（6）加强重大危险源管理。企业要按有关标准辨识重大危险源，建立健全重大危险源安全管理制度，落实重大危险源管理责任，制定重大危险源安全管理与监控方案，建立重大危险源安全管理档案，按照有关规定做好重大危险源备案工作。

重大危险源涉及的压力、温度、液位、泄漏报警等重要参数的测量要有远传和连续记录，液化气体、剧毒液体等重点储罐要设置紧急切断装置。在重大危险源现场明显处设置安全警示牌、危险物质安全告知牌。

（7）高度重视储运环节的安全管理。制订和不断完善危险化学品收、储、装、卸、运等环节安全管理制度，严格产品收储管理。

（8）加快安全生产先进技术研发和应用。企业应积极开发具有安全生产保障能力的关键技术和装备。

8.6.1.3 加强作业过程管理，确保现场作业安全

（1）开展作业前风险分析。企业要根据生产操作、工程建设、检维修、维护保养等作业的特点，全面开展作业前风险分析。

（2）严格作业许可管理。企业要建立作业许可制度，对动火作业、进入受限空间作业、破土作业、临时用电作业、高处作业、起重作业、抽堵盲板作业、设备检维修作业、危险化学品储罐区作业、断路作业、高温作业等危险性作业实施许可管理。

（3）加强作业过程监督。进行监督和管理的人员应是作业许可审批人或其授权人员，须具备基本救护技能和作业现场的应急处理能力。对11大作业实行监督管理。

（4）加强对承包商的管理。企业要加强对承担工程建设、检维修、维护保养的承包商的管理。对进入企业的承包商人员进行全员安全教育，向承包商进行作业现场安全交底，对承包商的安全作业规程、施工方案和应急预案进行审查，对承包商的作业过程进行全过程监督。承包商作业时要执行与企业完全一致的安全作业标准。

8.6.1.4 实施规范化安全培训管理，提高全员安全意识和操作技能

（1）进一步规范和强化企业安全培训教育管理。企业要制定安全培训教育管理制度，实施持续不断的安全培训教育，使从业人员满足本岗位对安全生产知识和操作技能的要求。

企业必须对新录用的员工，包括临时工、合同工、劳务工、轮换工、协议工及转岗、脱岗1年（含）以上的从业人员等进行强制性安全培训教育，经过厂、车间、班组三级安全培训教育，经考核合格后方可上岗作业。

（2）企业主要负责人、安全生产管理人员、应急救援管理人员必须接受具有相应资质培训机构组织的培训，参加相关部门组织的考试（考核），取得安全管理资格证书。标准有：

AQ/T 3029—2010《危险化学品生产单位主要负责人安全生产培训大纲及考核标准》

AQ/T 3030—2010《危险化学品生产单位安全生产管理人员安全生产培训大纲及考核标准》

AQ/T 3031—2010《危险化学品经营单位主要负责人安全生产培训大纲及考核标准》

AQ/T 3043—2013《危险化学品应急救援管理人员培训及考核要求》

（3）加强特种作业人员资格培训。掌握与其所从事的特种作业相应的安全技术理论知识和实际操作技能，经相关部门考核合格，取得特种作业操作证后，持证上岗。

8.6.1.5 加强应急管理，提高应急响应水平

（1）建立、健全企业应急体系，建立、健全应急组织和专（兼）职应急队伍，明确职责。鼓励企业与周边其他企业签订应急救援和应急协议，提高应对突发事件的能力。

（2）完善应急预案管理。企业的应急预案要与周边相关企业（单位）和当地政府应急预案相互衔接，形成应急联动机制。

要在做好风险分析和应急能力评估的基础上分级制定应急预案。要针对重大危险源和危险目标，做好基层作业场所的现场处置方案。在预案编制过程中要始终把从业人员及周边居民的人身安全和环境保护作为事故应急响应的首要任务，赋予企业生产现场的带班人员、班组长、生产调度人员在遇到险情时第一时间下达停产撤人的直接决策权和指挥权，提高突发事件初期处置能力，最大限度地减少或避免事故造成的人员伤亡。

（3）建立完善企业安全生产预警机制。企业要建立完善安全生产动态监控及预警预报体系，每月进行一次安全生产风险分析。发现事故征兆要立即发布预警信息，落实防范和应急处置措施。对重大危险源和重大隐患要报当地安全生产监管部门和行业管理部门备案。

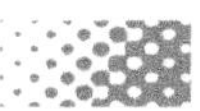

8.6.1.6 加强事故事件管理，进一步提升事故防范能力

（1）加强安全事件管理。企业应对涉险事故、未遂事故等安全事件（如生产事故征兆、非计划停工、异常工况、泄漏等），按照重大、较大、一般等级别，进行分级管理，制定整改措施，防患于未然；建立安全事故事件报告激励机制，强化事故事前控制，关口前移，积极消除不安全行为和不安全状态，把事故消灭在萌芽状态。

（2）加强事故管理。制定本企业的事故管理制度，规范事故调查工作。事故发生后，要按照事故等级、分类时限，上报政府有关部门，并按照相关规定，积极配合政府有关部门开展事故调查工作。事故调查处理应坚持“四不放过”和“依法依规、实事求是、注重实效”的原则。

（3）深入分析事故、事件原因，找出安全管理体系的漏洞，从整体上提出整改措施，改善安全管理体系。

（4）切实吸取事故教训，建立事故通报制度。充分利用事故案例资源，提高安全教育培训的针对性和有效性。对本单位、相关单位在一段时间内发生的所有事故事件进行统计分析，研究事故、事件发生的特点、趋势，制定防范事故的总体策略。

8.6.1.7 严格检查和考核，促进管理制度的有效执行

（1）加强安全生产监督检查。企业要完善安全生产监督检查制度，采取定期和不定期的形式对各项管理制度以及安全管理要求落实情况进行监督检查。企业安全检查分日常检查、专业性检查、季节性检查、节假日检查和综合性检查。

企业应对检查发现的问题或外部评估的问题及时进行整改，并对整改情况进行验证。企业应分析形成问题的原因，以便采取措施，避免同类或类似问题再次发生。

（2）对安全生产情况进行绩效考核。绩效考核指标包含人身伤害、泄漏、着火和爆炸事故等情况，以及内部检查的结果、外部检查的结果和安全生产基础工作情况、安全生产各项制度的执行情况等。要建立员工安全生产行为准则，对员工的安全生产表现进行考核。

8.6.1.8 全面开展安全生产标准化建设，持续提升企业安全管理水平

（1）全面开展安全达标。企业要全面贯彻落实 AQ/T 9006—2010《企业安全生产标准化基本规范》、AQ 3013—2008《危险化学品从业单位安全标准化通用规范》，积极开展安全生产标准化工作。要通过开展岗位达标、专业达标，推进企业的安全生产标准化工作，不断提高企业安全管理水平。

通过开展安全生产标准化达标工作，进一步强化落实安全生产“双基”（基层、基础）工作，不断提高企业的安全管理水平和安全生产保障能力。

（2）深入开展安全文化建设。企业要按照 AQ/T 9004—2008《企业安全文化建设导则》、AQ/T 9005—2008《企业安全文化建设评价准则》要求，积极开展和加强安全文化建设，提高从业人员的安全意识和遵章守纪的自觉性，逐渐消除“三违”（违章指挥、违章作业、违反劳动纪律）现象。主要负责人是企业安全文化的倡导者和企业安全文化建设的直接责任者。

8.6.1.9 切实加强危险化学品安全生产的监督和指导管理

（1）进一步加大安全监管力度。地方各级政府、安全监管部门、负有危险化学品安全生产监管职责的有关部门和工业管理部门要按职责分工，创新监管思路，监督指导企业建立和不断完善安全生产长效机制。

（2）制定落实化工行业安全发展规划，严格危险化学品安全生产准入。各地区、各有关

部门要做好化工行业安全发展规划，规划化工园区（化工集中区），确定危险化学品储存专门区域，新建化工项目必须进入化工园区（化工集中区）。要大力支持有效消除重大安全隐患的技术改造和搬迁项目，推动现有风险大的化工企业搬迁进入化工园区（化工集中区），防范企业危险化学品事故影响社会公共安全。

严格危险化学品安全生产许可制度，加强危险化学品经营许可的管理，严格执行《危险化学品建设项目安全许可实施办法》，对新建、改建、扩建危险化学品生产、储存装置和设施项目，进行建设项目设立安全审查、安全设施设计的审查、试生产方案备案和竣工验收。加强对化工建设项目设计单位的安全管理，提高化工建设项目安全设计水平和新建化工装置本质安全度。

(3) 加强对化工园区、大型石油储罐区和危险化学品输送管道的安全监管。

科学规划化工园区，从严控制化工园区的数量。化工园区要做整体风险评估，化工园区内企业整体布局要统一科学规划。化工园区要有专门的安全监管机构，要有统一的一体化应急系统，提高化工园区管理水平。

大型石油储罐区选址要科学合理，储罐区的罐容总量和储罐区的总体布局要满足安全生产的需要，涉及多家企业（单位）大型石油储罐区要建立统一的安全生产管理和应急保障系统。

各地区要明确辖区内危险化学品输送管道安全监管工作的牵头部门，要摸清辖区内穿越公共区域以及公共区域内地下危险化学品输送管道的情况，并建立长期档案。要督促有关企业进一步落实安全生产责任，完善危险化学品管道标志和警示标识，健全有关资料档案；对危险化学品输送管道定期进行检测，加强日常巡线，发现隐患及时处置。

(4) 加强城市危险化学品安全监管。要进一步发挥危险化学品安全生产部门联席会议制度的作用，制定政策措施，积极推动城区内危险化学品企业搬迁工作。

(5) 严格执行危险化学品重大隐患政府挂牌督办制度，严肃查处危险化学品生产安全事故。

8.6.2 安全生产标准化

8.6.2.1 安全生产标准化概述

安全生产标准化是企业通过建立安全生产责任制，制定安全管理制度和操作规程，排查治理隐患和监控重大危险源，建立预防机制，规范生产行为，使各生产环节符合有关安全生产法律法规和标准规范的要求，人、机、物、环处于良好的生产状态，并持续改进，不断加强企业安全生产规范化建设。

安全生产标准化是我国特有的制度，国际上通行的做法是 OHSAS 18001（职业健康安全管理体系）或 HSE（健康、安全与环境管理体系）。安全生产标准化管理是对企业一个最低要求，满足了政府监管的需要，满足了社会和谐的需要，也满足了企业避免安全风险的需要。具体体现为：岗位达标、专业达标，从而使企业安全管理全面达标。

安全生产标准化的标准有两个：适用于工矿企业的是 AQ/T 9006—2010《企业安全生产标准化基本规范》；适用于危险化学品从业单位的是 AQ 3013—2008《危险化学品从业单位安全标准化通用规范》。所谓危险化学品从业单位，是指依法设立，生产、经营、使用和储存危险化学品的企业或其所属生产、经营、使用和储存危险化学品的独立核算成本的单位。

根据《危险化学品从业单位安全生产标准化评审标准》（安监总管三〔2011〕93 号），安全生产标准化分一级、二级、三级。一级最高。

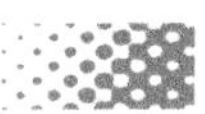

8.6.2.2 危险化学品从业单位安全生产标准化要求

（1）安全生产标准化工作采用“计划 P、实施 D、检查 C、改进 A”动态循环、持续改进的模式。

（2）原则：①企业应结合自身特点，依据本规范的要求，开展安全标准化。②安全标准化的建设，应当以危险、有害因素辨识和风险评价为基础，树立任何事故都是可以预防的理念，与企业其他方面的管理有机地结合起来，注重科学性、规范性和系统性。③安全标准化的实施，应体现全员、全过程、全方位、全天候的安全监督管理原则，通过有效方式实现信息的交流和沟通，不断提高安全意识和安全管理水平。④安全标准化采取企业自主管理，安全标准化考核机构考评、政府安全生产监督管理部门监督的管理模式，持续改进企业的安全绩效，实现安全生产长效机制。

（3）实施：安全标准化的建立过程，包括初始评审、策划、培训、实施、自评、改进与提高等 6 个阶段。

8.6.2.3 危险化学品从业单位安全生产标准化管理要素

危险化学品从业单位安全生产标准化管理要素有 10 个一级要素：①负责人与职责；②风险管理；③法律法规与管理制度；④培训教育；⑤生产设施与工艺安全；⑥作业安全；⑦产品安全与危害告知；⑧职业危害；⑨事故与应急；⑩检查与自评。再细分为 53 个二级要素。

关于安全生产规章制度要素，危险化学品企业应制定健全的安全生产规章制度，至少应包括以下 32 项内容：①安全生产职责；②识别和获取适用的安全生产法律法规、标准及其他要求；③安全生产会议管理；④安全生产费用；⑤安全生产奖惩管理；⑥管理制度评审和修订；⑦安全培训教育；⑧特种作业人员管理；⑨管理部门、基层班组安全活动管理；⑩风险评价；⑪隐患治理；⑫重大危险源管理；⑬变更管理；⑭事故管理；⑮防火、防爆管理，包括禁烟管理；⑯消防管理；⑰仓库、罐区安全管理；⑱关键装置、重点部位安全管理；⑲生产设施管理，包括安全设施、特种设备等管理；⑳监视和测量设备管理；㉑安全作业管理，包括动火作业、进入受限空间作业、临时用电作业、高处作业、起重吊装作业、破土作业、断路作业、设备检维修作业、高温作业、抽堵盲板作业、危险化学品储罐区作业管理等；㉒危险化学品安全管理，包括剧毒化学品安全管理及危险化学品储存、出入库、运输、装卸等；㉓检维修管理；㉔生产设施拆除和报废管理；㉕承包商管理；㉖供应商管理；㉗职业卫生管理，包括防尘、防毒管理；㉘劳动防护用品（具）和保健品管理；㉙作业场所职业危害因素检测管理；㉚应急救援管理；㉛安全检查管理；㉜自评等。

8.6.3 安全工作重在现场、贵在落实

化工企业的事故几乎都是在现场发生的，“事故在现场，现场要安全”。安全工作必须重在现场管理，将安全监督管理工作落在实处。

8.6.3.1 化工（危险化学品）企业保障生产安全十条规定

国家安监总局令 2013 第 64 号公布了《化工（危险化学品）企业保障生产安全十条规定》。《十条规定》由 5 个必须和 5 个严禁组成，紧抓化工（危险化学品）企业生产安全的主要矛盾和关键问题，规范了化工（危险化学品）企业安全生产过程中集中多发的问题；《十条规定》的内容只有十句话，239 个字，言简意赅，一目了然，便于普及，便于企业及相关人员记忆和执行。

（1）必须依法设立、证照齐全有效。

（2）必须建立健全并严格落实全员安全生产责任制，严格执行领导带班值班制度。

（3）必须确保从业人员符合录用条件并培训合格，依法持证上岗。

（4）必须严格管控重大危险源，严格变更管理，遇险科学施救。

（5）必须按照《危险化学品企业事故隐患排查治理实施导则》要求排查治理隐患。

（6）严禁设备设施带病运行和未经审批停用报警联锁系统。

（7）严禁可燃和有毒气体泄漏等报警系统处于非正常状态。

（8）严禁未经审批进行动火、进入受限空间、高处、吊装、临时用电、动土、检维修、盲板抽堵等作业。

（9）严禁违章指挥和强令他人冒险作业。

（10）严禁违章作业、脱岗和在岗做与工作无关的事。

8.6.3.2 强化从业人员安全培训

（1）从业人员安全培训要求：

① 企业从业人员必须接受安全培训教育，并经考核合格后方可上岗。

② 特种作业人员应按有关规定参加安全培训教育，取得特种作业操作证，方可上岗作业，并定期复审。

③ 从事危险化学品运输的驾驶员、船员、押运人员，必须经所在地设区的市级人民政府交通部门考核合格（船员经海事管理机构考核合格），取得从业资格证，方可上岗作业。

④ 企业应在新工艺、新技术、新装置、新产品投产前，对有关人员进行专门培训，经考核合格后，方可上岗。

⑤ 企业应对新上岗的临时工、合同工、劳务工、轮换工、协议工等进行强制性安全培训，保证其具备本岗位安全操作、自救互救以及应急处置所需的知识和技能后，方能安排上岗作业。

⑥ 企业从业人员转岗、脱离岗位一年以上（含一年）者，应进行车间、班组级安全培训教育，经考核合格后，方可上岗。

⑦ 企业应对外来参观、学习等人员进行有关安全规定及安全注意事项的培训教育。

⑧ 企业应对承包商的作业人员进行入厂安全培训教育，经考核合格发放入厂证，保存安全培训教育记录。

（2）新员工培训教育。企业必须对新从业人员进行厂级、车间级、班组级三级安全培训教育，经考核合格后，方可上岗。安全培训教育时间不得少于 72 学时，每年接受再培训的时间不得少于 20 学时。

① 厂级安全培训内容应当包括：a. 本单位安全生产情况及安全生产基本知识；b. 本单位安全生产规章制度和劳动纪律；c. 从业人员安全生产权利和义务；d. 有关事故案例；e. 事故应急救援、事故应急预案演练及防范措施等内容。

② 车间级安全培训内容应当包括：a. 工作环境及危险因素；b. 所从事工种可能遭受的职业伤害和伤亡事故；c. 所从事工种的安全职责、操作技能及强制性标准；d. 自救互救、急救方法、疏散和现场紧急情况的处理；e. 安全设备设施、个人防护用品的使用和维护；f. 本车间安全生产状况及规章制度；g. 预防事故和职业危害的措施及应注意的安全事项；h. 有关事故案例；i. 其他需要培训的内容。

③ 班组级岗前安全培训内容应当包括：a. 岗位安全操作规程；b. 岗位之间工作衔接配

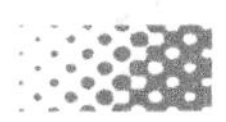

合的安全与职业卫生事项；c. 有关事故案例；d. 岗位交接班、操作记录、现场5S、劳动纪律、班组安全工作等事项；e. 其他需要培训的内容。

(3) 日常安全教育。企业管理部门、班组应按照月度安全活动计划开展安全活动和基本功训练。职能管理部门安全活动每月不少于1次，每次活动时间不少于2小时。

班组安全活动每月不少于2次，每次活动时间不少于1小时。班组安全活动应有负责人、有计划、有内容、有记录。企业负责人应每月至少参加1次班组安全活动，基层单位负责人及其管理人员应每月至少参加2次班组安全活动。

8.6.3.3 化工安全生产四十一条禁令

化工安全生产四十一条禁令，通俗易懂，对化工生产安全管理发挥了重要作用。对我国现代化工企业强化生产现场管理十分有意义。

生产厂区十四个不准

(1) 加强明火管理，厂区内不准吸烟
(2) 生产区内，不准未成年人进入，不准与生产无关人员进入
(3) 上班时间，不准睡觉、干私活、离岗和干预生产无关的事
(4) 在班前、班上不准喝酒
(5) 不准使用汽油等易燃液体擦洗设备、用具和衣物
(6) 不按规定穿戴劳动保护用品，不准进入生产岗位
(7) 安全装置不齐全的设备不准使用
(8) 不是自己分管的设备、工具不准动用
(9) 检修设备时安全措施不落实，不准开始检修
(10) 停机检修后的设备，未经彻底检查，不准启用
(11) 未办高处作业证，不系安全带、脚手架、跳板不牢，不准登高作业
(12) 不准违规使用压力容器等特种设备
(13) 未安装触电保安器的移动式电动工具，不准使用
(14) 未取得安全作业证的职工，不准独立作业；特殊工种职工，未经取证，不准作业

操作工的六个严格

(1) 严格执行交接班制
(2) 严格进行巡回检查
(3) 严格执行操作规程
(4) 严格控制工艺指标
(5) 严格遵守劳动纪律
(6) 严格执行安全规定

进入容器、设备的八个必须

(1) 必须申请、办证，并得到批准
(2) 必须进行安全隔绝
(3) 必须切断动力电，并使用安全灯具
(4) 必须进行置换、通风
(5) 必须按时间要求进行安全分析
(6) 必须佩戴规定的防护用具
(7) 必须有人在器外监护，并坚守岗位
(8) 必须有抢救后备措施

动火作业六大禁令

(1) 动火证未经批准，禁止动火
(2) 不与生产系统可靠隔绝，禁止动火
(3) 不清洗，置换不合格，禁止动火
(4) 不消除周围易燃物，禁止动火
(5) 不按时作动火分析，禁止动火
(6) 没有消防措施，禁止动火

厂（场）内机动车辆七大禁令

(1) 严禁无令、无证开车
(2) 严禁酒后开车
(3) 严禁超速行车和空挡滑车
(4) 严禁带病行车
(5) 严禁人货混载行车
(6) 严禁超标装载行车
(7) 严禁无阻火器车辆进入禁火区

8.6.3.4 建立三级安全员制度，强化班组安全管理

建立三级安全员制度：厂级专职安全员，车间专（兼）职安全员，工段（班组）兼职安全员，构筑工厂安全网络，将安全工作监督管理牢固地落实到现场。

化工企业必须强化班组安全管理（见 4.5.4 班组安全管理），在企业内部开展“百日安全竞赛”活动，组织评比“安全班组”、“安全红旗岗”等活动，营造安全生产氛围，提高员工的安全荣誉感、责任感，树立员工安全工作的团队意识。班组安全了，企业安全工作就到位了。

8.6.3.5 作业人员要牢记“四不伤害”的四句话

“四不伤害”体现了“以人为本，安全第一”的管理思想。作业人员进行作业时，要牢记四句话：不伤害自己，不伤害他人，不被他人伤害，保护他人不受伤害。

① 不伤害自己，就是不能由于自己的疏忽、失误而使自己受到伤害；

② 不伤害别人，就是我的行为或后果，不能给他人造成伤害；

③ 不被他人伤害，就是要提高自我防范意识，避免由于他人的错误操作或其他安全隐患而被伤害；

④ 保护他人不受伤害，每个成员都是团队的一分子，大爱无疆，每个人都要担负起关心爱护他人的责任和义务，这是每个团队成员对其他成员的承诺。

“零事故”是每个化工企业经营管理者的责任和义务，爱护每一个员工应是每个化工企业经营管理者的承诺！经过持续的不懈努力，相信我国“谈化色变”的现象一定会烟消云散。

参考文献

[1] 国家安全生产监督管理局安全科学技术研究中心组织编写．危险化学品生产单位安全培训教程［M］．北京：化学工业出版社，2004.

[2] 田长栓．我国安全生产法律体系的分析与研究［OL］．安全管理网，http://www.safehoo.com/Manage/Stew/Else/201203/263198.shtml，2012-03-03.

[3] 吴宗之等．安全生产技术［M］．北京：中国大百科全书出版社，2011.

[4] 李克荣等．安全生产管理知识［M］．北京：中国大百科全书出版社，2011.

[5] 工业和信息化部原材料司．全球化学品统一分类和标签制度简介［OL］．http://ghschina.miit.gov.cn/n11293472/n11293877/n14505342/n14506819/14508534.html，2012-03-20.

[6] 张献勇．《生产安全事故报告和调查处理条例》的立法背景及事故报告的改进［J］．煤炭工程，2007(8)：119-120.

9 生产管理（五）——环境保护管理

我国在短短几十年里，走过了发达国家几百年才完成的工业化、城镇化过程；与之相伴的，发达国家一两百年间逐步出现的环境问题在我国集中显现，呈现明显的结构型、压缩型、复合型特点。具体表现为“三个高峰”同时到来：一是环境污染最为严重的时期已经到来，未来 15 年将持续存在；二是突发性环境事件进入高发时期，特别是污染严重时期与生产事故高发时期叠加，国家环境安全受到挑战；三是群体性环境事件呈迅速上升趋势，污染问题成为影响社会稳定的一个“导火索”。我国环境保护已经进入了环境保护优先经济增长的新阶段。

作为公认的高污染的化工行业，处理好环境保护与发展的关系特别重要，环境保护是化工企业的生命线。搞好环境保护是化工企业不可推卸的社会责任。化工企业要加大技术研发投入，以清洁生产、循环经济理念实现无害排放。企业要建立班组（工段）、车间（装置区）、工厂三级环境保护管理工作网络。

我国化工企业应增强“责任关怀”理念，建立一整套持续改进环保、健康及安全绩效的自律管理体系，改善化工在社会、社区和公众心目中的形象，为推动我国化学工业可持续发展做出贡献。

绿色化工旨在将污染治理从治标走向治本，从末端走向源头，代表了 21 世纪化工的发展方向，是化工实现环境与发展“双赢”的必由之路。

9.1 环境保护是化工企业的生命线

9.1.1 环境风险倒逼产业转型升级

由于我国追赶型经济发展模式与结构型、压缩型、累积型、耦合型的环境污染相交织，环境问题集中显现，环境损害呈上升态势，倒逼产业转型升级。

我国化工发展至今日，可持续已经成为其最大挑战。据环保部 2012 年统计公告，目前化学原料及化学制品制造业排放的废水、危险废物总量分别居全国工业行业第 2 位、第 3

位，化学需氧量（COD）、氨氮、二氧化硫、氮氧化物等主要污染物均位居全国工业前列。存在问题有：

（1）部分产能过剩。尚普咨询《2013—2017年中国化工行业分析调查研究报告》指出：在盲目投资的情况下，部分细分领域相继出现了严重的产能过剩问题，化工行业就是其中之一。

我国石化和化工行业约有60%～70%的产品领域存在着产能过剩问题，这些过剩产品领域的过剩程度从30%～50%不等。其中，尿素产能过剩约1800万吨，磷肥（折纯）产能超过国内需求1000多万吨；氯碱行业全年装置利用率约70%，聚氯乙烯装置利用率约60%，甲醇装置开工率约50%，电石行业新增产能约400万吨，远超过全年淘汰的127万吨产能，装置利用率约76%。

2010年，合成氨、甲醇和电石产能分别占全球产能的35%、50%和97%。部分地区未充分考虑资源环境等制约因素，盲目规划、发展煤化工项目。轮胎、纯碱、烧碱和电石法聚氯乙烯等过剩态势十分严峻。

（2）产业布局不合理。随着我国城镇化快速推进，众多老化工企业逐渐被城镇包围，安全防护距离不足等问题凸显，部分处于城镇人口稠密区、江河湖泊上游、重要水源地，主要湿地、主要生态保护区的危险化学品生产企业已成为重大环保安全隐患。据2010年环境保护部组织开展的全国石油加工与炼焦业、化学原料与化学制品制造业、医药制造业三大重点行业环境风险及化学品检查工作结果显示：下游5公里范围内（含5公里）分布有水环境保护目标的企业占调查企业数量的23%；周边1公里范围内分布有大气环境保护目标的企业占51.7%，1.5万家企业周边分布有居民点，对人体健康和安全构成危险。

（3）危险化学品环境风险突出。近年来，由危险化学品生产事故、交通运输事故以及非法排污引起的突发环境事件频发。2008～2011年环境保护部共接报突发环境事件568起，其中涉及危险化学品287起，占突发环境事件的51%，每年与化学品相关的突发环境事件比例分别为57%、58%、47%、46%。因环境污染损害群众财产和健康而引发的群体性事件越来越成为影响社会稳定的突出问题，1996年以来，环境群体性事件数量以年均29%的速度递增，重特大环境事件高发频发，特别是重金属和危险化学品突发环境事件。

（4）危险废物管理成为重点和难点。危险废物非法转移和倾倒事件频发，非法利用处置危险废物活动猖獗。历史遗留危险废物长期大量堆存，严重影响土壤和水环境质量，回收处理体系不健全，污染问题逐步突显。2010年化学原料及化学制品制造业产生的危险废物占全部危险废物的24.58%，危害性大，因此需要特别关注。所涉及的有毒有害物质成分复杂多样，危险废物的污染防治与管理仍然是我国固体废物管理工作的重点和难点。

（5）化工场地污染问题突出。本世纪初，长三角、珠三角以及东北等老工业基地，有大批污染型企业外迁。2008年，国家安监总局要求各地采取鼓励转产、关闭、搬迁等多种措施，进一步淘汰高污染化工企业，污染场地大面积暴露。仅江苏，连续三年时间内即陆续搬迁4000余家污染严重的化工企业，留下了大量污染情状不明的场地，成为化解环境风险的新课题：化工场地废弃或改变土地使用方向之后，污染场地必须修复。

产业结构调整和环境风险控制是互动共进关系。首先，调整产业布局、优化结构，发展清洁生产技术能够从源头上减少环境隐患，降低环境风险；其次，建立健全环境风险管理体系，严格执行环境质量标准，严格控制高环境风险企业发展，减少和严控“高污染、高环境风险”产品的生产，倒逼产业结构调整、升级和布局优化。第三，要充分考虑区域环境容

量、生态环境承载能力等，合理布局工业发展，防止由于生产力布局和资源配置不合理造成环境隐患。

环境保护制约的是粗放型的经济发展模式，而不是阻碍经济发展，这在发达国家的发展历程中已得到了印证。欧、美、日等都经历过用严格的环境法律、政策促使经济转型的历史阶段。那些经历了严格环境法律、政策“洗礼”后生存和发展的企业，很多已发展为先进生产力的典型，成为具有强大竞争力的跨国公司。环境保护的法律、法规要求改变了市场准入条件，使那些落后的技术和产业被淘汰出局，从而使先进生产力得到更大的发展机会。

9.1.2 企业违法排污的表现形式

9.1.2.1 企业违法排污的含义

企业违法排污是指企业违反国家规定，排放、倾倒、处置含有毒害性、放射性、传染病病原体等物质的污染物的行为。污染物（污染要素）包括废气、废水、废渣、医疗废物、粉尘、恶臭气体、放射性物质以及噪声、振动、光辐射、电磁辐射等。其中固体废物包括危险废物，其排放形式与管理方式更具复杂性。

这里所说的国家规定，主要是指环境保护法律体系的相关规定，包括立法解释和司法解释，环境保护标准也是环境保护法律体系的重要组成部分。

我国处于经济升级转型的关键时期，势必要不断加强环境保护的力度。化工企业违法排污不仅危害环境和公众健康，也引发企业自身的生存危机。

9.1.2.2 企业违法排污的几种表现形式

(1) 违反禁令排放污染物。企业违反法律规定，排放或处置污染物即为违法排污。

《环境保护法》（2014 年修订）规定：“禁止将不符合农用标准和环境保护标准的固体废物、废水施入农田。施用农药、化肥等农业投入品及进行灌溉，应当采取措施，防止重金属和其他有毒有害物质污染环境。”“严禁通过暗管、渗井、渗坑、灌注或者篡改、伪造监测数据，或者不正常运行防治污染设施等逃避监管的方式违法排放污染物。”

《水污染防治法》（2008 年修订）规定六个禁止：“禁止向水体排放油类、酸液、碱液或者剧毒废液。禁止在水体清洗装贮过油类或者有毒污染物的车辆和容器。”“禁止向水体排放、倾倒放射性固体废物或者含有高放射性和中放射性物质的废水。向水体排放含低放射性物质的废水，应当符合国家有关放射性污染防治的规定和标准。”“禁止向水体排放、倾倒工业废渣、城镇垃圾和其他废弃物。禁止将含有汞、镉、砷、铬、铅、氰化物、黄磷等的可溶性剧毒废渣向水体排放、倾倒或者直接埋入地下。存放可溶性剧毒废渣的场所，应当采取防水、防渗漏、防流失的措施。”“禁止在江河、湖泊、运河、渠道、水库最高水位线以下的滩地和岸坡堆放、存贮固体废弃物和其他污染物。”“禁止利用渗井、渗坑、裂隙和溶洞排放、倾倒含有毒污染物的废水、含病原体的污水和其他废弃物。”“禁止利用无防渗漏措施的沟渠、坑塘等输送或者存贮含有毒污染物的废水、含病原体的污水和其他废弃物。”

《放射性污染防治法》（2003 年修订）规定：“禁止利用渗井、渗坑、天然裂隙、溶洞或者国家禁止的其他方式排放放射性废液。”“禁止在内河水域和海洋上处置放射性固体废物。”

“禁止未经许可或者不按照许可的有关规定从事贮存和处置放射性固体废物的活动。禁止将放射性固体废物提供或者委托给无许可证的单位贮存和处置。”

《固体废物污染环境防治法》（2013 年修改）规定：“对暂时不利用或者不能利用的工业固体废物未建设贮存的设施、场所安全分类存放，或者未采取无害化处置措施的；将列入限期淘汰名录被淘汰的设备转让给他人使用的；擅自关闭、闲置或者拆除工业固体废物污染环境防治设施、场所的；在自然保护区、风景名胜区、饮用水水源保护区、基本农田保护区和其他需要特别保护的区域内，建设工业固体废物集中贮存、处置的设施、场所和生活垃圾填埋场的；擅自转移固体废物出省、自治区、直辖市行政区域贮存、处置的；未采取相应防范措施，造成工业固体废物扬散、流失、渗漏或者造成其他环境污染的；在运输过程中沿途丢弃、遗撒工业固体废物的，均为违法排放行为。”“擅自关闭、闲置或者拆除危险废物集中处置设施、场所的；将危险废物提供或者委托给无经营许可证的单位从事经营活动的；不按照国家规定填写危险废物转移联单或者未经批准擅自转移危险废物的；将危险废物混入非危险废物中贮存的；未经安全性处置，混合收集、贮存、运输、处置具有不相容性质的危险废物的；将危险废物与旅客在同一运输工具上载运的；未经消除污染的处理将收集、贮存、运输、处置危险废物的场所、设施、设备和容器、包装物及其他物品转作他用的；未采取相应防范措施，造成危险废物扬散、流失、渗漏或者造成其他环境污染的；在运输过程中沿途丢弃、遗撒危险废物的，均为违法排放行为。”

《大气污染防治法》（2000 年修订）规定“在人口集中地区和其他依法需要特殊保护的区域内，禁止焚烧沥青、油毡、橡胶、塑料、皮革、垃圾以及其他产生有毒有害烟尘和恶臭气体的物质。”“禁止在人口集中地区、机场周围、交通干线附近以及当地人民政府划定的区域露天焚烧秸秆、落叶等产生烟尘污染的物质。”

（2）企业超标排放污染物就是违法排污。“超标”包括：超过污染物排放和控制标准、超过重点污染物排放总量控制指标。“超标”优先执行地方污染物排放标准。

水污染超标排放可依法限期治理。限期治理期间，确需排放超标污水的，须经环境保护部门批准并制定突发环境事件应急预案。

下述情况不但不适用限期治理，而且要受到法律法规的处罚：①建设项目的水污染防治设施未建成、未经验收或者验收不合格，主体工程即投入生产或者使用的；②建设项目投入试生产，其配套建设的水污染防治设施未与主体工程同时投入试运行的；③不正常使用水污染物处理设施，或者未经环境保护行政主管部门批准拆除、闲置水污染物处理设施的；④违法采用国家强制淘汰的造成严重水污染的设备或者工艺，情节严重的。

（3）无证或超证排放。排污要有“排污许可证”。无证或超证排放行为、持过期许可证排污的行为属违法排污。

《环境保护法》（2014 修订）规定：“国家依照法律规定实行排污许可管理制度。”“实行排污许可管理的企业事业单位和其他生产经营者应当按照排污许可证的要求排放污染物；未取得排污许可证的，不得排放污染物。”

《水污染防治法》（2008 修订）和《大气污染防治法》（2000 修订）均规定国家实行排污许可制度。如《水污染防治法》规定：“直接或者间接向水体排放工业废水和医疗污水以及其他按照规定应当取得排污许可证方可排放的废水、污水的企业事业单位，应当取得排污许可证；城镇污水集中处理设施的运营单位，也应当取得排污许可证。排污许可的具体办法和实施步骤由国务院规定。”

（4）违法设置排污口和私设暗管偷排。企业违反法律、行政法规和国务院环境保护主管部门的规定，在饮用水水源保护区设置排污口、违法违规设置排污口、私设暗管的及未经水行政主管部门或者流域管理机构同意在江河、湖泊新改扩建排污口的，属于被追究法律责任的排污行为。

《环境保护法》（2014 修订）第四十二条第四款规定：“严禁通过暗管、渗井、渗坑、灌

 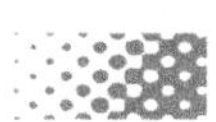

注或者篡改、伪造监测数据，或者不正常运行防治污染设施等逃避监管的方式违法排放污染物。”

《海洋环境保护法》（2013 年修订）第三十条第三款规定：“在海洋自然保护区、重要渔业水域、海滨风景名胜区和其他需要特别保护的区域，不得新建排污口。”

（5）事故排放。包括一般性事故和突发性事故排放。一般性事故如处置得当，未造成超标排放，不属违法排污。突发事故排放导致环境污染，属违法排污行为。

（6）违反淘汰制度。使用国家规定强制淘汰的落后生产工艺和装备，生产被淘汰的、落后的产品的，排污即违法。被淘汰的设备，不得转让给他人使用。

9.1.3 违法排污承担的刑事责任

9.1.3.1 法律对违法排污承担刑事责任的规定

《环境保护法》（2014 修订）第六十九条规定：违反本法规定，构成犯罪的，依法追究刑事责任。

《刑法》（2011 修订）第三百三十八条规定：违反国家规定，排放、倾倒或者处置有放射性的废物、含传染病病原体的废物、有毒物质或者其他有害物质，严重污染环境的，处三年以下有期徒刑或者拘役，并处或者单处罚金；后果特别严重的，处三年以上七年以下有期徒刑，并处罚金。

9.1.3.2 两高司法解释对违法排污承担刑事责任的规定

为依法惩治有关环境污染犯罪，根据我国《刑法》和《刑事诉讼法》的有关规定，最高人民法院、最高人民检察院联合发布了《关于办理环境污染刑事案件适用法律若干问题的解释》（法释〔2013〕15 号，2013 年 6 月 19 日起实施）。

《解释》第一条 实施刑法第三百三十八条规定的行为，具有下列情形之一的，应当认定为“严重污染环境”：

（一）在饮用水水源一级保护区、自然保护区核心区排放、倾倒、处置有放射性的废物、含传染病病原体的废物、有毒物质的；

（二）非法排放、倾倒、处置危险废物三吨以上的；

（三）非法排放含重金属、持久性有机污染物等严重危害环境、损害人体健康的污染物超过国家污染物排放标准或者省、自治区、直辖市人民政府根据法律授权制定的污染物排放标准三倍以上的；

（四）私设暗管或者利用渗井、渗坑、裂隙、溶洞等排放、倾倒、处置有放射性的废物、含传染病病原体的废物、有毒物质的；

（五）两年内曾因违反国家规定，排放、倾倒、处置有放射性的废物、含传染病病原体的废物、有毒物质受过两次以上行政处罚，又实施前列行为的；

（六）致使乡镇以上集中式饮用水水源取水中断十二小时以上的；

（七）致使基本农田、防护林地、特种用途林地五亩以上，其他农用地十亩以上，其他土地二十亩以上基本功能丧失或者遭受永久性破坏的；

（八）致使森林或者其他林木死亡五十立方米以上，或者幼树死亡二千五百株以上的；

（九）致使公私财产损失三十万元以上的；

（十）致使疏散、转移群众五千人以上的；

（十一）致使三十人以上中毒的；

（十二）致使三人以上轻伤、轻度残疾或者器官组织损伤导致一般功能障碍的；

（十三）致使一人以上重伤、中度残疾或者器官组织损伤导致严重功能障碍的；

（十四）其他严重污染环境的情形。

《解释》第二条 实施刑法第三百三十九条、第四百零八条规定的行为，具有本解释第一条第六项至第十三项规定情形之一的，应当认定为“致使公私财产遭受重大损失或者严重危害人体健康”或者“致使公私财产遭受重大损失或者造成人身伤亡的严重后果”。

《解释》第三条 实施刑法第三百三十八条、第三百三十九条规定的行为，具有下列情形之一的，应当认定为“后果特别严重”：

（一）致使县级以上城区集中式饮用水水源取水中断十二个小时以上的；

（二）致使基本农田、防护林地、特种用途林地十五亩以上，其他农用地三十亩以上，其他土地六十亩以上基本功能丧失或者遭受永久性破坏的；

（三）致使森林或者其他林木死亡一百五十立方米以上，或者幼树死亡七千五百株以上的；

（四）致使公私财产损失一百万元以上的；

（五）致使疏散、转移群众一万五千人以上的；

（六）致使一百人以上中毒的；

（七）致使十人以上轻伤、轻度残疾或者器官组织损伤导致一般功能障碍的；

（八）致使三人以上重伤、中度残疾或者器官组织损伤导致严重功能障碍的；

（九）致使一人以上重伤、中度残疾或者器官组织损伤导致严重功能障碍，并致使五人以上轻伤、轻度残疾或者器官组织损伤导致一般功能障碍的；

（十）致使一人以上死亡或者重度残疾的；

（十一）其他后果特别严重的情形。

《解释》第四条 实施刑法第三百三十八条、第三百三十九条规定的犯罪行为，具有下列情形之一的，应当酌情从重处罚：

（一）阻挠环境监督检查或者突发环境事件调查的；

（二）闲置、拆除污染防治设施或者使污染防治设施不正常运行的；

（三）在医院、学校、居民区等人口集中地区及其附近，违反国家规定排放、倾倒、处置有放射性的废物、含传染病病原体的废物、有毒物质或者其他有害物质的；

（四）在限期整改期间，违反国家规定排放、倾倒、处置有放射性的废物、含传染病病原体的废物、有毒物质或者其他有害物质的。

实施前款第一项规定的行为，构成妨害公务罪的，以污染环境罪与妨害公务罪数罪并罚。

《解释》第五条 实施刑法第三百三十八条、第三百三十九条规定的犯罪行为，但及时采取措施，防止损失扩大、消除污染，积极赔偿损失的，可以酌情从宽处罚。

《解释》第六条 单位犯刑法第三百三十八条、第三百三十九条规定之罪的，依照本解释规定的相应个人犯罪的定罪量刑标准，对直接负责的主管人员和其他直接责任人员定罪处罚，并对单位判处罚金。

《解释》第七条 行为人明知他人无经营许可证或者超出经营许可范围，向其提供或者委托其收集、贮存、利用、处置危险废物，严重污染环境的，以污染环境罪的共同犯罪论处。

《解释》第八条 违反国家规定，排放、倾倒、处置含有毒害性、放射性、传染病病原体等物质的污染物，同时构成污染环境罪、非法处置进口的固体废物罪、投放危险物质罪等犯罪的，依照处罚较重的犯罪定罪处罚。

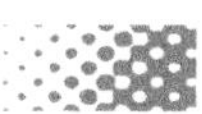

9.1.4 化工企业应履行责任关怀

1985 年由加拿大政府首先提出责任关怀，1992 年被化工协会国际联合会接纳并形成在全球推广的计划。是全球化工界针对自身的发展情况，提出的一整套自律性的持续改进环保、健康及安全绩效的管理体系。20 多年来，责任关怀在全球 50 多个国家和地区得到推广，几乎所有跻身世界 500 强的化工企业都践行了这一理念。

事实也充分证明，责任关怀的实施，不但为企业带来了巨大的经济利益，而且为企业带来了不可估量的无形利益。更为重要的是，通过每一个企业在责任关怀方面的努力，也为树立全球化学工业在社会、社区和公众心目中的形象和推动全球化学工业可持续发展做出了巨大贡献。

（1）责任关怀主要原则

① 不断提高化工企业在技术、生产工艺和产品中对环境、健康和安全的认知度和行动意识，从而避免产品周期中对人类和环境造成损害；

② 充分地使用能源，并使废物达到最小化；

③ 公开报告有关的行动、成绩和缺陷；

④ 倾听、鼓励并与大众共同努力达到他们关注和期望的内容；

⑤ 与政府和相关组织在相关规则和标准的发展和实施中进行合作，来更好地制定和协助实现这些规则和标准；

⑥ 责任关怀是自律的、自发的行为，但在企业内部是制度化、强制性的行为；

⑦ 与供应商、承包商共享责任关怀的经验和声誉，并提供帮助以促进责任关怀的推广。

（2）责任关怀的六项实施准则

责任关怀在实践中有 6 个方面的行动准则，详细的标准都是围绕这 6 方面制订的。它们也反映了化学工业企业管理的几个重要方面：①社区认知和紧急情况应变准则；②配送准则；③污染预防准则；④生产过程安全准则；⑤雇员健康和安全准则；⑥产品监管准则。

（3）我国化工企业应履行责任关怀

仔细研读责任关怀的 7 原则和 6 准则的具体条款，不难看出责任关怀理念和绿色化工“生产出有利于环境保护、社区安全和人体健康的环境友好的产品”的核心内涵是完全一致的。

化工企业与周围社区公众之间是一种和谐的合作关系。在回应社区和公众提出的意见或建议方面，企业要由原来的被动行为变成主动行为，或者完全是自愿的行为。

责任关怀是由上至下、全公司整体性地推行的制度，是持续改善的自主活动。是一种理念的实施，不是一个独立的、全新的安全卫生环保计划加诸于现有制度上。从道德准则来讲，所有承诺责任关怀的公司都有一个宗旨，就是员工的安全和健康是第一位的，并且要积极主动做好环境管理。

9.2 保护环境是我国的基本国策

基本国策就是立国之策、治国之策。《中华人民共和国宪法》第三部（1978）、第四部（1982）及以后的四次修改，在宪法的总纲中都规定：“国家保护和改善生活环境和生态环境，防治污染和其他公害”。国家从根本大法上确立了保护环境的国策。2014 年 4 月《环境保护法》全面修改，明确规定：保护环境是国家的基本国策。

9.2.1 环境保护法律体系

经过几十年的努力，我国已制定了涉及环境保护方面的法律 30 部左右，行政法规 90 部左右，还有大量的部门规章、地方性法规或规章和各类环境标准。这些法律、法规和标准的实施对控制环境污染和生态破坏，合理开发利用资源与能源都起到了积极的作用。我国的环境保护法律、法规、标准等还在不断地修订、补充、完善之中，以适应我国经济社会发展的需要。

我国环境保护法律体系的基本构成见图 9-1。我国现行与化工有关的主要环境保护法律、法规、部门规章见表 9-1，参加的主要国际环境保护公约见表 9-2。

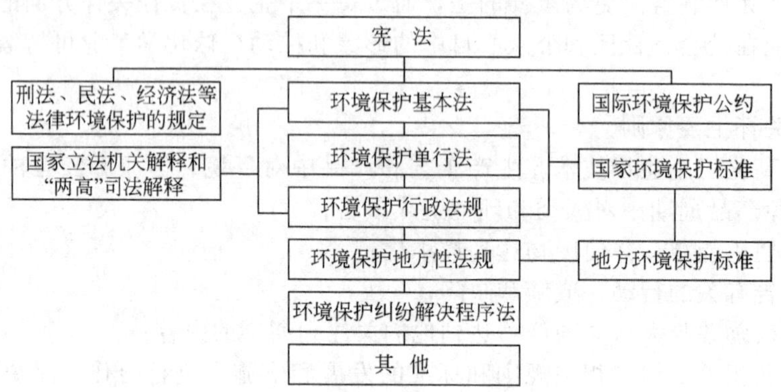

图 9-1　我国环境保护法律体系基本构成示意图

表 9-1　现行与化工行业有关的主要环境保护法律、法规、规章

环境保护法律、法规名称	文　号	实施日期
(一)环境保护法律		
环境保护法	国家主席令第 9 号修订	2015-01-01
环境噪声污防治法	国家主席令第 77 号公布	1997-03-01
海洋环境保护法	国家主席令第 26 号修订	2000-04-01
大气污染防治法	国家主席令第 32 号第二次修订	2000-09-01
环境影响评价法	国家主席令第 77 号公布	2003-09-01
放射性污染防治法	国家主席令第 6 号公布	2003-10-01
固体废物污染环境防治法	国家主席令第 5 号修改	2013-06-29
水污染防治法	国家主席令第 87 号第二次修订	2008-06-01
循环经济促进法	国家主席令第 4 号公布	2009-01-01
清洁生产促进法	国家主席令第 54 号修订	2012-07-01
(二)立法解释与司法解释		
对违法排污行为适用行政拘留处罚问题的意见	法工委复〔2008〕5 号	2008-07-04
关于办理环境污染刑事案件适用法律若干问题的解释	(两高)法释〔2006〕4 号	2013-06-18
(三)环境保护行政法规		
建设项目环境保护管理条例	国务院令第 253 号	1998-11-29
排污费征收使用管理条例	国务院令第 369 号	2003-01-02
规划环境影响评价条例	国务院令第 559 号	2009-08-17
中华人民共和国海洋倾废管理条例	国务院令第 588 号修改	2011-01-08

续表

环境保护法律、法规名称	文　　号	实施日期
中华人民共和国监控化学品管理条例	国务院令第 588 号修改	2011-01-08
危险化学品安全管理条例	国务院令第 591 号修订	2011-12-01
放射性废物安全管理条例	国务院令第 612 号	2012-03-01
(四)国务院环境保护规范性文件		
国家突发环境事件应急预案	国务院发布，新华社北京电	2006-01-24
全国主体功能区规划	国发〔2010〕46 号	2010-12-21
“十二五”节能减排综合性工作方案	国发〔2011〕26 号	2011-08-31
国务院关于加强环境保护重点工作的意见	国发〔2011〕35 号	2011-10-17
国家环境保护“十二五”规划	国发〔2011〕42 号	2011-12-15
节能减排“十二”规划	国发〔2012〕40 号	2012-08-06
大气污染防治行动计划	国发〔2013〕37 号	2013-09-10
国务院关于化解产能严重过剩矛盾的指导意见	国发〔2013〕41 号	2013-10-06
(五)国家部门环境保护规章		
危险废物转移联单管理办法	环保总局令第 5 号	1999-10-01
危险废物污染防治技术政策	环发〔2001〕199 号	2001-12-17
剧毒化学品目录(2002 年版)	安监总局、公安部、环保总局、卫生部、质检总局、铁道部、交通部、民航总局 2003 第 2 号公告	2003-06-24
《剧毒化学品目录(2002 年版)补充和修正表》	安监管危化字〔2003〕196 号	2003-12-30
危险废物经营许可证管理办法	国务院令第 408 号	2004-07-01
清洁生产审核暂行办法	国家发改委、总局令第 16 号	2004-10-01
废弃危险化学品污染环境防治办法	环保总局令第 27 号	2005-10-01
环境保护违法违纪行为处分暂行规定	国家监察部、环保总局令第 10 号	2006-02-20
国家重点行业清洁生产技术导向目录(第三批)	国家发改委、环保总局公告第 86 号	2006-10-27
环境信息公开办法(试行)	环保总局令第 35 号	2007-04-11
关于环境保护行政主管部门移送涉嫌环境犯罪案件的若干规定	环保总局、公安部、最高人民检察院联合发文环发〔2007〕78 号	2007-05-17
危险废物经营单位编制应急预案指南	环保总局公告第 48 号	2007-07-04
关于落实环保政策法规防范信贷风险的意见	环保总局、人民银行、银监委环发〔2007〕108 号	2007-07-30
关于开展生态补偿试点工作的指导意见	国家环保总局，环发〔2007〕130 号	2007-08-24
化学品首次进口及有毒化学品进出口环境管理规定	国家环保总局令第 41 号修改	2007-10-08
节能减排授信工作指导意见	中国银监会银监发〔2007〕83 号	2007-11-23
关于印发污染源自动监控设施运行管理办法的通知	环发〔2008〕6 号	2008-05-01
国家危险废物名录	环保部 国家发改委令第 1 号	2008-08-01
限期治理管理办法(试行)	环保部令第 6 号	2009-09-01
环境保护行政处罚办法	环保部令第 8 号	2010-03-01
突发环境事件应急预案管理暂行办法	环发〔2010〕113 号	2010-09-28

续表

环境保护法律、法规名称	文　号	实施日期
新化学物质环境管理办法	环保部令第 7 号	2010-10-15
关于加强二噁英污染防治的指导意见	环保部、外交部、发改委、科技部、工信部、财政部、住建部、商务部、质检总局环发〔2010〕123 号	2010-10-19
突发环境事件信息报告办法	环境保护部令第 17 号	2011-05-01
关于印发《环境风险评估技术指南——硫酸企业环境风险等级划分方法(试行)》的通知	环保部，保监委联合文件环发〔2012〕106 号	2011-09-13
石化和化学工业"十二五"发展规划	工业和信息化部	2011-12-13
中国严格限制进出口的有毒化学品目录(2012 年)	环保部、海关总署 2011 第 91 号公告	2012-01-01
绿色信贷指引	银监发〔2012〕4 号	2012-02-24
关于加强化工园区环境保护工作的意见	环发〔2012〕54 号	2012-07-02
环境监察办法	环保部令第 21 号	2012-07-25
"十二五"危险废物污染防治规划	环保部、发改委、工信部、卫生部联合文件，环发〔2012〕123 号	2012-10-08
关于开展环境污染强制责任保险试点工作的指导意见	环保部 保监委，环发〔2013〕10 号	2013-01-21
关于绿色信贷工作的意见	银监办发〔2013〕40 号	2013-02-07
对外投资合作环境保护指南	商务部 环保部 商合函〔2013〕74 号	2013-02-18
化学品环境风险防控"十二五"规划	环保部，环发〔2013〕20 号	2013-02-07
危险化学品环境管理登记办法(试行)	环保部令第 22 号	2013-03-01
产业结构调整指导目录(2011 年本)(修订)	发改委第 21 号令	2013-05-01
企业环境信用评价办法(试行)	环保部，发改委，人民银行，银监会环发〔2013〕150 号	2013-12-18
《环境保护综合名录(2013 版)》	环办函〔2013〕1568 号	2013-12-27
关于发布《中国严格限制进出的有毒化学品目录》(2014 年)的公告	环保部 海关总署文件，环保部公告 2013 年第 85 号	2013-12-31

表 9-2　我国参加的主要国际环境保护公约

国际环境保护公约名称	负责部门	批准日期
关于保护臭氧层的维也纳公约	环保总局	1989-09-11
关于控制危险废物越境转移及其处置的巴塞尔公约	环保总局	1991-09-04
《关于消耗臭氧层物质的蒙特利尔议定书》伦敦修正案	环保总局	1991-06-24
《关于控制危险废物越境转移及其处置的巴塞尔公约》修正案	环保总局	2001-05-01
《关于消耗臭氧层物质的蒙特利尔议定书》哥本哈根修正案	环保总局	2003-04-22
关于持久性有机污染物的斯德哥尔摩公约	环保总局	2004-06-25
关于在国际贸易中对某些危险化学品和农药采用事先知情同意程序的鹿特丹公约	环保总局	2004-12-29
《防止倾倒废物和其他物质污染海洋的公约》1996 年议定书	海洋局	2006-06-29

9.2.2 环境保护标准

9.2.2.1 环境保护标准体系

环境标准是为防治环境污染，维护生态平衡，保护人体健康，对环境保护工作中需要统一的各项技术规范和技术要求所作的规定。

环境标准是国家环境政策在技术方面的具体体现，是行使环境监督管理、进行环境规划的主要依据，是推动科技进步的动力，它在环境保护工作和经济社会发展中具有不可替代的地位和作用。①环境标准是国家环境保护法律法规和政策的重要组成部分，是数字化的环境保护法律法规。②环境标准是环境管理的基本评判依据。③环境标准是推动企业进行产业结构调整，促使企业加快技术进步的动力。④环境标准是引导和推动环保产业发展的动力。⑤环境标准具有投资的导向作用。

目前我国的国家环境保护标准体系基本形成。据不完全统计，1973～2013年，我国累计发布国家环境保护标准1901项，其中现行（至2014年5月）有效标准1496项，包括：国家环境质量标准20项，国家环境污染物排放（控制）标准158项，环境基础标准36项，环境保护标准制修订技术规范11项，环境监测规范471项（环境监测方法和监测技术规范），国家环境标准样品328项，环境管理技术规范类标准472项。

但我国的环境标准体系远未完善，《国家环境保护标准“十二五”发展规划》（环发〔2013〕22号）指出：要将环境保护标准体系设计和完善作为一项常态化、长期性的工作。

《规划》要求加强环境保护标准体系设计和构建，开展各种环境介质的环境质量标准、各种类型的污染物排放标准、环境监测规范、管理规范类标准体系的顶层设计，重点进行环境质量标准、水污染物排放标准、大气固定源污染物排放标准、移动源污染物排放标准以及土壤与污染场地、固体废物、声与振动、生态环境、核与辐射等环境保护标准的体系设计，开展环境影响评价技术导则、化学品管理、环境信息及物联网、遥感环保应用等标准体系设计。妥善处理好国家标准与地方标准、综合型排放标准与行业型排放标准、质量标准和排放标准与配套标准的关系。研究开展企业环境保护标准工作的可行性和有效措施。我国环境保护标准体系将有较大幅度的完善和提升。

世界环境保护历程表明，以污染物排放控制、环境质量控制、风险防控为核心的三个环境管理阶段是依次出现、逐步提升的。我国压缩型、复合型的污染特征，又决定了这三个阶段（在推进过程中可能出现）相互交叉重合的现象。

9.2.2.2 环境保护标准分类

现行环境标准体系由三级五类标准组成，分为国家标准、环境保护（行业）标准和地方标准，按内容分为五大类，环境质量标准和污染物排放标准为强制执行标准。

（1）环境质量标准。

（2）环境污染物排放和控制标准。

（3）环境监测规范（环境监测方法标准、环境标准样品、环境监测技术规范）。

（4）环境基础类标准（环境基础标准和标准制修订技术规范）。

（5）环境管理规范类标准。

从国家层面上，有关化工行业的环境保护标准有：GB（国家标准）、HJ（环境保护标准）、HG（化工行业标准）等。除环保部制定的环境保护标准外，按照行业归口管理原则，国家发改委、工业和信息化部、住建部等亦制定有关的环境保护标准，如GB 50483—2009

《化工建设项目环境保护设计规范》、GB 50684—2011《化学工业污水处理与回用设计规范》等。

与化工行业有关的主要环境保护标准（按照《国家环境保护标准“十二五”发展规划》分类）见表 9-3。标准原则上 5 年修订一次，随着社会经济的发展、技术的进步，环境保护标准也会不断的增删、补充、修改、完善。

表 9-3　与化工行业有关的主要环境保护标准

标准种类	类　别	标准名称	标　准　号
(一) 环境质量 标准	水环境质量	地表水环境质量标准(第二次修订)	GB 3838—2002
		地下水质量标准	GB/T 14848—93
		海水水质标准(第一次修订)	GB 3097—1997
		农田灌溉水质标准(第二次修订)	GB 5084—2005
		渔业水质标准(第一次修订)	GB 11607—89
	环境空气质量	环境空气质量标准(第一次修订)	GB 3095—2012
		环境空气质量功能区划分原则与技术方法	HJ/T 14—1996
	声环境质量	声环境质量标准(第一次修订)	GB 3096—2008
	土壤环境质量	土壤环境质量标准	GB 15618—1995
	电磁环境质量	电磁环境控制限值	GB 8702—2014
	生态环境质量	农药使用环境安全技术导则	HJ 556—2010
		化肥使用环境安全技术导则	HJ 555—2010
		环保用微生物菌剂环境安全评价导则	HJ/T 415—2008
(二) 环境污染 物排放和 控制标准	综合性 排放标准	炼焦化学工业污染物排放标准	GB 16171—2012
		硝酸工业污染物排放标准	GB 26131—2010
		硫酸工业污染物排放标准	GB 26132—2010
		合成革与人造革工业污染物排放标准	GB 21902—2008
		柠檬酸工业污染物排放标准	GB 19430—2004
		城镇污水处理厂污染物排放标准	GB 18918—2002
	水污染物 排放标准	合成氨工业水污染物排放标准	GB 13458—2013
		磷肥工业水污染物排放标准	GB 15580—2011
		油墨工业水污染物排放标准	GB 25463—2010
		杂环类农药工业水污染物排放标准	GB 21523—2008
		化学合成类制药工业水污染物排放标准	GB 21904—2008
		皂素工业水污染物排放标准	GB 20425—2006
		污水海洋处置工程污染控制标准	GB 18486—2001
		污水综合排放标准	GB 8978—1996
		烧碱、聚氯乙烯工业水污染物排放标准	GB 15581—1995
	大气污染物 排放标准	锅炉大气污染物排放标准(第三次修订)	GB 13271—2014
		工业炉窑大气污染物排放标准	GB 9078—1996
		大气污染物综合排放标准	GB 16297—1996
		恶臭污染物排放标准	GB 14554—93

续表

标准种类	类　别	标准名称	标　准　号
（二）环境污染物排放和控制标准	环境噪声排放标准	建筑施工场界环境噪声排放标准	GB 12523—2011
		工业企业厂界环境噪声排放标准	GB 12348—2008
	固体废物污染控制标准	生活垃圾填埋场污染控制标准	GB 16889—2008
		危险废物焚烧污染控制标准	GB 18484—2001
		生活垃圾焚烧污染控制标准	GB 18485—2001
		危险废物储存污染控制标准(公告 2013 第 36 号修改)	GB 18597—2001
		危险废物填埋污染控制标准(同上)	GB 18598—2001
		一般工业固体废物储存、处置场污染控制标准(同上)	GB 18599—2001
		含多氯联苯废物污染控制标准	GB 13015—91
	核和电磁辐射安全标准	辐射防护规定	GB 8703—88
		核辐射环境质量评价一般规定	GB 11215—89
（三）环境监测规范	水质监测	水质检测方法	约 163 项标准
		水质采样、水污染监测技术规范	约 10 项标准
		水污染源在线监测技术规范、技术要求	约 7 项标准
		水质自动分析仪器技术要求	约 13 项标准
	环境空气和废气监测	空气和废气检测方法	约 140 项标准
		空气和废气采样、监测技术规范	约 12 项标准
	环境噪声监测	环境噪声监测技术规范	3 项标准
		建筑施工场界噪声测量方法	GB 12524—90
	土壤监测	土壤环境监测技术规范	HJ/T 166—2004
		土壤检测方法	约 26 项标准
	固体废物监测	危险废物鉴别标准	GB 5085—2007
		危险废物鉴别技术规范	HJ/T 298—2007
		危险(固体)废物监测方法	约 20 项标准
		工业固体废物采样制样技术规范	HJ/T 20—1998
	电磁辐射监测	交流输变电工程电磁环境监测方法(试行)	HJ 681—2013
		辐射环境监测技术规范	HJ/T 61—2001
		辐射环境保护管理导则 电磁辐射监测仪器和方法	HJ/T 10.2—1996
（四）环境基础类标准	环境基础标准	环境质量报告书编写技术规范	HJ 641—2012
		环境监测质量管理技术导则	HJ 630—2011
		企业环境报告书编写导则	HJ 617—2011
		环境保护标准编制出版技术指南	HJ 565—2010
		标志　饮用水水源保护区标志技术要求	HJ/T 443—2008
		标志　环境保护图形标志——固体废物储存(处置)场	GB 15562.2-1995

续表

标准种类	类别	标准名称		标准号
（四）环境基础类标准	标准制修订技术导则	清洁生产评价指标体系编制通则(试行稿)(发改委 环保部 工信部)		公告2013第33号
		环境保护产品技术要求制订技术导则		HJ 2521—2012
		环境工程技术规范制订技术导则		HJ 526—2010
		环境标志产品技术要求编制技术导则		HJ 454—2009
		清洁生产标准制订技术导则		HJ/T 425—2008
		制定地方大气污染物排放标准的技术方法		GB/T 3840—91
		制定地方水污染物排放标准的技术原则与方法		GB 3839—83
	环境保护信息管理	环境保护应用软件开发管理技术规范		HJ 622—2011
		环境信息化标准指南		HJ 511—2009
		环境工程技术分类与命名		HJ 496—2009
		环境信息网络管理理维护规范		HJ 461—2009
		环境信息网路建设规范		HJ 460—2009
		环境污染源自动监控信息传输、交换技术规范(试行)		HJ/T 352—2007
		环境保护仪器分类与命名		HJ/T 12—1996
		环境保护设备分类与命名		HJ/T 11—1996
		环境信息术语、代码类		约13项标准
		环境档案管理类		约10项标准
（五）环境管理规范类标准	建设项目环境评价和竣工验收	建设项目环境影响技术评估导则		HJ 616—2011
		开发区区域环境影响评价技术导则		HJ/T 131—2003
		规划环境影响评价技术导则总纲		HJ/T 130—2014
		辐射保护导则 电磁辐射环境影响评价方法与标准		HJ/T 10.3—1996
		建设项目竣工验收技术规范 生态影响类		HJ/T 374—2007
		环境影响评价技术导则	总纲	HJ 2.1—2011
			大气环境	HJ 2.2—2008
			地面水环境	HJ 2.3—93
			声环境	HJ 2.4—2009
			生态影响	HJ 19—2011
			地下水环境	HJ 610—2011
			制药建设项目	HJ 611—2011
			农药建设项目	HJ 582—2010
			石油化工建设项目	HJ 89—2003
	饮用水源保护	饮用水水源保护区划分技术规范		HJ/T 338—2007
	生态保护	生态环境状况评价技术规范(试行)		HJ/T 192—2006
		近岸海域环境功能区划分技术规范		HJ/T 82—2001
		海洋自然保护区类型与级别划分原则		GB/T 17504—1998
		自然保护区类型及级别划分原则		GB/T 14529—93
		生态园区	综合类生态工业园区标准(2012修改)	HJ 274—2009
			生态工业园区建设规划编制指南	HJ/T 409—2007
			静脉产业类生态工业园区标准(试行)	HJ/T 275—2006
			行业类生态工业园区标准(试行)	HJ/T 273—2006

续表

标准种类	类　别	标准名称	标　准　号
（五）环境管理规范类标准	环境应急与风险防范	突发环境事件应急监测技术规范	HJ 589—2010
		建设项目环境风险评价技术导则	HJ/T 169—2004
	清洁生产标准	纯碱行业	HJ/T 474—2009
		氯碱工业(烧碱)	HJ/T 475—2009
		氯碱工业(聚氯乙烯)	HJ/T 476—2009
		电石行业	HJ /T 430—2008
		合成革工业	HJ /T 449—2008
		氮肥制造业	HJ/T 188—2006
		基本化学原料制造业(环氧乙烷/乙二醇)	HJ/T 190—2006
	环境保护工程技术规范	固体废物处理处置工程技术导则	HJ 2035—2013
		电除尘工程通用技术规范	HJ 2028—2013
		袋式除尘工程通用技术规范	HJ 2020—2012
		催化燃烧法工业有机废气治理工程技术规范	HJ 2027—2013
		吸附法工业有机废气治理工程技术规范	HJ 2026—2013
		完全混合式厌氧反应池废水处理过程技术规范	HJ 2024—2012
		厌氧颗粒污泥膨胀床反应器废水处理工程技术规范	HJ 2023—2012
		内循环好氧生物流化床污水处理工程技术规范	HJ 2021—2012
		水污染治理工程技术导则	HJ 2015—2012
		生物滤池法污水处理工程技术规范	HJ 2014—2012
		升流式厌氧污泥床(UASB)反应器污水处理工程技术规范	HJ 2013—2012
		膜生物法污水处理工程技术规范	HJ 2010—2012
		生物接触氧化法污水处理工程技术规范	HJ 2009—2012
		污水过滤处理工程技术规范	HJ 2008—2010
		污水气浮处理工程技术规范	HJ 2007—2010
		污水混凝与絮凝处理工程技术规范	HJ 2006—2010
		人工湿地污水处理工程技术规范	HJ 2005—2010
		含油污水处理工程技术规范	HJ 580—2010
		膜分离法污水处理工程技术规范	HJ 579—2010
		氧化沟活性污泥法污水处理工程技术规范	HJ 578—2010
		序批式活性污泥法污水处理工程技术规范	HJ 577—2010
		厌氧—缺氧—好氧活性污泥法污水处理工程技术规范	HJ 576—2010
	环境标志产品	涉及油漆、涂料、油墨、合成革、日化用品等	约 16 项产品标准
	环保工程产品	涉及污水处理、废气处理、除尘设备和测量仪器等	约 92 项产品标准
	其他	场地环境调查技术导则	HJ 25.1—2014
		场地环境监测技术导则	HJ 25.2—2014
		污染场地风险评估技术导则	HJ 25.3—2014
		污染场地土壤修复技术导则	HJ 25.4—2014
		污染场地术语	HJ 682—2014
		企业环境报告书编写导则	HJ 617—2011

注：化学品环境管理标准，包括：化工环保设计规范、污染防治工程技术规范、技术政策、技术导则等见 9.4。

9.2.3 环境经济政策

环境经济政策是指按照我国社会主义市场经济规律的要求，运用价格、税收、财政、信贷、收费、保险等经济手段，调节或影响市场主体的行为，以实现经济建设与环境保护协调发展的目的。与传统行政手段的“外部约束”相比，环境经济政策是一种“内在约束”力量，可以调动市场主体保护环境的内生动因，具有促进技术创新、产品优化升级，增强市场竞争力、降低环境治理成本与行政监控成本等优点。环境经济政策与法律法规相辅相成。

9.2.3.1 发达国家环境经济政策的共性

从发达国家的实践历程可以看出，建立和实施一套全方位、多领域的宏观环境经济政策，能以较低的成本达到有效控制污染的目的。综合来看，发达国家的环境经济政策具有以下几个共性。

(1) 普遍体现为一种政府对经济间接的宏观调控。通过确定和改变市场游戏规则来影响污染者的经济利益，调动污染者治污的积极性，让污染者也来承担改善环境的责任。

(2) 污染者付费。根据“污染者付费”原则，利用税收、价格、信贷等经济手段来引导企业将污染成本内部化，从而达到事前不得不自愿减少污染的目的，而不是事后。

(3) 混合管理制度。政府部门之间在环境问题上的政策协调越来越紧密，都倾向一种混合的管理制度。随着环境政策纳入到能源、交通、工业、农业部门的政策中，环境政策与部门宏观发展政策一体化的趋势越来越明显，客观上把经济手段与行政监管更有效地结合起来。

(4) 全程监控。逐步从“秋后算账”向“全程监控”转变。这种转变使得某些类型的经济手段，如产品收费、注册管理费、清洁技术开发的补贴和押金制度等能够发挥更大的作用。

9.2.3.2 构建合乎市场法则的环境经济政策体系

环境经济政策是一个体系，中央、部门、地方和企业都可以制定政策。环境经济政策与环境管理制度、与环境保护法律法规标准规章是相通的，都来源于实践，具体政策措施可以上升为管理制度，行政管理制度可以上升为法律制度。我国环境经济政策体系在改革开放的实践中，政府、企业、公众三个环境保护责任主体相互交织，相互影响，逐步有了一个雏形。我国环境经济政策体系架构见图 9-2。

实践表明，节能减排最有效的办法是转换动力机制，完善节能减排的市场制度。我国环境保护工作 40 年来，前期主要运用“命令—控制型”的环境管制措施，对遏制环境污染起到了重要作用。但是，只靠这种措施是远远不够的，并且这些措施也有许多缺陷，突出表现在：惩罚性手段多，激励性手段少；行政管制性手段多，经济刺激性手段少；执行法规代价高，守法成本高，违法成本低。

从国际、国内经验看，合乎市场法则的经济手段在降低环境保护成本、提高行政效率、减少政府补贴和扩大财政收入诸多方面，具有行政命令手段无法取代的显著优点。我国在 2002 年之后，一些财税、金融、价格等方面的环境经济政策也陆续开展试点。如在城市污水、垃圾处置、排水供水等方面推行特许证经营政策，在发电行业推行有利于减排的价格政策，推行有利于环保的税收政策，以及国家实行对环境的投资及融资政策等，都显示出了很大的优越性。我国正在加快自然资源及其产品价格改革，全面反映市场供求、资源稀缺程度、生态环境损害成本和修复效益。按照谁开发谁保护、谁受益谁补偿的原则，完善对重点生态功能区的生态补偿机制，推动开发与保护地区之间、上下游地区之间、生态受益与生态

有形的手(政府)
无形的手(市场)
环境经济政策
中央人民政府
地方人民政府
通过人民代表大会制度参加环境决策
政 府
企 业
(直接相关的政策)
公 众

国务院发布环境经济政策
制定有利环保的经济政策
(13个综合经济部门)
牵头推进绿色新政
(环境保护部)
省级政府环境经济政策
开展政策环境影响评价
公共财政加大环保投入
公共财政转移支付
生态保护补偿
农村环保"以奖代补"
"以奖促治"政策
政府绿色采购
政府机关节能减排
其他

污染者付费等
法定政策
淘汰落后产能
清洁生产
循环经济
排污许可
排污权交易
环境污染责任保险
绿色税费
绿色贸易
绿色信贷
绿色证券
发行环保债券
治理设施第三方运营
其他

直接参加决策
参与环境影响评价
生活污染付费
有奖举报
奖励垃圾分类
鼓励民间监测
有偿回收废物
其 他

图 9-2 环境经济政策体系架构示意图

保护地区之间实行横向生态补偿。《环境保护法》（2014 修订）明确规定："国家建立、健全生态保护补偿制度"，"国家鼓励投保环境污染责任保险"，"依照法律规定征收环境保护税的，不再征收排污费"。预示我国环境经济政策将进入新的发展阶段。

9.2.3.3 三大责任主体共同关注排污权交易

政府奉行直接行政干预和控制的环保政策，并不能有效地解决环境问题。相反，过多强制性的环保措施不但加剧了政府机构的膨胀和政府公职人员的"权力寻租"，而且由于政府对经济领域的不适当干预，在一定程度上反而束缚了经济的发展，必须充分发挥市场在资源配置中的决定性作用。

1960 年英国经济学家、诺贝尔经济学奖获得者科斯（Ronald Harry Coase）提出排污权交易理论。1968 年，美国人戴尔斯（J. H. Dales）在《污染、财富和价格》中对排污权交易进行了详细阐述。随后美国在《空气清洁法案》对此作出立法性规定并将其应用于实践中，取得了很好的效果。

排污权交易是对污染物排放进行管理和控制的一种经济手段，是一种以市场为基础的控制策略，其实质是通过建立合法的污染物排放权利，并允许这种权利像商品那样买入和卖出来进行排放控制。在排污权市场上，排污者从其利益出发，自主决定买入或卖出排污权及其数量。因为总的权利是以满足环境要求为限度的，所以不管这些权利如何分配，环境质量不会受到影响。

由于排污权交易最能体现市场经济规律，最具生命活力和发展前途，处于环境经济政策的特殊位置，受到环境保护三大责任主体——政府、企业和公众的一致关注和支持，见图 9-3。

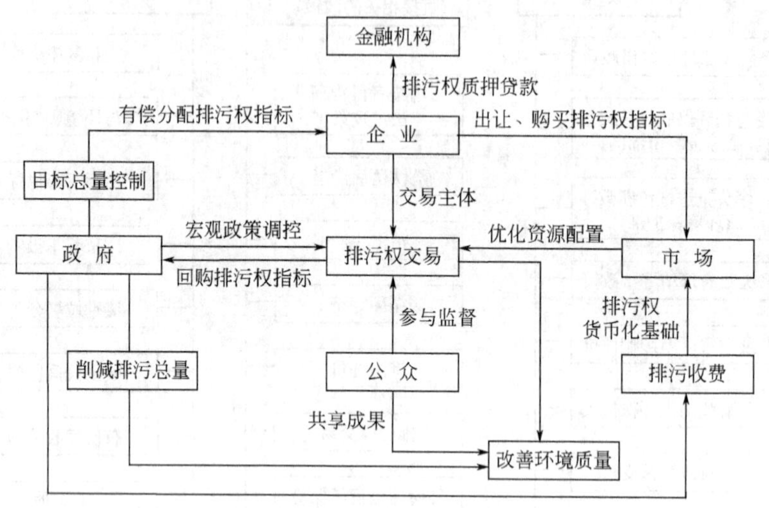

图 9-3 排污权交易“动力”示意图

20 世纪 90 年代，我国引入排污权交易制度，最初为了控制酸雨。新世纪初期 SO_2 排污权交易试点获得成功。2007 年江苏省太湖地区推行主要水污染物排放指标初始有偿分配和交易制度，2008 年浙江省全面推行排污权交易制度，2012 年和 2013 年，陕西、河北等省尝试排污权抵押融资。

随着排污权交易试点工作不断深入，其实际成效受到国家的高度重视。《国务院关于印发“十二五”节能减排综合性工作方案的通知》(国发〔2011〕26 号)、《国务院关于加强环境保护重点工作的意见》(国发〔2011〕35 号)、《国务院关于印发国家环境保护“十二五”规划的通知》(国发〔2011〕42 号) 和《国务院关于印发节能减排“十二五”规划的通知》(国发〔2012〕40 号) 要求“深化排污权有偿使用和交易制度改革，建立完善排污权有偿使用和交易政策体系，研究制定排污权交易初始价格和交易价格政策”。“完善主要污染物排污权有偿使用和交易试点，建立健全排污权交易市场，研究制定排污权有偿使用和交易试点的指导意见。开展碳排放交易试点，建立自立自愿减排机制，推进碳排放权交易市场建设”。2014 年 4 月，新修订的《环境保护法》明确了重点污染物排放总量控制制度和排污许可管理制度的法律地位。8 月，国务院办公厅发布《关于进一步推进排污权有偿使用和交易试点工作的指导意见》(国办发〔2014〕38 号)，明确提出：2015 年底前试点地区全面完成现有排污单位排污权核定，到 2017 年年底基本建立排污权有偿使用和交易制度，为全面推行排污权有偿使用和交易制度奠定基础。

9.2.4 环境保护的现代理念

实践证明，我国要走新型工业化、城镇化、信息化、农业现代化道路，就是要正确处理好经济发展同生态环境保护的关系，牢固树立保护生态环境就是保护生产力、改善生态环境就是发展生产力的理念，更加自觉地推动绿色发展、循环发展、低碳发展。既要绿水青山，

也要金山银山。绝不能以牺牲生态环境为代价换取经济的一时发展。

（1）环境保护优先

20世纪70年代，德国开始把国家战略从经济发展优先调整为经济发展与环境保护相协调。20年以后环境质量大为改善，河流变清了，空气污染减少了一半。

我国《环境保护法》（2014修订）明确规定：国家采取有利于节约和循环利用资源、保护和改善环境、促进人与自然和谐的经济、技术政策和措施，使经济社会发展与环境保护相协调。环境保护坚持保护优先、预防为主、综合治理、公众参与、损害担责的原则。

保护优先，就要加快转变经济发展方式，摒弃“高耗能、高污染”粗放型发展模式，自觉推动绿色发展；保护优先，就要牢固树立生态红线的观念，形成节约资源和保护环境的空间格局，保障国家和区域生态安全；保护优先，就要大力节约集约利用资源，推动资源利用方式根本转变，健全和落实资源有偿使用制度；保护优先，就要完善社会经济发展考核评价体系，建立体现生态文明要求的目标体系、考核办法、奖惩机制，进一步扭转以GDP论英雄的观念。

（2）生态红保护线

《国务院关于加强环境保护重点工作的意见》（国发〔2011〕35号）提出“划定生态红线”的要求，因为一旦生态系统被破坏后再进行恢复，即使投入大量的人力、物力、财力，也往往难以恢复原状。时隔3年，2014年修订的《环境保护法》即明确规定：“国家在重点生态功能区、生态环境敏感和脆弱区等区域划定生态保护经线，实行严格保护”。划定生态红线，就是为了严格禁止大规模、高强度的工业化和城镇化开发，遏制生态系统不断退化的趋势，保持并提高生态产品供给能力。在红线面前，开发建设活动必须止步，没有商量的余地。这是保证国家生态安全的底线，也是为子孙后代保留生态资源、实现厚积薄发的基本储备。

（3）生态工业园区

生态工业园区建设坚持以循环经济理念为指导，以节能减排工作为重点，通过对园区的生态化改造和建设，实现区域的可持续发展。生态工业园区要与发挥区域比较优势、提高市场竞争力相结合，与引进高新技术、提高经济增长质量相结合，与区域改造和产业结构调整相结合，与环境保护和区域节能减排工作相结合。我国已先后制定HJ/T 273—2006《行业类生态工业园区标准（试行）》、HJ/T 274—2009《综合类生态工业园区标准（2012年修改）》、HJ/T 275—2006《静脉产业类生态工业园区标准（试行）》和HJ/T 409—2007《生态工业园区建设规划编制指南》。

（4）生态设计

所谓产品生态设计，也称生命周期设计或绿色设计。是以资源节约和环境保护为宗旨的设计理念，要求在产品研发设计阶段充分考虑材料、生产、销售、消费、处理等各个环节可能对环境造成的影响，将污染防治和处理从消费终端前移至产品的开发设计阶段，减少资源的消耗和使用，提高资源循环利用效率，减少污染排放，从源头上实现节能减排。循环经济的减量化、资源化、再利用理念是生态设计的基本原则，减少资源使用是生态设计最经济和最有效的选择。同时，在选择原材料时，要尽量选择可回收、可降解、对环境影响较小的物质。

（5）环境保护是一种重要经营资源

对现代化工企业而言，环境保护是企业发展的一种重要的经营资源。例如，日本大金集团制定了环保的行动准则：在产品开发、生产、销售、流通、服务以及回收利用等所有业务环节中，广泛开展环保活动，特别是开发能保护并改善地球环境的新产品及新技术，通过环保经营成为环境保护的先行者。日本大金集团自主自觉地进行减排行动，大金在海内外各子公司积极开展废弃物归零化运动，在减少废弃物产生量的同时，通过采用新材料和对热敏原件的再生处理回收利用等措施实现废弃物排放控制在1%以内的目标。

(6) 化工不等于污染

在欧美国家，化工也是重要的支柱产业，实践已证明，化工不等于污染。我国的不少化工企业和化工园区也在努力践行“化工不等于污染”这一理念。

当前，化工产业结构和化工技术处在不断调整和发展之中，目标就是要实现在为社会提供必需的化工产品的同时，不对人类健康和环境造成危害。现有的化工固废、废水、废气的回收、处理技术同样处在发展之中，是能实现无害化处理的，只要我们牢固树立环境保护优先的理念，就能在化工生产的同时，实现天蓝、水清、地绿的美好愿景。

9.3 我国环境保护管理制度

经过40多年的发展，我国形成了以保护和改善环境质量为宗旨的，联结着政府、企业、市场和公众的，以重点污染物排放总量控制制度为纽带的环境管理制度体系，见图9-4。

1973年以来我国先后推出了限期治理制度、“三同时”制度、建设项目环境影响评价制度、排污收费制度、排污许可证制度、环境保护目标责任制度、城市综合整治定量考核制度、重点污染物排放总量控制制度、落后生产工艺设备淘汰制度、生态补偿制度、环境监测和监视信息制度、重大污染事故预防和处理制度、跨区域政府协商制度和联合执法制度、清洁生产审核制度、生产者责任延伸制度、环境民事和行政公诉制度、企业环境监督员制度、跨省界河流断面水质考核制度、区域限批制度、循环经济统计制度、资源消耗标识制度、生产者责任延伸制度、建设项目全过程环境监管制度、农村和生态环境监察制度、环境风险管理制度、化学品全过程环境管理制度、化学品环境污染责任终身追究制和全过程行政问责制。

与任何事物的发展过程一样，我国的环境保护管理制度也在实践中不断探索、改进、完善，有的制度也在实践中逐步被淘汰。

《环境保护法》(2014) 强调了如下环境保护管理制度：(对各级政府的) 环境保护目标责任制和考核评价制度，生态保护补偿制度，(对大气、水、土壤等的) 调查、监测、评估和修复制度，环境与健康监测、调查和风险评估制度，(对排污企事业单位的) 环境保护责任制度，重点污染物排放总量控制制度，排污许可管理制度，严重污染环境的工艺、设备和产品的淘汰制度。

我国环境管理制度基本上可以分为预防类、监督类、考核与问责类、救济类。

① 预防类。主要是指为预防经济发展产生环境危害而设置的制度，如：环境规划制度、环境影响评价制度、区域限批制度、建设项目“三同时”制度、排污申报登记制度、排污许可制度、主要污染物排放总量控制制度等。

② 监督类。主要是指监督排污者行为的制度，其目的在于为环境监管提供可操作的执法手段和依据，如：排污收费制度、建设项目全过程环境监管制度、农村和生态环境监察制度、跨行政区域环境执法合作机制和部门联动执法制度、环境现场督查制度、污染源自动监控运行制度、环境公众监督和举报制度、化学品全过程环境管理制度、强制性清洁生产审核制度、企业环境信息公开制度、危险废物管理制度、落后产能淘汰制度等。

③ 考核与问责类。主要有：环境目标责任制度和终身问责制度、生产者环保责任延伸制度、环境污染责任追究制度、化学品环境污染责任终身追究制和全过程行政问责制度等。

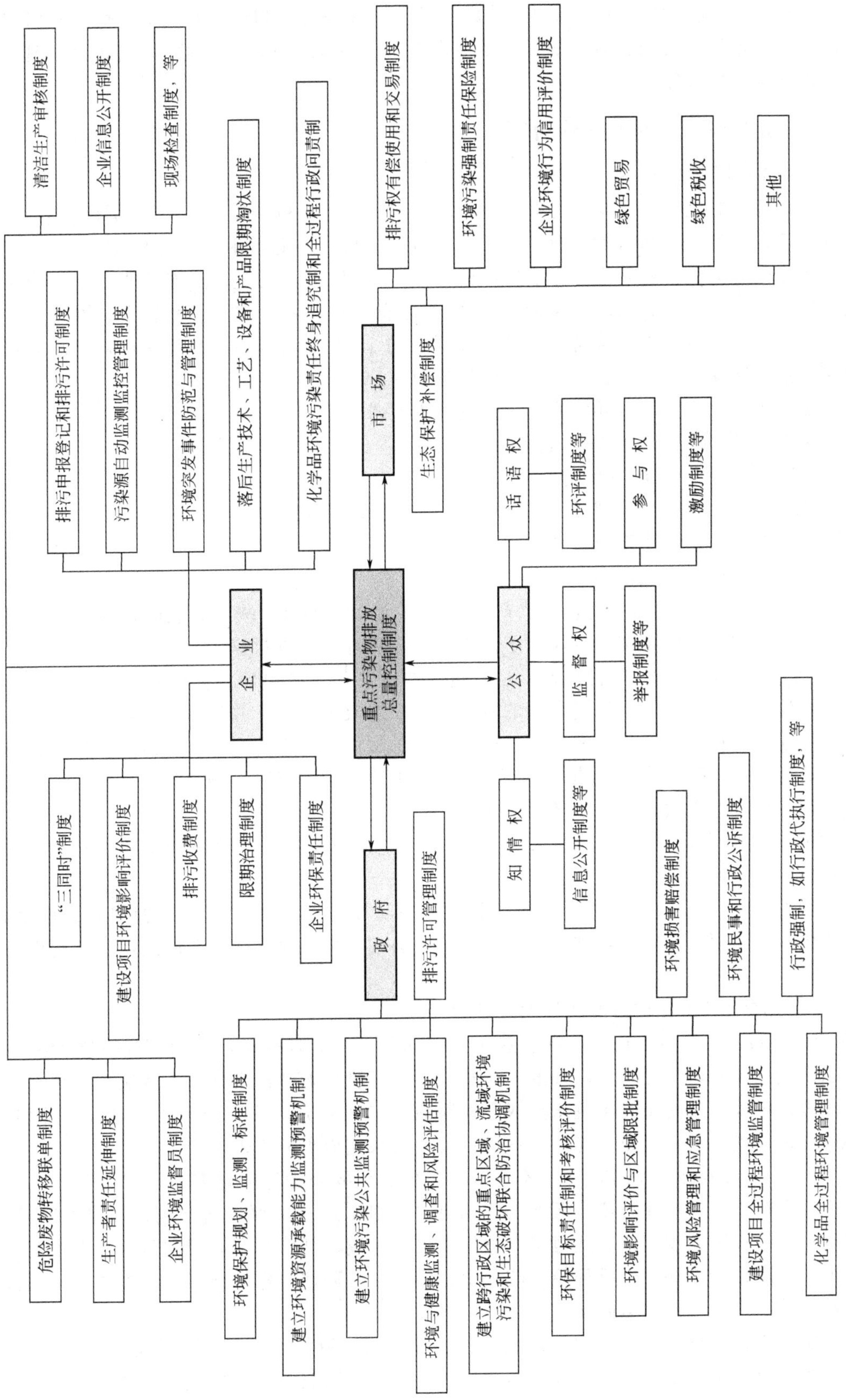

重点污染物排放总量控制制度

企 业

危险废物转移联单制度
生产者责任延伸制度
企业环境监督员制度
“三同时”制度
建设项目环境影响评价制度
排污收费制度
限期治理制度
企业环保责任制度
清洁生产审核制度
企业信息公开制度
现场检查制度，等
排污申报登记和排污许可制度
污染源自动监测监控管理制度
环境突发事件防范与管理制度
落后生产技术、工艺、设备和产品限期淘汰制度
化学品环境污染责任终身追究制和全过程行政问责制

政 府

环境保护规划、监测、标准制度
建立环境资源承载能力监测预警机制
建立环境污染公共监测预警机制
环境与健康监测、调查和风险评估制度
建立跨行政区域的重点区域、流域环境污染和生态破坏联合防治协调机制
环保目标责任制和考核评价制度
环境影响评价与区域限批制度
环境风险管理和应急管理制度
建设项目全过程环境监管制度
化学品全过程环境管理制度
排污许可管理制度
环境损害赔偿制度
环境民事和行政公诉制度
行政强制，如行政代执行制度，等

市 场

排污权有偿使用和交易制度
生态保护补偿制度
环境污染强制责任保险制度
企业环境行为信用评价制度
绿色贸易
绿色税收
其他

公 众

知情权
信息公开制度等
监督权
举报制度等
话语权
环评制度等
参与权
激励制度等

图9–4　以重点污染物排放总量控制制度为纽带的主要环境管理制度体系

④ 救济类。主要是指对污染行为及其后果进行处理处置的制度，其目的是防止损害扩大、分清责任和迅速救济被害方，如：限期治理制度、环境风险管理制度、环境应急管理制度、违法企业挂牌督办制度等。

9.3.1 预防类环境保护管理制度

9.3.1.1 环境影响评价制度

环境影响评价制度是我国唯一上升为《环境影响评价法》的制度。环境影响评价制度是指对规划和建设项目实施后可能造成的环境影响进行分析、预测和评估，提出预防或者减轻不良环境影响的对策和措施，进行跟踪监测的方法与制度。其法定适用对象有两类：一是发展规划，包括土地、区域、流域、海域 4 类综合性规划和工业、农业、畜牧业、林业、能源、水利、交通、城市建设、旅游、自然资源开发的 10 类专项规划；二是建设对环境有影响的项目，包括新建、改建、扩建和技术改造项目。

(1) 工业园区和化工项目环境影响评价的基本要求

① 园区开发建设规划应做好环境影响评价工作。

② 入园项目必须开展环境影响评价工作。

③ 环境风险评价结论应作为化工建设项目环境影响评价文件结论的主要内容之一。无环境风险评价专章的相关建设项目环境影响评价文件不予受理；经论证，环境风险评价内容不完善的相关建设项目环境影响评价文件不予审批。

④ 建设产生危险废物的项目，应当严格进行环境影响评价；竣工验收时，应对危险废物产生、贮存、利用和处置情况，风险防范措施，管理计划等进行核查。

⑤ 环境影响后评价。在项目建设、运行过程中产生不符合经审批的环境影响评价文件的情形的，建设单位应当组织环境影响的后评价，采取改进措施，并报原环境影响评价文件审批部门和建设项目审批部门备案；原环境影响评价文件审批部门也可以责成建设单位进行环境影响的后评价，采取改进措施；环保部门在化工建设项目环境影响评价文件审批中，对存在较大环境风险隐患的，应提出环境影响后评价的要求。

⑥ 环保部门应当将新化学物质登记，作为审批生产或者加工使用该新化学物质建设项目环境影响评价文件的条件。

⑦ 企业完成技术改造项目之后污染物排放达标，确有必要拆除或者闲置的环保设施，应当在该技术改造项目环境影响评价文件中明确，必须在项目投入使用验收之后，征得所在地的环境保护行政主管部门同意。

⑧ 对建设项目环境保护情况实施动态管理。

⑨ 园区建设项目限批。产业园区存在下列问题之一的，环保部门将暂停受理除污染治理、生态恢复建设和循环经济类以外的入园建设项目环境影响评价文件：未依法开展规划环境影响评价；环境风险隐患突出且未完成限期整改；未按期完成污染物排放总量控制计划；污染集中治理设施建设滞后或不能稳定达标排放，且未完成限期治理。

⑩ 规划环评与项目环评的联动。环境影响评价过程要公开透明，充分征求社会公众意见。建立健全规划环评和建设项目环评的联动机制。对未进行环评规划所包含的建设项目，不予受理；已经批准的规划在实施范围、适用期限、规模、结构和布局等方面进行重大调整或修订的，应当重新或补充进行环境影响评价；已经开展环评工作的规划，包含的建设项目环境影响评价的内容可以适当简化。

(2) 法律责任　见《环境保护法》(2014 修订) 第六章法律责任、《环境影响评价法》第三十一条、第二十四条；海洋工程建设项目的违法行为依照《海洋环境保护法》(1999 修

订）的规定处罚。

（3）发展和思考 《环境保护法》（2014修订）要求：国务院有关部门和省、自治区、直辖市人民政府组织制定经济、技术政策，应当充分考虑对环境的影响，听取有关方面和专家的意见。政策环评是环境影响评价工作进一步发展重点。

从目前公开的环评报告看，目前化工建设项目环评审批制度在很大程度上流于形式。原因在于：企业对排污情况在可行性报告中不如实申报，环评机构和评审专家不大可能搞清楚成千上万种化工产品的生产工艺；环评审批时间偏长，不能适应市场变化要求，先上后申报现象普遍。应注重企业排污申报和现场监测相结合，更多地采用市场经济模式管理的办法防控项目污染。①环评应加强工艺的清洁生产审核，淘汰落后产品、工艺、设备。②重在区域环评、园区环评，进行总量控制，项目环评纳入区域环评、园区环评之中。

9.3.1.2 重点污染物排放总量控制制度

重点污染物排放总量控制制度（下称“总量控制制度”）是国家本着经济社会发展与环境保护相协调的原则，在一定时空条件下对主要污染物排放的总重量（或排放强度）实行控制的一种管理方法。实施总量控制必须具备三个要素：一是排放污染物的总重量（体积与浓度的乘积），或排放强度（如单位GDP排放量）；二是排放污染物总量的空间范围；三是排放污染物的时间跨度。

总量控制的总体目标是：①强化责任、健全法制、完善政策、加强监管，建立健全激励和约束机制；②坚持优化产业结构、推动技术进步、强化工程措施，大幅度提高能源利用效率，显著减少污染物排放；③进一步形成政府为主导、企业为主体、市场有效驱动、全社会共同参与的节能减排工作格局，加快建设资源节约型、环境友好型社会。

重点污染物排放总量控制指标由国务院下达，省、自治区、直辖市人民政府分解落实。企业事业单位在执行国家和地方污染物排放标准的同时，应当遵守分解落实到本单位的重点污染物排放总量控制指标。对超过国家重点污染物排放总量控制指标或者未完成国家确定的环境质量目标的地区，省级以上人民政府环境保护主管部门应当暂停审批其新增重点污染物排放总量的建设项目环境影响评价文件。

（1）重点污染物排放总量控制制度的基本要求

① 加强重点污染物总量减排控制。完善减排统计、监测和考核体系，鼓励各地区实施特征污染物排放总量控制。对造纸、印染和化工行业实行化学需氧量和氨氮排放总量控制。加强污水处理设施、污泥处理处置设施、污水再生利用设施和垃圾渗滤液处理设施建设。

② 对重点水污染物排放实施总量控制制度。省、自治区、直辖市人民政府应当按照国务院的规定削减和控制本行政区域的重点水污染物排放总量，并将重点水污染物排放总量控制指标分解落实到市、县人民政府。市、县人民政府根据本行政区域重点水污染物排放总量控制指标的要求，将重点水污染物排放总量控制指标分解落实到排污单位。

③ 控制或削减主要大气污染物的排放总量。国务院和省、自治区、直辖市人民政府对尚未达到规定的大气环境质量标准的区域和国务院批准划定的酸雨控制区、二氧化硫污染控制区，可以划定为主要大气污染物排放总量控制区。大气污染物总量控制区内有关地方人民政府依照国务院规定的条件和程序，按照公开、公平、公正的原则，核定企业事业单位的主要大气污染物排放总量，核发主要大气污染物排放许可证。有大气污染物总量控制任务的企业事业单位，必须按照核定的主要大气污染物排放总量和许可证规定的排放条件排放污染物。

④ 优先采用清洁生产工艺。企业应当优先采用能源利用效率高、原材料利用率高、污染物排放量少的清洁生产工艺，并加强管理，减少污染物的产生。

⑤ 严格准入门槛，实施区域限批制度。严格执行环境影响评价制度和“三同时”制度，对超过污染物总量控制指标、生态破坏严重或者尚未完成生态恢复任务的地区，暂停审批新增污染物排放总量和对生态有较大影响的建设项目。对未按期完成淘汰落后产能任务的地区，严格控制国家安排的投资项目，实行项目‘区域限批’，暂停对该地区项目的环评、核准和审批。对未完成环保目标任务或对发生重特大突发环境事件负有责任的地方政府要进行约谈，实施区域限批，并追究有关领导责任。

⑥ 实行园区污染物排放总量控制。园区所在辖区人民政府应将园区总量指标和项目总量指标作为入园项目环评审批的前置条件，确保建成后该项目和园区各类污染物排放总量符合总量控制目标要求。鼓励通过结构调整、产业升级、循环经济、技术创新和技术改造等措施减少园区污染物排放总量。

⑦ 推行污染治理设施建设运行特许经营。鼓励采用多种建设运营模式开展城镇污水垃圾处理、工业园区污染物集中治理，确保处理设施稳定高效运行。实行环保设施运营资质许可制度，推进环保设施的专业化、社会化运营服务。完善市场准入机制，规范市场行为，打破地方保护，为企业创造公平竞争的市场环境。

⑧ 建立和完善园区化学品环境污染责任追究制。对不符合环保要求、污染治理设施不正常运行、环境安全隐患突出的，依法限期整治、责令整改；对存在偷排直排等恶意环境违法行为的园区，依法实行挂牌督办；对屡次发生突发环境事件及列入省级挂牌督办范围的园区、企业及相关责任人，按照相关法律和法规处理。

⑨ 其他措施。关于淘汰落后产能、实行限期治理、排污许可制度、污染源自动监控、环境保护责任制和问责制等见下面各制度。

(2) 法律责任　见《环境保护法》(2014) 第六章法律责任、《水污染防治法》(2008) 第七十四条第一款。

(3) 发展和思考

① 目前总量控制是在污染物排放总量超过环境容量的情况下开展的，是削减现有的排污总量，旨在遏制污染严重的趋势。根据环境容量确定排放总量，以环境容量为基础实施污染物排放总量控制是必然的发展趋势。

② 总量控制需要引入市场化管理机制。根据环境功能区划测算并掌握特定区域（流域）的环境容量，分配排污总量，并在此基础上全面推行排污许可制度和排污权交易。

③ 总量控制需要加大科技研发，加大清洁生产、循环经济的比重。用高新技术改造传统产业，推动产业转型升级，这是一条减排的正道。

9.3.1.3　建设项目环境保护“三同时”制度

新建、改建、扩建化学品生产、储存的建设项目（包括危险化学品长输管道建设项目）统称为建设项目。建设项目环境保护“三同时”制度（简称：环保“三同时”制度）是指建设项目中防治污染的设施，必须与主体工程同时设计、同时施工、同时投产使用。

实施“三同时”制度的还有：安全设施、职业病防护设施、节水设施等。

(1) 环保“三同时”制度的内容和要求

① 建设项目设计，应当有环境保护的工程和投资概算。依据经批准的建设项目环境影响报告书（或环境影响报告表），在环境保护篇章中落实防治环境污染和生态破坏的措施以及环境保护设施投资概算。

 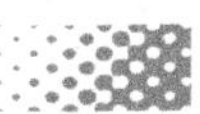

② 建设项目的主体工程与环保设施同时投入试运行。

③ 建设项目试生产期间，建设单位应对环保设施运行情况和对环境的影响进行监测。

④ 建设项目竣工后，建设单位应向环境保护行政部门申请该建设项目配套建设的环保设施进行竣工验收。分期建设、分期投入生产或者使用的建设项目，其相应的环境保护设施应当分期验收。

⑤ 环保设施经验收合格，该建设项目方可正式投入生产或者使用。

⑥ 防治污染的设施应当符合经批准的环境影响评价文件的要求，不得擅自拆除或者闲置。

（2）法律责任　见《环境保护法》（2014）第六章法律责任、《水污染防治法》（2008）第七十一条、《大气污染防治法》（2000）第四十七条、《固体废物污染环境防治法》（2004）第六十九条、《建设项目环境保护管理条例》（1998）第二十八条。

（3）发展和思考　化工建设项目在设计、建设过程中本就应该采用清洁生产工艺，排放物要实施减量化、资源化、再利用，必须排放的“三废”要进行无害化处置，达到国家排放标准。所以环保“三同时”制度并不是管理创新，只是对落后理念的纠正。

“三同时”制度与环境影响评价制度相辅相成，意在防止产生新的环境污染物。何时不提“三同时”了，环保已成为化工企业自觉的责任意识，我国的化工环保工作就面目一新了。

9.3.1.4　排污许可管理制度

排污许可是环境保护行政许可的一种。根据国家法律、法规和国务院决定，各级环保部门实施了37项行政许可，涉及对项目建设环境管理、放射性同位素和射线装置监管、民用核设施、民用核安全设备监管等的审批，以及排放污染物许可、处置危险废物资质许可、其他特殊环保业务资质许可等，覆盖了环保行政管理的主要领域。

排污许可管理制度是指以控制污染物排放总量、保护环境质量为目的，由环境保护行政主管部门依法主管对排污单位排放污染物的种类、数量、性质、去向、方式等实行审查、许可和监督管理的制度。排污许可证是排污许可制度的文书形式。

排污许可管理制度是一个体系。排污口规范化设置、安装污染源自动监控设施、排污申报登记是实施排污许可制度的基础；污染物排放总量控制是排污许可必不可少的前置条件；排污许可和总量控制制度又是排污权交易制度的前置条件。

（1）排污许可制度的基本要求

① 排污单位按规定应当取得排污许可证而未取得的，不得排放水污染物。

② 排污许可应符合重点水污染物总量削减和控制的要求。水行政主管部门提出的限制排污总量意见作为污染物排放总量控制实施方案制定的依据。

③ 推行主要水污染物排放指标有偿使用和交易制度。通过有偿使用或者交易方式取得排污指标的排污单位，因环境违法行为被责令关闭、取缔的，其排污指标由环境保护行政主管部门收回；自行关闭的，其未使用的排污指标由环境保护行政主管部门按照有关规定回购。

④ 申请排污许可证，应填报申请表，并提交以下相关证明材料：a. 工商营业执照。b. 生产能力、工艺、设备、产品符合国家和地方现行产业政策及行业发展规划要求。c. 排放污染物符合环境功能区和所在区域、行业污染物排放标准的要求。d. 建设项目环境影响评价文件已取得环保部门批准或者重新审核同意。e. 按照法律、行政法规和环保部门的规定设置排污口；建设单位在江河、湖泊新建、改建、扩建排污口的，应当取得水行政主管部

门或者流域管理机构同意。f. 有符合标准和要求的污染防治设施和污染物处理能力，并有正常运行的管理制度和技术能力；治理设施委托运营的，运营单位应取得环境污染治理设施运营资质证书；污染物委托处理的，受委托单位应取得相应的合法资质。g. 应安装污染物排放自动监控仪器的排污单位，已按规范安装自动监控仪器并与环保部门的监控设备联网。h. 已编制突发环境事件应急预案，配备相应的应急设施、装备、物品。i. 法律、法规规定的其他条件。

⑤ 排污许可证持证单位享有以下权利：a. 有权按照排污许可证规定的要求排放污染物；b. 有权要求环保部门对本单位的技术信息、经营信息等事项保密；c. 有权向环保部门了解国家、本市与排污许可证相关的法律、法规以及与排污许可证核发、管理程序有关的情况；d. 有权举报环保部门和工作人员违反法律、法规的行为，有权举报其他排污单位的违法行为；e. 法律、法规规定的其他权利。

⑥ 排污许可证持证单位应按以下要求履行义务：a. 排污许可证正本应悬挂于本单位主要办公场所或生产经营场所；b. 禁止涂改、伪造、出租、出借、买卖或以其他方式擅自转让排污许可证；c. 按要求规范排污口和危险废物贮存场所，并设立标志；d. 保证污染防治设施及自动监控设备的正常使用，未经环保部门批准，不得拆除或闲置；e. 污染物排放种类、数量、浓度等不得超出排污许可证载明的控制指标，排放地点、方式、去向等符合排污许可证的规定；f. 污染物排放的种类、数量、浓度等有改变的，及时向环保部门申请变更或报告；g. 按规定进行监测和计量，并向环保部门报告排污情况；h. 按规定缴纳排污费；i. 自觉接受环保部门的现场检查、排污监测和定期审核，主动出示排污许可证正副本以及相关资料；j. 排污许可证载明的义务和法律、法规规定的其他义务。

⑦ 排污许可证有效期限届满后需要延续的，排污单位应当在有效期限届满30个工作日前，向环境保护行政主管部门申请延续。

(2) 法律责任　见《环境保护法》(2014) 第六章法律责任、《大气污染防治》(2000) 第四十六条第一款、《水污染防治法》第七十二条第一款、第七十五条。

《国务院关于印发“十二五”节能减排综合性工作方案的通知》(国发〔2011〕26号) 规定：对未按期淘汰（落后产能）的企业，依法吊销排污许可证、生产许可证和安全生产许可证；对虚假淘汰（落后产能）的行为，依法追究企业负责人和地方政府有关人员的责任。

(3) 发展和思考　排污许可重在监控。排污权交易试点正推动着我国环境经济政策发生质的变化，也推动我国环境监测和环境监察管理向信息化、自动化发展。

9.3.1.5　危险化学品环境风险防控制度

危险化学品的定义、分类等详见《8.3.1 危险化学品类别信息及其管理》。

我国部分化工企业技术落后，清洁生产水平不高，污染防治和风险防控设施不完善，物料浪费、有毒有害物质排入环境的现象较为普遍，危险化学品引发的突发环境事件频发。发达国家已淘汰或限制的部分有毒有害化学品在我国仍有规模化生产和应用，此类化学品往往具有环境持久性、生物蓄积性、遗传发育毒性和内分泌干扰性等，对人体健康和生态环境构成长期或潜在危害。

2013年发布的《化学品环境风险防控“十二五”规划》(环发〔2013〕20号)，根据环境风险来源和风险类型的不同，确定三种类型58种（类）化学品作为“十二五”期间环境风险重点防控对象，详见表9-4。应通过强化环评、完善标准、加强监测、强化监管等措施，控制这类物质逐步减少向环境的排放。

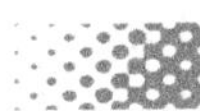

表 9-4 “十二五”期间环境风险重点防控化学品名单

类　别	重点防控化学品
累积风险类 25 种(类)	对苯二胺、三氯乙酸、环已烷、二环已胺、1,2-二氯乙烷、丙烯醛、丙烯酰胺、环氧乙烷、三氯乙烯、双酚A、壬基酚、邻苯二甲酸二乙酯、1,2,3-三氯苯、2,4,6-三叔丁基苯酚、对氯苯胺、丙二腈、对氨基苯酚、3,4-二氯苯胺、2,3,4-三氯丁烯、六氯-1,3-丁二烯、蒽、八氯苯乙烯、二苯酮、对硝基甲苯、三丁基氯化锡。
突发环境事件高发类 15 种(类)	石油类(柴油、原油、汽油、燃油)、酸类(盐酸、硫酸、硝酸、氯磺酸)、苯类(苯、甲苯、二甲苯)、有机胺类(苯胺、甲基苯胺、硝基苯胺、三溴苯胺)、氨气(液氨)、氰化物、氯气、磷类、甲醇、苯酚、四氯化硅、酯类(丙烯酸丁酯、乙酸乙酯、甲基丙烯酸甲酯)、苯乙烯、环已酮、硫化氢。
特征污染物类 30 种(类)	水体污染物： 石油类、挥发酚、氰化物、氟化物、硫化物、苯、甲苯、乙苯、苯胺类、甲醛、硝基苯类、酸类物质、邻苯二甲酸二丁酯、邻苯二甲酸二辛酯、丙烯腈、氯苯、化学农药类、苯酚； 大气污染物： 甲醛、苯、甲苯、二甲苯、酚类、苯并芘、氟化物、氯气、硫化氢、苯胺类、氯苯类、氯乙烯。
备注	① 上述水体污染物中石油类、氰化物、苯、甲苯、酸类物质、苯酚以及大气污染物中苯、甲苯、二甲苯、氯气、苯胺、硫化氢等共 12 种(类)物质，同时也是突发环境事件高发类重点防控化学品； ② 持久性有机污染物及重金属不含在上述名单中，防控措施参见相关专项规划； ③ 根据《规划》实施进展和环境管理需要，上述名单将不定期更新和完善。

化学原料及化学品制造业、医药制造业、化学纤维制造业等七大行业属于环境风险重点防控行业。要建立危险化学品环境风险管理制度体系，大幅提升化学品环境风险管理能力，显著提高重点防控行业、重点防控企业和重点防控化学品环境风险防控水平。

危险化学品企业的环境风险防控的主要内容有：①环境影响评价文件中环境风险防范和应急措施落实情况；②环境应急预案编制、报备、演练和培训情况；③生产、储存、运输、使用、废弃等环节环境风险防控情况；④事故收集设施环境风险防控情况；⑤清净下水系统、雨水系统、生产废水系统环境风险防控情况等。

(1) 危险化学品环境风险防控制度的基本要求

① 健全化学品环境风险防控体系。完善危险化学品环境管理登记及新化学物质环境管理登记制度；制定有毒有害化学品淘汰清单，淘汰高毒、难降解、高环境危害的化学品；制定重点环境管理化学品清单，限制生产和使用高环境风险化学品；完善相关行业准入标准、环境质量标准、排放标准和监测技术规范，推行排放、转移报告制度，开展强制清洁生产审核；建立化学品环境污染责任终身追究制和全过程行政问责制。加强重点环境管理类危险化学品废弃物和污染场地的管理与处置；推进危险化学品企业废弃危险化学品暂存库建设和处理处置能力建设。县级以上环保部门应组织开展危险化学品环境管理登记工作，并进行监督检查与监测；对不按照规定履行登记义务的企业，应依法给予处罚。

② 落实企业化学品环境风险防控主体责任。企业应建立健全化学品环境风险防范措施，编制突发环境事件应急预案，建立应急救援队伍和物资储备，开展预案演练，组织评估后向当地环保部门备案；组织开展环境风险评估和后评估，设置厂界环境应急监测与预警装置，推进与监管部门联网，定期排查评估环境安全隐患并及时治理；在应急处置与救援阶段，企业应及时启动应急响应，采取有效处置措施并积极参与当地政府和相关部门组织的应急救援工作，防止次生环境污染事件，主动报告事故情况，承担应急处置相关费用；在恢复与重建阶段，企业应开展或配合开展事件原因和责任调查，对造成的环境污染和生态破坏承担恢复和修复责任，赔偿相关方经济损失；制定和实施化学品环境污染责任终身追究制度。

③ 建立信息公开制度。应建立化学品环境管理台账和信息档案，加强对特征污染物类重点防控化学品排放的日常监测和突发环境事件高发类重点防控化学品的管理；危险化学品

生产使用企业应当于每年1月发布企业化学品环境管理年度报告，向公众公布上一年度生产使用的危险化学品品种、危害特性、相关污染物排放及事故信息、污染防控措施等情况；重点环境管理危险化学品生产使用企业应当公布重点环境管理危险化学品及其特征污染物的释放与转移信息和监测结果。

④ 强化“两重点一重大”监督管理。国家安监总局已公布《重点监管的危险化工工艺》、《重点监管的危险化学品名录》和《危险化学品重大危险源》，危险化学品的“两重点一重大”监管体系正式形成。通过抓“两重点一重大”，来提升本质安全水平，来控制危险化学品事故总量，来遏制较大以上危险化学品事故。详见5.4.4、8.2.3和8.3。

⑤ 加强化工园区危险化学品环境风险管理。化工园区管理机构应督促园内企业进行危险化学品环境管理登记，加强化学品环境风险管理；加强化工园区环境管理，严格新建化工园区的环境影响评价审批，加强现有化工企业集中区的升级改造；新建涉及危险化学品的项目应进入化工园区或化工聚集区，现有化工园区外的企业应逐步搬迁入园；制定化工园区环境保护设施建设标准，完善园区相关设施和环境应急体系建设。

(2) 法律责任　见《危险化学品安全管理条例》第七章法律责任，《刑法》第一百五十二条、第三百三十八条、第三百三十九条，两高《关于办理环境污染刑事案件适用法律若干问题的解释》(法释〔2013〕15号) 相关规定。

(3) 发展和思考　危险化学品环境风险防控管理也是危险化学品安全管理的一部分，在化工企业职能管理中应合并为一个部门管理。

9.3.2 监督类环境保护管理制度

9.3.2.1 现场检查制度

现场检查制度从设立环保部门的那一天就有了，然而“现场”又往往是行政执法部门与管理对象博弈最频繁的一个空间，所以涉及的法律责任并不普通。随着社会经济的发展，环境保护现场检查制度的内涵不断深化和拓展，已由日常监管和执法的现场检查演变为开展整治违法排污企业的专项行动，对环境法律法规执行和环境问题整改情况进行后督察，依法处置环境污染和生态破坏事件，执行挂牌督办等督查制度。

进行现场检查时，被检查者应当如实反映情况，提供必要的资料；实施现场检查的部门、机构及其工作人员应当为被检查者保守商业秘密。

(1) 现场检查制度的基本要求

① 现场检查的内容包括：防治污染设施的建设和运行；污染排放和监测记录；环境保护责任制；限期治理计划的实施；环境污染事件应急方案的制定和演练；根据法律法规需要检查的其他内容。

② 现场执法环境监察人员有权依法采取以下措施：a. 进入有关场所进行勘察、采样、监测、拍照、录音、录像、制作笔录，查阅、复制相关资料；b. 约见、询问有关人员，要求说明相关事项，提供相关材料；c. 责令停止或者纠正违法行为；d. 适用行政处罚简易程序，当场作出行政处罚决定；e. 法律、法规、规章规定的其他措施。实施现场检查时，从事现场执法工作的环境监察人员不得少于两人，并出示《中国环境监察执法证》等行政执法证件，表明身份，说明执法事项。详见《环境监察办法》(环保部令第21号，2012)。

③ 环保部门对登记立案的环境违法行为，应当指定专人负责，及时组织调查取证。调查人员有权采取下列措施：进入有关场所进行检查、勘察、取样、录音、拍照、录像；询问当事人及有关人员，要求其说明相关事项和提供有关材料；查阅、复制生产记录、排污记录和其他有关材料；环保部门组织环境监测等技术人员随同调查人员进行调查时，有权采取上

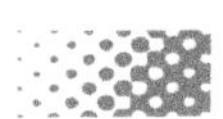

述措施和进行监测、试验。详见《环境行政处罚办法》（环保部令第 8 号，2010）第二十九条。

(2) 法律责任　见《水污染防治法》(2008) 第七十条、两高《关于办理环境污染刑事案件适用法律若干问题的解释》(法释〔2013〕15 号) 第四条。

(3) 发展和思考　现场检查是执法过程，也是调查研究、解决问题的过程。现场检查应凭数据说话。环保部门更应利用在线监控或者其他监控技术收集违法行为证据。企业亦应利用现场检查，增进与环保部门的沟通，改进自身的环境保护工作，并保护自己的合法权益。

9.3.2.2 排污收费制度

排污收费制度是指排放污染物的企业事业单位和其他生产经营者，按照国家有关规定缴纳排污费。排污费全部专项用于环境污染防治，任何单位和个人不得截留、挤占或者挪作他用。依照法律规定征收环境保护税的，不再征收排污费。

(1) 排污收费制度的基本要求

① 排污者应当向县级以上环保部门申报排放污染物的种类、数量，并提供有关资料。

② 排污者使用国家规定强制检定的污染物排放自动监控仪器对污染物排放进行监测的，其监测数据作为核定污染物排放种类、数量的依据。自动监控仪器，应当依法定期进行校验。

③ 排污者应当按照下列规定缴纳排污费：向大气、海洋排放污染物的，按照排放污染物的种类、数量缴纳排污费。向水体排放污染物的，按照排放污染物的种类、数量缴纳排污费；没有建设工业固体废物贮存或者处置的设施、场所，或者工业固体废物贮存或者处置的设施、场所不符合环境保护标准的，按照排放污染物的种类、数量缴纳排污费；以填埋方式处置危险废物不符合国家有关规定的，按照排放污染物的种类、数量缴纳危险废物排污费；产生环境噪声污染超过国家环境噪声标准的，按照排放噪声的超标声级缴纳排污费。

④ 排污者缴纳排污费，不免除其防治污染、赔偿污染损害的责任和法律、行政法规规定的其他责任。反之，行政处罚，不免除当事人依法缴纳排污费的义务。

⑤ 排污费征收使用实行收支两条线管理。按照“环保开票、银行代收、财政统管”的原则，征收的排污费一律上缴财政，纳入财政预算，列入环境保护专项资金进行管理，全部用于污染治理（包括重点污染源防治、区域性污染防治和污染防治新技术、新工艺的开发、示范和应用等）。

(2) 法律责任　见《排污收费征收管理条例》(2002) 第五章罚则。

(3) 发展和思考　排污收费制度是 20 世纪 70 年代萌发并试点的一项老制度。虽然产生于计划经济时代，但能适应市场经济体制的发展，成功地由国务院行政规章升格为行政法规。我国实践 40 多年的排污收费制度为开征环境税奠定了基础。排污税征缴应和在线排污监测数据挂钩，如水、电费收缴那样令人信服。

应建立鼓励企业或个人捐款兴建公共环境污染治理设施的制度，表彰治污的突出贡献者。

9.3.2.3 淘汰落后产能制度

落后产能包括落后的生产工艺、装备和产品。被国家列入淘汰名录的落后生产工艺装备和产品主要特征是产品市场过剩、严重浪费资源、污染环境、不具备安全生产条件等。

淘汰落后产能是国家宏观调控的一项手段，在我国经济结构调整和节能减排中发挥着重要作用。

（1）淘汰落后产能制度的基本要求

① 总体要求。a. 充分发挥市场配置资源的决定性作用，调整和理顺资源性产品价格形成机制，强化税收杠杆调节，努力营造有利于落后产能退出的市场环境；b. 充分发挥法律法规的约束作用和技术标准的门槛作用，严格执行环境保护、节约能源、清洁生产、安全生产、产品质量、职业健康等方面的法律法规和技术标准，依法淘汰落后产能；c. 分解淘汰落后产能的目标任务，明确国务院有关部门、地方各级人民政府和企业的责任，加强指导、督促和检查，确保工作落到实处；d. 强化政策约束和政策激励，统筹淘汰落后产能与产业升级、经济发展、社会稳定的关系，建立健全促进落后产能退出的政策体系；e. 建立主管部门牵头，相关部门各负其责、密切配合、联合行动的工作机制，加强组织领导和协调配合，形成工作合力。见《国务院关于进一步加强淘汰落后产能工作的通知》（国发〔2010〕7号）。

② 根据国家指导政策按期淘汰落后产能。如《工业转型升级规划（2011～2015）》（国发〔2011〕47号）；《产业结构调整目录（2011年本）（修正）》（国家发改委令第21号，2013）分鼓励类、限制类和淘汰类；《外商投资产业目录（2011年修订）》（国家发改委、商务部令第12号，2011）分鼓励类、限制类和禁止类；工信部《部分工业行业淘汰落后生产工艺装备和产品指导目录》（工产业〔2010〕122号）。所列的落后生产工艺装备和产品，按规定期限淘汰，一律不得转移、生产、销售、使用和采用。

③ 企业要切实承担起淘汰落后产能的主体责任，各相关行业协会要充分发挥政府和企业间的桥梁纽带作用，加强行业自律，维护市场秩序，协助有关部门做好淘汰落后产能工作。

④ 完善落后产能退出机制，指导、督促淘汰落后产能企业做好职工安置工作。地方各级人民政府要积极安排资金，支持淘汰落后产能工作。中央财政统筹支持各地区淘汰落后产能工作，对经济欠发达地区通过增加转移支付加大支持和奖励力度。完善淘汰落后产能公告制度，对未按期完成淘汰任务的地区，严格控制国家安排的投资项目，暂停对该地区重点行业建设项目办理核准、审批和备案手续；对未按期淘汰的企业，依法吊销排污许可证、生产许可证和安全生产许可证；对虚假淘汰行为，依法追究企业负责人和地方政府有关人员的责任。

⑤ 依法淘汰高毒、难降解、高环境危害的化学品。优先对持久性生物累积性有毒物质（PBT）、高持久性高生物累积性物质（vPvB）和致癌致畸致突变物质（CMRs）等化学品开展环境风险评估。定期发布高毒、难降解、高环境危害的淘汰物质名单和国家鼓励的有毒有害化学品替代品目录；制定危险化学品生产和使用量大、自动化程度低、污染物排放量大的落后工艺名录，并将其纳入产业结构调整目录。各省应制定淘汰计划，建立完善重污染企业退出机制，防止跨地区、跨国界转移，并每年向社会公告淘汰情况。对未纳入淘汰产品、设备和工艺名录的高环境风险化学品相关生产行业，以满足国内必要需求为主，合理控制高环境风险化学品的生产和使用，鼓励实施区域性、行业性生产规模总量控制。在国家有关产业政策及行业规划中明确规模控制要求，在项目立项中采取等量或减量置换等控制措施。

（2）法律责任　见《固体废物污染环境防治法》（2004）第七十二条、《循环经济促进法》（2008）第五十条、《国务院关于印发“十二五”节能减排综合性工作方案的通知》（国发〔2011〕26号）、《关于印发〈淘汰落后产能中央财政奖励资金管理办法〉的通知》（财建〔2011〕180号）等。

（3）发展和思考　没有淘汰，就没有发展。化学工业就是在不断淘汰、禁止和更新的过程中发展起来的。产能过剩是典型的粗放型发展方式的产物，我国化工大部分初级原料产品存在产能过剩问题，加快淘汰落后产能势在必行。对高污染、高环境风险的化工产品只有不断加强研发创新，更新换代，开发绿色化工技术才是根本出路。

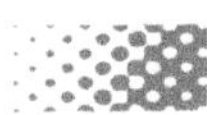

9.3.2.4 污染源自动监控设施运行管理制度

《环境保护法》(2014) 规定：重点排污单位应当按照国家有关规定和监测规范安装使用监测设备，保证监测设备正常运行，保存原始监测记录。

污染源自动监控设施运行管理制度适用于县级以上重点污染源（包括重点监控企业）自动监控设施的运行和管理活动。其他污染源自动监控设施运行和管理活动参照本办法执行。见《关于印发〈污染源自动监控设施运行管理办法〉的通知》(环发〔2008〕6 号)。

县级以上重点污染源　是指列入国控、省控、市控及县控重点污染源名单的排污单位；重点监控企业是指城镇污水处理厂。

自动监控设施　是指在污染源现场安装的用于监控、监测污染排放的仪器、流量（速）计、污染治理设施运行记录仪和数据采集传输仪器、仪表，并与环境保护主管部门的监控设备联网，是污染防治设施的组成部分。见《污染源自动监控设施现场监督检查办法》(环保部令 2012 年第 19 号)。自动监控设施的运行分委托给有资质的专业化运行单位的社会化运行和排污单位自运行两种方式。

(1) 污染源自动监控设施运行的基本要求

① 污染源自动监控设施的选型、安装、运行、审查、监测质量控制、数据采集和联网传输，应符合国家相关的标准。污染源自动监控设施必须经县级以上环保部门验收合格后方可正式投入运行，并与环保部门联网。

② 从事污染源自动监控设施的社会化运行单位必须取得环境保护部核发的“环境污染治理设施运营资质证书”。国家对环境污染治理设施运营实行资质许可。详见《环境污染治理设施运营资质许可管理办法》(环保部令第 20 号，2012)

③ 所有从事污染源自动监控设施的操作和管理人员，应当经省级环保部门委托的中介机构进行岗位培训，能正确、熟练地掌握有关仪器设施的原理、操作、使用、调试、维修和更换等技能。

④ 污染源自动监控设施运行单位应按照县级以上环保部门的要求，每半年向其报送设施运行状况报告，并接受社会公众监督。

⑤ 污染源自动监控设施运行单位应按照国家或地方相关法律法规和标准要求，建立健全管理制度。主要包括：人员培训、操作规程、岗位责任、定期比对监测、定期校准维护记录、运行信息公开、设施故障预防和应急措施等制度。常年备有日常运行、维护所需的各种耗材、备用整机或关键部件。

⑥ 运行单位应当保持污染源自动监控设施正常运行。污染源自动监控设施因维修、更换、停用、拆除等原因将影响设施正常运行情况的，运行单位应当事先报告县级以上环境保护行政主管部门，说明原因、时段等情况，递交人工监测方法报送数据方案，并取得县级以上环境保护行政主管部门的批准；设施的维修、更换、停用、拆除等相关工作均须符合国家或地方相关的标准。

⑦ 在废气和废水排放口安装二氧化硫、颗粒物、pH 和 COD 等主要污染物的在线监测和传输装置，并与环保主管部门的污染监控系统联网；在车间或处理设施排放口设置监控点，控制砷及铅、镉、铬、汞等重金属排放。见《硫酸工业污染防治技术政策》(环保部公告第 31 号，2013)

⑧ 增强环境信息基础能力、统计能力和业务应用能力。建设环境信息资源中心，加强互联网在污染源自动监控、环境质量实时监测、危险化学品运输等领域的研发应用，推动信息资源共享。

(2) 法律责任　见《水污染防治法》(2008) 第七十二条等。

(3) 发展与思考　如同交通、治安信息管理一样，污染源自动监控设施应在所有排污单位与监测地段安装，实施污染源监控的信息化管理（而不仅仅是重点污染源和重点监控企业）。根据对排放废水、废气等污染源的监控数据缴纳环境保护税应是未来发展方向。

9.3.2.5　环境信息公开制度

《环境保护法》(2014) 规定：①县级以上地方人民政府环境保护主管部门和其他负有环境保护监督管理职责的部门，应当将企业事业单位和其他生产经营者的环境违法信息记入社会诚信档案，及时向社会公布违法者名单。②重点排污单位应当如实向社会公开其主要污染物的名称、排放方式、排放浓度和总量、超标排放情况，以及防治污染设施的建设和运行情况，接受社会监督。③对依法应当编制环境影响报告书的建设项目，建设单位应当在编制时向可能受影响的公众说明情况，充分征求意见。负责审批建设项目环境影响评价文件的部门在收到建设项目环境影响报告书后，除涉及国家秘密和商业秘密的事项外，应当全文公开；发现建设项目未充分征求公众意见的，应当责成建设单位征求公众意见。

(1) 环境信息公开制度的基本要求

① 被列入“污染物排放超过国家或者地方排放标准，或者污染物排放总量超过地方人民政府核定的排放总量控制指标的污染严重的企业名单”的企业，应当向社会公开下列信息：企业名称、地址、法定代表人；主要污染物的名称、排放方式、排放浓度和总量、超标、超总量情况；企业环保设施的建设和运行情况；环境污染事故应急预案；超标排放企业应当在环保部门公布名单后 30 日内，在所在地主要媒体上公布其环境信息，并将向社会公开的环境信息报所在地环保部门备案。环保部门有权对企业公布的环境信息进行核查。见《环境信息公开办法（试行）》，环保总局令 2007 年第 35 号。

② 化工园区管理机构应定期发布园区环境状况公告，督促园内企业履行化学品环境风险防控的主体责任，要求企业按相关规定进行排污申报登记，并足额缴纳排污费。园内企业应建立化学品环境管理台账和信息档案，依法向社会公开相关信息。鼓励园区和企业实施责任关怀。见环保部《关于加强化工园区环境保护工作的意见》(环发〔2012〕54 号)。

③ 危险化学品生产使用企业应当于每年 1 月发布企业化学品环境管理年度报告，向公众公布上一年度生产使用的危险化学品品种、危害特性、相关污染物排放及事故信息、污染防控措施等情况。重点环境管理危险化学品生产使用企业还应当公布重点环境管理危险化学品及其特征污染物的释放与转移信息和监测结果。见《化学品环境风险防控“十二五”规划》(环发〔2012〕20 号)。

④ 鼓励企业自愿公开下列企业环境信息：企业环境保护方针、年度环境保护目标及成效；企业年度资源消耗总量；企业环保投资和环境技术开发情况；企业排放污染物种类、数量、浓度和去向；企业环保设施的建设和运行情况；企业在生产过程中产生的废物的处理、处置情况，废弃产品的回收、综合利用情况；与环保部门签订的改善环境行为的自愿协议；企业履行社会责任的情况；企业自愿公开的其他环境信息。见《环境信息公开办法（试行）》(环保总局令第 35 号，2007)

⑤ 自愿发布《企业的社会责任报告》。HJ 617—2011《企业环境报告书编制导则》，为企业编写社会责任报告提供技术支持。“企业环境报告书”主要反映企业的管理理念、企业文化、企业环境管理的基本方针以及企业为改善环境、履行社会责任所做的工作。它以宣传品的形式在媒体上公开向社会发布，加强与公众的沟通，展现企业在环保方面取得的成就及社会责任。是企业环境信息公开的一种有效形式。

(2) 法律责任　见《清洁生产促进法》(2012) 第三十九条、《环境信息公开办法（试

行)》(环保总局令第35号,2007)第二十八条。《环境保护法》(2014修订)规定:违反本法规定,重点排污单位不公开或者不如实公开环境信息的,由县级以上地方人民政府环境保护主管部门责令公开,处以罚款,并予以公告。

(3)发展与思考 化工企业公开环境保护信息,履行责任关怀将成为一种必然趋势。环境信息公开是企业履行的法律义务,也是履行社会责任关怀,拓展生存和发展空间的重要渠道。化工企业和园区的环境信息公开,必将淡化社会"化工妖魔化"心理,对构建和谐社会起到重要作用。

9.3.3 考核问责类环境保护管理制度

9.3.3.1 环境保护目标责任制和责任追究制

环境保护目标责任制是通过签订责任书的形式,将环境保护的目标责任具体落实到地方各级人民政府和排污单位的行政管理制度。

《环境保护法》(2014修订)规定:地方各级人民政府应当对本行政区域的环境质量负责。

国家实行环境保护目标责任制和考核评价制度。县级以上人民政府应当将环境保护目标完成情况纳入对本级人民政府负有环境保护监督管理职责的部门及其负责人和下级人民政府及其负责人的考核内容,作为对其考核评价的重要依据。考核结果应当向社会公开。

法律责任《环境保护法》(2014修订)规定:地方各级人民政府、县级以上人民政府环境保护主管部门和其他负有环境保护监督管理职责的部门有下列行为之一的,对直接负责的主管人员和其他直接责任人员给予记过、记大过或者降级处分;造成严重后果的,给予撤职或者开除处分,其主要负责人应当引咎辞职:

① 不符合行政许可条件准予行政许可的;

② 对环境违法行为进行包庇的;

③ 依法应当作出责令停业、关闭的决定而未作出的;

④ 对超标排放污染物、采用逃避监管的方式排放污染物、造成环境事故以及不落实生态保护措施造成生态破坏等行为,发现或者接到举报未及时查处的;

⑤ 违反本法规定,查封、扣押企业事业单位和其他生产经营者的设施、设备的;

⑥ 篡改、伪造或者指使篡改、伪造监测数据的;

⑦ 应当依法公开环境信息而未公开的;

⑧ 将征收的排污费截留、挤占或者挪作他用的;

⑨ 法律法规规定的其他违法行为。

9.3.3.2 生产者责任延伸制度

生产者责任延伸(Extended Producer Responsibility,EPR)1988年由瑞典环境经济学家托马斯(Thomas)首次提出。它是通过生产者对产品的整个生命周期,特别是对产品的回收、循环和最终处置负责来实现。我国《清洁生产促进法》、《循环经济促进法》、《固体废物污染环境防治法》都强调了建立生产者责任延伸制度。

托马斯教授的EPR设计了生产者需承担的五个责任:①环境损害责任:生产者对已经证实的由产品导致的环境损害负责,其范围由法律规定,并且可能包括产品生命周期的各个阶段。②经济责任:生产者为其生产的产品的收集、循环利用或最终处理全部或部分地付费。生产者可以通过某种特定费用的方式来承担经济责任。③物质责任:生产者必须实际地参与处理其产品或其产品引起的影响。这包括:发展必要的技术、建立并运转回收系统以及处理他们的产品。④所有权责任:在产品的整个生命周期中,生产者保留产品的所有权,该所有权牵连到产品的环境问题。⑤信息披露责任：生产者有责任提供有关产品以及产品在其生命周期的不同阶段对环境的影响的相关信息。

(1) 生产者责任延伸制度的基本要求　生产者责任延伸制度形式上伸向产品生命周期的末端，实质上是激励生产者必须更加注重在上游设计阶段预防对环境的污染，减轻末端治理的压力。要采用无毒无害、低毒低害的原材料，采用合理的产品结构，并充分考虑产品的特性和多样性，针对产品的特性采取不同的措施。

《循环经济促进法》(2008 制订) 第十九条规定："从事工艺、设备、产品及包装物设计，应当按照减少资源消耗和废物产生的要求，优先选择采用易回收、易拆解、易降解、无毒无害或者低毒低害的材料和设计方案，并应当符合有关国家标准的强制性要求"。"设计产品包装物应当执行产品包装标准，防止过度包装造成资源浪费和环境污染"。

第二十九条要求："各类产业园区应当组织区内企业进行资源综合利用，促进循环经济发展"。"国家鼓励各类产业园区的企业进行废物交换利用、能量梯级利用、土地集约利用、水的分类利用和循环使用，共同使用基础设施和其他有关设施"。

(2) 发展与思考　生产者责任延伸制度在我国尚处于宣传、推动阶段，有关法律尚未规定具体法律责任。随着社会经济与环境保护的发展，这项制度的作用和地位将越来越重要。将生产者责任拓展到产品的整个生命周期与绿色化工有异曲同工之妙。

9.3.4 救济类环境管理制度

9.3.4.1 限期治理制度

限期治理制度是对现已存在危害环境的污染源，由法定机关做出决定，强令其在规定的期限内完成治理任务并达到规定要求的制度。

我国《环境保护法》、《大气污染防治法》、《水污染防治法》、《环境噪声污染防治法》、《固体废物污染环境防治法》、《海洋环境保护法》等污染防治法律都明确规定了该制度。

限期治理的决定权由县级以上人民政府作出。其中，《环境噪声污染防治法》对于小型企事业单位的限期治理决定权做出了变通规定，可以由县级以上人民政府授权其环境保护行政主管部门决定。

(1) 限期治理的范围

① 区域性治理。是指对污染严重的某一区域、某个水域的限期治理。如：国家重点治理的三河（淮河、海河、辽河)、三湖（太湖、巢湖、滇池)、两区（酸雨、二氧化硫控制区)、一市（北京市)、一海（渤海）是限期治理的重点区域。

② 专项限期治理。是针对某个行业某项污染物的行业性限期治理。如《限期治理管理办法（试行）》(环保部令 2009 第 6 号）只是为纠正水污染物处理设施与处理需求不匹配的状况，推动水污染物工程减排而制定。

③ 企业限期治理。是针对某个企业的排污超标情况进行限期治理。

④ 限期治理的重点是：污染危害严重、群众反映强烈的污染物、污染源，治理后对改善环境质量有较大作用的项目；位于居民稠密区、水源保护区、风景游览区、自然保护区、城市上风向等区域，污染排放超标的企业；污染范围较广、污染危害较大的行业污染项目。

(2) 限期治理的期限　法律中没有作出明确规定，一般由决定限期治理的机构根据污染源的具体情况、治理的难度、治理的能力等因素来确定。其最长期限不得超过 3 年。

(3) 发展与思考　限期治理制度是非惩罚性制度。限期治理在给企业压力的同时，也给企业一定的时间和自由度，使企业可以在规定的限期内筹措环境保护治理资金，选择最经济

有效的治理措施，因而具有显著的环境效益。但我国限期治理制度法律不完善，影响这种制度在制止环境违法行为的实际效果。我们应该结合美国、日本等发达国家的经验，很好地在法律上规范和完善。

9.3.4.2 环境应急管理制度

环境应急管理是指政府及相关部门为防范和应对突发环境事件而进行的一系列有组织、有计划的管理活动，包括突发环境事件的预防、预警、处置、恢复等动态过程，其主要任务是最大限度地减少突发环境事件，降低突发环境事件所造成的危害，目的是保障环境安全和公众生命财产安全。

化工突发环境事件　是指因事故或意外性事件等因素，致使环境受到化学品污染或破坏，公众的生命健康和财产受到危害或威胁的紧急情况。化工企业防范和应对化学品引起的突发环境事件，既有责任又是义务。

（1）环境应急管理制度的基本要求

① 建立健全应急机制。应急机制包括预防、预警、应对、善后。预防，从源头把关，检查并及时消除隐患（不安全因素）；预警，任何突发事件都会有征兆、有迹象，抓住苗头进行预警；应对，制定有行之有效的应对方案并经常演练，一旦发生突发事件，积极响应，妥善应对；善后，妥善处理突发事件本身的善后工作，依法追究责任和汲取经验教训，防止发生类似事件。要建立应急责任制，要在应对突发事件的实践中不断提高应对能力，维护社会稳定。

② 加强环境预警与应急体系建设。《环境保护法》（2014）规定："各级人民政府及其有关部门和企业事业单位，应当依照《中华人民共和国突发事件应对法》的规定，做好突发环境事件的风险控制、应急准备、应急处置和事后恢复等工作。""县级以上人民政府应当建立环境污染公共监测预警机制，组织制定预警方案；环境受到污染，可能影响公众健康和环境安全时，依法及时公布预警信息，启动应急措施。""企业事业单位应当按照国家有关规定制定突发环境事件应急预案，报环境保护主管部门和有关部门备案。在发生或者可能发生突发环境事件时，企业事业单位应当立即采取措施处理，及时通报可能受到危害的单位和居民，并向环境保护主管部门和有关部门报告。""突发环境事件应急处置工作结束后，有关人民政府应当立即组织评估事件造成的环境影响和损失，并及时将评估结果向社会公布。"

加快国家、省、市三级自动监控系统建设，建立预警监测系统；对危险化学品等存储、运输等环节实施全过程监控；强化环境应急能力标准化建设；加强重点流域、区域环境应急与监管机构建设。（国家环境保护"十二五"规划）

③ 加强化工园区环境应急保障体系建设。园内企业应制定环境应急预案，明确环境风险防范措施；园区管理机构应根据园区自身特点，制定园区级综合环境应急预案，结合园区新、改、扩建项目的建设，不断完善各类突发环境事件应急预案；加强应急救援队伍、装备和设施建设，储备必要的应急物资，建立重大风险单位集中监控和应急指挥平台，逐步建设高效的环境风险管理和应急救援体系；开展有针对性的环境安全隐患排查，有计划地组织应急培训和演练，全面提升园区风险防控和事故应急处置能力；从事危险化学品生产、储存、经营、运输、使用和废弃处置的企业应当购买环境污染责任保险。详见《关于加强化工园区环境保护工作的意见》（环发〔2012〕54 号）

④ 强化突发环境事件应急预案管理。《突发事件应对法》第二十三条规定：矿山、建筑施工单位和易燃易爆物品、危险化学品、放射性物品等危险物品的生产、经营、储运、使用单位，应当制定具体应急预案，并对生产经营场所、有危险物品的建筑物、构筑物及周边环

境开展隐患排查，及时采取措施消除隐患，防止发生突发事件。

《固体废物污染环境防治法》第六十二条规定：产生、收集、贮存、运输、利用、处置危险废物的单位，应当制定意外事故的防范措施和应急预案，并向所在地县级以上地方人民政府环境保护行政主管部门备案；环境保护行政主管部门应当进行检查。

《突发环境事件应急预案管理办法》（环发〔2010〕113号）对编制环境应急预案的范围、种类、内容作出了具体规定。

⑤ 科学应对事故灾难。

⑥ 建立及时、真实、高效的报告制度。《突发环境事件信息报告办法》（环保部令第17号，2011）将突发环境事件分为特别重大（Ⅰ级）、重大（Ⅱ级）、较大（Ⅲ级）和一般（Ⅳ级）四级。

对初步认定为重大（Ⅱ级）或者特别重大（Ⅰ级）突发环境事件的，事件发生地设区的市级或者县级环保部门应当在两小时内向本级人民政府和省级环保部门报告，同时上报环境保护部。省级人民政府环保部门接到报告后，应当进行核实并在1小时内报告环境保护部。

（2）法律责任　见《水污染防治法》（2008）第五十七条、《固体废物污染环境防治法》（2004）第七十五条、《突发事件应对法》第六十四条、第六十八条、《突发环境事件应急预案管理暂行办法》（环发〔2010〕113号）第二十六条、《突发环境事件信息报告办法》（环保部令第17号，2011）第十五条、《国家突发公共事件总体应急预案》有关规定。

（3）发展与思考　突发环境污染事件已经成为影响社会和谐稳定的重要问题之一，加强环境污染事故的企业责任和防治次生灾害之间的衔接势在必行。一是依法加强环境污染风险的控制；二是在应对突发事件时，应当避免或减少对环境造成损害；三是在突发环境污染事件应急处置工作结束后，应当及时组织评估事件造成的环境影响和损失。

9.4 化工污染防治技术

本节讨论的是化工生产中产生的废气、废水、固体废弃物等污染物的防治技术。物理危害因素（如噪声、振动、辐射、烫伤等）的预防与控制见8.4.3。

化工企业应积极采用清洁生产工艺，合理地开发和利用资源，防治废气、废水、废渣等的污染，保护生态环境良性循环，促进可持续发展。

化工建设项目应当采用能耗物耗低，污染物产生量小的清洁生产工艺，在设计中做到：①采用无毒无害、低毒低害的原料和能源；②采用能够使资源最大限度地转化为产品，污染物排放量最少的新技术、新工艺；③采用无污染或少污染、节能降耗的新型设备；④产品结构合理，发展对环境无污染、少污染的新产品；⑤采用技术先进适用、效率高、经济合理的资源和能源回收利用及“三废”处理设施。

化工污染防治的特点是涉及污染的化学品种繁多、防治技术复杂，要根本上解决化工污染的防治必须依靠技术进步。本节内容参考的主要化工污染防治技术政策、规范和标准有：

GB 50483—2009《化工建设项目环境保护设计规范》

GB 50648—2011《化学工业循环冷却水系统设计规范》

GB 50684—2011《化学工业污水处理与回用设计规范》

HG/T 20501—2013《化工建设项目环境保护监测站设计规定》

HG/T 20504—2013《化工危险废物填埋场设计规定》

HG/T 20706—2013《化工建设项目废物焚烧处理工程设计规范》

HJ 2044—2014《发酵类制药工业废水治理技术规范》

HJ 2042—2014《危险废物处置工程技术导则》

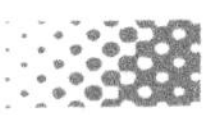

HJ 2037—2013《含多氯联苯废物焚烧处置工程技术规范》
HJ 2036—2013《染料工业废水治理技术规范》
HJ 2035—2013《固体废物处理处置工程技术导则》
HJ 2027—2013《催化燃烧法工业有机废气治理工程技术规范》
HJ 2026—2013《吸附法工业有机废气治理工程技术规范》
HJ 2025—2012《危险废物收集、储存、运输技术规程》
HJ 2015—2012《水污染治理工程技术导则》
HJ 2006—2010《污水混凝与絮凝处理工程技术规范》
HJ 2005—2010《人工湿地污水处理工程技术规范》
HJ 607—2011《废矿物油回收利用污染控制技术规范》
HJ 607—2011《工业污染源现场检查技术规范》
HJ 515—2009《危险废物集中焚烧处理设施运行监督管理技术规范（试行）》
HJ/T 304—2007《废塑料回收与再生利用污染控制技术规范（试行）》
HJ/T 176—2006《危险废物集中焚烧处理工程建设技术规范》
环境空气细颗粒物污染综合防治技术政策（环保部公告，2013-09-25 实施）
挥发有机物（VOCs）污染防治技术政策（环保部公告第 31 号，2013）
硫酸工业污染防治技术政策（环保部公告第 31 号，2013）
制药工业污染防治技术政策（环保部公告第 18 号，2012）
危险废物安全填埋处理工程建设技术要求（环发〔2004〕75 号）
危险废物污染防治技术政策（环发〔2001〕199 号）

9.4.1 术语

装置和装置区 装置是指一个或一个以上相互关联的工艺单元的组合。装置区是指由一个或一个以上的独立化工装置或联合装置组成的区域。

生态平衡 环境系统中生物与生物之间、生物与生存环境之间相互作用而建立的动态平衡关系。

环境容量 指水、空气、土壤和生物等自然环境或环境要素对污染物质的净化能力。

污染物 人类生产、生活所产生的对环境有破坏作用的物质。

总量控制 根据排污地点、数量和方式，对各控制区域不均等分配环境容量资源。

二次污染 指环境中存在的有毒有害物质，在生物的、化学的、物理的、物理化学的作用下，变成毒性更大，对生物有直接危害的物质，这些物质是原来的污染源中所没有的。

无组织排放 指不通过排气筒的废气排放，以及排气筒高度小于 15m 的废气排放。

环境空气细颗粒物 由于人类活动产生的细颗粒物主要有两个方面：一是各种污染源向空气中直接释放的细颗粒物，包括烟尘、粉尘、扬尘、油烟等；二是部分具有化学活性的气态污染物（前体污染物）在空气中发生反应后生成的细颗粒物，这些前体污染物包括硫氧化物、氮氧化物、挥发性有机物和氨等。

挥发性有机物（VOCs）污染 主要污染源包括工业源、生活源。工业源主要包括石油炼制与石油化工、煤炭加工与转化等含 VOCs 原料的生产行业，油类（燃油、溶剂等）储存、运输和销售过程，涂料、油墨、胶粘剂、农药等以 VOCs 为原料的生产行业，涂装、印刷、粘合、工业清洗等含 VOCs 产品的使用过程；生活源包括建筑装饰装修、餐饮服务和服装干洗。

酸雾 雾状的酸性物质，其 pH 值为 3～4.5。

氮封 用于储罐顶部氮气压力恒定控制，以保护罐内物料不被氧化及储罐安全的措施。

软密封 在多种腐蚀性、非腐蚀性的气体、液体、半流体以及固体粉末管线和容器上作为调节和截流设备上用的一种闸阀方式。

水体 水的积聚体，包括水、水中悬浮物、底泥和水生生物等其他所有因素。水体可分为海洋水体、陆地水体、地上水体、地下水体等不同区域和类型。地面水体，如溪、河、江、池塘、湖泊、水库、海洋等。

水环境容量 水体所容纳的污染物的量或自身调节净化并保持生态平衡的能力。

水体污染 排入水体的某种物质、生物或能量超过了水环境容量，降低了水的质量或影响了原有用途，甚至破坏了生态平衡，直接或间接地对人类产生影响或危害，称为水体污染。

色度 水的感官性状指标之一。当水中存在某种物质使水着色，即产生色度。规定以纯水中氯铂酸离子浓度为1mg/L时产生的颜色为1度。

浊度 表示光线透过水时发生阻碍的程度。水因含悬浮物而呈混浊状态，我国规定以纯水中含二氧化硅为1mg/L时产生的混浊度为为1度。

化学耗氧量（COD值） 表示水污染程度的重要指标，即表示水中可氧化的物质量。规定以消耗氧化剂高锰酸钾或重铬酸钾所需要的量表示，单位为mg/L。

生化需氧量（BOD值） 在好气条件下，微生物分解水中有机物质的过程中所需要的氧量。采用在20℃下，通常以五昼夜生化氧量作为指标，即用BOD_5表示，单位为mg/L。

冲击排放 指污水排放不均匀，突然排放量增大。

初期雨水 指刚下的雨水，一次降雨过程中的前10～30min降水量（或前10～20mm降水量）。

清净下水 装置区排除的未被污染的废水，如间接冷却水的排水、溢流水等。

化工污水 化工生产区排放的污水。包括：一是生产污水，包括设备地面冲洗水；二是生活污水；三是初期雨水；四是事故污水。

事故污水 指因设备、仪表故障，操作控制失误，设备、管道破裂，开、停车或检修时偶发性废液倾倒等生产事故或突发事件排出的使污水处理设施不能正常运行或可能产生破坏性结果的排水；突发性重大事故污水，如爆炸、火灾造成的大量物料泄漏和灭火时产生的混有大量化工物料的污水（消防水）。

污水回用 化工生产活动过程中产生的污水经收集、处理、再利用的过程。

固体废物 指在生产、生活和其他活动中产生的丧失原有利用价值或者虽未丧失利用价值但被抛弃或者放弃的固态、半固态和置于容器中的气态的物品、物质以及法律、行政法规规定纳入固体废物管理的物品、物质。（包括：液态废物，不包括排入水体的废水）

工业固体废物 是指在工业生产活动中产生的固体废物。

危险废物 我国《按固体废物污染环境防治法》的定义是：指列入国家危险废物名录或根据国家规定的危险废物鉴别标准和鉴别方法认定的具有危险特性的废物。

《国家危险废物名录》（环保部、发改委令第1号，2008）和《固体废物鉴别导则（试行）》（环保总局、发改委、商务部、海关总署、质检总局公告第11号，2006）确定的危险废物。

联合国环境署认为，危险废物是除放射性以外的那些废物（固体、污泥、液体或用容器装的气体），它的化学反应性、毒性、易爆性、腐蚀性或其它特性引起或可能引起对人类健康或环境的危害。不管是单独的或者和其他废物混合在一起，不管是产生或是被处置的或正在运输中的，在法律上都称为危险废物。

特殊危险废物 是指毒性大、或环境风险大、或难于管理、或不宜用危险废物的通用方法进行管理和处理处置，而需特别注意的危险废物，如医院临床废物、多氯联苯类废物、生

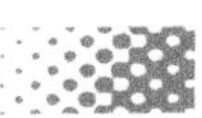

活垃圾焚烧飞灰、废电池、废矿物油、含汞废日光灯管等。

固体废物处置 是指将固体废物焚烧和用其他改变固体废物的物理、化学、生物特性的方法，达到减少已产生的固体废物数量、缩小固体废物体积、减少或者消除其危险成分的活动，或者将固体废物最终置于符合环境保护规定要求的填埋场的活动。

有毒物质 “两高”《关于办理环境污染刑事案件适用法律若干问题的解释》（法释〔2013〕15号）第十条规定：下列物质应当认定为“有毒物质”（范围比《国家危险废物名录》更大）：①危险废物，包括列入国家危险废物名录的废物，以及根据国家规定的危险废物鉴别标准和鉴别方法认定的具有危险特性的废物；②剧毒化学品、列入重点环境管理危险化学品名录的化学品，以及含有上述化学品的物质；③含有铅、汞、镉、铬等重金属的物质；④《关于持久性有机污染物的斯德哥尔摩公约》附件所列物质；⑤其他具有毒性，可能污染环境的物质。

9.4.2 废气防治

9.4.2.1 化工废气污染物的来源和分类

化工生产过程中各个生产环节，常会产生并排除废气。这些废气往往易燃易爆、有毒有害，有刺激性或腐蚀性，有的还有恶臭或浮游颗粒，包括粉尘、烟气、酸雾等，其组成复杂，会对大气环境造成较严重的污染。

化工废气的来源大致有如下几个方面：①化学反应不完全或副反应所产生的废气；②原料及产品加工和使用过程中产生的废气，以及搬运、破碎、筛分及包装过程中产生的粉尘等；③工艺技术路线及市场设备落后，造成反应不完全，市场过程不稳定，从而产生不合格的产品或跑、冒、滴、漏；④开停车及其他不正常生产情况下的短期排空。

化工废气可分为三类：一类是含无机污染物的废气，主要来自氮肥、磷肥、硫酸、无机盐等行业；二类是含有机污染物的废气，主要来自有机原料、合成材料以及农药、染料、医药、涂料等精细化工行业；三类是含有无机有机混合污染物的废气，主要来自焦化、聚氯乙烯等行业。

9.4.2.2 化工废气治理的一般规定

物料流程图应标注出废气排出点，并配以相应的图、表，注明废气排出量、排放强度及去向。

生产过程中排出的有害废气，应首先采取回收利用或综合利用措施；不能回收或综合利用的，应采取净化处理措施。

选择废气治理方案时，应避免产生二次污染或者消除二次污染的措施。

排放废气的装置、设备、排气筒等应设置监测采样口，采样口的位置应按国家有关规定执行。

排气筒的高度设计，除应符合 GB 16297《大气污染物综合排放标准》和有关行业大气污染物排放标准的有关规定外，尚应满足大气环境影响评价的结论。

9.4.2.3 废气污染源控制

产生有毒有害废气、粉尘、恶臭、酸雾等气态物质的生产装置，宜选用密闭的工艺设备，不得开放式操作。

易挥发性液体原料、成品、中间产品、液体燃料等的储存设计，应因地制宜地采取冷凝、吸收、吸附、喷淋、氮封及其他软密封等措施。

易挥发性液体的装卸宜采用浸没法装卸系统或其他密封设施，并宜设置油气回收设施。

防止细颗粒物污染应将工业污染源、移动污染源、扬尘污染源、生活污染源、农业污染源作为重点，强化源头削减，实行分区分类控制。

9.4.2.4 废气治理方法

化工产品多种多样，生产排放的废气组成和废气进入环境的途径也各不相同，防治办法也随着环保要求的日益严格和技术进步而不断改进。国内外普遍采用的治理方法如下。

(1) 改进工艺技术路线和设备，减少废气排放；

(2) 有毒有害工艺废气、烟道气、粉尘、酸雾等排放前应采取除尘、冷凝、吸收、吸附、分离、回收等处理措施。粉尘治理往往采用电除尘器、旋风除尘器、布袋过滤器等或再用水在高效设备内洗涤后放空；大多废气可用水或溶剂吸收净化。

(3) 工业挥发性有机物污染（VOCs）的治理技术主要有两类：一类是回收技术，大多数的溶剂和有机物可采用吸附、吸收、冷凝等技术进行回收，如活性炭吸附、分子筛吸附、碳纤维吸附等；另一类是销毁技术，如热力燃烧、催化燃烧、光催化氧化等。

(4) 下列可燃性工艺尾气，应排入火炬系统：①为稳定生产运行而暂时排出的气体；②事故或安全阀泄放时排出的气体；③开车、停车、检修、泄漏、放空时排出的气体；④运转设备短时间间断排放的气体；⑤热值低又不易回收利用的气体。

(5) 恶臭性气态物质，宜采用高温燃烧、催化燃烧、洗涤和吸附法等方式处理，必须达标排放。

(6) 以煤为原料的合成氨、焦化、煤气化等生产过程，应有脱硫脱硝或回收硫的设施。各种燃烧锅炉和工业炉窑，要有气体净化设施。

(7) 污水处理装置散发有害气体的设施（如厌氧池）宜密闭，排出的气体宜采取净化措施或高空排放。储存、处理含有易挥发出有毒、可燃、恶臭气体的污水的构筑物，应对有害气体进行收集并妥善处理。因为污水处理过程中散发出的有毒害气体如硫化氢、氰化物、氨、醛以及烃类物质不但影响周边大气环境和操作人员的健康，还有一定的危险性。

(8) 对于排放前体污染物的工业污染源，应分别采用前体污染物（NO、SO_2、VOCs、NH_3等）净化技术，包括各种脱硫技术、氮氧化物的催化还原技术及烟气脱硝技术、挥发性有机物的燃烧净化与吸附回收技术、氨的水洗涤净化技术。

(9) 产生大气颗粒物及其前体物污染物的生产活动应尽量采用密闭装置，避免无组织排放；无法完全密闭的，应安装集气装置收集逸散的污染物，经净化后排放。

9.4.3 废水防治与回用

9.4.3.1 化工废水中的污染物和分类

化工污水包括基础化工、有机化工、肥料、农药、制药、涂料、染颜料等精细化工各类化工产品生产过程中排放的污水。化工产品品种繁多，使用的物料多种多样，排出的污水水量、水质变化也很大。能造成水体污染的污染物大致分类见表 9-5。

表 9-5 化工污水中的污染物

分　类	主要污染物
无机有害物	水溶性氯化物、硫酸盐，无机酸、碱、盐中无毒物质，硫化物
无机有毒物	铅、汞、砷、镉、铬、氟化物、氰化物等重金属元素及无机有毒化学物质
耗氧有机物	碳水化合物、蛋白质、油脂、氨基酸等
植物营养物	铵盐，磷酸盐和磷、钾等

续表

分　类	主要污染物
有机有毒物	酚类、有机磷农药、有机氯农药、多环芳烃、苯等
病原微生物	病菌、病毒、寄生虫等
放射性污染物	铀、钚、锶、铯等
热污染	含热废水

注：来自：参考文献[9]。

污水大致可分三类。

（1）有害废水。本身是无毒物质，但可对环境造成危害。有害废水排入水体后，一是由于含有较多的植物营养元素，可使水体富营养化，藻类、浮萍等大量繁殖，危害水环境；二是水中的好氧微生物群分解这些有机物时，消耗大量溶解氧，造成水体缺氧，使鱼、虾、贝类减少或死亡；三是含有酸碱盐类的废水可腐蚀管道和建、构筑物，使厂房基础下沉，发生倒塌事故。也可使植物枯死，土壤板结和盐碱化。

排放有害废水的有：制药、染料、农药、焦化、洗涤剂、化纤等化工厂和炼油、石油化工厂，以及食品、造纸、皮革、纺织印染、屠宰、冷冻加工、香皂厂，生活污水、农业废水、垃圾废水、化肥流失等。

（2）有毒废水。指含有有毒物质的，直接或间接、近期或远期对人类产生毒害作用的废水。有毒废水可引起人体的急性或慢性中毒，有对本代的危害和子代的危害，有直接危害和经食物链富集后的间接危害。

排放有毒废水的有：焦化、化肥、石油化工、合成橡胶、树脂、化纤、油漆、农药、制药、染料、颜料等化工企业以及电镀、煤气、皮革、造纸、冶金等行业。

（3）病原微生物废水。指含有各种病原菌、寄生虫卵、病菌和其他致病微生物的废水。此种废水如未经消毒灭菌、杀虫杀卵等处理，直接排入环境就会造成疾病的传播和蔓延，危害人类及牲畜健康。

排放病原微生物废水的主要有：医院、疗养院、屠宰场、兽医站以及制革、毛皮、生物制剂厂、污水处理厂等。

9.4.3.2　化工废水治理的一般规定

化工生产排水包括：①生产废水（含：设备地面冲洗水和初期雨水）；②生活污水；③清净下水；④雨排水。

物料流程图应标注出废水排出点，并配以相应的图、表，注明水质、水量及排放去向。

高浓度的污水必须优先回收利用其中的物料和物质，不能回收的高浓度的化工污水应该焚烧处理或进行预处理，而不是直接进入污水收集系统。

生产过程中排出的废水，宜采取如下治理措施：①清污分流、闭路循环、重复利用或一水多用；②按不同水质分别回收废水中的有用物质或余热；③利用本厂或园区废水、废气、废渣等实行以废治废的综合治理措施。

第一类污染物不分行业和污水排放方式，也不分受纳水体的功能类别，一律在车间或车间处理设施排放口采样，其排放浓度必须达到 GB 8978《污水综合排放标准》规定的最高允许排放浓度要求。第一类污染物是指：总汞、烷基汞（不得检出）、总镉、总铬、六价铬、总砷、总铅、总镍、苯并［a］芘、总铍、总银、总 α 放射性、总 β 放射性。

有毒有害废水严禁采用渗井、渗坑、溶洞、废矿井等排放。

建于沿海地区的化工建设项目，不得直接向海湾、半封闭性海域及其他自净能力较差的海域排放含有机污染物和营养性物质的生产废水和生活污水。

向地面水体或海域排放含热污染的废水，应采取冷却降温措施（一般应在40℃以下），以保证不影响邻近的渔业等水生生物水域的水温。

排入城镇下水管网的生产废水和生活污水，其水质应符合下列要求：①排入城镇下水管网并进入污水处理厂处理的废水，其水质应符合GB 8978《污水综合排放标准》的三级标准或污水处理厂的接纳管水质要求；②排入未设置污水处理厂的城镇下水管网的废水，其水质应符合下水道出水受纳水体的功能要求，并应符合GB 8978《污水综合排放标准》的一级或二级标准，同时应满足当地环境保护主管部门的要求。

排入开发区或化工园区污水处理场的污水，应经处理达到开发区或园区接纳管水质要求。

所有排入农田灌溉沟渠的废水，应保证下游最近的农灌取水点的水质符合GB 5084《农田灌溉水质标准》的规定。废水排放口处水质一定要保证在最先取水处即达到农灌标准，不能依靠农田土地或沟渠的自然净化或稀释，这样易对最先接受灌溉的农作物造成危害。

化工建设项目的废水排放口，不得设在下列水体保护区内：①一级水源地保护区；②风景名胜区水体；③重要养殖业水体及浴场；④有特殊经济文化价值的水体；⑤工厂取水口上游的水体。

根据我国现有的法规，化工污水经过车间预处理，厂区污水场（站）物化、生化处理，园区生化处理后可利用人工湿地生态系统、土地处理系统、深海海流等生态工程进一步处理。详见HJ 2005—2010《人工湿地污水处理工程技术规范》、GB 5084《农田灌溉水质标准》、GB 18486—2001《污水海洋处置工程污染控制标准》。

9.4.3.3 化工废水污染源控制

（1）预防化工废水对环境的污染，最好的办法就是改进工艺，采用无废水排放或少排放废水工艺，消除或减少污染源。

（2）供水设计应在满足生产用水的前提下，严格控制新鲜水用量，新建生产装置吨产品的水耗应达到国内行业的先进水平。引进装置应达到国际先进水平。应从工程设计的开始就考虑工艺装置排水的处理和回用，最大限度地发挥污水处理装置的环保与节水作用。

（3）积存物料的塔、釜、容器、管道系统等应设置清除物料的放净口。采样、溢流、检修、事故放料以及设备、管道放净口排出的料液或机泵废水，应设置收集系统。

（4）所有生产装置、作业场所的墙壁、地面等的冲洗水以及受污染的雨水，均应汇集入生产废水系统并进行处理。

（5）未受污染的雨水、地面冲洗水等，宜排入雨水系统（地面水排放下水道系统）。

（6）清净下水排入循环水系统。循环水系统应配备水处理设施，其水质处理应选用无毒或污染较轻的水处理药剂，不得用增大排水量来维持循环水水质；循环水系统还应配置凉水塔。

（7）污水回用。化工生产是用水大户，污水回用应立足于本企业或化工区利用。宜用作工业循环冷却水的补充水、工业杂用水以及生活杂用水，其水质要求相对较低，处理成本相对较低。

（8）污水的处理和回用既是一个系统工程，也是一门发展很快的、需试验的交叉学科。加上化工产品的多样性和复杂性，经常无成熟的经验可借鉴。应大力开展污水处理和回用的创新研发，在工程应用时应慎重，一定要经过试验和评审。

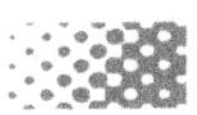

9.4.3.4　废水的收集

（1）应根据污水性质、排水量、预处理和全厂处理与回用系统方案，严格按照清污分流、雨污分流原则设置相应的排水管网。车间（或生产装置区）生产工艺废水应有集废池，确保废水不外溢流入雨水排水下水道；酸、碱性废水应分别通过密闭管道泵入酸、碱性废水调节池。

（2）初期污染雨水应有收集池。收集的初期污染雨水通过管道泵入污水处理系统。

（3）厂区生活污水应单独收集。因化工生产污水成分复杂，当与生活污水管道合并时，若措施不当，生产污水逸出的有害气体可能窜入生活污水管道，导致卫生和安全隐患；另外，生产污水进入生物处理前，一般需根据水质进行有针对性的预处理，若合并则不利于预处理。

（4）收集含有可燃液体的污水管道系统应符合 GB 50160《石油化工企业设计防火规范》的规定。

（5）对突发性重大事故时受到污染的消防水应妥善收集、处置。

9.4.3.5　废水储运

（1）排入全厂生产废水系统的废水，应符合下列要求：①不应产生有毒有害气体、乳浊液或大量不溶解物质；②不应产生易燃易爆物质；③不应引起管道堵塞、腐蚀和沉淀；④不应因温度、压力等因素造成管网及其输送设施的损坏。

（2）输送含有酸、碱等强腐蚀物质的废水管道，应采取防腐蚀措施。

（3）输送有毒有害废水和含病原体污水的沟渠、坑塘、地下管道等，必须采取防渗漏措施。(应有专用架空管道，集废池应有防渗漏措施)。

（4）车间（或装置区）或工厂废水的输送管道排出口应有计量及监控采样装置。

（5）间断排放废水的生产装置，应设有废水贮存调节池，贮存调节池的容积应根据排水量、排水周期、水质、废水处理设施接纳能力等因素确定。

（6）高浓度生产废水不得冲击排放，在生产废水的水质水量可能出现周期性急剧变化的条件下，生产装置内应设置专用的调节设施，以保证进入废水处理系统的水量、水质均匀。

9.4.3.6　化工车间（装置区）废水预处理

生产车间（装置区）的预处理通常称为一级处理。为了确保化工厂区总污水处理站（场）或重复利用的正常运行，各生产车间（装置区）排放的各种污水在下列情况下应进行预处理：

（1）含下列污染物的废水，均应在车间（装置区）进行预处理、回收、回用措施，不得作为污水排放：①含石油、酚类、硫化物、氰化物、氟化物、氨氮类、有机磷类及各种难降解的废水；②含酸、碱、乳化液的废水；③含汞、镉、砷、铅、六价铬等重金属及其化合物（GB 8978《污水综合排放标准》规定的第一类污染物）的废水，而且要求处理达标后才可以进入污水集中处理设施；④温度过高且影响生化处理效果的废水，但使用该水调节温度时除外；⑤对废水贮运设施易造成腐蚀、结垢、淤塞的废水。

（2）生产废水需送厂区总污水处理站（场）或重复利用时，其水质无法满足总污水处理站（场）或重复利用的要求时，生产车间（装置区）应进行预处理。

（3）废水在处理或重复利用过程中有二次污染产生的，应采取预处理防治措施。

（4）排放含有放射性物质的废水，应进行预处理，使其放射性活度应符合 GB 8703《辐射防护规定》的有关规定。

（5）高浓度的污水必须进行预处理。要优先回收利用其中的有用物料，生产装置排放的废水由于水质单一，便于处理和回收利用；不能回收利用的，应利用化工技术去除溶解或悬浮在水中的污染物，使水质能满足总污水处理站（场）或重复利用的要求。

(6) 污水中含有易燃、易爆物质的或易挥发有毒物质的必须进行预处理。要优先回收利用其中的有用物料；不能回收利用的，应利用化工技术去除其溶解或悬浮在水中的易燃、易爆物或易挥发有毒物，并使其水质能满足总污水处理站（场）或重复利用的要求。

(7) 化工生产厂区的污水处理场（站）都进行生化处理。废水直接进入污水处理场不利于生物处理的、含较高浓度难生物降解物质的、含较高浓度对微生物毒性物质的、高温污水对生物处理造成困难的、与其他污水混合易产生沉淀、聚合或生成难降解物的污水及较高悬浮物的污水，应进行预处理。

(8) 上述废水无法经预处理达到总污水处理站（场）或重复利用的要求的，应进行焚烧处理。

(9) 处理第一类污染物产生的沉淀物应按危险废物进行回收或填埋。详见 GB 50684—2011《化学工业污水处理与回用设计规范》。

9.4.3.7 总污水处理站（场）

化工生产厂区的总污水处理场（站）处理通常称为二级处理。污水处理场（站）污水处理的目的是进一步去除污染物，使其达到规定的排放标准或回用水标准。污水处理场（站）污水处理的方式是物化（物理和化学）处理和生化处理。

所谓规定的排放标准，是指当地排入水体的排放标准、排入农田灌溉沟渠的排放标准、排入城镇下水管网的纳管标准和排入开发区或化工园区污水处理场的纳管标准；所谓回用水标准，是本企业或化工区内用作工业循环冷却水的补充水、工业杂用水以及生活杂用水的标准。

(1) 污水处理场（站）设计，应根据污染物的允许排放浓度和总量控制指标，企业所在地的地理和地址环境，受纳水体的功能与流量，废水的水质、水量和废水资源化等因素确定处理规模、处理深度和工艺流程。

(2) 污水处理场（站）设计，必须符合下列要求：①处理水量不得低于相应生产系统应处理的水量；②经处理后的水质应达到国家或地方规定的排放标准和总量控制指标；③污水处理所产生的油泥、浮渣和剩余活性污泥等，应采取浓缩、脱水、堆存、焚烧或综合利用等措施妥善处理或处置；④污水处理场（站）的出水应有在线计量与监测设施；⑤污水处理场（站）的管理应纳入企业日常管理体系，配备必要的操作及管理人员，并制定操作规程、运行费用核算、监测及台账等规章制度。

(3) 污水处理场（站）应根据处理深度和处理效率，分别确定各排污单位的水质控制指标，达不到要求时应由排污单位进行预处理。

(4) 进入污水处理场（站）的废水，其水质水量变化幅度较大或易产生冲击性变化时，应设置均质、调节、缓冲等均衡设施。

(5) 生产区生活污水和生活居住区的生活污水都含有相应的污染物质，此类废水不能随意排放。一般情况下，化工废水中加入生活污水，对改善水营养结构和生化反应有好处，应提倡化工废水引入生活污水一并进入生化处理设施。化工废水经二级生化处理后，其水质可达到排放水质的要求，此时可纳入生活污水处理设施一起处理，否则，不能与生活污水混到一起处理。

(6) 化工企业污水处理场（站）在做规划时，应考虑到将来的发展，留有充分的余地。

GB 50684—2011《化学工业污水处理与回用设计规范》是总结了我国 20 多年来化工、

 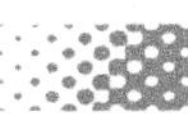

石化、石油天然气行业在污水处理与回用方面的科研、设计与运行管理方面的实践经验而制定的。对污水处理场（站）的总体设计，设计水质、水量，收集与预处理，物理与化学处理，厌氧与生化处理，活性污泥法，生物膜法，化工特种污染物处理，回用处理，污泥处理与处置等均作了明确的规范。所有化工企业都应严格执行。

9.4.3.8 事故应急水池

污水处理场（站）应设置应急事故水池。

（1）一般性生产局部事故储备池。通常化工企业使用的化工物料多种多样，生产中难免发生故障或操作失误，造成事故，在设备检修冲洗时也难免出现高浓度污水外排，因此污水处理场（站）宜设事故储备池，容量一般为8～12h平均流量。事故储备池主要是应对一般性生产局部事故排出超标污水，防止污水处理场运转困难，如可能导致生物处理设施微生物中毒，使出水无法达标。

（2）重大事故应急池。发生突发性重大事故，如爆炸、火灾造成物料大量泄漏，以及灭火时混合大量消防污水的情况，应由化工园区通盘考虑，设置重大事故应急处置设施，应充分利用与外界水体可隔离的化工园区排水沟、渠、池系统。

应急事故水池容量应根据发生事故的设备容量、事故时消防用水量及可能进入应急事故水池的降水量等因素综合确定。应急事故水池宜采取地下式，以有利于收集各类事故排水，以防止应急用水到处漫流。

（3）应急事故废水处置。对进入应急处理水池的水，要视其水质情况区别对待，以免造成不必要的处理消耗或白白浪费水资源。为此，对排入应急事故水池的废水应进行必要的监测，并应采取下列处置措施：①能够回用的应回用；②对不符合回用要求，但符合排放标准和总量控制要求的废水，可直接排放；③对不符合排放标准，但符合污水处理站进水要求的废水，应限流进入污水处理站进行处理；④对不符合处理站进水要求的废水，应采取处理措施或外送处理。

9.4.4 化工固体废弃物处置

9.4.4.1 化工固废的分类、特点和危害

化工固体废弃物（简称：化工固废）是指化工生产过程中产生的固体和浆状废弃物。包括化工生产过程中排出的不合格产品、副产物、废催化剂、废活性炭、废溶剂、蒸馏残渣（液）、废添加剂、废吸收剂、废填料、废纤维、废橡胶、废颜料、粉煤灰、矿渣、滤渣、电石渣、盐泥、铁泥、油泥、废弃包装物及废水处理产生的污泥等。化工固体废弃物的性质、数量、毒性与原料路线、生产工艺有很大关系。

《固体废物污染环境防治法》的定义是：固体废物，是指在生产、生活和其他活动中产生的丧失原有利用价值或者虽未丧失利用价值但被抛弃或者放弃的固态、半固态和置于容器中的气态的物品、物质以及法律、行政法规规定纳入固体废物管理的物品、物质。

按照化学性质分类，化工固废可分为无机固废和有机固废。无机固废的特点是排放量大，有些无机固废毒性大、对环境污染严重，如铬渣、镉渣等。有机固废的特点是组成复杂，有些具有毒性和易燃、易爆性，一般排放量不大。

根据化工固废对人体和环境的危害性情况，通常又将化工固废分为一般工业固废和危险固废。一般工业固废是指对人体和环境危害性较小的固废，如硫铁矿烧渣、合成氨造气炉渣等；危险固废指的是具有毒性、腐蚀性、反应性、易燃易爆性等特性之一的化工固废，如含有重金属和砷、汞的各种化工固废，有机化工生产中含氮、硫、磷等的有机固废等。

化工固废除少部分能综合利用和回收利用外，大部分排除的废渣采取堆存处理，不仅占有大量土地，还会造成滑坡、泥石流等灾害，粉尘随风飞扬，恶化大气环境。化工固废填埋的潜在风险是成分复杂、毒性强、危害大的浸出液对地表水、地下水和周围土壤的污染。

9.4.4.2 固废治理的一般规定

(1) 固废防治应符合资源化、无害化、减量化的原则。生产装置及辅助设施排出的各种固废，应按其性质和特点进行分类，并应采取回收和其他处置措施，对暂不回收利用的固废应采取堆存、焚烧、填埋等处理措施。

(2) 物料流程图应标注固废的排出点，并配以相应的图、表，注明其组分、数量、排放方式及去向。

(3) 固废在综合利用或其他处理过程中，如有二次污染产生，应采取相应的防治措施。

(4) 利用磷石膏等化工废渣，特别是含重金属及其化合物的废渣制成的民用建筑材料及其制品，应符合 GB 6763《建筑材料用工业废渣放射性物质限制标准》的有关规定；用于建筑水坝、跑道、公路等非民用建材的化工废渣，其放射性物质限值标准，应经环境影响评价认可。

(5) 固废的堆存或填埋场地，严禁选在江河、湖泊、管道、水库、近海等水体的最高水位线以下的滩地和坡岸地带，并不应选在地下水水位较高的地带。禁止任何单位或者个人向江河、湖泊、运河、渠道、水库及其最高水位线以下的滩地和岸坡等法律、法规规定禁止倾倒、堆放废弃物的地点倾倒、堆放固体废物。

(6) 建设贮存、利用、处置固体废物的项目，必须依法进行环境影响评价，并遵守国家有关建设项目环境保护管理的规定。

(7) 转移固体废物出省、自治区、直辖市行政区域贮存、处置的，应当向固体废物移出地的省、自治区、直辖市人民政府环境保护行政主管部门提出申请。移出地的省、自治区、直辖市人民政府环境保护行政主管部门应当商经接受地的省、自治区、直辖市人民政府环境保护行政主管部门同意后，方可批准转移该固体废物出省、自治区、直辖市行政区域。未经批准的，不得转移。

9.4.4.3 固废污染源控制和贮运

(1) 工艺设计应选择清洁工艺技术，改革现有落后工艺，尽可能采用无毒无害或低毒低害原料和能源，不产生或少产生废渣。

(2) 生产过程、设备检修、事故停车时排出的固体废物，应设置专用容器收集或处理，不得采取任何方式排入下水道和地面水体。

(3) 收集、贮存、运输、利用、处置固体废物的单位和个人，必须采取防扬散、防流失、防渗漏或者其他防止污染环境的措施；不得擅自倾倒、堆放、丢弃、遗撒固体废物。

(4) 化工固废的中转储存，应根据其排放强度、运输、利用或处理设施的接纳能力，合理设置堆场、储罐等缓冲设施。

(5) 两种或两种以上固废混合堆放时，应符合以下要求：①不产生有毒有害物质、爆炸及其他有毒有害化学反应；②应有利于堆存、利用或处理。

(6) 含水量大的固废输送，应选择管道输送，也可采用机械输送或机械管道联合输送。采用机械输送时，宜先行浓缩脱水处理。

(7) 应依据环境影响评价结论确定一般工业固体废物贮存、处置场场址的位置及其与周围人群的距离，并经具有审批权的环境保护行政主管部门批准，并可作为规划控制的依据。

在对一般工业固体废物贮存、处置场场址进行环境影响评价时，应重点考虑一般工业固体废物贮存、处置场产生的渗滤液以及粉尘等大气污染物等因素，根据其所在地区的环境功能区类别，综合评价其对周围环境、居住人群的身体健康、日常生活和生产活动的影响，确定其与常住居民居住场所、农用地、地表水体、高速公路、交通主干道（国道或省道）、铁路、飞机场、军事基地等敏感对象之间合理的位置关系。

贮存、处置场应符合 GB 18599—2001《一般工业固体废物贮存、处置场污染控制标准》的要求。

(8) 有毒有害固废、易起尘废渣的装卸运输，应分别采取密闭、增湿等措施。危险固废要严格执行 HJ 2025—2012《危险废物收集、贮存、运输技术规程》。

9.4.4.4 化工固废处理

(1) 化工固体废弃物的处理设计，应选择企业单独处理与所在区域综合治理相结合的方案，并根据固体废弃物的种类、组成、性质、排放量等，通过技术比较后确定。有毒有害废渣不能与城市生活垃圾一起堆放或填埋。

(2) 可燃性危险废弃物宜选用焚烧处理，焚烧设计应满足 GB 18484《危险废物焚烧污染控制标准》和 HJ/T 176—2006《危险废物集中焚烧处理工程建设技术规范》的规定。对可燃性废渣采取焚烧法处置不失为好的方法，但一定不要造成二次污染；烧却后的灰渣一般多有重金属氧化物，可用作生产水泥，但注意不要随意堆放。

(3) 含有有机卤素化合物、烃类、汞、镉等金属及其化合物、高浓度母液、蒸馏残液等（固体废物），不得向地面水域及海洋倾倒。

(4) 下列固废宜采用综合利用措施：一是燃烧锅炉排出的粉煤灰、炉渣，造气炉渣；二是硫铁矿烧渣、磷石膏渣、磷泥、电石渣、氨碱废渣、盐泥、铬渣等。粉煤灰和炉渣等，硫铁矿烧渣、电石渣等，可用来生产水泥；重铬酸钾生产排出的废铬渣，其中水溶性的铬酸钠和酸溶性的铬酸钙等六价铬化合物有剧毒性，铬渣的除毒处理和综合利用都很重要。

(5) 含贵金属的固体废弃物应回收综合利用，如含有贵重金属的废触媒等。

(6) 含汞、镉、氰化物等可溶性危险废物，严禁直接进入地下，可采取堆存或安全填埋等措施，其堆（埋）场的设计必须符合现行有关标准规范的要求。

(7) 不溶性化工废渣，可设置堆存场地，但应采取防止粉尘飞扬、淋沥水、溢流水、自燃等各种危害的有效措施。化工固废堆存或填埋场的工程设计应执行国家有关标准的规定。堆（埋）场服务期满后应采取覆土还原和绿化措施。

(8) 根据我国现有的法规规定，化工废渣的最终处理方法有：安全填埋法和焚烧法。填埋前的无害化处理技术有：固化法、化学处理法、生物处理（发酵）法等。

9.4.4.5 危险废物管理特别规定

危险废物管理包括了产生、收集、贮存、转移、处置、利用全过程的管理。危险废物管理涉及履行国际公约，关系到国家的责任和形象。危险废物的污染防治是我国固体废物管理的重点，也是化工固废管理的重点。

(1) 危险废物污染防治准则。以风险全过程控制为原则，以经济可行、环境友好的污染防治技术为基础，积极推进危险废物减量化、再利用、资源化和无害化处置。

(2) 危险废物产生单位管理应满足以下要求（环保部污染防治司固体处，解读《关于进一步加强危险废物和医疗废物监管工作的意见》，2011-09-19）：①产生危险废物的单位应当以控制危险废物的环境风险为目标，制定危险废物管理计划和应急预案并报所在地县级以上地方环保部门备案。②依据固体废物鉴别导则、国家危险废物名录和危险废物鉴别标准，自行或委托专业机构正确鉴别和分类收集危险废物。③对盛装危险废物的容器和包装物，要确保无破损、泄漏和其他缺陷，依据危险废物贮存污染控制标准规范建设危险废物贮存场所并设置危险废物标识。④加强危险废物贮存期间的环境风险管理，危险废物贮存时间不得超过一年。⑤严格执行危险废物转移联单制度，禁止将危险废物提供或委托给无危险废物经营许可证的单位从事收集、贮存、利用、处置等经营活动。严禁委托无危险货物运输资质的单位运输危险废物。⑥自建危险废物贮存、利用、处置设施的，应当符合危险废物贮存、填埋、焚烧污染控制等相关标准的要求，依法进行环境影响评价并遵守国家有关建设项目环境保护管理的规定；⑦按照所在地环保部门要求定期对利用处置设施污染物排放进行监测，其中对焚烧设施二恶英排放情况每年至少监测一次。⑧要将危险废物的产生、贮存、利用、处置等情况纳入生产记录，建立危险废物管理台账，如实记录相关信息并及时依法向环保部门申报。

(3) 危险废物经营单位应满足如下要求（文件同上）：①从事危险废物收集、贮存、处置经营活动的危险废物经营单位应当依据《危险废物经营许可证管理办法》依法申领危废经营许可证。禁止无经营许可证或者不按照经营许可证规定从事危险废物收集、贮存、利用、处置的经营活动。②经营单位要参照《危险废物经营单位记录和报告经营情况指南》，建立危险废物经营情况记录簿，定期向环境保护行政主管部门报告经营活动情况。③参照《危险废物经营单位编制应急预案指南》，制定突发环境事件的防范措施和应急预案，配置应急防护设施设备，定期开展应急演练。④建立日常环境监测制度，自行或委托有资质的单位对污染物排放进行监测，其中对焚烧设施排放二恶英情况每年至少监测一次，防止污染环境。⑤对本单位工作人员进行培训，掌握相关法规要求和工作操作规程。

(4) 规范危险废物管理（《关于印发〈“十二五”全国危险废物规范化管理督查考核工作方案〉和〈危险废物规范化管理指标体系〉的通知》，环办〔2011〕115 号）：①严格执行“行政代执行制度”，凡是产生单位对危险废物不处置或处置不符合国家有关规定的，所在地环保部门要指定单位代为处置，处置费用由危险废物产生单位承担。②严禁将危险废物提供或委托给无危险废物经营许可证的单位从事收集、贮存、利用、处置等经营活动；严禁委托无危险货物运输资质的单位运输危险废物。③对危险废物非法转移倾倒事件，按照危险废物实际转移、倾倒批次，依法从严从重分别予以处罚。④落实企业污染清除责任，彻底清理被倾倒的危险废物以及被污染场地的土壤。⑤实施化学品环境污染责任终身追究制和全过程行政问责制，相关企业造成群发性健康危害事件或重特大化学品污染事件的，要从其立项、审批、验收、监管、应急等各个环节，以及生产、储存、使用、经营、运输及废弃处置的全过程，依法依规对有关部门、企业责任人员实施问责。

(5) 危险废物集中贮存。应依据环境影响评价结论确定危险废物集中贮存设施的位置及其与周围人群的距离，并经具有审批权的环境保护行政主管部门批准，并可作为规划控制的依据。

在对危险废物集中贮存设施场址进行环境影响评价时，应重点考虑危险废物集中贮存设施可能产生的有害物质泄漏、大气污染物（含恶臭物质）的产生与扩散以及可能的事故风险等因素，根据其所在地区的环境功能区类别，综合评价其对周围环境、居住人群的身体健康、日常生活和生产活动的影响，确定危险废物集中贮存设施与常住居民居住场所、农用地、地表水体以及其他敏感对象之间合理的位置关系。

危险废物集中贮存设施应达到 GB 18597—2001《危险废物贮存污染控制标准》的要求。

(6) 废弃物焚烧设施（详见：环保部等九部委联合发布的《关于加强二恶英污染防治的指导意见》，环发〔2010〕123 号）。①加强废弃物焚烧设施运行管理，严格落实 GB 18484

《危险废物焚烧污染控制标准》技术要求。新建焚烧设施，应优先选用成熟技术，审慎采用目前尚未得到实际应用验证的焚烧炉型。②建立企业环境信息公开制度，废弃物焚烧企业应当向社会发布年度环境报告书。主要工艺指标及硫氧化物、氮氧化物、氯化氢等污染因子应实施在线监测，并与当地环保部门联网。③污染物排放应每季度采样检测一次。应在厂区明显位置设置显示屏，将炉温、烟气停留时间、烟气出口温度、一氧化碳等数据向社会公布，接受社会监督。

(7) 危险废物安全填埋。危险废物填埋场场址的位置及与周围人群的距离应依据环境影响评价结论确定，并经具有审批权的环境保护行政主管部门批准，并可作为规划控制的依据。

在对危险废物填埋场场址进行环境影响评价时，应重点考虑危险废物填埋场渗滤液可能产生的风险、填埋场结构及防渗层长期安全性及其由此造成的渗漏风险等因素，根据其所在地区的环境功能区类别，结合该地区的长期发展规划和填埋场的设计寿命，重点评价其对周围地下水环境、居住人群的身体健康、日常生活和生产活动的长期影响，确定其与常住居民居住场所、农用地、地表水体以及其他敏感对象之间合理的位置关系。

应按照《危险废物安全填埋处理工程建设技术要求》（环发〔2004〕75 号）施工，并达到 GB 18598—2001《危险废物填埋污染控制标准》的要求。

(8) 履行《巴塞尔公约》规定的义务。在中华人民共和国境内产生的危险废物应当尽量在境内进行无害化处置，减少出口量，降低危险废物出口转移的环境风险。禁止向《巴塞尔公约》非缔约方出口危险废物。产生、收集、贮存、处置、利用危险废物的单位，向中华人民共和国境外《巴塞尔公约》缔约方出口危险废物，必须取得危险废物出口核准。（详见《危险废物出口核准管理办法》，环保总局令 2008 第 47 号）。

9.5 化工企业环境保护管理

9.5.1 从物料平衡谈化工废物焚烧

现有技术的化工产品（特别是精细化工产品）生产，由于合成路线长，副反应多，产品收率低，循环回收少，常常是数吨化工原料生产一吨产品，医药产品合成更是高达十多吨、甚至上百吨原料才能生产一吨产品，见表 9-6。

表 9-6 不同石油、化工产品生产中的废物排放量

产品类别	单位产品的废物排放量/(t/t)
炼油	约 0.1
大宗化学品	1～5
精细化工	5～20
制药	25～100

注：数据来源：参考文献[10]

从表 9-6 数据可看出，现有的化工生产废物排放量极高。大量有害废弃物以副产物、蒸馏残液、废催化剂、设备清洗液、不合格产品等形式出现，成为“废气、废水、废渣”排放。这些“三废”经过“减量化、再利用、资源化”后还是有相当多的物质排入环境中。排放的污染物要对环境不造成危害，办法只有两种：一是将污染物无害化；二是污染物排放量必须小于环境容量，即不超过环境自净能力。

大量高浓度的化工废水，如果不进行预处理，废水达标排放或回用几乎是不可能的，所以千万不能直接进入废水系统。所谓预处理，就是为了回收有用物质，减轻综合废水处理负荷，提高废水的可生化性而采取的措施。预处理就必须首先将悬浮、溶解在水中的物质用物理和化学的方法（几乎不可能用生化的方法）生成沉淀去除，这一点相信每个化工产品的工艺工程师都能做到，这就产生了大量的化工废渣和污泥，且大多为危险废物。

假设我们生产1t化工产品使用了5t化工原料（产品和原料均作无水计），生产过程无气体排出，根据物料平衡计算，如果实现废水达标排放，可知必定产生了近4t废渣和污泥（折干计），而不管你是采用了物理的、化学的、还是生物化学的方法才产生的。反过来说，如果没有近4t废渣和污泥（折干计）排出，废水达标排放几乎是不可能的。这是物质不灭定律决定了的基本道理。

化工废渣和污泥很难用化学法将其无害化，也很难（或几乎不能）生物降解和进行无害化填埋。我国法定的废物无害化方法是填埋和焚烧。实际上，即使按《危险废物安全填埋处理工程建设技术要求》（环发〔2004〕75号）去做，化工危险废物仍很难解决二次污染，从根本上解决危险固废的无害化问题。

焚烧作为废弃物的一种最终处置方法，具有许多不可替代的优点，为各工业发达国家所采用。具有可燃性的固态、液态或气态废弃物在有控制的条件下进行氧化、分解，最终生成二氧化碳、无机盐、水和灰（金属或硅的氧化物），称之为焚烧。焚烧可使大量高热值有害废弃物经高温（一般在900℃左右），可有效地减容和解毒。焚烧广泛应用于处理各种废弃的油类、有机溶剂、农药、染料、涂料、塑料、橡胶、乳液、树脂、油脂、焦油沥青和其他含卤素、硫、磷等高毒性难处理的毒害物。从技术上看，除无机毒物和重金属外，有害有机物不管其含量如何，均可用焚烧法处理。最适合焚烧的是高热值的有机废物，可少用甚至不用辅助燃料。

我国引进的大型石油化工装置基本上都有化工废物焚烧装置，国内个别精细化工企业也曾进行过焚烧处理（如染料含盐母液处理）。HJ/T 176—2006《危险废物集中焚烧处理工程建设技术规范》、HJ 515—2009《危险废物集中焚烧处理设施运行监督管理技术规范（试行）》对危险废物集中焚烧处理做了明确规范。现代焚烧系统的基本组成见图9-5。

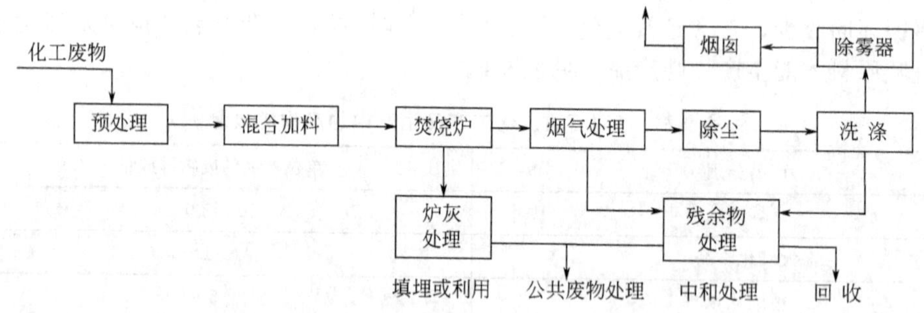

图9-5 现代焚烧系统的基本组成

化工废物组分复杂，从废物的状态来分，有固体废物、液体废物、气体废物三大类。应根据各种化工废物的性质、腐蚀性、可燃性等设计焚烧方法、焚烧炉类型和设备材质。对焚烧装置二次污染的控制和焚烧装置性能、状态的监测，也具有重要的意义。

资料表明，美国各种有害物焚烧装置的性能和烟囱排放数据，在正常操作状态下，焚烧炉完全可以达到规定的性能标准，对污染物的分解去除率高达99.99%以上。

按照我国现有的化工生产规模和排放的废弃物的数量，化工废物焚烧处理设施只是凤毛麟角，远远不能适应我国化工废物无害化处理的需要。发展焚烧技术已刻不容缓，我国应加

强化工废物焚烧装置的研发和设计，强化化工废物焚烧的力度，在化工项目环评和建设中必须有化工废物焚烧处理或集中焚烧处理措施。

9.5.2 化工企业环境保护管理工作探讨

9.5.2.1 建立和健全班组（工段）、车间（装置区）、工厂三级环保管理网络

化工企业的环境保护工作不仅仅是企业领导者和环保部门的责任。如同质量管理、职业安全健康管理一样，化工企业要做好环保工作，就应该进行全员的、全面的、全过程的环境保护管理工作；要建立班组（工段）、车间、工厂三级环境保护管理工作网络。

全员，企业员工在保护环境中不是旁观者，不是看客，员工是环境保护的主力军。保护环境，人人有责，人人有为。员工既是环境保护的监督者，也是环境保护的实施者。保护环境必须是全员的人民战争，一方面要强化员工参加环境决策的权利，另一方面要强化员工保护环境的责任。

全面，化工企业的各项工作都与环境保护工作有关。在各项工作布置、执行、检查、总结评比时都要布置、执行、检查、总结评比环境保护工作。

全过程，在化工产品生命周期的全过程，从设计再到生产全过程，包括原料供应、运输、仓储、生产、销售、售后服务的整个过程都要做好环境保护工作，消除化学品对环境的污染。

化工企业为了做好全员、全面、全过程的环境保护管理工作，就需要建立班组（工段）、车间、工厂三级环境保护管理工作网络。将环境保护的理念和责任层层落实到实处，持续改进，不断推进环境保护工作，实现企业的环境保护目标，真正实现化工产品既造福于社会，又不对人类的生存环境造成损害。

厂级要设环境保护管理机构，有专职的环境保护工程师；车间（装置区）要有专（兼职的）环保员；班组（工段）要有兼职的环保员。各负其责，层层落实，将环境保护工作落实到实处。

9.5.2.2 加强技术研发，消除化工污染

消除化工污染是化工企业的责任和义务。要实现这一目标，必须有赖于技术进步。

绿色化学是当今国际化学化工科学研究的前沿。从科学的观点看，绿色化学是化学和化工科学基础内容的更新，是基于环境友好约束下化学和化工的融合和拓展；从环境观点看，它是从源头上消除污染；从经济观点看，它要求合理地利用资源和能源、降低生产成本，符合经济可持续发展的要求。正因为如此，绿色化学技术将是实现污染预防最基本和重要的科学手段。详见 1.3。

正如绿色化学的创始人阿纳斯塔斯（Paul Anastas）所说："绿色化学的终极目标就是让这个名词消失，因为化学本身就一直在这样做。绿色是化学的本意，也是化学的默认价值"。（The ultimate goal for green chemistry is for the term to go away，because it is simply the way chemistry is always done. Green chemistry should just be second nature，the default value.）。化学化工在为人类造福的同时，就是一直在不断的追求技术进步，将危害不断地减少。目前的化工污染，在很大程度上是技术不够成熟所致；另一方面，在目前的技术条件下，化工必须去研发污染治理技术，实现无害化排放。

《环境保护法》（2014 修订）强调："国家支持环境保护科学技术研究、开发和应用，鼓励环境保护产业发展，促进环境保护信息化建设，提高环境保护科学技术水平"。"企业事业单位和其他生产经营者，在污染物排放符合法定要求的基础上，进一步减少污染物排放的，人民政府应当依法采取财政、税收、价格、政府采购等方面的政策和措施予以鼓励和支持。"

为化工企业环境保护技术研发提供了有力的政策支持。

技术是在不断进步的，谁在技术创新、环境保护上走在前头，谁就在市场竞争中赢得先机！

9.5.2.3 企业环境保护管理机构及人员素质

现在的化工企业基本上都设立了环境保护管理机构，如：环境保护部（处），中小化工企业设立专职的环境保护科，或与安全技术部门合并为环保安全科（环安科）。

《关于深化企业环境监督员制度试点工作的通知》（环发〔2008〕89号）明确规定："建立企业环境管理责任体系，设立环境管理机构，明确企业环境管理总负责人和企业环境监督员"；"探索企业环境监督员制度与其他制度的衔接。重点探索与环保专项资金使用、清洁生产示范、循环经济试点、企业上市环保核查、限期治理、停产整治等环境管理制度或环保工作相衔接的方法"。

《通知》附件：《企业环境监督员制度建设指南（暂行）》关于"建立企业环境管理组织架构"中明确：企业应明确设置环境监督管理机构，建立企业领导、环境管理部门、车间负责人和车间环保员组成的企业环境管理责任体系，定期不定期召开企业环保情况报告会和专题会议，专题研究解决企业的环境问题，共同做好本企业的环境保护工作。企业需设置一名由企业主要领导担任的企业环境管理总负责人，全面负责企业的环境管理工作，负责监督检查企业的环境守法状况。企业应根据企业规模和污染物产生排放实际情况，至少设置1名企业环境监督员，负责监督检查企业的环境守法状况，并保持相对稳定。废气、废水等处理设施必须配备保证其正常运行的足够操作人员，设立能够监测主要污染物和特征污染物的化验室，配备专职的化验人员。

《企业环境监督员制度建设指南（暂行）》规定"企业环境监督员"要求具备的知识有：①掌握国家环境保护方针政策及法律、法规；②掌握环境保护基础知识；③掌握污染防治理论和技术；④熟悉污染物测定和分析技术；⑤掌握环境污染事故应急处理技术和相关知识等；⑥掌握本企业的生产工艺和污染防治设施的基本情况。

应该说，企业的安全管理机构和环保管理机构都是从生产技术部门分出而单独设立的职能机构，目的是加强企业安全和环保工作的管理。但有些企业安全和环保工作的重点放在公关上，而不是加强企业实际的安全和环保管理，使安全和环保管理工作流于形式。化工企业的安全、环保人员应该首先是化工工艺工程师，然后才是安全技术或环保技术的专职人员，但有些企业的安全和环保人员对化工生产根本就不懂，甚至不是化工专业的。这种状况很难使安全和环保管理工作落到实处。只有企业环境保护管理人员的素质保证了，企业的环保管理工作才能真正做好。

目前化工企业的安全、环保职能部门的机构和人员是按照事后处理原则来设置的。末端治理把环境责任放在环保工程、环保管理人员身上，污染治理只由环保部门来处理，所以总是处于一种被动、消极、应付的地位，总是处于一种劳而无功的状态。

化工企业的安全、环保职能部门更应该重视事前预防。解决化工本质安全和化工本质环保必须依赖于技术，依赖于技术进步。在制定安全、环保工作计划时，一定要和技术部门、研发部门密切配合，请求帮助，安全、环保的技术措施才能真正有效。

9.5.2.4 "走出去"的化工企业更需要履行环保责任

为指导我国企业在对外投资合作中提高环境保护意识，进一步规范环境保护行为，引导企业积极履行环境保护社会责任，了解并遵守东道国环境保护政策法规，实现互利共赢，树立中国企业良好对外形象，推动我国对外投资合作可持续发展。商务部、环保部联合发布了

《对外投资合作环境保护指南》（商合函〔2013〕74号）。《指南》的内容值得我国化工企业的重视和执行。

（1）倡导企业在积极履行环境保护责任的过程中，尊重东道国社区居民的宗教信仰、文化传统和民族风俗，保障劳工合法权益，为周边地区居民提供培训、就业和再就业机会，促进当地经济、环境和社区协调发展，在互利互惠基础上开展合作。

（2）企业应当秉承环境友好、资源节约的理念，发展低碳、绿色经济，实施可持续发展战略，实现自身盈利和环境保护“双赢”。

（3）企业应当了解并遵守东道国与环境保护相关的法律法规的规定。企业投资建设和运营的项目，应当依照东道国法律法规规定，申请当地政府环境保护方面的相关许可。

（4）企业应当将环境保护纳入企业发展战略和生产经营计划，建立相应的环境保护规章制度，强化企业的环境、健康和生产安全管理。鼓励企业使用综合环境服务。

（5）企业应当建立健全环境保护培训制度，向员工提供适当的环境、健康与生产安全方面的教育和培训，使员工了解和熟悉东道国相关环境保护法律法规规定，掌握有关有害物质处理、环境事故预防以及其他环境知识，提高企业员工守法意识和环保素质。

（6）企业应当根据东道国的法律法规要求，对其开发建设和生产经营活动开展环境影响评价，并根据环境影响评价结果，采取合理措施降低可能产生的不利影响。

（7）鼓励企业充分考虑其开发建设和生产经营活动对历史文化遗产、风景名胜、民风民俗等社会环境的影响，采取合理措施减少可能产生的不利影响。

（8）企业应当按照东道国环境保护法律法规和标准的要求，建设和运行污染防治设施，开展污染防治工作，废气、废水、固体废物或其他污染物的排放应当符合东道国污染物排放标准规定。

（9）鼓励企业在项目建设前，对拟选址建设区域开展环境监测和评估，掌握项目所在地及其周围区域的环境本底状况，并将环境监测和评估结果备案保存。鼓励企业对排放的主要污染物开展监测，随时掌握企业的污染状况，并对监测结果进行记录和存档。

（10）鼓励企业在收购境外企业前，对目标企业开展环境尽职调查，重点评估其在历史经营活动中形成的危险废物、土壤和地下水污染等情况，以及目标企业与此相关的环境债务。鼓励企业采取良好环境实践，降低潜在环境负债风险。

（11）企业对生产过程中可能产生的危险废物，应当制订管理计划。计划内容应当包括减少危险废物产生量和危害性的措施，以及危险废物贮存、运输、利用、处置措施。

（12）企业对可能存在的环境事故风险，应当根据环境事故和其他突发事件的性质、特点和可能造成的环境危害，制订环境事故和其他突发事件的应急预案，并建立向当地政府、环境保护监管机构、可能受到影响的社会公众以及中国企业总部报告、沟通的制度。

应急预案的内容包括应急管理工作的组织体系与职责、预防与预警机制、处置程序、应急保障以及事后恢复与重建等。鼓励企业组织预案演练，并及时对预案进行调整，鼓励企业采取投保环境污染责任保险等手段，合理分散环境事故风险。

（13）企业应当审慎考虑所在区域的生态功能定位，对于可能受到影响的具有保护价值的动、植物资源，企业可以在东道国政府及社区的配合下，优先采取就地、就近保护等措施，减少对当地生物多样性的不利影响。对于由投资活动造成的生态影响，鼓励企业根据东道国法律法规要求或者行业通行做法，做好生态恢复。

（14）鼓励企业开展清洁生产，推进循环利用，从源头削减污染，提高资源利用效率，减少生产、服务和产品使用过程中污染物的产生和排放。

（15）鼓励企业实施绿色采购，优先购买环境友好产品。鼓励企业按照东道国法律法规的规定，申请有关环境管理体系认证和相关产品的环境标志认证。

(16) 鼓励企业定期发布本企业环境信息，公布企业执行环境保护法律法规的计划、采取的措施和取得的环境绩效情况等。

(17) 鼓励企业加强与东道国政府环境保护监管机构的联系与沟通，积极征求其对环境保护问题的意见和建议。

(18) 倡导企业建立企业环境社会责任沟通方式和对话机制，主动加强与所在社区和相关社会团体的联系与沟通，并可以依照东道国法律法规要求，采取座谈会、听证会等方式，就本企业建设项目和经营活动的环境影响听取意见和建议。

(19) 鼓励企业积极参与和支持当地的环境保护公益活动，宣传环境保护理念，树立企业良好环境形象。

(20) 鼓励企业研究和借鉴国际组织、多边金融机构采用的有关环境保护的原则、标准和惯例。

9.5.3 推行环境管理标准体系（ISO 14001）

9.5.3.1 ISO 14000 系列标准概述

国际标准化组织（ISO）于1993年成立环境管理技术委员会，1996年9月1日发布了ISO 14001第一版，现行标准为2004年11月15日正式发布的ISO 14001：2004版。

ISO中央秘书处给ISO 14000系列预留了100个标准号，足以表明这个标准系统未来的发展规模。ISO14000系列标准的目标是规范全球工业、商业、政府、非盈利组织和其它用户的环境行为，减少人类活动对环境造成的污染和破坏，进一步促进经济与环境的同步协调发展，实现可持续发展的战略。

ISO 14000已正式颁布的12个环境系列标准，已全部转换为我国国家标准。

现代化工企业在市场上的竞争已不仅仅是资本和技术的竞争，也是品质、形象的竞争。现代社会不会容忍一个厂区内垃圾成堆、污水超标直排的企业，也不会容忍对职工的安全与健康漠不关心的企业。将ISO 14001：2004、ISO 9001：2008、OHSMS 18001：2007三个管理体系一起建立，已成为现代化工企业的重要标志。

我国GB/T 24001—2004《环境管理体系 要求及使用指南》等同（idt）ISO 14001：2004。

9.5.3.2 环境管理体系运行模式

按照ISO 14001：2004的要求所建立的环境管理体系，是一个动态的、不断改进、不断发展的完整体系。这个体系的基本内容、结构和运行如图9-6所示。图中显示了环境管理体系的五大部分和17个体系要素。

环境管理体系是“整个组织管理体系的一个组成部分，包括为制定、实施、实现、评审和保持环境方针所需的组织结构、计划活动、职责、惯例、程序、过程和资源。”

环境方针是环境管理体系每一次循环的出发点和归宿；“规划（策划）”可看作是如何实现环境方针的策划；“实施和运行”则是对策划的实施并使环境管理体系投入运行；“检查和纠正措施”是运行过程中的经常工作，是保证和改进环境管理体系的措施；最后的“管理评审”是对整个循环过程的总结，如果发现环境方针和目标方面存在问题，则需提出修改方针的任务，循环到此告一段落。通过方针、目标等的修订，又开始了新的循环。如此周而复始，组织的环境状况就会随着每次目标的实现而改善和提高。

环境管理体系的运行模式，是借鉴了质量管理的成功经验，实行PDCA循环。持续改进是环境管理体系的核心理念。

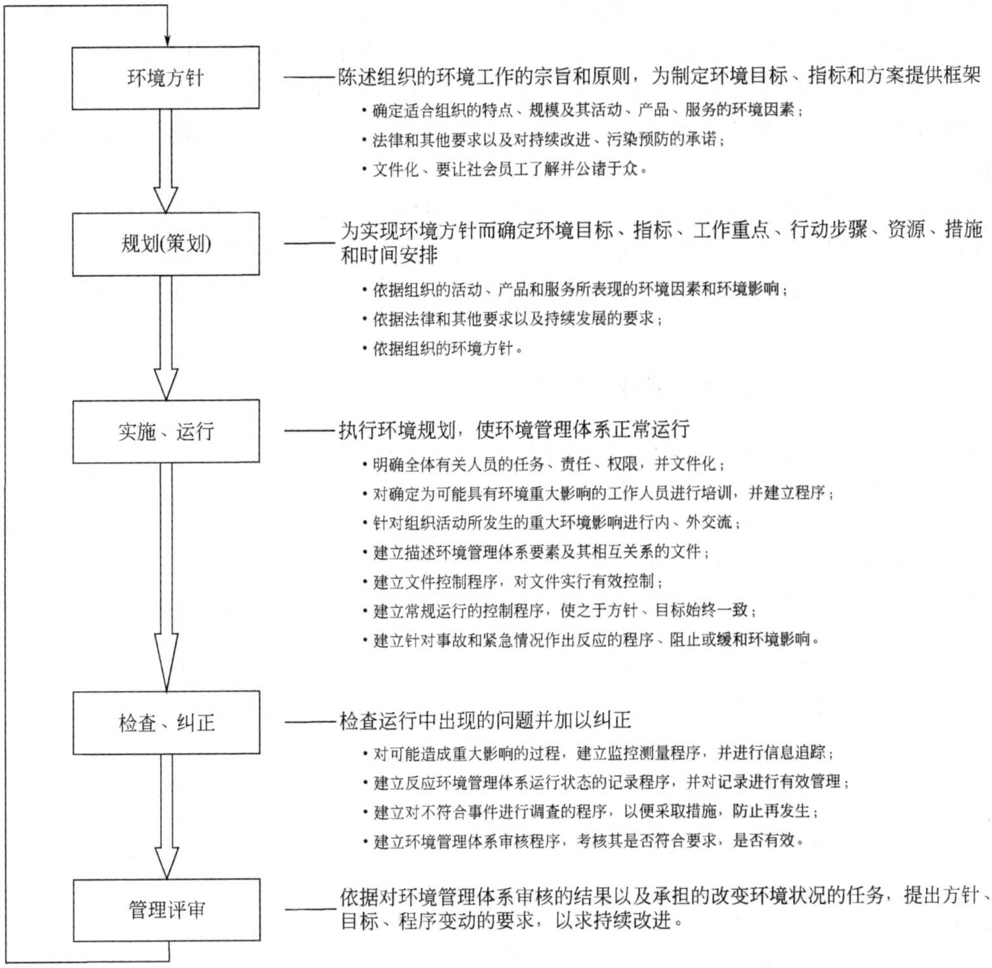

环境方针 ——陈述组织的环境工作的宗旨和原则，为制定环境目标、指标和方案提供框架

- 确定适合组织的特点、规模及其活动、产品、服务的环境因素；
- 法律和其他要求以及对持续改进、污染预防的承诺；
- 文件化、要让社会员工了解并公诸于众。

↓

规划(策划) ——为实现环境方针而确定环境目标、指标、工作重点、行动步骤、资源、措施和时间安排

- 依据组织的活动、产品和服务所表现的环境因素和环境影响；
- 依据法律和其他要求以及持续发展的要求；
- 依据组织的环境方针。

↓

实施、运行 ——执行环境规划，使环境管理体系正常运行

- 明确全体有关人员的任务、责任、权限，并文件化；
- 对确定为可能具有环境重大影响的工作人员进行培训，并建立程序；
- 针对组织活动所发生的重大环境影响进行内、外交流；
- 建立描述环境管理体系要素及其相互关系的文件；
- 建立文件控制程序，对文件实行有效控制；
- 建立常规运行的控制程序，使之于方针、目标始终一致；
- 建立针对事故和紧急情况作出反应的程序、阻止或缓和环境影响。

↓

检查、纠正 ——检查运行中出现的问题并加以纠正

- 对可能造成重大影响的过程，建立监控测量程序，并进行信息追踪；
- 建立反应环境管理体系运行状态的记录程序，并对记录进行有效管理；
- 建立对不符合事件进行调查的程序，以便采取措施，防止再发生；
- 建立环境管理体系审核程序，考核其是否符合要求，是否有效。

↓

管理评审 ——依据对环境管理体系审核的结果以及承担的改变环境状况的任务，提出方针、目标、程序变动的要求，以求持续改进。

图 9-6 环境管理体系的基本内容、结构和运行

9.5.3.3 ISO14000 系列标准的特点

ISO 14000 系列标准不仅体系庞大、内容广泛，涉及许多最难处理的问题，尤其是在国家之间、地区之间经济差距较大的情况下。标准体系具有国际标准化的许多新创造，主要特点是：

（1）自愿原则。ISO 14000 系列标准的基本思路是引导企业建立起环境管理的自我约束机制，从最高领导到每个员工都以主动、自觉的精神处理好与改善环境表现（行为）有关的活动，树立企业形象、提高企业竞争力。ISO 14000 系列标准的所有标准不是强制的，而是自愿采用的。

（2）广泛适用性。ISO 14000 系列标准在吸取了 ISO 9000 系列标准经验教训的基础上创新，形成“广泛适用”的特点，适用于任何类型与规模的组织，并适用于各种地理、文化和社会条件，既可适用于内部审核或对外认证、注册，也可用于自我管理。

（3）灵活性。标准适用性的基础是灵活性和合理性。ISO 14001 标准除了要求组织对遵守环境法规、坚持污染预防和持续改进做出承诺外，再无硬性规定。把建立表现（行为）目标和指标的工作留给企业，使企业从实际出发量力而行，这就使世界上各类企业都有可能通过实施这套标准达到改进环境表现（行为）的目的。

（4）兼容性。ISO 14001（环境管理体系）、ISO 9001（质量管理体系）OHSMS 18001

（职业健康安全管理体系）基本上都能兼容。可以方便地把三方面管理同时贯标和认证。

（5）全过程预防。“预防为主”是贯穿 ISO 14000 系列标准的主导思想。企业环境行为评价可通过连续的、动态的监测数据，既可对某一时点的环境行为进行评价，又能对发展趋势进行评估和预测，为企业管理的各个方面、产品生命周期的各个阶段提供决策依据，实现全过程的污染预防。

（6）持续改进原则。持续改进是 ISO 14000 系列标准的灵魂。一个组织建立了自己的环境管理体系，并不能表明其环境表现（行为）如何，而是表明这个组织决心通过实施这套标准，建立起持续改进的机制，不断实现自己的环境方针和承诺，最终达到改善环境表现（行为）的目的。

9.5.4 化工企业环境保护管理制度

案例：某精细化工股份有限环境保护管理制度

第一章 总则

第一条 为贯彻落实《环境保护法法》和其他有关环境保护的法律、法规，加强本公司环境保护工作，切实减少或消除化工生产对环境的污染，特制定本制度。

第二条 本公司建立厂级、车间、工段三级环境保护管理网络，开展全面、全员、全过程的环境保护管理工作，确保“三废”达标排放。

第三条 贯彻执行 ISO 14001：2004 环境管理体系标准，持续改进本公司环境保护工作。

第二章 机构设置与职责

第四条 环境保护管理总负责人

本公司由总工程师为环保管理总负责人。职责是：

（1）全面负责企业的环保管理工作；

（2）负责监督、指导本公司“环境保护处”（简称：环保处）的工作，审核企业环境报告和环境信息等；

（3）负责组织制定并组织实施污染减排计划，落实削减目标；

（4）负责组织制定并组织实施环境保护管理制度；

（5）负责建立并组织实施环境突发事故应急制度；

第五条 环境保护机构

本公司环境保护的职能部门是环境保护处。其职责是：

（1）在总工程师的领导下，认真贯彻执行国家、政府部门的有关环保方针、政策和法律法规和标准，负责组织本企业环保工作的管理、监督和监测任务；

（2）负责组织实施企业环保规划、污染减排规划，编制年度环保工作总结报告；

（3）参加新建、扩建和改造项目方案的研究和审查工作，参加项目环保设施的竣工验收，提出环保意见和要求；

（4）制定各车间、部门废水进入总污水处理站的纳管标准和送焚烧的固废要求标准。

（5）负责本公司废物焚烧炉和总污水处理站的管理和运行，监督检查车间和部门“三废”治理设施运行情况；

（6）积极和车间、部门配合，做好处理水的回用工作，不断减少公司废水排放量；

（7）负责公司环境监测站的管理和运行。监测站应达到 HG 20501《化工企业环境保护监测站设计规定》的要求；

（8）做好公司废物焚烧炉、总污水处理站、环境监测站的运行原始记录，建立运行台账，做好环保资料归档和环保统计工作；

（9）负责编写公司环保应急预案并组织演练。在总工程师领导下，对企业突发性污染事件进行处理，并及时向政府环保部门报告；

（10）组织对员工进行环保法律、法规的宣传教育和培训考核，提高员工的环保意识；
（11）协调与政府环保部门的工作；
（12）定期召开公司环保情况报告会和专题会议，负责向政府环保部门和社会公众发布本公司的环境信息。

第六条　环境保护管理员（简称：环保员）

本公司设立厂级专职环保员，车间和部门专、兼职环保员和工段（班组）兼职环保员；

厂级专职环保员由环保处根据需要确定名额；

各车间和部门专、兼职环保员和各工段（班组）兼职环保员名额为1名。

第七条　厂级环保员的职责

在公司环保处负责人的领导下，做好如下工作：
（1）制定并监督实施公司的环保工作计划和规章制度；
（2）协助编制公司新建、改建、扩建项目环境影响报告及“三同时”计划，并予以督促实施；
（3）负责检查企业产生污染的生产设施、污染防治设施及存在环境安全隐患设施的运转情况，监督、检查各环保操作岗位的工作；
（4）负责检查并掌握企业污染物的排放情况，并配合政府环保部门监督检查；
（5）协助车间、部门开展清洁生产、节能节水、处理水回用等工作，制定利用回用水的奖励办法，并认真考核；
（6）参与编写企业环境应急预案并演练，对突发性环境污染事件及时汇报和处理；
（7）做好环境统计工作；
（8）做好对职工的环保知识培训。

第八条　车间和部门级、工段（班组）级环保员的职责

在车间和部门、工段（班组）负责人领导下做好如下工作：
（1）负责制定并监督实施本级的环保工作计划和规章制度；
（2）负责检查本级产生污染的生产设施、污染防治设施及存在环境安全隐患设施的运转情况，监督、检查各环保操作岗位的工作；
（3）负责检查并掌握本级污染物的排放情况，并接受公司环保处的监督检查；
（4）协助本级领导开展清洁生产、节能节水等工作；
（5）编写本级环境应急预案并演练，对突发性环境污染事件及时汇报和处理；
（6）做好本级环境统计和台账工作；
（7）做好对本级职工的环保知识培训。

第三章　各车间、部门环境保护职责

第九条　各车间、部门，工段（班组）环境保护的基本职责如下：
（1）杜绝跑、冒、滴、漏，发现泄漏点，及时处理；
（2）认真进行“废气”的回收和处理，确保“废气”达标排放；
（3）认真进行“废水”的预处理，确保排入总污水处理站的污水在纳管标准以下；
（4）确保各类固废符合送焚烧炉处理的要求；
（5）积极和环保处配合，接收环保处的监督和检查，完成本部门年度环境保护分解指标。
（6）开展合理化建议活动，提高生产管理水平，减少废、次品的生产。

第十条　研发中心环境保护职责
（1）根据公司环保规划、污染减排规划，积极研发新工艺，利用新设备、新材料、新技术减少污染物排放；
（2）研究“三废”回收利用办法，减少排放，增加社会财富；
（3）改进污染物预处理的工艺，提高预处理水平，减少焚烧炉和总污水处理站的负荷。
（4）根据环保处提出的问题，对总污水处理场站前期物化处理进行改进，提高废水的可生化性。

第十一条　采购、销售部门环境保护职责
（1）认真执行危险化学品运输、贮存规定，防止环境污染事故的发生；

(2) 尽可能使用可循环使用的包装物，危险化学品的包装物应按规定回收处理；

(3) 不合格原料会造成排放量增加，确保不合格原料不进厂。

第四章　污染物排放管理

第十二条　废水排放管理

(1) 废水排放管理严格执行雨污分流、清污分流原则；

(2) 各车间、部门必须建有集废池并进行防腐处理，确保设备冲洗水不进入雨水下水道；

(3) 各工段、班组必须认真采取措施，防止物料散落；散落物料应认真收集，严禁用水冲洗地面（只能用湿拖把拖地），将化工物料冲入废水中。

(4) 废水输送全部采用高架明管，不得将废水管道埋置于地下；

(5) 废水经预处理后，未达总污水处理站纳管标准，总污水处理站有权拒收；

(6) 经总污水处理站处理后的污水，尽可能回用；不能回用的作排放处理，排放废水必须达到当地政府规定的排放标准。

(7) 总污水处理站废水排放总口处安装污水流量和水质在线监测设施，并与环保部门联网，对污水水质进行实时监控。

第十三条　废气排放管理

(1) 各车间、工段应加强对生产废气排放的回收和处理，确保达标排放。

(2) 各车间、工段的废气回收、处理设施应做好运行记录

(3) 公司环境监测站应在厂区合理设置监测点，进行连续废气排放监测，并做好监测记录和台账。

第十四条　固体废物管理

(1) 各车间、部门需焚烧处理的固废、污泥由焚烧站专用运输车辆送焚烧站；

(2) 公司应做好焚烧炉运行记录和台账。

(3) 需送交厂外有资质单位进行处置的固废应有记录和台账。

第五章　环境污染事故管理

第十五条　环境应急预案

(1) 针对可能发生的水污染、大气污染等事故，环保处应制定完善的《环境污染事故应急救援预案》，以有效应对突发环境污染与破坏事故。

(2) 公司《环境污染事故应急救援预案》应明确救援队伍职责，对信息报送、出警、现场处置、污染跟踪、调查取证、后勤保证等做出详细的规定。

(3) 公司《环境污染事故应急救援预案》应定期修订和演练，一般每年至少演练一次，并做好演练记录；对演练中发现的问题进行分析、补充和完善预案，提高应急反应和救援水平。

第十六条　环境污染事故的处理

(1) 公司发生环境污染事故后，应立即启动预案，并上报公司环保处，按照应急预案开展救援，将污染突发事故对人员、财产和环境造成的损失降至最低程度，最大限度地保障人民群众的生命财产安全及生态环境安全。

(2) 公司发生环境污染事故后，公司环保处应上报政府环保主管部门。

(3) 公司发生环境污染事故后，环保处应妥善做好事故的善后工作，按照事故“四不放过”的原则，协助环保部门做好事故原因的调查和处理，制定防范事故再发生的措施。各级专、兼职环保员应配合环保处的工作。

第六章　奖励与惩罚

第十七条　本公司员工，在环境保护工作中，成绩显著者给予奖励。奖励办法按照公司奖励条例执行。

第十八条　本公司员工违章指挥或玩忽职守，任意排放“三废”，造成污染环境事件，视情节轻重，给予罚款、行政处罚、辞退等处分；构成非犯罪的，追究刑事责任。

附则

第十九条　本制度与国家法律、法规等文件有抵触时，按文件规定执行。

第二十条　本制度自发布之日起实施。

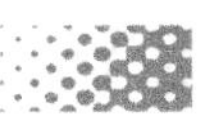

9.6 化工环境保护思考

化工行业是高污染行业。改革开放以来，我国的化工行业有了很大的发展，虽然技术进步使我国化工单位产品的污染排放有了较大幅度的减少，但总体而言，许多化工企业处于粗放式的生产管理方式之中，化工废气肆意排放，化工废渣不规范填埋，化工废水不经处理直接排入江河湖海、注入浅层地下，乱排、偷排情况时有发生。

有些地方环保部门要求每个化工企业建设废水生化处理装置，企业投资了数千万元，根本不能正常运行处理废水，因为很多化工废水基本上没有“可生化性”。

在环境整治、转型升级、结构调整的形势下，我国的化工企业如何做好环保工作，是摆在园区和每个化工企业面前的迫切任务。针对我国化工环保的实际情况，我们在本节中再作些探讨，以期对解决我国的化工污染问题有所裨益。

9.6.1 “地下灌注”排污技术在我国能否推行

我国是否能对危险废物实施第三种（我国法定的危险废物处置办法有两种：焚烧和填埋）对环境不造成危害的方法，即将污染物排放在人类生存环境之外的方法——推行“地下灌注”技术。

据美国杜邦公司介绍，地下灌注（Underground Injection，UI）是指通过严格建造和控制的深井将液体废物（灌注物）注入深层地下多孔岩石或土壤地层的污染物处置技术。“地下灌注”不同于浅层掩埋，是将废物通过高压深井灌注到1000～3000m甚至更深的地层，这些地层与浅表的地下水层之间往往有不止一个隔离岩层，只要无法发生物质交换，那么被灌注的污水就不会污染到可能被人类使用的地下水。

依照灌注物性质的不同，美国国家环保署将深井分为五类。根据美国环保署地下水和饮用水办公室的统计数据，美国目前有用于危险废物处置的I类深井逾百口，用于其它各种废液处置的深井共60万口，美国通过土地处置的危险性废物中89%的总量是通过I类危险性废物灌注井进行处置。该技术在美国已经有50多年的实践经验，并制定了一整套完善的法规及相关管理条例。

以保护地下饮用水为首要原则，美国环境保护署针对地下灌注技术和控制管理方法开展了大量的研究，在1980年颁布《地下灌注控制法规》；1988年，美国环保署发布“无转移可能豁免计划”，强化了对危险性废物灌注井的管理要求，要求危险性废物灌注井的管理者应提供“无转移可能”的示范证明，即在1万年的时间里，所灌注液体的有害成分不会从灌注区发生转移，或者含有危险性质的灌注液在离开灌注区时已经不再含有有害成分；1989年，美国环境保护署完成了一项风险研究，该研究认为：与地表填埋、贮存罐藏或焚烧等其他处置技术相比，深井灌注技术对于人体健康和环境所构成的危害极低，可能造成的危害风险最小。几十年来，深井灌注在美国的应用不断发展并开拓至诸多新领域。

深井灌注技术具有以下优点：①灌注液贮存在深层地质层中，可以避免污染物进入生物圈循环系统；②可以减轻对大气、水体和浅地层的环境压力；③可以置换出地表环境容量；④当环境容量高度稀缺和处理成本高时，可以减少污染物处理成本；⑤扩大了污染物治理技术的选择范围。⑥在风险分析所设想的所有情况中，深井灌注的泄漏几率在百万分之一到四百万分之一，安全系数也远远高于其他废弃物处置技术。

这项技术对中国而言也并不陌生，作为地质大国，我国有很好的深井钻井技术和经验丰富的专业人员，在我国实行深井灌注在技术层面上是完全可行的。遗憾的是，我国尚未制定控制深井灌注行为的法律法规。我国现行的环境质量标准和污染物排放标准主要是针对大气、地表和地下水水体、浅层土壤这三类环境介质。由于深井灌注是利用第四类环境介质处置污染物，需要对这种新型的处置方式制定新的环境保护标准。目前，地质环境保护的监督管理尚未纳入环境保护部的管理职能，仅在《固体废物鉴别导则（试行）》（环保总局、发改委、商务部、海关总署、质检总局公告第 11 号，2006）中出现过“深层灌注”字样。

重金属矿物来源于地下深层，但我国重金属矿开采、冶炼后，其重金属尾矿、冶炼废渣和矿渣等都堆放在地面上，常因塌方、溃坝等造成流域污染。这些来自地下的危险固废我们能否让其再回到地下，排放在人类生存环境之外呢？

我国应尽快开展地下灌注（Underground Injection，UI）排污技术的研究，利用第四类环境介质处置污染物，并制定一整套完善的法规及相关管理制度。

9.6.2 化工园区的环保使命

9.6.2.1 德国 PD 化工园区的经验

化工企业进园区是我国化工行业的发展趋势。德国 PD 化工园区的经验值得我们借鉴。

PD 化工园区由 PD 管理公司于 1893 年创建，位于比德菲尔德，园区总占地面积 1200 万平方米，实际使用面积 180 万平方米，内有各类化工企业 360 家，园区内铁路、公路系统十分发达。PD 公司致力于污水治理、垃圾收集处理、生态修复、地下水保护和城市消防等方面的管理和服务。园区环境整洁、空气清新、化工园区附近就是自然保护区，居民小区和化工园区相隔仅 20～30m 却互不影响，有效地实现了产业发展与人居、生态、社会的协调可持续发展。

园区内的污水处理厂和垃圾焚烧厂都由 PD 公司投资和管理。污水处理能力 30000t/d，处理好的污水清澈透明，COD 值由原来的 2200mg/L 降到 150mg/L，总氮由 100mg/L 降到 10mg/L，pH 值由 2～13 处理到 7，达到排放标准后直接排入附近河道。污水处理过程中产生的污泥经压滤脱水分离后进入焚烧炉 850℃无害化焚烧（污泥含水率约 80%，每吨污泥添加 4～5kg 柴油），污泥灰无害化填埋。垃圾焚烧厂处理垃圾 10 万 t/a，80%处理的是工业垃圾（包括危险固废），其余 20%是生活垃圾，全部采用自动化设备运行和管理，员工 15 名，厂区整洁，排放达标。

PD 化工园区土地开阔，厂距、装置间距宽大，事故状态下可充分降低次生、衍生灾害发生，也有利于消防处置时的攻守与进退。消防站与医疗急救站合一，充分体现出应急救援一体化的理念，且消防救援中心位于园区中部，装备配套齐全。在此基础上，拜耳等大公司均有自己的专业消防队，也配备相应的消防、急救设备。PD 公司还制定了完善的各层次应急预案，除园区级预案、厂级预案和专项预案外，还有紧急处理预案。这些预案都具有现实的可执行性、可操作性。

PD 化工园区内最多的是各种管道，工厂间管道相互连接，增值链应运而生。一个项目或一个工厂的产品或副产品往往就是下一个项目或工厂的原料，可直接用管道输送。由于原材料能够迅捷、可靠地抵达目的地，从而大幅度削减了成本，增强了企业竞争优势。管道输送，也大幅度降低了运输过程中的危险和对环境损害的可能。

9.6.2.2 园区建设要遵循“五个一体化”原则

德国 PD 化工园区给我们的启示是：

(1) 要有适度超前、逐步实施的规划。园区特别强调供应链管理，化工区的规划请专业的化工领域的咨询机构协助制定。化工园区的详细规划，主要包括以下几个方面：总体布局规划、产业规划（产品链规划）、交通规划（含港口）、公用工程总体配套规划、物流配送规

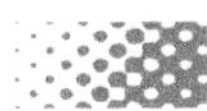

划、电子化综合信息服务网络系统规划、环境保护规划和安全防灾规划、投资与效益的预测等。

（2）龙头带领、集聚发展。发展战略机遇期稍纵即逝，在布局上应依托现有产业基础，由多点龙头，形成多片开花。集聚是国际化工产业的发展趋势之一，以龙头企业为核心延伸产业链，使化工企业围绕不同的产业链进行集聚。化工产业的产业链有许多条，每一条都可以做得很长，足以发展几十年。因此，即使多点布局，每个点都会有足够的发展空间。

（3）“一体化”理念是核心。PD化工园区的“一体化”模式具体包括以下五个方面的内容：①产品项目一体化，园区内落户的主体项目以化工产品为纽带连成一体，实现整体规划、合理布局、有序建设。②公用工程一体化，根据化工园区内主体项目对水、电、气等的需求量，统一规划，集中建设，形成水、电、气、热为一体的公用工程，实行园区内能源的统一供给，梯级使用。③物流传输一体化，通过园区内与各生产装置连成一体的输送管网以及仓库、公路和铁路等一体化的物料运输系统，将区域内的原料、能源和中间体安全、快捷地送达目的地。④环境保护一体化，通过从源头和生产过程中运用环境无害化技术和清洁生产工艺来保护环境，尽可能地以天然气作为清洁能源，并通过对废水和废弃物的统一处理和回收利用，可以形成一体化的清洁生产环境。⑤管理服务一体化，PD管理公司提供“一门式”服务，同时，结合市场经济手段向各企业提供后勤的“一条龙”服务，使各生产单位集中全部精力进行其核心生产活动。

（4）完善的应急设施是保障。园区内将消防站与医疗急救站合二为一，实施一体化建设，确保实现真正意义上的实时联动。此外，还建设消防实战模拟训练基地，强化高科技重装备的配备，进一步优化消防设备结构，配备设施齐全的专用医疗急救指挥车，以进一步保障急救质量。另一方面还考虑因各类事故造成的环境安全问题，在园区流向外界宽大河流的小河中设置应急闸门，一旦事故发生，可以迅速关闭闸门，从而有效地把受污染的水拦在园区内。

我国《石化和化学工业“十二五”发展规划》已明确提出，园区建设要遵循“五个一体化”的原则。其中“产品项目一体化”是关键，要根据化工园区现有的主体项目和龙头装置规划好产业链，按照产业链的要求对招商项目实行准入制。

9.6.2.3　发挥园区环境影响评价对入园项目环评的覆盖作用

园区环境影响评价属规划环境影响评价，其重要功能之一是进入园区建设项目的环评内容可以简化。很多情况下，企业为保守技术机密，不会如实向环评第三方详细介绍化工生产工艺过程和物料平衡；作为第三方的环评机构也不可能对成千上万的化工产品复杂的生产工艺都明白。所以环评常常会走过场，起不到应有的作用。与其如此，倒不如充分发挥园区规划环评的覆盖作用，要求企业在园区规划环评的指导下做简化的项目环评，在项目建设前向园区提供一份“环保承诺书”，园区按承诺书提出的排放总量和浓度对企业进行严格的在线监测和考核来得更为有效。以环保承诺书的形式探索实行园区项目真正实行“备案制”。

9.6.2.4　做好保护环境工作，园区责无旁贷

我国工业园区的管理模式绝大部分是政府模式，有些地方园区甚至成为了一级行政管辖区，园区既承担了政府管理的裁判员职能，又经常扮演运动员的角色。

无论园区采用政府管理模式还是公司管理模式，园区环境保护首先是园区责任，其次才是生产企业的责任。因为从政府职能角度讲，地方政府应对本辖区内的环境质量负责；从公司职能角度讲，园区本身承担的是污水、固体废物集中处理和园区生态建设的责任。

从管理的客观需要出发，应将园区的政府管理职能和公司管理职能分开，园区管委会当

是后者。园区政府的职能是规划、监管、执法；园区管委会的职能是负责产业链、物流、公用工程、污染治理、管理服务等企业职能；根据我国的国情，消防和医疗救援是公益性机构，应属园区政府管辖。

园区政府应该根据当地经济发展的需要，当地环境容量的实际水平，制定明确的园区经济发展规划和清洁生产、环境保护、污染物排放总量控制的持续推进计划。

园区的污水生化处理设施应该是工厂排放废水再处理的“锦上添花”，并应与结合城镇生活污水处理或农村畜禽养殖污水处理运行。园区的污水生化处理后可进一步利用人工湿地生态系统来提高水质，循环使用。园区的雨水排水系统应与外界水体形成封闭隔离，这样也可以作为事故应急使用，防止发生环境污染事故。

国家级南京化工园区自2001年建设以来，制定了《化工园区入园项目“绿色化工”评价制度》、《化工园区清洁生产促进管理办法和实施细则》、《化工园区关于推行“责任关怀”的实施意见》三项政策，要求所有入园企业将“责任关怀”制度化并加以监督，优化园区发展环境；建立了项目“绿评”制度，把好项目入园关，打造了“碳一化工（CO、CH_3）”和“环氧乙烷”两个产业链；强化企业清洁生产工作，积极引进环保型、内循环型企业的入驻，而不一味用投资额大小来加以限制。同时，重金投入绿化生态林和生态湿地建设，构建起园区内企业与企业之间，园区内与园区外的生态微环境和生态大环境，塑造花园式工厂和园林式园区，保证园区和谐有序和可持续发展，创建循环经济和生态示范园区，这些都值得我们重视和学习。

可以相信，经过一定时期的努力，我国化工环境保护的状况会有一个大的改观，会逐步缩小与发达国家的差距，实现化工产业与人居、生态、社会的协调可持续发展。

参考文献

[1] 施问超，邵荣，韩香云编著．环境保护通论［M］．北京：北京大学出版社，2011.

[2] 杨朝飞．我国环境法律制度和环境保护若干问题［R］．十一届全国人大常委会专题讲座第二十九讲讲稿．中国人大网，http://www.npc.gov.cn/npc/xinwen/2012-11/23/content_1743819.htm.

[3] 国家环保部，发改委，工信部，卫生部文件．《“十二五”危险废物污染防治规划》(环发［2012］123号). 2012.10.

[4] 尚普咨询．化工行业产能过剩需三大措施［OL］．中金在线，2013-04-16，http://hy.stock.cnfol.com/130416/124，2441，14874116，00.shtml.

[5] 危丽琼．环保是一种重要的经营资源——访大金氟化工(中国)有限公司总经理助理一川冬青［N］．中国化工报 2013-04-22.

[6] 徐小怙，邵艺，褚方樵．化工不等于污染［N］．中国环境报，2013-09-06，第6版．

[7] 中国石油和化工工业协会．石油和化工产业结构调整指导意见．2009.

[8] 王勇．环境保护限期治理制度比较研究——基于日、美类似制度的思考［J］．行政与法，2012(10)：116-121.

[9] 化学工业部环境保护设计技术中心站组织编写．化工环境保护设计手册［M］．北京：化学工业出版社，1998.

[10] 乔旭．绿色化工发展的技术途径与实践［R］．2011江苏石油和化工产业转型升级论坛，2011.11.

[11] 杨再鹏．清洁生产与ISO 14001环境管理体系标准［J］．化工环保，2009，29(5)：449-452.

[12] 地下水污染谁之过［N］．西安日报，2013.02.22，第8版；杜邦公司就钛白粉事件的声明［N］．南方周末，2008.12.20.

[13] 李春梅．土壤重金属污染来源及治理方法［C］．中国环境科学学会学术年会论文集，2012：2760-2763.

[14] 丁天舒．南湖区建设绿色化工园区的几点思考——考察德国PD化工园区有感［J］．中国资源综合利用，2011，29(6)：57-60.

[15] 周爱林．化工园区发展“绿色化工”的思考［J］．化学工业，2011，29(10)：43-47.

·10· 供销储运管理

化工企业物资采购和产品销售是影响产品成本和企业效益的重要环节。从本质上讲，物资采购部门是为生产服务的，而生产是为营销部门服务的，亦即为市场服务、为客户服务的。在企业经营管理中，应学习和贯彻绿色供应链理论。采用科学合理的采购流程，防止舞弊行为发生，维护企业利益，维护国家利益；在市场经济条件下，绝大部分化工产品都属买方市场，产品销售关乎企业的生存和发展，通过运用各种营销策略和优质服务，扩大产品市场占有率，提升企业效益是企业营销部门的首要任务。

企业经营管理者应密切关注市场动向，合理调控主要原材料和产品的库存，抵抗市场风险。在储存运输化工产品，特别是危险化学品时，必须遵循有关法律、法规和标准。

10.1 绿色供应链管理

20 世纪 80 年代开始，制造业供应链管理（Supply Chain Management，SCM）理论随着经济全球一体化、横向产业（产业链）发展模式、网络及个人电脑的发展而得到了快速发展。

绿色供应链又称环境意识供应链（Environmentally Conscious Supply Chain，ECSC）或环境供应链（Environmentally Supply Chain，ESC），是一种在整个供应链中综合考虑环境影响和资源效率的现代管理模式，它以绿色制造理论和供应链管理技术为基础，涉及供应商、生产商、销售商和用户，其目的是使得产品从原料获取、加工、包装、仓储、运输、使用到报废处理的整个过程中，对环境的影响（负作用）最小，资源效率最高。作为高污染、高能耗、资金和技术密集型的化工行业，推行绿色供应链管理尤为需要。

10.1.1 供应链管理概述

10.1.1.1 供应链管理的定义

对于供应链管理（SCM），国内外没有统一的定义，比较典型的几种定义如表 10-1 所示。

表 10-1 几种典型的供应链管理的定义

Stevens(1989)	“管理供应链的目标是使来自供应商的物流与满足客户需求协同运作，以协调高客户服务水平和低库存、低成本的相互冲突的目标。”
Houlihan(1988)	供应链管理和传统物料制造控制的区别：①供应链被看成是一个统一的过程。链上的各个环节不能分割成诸如制造、采购、分销、销售等职能部门。②供应链管理强调战略决策。“供应”是链上每一个职能的共同目标并具有特别的战略意义，因为它影响整个链的成本及市场份额。③供应链管理强调以不同的观点看待库存，将其看成新的平衡机制。④一种新系统方法——整合而不是接口连接
La Londe 和 Masters(1994)	供应链战略包括：“……供应链上的两个或更多企业进入一个长期协定，……信任和承诺发展成伙伴关系，……需求和销售信息共享的物流活动的整合，……提升对物流过程运动轨迹控制的潜力。”
Cooperetal(1997)	供应链管理是“…一种管理从供应商到最终客户的整个渠道的总体流程集成哲学”
Mentzeretal(2001)	供应链管理是对传统的企业内部各业务部门间及企业之间的职能从整个供应链进行系统的、战略性的协调，目的是提高供应链及每个企业的长期绩效

作者给出的定义是：供应链管理就是以最少的成本，让供应链从采购开始到满足最终顾客的所有过程，包括工作流（work flow）、实物流（physical flow）、资金流（funds flow）和信息流（information flow）等均能高效率地操作，把合适的产品、以合理的价格，及时、准确地送到消费者手上，使供应链运作达到最优化。

在满足一定的客户服务水平的条件下，为了使整个供应链系统成本达到最小而把供应商、制造商、仓库、配送中心和渠道商等有效地组织在一起来进行的产品制造、转运、分销及销售的管理方法，就是供应链管理，这是一种集成的管理思想和方法。

从单一的企业角度来看，是指企业通过改善上、下游供应链关系，整合和优化供应链中的信息流、物流、资金流，以获得企业的竞争优势。

一个企业采用供应链管理的目的是：一是提升客户的最大满意度（提高交货的可靠性和灵活性）；二是降低公司的成本（降低库存，减少生产及分销的费用）；三是企业整体“流程品质”最优化（减少错误成本，避免异常事件）。

10.1.1.2 供应链管理的基本思想

(1)“横向一体化”的管理思想。强调提高企业的核心竞争力，首先要清楚地辨别本企业的核心业务是什么，然后再组织所需各类资源，以提高核心竞争力。

(2) 非核心业务一般应采取外包的方式分散给业务伙伴，并与业务伙伴结成战略联盟关系，加强外包过程中的协调和管理。

(3) 供应链企业间形成的是一种合作性竞争。合作竞争从两个层次理解：一是和竞争对手结成战略联盟，共同开发技术或市场；二是将过去的由本企业生产的非核心零部件外包给供应商，双方合作，共同面对市场参与竞争。

(4) 以顾客满意度为目标的服务化管理。对下游企业来讲，供应链上游企业的功能不是简单的提供物料，而是在一定的质量要求下用最低的成本提供最好服务。

(5) 供应链管理追求物流、信息流、资金流、工作流和组织流的集成。

(6) 借助信息技术实现目标管理，这是信息流管理的先决条件。

(7) 更加关注物流企业的参与。在供应链管理环境下，物流作用特别重要，因为缩短物流周期比缩短制造周期更为关键。供应链管理强调的是一种从整体上响应最终用户的协调性、高效性，没有物流企业的参与是不可想象的。

10.1.1.3 供应链的特点

供应链是围绕核心企业，将供应商、制造商、分销商、零售商，直到最后用户连成一个整体的功能网链结构模式。其特点是：

(1) 它不仅是一条连接供应商到用户的物料链、信息链、资金链，而且是一条增值链，物料在供应链上因加工、包装、运输等过程而增加其价值，给相关企业都带来收益。

(2) 从结构上看，供应链是一个网络，即自主或半自主的企业实体构成的网路。

(3) 从运行机制看，供应链是一个过程，即根据顾客订单，通过原材料供应、储存、产品生产、产品送达顾客的一个物品移动过程。

(4) 供应链中物资流、资金流、信息流贯穿全部活动。物资流从上游向下游流动，资金流从下游向上游流动，信息流则是双向流动。

(5) 供应链中既存在制造行业，也存在服务行业。供应链中的实体包括供应商、工厂、仓库、分销中心和零售商，其产品也可以是某种服务。供应链是实现最终顾客价值的综合过程。

(6) 在供应链中，先后产生采购成本、运输成本、制造成本、储存成本，有效的供应链战略就是考虑供应链各环节的相互作用，达到低成本、高质量，且满足客户需求的目标。

(7) 供应链分为内、外部两个供应链。内部供应链是指企业内部产品生产和流通过程中所涉及的采购、生产、仓储、销售等部门组成的供需网络；外部供应链是指企业外部与企业产品生产和流通相关的原料供应商、生产商、储运商、零售商以及最终消费者组成的供需网络。

(8) 供应链的载体是现代网络信息技术。①企业内部网，将企业内部财务、营销、库存等所有业务环节全部由计算机管理；②企业外部网，与生产厂各部门互联，达到快速沟通、快速解决问题，还包括财务结算、订单联系、管理体系等；③计算机管理的物流配送中心，制定适应供应链的配送原则和管理原则。

(9) 仓库是平衡供应和需求不确定性的重要手段。如何建立适当的库存量，既减少库存成本，又不影响正常的产品生产和对客户的服务，是管理者调整供应链首先要考虑的问题。

10.1.2 绿色供应链管理

10.1.2.1 绿色供应链管理的特征

(1) 充分考虑环境问题。传统的供应链管理仅仅局限于供应链内部资源的充分利用，没有充分考虑在供应过程中所选择的方案会对周围环境和人员产生何种影响、是否合理利用资源、是否节约能源、废弃物和排放物如何处理与回收、环境影响是否做出评价等等，而这些正是绿色供应链所应具备的新功能。

(2) 强调供应商之间的数据共享。数据共享包含绿色材料的选取、产品设计、对供应商的评估和挑选、绿色生产、运输和分销、包装、销售和废物的回收等过程的数据。供应商、制造商和回收商以及执法部门和用户之间的联系都是通过互联网来实现的。因此，绿色供应链的信息数据流动是双向互动的，并通过网络来支撑。

(3) 闭环运作。绿色供应链中流动的物流不仅是普通的原材料、中间产品和最终产品，更是一种“绿色”的物流。在生产过程中产生的废品、废料和在运输、仓储、销售过程中产生的损坏件及被用户淘汰的产品均须回收处理。当报废产品或其零部件经回收处理后可以再使用，或可作为原材料重复利用时，绿色供应链没有终止点，是闭路循环经济。

(4) 体现并行工程的思想。绿色供应链管理研究从原材料生产、制造到回收处理，实际上是研究的产品生命周期的全过程。并行工程要求面向产品的全生命周期，在设计一开始，就充分考虑设计下游有可能涉及的影响因素，并考虑材料的回收与再利用，尽量避免在某一设计阶段完成后才意识到因工艺、制造等因素的制约造成该阶段甚至整个设计方案的更改。因此应用并行工程的思想，使材料的生产、产品制造过程和回收与再利用并行加以考虑。

10.1.2.2　绿色供应链管理的基本内容

绿色供应链管理包括从产品设计到最终回收的全过程，其体系如图 10-1 所示。

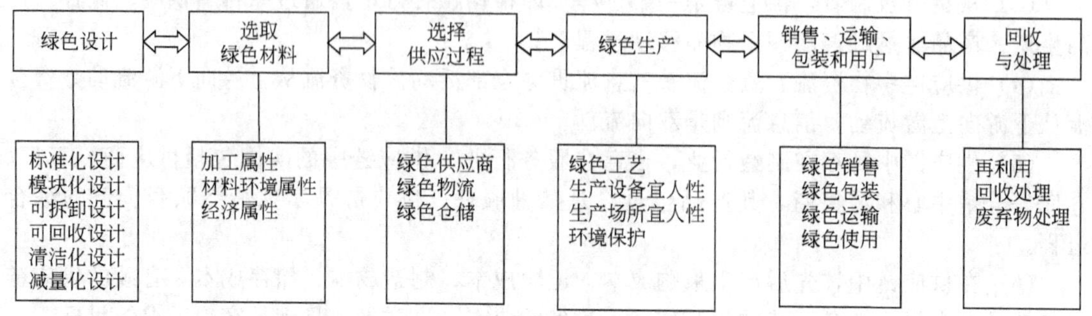

图 10-1　绿色供应链管理体系的结构

(1) 绿色设计。产品性能是由设计阶段决定的，而设计本身的成本仅为产品总成本的10%。因此在设计阶段要充分考虑产品对生态和环境的影响，使设计结果在整个生命周期内资源利用、能量消耗和环境污染最小。产品的绿色设计主要从零件设计的标准化、模块化、可拆卸和可回收设计和清洁生产工艺设计、污染物减量化设计上进行研究。

化工产品的绿色设计主要是原料、产品的绿色化，工艺的绿色化和生产过程中排放物的减量化和再利用。这有赖于科学技术的进步，特别是精细化工行业，详见 1.3。

(2) 绿色材料。原材料供应是整条绿色供应链的源头，必须严格控制源头的污染。化工生产利用可降解、再生的原材料，经过各种手段加工形成中间产品，同时产生副产品、废料，这些副产品被回收利用。中间产品最后成为产品，被销售给消费者，消费者在使用的过程中，要经过多次再使用，直至其生命周期终止而将其报废。产品报废后经过回收直接用于产品，或经过加工形成新的产品；剩下部分作废物经过处理：一部分形成原材料，一部分返回到大自然，经过大自然的降解、再生，形成新的资源。从绿色材料的循环生命周期可以看出，整个循环过程需要大量的能量，同时产生许多环境污染，这就要求生产者在原材料的开采、生产、产品制造、使用、回收再用以及废料处理等环节中，充分利用能源和节约资源，减少环境污染。

(3) 绿色供应过程。供应过程就是制造商在产品生产时，向原材料供应商进行原材料的采购，确保整个供应业务活动的成功进行，为了保证供应活动的绿色性，主要对供货方、物流进行分析。

① 绿色供应商　选择供应商需要考虑的主要因素是：产品质量、价格、交货期、批量柔性、品种多样性和环境友好性等。积极的供货方把目光聚焦于环境过程的提高，对供货的产品有绿色性的要求，目的就是减少原材料使用，减少废物产生。因此供货方应该对生产过程的环境问题、有毒废物污染、ISO 14000 贯标、产品包装中的材料、危险气体排放等进行管理。

② 绿色物流　主要是在运输、保管、搬运、包装、流通加工等作业过程对环境负面影响的评价。评价指标如下：运输作业对环境的负面影响主要表现为交通运输工具的燃料能耗、有害气体的排放、噪声污染等；储存保管过程中是否对周边环境造成污染和破坏；搬运

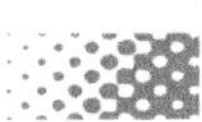

过程中会因搬运不当破坏商品包装，造成资源浪费和环境污染等；在包装作业中，是否使用了不易降解、不可再生的、有毒的材料，造成环境污染。

（4）绿色生产。生产过程是为了获得所要求的中间体或产品而采取的物理、化学等作用的过程。这一过程通常包括化工单元操作和检验等环节。需综合考虑化学品的输入、输出和资源消耗以及对环境的影响。①绿色工艺。在工艺方案选择中要采用对环境影响比较小的工艺路线，尽可能简化工艺，达到节约能源，优质低耗，降低工艺成本和污染处理费用等。②生产设备。考核设备的能源、资源消耗及环境污染情况，设备零、部件应具有较好的通用性；维修或保养时间合理，费用适宜；易操作、易维修等。③改善生产环境，提高产品制造中的宜人性，通过调整工作时间、减轻劳动强度等措施，提高员工的劳动积极性和创造性，提高生产效率，确保安全生产。④重视环境保护。在产品整个生产环节中不产生或很少产生对环境有害的污染物。

（5）绿色包装、销售、运输和使用

① 绿色包装　产品包装一般来说是没有用的，如果任意丢弃，既对环境产生污染，又浪费包装材料。绿色包装主要从以下几个方面进行考虑：实施绿色包装设计，优化包装结构，减少包装材料，考虑包装的回收、处理和循环使用。

② 绿色销售　是指企业对销售环节进行生态管理，它包含 a. 企业根据产品和自身特点，尽量缩短分销渠道，减少分销过程中的污染和社会资源的损失；b. 选用中间商时，应注意考察其绿色形象；c. 电子商务发展前景广阔，又符合环保原则。应大力开展网上销售；d. 在促销方式上，企业一方面要选择最有经济效益和环保效益的方式，另一方面更要大力宣传企业和产品的绿色特征。

③ 绿色运输　评价集中配送、资源消耗和合理的运输路径的规划。集中配送指在更宽的范围内考虑物流合理化问题，减少运输次数；资源消耗指控制运输工具的能量消耗；合理规划运输路径就是以最短的路径完成运输过程。

④ 产品使用　评价产品的使用寿命和再循环利用方式。使用寿命指延长产品寿命，增强产品的可维护性，减少产品报废后的处置工作；再循环利用是根据“生态效率”的思想，通过少制造和再制造方式，使得废弃产品得到再循环，从而节约原材料和能源。

（6）产品废弃阶段的处理。工业技术的改进使得产品的功能越来越全面，同时产品的生命周期也越来越短，造成了越来越多的废弃物消费品。不仅造成严重的资源、能源浪费，而且成为固体废弃物和污染环境的主要来源。产品废弃阶段的绿色性主要是指回收利用、循环再用和废弃物处理，废弃物处理处置包括采用填埋或焚烧。

10.1.3　化工集群绿色供应链管理

产业集群，是指某一特定领域内，相互关联的企业与机构在一定的地域内集中连片，形成上、中、下游结构完整、外围支持产业体系健全、具有灵活机动等特性的有机体。

产业集群是当今世界的普遍经济现象，极大地促进了经济的发展。世界上许多国家的化工行业都已经步入规模大型化、装置集中化、园区式集群发展道路。如美国墨西哥湾化工产业集群、比利时安特卫普化工产业集群、德国路德维希化工产业集群都聚集了一批节能、环保、高技术、高效益为特色的企业群。

化工行业是典型的链式生产行业，其产业链长，产品关联度高。有人将产业集群理论与绿色供应链管理理论进行耦合，提出基于产业集聚的化工行业绿色供应链管理模式。政府和集群管理者在新建化工产业集群的规划、旧化工产业集群的搬迁改造过程中，通过协调化工产业集群长期利益和短期利益的矛盾，避免短期行为，按照可持续发展的角度对入群项目进行筛选，凡是与上下游企业能够形成产业链的项目优先批办和进区，使各类资源在精心组织的产业链中得到最大限度利用，促进产业持续式组合。

10.1.3.1 培育集群内上下游企业互动创新机制

化工产业集群里培育上下游企业互动创新，不仅可以降低各企业单独创新成本，而且可以在单个企业所不能达到的高度上持续创新，推出资源能源消耗少、废弃物排放量少、附加值高的产品。原材料供应企业和相关产品制造企业开展技术合作，产品生产制造企业把部分开发任务交给原材料供应企业，或者帮助原材料供应企业进行开发，同样原材料供应企业也可以主动参与到相关生产制造企业开发过程中，甚至进行超前开发。一体化的大型石油石化公司一般采取上下游协调发展的战略，而规模小的企业由于投入研发的资金有限，更应该积极和集群内的上下游企业合作，提高自身创新能力。

10.1.3.2 发挥集群内上下游企业资源利用和废物处置规模效应

化工行业产业链长、产品种类多，生产过程中在进行主反应同时，伴随副反应，或者由于原材料本身不纯，而产生副产品。副产品虽然有的经过回收之后，可以成为有用的物质，但是往往由于副产品的数量不大，单个企业处理量达不到规模数量，而且成分又较复杂，副产品在一定程度上大多是有害物质，要进行回收会有许多困难，所以企业往往将副产品作为废料排放而引起环境污染。

化工行业上下游生产之间的衔接性非常好，产品之间存在很强的可转换性。许多原材料、辅助材料和半成品都可以在多种工艺和产品的生产中重复利用。从而在成本增加不大的情况下，集群内上下游企业可以通过产品上下游衔接，相互合理利用各企业的资源，包括交换主副产品、废弃物以及共用集群内“三废”处理等基础设施设备，共同研发相应处理技术，以同时降低生产过程中资源能源的投入，达到降低生产成本、提高各企业经济效应、同时也提高环境效益和社会效益的目的。

10.1.3.3 因地制宜发展化工生产型服务产业

化工生产型服务产业的发展为化工制造业的可持续发展提供了基础。一方面，化工生产型服务产业不仅拉长了化工制造业的产业链，提升了其附加值，而且为资源的有效利用提供了基础，为化工行业的绿色供应链形成提供了发展空间；另一方面，由于其资源消耗小、环境污染和占地面积少、利润附加值高等因素而发展迅速，因此化工生产型服务产业的发展对于化工行业可持续发展来说有重要意义。

化工产业集群中除了化工制造业之外，还有各种相关机构作为制造业的支撑体系，这些支撑体系构成化工产业集群的重要组成部分。化工产业集群相关服务机构主要包括政府机构、化工技术服务机构、化工行业协会、化工贸易机构和化工文化等。

在工业化发展过程中，环境污染往往难以避免。作为企业来说，无论大企业还是小企业，在权衡私人成本和社会成本的时候，如果没有政府和公众的约束，基本上会一致性地采取对环境形成污染但操作成本更低的技术方案。

化工行业协会的主要职责是建立和健全化工管理制度，制定化工产业及企业的行为守则、行业道德、行业秩序，加强化工行业的建设，形成良好的化工发展环境；通过研讨会、产品会展、出版物等方式提供信息技术交流平台，收集、整理国内外化工产业的技术、管理、市场等方面的信息，推动新知识和新技术的扩散。

最后，应当重视化工产业集群内化工文化的培育。建设一定规模的化工展览中心，举办具有影响力的绿色化工产品展览会，方便企业进行新产品展示、了解行业动态、获得采购订

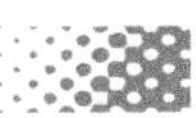

单等。使节能、环保的化工文化深入人心，加强化工行业工作者对于提高化工产品节能的认同，从而提高其知识和技能水平，同时可以激发其工作热情，形成化工节能环保技术和产品的展示舞台。

10.1.4 供应链的风险管理

供应链风险是指所有影响和破坏供应链安全运行，使之达不到供应链管理预期目标，造成供应链效率下降、成本增加，导致供应链网络失败或解体的各项不确定因素和意外事件。

10.1.4.1 供应链内部产生的风险

（1）道德风险。是指由于信息的不对称，供应链合约的一方从另一方那儿得到剩余的收益，使合约破裂，导致供应链的危机，如偷工减料、以次充好给采购带来风险。

（2）信息传递风险。信息传递延迟将导致上下游企业之间沟通不充分，对产品的生产以及客户的需求在理解上出现分歧，不能真正满足市场的需要。同时会产生牛鞭效应（信息的曲解会沿着下游向上游逐级放大的现象，即所谓“牛鞭效应”），导致过量的库存。

（3）生产组织与采购风险。若在生产或采购过程的某个环节上出现问题，很容易导致整个生产过程的停顿。

（4）分销商的选择产生的风险。在供应链中，如果分销商选择不当，会直接导致核心企业市场竞争的失败，也会导致供应链凝聚力的涣散，从而导致供应链的解体。

（5）物流运作风险。供应链要加快资金流转速度，实现即时化生产和柔性化制造，离不开高效运作的物流系统。这就需要供应链各成员之间采取联合计划，实现信息共享与存货统一管理。但在实际原料供应、运输、缓存、产品生产、缓存和销售等过程中可能出现衔接失误，导致供应链物流不畅通而产生风险。

（6）企业文化差异产生的风险。供应链一般由多家成员企业构成，这些不同的企业在经营理念、文化制度、员工职业素养和核心价值观等方面必然会存在一定的差异。从而导致对相同问题的不同看法，采取不一致的工作方法，最后输出不同的结果，造成供应链的混乱。

10.1.4.2 供应链外来风险

（1）市场需求不确定性风险。消费者需求偏好的不确定性，使准确预测的难度加大，很容易增加整个供应链的经营风险。如果不能获得正确的市场信息，供应链无法反映出不断变化的市场趋势和顾客偏好。市场机会也会由于不能满足顾客快速交货的需要而丧失。

（2）经济周期风险。在经济繁荣时期，供应链在市场需求不断升温的刺激下，会增加固定资产投资，进行扩大再生产，增加存货、补充人力，相应地增加了现金流出量。而在经济衰退时期，供应链销售额下降，现金流入量减少，而未完成的固定资产投资仍需大量资金的继续投入。

（3）政策风险。当国家经济政策发生变化时，往往会对供应链的资金筹集、投资及其他经营管理活动产生极大影响，使供应链的经营风险增加。

（4）法律风险。供应链面临的法律环境的变化也会诱发供应链经营风险。每个国家的法律都有一个逐渐完善的过程，法律法规的调整、修订等等不确定性，有可能对供应链运转产生负面效应。

（5）意外灾祸风险。主要表现在地震、火灾、政治的动荡、意外的战争等等，都会引起非常规性的破坏，影响到供应链的某个节点企业，从而影响到整个供应链的稳定，使供应链中企业资金运动过程受阻或中断，使生产经营过程遭受损失。

10.1.4.3 供应链风险防范对策

(1) 加强节点企业风险管理。由于供应链整体风险是由各节点风险传递而成，通过对节点企业风险的识别与判断，进行风险调整和优化，将大大加强整个供应链的风险控制。

(2) 建立应急处理机制。供应链管理中，对突发事件的发生要有充分的准备。对于一些偶发但破坏性大的事件，可预先制订应变措施，制定应对突发事件的工作流程，建立应变事件的小组。同时，要建立一整套预警评价指标体系，当其中一项以上的指标偏离正常水平并超过某一“临界值”时，发出预警信号。在预警系统做出警告后，应急系统及时对紧急、突发的事件进行应急处理，以避免给供应链企业之间带来严重后果。

(3) 加强信息交流与共享。供应链企业之间应该通过建立多种信息传递渠道，加强信息交流和沟通，增加供应链透明度，加大信息共享程度来消除信息扭曲，如共享有关预期需求、订单、生产计划等信息，从而降低不确定性、降低风险。

(4) 加强对供应链企业激励。供应链企业间出现道德风险是难以避免的，要防止败德行为的出现，就应该尽可能消除对信息不对称性，积极采用一定的激励手段和机制，使合作伙伴能得到比败德行为获取更大的利益，来消除对方的败德风险。

(5) 优化合作伙伴选择。选择合作伙伴须考察其综合素质，如合作伙伴所拥有的核心资源与地理位置、经营业绩、R&D、现场管理、质量体系、成本控制、用户满意度等，同时要求合作伙伴具有良好的商业信誉和信用水平。要注意识别合作伙伴加盟供应链的动机和发生投机行为的可能性，可通过设立一个进入供应链的最低信用度，让那些高于最低信用度的企业成为供应链的真正伙伴，最大限度地将具有潜在危险者排除在供应链系统之外。

(6) 重视柔性化设计。供应链企业合作过程中，要通过在合同设计中互相提供柔性，可以部分消除外界环境不确定性的影响，传递供给和需求的信息。

(7) 建立战略合作伙伴关系。首先要求供应链的成员加强信任；其次，应该加强成员间信息的交流与共享；第三，建立正式的合作机制，在供应链成员间实现利益分享和风险分担。第四，加强契约规定等规范建设，促使伙伴成员以诚实、灵活的方式相互协调彼此的合作态度和行为。

(8) 加强供应链文化建设。良好的供应链文化将能在系统内形成一股强大的凝聚力，增强成员企业之间的团结协作，减少不必要的矛盾冲突，从而减少内耗，并且形成一种相互信任、相互尊重、共同创造、共同发展、共享成果的双赢关系；使得供应链的成员与整体有相同的利益要求和共同的价值标准，从而维持供应链的稳定与发展。

10.2 物资采购

化工企业采购的物资按照其用途分类有：化工原料，辅助材料（包装物、助剂、劳保用品），燃料动力，设备（机电设备、化工设备）、机物料，实验及化验室仪器、药品，消防设备和物资，环保设备和物资，基建材料，办公设备及材料，生活用品等。

采购作为完成企业生产经营目标的源头管理，对于提高最终产品的质量，减少库存投资，降低单位成本，应对小批量多品种的市场需求，最终树立企业核心竞争力具有不可低估的作用。研究显示，制造行业原材料和服务的采购成本占到了总成本的50%～80%，带来的产品质量问题30%、影响准时交货问题的80%来自物资采购部门。

化工企业的物资采购由指定的采购人员来完成，采购过程中对材料及价格的选择都会对企业的采购成本产生最直接的影响，采购材料质量的好坏也会影响企业产品的质量、口碑和销量，物资采购中的不正当行为也时有发生。因此，企业物资采购存在内在风险。

财政部、证监委、审计署、银监委、保监委联合制定的《企业内部控制应用指引第7号——采购业务》(2010)就明确规定了企业采购业务至少应关注下列三项风险：

(1) 采购计划安排不合理，市场变化趋势预测不准确，造成库存短缺或积压，可能导致企业生产停滞或资源浪费。

(2) 供应商选择不当，采购方式不合理全，招投标或定价机制不科学，授权审批不规范，可能导致采购物资质次价高，出现舞弊或遭受欺诈。

(3) 采购验收不规范，付款审核不严，可能导致采购物资、资金损失或信用受损。

文件要求完善采购业务相关管理制度，明确请购、审批、购买、验收、付款、采购后评估等环节的职责和权限，建立监督机制，检查和评价采购过程中的薄弱环节，采取有效控制措施。

10.2.1 采购模式

企业应根据自身的特点，选择适合于的采购管理模式。

10.2.1.1 基于供应链协调的采购管理

随着市场环境由生产导向型转变为需求导向型，需求的多样性呈现了出来。企业的生产经营活动不仅依赖于原材料、半成品、商品及服务的供应，同时又面临着最终市场的竞争，此时的采购管理多从买卖双方两级供应链协调整合的管理角度进行，也就是从买卖双方的利益角度来研究库存、订货和定价等协调问题。

供应链协调采购方式通过采购方同供应商建立战略合作伙伴关系，基于双方签订的长期协议进行订单的下达和跟踪，在同步供应链计划的协调下，商品采购计划、供应计划能够同步进行，缩短了用户响应时间，减少了商品采购部门的库存占用和相关费用，采购企业和供应商之间进行了外部协同，提高了采购企业的市场应变能力。

基于供应链协调的采购管理形成了及时采购管理和快速反应采购系统两种模式。

及时采购　也叫JIT (Just In Time，准时采购)，其核心是：在恰当的时间、地点，以恰当的数量和质量提供恰当的物品，消除一切无效的劳动与浪费。在生产活动中有效降低采购、物流成本，全过程各阶段都要具有高水平的控制管理以及对最终产品需求的准确预测。与制造企业的JIT及时采购管理相对应，零售商业的及时采购管理就是快速反应采购系统，也就是制造企业要对零售商随时的订单作出快速准确的反应，为采购零售商提供其所需确切量的商品与服务，达到零售商最低的库存水平和尽可能短的准时交货时间。零售商视对其准确需要量和快速交货为制造商高水平服务的一个重要依据。

10.2.1.2 逆向拍卖的专业采购管理

全球市场不断向买方市场的转变、现代物流业以及电子商务的快速发展，为企业采购提供了全球供应市场平台；使得企业能够充分享受全球市场分工、生产要素优化组合、资源优势互补等带来的优势供应商的选择机会。电子商务对销售预测的改善、全球物流业的快速发展使降低库存成本得到保障，使得企业能够改变原来的采购管理模式，选择适当的采购机制，实现选择优势供应商、节约采购成本，从而为企业进一步提高核心竞争力创造了条件。有人在采购方具有强势谈判力假定条件下，研究设计了一个采购商与多个供应商的逆向拍卖采购问题，并设计、分析了将生产成本和运输成本两个决策变量纳入逆向拍卖采购机制，这样企业采购就可以引导供应商如实报告生产成本信息，从而有效降低采购成本。

10.2.1.3 基于ERP系统的采购管理模式

ERP (Enterprise Resource Planning，企业资源计划) 系统主要包括了财务、物流、人

力资源等核心模块，具有以下特点：①数据在各业务系统之间高度共享，所有源数据只需在某一个系统中输入一次，保证了数据的一致性。②集信息技术与先进管理思想于一身，改善与优化企业业务流程。

既定的供应商、规范的流程、物资质量的标准化是实行ERP系统采购管理的关键，否则会造成采购工作的混乱。所以，在实施ERP系统采购管理前应很好地进行培训。

（1）采购管理模块内容。采购管理模块主要包括：需求计划管理模块、询/报价管理模块、合同管理模块、采购订单管理模块、采购接收和验收管理模块、采购付款管理模块、供应商评估管理模块等七个部分。

（2）采购管理业务流程。生产部门编制物料需求计划——物资采购部物料综合平衡——库存物资库存领用——无库存物资编制采购计划申请单——编制询价单，上传网上报价平台——供应商网上报价——接收报价，编制报价单——确定供应商——签订供货合同——编制采购订单——物资到货验收——验收不合格办理退货——验收合格，仓库办理接收——编制付款申请单——发票、接收单、验收单、合同、付款申请单送交财务办理结算——供应商评估管理。

（3）在ERP系统下采购管理的特点。①整个管理系统是以计算机系统为主体，严格按照既定流程模式进行运营，采购流程逐级执行并提交审批，才能完成整个业务。整个采购过程与采购数据可以达到监督与共享，实现采购阳光化。②ERP系统通过对物料采购数据的统计汇总，对比分析，可以较好地掌握物料流转的规律，适宜物料的集中化采购和集约化管理。③ERP系统中对每一种物料规定最大储存量和最长储存期限。当库存超过最大值时，系统会发出提示信号，以便采购人员采取纠正措施，确定经济订货量。④网上报价系统有效地缩短了采购时间，降低采购成本，内置完善的网络评估机制，可以收集与保存采购信息，便于对交易数据进行搜索与统计分析。⑤采购合同订立，采购订单制作完成后，系统可以提供多种查询途径，及时跟踪采购合同执行情况。⑥ERP系统内的入网供应商，都必须经过认证，资质审查合格才能建档，否则ERP系统将拒绝执行。⑦严格控制付款程序。付款前，系统将自动进行一系列的对比，如物料规格性能、合格数量、交货日期是否与采购单一致，报价单与发票金额是否一致。几方面都相符才执行付款程序，可严控资金不良流出。

（4）ERP系统采购管理符合企业现代化管理的要求，其优点表现在：①改进管理流程，实现标准化运作。②“事前控制、事中监督、事后分析”是ERP系统的采购管理与传统采购管理最明显的区别。③业务的可追溯性强。在ERP系统平台下，可随时查询任何时候与任何供应商发生的采购业务，新来的业务人员便可以尽快接手后续工作，减少业务操作中的人为因素。④ ERP模式下的采购及其特点是需求拉动模式，使供应商从一般买卖关系向战略伙伴关系转变。⑤物流管理和资金流管理分离，将采购资金总体预算的职能和通知财务付款职能放到财务部门，体现资金流随物流而动的管理思路，限制了盲目采购的行为。⑥全方位的监督与监控，实现“阳光采购”。ERP系统采购管理是在监控与监督下，依照既定的、规范的、标准化的程序进行，可防止腐败现象的滋生。

10.2.1.4 通用采购管理模式

通用电气公司（下称：通用）作为历史悠久的跨国企业，涉足的领域遍布各行各业，在采购管理中不仅采用了全球通用的管理方法，也更多的根据中国经济和行业特点做出调整，其采购管理实践的特色主要表现在以下几个方面：

（1）采购流程的规范化。在通用内部的采购管理规范中，有专门针对流程设计的文档，采购部各个职能部门都要严格按照事先制定好的步骤来完成采购过程。

(2) 采购部门组织分工明确、相互制衡。其表现在：①对采购业务的分类。通用电气采购团队总体可以分为直接采购和间接采购。这样可以根据采购物品种类的不同区分重要性，并且以此为依据确定采购成员的组成以及流程规范的严格程度。②采购主管权限的相互制约。采购经理下属分成两种团队：一种是以项目为依托组成的采购主管，另一种是根据产品类别划分采购主管。项目采购主管更多地着眼于某一阶段项目的顺利进行，需要协调服务于该项目的几个供应商之间的关系，确保质量和交货期等；而产品采购主管由于要重点培养一些可以长期依赖的供应商，因此更多的精力投放在尽可能地降低价格，维持与供应商的长期合作等。③设立供应商质量工程师团队，专注于对供应商提供产品的质量控制和过程监督。

经验点：即使同在采购部的隶属下也可以设计不同利益诉求为基础的独立团队，彼此相互制约，必要时又可以相互支持。

(3) 采购权的动态转移。在某个物料或者某个供应商提供的一类产品趋于稳定后将该物料的采购权从采购部转移到物料部门，也就是该物料的最终使用部门。其优势和好处在于：①改由物料部门来向供应商下订单，会缩短流程，提高效率，确保证生产的正常运行；②某采购主管与供应商长期接触和合作后，难免会出现共同徇私的风险。将采购权转移给物料部门后就可以由物料部门来决定什么时间按照之前协定好的价格购买多少数量的物料，减少采购主管的干预，也减少供应商提供贿赂的动力。

经验点：虽然采购部门是采购活动的主要载体，但采购部职责的重点应放在不断寻求开发新的供应商和谈判价格上。完成了这两个步骤之后可以考虑适当的放权，将量产的采购权转移给物料的使用部门，在需要的时候给予支持而不是全程参与采购的物流过程。

(4) 供应商的开发和选择明细化。通用对供应商有严格的开发流程，在开发过程中需要不同部门对供应商的各项认证资格进行考核，为今后供应商资格的确认提供参考。供应商的资格确认种类根据采购产品或服务的类型和重要性，以及产品或服务对最终产品质量的影响不同而不同。

经验点：供应商的选择是采购的第一道关口，选择可靠优质的供应商才能保证产品质量。在这一环节，通用的经验是对不同重要程度的供应商采用不同的准入标准。对于那些关系到量产产品质量的供应商需要严格按照事先已经形成的固化标准来进行资格认证，并且每一个步骤需要独立的采购部的不同团队来完成批准和审核。

(5) 供应商考核的定期化、定量化与固化。供应商监测的目的在于衡量供应商绩效并且执行对供应商的绩效考核，这部分由采购主管完成。每月绩效跟踪包括下列方面：①质量方面：每 3 个月针对每个供应商提供一份验收与缺陷记录；②交付方面：提供一份实际交付日期与采购系统记录日期之比较的文件，并且记录交付延迟百分比及交付提交百分比；③价格绩效：每月提供一份供应商材料价格指数的记录。

经验点：对供应商进行确实可行的考核是保证采购绩效的必要途径。只有考核标准明确，指标细化量化，并且形成固化的制度规范才能为使考核办法落到实处，发挥其效力。

(6) 采购质量控制的独立与全程化。通用对于采购物料的质量控制，明确规定各个主体的职责范围：①责任采购主管负责制订供应商产品验证要求；②供应商应确保符合产品验证要求；③设计工程部门负责定义产品要求，定义针对产品性能的任何特殊验证要求，并确保所定义的能在制造时可使用现有的可重复和可再生的技术加以衡量。④设计工程部门还应负责在修订控制工程文件中记录所有这些要求；供应商质量工程师或同性质人员有责任协助制订产品要求并与设计工程部门定义特殊的验证要求，以及确保供应商遵循产品验证要求。

经验点：通用对于采购物料的质量控制经验可以大致归结为三点：①明确质量标准，工程师在最初设计图纸时已经将每个部件需要达到怎样的质量标准进行了明确的说明；②全过程控制，在供应商进行生产之前，确保供应商了解图纸的质量要求；在生产过程中，也会定期要求供应商出具质量报告；在发货之前，采购部会就供应商一段时间以来的生产状况出具评估报告；③设置专门的职位——供应商质量工程师形成制衡机制。

10.2.1.5 台塑的集中采购模式和信息化采购平台

(1) 集中采购模式。台塑集团（下称：台塑）的集中采购属于高度集中型，即由集团采购管理部门对其所属企业的绝大部分物资实行集中采购，其他部门不得采购，仅有非常少量不适宜集中采购的物资采用分散采购的方式。

台塑有100多家关系企业，分属于不同业务板块，这些企业统一由“总管理处”来实行高度集中的物资采购运作，总管理处只有一个采购部，集团内100多家企业需要采购物资时，都必须通过这个采购部向供应商询价、采购。台塑集采比例高达95%，凡是4个月内重复使用2次以上的物资都要纳入集中采购的范围，包括设备装置、建设用料、原材料、辅料、燃料、生活用品、医疗用品等，就连签字笔、复印纸等小件办公用品，也都囊括在集中采购范畴。

高度集中，统一标准。台塑总管理处采购部仅100余人，每年需完成全集团超过900亿元的采购业务，这对采购效率提出了极高的要求。为此，台塑大力推进标准化管理，减少个性化需求，对性质、功能相同，但名称、品牌不同的需求进行合并整合，以统一采购标准，实现需求的归集，提高了采集效率。

流程清晰，权力制衡。台塑的集中采购运作分为前台、中台和后台三部分。前台是指生产第一线的需求方，各个工厂需要什么物资，必须按照台塑集团的统一表格、统一要求、统一规定的时间，将需求上报到集团总部采购部（即中台），采购部负责汇总、合并同类项，统计每项物资的采购量，然后再找供应商询价，就产品质量要求、供货期和价格进行谈判。

所有这些工作完成后，采购部还要将采购需求及计划报到总经理室资材审核组（即后台）进行审核，审核内容包括为什么要采购这些物资；报告有没有写清楚；采购理由是否充分；购买这种规格、型号合不合理等等。如果审核组存在异议，有权直接驳回，由需求方加以解释。倘若需求方无法说服审核组，审核组有权驳回采购需求。此外，审核组还要对采购部提交的采购计划进行审核，包括供应商的资质、技术水平、诚信度等，如果存在疑问，有权要求采购部解释清楚。审查没有问题后，整个采购计划将上报到行政中心，需由集团最高领导审查的，审查批准后，再最终返回到采购部执行采购。

资材审核组（后台）由富有经验的老员工组成，他们不负责执行，无法接触任何供应商，因此审核较为公正、客观。与此同时，集团也会对他们进行考核，将每年的采购情况与他们的绩效挂钩，从节约的采购金额中抽取一定比例作为他们的奖金，以督促他们认真公正地审核采购计划，最大限度地节约采购金额。

在整个集中采购的运作过程中，没有任何一个人或部门拥有绝对采购权，前台、中台、后台相互独立、相互监督、相互制约，这不仅降低了采购成本、提高了采购管理水平，而且也杜绝了集采过程中腐败现象的发生。

(2) 电子信息化采购平台。1983年台塑在企业内各公司建置ERP系统，至2002年建成B2B电子商务平台，即“台塑网电子交易市集”。该平台分设有采购专区、工程发包、台塑企业资讯系统（包括供应商货款进度查询、台塑原物料报价系统、台塑企业供应商资料维护专区等）、货物运输承揽等类目，用户可以登录该平台查看最新采购案件、最新发包案件及最新标售案件，还可以申请成为采购商，建立供应链E化系统等。台塑网电子交易市集

已包括台塑集团、鸿海富士康集团、裕隆集团、日月光集团等，供应商逾两万家。通过电子交易市集提供的方便、自动化、公开透明的处理机制，台塑不仅协助各企业集团简化了采购流程，与供应商建构起完整的供应链体系，而且也为自身节省了自行营运电子采购的建置、维护成本。

台塑本着全局规划；就源、一次输入，多次应用，环环相扣，相互钩稽；异常反应与跟催等原则进行全集团计算机化管理，不断完善信息化建设，推动电子化采购。①就源、一次输入，多次应用，环环相扣，相互钩稽。就源、一次输入是指信息在哪儿发生就在哪儿由当事人直接输入，并且只输入一次，这样既提高了数据的正确性与时效性，而且也避免了信息的重复输入，省时省成本。信息输入后，应进行多层次的传输应用，通过计算机的查核管制，彼此相互钩稽、环环相扣，有效杜绝弊端发生。以台塑合理化管理的“四把钥匙”为例，采购部向供应商询价，经过开标、订购后，获得订购单价数据（即第一把钥匙）；等供应商将产品送到收货地点，收料人员确认收料数量并输入计算机（此为第二把钥匙）；再由品管部门输入合格数量（即第三把钥匙）；系统会自动将订购单价、收料合格数量、合格数量数据转给会计部，以确认系统计算出的发票金额是否与供应商上的发票金额一致（此为第四把钥匙）。如果这四把钥匙都齐全了且没有错误，锁自然会打开，也就是一周内供应商将收到台塑电汇的款项，若出现异常，除了无法汇款外，还需列表作检讨。②加强异常管理。采购过程中出现的异常现象会通过企业 ERP 系统列表反映，供相关人员检讨原因并加以改善。比如，台塑会对一些经常使用的原物料设定存量管制点，当库存超过管制点时，ERP 会立即生成异常反应单给相关人员进行检讨和改善，使库存更趋合理。③提供跟催功能。每项作业都设定了处理时限，如果超过时限仍未完成，计算机就会出表跟催经办尽快完成。这项功能大大提高了台塑的执行力。例如，业务人员在 ERP 系统中取消订单，商业流程管理系统 BPM 会立即通过电子表单通知采购人员，确认是否停止采购原料、生产人员是否应该调整生产策略等，并要求在指定期限内处理。若超过期限，系统将触发通知主管机制，让主管及时协助部属进行处理，以确保每项作业顺利完成。

10.2.1.6 中小化工企业专业采购管理模式

中小化工企业由于技术力量薄弱，集中式采购管理模式常会导致采购不及时、质量差，影响生产活动的正常进行，此时可采用专业化采购管理模式常会十分有效。专业化采购模式是由专业使用者自行采购，由于使用者很清楚所需要的物资质量，在质量规格不清楚的情况下可以方便地与供应商沟通，物资采购常会起到事半功倍的效果。

一般情况下，专业化采购的分工是：化工原辅材料由供应部门采购，设备及机物料由设备管理部门采购，仪器、药品由实验室及化验室采购，消防设备和物资由安全部门采购，基建材料由基建部门，办公设备及材料由办公室，生活用品等由后勤部门采购。

专业化采购要加强监督：①企业分管经营的副总经理应负责采购审批，审批供应商、价格、付款方式和合同等，审批前可抽样进行比价、比质咨询；②要求负责采购的部门必须货比三家，将询价情况报领导批准确定供应商；③货到厂后要加强质量、数量验收，发现问题及时处理；④学习台塑“四把鈅匙”的做法，严格把关；⑤数量较大的原辅材料等物资必须尽量做到不少于三家供货。

10.2.2 供应商管理

供应商管理是指对供应商的了解、选择、开发、使用和控制等综合管理的总称。供应商管理的目的，就是建立起一个稳定可靠的供应商队伍，并为企业生产提供可靠的物资供应。

在供应链管理中，供应商是采购商的战略合作伙伴，供应商的开发、评估与选择是供应链正常运行的基础和前提条件。

10.2.2.1 供应商的开发

一般来说，供应商开发包括的内容有：供应市场竞争分析，寻找合格供应商，潜在供应商的评估，询价和报价，合同条款的谈判，最终供应商的选择。

(1) 寻找合格供应商。大多数的跨国公司，供应商开发的基本准则是 Q.C.D.S. 原则，也就是质量/成本/交付/服务并重的原则。在这四者中，质量因素是最重要的，首先要确认供应商是否有一套稳定有效的质量保证体系，然后确认其是否具有生产所需产品的设备和工艺能力；其次是成本与价格，要运用价值工程的方法对所涉及的产品进行成本分析，并通过双赢的价格谈判实现成本节约；在交付方面，要确定供应商是否拥有足够的生产能力，人力资源是否充足，有没有扩大产能的潜力；最后，也是非常重要的是供应商的售前、售后服务的纪录。

在供应商开发的流程中，首先要对特定的分类市场进行竞争分析，要了解谁是市场的领导者，目前市场的发展趋势是怎样的，各大供应商在市场中的定位是怎样的，从而对潜在供应商有一个大概的了解。

(2) 寻找潜在供应商。经过对市场的仔细分析，通过各种公开信息和公开渠道得到供应商的联系方式。这些渠道包括供应商的主动问询和介绍，专业媒体广告，互联网搜索等方式。

在这个步骤，最重要的是对供应商做出初步的筛选，建议使用统一标准的供应商情况登记表，来管理供应商提供的信息。这些信息应包括：供应商的注册地、注册资金、主要股东结构、生产场地、设备、人员、主要产品、主要客户、生产能力等。通过分析这些信息，可以评估其工艺能力、供应的稳定性、资源的可靠性，以及其综合竞争能力。剔除明显不适合进一步合作的供应商后，就能得出一个供应商考察名录。

接着，要安排对供应商的实地考察，这一步骤至关重要。在审核团队方面，可以邀请质量部门和工艺工程师一起参与，他们不仅会带来专业的知识与经验，共同审核的经历也会有助于公司内部的沟通和协调。在实地考察中，应该使用统一的评分卡进行评估，并着重对其管理体系进行审核，如作业指导书等文件，质量记录等，要求面面俱到，不能遗漏。比较重要的有以下项目：

① 销售合同评审，要求销售部门对每个合同评估，并确认是否可按时完成。

② 供应商管理，要求建立许可供应商清单，并要有效地控制程序。

③ 培训管理，对关键岗位人员有完善的培训考核制度，并有详细的记录。

④ 设备管理，对设备的维护调整，有完善的控制制度，并有完整记录。

⑤ 计量管理，仪器的计量要有完整的传递体系，这是非常重要的。

在考察中要及时与团队成员沟通，在结束会议中，总结供应商的优点和不足之处，并听取供应商的解释。如果供应商有改进意向，可要求供应商提供改进措施报告，做进一步评估。

(3) 询价和谈判。在供应商审核完成后，对合格供应商发出询价文件，一般包括图纸、质量规格、样品、数量、大致采购周期、要求交付日期等细节，并要求供应商在指定的日期内完成报价。在收到报价后，要对其条款仔细分析，对其中的疑问要彻底澄清，而且要求用书面方式作为记录，包括传真，电子邮件等。

后续工作是报价分析，报价中包含有大量的信息，如果可能的话，要求供应商进行成本

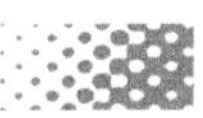

清单报价，要求其列出材料成本、人工、管理费用等，并将利润率明示。比较不同供应商的报价，你会对其合理性有初步的了解。

在价格谈判之前，一定要有充分的准备，设定合理的目标价格。对小批量产品，其谈判的核心是交货期，要求其提供快速的反应能力；对流水线、连续生产的产品，核心是价格，但一定要保证供应商有合理的利润空间价格谈判是一个持续的过程，每个供应商都有其对应的学习曲线，在供货一段时间后，其成本会持续下降。与表现优秀的供应商达成策略联盟，促进供应商提出改进方案，以最大限度节约成本。实际上，每个供应商都是所在领域的专家，多听取供应商的建议往往会有意外的收获。曾有供应商主动推荐替代的原材料，如用韩国的钢材代替瑞士产品，其成本节约高达 50%，而且性能完全满足要求，这是单纯依靠谈判所无法达到的降价幅度。通过策略联盟，参与设计，供应商可以有效帮助我们降低成本。

还有非常重要的一个方面是隐性成本。采购周期、库存、运输等等都是看不见的成本，要把有条件的供应商纳入适时送货系统，尽量减少存货，降低公司的总成本。

10.2.2.2 供应商的选择和评价体系

不同企业的不同发展阶段，对供应商的选择和评价指标也不尽相同。那么怎样才能通过量化的指标来客观地评价和选择供应商呢？基本思路是：阶段性连续评价、网络化管理、关键点控制和动态学习过程，以及供应商评价体系的建立、运行和维护。

(1) 建立供应商阶段性评价体系。将供应商评价体系分为供应商进入评价、运行评价、供应商问题辅导、改进评价及供应商战略伙伴关系评价几个阶段。供应商的选择不仅仅是入围资格的选择，而且是一个连续的可累计的选择过程。

首先需要对供应商管理体系、资源管理与采购、产品实现、设计开发、生产运作、测量控制和分析改进等七个方面进行现场评审和综合分析评分。对以上各项工作从“不具备要求到完全符合要求且结果令人满意”，分为 5 个分数段（0～100 分区间），根据各分项要素计算平均得分。如 80 分以上为体系合格供应商，50 分以下为体系不合格供应商，79～50 分为需讨论再定的持续考核供应商。合格的供应商进入公司级的 AVL（合格供应商）维护体系。

然后采取日常业绩跟踪和阶段性评比的方法。采取 QSTP 加权标准，即：供货质量 Quality（35%评分比重）、供货服务 Service（25%）、技术考核 Technology（10%）、价格 Price（30%）。根据有关业绩的跟踪记录，按照季度对供应商的业绩表现进行综合考核。年度考核则供应商进入 AVL 体系进行全面的评价。

供应商战略伙伴关系评价是通过供应商的进入和过程管理，对供应商的合作战略采取分类管理的办法。采购中心根据收集到的信息，由专门的商务组分析讨论，确定有关建立长期合作伙伴的关系评估，提交专门的战略小组进行分析。

(2) 实施网络化管理。网络化管理主要是指将不同的信息点连接成网的管理方法。

多事业部环境下的采购平台，需要满足不同事业部的采购需求，需求的差异性必须统一在一个更高适应性的统一体系内。对新供应商的认证，应由公司级的质量部门和采购中心负责供应商体系的审核；而对于产品的差异性需求则应由各事业部的质量处和研发处提出明确的要求。

建立一个评审小组来控制和实施供应商评价。小组成员由采购中心、公司质量部、事业部质量部的供应商管理工程师组成，包括研发工程师、相关专家顾问、质检人员、生产人员等。

网络化的管理也体现在业务和流程的执行监督方面。监督机制体现在工作的各个环节，应尽量减少人为因素，加强操作和决策过程的透明化和制度化。可以通过成立业务管理委员会，采用 ISO 9000 的审核办法，检查采购中心内部各项业务的流程遵守情况。

(3) 关键点控制的四项原则。关键点控制包括门当户对原则、半数比例原则、供应源数量控制原则和供应链战略原则。

① 门当户对原则　体现的是一种对等管理思想，它和“近朱者赤”的合作理论并不矛盾。在非垄断性货源的供应市场上，由于供应商的管理水平和供应链管理实施的深入程度不同，应优先考虑规模、层次相当的供应商，不一定行业老大就一定是首选的供应商。如果双方规模差异过大，采购比例在供应商总产值中比例过小，则采购商往往在生产排期、售后服务、弹性和谈判力量对比等方面不能尽如人意。

② 半数比例原则　从供应商风险角度考虑，要求购买数量不能超过供应商产能的 50%。如果仅由一家供应商负责 100%的供货和 100%成本分摊，则采购商风险较大。因为一旦该供应商出现问题，如果产生“蝴蝶效应”，势必影响整个供应链的正常运行。不仅如此，采购商在对某些供应材料或产品有依赖性时，还要考虑地域风险。

③ 供应源数量控制原则　指实际供货的供应商数量不应该太多，同类物料的供应商数量最好保持在 2～3 家，有主次供应商之分。这样可以降低管理成本和提高管理效果，保证供应的稳定性。

④ 供应链战略原则　采购商与供应商建立信任、合作、开放性交流的供应链长期合作关系，必须首先分析市场竞争环境。通过分析现在的产品需求、产品的类型和特征，确认是否有建立供应链合作关系的必要。

在只有几家供应商可供选择的有限竞争的市场和垄断货源的独家供应市场，采购商则需要采取战略合作的原则，以获得更好的品质、更紧密的伙伴关系、更好的供货排程、更低的成本和更多的支持。采购商从长远目标和利益出发，可能会选择某些表面上看似苛刻、昂贵的供应商，但实际上这是放弃了短期利益，主动选择了一个由优秀元素组成的供应链。

对于实施战略性长期伙伴关系的供应商，可以签订“一揽子协议/合同”。在建立供应链合作关系之后，还要根据需求的变化确认供应链合作关系是否也要相应地变化。一旦发现某个供应商出现问题，应及时调整供应链战略。

对于公开和充分竞争的供应商市场，可以采取多家比价，控制数量和择优入围的原则。

(4) 供应商管理体系的维护。体系的运行需要根据行业、企业、产品需求和竞争环境的不同而采取不同的细化评价。细化的标准本身就是一种灵活性的体现。短期的竞争招标和长期的合同与战略供应商关系也可以并存。

学习型的组织通过不断地学习和改进，对于供应商的选择评价、评估的指标、标杆对比的对象、评估的工具与技术都需要不断的更新。采购作为一种功能，它的发展与制造企业的整体管理架构、管理阶段有关系。需要根据公司的整体战略的调整而不断地调整有关采购方面的要求和策略，对于供应商选择的原则和方法也亦然。

(5) 二八法则在供应商中的应用。商业采购中也存在这种普适现象：数量 20%的采购物占总采购价值的 80%，其余 80%的采购物占总采购价值的 20%。据此，可以将供应商划分为重点供应商和普通供应商，前者是数量 20%供应价值 80%的商品，后者同理。

重点供应商提供的物品一般是企业的战略物品或需集中采购的物品，如主要化工原料，采购商应该用 80%的精力与其合作，以保证自身产品的生产。普通供应商提供的物品对企业的生产运作影响较小，如办公用品、维修备件等，企业只需要用 20%的精力跟进其交货就可以了。

当然，实际情况划分并没有这么细，二八关系也不是一成不变的。对于外行来说，这也是一个启示：想要得到尊重，平日就得用 80%的精力挤进那 20%的人群中。

10.2.2.3 供应链管理环境下的供应商管理

在供应链管理的集成化链条中，供应商管理处在极为重要的位置，特别是以制造企业为核心的供应链环境下，供应商是否有优异的业绩表现直接关系到整个供应链的竞争力。因此，供应商管理也就自然成为供应链管理的核心工作之一。

核心企业与供应商之间存在的问题有：①供应商所提供的供货周期不够稳定；②供应商产品质量问题。③大批量的订单与分批送货之间的冲突。④信用意识薄弱。供应商和采购商都有不遵守合同承诺的表现；⑤频繁更换供应商造成供应链成本增加。

采购商实施的供应商管理的策略有：

(1) 用供应链管理新思维重新定位与供应商关系：建立有效的供应链组织机制；建立公正、合理的供应链协议；立足于长期的合作关系。

(2) 建立利益共享机制。解决的方法是供应商与需求商之间建立共同的利益获取与约束机制，在共性层面上，以供应链协议的利益分享机制为基础；在点的层面上，需求商与供应商之间的利益分配可以采取灵活的协商方式，确保双方能够共赢。

(3) 建立有效的双向激励机制。对供应商激励在方法上可以有以下几种：①订单激励，对于表现优秀的供应商，需方可以通过加大订单的方式进行激励。②付款方式的激励，通过提供更有诱惑力的付款方式来激励优秀的供应商。③开辟免检通道，对所供应物品长期保持优异质量的供应商，需方给予免检待遇，这对供应商的竞争对手具有强大的震撼作用。④商誉激励，需方对表现优秀供应商，可通过供应链信息平台进行发布以获取广告效应。

供应商同样对可信赖的需方也能进行激励：①价格激励，需方由于提供更多的订单以及其它的激励，供应商给予需方更为有利的价位，如低价位或价格折扣等。②提供更周全的服务项目等，如一次采购付款后按需送货（相当于提供免费仓储服务）、上门服务、长期的技术支持等。③允许需方改变订单需求数量，甚至取消某些订单。④向需方提供更简单的采购业务流程，减少采购作业成本，⑤提供更为宽松的付款条件等。

(4) 建立良好的沟通管道。在供应链平台上，企业之间信息的沟通主要是通过可共享的信息在供应链信息网络的发布而获得，这是获得关联企业之间信息的主要渠道。除此关联企业之间的中高层人员的互访，是核心企业与供应商之间建立感情互信机制的重要基础。

(5) 建立共同的质量观念。①供应商向需求商提供质量满意的产品。②准时、按量供货，不出差错。③运输、装卸、仓储、流通加工各环节必须维持或提升产品质量。④供应商要强化服务质量。⑤供应商要努力提升创新能力以满足需方不断增长的新需求，需方提供必要的帮助与合作。⑥供需双方都要向对方提供可靠的信用保证并持之以恒。

10.2.3 采购计划与监督验收

10.2.3.1 产品消耗定额管理

物资定额管理主要包括产品消耗定额管理和物资库存（储备）定额管理。

产品消耗定额是反映企业生产技术和管理水平的重要标志。

(1) 产品消耗定额是企业编制物资供应计划的依据。物资供应计划是在产品消耗定额的基础上，根据生产产量计划计算物资需要量、储备量、采购量而编制出来的。产品消耗定额先进、合理，物资供应计划就能准确、科学。

(2) 产品消耗定额是做好物资供应管理的重要基础。物资供应管理的主要任务就是管供、管用、管节约，物资供应部门按产品消耗定额要求，依据市场进度，按质、按量、按时组织物资供应。

(3) 产品消耗定额是促进企业合理使用物资的重要工具。先进、合理的产品消耗定额是促进车间加强经济核算，开展综合利用，改进操作方法和工艺流程，开展综合利用，千方百计降低物资消耗的考核依据。

(4) 产品消耗定额是提高生产技术水平的重要手段。先进、合理的产品消耗定额是建立在先进生产技术、管理经验和工艺条件基础上的。定额的执行和修订可以促进企业采用先进生产技术，改进生产劳动组织，提高工人操作技术水平，推动企业生产技术水平提高。

(5) 产品消耗定额是促进企业增产节约的重要条件。有了先进、合理的产品消耗定额，管理人员就能有效地动员和促进广大员工开展劳动竞赛，节约使用原料，减少浪费，降低消耗，节约增产。

产品消耗定额制定方法：①理论计算法，通过化学计算收率水平确定定额。②工艺技术法。③统计分析法。④经验估算法。⑤实际测定法。

产品消耗定额的管理：①建立严格的经济责任制度和考核制度；②建立与健全消耗定额的原始记录和统计工作；③建立严格的车间盘存核算工作；④掌握定额的变动情况，及时修改定额，保持先进、合理的水平；⑤加强班组管理，开展增产节约活动。

10.2.3.2 物资库存（储备）定额管理

物资库存定额是指在一定的管理条件下，为保证生产的正常进行而确定的物资库存最低数量。

(1) 物资库存定额的作用。物资库存定额是企业物资管理工作的重要基础资料工作，其主要作用有：①是编制物资采购计划，确定采购量、订购批量和进货时间的重要依据。②是掌握和调节库存量，使库存保持在合理水平的重要工具。③确定物资仓储条件，进行仓库规划的主要依据。④是财务部门核定流动资金的重要依据。

仓库物资低于库存定额，仓库应及时编制采购计划，报主管负责人审批后采购。

(2) 物资库存定额的构成。物资库存定额一般由经常库存、保险库存、季节性库存和特殊库存等组成。①经常库存。是指企业前后两批物质进厂的间隔期内，为保证生产正常进行所必须的库存量。数量由供应间隔期，即储存天数决定。②保险库存。是为了防止在物资供应中可能发生的误期到货等不正常情况而确立的物资库存。保险库存在正常情况下是不予动用的，其数量与保险库存天数有关，可能出现的误期天数越长，需库存数量也越多。对于易采购物资库存天数应减少。③季节性库存。是指受季节性生产或季节性运输影响而不能正常供应物资而建立的库存量。④特种库存。是在某种特殊情况下或特殊要求建立的库存量。如预测到某原料要在下月涨价，而临时增加库存购进的一批原料。

根据上述单项库存定额就可计算出综合库存定额。

10.2.3.3 物资采购计划的编制

物资采购计划是企业物资采购的重要依据。无论采取何种采购管理模式，企业各部门都需要科学、准确、及时地编制各类物资采购供应计划，召开生产调度会议确定后，由总经理批准执行。

(1) 生产部门根据企业生产计划（见 5.2.1）和产品消耗定额，编制月度原、辅材料，燃料动力等物资采购计划。

(2) 研发、质检部门根据研发任务，编制实验仪器、分析仪器、药品及其他物资的采购计划。

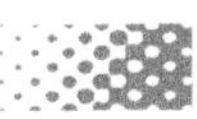

（3）基建部门编制基建材料的采购计划。

（4）设备部门或车间根据技改项目或车间维修任务编制设备、阀门、机物料、备品配件的用量计划，再核对仓库物质盘存情况，编制采购计划。

（5）行政后勤部门根据使用情况编制办公、生活用品的采购计划。

10.2.3.4 物资采购的验收

采购物资进厂，应及时由专职的验收人员进行监督验收，并出具验收证明。一验收数量，二验收质量。质量不合格，仓库应拒收，除非由主管领导批准让步接收。

物资的数量和质量监督验收，一可以保证生产的正常进行，二可有效减少物资采购活动中的不正常行为。

10.3 营销管理

产品销售关乎企业生存和发展。控制了企业产品的销售经营权，就控制了企业生存的命脉。财务和市场，是市场经济条件下企业管理的核心。有关市场的宏观环境和微观环境分析、市场调研和预测等内容，我们在“3 战略管理”中均有叙述，这里不再重复。本节的主要内容涉及市场营销理念、市场营销策略、化工企业的经营管理体系等。

10.3.1 市场和市场经营理念

10.3.1.1 市场的基本概念

（1）市场　是指由那些具有特定需要或欲望，而且愿意并能够通过交换来满足需要或欲望的全部潜在顾客所组成。市场包括三层基本含义：①市场的核心是消费者或顾客；②市场总是和一定的商品或产品联系的，即是对一定的产品而言的；③构成市场的是对特定产品具有需求的消费者或顾客，他们具有购买该种产品的愿望和支付能力。

即：　　　　　　　　　市场 = 人 + 购买力 + 购买欲望

式中，人（法人或自然人）是市场的最基本要素，购买力是人的支付能力，购买欲望是人购买商品的动机、愿望和需求。当三个要素同时存在，就是现实市场；后两个要素不能同时具备时称为潜在市场；一旦具备条件，潜在市场可转化为现实市场。

（2）消费者市场（消费品市场）　是指个人或家庭为满足生活需求而购买或租用商品的市场。

（3）生产者市场　是由那些购买货物和劳务，并用来生产其它货物和劳务，以出售、出租给其他人的个人或组织构成的市场。

大多数化工产品属生产者市场，也有化工产品，如化肥、农药、医药、日化用品等属消费者市场，有些化工产品，如食品添加剂、饲料添加剂等两类市场兼有。两类市场的比较见表 10-2。

表 10-2　消费者市场与生产者市场的比较

项　目	消费者市场	生产者市场
市场特点	·产品的花色多样、品种复杂； ·产品的生命周期短； ·商品的专业技术性不强，替代品较多； ·商品的价格需求弹性较大，即价格变动对需求量的影响较大	·购买者数量较少、规模较大，长期联系，地理位置变动小； ·需求波动性较大、缺乏弹性，宏观经济形势对需求影响较大； ·产品质量要求严格 ·对国民经济的发展具有重要的作用

续表

项目	消费者市场	生产者市场
购买特点	·购买的层次性,消费者的收入水平不同、社会阶层不同、消费需求的层次不同; ·非盈利性、非专业性、广泛性、可替代性; ·流行性,消费需求受环境、时尚、价值观等外在因素的影响,商品具有一定的流行性	·购买的目的性、理智性、组织性、集团性、环境性强; ·购买的个人动机性弱; ·考虑质量、品种、规格、价格、供货期及售后服务
购买决策过程	·问题认知:消费者认识到自己有某种需要是由内在的生理活动引起的,也可能是受到外界的某种刺激引起的(如,由营销者唤起和强化消费者的需要)。 ·搜寻信息:信息来源于①个人,如家庭、亲友、邻居、同事等;②商业,如广告、推销员、分销商等;③公共,如大众传播媒体、消费者组织等;④经验,如操作、实验和使用产品的经验等。 ·评价选择:①产品性能是购买者考虑的首要问题;②不同消费者对产品的各种性能的重视程度不同,或评估标准不同;③多数消费者是将实际产品同自己理想中的产品相比较。 ·购买决策:消费者形成购买意愿后,在决定购买之前,还受到两个因素的影响:①他人态度——反对态度愈强烈,或持反对态度者与购买者关系愈密切,变更购买意图的可能性就愈大;②意外情况——失业、意外急需、涨价等,则很可能改变购买意图。 ·购后评价:消费者购后的满意程度取决于消费者对产品的预期性能与产品使用中的实际性能之间的对比。购买后的满意程度决定了消费者是否重复购买该产品、对该品牌的态度、对其他消费者的影响,并形成连锁效应	·购买决策的参与者:在任何一个企业中,除专职的采购人员之外,还有一些其他人员也参与购买决策过程。所有参与购买决策过程的人员构成采购组织的决策单位,市场营销学称之为采购中心 企业的采购中心一般由下列五种人组成:使用者、影响者、采购者、决定者、控制者 ·购买决策:①在直接重购这种最简单的购买情况下,产业购买者的购买过程的阶段最少;②在修正重购情况下,购买过程的阶段多一些;③在新购这种最复杂的情况下,购买过程的阶段最多,要经过八个阶段:提出需要、确定产品规格、物色供应商、征求建议、选择供应商、发出正式订单、绩效评价

10.3.1.2 市场营销及管理

(1) 市场营销　是个人或群体通过创造，提供并同他人交换有价值的商品，以满足各自的需要和欲望的一种社会活动和管理过程（菲利普·科特勒，Philip Kotler，美国著名营销学家）。

市场营销包含三个基本含义：①市场营销是一个交换活动，因此既具有社会性，也具有管理性；②交换活动是以满足需求为核心的；③市场营销活动形式上是在出售产品，但是活动的真正目的是为满足需要而进行的创造性活动。

(2) 市场营销管理　是为了实现企业目标，创造、建立和保持与目标市场之间的互利交换关系，而对设计方案的分析、计划、执行和控制。市场营销管理的本质是需求管理。

10.3.1.3 市场经营理念

市场经营理念是指企业进行经营决策，进行经营活动的基本指导思想，也就是企业的经营哲学。它是一种观念，一种态度，或一种企业思维方式。市场经营理念从非理性到理性经历了漫长的过程。

(1) 传统的经营理念。①掠夺式经营理念。把消费者看成掠夺对象，坑蒙拐骗，掠夺式经营。在商品经济早期就已出现，直至现在尚有存在。②生产导向理念。市场经营重点关注生产规模扩张、产品数量的增长，“会做什么就生产什么”是生产经营决策者的主导思想。③产品导向理念。认为消费者喜欢性能优、质量高、有特色的产品和服务。因此，企业经理人常常迷恋于自己的优质的、特色的产品，并不断精益求精。以至于没有意识到产品可能没

有多少市场，或市场正朝着不同的方向发展。④推销导向理念。具体表现是："我卖什么，就设法让顾客买什么"。在推销导向观念的指导下，他们致力于产品的推广和广告活动，对消费者进行无孔不入的促销信息"轰炸"。以求说服、甚至强制消费者购买。推销观念与前两种观念一样，也是建立在"以产定销"，而不是满足消费者需要的基础上。

（2）现代市场经营理念。①市场营销理念。一切以消费者为中心，并且甚至比竞争对手更有效、更有利地传送目标市场所期望满足的东西。美国贝尔公司称得上是以满足顾客需求为中心的典范："我们的中心目标必须针对顾客。我们将倾听他们的声音，了解他们所关心的事，我们重视他们的需要，并永远先于我们自己的需要，我们将赢得他们的尊重"。市场营销理念相信，决定生产什么产品的主导权不在生产者，也不在于政府，而在于消费者。②社会营销理念。以实现消费者满意以及消费者、社会公众的长期利益作为企业的根本目的与责任。③关系营销理念。企业营销是一个与顾客、竞争者、供应商、分销商、政府机构和社会组织发生互动作用的过程。正确处理这些关系是企业营销的核心和成败的关键。要做到：与顾客保持良好的关系；学会与同行合作，达到双赢；与政府和社会组织协调一致。

（3）市场营销的核心思想。①以需求为中心。实现企业营销目标的关键在于正确判断目标市场的需要与欲望，尽最大努力去满足这些需求。企业的全部经营活动坚持以满足消费需求为中心的原则。②以盈利为目的。企业只有获取利润，才能得以生存和发展。但是这种目标的实现是通过满足消费者的愿望、以社会利益为前提实现的，即实现企业、消费者、社会"多赢"。③整体策划。市场营销是门艺术，是全方位的营销活动，是各种策略的组合应用。20 世纪 60 年代（美）E. J. 麦卡锡（E. J. McCarthy）提出了 4P 理论（产品 product、分销 place、价格 price、促销 promotion），菲利普·科特勒又增加了 7P（政治权力 power、公共关系 public relations、营销调研 probing、市场细分 partitioning、市场择优 prioritizing、市场定位 positioning、人 person），形成了 11P 理论。

（4）市场营销的目标。有：①量的目标，如销售量、利润额、市场占有率等；②质的目标，如提高企业形象、知名度、获得顾客等；③其他目标，如市场开拓，新产品的开发、销售，现有产品的促销等。

在市场营销策略的制定过程中首先要确定的就是市场营销目标。经营理念、方针、企业战略、市场营销目标等是企业制定市场营销策略的前提条件，是必须适应或服从的。确定市场营销目标时必须考虑与整体战略的关系，使市场营销目标与企业的战略以及企业经营方针、经营理念中所明确的、对市场和顾客的姿态相适应。

10.3.2 市场营销策略

市场营销策略是企业以顾客需要为出发点，根据经验获得顾客需求量以及购买力的信息、商业界的期望值，有计划地组织各项经营活动，通过相互协调一致的产品策略、价格策略、渠道策略和促销策略，为顾客提供满意的商品和服务而实现企业目标的过程。

市场营销策略和营销战略解决的是不同层面的问题，战略解决的问题是"市场上需要什么？我们需要往哪个方向看？"；而策略解决的问题是："如何满足这些需求？这些做法如何落到实处？"

影响市场营销策略的因素有宏观环境因素和微观环境因素。宏观环境因素有：人文环境、经济环境、自然环境、技术环境、政治法律环境、社会文化环境等。微观环境因素有：供应者、购买者中间商、竞争者、公众以及企业自身内部各部门的协作情况等。

10.3.2.1 目标市场营销策略

（1）无差异化市场营销策略。是指面对细分化的市场，企业看重各子市场之间在需求方面的共性而不注重它们的个性，不是把一个或若干个子市场作为目标市场，而是把各子市场重新集合成一个整体市场，并把它作为自己的目标市场。企业向整体市场提供标准化的产品，采取单一的营销组合，并通过强有力的促销吸引尽可能多的购买者，这样不仅可以增强消费者对产品的印象，也会使管理工作变得简单而有效率。

优点：在于它的低成本。单一产品线可以产生相对的规模经营效益，存储和运输也都相对方便快捷，广告宣传、物流配送等资源配置都集中在一种产品上，有利于强化品牌形象。

缺点：可能引起激烈的竞争，实行无差异营销的企业一般针对整体市场，当同行中有许多人如法炮制之后，可能发生大市场内竞争过度，而小市场却乏人问津的情况。

(2) 差异化市场营销策略。是指面对已经细分的市场，企业选择两个或者两个以上的子市场作为市场目标，分别对每个子市场提供针对性的产品和服务以及相应的销售措施。企业根据子市场的特点，分别制定产品策略、价格策略、渠道（分销）策略以及促销策略并予以实施。

差异化营销的依据是市场消费需求的多样化特性。其核心思想是在市场细分的基础上，针对目标市场的个性化需求，通过品牌定位与传播，赋予品牌独特的价值，树立鲜明的形象，建立品牌的差异化和个性化核心竞争优势。差异化营销的关键是积极寻找市场空白点，选择目标市场，挖掘消费者尚未满足的个性化需求，开发产品的新功能，赋予品牌新的价值。

差异化营销是产品、概念、价值、形象、推广手段、促销方法等多方位、系统性的营销创新，并在创新的基础上实现品牌在细分市场上的目标聚焦，取得战略性的领先优势。

优点：使顾客的不同需求得到满足，子市场的销售潜力得到挖掘，有利于扩大企业的市场占有率。同时降低了经营风险，不会导致整个企业陷入困境。提高了企业的竞争能力，企业树立的品牌，可以大大提高消费者对企业产品的信赖感和购买率。多样化的广告，多渠道的分销，多种市场调研费用，管理费用等，都是限制小企业进入的壁垒。

缺点：营销成本过高，生产一般为小批量，使单位产品的成本上升，不具经济性。另外，市场调研、销售分析、促销计划、渠道建立、广告宣传、物流配送等许多方面的成本都无疑会大幅度的增加。这也是很多企业做差异化营销，市场占有率扩大了，销量增加了，利润却降低了的原因所在。

(3) 集中营销策略。亦称聚焦营销。是指企业不是面向整体市场，也不是把力量分散使用于若干个细分市场，而只选择一个或少数几个细分市场作为目标市场。资源有限的中小企业多采用这一策略。企业欲进入和占领某一特定细分市场应具备如下特点：①市场需求与企业的特长及目标相吻合，企业在未来的竞争中能处于有利地位；②该市场具有一定的规模和发展潜力，给企业的入驻留有一定的上升空间；③该市场的现有市场结构具备长期的内在吸引力，为企业的赢利提供充分的前提条件；④目标市场能进一步促进新老产品的更替，实现企业扩大销售量和提高市场占有率的目的。

优点：适应了本企业资源有限这一特点，可以集中力量迅速进入和占领某一特定细分市场。生产和营销的集中性，使企业经营成本降低。

缺点：策略风险较大，如果目标市场突然变化，如价格猛跌或突然出现强有力的竞争者，企业就可能陷入困境。

10.3.2.2 市场定位营销策略

企业根据竞争者现有产品在市场上所处的位置，针对消费者或用户对该产品某种特征或属性的重视程度，强有力地塑造出本企业产品与众不同的、给人印象鲜明的个性或形象，并

把这种形象生动地传递给顾客，从而使该产品在市场上确定适当的位置。简言之：就是在客户心目中树立独特的企业和产品形象。

(1) 市场定位的内容：①产品定位，侧重于产品实体定位，质量/成本/特征/性能/可靠性/实用性/款式。②企业定位，即企业形象塑造，品牌/员工能力/知识/言表/可信度。③竞争定位，确定企业相对于竞争者的市场位置。④消费者定位，确定企业的目标顾客群。

(2) 市场定位的步骤：①分析目标市场的现状，确认潜在的竞争优势；②准确选择竞争优势，对目标市场初步定位；③显示独特的竞争优势和重新定位。这一步骤的主要任务是企业要通过一系列的宣传促销活动，将其独特的竞争优势准确传播给潜在顾客，并在顾客心目中留下深刻印象。首先，应使目标顾客了解、知道、熟悉、认同、喜欢和偏爱本企业的市场定位；其次，企业通过各种努力强化目标顾客形象、加深目标顾客的感情来巩固与市场相一致的形象；最后，企业应注意及时纠正与市场定位不一致的形象。④在下列情况下，还应考虑重新定位：竞争者推出新产品侵占了本企业产品的部分市场，使本企业产品的市场占有率下降；消费者的需求或偏好发生了变化，使产品销售量骤减。

(3) 市场定位的方向：①产品差别化，即是从产品质量、款式等方面实现差别，寻求产品特征是产品差别化战略经常使用的手段。②服务差别化，即是向目标市场提供与竞争者不同的优异服务。将企业的竞争力越好地体现在对顾客的服务上，市场差别化就越容易实现。③人员差别化，即通过聘用和培训比竞争者更为优秀的人员以获取差别优势。④形象差异化，即在产品的核心部分与竞争者雷同的情况下，塑造不同的产品形象以获取差别优势。

10.3.3 产品营销策略

10.3.3.1 品牌、包装营销策略

(1) 品牌营销策略。品牌是一个名称、名词、符号或设计，或者是它们的组合，其目的是识别某个销售者或某群销售者的产品或劳务，并使之同竞争对手产品和劳务区别开来。商标是一个法律名词，指已经获得商标使用权权并受法律保护的一个品牌或品牌的一部分。

品牌的用户价值包括功能、质量和价值三要素，即品牌的内在三要素；品牌的自我价值包括知名度、美誉度和普及度三要素，即品牌的外在三要素。品牌的用户价值大小取决于内在三要素，品牌的自我价值大小取决于外在三要素。

品牌营销策略的方式有：①个别品牌名称。即企业决定其各种不同的产品分别使用不同的品牌名称，好处是企业的整个声誉不至于受其中某个产品的声誉的影响。②统一品牌名称。即企业决定其所有的产品统一使用一个品牌名称。好处是企业宣传介绍新产品的费用开支较低，如果企业名声好，其产品必然畅销。③各大类产品单独使用不同的品牌名称。这是因为：第一，企业生产或销售许多不同类的产品，如果都统一使用一个品牌名称，这些不同类型的产品就容易相混淆；第二，有些企业虽然生产或销售同一类型的产品，但为了区别不同质量水平，往往也分别使用不同的品牌名称。④企业名称与个别品牌名称并用。即企业在各种产品的品牌名称前还冠以企业名称。主要好处是可以使新产品合法化，能够享受企业的信誉；而各种不同的新产品分别使用不同的品牌名称，又可以使不同新产品有不同特色。⑤品牌扩展策略。企业利用其成功品牌名称的声誉来推出改良产品或新产品，包括推出新的包装规格、香味和式样等。好处是节省宣传介绍新产品的费用，使新产品能迅速、顺利地打人市场。⑥多品牌策略。指企业决定同时经营两种或两种以上相互竞争的品牌。

(2) 包装营销策略。①类似包装策略。指企业生产的产品都采用相同或相似的形状、图案、色彩和特征等。优点是：既可以节省包装设计的成本，又可以扩大企业及产品的影响，有利于新产品迅速进入市场。缺点：如果企业产品相互之间的差异太大，则不宜采用这种策

略。②多种包装策略。指企业依据人们消费的习惯，把使用时有关联的多种产品配套装入一个包装物中，同时出售。优点是：一物带多物，既方便了消费者购买，又扩大了销路。③再使用包装策略。即包装物在产品用完后，还可做其他用途。这样可以利用消费者一物多用的心理，诱发消费者的购买行为。同时包装物在再使用过程中，又能发挥广告宣传的作用。④附赠品包装策略。指在产品包装物上或包装内，附赠物品或奖券，吸引消费者购买。⑤等级包装策略。指企业把所有产品按品种和等级不同，采用不同等级的包装。好处是：能突出商品的特点，与商品的质量和价值协调一致，并满足了不同购买水平的消费者的需求。但增加了设计成本。⑥改变包装策略。指企业对产品原包装进行改进或改换，以达到扩大销售的目的。改变包装包括：包装材料的改变、包装形式和图案设计的变化、包装技术的改进等。当原产品声誉受损，销量下降时，可通过改变包装，制止销量下降。

10.3.3.2 产品生命周期营销策略

产品生命周期是指产品的市场寿命，即一种新产品从开始进入市场到被市场淘汰的整个过程。典型的产品生命周期一般可以分成四个阶段：介绍期（或引入期）、成长期、成熟期和衰退期。

（1）产品导入期的营销策略（新产品营销策略） 一般是指新产品试制成功到进入市场试销的阶段为产品导入期。由于消费者对商品十分陌生，企业必须通过各种促销手段提高商品的市场知名度；另一方面，导入期的生产成本和销售成本相对较高。所以，企业在导入期的营销重点集中在促销和价格方面。

① 高价快速策略。采取高价格的同时，配合大量的宣传推销活动，把新产品推入市场。其目的在于先声夺人，抢先占领市场，并希望在竞争者还没有大量出现之前就能收回成本，获得利润。

适合该策略的市场环境是：必须有很大的潜在市场需求量；商品的品质特别高，功效又比较特殊，很少有其他商品可以替代，消费者一旦了解这种商品，常常愿意出高价购买；企业面临着潜在的竞争对手，想快速地建立良好的品牌形象。

缺点：a. 过高的价格不利于市场开拓、增加销量；b. 不利于占领和稳定市场；c. 高价高利容易引来大量的竞争者，仿制品、替代品迅速出现，从而迫使价格急剧下降。此时若无其它有效策略配合，则苦心营造的高价优质形象可能会受损；d. 价格远远高于价值，易招致公众的反对和消费者抵制，甚至会被当作暴利来加以取缔，诱发公共关系问题。

② 选择渗透策略。在采用高价格的同时，只用很少的促销努力。高价格的目的在于能够及时收回投资，获取利润；低促销的方法可以减少销售成本。

适合该策略的市场环境是：商品的市场比较固定、明确；大部分潜在的消费者已经熟悉该产品，他们愿意出高价购买；商品的生产和经营必须有相当的难度和要求，普通企业无法参加竞争，或由于其它原因使潜在的竞争不迫切。

③ 低价快速策略。在采用低价格的同时做出巨大的促销努力，可以使商品迅速进入市场，有效的限制竞争对手的出现，为企业带来巨大的市场占有率。该策略的适应性很广泛。

适合该策略的市场环境是：商品有很大的市场容量，企业可望在大量销售的同时逐步降低成本；消费者对这种产品不太了解，对价格又十分敏感；潜在的竞争比较激烈。

④ 缓慢渗透策略。在新产品进入市场时采取低价格，同时不做大的促销努力。低价格有助于市场快速接受商品，低促销又能减少费用开支，降低成本，以弥补低价格造成的低利润或者亏损。

适合该策略的市场环境是：商品的市场容量大；消费者对商品有所了解，同时对价格又

十分敏感；存在某种程度的市场竞争。

(2) 产品成长期的营销策略　是指新产品试销取得成功以后，转入成批生产，扩大市场销售额的阶段。在商品进入成长期以后，有越来越多的消费者开始接受并使用，企业的销售额直线上升，利润增加。在此情况下，竞争对手也会纷至沓来，威胁企业的市场地位。因此企业的营销重点应该放在保持并且扩大自己的市场份额，加速销售额的上升方面。另外，企业还必须注意成长速度的变化，一旦发现成长的速度由递增变为递减时，必须适时调整策略。这一阶段适用的具体策略有以下几种：①积极筹措和集中必要的人力、物力和财力，进行技术改造，迅速增加或扩大生产批量。②改进商品质量，增加新特色，在商标、包装、款式、规格和定价方面做出改进。③进一步开展市场细分，积极开拓新市场，创造新用户，以利于扩大销售。④努力疏通并增加新的销售渠道，扩大产品的销售面。⑤改变企业的促销重点。如在广告宣传上，从介绍产品转为树立形象，以利于进一步提高企业产品在社会上的声誉。⑥充分利用价格手段。在成长期，可以降低价格以增加竞争力。当然，降价可能会减少单位产品的利润，但随着市场份额的扩大，总的来说企业利润还会增加。

(3) 产品成熟期的营销策略　是指商品进入大批量生产，在市场上处于竞争最激烈的阶段。通常这一阶段比前两个阶段持续的时间更长，市场上大多数商品均处在该阶段。在成熟期中，有的弱势产品应该放弃，以节省费用开发新产品；但同时也要注意到原来的产品由于开发了新用途或新功能而重新进入新的生命周期的。因此，企业不应该仅仅是消极的防卫产品的衰退，最佳的防卫往往是攻击，企业应该系统的考虑市场、产品及营销组合的修正策略。

① 市场修正策略　即通过努力开发新的市场，来保持和扩大商品的市场份额。包括：努力使非使用者转变为使用者；促使顾客更频繁的使用或每一次使用更多的量，以增加顾客购买量；通过市场细分化，寻找未开发的市场，如地区、人口、用途的细分；赢得竞争者的顾客。

② 产品改良策略　通过产品特征的改良，来提高销售量。如品质改良，即增加产品的功能性效果，如耐用性、可靠性、速度、口味等；特性改良，即增加产品的新的特性，如规格大小、重量、材料质量以及附属品等；式样改良，即增加产品美感上的需求。

③ 营销组合调整策略　包括通过降低售价来加强产品竞争力；改变广告方式以引起消费者的兴趣；采用多种促销方式如大型展销、附赠礼品等；扩展销售渠道，改进服务方式或货款结算方式等。

(4) 产品衰退期的营销策略　是指商品逐渐老化，转入商品更新换代的时期。当商品进入衰退期时，企业不能简单的一弃了之，也不应该恋恋不舍，一味维持原有的生产和销售规模。企业必须研究商品在市场的真实地位，然后决定是继续经营下去，还是放弃经营。

① 维持策略　即企业在目标市场、价格、销售渠道、促销等方面维持现状。由于这一阶段很多企业会退出市场，因此，对一些有条件的企业来说，并不一定会减少销售量和利润。使用这一策略的企业可用商品延长寿命的策略，最主要的有以下几种：a. 通过价值分析，降低产品成本，以利于进一步降低产品价格；b. 通过科学研究，增加产品功能，开辟新的用途；c. 加强市场调查研究，开拓新的市场，创造新的内容；d. 改进产品设计，以提高产品性能、质量、包装、外观等，从而使产品寿命周期不断实现再循环。

② 缩减策略　即企业仍然留在原有的目标市场上继续经营，但根据市场变动的情况和行业退出障碍水平，在规模上做适当的收缩。如果把所有的营销力量集中到一个或者少数几个细分市场上，以加强这几个细分市场的营销力量，也可以大幅度降低市场营销费用，以增加当前的利润。

③ 市场撤退　即企业决定放弃经营某种商品以撤出目标市场。在撤出目标市场时，企业应该考虑以下几个问题：a. 将进入哪一个新区划，经营哪一种新产品，可以利用以前的那些资源。b. 品牌及生产设备等残余资源如何转让或者出卖。c. 保留多少零部件存货和服务，以便在今后一阶段为过去的顾客服务。

10.3.4　价格营销策略

狭义来说，价格是对一种产品或服务的标价；广义来说，价格是消费者在交换中所获得的产品或服务的价值。商品价格是各类有形产品和无形产品的价格，货物贸易中的商品价格就称为价格；服务价格是各类有偿服务的收费，服务贸易中商品价格称为费用，如运输费、交通费、保险费等。

商品价格反映商品在生产和流通过程中物质耗费的补偿，以及新创造价值的分配。

$$价格=生产成本+流通费用+税金+利润$$

10.3.4.1　影响价格的因素

(1) 成本因素。产品成本是决定商品价格的主要因素。产品成本由制造成本、财务费用、管理费用、销售费用组成。企业一般通过增加产量，降低费用来降低产品成本，从而降低商品的价格。

(2) 市场需求因素。一般情况下，当商品供不应求时，价格上涨；供过于求时，价格下降。但化工产品的需求具有非价格弹性，即需求对价格因素不敏感。

(3) 市场环境因素。完全竞争市场下，产品价格完全有供求关系决定，买卖双方都是价格的接受者，而不是价格的决定者。完全垄断市场下，理论上讲企业完全有自由定价的权力，但受到政府干预、消费者反对等。垄断竞争市场下，企业是一个对价格有影响力的决定者。寡头垄断市场下，产品价格由几家大企业经过协商和默契决定。

(4) 其他因素。除成本、需求以及竞争环境因素外，其他影响价格的因素有：①商品在竞争中的地位，具竞争优势的，价格高，反之价格低。②社会经济状况，经济繁荣，需求量大，价格高，反之价格低。③货币流通量，币值稳定时价格低，通货膨胀时，价格高。

10.3.4.2　基本定价方法

(1) 成本导向定价法：①成本加成定价法。指按照单位成本加上一定百分比的加成率来制定产品的销售价格。采用成本加成定价法，必须考虑市场环境、行业特点等多种因素，确定合理的成本利润率。优点：简化了定价工作，便于经济核算，企业间的价格竞争会减到最少；以本求利，买卖公平。缺点：忽略了市场需求、产品寿命期等因素，给企业带来的效益低。②目标收益定价法。又称投资收益率定价法，根据企业的投资总额、预期销量和投资回收期等因素来确定价格。缺点：很少考虑到市场竞争和需求，只是从保证生产者的利益出发制定价格，颠倒了价格与销量的因果关系，把销量看成是价格的决定因素，实际上很难行得通。③变动成本定价法。在定价时首先考虑对变动成本的补偿，即：价格≥单位变动成本。这种定价方法适合于企业存在生产能力过剩、市场供过于求等的情况，可以减少损失，保住市场，价格低，有利于市场竞争。缺点：企业效益低，不宜长期使用。④盈亏平衡定价法。又称收支平衡法，是保本定价的方法。优点：市场不景气时，保本生产比停工损失少。价格定在保本之上，企业会盈利；销量在保本量之上，也会盈利。

(2) 需求导向定价法：①认知价值定价法。根据顾客对产品价值的认知程度，即产品在顾客心目中的价值观念为定价依据，运用各种营销策略和手段，可影响顾客对产品价

值的认。②需求差别定价法。指产品价格的确定以需求为依据，首先强调适应消费者需求的不同特性，而将成本补偿放在次要的地位。根据需求特性的不同有以下几种定价形式：以用户为基础的差别定价、以地点为基础的差别定价、以时间为基础的差别定价、以产品为基础的差别定价、以流转环节为基础的差别定价。③逆向定价法。也称零售价格定价法，是依据消费者能够接受的最终销售价格，逆向推算出中间商的批发价和生产企业的出厂价格。

(3) 竞争导向定价法。指通过研究竞争对手同类产品的商品价格、生产条件、服务状况等，结合企业自身的发展需求，以竞争对手的价格为基础进行产品定价的一种方法。其特点是价格与成本和市场需求不发生直接关系。为实现企业的总体经营战略目标，可以在其他营销手段的配合下，将价格定得高于或低于竞争者的价格，并不一定要和竞争对手的产品价格完全一致。竞争导向定价主要有：随行就市定价法、价格领袖定价法、竞争投标定价法和拍卖定价法。

10.3.4.3 产品组合定价

是指企业为了实现整个产品组合（或整体）利润最大化，在充分考虑不同产品之间的关系，以及个别产品定价高低对企业总利润的影响等因素基础上，系统地调整产品组合中相关产品的价格。主要的策略有：产品线定价、任选品定价、连带品定价、分级定价、副产品定价、产品捆绑定价。

(1) 产品线（产品大类）定价。企业为追求整体收益的最大化，为同一产品线中不同的产品确立不同的角色，制定高低不等的价格。

(2) 任选品定价。任选品是指那些与主要产品密切相关的可任意选择的产品。如饭菜是主要产品，酒水为任选品。不同的饭店定价策略不同，有的可能把酒水的价格定的高，把饭菜的价格定得低；有的把饭菜的价格定得高，把酒水的价格定得低。

(3) 连带品（互补品）定价。连带品是指必须与主要产品一同使用的产品，如胶卷是相机的连带品，磁带与录音机等。

(4) 分级定价，又称分部定价或两段定价法。服务性企业经常收取一笔固定的费用，再加上可变的使用费。如游乐园一般收门票，如果游玩的地方超过规定，就再交费。

(5) 产品捆绑定价。如对于成套设备、服务性产品等，为鼓励顾客成套购买，以扩大企业销售，加快资金周转，可以使成套购买的价格低于单独购买其中每一产品的费用总和。

10.3.4.4 价格调整

企业通常还需要针对顾客差异及形势变化调整它们的基础价格。价格调整策略有：折扣与折让定价、差别定价、心理定价、促销定价和地理定价。

(1) 折扣定价。为了鼓励顾客及早付清货款，或鼓励大量购买，或为了增加淡季销售量，还常常需酌情给顾客一定的优惠，这种价格的调整叫做价格折扣和折让。有：①数量折扣，②现金折扣，③功能折扣，④季节折扣，⑤回扣和津贴等。

(2) 差别定价。指价格的不同并不是基于成本的不同，而是企业为满足不同消费层次的要求而构建的价格结构。差别定价有：①顾客差别定价，把同一种商品或服务按照不同的价格卖给不同的顾客。②产品差别定价，根据产品的不同型号、不同式样，制定不同的价格，但并不与各自的成本对应。③地点差别定价，对处于不同地点或场所的产品或服务制定不同的价格，即使每个地点的产品或服务的成本是相同的。如影剧院不同座位的成本费用都一样，却按不同的座位定价。④时间差别定价，产品或服务的价格因季节、时期或钟点的变化而变化，如峰、谷电价。

实行差别定价的前提：①市场必须是可以细分的，而且各个细分市场表现出不同的需求程度；②细分市场不会因价格差异而发生转手或转销行为，且各销售区域的市场秩序不会受到破坏；③市场细分与控制的费用不应超过价格差别所带来的额外收益；④在以较高价销售的细分市场中，竞争者不可能低价竞销；⑤推行这种定价法不会招致顾客的反感、不满和抵触。

10.3.5 分销渠道策略

分销渠道　是指某种货物或劳务从生产者向消费者移动时，取得这种货物或劳务的所有权或帮助转移其所有权的所有企业和个人。因此，一条分销渠道主要包括：中间商（他们取得所有权）和代理中间商（他们帮助转移所有权），还包括作为分销渠道的起点和终点的生产者和消费者，但不包括供应商、辅助商等。

10.3.5.1 直接分销渠道和间接分销渠道

直接分销渠道　是指生产者将产品直接供应给消费者或用户，没有中间商介入。其形式是：生产者——用户。直接渠道是工业品分销的主要类型。直接分销渠道的具体方式：①订购分销，②自开门市部销售，③联营分销。

间接分销渠道　是指生产者利用中间商将商品供应给消费者或用户，中间商介入交换活动。其形式是：生产者——批发商——零售商——个人消费者（少数为团体用户）。

间接分销渠道的具体方式有：

(1) 长渠道和短渠道。具体包括四层：①零级渠道（MC），即由制造商直接到消费者；②一级渠道（MRC），即由制造商通过零售商到消费者；③二级渠道（MWRC），即由制造商——批发商——零售商——消费者，多见于消费品分销；④三级渠道（MAWRC），即由制造商——代理商——批发商——零售商——消费者。可见，零级渠道最短，三级渠道最长。

(2) 宽渠道与窄渠道。企业使用的同类中间商多，产品在市场上的分销面广，称为宽渠道，如一般的日用消费品。企业使用的同类中间商少，分销渠道窄，称为窄渠道。如专业性强的产品由一家中间商统包，几家经销。

(3) 单渠道和多渠道。当企业全部产品都由自己直接所设的门市部销售，或全部交给批发商经销，称之为单渠道。多渠道则可能是在本地区采用直接渠道，在外地则采用间接渠道；在有些地区独家经销，在另一些地区多家分销；对消费品市场用长渠道，对生产资料市场则采用短渠道等。

10.3.5.2 影响分销渠道设计的因素

(1) 市场因素。包括：①目标市场范围——市场范围宽广，适用长、宽渠道；反之，适用短、窄渠道。②顾客的集中程度——顾客集中，适用短、窄渠道；顾客分散，适用长、宽渠道。③顾客的购买量、购买频率——购买量小，购买频率高，适用长、宽渠道；相反，购买量大，购买频率低，适用短、窄渠道。④消费的季节性——没有季节性的产品一般都均衡生产，多采用长渠道；反之，多采用短渠道。⑤竞争状况——除非竞争特别激烈，通常，同类产品应与竞争者采取相同或相似的销售渠道。

(2) 产品因素。包括：①物理化学性质——体积大、较重、易腐烂、易损耗的产品适用短渠道或采用直接渠道、专用渠道；反之，适用长、宽渠道。②价格——一般地，价格高的工业品、耐用消费品适用短、窄渠道；价格低的日用消费品适用长、宽渠道。③时尚性——时尚性程度高的产品适宜短渠道；款式不易变化的产品，适宜长渠道。④标准化程度——标

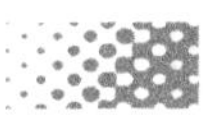

准化程度高、通用性强的产品适宜长、宽渠道；非标准化产品适宜短、窄渠道。⑤技术复杂程度——产品技术越复杂，需要的售后服务要求越高，适宜直接渠道或短渠道。

（3）企业自身因素。包括：①财务能力——财力雄厚的企业有能力选择短渠道；财力薄弱的企业只能依赖中间商。②渠道的管理能力——渠道管理能力和经验丰富，适宜短渠道；管理能力较低的企业适宜长渠道。③控制渠道的愿望——愿望强烈，往往选择短而窄的渠道；愿望不强烈，则选择长而宽的渠道。

（4）中间商因素。包括：①合作的可能性——如果中间商不愿意合作，只能选择短、窄的渠道。②费用——利用中间商分销的费用很高，只能采用短、窄的渠道。③服务——中间商提供的服务优质，企业采用长、宽渠道；反之，只有选择短、窄渠道。

（5）环境因素。包括：①经济形势——经济萧条、衰退时，企业往往采用短渠道；②经济形势好，可以考虑长渠道。③有关法规——如专卖制度、进出口规定、反垄断法、税法等。

10.3.5.3 分销渠道的设计

（1）确定渠道模式。企业分销渠道设计首先是要决定采取什么类型的分销渠道，是派推销人员上门推销或以其他方式自销，还是通过中间商分销。如果决定中间商分销，还要进一步决定选用什么类型和规模的中间商。

（2）确定中间商的数目，即决定渠道的宽度。这主要取决于产品本身的特点，市场容量的大小和需求面的宽窄。通常有三种形式可供选择：①密集性分销。运用尽可能多的中间商分销，使渠道尽可能加宽。②独家分销。在一定地区内只选定一家中间商经销或代理，实行独家经营。③选择性分销。这是介乎上述两种形式之间的分销形式，即有条件地精选几家中间商进行经营。

10.3.5.4 分销渠道的管理

企业经营管理人员在进行渠道设计之后，还必须对个别中间商进行选择、激励、评估和调整。

（1）选择渠道成员。生产者选择渠道成员应注意以下条件：①能否接近企业的目标市场；②地理位置是否有利；③市场覆盖有多大；④中间商对产品的销售对象和使用对象是否熟悉；⑤中间商经营的商品大类中，是否有相互促进的产品或竞争产品；⑥资金大小，信誉高低，营业历史的长短及经验是否丰富；⑦拥有的业务设施，如交通运输、仓储条件、样品陈列设备等情况如何；⑧从业人员的数量多少，素质的高低；销售能力和售后服务能力；管理能力和信息反馈能力。

（2）激励渠道成员。生产者不仅要选择中间商，而且要经常激励中间商使之尽职。生产者要注意对中间商的批评，批评应设身处地为别人着想，而不仅仅是从自己的观点出发。同时，生产者必须尽量避免激励过分（如给中间商的条件过于优惠）和激励不足（如给中间商的条件过于苛刻）。

（3）评估渠道成员。生产者还必须定期地、客观地评估渠道成员的绩效。如果某一渠道成员的绩效过分低于既定标准，则需找出主要原因，同时还应考虑可能的补救方法。当放弃或更换中间商将导致更坏的结果时，生产者只好容忍这种令人不满的局面；当不致出现更坏的结果时，生产者应要求工作成绩欠佳的中间商在一定时期内有所改进，否则就要取消它的资格。

（4）调整销售渠道。根据实际情况、渠道成员的实绩，对渠道结构加以调整：增减渠道成员；增减销售渠道；变动分销系统。

10.3.6 市场促销策略

促销策略是指企业如何通过人员推销、广告、公共关系和营业推广等各种促销方式，向消费者或用户传递产品信息，激发他们的购买欲望和购买行为，以达到扩大销售的目的。

10.3.6.1 促销策略类型

(1) 推式策略。其过程为企业的推销员把产品或劳务推荐给批发商，再由批发商推荐给零售商，最后由零售商推荐给最终消费者。该策略适用于企业经营规模小，市场较集中，产品具有很高的单位价值，产品的使用、维修、保养方法需要进行示范。

(2) 拉式策略。通过广告和公共宣传等措施吸引最终消费者，使消费者对企业的产品或劳务产生兴趣，从而引起需求，主动去购买商品。这种策略适用于市场广大，商品信息必须以最快速度告知广大消费者，对产品的初始需求已呈现出有利的趋势，市场需求日渐上升，产品具有独特性能，能引起消费者某种特殊情感的产品，有充分资金用于广告。

10.3.6.2 人员推销策略

是指通过推销人员深入中间商或消费者进行直接的宣传介绍活动，使中间商或消费者采取购买行为的促销方式。

(1) 人员推销的特点：①销售的针对性。由于双方是直接接触，相互在态度、气氛、情感等方面都能捕捉和把握，有利于销售人员有针对性地做好沟通工作，解除各种疑虑，引导购买欲望。②销售的有效性。销售人员通过展示产品，解答质疑，指导产品使用方法，使目标顾客能当面接触产品，从而确信产品的性能和特点，易于消费者引发购买行为。③密切买卖双方关系。销售人员与顾客直接打交道，交往中会逐渐产生信任和理解，加深双方感情，建立起良好的关系，容易培育出忠诚顾客，稳定企业销售业务。④信息传递的双向性。在推销过程中，销售人员一方面把企业信息及时、准确地传递给目标顾客，另一方面把市场信息、顾客（客户）的要求，意见、建议反馈给企业，为企业调整营销方针和政策提供依据。

(2) 销售人员的角色。①企业形象代表。销售人员是企业派往目标市场的形象代表，他们主动热情的工作，积极的态度乃至一言一行都代表了企业形象，是企业文化和经营理念的传播者。②热心服务者。销售人员是目标顾客的服务人员，帮助顾客排忧解难，解答咨询，提供产品使用指导，其服务质量和热情赢得顾客的信任和偏爱。③信息情报员。收集目标顾客的需求信息、竞争者信息、宏观经济方面信息和科技发展状况信息，使营销决策者能迅速把握外部环境的动态，及时作出反应。④“客户经理”。当销售人员面对一群顾客作营销沟通工作时，他们所担任的就是“客户经理”角色。在企业营销战略和政策指导下，行使一定的决策权。

(3) 人员推销方案的设计：①确定推销队伍任务。挖掘和培养新顾客，培育企业忠实顾客，提供服务，沟通信息，产品销售。②构建推销队伍结构。按地区划分：即按地理区域配备推销人员，设置销售机构，优点是责任明确、有助于与顾客建立牢固的关系、可以节省推销费用。适应产品品种简单的企业。按产品划分：即按产品线配备推销人员，设置销售机构，每组推销人员负责一条产品线，在所有地区市场的销售，适用于产品技术性强、品种多且其相关性不强。按顾客类别划分：即按某种标准（如行业、客户规模）把顾客分类，再据此配备推销人员，设置销售结构。优点是能满足不同用户需求，提高推销成功率；缺点是推销费用增加和难以覆盖更广市场。复合式的结构：即将上述三种结构结合起来，或按区域——产品，或按区域——顾客，或按区域——产品——顾客来组建销售机构或分配推销人员，通常大企业拥有多种产品且销售区域相当广阔时适宜采用。

(4) 销售人员的激励。主要有：固定工资加奖金、提成制工资、固定工资加提成

（5）销售人员的考核。①途径：销售人员记事卡；销售人员销售工作报告；顾客的评价；企业内部员工的评价。②销售人员的考核标准：销售计划完成率；销售毛利率；销售费用率；货款回收率；客户访问率；访问成功率；顾客投诉次数；培育新客户数量。

（6）销售人员的培养。主要从道德品质、个人修养、知识结构、销售能力等进行培训教育。

10.3.6.3 营业推广策略

营业推广是一种适宜于短期推销的促销方法，是企业为鼓励购买、销售商品和劳务而采取的除广告、公关和人员推销之外的所有企业营销活动的总称。

（1）营业推广的特点：①促销效果显著，②是一种辅助性促销方式，③有贬低产品之意。采用营业推广方式促销，迫使顾客产生“机会难得、时不再来”之感，进而能打破消费者需求动机的衰变和购买行为的惰性。不过，若频繁使用或使用不当，往往会引起顾客对产品质量、价格产生怀疑。

（2）影响营业推广的因素：①当地政府的限制，②经销商的合作态度，③市场的竞争程度。

（3）营业推广的方式。①面向消费者的主要有：赠送促销、折价券、包装促销、抽奖促销、现场演示、联合推广、参与促销、会议促销。②面向中间商的主要有：批发回扣、推广津贴、销售竞赛、扶持零售商。③面对内部员工，主要是针对企业内部的销售人员，一般可采用方法有：销售竞赛、免费提供人员培训、技术指导等形式。

（4）营业推广的设计。主要包括：确定推广目标、选择推广工具、推广的配合安排、确定推广时机和推广期限。

（5）营业推广的控制。①选择适当的方式，②确定合理的期限，③禁忌弄虚作假，④注重中后期宣传。

10.3.6.4 营销公关策略

营销公关是指直接支援企业营销的公共关系活动。是由营销与公共关系相结合所诞生的，实施整合营销传播的策略，它能够在信息混乱的状态下提供再次获得顾客知音的机会。

（1）营销公关的任务：①参与新产品的开发，②协助老产品的重新定位，③建立对某类产品的兴趣，如国内外企业赞助文化、娱乐和体育活动给公众留下深刻印象，它有效地将广告宣传和公关技巧、艺术享受巧妙地结合起来，进而产生购买行为。④维护已出现问题的产品。产品出现问题，一定要找出原因，从消极不利的情况中注意发掘出蕴含着的有利因素，并不失时机地进行令人信服的宣传，常常会产生化祸为福的积极效果。

（2）营销公关的主要内容：①出版物。散发的对象是内部员工、股东和消费者等，其目的是宣传企业的组织、产品和服务项目。②事件。对市场营销人员和公关人员来说，特殊事件无疑可以创造新闻，使自己的营销目的、产品和服务引起了广泛的注意。③新闻。争取报刊录用新闻稿、参加记者招待会、举行新闻发布会，需要营销技巧和人际交往技巧。④确定媒体。媒体选择与确定，必须与企业的营销战略相关，如果属于进攻性战略，其媒体的选择就应以大众传媒为主。选择适当的媒体与符合媒体性质要求进行宣传极为重要。⑤社区关系。是指企业与所在地政府、社会团体、其他组织以及当地居民之间的睦邻关系，这对于企业的生存与发展有着十分重要的影响。⑥游说。指游说者在特定的情景中，借助语言和体语，面对广大的听众发表意见、抒发情感，从而达到感召听众的一种现实的营销公关活动。⑦社会理念营销。如刊登公益广告呼吁保护野生动物、减少环境污染，劝戒吸烟等等，都是社会理念的推广。⑧此外，企业还应采取一些实际行动，这样才能达到社会营销的目标，建立企业长期的良好形象。

10.3.6.5 广告营销策略

广告策略——实现、实施广告策略的各种具体手段与方法，是战略的细分与措施。

(1) 广告策略的主要类型：①生活信息广告策略，是针对理智购买的消费者而采用的广告策略。②塑造企业形象广告策略，适合于老厂、名厂的传统优质名牌产品。③象征广告策略。主要是为了调动心理效应而制定的。以此种形式来塑造企业的形象，给予人们以情感上的感染，唤起人们对产品质地、特点、效益的联想。同时把企业和产品的形象高度概况和集中在某一象征物上，能够有益于记忆，扩大影响。④承诺式广告策略。其真谛是：所作出的承诺，必须确实能够达到。否则就变成欺骗广告。⑤推荐式广告策略，又可称为证言形式。采用第三者向消费者强调某商品或某企业的特征的推荐式广告策略，以取得消费者的信赖。⑥比较性广告策略。这是一种针对竞争对手而采用的广告策略，即是将两种商品同时并列，加以比较。比较的方法主要有：功能比较、革新对比、品质对比。⑦打击伪冒广告策略。为避免鱼目混珠，维护企业名牌产品的信誉，就需在广告中提醒消费者注意其名牌产品的商标，以防上当。⑧人性广告策略。塑造消费者使用该产品后的欢乐气氛，通过表现消费者心理上的满足，来保持该产品的长期性好感。⑨猜谜式广告策略。即不直接说明是什么商品，而是将商品渐次地表现出来，让消费者好奇而加以猜测，然后一语道破。这种策略适宜于发售之前的商品，通过悬念的出现，为顾客接受广告内容创造了比较好的感受环境和心理准备。⑩如实广告策略。这是一种貌似否定商品，实际强化商品形象，争取信任的广告策略。如实广告就是针对消费者不了解商品的情况而设计。

(2) 广告产品定位策略。①实体定位策略，就是在广告宣传中突出商品的新价值，强调与同类商品的不同之处和所带来的更大利益。又可分为：功效定位、品质定位、市场定位、价格定位等。

②观念定位策略，是突出商品的新意义、改变消费者的习惯心理、树立新的商品观念的广告策略。具体有两种：逆向定位和是非定位。

(3) 产品生命周期广告策略。①新产品刚进入市场，产品的品质、功效、造型、结构等都尚未被消费者所认知。在这一阶段里，广告宣传以创牌为目标，目的是使消费者产生新的需要，这是广告宣传的初级阶段。②广告的中期阶段，产品进入成长期后期和成熟期。由于新产品获得消费者承认，销售量急剧上升，利润已有保证；同时，同类产品也纷纷投入市场，竞争日益激烈。在这一阶段，广告以保牌为目标，巩固已有的市场和扩大市场潜力，引导消费者认牌选购。③产品进入饱和期和衰退期之后，广告目标重点放在维持产品市场上，采用延续市场的手段，保持产品的销售量或延缓销售量的下降。以长期、间隔、定时发布广告的方法，及时唤起注意，巩固习惯性购买。

(4) 广告的市场策略。①广告目标市场定位策略，企业为自己的产品选定一定的范围和目标、满足一部分人的需要的方法，可分为：细分市场、同质市场、异质市场；无差别市场、差别市场、集中市场。②广告促销策略，是一种紧密结合市场营销而采取的广告策略，包括：馈赠、文娱、服务、折价、公共关系等促销手段的运用。③广告心理策略，运用心理学的原理来策划广告，诱导人们顺利地完成消费心理过程，使广告取得成功。一是诉诸感觉，唤起注意；二是赋予特色，激发兴趣；三是确立信念，刺激欲望；四是创造印象，加强记忆；五是坚定信心，导致行动。广告活动中常用的心理学原理有需要、注意、联想、记忆、诉求等。

(5) 广告媒介策略。①媒介策略包括下列各个方面：所选媒介的类别、把广告预算分配到地区、把预算分配到媒介、把预算分配到月度、季度、年度。②媒介策略发布方式：一是地区性决定，二是季节性决定，三是时间性决定。③媒介目标：一是该地域和人均广告必须

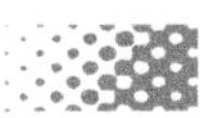

到达多大范围的多少消费者之中；二是接触范围和频繁程度；三是接触目标对象的数量和次数；四是接触范围（或到达率：在限定时间内媒介到达目标对象的百分率）；五是频繁程度，在限定时间内目的对象的平均次数。④媒介选择的要素：选择能够到达潜在顾客率的媒介；选择交流效果大的媒介；选择能用低成本达到预期目标的媒介。⑤媒介策略广告预算，共四种方法：一是根据销售额比率；二是根据企业自身能够承担的费用；三是根据市场竞争情况；四是根据广告目标设定预算。必须考虑媒体的成本，通常的概念是CMP（平均千人到达成本）。

10.3.6.6 销售促进

销售促进是指对产品或服务进行尝试或促进销售的短期激励。

（1）试用。在以下三种情况采用：①企业开发新的产品或跨入新行业时，往往因为缺乏成功的案例和应用经验，导致客户为了避免风险而拒绝使用；②客户长期使用竞争对手的产品，企业自信自己的产品优于对手时；③与潜在的大客户打交道时，为了日后获取大的订单。

（2）租赁。设备租赁也是一种促销方式，当企业对产品的需求是临时性的，或无力购买时，可以采取租赁方式促销。对设备金额较大、投资回收期长、相关采购决策者任期短、企业信誉良好的客户，可采用租赁方式。

（3）演示和培训。当大多数目标企业对新推出的产品或技术不了解或不熟悉的情况下，企业可采取办培训班的办法。培训班可促使用户下决心购买，当其成为用户后，会促使其再购买。

（4）会员制。供应商通过设定一定的条件使符合条件的客户成为会员，可享受非会员单位享受不到的优惠加，或优先供货、免费服务等。

（5）信用赊销。对于不同信誉程度的企业可采取不同比例而得赊销，但要防止呆、坏账。

（6）互惠购买。你买我的产品，我也买你的产品，双方合作。

10.4 仓储管理

企业内凡用于储存保管物资（原料、成品、工具、设备等）的场所，称为仓库。为了满足生产、经营的需要，仓库对物料的收发、周转、管理、控制而进行的管理活动，称为仓储管理。现代仓储加上了配送管理，形成了动态仓储管理。

“三军未动，粮草先行”，一句话清楚地道出了仓储管理在企业生产经营活动中的重要作用。仓储管理是企业保证在库物品使用价值的重要手段，是企业经济核算的重要环节。

仓储管理的主要内容有：仓库的选址与建筑、仓储设备的选择与配置、物资的出入库管理、物资的保管保养、物资的库存管理、仓库安全与现场管理等。此外，仓储成本核算与绩效分析，仓储经营决策与计划，新技术和新方法在仓库管理中的运用等，都是仓储管理所涉及的内容。

10.4.1 仓库类别和布局

10.4.1.1 化工企业仓库类别

化工企业的仓库一般有如下分类：

按储存物资的种类分：液体化工储罐（罐区）、气体储罐（区）、可燃物堆场、固体化工库、化学试剂库、包装物库、设备库、机物料库（设备备品备件、工具类、劳保用品类、办公用品类等）。

按储存物资的性能分：贵重物品库、危险物品库、易损品库、普通物品库等。

按生产功能分：原料库、半成品库、成品库等。

10.4.1.2 仓库的管理机构和制度

化工企业的产品结构和经营管理方式的不同，仓库管理机构的设置有多种方式：

(1) 设储运科。规模较大的企业设储运科，通常由分管生产或分管经营的副总经理主管。

(2) 设储运车间。如同其他市场车间一样，由分管生产的副总经理主管。

(3) 仓库由财务科、供销科或生产科分管，规模较小企业常采用这种方式。由财务科分管，可有效实行对采购、销售、生产等环节的物资监控，但仓储管理业务不够专业；由供销科分管，对采购、销售的监控职能降低；由生产部门分管，对采购、销售的监控和配合较好，也能加强仓储管理业务的专业管理。

不管仓库管理职能机构如何设置，选定合格的仓库主管尤为重要。仓库主管是个基层管理者，称职的仓库主管能使仓库物资管理井井有条，摆放整齐、标志清楚、账务清晰。仓库主管应具备下列条件：

(1) 责任心强，能细心、动脑，是物资管理的用心人。

(2) 组织学习和掌握各类物资的特性、储存保管的要求和方法，特别是危险化学品的化学品安全卡（ICSC）或供应商提供的物质安全技术说明书（MSDS）中关于储存条件、搬运作业防护、泄漏应急处理、急救措施等知识（详见 8.3.1）。

(3) 勤恳工作，做好仓库现场管理和安全管理。

(4) 了解财务各种报表、仓库单据的使用，掌握仓储作业的流程和制度。

(5) 办事能力强，任劳任怨，具备正确处理仓库事务的能力。

(6) 能团结员工，善于和员工沟通。

为做好仓库的管理工作，应建立如下仓库管理制度：①仓库日常管理制度，②仓库作业过程管理制度，③仓库现场管理制度，④仓库安全管理制度，⑤物资储存保管制度，⑥仓库盘点制度，⑦物资编号规定，⑧仓库人员绩效考核制度等。

10.4.1.3 仓库的布局

(1) 仓库总平面布置。总平面布置是指对仓库的各个组成部分，如库房、货棚、堆场、罐区、辅助建筑物、库内道路、铁路专用线、附属固定设备等进行平面和立体的全面合理安排。仓库总平面布置应该满足以下要求。

① 符合安全的要求。仓库各区域间、仓库与车间等建筑物的防火间距、安全疏散等应符合规范要求。根据国家安监局、住建部《关于进一步加强危险化学品建设项目安全设计管理的通知》(安监总管三〔2013〕76 号)，涉及重点监管危险化工工艺、重点监管危险化学品和危险化学品重大危险源（“两重点一重大”）的大型建设项目，应至少满足下列现行标准规范的要求，并以最严格的安全条款为准：GB 50187—2012《工业企业总平面设计规范》，GB 50489—2009《化工企业总图运输设计规范》，GB 50160—2008《石油化工企业设计防火规范》，GB 50183—2004《石油天然气工程设计防火规范》，GB 50016—2006《建筑设计防火规范》，GB 50074—2002《石油库设计规范》，GB 50493—2009《石油化工可燃气体和有毒气体检测报警设计规范》，AQ/T 3033—2010《化工建设项目安全设计管理导则》。

仓库要设有各种防火、消防、防盗等安全保护设施。

② 适应仓储生产作业流程。库房、货棚、货场等储放场所的数量和比例要与储存和保管要求相适应，要保证库内物料流动方向合理、运输距离最短、作业环境和次数最少，仓库

面积利用率最高，并能做到运输通畅，方便保管。

③ 有利于提高仓库的经济效率。平面布置应该与竖向布置相适应，既满足仓储上的要求，有利于排水等要求；总平面布置应能充分合理地利用库内的固定设备，发挥设备的效能；要考虑地形、工程地质条件等，因地制宜，使之既能满足物料运输和存放的要求，如竖向布置时，可将液体储罐区安排在地形高处，节省物料输送的能耗。

④ 有利于节约空间，符合职业健康的要求。仓库设计应符合 GBZ 1—2010《工业企业设计卫生标准》的要求，考虑通风、照明、绿化等情况。如无危险的机物料库、固体化工库等可布置在办公生活区与生产区之间，既节省了空间，又达到安全要求。

⑤ 仓库布置尽可能缩短场外运输车辆在厂区的运输路线。

(2) 仓库的布置要求

① 每个仓库要有进仓门和出仓门，并由明确的标牌；

② 仓库的办公室尽可能地设置在仓区附近，并有仓名标牌；

③ 测定每个仓库的安全存量、理想最低存量或定额存量，并有标牌；

④ 按仓库楼面承载能力和叠放限制高度，将仓区划分成若干货位，并用油漆或美纹胶带在地面标明货位、通道和通道走向。堆放物品以货位为界。

⑤ 仓区内要留有必要的废次品存放区、物料暂存区、代验区、发货区等；

⑥ 预留机动货区。机动货区可以巩固货位分区，留作货物暂时存放用，如应单据未到、待验收、待整理、待检验等；有时某些物料入库数超过固定货区容纳量，就可在机动货区暂存。机动货区的大小视仓库业务性质、物料储存量、物料进出频繁程度、物料性质等确定。

⑦ 仓库设计，应明确规定消防器材的种类、位置、数量，消防通道、疏散通道等。

⑧ 在每个仓区的进仓门处，必须张贴货仓平面图，标示货仓所在的地理位置、周边环境、仓区仓位，仓库各类通道、门、窗、货梯、楼梯等内容。危险化学品应有应急处理和救援措施。

10.4.2 仓储作业过程

仓储作业过程是以入库、保管、出库为中心的一系列作业阶段和作业环节的总称，包括实物流和信息流两个方面。实物流包括：验收、入库、保管、出库、配送等过程，见图 10-2，信息流即是实物流的单据、记录和台账。

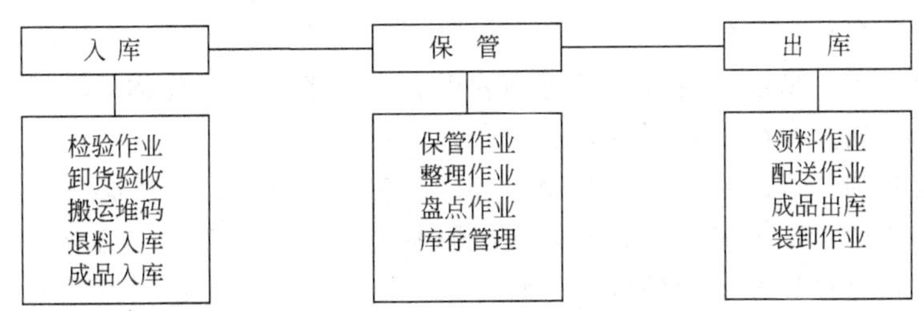

图 10-2 仓储作业过程示意图

10.4.2.1 出、入库管理

化工企业物资入库一般有五类情况：①外购原料入库，②外购设备入库，③外购机物料入库，④退料入库，⑤成品入库。

(1) 不合格原料不入库。外购原料在入库前必须首先由质检部门检验合格后才办理入库手续，不合格原料坚决不入库。不合格原料进入原料储罐，会很难处理；不合格原料进入生产系统，必须由工艺工程师提出处置方案，否则会造成生产不正常，甚至引发安全事故

(2) 设备进库，开箱验收前必须通知设备管理部门人员到场。因随设备同行的有图纸资料等文件、备品备件、专用工具等，这些文件与实物与设备的正常运行和维修至关重要，移交给设备管理部门必须办理登记签字手续。

(3) 外购机物料入库，应请有关部门审查质量。仓管员应认真核对送货单的品名、规格和数量，如果对质量判断无把握，应请有关部门人员把关审查质量。

(4) 退料入库，必须由有关部门和人员签字，说明退料原因和处置办法，特别是化工产品类物资。以防有些物品在开包装以后发生变质或危险事项。

(5) 成品入库，必须有合格报告。不合格产品不入库。

10.4.2.2 仓储现场5S管理

5S现场管理内容详见5.5.5。仓储现场达到5S管理的要求是仓库管理的重点。

良好的仓储现场管理必须做到：

(1) 整齐有序——物品摆放整齐、标志清楚，做到“两齐、三清、三洁、三符、四定位”。

两齐：库容整齐、堆放整齐；三清：数量、规格、质量清楚；三洁：货架、物件、地面整洁；三符：账、卡、物相符；四定位：区号、架号、层号、位号对号入座。

(2) 物品安全完好——物品的储存满足其物理、化学特性的要求，堆垛合理，保障仓储人员的安全；储存物品在数量、质量、有效期方面完好无损；做到四个安全：搬运安全、储存安全、防护安全、实物安全。

(3) 流畅均衡——仓库布局、劳动组织合理；按照进入库流程、期量标准有节奏地组织物流，是出入库量、人员需求量的波动达到最低。

(4) 信息准确——各种原始记录、台账、报表的填写或对录入计算机的各种数据要符合规范，数字正确，传递及时。

10.4.2.3 定置管理——各就各位

以物品在现场的科学定置为前提，以完善的信息系统为媒介，以实现人和物的有效结合为目的，通过对仓储现场的整理、整顿，把呆、坏料清除掉，把需要的物品摆放在规定的位置，达到高效、优质、安全的仓储效果。

定置管理，即：按图定置、按类存货、图（账）物一致。定置管理要求各种物品放置在规定的位置，处于合理良好的状态，用最少的时间取到所需物品，从而减少寻找时间，提高了效率。对所有易燃、易爆、有毒、易污染和引起安全事故的危险物品实行特殊定置，标上明显的警戒标志，划分专门的责任区，明确专人负责管理。

定置管理的原则：有图必有物、有物必有区、有区必挂牌、有牌必分类。

定置管理的作用：①解决和扭转仓储现场脏乱差的现象，改善了工人操作条件和环境，防止产品在搬运和储存过程中的各种磕、碰、划、压伤及混样、错料等现象的发生；②对物品进行科学定置，能使仓储全过程的物流、人流更加合理，缩短搬运时间和路线；③减少事故发生的可能性，实现仓储安全。

10.4.2.4 物资的分类管理

(1) 贵重物品。贵重物品是指价值高的物品，如贵金属催化剂等，保管重点是防盗。数量大的设专用仓库储存，量少用保险箱储存。要做到：①双人双锁，双人同时在场开启、存放、发货。②现场安装电子监控探头。③物品进出每次都要称量、记录，并双人签字。④仓库主管每月盘点一次，并有记录。

（2）危险物品。高危危险品，以专用仓库管理法，具体方法：①针对存放物品的危险特性，建造适宜库房，并得到安全部门认可。②加强监控，如易燃气体浓度在线监测。③制定专用库房管理细则。④仓管员经过培训，考试合格后上岗。

一般危险品，以隔离法管理，即把存在某危险性的物品用与其不产生危险性的物品隔离开来，分别放置。具体办法：①划分好隔离区域，相邻区域存放的物品不产生危险性，如氧化剂不与还原剂相邻。②设置必要的栅栏等隔离工具。③标志隔离区域，按规定存放物品。

（3）易损物品。指在搬运、存放、装卸过程中易发生损坏的物品，如玻璃、陶瓷制品、精密仪表等。应注意：①尽可能在原包装状态下搬运和装卸。②不允许采用吊车作业，严禁滑动方式搬运；搬运时应捆绑牢靠。③不使用带滚轮的储物架。④限制摆放高度，不与其他物品混放。⑤小心轻放，文明作业。⑥明确标识易损特性。

（4）易生锈材料。①设置专门仓库，按防锈标准和防锈技术实施管理。②严格执行先进先出原则，控制库存时间。③一旦发生生锈现象，要及时报告并进行除锈处理。④检查生锈原因，采取应对措施。⑤进行分析、判断，采取预防措施，实施有效管控。

（5）敏感材料。指材料本身具敏感特性，控制失效误有可能导致失效或产生事故。如黄磷、金属钠，暴露于空气会发生自燃，感光材料怕曝光等。措施有：①认真阅读保管储存要求，设置专用仓库。②在原包装状态下搬运、保管和装卸。③设立监视系统，及时有效消除不合适的环境因素。

（6）可疑材料。指性质、状态、规格、型号、名称不明了的材料。措施有：①请有关人员判明，明了的及时使用。②不明了的可疑材料一律报废处理。

10.4.3 库存管理和盘点

库存，是仓库中实际储存的货物，即仓库中处于暂时停滞状态的物品。物品处于停滞状态的原因有：能动的各种形态的储备、被动的各种形态的超储和完全的积压。

盘点是对仓库内现有库存进行清点，以确定库存物的数量、状况及储位等。因为仓库物资的数量是在动态的变化之中，盘点时必须确定在某一时点进行，所以盘点是查核在一定时间的库存物资的实际数量与账卡记载的数量是否相符。

10.4.3.1 库存及其好处和坏处

库存产生的原因及库存的好处、坏处见表10-3。无论原材料还是产品库存都有好处，也有坏处，企业应根据实际情况控制库存，不能盲目的压库存或增加库存。

表10-3 库存产生的原因及库存的好处、坏处

产生库存的原因	库存的好处	库存的坏处
①产品交货期延迟 ②投机性购买 ③规避风险的购买 ④缓解季节性生产高峰的压力	①获得大量购买的价格折扣 ②大量运输可降低成本 ③防止原料涨价 ④避免由于紧急情况而发生停产或客户要求提前交货而发生被动 ⑤防止产品涨价而减少获利 ⑥提高客户服务水平	①占用大量资金 ②增加了企业产品成本和管理成本 ③掩盖了企业众多管理问题，如：计划不周、采购不力、生产不平衡、市场销售不力等 ④库存物品贬值损失

10.4.3.2 慎用“零库存”概念

随着经济全球化的不断发展，企业之间的竞争变得更加激烈，各个企业为了降低成本，提高生产效率，从而能在竞争中立于不败之地，纷纷开始对企业的业务流程进行改造。其中，零库存（Zero Inventory）作为一种库存管理理念，在企业中得到了广泛的应用。所谓零库存，是指物料（包括原材料、半成品和产成品等）在采购、生产、销售、配送等一个或几个经营环节中，不以仓库存储的形式存在，而均是处于周转的状态。零库存不仅在生产过程中得到应用，同时还延伸到原材料供应、物流配送、产成品销售等各个环节。

目前实现零库存的方式主要有两种：寄售零库存方式和供应商管理库存方式（VMI）。寄售零库存适用于供应商与用户距离远的情况，是把需方厂房或仓库内部分场地以租金或免费方式租给供方，作为供方的仓库，该仓库里的库存可由需方或供方管理，需方可随意到仓库里取货，领取后将单据交给供方，并定期付款。供应商管理库存（VMI）适用于供应商与用户近距离或建立联合库存的情况，是将用户需要的库存由供货商代为保管。这种方式与寄售零库存刚好相反，寄售零库存是把库存放在用户这里，随用随取，用完以后付款；而VMI是把库存放在供货商那里，随用随送。供应商管理用户库存与寄售零库存具有同样的目的和作用，都是为了实现用户的零库存。

然而零库存也有其适用条件，企业不能将零库存战略作为战胜其他企业的法宝，随便加以应用。实施零库存需要企业符合以下条件：①企业有强大的实力，企业在供应链中居于核心地位，能够实行供应商管理库存。②企业内部供应链各节点部门间有较强的交流与协作，能够实现流程无缝运作。③拥有并能够运用先进的物流管理技术与方法。④具有增值功能的信息网络，能够实现以信息替代存货。⑤拥有能够准确、即时反应市场需求的系统和根据市场信息进行迅速调节的采购和柔性生产系统。⑥拥有优秀的高素质的人才。⑦拥有组织严密的供应商网络。⑧拥有科学完善的供应商选择、评估、激励、淘汰机制。⑨具有很好的品牌效应和市场影响力。同时，企业还应该考虑实施零库存的成本，当实施零库存的成本高于所带来的收益时，实施零库存只不过是在追求新的库存管理模式，而没有任何的意义。

由上可知，零库存管理是大型核心企业，采取供应链管理模式而建立起来的管理方式，其在生产中实施准时制（JIT，Just in time）生产。我们普通的为生产者市场生产产品的企业须慎用“零库存”管理。

案例：“零库存”误区

有些企业管理咨询公司按照供应链管理理论盲目要求企业降低库存，或搞“零库存”，往往给企业带来很大的损失。如某精细化工公司，2007年下半年重金聘请企业管理咨询公司来提高企业管理水平，企业管理咨询公司在进行企业诊断时，发现企业商品库存量近3亿元，出主意要求企业降库存，盘活资金。实际上，企业并不缺资金，商品积压的原因是全球金融危机的影响，造成暂时的客户需求下降。而实际上，库存商品都是在原料价格最低时生产的，由于产品是下游厂商的必需原料，产品价格上涨已有苗头。在管理咨询公司的劝说下，董事长决定压库存销售，可是在2008年初清库存一个月后，产品需求量和价格大增，公司损失约0.4亿元。

10.4.3.3 库存控制

库存控制又称库存管理，是对生产、经营全过程的各种物品、产成品以及其他资源进行管理和控制，使其储备保持在经济合理的水平上。在财务合理化和作业合理化方面，库存控制的作用有：

① 减少超额存货投资。保持合理的库存量，减少存货投资，可灵活运用资金（固定资金减少），并使运营资金的结构保持平衡。

② 降低库存成本。保持合理库存可减少有库存所引起的持有成本、订购成本、缺货成本等，实现降低库存成本。

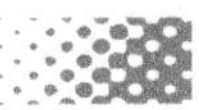

③ 保护财务。防止有形资产被窃，且使存货的价值在账簿上能有正确的记录，以达到保护财务的目的。

④ 防止迟延及缺货，使进货与存货取得全面平衡。

⑤ 减少呆料的发生，是存货因变形、变质、陈腐所产生的损失减至最小。

库存控制的三个关键：

① 何时必须补充存货——订货点的问题。订购点，就是存量降至某一数量时，应即刻请购补充的点或界限。订购点过早，存货增加，增加了货物的在库成本及空间占用成本；如订购点过晚，则将造成缺货，甚至影响声誉、流失客户。

② 必须补充多少存货——订购量的问题。同样，订购量过多，货物在库成本增加；订购量太少，有缺货断供的可能。订购次数多，也提高了订购成本。

③ 应保持多少存货——存量定额问题。最低定额，是指管理者在衡量企业本身特性、要求后，所制定的货物最低库存数；最高定额，货物最高库存限额，作为内部警戒的一个标志。对一个不易准确预测也不容易控制库存的物流中心，最好制定各品种的库存上限和下限，并在计算机中设定，计算机就会及时发出警示，提醒库管员报计划采购。

实际上，实物的库存控制不仅仅是实现公司财务目标的一种手段，或者仅仅是库存控制的一个环节。从组织功能的角度说，实物库存应该是公司供销部门，甚至是公司经营管理的一个重要手段。企业经营管理者应及时掌握市场动向，科学地进行市场预测，调控好主要原材料和产品的库存。

10.4.3.4 盘点——料账管理的必须手段

在仓储管理中，我们经常说到“账物相符”，账物相符是料账管理的基本要求。

（1）造成账物不符的原因有：①出入库单据设计有缺陷或操作流程不规范，②随心所欲填写出、入库单据，又没有审批手续，③记账作业不及时、错乱，④物料储位与料号缺失，⑤包装容器不标准，每件包装数量不一致，⑥仓库人员任意出入，不凭单发货等等。

（2）盘点的主要目的，就是为了解决账物不符的问题，并找出账物不符的原因。归结起来，盘点的目的有：①检查物料与账卡的准确程度，查明发生错误的原因；②查核物料的储存情况，发现问题及时调整；③预防呆、废料的发生，将呆、废料造册，报告处理；④了解物料是否短缺，制定的库存定额是否合理；⑤揭发舞弊盗窃等的可能性，查找原因并报告；⑥显示库存控制的缺陷所在；⑦证实库存物料的正确价值；⑧预防误差，减少损失。

（3）按照盘点的时间，仓库盘点的类型有：①日常盘点。每天工作结束，对进、出、存情况进行复核盘点。②月度盘点。每月月底（财务部门统一规定全公司盘点日期、时间），对账、物检查和确认，盘点本月进、出、存情况。以便发现问题，及时预防和纠正。盘点的内容有：账、物数量的盘查，包装状态的检查，环境状态、质量状态的检查，安全状态、放置状态的查验。③年度盘点。每年年底对账、物检查和确认，年度盘点时间与 12 月份盘点时间一致。上市公司还应半年度进行一次盘点。盘点的内容有：盘点本年度进、出、存情况，库存账、物数量的盘查；包装状态的检查；环境、质量状态的检查；物品安全、放置状态的查验；盘点结果的分析与评价；仓库工作改进的措施。④特殊情况的盘点，有：停业盘点，整顿盘点，突击盘点，资产评估盘点等。

（4）盘点差异分析和处理。

① 盘点差异的确定。盘点中发现账物不符，应复核确定差异，并积极寻找产生账物差异的原因，见表 10-4。同时做好预防和修补改善工作，防止差异的再次发生。

表 10-4　盘点产生账物差异的原因

序号	错误类别	表现形式
1	账目错误	① 账上登记错误。 ② 数量计算错误。 ③ 漏账登记，造成或亏或盈。 ④ 对于大小物件的数量统计，在登记时发生笔误。
2	储存作业错误	① 接受或发货时点交错误。 ② 编号错误。 ③ 接收时未按规定开箱检验，事后发现原装箱的数量超出或减少。 ④ 储存过程中票签损坏或遗失，导致物品名称及料号资料无法鉴定，与其他相近物品混淆。
3	物品本身发生变化	① 原装箱物品在发货时，情况发生变化。 ② 保管不良，遇到物品恶化、遗失或意外损坏。 ③ 接受物品时，检验人员对于物品的规范鉴别错误。 ④ 基于需要，物品类别变更，装配或拆为零件。
4	盘点方法欠缺	存在重复盘存、漏盘、误盘等。

② 盘盈、盘亏的处理。经盘点并将盘盈、盘亏原因查清后，应作账务调整与处理。填写盈、亏更正表，经主管和领导签字确认后，作为改正账册的依据。盘点时，发现物料变质而形成的呆料、不良品、报废品等，应与盘亏一起处理。

③ 盘点后的处理。盘点后对发现的问题应采取措施加以改进，以防止同类问题的再次发生。a. 如呆料比率过大，应设法研究减低呆废料；b. 存货周转率低，存货金额大造成财物负担过大时，应设法降低库存；c. 物料供应经常不继，应设法强化计划采购与库存管理的配合；d. 仓库、料架、物料存放影响到物料管理绩效，应设法改进。

（5）盘点管理注意事项。①由财务确定盘点基准日和时间，各部门、车间统一按基准日的时间进行盘点，避免重复计算和遗漏。已入库物品计入存货，已发出物品从存货中减少。②按照仓位号和仓位图盘点，避免遗漏。③无法计数的物品以重量盘点。④盘盈、亏差异数量较大时，应进行复盘。特别是由于物品未归位所造成的盘亏。⑤每次盘盈、亏记录要具有连续性，并计算累计盘盈、亏数量。如累计盘亏数不断增加，主要原因有可能是：物料不断损失，这是管理上的漏洞；其次可能生产车间超耗，但仓库未严格执行补领料记录；也可能是计算原始资料的误差。有了累计盈亏数才能追查差异的真正原因。⑥更正盘盈、亏数量时，还应将盘盈、亏数量以成本价转换成金额，经高层主管签名确认。⑦两人以上分别、同时盘点同一物品，当盘点数不一致且无法进行复盘时，应以较低的数量为盘点量。

10.4.4　仓库安全管理

10.4.4.1　库区安全和防盗管理

（1）限定仓库人员出入，设置"库区重地，闲人免进"的警示牌。

（2）仓库控制区设门卫值班室。仓库进出应登记，包括：时间、姓名、任务等记录，以便检查。

（3）库区严禁吸烟，严禁火种带入库区。

（4）提送货人员需进库办理业务，门卫要做好入库登记。提送货人员要进入库房，须经库管员同意并陪同。

（5）库房钥匙应集中存放在库区门卫值班室，仓管员领取钥匙要办理手续，下班后交回注销。

（6）对于存放易燃易爆物品、贵重物品、剧毒物品的库房要安装监控装置。严格实行两

人分别掌管鈅匙、两人同时进库的规定。

（7）库区，特别是液体、气体储罐区，要实行定时巡回检查制度，并做好记录。要检查地面裂缝、地基沉陷、墙体开裂、结构损坏等情况，以及周围山体滑坡、塌方、排水沟堵塞、防水防潮等情况，发现问题及时报告，采取措施处置、排除。

（8）库区动火操作必须办理动火证。

（9）库区必须设置防雷装置，并定期检测，保证有效。对影响防雷的高大树木和障碍，要按规定及时清理。

10.4.4.2 运用颜色管理

颜色管理是防止人员和物料发生意外的有效措施。①红色标志，警告及禁止。②黄色，有特别注意的含义。③绿色，有指导安全的含义。④黑、白相间的斜纹，用以指示目标物。⑤紫色，指示物品有放射性危险。

10.4.4.3 仓库安全作业规程

无论是化工生产经营型企业还是单纯化工经营性型企业，仓库每天都在进行装卸、搬运、储存、保管、入库、进库等各项作业。如同生产车间一样，仓库应建立各项安全作业规程，规范各项作业操作，确保安全有序地进行作业活动。应建立的仓库作业安全规程有：仓库员工通用安全规程、电气安装维修安全规程、装卸搬运安全作业规程、石油制品安全作业规程、气瓶安全作业规程、气柜安全作业规程、液体储罐安全作业规程、易燃易爆化学品安全作业规程、剧毒化学品安全作业规程、腐蚀危险化学品安全作业规程、易碎物品安全作业规程、药品试剂安全作业规程、木制品安全作业规程、有毒有害固废安全作业规程等。

10.4.4.4 仓库消防管理

（1）仓库应组织所有员工成立消防组织，配备各类消防器材，编制消防紧急预案，定期组织消防演练。仓库人员应定期进行安全培训教育，提高消防知识。

（2）单层的仓库（水）消火栓箱最好安装在室外，以方便使用。

（3）化学危险品仓库的消防器材不应配置以水为主的消防设施（因大部分化工产品不能用水灭火），而应配备泡沫、干粉、二氧化碳等消防器材，最简单的黄砂、干土常常能起到最好的灭火效果。

（4）液体化工储罐区的消防水主要用作相邻储罐的冷却，防止火势蔓延。液体化工储罐区应配备足够的泡沫灭火设施，慎用水灭火。储罐区防火堤设计执行 GB 50351—2005《储罐区防火堤设计规范》标准。

（5）仓库应配备消防应急包，内置自救呼吸器（防毒面罩）、防水电筒、灭火器等，按实际情况配备灭火、逃生用具。

10.4.5 危险化学品储存安全技术

10.4.5.1 危险化学品储存的基本要求

危险化学品安全贮存的基本要求包括以下七个方面：

（1）贮存危险化学品必须遵照国家法律、法规和其他有关规定。

（2）危险化学品必须贮存在经公安部门批准设置的专门的危险化学品仓库中。

（3）危险化学品露天堆放，应符合防火、防爆的安全要求，爆炸物品、一级易燃物品、遇湿燃烧物品、剧毒物品不得露天堆放。

（4）贮存危险化学品的仓库必须配备有专业知识的技术人员，其库房及场所应设专人管理，管理人员必须配备可靠的个人安全防护用品。

(5) 贮存的危险化学品应有明显的标志，应符合 GB 190—2009《危险货物包装标志的规定》。

(6) 根据危险化学品性能分区、分类、分库贮存。各类危险品不得与禁忌物料混合贮存。

(7) 贮存危险化学品的建筑物、区域内严禁吸烟和使用明火。

10.4.5.2 危险化学品分类储存的安全技术

GB 15603—1995《常用化学危险品贮存通则》规定了危险化学品贮存场所的要求，贮量的限制以及不同类别危险化学品的贮存要求。

(1) 贮存场所应符合下述的要求

① 贮存化学危险品的建筑物不得有地下室或其他地下建筑，其耐火等级、层数、占地面积、安全疏散和防火间距，应符合国家有关规定。

② 贮存地点及建筑结构的设置，除了应符合国家的有关规定外，还应考虑对周围环境和居民的影响。

③ 贮存场所的电气安装。a. 化学危险品贮存建筑物、场所消防用电设备应能充分满足消防用电的需要；b. 化学危险品贮存区域或建筑物内输配电线路、灯具、火灾事故照明和疏散指示标志，都应符合安全要求；c. 贮存易燃、易爆化学危险品的建筑，必须安装避雷设备。

④ 贮存场所通风或温度调节。a. 贮存化学危险品的建筑必须安装通风设备，并注意设备的防护措施；b. 贮存化学危险品的建筑通排风系统应设有导除静电的接地装置；c. 通风管应采用非燃烧材料制作；d. 通风管道不宜穿过防火墙等防火分隔物，如必须穿过时应用非燃烧材料分隔；e. 贮存化学危险品建筑采暖的热媒温度不应过高，热水采暖不应超过 80℃，不得使用蒸汽采暖和机械采暖；f. 采暖管道和设备的保温材料，必须采用非燃烧材料。

(2) 贮存安排及贮存量限制

① 化学危险品贮存安排取决于化学危险品分类、分项、容器类型、贮存方式和消防的要求。

② 贮存量及贮存安排如表 10-5。

表 10-5 化学品类别及贮存要求

贮存类别	贮存要求					
	平均单位面积贮存量/(t/m^2)	单一贮存区最大贮量/t	垛距限制/m	通道宽度/m	墙距宽度/m	与禁忌品距离/m
露天贮存	1.0～1.5	2000～2400	2	4～6	2	10
隔离贮存	0.5	200～300	0.3～0.5	1～2	0.3～0.5	不得同库贮存
隔开贮存	0.7	200～300	0.3～0.5	1～2	0.3～0.5	不得同库贮存
分离贮存	0.7	400～600	0.3～0.5	5	0.3～0.5	7～10

③ 遇火、遇热、遇潮能引起燃烧、爆炸或发生化学反应，产生有毒气体的化学危险品不得在露天或在潮湿、积水的建筑物中贮存。

④ 受日光照射能发生化学反应引起燃烧、爆炸、分解、化合或能产生有毒气体的化学危险品应贮存在一级建筑物中。其包装应采取避光措施。

⑤ 爆炸物品不准和其他类物品同贮，必须单独隔离限量贮存，仓库不准建在城镇，还应与周围建筑、交通干道、输电线路保持一定安全距离。

⑥ 压缩气体和液化气体必须与爆炸物品、氧化剂、易燃物品、自燃物品、腐蚀性物品隔离贮存。易燃气体不得与助燃气体、剧毒气体同贮；氧气不得与油脂混合贮存，盛装液化

气体的容器属压力容器的，必须有压力表、安全阀、紧急切断装置，并定期检查，不得超装。

⑦ 易燃液体、遇湿易燃物品、易燃固体不得与氧化剂混合贮存，具有还原性氧化剂应单独存放。

⑧ 有毒物品应贮存在阴凉、通风、干燥的场所，不要露天存放，不要接近酸类物质。

⑨ 腐蚀性物品，包装必须严密，不允许泄漏，严禁与液化气体和其他物品共存。

⑩ 某些化学品相互接触或混合时其危险性更大。有些化学品相互接触或混合易自燃，有些易发生火灾或爆炸。因此，必须掌握危险化学品的性质，不得随意接触或混储。

10.5 物流配送和运输

随着我国经济的迅速发展，物流是个高速发展的行业。化工企业的物流配送已是个普遍的日常工作。化工企业的物流配送有两类：内部物流配送是从仓库将原料等物品送到生产车间，外部物流配送是从仓库将产品等送到客户。

10.5.1 物流配送概述

10.5.1.1 物流配送的概念

GB/T 18354—2006《物流术语》对物流和配送的定义如下：

物流（logistics）；物品从供应地向接受地的实体流动过程。根据实际需要，将运输、储存、装卸、搬运、包装、流通加工、配送、信息处理等基本功能实施有机结合。

配送（distribution）：在经济合理区域范围内，根据客户要求，对物品进行拣选、加工、包装、分割、组配等作业，并按时送达指定地点的物流活动。

上述配送的定义主要包含下述含义：

① 配送是按客户的要求进行的。配送是从客户利益出发、按客户要求进行的一种活动。

② 配送是由物流据点完成的。它可以是物流配送中心、物资仓库或其他物资集散地。

③ 配送是“配”和“送”的有机结合。配送与一般送货的区别在于，配送是有组织有计划，有专门装备和管理力量、技术力量，以及与之相配套的制度。所以是高水平送货。

④ 配送是一种“中转”形式。配送是从物流据点至客户的一种特殊送货形式。配送是“中转”型送货，是客户需要什么送什么，所以就必须在一定中转环节筹集这种需要，使配送必然以中转形式出现。

⑤ 物流配送是流通加工、拣选、配货、送货等一系列活动的集合。

10.5.1.2 配送与送货、运输的区别

配送是“配”和“送”的有机结合，配送不是一般概念的送货，也不是生产企业推销产品时直接从事的销售性送货，而是从物流据点至用户的一种特殊送货形式。配送与一般送货之间的区别如表 10-6 所示。

表 10-6 配送与一般送货的区别

项 目	配送活动	送货活动
产生目的	是社会化大生产、专业化分工的产物，是流通领域内物流专业化分工的反映	是生产企业的通过送货上门服务达到提高销售量的目的
内容	客户需要什么送什么，不但是送货，还有分拣、配货等工作	有什么送什么，只能满足客户的部分需要

续表

项　　目	配送活动	送货活动
组织者	从事流通企业的工作人员，要求有现代化的技术装备作保证，要有完善的信息系统，是分拣、配货、送货的有机结合	由生产企业承担，中转仓库的送货只是一项附带业务
运作基础	以现代的交通运输工具、经营管理水平作为基础，与订货系统紧密相连；必须依赖现有信息的作用，使配送系统得以建立和完善	没有具体要求
技术装备	全过程有现代化技术和装备，保证规模、水平、效率、质量等方面的优势	技术装备简单

配送不是单纯的运输，而是与其他活动共同构成的有机体。配送中包含的那一部分运输活动在整个运送过程中处于“二次运输”、“支线输送”的位置，是从物流据点至客户的运送，配送与运输的区别在于如表 10-7 所示。

表 10-7　配送与运输的区别

项　　目	运　　输	配　　送
运输性质	干线运输	支线运输、区域运输、末端运输
货物性质	少品种、大批量	多品种、小批量
运输工具	大型货车或铁路运输、水路运输	小型货车（一般为汽车）
管理重点	效率优先	服务优先
附属功能	装卸、捆包	装卸、保管、包装、分拣、流通加工、订单处理

10.5.1.3　物流配送的功能

（1）备货。包括准备货源、订货或购货、集货、进货及有关的质量检查、结算、交接等。配送的优势之一，就是可以集中用户的需求进行一定规模的备货。备货是决定配送成败的初期工作，如果备货成本太高，会大大降低配送的效益。

（2）储存。配送储存有储备和暂存两种形态。储备是按一定时期的配送经营要求，形成的对配送的资源保证，可在配送中心附近单独设立仓库。这种类型的储备数量较大，储备结构也较完善，视货源及到货情况，可以有计划地确定周转储备和保险储备的数量。另一种储存形态是暂存，是具体执行配送时，按分拣配货要求，在理货场地内暂时地存储少量货物。

（3）分拣及配货。分拣及配货是实现送货的准备性工作，是不同配送企业在送货时进行竞争和提高自身经济效益的必然延伸，有了分拣及配货就会大大提高送货服务水平，所以，分拣及配货是决定整个配送系统水平的关键要素。

（4）配装。和一般送货不同之处在于，通过配装送货可以大大提高配送水平及降低送货成本，所以，配装也是配送系统中有现代特点的功能要素，也是现代配送区别于传统送货的改进之处。

（5）配送运输。配送运输属于运输中的末端运输，它和一般运输形态主要区别在于：配送运输是较短距离、较小规模、较高成本的运输形式，一般使用汽车作为运输工具。

（6）送达服务。配好的货运输到客户还不算配送工作的完结，这是因为送达货和用户接货往往还会出现不协调，使配送前功尽弃。因此，要圆满地实现运抵货物的交接，并有效地、方便地处理相关手续并完成结算，还应讲究卸货地点、卸货方式等。送达服务也是配送独具的特殊性。

(7) 配送加工。通过配送加工可以提高用户的满意程度。配送加工是流通加工的一种，但配送加工有它不同于一般流通加工的特点，即配送加工一般只取决于用户要求，其加工的目的较为单一。

10.5.2 物流配送模式

10.5.2.1 基于经营主体分类的物流配送模式

(1) 自营配送。这种配送模式是指企业根据自己的经营规模、企业的商品配送量、企业的经营策略以及业务网点布局等多种条件与因素，在合适的地点建造一个或多个配送中心，依靠自己构建的网络体系开展物流配送业务，实现对企业内部及外部货物配送的模式。

自营配送模式的优点为企业能最大限度地满足销售服务的要求，提供更灵活方便的配送业务，服务质量和水平较高。其缺点是企业为建立配送体系的投资规模将会大大增加，若企业的经济实力与销售规模无法产生配送规模时，会导致高额的配送成本。

因此，自营配送模式多为实力雄厚、规模较大的集团公司采用，有代表性的是连锁企业的配送，

(2) 外包配送。企业不建配送中心，而以签订合同的形式把企业的配送业务委托给专业化的第三方物流配送公司，并且与第三方物流配送公司形成长期合作的战略联盟，互赢互利。选择配送业务广、现代化程度高、科技水平高、按照现代物流理念经营的专业化物流配送公司合作是关键。

外包配送模式企业可节省大量的建设资金和管理费用，并把主要人力、物力放在提高企业的核心竞争力上。相对来说企业对销售的整个流程的控制力就低一点，但是这种集约式的作业方式显然是和现代化生产的专业化分工相呼应，而且随着科技的不断进步和 GPS 等新的物流配送管理技术的发展，物流公司与企业的联系加强，协调也更紧密。

(3) 共同配送。是指把过去按不同货主、不同商品分别进行配送，改为不区分货主和商品集中运货的“货物及配送的集约化”。也就是把货物都装入在同一条路线运行的车上，用同一辆车为更多的顾客运送货物，这是企业间为实现整体的配送合理化，以互惠互利为原则，互相提供便利的配送服务的协作型配送模式。

(4) 混合配送。混合配送是指企业自身适当建立小型配送系统，在大范围的配送采用外包配送模式，小范围的配送采用自营配送模式。混合配送模式充分考虑自营配送与外包配送的优劣性，根据企业本身的特点，建立小范围的配送体系，而将长距离的配送问题交由专业的第三方配送公司承担。这样企业不用太大的投资就可以保证城市内恰当的商品供应，同时又控制着对客户配送的主动权，配合企业调整经营策略。

10.5.2.2 基于数量和时间差别的配送模式

(1) 定量配送模式。是指在一定的时间范围内，配送方按照规定的批量配送货物的一种配送方式。这种配送方式的最大特点是配送的货物数量是固定的，备货较为简单。定量配送方式可以将不同客户的货物拼装成整车，充分利用某些固定的运输容器如托盘、集装箱和车辆等，并且方便了运输工具的合理调度，提高了配送的作业效率。但由于送货的时间不定，客户需要备有一定数量的安全库存以防止缺货。

(2) 定时配送模式。定时配送模式是配送方按照合同中规定的时间为客户准时、固定地配送货物。每次配送的货物的品种和数量可以预先计划，也可以根据客户的需要进行临时调整。由于这种模式下的配送时间是固定的，供需双方都便于制定计划和安排发货和接货，但如果配送的数量和品种临时发生变化，将会给配送方带来极大不便，也会给配送作业带来困

难。常见的定时配送模式有日配送和准时-看板配送。

(3) 定时、定量配送模式。定时、定量配送是按照与客户商定的时间和规定的数量配送货物的运作方式，兼有定时配送和定量配送的优点。定时、定量配送对配送方的要求比较严格，作业难度较大，没有一定的实力和能力是无法胜任的。由于这种形式配送的时间和数量都有严格规定，准确性高，因此，它适用于生产和销售稳定、产品批量较大的生产制造企业和大型连锁商场的配送。

(4) 定时、定路线配送模式。定时、定路线配送类似于公交车辆运行，通过对客户需求和分布状况的分析，设计合理的配送路线，按照运行时刻表，沿着规定的运行线路进行配送。在这种配送模式下，客户须提前提出供货的品种和数量，并按规定的时间和站点接货。定时、定路线配送适用于消费者集中的地区，并且配送的品种、数量不能太多。

(5) 即时配送模式。即时配送模式，顾名思义就是完全按照客户提出的配送时间和货物品种、数量进行配送，是一种灵活性很高的应急配送方式。由于其严格的条件，只有那些配送设备完善、有较高的服务管理水平以及较强的组合和应变能力的专业配送组织能胜任这种配送模式。由于即时配送是完全按客户要求运行的，所以能使客户压缩自己的库存，实现“零库存”管理。

10.5.2.3 基于配送商品的种类及数量划分

(1) 单（少）品种大批量配送。工业企业需求量较大的商品，单独一个品种或仅少数品种就可达到较大输送量，可实行整车运输，这种商品往往不需要再与其他商品搭配，可由专业性很强的配送中心实行这种配送。由于配送量大，可使车辆满载并使用大吨位车辆；在配送中心中，内部设置也不需太复杂，组织、计划等工作也较简单，因而配送成本较低。

单品种大批量配送的优势范围较窄，当可用汽车、火车、船舶从生产企业将这种商品直抵用户，同时又不致使用户库存效益变坏时采用直送方式往往有更好的效果。

(2) 多品种少批量配送。多品种少批量配送是按照用户要求，将所需的各种物品在（每种需要量不大）配备齐全、凑整装车后由配送据点送达用户。这种配送对配货作业的水平要求较高，配送中心设备较复杂，配送计划较困难，要有高水平的组织工作保证和配合。这是一种高水平、高技术的配送方式。配送的特殊成效，主要反映在多品种、少批量的配送中，这种方式也正切合现代消费多样化、需求多样化的新观念，所以是许多发达国家特别推崇的方式。

(3) 配套成套配送。这是按企业生产需要，尤其是装配型企业生产需要，将生产所需全部零部件配齐，按生产节奏定时送达生产企业，生产企业随即可将此成套零部件送入生产线装配产品。采取这种配送方式，配送企业实际承担了生产企业大部分供应工作，使生产企业专注于生产，有同多品种少批量配送一样的效果。

10.5.2.4 化学品的物流运输

作为生产者市场的化学品，其配送运输除了要有专用的仓库、专用的车辆、专用的驾驶员和押运员外，一些低闪点的危险化学品在高温季节还须在特定的时间内运输。一般化学品不采用混装方式运输，如混装还需经过禁忌配比识别。所以，危险化学品因其本身带有危险性，在配送运输过程中必须考虑以下特殊因素：安全性、特殊任务、人员的特殊性、场所的特殊性、时间的特殊性和路线选择的特殊性。

作为生产者市场的化学品，基本上是供应商向需求方送货，但大部分企业一般将物品交专业的物流公司运输。化学品物流运输的主要特点为：

(1) 品类繁多，性质各异。化工行业正常生产的化工产品品种超过 1 万种，GB

12268—2012《危险货物品名表》的编号已达3495种，各种化学品的物理和化学性质差异很大。

(2) 具有各种危险性。危险货物作为一种特殊商品，在道路运输中具有很大的危险性，容易造成人员伤亡和财产损失，在9大类危险货物中，每一类都具有自己独特的危险性。

(3) 物流运输的相关规章、规定多。化学品物流运输是货物运输的一个重要组成部分，除要遵守道路交通运输的法律法规外，还要遵守许多法规和标准。

(4) 专业性强。危险化学品运输不仅要满足一般货物的运输条件，严防超载、超速等危及行车安全的情况发生，还要根据货物的物理和化学性质，满足特殊的运输条件。其专业性主要表现为：①业务专营，要有资质；②车、船专用；③人员专业。

10.5.3 危险化学品运输安全规定

10.5.3.1 危险化学品运输包装要求

危险化学品的运输包装必须符合GB 12463—2009《危险货物的运输包装通用技术条件》的要求。本标准不适用于放射性物质、压缩气体和液化气的运输包装以及净质量＞400kg、容积＞450L的包装。

根据盛装内装物的危险程度，将危险化学品的运输包装分成3类：

Ⅰ类包装：货物具有较大危险性，包装强度要求高；

Ⅱ类包装：货物具有中等危险性，包装强度要求较高；

Ⅲ类包装：货物具有较小危险性，包装强度要求一般。

危险化学品的运输包装还见GBT 15098—2008《危险货物运输包装类别划分方法》、GB 190—2009《危险货物包装标志》等标准。

我国物流业的高速发展，液体和气体危险化学品运输已基本上实现无小包装运输，采用槽罐车、移动式压力容器和气瓶等运输各类危险化学品，便捷、安全、绿色。

10.5.3.2 危险化学品运输的管理

《危险化学品安全管理条例》第六条：(二) 公安机关负责危险化学品的公共安全管理，核发剧毒化学品购买许可证、剧毒化学品道路运输通行证，并负责危险化学品运输车辆的道路交通安全管理。(五) 交通运输主管部门负责危险化学品道路运输、水路运输的许可以及运输工具的安全管理，对危险化学品水路运输安全实施监督，负责危险化学品道路运输企业、水路运输企业驾驶人员、船员、装卸管理人员、押运人员、申报人员、集装箱装箱现场检查员的资格认定。铁路主管部门负责危险化学品铁路运输的安全管理，负责危险化学品铁路运输承运人、托运人的资质审批及其运输工具的安全管理。民用航空主管部门负责危险化学品航空运输以及航空运输企业及其运输工具的安全管理。

《危险化学品安全管理条例》“第五章　运输安全”第四十三条～第六十五条对危险品运输的安全管理作出了具体的明确规定。

为了落实《危险化学品安全管理条例》的规定，交通部相继发布了《船舶载运危险货物安全监督管理规定》(交通部令第4号，2012)、《港口危险货物安全管理规定》(交通部令第9号，2012)、《道路危险货物运输管理规定》(交通部令第2号，2013) 等文件。

《全球化学品统一分类和标签制度 (GHS)》是由联合国出版的指导各国控制化学品危害和保护人类健康与环境的规范性文件，我国已转化为国家标准。GB 6944—2012《危险货物分类和品名编号》、GB 12268—2012《危险货物品名表》也与联合国《关于危险货物运输的建议书 规章范本》(第16修订版) 相一致。

参考文献

[1] 马士华，林勇编著．供应链管理(第3版)［M］．北京：机械工业出版社，2010.
[2] ［美］S. 乔普拉，P. 迈因德尔著；陈秋荣等译．供应链管理(第4版)［M］．北京：中国人民大学出版社，2010.
[3] ［英］K. 莱桑斯，B. 法林顿著；鞠磊等译．采购与供应链管理(第七版)［M］．北京：电子工业出版社，2007.
[4] 王能民，孙林岩，汪应洛编著．绿色供应链管理［M］．北京：清华大学出版社，2005.
[5] 朱庆华等．基于产业集聚的化工行业绿色供应链管理模式研究［J］．环境污染与防治，2010，32(1)：85-87
[6] 方真，林彦新，邢凯旋编著．化工企业管理［M］．北京：中国纺织出版社，2007.
[7] 熊伟，徐明，林旭东，朱桂平编著．采购与仓储管理［M］．北京：高等教育出版社，2006.
[8] 敬辉蓉，李传昭．采购管理理论综述［J］．工业工程，2008，11(2)：1-6.
[9] 李江．基于ERP系统的采购管理与传统采购管理的对比［J］．中国商贸，2013，26(10)：177-178.
[10] 郑海航，牛晓娟，李东升．国有企业采购管理中的权力制衡——通用电(中国)对我国国有企业采购管理的启示［J］．经济与管理研究，2011(4)：96-102.
[11] 谭智丹．台塑集团——采购理念的“先行者”［J］．石油石化物资采购，2013，(11)：72-73.
[12] 王春来，夏剑锋编著．化工企业生产管理［M］．北京：中国纺织出版社，2008.
[13] 菲利普·科特勒等著；吕一林等译．营销管理(亚洲版第5版)［M］．北京：中国人民大学出版社，2010.
[14] 郭国庆主编．市场营销学通论(第4版)［M］．北京：中国人民大学出版社，2011.
[15] 赵志军主编．化工企业管理与技术经济［M］．北京：化学工业出版社，2002.
[16] 井涌．化工企业经营管理体系(八大体系)探索［J］．北京石油管理干部学院学报，2008，15(4)：19-22.
[17] 江艳玲编著．仓储精细化管理［M］．深圳：海天出版社，2011.
[18] 欧阳振安，严石林主编．仓储管理［M］．北京：对外经济贸易大学出版社，2010.
[19] 黄中鼎，林慧丹主编．仓储管理实务［M］．武汉：华中科技大学出版社，2009.
[20] 李华丽．零库存的适用条件分析［J］．上海物资，2005，(6)：18-19.

·11· 信息化管理

促进信息化与工业化融合（两化融合），走新型工业化道路是我国进入本世纪后确定的国家战略。

改革开放以来，国际化工巨头，从传统化工产品到精细化工产品厂商纷纷进入中国市场；进入本世纪，成长起来的中国企业也在实施“走出去”的战略，我国化工行业开始参与全球化竞争。但国内化工行业信息化管理落后的现状使企业面临着巨大的竞争压力。

信息化管理是实现企业管理现代化的过程，它是将现代信息技术与先进的管理理念相融合，转变企业生产方式、经营方式、业务流程、传统管理方式和组织方式，重新整合企业内外部资源，提高企业效率和效益、增强企业竞争力的过程。加强信息化管理已是我国化工企业的当务之急。

ERP、SCM、OA、MES、DCS、CRM、BI、CIM[1]、电子商务等都已成为企业信息化管理过程中不可或缺的应用系统。本章主要介绍 ERP、OA、PCS、MES 及 CIM 等信息化管理系统的知识。

11.1 企业资源计划（ERP）

ERP（Enterprise Resource Planning，企业资源计划，或称企业资源管理）系统作为企业管理的一种模式已广泛应用；首先它是一个软件，是一个管理工具，它是 IT 技术与管理思想的融合体。

ERP 系统是基于供应链的思想和管理方法，对企业的多种资源进行计划，力求充分利

[1] ERP（Enterprise Resource Planning，企业资源计划），SCM（Supply Chain Management，供应链管理），OA（Office Automation，办公自动化），MES（Manufacturing Execution System，制造执行系统），PCS（Process Control System，过程控制系统），DCS（Distributed Control System，集散控制系统），CRM（Customer Relations Management，客户关系管理），BI（Business Intelligence，商业智能），CIM（Computer Integrated Manufacturing，计算机集成制造）。

用企业内的各种资源、降低库存、提高企业的整体运作效率，实现物流、资金流、信息流“三流合一”的操作平台和管理信息系统。以求最大限度地利用企业现有资源，实现企业经济效益的最大化。

11.1.1 ERP及其发展

ERP系统，最初是由美国的Gartner Group公司在90年代根据当时计算机信息处理技术（IT）的发展和企业对供应链管理的需要，为预测信息时代制造业管理信息系统的发展趋势提出了这个概念。ERP系统超越了传统MRPⅡ的概念，吸收了准时生产（JIT）、全面质量管理（TQC）、工厂维护管理、人力资源管理等先进的管理思想，极大地扩展了管理信息系统的功能与应用范围。

11.1.1.1 ERP的发展

ERP的发展是一个供应链管理的完善过程，它与计算机技术的发展密切相关，经历了相当漫长的时期。在发展的过程中，MRP是ERP系统的核心，MRPⅡ是ERP的重要组成部分。企业的信息管理系统的发展大致经历了四个阶段：

（1）MIS系统阶段（Management Information System）。企业的信息管理系统主要是记录大量原始数据、支持查询、汇总等方面的工作。

（2）MRP阶段（Material Require Planning）。企业的信息管理系统对产品构成进行管理，借助计算机的运算能力及系统对客户订单、在库物料、产品构成的管理能力，实现依据客户订单，按照产品结构清单展开并计算物料需求计划。实现减少库存，优化库存的管理目标。这是上世纪60年代中期，从定货点法到MRP，解决了控制库存的问题。

（3）MRPⅡ阶段（Manufacture Resource Planning）。在MRP管理系统的基础上，系统增加了对企业生产中心、加工工时、生产能力等方面的管理，以实现计算机进行生产排程的功能，同时也将财务的功能囊括进来，在企业中形成以计算机为核心的闭环管理系统，这种管理系统已能动态监察到产、供、销的全部生产过程。上世纪70年代中期到80年代初期，闭环MRP解决了计划与控制的问题，而MRPⅡ解决了物料与资金信息集成的问题。

（4）ERP阶段（Enterprise Resource Planning）。上世纪90年代初期，进入ERP阶段后，以计算机为核心的企业级的管理系统更为成熟，系统增加了包括财务预测、生产能力、调整资源调度等方面的功能。配合企业实现JIT管理、全面质量管理、生产资源调度管理及辅助决策的功能，成为企业进行生产管理及决策的平台工具。

11.1.1.2 电子商务时代的ERP

Internet技术的成熟为企业信息管理系统增加与客户或供应商实现信息共享和直接的数据交换的能力，从而强化了企业间的联系，形成共同发展的生存链，体现企业为达到生存竞争的供应链管理思想。ERP系统相应实现这方面的功能，使决策者及业务部门实现跨企业的联合作战。

由此可见，ERP的应用的确可以有效地促进现有企业管理的现代化、科学化，适应竞争日益激烈的市场要求，它的导入，已经成为大势所趋。

11.1.2 ERP系统功能

业务系统包括物料需求计划管理、采购管理、质量管理、库存管理、存货核算和销售管理，它们除了包括一般的业务处理功能之外，还提供了一些对企业响应速度、成本、质量等核心竞争力进行控制、监督和提升的管理功能，如采购比价、限额领料、全程报价管理、信

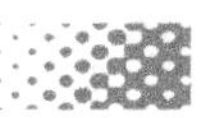

用管理、批次管理、有效期管理、可用量控制、安全库存预警、周期盘点、超储与短缺分析等。

11.1.2.1 功能结构图

ERP 系统的功能结构图（见图 11-1）概括了 ERP 系统的基本功能，主要是按库存、采购、生产、销售、财务五大模块划分。

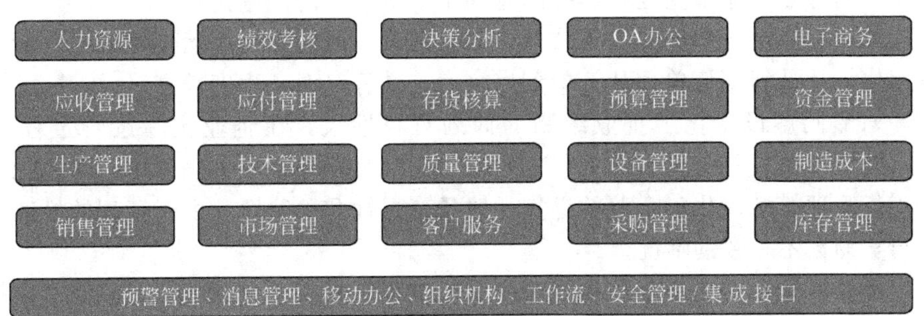

图 11-1 ERP 系统的功能结构图

11.1.2.2 整体结构图

ERP 系统的整体结构图（见图 11-2）是 ERP 系统延伸到其他系统，如 PDM（产品数据管理）、OA（办公自动化）、HR（人力资源管理）等系统。

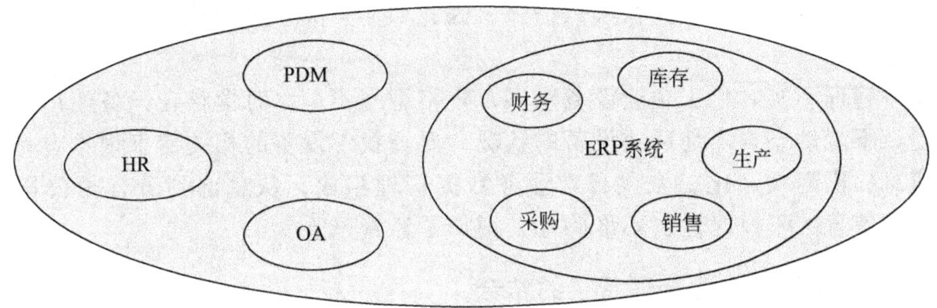

图 11-2 ERP 系统的整体结构

11.1.3 在化工企业中应用 ERP

随着我国经济的快速发展，我国企业的信息化建设开始蓬勃发展，用信息化推动工业化也已成为共识。ERP 管理信息系统通过成功案例的有效推广，经过每个企业不断深化改革、创新思维、管理水平提升的同时，ERP 在我国化工行业中也逐步引入使用。

目前，我国化工企业的信息化水平还处于起步阶段，虽然财务电算化、网上银行、电子商务已普遍使用，有部分产品生产过程实现了 DCS 自动控制，但 ERP、MES 等只有很少企业应用成功，并真正实现了经营管理信息化并从中受益，因为 ERP 项目是一个庞大的系统工程，不是有钱买来软件就可以的。ERP 更多的是一种先进的管理思想，它涉及面广、投入大、实施周期长、难度大、存在一定的风险，需要采取科学的方法来保证项目实施的成功。

11.1.3.1 化工企业管理中普遍存在的问题

化工企业生产过程中，各种化工原料在反应设备内通过能源和其他资源进行化学反应，然后分离出各种成分，在不断的混合、分离中，每个工序上都可能使用某些新的成分或资源，比如原材料、催化剂、人工、机器设备、能源等。化工生产各环节相互依存，生产过程中每一道工序都有产品产出，而且会伴随许多的联产品、副产品和排出物等。化工产品生产是流程型制造。

化工生产中，原料在产品成本中占有很大的比重，对反应器、仪表、机电设备要求较高，生产装置是一条固定的生产线，维护特别重要。在不进行技术改造的前提下，生产过程中节能降耗减排难有大的突破。

针对以上的特点，化工企业在实际的管理中普遍存在的问题是：

(1) 业务流程混乱。由于数据不共享、信息获取不及时、物流运作不合拍，所以化工企业的业务运作，从计划到订单，从订单到出入库、结算等混乱程度较高。

(2) 计划形同虚设。化工企业编制的计划盲目性大，在企业实际运营过程中可执行度低。

(3) 存货管理松散。化工企业的存货一般具有毒性和危险性，由于管理的松散，经常出现账面数与实物数不一致的情况。

(4) 成本核算复杂。化工企业大多产品工艺过程是投入多个原料，每一道工序都有产品产出，有些工艺过程是一个设备里同时产出多个产品，有联产品、副产品或者中间产品。如何将成本分摊到每一个产品上是管理的一个难点，没有工艺工程师的密切配合几乎很难做好。

(5) 存货计量难度大。化工企业计量一般不够准确，如：大宗原料的计量基本是以过磅数减去车辆自重为货物的重量；液体或气体是以液位计量为主，没法考虑黏稠度；实物多为露天存放，实物盘点只能按照体积大致估算。因此如何解决存货的计量问题是化工企业管理面临的另一个难点。

(6) 设备管理不实。化工企业设备众多，规格型号不一，时常存在设备使用期满后仍计折旧等问题，不能动态真实地反映设备的状况，要查找各设备的相关信息很不容易。

(7) 信息提供迟缓。化工企业日常业务数据管理粗放，从总部到分、子公司，决策信息、经营管理信息的不及时性、不准确性，增加了经营风险。

11.1.3.2 ERP与化工企业管理需求的结合

(1) 销售、客户服务、采购控制、物流系统需求

① 销售信息应同物流管理、应收款、成品库存信息集成，做到定单输入、销售部收款入账以及成品库发货都能及时、有效的进行，能同时处理内贸和外贸业务。

② 销售系统能够实现销售信息管理、销售报价管理、寄样管理、定单管理、定单评审管理、销售发运管理、发票管理、售后服务管理、销售分析等一系列销售管理事务。同时能实现底价管制、信用管制（包括信用金额和周期），使每个环节均处于受控状态。成品发货记录到批号，可处理退货流程和原料、半成品销售业务。

③ 实现客户管理和业务考核管理。包括客户资料信息、客户档案管理、业务员考核信息。

④ 采购信息应同财务付款、材料库存信息集成，做到采购计划、采购定单、材料入库、发票接收匹配、付款通知都能及时、有效地进行；并且能进行供应商的比价、比质、比服务的管理和采购分析工作。

⑤ 采购系统能实现请购单、采购定单录入审批，采购接收控制、发票接收控制等功能。

⑥ 采购系统可完成特殊采购率（特采率）查询、付款计划查询、资金使用预计报告、原材料消耗报表、供应商考核报表（包括年度总采购量、总采购额、各原料采购量与价格信息等）。

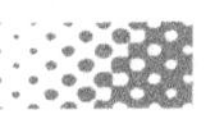

⑦ 采购系统可进行不合格品的处理。

⑧ 物流系统完成原料、半成品、成品入库，销售发货，生产领料管理。所有物品的管理均可实现批号控制、容器管理。可随时查询到各类入库报表，所有物品的仓库、库位、批号、容器的现有量管理、出库单，可跟踪查询到相应检验信息，呆滞品的查询，各原料的出入库统计，库存量的超储、低储控制和预警。

⑨ 采购入库与检验报告单的关联查询等报表。

(2) 生产、品管、设备与制造系统需求

① 能完成生产计划编制，从产品合成到中间体的生产安排与执行和生产调度、工艺的执行。

② 完成月度计划的编制，通过多个部门的评审，下达各计划任务。通过 MRP 计划，自动完成生产计划和采购计划的编制。完成生产定单下达前的物料可用性查询。可对已生成的车间定单进行缺料分析，杜绝由于配方变更快而造成的车间缺料、生产停工的情况。

③ 根据计划编制车间定单，并进行领退料管理、在制品管理、生产接收管理，系统可进行投入产出分析。加强库存管理，规范收发货程序，合理安排库存量，加快资金周转，减少库存成本。可实现车间库存管理，便于制造部门方便与仓库进行物料对账。

④ 可实现原料、半成品、成品的检验，可记录各类不良原因，进行各类检验的统计分析。可进行各类检验指标的记录，同时检验信息可与出库单据相连，完成每次出库单可直接查询该物料的检验信息。

⑤ 实现动力设备的档案管理及设备的使用状态跟踪。

⑥ 实现采购、销售、库存的信息集成，保证物料供应，避免与采购脱节，造成成品加工等待，生产周期延长。

⑦ 可在线查询计划、生产，库存，采购各部门的明细情况。

(3) 财务系统、成本控制、决策支持

① 实现与生产、采购、库存和销售等系统的全面有效集成，自动计算实际成本，确保信息传递及时、有效。

② 建立标准成本体系，便于实现实际成本与标准成本的差异分析。

③ 能将生产、采购、销售、库存等事务形成存货核算信息，存货核算、应收、应付、成本、固定资产等信息可以自动编制第三方软件的凭证。

④ 应收应付管理，可核销到客户或者核销物品明细。

⑤ 与其他财务软件系统的接口。

11.1.3.3 基本的解决方案

根据化工企业的需求，要在基本管理的基础上，从企业的特殊性入手，按照化工企业的合理流程集成并达到数据共享、实时监控、汇总分析的目的。

(1) 基础目标

① 建立起完整的基础数据管理规范（如编码控制体系、制造数据管理体系等）。

② 建立起完整的、信息可共享的物流控制体系（采购、销售和库存）。

③ 建立起与物流完全集成、共享、完整的制造控制体系（需求计划、车间控制、质量管理）。

④ 建立 ERP 数据与现行财务软件的无缝连接，建立标准成本体系，实现标准成本与实际成本的对比分析，达到成本控制的目的。

⑤ 建立一个科学的管理模式，以贯彻和落实公司高层领导的战略意图与先进的管理理念，将企业特色的管理经验固化为具体的工作规范和流程，同时充分吸收国外先进的管理思想和管理成果，建立一套规范化的管理模式，以帮助企业发展目标的实现。

⑥ 提高企业管理水平，加强企业营销能力，更好地开拓市场。

⑦ 适应企业未来的业务变化需求。

(2) 管理思想

① 优化业务流程，提供实时信息。企业决策所需要的数据，通过信息系统能够及时、准确地提供，日常业务数据从粗放到细节、从总部到分子公司都可以随时反映。提高信息决策的及时性和有效性。

② 及时准确地进行成本核算。通过历史数据的积累、对比和分析，化工企业提高了事前预测和事后分析能力，各级管理人员不再是为每天的无效、交叉、纠结的问题所困挠。降低了管理成本。

③ 降低采购成本、减少库存占用。解决方案的有效实施，增加了化工企业管理的透明化，能够控制企业的盲目性采购，优化库存结构，提高计划的可执行度。

④ 加强信用管理，减少坏账损失。利用严格的信用管理，可以分客户、分业务员、分部门制定合理的信用政策，有效地控制应收账款的数量。

11.1.3.4 数据管理是ERP成功应用的关键

ERP系统为企业提供了一个统一的业务管理信息平台，将企业内部以及企业外部供需链上所有的资源与信息进行统一的管理，这种集成能够消除企业内部因为部门分割造成的各种信息隔阂与信息孤岛，大幅缩短信息的传递渠道，使得决策层与基层、各部门之间的沟通更加快捷，极大地增强企业对市场的快速反应能力。同时它增加管理的透明度，有助于改变企业内部的低效体制，减少了浪费、腐败等现象的发生。

数据是信息的载体，ERP正常运行发挥效用需要企业积累大量准确、完整的数据。一些企业实施ERP项目时，对数据细节问题没有给予足够的关注，结果造成了数据“垃圾进，垃圾出”，导致ERP应用失败。所以，数据管理工作是企业ERP应用过程中一项至关重要的基础性工作。

企业在ERP应用中对数据的管理可以从以下两个方面着手：

(1) 企业要制定各类录入数据的规范和标准。明确制定标准的负责人，应该有专门标准化机构或人员来制定企业数据的标准；同时及时将所制定的标准，以企业公文的形式发布，让相关人员了解，以方便执行。标准是否得到有效执行有赖于标准规则是否科学、简洁、方便使用，所以数据标准规则的制定者，必须由相关专业人员担任，初步的方案可由标准制定人和标准执行人共同讨论确定。

(2) 重视数据的维护，信息只有准确和及时，才有价值。对数据的维护人员要设定权限、建立责任、监督和考核机制，对错误数据要及时发现及时纠正，决不能让任何微小的差错存留在系统中。

有人总结企业实施管理信息系统的经验说：“三分技术、七分管理、十二分数据”。可见数据是否准确、规范，是ERP实施成败的关键。企业应用ERP必须确保数据的完整性、准确性、可靠性、及时性，确保数据的标准化、规范化。

11.1.4 ERP解决方案举例

解决方案在ERP的实施中是至关重要的一个环节，是重点、更是一个难点；因为不同的行业有不同的需求，同一个行业不同的企业也有不同的管理点，所以解决方案的质量将直

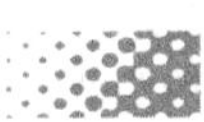

接影响到ERP实施的好坏、成功与否。为此，就基本信息、库存管理、采购管理和销售管理几个基础模块作简单的举例说明。

11.1.4.1 基本信息

(1) 原因码维护。原因码维护将事务原因代码指派给相应的库存事务类型，用以说明物品移动的标准原因，并可按各种原因码进行分类统计、汇总分析。如：库存中，对库存的一个出库有很多原因，如车间领用、报废出库等。

(2) 仓库维护。仓库是物品存放的位置，根据仓库可进行物品的存放情况查询。仓库是在仓库主文件维护中定义。如：原料一号库、产成品库等，要求最少有一个仓库。

(3) 库位维护。库位是仓库中实际和逻辑存货的位置或区域。实际区域的例子是存货的实际位置。逻辑区域的例子是留验，返工和在途货物。如：一号库位、二号库位、在途库位等。库位定义在库位主文件中。

(4) 部门维护。维护部门主文件，部门作为工作中心的集合，用于报表和管理等目的。

(5) 物品分类。物品分类根据物品实际范围来定义，物品分类是以物品为基础的计划、报表和分析的主要准则。如：原料、半成品、产成品、低值易耗品等。

(6) 物品类型。物品类型用于区分存储物料的种类，如采购类、制造等，系统中每个物品需要一个物品类型。

(7) 物品维护。物品主文件维护用于定义、维护物品的“基本”、“定单”、“需求”、“供应”和“质量”五类信息，以便在整个系统中使用，并用“物品号”来辨认物品、在计划生产及分销周期中进行物品的跟踪和保密。如，物品号：03001，物品名称：A，内部编码：CS-811。

(8) 批号维护。在“物品主文件”中，每个物品都被指定为是批控制物品或非批控制物品，因此，必须先定义批号，批号维护设置用于批控制物品的批号，批号便于物品的追溯及质量控制。

(9) 容器维护。容器维护用与处理物品存放的容器信息。在系统中，可以用“物品号+仓库号+库位号+批号+容器号”来进行库存管理，同时处理零头问题。

基本信息的维护是要根据管理的需求来决定的，比如采购员维护、供应商类型、供应商维护、供应商报价、销售员维护、客户类型、客户维护、价格维护等，在此不再赘述。

11.1.4.2 库存管理

库存管理系统帮助企业的库管员对库存物品的入库、出库、移动和盘点等事务进行全面的控制和管理，以达到降低库存、减少资金占用，杜绝物料积压与短缺现象，提高客户服务水平，保证生产经营活动顺利进行的目的。

库存管理从物品类型、分类、仓库、库位、批号、容器等不同角度来管理库存物品的数量、库存成本和资金占用情况，以便用户可以及时了解和控制库存业务各方面的准确情况和数据。库存管理系统是一个多层次的管理系统，可以从多种角度反映物品的库存情况。多层次库存管理如图11-3。

库存管理的对象是物品（包括虚拟件、成品、半成品、外购件、原材料）。它主要完成对物品收、发、存、盘四方面的管理工作：①库存账务管理，②库存管理和库存分析，③生产上收发料管理及控制，④盘点作业及出入库管理。

系统进行库存物品订货数量的自动计算，各种超常规状态的报警等，支持多种计量单位的自动转换，并与采购、销售、生产等系统有良好的接口，可以从这些系统中获取或向这些系统输送数据，保持系统数据的一致性。

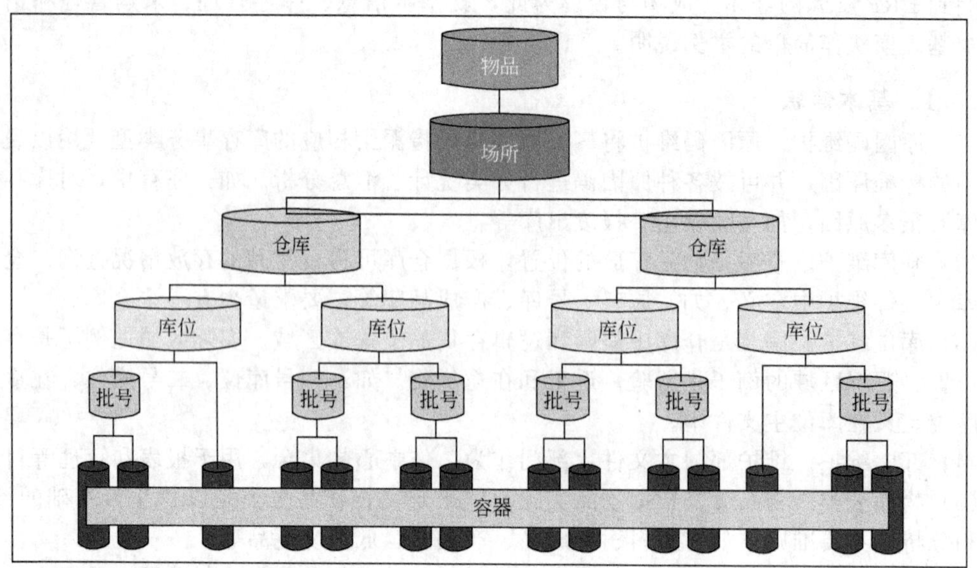

图 11-3　多层次库存管理图

11.1.4.3　采购管理

采购管理系统帮助采购人员控制并完成采购物料从请购计划、采购计划下达至到货接收检验入库的全部过程。可有效地监控采购计划的实施，采购成本的变动及供应商交货履约情况，从而帮助采购人员选择最佳的供应商和采购策略，确保采购工作高质量、高效率及低成本执行。采购基本流程如图 11-4。

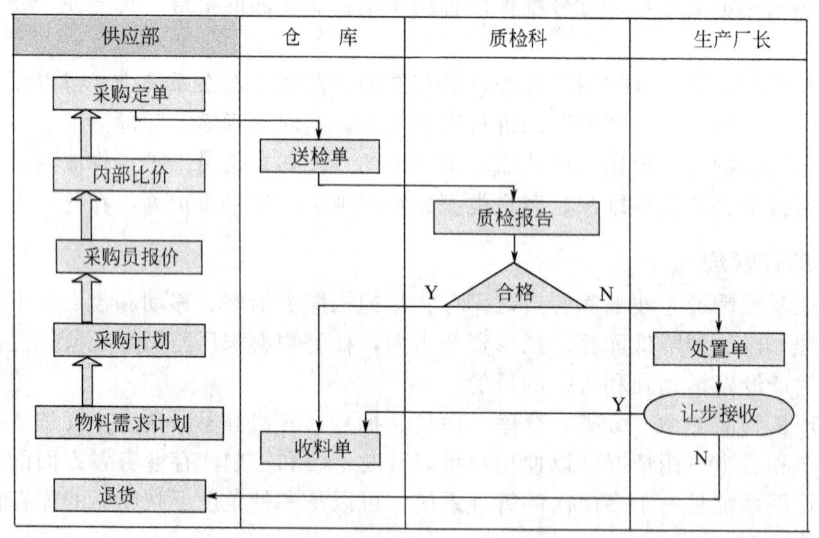

图 11-4　采购基本流程图

几个单据的说明：

(1) 请购单。请购单是为采购物品或服务而建立采购定单的书面需求，在采购中作为一个可选的初步步骤来记录。请购单通常由采购部门来建立，建立的过程仿真建立采购定单的过程。任何一个记录的请购单都可选择被当作由 MPS、MRP 及 DRP 中的计划程序的计划接收。

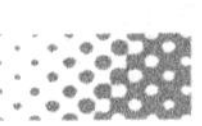

（2）采购定单。采购定单是企业与供应商之间签订的一种协议，用采购定单为各项采购物品建立档案，跟踪供应商进货定单，自初始采购定单至货物的接收，以及相应供应商发票的接收的情况。

（3）接收送检。接收送检是采购定单接收到检验，而不将它们指定给存货仓库及库位，即把采购货物接收到检验，而不是入库。事务检查来未结采购定单文件，核实要处理的采购定单存在，但不影响采购定单行接收数量的余额。

（4）采购接收检验到入库。采购接收检验到入库，在质量检验后被用来从检验接收采购物品到库存。事务检查未结采购定单文件，核实所处理的采购定单存在。它从采购定单行的检验余额中减去事务处理量，并把事务处理量加到采购定单行的接收数量余额上。可以指定拒收数量。

（5）直接入库。直接入库是采购接收直接入库，它不经过材料检验阶段，直接接收采购物品入库。它检查未结采购定单文件，核实要处理的采购定单存在并把事务处理数量加到采购定单行的接收数量余额上。事务核实采购计量单位并用物品主文件中提供的转换系数将事务处理数量转换为存货计量单位。它把事务处理数量加到物品主文件、仓库库存、批号/库位、批号主文件中接收物品的月累计接收余额。直接入库不影响物品实际成本或采购定单成本。

（6）采购定单关闭。如果需要终止异常的定单，可以通过采购定单关闭功能进行关闭。关闭是采购定单的一个状态，表示采购定单的接收已经完成。采购定单的关闭可逆转。

11.1.4.4 销售管理

销售管理帮助企业的销售人员完成客户档案管理、销售报价管理、销售定单管理、客户信用检查、提货单及销售提货处理、销售发票及红冲发票处理、等一系列销售管理事务。

销售管理以定单（合同）为核心来管理整个销售业务。它是一个多环节、连续步骤的系统，通过它用户可以及时了解到销售过程中每个环节的准确情况和数据信息。

销售管理作为企业运作中的一个重要部分，与库存、生产等子系统有着紧密的联系，一起共同组成完整的企业管理信息系统。本系统有助于提高企业的客户服务水平，使企业的市场适应能力加强，始终能在竞争中保持优势地位。销售基本流程如图11-5。

几个单据的说明：

（1）销售定单。基于客户的“销售定单”程序是进入定单管理的输入点。它是唯一要求

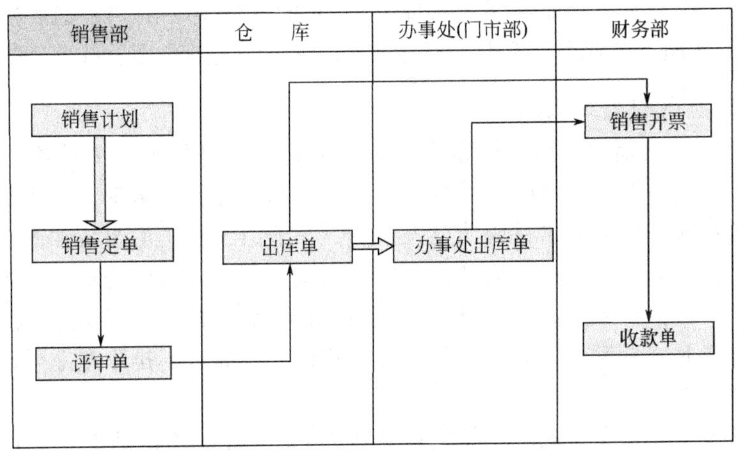

图11-5　销售基本流程图

的工作流程事件。如果销售员超过其信用限制，拒绝定单，必须通过“定单管制手工解除”和“定单管制成批解除”程序下达在“销售定单”时被管制的定单。

(2) 销售定单管制。①销售员管制：由定单的应收账销售员决定，不论何时建立或维护定单，一旦进入定单，便进行销售员管制检查。可指定销售员的所有定单为管制。②用户管制：由用户自己决定是否将该定单置于管制状态，并进行手工设置。③信用管制：信用管制是指定单处于信用违背，使用信用天数或信用金额进行信用检查。当销售员到期金额总计之和（即未结应收账金额）超过销售员信用限额；或最久的未付发票超过信用限额天数时，销售员便是违背信用。④信用管制根据“信用检查”和“检查方法”决定在什么时候用什么方法进行信用检查，判断定单处于信用管制。检查的时间和方法可按管理的需求进行控制，具体不再说明。当受到管制后，也可以使用“定单管制手工解除”和“定单管制成批解除”来下达处于信用管制的客户定单。

(3) 发货通知。“发货通知”程序允许下达未结定单，并打印《发货通知单》(《评审表》)。系统仅可下达不处于任何类型定单管制（销售员，信用，底价或用户）且未全部发货的定单。要下达未结定单，按一个仓库、一个客户选择一张定单；可下达整个定单或个别行物品。可在提货下达之前为销售员执行信用检查。

(4) 发货确认。在提货下达和打印《发货单》后，仓库执行提货确认。此过程涉及下达的客户定单以反映自从初始定单接受后发生的任何更改，并以实际的数量、库位和批更新库存状态。发货确认可确认单个仓库、单个客户、单张销售定单的多张发货单。

(5) 销售退货。退货单是发货单的逆向处理业务单据。和发货单一样，退货单也可以与销售订单相关联。

(6) 销售定单关闭。如果需要终止异常的定单，可以通过销售定单关闭功能进行关闭。关闭是销售定单的一个状态，表示销售定单的提货下达、提货确认已全部完成。销售定单的关闭可逆转。

11.1.5 ERP项目的实施

我们必须清醒的认识到，ERP 项目是一个风险投资，同一切投资项目一样，必须认真做好可行性分析，做好前期工作。ERP 带来的企业流程重组是企业本身的管理革命，不论从企业内部或者外部来讲，都不可避免地涉及观念、作风和习惯的转变；涉及工作程序和方法、体制和职责的改变。

面对这样的矛盾，只有企业高层深入理解 ERP 的基础上，由“一把手”主持、参与和指导 ERP 系统的实施，才能事半功倍，才能确保 ERP 系统的全面上线。

11.1.5.1 ERP 项目的组织机构

ERP 实施是一个长期的过程，也是全员参与的过程。开展前期要组织筹备小组，并由一名熟悉管理业务，了解企业情况，从企业利益出发的领导作为负责人，各部门负责人为小组组长；这对选好软件、保证项目成功至关重要。一般组织机构的组成如图 11-6。

(1) 领导小组的工作。即企业信息化实施（监理）机构，协助企业“一把手”开展信息化工作，因为这是一项重要的企业决策。由企业内部高层领导、IT 复合人才、项目经理、企业管理专家和企业财会专家参加，结合信息化软件供应商（不排除企业外部信息化咨询机构参加）组成的专家组。

既懂计算机技术、又懂企业管理和项目管理的 IT 复合人才特别重要，这样的人知道企业问题出在哪些环节，是什么原因导致的。同时又能把握软件技术，可以将软件的功能发挥

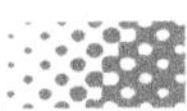

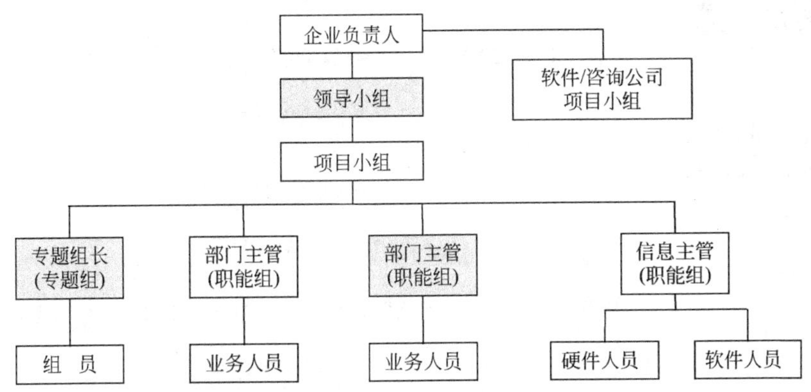

图 11-6　实施 ERP 项目的组织机构

得淋漓尽致。

（2）要慎重选择软件供应商。如果软件都是以僵化菜单和数据窗口将软件架构固定死，用户不能根据企业发展需要，自行进行变动和调整。一旦遇到企业不同需求时、软件商就会提出按照他的软件架构、要求企业机构重组或者流程重组，从而使企业不能处在主导的位置，掌握自身的发展模式。因此企业应引进一种适用性强的软件“平台”，企业能在它的基础上迅速对软件框架进行个性化设计、形成快速部署、广泛集成，达到用户控制软件的根本目的，这是企业如何选择软件供应商的关键控制点。

（3）项目小组的工作。制定实施计划，保证计划的实现；指导、组织和推动职能组的工作；负责数据准备，保证录入数据的准确、及时和完整；负责组织原型测试和模拟运行，对管理改革的问题提出解决方案和建议；组织和开展企业内部的培训，担负起教员的工作；主持制定新的工作准则与工作规程；提交各阶段的工作成果报告。

（4）职能组的工作。研究本部门实施系统的方法和步骤；掌握与本部门业务有关的软件功能；准备并录入数据；学会应用各种报表提供的信息；培训本部门的使用人员；参加制定工作准则与工作规程；做好新旧管理模式的切换。

11.1.5.2　ERP 项目实施理念和流程

（1）ERP 项目的实施理念

① 需求导向、效益驱动

② 总体规划、分步实施

③ 管理改造项目，“一把手”工程

④ 强调项目实施方法，重视管理咨询

⑤ 现行业务流程和管理模式调研、分析和优化、固化

⑥ 多层次培训：经营层、管理层、操作层、信息部门

（2）ERP 项目的实施流程

ERP 项目实施一般分项目定义、蓝图设计、系统构建、实施上线、系统验收等五个步骤，各个步骤又进一步按“总体规划、分步实施”的原则进行细分。项目第一阶段是项目的基础，包括项目立项、启动大会（由第一把手主持）；第二阶段是项目重中之重，包括业务调研、需求分析和解决方案；第三阶段是项目实施的关键，包括基础数据的准备和录入。以上的每个步骤和环节，都是环环相扣、逐步推行。ERP 项目的实施流程如图 11-7。

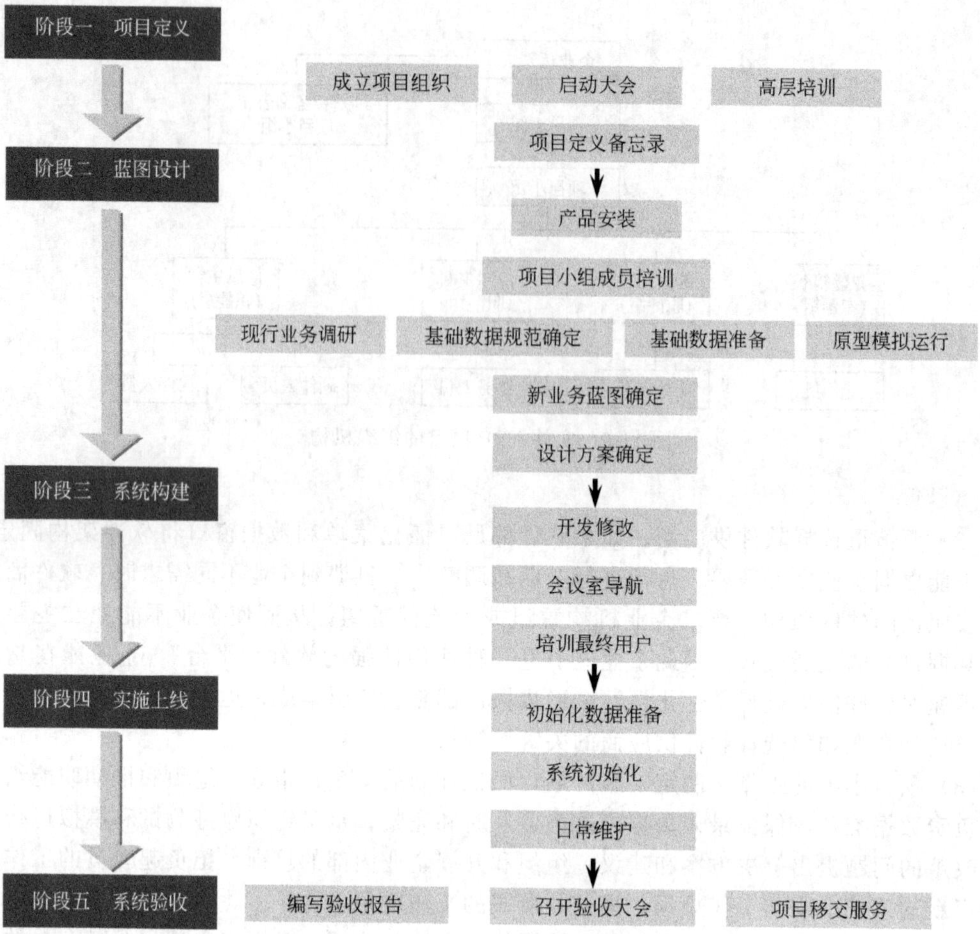

阶段一　项目定义

成立项目组织　启动大会　高层培训

项目定义备忘录

阶段二　蓝图设计

产品安装

项目小组成员培训

现行业务调研　基础数据规范确定　基础数据准备　原型模拟运行

新业务蓝图确定

设计方案确定

阶段三　系统构建

开发修改

会议室导航

培训最终用户

阶段四　实施上线

初始化数据准备

系统初始化

日常维护

阶段五　系统验收

编写验收报告　召开验收大会　项目移交服务

图 11-7　ERP 项目实施流程简图

11.2　办公自动化（OA）

11.2.1　办公自动化概述

办公自动化（Office Automation，简称 OA）是 20 世纪 70 年代中期发达国家迅速发展起来的一个综合性技术，是将现代化办公和计算机网络功能结合起来的一种新型的办公方式。

美国麻省理工学院 M. 季斯曼教授对办公自动化的定义为：将计算机技术、通信技术、系统科学与行为科学等应用于传统的数据处理技术难以处理的、数量庞大且结构又不明确的、包括非数值型信息的办公事务处理的综合技术。

我国在 1985 年召开的办公自动化规划讨论会上形成了比较统一的定义。即：办公自动化是利用计算机技术、通信技术、系统科学、行为科学、管理科学等先进的科学技术，不断使人们的办公活动物化于各种现代化的办公设备中，并由这些设备与办公人员构成的服务于某种目的的人机信息处理系统。

现代办公自动化系统观点认为，办公自动化实际是人与人、人与部门、部门之间信息的共享、交换、组织、分类、传递及处理，活动的协调，从而达到整体目标实现的过程。现代办公自动化系统着重于提供办公信息的共享、交换、组织、传递、监控功能，提供协同工作

的环境。

11.2.1.1 OA的作用、职能和模式

OA的作用是：综合利用计算机技术、网络技术和办公管理技术，在组织内部建立一个多任务、多功能的综合系统，实现内部办公自动化、文档一体化和日常工作信息化，从而提高办公活动的高效率和高质量，实现办公信息处理的大容量、最终实现无纸化办公、智能化办公。

办公自动化系统的职能划分为：事务处理级办公自动化系统、信息管理级办公化自动化系统和决策型办公自动化系统。

事务处理级办公自动化系统的主要内容是执行例行性的日常办公事务，涉及大量的基础性工作，包括文字处理、电子排版、电子表格处理，文件收发登录、电子文档管理、办公日常管理、人事管理、财务统计、报表处理、个人数据库等。

信息管理级办公自动化系统是将事务型办公系统和综合信息紧密结合的一体化的办公信息处理系统。它由事务型办公系统支持，以管理控制活动为主，除了具备事务型办公系统的全部功能外，主要是增加信息管理功能。

决策型办公自动化系统是在事务处理系统和信息管理系统的基础上增加了决策或辅助决策的功能。决策型办公自动化系统是最高级的办公自动化系统。

办公自动化的模式分为：个人办公自动化和群体办公自动化。个人办公自动化指支持个人办公的计算机应用技术，包括文字处理、数字处理、电子报表处理以及图像处理技术等。群体办公自动化用于支持群体间的动态协同办公。

11.2.1.2 OA的发展过程和前景

随着计算机技术发展的不断进步，办公自动化的职能、应用领域和概念外延也在不断衍生、扩大与提高，其发展过程主要有以下三个阶段：

第一代，以数据处理为中心的传统的管理信息系统。其最大的特点是基于传统的关系型数据库的应用，以结构化数据为存储和处理对象，强调对数据的计算和统计能力，采用的是字符型界面。其不足是客户机负担过重，管理、维护和培训费用较高，无法在企业局域网上建立统一的集成办公平台，而且系统自适差，只局限于内部信息的管理等。

第二代，以工作流为中心的办公自动化系统。这种方式彻底改变了早期办公自动化的不足之处，主要任务是企业内部各种信息的发布与传递、工作流和档案资料的管理，也承担与信息服务系统进行双向信息交互的任务。它涉及的技术包括协同工作、文档数据库与压缩、工作流管理、安全控制、多媒体、视频会议及数据库等内容。通过该系统，用户可以采用全双向及多媒体形式获取和发布信息，通过与Internet的互联，实现办公活动不受时间和空间的限制，从而提高企业办公的效率和质量。

第三代，以知识管理为核心的办公自动化系统。在实际工作中，人们对信息共享的需求也在不断增加，企业越来越需要更多、更广的外界信息和企业内部知识的积累。第三代办公自动化强调以知识管理为核心，能够提供丰富的学习功能与知识共享机制，确保每一个使用者都能随时随地根据需要向专家学习、向企业现有知识学习，使员工在办公自动化系统中的地位从被动转为主动，从而在提升每个员工创造能力的过程中，大大提高企业的创新能力。

我国办公自动化的发展方向应该是数字化办公。所谓数字化办公即几乎所有的办公业务都在网络环境下实现。办公自动化的发展趋势将是办公环境网络化、办公操作无纸化、办公服务无人化、办公业务集成化、办公设备移动化、办公思想协同化和办公信息多媒体化。

11.2.2 办公自动化系统模块

办公自动化系统模块的设计不仅要充分考虑到系统的安全性、稳定性、高效性、扩展性、灵活性和实用性，而且还要考虑用户的操作习惯，进行人性化设计。OA的系统结构如图11-8。

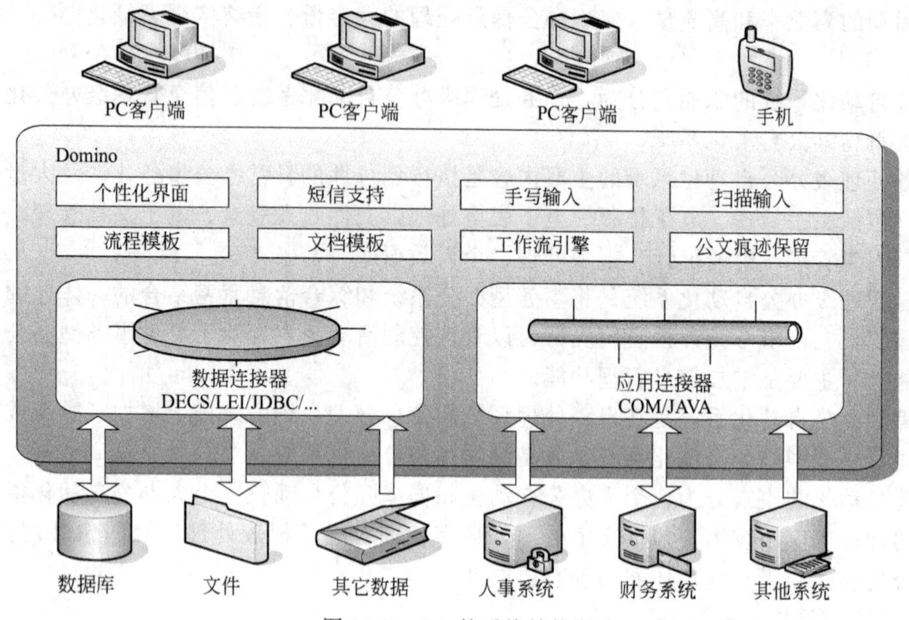

图11-8　OA的系统结构图

办公自动化系统主要包含的内容有：公文管理（收文管理、发文管理、督办管理、请示报告）；日常公务（交办协办、车辆管理、用车申请、会议室管理、会议议题申请、会议申请、会议纪要审核、信访管理、接待管理）；公共信息（通知公告、工作动态、大事记、工作论坛、常用查询）；内部资料（软件下载、常用表格、公共通讯录）；个人事务（待办事宜、工作计划小结、领导日程、个人日程、名片管理、常用意见、常用联系人、个人设置）；以及系统管理（用户管理、部门管理、群组管理、角色管理、权限分配、模块管理、文书模板、登录日志）等，具体的内容可视企业自身组织情况而言。

11.2.2.1 公文处理

公文处理子系统一般分为四个模块：发文管理、收文管理、督办管理、请示报告。

(1) 收文管理。在收文管理中，管理政府或其他外单位来文的签收、拟办、传阅、承办等工作，实现收文的登记、编号、拟办、批示/批阅、传阅、交付承办的流程。主要功能如下：

① 流程定义　管理员可以对流程进行定义，包括流程的名称、流程序号、后续流程序号、涉及的用户等。

② 收文登录　进行收文基本信息和全息内容的登录和嵌入；可以进行手工录入、文件引入两种手段。对于接收到的纸质文件，可以通过扫描仪先扫描成电子格式，然后通过文件引入的方式引入到系统中。电子档文件直接引入系统。登记内容包括收文号（系统自动提供）、文件的发文年、发文字、发文号、密级、缓急程度、文件标题、来文机关、主题词、页数、张数等。

③ 收文拟办　供领导填写拟办意见；同时输入办理期限；领导可以通过待办事宜进入

收文系统。

④ 收文办理 供主办部门和协办部门相关人员填写办理意见。

⑤ 收文传阅 接收人可以将收到的收文传阅给本部门的相关人员。

⑥ 办理查阅 具有办理查阅功能的人员将可以通过办理查阅功能查阅收文在所有部门的办理情况，包括流转记录、办理意见等。

⑦ 文件查询 通过各种条件组合，实现查询。

⑧ 全文检索 通过模糊查询的方法在收文文档中进行全文检索。

⑨ 打印功能 打印收文登记簿等。

⑩ 催办督办 系统根据办理期限自动判断是否已经延误并自动给当前用户发送催办通知或进行手工催办，办公室秘书发现有需要及时办理的公文通过该公文直接催办当前处理人员。秘书可以根据领导的批示对文件进行督办，打印督办单，录入督办结果。

⑪ 收回功能 供发送人收回已经发送的收文，避免由于接收人外出或有事的情况下延误收文的办理过程。

⑫ 返回功能 管理员或收发员可以通过返回功能把该文返回到文件已流转的任意一个节点。

⑬ 撤销收文 管理员或收发员可以随时撤销该收文，除了自己以外，其他人将看不到该文。另外相应的待办事宜中所有人员有关该文的记录将被系统自动删除。

(2) 发文管理。公文处理子系统中另一个重要的就是发文工作，实现发文的起草、审核、签发、编号、校对、签章、打印、发布、归档等过程的流程化管理。主要功能如下：

① 模板定义 管理员根据不同的办公内容定义模板，模板制作使用 Word 文档，方便易用。

② 流程定义 管理员可以对流程进行定义，包括流程的名称、流程序号、后续流程序号、涉及的用户等。

③ 发文拟稿 由拟稿人进入此系统上载已在本地用 Word 拟稿完的文档草稿，或选择自定义公文流转模板编写并填写相关的文稿信息；同时按照预先定义的流程进行发送。

④ 发文审核 审稿人员审核并提出意见，修改文稿并保留修改痕迹。

⑤ 发文会签 会签部门领导批阅并提出修改意见，修改文稿并保留修改痕迹。

⑥ 发文核稿 核稿人员审核并提出意见，修改文稿并保留修改痕迹。

⑦ 发文签发 领导提出修改意见并签发，修改文稿并保留修改痕迹。

⑧ 文件发送 文件被发送到各部门相关人员。

⑨ 收回功能 供发送人收回已经发送的发文，避免由于接收人外出或有事的情况下延误发文过程。

⑩ 返回功能 可以通过返回功能把该文返回到文件已流转的任意一个节点。

⑪ 意见查阅 只要流转过程中每一个用户都可以查阅文件处理过程中别人签署的意见。

⑫ 文件查询 通过各种条件组合，实现查询。

⑬ 流程跟踪 自动跟踪并显示文件的流转过程，可以查看流转的情况。

⑭ 全文检索 通过模糊查询的方法在发文文档中进行全文检索。

⑮ 催办督办 系统根据办理期限自动判断是否已经延误并自动给当前用户发送催办通知或进行手工催办，办公室秘书发现有需要及时办理的公文通过该公文直接催办当前处理人员。秘书可以根据领导的批示对文件进行督办，打印督办单，录入督办结果。

(3) 督办管理。是实现督办事项登记、通知、跟踪、人工催办、承办人承办、督办结果反馈、形成督办专报、统计查询等功能。督办流程可自行定义，督办单按设置好的流程正常流转。督办人员可以查看、打印督办单流转过程记录，对未按时完成事项，制发催办单。

(4) 请示报告。用于采购申请、工作汇报、文件呈批等。主要功能如下：

① 参数设置　定义常用的文种、编号规则、密级、常用的关键字和主题词和设置归档规则等。

② 流程定义　定义各类请示报告的工作流程。

③ 起草人拟稿核稿。起草人首先在用 Word 等字处理软件编辑文件并保存，新建发文稿，在发文稿上自动产生主办单位与拟稿人，填写核稿人，附件的标题，将 Word 文件以附件形式粘贴在发文稿上，然后提交负责任人审核。

④ 部门负责任人审核　部门负责任人审核签署意见，记录签署人、意见、日期，负责任人送下一人时决定是否会签。若会签，指定各会签人并自动提交所有会签人；若不会签，直接提交到领导。

⑤ 会签负责任人会签　各会签部门的负责任人签署意见后记录签署人、意见、日期，自动判断是否是最后会签部门。若是，自动提交到拟稿人所在部门领导审批。

⑥ 领导审批　签署意见，回执拟稿人。

11.2.2.2　公共信息子系统

公共信息子系统一般可分为新闻动态、通知公告、周会表、规章制度、下载中心、电话簿、常用查询、工作论坛等几个模块。

① 新闻动态　根据企业自身的情况，对新闻动态内容进行分类，对不同类别的新闻动态指定相应的部门进行管理，发布组织内部新闻动态。

② 通知公告　根据企业自身的情况，对通知公告内容进行分类，对不同类别的通知公告指定相应的人员进行管理，及时发布通知公告。

③ 周会表　根据企业自身的情况，指定专人编排和发布领导一周开会安排，供部门查看。

④ 规章制度　分类管理企业内部规章、制度，国家相关法规、相关标准等，便于查阅。

⑤ 下载中心　在企业内部提供如工作表格、常用软件、模板文件等资源，供下载，方便工作。

⑥ 电话簿　提供企业内部公共通讯录。如：常用号码本、常用单位联系人通讯等。

⑦ 常用查询　利用丰富的互联网资源，提供万年历、天气预报、地图、英汉词典、火车时刻、飞机航班、计算器、邮政编码等常用工具供企业员工查寻。

⑧ 工作论坛　提供企业内部工作人员信息交流的场所，各部门的工作人员可以在这里对关心的话题进行交流，发布自己的意见，以及对其它人的意见进行回复，信息的创建者可以对已发布的信息进行维护。系统可以为用户设置权限，管理员可以新增、删除栏目，同时可以指定栏目的版主，由版主负责对栏目的管理。

11.2.2.3　日常办公子系统

日常办公子系统一般包括信访管理、会议议题申请、会议室申请、会议纪要审批、会议室管理、用车申请、车辆管理等几个模块。

① 信访管理　主要用于完成对一些来信来访、投诉等内容进行登记、检查、办理跟踪等功能。信访信息由信访办统一录入，信访信息包括如下项目：收信日期、信访编号、姓名、阅批者、转信单位、复信情况、限办日期、处理要求、事由、地址。

信访管理流程及功能大致同收文，信访单可以转入督办系统进行督办。

② 会议议题申请　召开的会议之前，先对会议议题、甚至与会人、开会时间、地点等

 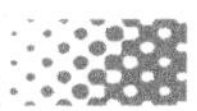

进行申请、审核、确定等过程的流程化管理。

③ 会议室申请　会议议题确定后，对相应的会议室或会堂等会议室资源进行申请、审核、预约、分配等过程的流程化管理。

④ 会议纪要审批　会议结束后，由会议记录员将会议纪要整理、经相应人员审核后，归档发布等过程的流程化管理。

⑤ 会议室管理　本模块对会议室的情况进行详细的记录，如会议室名称、位置、容纳人数、相关设施情况等。同时，记录各会议室的当前使用、空闲、预约的情况和会议室的历史使用情况。本模块可以实现会议资源的信息的查询与相关统计。

⑥ 车辆申请　车辆从申请、审批、计划、调度、派车等的一系统过程管理。

⑦ 车辆管理　用车管理提供对记录车辆预约情况：用车申请审批流程，用车申请、领导批示等等；它通过登记和计划车辆的使用情况，可以让需要使用车辆的人员及时地掌握每辆车的当前调度状态，并根据当前的调度状态来合理地安排和计划车辆的使用。

11.2.2.4 个人办公子系统

个人办公子系统分为：电子邮件、待办事宜、日程安排、站内信、手机短信、用车申请、名片管理、文件夹、个人配置等几个模块。

① 电子邮件　全功能的用户个人电子邮件系统，可以进行邮件的撰写、收发、群发、回复、抄送、请求回执、删除恢复（恢复存于垃圾邮件夹中的邮件）、自定义各种功能的邮件夹等。

② 待办事宜　是个人在公文处理流程和业务处理流程的各环节需要办理的事宜，主要对发来的文档进行传阅、审核、会签、签发、批示、办理、督办等处理。具有提醒的机制，可自动与其他系统建立关联，使用户能够集中处理个人承担的所有的日常待办工作。

③ 日常安排　用于安排个人的工作、活动、计划等事项，提供系统提醒，并可自定义阅读权限，使得单位能够掌握个人的动态。支持按日、周、月、年等多种方式查看日程。配合短信网关可实现日程手机短消息提醒功能。

④ 站内信　本模块作为 OA 系统内的 web 方式的即时消息，可以给其他用户发送即时消息，消息可以是文字内容，也可以附加附件。收到消息人可以立即回复，如此一来一往实现内部交流。当对方不在线时，会在对方一上线时，就进行提醒，引起对方重视。

⑤ 手机短信　本模块用于进行手机短信的发送（包括群发），在 OA 系统集成短信平台时，OA 用户在被授权的情况下，将可以使用短信平台进行手机短信的发送或群发。发送时可以从用户、部门、群组、角色等信息中选取接受人信息，也可以从个人通讯录、公共通讯录或直接输入手机号码来发送手机短信。可以指定手机短信发送时间，短信网关在指定时间时发送。手机短信可以用于会议通知，待办提醒等众多方面，提高 OA 系统的响应效率。

⑥ 名片管理　与个人相关的联系人通讯信息查看和维护。

⑦ 文件夹　完成对个人的各类电子文档的录入、分类操作，并可以根据工作需要由个人自由定义文档的共享级别：私人文档、部分共享、完全共享。

⑧ 个人配置　提供个人的密码修改、个性化界面定制、消息提醒设置、快捷栏目定义等。

11.2.2.5 系统管理子系统

系统管理子系统是整个 OA 系统运行平台的支撑，主要分为：用户管理、部门管理、群组管理、角色管理、权限分配、模块管理、文书模板、数据字典、登录日志等几个模块。

① 用户管理　系统用户的注册、注销、基本信息维护。支持用户批量信息导入注册。

② 部门管理　部门划分、用户所属部门分配。

③ 群组管理　群组划分、用户所属群组分配。

④ 角色管理　角色划分、用户所属角色分配。

⑤ 权限管理　指定系统管理员和和各模块级管理员。本工作由系统管理员担任。

⑥ 文书模板　发文管理中用到的文书模板管理。

⑦ 登录日志　对各用户登录系统的情况进行日志，日后可以进行查询和追溯。

11.2.3 企业办公自动化的功能需求

目前，信息化管理已经成为推动企业技术发展的主要潮流，随着知识经济时代和信息化的到来，我国的企业也面临着挑战和机遇。传统的办公模式已经在很大程度上不适应企业的自身发展。实施 OA 系统是企业提高办事效率，提升企业经营管理水平的重要保证。

企业办公自动化系统的设计应该考虑以下几个方面：

① 适用性，综合考虑已有软硬件平台的实际情况和其自身未来发展方向。

② 先进性，采用的技术既要反映当今的先进水平，又要具有很好的发展潜力。

③ 完整性，软件、网络功能的完整性。它要求网络系统应满足决策层、管理层、操作层的所有业务需要。

④ 可靠性，系统运行稳定，最大可能地降低错误率；软件系统通过负载平衡、数据库集群动态实现实时热备份、数据库动态复制、磁盘镜像等技术手段，提供不间断服务，保证系统长期运行稳定；网络系统的设计必须具有一定的容错能力，保障在意外情况下不中断用户的正常工作。

⑤ 安全性，在信息高度共享的系统中，充分利用主机、网络提供的安全保障。确保系统的信息安全性符合管理要求，安全级别控制严格，数据库存取控制有很好的措施，提供数据备份和恢复手段。

⑥ 开放性与可扩展性，企业采用主流的软件体系，基于构件的软件设计思想和开发方法，保证系统的高度可扩展性；网络建设在采用先进技术的同时，更要注重该技术的成熟性，要求选择的技术符合国际标准，与主流厂商产品及网络技术可兼容。同时必须有一定的超前性，及灵活的扩展性。当网络本身需要升级时，只需改动少许设备，无需更动信息点的设备。

⑦ 实用性，确保系统功能实用、操作简单、易学易用；系统将提供统一的界面入口，使得用户能够一打开页面，就可以方便地查看主要工作动态，有哪些大的工作事项，有哪些需要办理的事项，并可点击立即开展工作。而不需要在不同的系统之间来回切换和寻找待办的工作。同时，所有子系统完全采用模块化设计，操作方式基本相同，界面一致，易学易用。

11.2.4 办公自动化系统的安全和保密

办公自动化系统要遵循安全与保密协议，所谓安全是指防止有意或无意地破坏系统软硬件及信息资源行为的发生，避免企业遭受损失所采取的措施，包括硬件安全、软件安全、数据安全和运行安全。保密指的是防止有意窃取信息资源行为的发生，使企业免受损失而采取的措施。

(1) 安全与保密的影响因素

影响办公自动化系统安全与保密的因素包括自然因素、人为因素和技术因素。如人的行

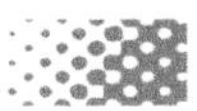

为、水灾、火灾、地震等以及涉及计算机数据软件等方面的因素。

(2) 安全与保密制度

为确保办公信息系统的安全，在系统安全和保密方面可采取具体的管理制度。

① 建立计算机管理和监察机构，制定系统安全目标和具体的管理制度。

② 对计算机系统的关键场所，如主机房、网络控制室、数据介质库房和终端室，应视不同情况进行安全保护，重要部位应安装电视监视设备，有的区域应设置报警系统。

③ 计算机系统启用前进行安全性检查，重要部门的计算机在启用前要报请有关部门进行安全保密检查，如有否计算机病毒或逻辑炸弹等非法程序侵入等。

④ 执行主要任务的机构应该做到专机、专盘、专用；重要数据应定时、及时备份。

⑤ 采用口令识别、分级授权、存取控制等成熟的安全技术。

⑥ 进行安全审计，掌握非法用户访问或合法用户的非法操作，以便发现潜在的问题，及时制止非法活动或者对刚出现的问题采取补救措施。

⑦ 禁止使用来历不明的磁盘，严禁玩游戏；慎重使用共享软件，尽量不从网上下载软件，来历不明的电子邮件不要随便查阅。

⑧ 完整地制作系统软件和应用软件的备份，并结合系统的日常运行管理与系统维护，做好数据的备份及备份的保管工作。

⑨ 敏感数据尽可能以隔离方式存放，由专人保管。

(3) 一般安全与保密措施

一般的企业采用的网络系统安全措施主要有：

① 加强系统安全的制度建设，制定严格的信息系统安全和保密管理制度；对有关涉秘人员，要签订保密协议；对全部系统应用人员进行安全知识的宣传和培训；加强系统使用人员的安全意识，培养他们数据备份、信息保护、安全防范的基本能力。

② 直接利用操作系统、数据库、电子邮件以及应用系统提供的安全控制机制，对用户权限进行控制和管理。

③ 在网络内的桌面工作站上安装防病毒软件，加强病毒的防范。

④ 在 Intranet 与 Internet 的连接处加装防火墙和隔离设备。

⑤ 对重要信息的传输采用加密技术和数字签名技术。

11.3 过程控制系统（PCS）

随着人们物质生活水平的提高以及市场竞争的日益激烈，产品的质量和功能也向更高的档次发展，制造产品的工艺过程变得越来越复杂，为满足优质、高产、低耗，以及安全生产、保护环境等要求，作为工业自动化重要分支的过程控制（Process control）的任务也愈来愈繁重。

在石油、化工、冶金、电力、轻工和建材等工业生产中连续的或按一定程序周期进行的生产过程的自动控制称为生产过程自动化。生产过程自动化是保持生产稳定、降低消耗、降低成本、改善劳动条件、促进文明生产、保证生产安全和提高劳动生产率的重要手段，是 20 世纪科学与技术进步的特征，是工业现代化的标志。

过程控制正朝高级阶段发展，不论是从过程控制的历史和现状看，还是从过程控制发展的必要性、可能性来看，过程控制是朝综合化、智能化方向发展，即计算机集成制造系统（CIMS）：以智能控制理论为基础，以计算机及网络为主要手段，对企业的经营、计划、调度、管理和控制全面综合，实现从原料进库到产品出厂的自动化、整个生产系统信息管理的最优化（见 11.5）。

11.3.1 PCS技术在国内、外的发展

在现代工业控制中，过程控制技术是一历史较为久远的分支，在20世纪30年代就已有应用。

过程控制技术发展至今天，在控制方式上经历了从人工控制到自动控制两个发展时期。在自动控制时期内，过程控制系统又经历了三个发展阶段：分散控制阶段，集中控制阶段和集散控制阶段。几十年来，工业过程控制取得了惊人的发展，无论是在大规模的结构复杂的工业生产过程中，还是在传统工业过程改造中，过程控制技术对于提高产品质量以及节省能源等均起着十分重要的作用。

11.3.1.1 PCS在国外的发展

20世纪50年代，过程控制主要用于使生产过程中的一些参量保持不变，从而保证产量和质量稳定。60年代，随着各种组合仪表和巡回检测装置的出现，过程控制已开始过渡到集中监视、操作和控制，它具有5个层次的功能：①调度；②操作模式确定；③质量控制；④反馈控制（自动调节）和顺序控制；⑤故障的防止和弥补。

20世纪70年代，出现了过程控制最优化与管理调度自动化相结合的多级计算机控制系统。

20世纪80年代，过程控制系统开始与过程信息系统相结合，具有更多的功能。过程信息系统在操作员与自动化系统之间提供了人机交互功能，各种显示屏幕能显示过程设备的状态、报警和过程变量数值的流程图，并能在屏幕的一定区域显示过去的信息。过程信息系统还能统一处理销售、设计、内部运输、存储、包装、行情调查、会计、维修、管理等环节的信息，沟通企业内部和企业内外的信息，并能根据使用人员的需要有选择地提供信息报告。例如，顾客的订货单可在门市部送到信息系统中而立即传送到信息系统的生产调度部门。

20世纪80年代，比较著名的大型集散控制系统新产品有：美国Honeywell公司的TDC-3000，Foxboro公司的I/AS，Bailey公司的INFI-90，日本横河公司的CENTRUMXL，英国Oxford Automation公司的SYSTEM-86，德国Siemens公司的TELEPERM系统等等。这些都属于第三代DCS，控制点可达到一万点以上，系统结构接近标准化，采用局域网技术。它的主要改变是在局域网络方面，采用了符合国际标准化组织ISO的OSI开放系统互连的参考模型。因此。在符合开放系统的各制造厂商产品间可以互相连接、互相通讯和进行数据交换，第三方的应用软件也能在系统中应用，从而使集散控制系统进入了更高的阶段。

在20世纪90年代初，随着对控制和管理要求的不断提高，第四代集散控制系统以管控一体化的形式出现。它在硬件上采用了开放的工作站，使用RISC替代CISC，采用了客户机/服务器（Client/Server）的结构。在网络结构上增加了工厂信息网（Intranet），并可与国际信息网（Internet）联网。在软件上则采用UNIX系统和X-Windows的图形用户界面，系统的软件更丰富。同时，在制造业，计算机集成制造系统（CIMS）得到了应用，使人们看到了应用信息管理系统的经济效益。随着现场总线技术的出现，在世界上引起了广泛重视，各大仪表制造厂商纷纷在自己的DCS系统中融入现场总线技术，推出现场总线控制系统及相应的现场总线仪表装置。第四代集散控制系统的典型产品有Honeywell公司的TPS控制系统，横河公司CENTER-CS控制系统，Foxboro公司I/AS50/51系列控制系统，ABB公司Advant系列OCS开放控制系统等。这一代集散控制系统主要是为解决DCS系统的集中管理而研制，它们在信息的管理、通讯等方面提供了综合的解决方案。

近十几年来，过程控制系统发展非常迅速，由于集散控制系统是这一领域的主导发展方

 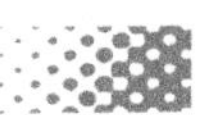

向，各国厂商都在这一市场不断推陈出新。美国和日本的产品代表两个主要的发展方向：美国厂商重点推出开放型集散系统，加速研制现场总线产品，推广应用智能变送器：日本厂商则着重发展高功能集散系统，从软件开发入手，挖掘软件工作的潜力，强调控制功能和管理功能的结合。

11.3.1.2 我国 PCS 的发展

我国的工业控制计算机技术起步于 20 世纪 50 年代末期，经历了巡回检测装置、小型工业控制机、可编程控制器等几个阶段以后，70 年代中期研制了小型工业控制计算机网络系统。70 年代末，有少数几家化工企业从国外引进了集散控制系统。80 年代中期，集散控制系统进入冶金、电力等行业。90 年代初期，我国将集散控制系统与工业控制局部网络列入国家攻关计划，并取得了一些可喜的成果，我国石化行业“八五”期间新建和技改的石化生产装置大多数采用 DCS 系统。

我国也开展了计算机集成制造系统试点，部分石化企业已实施 CIMS。CIMS 在石油行业虽已开始应用，但尚属探索阶段。由于建立大型的控制与管理相结合的管理信息系统所需投资较大，一般企业无法承受，而且我国当前的生产过程与国际先进水平还有一定的差距，这对过程控制系统的发展产生了一定的影响。

我国企业已开发了适合我国国情、有自己特色的集散控制系统投入生产和使用。

11.3.2 PCS 的特点及其在化工中的应用

过程控制在石油、化工、电力、冶金等部门有广泛的应用。

凡是采用模拟或数字控制方式对生产过程的某一或某些物理参数进行的自动控制就称为过程控制。过程控制系统（Process Control Systems，PCS）可以分为常规仪表过程控制系统与计算机过程控制系统两大类。随着工业生产规模走向大型化、复杂化、精细化、批量化，靠仪表控制系统已很难达到生产和管理要求，计算机过程控制系统是近几十年发展起来的以计算机为核心的控制系统。

以表征生产过程的参数为被控制量使之接近给定值或保持在给定范围内的即自动控制系统。这里“过程”是指在生产装置或设备中进行的物质和能量的相互作用和转换过程，如锅炉中蒸汽的产生、分馏塔中原油的分离等。表征过程的主要参数有温度、压力、流量、液位、成分、浓度等。通过对过程参数的控制，可使生产过程中产品的产量增加、质量提高和能耗减少。

例如，蒸汽锅炉的液位控制系统是过程控制系统的一个例子。当产生蒸汽的耗水量与锅炉进水量相等时，液位保持在给定的正常标准值。蒸汽量的增加或减少即引起液位的下降或上升。差压传感器将液、汽间的压差（代表实际液位）与给定压差（代表给定液位）比较，得到两者的差值，称为偏差（代表实际液位与给定液位之差）。控制器根据偏差值按照指定规律发出相应信号，控制调节阀的阀门，使液位恢复到给定的标准位置，从而实现对液位的自动控制。

一般的过程控制系统通常采用反馈控制的形式，这是过程控制的主要方式。而在批量型的过程操作中则需要采用顺序控制系统。例如，化学反应器中催化剂的注入需要等到反应物升温至一定数值后才能开始，操作必须遵守严格的顺序，顺序控制常采用可编程序逻辑控制器来实现。

在实际生产过程中，往往有多个参数（被控量）需要控制，又有多个变量可用作控制量。在很多情况下，被控量与控制量之间呈现出交互影响的关系，每个控制量的变化会同时引起几个被控量变化。这种变量间的交互影响称为耦合。耦合的存在会使过程控制系统变得复杂化。简化控制系统结构的一种方法是采用解耦控制，通过引入某种补偿网络或补偿通道把一个有耦合的多变量过程化成一些无耦合的单变量过程来处理，或者经过适当的变换和处理以减小耦合影响。多变量频域方法是研究和设计多变量耦合过程控制系统的一种有效工具。

在化工企业的生产过程中，PCS 完成生产工艺参数的检测、显示、记录、调节、控制、报警等功能，它对提高流程生产线的作业率，改善产品质量及缩短新产品、新工艺的开发周期起着极其重要的作用。其特点是对生产过程进行实时控制，控制过程复杂、监控参数多、数据变化快、数据处理及存储量大。

PCS 是化工生产企业的强大助手，但也是实施管控一体化过程中阻力最大、操作最难的一个关键环节。如果脱离了 PCS，那么管控一体化就失去了存在的基础。化工企业应利用每一次技术改造的机会贯彻管控一体化的思想，必须要求各工段的控制系统供应商按统一的网络接口标准及相应的软硬件技术标准和规范，设计各自的控制系统；在应用软件的开发上要充分考虑与上层管控系统的信息交换，并尽可能采用先进的控制优化策略；在资金和技术允许的条件下，现场设备仪表也尽可能地采用现场总线技术。

11.3.3 PCS 的种类和发展趋势

11.3.3.1 PCS 的类别

计算机控制系统的应用领域非常广泛，计算机可以控制单个电机、阀门，也可以控制管理整个工厂企业；控制方式可以是单回路控制，也可以是复杂的多变量解耦控制、自适应控制、最优控制乃至智能控制。因而，它的分类方法也是多样的，可以按照被控参数、设定值的形式进行分类，也可以按照控制装置结构类型、被控对象的特点和要求及控制功能的类型进行分类，还可以按照系统功能、控制规律和控制方式进行分类。常用的是按照系统功能分类，分为以下几类：

(1) 数据处理系统（DAS），对生产过程参数作巡检、分析、记录和报警处理。

(2) 操作指导控制系统（OGC），计算机的输出不直接用来控制生产过程，而只是对过程参数进行收集，加工处理后输出数据，操作人员据此进行必要的操作。

(3) 直接数字控制系统（DDC），计算机从过程输入通道获取数据，运算处理后，再从输出通道输出控制信号，驱动执行机构。

(4) 监督控制系统（SCC），计算机根据生产过程参数和对象的数字模型给出最佳工艺参数，据此对系统进行控制。

(5) 多级控制系统，企业经营管理和生产过程控制分别由几级计算机进行控制，一般是三级系统，即经营管理级（MIS）、监督控制级（SCC）和直接数字控制级（DDC）。

(6) 可编程控制器控制系统（PLC）。主要特点是：工作可靠，运行速度快；积木式结构，组合灵活；良好的兼容性；程序编制及生成简单、丰富；网络功能强。PLC 系统能很好地完成工业实时顺序控制、条件控制、计数控制，步进控制等功能；能完成模/数（A/D）和数模（D/A）转换、数据处理、通信联网、实时监控等功能。特别适合中小型改造项目，投资少、规模小的仪控系统。

(7) 集散控制系统（DCS），以微处理器为核心，实现地理和功能上的分散控制，同时通过高速数据通道将分散的信息集中起来，实现复杂的控制和管理。其核心思想是集中管理、分散控制，即管理与控制分离。上位机用于集中监视管理功能，若干台下位机分散到现场实现分布式控制，各上下位机之间通过控制网络互连以实现相互之间的信息传递。

DCS具有功能全、采用网络通信技术、完备的开放系统、可靠性高、具有综合性和专业性、人机对话技术、系统扩展灵活、管理能力强等主要特点。但为了达到垄断目的，不同厂家的DCS系统之间以及DCS与上层intranet/internet信息网络之间难以实现网络互连和信息共享，因此DCS是一种封闭的、专用的、不具可互操作性的控制系统，且DCS造价昂贵。

(8) 监控与数据采集系统（SCADA），SCADA是以计算机、控制、通讯与CRT技术为基础的一种综合自动化系统，更适用于点多、面广、线长等的生产过程。由于控制中心和监控点的分散而自然形成了两层控制结构。

(9) 现场总线控制系统（FCS），是新一代分布式控制系统，与DCS的三层结构不同，其结构模式为工作站/现场总线智能仪表等两层结构。即用现场总线（是用于链接过程自动化的现场智能设备或智能仪表的双向）、串行、数字信号总线）组成可操作的网络，将现场各控制器及仪表设备互联，构成FCS；同时控制功能彻底下放到现场，降低了总成本，提高了可靠性，系统更加开放，功能更加强大。在统一的国际标准下，可实现真正的开放式互连系统结构。

目前虽然现场总线发展迅速，但至今无统一的总线标准。现场总线有：interbus、Bitbus、DeviceNet、MODbus、Arcnet、P-Net、FIP、ISP等。具影响力的有五种，分别是FF、Pitbus、HART、CAN和Lonworks。

(10) 计算机集成过程控制系统（CIPS），利用DCS作基础，开发高级控制策略，实现各层次的优化，利用管理信息系统MIS进行辅助管理和决策，将企业中有关过程控制、计划调度、经营管理、市场销售等信息进行集成，经科学加工后，为各级领导、管理及生产部门提供决策依据，实现控制、管理的一体化。

11.3.3.2 PCS发展趋势

计算机控制系统以其特有的优势和强大的功能，已在过程控制领域得到广泛的应用。同时，随着计算机软硬件技术和通讯技术的飞速发展，新的控制理论和新的控制方法也层出不穷。展望未来，它的发展趋势有以下几个方面。

(1) 大力推广应用成熟的先进技术。普及应用具有智能I/O模块的、功能强、可靠性高的可编程控制器（PLC），广泛使用智能化调节器，采用以位总线（Bitbus）、现场总线（Fieldbus）技术等先进网络通讯技术为基础的新型DCS和FCS控制系统。

(2) 大力研究和发展智能控制系统。智能控制是一种无需人的干预就能够自主地驱动智能机器实现其目标的过程，也是用机器模拟人类智能的又一重要领域。智能控制系统的类型主要包括：分级梯阶智能控制系统、模糊控制系统、专家控制系统、学习控制系统、人工神经网络控制系统和基于规则的仿人工智能控制系统等。

(3) 控制与管理结合，向低成本自动化（Low Cost Automation，LCA）方向发展。LCA是一种以现代技术实现常规自动化系统中的主要的、关键的功能，而投资较低的自动化系统。在DCS和FCS的基础上，采用先进的控制策略，将生产过程控制任务和企业管理任务共同兼顾，构成计算机集成控制系统（CIPS），可实现低成本综合自动化系统的方向发展。

总之，由于计算机过程控制在控制、管理功能、经济效益等方面的显著优点，使之在石油、化工、冶金、航天、电力、纺织、印刷、医药、食品等众多工业领域中得到广泛的应用。计算机控制系统将会随着计算机软硬件技术、控制技术和通信技术的进一步发展而得到更大的发展，并深入到生产的各部门。

11.4 制造执行系统（MES）

GB/T 25485—2010《工业自动化系统与集成制造执行系统功能体系结构》对MES的定义是：MES是针对企业整个生产制造过程进行管理和优化的集成运行系统。它在接受订单开始到制成最终产品的全部时间范围内，采集各种数据信息和状态信息，与上层业务计划层和底层过程控制层进行信息交互，通过整个企业的信息流来支撑企业的信息集成，实现对工厂的全部生产过程进行优化管理。MES提供实时收集生产过程数据的功能，当工厂发生实时事件时，MES能够对此及时做出反应、报告，并使用当前的准确数据对其进行指导和处理。这种对事件的迅速响应使得MES能够减少企业内部无附加值的活动，有效指导工厂的生产运作过程，使其既能提高工厂及时交货能力、改善物料的流通性能，又能提高生产回报率。

11.4.1 MES及其发展

制造执行系统（Manufacturing execution system，简称MES）是美国AMR公司（Advanced Manu-facturing Research，Inc.）在20世纪90年代提出，旨在加强MRP（Material requirement planning，物料需求计划）的执行功能，把MRP计划同车间作业现场控制，通过执行系统联系起来。这里的现场控制包括PLC程控器、数据采集器、条形码、各种计量及检测仪器、机械手等。MES系统设置了必要的接口，与提供生产现场控制设施的厂商建立合作关系。

MES可以为用户提供一个快速反应、有弹性、精细化的制造业环境，帮助企业减低成本、按期交货、提高产品的质量和提高服务质量。适用于不同行业，能够对单一的大批量生产和既有多品种小批量生产又有大批量生产的混合型制造企业提供良好的企业信息管理。目前国外知名企业应用MES系统已经成为普遍现象。

20世纪40年代，AMR公司认为制造业应该用三层模型（3rd-layer-model）表示信息化。上层ERP/SCM是业务计划系统，下层DCS/PLC是过程控制系统，将位于计划层和控制层中间的执行层叫做MES。MES作为生产执行系统，把业务计划的指令传达到生产现场，将生产现场的信息及时收集、上传和处理。MES与上层ERP和下层DCS一起构成企业的神经系统。

1997年，MESA[1]（Manufacturing Enterprise Solutions Association，制造企业解决方案联合会）提出了包括11个功能的MES功能组件和集成模型。该模型强调MES是一个与其他系统相连的信息网络中心，在功能上可以根据行业和企业的不同需要与其他系统集成，为实施基于组件技术的可集成的MES提供了标准化的功能结构、技术框架和信息结构。

1998年，AMR公司发表REPAC（Ready，Execute，Process，Analyze，Coordinate）模型，即包括准备、实行、处理、分析、调整5个阶段组成的过程周期。该模型对MES三层模型的进行扩充，将计划、技术方案，调度、执行和控制等对应的5个信息系统集成连接，使MES成为企业横向之间、纵向之间、系统之间集成的系统，成为企业经营系统闭环回路中的一部分。

---

[1] MESA International is a global community of manufactures, producers, industry leaders, and solution providers who are focused on driving business results fro manufacturing information.

11.4.2 MES功能层次

11.4.2.1 功能层次的描述

将制造类企业的信息集成划分为三个不同的功能层次等级，分别为：业务计划层、制造执行层，以及过程控制层。如图11-9所示。

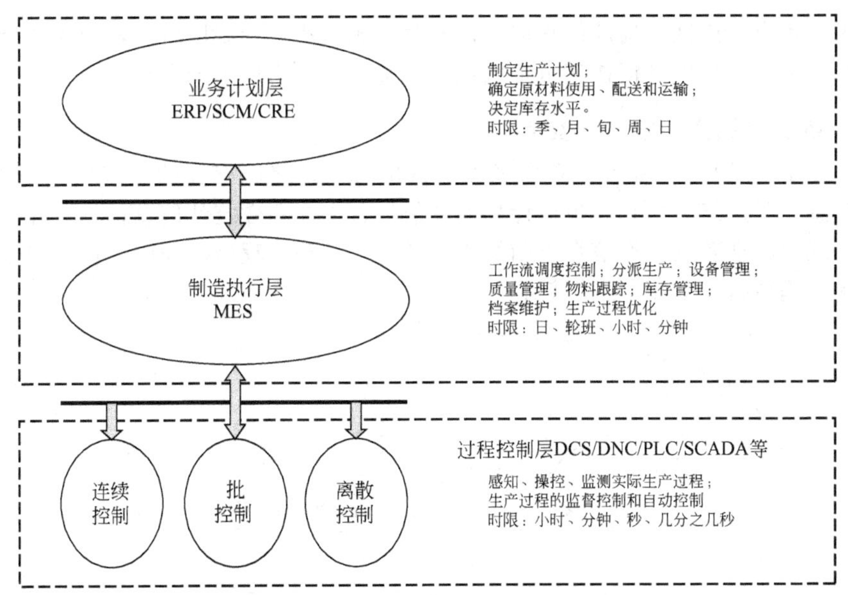

图11-9　制造类企业功能层次

（资料来源：GB/T 25485—2010）

（1）业务计划层。制造型企业管理所需的相关业务类活动。包括管理企业中的各种资源、管理企业的销售和服务、制定生产计划、确定库存水平，以及确保物料能按时传送到正确的地点进行生产等。通常会选用ERP（或MRPⅡ）、SCM、CRM等系统。业务计划层的活动运行时限通常是：季度、月、周、旬、日等。

（2）制造执行层。介于业务计划层和过程控制层之间，为了实现生产出最终产品的工作流的活动。包括记录维护和过程协调等活动。主要面向制造型企业工厂管理的生产调度、设备管理、质量管理、物料跟踪、库存管理等等。可以通过MES实现这些功能。制造执行层的活动运行时限通常是：日、轮班、小时和分钟。

（3）过程控制层。感知、监测和控制实际生产过程的活动。按照实际生产方式的不同，可细分为：连续控制、批控制及离散控制。控制层通常选用的控制系统包括：DCS（分布式控制系统，常称为：集散控制系统）、DNC（分布式数控系统）、PLC、SCADA等。过程控制层的活动运行时限通常是：小时、分钟、秒、几分之几秒，甚至更快。

11.4.2.2 制造执行层的主要活动

MES需要针对功能层次中制造执行的活动进行定位与设计，关注制造执行层内部的职责运行和控制功能，以及与业务计划层、过程控制层之间的信息交互。

制造执行层的主要活动包括：

（1）报告区域生产情况（包括可变成本在内）；

（2）汇集并维护有关生产、库存量、人力、原材料、备件和能源使用批区域数据。

（3）完成按工程功能要求的数据收集和离线性能分析，包括统计质量分析和有关的控制功能；

(4) 完成必要的人员管理功能，如：工作时间统计，休假调度，劳动力调度，单位的晋升方针，以及公司内部的培训和人员的技术规范。

(5) 为其自身的区域建立包括维护、运输和其他与生产有关的、直接的详细生产调度计划；

(6) 为其各个生产区域局部优化成本，同时完成由业务计划层所制定的生产计划。

(7) 修改生产计划以补偿在其负责区域可能会出现的工厂生产中断。

11.4.2.3 各层次见生产信息的交互

GB/T 25485—2010 将业务计划系统和制造执行系统之间交互的生产信息归纳为 4 类：产品定义信息、生产能力信息、生产计划调度信息、生产绩效统计信息；将过程控制系统和制造执行系统之间交互的生产信息也归纳为 4 类：设备和过程生产规则、操作指令、操作响应、设备和过程数据。如图 11-10 所示。

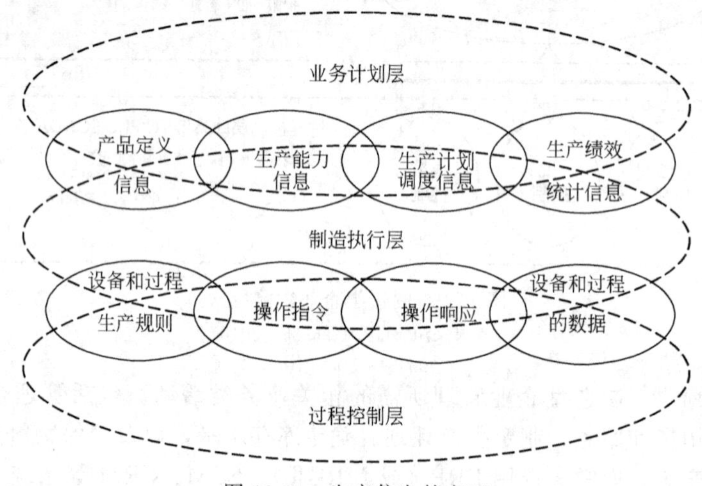

图 11-10 生产信息的交互

MES 在企业集成运行系统中需起到连接业务计划层和过程控制层的作用。业务计划层所制定的生产计划需要通过 MES 传递给生产现场；同时，来自过程控制层的实际生产状态也需要通过 MES 报给业务计划层。

11.4.3 MES 功能体系结构

11.4.3.1 国标给出的 MES 功能体系结构模型

GB/T 25485—2010 详细描述了制造执行系统的功能体系结构模型，如图 11-11 所示。

该模型定义了 MES 的基本功能体系结构，以“生产管理”为中心，对制造执行层进行了功能结构的划分，给出了制造执行层内部的主要功能，以及功能之间传递的信息流，具体划分了以下三部分模型，并对其进行描述。

① 生产管理模型（图中左侧虚线框内部分）：是制造执行系统的核心部分。它又进一步细分为 9 个相对独立的子功能，分别是：广义产品管理、资源管理、生产调度、生产分派、操作管理、数据收集、生产跟踪、绩效分析、生产统计。同时，模型给出了这 9 个子功能间的信息交互关系，以及特定功能模块与上层业务计划层和下层过程控制层之间的信息交互，明确地定义了信息流的走向。

② 影响生产的主要功能模型（图中右侧虚线框内部分）：定义了：“维护管理”、“质量

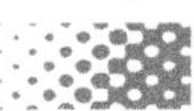

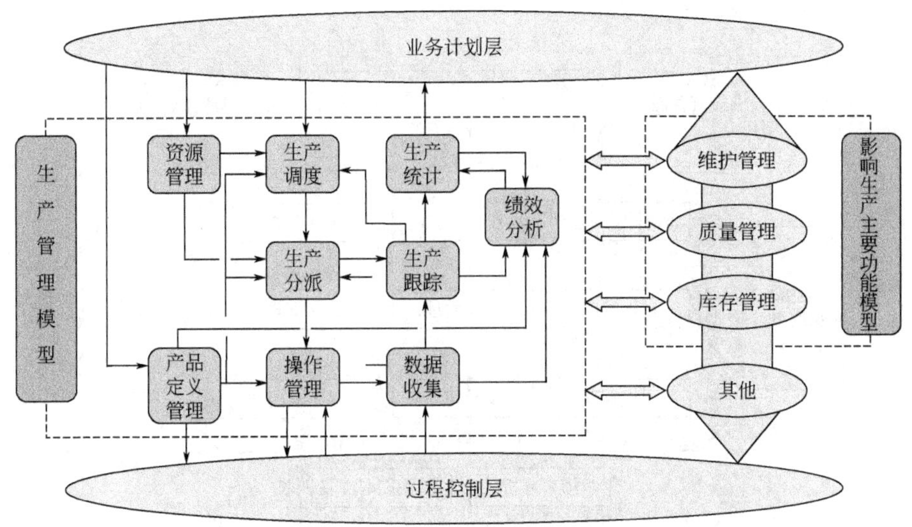

图 11-11 MES 功能体系结构模型

管理"、"库存管理"。它们都是制造类企业的制造执行层中必不可少的组成部分，它们对制造类企业的生产运行会产生极为重要的影响，有时甚至是决定性的影响。本模型通过信息流的定义来表达它们之间，及它们与生产之间的相互影响关系。

③ 影响生产的其他功能模型（图中右下角椭圆框）：它们并不是对于所有的制造类企业都是必需的，但是有时它们对生产也将会产生非常重要影响，或是可以对生产的管理提供非常有益的帮助。同时，对于不同的行业和不同企业的实际情况，需要这样的功能扩展也将会有所区别（略去标准进一步给出的"能源管理"、"安全管理"、"文档管理"、"系统仿真"这几个扩展功能的定义），它们对于大多数的制造类企业也将会产生较为重要影响。同时，标准规定针对特定行业或特定企业的制造执行系统，可以根据具体行业和企业的实际情况，对这部分模型进行进一步的模块定义、扩展和删减。

11.4.3.2 MES 的集成功能模型

1997 年，全球 MESA（Manufacturing Enterprise Solutions Association，制造企业解决方案协会）提出了包括 11 个功能的 MES 功能组件和集成模型。MES 集成功能模型如图 11-12 所示。

MESA 规定，只具备 11 个功能之中的某一个或几个，也属 MES 系列的单一功能产品。MES 这 11 个功能包括：资源配置和状体、运作/详细调度、分派生产单元、文档管理、数据采集/获取、劳动力管理、质量管理、过程管理、产品跟踪和谱系、绩效分析。

按照这 11 个功能实现的整体解决方案又称为 MESⅡ（Manufacturing Execution Solution）。

(1) 资源分配和状态（Resource Allocation and Status）

管理各种资源，包括机器、工具操作技术、物料、其他设备，以及比如文件等确保运行正常开始所必需的实体。资源配置和状态的功能是提供资源的详细历史，确保设备的恰当设置，以及提供设备的实时状态。资源管理也包括了预约和分派这些资源的功能，以满足运行调度的目标。

(2) 运作/详细调度（Operations/Detail Scheduling）

基于优先级（Priorities）、属性（Attributes）、特性（characteristics）以及与运行过程

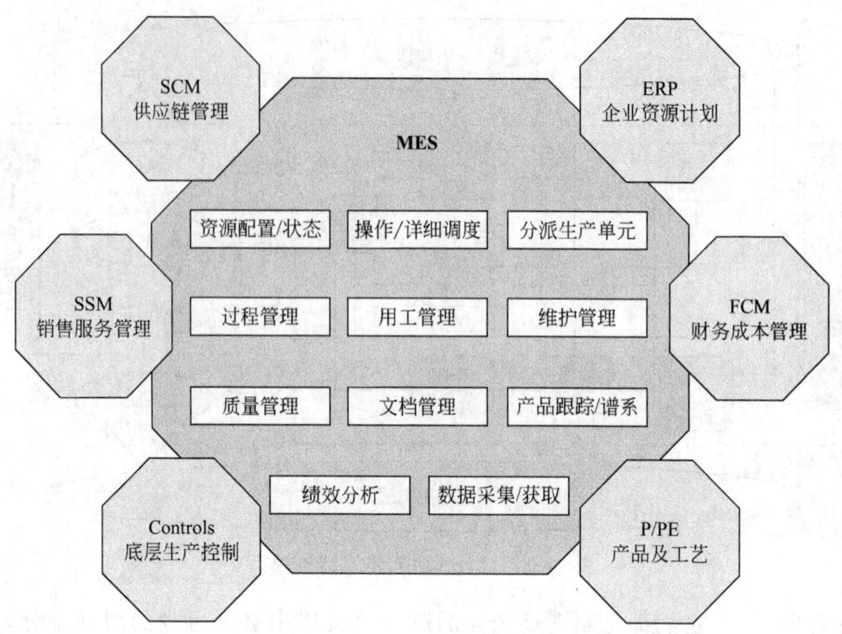

图 11-12　MES定位及功能模型图

中特定的生产单元相关的生产规则等进行排序（Recipes），比如颜色类型的排序，或者其他使得排序恰当、调整时间最少的调度特性的排序。运行/详细调度需要考虑到资源的有限产能，并考虑到替代方案和重叠/并行运行，以便详细计算出设备负荷和轮班模式调整的精确时间。

(3) 分派生产单元（Dispatching Production Units）

管理以作业、订单、批次、工作指令为形式的生产单元的流程。以适当的顺序分派信息，使其在正确的时间到达正确的地点。当工厂现场发生突发事件时，按顺序分派信息，及时执行和修改作业。它具有变更现场预定调度的能力，重新安排生产，改变已下达的处理计划，并具有通过缓冲管理来控制在制品数量的能力。

(4) 文档管理（Document Control）

管理那些与生产单元相关联的记录和报表，包括工作说明、配方、图纸、标准操作程序、零件加工程序、批次记录、工程更改说明以及交接班信息，以及编辑"计划中"信息和"建设中"信息的能力。它向下给操作级发送指令，包括向操作员提供数据，或向装置控制提供配方。它还包括了对环境、健康、安全等方面规定以及ISO标准信息的控制和整合，比如校正行为程序、储存历史数据。

(5) 数据采集/获取（Data Collection/Acquisition）

本功能提供了一个接口来获取运行内部的生产和参数数据，这些数据都是与大众化的生产单元相关联的。这些数据以"分钟"为时间及从生产现场手工采集或者有设备自动采集。

(6) 用工管理（Labor Management）

提供以"分钟"为时间级的人员状态信息。包括时间和出勤报告、资质跟踪，以及追溯间接活动（例如以活动的成本计算为依据的物料准备或工具室工作）的能力。它可以与资源配置相交互，以确定最优的工作分派。

(7) 质量管理（Quality Management）

提供从制造采集的测量数据的实时分析，以保证正确的产品质量控制，并识别需要注意的问题。它可以提供纠正问题的推荐措施，包括关联征兆、动作和结果，以确定问题的原

因。它还包括SPC/SQC跟踪、离线检测操作的管理以及在实验室信息管理系统（LIMS）中的分析。

（8）过程管理（Process Management）

监视生产过程，并进行自动校正或者为操作者提供决策支持，从而校正和改善正在进行的生产活动。这些活动既可以是操作内部的，并专门针对被监视和控制的机器与设备；也可以是操作之间的，跟踪从一种操作到下一个操作的过程。它可以包括报警功能，以保证车间的工作人员能够及时察觉到已超出可接受范围的过程改变。它通过“数据采集/获取”功能提供了智能设备与制造执行系统之间的接口。

（9）设备维修管理（Maintenance Management）

对设备和工具的维修活动进行指导及跟踪，从而保证这些资源在制造过程中的可用性，并保证周期性维护调度或预防性维护调度，以及对紧急问题的响应（报警）。并且维护事件或问题的历史信息，以支持故障诊断。

（10）产品跟踪和谱系（Product Tracking and Genealogy）

提供所有时期工作状况和工作安排的可视性。通过状态信息可了解：谁在进行该工作；供应商提供的物料成分、批量、序列号、当前的生产条件，以及与产品有关的任何报警、返工，或者其他例外信息。在线跟踪功能创建了一个历史记录，该记录保证了对每个产品的成分和使用的可追溯性。

（11）绩效分析（Performance Analysis）

以“分钟”为时间级，提供实际制造运行结果的最新报告，同时提供与过去历史记录和预期业务结果的比较功能。绩效结果包括对诸如：资源利用率、资源可用性、产品单位生命周期、与调度的一致性，以及与标准绩效的一致性等指标的度量。绩效分析还可能包括SPC/SQC，它可以从测量运行参数的不同功能的汇集信息中提取，其结果应该以报告的形式提供或者作为当前的绩效评价在线提供。

11.4.3.3 MES与其他管理信息系统的关系

作为制造执行系统，必然要求MES与企业其它生产管理系统有密切关系，MES在其中起到了信息集线器（Information Hub）的作用，它为其他应用系统提供生产现场的实时数据。MES的定位（content）模型反映了MES与其他企业管理系统之间的关系。其关系如图11-9所示。

企业资源计划（ERP）系统、供应链管理（SCM）系统、客户关系管理（CRM）系统、办公自动化（OA）系统、运输及后勤（T&L）系统、协同商务及产品数据管理（CMC/PDM））系统及制造执行系统（MES）是面向制造企业的七种主流信息系统。MES与其他几种类型的信息系统都紧密相连，这使得它在企业的整体信息基础中处于重要的地位。

从信息集成的角度来看，MES在企业范围的SCM、SSM、ERP等系统与面向工厂底层生产装置的控制系统（DCS/PLC）之间承上启下，起着垂直信息集成的作用；同时MES连接SCM、ERP、CRM等系统，起着横向信息集成的作用。

（1）MES可以为企业中其他管理信息系统提供实时数据。企业资源计划（ERP）系统需要MES提供成本、制造周期和预计产出时间等实时生产数据；供应链管理（SCM）系统从MES中获取当前的订单状态、当前的生产能力以及企业中生产换班的相互约束关系；客户关系管理（CRM）的成功报价与准时交货，则取决于MES所提供的有关生产的实时数据；产品数据管理（PDM）中的产品设计信息，可以基于MES的产品产出和生产质量数据进行优化；控制模块则需要时刻从MES中获取生产配方和操作技术资料来指导人员和设备进行正确地生产。

(2) MES从其他管理系统中获取相关的数据以保证MES自身正常运行。MES中进行生产调度的数据来自ERP的计划数据；MES中生产活动的时间安排需要依据供应链(SCM)系统之中的主计划和调度控制；PDM则为MES提供实际生产的工艺文件和各种配方及操作参数；从控制模块反馈的实时生产状态数据，则被MES用于实际生产性能评估和操作条件的判断。

同时，MES与企业其他管理系统之间有功能重叠的关系，MES、CRM、ERP中都有人力资源管理模块；MES和PDM都具有文档控制功能；MES和SCM中都有调度管理等等，各系统重叠范围的大小，与工厂的实际执行情况有关。实际应用中，各个系统同一类模块的侧重点是不同的。

综上所述，MES作为制造业信息化系统的中间层次，已经成为以信息化带动工业化，成为提升企业效率及效益，打造企业核心竞争力的必然选择。

11.4.4 MES在不同行业的应用特点

11.4.4.1 流程生产行业和离散制造行业特点的比较

MES的应用，需要充分考虑企业的具体情况，以寻求最合适的信息化解决方案。

对于企业的分类，从生产方式上考虑，可以划分为按定单生产、按库存生产或上述两者的组合。

从生产类型上考虑，则可以划分为批量生产和单件小批生产。从产品类型和生产工艺组织方式上，企业的行业类型可划分为流程生产行业和离散制造行业。两类行业的比较见表11-1。

表11-1 流程生产行业和离散制造行业的比较

项目	流程生产行业	离散制造行业
领域	◇医药、石油化工、电力、金属冶炼、能源、水泥、食品等领域	◇机械制造、电子电器、航空航天、汽车船舶等行业
生产方式	◇主要是通过对原材料进行混合、分离、粉碎、加热等物理或化学方法，使原材料增值 ◇通常以大批量或连续的方式进行生产	◇主要是通过对原材料物理形状的改变、组装，成为产品，使其增值 ◇从事单件、小批量生产
产品结构	◇往往不是很固定——上级物料和下级物料之间的数量关系，可随温度、压力、湿度、季节、人员技术水平、工艺条件不同而不同 ◇在工艺过程中，伴随产出的不只是产品或中间产品，还可细分为主产品、副产品、协产品、回流物和废物	◇可以用“树”的概念进行描述——其最终产品一定是由固定个数的零件或部件组成，这些关系非常明确并且固定
工艺流程	◇特点是品种固定，批量大 ◇生产设备投资高，而且按照产品进行布置。设备是专用的，很难改作其他用途 ◇原材料和产品，通常是液体、气体、粉状等。因此，存储通常采用罐、箱、柜、桶等进行存储，并且多数存储的数量可以用能转变为电信号的传感器进行计量。MES系统，可以从这些传感器获得必要的信息	◇特点是多品种和小批量 ◇生产设备不是按产品而是按工艺进行布置。如要按车、磨、刨、铣等工艺过程，或按照典型工艺过程来安排机床的位置 ◇每个产品的工艺过程不一样，适用同一种工艺的设备有多台；需对所加工的物料进行调度，且中间产品往往需搬运 ◇原材料主要是固体，产品也为固体。存储多为室内仓库或者室外露天仓库

续表

项目	流程生产行业	离散制造行业
自动化水平	◇ 采用大规模生产方式，工艺技术成熟 ◇ 广泛采用 PCS 控制生产工艺条件的自动化设备较成熟 ◇ 多数是自动化的，生产人员主要是管理、监视和设备检修	◇ 自动化主要在单元级，如数控机床、柔性制造系统 ◇ 产品的质量和劳动生产率依赖于工人的技术水平 ◇ 人员密集型企业，自动化水平相对较低
生产计划管理	◇ 满负荷生产才能降成本 ◇ 年度计划更具重要性，决定了物料需求	◇ 需良好的计划能力，特别需要计算机来参与计划系统工作 ◇ 在计划系统投资产生的效益高
设备	◇ 是一条固定的生产线，投资大，工艺流程固定，生产能力有限制 ◇ 设备维护特别重要，故障会影响全线生产	◇ 单台设备检修不会影响整个系统生产
批号管理和跟踪	◇ 生产中会产生各种副产品、废品、回流物等，要有严格的批号记录和跟踪	◇ 相对并不重要 ◇ 要完善产品生命周期跟踪管理

注：资料来源：GB/T 25485—2010 附录 C。

11.4.4.2 MES 在流程生产行业和离散制造行业的不同应用特点

MES 系统，无论从功能模型还是信息模型，无论是技术上还是管理上，都覆盖了流程生产行业和离散制造行业。但是，由于从工艺流程到生产组织方式，流程生产行业和离散制造行业都存在较大的差别，在 MES 具体实施上，要根据行业特征区别对待。MES 系统在配置相应模块的时候，要注意这些差异，以符合企业的需求。

MES 在流程生产行业和离散制造行业的应用特点见表 11-2。

表 11-2 MES 在流程生产行业和离散制造行业的应用特点

项目	流程生产行业	离散制造行业
与 MRP Ⅱ/ERP 信息集成	☆ 以配方为核心的生产模式 ☆ 生产计划的依据是市场预测，以指令下达 ☆ 成本核算为“成本平行结转法”，工费少	☆ 以产品 BOM 为核心的生产模式 ☆ 作业计划以“工作令”下达 ☆ 成本核算为“成本滚加计算法”
作业计划调度	☆ 是以流水生产线方式组织的、连续的生产方式，只存在连续的工艺流程，不存在与离散企业对应的严格的工艺路线 ☆ 在作业计划调度方面，不需要也无法精确到工序级别，而是以整个流水生产线为单元进行调度 ☆ 从作业计划的作用和实现上，比离散企业相对简单	☆ 需要根据优先级、工作中心能力、设备能力、均衡生产等方面对工序级、设备级的作业计划进行调度 ☆ 是基于有限能力的调度，并通过考虑生产中的交错、重叠和并行操作来准确地计算工序的开工时间、完工时间、准备时间、排队时间以及移动时间 ☆ 通过良好的作业顺序，可以明显地提高生产效率
数据采集	☆ 设备控制级大量采用 DCS、PLC。各种智能仪表、数字传感器已普遍应用。而过程控制则广泛采用以小型机为主的自动控制系统。传统的“计、电、仪”分工已不明显，计算机技术的应用已深入各个领域。能自动准确记录各种生产现场信息 ☆ 对于 MES 而言，重点在于系统构建的时候与这些自动化设备做好数据接口	☆ 以手工上报为主，并可以结合条形码采集等半自动信息采集技术进行工时、设备、物料、质量等信息的采集 ☆ 数据采集方式，时间间隔较大，容易受到人为因素的影响，要特别注意保障数据的准确性

续表

项目	流程生产行业	离散制造行业
作业指令下达	☆ 不仅要下达作业指令以及PDI(Panel Data Interface,面板数据接口)数据,而且要将作业指令转化为各个机组及设备的操作指令和各种基础自动化设备的控制参数,例如PID(Proportional Integral Derivative),比例积分控制),并下达给相应的PCS系统(Production control system,生产控制系统)	☆ 将作业计划调度结果下达给操作人员的方式一般采用派工单、施工单等书面方式进行通知,或采用电子看板方式让操作人员及时掌握相关工序的生产任务 ☆ 作业计划的内容主要包括该工序的开工完工时间、生产数据等
反冲处理	☆ 完工上报,广泛采用反冲处理。一般在工艺流程的末端设置完工上报点,而对前面工序流程实行反冲处理,如人工工时反冲、设备工时反冲、物料反冲,从而对在制品和成本进行跟踪	☆ 完工上报,一般对每道工序都要进行上报,或在关键工序设置反冲点,对前面工序进行反冲处理
设备管理	☆ 在流水线生产中,生产线上的设备维护特别重要,每台设备都是关键设备,不能发生故障,一台设备故障会导致整个流程停滞	☆ 设备的布置,不是按产品而是按照工艺进行布置,同种加工工艺一般有多台设备。单台设备的故障不会对整个产品的工艺过程产生严重的影响,重点是需要管理好关键、瓶颈设备
库房物料管理	☆ 一般不设中间品、半成品库房,配方领料根据生产计划一次领料放在工序库位	☆ 一般设半成品库,各工序根据生产作业计划以及配套清单分别进行领料
质量管理	☆ 一般对生产批号产品进行各工序上的抽样检验	☆ 对单件小批生产,需要检验每个零件、每道工序的加工质量 ☆ 对批量生产,一般采用首检、抽检,与SPC分析相结合

注:资料来源:GB/T 25485—2010附录C。

11.4.5 MES在我国的应用与差距

MES在发达国家已实现了产业化，其应用覆盖了离散与流程制造领域，并给企业带来了巨大的经济效益。MES的应用已覆盖了下列七大行业：医疗产品、塑料与化合物、金属制造、电气/电子、汽车、玻璃纤维、通讯等。据AMR公司的市场调查：2004年，全球MES市场营业收入为10.6亿美元，比2001年增长50%以上；2006年全球制造业在管理软件方面的投资，MES居第二位，仅次于ERP。在很多行业应用中MES已和ERP相提并论，而且MES已经成为世界工业自动化领域的重点研究内容之一，发达国家的制造企业已普遍使用MES。

我国在“十五”期间，流程工业领域成为MES技术研究的突破口，如钢铁和石化两个典型流程制造行业。近年来我国MES的研究和产业都有了一定的发展，但总体来说，与西方发达国家相比，我国无论是在MES技术深度与应用广度上都存在较大差距，主要体现在以下几个方面：

(1) MES体系还不完整。基本功能不完善，缺乏过程管理与优化等面向典型行业的核心模块。针对离散制造业尚无完整、系统的MES解决方案和成熟的软件产品。

(2) 缺乏MES技术标准。MES的设计、开发、实施、维护缺乏技术标准，影响了MES产品的技术性能，加大了系统开发和应用的成本，与国外同类MES产品竞争没有优势。

(3) 集成性还没有完全解决。由于缺乏统一的工厂数据模型，MES 各功能子系统之间以及 MES 与企业其他相关信息系统之间缺乏必要的集成，导致 MES 作为企业制造协同的引擎功能远未得到充分发挥。

(4) 通用性和可配置性较差。现有系统通常针对特定需求，很难应对企业业务流程的变更或重组。由于缺乏基于工厂数据模型的数据集成技术，系统的可配置性、可重构性、可扩展性较差，严重制约 MES 系统的推广应用。

(5) 实时性不强。MES 作为面向制造车间的实时信息系统，实时性是实现 MES 功能的基础。现有系统缺乏准确、及时、完整的数据采集与信息反馈机制，在底层数据的实时采集、多源信息融合、复杂信息处理及快速决策等方面非常薄弱。

(6) 智能化程度不高。MES 中所涉及的信息及决策过程非常复杂，由于缺乏智能机制，现有 MES 大多只提供了一个替代经验管理方式的系统平台，通常需要大量的人工干预，难以保证生产过程的高效和优化。

制造管理信息化已经成为我国制造企业的瓶颈，由于制造管理水平低下导致企业整体效率低下的现象在我国制造业企业中非常普遍。搞清制造管理（即生产管理）与企业经营要素（T. Q. C. S 即 Time，Quality，Cost，Service）的关系，搞清楚“产、供、销、人、财、物”之间的制约机理并不容易，搞清这方面的每一对关系要素都是一门很深的课题。制造管理的改进已经成为当前我国制造业企业提高经营效率、降低运营成本、保证生产周期的迫切需求。制造业急需制造管理水平的提升，当然也需要高端的制造管理咨询服务、以及 MES 技术的应用普及。

我国作为流程生产的化工行业，规模化、机械化、自动化水平与发达国家差异巨大，同等生产规模的产品，我国的用人数基本上是发达国家的 10 倍。我国的化工企业，只有通过“两化融合”，才能实现真正意义上的用高新技术改造传统行业，做大做强。

11.5 计算机集成制造（CIM）

CIM（Computer Integrated Manufacturing，计算机集成制造）的概念最早是由美国约瑟夫·哈林顿（Joseph Harrington）博士在 1973 年提出的。几十年来，CIM 概念已从美国等发达国家传播到发展中国家，已从典型的离散型机械制造业扩展到化工、冶金、食品、轻工、制药、建材等流程工业（Process industry）或批流程工业（Batch process industry）。

集合了现代管理理论、计算机网络技术、系统集成理论、先进控制与优化技术的 CIMS（Computer Integrated Manufacturing System，计算机集成制造系统），以其高效、高质、安全、低成本、显著的经济效益和社会效益得到越来越多企业重视，逐渐成为企业赢得国际市场激烈竞争的核心技术。

《计算机集成制造系统》(Computer Integrated Manufacturing Systems) 月刊是 1995 年创刊，为国家 863 高技术研究发展计划 CIMS 主题公开出版的唯一国家级学术刊物，由 CIMS 主题和中国兵器工业集团公司第 210 研究所共同主办。其宗旨是交流国内外 CIMS 研究、开发和应用的信息，推动和促进中国 CIMS 的发展。

11.5.1 CIM 的定义和思想

11.5.1.1 CIM 的定义

1990 年美国 IBM 公司对 CIM 的定义是：应用信息技术提高组织的生产率和响应能力。

1991 年日本能率协会提出 CIM 的定义为：为实现企业适应今后企业环境的经营战略，有必要从销售市场开始对开发、生产、物流、服务进行整体优化组合。

欧共体CIM-OSA（开放系统结构）课题委员会（由21个欧洲自动化公司和研究机构组成，包括IBM，DEC，HP公司在欧洲的分公司）概括了上述各国CIM定义的基本要点，对CIM的定义是：CIM是信息技术和生产制造的综合应用，其目的是提高制造型企业的生产率和响应能力。由此，企业的所有功能、信息、组织管理方面都是一个集成起来的整体的各个部分。

总的来说，CIM是一种现代信息技术、管理技术和生产技术对生产企业从产品设计、生产准备、生产管理、加工制造、直到产品发货与用户服务的整个生产过程的信息进行统一管理、控制，以优化企业生产活动，提高企业效益与市场竞争力的思想方法或生产模式。

11.5.1.2 CIM的思想

CIM是组织现代化生产的一种理念，一种指导思想。CIMS便是这种哲理的实现。CIMS是通过计算机硬、软件，并综合运用现代管理技术、制造技术、信息技术、自动化技术实现系统集成与优化的复杂系统。

企业类型不同，例如单件生产的企业与多品种、中小批量生产的企业或大批量生产的企业，其生产经营方式是不同的。离散型制造业和流程工业的经营目标不同，企业的基础条件不同，原有计算机资源不同，其实现CIM的方案、过程与结果也将是不同的。因而，我们说企业的类型不同、生产的产品不同、生产的批量不同、生产的工艺不同、自动化的基础不同、管理的体制不同、经营的策略不同就会在CIMS的规模、组成、实现途径及运行模式等方面有所差异。

CIM的思想可表达为如下五点。

(1) CIM是一种组织、管理与运行企业生产的哲理，其宗旨是使企业的产品质量高、上市快、成本低、服务好（T. Q. C. S.）、从而使企业赢得竞争。

(2) 企业生产的各个环节，即市场分析、经营决策、管理、产品设计、工艺规划、加工制造、销售、售后服务等全部活动过程是一个不可分割的有机整体，要从系统的观点进行协调，进而实现全局优化。

(3) 企业生产的要素包括人、技术及经营管理。其中，尤其要重视发挥人在现代化企业生产中的主导作用。

(4) 企业的生产活动中包括信息流（采集、传递和加工处理）及物流两大部分，现代企业中尤其要重视信息流的管理运行及信息流与物流间的集成。

(5) CIM技术是基于现代管理技术、制造技术、信息技术、自动化技术、系统工程技术的一门综合性技术。具体讲，它综合并发展了企业生产各环节有关的计算机辅助技术，包括计算机辅助经营管理与决策技术、计算机辅助建模、仿真、实现技术及计算机辅助质量管理与控制技术等。

11.5.2 CIM和数字化企业

CIM是指在所有与生产有关企业部门中集成地用电子数据处理，CIM包括了在生产计划和控制、计算机辅助设计、计算机辅助工艺规划、计算机辅助制造、计算机辅助质量管理之间信息技术上的协同工作，为生产产品所必需的各种技术功能和管理功能由计算机集成。这就形成了数字化企业。

数字化企业就是基于先进的网络和计算机环境，在先进的软件工具支持下，在企业的经营管理、产品设计与制造、物料采购与产品销售等各方面全面采用信息技术，使企业能够采用数字化（计算机化）的方式实现其对生产经营管理中的所有活动进行管理和控制。如图11-13所示。

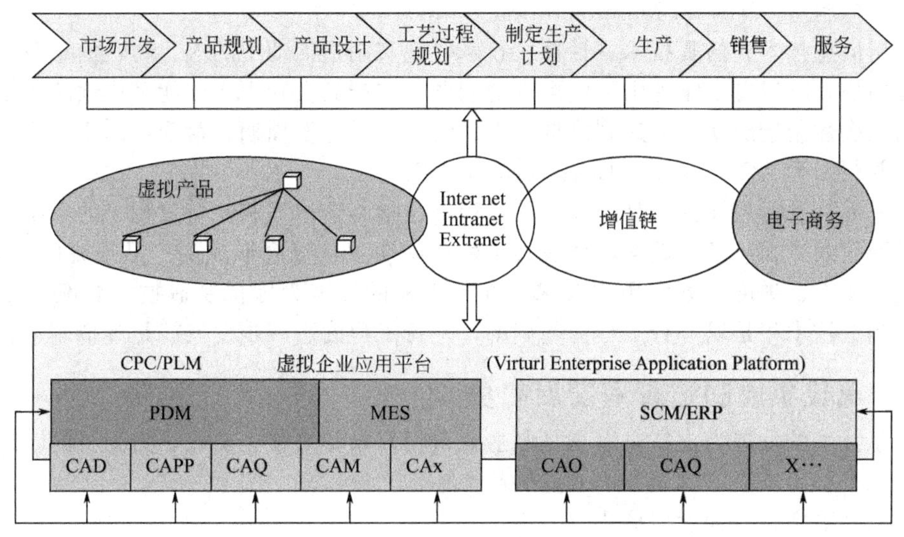

图 11-13 数字化企业示意图

（资料来源：参考文献［9］，清华大学自动化系 范玉顺教授 讲座）

数字化企业有 5 个主要特征：制造装备数字化、生产过程数字化、设计数字化、管理数字化、企业数字化。

（1）设计数字化。通过实现产品设计手段与设计过程的数字化和智能化，缩短产品开发周期，促进产品的数字化，提高企业的产品创新能力。

（2）制造装备数字化。通过实现制造装备的数字化、自动化和精密化，提高产品的精度和加工装配的效率。

（3）生产过程数字化。通过实现生产过程控制的数字化、自动化和智能化，提高企业生产过程自动化水平。

（4）管理数字化。通过实现企业内外部管理的数字化，促进企业重组和优化，提高企业管理效率和水平。具有数字化管理信息系统和数字化企业管理与决策信息系统。

（5）企业数字化。在企业设计、制造装备、生产过程和经营管理数字化的基础上，实现企业的信息集成、过程集成和内外部资源集成，实现制造企业的整体优化，提高企业竞争能力。

CIMS 的标准化。在制造业向全球化、网络化、集成化和智能化发展的过程中，标准化技术（STEP、EDI 和 P-LIB 等）已显得愈来愈重要。它是信息集成、功能集成、过程集成和企业集成的基础。

11.5.3 CIMS 的技术构成

（1）先进制造技术（Advanced Manufacturing Technology，AMT）

是传统制造技术不断吸收机械、电子、信息、材料、能源和现代管理等方面的成果，并将其综合应用于产品设计、制造、检测、管理、销售、使用、服务的制造全过程，以实现优质、高效、低耗、清洁、灵活的生产，并取得理想技术经济效果的制造技术的总称。

（2）敏捷制造（Agile Manufacturing，AM）

是以竞争力和信誉度为基础，选择合作者组成虚拟公司，分工合作，为同一目标共同努力来增强整体竞争能力，对用户需求作出快速反应，以满足用户的需要。

(3) 虚拟制造 (Virtual Manufacturing, VM)

是利用信息技术、仿真技术、计算机技术对现实制造活动中的人、物、信息及制造过程进行全面的仿真，以发现制造中可能出现的问题，在产品实际生产前就采取预防措施，从而达到产品一次性制造成功，来达到降低成本、缩短产品开发周期，增强产品竞争力的目的。

(4) 并行工程 (Concurrent Engineering, CE)

是集成地、并行地设计产品及其相关过程（包括制造过程和支持过程）的系统方法。它要求产品开发人员在一开始就考虑产品整个生命周期中从概念形成到产品报废的所有因素，包括质量、成本、进度计划和用户要求，并行工程的发展为虚拟制造技术的诞生创造了条件，虚拟制造技术将是以并行工程为基础的，并行工程的进一步发展就是虚拟制造技术。

11.5.4 现代集成制造技术发展趋势

以信息技术的发展为支持，以满足制造业市场需求和增强企业竞争力为目的，现代集成制造技术未来将突出以下八个方面的发展趋势。

(1) 以“数字化”为发展核心

未来世界，“数字化”将势不可当。“数字化”不仅是“信息化”发展的核心，而且也是先进制造技术发展的核心。信息的“数字化”处理同“模拟化”处理相比，有着3个不可比拟的优点：信息精确，信息安全，信息容量大。

数字化制造就是指制造领域的数字化，它是制造技术、计算机技术、网络技术与管理科学的交叉、融和、发展与应用的结果，也是制造企业、制造系统与生产过程、生产系统不断实现数字化的必然趋势。它包含了三大部分：以设计为中心的数字制造，以控制为中心的数字制造和以管理为中心的数字制造。对制造设备而言，其控制参数均为数字化信号。

对制造企业而言，各种信息（如图形、数据、知识、技能等等）均以数字形式，通过网络，在企业内传递，以便根据市场信息，迅速收集资料信息，在虚拟现实、快速原型、数据库、多媒体等多种数字化技术的支持下，对产品信息、工艺信息与资源信息进行分析、规划与重组，实现对产品设计和产品功能的仿真，对加工过程与生产组织过程的仿真，或完成原型制造，从而实现生产过程的快速重组与对市场的快速响应，以满足客户化要求。

对全球制造业而言，用户借助网络发布信息，各类企业通过网络，根据需求，应用电子商务，实现优势互补，形成动态联盟，迅速协同设计与制造出相应的产品。这样，在数字制造环境下，在广泛领域乃至跨地区、跨国界形成一个数字化组成的网，企业、车间、设备、员工、经销商乃至有关市场均可成为网上的一个“结点”，在研究、设计、制造、销售、服务的过程中，彼此交互，围绕产品所赋予的数字信息，成为驱动制造业活动的最活跃的因素。

(2) “精密化”将成为发展的关键

所谓“精密化”，一方面是指对产品、零件的精度要求越来越高；另一方面是指对产品、零件的加工精度要求越来越高。“精”是指加工精度及其发展，精密加工，细微加工，纳米加工，如此等等。

(3) 突出“极端条件”是发展的焦点

“极”就是极端条件，就是指在极端条件下工作的或者有极端要求的产品，从而也是指这类产品的制造技术有“极”的要求。在高温、高压、高湿、强磁场、强腐蚀等等条件下工作的，或有高硬度、大弹性等等要求的，或在几何形体上极大、极小、极厚、极薄、奇形怪状的。显然，这些产品都是科技前沿的产品。其中之一就是“微机电系统（MEMS）”。可以说，“极”是前沿科技或前沿科技产品发展的一个焦点。

(4) 以“自动化”技术为发展前提

这里所讲的“自动化”就是减轻人的劳动，强化、延伸、取代人的有关劳动的技术或手段。自动化总是伴随有关机械或工具来实现的。可以说，机械是一切技术的载体，也是自动化技术的载体。

“自动化”从自动控制、自动调节、自动补偿、自动辨识等发展到自学习、自组织、自维护、自修复等更高的自动化水平；而且今天自动控制的内涵与水平已远非昔比，从控制理论、控制技术、控制系统、控制元件，都有着极大的发展。制造业发展的自动化不但极大地解放了人的体力劳动，而且更为关键的是有效地提高了脑力劳动，解放了人的部分的脑力劳动。因此，自动化将是现代集成制造技术发展的前提条件。

(5) 以“集成化”为发展的方法

“集成化”，一是技术的集成，二是管理的集成，三是技术与管理的集成；其本质是知识的集成，亦即知识表现形式的集成。如前所述，现代集成制造技术就是制造技术、信息技术、管理科学与有关科学技术的集成。“集成”就是“交叉”，就是“杂交”，就是取人之长，补己之短。

目前，“集成化”主要指：①现代技术的集成。机电一体化是个典型，它是高技术装备的基础，如微电子制造装备，信息化、网络化产品及配套设备，仪器、仪表、医疗、生物、环保等高技术设备。②加工技术的集成、特种加工技术及其装备是个典型，如增材制造（即快速原型）、激光加工、高能束加工、电加工等等。③企业集成，即管理的集成，包括生产信息、功能、过程的集成；包括生产过程的集成。全寿命周期过程的集成；也包括企业内部的集成，企业外部的集成。

(6) 以“网络化”为发展道路

“网络化”是现代集成制造技术发展的必由之路，制造业走向整体化、有序化，这同人类社会发展是同步的。制造技术的网络化是由两个因素决定的：一是生产组织变革的需要，二是生产技术发展的可能。这是因为制造业在市场竞争中，面临多方的压力：采购成本不断提高，产品更新速度加快，市场需求不断变化，客户定单生产方式迅速发展，全球制造所带来的冲击日益加强等等；企业要避免传统生产组织所带来的一系列问题，必须在生产组织上实行某种深刻的变革。这种变革体现在两方面：一方面利用网络，在产品设计、制造与生产管理等活动乃至企业整个业务流程中充分享用有关资源，即快速调集、有机整合与高效利用有关制造资源；与此同时，这必然导致制造过程与组织的分散化网络化，使企业必须集中力量在自己最有竞争力的核心业务上。科学技术特别是计算机技术、网络技术的发展，使得生产技术发展到可以使这种变革的需要成为可能。

(7)“智能化”是 CIMS 未来发展的美好前景

制造技术的智能化是制造技术发展的前景。智能化制造模式的基础是智能制造系统，智能制造系统既是智能和技术的集成而形成的应用环境，也是智能制造模式的载体。

与传统的制造相比，智能制造系统具有以下特点：①人机一体化；②自律能力；③自组织与超柔性；④学习能力与自我维护能力；⑤在未来，具有更高级的类人思维的能力。制造技术的智能化突出了在制造诸环节中，以一种高度柔性与集成的方式，借助计算机模拟的人类专家的智能活动，进行分析、判断、推理、构思和决策，取代或延伸制造环境中人的部分脑力劳动。同时，收集、存储、处理、完善、共享、继承和发展人类专家的制造智能。目前，尽管智能化制造道路还很漫长，但是必将成为未来制造业的主要生产模式之一。

(8)“绿色”是 CIMS 未来发展的必然趋势

人类社会的发展必将走向人类社会与自然界的和谐。人与人类社会本质上也是自然世界的一个部分，部分不能脱离整体，更不能对抗与破坏整体。因此，人类必须从各方面促使人与人类社会同自然界和谐一致，制造技术也不能例外。制造业的产品从构思开始，到设计阶段、制造阶段、销售阶段、使用与维修阶段，直到回收阶段、再制造各阶段，都必须充分顾及环境保护。

所谓"环境保护"是广义的，不仅要保护自然环境，还要保护社会环境、生产环境，还要保护生产者的身心健康。在此前提与内涵下，还必须制造出价廉、物美、供货期短、售后服务好的产品。作为"绿色"制造，产品还必须在一定程度上是艺术品，以与用户的生产、工作、生活环境相适应，给人以高尚的精神享受，体现着物质文明、精神文明与环境文明的高度交融。每发展与采用一项新技术时，应站在哲学高度，慎思"塞翁得马，安知非祸"，即必须充分考虑可持续发展，顾及环境文明。制造必然要走向"绿色化"。

11.6 信息化安全管理

二十一世纪是信息化的时代，尤其 Internet 的发展，正在引发一场人类文明的根本变革。网络的发展在不断改变人们的工作、生活方式，使信息的获取、传递、处理和利用更加高效、迅速。随着科学技术不断发展，网络作为信息系统的载体之一，已经成为人们工作和生活的一个组成部分。

随着信息化应用不断扩大，通过网络使得黑客或工业间谍以及恶意入侵者侵犯和操纵一些重要信息成为可能，终端电脑受病毒破坏造成运行速度降低，数据丢失，影响正常工作，一旦受到破坏、泄漏，其后果可想而知是十分严重，甚至可能会是灾难性的。因此非常有必要对公司的信息安全情况进行分析，采取必要的措施，减少信息安全隐患，降低危机风险。

11.6.1 信息化安全分析

企业信息化的核心是企业的各种网络基础设施以及办公、应用系统，大体可以分为生产网，办公网，以及合作伙伴、远程接入、移动办公接入网络等等几个部分。随着网络和信息化的飞速发展和普及应用，企业对信息化的依赖日益加深，企业信息安全问题不容忽视。影响企业网络信息系统安全的因素很多，可能是有意的攻击，也可能是无意的误操作；可能是内部的破坏，也可能是外来攻击者对网络系统资源的非法使用，归结起来，针对企业网络信息系统危机的来源主要有如下几个方面。

(1) 网络系统硬件故障

信息系统完全依赖与网络及计算机的硬件系统才能运行。硬件故障包括了电信或网通公司的线路及设备故障；企业内部的交换机、防火墙、服务器、终端电脑、网络线路故障。根据故障硬件在系统中所处的位置，决定了故障的影响范围和严重程度。如同样是交换机，主干线上的交换机故障影响肯定更大。

(2) 人为的无意失误

如安全配置不当造成的安全漏洞，用户安全意识不强，用户口令选择不慎，用户将自己的账号随意转借他人，或与别人共享信息资源，内部人员的误操作等等都会对网络安全带来威胁。

(3) 人为的恶意攻击

典型的黑客攻击和计算机犯罪属于这一类威胁。此类攻击又可以分为以下两种：一种是主动攻击，它以各种方式有选择地破坏信息的机密性、可用性和完整性；另一类是被动攻击，它是在不影响网络正常工作的情况下，进行截获、窃取、破译以获得重要机密信息。这两种攻击均可对计算机网络造成直接的极大的危害，并导致企业机密数据的泄漏和丢失。

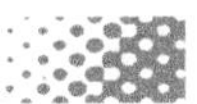

(4) 操作系统和应用软件的漏洞

以微软 windows 为代表的各种操作系统不断发现漏洞，通常在漏洞被披露的 1～2 周之内，相应的蠕虫病毒就产生了，这对安全补丁工作提出了要求，在目前企业计算机分散分布的情况下，在短时间内完成计算机补丁的部署有一定困难；另外，软件的“后门”有些是软件公司的设计编程人员为了自便而设置的，一般不为外人所知，但一旦“后门”洞开，其造成的后果将不堪设想。同时也存在 BO，Netbus 等诸多专业黑客后门程序，一旦通过网络植入内部网络，将大开方便之门。

(5) 蠕虫、病毒、垃圾邮件、间谍软件等的威胁

病毒、蠕虫、恶意代码、垃圾邮件、间谍软件、流氓软件等等很容易通过各种途径侵入企业的内部网络，除了利用企业网络安全防护措施的漏洞外，最大的威胁却是来自于公司内部用户的各种危险的应用：不安装杀毒软件；安装杀毒软件但未能及时升级；内部用户在安装完自己的办公桌面系统后未进行各种有效防护措施就直接连接到危险的开放网络环境中，特别是 INTERNET；移动用户计算机连接到各种情况不明网络环境后，在没有采取任何措施情况下又连入企业网络；终端用户在使用各种数据介质、软件介质时都可能将病毒、蠕虫在不知不觉中带入到企业网络中，给企业信息基础设施、企业业务带来无法估量的损失。

(6) 网络边界扩展带来的威胁

随着各种网上交易和电子商务活动的展开，企业网络边界不断扩展，远程拨号用户，VPN 用户，分支机构，合作伙伴，供应商，无线局域网等等已经大大地扩展了网络的边界，网络的扩展给企业带来办公便利的同时也引入了潜在的风险，网络边界模糊化导致传统的边界保护更加困难。

(7) 企业终端用户进行大量与工作无关的网络访问

权威调查机构 IDC 的统计表明：30%～40%的工作时间内发生的企业员工网络访问行为是与业务无关的，比如游戏、聊天、视频等等，这些行为无疑会浪费网络资源、降低劳动生产率、增加企业运营成本支出，并有可能因为不良的网络访问行为导致企业信息系统被入侵和机密资料被窃，引起法律责任和诉讼风险。

(8) 海量安全事件信息带来的问题

企业在信息安全方面的投资往往有限，仅有少量的信息安全管理人员，面对复杂多变的风险，如何能真正保护企业的信息安全？目前的实际情况是，有限的 IT 管理人员要面对不同厂商的多种产品：防火墙、防毒墙、内容过滤、防垃圾邮件、补丁管理……，以及这些产品时时刻刻在产生的海量的、分散的、相互之间没有关联的安全事件信息，难免不被这些告警信息所淹没，导致真正的威胁反而被忽略。如何避免处理海量安全事件和告警所需要的大量人力资源带来的管理和成本风险，如何对企业的安全资源进行的有效的整合和集中管理，这是信息管理人员必须要考虑的问题。

(9) 软件版权带来的一些问题

由于众所周知的原因，国内许多企业及个人电脑中所安装使用的系统软件及应用软件很多并不拥有许可，按价值而论，通常一台计算机的软件费用实际上远远大于硬件费用。企业也已经遇到过微软正版问题，CAD 正版问题。尽管这是特定时期的国情，但是随着加入 WTO，中国进一步融入世界经济，国家保护知识产权的力度也会越来越加强，打击盗版也逐渐会从打击盗版生产到打击盗版使用。尽管这是不方便公开讨论的问题，尽管目前看起来也还并没有太大的问题，但是版权危机依然存在，考虑到未来的发展，我们依然要正视这个问题。

11.6.2 信息化安全管理的原则和处理方案

11.6.2.1 信息化安全管理的主要原则

(1) 统一性与整体性原则。一个完整网络系统的各个环节，包括设备、软件、数据、人员等，在网络安全中的地位和影响作用，只有从系统整体的角度去看待、分析，才可能得到有效、可行的安全措施。因此，整体安全保障体系建设应遵循统一性、整体性原则，便于今后系统的扩展。

(2) 技术与管理相结合原则。信息网络系统是一个相对复杂的系统工程，涉及人、技术、操作等要素，单靠技术或单靠管理都不可能实现。必须将各种安全技术与运行管理机制、人员思想教育与技术培训、安全规章制度建设相结合。

(3) 动态防护原则。要根据网络安全的变化不断调整安全措施，适应新的网络环境，满足新的网络安全需求。

(4) 积极防御原则。消极防御只能是被动挨打，所以应在技术和管理上创建一个灵活机动、适应性强的安全保障体系，做到积极防御。

(5) 多重保护原则。任何安全措施都不是绝对安全的，都可能被攻破。但是建立一个多重保护系统，各层保护相互补充，当一层被攻破时，其他层仍可保护系统的安全。

(6) 分阶段实施原则。要根据实际安全需求情况，以及建设内容的重要程度和建设成本等，实行分阶段建设的原则，做到安全体系的建设既能够满足现阶段相当一段时间内安全的需要，又能够充分利用有限的资金和资源。

11.6.2.2 信息化安全的处理方案

(1) 管理人员进行系统的日常检查，发现来源于内部或外部的攻击，进行记录和阻断；也便于发现网络内部的异常信息流，如访问非法网站、内部异常扫描、非主流业务的大流量传输等；对于蠕虫大规模爆发时即可以查出源地址，便于及时进行处理。

(2) 保证网络遇到各种突发安全事件时能得到妥善处理；在日常维护中提供专家级咨询服务；提高整体安全意识，满足动态性安全需要。

(3) 通过网络备份与恢复系统，实现数据库的安全存储及灾难恢复。

(4) 采用防病毒产品及技术实时监测进入网络或主机的数据，及时更新病毒库，防范病毒对网络或主机的侵害。

(5) 通过完善信息安全管理制度，约束潜在违反信息化管理制度的员工。

(6) 信息管理人员需不断学习，提高自身的知识水平，不断完善企业信息系统的安全防护。

(7) 信息管理人员还需加强信息应用人员的培训工作，以加强员工信息安全防范技术及防范意识，减少人为的失误。

参考文献

[1] 介旭初．企业信息化建设中的案例分析［J］．石油化工建设，2006，28（3）：56-59.
[2] 李玲，王淼，赵宏霞．我国化工企业管理信息化探讨［J］．化工管理，2007，（9）：49-52.
[3] 刘世杰．ERP 在化工企业的应用［J］．市场周刊，2011，（8）：139-141.
[4] 方真，林彦新，邢凯旋编著．化工企业管理［M］．北京：中国纺织出版社，2007.
[5] 程小良，袁哲，杨瑞先．论 MES 系统在化工生产领域的安全架构及意义［J］．中国信息界，2010，（8）：25-26.
[6] 韩海啸，彭慧伶．基于混合结构的中小化工企业信息管理系统［J］．微计算机信息，2011，27（9）：143-144.
[7] 赵建华，刘正庚．石化 CIMS 结构的探讨与应用发展［J］．化工炼制与化工，2000，31（9）：64-67.
[8] 陈刚，陈旭，吴忠．CIMS 在流程工业中的应用［J］．化工生产与技术，2002，9（6）：41-44.
[9] 郭秀清，严隽薇．现代集成制造体系结构生命周期研究［J］．同济大学学报(自然科学版)，2006，34（1）：120-125.

12 财务管理和审计

企业财务管理是根据财经法规和制度，按照财务管理的原则，组织企业财务活动、处理财务关系的一项经济管理工作。

现代化工企业很多已并不仅仅是一个生产工厂，而是集研发、生产、营销、投融资等多种功能于一体的、包括各种分支机构的企业法人。企业在组织财务活动过程中必须严格按照国家财务、会计、税收制度做好财务管理工作，必须十分重视资金的运行管理，做好投、融资工作；要处理好与企业内、外部的关系，努力提高企业效益。日常财务管理要做好财务预算、成本控制和税务筹划；要认真做好财务核算（会计）工作，做好生产经营活动分析，为决策者调整经营管理战略当好参谋和助手。在投、融资管理中要做好资产评估工作，在日常财务管理中要做好内部审计工作，防范违规行为和企业风险。

财务管理中的投融资管理和资本运营，内容丰富，对企业运作影响很大，我们以“投融资管理和资本运营”专章叙述。

12.1 财务管理和财务总监

12.1.1 财务管理的内容和目标

12.1.1.1 财务活动和财务管理

企业的生产经营活动过程，是一个人力资源作用于物质资源的过程。在这个过程中，企业资产经过供应、生产和销售三个基本阶段，一方面表现为资产形态的变化过程，另一方面表现为资产的价值运动过程。

在市场经济条件下，一切资产都具有一定的价值，资产的货币表现形式就是资金，资金是进行生产活动的必要条件。企业的生产经营过程，一方面表现为各种资产的不断购进和售出，另一方面则表现为资金的不断支出和收回；生产经营活动的不断进行，也就会不断产生资金的收支。企业资金的收支活动的总称，就是企业的财务活动。

企业在财务活动中，必然与国家、投资者、债权人、供应商、消费者、员工等利益相关者发生各种财务关系。因此，财务管理就包括两个方面：一是研究资金运动，即如何合理配置和有效使用企业资金；二是研究资金运动中的财务关系，即合理设计财务制度和管理机制，妥善处理和协调各利益相关者的经济关系。

所以，企业财务管理就是企业组织财务活动、处理财务关系的一项经济管理工作。

12.1.1.2 财务活动的内容

企业的财务活动分四个方面：企业筹资活动、投资活动、经营活动和利润分配活动。

(1) 筹资活动。无论在企业创立之初、在日常经营过程中，还是企业追求规模扩张，都需要资金。资金是企业的血液。筹资是指企业为了满足经营需要，筹措和集中所需资金的过程。在市场经济条件下，企业可以通过吸收直接投资、发行股票、发行债券、银行借贷等多种方式筹集资金，形成资金流入；企业偿还借款，支付股利、利息以及付出各种费用等，形成资金流出。在筹资过程中，企业一方面要预测筹资的总规模，它是制定筹资战略和进行资金规划的主要内容，也是确定筹资方式的基本依据；另一方面要选择筹资的渠道和方式或融资工具，关注融资风险，降低筹资成本，提高融资效益。

(2) 投资活动。企业筹资的目的，是为了把所筹资金用于生产经营活动以获取收益，不断增加企业价值。企业把资金用于购置生产经营活动所需的固定资产、无形资产等，即形成对内投资；企业以资金或合法资产对其他企业进行投资，或与其他企业联营进行投资或收购其他企业，或以资金购买其他企业的债券、股票、权证或其他产品（如：保险产品、贵金属、金融衍生产品、房产、外汇、钱币、邮票等）等都形成对外投资。

投资的目的是为了收益。在投资过程中，企业必须考虑投资规模，选择投资方向和投资方式，确定合理的投资结构，以提高投资效益，降低投资风险。

(3) 经营活动。企业在生产经营活动中，会发生一系列的资金收支。如采购原材料，支付工资和其他营业费用；其次，当企业把产品或商品售出后，便可取得收入，收回资金；再次，如果企业营运资金不能满足企业经营的需要，还要采取短期借款方式来筹集所需资金。在企业经营活动引起的财务活动中，主要涉及流动资产和流动负债的管理，其中最关键的是加速资金周转。在一定时期内资金周转越快（资金周转天数越少），就可以利用相同数量的营运资金生产出更多的产品，取得更多的收入，获得更多的利润。因此，如何加速营运资金周转，提高营运资金利用效果，是企业在经营活动中需要考虑的主要问题。

(4) 利润分配活动。企业通过生产经营、对外投资而取得利润，获得资金的增值。收益分配是对经营成果，即利润的分配。企业利润要按规定的程序进行分配，首先是依法纳税；其次是要用来弥补亏损，提取公益金；最后是向投资者分配股利。这种因利润分配而产生的资金收支便是利润分配的财务活动。

利润分配就是要解决企业的税后利润中，有多少分配给投资者，有多少留存用于企业再生产。过高的股利支付率，会使较多的资金流出企业，影响企业再生产的能力，使未来收益减少，不利于企业长期发展；过低的股利支付率，可能引起投资者不满，也不利于潜在投资者增加对企业的投入；对上市公司，则可能引起股价下跌。企业必须根据情况制定出企业最佳的分配政策。

上述财务活动的四个方面，是互相联系、互相依存的。正是这四个方面，构成了完整的企业财务活动，也构成了财务管理的四个方面：筹资管理、投资管理、营运资金管理、利润及分配管理。

 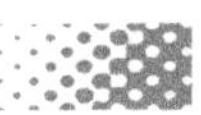

12.1.1.3 企业财务关系

企业在财务活动过程中与有关各方发生经济关系，财务管理就是要处理好这些财务关系。

(1) 与政府部门的关系。政府作为社会经济管理者，必然要和企业发生多方面的关系。一是财政部门，负责制定企业有关的财务制度、会计制度、税收政策等，直接影响到企业的财务行为；二是税务部门，企业要依法纳税，与税务部门所形成的经济关系。

(2) 与所有者（出资者）的关系。企业的最终所有权是属于各出资者的，企业的各项财务活动是在所有者确定的企业财务预决算的框架内进行，所有者的经营方针和投资计划决定着企业的各项理财行为，影响着企业发展的财务状况。同出资者的财务关系具体体现在公司股东大会、董事会的关系。因公司出资者的多元化，不同的出资者对投入的汇报要求也不相同，要处理好与出资者的关系，以利企业长远发展。

(3) 与债权人的财务关系。企业在生产经营过程中，必然要发生各种融资行为。企业借入资金，可以降低企业的资金成本，扩大企业经营规模。企业向债权人借入资金，并按借款合同的约定按时支付利息和归还本金即形成与债权人的经济关系。债权人主要有：①贷款机构；②债券持有人；③商业信用提供者；④其他出借资金的单位或自然人。企业与债权人的关系是债权和债务关系。

(4) 同业务关联单位的关系。与企业发生财务关系的关联企业有原料、燃料动力、运输、设备等供货商以及产品（服务）的购买方，必然会与对方发生财务关系。不论处理与供货商还是与销售方的财务关系，并不总是一帆风顺的，特别在市场经济不完善、法制有待进一步强化的时候。

(5) 同被投资单位的财务关系。企业将资金以购买股票或以资金（或资产）直接投资的形式向其他企业投资所形成的经济关系。企业与被投资单位形成参股或控股子公司的关系。

(6) 同企业内部各单位的财务关系。企业内部各单位（如供、产、销各部门）之间在生产经营各环节相互提供产品或劳务所形成的经济关系。体现了企业内部各单位之间的利益关系。

(7) 同企业内部职工的财务关系。主要是企业向内部职工支付劳动报酬过程中所形成的关系，体现了企业和职工的分配关系。

12.1.1.4 企业财务管理的特点和目标

(1) 企业财务管理的特点：①财务管理是一项综合性的管理工作。企业生产经营活动的复杂性，形成了一系列的专业管理，如生产管理、技术管理、营销管理、人力资源管理等。财务管理是运用价值形式对企业各项经营活动实施管理，加以规划与控制，达到企业效益不断提高、财富不断增加的目的。因此，财务管理既是独立的专业管理，又是一项综合性的管理。②财务管理与企业内、外部有广泛的联系。企业中一切涉及资金的收支活动，都与财务管理有关。合理使用资金，节约资金，避免资金损失，是财务部门的职责。③财务管理能迅速反映企业生产经营状况。企业管理中，决策是否得当、经营是否合理、技术是否先进、产销是否顺畅……，都可以在财务指标中的到反映。财务部门应做好经营活动分析，及时向企业领导通报有关财务指标的变化情况，努力提高经济效益，实现财务管理目标。

(2) 企业财务管理的目标。总体而言，企业财务管理的目标要与企业的整体经营目标相一致。企业财务目标是企业整体经营战略目标的一部分，公司的发展战略不同，财务目标也不同。财务管理目标主要有四种观点：利润最大化、每股收益最大化、股东财富最大化和企业价值最大化。

① 利润最大化。弗里德曼[1]生前最富争议的观点之一也许就是“企业的唯一目标是赚钱并向股东提供回报”。用利润最大化来定位企业财务管理目标，简明实用，便于理解。但利润最大化目标的缺陷是：a. 没有考虑投入与产出之间的比率；b. 没有考虑利润的获取时间；c. 没有考虑追求最大利润时的风险；d. 利润最大化会使企业财务决策带有短期行为，忽视企业的可持续成长和核心竞争力的培育。

② 每股收益最大化。将资本利润率作为企业财务管理目标。这种观点仍然存在三个问题：一是没有考虑资金的时间价值；二是没有考虑风险大小；三是企业财务决策容易产生短期行为。

③ 股东财富最大化。是指通过财务上的合理经营，为股东带来更多的财富。上市股份公司的股东财富由其所拥有的股票数量和股票市场价格两方面来决定，股东财富最大化又可以表现为股票价格最大化。股东财富最大化显然存在缺点：a. 适用于上市公司，对非上市公司很难适用。b. 由于股票的分散和信息的不对称，经理人员为实现自身收益最大化，有可能以损害股东和其他利益相关者的利益而作出逆向选择。

④ 企业价值最大化。是通过企业财务上的合理经营，采用最优的财务政策，充分考虑资金的时间价值和风险与报酬的关系，在保证企业长期稳定发展的基础上，使企业总价值达到最大。其基本思想是将企业长期稳定发展摆在首位，强调在企业价值增长中满足各相关利益主体的需求，承担起应有的社会责任，更好地实现企业价值最大化这一财务管理目标。

（3）财务管理目标与社会责任。社会责任是指企业在经营发展过程中应当履行的社会职责和义务，主要包括安全生产、产品（服务）质量、环境保护、资源节约、促进就业、员工权益保护等。

企业价值最大化目标与社会责任目标是基本一致的，社会责任被许多企业视为机会。这是因为，为了实现企业价值最大化目标：①企业生产的产品质量必须符合市场需要。②企业必须不断引进与开发新技术，拓展企业经营规模，增强企业可持续增长能力。③企业必须承担环境保护、员工个人发展、消费者权益保护和社区义务的责任，以提升企业的社会认同度（国内、国际认同度）。

因此，企业应当重视履行社会责任，提升企业发展质量，切实做到经济效益与社会效益、短期利益与长远利益、自身发展与社会发展相互协调，实现企业与员工、企业与社会、企业与环境的健康和谐发展。

12.1.2 理财专家——财务总监

财务总监（CFO—Chief financial Officer）又称公司首席财政官、首席财务官，是跨国公司或大企业集团赋予其最高财务负责人的头衔，是现代企业中最重要、最有价值的顶尖管理职位之一。

财务总监是企业所有权与经营权分离的产物，赋予了现代企业制度最为显著的特征。在企业内部，财务总监有两大基本职能：一对公司经营战略提供财务决策支持；二代表所有者对经营者实施财务监管。

目前国内财务总监任命有三种形式：①在国有企业中，政府派出，公务员编制，与特派稽查员相似；②总经理任命，相当于副总，职能与部门财务经理无异。③董事会委托，相当于副总又高于一般副总。

---

[1] 弗里德曼（Milton Friedman，1912—2006），美国经济学家，货币主义大师。以研究宏观经济学、微观经济学、经济史、统计学，及主张自由放任资本主义而闻名。

第一种情况与机构精简相悖，且有政企不分之嫌；第二种无益于改变“内部人控制”局面；第三种则比较符合现代企业制度的分权要求，符合监控原理。

12.1.2.1 财务总监与财务经理、总会计师的区别

财务总监是企业的高管；财务经理是财务总监的下级，或是企业财务职能部门负责人。

总会计师是我国国有企业的“三总师”之一，由总经理任命，体现了经营者的意志；相当于企业副总；工作重点在于完善企业内部财务管理制度，提高经营效益，完成经营者任期内经营目标；工资由企业行政级别决定。

财务总监由董事会任命，体现了企业所有者的意志；不受总经理制约，职务上高于一般副总；工作重点是对公司经营战略作出可行性评估，负责制定公司财务考核标准并监督其完成，代表所有者对企业经营行为进行财务监控；工资报酬由董事会决定。

但在企业实际操作中，有些财务总监的权限和职能只相当于总会计师。

12.1.2.2 财务总监的职责

财务运行状况集中反映了企业生产经营状况的好坏。现代企业制度的核心是所有权与经营权的分离，实际上构成了委托——代理的关系。现代企业制度（公司制）存在着股东与管理层之间的利益冲突，存在着大股东与小股东之间的利益冲突，存在着股东与债权人的利益冲突（如：公司不征得债权人同意，投资于比债权人预期更高的风险项目）。解决这一矛盾的办法，就是由董事会派出财务总监进行监管。归纳起来，财务总监的职责有：

(1) 做好企业资金管理。资金是企业流动的血液。资金缺乏、周转不灵或投资失误等因素往往会使企业出现经营困难，甚至让一个在表面上风光无限的企业转瞬间陷入破产的边缘。

企业资金管理包含了很多内容，其中最重要的是投资和融资。此外，必须做好运行资金的管理。

企业的生产经营过程其实就是一项资金转化成另一项资金的过程，从货币资金开始经过储备资金、生产资金、销售资金这几个阶段，最后再回到货币状态，不断循环往复，企业取得赢利。在资金的循环过程中，如何合理调配企业营运资金，保证企业血液顺畅流动，是财务总监的日常工作之一。财务总监需要对应收账款、应付账款、商业票据、银行贷款、现金流、贴现率、未来收益率等了如指掌，才能将资金管理运营自如。

(2) 做好企业投、融资。企业生产经营必然要求发生各种融资行为，一切营运资金都靠投资者自己解决既不现实也不明智。企业需要通过资本市场、金融市场、经营市场去筹措企业生产经营所需要的资金，这是财务总监的重要工作之一。

如果说日常生产经营决定企业短期的生存状况的话，投资则决定了企业长远的生存与发展。作为一个以持续经营、追求发展为目标的营利性组织，企业投资必不可少。积极参与企业投资决策，组织对投资承受力分析、投资经济效益分析，是财务总监必不可少的工作。在企业投、融资活动中，要做好资产评估工作，维护投资人利益。

(3) 协调各方面财务关系。在“12.1.1.3　企业财务关系”中已述，财务管理要最大地发挥财务管理的作用，必然需要与企业内、外部各部门、单位的支持和密切配合。企业内部有采购、生产、经营等各个部门，企业外部有客户、工商、税务、财政、海关、银行、政府等。财务要与这么多部门发生直接关系，必须进行必要的工作协调。协调财务与各方面的关系也是财务总监必不可少的重要工作之一。

(4) 制定和管理企业财务制度。企业是一个以营利为目的经济组织，组织管理具有共性，那就是法制化，以法治管理替代人治管理是企业发展的必然。财务管理是企业管理中的

一个核心部分，财务管理体系的法制化建设必不可少。财务总监是财务管理体系法制化建设的组织者和领导者，应组织好企业内部财务管理制度的制定、贯彻执行，组织好对国家财政、会计、税收等相关法规的学习与执行，并对制度的执行情况进行检查，确保企业守法经营。

(5) 组织财务预算的编制和日常检查。一定规模的企业，财务管理就要按照财务预算来进行。财务总监要组织企业财务预算的编制和执行，并且使执行不偏离原定计划，就需在执行过程中经常进行日常检查。这样才能真正做到事前有规划、事中有管理，事后有分析，确保企业生产经营活动正常进行。

(6) 组织和控制企业经营成本。在市场经济中，在市场上都能找到与企业相同或相似的产品，市场经济的本质就是鼓励竞争。在这种情况下，产品的质量和成本就显得十分重要。在激烈的市场竞争中，成本在很大程度上决定了企业的盈利水平，决定了企业的命运。财务总监工作的重点之一，就是组织企业成本核算、成本管理、压缩企业支出，不断降低企业经营成本。

(7) 审核会计报告。会计核算是财务管理的基础工作，也是财务管理的首要任务，企业所有的财务管理工作都是建立在及时、全面、真实的会计核算基础之上。会计核算工作非常具体和繁杂，财务总监并不是要自己亲自去进行会计操作，主要是建立会计核算体系，建立财会管理制度，建设一个高效的会计机构，促使企业会计核算符合国家的政策、符合企业的利益要求。财务总监通过审核财务报告来监管企业会计核算，监管经营过程中执行各项制度、政策的情况，监控企业预算的执行过程与结果，签审企业会计报告。

要有效地识别、查处并防止假账和舞弊行为，健全资金管理制度和手段。进行内部审计来监管公司及下属企业的财务活动，堵绝财务漏洞。

(8) 进行企业经济活动分析。企业财务报告专业性、综合性比较强，很多财务数据也比较笼统，它只能综合反映企业的某些经营状况，无法反映企业经营活动中的许多具体信息。为保证管理者能读懂其中的内容，财务总监应通过对企业经营活动过程各方面的了解，利用所学的专业分析方法，对企业经济活动情况进行综合分析，写出比较系统、让其他管理者都读得懂的经济活动分析报告，为企业最高决策者提供决策所需要的相关财务信息。

(9) 做好纳税筹划。依法纳税是每个企业应承担的光荣义务。但纳税都会引起企业资金净流出，这对企业并没有好处，特别是当企业急需资金时。企业既要做到既依法纳税，又要避免资金过快、过集中地流出，就应当进行业务调节、纳税筹划，在遵守国家法规的基础上，合理调节企业税负、调节资金流动，这是财务总监的必须工作。

一方面企业依法纳税是对国家、对社会的贡献和义务，另一方面企业要和财税部门积极沟通，及时了解新的财政、税务优惠政策，并争取到这些政策，以利于企业发展。

12.1.2.3 财务总监的能力素质要求

(1) 财务总监是理财专家，需要具备丰富的金融理论知识和实务经验。公司理财与金融市场、项目估价、风险管理、产品研发、战略规划、企业核心竞争力的识别与建立、信息技术与电子商务等密切相关。

(2) 财务总监要树立财务管理新观念：竞争观念、经济效益观念、时间价值观念、财务公关观念、良好的个人形象观念。

(3) 财务总监要有良好的道德品质：作风正派、有敬业精神、对企业忠诚。

(4) 财务总监要有广博的知识面：具备微观与宏观经济学知识，要学会把握和分析经济形势，对政府货币与财政政策有敏感度，懂得边际成本和边际效益以及市场运作原理；要熟

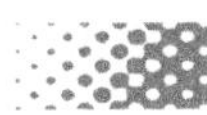

悉国家财务、会计政策法规，熟练掌握会计知识和操作；除此以外，还必须是企业产、供、销、购、存、运的行家（不是专家），要懂、要熟悉，要知道如何去管理。

（5）财务总监必须：①具备组织协调能力，把企业财务团体建设好；②具备分析判断能力，根据经济形势、市场变化、财务机会和风险、内部财务活动情况作出正确的财务决策；③具备参与高层决策能力；④具备沟通与交流能力；⑤具备使用人、培养人的能力。

（6）展示理财才华，展示人格魅力，树立必要的威信；出现问题冷静处理；要坦诚相待，勇于承担责任。

12.2 财务预算和成本控制

企业全面预算即企业的总体计划，是根据战略规划、经营目标和资源状况，运用系统方法编制的企业经营、资本、财务等一系列业务管理标准和计划，并据此进行控制、监督和考核、激励。

企业全面预算包括经营（营业）预算、财务预算和资本预算。资本预算实际上就是一年期以上的中长期投资计划，包括筹资和投资的预算。

经营（营业）预算、财务预算是一年以内的短期预算，如年度、季度、和月度预算。而财务预算是在经营预算的基础上才能完成的。

12.2.1 财务预算

财务预算一般包括现金流量预算、利润预算和财务状况预算。本小节主要介绍利润预算和财务状况预算。

12.2.1.1 利润预算

利润是在一定时期内企业经营成果的反映，利润预算包括：

（1）营业利润预算。营业利润包括营业收入、营业成本、期间费用等项目的预算。

（2）利润总额预算。利润总额＝营业利润＋营业外收入－营业外支出

（3）税后利润预算。税后利润＝利润总额－企业所得税

（4）每股收益预算。包括基本的每股收益和稀释后的每股收益。[“稀释后的每股收益”，简单理解：在基本每股收益的基础上，潜在普通股（如公司发行的可转债）转换为普通股后，使普通股总数增加，重新计算每股收益，导致每股收益被稀释。]

借用年度利润表的格式来编制利润预算表。利润预算是企业的综合性预算，是在营业收入预算、产品成本预算、销售费用预算、管理费用预算、财务费用预算、资本预算（对外投资收益）等的基础上汇总编制的。可按年度、半年度、季度编制，也可按业务、产品分别编制。

12.2.1.2 财务状况预算

企业的高管层，特别是财务主管，把握企业与财务状况有关的财务结构的预算安排，对于指导和监控企业投资、筹资、营运资本和股利分配等财务管理工作具有重要意义。财务状况预算由在一定时点的下列内容构成：

（1）短期资产预算。主要包括现金（货币资金）、应收票据、应收账款、存货等项目的预算。

（2）长期资产预算。主要包括持有至到期投资、长期股权投资、固定资产、无形资产等项目的预算。

（3）短期债务资本预算。主要包括短期借款、应付票据、应付账款等项目的预算。

（4）长期债务资本预算。主要包括长期借款、应付债券等项目的预算。

（5）权益资本预算。包括：实收资本（股本）、资本公积、盈余公积和未分配利润等项目的预算。

借用资产负债表的格式来编制财务状况预算表。在基期实际资产负债表的基础上，根据预算期营业预算、投资预算和筹资预算以及利润预算等有关资料上汇总编制而成。

企业存在事业部和子公司、分公司的情况下，应分别编制财务状况预算，然后汇总编制企业这你财务状况预算。

12.2.2 目标（标准）成本的控制

要实现财务预算的目标，很重要的工作是目标成本（又称：标准成本）的制定和控制。加强成本控制，可降本节支、增加利润、提高产品的市场竞争能力，有助于企业战略目标的实现。

12.2.2.1 成本的分类

（1）根据成本的经济用途分类。这种分类的目的是为了确定产品制造成本和期间费用。会计核算上将产品制造成本中已销售部分转为销售成本并在损益表中表现；未销售部分转为存货成本在资产负债表中表现；期间费用在期间内扣除，全部在损益表中表现。化工产品的总成本类别如表 12-1 所示。

表 12-1 化工产品的总成本项目

项目		主要内容
制造成本	原材料	经过加工构成产品实体的原料及主要材料的采购价格和运输等费用
	辅助材料	直接用于产品生产，但不构成产品实体的材料，包括劳保、包装、化验等材料
	燃料及动力	直接用于产品的各种燃料及动力消耗，化工企业包括水、电、蒸汽、燃料油（气）
	直接人工	直接参加生产过程、从事产品生产的员工工资及按规定提取的职工福利基金
	制造费用	生产使用的固定资产（设备、厂房等）按规定折旧率提取的折旧 维护生产装置正常生产进行的检修及维修费用 车间管理和辅助人员的工资及福利，车间办公费、差旅费等
经营成本	管理费用	二、三线人员工资和福利，办公和生活用房、设施的折旧和维修费，差旅费、会议费、招待费、办公费等
	财务费用	贷款利息，银行、保险等费用
	销售费用	产品运输、仓储费，销售人员工资和福利、差旅费、业务费等
总成本合计		

一个化工产品的总成本（也称为完全成本）主要分为两部分：第一部分是制造成本；第二部分是经营管理成本（也称为期间费用）。

制造成本（或生产成本） 是指生产产品发生的各项生产费用，包括直接材料、直接人工和制造费用。

直接材料 包括生产产品实际消耗的原材料、辅助材料、外购半成品、燃料、动力、包装物等。

直接人工 是指生产一线直接从事产品生产的人员工资、奖金、津贴等各种薪酬。

制造费用 是指生产车间为组织和管理生产所发生的各项间接费用，包括车间管理、辅助人员的薪酬，车间厂房、构筑物、机器设备的折旧费以及修理费、水电费、办公费、差旅费等。

期间费用 是指只与特定的会计期间相联系而与产品生产无直接联系的各项费用：销售费用、管理费用和财务费用。

管理费用 是指行政管理部门为管理和组织经营活动的各项费用。包括董事会费、公司

经费、工会经费、职工教育费、劳动保险费、咨询费、审计费、诉讼费、技术开发费、无形资产摊销、业务招待费等支出，办公、生活用房和设施的折旧，以及行政管理、后勤服务人员的工资及福利等。

销售费用　是指在销售产品和提供劳务等过程中发生的各项费用。

财务费用　是指为筹集资金而发生的各项费用。包括贷款利息支出（减利息收入）、汇兑净损失、调剂外汇手续费、金融机构手续费以及筹资发生的其他财务费用。

（2）按成本与产品的关系分类。分为直接成本和间接成本。直接成本是直接计入某产品的成本；间接成本是需要按照某种分配方式（如工时、产量等）在几种产品之间分配的成本。

（3）从成本与单位产品的关系（成本特性）分类。

① 单位不变成本　单位产品成本基本不变化的成本，如直接材料、直接人工等。但其总额随着产量的增减而相应地成正比例变化，称为变动费用。

② 单位变动成本　单位产品成本随产量变化而变化的成本。如按时间长短计提的固定资产折旧费、管理人员薪酬等，其总额在一定时间内基本上是固定的，称为固定费用。但分配在单位产品的成本则与产量呈反方向变动。

12.2.2.2　目标成本的制定

目标成本（标准成本）是在正常生产经营条件下经过努力可以达到的成本，作为控制成本开支、衡量工作绩效的依据。在利润预算时需制定目标成本，经济责任制常用目标成本进行考核（可将目标成本理解为以货币计算的定额标准，见 5.3.1）。

目标成本强调的是“经过努力可以达到的”成本指标，通常对上期达到的指标进行科学分析，提出一个比上期达到的指标更为先进的指标，并制定奖罚办法。

制定目标成本通常先确定直接材料和直接人工的目标成本，其次确定制造费用的目标成本，最后确定单位产品的目标成本。

（1）制定直接材料的目标成本。

① 用统计方法制定。统计历史上一定期限内达到的某原材料的消耗指标分布情况，以大多数情况下能达到的、比现有实绩先进的指标确定为目标指标。

② 历史成本分析法。以在历史平均指标的基础上消耗降一定的比例作为目标指标。

③ 工业工程法。运用工业工程的研究方法，逐项研究决定成本高低的每个因素，在此基础上直接估算单位变动成本的一种成本估计方法。可以在没有历史成本数据或历史成本数据不可靠，或者需要对历史成本分析结论进行验证的情况下使用工业工程法。在建立标准成本和制定预算时，使用工业工程法，可比历史成本分析更加科学。

基本做法是：①确定需要研究的成本项目；②观察现行方法并记录全部事实，主要是投入的成本和产出的数量；③进行全面的科学分析，研究出最实用、最有效、最经济的新的工作方法；④把新方法确定为标准的方法，并测定新方法的每项投入的成本，将与产量有关的部分归集为单位变动成本，将与产量无关的部分汇集为固定成本。

为了与历史水平比较，可制定直接材料的内部不变价格加以核算。需要注意的是：由于化工生产的复杂性，车间盘存核算正确并不容易，必须要有专业技术人员和生产管理人员参与才能正确，历史数据、统计数据等不一定正确反映了直接材料的消耗水平，参见 5.3.3。

（2）制定直接人工的目标成本。标准工时是指现有生产技术条件下，生产单位产品所需要的时间，包括直接加工操作必不可少的时间、必要的间歇和停工（如工间休息、调整设备时间）、不可避免的废品耗用工时等。标准工时应以作业研究和工时研究为基础，需要按产品的加工工序分别进行，然后加以汇总，并参考有关统计资料来确定。

直接人工的价格标准是标准工资率。如果采用计件工资制，标准工资率是预定的每件产品支付的工资除以标准工时；如果采用月工资制，需要根据月工资总额和工时总量来计算标准工资率。

可以核定岗位或车间的定员数，将减员后节约的工资支出的一部分奖励给工人，提高员工的积极性，同时也降低了直接人工的成本。一定要让员工参与报酬制度的设计，做到企业和员工双赢。

(3) 制定制造费用的目标成本。化工产品的制造费用中很少是变动费用，基本上是固定费用。降低单位产品中制造费用的成本的唯一办法是稳定生产，保持一定的产量规模。应根据市场情况、环境情况确定月产量规模，在此基础上制定制造费用的目标成本。

12.2.2.3 成本控制的价值工程法

价值工程（Value Engineering，VE），又称为价值分析（Value Analysis，VA），20 世纪 40 年代由美国通用电器公司（GE）的工程师麦尔斯（L. D. Miles）创立，是降低成本、提高经济效益的有效方法。

(1) 价值工程的含义。价值工程，指的是通过集体智慧和有组织的活动对产品或作业进行功能分析，使目标以最低的总成本（寿命周期成本）可靠地实现，从而提高产品或作业的价值。

用数学式表达如下：价值(V)＝功能(F)/成本(C)，简写为：$V=F/C$

式中　价值——产品的功能和成本的比值，反映了产品物美价廉的程度；

功能——某项产品所负担的职能或所起的作用；

成本——产品的寿命周期成本，即为实现产品的功能在整个生产和使用过程中发生的成本。

功能首先以满足消费者的需求为前提条件，用户购买产品，并非购买事物本身，而是购买事物具有的必要功能。功能过高、过全，必然会导致成本费用提高，而用户并不需要，从而造成功能过剩；反之，又会造成功能不足。功能的提高是无限的，但它同时又受用户需求和生产成本的制约。

价值工程就是要确定产品的必要功能，避免功能过剩（产品功能多于或高于用户所必需的）和功能不足（功能达不到用户的要求）现象的发生。

价值工程涉及价值、功能和寿命周期成本等三个基本要素。价值工程是一门工程技术理论，其基本思想是以最少的费用换取所需要的功能。这门学科以提高工业企业的经济效益为主要目标，以促进老产品的改进和新产品的开发为核心内容。

(2) 提高价值的途径。基本有 5 种，即：①提高功能，降低成本，大幅度提高价值；②功能不变，降低成本，提高价值；③功能有所提高，成本不变，提高价值；④功能略有下降，成本大幅度降低，提高价值；⑤适当提高成本，大幅度提高功能，从而提高价值。

(3) 价值工程的实施程序。价值工程在实践中已形成了一套科学的实施程序了，这套实施程序实际上是发现矛盾、分析矛盾和解决矛盾的过程，通常是围绕以下 7 个合乎逻辑程序的问题展开的：①这是什么？②这是干什么用的？③它的成本多少？④它的价值多少？⑤有其他方法能实现这个功能吗？⑥新的方案成本多少？功能如何？⑦新的方案能满足要求吗？

顺序回答和解决这 7 个问题的过程，就是价值工程的工作程序和步骤。

(4) 如何进行价值分析。

① 要正确选择对象。企业没有必要对所有的产品或作业都进行价值分析。一般而言，在研发设计方面要选择那些结构复杂、体积庞大、材料昂贵的、性能差的产品；在生产方面选择那些批量大、工艺复杂、原材料消耗高、能源消耗大、成品率低、废品率高的产品；在

 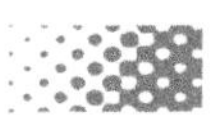

销售服务方面要选择用户意见多、竞争力差的老产品；在成本方面要选择成本高于同类或功能相近的产品，以及成本结构中过高的组成部分。

② 根据对象的性质、范围和要求，收集对象的相关情报。包括用户需求、销售市场、科技技术进步状况、经济分析以及本企业的实际能力等。价值分析中能够确定的方案的多少以及实施成果的大小与情报的准确程度、及时程度、全面程度紧密相关。

③ 进行功能、成本和价值分析。首先要把价值工程的对象所具有的功能细致地加以研究，了解它们的作用。就是分析产品在生产过程中所采取的每一工艺、每道工序、每种材料对构成产品最终使用价值起到了什么作用，承担了什么职能，没有它们是否影响产品的使用价值，有无便宜的东西可以替代等。所有这些就是给每个分析对象的功能下定义的过程，实际上也是发现问题的过程。其次，就是对已下定义的功能进行分类和整理，即搞清哪些是基本功能，哪些是辅助功能，哪些功能是用户需要的，哪些功能是用户不需要的，哪些是功能过剩的，哪些是功能不足的，以及各功能之间的关系。通过整理可以具体把握需要改进的功能范围，为进一步提出功能改进方案提供依据。研究分析的方法有：经验分析法、ABC 分析法以及百分比分析法。

④ 确定最优方案。即根据分析的结果，按用户的需求，提出若干改进价值的新方案，再把各种方案进行分析和评价后，选择功能不变使成本更低或甚至功能更高的最优方案。

⑤ 求出目标成本。即根据筛选出的最优方案进行目标成本的计算，也就是将产品的目标成本按功能评价系数分配给各有关的作业，算出各作业的目标成本，作为对产品成本实行有效事前控制的依据。

12.2.3 标准成本差异分析

标准成本即目标成本。由于种种原因，产品的实际成本会与目标不符。实际成本与标准成本之间的差额称为标准成本差异，或称为目标成本差异。目标成本差异是反映实际成本脱离预定目标程度的信息。为了消除这种偏差，要对产生的成本差异进行分析，找出原因和对策，以便采取措施加以纠正。完整的差异分析包括三个个步骤：首先计算差异的数额并分析其种类；在此基础上进行差异调查，找到产生差异的具体原因；最后判明责任，采取措施，改进成本控制。

实际成本超过标准成本所形成的差异，叫做不利差异、逆差或超支，用正数表示。实际成本低于标准成本所形成的差异，叫做有利差异、顺差或节约。

（1）直接材料成本差异分析。直接材料成本差异是直接材料的实际成本与标准成本的差额。该差异形成的基本原因有两个：一是材料价格脱离标准；二是用量脱离标准。前者按实际用量计算，称为价格差异；后者按标准价格计算，称为数量差异。

$$材料价格差异=实际数量\times(实际价格-标准价格)$$

$$材料数量差异=(实际数量-标准数量)\times标准价格$$

$$直接材料成本差异=直接材料实际成本-直接材料标准成本$$

（2）直接人工成本差异分析。直接人工成本差异是指直接人工实际成本与标准成本之间的差额。它也被区分为“价差”和“量差”两部分。价差是指实际工资率脱离标准工资率，其差额按实际工时计算确定的金额，又称为工资率差异。量差是指实际工时脱离标准工时，其差额按标准工资率计算确定的金额，又称人工效率差异。

$$\begin{aligned}直接人工成本差异&=直接人工实际成本-直接人工标准成本\\&=直接人工价格差异+直接人工数量差异\\&=直接人工工资率差异+直接人工效率差异\end{aligned}$$

工资率差异＝实际工时×(实际工资率－标准工资率)

人工效率差异＝(实际工时－标准工时)×标准工资率

需要注意的是，不同工种不同级别的工资率不一定相同，如果生产某一种产品需经几个不同工种的加工，那么应就每个工种进行这样的成本差异分析，然后加以汇总。

(3) 变动制造费用差异分析。变动制造费用差异是指实际变动制造费用与标准变动制造费用之间的差额。它也可以分解为“价差”和“量差”两部分。价差是指变动制造费用的实际小时分配率标准，按实际工时计算的金额，它反映耗费水平的高低，故称为耗费差异(Variable Overhead Price Variance)。量差是指实际工时脱离标准工时，按标准的小时费用率计算确定的金额，它反映工作效率变化引起的费用节约或超支，故称为变动费用效率差异。

变动制造费用耗费差异是实际支出与按实际工时和标准费率计算的预算数之间的差额。由于后者是承认实际工时是必要的前提下计算出来的弹性预算数，因此该项差异反映耗费水平即每小时业务量支出的变动费用脱离了标准。耗费差异是部门经理的责任，他们有责任将变动费用控制在弹性预算限额之内。

变动制造费用效率差异是由于实际工时脱离了标准，多用工时导致的费用增加，因此其形成原因与人工效率差异相同。

(4) 固定制造费用差异分析。固定制造费用差异的分析与上述变动成本差异的分析不同，其分析方法有二因素分析法和三因素分析法两种。

① 二因素分析法是将固定制造费用差异分为耗费差异和能量差异。耗费差异是指固定制造费用的实际金额与固定制造费用预算金额之间的差额，固定费用与变动费用不同，不因业务量而变化，故差异分析有别于变动费用。在考核时不考虑业务量有变动，以原来的预算数作为标准，实际数超过预算数即视为耗费过多。其计算公式为：

固定制造费用耗费差异＝固定制造费用实际数－固定制造费用预算数

能量差异是指固定制造费用预算数与固定制造费用标准成本的差异，或者说是实际业务量的标准工时与生产能量的差额用标准分配率计算的金额，它反映未能充分使用现有生产能量而造成的损失。其计算公式为：

固定制造费用能量差异＝固定制造费用预算数－固定制造费用标准成本
＝(生产能量－实际产量标准工时)×固定制造费用标准分配率

② 三因素分析法是将固定制造费用的成本差异分为耗费差异、效率差异和闲置能量差异。耗费差异的计算与二因素分析法相同，不同的是将二因素分析法中的能量差异进一步分为两部分：一是实际工时未达到标准能量而形成的闲置能量差异；另一是实际工时脱离标准工时而形成的效率差异。其计算公式为：

固定制造费用闲置能量差异＝(生产能量－实际工时)×固定制造费用标准分配率

固定制造费用效率差异＝(实际工时－实际产量标准工时)×固定制造费用标准分配率

固定制造费用的耗费差异主要是由于临时添置固定资产，超计划雇用管理人员和辅助生产人员，预提和待摊费用计入本期成本等原因引起的。

固定制造费用的效率差异与形成直接人工的效率差异的原因相同。

固定制造费用的闲置能量差异主要是由于产品定价过高、经济不景气、材料供应不足等原因影响产销量而造成的。

12.2.4 单位产品成本控制分析

产品单位成本进行分析，主要包括两个方面的内容：一是技术经济指标变动对单位成本

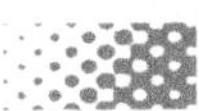

的影响；二是单位成本计划完成情况的分析。

（1）产品单位成本技术经济指标变动分析。技术经济指标是指与企业生产技术特点具有内在联系的产品经济指标。技术经济指标变动分析，可以揭示各种化工产品单位成本和它们的各个项目以及各项消耗定额的超支和节约的情况，尤其是能够密切地结合产品设计、生产工艺和操作方法的变化，确定各项技术经济指标对单位成本的影响，从而评价各项技术经济措施的经济效果，找出各种化工产品成本升降的具体原因。因此，分析主要技术经济指标变动对产品成本影响分析表具有十分重要的意义。

① 直接材料配比变动的成本分析。在化工企业，产品生产过程中需根据产品的工艺技术规程的要求，将各种原材料按一定的比例配料投入使用。在各种原材料单价不同的情况下，改变原材料的配比，也会影响产品的单位成本。原材料项目的分析，就受原材料耗用量、价格和配比三个因素的影响。

可以列表计算出原材料耗用量、价格和配比三个因素变化前、后的单位成本变化情况。

② 生产设备能力利用情况变动对产品单位成本的影响分析。第一，产量变动之所以影响产品单位成本，是由于在产品全部成本中包括了一部分相对固定的费用。当产量变动时，固定费用总额却相对不变，因而单位产品成本中的固定费用将随产量的增加或减少而相应地降低或提高。第二，假定其他条件不变，设备利用率指标的变动，将使产量同比例地增加或减少。就可计算出设备利用率提高对产品单位成本的影响。

③ 能源利用程度变动对产品单位成本的影响分析。提高能源利用率，产品单位成本中的能耗指标降低，显然降低了产品的单位成本。

（2）成品率的变动对产品单位成本的分析。成品率是反映原材料投入量与制成合格品数量之间比例关系的一项技术经济指标。成品率提高意味着用同样数量的原材料可以生产出更多的合格产品，即降低了单位产品的原材料消耗，又增加了产量。而产量的增加反过来又会影响产品单位成本的降低。因此，分析成品率指标变动对产品单位成本的影响，应同时从原材料消耗变动和产量变动两个角度确定其对产品单位成本的影响程度。

① 由于成品率提高，使单位产品原材料消耗降低，从而降低了产品单位成本。

② 由于成品率提高，使产品产量增加，从而降低了产品单位成本中的固定费用。

③ 由于成品率提高，从而减少了因产品返工而增加的人工工资、能源消耗等变动费用，使产品单位成本降低。

12.3 财务报表和财务分析

12.3.1 财务报表和分析要求

企业在生产经营过程中，应依据会计准则等会计规范进行会计核算，并编制财务报表。

财务报表是企业向会计信息使用者提供信息的主要文件，它反映了企业财务状况、经营成果和现金流量等方面的会计信息，为会计信息使用者进行经济决策提供依据。企业在会计核算和编制财务报表时，必须遵循会计准则，以保证会计信息客观、公允地反映企业的财务状况和经营状况。

《小企业会计准则（2011）——会计科目、主要账务处理和财务报表》规定：小企业的财务报表包括资产负债表、利润表、现金流量表和附注。

《企业会计准则第 30 号——财务报表列报（2006）》规定：财务报表是对企业财务状况、经营成果和现金流量的结构性表述。财务报表至少应当包括的组成部分：①资产负债表；②利润表；③现金流量表；④所有者权益（或股东权益，下同）变动表；⑤附注。

《企业会计准则第 33 号——合并财务报表（2006）》规定：母公司应当编制合并财务报表。合并财务报表，是指反映母公司和其全部子公司形成的企业集团整体财务状况、经营成果和现金流量的财务报表。母公司，是指有一个或一个以上子公司的企业；子公司，是指被母公司控制的企业。

合并财务报表至少应当包括下列组成部分：①合并资产负债表；②合并利润表；③合并现金流量表；④合并所有者权益（或股东权益，下同）变动表；⑤附注。

12.3.1.1　资产负债表

资产负债表是反映企业一定日期财务状况的会计报表。它以“资产＝负债＋所有者权益”这一会计等式为依据，按照一定的分类标准和次序反映企业在某一个时点上资产、负债及所有者权益的基本状况。资产负债表的结构见表 12-2。

表 12-2　资产负债表

编制单位：甲公司　　　　2013 年 12 月 31 日　　　　单位：元

资　产	期末余额	年初余额	负债及股东权益	期末余额	年初余额
流动资产：			流动负债：		
货币资金	4342376	2477750	短期借款	19201000	4700000
交易性金融资产	53650	8778	交易性金融负债		
应收票据	14566349	7696712	应付票据	6780000	4080000
应收账款	275269	380980	应付账款	8607190	6746472
预付款项	199617	2652288	预收款项	1064005	2933627
应收利息			应付职工薪酬	245602	639288
应收股利			应交税费	10395	280739
其他应收款	70960	68025	应付利息		
存货	18319735	15510889	应付股利		
一年内到期的非流动资产			其他应付款	495580	447104
其他流动资产			一年内到期的非流动负债	200305	
			其他流动负债		
			流动负债合计	36604077	19827230
流动资产合计	37827956	28795422	非流动负债：		
非流动资产：			长期借款		200305
可供出售的金融资产			应付债券		
持有至到期的投资			长期应付款		
长期应收款			专项应付款	140000	
长期股权投资	10170615	9658973	预计负债		
投资性房地产			递延所得税负债		
固定资产	16736202	10144666	其他非流动负债		
在建工程	3215114	1829133	非流动负债合计	140000	200305
工程物资	622734	1300987	负债合计	36744077	20027535
固定资产清理			股东权益		
生产性生物资产			股本	12000000	12000000
油气资产			资本公积	1842880	1836280
无形资产			减：库存股		
开发支出			盈余公积	4218016	3909570
商誉			未分配利润	13767648	13955796
长期待摊费用			股东权益合计	31828544	31701646
递延所得税资产					
其他非流动资产					
非流动资产合计	30744665	22933759			
资产总计	68572621	51729181	负债及股东权益总计	68572621	51729181

资产负债表是进行财务分析的一张重要财务报表，它提供了企业的资产结构、资产流动性、资金来源状况、负债水平以及负债结构等财务信息。分析者通过对资产负债表的分析，可以了解企业的偿债能力、资金营运能力等财务状况，为债权人、投资者以及企业管理者提供决策依据。

12.3.1.2 利润表

利润表（亦称损益表），是反映企业在一定期间生产经营成果的财务报表。利润表是以“利润＝收入－费用”这一会计等式为依据编制而成的。通过利润表可以考核企业利润计划的完成情况，分析企业的获利能力以及利润增减变化的原因，预测企业利润的发展趋势，为投资者及企业管理者分析企业的获利能力以及利润增减变化的原因，预测企业利润的发展趋势，为投资者及企业管理者等各方面提供财务信息。利润表的结构见表 12-3。

表 12-3 利润表

编制单位：甲公司　　　　2013 年度　　　　单位：元

项　目	本年金额	上年金额
一、营业收入	95164937	93794178
减：营业成本	90355185	81407717
营业税金及附加	242329	395536
销售费用	91516	63855
管理费用	1351178	2046401
财务费用	901290	417161
资产减值损失	28339	13856
加：公允价值变动收益(净损失以“－”号填列)	10650	
投资收益(损失以“－”号填列)	404316	495579
其中：对联营企业和合营企业的投资收益		
二、营业利润(亏损以“－”号填列)	2610066	9945231
加：营业外收入	157899	668
减：营业外支出	66989	199986
其中：非流动资产处置损失(收益以“－”号)	－39180	184395
三、利润总额(亏损以“－”号填列)	2700976	9745913
减：所得税费用	590084	3106795
四、净利润(净亏损以“－”号填列)	2110892	6639118

企业的收入主要包括营业收入（主营业务收入、其他业务收入）、投资收益及营业外收入。费用支出主要包括营业成本（主营业务成本、其他业务支出）、销售费用、管理费用、财务费用、营业税金、投资损失以及营业外支出等。总收入减去总费用就是利润总额。

企业的利润可以分为三个层次：营业利润、利润总额（税前利润）和净利润。

营业利润是营业收入扣除营业成本、营业税金及附加、销售费用、管理费用、财务费用等，加上公允价值变动收益和投资净收益后的利润，主要反映企业的经营所得；营业利润加上投资净收益和营业外收入减去营业外支出就是利润总额，是计算所得税的基础；利润总额扣除应纳的所得税后就是企业的净利润，这是企业所有者可以得到的收益。

12.3.1.3 现金流量表

现金流量表（Cash Flow Statement）是以现金（Cash）以及现金等价物（Cash Equivalent）为基础编制的财务状况变动表，是企业对外报送的一张重要财务报表。它为财务报表使用者提供企业一定会计期间内现金和现金等价物流入和流出的信息，以便报表使用者了解和评价企业获取现金和现金等价物的能力，并据以预测企业未来的现金流量。现金流量表的结构见表12-4。

表12-4 现金流量表

编制单位：甲公司　　2013年度　　单位：元

项　目	本年金额	上年金额
一、经营活动产生的现金流量		
销售商品、提供劳务收到的现金	115759178	113858391
收到的税费返还	111272	
收到其他与经营活动有关的现金	1805821	2498156
经营活动现金流入小计	117676271	116356547
购买商品、接受劳务支付的现金	100187927	97117607
支付给职工及为职工支付的现金	3102980	2104882
支付的各项税费	4633414	6948727
支付其他与经营活动有关的现金	2495765	3806682
经营活动现金流出小计	110420086	109977898
经营活动产生的现金流量净额	7256185	6378649
二、投资活动产生的现金流量		
收回投资收到的现金	10266	78
取得投资收益收到的现金	439594	143706
处置固定资产、无形资产和其他长期资产收回的现金净额	39180	44673
处置子公司及其他营业单位收到的现金净额		
收到其他的投资活动有关的现金	36422	52324
投资活动现金流入小计	525462	240781
购建固定资产、无形资产和其他长期资产支付的现金	6944150	6190115
投资支付的现金	656638	66
取得子公司及其他营业单位支付的现金净额		
支付其他与投资活动有关的现金		
投资活动现金流出小计	7600788	6190181
投资活动产生的现金流量净额	−7075326	−5949400
三、筹资活动产生的现金流量		
吸收投资收到的现金		
取得借款收到的现金	8150000	7200000
收到其他与筹资活动有关的现金		
筹资活动现金流入小计	8150000	7200000
偿还债务支付的现金	4700000	5500000
分配股利、利润或偿付利息支付的现金	2316233	2493581
支付其他与筹资活动有关的现金		
筹资活动现金流出小计	7016233	7993581
筹资活动产生的现金流量净额	1133767	−793581
四、汇率变动对现金现金等价物的影响		
五、现金及现金等价物净增加额	1314626	−364332
加：期初现金及现金等价物余额	2477750	2842082
六、期末现金及现金等价物余额	3792376	2477750

现金流量表将企业的现金流量划分为经营活动产生的、投资活动产生的和筹资活动产生的三类，将盈利信息调整为收付现金流量信息。

(1) 现金。现金流量表中的现金是指企业的库存现金以及可以随时用于支付的存款，包

括库存现金、银行存款和其他货币资金。但是，银行存款和其他货币资金中不能随时用于支付的存款不能作为现金，而应作为投资，如不能随时支取的定期存款等。

（2）现金等价物。是指企业持有的期限短、流动性强、易于转换为已知金额现金、价值变动风险很小的短期投资。现金等价物虽不是现金，但其支付能力与现金差别不大，可以视为现金。一项投资被确认为现金等价物必须同时具备四个个条件：期限短、流动性强、易于转换为已知金额现金、价值变动风险很小。其中，期限短一般是指从购买日起，3个月内到期。现金等价物通常包括3个月内到期的债券投资等，权益性投资变现的金额通常不确定，所以不属于现金等价物。

（3）现金流量。是企业一定时间内现金和现金等价物流入和流出的数量，主要包括经营活动产生的、投资活动产生的、筹资活动产生的现金流量三类。

投资活动是指长期投资及处置活动，如构建或处置固定资产、对外长期投资或收回投资等。

筹资活动是指导致企业资本及债务规模、结构发生变化的活动，如向银行借款或还款、发行债券、发行股票、支付利息和股利等。

经营活动是指企业投资活动、筹资活动以外的所有交易和事项。如购进原辅材料、销售产品、提供或接受劳务、支付税款等。

12.3.1.4 所有者权益变动表

所有者（股东）权益变动表反映一定时期内所有者权益各项目的增减变动情况的报表。所有者权益变动表至少应当单独列示反映下列信息的项目：①净利润；②直接计入所有者权益的利得和损失项目及其总额；③会计政策变更和差错更正的累积影响金额；④所有者投入资本和向所有者分配利润等；⑤按照规定提取的盈余公积；⑥实收资本（或股本）、资本公积、盈余公积、未分配利润的期初和期末余额及其调节情况。股东权益变动表格式见表12-5。

表 12-5 股东权益变动表

编制单位：乙公司　　　　2012年度　　　　单位：万元

项目	本年金额						上年金额
	股本	资本公积	减：库存股	盈余公积	未分配利润	股东权益合计	（略）
一、上年末余额	28978	40006		4305	−7829	65460	
加：会计政策变更					4892	4892	
前期差错更正							
二、本年年初余额	28978	40006		4305	−2937	70352	
三、本年增减变动金额							
（一）净利润					11718	11718	
（二）直接计入股东权益的利得和损失							
1. 可供出售金融资产公允价值变动净额							
2. 权益法下被投资单位其他股东权益变动的影响							
3. 与计入股东权益项目相关的所得税影响							
4. 其他							
上述（一）和（二）小计					11718	11718	

续表

项　目	本年金额						上年金额
	股本	资本公积	减：库存股	盈余公积	未分配利润	股东权益合计	（略）
(三)所有者投入和减少资本							
1. 所有者投入资本							
2. 股份支付计入股东权益的金额							
3. 其他							
(四)利润分配							
1. 提取盈余公积				1731	－1731		
2. 对股东的分配							
3. 其他							
(五)股东权益的内部结转							
1. 资本公积转增股本							
2. 盈余公积转增股本							
3. 盈余公积弥补亏损							
4. 其他							
四、本年年末余额	28978	40006	0	6036	7050	82070	

从股东权益变动表可看出企业的下述情况：

(1) 股本的变化。通过股本的变动情况，可以判断企业的财务状况。如果股本呈正向变动，说明企业财务状况良好，发展规模不断扩大：反之，则表明企业财务状况恶化。

(2) 资本公积的累积情形。资本公积为企业与股东间有关股本交易所产生的溢价。资本公积累积越多，对企业越有保障。

(3) 保留盈余的变动情况。保留盈余是指公司历年累积的纯收益，未以现金或其他资产方式分配给股东、转为资本或资本公积者。

(4) 股东权益其他调整项目的影响。

(5) 股东权益总额的变动。对变动进行分析，可以了解其变动的趋势及影响因素。

12.3.1.5　财务分析目的和要求

由于财务报表主要是通过分类的办法提供各种会计信息，还缺乏一定的综合性，无法深入地揭示且各方面的财务能力，无法反映企业在一定时期内的发展变化趋势。为了提高会计信息的利用程度，需要对这些会计信息做进一步的加工和处理，以便更深入、全面地反映企业的各种财务能力和发展趋势。财务分析就是完成这一任务的主要方法。

财务分析是以企业的财务报表等会计资料及相关计划、预算、定额资料为基础，对企业的财务状况、经营成果和现金流量进行评价和剖析，可以系统地揭示企业的偿债能力、资金营运能力、获利能力等财务状况。从而为改进企业财务管理和优化经济决策提供重要的财务信息。

《企业内部控制应用指引第 14 号——财务报告》(财会［2010］11 号) 指出：

企业应当重视财务报告工作，定期召开财务分析会议，充分利用财务报告反映的综合信息，全面分析企业的经营管理状况和存在问题，不断提高经营管理水平。

企业定期的财务分析应当形成报告，构成内部报告的组成部分。财务分析报告结果应当及时传递给企业内部有关管理层级，充分发挥财务报告在企业生产经营管理中的重要作用。

① 企业应当分析企业的资产分布、负债水平和所有者权益结构，通过资产负债率、流动比率、资产周转率等指标分析企业的偿债能力和营运能力；分析企业净资产的增减变化，了解和掌握企业规模和净资产的不断变化过程。

② 企业应当分析各项收入、费用的构成及其增减变动情况，通过净资产收益率、每股收益等指标，分析企业的盈利能力和发展能力，了解和掌握当期利润增减变化的原因和未来发展趋势。

③ 企业应当分析经营活动、投资活动、筹资活动现金流量的运转情况，重点关注现金流量能否保证生产经营过程的正常运行，防止现金短缺或闲置。

认真解读与分析财务报表，能帮助我们剔除财务报表的水分，公允地评估企业的决策绩效。因此企业财务报表分析时，主要是从其中计算整理出各种财务指标，然后再将这些指标进行一定的技术处理。需要指出的是：要根据不同的对象确定不同的指标。一个指标内含企业的偿债、营运、盈利等多方信息，分公司、子公司、中小企业或投资者、债权人适用不同的具体指标分析，不应不分对象盲目选用指标分析方法和选择不能体现企业特点的指标作为财务分析指标。

财政部颁布的企业财务报表分析指标有 20 多个，但具体到某个企业的一般性分析不必面面俱到都选择。通常企业可选择常用的销售毛利率、净资产收益率、总资产报酬率、成本费用利润率、总资产周转率、存货周转率、流动资产周转率、应收账款周转率、资产负债率、速动比率、资本积累率等 11 项具有代表性的指标来评判企业的经营状况。

12.3.2 盈利能力分析

企业盈利能力的财务指标主要有销售毛利率、资产利润率、净资产收益率和成本费用利润率。

(1) 销售毛利率

销售毛利率是企业一定时期实现的销售毛利占销售收入净额的百分比。毛利率越大，说明在销售收入净额中销售成本所占比重越小，企业通过销售获取利润的能力越强，也表明企业偿债能力较强。其计算公式为：

$$
\begin{aligned}
\text{销售毛利率} &= (\text{销售毛利}/\text{销售收入净额})\times 100\% \\
&= [(\text{销售收入}-\text{销售成本})/\text{销售收入净额}]\times 100\% \\
&= 1-\text{销售成本率}\%
\end{aligned}
$$

式中，销售毛利是企业销售收入净额与销售成本的差额；

销售收入净额是指产品销售收入扣除销售退回、销售折扣与折让后的净额。若企业没有其他业务收入，可以用利润表中的营业收入和营业成本。

【例 12-1】 根据表 12-3 利润表中的有关数据，甲公司的销售毛利率为：

2013 年销售毛利率＝(95164937－90355185)/95164937×100%＝5.05%

2012 年销售毛利率＝(937941711－81407717)/93794178×100%＝13.2%

甲公司 2013 年的销售毛利率比 2012 年的大幅度下降，主要是销售成本率提高较大。

(2) 总资产报酬率

总资产报酬率（亦称资产收益率），可分为资产息税前利润率、资产利润率、资产净利率。企业常用资产利润率，即企业一定时期的税前利润总额占资产平均占用额的百分比，计算公式为：

资产利润率＝(利润总额/资产平均占用额)×100％

式中，资产平均占用额为期初资产总额与期末资产总额的平均值。

【例 12-2】 根据表 12-2 和表 12-3 的有关数据，甲公司的资产利润率为

2013 年资产利润率＝[2700976/(51729181＋68572621)÷2]×100％＝5.74％

甲公司 2013 年每百元资产占用额可以产生 5.74 元的税前利润，盈利能力极低。

(3) 净资产收益率

净资产收益率（亦称股东权益报酬率、所有者权益报酬率、自有资金收益率），是评价企业盈利能力的一个重要财务比率，它反映了企业股东获取投资报酬的高低。该比率越高，说明企业的盈利能力越强。它是企业一定时期所实现的净利润占净资产（股东权益）平均总额的百分比。其计算公式为：

净资产收益率＝(净利润/净资产平均总额)×100％

式中，净资产平均总额为期初净资产总额与期末净资产总额的平均值。

【例 12-3】 根据表 12-2 和表 12-3 的有关数据，甲公司的净资产收益率为：

2013 年净资产收益率＝[2110892/(31701646＋31828544)÷2]×100％＝6.65％

甲公司 2013 年每百元净资产可以产生 6.65 元的净利润，盈利能力极低，营业成本过高所致。

企业提高净资产收益率可以有两种途径：一是在企业资本结构和所得税率一定的情况下，通过增收节支，来提高净资产收益率；二是在总资产报酬率大于负债利息率的情况下，可以通过调整企业资本结构，适当增大权益乘数或提高净资产负债率，来提高净资产收益率。第一种途径不会增加企业的财务风险，是企业经营管理必须做的工作；而第二种途径会导致企业的财务风险增大，应注意企业的财务风险控制能力。

(4) 成本费用净利率

成本费用净利率是企业净利润与成本费用总额的比率。反映了＝企业生产经营过程中发生的耗费与获得的收益之间的关系。其计算公式为：

成本费用净利率＝(净利润/成本费用总额)×100％

式中，成本费用主要包括营业成本、营业税金及附加、销售费用、管理费用、财务费用和所得税费用等。成本费用净利率越高，说明企业为了取得利润而付出的代价越小，企业的盈利能力越强。

【例 12-4】 根据表 12-3 的有关数据，甲公司的成本费用净利率为：

2013 年成本费用＝90355185＋242329＋91516＋1351178＋901290＋590084＝93531582

2013 年成本费用净利率＝(2110892/93531582)×100％＝2.26％

甲公司 2013 年每百元费用可以产生 2.26 元的净利润，由于营业成本过高，盈利能力极低。

12.3.3 营运能力分析

企业的营运能力是指企业在外部市场环境的条件下，通过企业内部人力资源和生产资料的配置组合而对财务目标实现所产生作用的大小，反映了企业资金周转的状况。资金周转状况好，说明企业的经营管理水平高，资金利用效率高。企业营运能力分析常用的指标主要有：应收账款周转率、存货周转率、流动资产周转率、总资产周转率。

销售利润率高是好事，但很快会带来竞争。薄利多销，加速周转，同样会取得很好的效益。如沃尔玛是经销商，一块钱的成本投进去，周转一次只有2%的毛利，但它一年周转24次，一块钱资本就能挣四毛八分钱，这就是沃尔玛挣钱的诀窍。

企业资金周转状况与供、产、销各个经营环节密切相关，任何一个环节出问题，都会影响到企业资金的正常周转。在供、产、销各环节中，销售有着特殊的意义，因为产品只有销售出去，并收回最初投入的资金，才能实现其价值，顺利完成一次资金周转。

资产周转天数是某项资产周转一次所需要的天数，可用计算期天数除以资产周转率来计算。资产周转率越大，周转天数越小，反映企业资产营运能力越强，资产利用效率越高。

（1）应收账款周转率

应收账款周转率是企业一定时期赊销收入净额与应收账款平均余额的比率。应收账款周转率是评价应收账款流动性大小的一个重要财务比率，它反映了应收账款在一个会计年度内的周转次数。可用来分析应收账款的变现速度和管理效率。应收账款周转率比率越高，说明周转速度越快、流动性越强。应收账款周转速度也可以用应收账款周转天数表示，应收账款周转天数也叫平均收账期，是应收账款周转一次所需要的时间。应收账款周转率和周转天数的计算公式分别为：

应收账款周转率＝赊销收入净额/应收账款平均余额

应收账款平均余额＝(期初应收账款＋期末应收账款)÷2

应收账款周转天数＝计算期天数/应收账款周转率

式中，赊销收入净额是指销售收入扣除了销货退回、销货折扣及折让，再扣除现销收入后的余额。但实际工作中现销收入资料很难准确取得，经常直接用销售收入净额代替赊销收入净额。应收账款平均余额是期初和期末扣除坏账准备前的应收账款余额的平均数。

【例12-5】 根据表12-2和表12-3的有关数据，设甲公司未提取坏账准备，甲公司的应收账款周转率和应收账款周转天数为：

2013应收账款周转率＝95164937/[(380980＋275269)÷2]＝29.0(次)

2013应收账款周转天数＝360/29.0＝12.4(天)

甲公司2013应收账款周转率高，周转天数低。

应收账款周转率越高，平均收账期越短，说明企业催收账款的速度越快，可以减少坏账损失，资产的流动性强，企业的短期偿债能力也会增强，在一定程度上可以弥补流动比率低的不利影响。

但是，如果应收账款周转率过高，平均收账期过短，可能是企业奉行了比较严格的信用政策，制定的信用标准和付款条件过于苛刻的结果。这样会限制企业销售量的扩大，从而会影响企业的盈利水平。这种情况往往表现为存货周转率同时偏低。

如果企业的应收账款周转率过低，平均收账期过长，则说明企业催收账款的效率太低，或者信用政策十分宽松，这样会影响企业资金利用率和资金的正常周转。

（2）存货周转率

存货周转率（亦称：存货利用率），是企业一定时期的销售成本与存货资金平均占用额的比率。其计算公式为：

存货周转率＝销售成本/存货平均余额

存货平均余额＝(期初存货余额＋期末存货余额)÷2

式中，销售成本一般可用利润表中的营业成本，存货平均余额可以根据资产负债表中数据计算得出。如果企业生产经营活动具有很强的季节性，则年度内各季度的销售成本与存货都会有较大幅度的波动，因此，平均存货应该按季度或月份余额来计算，先计算出各月份或各季度的平均存货，然后再计算全年的平均存货。

存货周转状况也可以用存货周转天数来表示。其计算公式为：

存货周转天数＝计算期天数/存货周转率

存货周转天数表示存货周转一次所需要的时间，天数越短说明存货周转得越快。

【例 12-6】 根据表 12-2 的有关数据，甲公司的存货周转率为：

2013 年存货周转率＝90355185/[(18319735＋15510889)÷2]＝5.34(次)

2013 年存货周转天数＝360/5.34＝67.40(天)

甲公司 2013 年存货周转率比较低。结合【例 12-5】分析的情况，说明这是甲公司制定的信用标准和付款条件过于苛刻的结果。这样会限制企业销售量的扩大，从而会影响企业的盈利水平。

存货周转率反映了企业的销售效率和存货使用效率。在正常情况下，如果企业经营顺利，存货周转率越高，说明存货周转得越快，企业的销售能力越强，营运资金占用在存货上的金额也会越少。但是，存货周转率过高，也可能说明企业管理方面存在一些问题，如存货水平太低，甚至经常缺货，或者采购次数过于频繁，批量太小，采购成本上升等。存货周转率过低，常常是库存管理不力，销售状况不好，造成存货积压，说明企业在产品销售方面存在一定的问题，应当采取积极的销售策略，但也可能是企业调整了经营方针，因某种原因增大库存的结果，因此，对存货周转率的分析，要深入调查企业库存的构成，结合实际情况作出判断。

(3) 流动资产周转率

流动资产周转率是销售收入与流动资产平均余额的比率，它反映了全部流动资产的利用效率。其计算公式为：

流动资产周转率＝销售收入/流动资产平均余额

流动资产平均余额＝(流动资产期初余额＋流动资产期末余额)÷2

【例 12-7】 根据表 12-2 和表 12-3 的有关数据，甲公司的流动资产周转率为：

2013 年流动资产周转率＝95164937/[(37827956＋28795422)÷2]＝2.86(次)

甲公司 2013 年度流动资产周转率很低，销售有问题，导致占用了大量的流动资产。

流动资产周转率表明在一个会计年度内企业流动资产周转的次数，它反映了流动资产周转的速度。该指标越高，说明流动资产周转得快，可以节约流动资金，提高资金的利用效率。反之，则资金的利用效率低，资金占用量大。

(4) 总资产周转率

总资产周转率（亦称：总资产利用率）是企业销售收入与资产平均总额的比率。其计算公式为：

总资产周转率＝销售收入净额/资产平均总额

式中，销售收入净额，指扣除销售退回、销售折扣和折让后的销售收入。

【例 12-8】 根据表 12-2 和表 12-3 的有关数据，甲公司的总资产周转率为：

2013 年总资产周转率＝95164937/[(51729181＋68572621)÷2]＝1.58(次)

甲公司 2013 年总资产周转率严重偏低，应在经营管理，特别是销售管理上应采取积极有效的政策。

总资产周转率可用来分析企业全部资产的使用效率。如果这个比率较低，说明企业利用其资产进行经营的效率较差，会影响企业的获利能力，企业应该采取措施提高销售收入或处置资产，以提高总资产利用率。

12.3.4 偿债能力分析

偿债能力是指企业偿还各种到期债务本息的能力。企业偿债能力分析常用的指标主要有：资产负债率、流动比率和速动比率。

(1) 资产负债率

资产负债率是企业负债总额占资产总额的百分比，也称为负债比率或举债经营比率，它反映企业的资产总额中有多少是通过举债而得到的。资产负债率反映企业偿还债务的综合能力，这个比率越低，企业偿还债务的能力越强；反之，偿还债务的能力越弱。其计算公式为：

资产负债率=(负债总额/资产总额)×100%

【例 12-9】 根据表 12-2 的有关数据，计算甲公司的资产负债率如下：

2013 年末资产负债率=(36744077/68572621)×100%=53.58%

2013 年初资产负债率=(20027535/51729181)×100%=38.72%

甲公司 2013 年末的资产负债率比 2013 年初的资产负债率有所提高，偿债能力有所下降。

对于资产负债率，企业的债权人、股东和企业经营者往往从不同的角度来评价：

① 企业的债权人最关心的是其贷给企业资金的安全性。如果这个比率过高，说明在企业的全部资产中，股东提供的资本所占比重太低，这样，企业的财务风险就主要由债权人承担，其贷款的安全也缺乏可靠的保障，所以债权人总是希望企业的负债比率低一些。

② 企业股东关心的是投资收益的高低，企业借入的资金与股东投入的资金在生产经营中可以发挥同样的作用。如果企业负债所支付的利率低于总资产报酬率，股东就可以利用举债经营取得更多的投资收益。因此，股东所关心的往往是总资产报酬率是否超过了负债利息率。若总资产报酬率超过负债利息率，股东一般希望资产负债率高一些，这样有利于提高股东权益报酬率；反之，若总资产报酬率低于负债利息率，股东一般希望资产负债率低一些，这样有利于降低财务风险。

③ 企业经营者既要考虑企业的盈利，又要顾及企业所承担的财务风险。资产负债率作为财务杠杆不仅反映了企业的长期财务状况，也反映了企业管理当局的进取精神。如果企业不利用举债经营或者负债比率很小，则说明企业经营者比较保守，对前途信心不足，利用债权人资本进行经营活动的能力较差。但是，负债也必须有一定的限度，负债比率过高，企业的财务风险将增大，一旦资产负债率超过 1，则说明企业资不抵债，有濒临倒闭的危险。

资产负债率为多少才合理，并没有一个统一的标准。不同行为、不同类型的企业及企业生产经营所处的不同阶段都是有较大的差异的。一般处于高速成长期的企业，其资产负债率可能会高一些，这样所有者会得到更多的杠杆利益。但是，企业财务管理人员在确定企业的资产负债率时，一定要审时度势，充分考虑企业内部各种因素和企业外部的市场环境，在收益与风险之间权衡利弊得失，然后才能作出正确的财务决策。

(2) 流动比率

流动比率是企业流动资产与流动负债的比值。其计算公式为：

流动比率=流动资产/流动负债

式中，流动资产主要包括货币资金、交易性金融资产、应收及预付款项、存款、一年内到期的非流动资产、其他流动资产等，一般用资产负债表中的期末（或期初）的流动资产总额来表示；

流动负债主要包括短期借款、交易性金融负债、应付及预收款项、各种应交款项、一年内即将到期的非流动负债等，通常也用资产负债表中的期末（或期初）的流动负债总额来表示。

一般情况下，流动比率越高，反映企业短期偿债能力越强。国际上通常认为流动比率在2：1左右较为合适，表明企业的财务状况比较稳定可靠，有足够的财力偿付到期短期债务。如果流动比率过低，则表示企业可能捉襟见肘，难以如期偿还债务。但流动比率过高则表明企业流动资产占用较多，会影响企业的资金使用效率和企业的筹资成本，进而影响企业的获利能力。

【例 12-10】 根据表 12-2 甲公司资产负债表，该公司流动比率为：

2013 年末流动比率＝37827956/36604077＝1.033

2013 年初流动比率＝28795422/19827230＝1.452

甲公司 2013 年短期偿债能力有所下降。

对流动比率的分析还应结合行业特点、流动资产结构及各项流动资产的实际变现能力等因素进行分析。有时流动比率较高，但其短期偿债能力未必很强，因为可能是存货积压或滞销的结果。而且，企业也很容易伪造这个比率，如年终时故意将借款还清，下年初再借入，这样就可人为地提高流动比率。流动比率提高，粉饰了短期偿债能力。因此，利用流动比率来评价企业短期偿债能力存在一定的片面性。

(3) 速动比率

速动比率（亦称：酸性试验比率）是企业速动资产与流动负债的比值。速动资产是流动资产减去变现能力较差的存货、预付账款、一年内到期的非流动资产和其他流动资产等之后的余额。速动比率能够比流动比率更加准确、可靠地评价企业资产的流动性及其短期偿债能力。一般情况下，速动比率高，说明企业的短期偿债能力强，通常认为速动比率为 1：1 比较合适。其计算公式为：

速动比率＝速动资产/流动负债

速动资产＝货币资金＋交易性金融资产＋应收账款＋应收票据

＝流动资产－存货－预付账款－一年内到期的非流动资产－其他流动资产

【例 12-11】 根据表 12-2 中甲公司资产负债表，计算该公司的速动比率为：

2013 年末速动比率＝(37827956－18319735－199617)/36604077＝0.528

2013 年初速动比率＝(28795422－15510889－2652288)/19827230＝0.536

甲公司 2013 年速动比率偏低，并且年末比年初更低，说明该公司面临很大的财务风险。

在实际分析速动比率时，应根据企业性质和其他因素来综合判断，不可一概而论。通常影响速动比率可信度的重要因素是应收账款的变现能力，如果企业的应收账款中，有较大部分不易收回，可能会成为坏账，那么速动比率就不能真实地反映企业的偿债能力。

(4) 影响企业偿债能力的其他因素

在分析企业偿债能力时，除了使用上述指标外，还应考虑以下因素对企业偿债能力的影响。

① 担保责任。在经济活动中，企业可能会以本企业的资产为其他企业提供法律担保，

如为其他企业的银行贷款担保、为其他企业履行有关经济合同提供法律担保等。这种担保责任在被担保人没有履行合同时，就有可能会成为企业的负债，增加企业的债务负担，但这些担保责任在会计报表中并未得到反映。

② 经营租赁活动。企业在生产经营活动中，可以通过财产租赁的方式解决急需的设备。通常财产租赁有两种形式：融资租赁和经营租赁。

采用融资租赁方式，租入的固定资产都作为企业的固定资产入账，租赁费用作为企业的长期负债入账，这在计算前面有关的财务比率中都已经计算在内。但是，经营租赁资产，其租赁费用并未包含在负债之中，如果经营租赁的业务量较大、期限较长或者具有经常性，则其租金虽然不包含在负债之中，但对企业的偿债能力也会产生较大的影响。在进行财务分析时，也应考虑这一因素。

③ 可动用的银行贷款指标。可动用的银行贷款指标是指银行已经批准而企业尚未办理贷款手续的银行贷款限额。这种贷款指标可以随时使用，增加企业的现金，这样可以提高企业的支付能力，缓解目前的财务困难。

④ 未决诉讼。企业生产经营过程中经常会有一些资产负债表日尚未判决的案件即未决诉讼。未决诉讼一旦判决败诉，便有可能增加企业的负债，从而影响企业的偿债能力。

⑤ 分阶段付款承诺。建设合同、长期资产购置合同中的分阶段付款，也是一种具有法定义务的承诺，应视同负债。此外，准备很快变现的非流动资产、偿债能力的声誉等也影响企业短期偿债能力。

12.3.5 财务状况的综合分析

（1）企业发展能力

企业发展能力是指企业未来生产经营活动的发展趋势和发展潜能，也可以称为增长（或成长）能力。反映企业发展能力的财务指标主要有：股东权益增长率（亦称：资本积累率、净资产增长率）。

股东权益增长率是从企业主权资本的扩张方面衡量企业发展能力的财务比率。其计算公式为：

股东权益增长率=[(期末股东权益－期初股东权益)/期初股东权益]×100%

股东权益增长率越高，表明企业股东权益增长得越快。为正确判断和预测企业股东权益规模的发展趋势和发展水平，应将企业不同时期的股东权益增长率进行比较。一个持续增长型企业，其股东权益应不断增长，如果股东权益时增时减，则反映企业发展不稳定，同时也说明企业并不具备良好的发展能力。

在企业不依靠外部筹资，仅通过自生的盈利积累实现增长的情况下，股东权益增长额仅来源于企业的留用利润，这种情况下的股权资本增长率被称为可持续增长率。可持续增长率可以看作企业的内生性成长能力。

值得注意的是，仅仅计算和分析企业某个时期的收入增长率、利润增长率、资产增长率或股东权益增长率是不全面的，应将一个企业连续三至五年的各种增长率分别进行纵向比较，并将各种增长率的变化状况相结合，才能正确评价企业的整体发展能力。

（2）杜邦分析法

利用趋势分析法，虽然可以了解企业各方面财务状况的变动趋势，但是无法揭示各种财务比率之间的相互关系，不能反映企业各方面财务状况之间的关系。实际上，企业的财务状况是一个完整的系统，内部各种因素都是相互依存、相互作用的，任何一个因素的变动都会引起企业整体财务状况的改变。因此，必须对各种财务指标进行系统的、综合的、深入的分析，从而对企业的财务状况作出全面的、合理的评价。常见的财务综合分析方法杜邦分析法、财务比率综合评分法和图解法等。

杜邦分析（DuPont Analysis）法是由美国杜邦公司首先提出，故名。该法利用几种主要的财务比率之间的关系来综合分析企业的财务状况，一般用杜邦系统图来表示。有兴趣的读者可以进一步去学习研究。

12.4 纳税和税务筹划

“税”字由“禾”和“兑”两字组成，“禾”泛指农作物，“兑”有送达的意思。由此可见，我国在古代，“税”的本义是社会成员向国家缴纳一部分农产品。

税收是国家为了满足社会公共需要，按照法律规定的标准，以强制、无偿地取得财政收入的一种分配活动。与化工企业有关的我国主要的税收法律、法规有：

《中华人民共和国税收征管法》(国家主席令第 49 号修订，2001)

《中华人民共和国企业所得税法》(国家主席令第 63 号，2007)

《中华人民共和国增值税暂行条例》(国务院令第 538 号修订，2008)

《中华人民共和国营业税暂行条例》(国务院令第 540 号修订，2008)

《税收违法违纪行为处分规定》(监察部、人社部、税务总局令第 26 号，2012)

《税收票证管理办法》(税务总局令第 28 号，2013)

《税收执法督察规则》(税务总局令第 29 号，2013)

《网络发票管理办法》(税务总局令第 30 号，2013)

12.4.1 税收和企业纳税管理

12.4.1.1 税收的职能和作用

(1) 税收的职能。税收的职能包括收入与调节两个基本内容，可概括为财政职能、经济职能和社会职能。

① 财政职能。亦称“收入手段职能”，是指税收为了满足社会公共需要，承担筹集财政收入的功能。国家不论采用什么社会制度，也不论采用何种税收政策，只要存在税收，财政职能就存在。因为税收客观上既具有满足国家履行公共事务需要的收入职责，又具有满足国家履行公共事务需要的收入能力。

② 经济职能。税收具有经济职能，是因为税收客观上既能满足国家调节经济运行的职责，又具有满足国家调节经济需要的能力。

③ 社会职能。税收具有调节财富分配、缓解分配不公，实现社会公平。在承认私人对其财产具有所有权的情况下，公平财富分配就不能采取剥夺的办法。如果采用这种方法对生产、就业、社会安定也会有影响，所以只能采取一种较温和的办法，即征税。税收是凭借政治权力进行的一种强制分配，就是依靠国家政治权力所赋予的这种特殊能力。

(2) 税收的作用。税收作用是税收职能在一定社会经济条件下具体运用所产生的效应或效果。在社会主义市场经济条件下，税收的作用主要有：①筹集资金，满足公共支出；②合理资源配置，提高经济效益；③调节需求总量，促进经济稳定；④调节供给结构，促进经济发展；⑤公平收入分配，鼓励平等竞争；⑥保护国家权益，监督经济活动。

12.4.1.2 我国的税收类别

(1) 按税收性质和作用分类。我国的税制体系，按税收性质和作用分为六类 18 税种，见图 12-1。

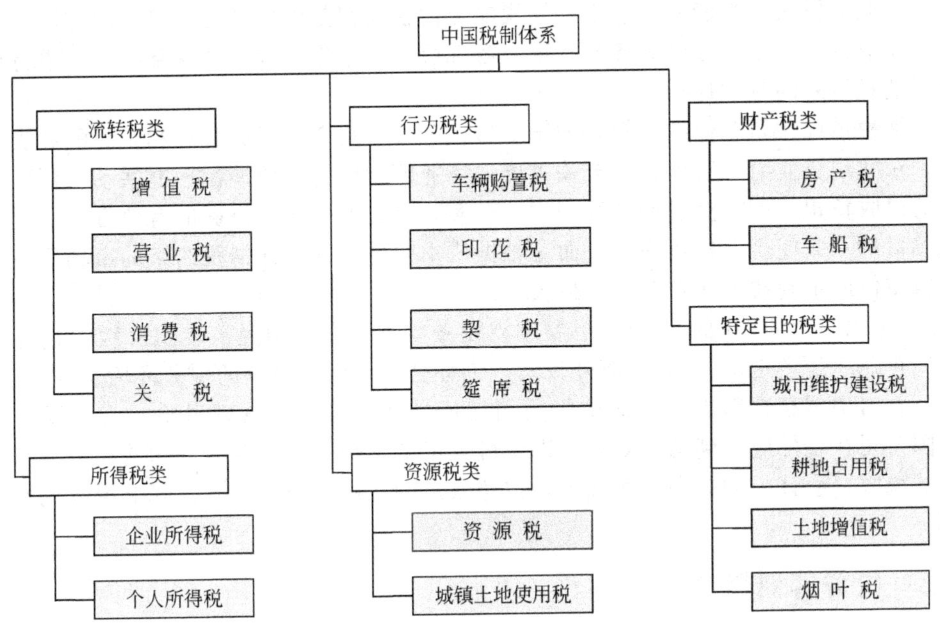

图 12-1　我国税收的种类

（注：筵席税已停征，营业税 2012-01-01 起进行“营改增”试点）

(2) 按税收财权归属分类（18 税种）。①中央税。如消费税、关税、车辆购置税，100%归中央财政。②中央与地方共享税。如增值税、企业所得税、个人所得税，中央与地方财政比例分享。③地方税。如营业税（不含各铁道部、各银行总部等缴纳的营业税）、资源税、城镇土地使用税、城市维护建设税、土地增值税、耕地占用税、烟叶税、房产税、车船税、印花税、契税、固定资产投资方向调节税（暂停征收），中央财政不分享。

(3) 按税收管辖权分类（18 税种）。分为国税、地税、国地共管税和关税。

① 国税。由国家税务系统征收的税收，主要有增值税、消费税、车辆购置税。

② 地税。由地方税务系统征收的税收，主要有城市维护建设税、资源税、房产税、城镇土地使用税、土地增值税、车船税、印花税、固定资产投资方向调节税（暂缓征收）、烟叶税（有些地方由财政系统征收）、耕地占用税（有些地方由财政系统征收）、契税（有些地方由财政系统征收）。

③ 国地共管税。个人所得税（银行储蓄存款利息所得个人所得税由国税征收）、企业所得税（划分比较复杂）、营业税（如各铁道部、各银行总部等中央所属的由总部缴纳的营业税由国税征收）。

④ 关税。由海关代征。

12.4.1.3　企业纳税管理

依法纳税是企业的责任和义务。纳税是企业经营活动的一部分，是处理与政府财务关系的重要工作，也是企业财务管理工作中的一项重要内容。同时，充分保护纳税人的利益也是纳税人的权利。

(1) 涉税零风险是企业纳税管理的第一目标。税收是一种以法律为依据的强制征收，任何纳税人只要发生少缴、迟缴、漏缴、不缴税款等行为，均要受到法律的制裁。因此，纳税人必须按时、不折不扣履行纳税义务，才能规避纳税风险。

纳税风险的原因主要有两个：①税收政策变动与税收稽查专业化是引发纳税风险的外在

因素。②企业对税收政策变动不熟悉，纳税缺乏内控流程是引发纳税风险的内在原因。

寻求专业机构（如税务师事务所、税务咨询公司）合作，或聘请税务顾问，进行税务筹划是降低纳税风险的有效途径。

（2）纳税最优化是企业纳税管理的第二目标。税收是企业财务管理和企业财务决策的重要因素，对实现企业财务管理目标至关重要。税务筹划作为一项涉税理财活动，可以合理减轻企业的税收负担，增加企业的经营利润，是实现企业财务管理目标的有效方法。因此，税务筹划的目的不只使企业税负最轻，而是根据成本效益原则，在纳税约束的市场环境下，使企业获得整体经济利益或使企业价值最大化。

（3）“走出去”的中国化工企业更要重视税务筹划。在我国经济转型升级的过程中，我国的化工企业纷纷“走出去”。到海外投资，创办公司。由于境外的税务环境、理念、体制、税法及征管与中国存在差异，因而中国公司在境外面临着税务管理风险。为了规避税务风险，中国公司在境外应做到纳税筹划，即纳税人或其代理人在合理合法的前提下，综合地运用有关的税收、会计、财务和法律知识，按照法定的程序。帮助纳税人降低税务成本的前瞻性规划。

12.4.2 税务筹划概述

12.4.2.1 税务筹划的定义

目前国内外对税务筹划尚无统一的定义，其名称也有税收筹划、纳税筹划、税务规划、合理避税、节税等不同的说法。

税务筹划（Tax Planning），是指在纳税行为发生之前，在不违反法律、法规（税法及其他相关法律、法规）的前提下，通过对纳税主体（法人或自然人）的经营活动或投资行为等涉税事项做出事先安排，以达到少缴税或递延纳税目标的一系列谋划活动。

作者认为，税务筹划是指纳税人在不违反法律、法规的前提下，事先通过对经营、投资、理财等涉税事项进行精心安排和筹划，充分利用税法所提供的包括减免税在内的一切优惠政策及可选择性条款，进行的旨在减轻税负，有利于实现企业财务目标的一种理财行为。

“法律未禁止的，就是不违法”。因此，凡法律规定模糊或没有规定的，都应从有利于纳税人的角度去理解，纳税人无论是利用税收优惠政策，还是利用税法的不完善之处以减轻税收负担，其税务筹划行为都是纳税人在既有的法律环境下追求自身利益的一种理性选择，是不违法的，应当受到保护。

企业的税务筹划行为相对于企业纳税行为而言，具有事前性的特点。税务筹划总是表现为涉税行为或事项的事前决策、运筹。纳税义务的发生虽具有滞后性，但一旦涉税行为或事项发生，由于税收的强制性和固定性，纳税人必须严格依法纳税，否则就违法了，此时就无税务筹划可言。税务筹划的事前性要求纳税人要有宽阔和长远的视野，依据经营、管理、理财的战略目标和阶段策略，做好对涉税事项的计划和事先安排，一切事后进行的旨在减少应纳税额的行为，均不能认为是税务筹划。

12.4.2.2 税务筹划的产生与发展

税务筹划产生于西方，19世纪中叶，意大利就已经开始出现了为纳税人提供税务筹划方案和税务咨询的税务专家。税务筹划思想最早是在20世纪30年代由英国人汤姆林提出，并在50年代呈现专业化发展的趋势。1959年在法国巴黎，由5个欧洲国家的从事税务咨询的专业团体发起成立欧洲税务联合会，并明确提出，税务专家应以税务咨询活动为中心开展税务服务。从此，作为税务咨询重要内容的税务筹划业务真正成为一种独立于代理业务的新

业务并在欧洲走上了健康的发展道路，许多公司、企业都聘用审计师、会计师、税务律师、税务顾问、国际金融顾问等高级专门人才从事税务筹划活动，以节约税收支出。

国际上税务筹划的出版物，有以提供税收信息驰名于世的博瑞国际咨询有限责任公司定期出版的《税收管理国际论坛》、《税收筹划国际评论》，就是两本知名的国际税收专业杂志，其中有很大篇幅讲的就是税务筹划，比如 1993 年 6 月刊就专门讲关于国际不动产专题的税务筹划，涉及比利时、加拿大等 13 个国家。英国税务专家菲利普·斯潘塞在其《财产税筹划手册》一书中，采取专题解答的方式，对 200 多个财产税筹划专题进行了详细阐述；美国伍德赫得·费尔勒国际出版公司 1989 年出版的《跨国公司的税收筹划》系统论述了跨国公司的税务筹划活动，对当时的跨国公司经营产生了深远的影响。

1992 年，诺贝尔经济学奖得主斯科尔斯（Scholes）和沃尔夫森（Wlofson）提出了有效税务筹划理论，研究在现有各种约束条件下，如何制定对纳税人最为有利的税务筹划方案，提出以“税后收益最大化”作为企业税务筹划的目标。国外税务筹划活动已进入相对成熟、专业的阶段，已日益成为纳税人个人理财和企业经营管理中不可或缺的一个重要组成部分。

在国内，税务筹划过去较长时期被人们视为神秘地带和禁区。国有企业基本上是政府的附属物，没有独立的经济利益，既没有开展税务筹划的空间，也没有内在的利益需求。

随着我国市场经济的不断深化，税务筹划已逐渐形成了一个行业。2000 年国家税务总局主办的《中国税务报》专门开辟了“筹划周刊”专栏，公开讨论税务筹划问题，这一举动很大程度上消除了人们的思想障碍，纳税人对如何保护自身权益、正确纳税，合法节税表现出了极大的热情和兴趣，开始公开进行税务筹划；税务师事务所、会计师事务所和律师事务所争先恐后地为企业开展税务筹划服务，许多学者也转向研究税务筹划，我国税务筹划进入了一个全新的、实质性的发展阶段。但总体而言，我国税务筹划无论是理论研究还是实务操作都是处于摸索、研究和推行的初级阶段。

12.4.2.3 税务筹划的特征

税务筹划具有合法性、筹划性、目的性、风险性和专业性的特征。

(1) 合法性。税务筹划只在税收法律许可的范围内进行：一是遵守税法；二是不违反税法。合法是税务筹划的前提，当存在多种可选择的纳税方案时，纳税人可以利用对税法的熟识、对实务技术的掌握，做出纳税最优化选择，从而降低税负。对于违反税收法律规定，逃避纳税责任，以降低税负等偷逃税，要坚决加以反对和制止。

(2) 筹划性。是指在纳税行为发生之前，对经济事项进行规划、设计、安排，以达到减轻税收负担的目的。在经济活动中，纳税义务通常具有滞后性，企业交易行为发生后才缴纳流转税；收益实现或分配之后，才缴纳所得税；财产取得之后，才缴纳财产税。这在客观上提供了对纳税事先做出筹划的可能性。另外，经营、投资和理财活动是多方面的，税收规定也是有针对性的。纳税人和征税对象的性质不同，税收待遇也往往不同，这在另一个方面为纳税人提供了可选择较低税负决策的机会。如果经营活动已经发生，应纳税额已经确定而去偷逃税或欠税，都不能认为是税务筹划。

(3) 目的性。税务筹划的直接目的就是降低税负，减轻纳税负担。这里有两层意思：一是选择低税负，低税负意味着较低的税收成本，较低的税收成本意味着高的资本回收率；二是滞延纳税时间（不是指不按税法规定期限缴纳税款的欠税行为），获取货币的时间价值。通过一定的技巧，在资金运用方面做到提前收款、延缓支付。这将意味着企业可以得到一笔“无息贷款”，避免高边际税率或减少利息支出。

(4) 风险性。税务筹划的目的是为了获得税收收益，但是在实际操作中，往往不能达到预期效果，这与税务筹划的成本和税务筹划的风险有关。

税务筹划的成本，是指由于采用税收筹划方案而增加的成本，包括显性成本和隐性成本，比如聘请专业人员支出的费用，采用一种税收筹划方案而放弃另一种税收筹划方案所导致的机会成本。此外，对税收政策理解不准确或操作不当，而在不自觉情况下采用了导致企业税负不减反增的方案，或者触犯法律而受到税务机关的处罚都可能使得税收筹划的结果背离预期的效果。

(5) 专业性。税务筹划不仅需要由财务、会计专业人员进行，而且指面临社会化大生产、全球经济一体化、国际贸易业务日益频繁、经济规模越来越大、各国税制越来越复杂的情况下，仅靠纳税人自身进行税收筹划显得力不从心。因此，税务代理、税务咨询作为第三产业便应运而生，税务筹划向专业化的方向发展。

12.4.2.4 节税、避税与逃税

(1) 节税和避税。节税（tax saving)。就是节减税收。是纳税人利用税法的政策导向性，采取合法手段减少应纳税款的行为，一般是指在多种营利的经济活动方式中选择税负最轻或税收优惠最多的而为之，以达到减少税收的目的。就实质而言，节税实际上就是税务筹划的另一种委婉表述。如企业经营组织形式的选择，我国对公司和合伙企业实行不同的纳税规定，企业出于税务动机选择有利于自己的经营方式。在这种情况下，纳税人进入一个立法者所不希望去控制或不认为是与财政有关的行为领域。因此，节税具有合法性、政策导向性、策划性、倡导性的特征。

避税（tax avoidance)。纳税人利用税法的漏洞、特例或者其他不足之处，采取非违法的手段减少应纳税款的行为。这是纳税人使用一种在表面上遵守税收法律法规，但实质上与立法意图相悖的非违法形式来达到自己的目的。所以避税被称之为“合法的逃税”。避税具有非违法性、策划性、普遍性、风险性和非倡导性的特点。

(2) 逃避交纳税款（逃税)。所谓逃税，是纳税人故意违反税收法律法规，采取欺骗、隐瞒手段进行虚假纳税申报或者不申报，逃避交纳税款的行为，见《刑法》。

逃税、偷税的概念基本相同，其手法是：伪造（设立虚假的账簿、记账凭证)、变造（对账簿、记账凭证进行挖补、涂改等)、隐匿、擅自销毁账簿、记账凭证，或者在账簿上多列支出（以冲抵或减少实际收入）或者不列、少列收入，或者经税务机关通知申报仍然拒不申报或者进行虚假的纳税申报，不缴或者少缴应纳税款。

对逃税行为，税务机关一经发现，应当追缴其不缴或者少缴的税款和滞纳金，并依照税收征管法的有关规定追究其相应的法律责任。

以上分析表明：①节税是顺应立法精神的，是税法允许甚至鼓励的，节税属于合法行为，是税务筹划的主要内容。②避税是违背立法精神的，是不倡导的，也会招致政府的反避税措施。在避税的情况下，纳税人进入的行为领域是立法者希望予以控制但不能成功地办到的领域，这是法律措辞上的缺陷及类似问题产生的后果。避税可以被利用作为税务筹划的手段，但是随着税法的逐渐严密和完善，利用空间会越来越小。③逃税、偷税属于违法行为，要受到法律的制裁，还会影响企业的声誉，使企业遭受更大损失。

12.4.3 税务筹划的任务和原则

12.4.3.1 税务筹划的目标任务

(1) 税务筹划的基本目标。企业作为理性纳税人，其税务筹划的基本目标是：在遵守或尊重税法的前提下，在正确履行纳税义务的同时，充分享受纳税人的权利，实现企业税收利

益最大化，税后价值最大化。

(2) 税务筹划的具体目标。

① 正确履行纳税义务，避免纳税风险。正确、恰当、得当地履行纳税义务是税务筹划的最低目标，旨在规避纳税风险、规避任何法定纳税义务之外的纳税成本（损失）的发生，避免因涉税而造成的名誉损失，做到诚信纳税。为此，纳税人应做到依法进行税务登记，依法建账并进行票证管理，依法申报纳税，在税法规定的期限内缴纳该缴的税款。

由于税制的复杂性，决定着纳税义务不能自动履行，纳税可能会给企业带来或者加重企业的经营损失、投资扭曲和纳税支付能力不足等风险，纳税人必须正确掌握所涉税境的税法，尽可能地避免纳税风险带来的潜在机会成本发生。

② 降低纳税成本。纳税人为履行纳税义务，必然会发生相应的纳税成本，纳税成本的降低，不仅会增加企业的账面利润，同时也会增加企业的应税所得额，从而增加政府的税收收入。但纳税成本的高低往往不能完全取决于纳税人，税制设计合理与否、征管效率的高低，均会影响纳税人的纳税成本；而从税务筹划的目标分析，降低纳税成本主要是企业自身的努力。

③ 获取资金时间价值。通过税务筹划实现递延纳税，相当于从政府取得一笔无息贷款，其金额越大、时间越长，对企业的发展越有利。获取递延纳税的时间价值是假定税制和币值不变，如果预计未来税制或币值、汇率等可能发生变化，应充分考虑其变动趋势，避免日后出现相反的结果，那就“聪明反被聪明误”了。

④ 减轻税收负担。减轻税负必须是在纳税人整体收益增长的前提下才有实际意义，即减轻税负是为了实现税后收益最大。税务筹划要服从、服务于企业的财务目标。从这个角度上说，税收负担最低是手段而不是目的。

企业的任何一项经济活动，可能会涉及多个税种，税务筹划不能局限于个别税种税负的高低，而应保证整体税负最轻。在考虑整体税负的同时，还要着眼于生产经营业务的扩展，即使缴纳税收的绝对额增加了，甚至税负也提高了，但从长远看，如果资本回收率能够增加，还是可取的。理想的税务筹划应是总体收益最多，而不一定是纳税最少。

12.4.3.2 税务筹划的原则

(1) 守法原则。税务筹划的根本动力在于筹划主体对税收收益的追求，不违法才是税务筹划的理性选择，违反税法的行为根本不属于税务筹划范畴。因此，以避税之名、行逃税之实的“筹划”根本不是税务筹划，当然也不是避税。

(2) 不与税法对立原则。纳税人虽然不一定都是税法游戏规则的拥护者和捍卫者，但也决不能去做游戏规则的挑战者和破坏者。税务筹划就是要做税法游戏规则的精准而有效的利用者。税务筹划莫在刀锋上跳舞!

(3) 自我保护原则。只有遵循守法原则，才能实现自我保护。《企业会计准则（2006）》明确了与税法分离的原则，如何正确进行涉税事项的财务会计与税务会计处理是非常重要的问题；《小企业会计准则（2011）》则体现税法导向，纳税人只要正确执行会计准则就不会出现违背税法的行为。正确运用税务筹划的技术和方法，要做到适度、适当。

(4) 成本效益原则。税务筹划要保证其因之取得的效益大于其筹划成本，即体现经济有效，有利于实现企业的财务目标。不仅要考虑各种筹划方案在经营过程中的显性收入和显性成本，而且还要考虑税务筹划的显性成本和隐性成本。

(5) 适时调整原则。税务筹划是在特定税收环境下，在企业既定经营范围、经营方式下进行的，有着明显的针对性。税收法律环境经常发生变化，企业必须把握时机，灵活应对，不断调整税务筹划策略、制定新的税务筹划方案，以适应不断变化的社会经济环境和税收法律环境，在符合企业经营目标和发展战略的前提下，确保企业能够长期地获得税务筹划带来的税收收益。

(6) 整体性原则。企业在进行某一税种的税务筹划时，同时应考虑与之有关的其他税种的税负效应，进行整体筹划、综合衡量，以求整体税负最少、长期税负最轻，防止顾此失彼、前轻后重。眼睛不能只盯在个别税种的税负高低上，要着眼于整体税负的轻重和税后收益的多少，充分考虑成本和风险因素。

(7) 风险收益均衡原则。风险与收益具有对等关系，风险与收益具有配比性。一般而言，风险越大，收益越高；风险越小，收益越低。但高风险也不一定必然会带来高收益，但低风险一般也不会带来高收益。企业应当遵循成本效益原则，鱼与熊掌不可兼得。应该关注的是，如何分散风险、化解风险，实现预期税务筹划目标。不当税务筹划往往是因对税收等相关法规不能充分了解（理解）所致，而加大企业涉税风险。

12.4.4 税务筹划原理与技术方法

12.4.4.1 税务筹划原理

纳税人税收负担的减轻可分为税收负担的绝对减轻和税收负担的相对减轻两种类型，因此税务筹划的原理也分为两个方面：着眼于研究前者类型的绝对收益筹划原理、着眼于后者类型的相对收益筹划原理。

(1) 绝对收益筹划原理。是指纳税人在多个可供选择的纳税方案中，选择缴纳税款额最少的方案。由于纳税额最小，故其收益最大，对纳税人而言，取得了绝对收益。一般情况下，纳税人可通过缩小税基、适用较低税率、利用减免税等优惠政策节减税额等方式来实现绝对收益筹划。绝对收益筹划按筹划的方法不同又分为直接收益筹划和间接收益筹划。

① 直接收益筹划　是指通过税务筹划，直接减少纳税绝对额而取得收益的筹划方法。如当纳税人经销的商品进销差价率较高时，选择作为小规模纳税人可以达到比作为增值税一般纳税人少缴增值税税款的目的。再如正处于免税期的某纳税人将借款用于购买设备而将股东投入的资金用于营运活动，使借款利息资本化而转移到以后会计期间列支，本期因处于免费期不缴税，以后期间因本期利息资本化而增加了支出，从而达到少缴企业所得税的目的。

案例： ABC化工股份有限公司目前约有1%的化工原料是从小规模纳税人处购买，全年不含税采购金额约为1.5亿元，不含税采购价格平均比从一般纳税人处采购低10%。该公司是继续按照目前的采购模式，还是应扩大从一般纳税人的采购份额呢？现分析如下：

首先计算从两类纳税人处采购的含税价格平衡点，即从小规模纳税人处购买化工原料应比从一般纳税人处购买化工原料的含税价格要低多少，才能使本企业可抵扣的进项税额和节约的购进成本之和相等。设从一般纳税人处采购的含税价格为 P_1，从小规模纳税人处采购的含税价格为 P_2，且 $P_1 > P_2$。则：

从一般纳税人处采购可抵扣的进项税额为：$[P_1/(1+17\%)]\times 17\%$

从小规模纳税人处采购可抵扣的进项税额和节约的购进成本为：

$$[P_2/(1+3\%)]\times 3\% + [P_1/(1+17\%) - P_2/(1+3\%)]$$

当两者相等时，即：

$$[P_1/(1+17\%)]\times 17\% = [P_2/(1+3\%)]\times 3\% + [P_1/(1+17\%) - P_2/(1+3\%)]$$

则：

$$[P_1/(1+17\%)]\times(1-17\%) = [P_2/(1+3\%)]\times(1-3\%)$$

$$P_2/P_1 \approx 75.33\%,\quad 1-P_2/P_1 \approx 24.67\%$$

即从小规模纳税人处购买化工原料价格比从一般纳税人处购买化工原料的含税价格低24.67%时，从两类纳税人处购买无差异；如大于24.67%，则宜多从小规模纳税人处购买化工原料，否则应从一般纳税人处购买卖化工原料。

如为不含税价格，设从一般纳税人处采购的不含税价格为 P_3，从小规模纳税人处采购的不含税价格为 P_4，根据前述原理，则有：$P_3 \times 17\% = P_4 \times 3\% + (P_3 - P_4)$

计算得：$P_4/P_3 \approx 85.57\%$，$1 - P_4/P_3 \approx 14.43\%$

即从小规模纳税人处购买化工原料的不含税价格比从一般纳税人处购买化工原料的不含税价格低14.43%时，从两类纳税人处购买无差异；如大于14.43%，则宜多从小规模纳税人处购买化工原料，否则应从一般纳税人处购买化工原料。

该公司从小规模纳税人处购买的化工原料不含税价只比一般纳税人处低10%，所以宜将从小规模纳税人处购进的化工原料改为从一般纳税人处处购进，如此，则全年可减少的支出为：

$$15000 \times (1+10\%) \times 17\% - 15000 \times 3\% - [15000 \times (1+10\%) - 15000] = 855(\text{万元})$$

案例计算中尚未考虑城市维护建设税、教育费附加以及企业所得税。如果考虑，则该公司将上述化工原料改从一般纳税人处购进减少的支出会更多。因为，从一般纳税人处购进，可抵扣的进项税额多，则应纳增值税少，进而少纳城市维护建设税和教育费附加。虽然从小规模纳税人处购进节约了采购成本，增加了本公司的利润；但从小规模纳税人处购进化工原料还要增加本公司的所得税，使税后利润减少。

又如根据国税发〔2005〕9号文，纳税人取得全年一次性奖金，可单独作为一个月工资、薪金所得计算纳税。将全年一次性奖金除以12个月，按其商数确定适用税率和速算扣除数。上述一次性奖金也包括年终加薪、实行年薪制和绩效工资办法的单位根据考核情况兑现的年薪和绩效工资。将全年收入合理分配成按月发放的工资和年终一次性奖金，可减少交纳的个人所得税。

② 间接收益筹划。是指通过在相关纳税人之间转移应纳税所得，从而达到部分纳税人适用税率降低而另一部分纳税人适用税率不变的筹划方法，也就是“削峰填谷”。

案例：如张某夫妇同在ABC化工股份有限公司供职，张某是技术人员，月薪为7800元，其个人所得税的边际税率为20%；张妻是勤杂人员，月薪为1200元，无需缴纳个人所得税。为少交税收，张某要求单位将其工资下调800元，给其妻涨工资800元，如此则张某可以少缴税款160元而张妻仍然不需交纳个人所得税。

（2）相对收益筹划原理。相对收益筹划原理是指一定时期内的纳税总额并没有减少，通过税基递延（即支出时间前移、收入时间后移）或控制风险实现。相对收益筹划又分为时间收益筹划和风险收益筹划。

① 时间收益筹划。即将纳税时间推迟而取得推迟缴纳税款的资金时间价值的一种筹划方法。税款推迟缴纳就相当于国家为纳税人提供了一笔无息贷款。如固定资产采用加速折旧法折旧就是依据时间收益筹划原理进行的税务筹划，无论是加速折旧法还是直线法，在固定资产寿命期内提取的折旧总额是相同的，不同的是加速折旧是前期多提而后期少提，从而是折旧费用前移而减少纳税人前期应纳的所得税额。

案例：ABC化工股份有限公司在年终前将一批销售额为1亿元的化工产品销售合同的销售方式由托收承付改为分期收款结算方式。合同约定在发货时交纳货款的20%，即当年12月确认收入2000万元，其余的80%在下年的1、2月份各收款40%。若公司的销售利润率为5%，则可以推迟实现销售利润400万元。若所得税税率为25%，增值税税率为17%，则这笔销售推迟缴纳的所得税、增值税计算如下：

推迟缴纳的所得税额：400 万元×25％＝100 万元

推迟缴纳的增值税额：［8000 万元/（1＋17％）］×17％＝1162.4 万元

推迟缴纳的所得税、增值税共 1262.4 万元（未考虑城市维护建设和教育费附加等），企业获得了在推迟纳税期间这笔资金的无偿使用权。

② 风险收益筹划。税务筹划是一种经济行为，在市场经济环境中，所有的经济行为都有风险，只不过程度不同而已。通过税务筹划节减的税额与所冒的风险一般成正比，节减税额越多，所冒的风险也越大。风险收益筹划就是通过筹划把风险降低到最低程度去获取超过一般税务筹划所节减的税额，也就是风险降到最低后，节减税额的价值也最大。

12.4.4.2 税务筹划的技术方法

税务筹划的技术方法就是依据税务筹划原理，通过转让定价、税收优惠、临界点、政策幅度、政策遗漏以及政策空白的运用达到税务筹划目的的一系列的方式方法。一般来说，税务筹划有八大技术方法。

(1) 减免税技术。是指在合法和合理的情况下，使纳税人从事减免税活动或使征税对象成为减免税对象或使纳税人成为减免税人而少缴、免缴税款所采用的税务筹划技术。

又如企业为了享受安置残疾人员加计扣除的优惠待遇，在增加用工时招聘了一批残疾人，并将其安排在力所能及的岗位，这就是运用减免税技术进行的税务筹划。运用减免税筹划时，企业应尽量争取更多的减免税待遇并尽量使减免税期限最长化。

(2) 税率差异技术。税率差异形成的原因很多，如一般纳税人与小规模纳税人税率、征收率的差异；高新技术企业、小型微利企业与一般企业所得税税率的差异；兼营货物与非增值税应税劳务销售适用的增值税、营业税税率的差异等。以兼营销售行为为例，如分别核算，则分别缴纳增值税、营业税；如不分别核算，则一并缴纳增值税。纳税人如果认为营业税税收负担重，可以将分别核算的销售额按照未分别核算的情况申请缴纳增值税，从而达到少缴税款的目的。税率差异技术的运用必须与企业的生产经营活动有机地结合起来，在企业进行设立、投资、经营等决策时就必须充分考虑税率差异的影响。

(3) 分劈技术。是指在不违反法律的情况下，使计税依据在不同纳税人之间或者不同税种之间、不同税率之间进行分劈而直接节减税额的税务筹划技术。这种技术对于用累进税率的税种尤为适用，因为累进税率会随着税基的增长而不断提高，税基越大，适用的税率就越高，纳税人的税收负担就越重。因此，适当进行对象分劈，有利于减少绝对税款额。

(4) 扣除技术。是指在不违反法律的情况下，使扣除金额增加而直接节减税额，或调整扣除金额在不同计税期的分布而相对节减税额的税务筹划技术。扣除技术是一种适用范围广，被普遍使用的税务筹划技术。运用该技术，应尽量使扣除项目最多化，扣除金额最大化，扣除时间最早化。

(5) 抵免技术。是指在不违反法律的情况下，使税收抵免额增加而绝对节减税额的税务筹划技术。如国外所得已纳税款的抵免，外购已纳消费税的消费品、连续生产应纳消费税的消费品的消费税额抵扣等等。税收抵免的项目一般较少，技术较为简单。运用该技术，应尽量做到使抵扣项目最多化，抵扣金额最大化，抵扣时间最早化。

(6) 延期纳税技术。是指在不违反法律的情况下，使纳税人缴纳税款的时间向后推迟以获得资金时间价值而相对节减税额的税务筹划技术。纳税人推迟纳税的税款相当于获得一笔无息贷款，如用此资金进行投资，则可产生更大的收益。延期纳税技术较为复杂，但运用极为广泛。

(7) 退税技术。是指在不违反法律的情况下，通过使税务机关退还纳税人已纳税款的方法而直接节减税额的税务筹划技术，如出口退税等。退税技术是一种特殊的减免税技术，其技术难易不一，适用范围较小。运用该技术，应尽量争取退税项目最多化，退税金额最大化，退税时间最早化。

(8) 会计政策选择技术。是指在不违反法律的情况下，纳税人通过会计政策的选择而采用最适当的会计政策以节减税额或延缓纳税时间的税务筹划技术。如企业并购中，收购资产不如收购股权。出售资产被收购方需缴纳营业税和相关附加，而出售股权（吸收合并），被收购方无需缴纳营业税和相关附加。会计政策选择技术需要熟悉税法，并预先进行计算和预测，适用范围较广。运用该技术应注意税法中对会计政策选择的限制以及会计利润与应纳税所得额的区别。

上述税务筹划的八种方法不是相互割裂的，既可以单独使用，也可以同时使用，但同时使用时应注意各种技术方法之间的相互影响。

12.5 内部审计

审计有三类：内部审计、社会审计（会计事务所独立审计）、政府审计（国家审计机关审计）。内部审计是企业的自律行为。

改革开放以来，我国的市场经济得到了很大的发展，化工企业规模不断在扩大，一些化工企业已上市，有的已走向海外。很多企业集团的销售收入已达数十亿元，甚至数百亿、超千亿元人民币，我国的现代化工企业迫切需要加强和健全公司内部治理。实施内部审计是防范和化解经营风险，维护企业正常生产经营秩序，促进企业提高经营管理水平的有效措施。

企业内部审计是在本企业主要负责人或者权力机构的领导下，由内部的独立机构和人员对本单位的财务收支和其他经济活动进行的事前和事后的审查和评价，是为加强管理而进行的一项内部经济监督工作。

内部审计机构在企业内部专门执行审计监督的职能，不承担其他经营工作。它直接隶属于企业最高管理当局，并在企业内部保持组织上的独立地位，在行使审计监督职责和权限时，企业内部各级组织不得干预。

《审计署关于内部审计工作的规定》(审计署令第 4 号，2003) 明确：设立内部审计机构的单位，可以根据需要设立审计委员会，配备总审计师。在国有资产产权主体缺位的国有企业内部审计制度实际上是仍然是“内部人控制”。但国有企业可以用政府审计的方式来弥补这一缺陷。

12.5.1 狭义和广义的内部审计

从内部审计内容上可分为狭义的内部审计和广义的内部审计。

(1) 狭义的内部审计

狭义的内部审计的内容主要是财务审计，以查错防弊为重点。

《审计署关于内部审计工作的规定》：内部审计是独立监督和评价本单位及所属单位财政收支、财务收支、经济活动的真实、合法和效益的行为，以促进加强经济管理和实现经济目标。

(2) 广义的内部审计

内部审计的内容是一个不断发展变化的范畴。广义的现代企业内部审计的内容包括：财务审计、经营审计、管理审计和风险管理等。

经营审计就是对单位生产经营活动全过程的合理性和生产力诸要素的开发利用情况及其

经济性、效率性与效果性的实现程度进行审查，旨在帮助被审计单位挖掘人、财、物的潜力，改进经营工作。

管理审计是指对管理制度和管理工作所进行的审计。

风险管理是企业通过对潜在意外或损失的识别、衡量和分析，并在此基础上进行有效的控制，用最经济、合理的方法处理风险，以实现最大的安全保障的过程。

GE公司强化内部审计保证了公司战略的实施，值得我国的民营化工企业借鉴。

案例：通用电气公司的控制思路

美国通用电气公司（GE）是一个拥有30万名员工、10多个拳头产业、下属企业遍及世界各地的超大型跨国公司。这样的公司如何实现集团对下属企业的控制权？除了在投资方向上上对下属企业加以控制以外，GE充分利用公司的审计署，通过审计来检查企业的投资效果和经营，两者结合起来就实现了对下属企业的控制，保证了下属企业的经济活动符合总公司的总体战略目标。

公司审计署的工作目标是超越账本、深入业务。在检查和改善下属单位的经营状况，保证投资效果符合公司总体战略目标，以及培养企业管理人才方面，开创了极为成功的范例。具体操作过程中，审计人员从查账入手，但决不止步于单纯查账，而是花费更多的时间和精力去研究可能有问题的业务，包括业务流程和有关策略、措施，意在从中发现经营效果、内部资源的开发利用、产品质量和服务等各个方面有无可改进之处，特别关注风险大、一般利益也大的方面。由于员工习惯在风险面前明哲保身，往往出现低效率、浪费、不求进取等种种弊端，而这些领域恰好是审计署成员施展才华的大好机会。

GE每年从几百个报名者中精心挑选几十名进入审计署，同时从审计署中输送同样数量的人去充实各业务集团的管理干部队伍。审计人员可以最快、最有效地了解公司的业务，学会经理层必需的知识才干，并能获得最快的提升。依照GE一位副总裁的说法，公司审计署的使命是培养企业家和企业领袖。整个通用电气公司内部，包括副总裁在内的各级管理干部中有相当数量的人有审计工作经历，中级以上财会管理人员中有60%～70%由公司审计署输送。每年离开审计署的人员中，约有40%可以直接提升为中级以上管理人员。

12.5.2 内部财务审计

《中央企业内部审计管理暂行办法》(国资委令第8号，2004）规定：企业内部审计，是指企业内部审计机构依据国家有关法律法规、财务会计制度和企业内部管理规定，对本企业及子企业（单位）财务收支、财务预算、财务决算、资产质量、经营绩效，以及建设项目或者有关经济活动的真实性、合法性和效益性进行监督和评价工作。国资委关于企业内部审计的文件，我国的民营化工企业应当学习和执行。

(1) 企业内部审计机构的职责

《中央企业内部审计管理暂行办法》规定，企业内部审计机构应当履行以下主要职责。

① 制定企业内部审计工作制度，编制企业年度内部审计工作计划；

② 按企业内部分工组织或参与组织企业年度财务决算的审计工作，并对企业年度财务决算的审计质量进行监督；

③ 对国家法律法规规定不适宜或者未规定须由社会中介机构进行年度财务决算审计的有关内容组织进行内部审计；

④ 对本企业及其子企业的财务收支、财务预算、财务决算、资产质量、经营绩效以及其他有关的经济活动进行审计监督；

⑤ 组织对企业主要业务部门负责人和子企业的负责人进行任期或定期经济责任审计；

⑥ 组织对发生重大财务异常情况的子企业进行专项经济责任审计工作；

⑦ 对本企业及其子企业的基建工程和重大技术改造、大修等的立项、概（预）算、决

算和竣工交付使用进行审计监督；

⑧ 对本企业及其子企业的物资（劳务）采购、产品销售、工程招标、对外投资及风险控制等经济活动和重要的经济合同等进行审计监督；

⑨ 对本企业及其子企业内部控制系统的健全性、合理性和有效性进行检查、评价和意见反馈，对企业有关业务的经营风险进行评估和意见反馈；

⑩ 对本企业及其子企业的经营绩效及有关经济活动进行监督与评价；

⑪ 对本企业年度工资总额来源、使用和结算情况进行检查；

⑫ 其他事项。

（2）内部审计机构的权限

《中央企业内部审计管理暂行办法》规定，企业应当依据国家有关法律法规，完善内部审计管理规章制度，保障内部审计机构拥有履行职责所必需的权限。

① 参加企业有关经营和财务管理决策会议，参与协助企业有关业务部门研究制定和修改企业有关规章制度并督促落实；

② 检查被审计单位会计账簿、报表、凭证和现场勘察相关资产，有权查阅有关生产经营活动等方面的文件、会议记录、计算机软件等相关资料；

③ 对与审计事项有关的部门和个人进行调查，并取得相关证明材料；

④ 对正在进行的严重违法违规和严重损失浪费行为，可作出临时制止决定，并及时向董事会（或企业主要负责人）报告；

⑤ 对可能被转移、隐匿、篡改、毁弃的会计凭证、会计账簿、会计报表以及与经济活动有关的资料，经企业主要负责人或有关权力机构授权可暂予以封存；

⑥ 企业主要负责人或权力机构在管理权限范围内，应当授予内部审计机构必要的处理权或者处罚权。

（3）内部审计人员的职业道德

《中央企业内部审计管理暂行办法》规定，企业内部审计人员应当严格遵守审计职业道德规范，坚持原则、客观公正、恪尽职守、保持廉洁、保守秘密，不得滥用职权，徇私舞弊，泄露秘密，玩忽职守。

12.5.3 公司治理内部审计

世界各国为健全公司治理结构，在企业中借鉴近代三权分立政治思想的精髓与架构，塑造出股东大会、董事会与监事会的三权分立的现代企业制度。在公司内部，股东大会是由全体股东组成的决定公司一切重大事项的最高权力机构，处于立法地位；董事会经股东大会选举产生，是公司的管理决策机构，董事会聘任总经理主持生产经营管理；监事会受股东大会的委托，代表股东对董事会、董事和总经理进行监督，向股东大会负责并报告工作，处于司法地位。公司通过股东大会、董事会、监事会三个机构的相互配合和牵制，达到健全发展的目的。

由此可见，监事会与董事会都接受股东大会的委托开展工作，监事会与董事会之间是监督与被监督的关系。监事会属于公司治理的范畴。

公司管理主要是由董事会授权经理人员去行使职责，管理的职能是：计划、组织、激励、控制和协调，管理涉及公司的经理及各部门。

12.5.3.1 审计委员会的由来

随着公司中贪污舞弊、经营道德沦丧和经营失败等问题的大量涌现，立法部门也不得不密切关注公司的治理问题，同时引起的公众对财务报告的缺乏信任在很大程度上推动了审计委员会的建立。20世纪90年代，审计委员会制度在美、英和加拿大等国家得到了较大的发展。特别是21世纪后，美国上市公司爆发了一系列震惊全球的会计丑闻，在随后的全球范围内掀起了审计委员会制度的改革浪潮。

我国证监委、经贸委颁布的《上市公司治理准则》(证监发〔2002〕1号）规定：上市公司董事会可以按照股东大会的有关决议，设立战略、审计、提名、薪酬与考核等专门委员会。专门委员会成员全部由董事组成，其中审计委员会、提名委员会、薪酬与考核委员会中独立董事应占多数并担任召集人，审计委员会中至少应有一名独立董事是会计专业人士。2005年11月，国务院批转证监会《关于提高上市公司质量意见的通知》再次明确规定要设立以独立董事为主的审计委员会、薪酬与考核委员会并充分发挥其作用。

《中央企业内部审计管理暂行办法》(国资委令第8号，2004）也规定：国有控股公司和国有独资公司，应当依据完善公司治理结构和完备内部控制机制的要求，在董事会下设立独立的审计委员会。企业审计委员会成员应当由熟悉企业财务、会计和审计等方面专业知识并具备相应业务能力的董事组成，其中主任委员应当由外部董事担任。

12.5.3.2 审计委员会的职责主要是内部审计

《上市公司治理准则》(证监发〔2002〕1号）规定审计委员会的主要职责是：

(1) 提议聘请或更换外部审计机构；

(2) 监督公司的内部审计制度及其实施；

(3) 负责内部审计与外部审计之间的沟通；

(4) 审核公司的财务信息及其披露；

(5) 审查公司的内控制度。

审计委员会设在董事会下，向董事会负责并报告工作，代表董事会监督财务报告过程和内部控制，以保证财务报告的可信性和公司各项活动的合规性。审计委员会本质上是为实现董事会目标而对公司的财务报告和经营活动进行的独立性评价。审计委员会的职责没有脱离它为实现董事会经营目标服务的宗旨，其职责的演变过程与内部审计的职责演变是完全相同的，也与内部控制内容的发展是同步的。所以，审计委员会实质上就是内部审计，是内部控制的一种手段，是管理的一部分。

为了加强和规范企业内部控制，提高企业经营管理水平和风险预防能力，我国有关企业内部控制的文件都明确规定了在董事会下设立审计委员会。如《企业内部控制规范》(财会〔2008〕7号)，财政部、证监委、审计署、银监委、保监委联合发布的（财会〔2010〕11号）文：《企业内部控制应用指引第1号——组织架构》等18项指引、《企业内部控制评价指引》、《企业内部控制审计指引》。

审计委员会设立的初衷是为了提高报表质量、提高外部审计的独立性。但是审计委员会制度经过国内、外几十年的发展，财务舞弊行为仍然是上市公司频频出现的重点监管问题。在我国特殊政治经济背景下（如股权集中度高，公司治理结构还不完善)，完全照搬国外把审计委员会设置在董事会下面，是否有利于监管目的的发挥，对公司治理是否有效还有待实践的检验。

12.5.3.3 国内、外内部审计准则

(1)《国际内部审计专业实务框架》。国际内部审计师协会（I IA）发布的《国际内部审计专业实务框架》(2009，红皮书）对内部审计的定义是：内部审计是一种独立、客观的确认和咨询活动，旨在增加价值和改善组织的运营。它通过应用系统的、规范的方法，评价并改善风险管理、控制及治理过程的效果，帮助组织实现其目标。

《框架》明确：首席审计执行官必须定期向高级管理层和董事会报告内部审计活动的宗旨、权利、职责及其与计划有关的工作开展情况，报告中还必须包括重大风险披露和控制事项，其中包括舞弊风险、治理以及高级管理层和董事会需要或要求的其他事项。

国际内部审计师协会（I IA）根据内部审计实务的最新发展变化，多次对内部审计实务框架的机构和内容进行更新和调整，最近的两次调整分别是在2010年和2012年。这些修订和完善充分反映内部审计发展的最新理念，更加重视内部审计在促进组织改善治理、风险管理和内部控制中发挥作用，以及重视内部审计的价值增值功能等。

(2)《中国内部审计准则》。为了适应内部审计的最新发展，更好地发挥内部审计准则在规范内部审计行为、提升内部审计质量方面的作用，中国内部审计协会对2003年以来发布的内部审计准则进行了全面、系统的修订。

修订后的《中国内部审计准则》(中国内部审计协会公告2013第1号）体系由内部审计基本准则、内部审计人员职业道德规范、20个具体准则、5个实务指南构成，具体准则分为作业类、业务类和管理类三大类。

《准则》对内部审计的定义为：本准则所称内部审计，是一种独立、客观的确认和咨询活动，它通过运用系统、规范的方法，审查和评价组织的业务活动、内部控制和风险管理的适当性和有效性，以促进组织完善治理、增加价值和实现目标。

《准则》规定：本准则适用于各类组织的内部审计机构、内部审计人员及其从事的内部审计活动。其他组织或者人员接受委托、聘用，承办或者参与内部审计业务，也应当遵守本准则。

《准则》对内部审计与董事会和公司领导者的关系与前述内容基本一致。

12.5.3.4 强化监事会的内部审计权

《中华人民共和国公司法》(2013修订，2014年3月1日起实施）规定，监事会应当包括股东代表和适当比例的公司职工代表，其中职工代表的比例不得低于三分之一，具体比例由公司章程规定。监事会中的职工代表由公司职工通过职工代表大会、职工大会或者其他形式民主选举产生。监事会、不设监事会的公司的监事行使下列职权：

① 检查公司财务；

② 对董事、高级管理人员执行公司职务的行为进行监督，对违反法律、行政法规、公司章程或者股东会决议的董事、高级管理人员提出罢免的建议；

③ 当董事、高级管理人员的行为损害公司的利益时，要求董事、高级管理人员予以纠正；

④ 提议召开临时股东会会议，在董事会不履行本法规定的召集和主持股东会会议职责时召集和主持股东会会议；

⑤ 向股东会会议提出提案；

⑥ 依照本法第一百五十一条的规定，对董事、高级管理人员提起诉讼；

⑦ 公司章程规定的其他职权。

但实际上，我国很多的公司监事会形同虚设。20世纪70年代的英国，未设审计委员会，公司内部治理，由监事会实施。在我国的公司制度下，应强化监事会的内部审计权。

12.5.4 内部审计的发展趋势

从国外情况来看，企业内部审计发展趋势表现在六个方面：

(1) 内部审计由合规导向型向管理导向型转变。企业调查显示，有三分之一的企业内部审计为管理导向型或偏向管理导向型，以增加企业内部审计的附加值。

(2) 内部审计重点由财务审计向管理审计转变。企业调查显示，近70%企业的内部审计部门重视管理审计，通过审查流程和分析系统来提高企业的运行效率，并确保对业务流程和结构的战略性塑造。

(3) 内部审计工作方法在企业范围内逐步标准化。随着企业内部审计向管理导向型转变，企业从事内部审计的部门变得与其他专业服务行业的机构（比如咨询公司）非常类似，独立地为企业提供大规模的综合审计业务。

(4) 内部审计职能组织由分散化管理向集中化管理转变。内部审计职能的集中化管理增加了内部审计在企业内的独立性以及公司董事会对内部审计的管控。

(5) 企业倾向由内部审计机制培养自己的经理。企业内审成为准经理培养的一个重要步骤，审计师成为企业各业务职能部门准经理的候选人。

(6) 内部审计外包。是指企业管理层将本企业的内部审计职能全部或部分地委托给会计事务所或其他专业人员实施。

在西方国家，从20世纪90年代就已开始内部审计外包服务。随着内部审计转向以风险审计为基础的管理服务，要求内部审计部门有在会计、审计、经济、财务、统计、信息技术、工程、税务、法律、环境事务和其他所必须的专业知识以履行其职责，聘请外部专家或审计机构能更好地满足需求。对中小企业来说，设置只有一两个人的内审部门很难招募到顶尖人才，也无法建立足够的专家意见数据库。会计师事务所则可对风险进行有效的分析并提供菜单化的专业服务，以满足客户的不同需求。方式可以有；补充、咨询、全部外包。

12.6 资产评估

随着社会主义市场经济体制的深入发展，企业资产经营的方式发生了很大变化。在企业资产产权交易，如资产转让出售、资产抵押、企业兼并、企业重组、企业出售、企业联营、企业清算和资产租赁、抵押、担保、债务重组等，资产评估是一个不可或缺的环节。它为企业提供了资产的价值的正确估算，成为企业决策的重大依据。

12.6.1 资产评估准则

《中国资产评估准则2013·资产评估准则——基本准则》对资产评估的定义是：“本准则所称资产评估，是指注册资产评估师依据相关法律、法规和资产评估准则，对评估对象在评估基准日特定目的下的价值进行分析、估算并发表专业意见的行为和过程”。“本准则所称注册资产评估师，是指经过国家统一考试或认定，取得执业资格，并依法注册的资产评估专业人员”。

资产评估有四个条件：①必须由执业的注册资产评估师评估；②必须依据相关法律、法规和资产评估准则进行；③必须有评估基准日，因为资产状况是随时间不断变化的；④特定目的下进行评估。特定目的对评估结果的性质、价值类型等有重要的影响。

资产评估是市场经济发展的产物。在现代市场经济中商品和资产的交易非常活跃，交易的资产常以非现金的形式出现，为了保证交易的公正性和合理性，就需要资产评估。资产评估开始于西方国家，随着产业革命的到来，西方资本主义经济飞速发展，社会对资产评估的要求越发迫切，资产评估发展成为一种专门的职业。最新版《国际评估准则2013》已经由国际评估准则理事会（International Valuation Standards Council）发布，并于2014年1月1日开始实施。

《国有资产评估管理办法》(国务院令第91号，1991）开创了我国资产评估的先河。在财

政部的领导下，中国资产评估协会经过二十年的努力，发布了第一份系统的资产评估准则——《中国资产评估准则 2013》。此次新准则的发布，立足我国基本国情，秉承资产评估行业服务于我国市场经济发展的宗旨和要求，致力于开拓更广阔的评估市场。在准则制定工作的各个环节遵循规定程序，广泛征求各方意见，充分吸纳监管部门、评估报告使用者和评估行业意见，同时借鉴国外优秀成果，力求与国际接轨。此次准则制定工作完成后，我国准则项目已达 26 项，分别是 2 项基本准则，12 项具体准则，4 项评估指南，8 项指导意见，准则体系更加完善。

英文版中国资产评估准则《Chinese Valuation Standards 2013》一书，也已由荷兰威科集团公司全球出版发行。

资产评估的目的就是提供资产在评估时点时的公允价值。公允价值是会计、资产评估等专业和行业广泛使用的专业术语。从资产评估的角度，公允价值是一种相对合理的评估价值，它是一种相对于当事人各方的地位、资产的状况以及资产面临的市场条件的合理评估价值，是资产评估师根据被评估资产自身的状况及其市场条件，对被评估资产客观交换价值的合理估计值。公允价值的一个显著特点是，它与相关当事人的地位、资产的状况及资产所面临的市场条件相吻合，且没有损害当事人的合法权益，也没有损害他人的利益。

12.6.2 资产评估的特点、原则和基本假设

12.6.2.1 资产评估的特点

资产评估具有以下几个方面特点：

（1）市场性。资产评估的市场性主要体现在两个方面：①资产评估是根据资产业务的不同性质，通过模拟市场条件对资产价值做出评定、估算和报告的行为，而且评估资料大都源于市场；②资产评估的结果要经得起市场的检验。

（2）专业性。资产评估是一种专业人员的活动，从事资产评估业务的机构由一定数量和不同类型的专家及专业人员组成，一方面这些资产评估机构形成专业化分工，使得评估活动专业化；另一方面资产评估师对资产价值的估值判断也都是建立在专业技术知识和经验的基础上，提供的评估结论也是专业性的、可信度较高的。

（3）公正性。资产评估要做到独立、客观、公正。为保证评估的公正性，评估时做到以下两方面：①注册评估师与委托方或相关当事方之间存在可能影响注册资产评估师公正执业的利害关系时，应当予以回避。这是资产评估公正性的组织基础。②资产评估是按照公允、法定的准则和规程进行，公允的行为规范和业务规范是公正性的技术基础。

（4）合法性。从事资产评估业务，必须由有资质的评估机构的执业注册资产评估师进行。在执行资产评估业务时，按照相关法律、法规和资产评估准则进行，执业注册资产评估师具有良好的职业道德，并受到资产评估协会的监管。

（5）咨询性。资产评估的结论仅仅是资产作价的意见，无强制执行的效力，评估只对结论本身合乎职业规范要求负责，而不对资产业务定价决策负责。最后的成交价是由买卖双方讨价还价决定的，取决于双方的谈判技巧。

12.6.2.2 资产评估的原则

资产评估的原则可分为资产评估的工作原则和资产评估的技术性原则两个方面：

（1）资产评估的工作原则。《资产评估职业道德准则——基本准则》明确：注册资产评估师应当诚实正直，勤勉尽责，恪守独立、客观、公正的原则。

① 独立性原则。资产评估机构和资产评估人员要公正无私地进行评估，整个评估过程不受外来或内在任何因素的干扰，以保持资产评估工作的权威性和自主性。注册资产评估师

执行资产评估业务，应当独立进行分析、估算并形成专业意见，不受委托方或相关当事方的影响，不得以预先设定的价值作为评估

② 客观性原则。资产评估结果的得出应具有充分的事实依据，从实际出发，应根据所收集到（如会计账目资料、从市场上收集的资料等）的客观真实的资料，运用科学的方法进行资产评估。

③ 公正性原则。资产评估师除回避利害关联方以外，在评估工作中应履行适当的评估程序、按照相关法律、法规和评估准则进行。注册资产评估师不得对委托方和相关当事方进行误导和欺诈。执行资产评估业务，应当形成能够支持评估结论的工作底稿，并按有关规定管理和保存工作档案。不得出具含有虚假、不实、有偏见或具有误导性的分析或结论的评估报告。

④ 科学性原则。资产评估师在评估工作中，应根据资产评估目的选择恰当的价值类型和科学的评估方法，制定科学的评估方案。在整个评估工作中必须把主观评价与客观测算、静态分析与动态分析、定量分析与定性分析结合起来，使评估工作科学合理、真实可靠。

（2）资产评估的技术性原则。是指资产评估师在执业过程中的一些技术规范和业务准则，为评估师在执业过程中的专业判断提供指南。这些技术性原则常见的有：贡献原则；最佳利用原则；替代原则；估价日期原则；预期原则；竞争原则；变化原则；一致性原则；供求原则；外部性原则等。

12.6.2.3 资产评估的基本假设

由于人们无法完全把握市场变化，故资产评估师模拟市场进行评估时，往往必须借助于若干种假设，以对资产的未来用途和经营环境作出合理的判断。因此，与其他学科一样，其理论和方法体系的确立也建立在一系列假设基础之上。

《资产评估准则——基本准则》明确：注册资产评估师执行资产评估业务，应当科学合理使用评估假设，并在评估报告中披露评估假设及其对评估结论的影响。注册资产评估师执行资产评估业务，应当根据评估目的等相关条件选择适当的价值类型，并对价值类型予以明确定义。

资产评估价值类型包括市场价值和市场价值以外的价值类型。

市场价值是指自愿买方和自愿卖方在各自理性行事且未受任何强迫的情况下，评估对象在评估基准日进行正常公平交易的价值估计数额。

市场价值以外的价值类型包括投资价值、在用价值、清算价值、残余价值等。

以抵（质）押为目的的评估业务、以税收为目的的评估业务、以保险为目的的评估业务、以财务报告为目的的评估业务等特定业务的评估结论应当按照相关法律、法规或者契约等的规定选择评估结论的价值类型。

由于资产的未来效用不同而形成不同假设，而在不同的假设下评估的结果会不同。注册资产评估师选择价值类型，应当充分考虑评估目的、市场条件、评估对象自身条件等因素；应当考虑价值类型与评估假设的相关性。

（1）交易假设。是资产评估得以进行的一个最基本的前提假设，它是假定所有待评估资产已经处在交易过程中，资产评估师根据待评估资产的交易条件等模拟市场进行估价。

（2）继续使用假设。假定被评估资产将按现行用途继续使用或转换用途继续使用，从而可考察其在未来时间为持有人带来的经济收益，而不能把它拆零出售。继续使用的方式：在用续用、转用续用、移地续用。在确认继续使用资产时，要考察以下条件：①资产能取得期望收益；②有显著的使用寿命；③在经济上、法律上允许转作他用；④所有权明确，并保持

完好；⑤使用功能完好或较为完好。

(3) 公开市场假设。假定资产拟进入的市场是一个公开市场，即该市场是有众多买者和卖者的充分竞争性的市场，双方的交易都是自愿的、理智的。该假设是资产评估的一个重要假设，其他假设都是以公开市场假设为基本参照。也是使用频率较高的一种假设，凡是能够在公开市场上交易，用途较为广泛或通用性较强的资产都可考虑使用该假设。

(4) 清算假设。指资产所有者在某种压力下，或经协商，或以拍卖方式将其资产强制在公开市场上出售。这种情况下资产评估具有一定特殊性，资产评估价值会大大低于继续使用或公开市场条件下的评估值，该假设适用很有限。

12.6.3 资产评估的基本方法

12.6.3.1 资产评估程序

《资产评估准则——基本准则》规定：注册资产评估师执行资产评估业务，应当根据业务具体情况履行适当的评估程序。

评估程序通常包括：①明确评估业务基本事项；②签订业务约定书；③编制评估计划；④现场调查；⑤收集评估资料；⑥评定估算；⑦编制和提交评估报告；⑧工作底稿归档。注册资产评估师不得随意删减评估程序。

12.6.3.2 实物资产评估的方法

资产评估方法是在工程技术、统计、会计等学科中的技术方法的基础上，结合自身特点形成的一整套方法体系，是实现评定估算资产价值的技术手段。

《资产评估准则——基本准则》明确：资产评估基本方法包括市场法、收益法和成本法。注册资产评估师执行资产评估业务，应当根据评估对象、价值类型、资料收集情况等相关条件，分析三种资产评估基本方法的适用性，恰当选择评估方法，形成合理评估结论。

(1) 市场法。是指比照与被评估资产相同或相似的资产的市场价格，来确定被评估资产价值的一种评估方法。其思想是根据替代原则，用比较和类比的方法进行评估。

使用该方法应具备两个先决条件：①被评估的资产必须有一个活跃的公开市场；②被评估资产在市场上必须有参照物及其交易活动。

市场法可以被分为两大类：①直接比较法。指利用参照物的交易价格及参照物的某一基本特征直接与评估对象的同一基本特征进行比较而判断评估对象价值的方法。这种方法的优点是评估方法简单，但局限性是参照物不易找到。②市价类比法。用只能在市场上找到的与被评估资产相似的资产，依其成交价格，作必要的差异调整后，确定被评估资产的价格的方法。使用该方法要注意：参照物应该为数个（一般 3 个以上），交易时间应该接近评估基准日。

市场法的难点是：差异难找，差异难以量化。在调整中主要差异调整因素有：时间因素、地区因素、功能因素、交易情况等。

基本计算公式：　评估价＝参照物成交价×(被估对象某因素/参照物某因素)

(2) 成本法。是在资产评估时按被评估资产的现时完全重置成本减去应扣损耗或贬值来确定被评估资产价值的评估方法。

《资产评估准则——机器设备》指出，注册资产评估师运用成本法评估机器设备时，应当：①明确机器设备的重置成本包括购置或者购建设备所发生的必要的、合理的成本、利润和相关税费等。注册资产评估师应当合理确定重置成本的构成要素；②明确重置成本可以划分为更新重置成本与复原重置成本。注册资产评估师应当优先选用更新重置成本；③了解机器设备的实体性贬值、功能性贬值和经济性贬值，以及可能引起机器设备贬值的各种因素，采用科学的方法，合理估算各种贬值；④了解对具有独立运营能力或者独立获利能力的机器设备组合进行评估时，成本法一般不应当作为唯一使用的评估方法（还可用市场法和收益法）。

成本法的基本计算公式：

评估值＝重置成本－实体性贬值－功能性贬值－经济性贬值

或，评估值＝重置成本×成新率－功能性贬值－经济性贬值

或，评估值＝重置成本×(1－损耗率)－功能性贬值－经济性贬值

重置成本的确定方法基本上有三种：

① 重置核算法。按被评估资产的成本构成，以现行市价为标准逐项加合确定其重置成本。

② 物价指数法。按被评估资产的账面历史成本，依据价格指数调整估算资产的重置成本。

被评估资产的重置成本＝资产的历史成本×(资产评估时的物价指数/资产购建时的物价指数)

③ 生产能力比例法。以生产相同产品的全新资产价值为标准，计算其每一单位生能力的资产价值；或参照与被评估资产生产能力比例，从而估算被评估资产的重置成本。

被评估资产的重置成本＝(被评估资产年产量/参照物年产量)×参照物重置价

④ 规模经济效益指数法。应用规模经济效益指数，估算被评估资产重置成本的方法。

被估资产重置成本＝参照物资产重置全价×(被估资产产量/参照物产量)^n

式中，n 为规模经济效益指数。

实体性贬值的确定方法　被评估资产实体性贬值的确定方法通常有以下三种：

① 观察法。即通过观察确定被评估资产的成新率，再计算其有形损耗的方法。

被估资产的有形损耗＝重置成本×(1－成新率)＝重置成本×损耗率

② 使用年限法。

被估资产的有形损耗＝[(重置全价—残值)/总使用年限]×实际已使用年限

③ 修复费用法。利用恢复资产功能所支出的费用金额来直接估算资产实体性贬值的方法。

功能性贬值的确定方法　指由于技术相对落后造成的贬值。主要根据资产的效用，生产能力，工耗、物耗、能耗水平等功能方面差异造成的成本增加和效益降低来确定。通常功能性贬值运用超额营运成本法估算。计算公式：

被评估资产的功能性贬值＝$(1-X\%)\sum[C/(1+i)n]$

式中，$X\%$表示所得税税率；C 代表超额营运成本；n 为尚可使用年限。

经济性贬值的确定方法　指由于外界经济环境变化而引起的资产价值贬值。影响因素很多，故量化较困难，但经济性贬值造成的结果有两个：一是营运成本上升或收益减少；二是开工不足使生产能力下降。所以评估方法有两种：①收益损失资本化法；②生产能力比较法。

(3) 收益法。指通过估算被评估资产未来预期收益并折算成现值，借以确定被评估资产价值的评估方法。一般情况下，收益法较少适用。

运用收益法的前提条件是：①能用货币衡量资产的未来预期收益；②资产所有者所承担的风险也能用货币衡量；③资产的预期获利年限可以预测。

收益法主要适用于企业整体资产（企业价值）和能独立计算收益额的单项资产评估。

收益法的优点在于：①可以比较真实地反映资产本金化的价格；②与投资决策相结合，评估结果易于双方接受；③该方法从资产经营的根本目的出发，紧扣被评估资产的收益，更

加符合资产评估的本质要求。

收益法的缺点是：预期收益预测难度较大，易受主观判断和未来不可预见因素影响。

（4）资产评估方法的选择。选择合适的评估方法，有利于简捷、合理地确定资产评估价值。在选择时要考虑许多因素，主要需考虑以下四个方面的因素：①评估方法必须与资产评估的价值类型相适应。如果是市场价值类型的资产，则应使用市场法的有关方面进行评估，不能使用市场法以外的方法进行评估。②评估方法必须与评估对象相适应。评估时，首先应区别被估资产是单项资产还是整体资产、是有形资产还是无形资产、是通用资产还是专用资产、是可复制资产还是不可复制资产。然后，再选用合适的评估方法。一般来说，成本法适宜评估专用资产、可复制的资产和单项资产；市场法适宜评估具有通用性在公开市场出售的资产；收益法适宜评估资源性资产、无形资产和整体资产。③评估方法的选择受可搜集的数据和信息资料的限制。每种评估方法的运用都需要有充分的数据资料作依据，在一个相对较短的时间内，搜集某种评估方法所需的数据资料可能会很困难，在这种情况下，评估人员则应考虑采用替代的评估方法进行评估。④评估方法的选择要全盘考虑，统筹安排，同一资产业务，评估时可以将几种方法同时配合使用；而同一种评估方法下也可以多种技术配合使用。

12.6.3.3 无形资产评估的方法

《资产评估准则——无形资产》所称无形资产，是指特定主体所拥有或者控制的，不具有实物形态，能持续发挥作用且能带来经济利益的资源（土地使用权、矿业权、水域使用权等的评估另行规范）。注册资产评估师执行无形资产评估业务，应当根据具体经济行为，谨慎区分可辨认无形资产和不可辨认无形资产，单项无形资产和无形资产组合。

可辨认无形资产包括专利权、商标权、著作权、专有技术、销售网络、客户关系、特许经营权、合同权益等。不可辨认无形资产是指商誉。

注册资产评估师执行无形资产评估业务，一般关注以下事项：①无形资产权利的法律文件、权属有效性文件或者其他证明资料；②无形资产是否能带来显著、持续的可辨识经济利益；③无形资产的性质和特点，目前和历史发展状况；④无形资产的剩余经济寿命和法定寿命，无形资产的保护措施；⑤无形资产实施的地域范围、领域范围、获利能力与获利方式；⑥无形资产以往的评估及交易情况；⑦无形资产实施过程中所受到国家法律、法规或者其他资产的限制；⑧无形资产转让、出资、质押等的可行性；⑨类似无形资产的市场价格信息；⑩宏观经济环境；⑪行业状况及发展前景；⑫企业状况及发展前景；⑬其他相关信息。

无形资产一般与其他资产共同发挥作用。所以注册资产评估师执行无形资产评估业务时，还会关注宏观经济政策、行业政策、经营条件、生产能力、市场状况、产品生命周期等各项因素对无形资产效能发挥的制约，关注其对无形资产价值产生的影响。分析所评估无形资产的作用，合理确定该无形资产的价值。

无形资产评估，根据评估目的、评估对象、价值类型、资料收集情况等相关条件，从分析收益法、市场法和成本法三种资产评估基本方法中选择一种或者多种资产评估方法。对同一无形资产采用多种评估方法时，对所获得各种初步价值结论进行分析，形成合理评估结论。

（1）收益法。注册资产评估师使用收益法时注意的是：①在获取的无形资产相关信息基础上，根据被评估无形资产或者类似无形资产的历史实施情况及未来应用前景，结合无形资产实施或者拟实施企业经营状况，重点分析无形资产经济收益的可预测性，恰当考虑收益法的适用性；②合理估算无形资产带来的预期收益，合理区分无形资产与其他资产所获得收益，分析与之有关的预期变动、收益期限，与收益有关的成本费用、配套资产、现金流量、风险因素；③保持预期收益口径与折现率口径一致；④根据无形资产实施过程中的风险因素及货币时间价值等因素合理估算折现率，无形资产折现率应当区别于企业或者其他资产折现率；⑤综合分析无形资产的剩余经济寿命、法定寿命及其他相关因素，合理确定收益期限。

(2) 市场法。注册资产评估师使用市场法时注意的是：①考虑被评估无形资产或者类似无形资产是否存在活跃的市场，恰当考虑市场法的适用性；②收集类似无形资产交易案例的市场交易价格、交易时间及交易条件等交易信息；③选择具有合理比较基础的可比无形资产交易案例，考虑历史交易情况，并重点分析被评估无形资产与已交易案例在资产特性、获利能力、竞争能力、技术水平、成熟程度、风险状况等方面是否具有可比性；④收集评估对象以往的交易信息；⑤根据宏观经济发展、交易条件、交易时间、行业和市场因素、无形资产实施情况的变化，对可比交易案例和被评估无形资产以往交易信息进行必要调整。

(3) 成本法。注册资产评估师使用成本法时注意的是：①根据被评估无形资产形成的全部投入，充分考虑无形资产价值与成本的相关程度，恰当考虑成本法的适用性；②合理确定无形资产的重置成本，无形资产的重置成本包括合理的成本、利润和相关税费；③合理确定无形资产贬值。

根据《资产评估准则——无形资产》，中国资产评估协会还制定了《专利资产评估指导意见》、《著作权资产评估指导意见》和《商标资产评估指导意见》。

参考文献

[1] MBA 核心课程编译组．财务总监［M］．北京：九州出版社，2002.
[2] 荆新,王化成,刘俊彦主编．财务管理学·第五版［M］．北京：中国人民大学出版社，2009.
[3] 中国注册会计师协会．财务成本管理［M］．北京：经济科学出版社，2007.
[4] 财政部会计资格评价中心．财务管理［M］．北京：中国财政经济出版社，2007.
[5] 财政部会计资格评价中心．中级会计实务［M］．北京：中国财政经济出版社，2007.
[6] 罗金明,祝锡萍．新编会计学［M］．浙江：浙江大学出版社，2007.
[7] 宋常．财务分析学［M］．北京：中国人民大学出版社，2007.
[8] 李敏感,李嘉毅．企业财务通则应用指南［M］．上海：上海财经大学出版社，2007.
[9] 乐艳芬．成本管理会计［M］．上海：复旦大学出版社，2007.
[10] ［美］约翰·A·特雷西著，张绎景译．管理者会计课堂［M］．北京：机械工业出版社，2007.
[11] 徐国良，王进．企业管理案例精选精析［M］．北京：中国社会科学出版社，2006.
[12] 尹音频,刘科．税收筹划［M］．成都：西南财经大学出版社，2003：1-15.
[13] 刘蓉．公司战略管理与税收策略研究［M］．北京：中国经济出版社，2006：10-15.
[14] 盖地．税务筹划：目标、原则与原理［J］．北京工商大学学报（社会科学版），2012，27（5）：6-11.
[15] 夏金海．ABC 汽车有限公司税务筹划研究［硕士，D］．河北工业大学，2010.
[16] 李孟青,李秋燕等．审计委员会设立目标演变及其启示［J］．会计之友，2010（1）：102-104.
[17] 赵丽芳,闵德明等．我国上市公司审计委员会制度研究述评［J］．中国管理信息化，2010,13（16）：49-52.
[18] 沈维成，公司治理视角下的内部审计研究述评［J］．中国农业会计，2011（10）：48-50.
[19] 陈程,刘建民．审计委员会对内部控制影响研究述评［J］．会计之友，2013（1）：62-64.
[20] 陈宇．国际内部审计准则理念的发展及启示［J］．审计与经济研究，2004（3）：21-23.
[21] 张天兵，陈海文．内部审计全球发展新趋势［J］．董事会，2012（4）：32-33.
[22] 赵恒伯．我国内部审计发展的新趋势［J］．企业经济，2005（10）：180-181.
[23] 李玉玲．企业资产评估问题探析［J］．商业现代化，2013（24）：156.
[24] 许国丽．对改制上市公司资产评估的对策探究［J］．现代经济信息，2012（4）:210.

·13·

投融资管理和资本运营

现代企业的财务管理包括：财务战略和预算、财务分析、融资管理、投资决策、资本运营管理、利润分配、并购重组、破产清算等。

融资与投资是公司发展的两个巨轮，两者只有协调运转，才能使公司持续快速地发展。再先进的技术或产品，没有资金，也无法转变为生产力；资金缺乏、周转不灵或投资失误等往往使一个看似生机勃勃的企业在转瞬间破产。面对复杂多变的环境，公司必须具有战略思维，从长期和全局需要的角度出发，运筹好公司的资金。

市场经济的规律告诉我们，企业发展犹如逆水行舟，不进则退。纵观世界化工发展史，企业之间充满着竞争、并购、重组、联合，化工企业必须在竞争中成长，在竞争过程中不断进行资本积累和资本运作，做大做强，才能立于不败之地。

13.1 融资——资金筹集和借贷

13.1.1 企业经营发展需要融资

融资即是资金融通。融资是指企业根据生产经营、对外投资及调整资本结构的需要，从企业外部筹集资金的方式。融资包括直接融资和间接融资，直接融资主要是指直接向资金持有人，如股东、投资人等筹集资金的方式，比如在股票市场发行股票，以获取资金用于企业的发展、经营等；间接融资主要是指通过金融机构，如银行、财务公司、信托公司等，以借入长短期借款、发行债券等方式获得资金。

筹资活动除包括从企业外部筹集资金，即融资之外，还应包括通过对企业内部资金的合理安排，如税后利润、折旧、投资收益等，以筹集企业为发展某一项目的资金，而所做的财务安排。从这个角度讲，筹资的概念大于融资。在实际使用中，融资和筹资的概念常混用。

融资品种很多，如何正确筛选和运用，是公司当家理财者永恒的主题。一个公司不可能百分之百地使用自有资金来满足自身的资金需要。因此，充分利用公司外部的财务资源，以满足公司对资金的需要，加速公司的发展，是公司财务管理的必然选择。

13.1.1.1 融资的作用

融资是公司资本运动的起点，也是公司收益分配赖以遵循的基础。足够的资本规模，可以保证公司投资的需要；合理的资本结构，可以降低和规避融资风险；融资方式的妥善搭配，可以降低资本成本。因此，就融资本身来说，虽然它只是公司资本运营的一个环节，但融资活动却决定和影响公司整个资本运动的始终。在当前市场经济条件下，公司日益朝着集约化、大型化的方向发展，生产的规模已成为公司在激烈的竞争中立于不败之地的重要条件之一。能否迅速地筹措到资金，直接决定和影响公司的经营活动以及公司财务目标的实现。

（1）融资为公司发展提供保障。资金是公司发展的血液，无论是实现公司跨越发展的战略目标，还是公司的每个项目的投资都需要大量的资金保障，企业都希望通过适当的负债经营，迅速筹集资金，扩大经营规模，提高自有资本利润率。因此提供安全有效、低成本的融资渠道，为公司发展筹措资金是财务总监最重要的工作之一。

（2）融资提升公司价值。公司融资理论认为，增加负债可以取得财务杠杆收益。由于公司支付的债务利息可以计入成本而减交企业所得税，债权资本成本低于股权资本成本，因此负债率提高时，公司价值会增加；但负债率上升到一定程度之后再上升时，公司价值因破产风险和代理成本的增加反而会下降。所以，当两者引起的公司价值变动额在边际上时，公司的资本结构最优，负债率最佳。企业完全靠自有资金发展也就丧失了通过财务杠杆扩大公司规模、提升公司价值的机会。

（3）融资影响着公司治理结构的功能和运行绩效。现代企业的一个显著标志是企业资金来源的外部性，由此产生了股权和债权的代理问题。公司治理结构正是为了解决公司存在的各种代理问题而形成的一种制度安排。不同的融资模式形成不同的股权、债权比例关系，权益集中分散程度直接影响到股东、债权人等利益主体在股权结构中的不同地位，影响到公司决策、控制、监督等权力在各利益主体的不同分布和配置，从而构成了治理结构的不同方式，如“内部治理”和“外部治理”。由于股东、债权人在取得对公司收入的索取权和对公司的控制权的优先序列不同，他们风险偏好又有较大差别，由此造成不同的资本结构下，公司治理主导力量对公司治理目标会形成不同的诉求，如“股东权益最大化”和“公司整体价值最大化”等。

13.1.1.2 融资管理的原则

在市场竞争和金融市场变化的环境下，公司融资决策和资本结构管理需要按照自身的业务策略和竞争策略，从可持续发展和股权资本长期增值的角度来考虑。融资必须遵循下列原则：

（1）融资必须集中统一。集中统一对外融资是相当重要的。我国公司的融资往往比较分散，曾付出了很大的代价，融资权必须集中到集团公司总部。即使子公司可以对外融资，也应在公司授权的额度范围内进行，并且须经集团公司按程序审批。

融资集中统一的好处首先是有利于降低资金成本。公司融资的渠道很多，我们在选择融资渠道时，应对不同的融资方式所产生的资金成本进行比较，选择资金成本低的渠道来筹集资金。公司统一对接金融机构，可以充分展示公司的实力、管理团队的素质，提升公司在金融界的形象，争取用新股配售、公司债券、银团贷款等方式争取到更低成本的资金。除了资金成本外，公司还应该考虑各融资渠道的资金潜力、约束条件、风险率的大小，也就是将主观的选择方法与客观资金的提供可能性结合起来，根据不同的资金需要与融资策略，选择最适当的融资渠道，以取得最佳的融资效益。

其次，融资集中统一管理，可以集中整个公司的资源，集中力量办大事。国内的很多公

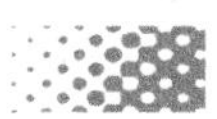

司，组织结构分散、管理链条漫长，常常是七八个层级甚至更多。财务资源都沉淀在各个层级的子公司中，现金存款账面上加起来很多，但是调不动。银行借贷资源很多，但是分散在各地、各个公司。由于各利益主体不同，集团内无法统一协调平衡，出现存款与借款同时居高不下的坏现象，更不用说联合起来争取大笔的融资用于大项目，这对一个集团的健康发展是很不利的。

第三，融资集中管理有利于控制财务风险。公司将银行贷款权、贸易融资权、对外担保权统一管理起来，有效控制资金使用风险，杜绝由于担保而产生的或有负债。集团公司对整个集团的资金需求状况、融资能力了如指掌，控制资金的使用与归还，能最大限度发挥资金的使用效率，防止人为风险的发生，确保公司的安全运营。

(2) 效益性和及时性原则。融资产品的现金流出期限结构必须与公司预期的现金流入相匹配。公司需要筹集多少资金、什么时候需要资金，涉及融资方式、融资渠道、融资成本等一系列问题，这需要慎重、全面地加以考虑，协调安排。

企业应合理安排长期债务与短期债务的期限结构、币种结构，妥善安排还款计划。所谓期限结构，就是根据不同的资金投放对象对资金需求时间的限制来合理筹措不同还款期的资金。在外汇贷款方面，也要加强管理，降低外汇贷款的风险，保持合理的币种结构。不同的投资项目对资金的需求量有很大差异。应充分考虑现有资金的利用效果，从而合理确定所需资金数。确定资金的需要时间也是个重要的问题，大的建设项目，建设周期长、资金量大，资金的时间价值将起重要作用。

在融资活动中，要全面评估投资的投入时间、投资的回收时间、借款的偿还时间、对股东的派息时间等等一系列资金需求量、时间、货币种类等要求。同时，要判断整体经济的走势、持续的时间、对投资行业的追捧与摒弃、各资本市场的潮起潮落、各类资金的成本趋势等。选择恰当的时机，确定合理的数量，用低廉的成本进行融资活动最为理想。

(3) 合理性原则。企业根据发展战略的要求，制定出来的一定时期内的战略计划、经营计划和投资计划，是确定融资总规模的主要依据。投资计划要对年度内投资计划总额进行安排，其编制要按照公司发展战略、经营结构和经营布局调整的要求，按照收入从紧、支出打足的原则，以收定支；同时注意投资计划、经营计划、筹资计划三者的平衡。一般而言，公司在做出投资决策之后，根据公司内部条件与外部环境进行融资决策，即明确筹资规模、筹资方式、筹资成本、筹资时机等，还会根据既定的融资决策重新审议最初的投资决策，此时，融资决策就成为投资决策的一个具有充分刚性的约束条件了。

(4) 合法性原则。融资活动影响社会资本及资源的流向和流量，涉及相关主体的经济权益。为此，必须遵守国家有关法律法规，依法履行约定的责任，维护有关各方的权益，避免非法集资行为给企业本身及相关主体造成损失。

《绿色信贷指引》(银监发〔2012〕4 号)、《关于绿色信贷工作的意见》(银监办发〔2013〕40 号) 强调“银行业金融机构应当从战略高度推进绿色信贷，加大对绿色经济、低碳经济、循环经济的支持，防范环境和社会风险，提升自身的环境和社会表现，并以此优化信贷结构，提高服务水平，促进发展方式转变”。“银行业金融机构应当将绿色信贷执行情况纳入内控合规检查范围，定期组织实施绿色信贷内部审计。检查发现重大问题的，应当依据规定进行问责”。

又如公司债券发行应按《公司债券发行试点办法》(证监委令 2007 第 49 号) 规定执行。

13.1.2 短期融资

13.1.2.1 短期融资的特征

短期融资是指筹集在一年内或者超过一年的一个营业周期内到期的资金，也称为短期负债筹资。短期融资活动归属于营运资本管理的内容。短期筹资通常具有如下特征：

(1) 融资速度快。由于短期融资到期日较短，债权人的风险相对较低，不需要和长期融资一样对融资方进行全面的、复杂的财务调查，资金容易筹集。

(2) 融资弹性好。短期融资的相关限制和约束相对较少，使融资方在资金的使用和配置上显得更加灵活、富有弹性。

(3) 融资风险大。短期融资需要在短期内偿还，这对融资方的资金营运和配置提出了较高的要求，如果到时不能及时还款，就有陷入财务危机的可能。此外，短期负债的利率通常波动较大，有可能高于长期负债的水平。

13.1.2.2 自然性融资

自然性融资主要包括两大类：商业信用和应付费用。是公司正常生产经营过程中产生的、由于结算程序的原因自然形成的短期负债。

(1) 商业信用。是指商品交易中延期付款或延期交货所形成的借贷关系，是企业间的一种信用关系。利用商业信用融资，主要有：①赊购商品；②预收货款。

(2) 应付费用。是指生产经营过程中发生的应付而未付费用，如应付工资、应付税金等。企业如果无限期地拖欠应付费用，极有可能产生较高的成本。如拖欠工资，会遭到员工的反对，直接影响企业整体的生产经营。

13.1.2.3 短期借款融资

短期借款融资一般是指银行短期借款，又称银行流动资金借款，包括信用借款、担保借款和票据贴现三类。

(1) 信用借款。又称无担保贷款，一般有信用额度借款和循环协议借款两类。信用额度借款是商业银行与企业之间商定的在未来一段时间内银行能向企业提供无担保贷款的最高限额，信用额度一般是银行对企业信用状况详细调查后确定。

循环协议借款是一种特殊的信用额度借款。在此借款协议的最高限额下，企业可以借款、还款，再借款、再还款，不停地周转使用。

(2) 担保借款。是指有一定保证人担保或利用一定的财产作抵押或质押而取得的借款。担保借款可分为三类：①保证借款。是按《中华人民共和国担保法》规定的保证方式以第三人承诺在借款人不能偿还借款时，按约定承担一般担保责任或连带责任而取得的借款。②抵押借款。是指按《担保法》规定的抵押方式以借款人或第三人的财产作为抵押物而取得的借款。③质押借款。是指按《担保法》规定的质押方式以借款人或第三人的动产或权利作为质押物而取得的借款。

(3) 票据贴现。是商业票据的持有人把未到期的商业票据（如：承兑汇票）转让给银行，贴付一定利息以取得银行资金的一种借贷行为。

13.1.2.4 短期融资券

短期融资券又称商业票据、短期债券。是由大型工商企业或金融企业发行的短期无担保本票，是一种新兴的短期资金筹集方式。

20 世纪 20 年代，西方国家大公司凭借自己的商业信誉，开始脱离商品交易过程来签发商业票据，以筹措短期资金。这就演变为一种在货币市场上融资的票据，商业票据上只有付款人，发行人与投资者成为一种单纯的债权、债务关系，而不是商品买卖或劳务供应关系。为了与传统票据相区别，这种专门用于融资的票据叫短期融资券或短期商业债券。短期融资券已成为西方各类公司融通短期资金的重要方式。

 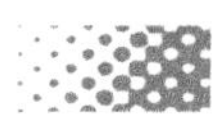

2008年4月，中国人民银行发布实施《银行间债券市场非金融企业债券融资工具管理办法》(人行令〔2008〕第1号)，废止了以前发布的相关规定，促进非金融企业直接债务融资的发展。

2009年9月，中国银行间市场交易商协会组织市场成员根据上述文件，制定了《银行间债券市场中小非金融企业集合票据业务指引》，集合票据是指2个（含）以上、10个（含）以下具有法人资格的中小非金融企业在银行间债券市场以统一产品设计、统一券种冠名、统一信用增进、统一发行注册发行方式共同发行的，约定在一定期限还本付息的债券融资工具。

我国企业短期融资券的发行程序一般为：①（符合一定条件的）企业作出筹资决定；②选择承销商（有资质的金融机构）；③办理信用评级；④向审批机关（中国人民银行及其分行）提出申请；⑤审批机关审查和批准；⑥正式发行，取得资金。

13.1.3 长期融资

企业要长期生存与发展，需要经常持有一定规模的长期资本。企业需要长期资本的原因有：构建固定资产，取得无形资产，开展长期投资，垫支于长期性流动资产等。企业的长期资本一般是采用投入资本、发行股票、发行债券、长期借款和融资租赁等筹资方式取得或形成的。

长期融资是指企业作为筹资主体，根据其经营活动、投资活动和调整资本结构等长期需要，通过长期筹资渠道和资本市场，运用长期筹资方式，经济有效地筹措和集中长期资本的活动。

13.1.3.1 长期融资的动机

企业融资的基本目的是为了自身的生存和发展。在企业实际的融资活动中，其动机归纳起来分三种类型：扩张性融资、调整性融资和混合型融资。

(1) 扩张性融资。成长期的企业因扩大生产经营规模或增加对外投资的需要而融资。

(2) 调整性融资。即企业因改善资本结构的需要而融资。资本结构是企业各种筹资的构成及其比例关系。随着情况的变化，现有的资本结构可能不再合理，需要相应地调整，使企业综合资本成本最低，公司价值最大化。

除资本成本、财务风险外，还有如下因素决定着资本结构：①经营的长期稳定性。②管理人员的态度。如不愿控制权旁落，就不愿增发新股，采用债务融资；如不愿冒风险，就降低债务资本，发行新股，或债转股。③贷款人和信用评级机构的态度。④保持借债的能力。⑤企业的增长率。增长率高的企业倾向于增加债务。⑥其他。如税收因素，利息可减税，股利不能减税。

调整债务，新债还旧债，为调整性偿债融资。目的是为调整资本结构，也有支付能力不足，用新债还到期债务的。

(3) 混合型融资。通过混合融资，企业既扩大资产规模，又偿还部分旧债。这种融资混合了扩大资产规模和调整资本结构两种功能。

13.1.3.2 长期融资的渠道

(1) 政府财政资本。国有独资或控股企业筹资的主要来源，政策性较强。

(2) 银行信贷资本。是各类企业筹资的重要来源。商业银行可为各类企业提供各种商业性贷款，贷款方式灵活多样；政策性银行（国家开发银行、农业发展银行、中国进出口银行）主要为特定企业提供一定的政策性贷款。

(3) 非银行金融机构资本。我国非银行金融机构主要有：租赁公司、保险公司、企业集团财务公司、信托投资公司、证券公司等。有的可集聚社会资本，融资融物；有的可承销证券，提供信托服务等。

(4) 其他法人资本。企业法人、事业单位法人和社会团体法人等，他们在日常的资本运营周转中，有可能形成一部分闲置资金可以融通。

(5) 民间资本。有别于国有资本的金融资产，就是民营企业的流动资产和家庭的金融资产。改革开放以来，中国以市场经济为取向的改革，创造了大量社会财富、集聚了大量的民间资本。

从总体上看，我国巨大的民间资本的运用效率（或创富能力）还比较低，持续发展的后劲堪忧。在本质上能转化为实业投资的居民储蓄的创富能力低下。近年来，我国提出加快研究鼓励民间资本参与发起设立村镇银行，贷款公、民营银行等股份制金融机构的办法，国家将加大对中小企业的财税扶持力度。2014 年 8 月 25 日，我国中小企业股份转让系统（俗称“三板市场”）做市业务正式实施，开辟了企业直接融资的渠道。

(6) 国外和港澳台地区资本。有设立外商投资企业等融资渠道。

13.1.3.3 长期融资的方法

(1) 内部筹资。企业内部通过利润留成而形成资本来源。

(2) 外部融资。从企业外部筹资而形成的资本来源，如：投入资本、发行股票、发行债券、长期借款、融资租赁等。

(3) 直接融资。指企业不借助银行等金融机构，直接与资本所有者协商融通资本的一种筹资活动。直接融资有投入资本、发行股票、发行债券等方式。

(4) 间接融资。指企业借助银行等金融机构而融通资本的一种筹资活动，其基本方式是银行借款和融资租赁。

(5) 股权性筹资。股权性筹资属于直接融资，通过政府财政资本、其他法人资本、民间资本、海外资本、风险投资公司等融资渠道，募集股本，增加资金；股权融资改变了公司股本结构，原有股东的股权被稀释。

股权性筹资形成企业的股权资本，亦称权益资本、自有资本。股权资本由投入资本（股本）、资本公积、盈余公积和未分配利润组成。股权资本属企业所有，企业依法对股权资本享有经营权。

(6) 债务性筹资。一般是通过银行信贷资本、非银行金融机构资本、其他法人资本、民间资本、国外和港澳台地区资本等筹资渠道，采用长期借款、发行债券、融资租赁等方式取得或形成。

(7) 混合性筹资。是指兼具股权性筹资和债务性筹资双重属性的长期筹资，主要有发行优先股和发行可转换债券。优先股股本属于本企业的股权资本，但股利同债券利率。可转换债券在其持有者转换为发行公司股票前，属于债务性筹资；转换为发行公司股票后，则属于股权性筹资。

13.1.4 控制负债，稳健财务

企业只有不断成长才有生命力，但在快速成长过程中，必须保持财务稳健，千万不能过度负债。

13.1.4.1 过度负债的原因

过度负债是许多高成长企业的典型通病。造成过度负债的原因是：

（1）战略需求。由于企业的战略布局驱动，为了现有业务的发展和新业务的开拓，企业规模的扩张明显高于企业内涵质量的扩张，在高成长阶段都将出现某种程度的资金短缺。为了达到快速扩张的目的，企业普遍采用负债经营策略。

（2）组织放大。许多企业在快速扩张中倾向于采取企业集团或控股公司模式，这类模式的债务放大效应十分明显：①母、子公司都会从各自立场出发追求数量扩张；②子公司除保留原有业务联系和资金融通渠道外，还可能获得母公司再分配的业务或资金。这一业务和融资放大效应很容易使企业负债过度。

（3）财务不透明或内部互相担保。财务不透明、各自为政和内部关联企业间的相互贷款担保是高成长企业常见的问题。银行对企业财务判断难度加大，企业财务监管困难，使企业整体负债率不断提高。

（4）债务、资产结构配置错误。短债长用，短筹长贷。将短债用于投资回收期是债务期限数倍的长期投资项目，导致流动负债大大高于流动资产。金融机构往往也采取短筹长贷方式，支持企业搞长期投资，加大了企业资金风险，一旦银根收紧，企业就会进退两难。

到期负债过于集中、与现金流量错位，长、短期负债结构比例失调，贷款银行单一，资产和负债币种不合理等都是结构性错配。

高成长战略造成资金短缺，企业必然要负债经营。在过度负债的情况下，企业经营成本和财务压力加大，支付能力日趋困难，财务危机就随时可能爆发。

13.1.4.2 警惕财务危机

财务危机是指企业经营管理不善、不能适应外部环境的变化而导致企业生产经营活动陷入一种危及企业生存和发展的严重困境，反映在财务报表上则是已呈现长期的亏损状态且无扭转趋势，出现资不抵债甚至面临破产倒闭的危险。

财务危机也称为经营失败、财务恶化等，企业由于现金流量不足，无力偿还到期债务，而需被迫采取非常措施的一种状态。经营亏损、股利减少、股价下跌、解雇员工、违约等是财务危机的前期表现，破产倒闭是财务危机的最终结果。

防范经营、财务风险，警惕财务危机是企业经营管理者必须高度重视的问题。

财务危机的主要诱因与现象有如下三种：

① 经营持续亏损。企业过度扩张，容易导致经营管理不善或战略性失误引起亏损。如果只是短期亏损，且亏损额少于折旧，也不会造成支付困难；但如果持续亏损，将造成企业净资产数量和质量不断下降，削弱企业的经营能力和偿债能力，就会导致企业不能偿还到期债务；如果亏损到资不抵债，就意味着企业偿付能力丧失，企业就会倒闭、破产。

② 短期支付不能。企业并非资不抵债或亏损，但由于现金流量分布与债务到期结构分布不均衡，造成资金周转不灵、不能偿还到期债务。亿万富豪和穷人，同样都有穷困和为难的时候，“一文钱能逼死英雄汉”。

③ 突发性风险事件。国内外政治、经济环境变化，重大政策调整，各种自然灾害或其他突发事件发生，企业就有可能业务萎缩、资产缩水或重大财产损失而陷入困境。如全球金融危机就造成许多企业倒闭。

John Argenti 在《企业倒闭：原因和症状》一书中研究总结了导致财务危机的八大主因：

① 企业管理结构存在缺陷。主要表现在：CEO 独裁，一人拥有太大权力，其他董事不作为；高管团队知识结构不平衡；财务职能弱化，缺乏管理深度等。

② 会计信息系统存在缺陷。预算控制不健全；缺乏现金流量的预测；无成本核算系统；

对资产价值的估价不当。

③ 面对经营环境的变化，不能及时采取恰当的应对措施。

④ 制约企业对环境变化作出反应的因素。如来自政府和社会的一些限制因素，降低自由度，要求企业承担过度的社会责任等。

⑤ 过度经营。如过度筹资降低了资金利用效率，以牺牲利润的方式追求销售业绩增长等。

⑥ 开发大项目。大项目包括：并购、多元化经营、开发新产品、项目扩张等。高估项目收入或低估项目成本就可能导致项目失败，现金流量紧张。

⑦ 高财务杠杆。经济不景气，经营业绩下降时，高资产负债率会加大财务风险，导致亏损或现金流量紧张。

⑧ 常见的经营风险。这些经营风险一般不会导致经营失败，但企业实力弱小、管理水平低，这些风险也可能是企业陷入财务危机之中。

13.1.4.3 在财务稳健的前提下保持成长

企业如果不顾自身条件，通过负债经营盲目扩张，就容易聚集过度盈利能力差的资产或业务，再大规模的企业也难逃被淘汰的命运。所以，只有财务稳健下的高成长才是合理的。

(1) 优化财务结构是企业财务稳健的关键。财务结构优化的标志是：综合资金成本低、财务杠杆效益高、财务风险适度。企业财务管理的重点是对资本、负债、资产和投资等进行结构性调整，使其保持合理比例。

① 优化资本结构　负债经营的临界点是全部资金的息税前利润等于负债利息。在达到临界点之前，提高负债将使股东获得更多的财务杠杆利益；但一旦超过临界点，加大负债比率会成为财务危机的前兆。

② 优化负债结构　a. 负债到期结构是负债管理的重点，应在企业现金流量波动的前提下，负债到期结构保持安全；b. 确定风险最小、又能使企业盈利能力最大化的长、短期负债比例；c. 应密切关注经济、金融形势和汇率的变化情况，调整贷款的银行结构和币种结构，尽可能避免过分集中向某一国家和地区的金融机构或以单一货币进行借贷或业务结算，降低借贷和汇率风险。

③ 优化资产结构　资产结构的优化主要是确定一个既能维持企业正常生产经营、又能在减少或不增加风险的前提下给企业带来尽可能多的利润的流动资金水平——流动资金净额(流动资产与流动负债的差额，也称为：净营运资本)。

④ 优化投资结构　从提高投资回报的角度，对企业投资情况进行分类比较，确定合理的比重和格局，包括长期投资、短期投资、固定资产投资、无形资产投资（研究开发、企业品牌等)、流动资产投资、(项目) 直接投资、(证券) 间接投资、产业投资和风险投资等。

(2) 抓好现金流量生命线。企业最基本的目标是股东财富或企业总价值最大化，但这应该是建立在现金流量这一企业生命线上的。不少企业陷入经营困难或破产，并非因为资不抵债，而是由于暂时支付困难。因此，利润或企业总价值最大化不能停留在账面盈利上，而要以价值的可实现性和变现能力作为前提。

企业应把利润和现金放在同等重要的位置，加速资金回笼和周转，提高资产变现能力，加强对应收账款的管理和催收力度，尽量减少呆坏账。企业应根据现有业务未来产生流量的情况追求相应的成长速度，同时要手持一定量的现金以满足正常运营和应付突发事件的需要；要提高资金管理水准，确保资金的流动性和安全性。

(3) 建立财务监控体系。企业的规模扩张应与财务控制制度建设保持同步发展，建立有

效的财务监控体系，否则会造成财务失控。

要加强对公司债券、资产、投资回收、现金回流和资产增值等方面的财务管理与监督，严格担保和信用证额度管理，减少或有负债（或有负债由：贴现的商业承兑汇票、未决诉讼和仲裁、债务担保、产品质量担保、追加税款等形成）。

重视预算管理，对投资总量、负债水平、资产状况进行控制，并对未来重大项目的融投资及大笔债务的还本付息等作出统筹安排。财务管理在监督支出的同时应更多地服务于公司战略管理的需要，在年度预算的基础上，采取能不断调整的滚动式预算或全面动态预算制度，以反映出公司不断变化的战略意图。

应建立财务预警体系，一旦财务警报拉响，就可及时实施必要的“内、外科手术”，及时化解财务危机。

13.2 投资决策

投资是企业持续发展的永恒主题。企业投资是指企业对所持有资金的一种应用，其目的是在未来一定时期内获得与风险成正比例的收益。在市场经济条件下，公司能否把融资得到的资金投放到收益高、回收快、风险小的项目上去，对企业的生存和发展十分重要。

13.2.1 投资的意义、类别和过程

13.2.1.1 企业投资的意义

（1）企业投资是实现财务管理目标的基本前提。在市场经济中，公司的生存和发展服从于优胜劣汰的生命哲学。当一个公司丧失了竞争能力，就会被挤出市场，走向衰败。投资是取得利润的基本前提，公司要想获利，必须拥有一定数量的资金，并把资金投放到各种资产上，才能进行生产经营。投资影响公司的长期业绩，成功的投资方案能够扩大产能和规模、降低成本、提高产品竞争力、扩大市场份额，会对公司长远的财务业绩做出积极的贡献。

（2）企业投资是调整产品生产方向和产品结构的主要手段。公司投资是公司实际资本形成的经济活动过程，同时也是资金投入或所投入资源耗费的过程。公司投资方向的选择将决定公司投资形成的生产能力的性质和特点，最终决定公司的经营方向和经营结构。

（3）投资是提高企业综合效益，降低企业风险的重要方法。公司将资金投放到生产经营的薄弱环节，可使公司的各种生产经营能力配套、平衡，形成更大的综合生产能力。如把资金投向多个产品或行业，实行多元化经营，则能增加公司销售和盈余的稳定性。这些都是提高公司综合效益，降低公司经营风险的重要方法。

13.2.1.2 企业投资的类别

（1）按投资时间长短可分为长期投资和短期投资。短期投资又称为流动资产投资，指能够且准备在一年内收回的投资，主要是对现金、应收账款、存货、短期有债证券等的投资。长期投资是指一年以上才能收回的投资，主要是指对厂房、机器设备等固定资产的投资，也包括对无形资产和长期有价证券的投资。

（2）按投资性质分为直接投资和间接投资。直接投资又称为生产性资产投资，是指生产企业对厂房、机器设备等固定资产的投资和购买原材料的流动资产投资，包括新生产线的投资、技术改造投资等。直接投资也称为实物资产投资，因资金运用到具体的生产项目中，涉及企业的生产规模、企业对产品的研发能力、产品销售能力及行业的市场前景等。间接投资又称为证券投资，是指把资金投入证券（政府债券、企业债券、股票、金融债券及票据）等金融资产，以取得利息、股利或资本利得收入的投资。

(3) 按对未来影响的程度可分为战略性投资和战术性投资。战略性投资是指对未来有重大影响的投资，如对新产品投资、转产投资、设立分公司等，一般投资额大、回收周期长、风险程度高。战术性投资是指不影响企业全局和前途的投资，如设备更新，改善工作环境，提高生产效率等的投资，一般投资额不大，风险较低，见效快，发生频繁。

(4) 按投资风险程度可分为确定性投资和风险性投资。风险投资是指风险大、未来收益难于准确预测的投资，大多数战略性投资属于风险性投资。反之，则属于确定性投资。

(5) 按投资发生作用的地点可分为对内投资和对外投资。内部投资是指把资金投在公司内部，反之则是对外投资。对内投资基本上是直接投资，对外投资有间接投资和直接投资，如合资建厂就是对外直接投资。

(6) 其他分类法。如按投资在生产过程中的作用可分为初创投资和后续投资；按不同项目之间的关系，可分为独立项目投资、相关项目投资和互斥项目投资；按投资项目现金流入与流出的时间，可分为常规项目投资和非常规项目投资。常规项目是指只有一期初始有现金流出，随后一期或多期是现金流入的项目；非常规项目的现金流量流出方式与常规项目不同，如现金流出不发生在期初，或期初和以后各期有多次现金流出。

13.2.1.3 企业投资的过程

投资过程可分为事前、事中、事后三个阶段。事前阶段也称为投资决策阶段，事中阶段是实施投资方案并对其进行监督与控制，事后阶段是在投资项目结束后对投资效果进行事后审计与评价。

(1) 投资项目的决策阶段。包括投资项目的提出、投资项目的评价、投资项目的决策。

(2) 投资项目的实施阶段。包括：①为投资方案筹集资金；②有计划地分步实施项目；③对项目实施进度、工程质量、施工成本等进行控制和监督；④实施过程中，定期进行后续分析。

(3) 投资项目的事后阶段。事后审计与评价由公司内部审计机构完成。将投资项目的实际表现与预期相对比，查找项目执行过程中都存在的漏洞，影响投资效果的因素，总结成功的经验。利用审计结果还可以对投资管理部门进行绩效评介，采取激励措施，持续提高管理效率。

13.2.2 投资决策的原则和方法

13.2.2.1 投资决策必须遵循的原则

(1) 科学性原则。采用科学的决策程序，认真对投资项目进行可行性分析。

(2) 完整性原则。投资决策必须全面考虑各种经济、技术、社会、自然因素，不仅要考虑各种目标和战略问题，也要考虑一系列战术问题，确定处理各种关系、矛盾的准则与措施，要注意考虑问题的完整性。缺乏系统、不完整的投资决策，不仅会使投资实施过程在面临矛盾时缺乏处理依据，还会动摇投资决策总体方案的可靠性。

(3) 政策性原则。企业是微观经济组织，投资决策必须与宏观经济政策相一致。选择投资领域时必须自觉地排除国家限制发展的产业领域，投资国家鼓励发展的行业，这样做降低了投资风险，容易得到政府的扶持。

(4) 严肃性原则。首先是决策态度和程序的严肃性，无论是总体决策、战略决策，还是局部决策、战术决策，都要谨慎、严肃地进行，要有严格的程序和监督约束。不能凭决策者自己的意愿和经验，随意拍板、草率决策、匆匆上马。其次，严肃性还体现在决策方案必须严格贯彻执行，决策要有高度权威性，要有强制力，不得随意背离。但这不排除根据情况的变化适时对决策方案加以修正、完善。

13.2.2.2 投资决策的分析方法

投资决策方法是指评价和分析投资方案的经济效益、并根据经济效益选择投资方案的方法。

在长期投资决策中，以现金流入作为项目的收入，以现金流出作为项目的支出，以净现金流量作为项目的净收益，并在此基础上评价项目的经济效益。这种分析方法也称为投资决策的动态分析法。具体又分为现值法、等值法和终值法。

现值法是公司投资决策常用的方法。具体分析指标有：净现值法、内部报酬率、投资回收期、现值指数法等。

13.2.2.3 合理决定生产项目投资规模

决定生产项目投资规模，应当把握下述几条原则：

(1) 与市场供应状况相适应。一般情况，市场对某种产品的需求总是由若干个企业分别满足的，在确定投资项目规模时，不仅要考虑产品的市场总需求量，还需考虑该产品在市场上的总供给情况，以及竞争对手的强弱，自己的竞争优势，能占有多大的市场份额。需注意的是：市场供求关系必须从动态的角度进行。

(2) 符合规模经济要求。规模经济是研究什么样的生产规模能取得最佳经济效益，不同产品的经济规模水平是不同的，应对具体产品做具体分析。

(3) 与筹资能力相适应。一般情况下，生产项目规模与所需资金量的关联度较大。必须考虑企业自身的融资能力来决定投资规模，防止投资规模过大而引起的资金紧张。

(4) 与生产要素的持续供给条件相适应。项目建成投产后，要充分发挥其生产能力，就要保证原辅材料、能源、劳动力等的供给，在项目决策时必须充分考虑。

理想的生产项目规模，应该是投入最少，产出最多，盈利最大，建设条件与生产经营条件均有充分保证。可以按如下步骤确定生产项目规模：①测定项目可能达到的最大生产规模（规模上限）；②测定项目必须达到的起始规模（规模下限）；③测定项目的经济规模，再根据企业的融资能力、生产条件保证能力等因素确定项目规模。

13.2.3 用资本运营实现资本的最大增值

随着我国市场经济越来越发展，资本运营（即：资本经营、资本运作）也越来越为投资者所重视。正如 1982 年诺贝尔经济学奖获得者、美国著名经济学家乔治·斯蒂格勒(George Joseph Stigler，1911—1991）所说："综观世界上著名的大企业、大集团，几乎没有一家不是在某种程度上以某种方式，通过资本收购兼并等资本运营手段而发展起来的，也几乎没有一家大公司是完全依靠内部积累发展起来的。"

一切社会资源、一切生产要素作为潜在的资本，能否变成可以增值的活化资本，取决于他们能否进入到一个能增值的资本结构中去，其增值的大小取决于其所进入的资本结构的优化程度。进行资本运营的任务就是把互不关联的各种资本要素组织到一个个具体的资本结构中去，并优化资本结构，实现资本增值的目的。

资本运营，就是对公司所拥有的一切有形与无形的存量资产，通过流动、裂变、组合、优化配置等各种方式进行有效运营，以最大限度地实现增值。从这层意义上来说，可以把企业的资本运营分为资本扩张与资本收缩两种运营模式。

13.2.3.1 资本运营的内容

(1) 资本的组合方式。资本运营的一个重要的功能，就是能够把无数财产关系、利益关系不同的出资者集合在一起，形成一个利益共同体，使一个企业内部多种经济成分并存；资本主体的多元化，促进了企业生产率提高、竞争力加强，进而取得资本增值最大化。

(2) 资本的管理方式。在资本运营中，出资者侧重的是资本的价值形态，即资本的保值、增值及由此产生的收益。出资者对企业资本的管理方式表现为强化对资本的价值管理，而绝不是实物管理。其管理内容包括资本的投向和投量，优化资本结构，处理好资本的投入产出关系，相应的资产营运考核指标和监督约束等的制度建设。

(3) 资本的经营方式。经营企业就是经营资本，企业只是载体，资本才是本质。实行资本运营，就是要承认资本在企业发展中的巨大作用，无论是出资者还是经营者，都要追求资本增值和盈利的最大化。

企业以追求资本增值和盈利的最大化为目标所带来的资本流动，正是经济结构调整的必由之路。

13.2.3.2 资本运营的主要特点

(1) 资本运营是以资本导向为中心的企业运作机制。要求企业在经济活动中始终以资本增值为核心，注重资本的投入产出效益，保证资本形态变换的连续性和继起性。

(2) 资本运营是以价值形态为主的管理。资本营运要求用最少的资源、要素投入获得最大的收益；不仅考虑有形资本的投入产出，而且注重专利、技术、品牌、商标、商誉等无形资本的投入产出，充分利用、挖掘各种要素的潜能。资本营运不仅重视生产经营过程中的实物供应、实物消耗、实物产品，更关心价值变动、价值平衡、价值形态的变换。

(3) 资本运营是一种开放式经营。资本营运要求以较小的资本调动更多的社会资本。企业家利用一切融资、信用手段扩大利用资本的份额，重视通过兼并、收购、参股、控股等途径，实现资本的扩张，使企业内、外部资源结合进行优化配置，以获得更大的价值增值。

资本运营要求打破地域、行业、部门、产品的概念，企业是价值增值的载体，面对的是所有行业、所有产品，面对的是整个世界市场，只要资本可以产生增值。

(4) 资本运营注重资本的流动性。资本运营的理念认为，企业资本只有流动才能增值，资产闲置是资本最大的流失。所以，资本运营既要求资本不断地流动，更要求缩短资本流动的过程。

(5) 资本运营通过资本组合回避经营风险。为了保障投入资本的安全，要进行“资本组合”，避免把鸡蛋放在同一个篮子里，不仅依靠产品组合，而且靠多个产业或相关多元化经营来降低或分散资本营运的风险。

(6) 资本运营是一种结构优化式经营。资本运营结构优化包括对企业内部资源结构，如产品结构、组织结构、技术结构、人才结构等的优化；实业资本、金融资本和产权资本等资本形态结构的优化；存量资本和增量资本结构的优化；资本运营管理组织过程的优化等等。

13.2.3.3 资本运营的方式

(1) 资本组合与裂变。资本流动的具体方式有：①资本重组。通过股份制、公司化、集团化等改制重组，分离无效、无关资本，吸纳优质资本，推进资本组合。②资本结构优化。以部分有效资本吸引外资，合资经营；或对新产业实行参股渗透，形成新增长点。③资本控制。一部分资本购买那些有发展潜力的企业控股权，形成控股企业群。④资本兼并。以购买或承担债务方式兼并收购企业，发展新产业群，促进生产要素向高效益企业流动。⑤资本出售、转让。在资本市场上转让本企业股权或产权，调整资本结构。⑥资本租赁、承包经营，取得其他企业资本的经营权，达到迅速扩大资本规模。⑦资本的裂变、聚合，不断寻找合作伙伴，繁殖新的增长点。⑧嫁接改造。以产权为载体，资产折价入股等吸引国外资本，借外力优化资本存量。⑨产权招商，通过资本市场、产权市场以招标方式扩大市场规模等。

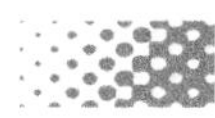

(2) 围绕核心能力，是实行多角化经营，优化企业资本结构。企业通过开发新技术、新产品或兼并收购等方式，打破部门、行业界限。生产经营多种产品或提供多样化服务，将企业经营触角伸入到多个经营领域的一种全方位立体经营方式。

多元化经营，可促进生产要素的合理流动，有助于企业优化资本结构，实现规模经济效益；并且能分散经营风险，增加企业经营的安全性。

(3) 参与国际经济循环，开展国际化经营。随着世界经济一体化的发展，企业经营的国际化或全球化已成为发展趋势。资本的属性就是要向利润高的市场流动，就要向外扩张。开展国际化经营，有利于企业寻求新的有利市场和生产条件，找到新的发展机遇，有利于利用国际资本，带动和活化国内资本，形成新的经济增长点。

(4) 有效运营无形资本，以无形资本盘活有形资本。无形资本是企业长期的生产经营过程中积累的财富，包括商誉、标识、品牌、专利权、经营许可权、土地使用权以及某些资源的租赁权等。无形资本的利用方式有：①利用无形资本筹措资金；②通过产权交易使无形资本增值；③通过资产评估，使无形资本有形化，扩大无形资本的社会影响力；④加强无形资本的开发，不断增加企业无形资本价值量；⑤加强无形资本的保护，维护合法权益。

(5) 增加技改投入，发挥资本存量作用。通过对存量资本进行优先、组合，以少量资本投入进行技术改造，形成规模化经济优势，提供资本营运效率和效益。

13.2.3.4 金融资本经营是企业超常规发展的途径

世界知名企业金融资本的实践表明，金融资本经营十分重要。

(1) 金融资本经营为企业直接扩股、融资提供了新的方法和途径。企业要实现超常规发展，必须不断开拓新的投资领域，增加投资规模，要求企业及时拥有大量的资本，金融资本就能满足这种要求：①通过在证券市场上发行股票、债券以及其他金融工具可以迅即从市场上筹集到大量资金。②企业形成大量利润结余时，可从市场上购进各种增值金融工具进行直接金融投资，金融工具有灵活的变现能力。③利用金融工具进行直接融资不需要像间接融资那样支付利息，减轻了负担。

(2) 金融资本经营为企业带来超额利润，有利于企业规模扩张。①金融资本经营需要投入的资本量相对较少，同样的资本额可以经营更多的收益业务；②金融资本具有高风险和高收益，从而可获得远远超过实物投资的投资回报率。③股票、债券等金融工具价格上涨，企业价值最大化，股票、债券持有者得到很好的回报，企业社会地位和信誉提高，推动企业的超速发展。

(3) 金融资本经营可使企业规避市场价格波动风险。如期货品种，创立的本意就是为了套期保值，规避价格风险。

金融资本经营的主要方式有：①发行股票，增加资本；②发行债券；③期货交易；④投资基金。

13.2.4 保持头脑清醒，避开投资陷阱

市场变幻莫测，企业在市场搏击中好似逆水行舟，不进则退。企业投资的不可逆性非常强，投资失败，试图回笼资金会很困难。企业投资是市场竞争的重头戏，若投资的目光准，及时迅猛，就能抢占市场，获取丰厚的汇报；若判断失误，轻则贻误商机，重则拖垮整个企业。所以一定要头脑清醒，避开下面这些企业投资种常见的陷阱：

(1) 把所有投资希望押在一个筹码上。投资过于单一，会面临较大的风险。这是种“赌一把”的思维方式，万一投资失败，将面临不可收拾的局面。采用多种项目投资就能减少风险，东方不亮西方亮。

(2) 过度投机。①一些企业由于经不住暴利的诱惑，也不考虑自己的资金实力、管理能力及其他因素，企图从泡沫经济中捞一把。这种急功近利的做法只会让企业快速走向灭亡。②有些企业对自己的主业没有信心，到处“打游击”，那个行业利润高，就往哪钻。企业要树立长期投资理念，学会长期获利、稳定获利的经营理念。③要保持投资的灵活性，在投资较大型项目时，资金可分阶段投入，一有利于资金的筹措，二有利于资金管理，三有利于“脱身”，发现不妙，及时放弃。特别在投机性较强的领域更应如此。

(3) 盲目扩张。企业发展到一定程度后，追求扩张，追求多元化经营无可厚非，但关键要认识蕴含的风险并做好准备，才能避免跳入陷阱。①企业一定要根据自己的优势，扬长避短；如果在不熟悉的领域大展拳脚，想一口吃成胖子，这实际上是很困难的，因为要面对那些早已进入该行业的已有根基的对手。②自身实力不具备，经不起初期竞争的亏损；只有在资金比较充裕时，才是向新领域扩张或扩大企业规模的适宜时机。③技术因素。现代企业竞争实质上是技术的竞争，企业扩张时必须考虑是否有技术优势。④管理能力。企业并购、进军新领域、扩大规模，管理能否跟上是个头等问题，必须高度重视。

(4) 发展目标不切实际。企业在迅速成长期，常会头脑发热，提出一些不切实际的发展目标，结果造成很大的挫折。要记住，竞争白热化的时候，很多时候就是拼资金。

13.3 扩张型资本运营——公司并购

在市场经济中，企业要想不断发展壮大，一个低成本扩张的办法就是通过收购兼并（并购）其他企业来壮大自己。因为，并购一个现成的企业比重新投资办成一个同样规模的企业速度快得多、费用少得多。公司并购是公司扩张的重要方式，是扩张型资本运营的重要手段。20 世纪 90 年代以后，全球公司并购规模迅速扩大，2006 年全球公司并购金额高达 3.63 万亿美元。跨国并购是世界经济的晴雨表，2008 年世界金融危机爆发后，全球并购交易额大幅度下降，2010 年才恢复至 2004 年水平；2013 年已超过 2.31 万亿美元，其中，我国参与的并购交易额达到 2619 亿美元。

13.3.1 并购的概念及分类

13.3.1.1 并购的概念

并购，即兼并与收购的总称，是企业资本运营的重要方式。并购的实质是一个企业取得另一个企业的财产、经营权或股份，直接或间接对另一个企业发生支配性的影响。并购是企业利用自身的各种有利条件，比如品牌、市场、资金、管理、文化等优势，让存量资产变成增量资产，使呆滞的资本运动起来，实现资本的增值。

并购的具体形式包括企业的合并、托管、兼并、收购、产权重组、产权交易、企业联合、企业拍卖、企业出售等具体方式。

兼并（merger），即吸收合并，是指一家公司吸收另一家或多家公司加入本公司，吸收方存续，被吸收方解散并取消法人资格的合并方式。存续公司应承接被吸收合并公司的所有资产和负债。

收购（acquisition）是指企业用现金、债券或股票购买另一家企业的部分或全部资产或股权，以获得该企业的控制权。收购的对象一般有两种：收购股权和收购资产，两者的主要差别在于：收购股权是购买一家企业的股份，收购方将成为被收购方的股东，因此要承担该企业的债权和债务；而收购资产则仅仅是一般资产的买卖行为，收购方无须承担其债务。

在兼并中，被兼并的企业法人实体不复存在，是资产、债权、债务的同时转换，被兼并

的企业多发生财务状况不佳的情况。但在收购方式中，被收购企业仍可以法人实体存在，且处于正常稳定的经营状态，收购企业是被收购企业的新股东从法学与产权经济学层面来看，收购与兼并是有区别的。但是在实践当中，由于收购与兼并方面的术语运用的相对模糊，因此，兼并与收购常常统称为“并购”，并购的实质是取得目标企业的控制权。

13.3.1.2 与并购相关的概念

(1) 接管 (takeover)。就是取得控制权或经营权，并不限于绝对的财产权利的转移。具体地讲，就是在并购过程中一方完全取得另一方的控制权和经营权。取得控制权往往通过吸纳、受让或者公开收购目标公司的股份达一定比例来实现，而取得经营权则需通过控制目标公司的股东大会并改组其管理层来实现。

(2) 收购 (acquisition)。是指一家公司为了对另一家公司进行控制或实施重大影响，用现金、非现金资产或股权购买另一家公司的股权或资产的并购活动。实施收购以后，被收购公司的法人地位不消失，依然存续和经营。通常收购方称为并购公司、收购公司或标购公司，被收购方称为被收购公司、目标公司或标的公司。

上市公司的收购可以通过私下协议收购，也可在证券市场公开进行要约收购。

① 要约收购。又称公开收购或者标购，是指收购人向目标公司所有的股票持有人发出收购要约，收购该公司股份。要约收购的对象可以是流通股，也可以是非流通股。《上市公司收购管理办法》(证监委令 2012 第 77 号修订)“第三章　要约收购”对要约收购上市公司股权作了明确规定：收购人应当编制要约收购报告书，并应当聘请财务顾问向中国证监会、证券交易所提交书面报告，抄报派出机构，通知被收购公司，同时对要约收购报告书摘要作出提示性公告。

② 协议收购。我国上市公司的股权结构包括流通股和非流通股，所以针对上市公司的非流通股权收购可以通过协议收购方式进行。

③ 委托书收购。是指收购者通过大量征集股东“委托书”的方式，取得表决权，在代理股东出席股东大会时，集中行使这些表决权，以便于通过改变经营策略、改选公司董事会等股东大会决议，从而实际控制公司经营权的公司收购的特殊方式。

(3) 新设合并 (consolidation)。新设合并是指两个或两个以上的公司依照法律程序，以一定的方式重新组合，重组后原来的公司都不再继续保持各自的法人地位，而是重新组成一个新的公司。例如，甲公司与乙公司合并成为丙公司，甲、乙两公司都失去各自的法人地位，而成为丙公司的一部分。

13.3.1.3 并购的类型

(1) 按被并购对象所在行业分类

① 横向并购　又称水平并购，是指为了提高规模效益和市场占有率，生产或经营同类或相似产品的企业之间发生的并购行为。

横向并购的结果是资本向同一生产、销售领域或部门集中，优势企业吞并劣势企业组成横向联合体，扩大生产规模以达到新技术条件下的最佳规模。横向并购目的在于消除竞争、扩大市场份额、增加并购企业的垄断实力或形成规模效应。横向并购是企业并购中最常见的方式，但由于其（尤其是大型企业的并购）容易破坏竞争形成行业高度垄断的局面，许多国家都密切关注并严格限制此类并购的发生。《中华人民共和国反垄断法》(国家主席令 2007 第 68 号) 有专章对“经营者集中”进行严格限制性规定。

② 纵向并购　又称垂直并购，是指为了业务的前向或后向的拓展而在生产或经营的各个相互衔接和密切联系的公司之间发生的并购行为。前向并购是向其最终用户的并购，后向

并购是向其原料供应商的并购。纵向并购的目的在于延长产品链，控制某行业、某部门生产与销售的全过程，减低生产成本，减少交易费用。纵向并购公司之间原来是合作关系，不是竞争对手，并购后容易整合，获得一体化的综合效益。

③ 混合并购　是指在生产技术和工艺上没有直接的关联关系，产品也不完全相同的企业间的并购行为。混合并购双方既不是同行业的竞争对手，又不是同一产品链上的供应商或客户，并购前在经营活动上基本无联系。混合并购的目的是扩大生产经营范围，实现多元化经营，从而分散投资风险。

(2) 按并购双方意愿分类

① 协商型　又称善意型，即通过协商并达成协议一致而实现并购。一般由并购公司确定目标公司，然后设法使双方高层管理者进行接触，商讨并购事宜，诸如购买条件、价格、支付方式、收购后企业地位、目标公司人员的安排等问题。通过讨价还价，在双方都可以接受的条件下，签订并购协议。最后经双方董事会批准，股东大会2/3以上赞成票通过，由于双方在自愿、合作、公开的前提下进行，故善意并购成功率较高。

② 强迫型　也称为非善意型或敌意收购，即一方通过非协商性的手段强行收购另一方。常指收购公司在资本市场上以高于市场的交易价格大量收购目标公司的股票的方式实现并购。一般收购价比市价高出20%～40%，以此吸引股东不顾经营者的反对而出售股票。因此，对于收购方而言，收购需要大量的资金支持，在比较大规模的并购活动中银行或券商往往出面提供短期融资。同时，被收购公司在得知收购公司的收购意图之后，可能采取一切反收购措施，如发行新股票以稀释股权，或收购已发行在外的股票等，这都将使收购的成本增加和成功率降低。理论上说，只要收购公司能够收到51%的股票，就可以改组董事会，从而最终达到并购目的。

(3) 按并购出资方式分类

① 现金购买资产型　收购公司使用现金购买目标公司全部或绝大部分资产以实现并购。出资购买资产的并购方式一般属于吸收合并，被收购公司并入收购公司后，其原有法人地位消失。对于产权关系清晰的公司，这种方式交割清楚，没有纠纷，比较适合于非上市公司。

② 以股票换股票型　收购公司直接向目标公司股东发行收购公司的股票，以交换目标公司的大部分股票。一般而言，交换的股票数量应至少达到收购公司能控制目标公司的足够的持股比例才能完成收购。通过此项安排，目标公司就成为收购公司的子公司，亦可能会通过解散而并入收购公司中。但不论哪种情况下，目标公司的资产都会在收购公司的直接控制下。

③ 以股票换资产型　收购公司向目标公司发行自己的股票以交换目标公司的大部分资产而进行并购。一般情况下，这种并购方式必须由双方签订协议，收购公司同意承担目标公司的（全部或部分）债务责任，目标公司即同意解散公司，并把所持有的收购公司股票分配给其原有股东。

④ 出资购买股票型　收购公司出资购买目标公司部分股票，以实现控制后者资产及经营权的目标。这种并购方式要求目标公司必须是上市公司。出资购买股票可以通过一级市场进行，也可以通过二级市场进行。通过二级市场出资购买目标公司是一种简便易行的并购方式，但因为受到有关证券法规信息披露制度的制约，如购买目标公司的股票数量达一定比例时需要进行公告或公开收购要约。这种方式容易被人利用，哄抬股价，使股价飙升，致使收购成本激增。

(4) 按并购的直接程度分类

① 直接并购　是指由收购方直接向目标公司提出所有权要求，双方通过一定的程度

进行磋商，共同商定完成收购的各项条件，在协议的条件下达到并购的目标。直接并购分为向前和反向两种。向前并购是指目标公司被买方并购后，买方为存续公司，目标公司的独立法人地位不复存在，目标公司的资产和负债均由买方公司承担；反向并购是指目标公司为存续公司，买方的法人地位消失，买方公司的所有资产和负债都由目标公司承担。并购双方究竟谁存续，谁消失，主要从会计处理、公司商誉、税负水平等方面来决定。

② 间接并购　是指收购公司首先设立一个子公司或控股公司，然后再以子公司名义并购公司。其分为“三角并购”和“反三角并购”两种方式。

“三角并购”是指收购公司首先设立一个子公司或控股公司，然后再用子公司来并购目标公司。此时，目标公司的股东不是收购公司，因此收购公司对目标公司的债务不承担责任，而由其子公司负责。收购公司对子公司的投资是象征性的，资本可以很小，因此又叫做空壳公司（sell subsidiary），其设立的目的完全是为了收购公司而不是经营。收购公司一般是股份有限公司，其股票和债券是适销的。采取三角并购，可以避免股东表决的繁杂手续，而母公司的董事会则有权决定子公司的并购事宜，简单易行、决策迅速。

“反三角并购”相对比较复杂，收购公司首先设立一个全资子公司或控股公司，然后该子公司被目标公司并购，收购公司用其拥有子公司的股票交换目标公司新发行的股票，同时目标公司的股东获得现金或收购公司的股票，以交换目标公司的股票。其结果是目标公司成为收购公司的全资子公司或控股公司。

（5）按并购的动因分类

① 规模型并购。通过扩大规模，减少生产成本和销售费用。

② 功能型并购。通过并购提高市场占有率，扩大市场份额。

③ 组合型并购。通过并购实现多元化经营，减少风险。

④ 产业型并购。通过并购实现生产经营一体化，构筑相对完整的产业链，以提高行业利润率。

⑤ 成就型并购。通过并购实现企业家的成就欲。

（6）按并购后被并一方的法律状态分类

① 新设法人型，即并购双方都解散后成立一个新的法人；

② 吸收型，即其中一个法人解散而为另一个法人所吸收；

③ 控股型，即并购双方都不解散，但一方为另一方所控股。

（7）其他分类方法　按收购的实现方式分，可以分为承担债务式、购买式、股份交易式；按并购的范围分，可以分为整体性并购和部分性并购；按合作方式分，可以分为托管型、租赁型、承包型、合作型、合资型等等。

13.3.2　公司并购的原因与动机

13.3.2.1　引发公司并购的三种原因

（1）公司战略驱动。这类并购的基本原因，是股东价值最大化或企业盈利能力的持续稳定上升。

（2）管理层利益驱动。当经理人员与股东利益严重不一致时，经理人员以股东利益为代价追求自身利益最大化的行为，便会引发此类并购。

（3）股市无效驱动的接管。当目标公司被低估时，价值被高估的公司会以现金收购目标公司，这种情况下，收购公司有正的收益；当双方价值都被高估时，高估程度相对较高的公司会用股票收购高估程度较低的公司。

13.3.2.2 并（收）购公司的动机

公司为何要进行并购活动？公司并购会产生怎样的效应？对这些问题的研究和分析推动了公司并购理论的发展。

(1) 企业外部发展优势理论。企业发展通过外部并购方式比靠内部积累方式不仅速度快，而且效率也高。首先，并购可以减少投资风险和成本，投资见效快。其次，可以有效地冲破行业壁垒进入新的行业；第三，并购充分利用了原有企业的经验。在很多行业中，企业在生产经营中经验积累得越多，单位成本也就不断下降。企业通过并购发展时，不但获得了原有企业的生产能力和各种资产，还获得了原有企业的经验。

(2) 协同效应理论。协同效应，又称“1+1>2”，是指整体价值超过各部分价值之和。企业合并的主要动机是增加合并后企业的价值。假设企业A和企业B合并组合成企业C，如果企业C的价值超过了A和B各自价值的和，那么在合并中就存在着协同效应。这种合并对企业A和B的股东都是有利的。并购，尤其是企业的横向并购对企业效率的最明显作用，表现为两个企业的总体效果要大于两个独立企业效应的算术和。

(3) 规模经济理论。规模经济，是指企业在管理、生产和分配中存在着最佳规模，在此规模下可获得最佳效益。在企业规模经济层面，通过并购，可以节省管理费用；各个企业可以对不同顾客或市场进行专门化的生产和服务，极大地减少市场营销费用；大型企业可以集中足够的经费用于研究开发新产品，采用新技术；通过并购和企业规模经济的扩大，使企业有更大的能力控制它的成本、价格、生产技术、资金来源及顾客的购买行为，降低经营风险；改进它与政府的关系，从而提高企业生存和发展能力。

(4) 交易费用理论。微观经济学中，价格反映资源的稀缺度。价格机制被认为是最有效的协调和指导资源配置的工具。因此通过一个组织支配资源，部分市场费用可以节省；企业面对的是有限理性、机会主义动机、不确定性和信息不完全的世界，企业并购正好实现了节约交易费用的目的。通过并购可以使专门的知识（企业通过研究开发投入获得的产品）在同一企业内部使用；防止企业商誉运用上的外部性问题；可以保证企业生产需要的中间产品质量；可以形成市场进入壁垒，限制竞争者进入，形成市场垄断；并购还可以节省管理成本，提高管理效率。

(5) 价值低估理论。并购企业购买目标企业的股票时，必须考虑当时目标企业的全部重置成本与该企业股票市场价格总额的大小，如果前者大于后者，并购的可能性大，成功率高，反之则相反。

(6) 经营多元化理论。企业混合并购是追求多元化，即减少企业对现有业务范围的依赖，降低经营的风险成本。若将生产活动与不相关（或最好是与负相关）的收益联系起来，就会减少该公司利润率的波动。为了分散风险，企业投资者一般进行所谓多元化投资和多元化经营，投资分散于不同产业领域，这样可稳定企业盈利水平和股东的收益。在一个企业长远成长过程中，产品多元化可能是影响最为深远的因素。

(7) 市场势力理论。并购的动因源于对企业经营环境的控制，提高市场占有率，增加长期获利的机会。企业并购提高行业集中程度，一方面减少竞争者数量，使行业相对集中，增大进入壁垒；另一个方面当行业出现寡头垄断时，企业即可凭借垄断地位获取长期稳定的超额利润。这种大公司不易受市场环境变化的影响。

(8) 财务协同效应理论。财务协同效应包括较高的价格-收益比率，负债成本的降低，偿债能力的提高等。财务协同效应主要来自较低成本的内部融资和外部融资。有大量内部现金流和少量投资机会的企业拥有超额现金流。有较低内部资金生产能力和大量投资机会的企业需要进行额外的融资。这两个企业的合并可能会得到较低的内部资金成本优势。

（9）充分利用剩余资金。如果企业的内部投资机会短缺而现金流动又很丰裕，剩余资金一般有如下出路：支付额外股息；投资于有价证券；重新购置公司股票；购进其他公司。如果支付额外股息，公司就必须缴纳分配收益的普通税；有价证券投资是剩余资金的通常出路，但有价证券投资的报酬率一般低于公司股东要求的报酬率；重新购置股票可使剩下的股东获取资本利率，但重新购置股票会使公司股票价格临时高于均衡价格，从而使公司不得不支付更多的资金购回公司股票，这不利于仍然持有公司股票的股东；同时，单纯为避免支付额外股息而重新购置股票，会遭到税收部门的反对。利用剩余资金购进其他公司，并不会增加合并公司及其股东的直接税务负担。因此，很多资金雄厚的企业都是利用剩余资金去合并那些对自己未来目标和发展有利的企业。

（10）提高市场竞争能力。企业存在效率差异，单独企业的管理可能是无效率的，而合并后企业的管理可能是有效率的。企业合并尤指横向合并可以终止两家企业的市场竞争，进而提高市场竞争能力，扩大市场占有率。

（11）其他。①税负方面的考虑也会刺激企业合并。如一个盈利较高、税率也较高的企业，可以通过合并其他企业，降低利润率，减少税金。②向先进行业过度。属于衰退行业的企业，通常通过合并将资金投资于其他新兴产业，实现资本转移。③降低生产能力，在经济危机时期或生产能力过剩的行业中，通过合并来降低收入-产出水平，从而缓和供求之间的矛盾。④按低于重置成本的价格购置资产。如果企业资产的重置成本高于其市场价值，这类企业很容易被其他企业合并。因为，其他企业在重置这些资产时支付的资金高于该企业的市场价值，因此，通过合并该企业比投资建新厂要经济得多。⑤心理满足和成就感。大部分企业，所有权和经营权是分离的，所有者（股东）和经营者（经理）各自关心的东西并不完全相同。股东只对股息感兴趣，因此只关心利润，而经理人员还关心自己的权利、收入、声望和社会地位等。为了使这些需要得到满足，经理们采用的一个重要方法就是通过合并来扩大企业的规模。

13.3.2.3 被并购企业的动机

了解被并购企业的动机同样也是重要的，被并购企业一般有以下几种动机。

（1）寻找可依赖的对象。通过被并购，可以寻找可依赖的对象，减少风险。例如，大企业资金雄厚，与之合并可以克服原来企业资金短缺问题。

（2）提高企业管理水平。由于企业管理不善，企业资产得不到充分利用，利润率很低甚至亏损。别的企业接管这种企业之后，可以更换管理班子，进行整顿，转亏为盈。

（3）继承权问题。当公司创办者无亲友或下一代继承经营，而又有机会实现大量资本收益时，这种动机尤为强烈。

（4）税收优惠。变成公开上市公司可以得到税收优惠。

（5）提高股票价格。通过合并提高股票价格，从而使目标企业股东获得好处。在股票市场上，有声誉的大企业的股票价格高，经营较差的小企业股票价格低。通过合并把小企业的股票换成大企业股票后，这部分股票的价格就会上升，被合并企业因此得利。

（6）摆脱困境。企业由于陷入丑闻或不利处境，为了脱离这种状态，希望企业被并购，从而跳出这种困境。

13.3.3 并购的运作形式

13.3.3.1 公众流通股转让模式

公众流通股转让模式，又称为公开市场并购。即并购方通过二级市场收购上市公司的股票，从而获得上市公司控制权行为。

收购并不一定要收购所有股权，只需要达到控制该企业所需股权，便可对其资产拥有使用权和处置权，就可以按照自己的经营目的、方针和方式来支配对方企业的所有财产。控股方有可能将被控股企业变为控股公司的子公司或下属企业，成为控股方的二级法人，此时控股收购就成为并购的一种方式了。企业在并购与收购了现有企业或企业中的某个部门、某项业业务之后，实际上也就牢牢控制和掌握了原有企业的资产、技术研究与开发机构、科研人才、生产技术、训练有素的熟练工人以及原有的销售市场。企业的并购行为比一般的长期投资行为更广泛、更复杂，并购涉及双方的产权界定、生产要素的重新配置、企业战略、组织结构、管理制度、人事管理、企业文化等的调整和一体化。在当前世界风起云涌的资本经营市场中，大多采用并购这一资本经营形式。

在证券市场比较成熟的西方发达国家，大部分的上市公司并购都是采取流通股转让方式进行的，但在我国通过二级市场收购上市公司的可操作性却并不强，对该种方式的主要制约因素有：①上市公司股权结构不合理，如不能完全流通的国家股、有限度流通的法人股占总股本比重约70%，可流通的社会公众股占的比例过小，这样使得通过公众流通股转让达到控股目的的目标企业几乎不存在。②现行法规对二级市场收购流通股有严格的规定，突出的一条是：收购中，机构持股5%以上需在3个工作日之内作出公告，以及以后每增减2%也需作出公告。这样，每一次公告必然会造成股价的飞扬，使得二级市场收购成本很高，完成收购的时间也较长。如此高的操作成本，抑制了此种并购的运用。③我国股市规模过小，而股市外围又有庞大的资金堆积，使得股价过高。对收购方而言，肯定要付出较大的成本才能收购成功，往往可能得不偿失。

13.3.3.2 收购资产方式

并购方出资购买目标企业的资产以获得其产权的并购手段。在目前我国资本市场不发达的情况下，用银行贷款去收购股权，是公司进行资本营运时切实可行的手段。这一方式的优点：①并购速度快。②并购方可以较为彻底的进行并购后的资产重组以及企业文化重塑。③适用于对目标企业进行绝对控股，并购方实力强大，具有现金支付能力的企业。

13.3.3.3 杠杆收购方式

(1) 杠杆收购（LBO）。是指收购公司仅出少量的自有资本，主要以被收购公司的资产和将来的收益作抵押筹集大量的资本用于收购的一种并购活动。这种并购是一种高度负债的并购方式，因此被称为杠杆并购。

杠杆收购与一般收购的区别在于：一般收购中的负债主要由收购方的资金或其他资产偿还，而杠杆收购中引起的负债主要依靠被收购企业未来内部产生的经营效益、结合有选择地出售一些原有资产进行偿还。收购者的资金只占很小的部分，通常为10%～30%。杠杆收购于20世纪60年代出现于美国，随后风行于北美和西欧。最初杠杆收购交易只在规模较小的公司中进行，但80年代以后，随着银行、保险公司、风险资本等各种金融机构的介入，带动了杠杆收购的发展，又由于杠杆收购交易能使股票持有者和贷款机构获得厚利，还有可能使公司管理人员成为公司的所有者，因而杠杆收购快速增长。

(2) 杠杆收购的特点：①收购者只需要投入少量的自有资金便可获得较大金额的银行贷款用以收购目标企业。②收购者可以通过杠杆收购取得纳税利益：资本的利息支出可在税前扣除，对于目标企业，被购进前若有亏损，可递延冲抵收购后的盈利，从而减低应纳税所得额基数。③高比例的负债给经营者、投资者以鞭策，促使其改善经营管理，提高经济效益。④目标公司一般具有稳定连续的现金流量、人员稳定、责任感强的管理者，被收购前资产负债率较低、降低成本的空间较为充裕、拥有易于出售的非核心产业等特点。

要恰当地运用杠杆收购，必须在对目标公司的产业环境、盈利能力、资产构成及利用等情况进行充分分析的基础上，再结合本公司情况，科学选择策略方式，合理控制筹资风险，优化各种资源配置，以实现资本增值最大化。

（3）杠杆收购适用的条件：①目标公司有较高而稳定的盈利历史。②目标公司有可预见的未来现金流量。③目标公司有一支富有经验和果断的管理队伍。④目标公司在市场上有明确的地位。⑤目标公司具有良好抵押价值的固定资产和流动资产。⑥目标公司不是资本高度密集型公司。⑦目标公司近期不需要重大的资本投资或基础设施投资。⑧目标公司增长速度不能过快，以免陷入过度经营状态。⑨目标公司利润与现金流量有明显的增长潜力等。

（4）杠杆收购的风险。杠杆收购融资运用了财务杠杆原理。必须看到，财务杠杆是一把双刃剑，当资产收益率大于借入资金利息率时，增加财务杠杆可以大幅度地提高企业的每股盈余；反之，如果企业经营不善，则会使企业净收益和每股盈余急剧减少。收购方一定不能忽视杠杆收购的风险性，如果收购后公司经营状况不能得到很好的改善，负债融资就会成为企业的负担，严重时甚至会影响企业的生存。

具体而言，这种债权性筹资存在如下风险：①还本风险，即企业存在不能按规定到期偿还本金引起经济损失的可能。②支付成本风险，即企业存在不能按规定到期支付利息或股息而引起经济损失的可能。③再筹资风险，企业存在不能及时再筹集到所需资金，或再筹资成本增加而引起经济损失的可能。④财务风险，即企业因债权性筹资而增加股权投资者可能遭受损失的风险。

13.3.3.4 股票对价方式

股票对价方式，即并购公司通过增发新股换取目标公司的股权，其优点是可避免并购公司现金大量流出，从而并购后能够保持良好的现金支付能力，减少财务风险。其缺点是可能会稀释并购公司原有股权控制结构与每股收益水平，倘若并购公司原有资本结构比较脆弱，极易导致并购公司控制权稀释、丧失以致为他人并购。

采用股票对价方式是必须考虑：①并购公司是否有足够的现金融通能力？②若必须通过借款进行支付时，并购公司资本结构是否具有相应的承载能力？③外部借款或增资扩股的资本成本如何？④目标公司的股东对并购后的每股收益有着怎样的期望？⑤目标公司股市处于怎样的税负层次？⑥增资扩股是否会导致并购公司原有股权控制结构稀释以致丧失？⑦增资扩股后，原有股东的每股收益会被稀释，以及因为遭受损失而导致原有股东对增资扩股方式的反对？⑧目标公司的所有者是否会因丧失对目标公司的控制权而产生恐慌心理以致对并购怀有敌对情绪等？

13.3.3.5 卖方融资方式

卖方融资，是指并购公司暂不向目标公司支付全额价款，而是作为对目标公司所有者的负债，承诺在未来一定时期内分期、分批支付并购价款的方式。这种付款方式，通常用于目标公司获利不佳，急于脱手的情况下。在签约时，并购公司还可以向目标公司提出按照未来业绩的一定比率确定并购的价格，并分期付款。这样既可以拉近双方在并购价格认定上的差距，建立起对目标公司原所有者的奖励机制，同时又可以使并购公司避免陷入并购前未曾预料的并购“陷阱”，而且由于减少了并购当时的现金负担，从而使并购公司在并购后能够保持正常的运转。

采用卖方融资方式的前提是：并购公司有着良好的资本结构和风险承载能力。并购公司在签约时还须考虑的是：在按照未来绩效对并购价格定价的情况下，若支付期过短，则在并购后，目标公司的原所有者与经营者可能为了短期得到更多的价款支付，而过度甚至破坏性地使用机器设备，从而给并购公司未来长期利益产生不利影响。

13.3.3.6 混合证券支付方式

并购公司以现金、股票、认股权证、可转换债券等多种形式的组合，作为收购目标公司的支付方式。前面介绍的单一支付方式总是有一定的局限性，采用混合证券支付方式可以减少现金支付，避免并购公司的现金紧张而影响并购，同时也可以通过各种支付方式的比例安排，有效降低目标公司股东资本利得税的税负。由于这种支付方式可以兼顾并购双方的利益，在并购活动中也越来越多地被采用。

13.3.4 并购决策与程序

13.3.4.1 并购决策需考虑的因素

在现代市场经济下，大凡一个经济组织能够由单一法人结构走向多个法人的联合体，最为深层的动因源自于为抗御日益增强的竞争风险而不得不谋求资源一体化整合的规模效应、组织结构重整的管理协同效应、信息共享效应以及由此而生成的更大的整体竞争优势。

中外公司并购实践证明，并不是所有的并购都是成功的，并购后导致优势并购公司背上沉重包袱甚至失败破产的不乏其例。因此，要实现成功的并购，并借此推动公司持续恒久地拓展竞争优势与市场空间，就必须遵循战略发展的目标轨迹与基本原则，这关系着企业未来的发展方向、发展道路与发展行动。

并购决策需考虑的因素是指并购公司基于战略发展规划或并购战略目标，而在并购前对实施并购需具备的各种条件和能力、目标公司的发展前景以及技术经济效益等情况，进行战略性的调查和综合性论证，借以估量自身的能力与优劣势所在，判别市场存在的潜在的威胁，寻找成长的机会点与发展形势，从而为特定并购目标的订立，并购标准的确定，合适并购对象的选择，配套筹资方案的策划等整个的并购决策提供可靠的技术、商业、财务和管理上的依据及信息支持。并购决策需考虑的基本因素包括以下几方面：

(1) 并购公司遵循怎样的战略发展规划，是否有强大的核心能力依托？

(2) 并购公司拥有哪些主导产业或业务，未来发展趋势如何？

(3) 并购公司当前处于哪一发展阶段？发展潜力有多大？在变革创新的基础上是否有着良好的增长前景？

(4) 科技发展趋势如何？并购公司将会面临哪些机遇和挑战？

(5) 并购公司当前的竞争地位及未来的变化趋势如何？

(6) 并购公司的发展空间是否需要向其他新的领域拓展？

(7) 并购是否是并购公司发展的最好途径？

(8) 并购将产生怎样的效应？是否与总体战略发展规划相吻合？

(9) 是否有足够的资源支持并购？以及并购后是否有能力控制和管理好目标公司？

(10) 通过并购期望达到何种目标效果？

13.3.4.2 目标公司的价值评估

在价值评估的问题上，因为每个产业的特质不同，很难有一定的评估模式，但是一般做法是聘请行业专家来评估。而评估的对象除了企业的有形资产之外，企业的无形资产，如工作团队、技术的价值也在评估范围内。

目标公司的价值可以从五大结构面进行评估：①组织结构方面，包括领导力、策略、组织架构、组织价值、品牌、创新、知识、系统、流程及智慧产品等。②实体结构方面，包括土地、建筑物、设备、存货等。③财务结构方面，包括现金、应收账款、负债、投资、股东

权益等。④顾客结构方面，包括顾客、渠道、配合厂商等。⑤人员结构方面，包括员工、供应商、合作伙伴等。

从以上的五个方面来看，其实早已超越传统的财务报表所表达的企业价值，也常常是企业真正价值所在。例如，一个拥有多位忠诚老客户所组成的客户名单的企业，绝对比流失客户多的企业来得有价值，但这在传统的财务报表中看不到，况且也没有一定的价值评估标准。所以，应该通过专家来评估出被并购公司的真正价值，才能降低并购风险，真正达到并购的目的。

除了并购的战略因素外，即便从纯粹的财务角度，并购公司最为关心的并非是直接的并购价格，而是并购后到底还需要投入多少资金的现金流量计划。这就要求并购公司在并购价格上不必与目标公司过多地计较，只要对方开出要价在并购公司可容忍的最高限度，即价格上限内，即有商讨的余地。在价格上限的确定上，并购公司可以将其与自行创建类似目标公司规模的情况下需要的投资额进行比较，并将这种自创投资额作为并购价格的上限，注意慎勿将自创的成本估计过低。

最后，并购公司结合自身的财务资源及风险承受能力，通过与目标公司讨价还价，最终达成一致的并购成交价格，并协商拟定出具体的价款支付方式。在支付方式的选择上，必须审慎地考虑并购价格及不同的支付方式对未来资本结构的影响。

13.3.4.3 并购前必须做大量的准备工作

并购的运作程序主要分为两大块，即并购前的准备工作和并购过程的具体步骤及各种手续。中西方的上市公司和非上市公司并购过程的具体步骤又有所不同。

（1）组织并购专家、律师、会计师等组成并购团队。由并购专家、律师、注册会计师成立一个专门的班子，对并购对象进行全面、彻底、动态的调查和分析。

并购专家的任务是：①提出对资产的处置意见和建议。②提出建立、健全新企业法人治理结构和内部控制制度的意见和建议。③提出人员的安排意见和建议。④提出经营目标和发展战略的意见和建议。

律师的任务是：①使并购专家的意见和建议合法化，并提出最低法律成本及最高效率相平衡的意见和建议。②协助处理战略性法律事务，如市场开发、长期投资、合营合作等。③协助处理预防性法律事务，如反不正当竞争监督、环境保护监督、合同签订与履行监督、诉讼过程监督、公司规章制度执行监督、知识产权管理监督、劳动人事监督、投资风险监督和授权委托制度监督等。④协助处理善后性法律事务，如纠纷谈判、调解、仲裁等。⑤协助处理非法律事务，如制定董事会议事日程、会议记录、与关联公司法律关系的协调等。法律应着重审查双方主体，释义条款，先决条款，陈述和保证条款，并购标的条款，债务承担条款，或有事项（未决诉讼、仲裁或索赔，或有行政处罚、担保、合同之债，在环保、知识产权、产品质量、劳动安全、人身权方面的或有侵权之债，应收票据贴现），证券、股权、联营等长期投资风险等的处理条款，土地使用权条款，有无违反法律、法规的规定或国家利益及社会公共利益的条款。

注册会计师的任务是：①协助并购专家和律师计算相应的整合成本，对财务和税收方面提出成本最低化的意见和建议。②协助建立可供并购方控制和监督的财务管理制度和会计核算制度。③应并购方要求，进行阶段性和特殊目的性财务审计。

（2）并购对象基本情况的了解。在并购过程中，要对并购对象的基本情况进行充分了解。包括法律方面的基本情况，并购中可能存在的陷阱，所在行业的情况，财务报表制度和内部控制制度，税收、人力资源和劳资关系、营销和产品等方面。

13.3.4.4 并购的一般程序

(1) 双方董事会各自通过有关的并购、收购决议，提出并购意向。这些决议的内容包括：①被收购公司的名称。②并购的条款和条件。③把每个公司股份转换为存续公司或任何其他公司的股份、债务或其他证券，全部的或部分的转换为现款或其他资产的方式和基础。④因并购而引起存续公司章程的任何修改和声明。⑤有关并购所必需的或合适的其他条款。

有关新设（合并）决议，必须载明：①拟进行联合的诸公司的名称及拟联合成立的公司名称，即以后被称为新设公司的名称。②联合的条款和条件。③把每个公司的股份转为新设公司的股份、债务或其他股权，全部的或部分的转换为现款或其他财产的方式及基础。④就新设公司而言，依法设立的各公司的公司章程所必须载明的所有声明。⑤被认为对拟进行的联合所必需的或合适的其他条款。

(2) 并购各方签订并购协议。并购收购协议应包括如下内容：①续存公司增加股份的数量、种类。②续存公司对被并入公司的股东分配新股的规定。③续存公司应增加的资本额和关于公积金的事项。④续存公司应支付现金给并入公司股东的条款。⑤并购各方召开股东大会批准该合同的日期。

如是新设合并公司，协议应包括如下内容：①新设公司发行股票的种类和数量。②新设公司的总部地址。③新设公司对合并各公司的股东分配股份或现金的规定。④新设公司的资本额、公积金的数额及规定。⑤合并各公司召开股东大会批准该公司的时间和进行合并的具体时间。

(3) 董事会将通过的决议及并购协议提交股东大会讨论，并由股东大会予以批准。我国《公司法》规定，必须经出席会议的股东所持表决权的三分之二以上通过。美国公司法一般规定，在获得有表决权的多数股份持有者的赞成票后，决议应被通过。德国公司法规定，凡股份有限公司的并购决议，需要全部有表决权的股东的75%多数通过方为有效。

(4) 通告债权人。公司并购协议经股东大会的决议通过之后，即具有法律效力。并购各方应当在法定期限内通知债权人。债权人可以自接到通知后在法定期限内提出异议。

(5) 在规定的期限内到政府部门登记。上述决议被批准以后，续存公司应当进行变更登记，新设公司应进行注册登记，被解散的公司进行解散登记。只有在政府有关部门进行这些登记之后，并购才正式有效。并购一经登记并公告，因并购协议而解散的公司的一切资产和债务，都由续存公司或新设公司承担。

13.3.4.5 委托收购的操作程序

(1) 委托书收购的原理。①任何收购公司的行为，均无法避开股东大会（此处包括临时股东大会，下同）这一必经程序。对于股权式的收购而言，当收购者掌握了目标公司控股比例的股权之后，必须要通过股东大会改组董事会、修改公司章程，以在法律上实现为目标公司的控制。②对股东大会的主导权——表决权。各国的公司法都对股东大会所作的决议进行了严格的规范。所持表决权的数量决定了对公司的影响和控制程度。③表决权的取得——代理行使。表决权是基于股权而产生的权力，股东所持有的每一股份享有一份表决权。所以，只有获得公司的股权（即成为公司股东）才能获得相应的表决权。但是，各国的公司法都有这样的规定，即股东可以委托他人代理其出席股东大会并行使表决权。这样，有意收购公司者即可通过征集股东委托书的方式，获得对股东所持的表决权的代理权（由于授权一般为全权代理，故其实际运用的效用已相当于实际掌握了表决权）。

(2) 委托书收购的操作过程。

① 收购时机选择 委托书收购的实现必须通过股东大会，因此，收购方通常选在在目

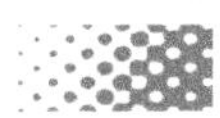

标公司召开股东大会之前进入实质性收购阶段。如果不在年会集中召开的时间段，则需要收购者具有法定的引发临时股东大会的能力。各国法律对临时股东大会的召开有着极相似的规定。一般来说，如果占有总股本10%以上的股东提议召开临时股东大会，则必须在一定期间内召开。当然，这并不意味着收购者必须直接购买10%以上的股份才能引发临时股东大会，收购者可以购买少量的股份，但可达到引发临时股东大会的目的。

② 确认征集者的合法身份　我国的法律、法规对出席股东大会的代理人资格未作任何规定，对征集委托书的主体资格也未作任何限制，在这种法律背景下，股东与非股东均可征集委托书，也就是说，收购者不必先成为公司股东而后再进行委托书收购。

③ 征集委托书　收购者在公司股东大会召开的消息公布之后，就可以通过新闻媒介以公告、广告的方式征集目标公司的委托书，也可以通过查询目标公司的股东名册向股东直接征集。

④ 收购者至少应该向股东发送两份文件：授权委托书——其格式应遵循目标公司制定的格式，内容是关于股东授权某人代理其参加股东大会并行使表决权，由股东亲笔签字或盖章（法人股东）。委托代理协议——收购者应当与授权的股东签订书面的委托代理协议了，约定代理权限、期限和具体事项。需要注意的是，这种委托代理协议应当具备这样的条款，即如果代理人在协议规定的范围内行使代理权，则委托人不得随意撤销对代理人的委托。

⑤ 报告与信息披露　收购者必须履行向证监会作出报告和公开披露有关情况的义务。

⑥ 送达委托书　收购者应按目标公司关于召开股东大会的公告的要求，将有效代理委托书按时送达指定地点。

⑦ 提出议案　收购者可以在股东大会召开前向目标公司提交书面的议案，要求在股东大会上进行审议。主要包括改组董事会及推荐董事会候选人，修改公司章程等以便控制公司的议案。

⑧ 完成收购　出席股东大会，最后召开董事会，选派经理人员，完成对目标公司的实际控制，最终完成“委托书收购”。

13.3.5　并购后的整合

企业在完成了对目标公司的收购后，公司并购的目标还远未达到，并购后的公司是否能够真正实现并购目标，其关键在于对并购后公司的整合。

（1）资产整合

通过并购，对企业资产进行重新组合，增强企业的核心竞争力，并可剥离非主营业务，提高资产效率。核心竞争力形成的同时，应该有相应的对策处理低效率的资产或子公司。对于经营业绩和财务状况欠佳的公司，并购后首先应处置不必要的资产，迅速停止获利能力低的生产线，从各种可能的方面采取措施降低成本。资产重组可以选择出售、购买、置换、托管、回购、承包经营等多种形式进行。

（2）债务整合

并购完成后，应对被并购公司的债务进行清理、整合，尽快走出财务困境，努力实现并购目标。

（3）业务整合

在对目标公司进行战略整合的基础上继续对其业务进行整合，根据其在整个体系中的作用及其与其他部分的关系，重新设置其经营业务，通过资产剥离等方式实现企业业务的最优组合。

（4）制度整合

并购后必须重视对目标公司的制度进行整合，努力使管理一体化。包括管理制度的整合、管理观念的融入、管理组织的调整以及管理优势的嫁接以及营运作业的整合等，以使目标公司纳入并购公司整体的管理制度框架结构之下。此外，还需要促使企业的功能一体化，包括营运作业一体化、销售一体化、技术开发与质量管理一体化以及财务一体化等。在功能一体化中，最重要的是实现财务一体化。财务一体化主要包括财务战略一体化、融投资政策一体化、资源配置一体化、预算管理一体化、现金流量控制一体化等。

(5) 人力资源的整合

整合最关键的因素在于人，人的问题却往往是成败的关键，企业内部的人员是不是是不是愿意改变，有没有能力改变，其实牵动着企业整合的效果。在并购的整合过程中，企业往往会碰到一些问题，而这些问题往往就是人。诸如，对未来的不确定性，害怕改变，缺乏改变的动机，对组织的改变不了解等等，而这些疑惑都可以经过特定的变革来得到解决，有效地变革管理将可使合并的企业安然渡过难关，真正发挥出并购的效益。

(6) 文化整合

并购后，只有买方和目标公司文化达到融合，才意味着双方真正的融合。因此，对目标公司进行文化整合，对于并购后整个企业能否真正协调运作有关键的影响。

必须强调企业文化在整合中的作用。资本经营本身不是目的，而是为了使企业更快、更好地发展，使资本更快、更好地增值。因此收购、并购、重组之后的整合，是决定资本经营效果的关键。而整合的效果又往往取决于并购双方的企业文化能否兼容。

在一体化整合中，最为困难、最为关键的是文化一体化。文化体现了管理层对公司的信念和价值观，以及对公司形象的特征、工作道德以及对员工、客户和社团态度的理解。能否取得目标公司管理者及员工对并购公司文化的认同，是并购后彼此能否实现融合的前提基础。

此外，还必须注重具有企业家精神与能力素质的企业家阶层的培养与企业“法治”建设，发挥各阶层人员的积极创造性与责任感，增强团队意识，实现个人对整体战略目标与文化理念的高度认同。有了这一基础，实现一体化整合的高效率性也就有了充分的保障。

13.4 公司重组、破产和清算

本节内容是收缩型的资本运营模式。收缩型资本运营是指企业把自己拥有的一部分资产、子公司、内部某一部门或分支机构转移到公司之外，从而缩小公司的规模。收缩性资本运营通常是放弃规模小且贡献小的业务，放弃与公司核心业务没有协同或很少协同的业务，宗旨是支持核心业务的发展。当一部分业务被收缩掉后，原来支持这部分业务的资源就相应转移到剩余的重点发展的业务，使母公司可以集中力量开发核心业务，有利于主流核心业务的发展。收缩型资本运营是扩张性资本运营的逆操作，其根本目的是为了追求企业价值最大，提高企业的运行效率。

13.4.1 公司重组

公司重组是指公司为了实现其战略目标，对公司的资源进行重新组合和优化配置的活动。公司重组的根本目的是实现其战略目标，属于战略层面的问题。广义的公司重组包括扩张重组、收缩重组和破产重组。扩张重组即公司并购，已如前述。本小节讨论的是狭义的公司重组，即收缩重组，收缩重组包括资产剥离、公司分立、股权出售、股份置换等方式。

13.4.1.1 资产剥离

资产剥离（divesture）是指公司将其拥有的某些子公司、部门或固定资产等出售给其他

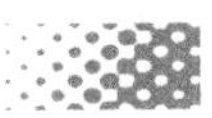

的经济主体，以获得现金或有价证券的活动。资产剥离，实现了经营规模的缩减，对购买方而言则实现了经营业务的扩张。公司在进行资产剥离时，应对计划出售的子公司、部门或资产进行资产价值评估。

资产剥离的动因有：

① 盈利状况欠佳。如果某一子公司或部门的投资收益率长期无法达到公司的要求，那么公司就应考虑将其出售。

② 经营业务不符合公司的发展规划。尽管这些部门对公司的利润能有贡献，但是会占用公司许多资源，并且不符合公司的未来发展方向，就需进行剥离。

③ 负协同效应。如果公司并购后不能进行有效的整合，事与愿违，产生了负协同效应（即 1＋1＜2），如一个大公司经营某一部门可能无利可图，将其独立或出售给一个小公司来经营，可获得更好的效益。

④ 资本市场因素。资产剥离可能会给公司及剥离出去的部门在资本市场上赢得更多的机会。

⑤ 增加现金流入量。公司通过出售一些非战略性的资产或部门，给公司带来大量的现金流入，改善现金流量状况。

⑥ 被动剥离。如政府根据反垄断法强制公司进行资产剥离；又如公司某化工产品效益很好，但“三废”严重，很难通过环保部门的上市审核，公司为了实现上市，就将其进行资产剥离。

13.4.1.2 公司分立

公司分立是指一个公司依法分成两个或两个以上公司的经济行为，也是公司收缩经营规模的一种重要方式。公司分立有两种形式：新设分立和派生分立。

新设分立是指将一个公司分割成两个或两个以上的具有法人资格的公司，原公司解散。

派生分立是指将一个公司的一部分资产和业务分离出去另设一个新的公司，原公司存续。

公司分立是为了谋求利益的最大化，因此，需要对公司分立进行财务可行性分析。公司分立的程序有：①提出分立意见；②制定分立重组计划；③签订分立协议；④股东大会通过分立重组决议；⑤办理分立登记手续。

公司分立的动机有：①提高公司运营效率。生产经营有个经济规模，生产经营规模过于庞大，容易滋生官僚主义，降低管理效率，影响公司经济效益。进行分立，有利于管理，提高效益。②避免反垄断诉讼。公司规模过大，面临政府反垄断管制，分立可避免这种诉讼。③防范敌意收购。当公司面临敌意收购时，分立出某些部门，以降低自身对收购者的吸引力，公司分立可成为反收购的一种手段。但这种防御性分立降低了股票的价值，会遭到股东的反对。④财富效应。防止负协同效应。⑤其他。如公司主要股东不合，将公司分立。

13.4.1.3 股权出售和股份置换

股权出售是指公司将持有的子公司的股份出售给其他投资者。与资产剥离不同，资产剥离出售的是公司的资产或部门而非股份；股权出售的是公司所持有的子公司的全部或部分股份，如果仅是出售部分股份，则母公司继续留在子公司所在的行业，但可能不再拥有对子公司的控制权。子公司股东发生变化，一般会组建新的管理团队来独立经营公司。

股份置换一般由两家建立战略合作的公司相互置换股份，形成交叉持股的关系。从法律角度没有股份置换这一说法，只有股份转让，即相互转让等价的股份，使两家公司的股东相互在对方的公司持股，两家公司形成战略合作关系。

无论是股权出售、股份置换都是股东为了追求财富效应的手段。股权出售也是融资的一种办法。

13.4.2 破产重组

企业破产是指企业在市场竞争中，由于各种原因不能清偿到期债务，通过重整、和解或清算等法律程序，使债权债务关系依据重整计划或者和解协议得以调整，或者通过变卖债务人财产，使债权人公平受偿。企业破产是一个法律程序，具有如下特征：

(1) 破产以法定事实的存在为前提。无法按时偿还债务就面领着破产。

(2) 破产是清偿债务的法律手段。

(3) 破产必须由法院受理，并由法院指定管理人、负责债务人财产的管理和处分，决定债务人的内部管理事务，代表债务人参加诉讼或者其他法律程序。

《中华人民共和国企业破产法》(国家主席令 2006 第 54 号) 第二条规定：企业法人不能清偿到期债务，并且资产不足以清偿全部债务或者明显缺乏清偿能力的，依照本法规定清理债务。企业法人有前款规定情形，或者有明显丧失清偿能力可能的，可以依照本法规定进行重整。

现代企业破产制度基本程序如图 13-1。

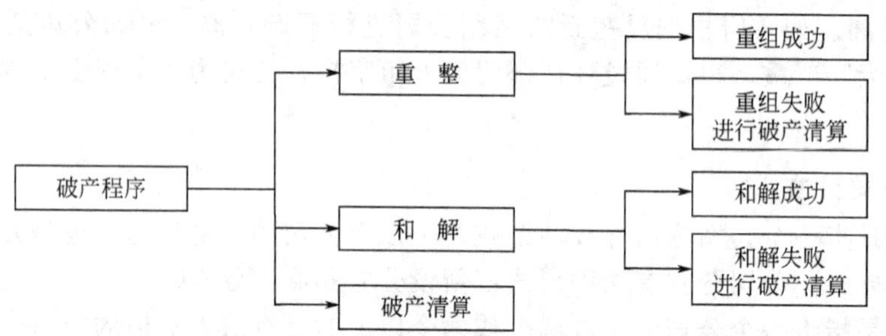

图 13-1　现代企业破产基本程序图

从图中可看出，当企业陷入财务危机，达到破产界限时，可以有三种解决办法：重整、和解或破产清算。重整、和解方式属于破产重组。

破产重组是对已经达到破产界限的企业的挽救措施。通过破产重组，当债务人不能清偿到期债务时，不必立即进行破产清算，而是在法院的主持下，由债务人和债权人达成协议，制定债务人重整计划或债务和解计划。债务人可以继续营业，并在一定期限内按计划全部或部分清偿债务。因此，破产重组及可以解决债务人的债务问题，又可使债务人获得自我拯救、重新开始的机会，继续从事经营活动。

13.4.2.1 企业重整 (破产保护)

企业重整在国外又称为破产保护。自法院裁定债务人重整之日起至重整程序终止为重整期间，又称重整保护期。在重整期间，债权人不能向债务人主张个别清偿。

(1) 重整申请和债务人权利。我国《企业破产法》规定：债权人申请对债务人进行破产清算的，在人民法院受理破产申请后、宣告债务人破产前，债务人或者出资额占债务人注册资本十分之一以上的出资人，可以向人民法院申请重整。人民法院经审查认为重整申请符合本法规定的，应当裁定债务人重整，并予以公告。

在重整期间，经债务人申请，人民法院批准，债务人可以在管理人的监督下自行管理财产和营业事务。有前款规定情形的，依照本法规定已接管债务人财产和营业事务的管理人应当向债务人移交财产和营业事务，本法规定的管理人的职权由债务人行使。管理人负责管理财产和营业事务的，可以聘任债务人的经营管理人员负责营业事务。

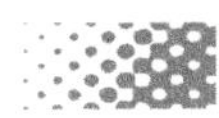

在重整期间，对债务人的特定财产享有的担保权暂停行使。但是，担保物有损坏或者价值明显减少的可能，足以危害担保权人权利的，担保权人可以向人民法院请求恢复行使担保权。债务人或者管理人为继续营业而借款的，可以为该借款设定担保。债务人合法占有的他人财产，该财产的权利人在重整期间要求取回的，应当符合事先约定的条件。

在重整期间，债务人的出资人不得请求投资收益分配。债务人的董事、监事、高级管理人员不得向第三人转让其持有的债务人的股权。但是，经人民法院同意的除外。

(2) 重整计划的制定、批准和执行。债务人或者管理人应当自人民法院裁定债务人重整之日起六个月内，同时向人民法院和债权人会议提交重整计划草案。前款规定的期限届满，经债务人或者管理人请求，有正当理由的，人民法院可以裁定延期三个月。

债务人自行管理财产和营业事务的，由债务人制作重整计划草案。管理人负责管理财产和营业事务的，由管理人制作重整计划草案。重整计划草案应当包括下列内容：①债务人的经营方案；②债权分类；③债权调整方案；④债权受偿方案；⑤重整计划的执行期限；⑥重整计划执行的监督期限；⑦有利于债务人重整的其他方案。

人民法院应当自收到重整计划草案之日起三十日内召开债权人会议，对重整计划草案进行表决。出席会议的同一表决组的债权人过半数同意重整计划草案，并且其所代表的债权额占该组债权总额的三分之二以上的，即为该组通过重整计划草案。各表决组均通过重整计划草案时，重整计划即为通过。重整计划由债务人负责执行。

人民法院裁定批准重整计划后，已接管财产和营业事务的管理人应当向债务人移交财产和营业事务。在重整计划规定的监督期内，由管理人监督重整计划的执行。在监督期内，债务人应当向管理人报告重整计划执行情况和债务人财务状况。

经人民法院裁定批准的重整计划，对债务人和全体债权人均有约束力。债权人未依照本法规定申报债权的，在重整计划执行期间不得行使权利；在重整计划执行完毕后，可以按照重整计划规定的同类债权的清偿条件行使权利。债权人对债务人的保证人和其他连带债务人所享有的权利，不受重整计划的影响

(3) 重整程序终止。分为正常终止和失败终止两种。正常终止是指债务人成功执行了重整计划，债务问题得以解决，重整程序正常终止。失败终止是指在重整期间，有下列情形之一的，经管理人或者利害关系人请求，人民法院应当裁定终止重整程序，并宣告债务人破产：①债务人的经营状况和财产状况继续恶化，缺乏挽救的可能性；②债务人有欺诈、恶意减少债务人财产或者其他显著不利于债权人的行为；③由于债务人的行为致使管理人无法执行职务。④债务人不能执行或者不执行重整计划的。

人民法院裁定终止重整计划执行的，债权人在重整计划中作出的债权调整的承诺失去效力。债权人因执行重整计划所受的清偿仍然有效，债权未受清偿的部分作为破产债权。按照重整计划减免的债务，自重整计划执行完毕时起，债务人不再承担清偿责任。

13.4.2.2 债务和解（债务重组）

债务和解也称债务重组。债务人在发生财务危机的情况下，债权人按照其与债务人达成的协议或法院的裁定作出让步，使债务人缓解债务的偿还期限，减轻债务负担，调节资本结构，从而帮助企业走出困境。

(1) 债务和解方式。①以资产清偿债务。由债务人用现金或非现金资产来清偿全部或部分债务，但债权人通常都要作出些让步，如减免部分债务本金或利息等。②债权转为股权。债权人将全部或部分债权转作对债务人的股权，债务人不再需要偿还。这样实际改变了负债企业的资本结构。③修改债务条件。债权人和债务人协商对债务合同的某些条款进行修改，

如延长偿还期限、降低利率、减免应付未付利息，减少本金等。

(2) 债务和解条件。①债务人长期不能支付债务，只能通过破产或债务重组方式来解决债务问题；②债权人和债务人都同意通过债务和解方式来解决债务问题；③债务人必须有恢复正常经营的能力，并具有良好的道德信誉；④社会经济环境有利于债务人经整顿后走出困境。

(3) 债务和解的申请、执行和终止。

① 提出申请，提出和解协议草案。债务人可以依照《企业破产法》规定，直接向人民法院申请和解；也可以在人民法院受理破产申请后、宣告债务人破产前，向人民法院申请和解。债务人申请和解，应当提出和解协议草案，内容包括：明确申明债务重组的理由，包括企业经营状况、债务总额、不能偿付的原因，以及债务重组的必要性和可行性。

② 签订债务和解协议。人民法院经审查认为和解申请符合《企业破产法》规定的，应当裁定和解，予以公告，并召集债权人会议讨论和解协议草案。债权人会议通过和解协议的决议，由出席会议的有表决权的债权人过半数同意，并且其所代表的债权额占无财产担保债权总额的三分之二以上。债权人会议通过和解协议的，由人民法院裁定认可，终止和解程序，并予以公告。管理人应当向债务人移交财产和营业事务，并向人民法院提交执行职务的报告。

经人民法院裁定认可的和解协议，对债务人和债权人均有约束力。债务人应当按照和解协议规定的条件清偿债务。

③ 债务和解程序终止。债务人按照和解协议履行了债务清偿义务，按照和解协议减免的债务，自和解协议执行完毕时起，债务人不再承担清偿责任。和解协议草案经债权人会议表决未获得通过，或者已经债权人会议通过的和解协议未获得人民法院认可的，人民法院应当裁定终止和解程序，并宣告债务人破产。债务人不能执行或者不执行和解协议的，人民法院经和解债权人请求，应当裁定终止和解协议的执行，并宣告债务人破产。

13.4.3 企业清算

企业清算是企业在终止过程中，为终结现存的各种经济关系，对企业的财产进行清查、估价和变现，清理债权和债务，分配剩余财产的行为。

任何企业不论出于何种原因终止，都应当进行清算工作。清算是企业终止阶段的主要工作，企业的经济法律关系只有通过清算才能了结。企业出现下列情况之一的，应当进行清算：①营业期满或章程规定的解散事由出现；②股东大会决议解散；③企业合并或分立需要解散；④依法被吊销营业执照、责令关闭或者被撤销；⑤依法宣告破产。

按照我国《企业破产法》的规定，企业破产清算的程序如图 13-2 所示。破产管理人可以由有关部门、机构的人员组成清算组或者是依法设立的律师事务所、会计师事务所、破产清算事务所等社会中介机构担任。管理人应担勤勉尽责，忠实执行织物。管理人的报酬一般由法院确定。

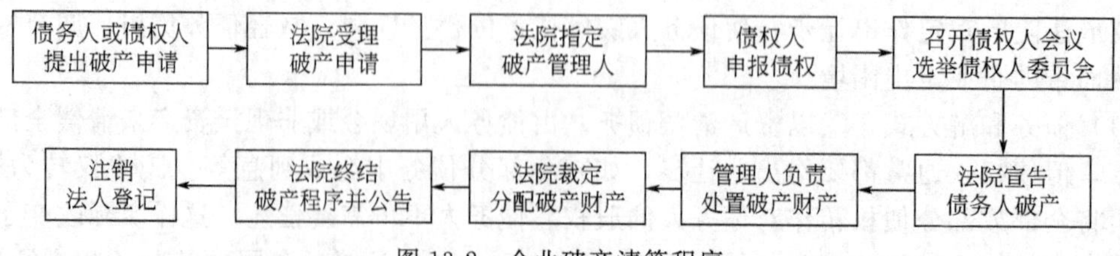

图 13-2 企业破产清算程序

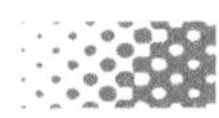

债权人委员会由债权人会议选任的债权人代表和一名债务人的职工代表或者工会代表组成。债权人委员会成员不得超过九人。债权人委员会成员应当经人民法院书面决定认可。债权人委员会具有下列职权：①监督债务人财产的管理和处分；②监督破产财产分配；③提议召开债权人会议；④债权人会议委托的其他职权。

13.5　企业上市筹划及运作

本节涉及的主要法律、法规和部门规章有：

中华人民共和国公司法（2013年12月修订，2014年3月1日起施行）

中华人民共和国证券法（2013年6月修订，2013年6月29日起施行）

国务院关于进一步促进资本市场健康发展的若干意见（国发〔2014〕17号）

国务院关于开展优先股试点的指导意见（国发〔2013〕46号）

公开募集证券投资基金运作管理办法（证监委令第104号，2014-07-07）

创业板上市公司证券发行管理暂行办法（证监委令第100号，2014-05-14）

首次公开发行股票并在创业板上市管理办法（证监委令第99号，2014-05-14）

关于修改《证券发行与承销管理办法》的决定（证监会令第98号，2014-03-21）

优先股试点管理办法（证监会令第97号，2014-03-21）

公开募集证券投资基金风险准备金监督管理暂行办法（证监委令第94号，2013-09-24）

关于修改＜证券公司客户置产管理业务管理办法＞的决定（证监委令第93号，2013-06-26）

证券投资基金托管业务管理办法（证监委令第92号，2013-04-02）

证券投资基金销售管理办法（证监委令第91号，2013-03-15）

中国证监会关于进一步推进新股发行体制改革的意见（证监会公告〔2013〕42号）

上市公司收购管理办法（证监委令第77号修订，2012年3月15日起施行）

证券发行上市保荐业务管理办法（证监会令第63号，2009）

上市公司信息披露管理办法（证监委令第40号，2007）

国有股东转让所持上市公司股份管理暂行办法（国资委令第19号，2007）

首次公开发行股票并上市管理办法（证监委令第32号，2006）

上市公司证券发行管理办法（证监委令第30号，2006）

二十多年来，我国资本市场快速发展，初步形成了涵盖股票、债券、期货的市场体系，为促进改革开放和经济社会发展作出了重要贡献。但总体上看，我国资本市场仍不成熟，一些体制机制性问题依然存在，新情况新问题不断出现。2014年5月8日，国务院发布了“新九条”——《国务院关于进一步促进资本市场健康发展的若干意见》(国发〔2014〕17号)。

“新九条”对进一步促进资本市场健康发展，健全多层次资本市场体系，加快完善现代市场体系、拓宽企业和居民投融资渠道、优化资源配置、促进经济转型升级和社会发展进步具有重要意义。

中国共产党十八届三中全会决定提出了“推进股票发行注册制改革”的要求，企业上市的法律、法规也在调整之中。本节关于企业上市的内容如与颁布的法规不同，以法规为准。

13.5.1　企业上市概述

企业上市是个政策性十分强的工作，企业上市为振兴地方经济、增加就业发挥了重要作用。所以，企业上市也是地方政府部门的一项重要工作。市级地方政府设立市（金融）上市办公室，制定企业上市工作规划，承办股份公司设立和改造审核、审批的指导工作，承办拟

上市企业的培育、初审及推荐工作。企业决定上市要尽早与政府部门沟通，获得当地政府部门的支持。

13.5.1.1 企业上市流程与利弊

企业上市流程见图13-3。

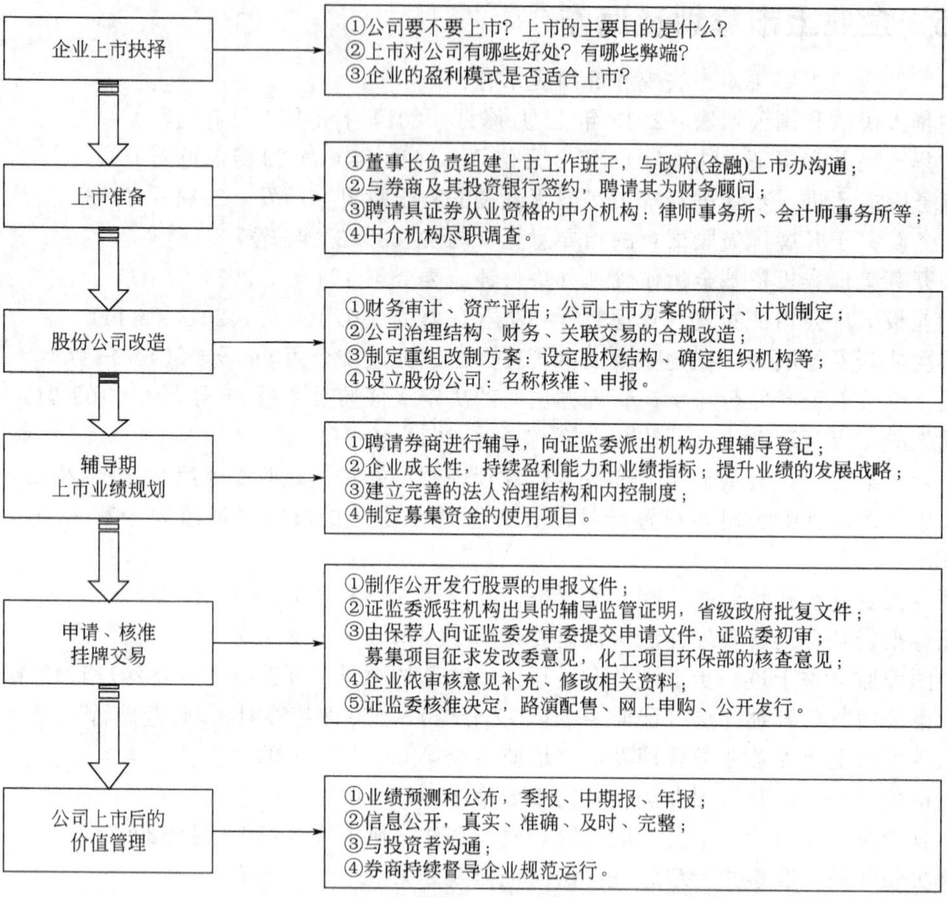

企业上市抉择	①公司要不要上市？上市的主要目的是什么？ ②上市对公司有哪些好处？有哪些弊端？ ③企业的盈利模式是否适合上市？
上市准备	①董事长负责组建上市工作班子，与政府(金融)上市办沟通； ②与券商及其投资银行签约，聘请其为财务顾问； ③聘请具证券从业资格的中介机构：律师事务所、会计师事务所等； ④中介机构尽职调查。
股份公司改造	①财务审计、资产评估；公司上市方案的研讨、计划制定； ②公司治理结构、财务、关联交易的合规改造； ③制定重组改制方案：设定股权结构、确定组织机构等； ④设立股份公司：名称核准、申报。
辅导期 上市业绩规划	①聘请券商进行辅导，向证监委派出机构办理辅导登记； ②企业成长性，持续盈利能力和业绩指标；提升业绩的发展战略； ③建立完善的法人治理结构和内控制度； ④制定募集资金的使用项目。
申请、核准 挂牌交易	①制作公开发行股票的申报文件； ②证监委派驻机构出具的辅导监管证明，省级政府批复文件； ③由保荐人向证监委发审委提交申请文件，证监委初审； 募集项目征求发改委意见，化工项目环保部的核查意见； ④企业依审核意见补充、修改相关资料； ⑤证监委核准决定，路演配售、网上申购、公开发行。
公司上市后的 价值管理	①业绩预测和公布，季报、中期报、年报； ②信息公开，真实、准确、及时、完整； ③与投资者沟通； ④券商持续督导企业规范运行。

图13-3 企业上市流程

企业为什么要上市？这是每一个想上市的企业必须考虑清楚的问题。

娃哈哈集团是个现金流很好的高速发展企业，许多境外战略投资者和投行机构纷纷主动上门，欲将其推向海外上市，而企业掌门人宗庆后却对资本市场的扩张之路无动于衷。娃哈哈不想上市的主要理由是：①企业没有融资需求，没有大的投资项目面临资金短缺的压力。②企业控制权稳定。宗庆后推崇高度统一的管理方式，自任董事长兼总经理，从没有设立过副总经理职位；即使与外商合作也没有放弃过绝对控制权。③没有并购计划。并购要么是看中对方有先进的设备，但是产品没有销路；要么是有品牌、有销路，但是没有资金；如果什么都没有，就没有并购的价值。④不需要通过企业上市来打造产品品牌、增强竞争实力。⑤不需要用上市公司的招牌来吸引人才、稳定人才队伍。娃哈哈每年都要竞争上岗，接班人从内部选拔，对人才的标准首先是道德好，其次是勤奋。⑥娃哈哈集团很重视内部管理，在20年的企业治理过程中几乎没有过重大失误。如果企业上市了，投资者的回报压力也许会左右企业的决策方向，一系列的上市公司运作规则可能会使企业不适应，反而不利于企业稳妥发展，不想上市未必不是上策。

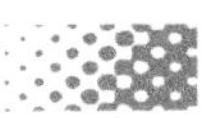

企业上市的有利方面明显：①有利于建立现代企业制度，实行规范化管理；②搭建直接融资平台，获得企业发展基金；③股权增值，增强流动性；④树立品牌效应，提升企业信用级别和企业形象；⑤完善激励机制，留住和吸引人才；⑥与社会公众分享投资收益，实现百年老店的梦想。

但企业一旦成为上市公司，也有“快乐的负担”：①原有股东股权被稀释，被恶意收购、丧失公司控制权的可能性增加；②信息披露制度令公司将更多的经营、财务情况告诉公众；③上市公司管理层和控股股东权力受到牵制，决策效率降低，企业将承担更多的社会责任。

13.5.1.2 企业上市的“三笔钱、四帮手、五枚章”

（1）企业上市“三笔钱”。企业从改制到发行上市，要支付三笔费用：①中介机构费用，包括改制设立财务顾问的费用、辅导费用、保荐与证券承销费用、会计师事务所、律师事务所、资产评估师事务所费用等。②交易所费用，是企业发行上市后所涉及的费用，包括上市初费和年费等。③推广辅助费用，包括印刷费、媒体及路演的宣传推广费用等。

据不完全统计，中介机构费用约占总费用的80％～90％，我国各板块平均上市费用占募集资金的比例约为：主板2.7％，中小企业板5.6％，创业板6.6％。

（2）企业上市“四帮手”。要聘请券商、会计师、律师、评估师等中介机构作为帮手，其中券商是最关键的。券商（保荐机构）在企业上市发行过程中，在拟定改制方案、尽职调查、股东及董监事辅导培训、完善企业内控和发展目标、组织制作申请文件、组织答复证监委审核反馈意见、组织路演培训和定价工作、上市后续督导企业规范运行等方面都起到主导作用。

（3）企业上市“五枚章”。根据要求，必须由工商、税收、土地、环保、海关等部门开具最近36个月无违规证明函。可能还需要主管外汇、社保、质检等部门出具无违规证明函。

13.5.1.3 境内外上市比较

海外上市，主要有香港联交所上市，美国纽约泛欧交易所、纳斯达克（创业板）上市；还有在新加坡、德国等交易所上市。

国内上市采用核准制（正在推进注册制的改革）审核严格，要从企业的历史沿革、财务税务、募集资金投向、公司股权结构、公司治理等多方面进行审核，但监管宽松，处罚不严。国外上市基本上采用注册制，只要满足交易所制定的上市条件即可，制度环境较为透明，但监管处罚严格。

从上市操作周期比较，国内上市时间长，一般要改制后创业板2年，主板和中小企业板3年，再经辅导期和审核期。境外上市时间较短，一般为1年，但需经商务部、证监委分别审核后，才能申请境外上市，证监委规定报送的材料也较多。

从上市成本比较，国内上市参与方有：保荐机构（券商）、审计机构、律师，上市前费用约在200万～300万，上市总费用（上市前＋上市后支付）占募集资金总额的比例在5％～8％。境外上市参与方有：保荐机构、境内外审计机构、境内外律师，上市前费用最少也要1000万元以上，上市总费用占募集资金额的比例，香港约15％～20％，美国约10％～15％。

从融资额比较，国内上市融资额较高。一是国内发行市盈率平均在20～30倍，募集资金至少在1亿元以上，中小板多集中在5亿元以上，创业板多集中在3亿～5亿元。二是上市后股价较高，因国内市场平均市盈率远高于境外市场，A股平均市盈率约为32倍，中小板约 37 倍，创业板约 46 倍。境外市场融资额较少，募集资金相当于国内的一半，境外上市市盈率约在 10～15 倍。

13.5.2 我国股票首次公开发行的条件

股票首次公开发行（首次公开募股 Initial public offering，简称 IPO），指股份有限公司首次向社会公众公开招股的发行方式。

对应于一级市场，大部分公开发行股票由证券公司（保荐人）投资银行集团代销或者包销而进入市场，投资银行按照一定的折扣价从发行方购买到自己的账户，然后以约定的价格出售。在美国，大部分透过首次公开募股集资的股票都会在纳斯达克市场内交易，很多亚洲国家的公司都会透过类似的方法来筹措资金，以发展公司业务。

我国《证券法》对公开发行股票有如下规定：

第十一条 发行人申请公开发行股票、可转换为股票的公司债券，依法采取承销方式的，或者公开发行法律、行政法规规定实行保荐制度的其他证券的，应当聘请具有保荐资格的机构担任保荐人。

保荐人应当遵守业务规则和行业规范，诚实守信，勤勉尽责，对发行人的申请文件和信息披露资料进行审慎核查，督导发行人规范运作。

保荐人的资格及其管理办法由国务院证券监督管理机构规定。

第十二条 设立股份有限公司公开发行股票，应当符合《中华人民共和国公司法》规定的条件和经国务院批准的国务院证券监督管理机构规定的其他条件，向国务院证券监督管理机构报送募股申请和下列文件：

（一）公司章程；

（二）发起人协议；

（三）发起人姓名或者名称，发起人认购的股份数、出资种类及验资证明；

（四）招股说明书；

（五）代收股款银行的名称及地址；

（六）承销机构名称及有关的协议。

依照本法规定聘请保荐人的，还应当报送保荐人出具的发行保荐书。法律、行政法规规定设立公司必须报经批准的，还应当提交相应的批准文件。

第十三条 公司公开发行新股，应当符合下列条件：

（一）具备健全且运行良好的组织机构；

（二）具有持续盈利能力，财务状况良好；

（三）最近三年财务会计文件无虚假记载，无其他重大违法行为；

（四）经国务院批准的国务院证券监督管理机构规定的其他条件。

上市公司非公开发行新股，应当符合经国务院批准的国务院证券监督管理机构规定的条件，并报国务院证券监督管理机构核准。

……

第十五条 公司对公开发行股票所募集资金，必须按照招股说明书所列资金用途使用。改变招股说明书所列资金用途，必须经股东大会作出决议。擅自改变用途而未作纠正的，或者未经股东大会认可的，不得公开发行新股。

目前我国企业上市有三个板块：主板（上海证券交易所）、中小板（深圳证券交易所）、创业板（深圳证券交易所）。《首次公开发行股票并上市管理办法》(证监委令第 32 号，2006）对在主板、中小板市场 IPO 作出了明确规定；《首次公开发行股票并在创业板上市管理办法》(证监委令第 99 号，2014）对在创业板市场 IPO 作出了明确规定。三个板块 IPO 要求的比较如表 13-1 所示。

表 13-1 我国主板、中小板、创业板 IPO 要求的比较

项目	主　板	中小板	创业板(证监委令第 99 号)
企业特点	处在发展成熟阶段，规模较大的企业	处在发展比较成熟阶段，有一定成长性的中小企业	处在发展阶段，有良好成长性和持续盈利能力的中小企业
基本要求	① 持续经营 3 年以上； ② 最近 3 个会计年度净利润均为正数且累计超过三千万元；最近一期不存在未弥补亏损 ③ 最近 3 个会计年度现金流量净额超过五千万元，或营业收入累计超过 3 亿元 ④ 发行前股本总额不少于三千万元 ⑤ 最近一期末无形资产(扣除土地使用权、水面养殖权和采矿权等后)占净资产比例不超过 20%； ⑥ 最近 3 年内主营业务、董事及高级经理人员未发生重大变化。		① 持续经营 3 年以上； ② 最近两年连续盈利，两年净利润累计不少于一千万元或最近一年盈利，最近一年营业收入不少于五千万元 ③ 最近一期末净资产不少于二千万元，且不存在未弥补亏损； ④ 发行后股本总额不少于三千万元。 ⑤ 主要经营一种业务。最近 2 年内主营业务和董事、高级管理人员均未发生重大变化。

一般而言，创业板上市应是符合国家战略新兴产业发展方向的企业，特别是新能源、新材料、信息、生物与新医药、节能环保、航空航天、海洋、先进制造、高技术服务等领域的企业，及其他领域中具有自主创新能力、成长性强的企业。

13.5.3 公司股份制改造

公司股份制改造的目的是建立产权明晰、权责明确、运行规范、管理科学的现代股份制企业，使其完善公司治理结构，符合上市公司的要求。

13.5.3.1 聘请财务顾问和中介机构

公司股改的专业性非常强，必须聘请证券公司（保荐机构）当财务顾问，避免其他非证券公司以财务顾问角色操作改制，造成困难。券商的作用前面已述。

聘请有证券从业资格的中介机构完成相关专业工作，中介机构有：律师事务所、会计师事务所、资产评估师事务所。中介机构应对拟改制企业进行详细的尽职调查，全面了解拟改制企业的资产、负债、业绩、业务、采购、生产、销售、产品、市场、人员、管理等情况。

13.5.3.2 拟订改制方案

拟定改制方案的基本原则是：

(1) 优化企业资源配置，提高企业的核心竞争力，即剥离与股份有限公司今后的业务无关或相关性不强的资产与业务，以提高股份有限公司成立后在某个领域的竞争力；

(2) 保证拟设立的股份有限公司主营业务突出，能够产生足够的现金流，保证可持续经营；

(3) 资产效益相匹配，即投入股份公司的资产应与以前或者以后可能产生的效益具有合理的比例关系；

(4) 避免同业竞争，即避免股东与拟设立的股份有限公司从事相同的业务而构成竞争关系；

(5) 减少关联交易，尽量避免股东与拟设立的股份有限公司具有不可分割的利益关系，保证股份有限公司能独立开展经营，与社会各市场经济单位公平交易，避免股东与股份有限公司之间不正当的利益输送；

(6) 合理设计股权结构。①现金出资比例不宜过高，一方面会使投资者对公司持续经营和稳定性产生疑问，另一方面也使投资者对企业下一步的增长潜力产生怀疑；②无形资产所占比例要在一个合理的范围内，通常情况下，无形资产（不含土地使用权）占其注册资本的比例不高于20%，否则会稀释公司的成长性；③特别是大股东持股比例要有科学的设计。

(7) 要有股权激励机制。给予企业经营管理者和技术骨干一定的经济权利，使他们能以股东的身份参与企业决策、分享利润、承担风险，从而勤勉尽责地为公司的长期发展服务。

(8) 引进战略投资者。一般是券商的投资银行，政府的风险投资公司参与股改。

13.5.3.3　审计与资产评估

财务审计目的是弄清改制企业拟投入到股份公司的资产状况，还需要审查资产质量、盈利状况。一般需要审计近3年的会计报表，目的是为了比较企业近3年的经营状况，确保成立后的股份公司获得稳定的现金流量，具有持续、稳定的经营能力。

对公司资产进行评估。资产评估的目的是为企业重组摸清家底，处理财务遗留问题，而进行的的评估。即是在发生产权变动、资产流动和企业重组等特定行为下对资产进行的评定估算。

13.5.3.4　企业重组

(1) 确定改制方案。根据资产评估及财务审计情况，确定最后的改制方案。

(2) 业务重组。业务重组的核心是要保留改制前企业的主体业务、核心业务，同时又必须是具有市场竞争力、盈利能力较强的业务，剥离市场竞争力弱、市场前景差、盈利状况不佳的业务，以确保股份公司的持续经营能力。

(3) 资产重组。资产重组包括经营性资产的重组与非经营性资产的剥离两种。

(4) 负债重组。按照债务随业务、资产走的原则进行重组，要如实反映进入股份公司的业务、资产构成中历史的、真实的比例关系。

(5) 股权设置。

13.5.3.5　公司注册

(1) 申请与办理报批手续。设立或改制某些类型或行业的股份有限公司应当由有关部门审批的，还应当提供审批文件。需要特别指出的是，涉及国有资产的股份公司，须省级人民政府（或国务院授权的部门）批准；涉及外资的，在报请省级人民政府（或国务院授权的部门）批准之前，需取得国家对外经济贸易主管部门的批准。

(2) 召开创立大会。由全体发起人参加，通过公司章程，选举董、监事会成员及其他重大事项。

(3) 召开董事会和监事会。创立大会结束后，应召开第一次董事会和第一次监事会。第一次董事会的主要内容为选举董事长和副董事长，聘任高级管理人员。第一次监事会的主要内容为选举监事会主席（监事会召集人）。

(4) 注册登记、颁发股票。公司设立后，应向各股东颁发股票。股票采用纸质形式或国务院证券管理部门规定的其他形式。

13.5.4　重点关注问题

表13-2、表13-3分别列出了企业在创业板和主板（中小板）上市需要重点关注的问题，这也是证监委审核的关注点。

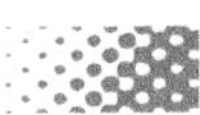

表 13-2 创业板上市企业需重点关注的问题

类别	关注点	内　　容
财务方面	内部控制	内部控制是否健全有效
	谨慎性	成长性和盈利预测的谨慎性
	会计政策	会计准则运用是否适当、会计处理是否稳健、会计政策是否一致
法律方面	股权清晰稳定	① 企业股权清晰、控制权稳定程度； ② 股本结构设置是否存在潜在纠纷，如：工会持股、股份代持及股东人数超过 200 人的情形； ③ 是否有可能导致股东控股权变更的协议安排。
	运作规范性	① 控股股东、实际控制人近 3 年是否存在重大违法行为； ② 企业运作状况，重点关注关联交易、独立性、公司治理、税收、环保等； ③ 主营业务是否存在违法或违背行业规范。

表 13-3 主板（中小板）上市企业需重点关注的问题

类别	关注点	内　　容
企业改制方面	出　资	出资的交纳，产权手续办理情况
	改制设立	改制方案合理性，设立程序合法性
	业绩计算	经营业绩连续性，连续计算合规性
公司治理方面	三　会	股东大会、董事会、监事会履职情况
	内部控制	完整性、合理性和有效性
	完整性	生产经营体系的完整性
	独立性	资产、业务、人员、财务、机构的独立性
	实际控制人	财务状况、盈利能力及独立生存能力
	同业竞争	与实际控制人及其所属企业间的竞争
	关联交易	交易的合理性、定价公允性
持续经营能力方面	产　品	因竞争而面临的市场占有率、产品销量的变化趋势
	知识产权	商标、专利等知识产权的取得或应用
	商业逻辑	经营模式、产品结构、盈利模式的变化情况
	制造研发	持续的产品制造能力和研发能力
	经营环境	经营环境发生的变化对经营成果或财务状况的影响
	客　户	客户集中度，以及严重依赖单一客户而导致的风险
经营成果及财务方面	会计准则	会计核算是否符合有关制度准则的规定
	科目变动	主要会计科目变化较大的，是否有合理的解释说明
	钩稽关系	会计科目之间的钩稽关系是否正确
	持续经营	持续经营和发展能力是否存在重大不确定性
	资产评估	资产评估的假设、方法、参数等选择运用是否合理
	或有事项	巨额担保、诉讼等或有事项对生产经营是否带来重大影响

13.5.5 股票上市运作

13.5.5.1 信息披露事务管理制度

为了保护投资人的合法权益，上市公司应积极披露有关信息，与投资人沟通。《上市公司信息披露管理办法》(证监委令第 40 号，2007) 规定：

信息披露义务人应当真实、准确、完整、及时地披露信息，不得有虚假记载、误导性陈述或者重大遗漏。信息披露义务人应当同时向所有投资者公开披露信息。在境内、外市场发行证券及其衍生品种并上市的公司在境外市场披露的信息，应当同时在境内市场披露。

发行人、上市公司的董事、监事、高级管理人员应当忠实、勤勉地履行职责，保证披露信息的真实、准确、完整、及时、公平。

在内幕信息依法披露前，任何知情人不得公开或者泄露该信息，不得利用该信息进行内幕交易。

信息披露文件主要包括招股说明书、募集说明书、上市公告书、定期报告和临时报告等。上市公司及其他信息披露义务人依法披露信息，应当将公告文稿和相关备查文件报送证券交易所登记，并在中国证券监督管理委员会（以下简称中国证监会）指定的媒体发布。信息披露义务人在公司网站及其他媒体发布信息的时间不得先于指定媒体，不得以新闻发布或者答记者问等任何形式代替应当履行的报告、公告义务，不得以定期报告形式代替应当履行的临时报告义务。

13.5.5.2 交易所对股票的特别处理制度（*ST）

（1）退市风险警示制度。是指对存在股票终止上市风险的公司，证券交易所对其股票交易实行“退市风险警示”，以充分揭示其股票可能被终止上市的风险。具体措施：股票名称前冠以“*ST”，股票报价日涨跌幅限制为 5%。

退市风险是指公司出现下列情形之一：①最近两年连续亏损（以最近两年年报披露的当年经审计净利润为依据）；②财务会计报告因存在重大会计差错或虚假记载，公司主动改正或被证监会责令改正，对以前年度财务会计报告进行追溯调整，导致最近两年连续亏损的；③因财务会计报告存在重大会计差错或虚假记载，中国证监会责令其改正，在规定期限内未对虚假财务会计报告进行改正的；④在法定期限内未依法披露年度报告或者半年度报告；⑤公司可能被解散；⑥法院受理关于公司破产的案件，公司可能被依法宣告破产。

（2）转*ST。年报连续 2 年亏损，也就是说被“*ST”。

13.5.5.3 交易所对股票的其他特别处理（ST）

（1）是指上市公司的财务状况或运营状况出现异常，但还未达到“退市风险警示”：处理标准时采取的特别处理措施。具体措施：股票简称前冠以“ST”；股票报价日涨跌幅限制为 5%。

上市公司出现以下情形之一，交易所对其股票实行其他特别处理：①最近一个会计年度的审计结果表明其股东权益为负值；②最近一个会计年度的财务会计报告被会计师事务所出具无法表示意见或者否定意见的审计报告；③向证券交易所提出申请并获准撤销对其股票交易实行的退市风险警示后，最近一个会计年度的审计结果表明公司主营业务未正常运营，或者扣除非经常性损益后的净利润为负值；④由于自然灾害、重大事故等导致公司生产经营活动受到严重影响且预计在三个月以内不能恢复正常；⑤主要银行账号被冻结；⑥董事会会议无法正常召开并形成决议；⑦中国证监会根据《证券发行上市保荐业务管理办法》(证监会令 2009 第 63 号）的有关规定，要求证券交易所对公司的股票交易实行特别提示。

(2) 摘＊条件，由“＊ST”转“ST”。①年报盈利；②最近一个会计年度的财务报告没有被会计师事务所出具无法表示意见或否定意见的审计报告。③没有重大会计差错和虚假陈述，未在证监会责令整改期限内；④没有重大事件导致公司生产经营受严重影响的情况、主要银行账号未被冻结、没有被解散或破产等交易所认定的情形。

(3) 摘帽条件，即去ST，转为非ST个股，条件更严一些，如果不符合，则仍保留ST：①年报盈利。②主营业务正常，扣除非经常性损益后的净利润为正值。③净资产为正值。④最近一个会计年度的财务报告没有被会计师事务所出具无法表示意见或否定意见的审计报告；⑤没有重大会计差错和虚假陈述，未在证监会责令整改期限内；⑥没有重大事件导致公司生产经营受严重影响的情况、主要银行账号未被冻结、没有被解散或破产等交易所认定的情形。

13.5.5.4 暂停上市（停牌）

是指当上市公司不满足法律规定的相关条件时，为了规范股票交易，降低股票交易的风险，证券交易所对上市公司的股票实行暂停交易的处理办法，即停牌。《证券法》规定，上市公司出现以下情形之一的，由交易所暂停其股票上市交易：①上市公司股本总额、股权分布等发生变化不再具备上市条件；②上市公司不按照规定公开其财务状况，或者对财务会计报告作虚假记载，可能误导投资者；③上市公司有重大违法行为时；④上市公司最近三年连续亏损。⑤证券交易所上市规则规定的其他情形。

13.5.5.5 恢复上市（复牌）

在股票暂停上市期间，上市公司经过整改重新符合要求时，可以向证券交易所申请股票恢复上市交易：①因连续亏损导致上市公司股票暂停上市，若经审计的年度财务会计报告显示公司盈利的；②因财务报告不符合规定导致股票暂停上市，若公司在两个月内披露按有关规定改正后的财务会计报告的；③因未公布年度报告或中期报告导致股票被暂停上市后，公司在两个月内披露相关年度报告或中期报告的。

13.5.5.6 终止上市（摘牌）

当上市公司证券上市期届满或不再满足法律规定的上市条件时，证券交易所将停止该公司股票的交易，即对其摘牌。《证券法》规定，上市公司有下列情形之一的，由证券交易所决定终止其股票上市交易：①公司股本总额、股权分布等发生变化不再具备上市条件，在证券交易所规定的期限内仍不能达到上市条件；②公司不按照规定公开其财务状况，或者对财务会计报告作虚假记载，且拒绝改正；③公司最近三年连续亏损，在其后一个年度内未能恢复盈利；④公司解散或者被宣告破产；⑤证券交易所上市规则规定的其他情形。

13.5.6 中小企业股份转让系统

中小企业股份转让系统，即非上市公众公司的交易市场，但不同于过去的“三板”。

“全国股份转让系统”的正常运营，给民间资金和各种投资基金拓展了投资渠道。资本市场的健康发展，也无疑给化工企业转型升级、发展绿色化工带来了福音。

13.5.6.1 国务院关于全国中小企业股份转让系统的决定

为了落实十八大三中全会关于多层次资本市场发展的精神，2013年12月13日，《国务院关于全国中小企业股份转让系统有关问题的决定》(国发〔2013〕49号）发布。

《决定》指出：全国中小企业股份转让系统（以下简称全国股份转让系统）的功能是为了更好地发挥金融对经济结构调整和转型升级的支持作用，进一步拓展民间投资渠道，缓解中小微企业融资难。《决定》要求：

(1) 充分发挥全国股份转让系统服务中小微企业发展的功能。全国股份转让系统是经国务院批准，依据证券法设立的全国性证券交易场所，主要为创新型、创业型、成长型中小微企业发展服务。境内符合条件的股份公司均可通过主办券商申请在全国股份转让系统挂牌，公开转让股份，进行股权融资、债权融资、资产重组等。申请挂牌的公司应当业务明确、产权清晰、依法规范经营、公司治理健全，可以尚未盈利，但须履行信息披露义务，所披露的信息应当真实、准确、完整。

(2) 建立不同层次市场间的有机联系。在全国股份转让系统挂牌的公司，达到股票上市条件的，可以直接向证券交易所申请上市交易。在符合《国务院关于清理整顿各类交易场所切实防范金融风险的决定》(国发〔2011〕38号) 要求的区域性股权转让市场进行股权非公开转让的公司，符合挂牌条件的，可以申请在全国股份转让系统挂牌公开转让股份。

(3) 简化行政许可程序。挂牌公司依法纳入非上市公众公司监管，股东人数可以超过200人。股东人数未超过200人的股份公司申请在全国股份转让系统挂牌，证监会豁免核准。挂牌公司向特定对象发行证券，且发行后证券持有人累计不超过200人的，证监会豁免核准。依法需要核准的行政许可事项，证监会应当建立简便、快捷、高效的行政许可方式，简化审核流程，提高审核效率，无需再提交证监会发行审核委员会审核。

(4) 建立和完善投资者适当性管理制度。建立与投资者风险识别和承受能力相适应的投资者适当性管理制度。中小微企业具有业绩波动大、风险较高的特点，应当严格自然人投资者的准入条件。积极培育和发展机构投资者队伍，鼓励证券公司、保险公司、证券投资基金、私募股权投资基金、风险投资基金、合格境外机构投资者、企业年金等机构投资者参与市场，逐步将全国股份转让系统建成以机构投资者为主体的证券交易场所。

(5) 加强事中、事后监管，保障投资者合法权益。证监会应当比照证券法关于市场主体法律责任的相关规定，严格执法，对虚假披露、内幕交易、操纵市场等违法违规行为采取监管措施，实施行政处罚。全国股份转让系统要制定并完善业务规则体系，建立市场监控系统，完善风险管理制度和设施，保障技术系统和信息安全，切实履行自律监管职责。

(6) 加强协调配合，为挂牌公司健康发展创造良好环境。国务院有关部门应当加强统筹协调，为中小微企业利用全国股份转让系统发展创造良好的制度环境。市场建设中涉及税收政策的，原则上比照上市公司投资者的税收政策处理；涉及外资政策的，原则上比照交易所市场及上市公司相关规定办理；涉及国有股权监管事项的，应当同时遵守国有资产管理的相关规定。各省（区、市）人民政府要加强组织领导和协调，建立健全挂牌公司风险处置机制，切实维护社会稳定。

13.5.6.2 证监委的文件

为落实十八大关于多层次资本市场发展和国务院关于“全国股份转让系统”的决策，证监委发布了一系列文件，推动中小企业股份转让系统的运行，具体有：

《全国中小企业股份转让系统有限责任公司管理暂行办法》(证监委令第89号，2013-02)

《非上市公众公司监督管理办法》(证监委令第96号，修改，2013-12)

《非上市公众公司收购管理办法》(证监委令第102号，2014-06)

《非上市公众公司重大资产重组管理办法》(证监委令第103号，2014-06)

《非上市公众公司监管指引》公告第1号～第4号。

证监委第96号令《非上市公众公司监督管理办法》规定：

第二条 本办法所称非上市公众公司（以下简称公众公司）是指有下列情形之一且其股票未在证券交易所上市交易的股份有限公司：

（一）股票向特定对象发行或者转让导致股东累计超过200人；

（二）股票公开转让。

第三条 公众公司应当按照法律、行政法规、本办法和公司章程的规定，做到股权明晰，合法规范经营，公司治理机制健全，履行信息披露义务。

第四条 公众公司公开转让股票应当在全国中小企业股份转让系统进行，公开转让的公众公司股票应当在中国证券登记结算公司集中登记存管。

第五条 公众公司可以依法进行股权融资、债权融资、资产重组等。

公众公司发行优先股等证券品种，应当遵守法律、行政法规和中国证券监督管理委员会（以下简称中国证监会）的相关规定。

第六条 为公司出具专项文件的证券公司、律师事务所、会计师事务所及其他证券服务机构，应当勤勉尽责、诚实守信，认真履行审慎核查义务，按照依法制定的业务规则、行业执业规范和职业道德准则发表专业意见，保证所出具文件的真实性、准确性和完整性，并接受中国证监会的监管。

13.5.6.3 非上市公众公司监管指引

为保证《非上市公众公司监督管理办法》顺利实施，积极、稳妥、务实地推进非上市公众公司监管工作，中国证监会正式公布《监管办法》的配套规则——《非上市公众公司监管指引第1号—信息披露》、《非上市公众公司监管指引第2号—申请文件》和《非上市公众公司监管指引第3号—章程必备条款》。这些监管指引的主要内容包括：

(1) 信息披露指引。对公开转让说明书、定向发行说明书和定向转让说明书不再分别出台专项文件，而是统一对非上市公众公司的信息披露制定最低标准。指引主要规定有：第一，披露内容主要包括公司基本情况、业务与产品、财务状况。第二，年报和半年报的披露内容比照进行。第三，公司可以自主约定和选择信息披露平台。第四，公司和董监高有保证披露内容真实准确完整的义务。

(2) 申请文件指引。该文件主要规定有：第一，非上市公众公司申请核准时需要编制和报送的申请文件目录。第二，公司应保证申请文件的内容真实、准确、完整，证券公司和证券服务机构要保证出具的文件内容真实、准确、完整。

(3) 章程必备条款指引。该文件采用必备条款的形式，内容主要体现《监管办法》关于公司治理的规定，不做具体条款规定，只做原则性要求，公司根据自己的实际情况做具体落实。

对于在依法设立的证券交易场所公开转让的公司，交易场所可以在上述监管指引的基础上，在挂牌准入、信息披露、章程内容等方面制定更高、更具体的要求，公开转让的公司应当遵守交易场所的规定。

13.5.7 我国资本市场的未来发展

国务院发布的“新九条”——《国务院关于进一步促进资本市场健康发展的若干意见》(国发〔2014〕17号）指出，我国今后较长一段时期资本市场发展的基本任务是：“加快建设多渠道、广覆盖、严监管、高效率的股权市场，规范发展债券市场，拓展期货市场，着力优化市场体系结构、运行机制、基础设施和外部环境，实现发行交易方式多样、投融资工具丰富、风险管理功能完备、场内场外和公募私募协调发展。到2020年，基本形成结构合理、功能完善、规范透明、稳健高效、开放包容的多层次资本市场体系”。

“新九条”从九个方面明确了进一步促进资本市场健康发展的总体要求和具体任务。

（1）紧紧围绕促进实体经济发展，坚持市场化和法治化取向，激发创新活力，拓展资本市场广度深度，提高直接融资比重，积极发展混合所有制经济，促进资本形成和股权流转。要从我国国情出发，积极借鉴国际经验，处理好市场与政府的关系、创新发展与防范风险的关系、风险自担与强化投资者保护的关系、积极推进与稳步实施的关系。

（2）发展多层次股票市场。积极稳妥推进股票发行注册制改革，加快多层次股权市场建设，鼓励市场化并购重组，完善退市制度，提高上市公司质量，增强持续回报投资者能力。

（3）规范发展债券市场。积极发展债券市场，发展适合不同投资者群体的多样化债券品种。深化债券市场互联互通。强化债券市场信用约束。加强债券市场监管协调。

（4）培育私募市场。建立健全私募发行制度，对私募发行不设行政审批。发展私募投资基金，鼓励和引导创业投资基金支持中小微企业，促进战略性新兴产业发展。

（5）推进期货市场建设。发展商品期货市场，继续推出大宗资源性产品期货品种，建设金融期货市场，充分发挥期货市场价格发现和风险管理功能。

（6）提高证券期货服务业竞争力。放宽业务准入，促进中介机构创新发展，壮大专业机构投资者，引导证券期货互联网业务有序发展。

（7）扩大资本市场开放。便利境内外主体跨境投融资，逐步提高证券期货行业对外开放水平，加强跨境监管合作。

（8）防范和化解金融风险。完善系统性风险监测预警和评估处置机制，健全市场稳定机制，从严查处证券期货违法违规行为，推进证券期货监管转型。

（9）营造资本市场良好发展环境。加强协调配合，健全法规制度，坚决保护投资者特别是中小投资者合法权益，完善市场税收政策和基础设施，规范市场信息传播秩序。

为助推我国资本市场的健康发展，财政部、银监委、证监委、保监委都会推出一系列管理办法，值得有资本运营意愿的企业关注。

参考文献

[1] MBA 核心课程编译组．财务总监［M］．北京：九州出版社，2002.

[2] 荆新，王化成，刘俊彦主编．财务管理学·第五版［M］．北京：中国人民大学出版社，2009.

[3] 陈兴平，苌景洲，胡健平．融资投资［M］，北京：中国时代经济出版社，2004.

[4] 曾肇河．公司投资与融资管理［M］，北京：中国建筑工业出版社，2006：8-24.

[5] 财政部企业司．企业改制重组运作与管理［M］，北京：经济科学出版社，2004：1-176.

[6] 罗珉．资本运作模式　案例与分析［M］，四川：西南财经大学出版社，2001.

[7] 陈佳贵，冯虹．现代资本经营［M］，北京：经济管理出版社，2006：70-96.

[8] 庞守林，邱明，林光．企业并购管理［M］，北京：清华大学出版社，2008：1-13.

[9] 2006 年全球企业并购交易额创历史新高［OL］．新浪财经，http://finance. sina. com. cn/roll/20061122/08101055456. Shtml;

[10] 今年全球并购额超 2. 3 万亿美元中国交易额创历史新高［OL］．新华网，http://news. xinhuanet. com/fortune/2013-12/24/c_125910129. htm

·14· 公共关系与行政管理

如同任何组织一样，企业在社会中不是孤立存在的，必须处理好企业的内、外部公共关系，企业才能正常运行和发展。化工行业既是技术、资金密集型行业，又是高危、重污染行业，我国化工行业的安全、环保工作任重而道远。"谈化色变"是我国社会的普遍心理，化工企业、化工园区面临着巨大的压力，无论是政府，还是社区公众，压力也很大。所以，化工企业必须高度重视公共关系的处理，只有搞好公共关系才有助于缓解压力、化解危机。

行政后勤管理工作是企业正常生产经营活动的保障，高效率的行政后勤管理能够创造高效有序的工作环境，为企业的发展提供强有力的支持。

本章内容包括企业的公共关系管理、日常行政管理和后勤事务管理。

14.1 企业公共关系

公共关系（Public Relations，PR）简称公关。

1987年6月，中国公共关系协会（China Public Relations Association，CPRA. 网址 http：//www. cpra. org. cn）在北京成立，业务主管单位是国家新闻出版广电总局，标志着公关事业在我国正式确立。

根据爱德华·伯尼斯[1]的定义，公共关系是一项管理功能，组织制定政策及程序来获得公众的谅解和接纳。伯尼斯公共关系思想的一个特点就是"投公众所好"。他认为，一个组织在决策之前，应先去了解公众的需求和兴趣，然后针对性地开展有科学理论指导的说服宣传，在迎合公众要求中争取支持。这被称为"双向非对称"的公共关系模式。

---

[1] 爱德华·伯尼斯（Edward L. Bernays），美国纽约大学教授，公共关系学科化的先驱者，著名心理学家弗洛伊德的外甥。代表著作有：《公众舆论的形成》(1923)，《舆论》(1928)，《公共关系学》(1952)。他把公共关系学理论从新闻传播领域中分离出来，并对公共关系的原理与方法进行较系统的研究，使之系统化、完整化，成为一门相对独立完整的新兴学科。

美国的卡特利普和森特两人出版了他们的权威性的公共关系专著《有效的公共关系》(1952)，论述了“双向对称”的公共关系模式：在公共关系的目标上将组织和公众的利益置于同等重要的位置，在方法上坚持组织与公众之间的双向传播与沟通。

由于每个人的认识角度不同，对公共关系内涵的理解也各异，于是就形成了许许多多的公共关系的定义。美国社会学家莱克斯·哈罗博士，1976 年在美国公关研究和教育基金会的资助下，召集 65 位权威人士，研究了 472 条不同的定义后，归纳出如下定义：

公共关系是一种独特的管理职能。它帮助一个组织与其公众之间建立和保持互相沟通、了解、接受与合作的渠道，参与问题和纠纷的处理；将公众的意见传递给管理部门并作出反应，明确与加强为公众利益服务的管理责任；它还作为监视预警系统，帮助管理部门预先做好应变准备，与社会动向保持一致并有效地加以利用。它以调查研究和正确的、合乎道德的沟通技术作为主要工具。

一般认为，企业公共关系的定义是：企业在运营过程中，有意识、有计划地与社会公众进行信息双向交流及行为互动的过程，以增进社会公众的理解、信任和支持，达到企业与社会协调发展的目的（这里社会公众是有其特定的含义，即对企业具有直接影响与作用的个人、群体和组织的总称）。

在美国等发达国家，公关产业是现代服务业的支柱，收入占现代服务业的四分之一。

14.1.1 企业公共关系概述

14.1.1.1 企业公共关系的内容

(1) 企业公关是有意识、有计划的活动。企业公关活动并不是盲目、随意的，而是主观上有明确的意识、正确的观念与具体的目标，并且以严密、具体、可操作性的系统计划方式去加以完成，才能收到良好的效果。

(2) 企业公关是信息双向交流的过程。企业要想使其经营活动与变动的经济及社会相协调，就须不断进行信息的双向交流活动。它具体包括四个层次的任务：①沟通情况。使企业与社会公众相互间达到充分的了解，这是企业公共关系活动的基础工作；②沟通情感。通过建立企业与社会公众的友善关系，求得社会公众的理解与信任，这是确立企业与社会相协调关系的基本手段；③沟通观念。以此形成和确立企业适应自然与社会经济发展要求的经营观念，进而取得社会公众的认同与支持，这是企业公共关系活动的基本任务；④沟通导向。企业与社会公众乃至整个社会的和谐相处，共同发展，取决于双方在价值取向上的一致性，一方面企业依据社会公众的愿望与要求，实现正确的经营；另一方面，企业又引发和指导社会公众，起到提升生活质量、指导消费和改变生活方式的作用，这是企业公共关系活动的基本目标。由此可见，信息双向交流在企业公共关系中的重要性。

(3) 企业公关是一个行为输出的过程。社会公众对企业的理解、信任与支持，并不是依靠甜言蜜语、惠而不实的“承诺”来达到的。换言之，信息的沟通与交流仅仅是企业公共关系活动的一个方面，更重要的是企业必须做出切实的行动，来解决自身在经营与管理中引起社会公众不满的种种问题，不断改进、完善与提高自身的经营与管理水平，才能够取得社会公众的信任与支持。这是有效的公共关系的基本要求。

(4) 企业公关将公众利益置于首位。企业要想与社会、经济环境相协调，实现共同发展，必须将社会公众利益置于首位，不断用实际行动增进公众利益。在此基础上，企业才能获得一个良好的生存与发展环境，社会公众不仅理解和信任企业，而且会大力支持企业的发展。这是实现企业利益与社会利益有机结合的基本前提，也是企业公共关系活动能否达到预期目的的核心问题。公共关系的诱人之处在于总是把组织与公众的关系协调到最佳状态，它

的特异功能是“劝服”。

(5) 企业公关是一种管理职能。公共关系在某种意义上讲，是企业运营不可或缺的社会资源，因而必须将其纳入到企业的管理过程中，使之成为企业经营管理者进行资源优化配置决策中一个重要组成部分。换言之，如果不能对企业的公共关系实施有效的管理，企业的人、财、物就无法有效、充分地发挥其作用，企业的经营与管理目标就无法实现。

总之，公共关系活动的本质功能是润滑了社会发展的车轮，加速了人类社会文明进步的进程。合作者均是赢家，合作中赢得诚信和友谊，为社会赢得物质财富和精神文明。企业员工在公共关系活动营造的积极向上，公平、透明的人文环境中，以文明礼貌的交往方式，激发强烈的认同感和自豪感。员工在奉献给组织和社会的同时，也实现了自我价值，塑造了内涵丰富的组织形象。人类社会便在这样的良性循环中加速了进步、富足、文明的进程。

14.1.1.2 企业公共关系的构成要素

企业公共关系由三大要素构成：

(1) 企业组织。公共关系的主体是社会组织，企业组织是社会组织中一个特定的类型。因此，企业公共关系的主体当然是企业组织。企业是公共关系的决策者、发动者、实施者、管理者。企业公共关系处理的是企业的公共关系，追求的是企业整体组织良好的社会形象。换言之，企业作为公共关系活动的主体，其公关活动必然依据企业的总体目标来制定其自身的特定目标。

(2) 传播（媒体）。企业公共关系也是通过传播来传递信息、形成互动，达到企业与公众和谐相处的目的。因此，传播在企业公共关系活动中处于媒介地位，传播沟通是公共关系活动的方式和手段。没有传播沟通，就没有公共关系，也就不可能建立和完善组织与公众之间的良好关系。

(3) 社会公众。公共关系活动的客体是公众。不同的社会组织有不同的公众与之对应。公众一般是指与企业组织有某种直接和间接联系的个人、群体和组织的总称。在社会发展过程中，公众对企业组织的影响和制约作用日益增多，企业公共关系是协调企业与社会公众关系的重要途径。

14.1.1.3 企业公共关系活动的特点

(1) 以公众为对象。企业是公共关系的主体，公众是客体。企业通过公关活动求得公众的信任与支持，这就意味着企业必须将公众利益置于首位，通过信息交流和行为互动，才能达到相互协调利益、实现共同发展的目的。

(2) 以美誉为目标。追求美誉、塑造良好的企业形象，是企业公共关系活动的基本目标。公共关系活动的魅力在于永远塑造企业崭新的组织形象，使企业获得良好的生存和发展环境，而塑造企业组织形象的法宝在于构思巧妙的创新。

(3) 以长远为方针。企业追求永续发展，公众对企业的认识与评价也是在长期中逐渐形成的。因此，企业公共关系活动的目的就是为了实现组织长久的生存和发展。公共关系必须着眼于长远效果，急功近利，只会适得其反。

(4) 以真诚为本。公众对企业的理解、信任都是建立于企业“以诚为本”这一基础上的。因此，如果企业无法与公众进行有效的沟通，就谈不上取得公众的信任与支持。公共关系活动在把握“人心”上下功夫，是着眼于“人心”的管理科学，达到内求团结、外求发展的目的。

(5) 以沟通为手段。沟通是形成和发展企业与公众关系的桥梁。企业要想更富有实效的开展与公众的种种联系，必须重视对多元化沟通手段的研究与利用。

（6）以互惠为原则。企业公共关系的形成是以一定的利益关系为基础的。换言之，在市场经济中，互惠互利是企业与社会共同发展的基本保证。这意味着，实现和增进公众与企业利益形成“双赢”的相互依存、相互促进的局面，才能推动经济社会的长久发展。

14.1.1.4　公共关系与相关概念辨析

（1）公共关系不是宣传。公关和宣传都是信息传播，都需要媒体，但公共和宣传有根本区别：①服务对象不同，宣传是服务于政治运动和思想工作，而公关服务于管理，包括行政管理和经营管理。②工作内容不同，公关进行监察企业环境、评估企业形象、协助领导决策和企业策划等工作，远比宣传广。③技术手段不同，宣传注重写作、编辑等技巧，公关更注重调查、预测、反馈、分析等技术手段的应用。④宣传基本上是报喜不报忧，公关是建立在事实的基础上，报喜又报忧，敢于正视自己的过失，不掩盖，并主动向公众解释和说明。⑤传播角度不同，宣传是强烈的单向灌输，公关是双向交流、互相理解。

（2）公关不是广告。公关与广告都源于传播学，都以传播为主要手段，都是受聘于特定的雇主向特定的公众传递信息。但两者明显不同：①公关对象范围比广告大。②目的不同，公关的目的是树立企业良好的形象，倾向于长期的、整体的、宏观的、不易界定的；广告的目的是盈利，倾向于短期的、具体的、易于界定的。③手段不同，广告的四大手段是广播、电视、报纸、杂志，还有路牌、灯箱等形式；而公关则是利用一切传播手段，如人际关系、组织传播、大众传播及有声、无声的传播工具。④目标公众，广告窄，公关宽。⑤广告扩大知名度，公关扩大美誉度。

简言之，广告是让人买我，公关是让人爱我。广告是骑马，鞭策马跑得快；公关是清除跑道上的障碍，让马跑得更好。公关是企业运用双向传播手段来协调与公众的关系，树立企业良好形象，并对企业形象进行科学性和艺术化管理的一种社会活动。

（3）公关不是市场营销。公关和市场营销都产生于商品生产的高度发达阶段，指导思想都是用户第一、社会效益第一，都是借助于传播媒介，市场营销把公关作为组成部分。但市场营销与公关明显不同：①目的不同，市场营销推销商品，公关是树立企业形象。②如同广告一样，市场营销和公关的范围不同、手段不同。

（4）公关不是庸俗关系。有人认为，公关就是为了搞好关系，请客送礼，搞庸俗关系。实际上两者有本质区别：①两者产生的社会基础不同，②理论依据不同，③目的不同，庸俗关系是功利目的，双方是以侵占他人利益及危害社会利益为前提的合作关系；公关是为了企业形象。④效果不同，庸俗关系放松了企业管理，公关提升了企业管理，增强了企业竞争能力。

（5）公关不是人际关系。从工作内容看，公关包含了人际关系；从工作方法看，公关人员要具备较好的人际沟通能力。但两者明显不同：①公关的行为主体是企业，人际关系的行为主体是个人；②公关的对象是公众，人际关系的对象是私人关系；③公关是企业的管理职能，人际关系是个人的交际技巧；④公关强调运用大众传播，人际关系局限于人际传播。

14.1.2　企业内、外部公共关系

14.1.2.1　企业内部公共关系

企业内部公共关系是指企业与员工、经营管理者、企业各部门以及股东之间的关系。内求团结是企业内部公共关系的基本目标。

（1）员工关系。员工关系是企业内部公共关系中最基本、最重要的关系。员工关系的重要作用体现于：它决定着企业各项目标的实现，它体现企业的素质和形象，它决定着企业的管理效能。创造和谐的员工关系，必须要做到：①满足员工物质和精神需求；②实行民主管

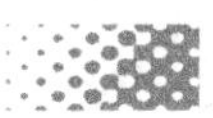

理，调动员工积极性；③加强信息沟通，减少矛盾与摩擦；④培育企业文化，增强企业凝聚力。

（2）领导层内部的关系。即企业经营管理者之间的人际关系。现代化工企业的领导者通常是由具有一定的层次结构组成的集体，又称之为领导层。其内部关系如何，对企业各方面的影响重大，要形成良好的领导层内部的关系，应做到：①明确职责范围，分工又合作；②互相尊重、互相信任；③沟通情况，增进理解。

（3）部门关系。企业内部各部门是联系企业与员工的中介，又是企业运营的关键环节。加强部门之间的关系协调，关键在于信息的沟通。可以采取：职工大会、文件传达、情况通报、个别谈话、内部刊物、座谈会、茶话会、建议制度等诸多形式实现充分的信息交流，以达到相互理解、信任与合作的目的。

（4）股东关系。股东关系处理得当与否，对企业的发展有直接的影响和制约作用。大股东要做到不侵害小股东权益，同样，小股东也不要侵害大股东的权益。只有尊重股东权益，让股东充分了解企业的客观经营情况，才能增进股东的信任与支持。开展良好的股东关系活动，通过各种形式保持企业和股东密切的信息沟通和情感联系，使股东关心和支持企业发展。

14.1.2.2 企业外部公共关系

是指企业与社会公众，主要是与消费者之间的关系。包括以下几方面。

（1）顾客关系。是企业外部公共关系中最重要的关系，这是由企业的经营性质所决定的。企业与顾客不仅仅是商品交换上的经济利益关系，同时还广泛存在信息交流、情感沟通等多方面的社会关系。良好的客户关系是建立和维系稳定的经济利益关系的基础。与客户保持良好关系的方法主要有：①提供优质商品与服务；②创新经营，指导消费；③妥善处理顾客投诉；④强化信息交流与情感沟通。

（2）社区关系。是指企业与所在地居民及其他社会组织的关系。社区对企业而言，既是企业的生存空间，又是企业的服务对象。化工企业搞好当地社区公众的关系十分重要。协调社区关系的主要方法有：①增进相互了解；②维护社区环境；③支持社区公益活动；④促进社区繁荣。

（3）新闻界关系。是指企业与新闻传播机构、新闻界人士的关系。与其他外部公众相比，从公关的角度看，其特征为：①非经济性。即除商业广告外，企业与新闻界的关系是非经济导向的。换言之，企业不能用经济利益关系去处理与新闻媒介的关系。②舆论导向性。企业必须极其重视新闻媒体在提高企业知名度、树立企业形象等方面的作用，反之亦然。

与新闻界协调关系的主要方法有：主动提供新闻，适时召开新闻发布会，利用新闻媒体做广告，保持长期联系。需要注意的是：无论媒体对错，媒体永远不会是输家。

（4）供应商关系。是指企业与各类生产、流通企业之间的协作关系。处理这方面关系的原则是：互惠互利，加强协作，密切人际交往关系，增加信任与了解。

（5）政府部门关系。企业与政府及其主管部门，如工商、税务、财政、质检、环保、安全、卫生、审计、公安、科技、经信委、发改委等部门的关系。企业要照章纳税，守法经营，并加强与政府各主管部门的信息沟通，争取政府及各主管部门的支持，这是企业处理好与政府关系的基本要求。需要明白的是：企业与任何国家的政府打交道，政府都是强大的。

（6）竞争者关系。是指企业与同行企业的关系。企业必须树立公平竞争的观念，用公平竞争的方式参与竞争，决不采取不正当竞争手段去排斥对手。

（7）社会名流关系。是指企业与那些对公众舆论和社会生活有较大影响力的人物之间的关系。与社会名流建立良好的公共关系，有助于企业扩大社会交往范围，提高企业知名度；有助于利用其专长提高企业经营管理水平；有助于企业扩大市场影响力；也有助于企业排忧解难。

14.1.3 企业公关组织机构

公共关系工作是一项长期的、复杂的、有计划的工作，并非权宜之计。因此，企业需要有专门机构来从事这项工作，以保证组织的公共关系工作职能化和经常化。

14.1.3.1 企业的公关部门

(1) 公关部门的职责：公共关系部门在组织中既是企业的职能部门，又是企业的决策参谋部门。其主要职责是：①信息收集和处理；②新闻宣传和编辑制作；③咨询和建议；④协调和沟通；⑤处理突发事件，举办专门活动。

(2) 公关部门的设置原则：①规模适应性，公关部们规模的大小应当与企业的规模及其发展相适应。②整体协调性，在设置公关部门时，应与组织内部各部门相协调。③工作针对性，要根据不同组织的工作性质和自身所面向的社会公众的特殊性来确定设置。④机构权威性。公关部门作为高层次的管理机构，公关部门具有一定的权威性。在企业内部，任何其他部门无权干扰公关部门的工作，无权对公关部门下达命令，公关部门直接对企业最高领导层负责。

(3) 公关部门的设置方式：①按职能部门单独设置；②与企业办公室合并设置，办公室主任即公关负责人；③董事会设公关委员会，直接属董事长领导。④企业内部不设公共关系部门，委托给公关公司实施公关工作。

由于公关工作的重要性，很多企业直接由总经理负责企业的公共关系工作。

(4) 公关部门的地位：公关部门负责人可以直接向企业最高决策人汇报工作，向最高领导层提供建议并接受他们的指导。

14.1.3.2 公关人员的素质

(1) 气质，指人的相对稳定的个性特点，表现在人的情感、认识、语言和行动中比较稳定的动力方面的心理特征。它是构成公共关系人员素质的重要方面。

(2) 性格，是一种表现人的态度和行为方面的较稳定的心理特征，是个性的重要组成部分，与人的气质密切相关。优秀的公关人员性格上应具备：开朗、有耐心、能宽容；沉着冷静、勇敢顽强；富有幽默感。

(3) 品德，是指人的品质与道德。公关人员的品德应该有：实事求是、公正无私、勤奋努力、乐于助人、光明磊落。

(4) 智慧，公共关系工作的复杂多变性，决定了公关人员应有相当高智慧。

(5) 知识，丰富的社会知识和专业知识无疑是做好公共关系工作的必要保证。

(6) 能力，能力是知识与经验的集合。公关人员应具备的能力包括：组织能力、表达能力、宣传推广能力、社交能力、创新能力、应变能力、自我调节的控制能力。

14.1.3.3 不同类型的公关人员角色

公关人员角色大体上可以分为四种类型：

(1) 专家型角色。是研究和解决公共关系理论与实践问题的权威，他们有渊博的知识、丰富的经验，有较高的理论水平与宣传推广能力。他们是公共关系队伍中的中坚和精华。专家型角色主要包括以下人员：公共关系顾问、公共关系学者和教育家。

(2) 领导型角色。是指在各公共关系组织或相关单位中担任领导职务者。他们包括经

 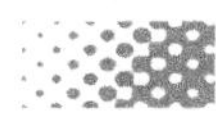

理、部长、主任、兼职领导、社会活动家等。

(3) 技术型角色。是公关部门从事专项技术的业务工作人员。主要包括：一般的记者、编辑、摄影师、广告师、设计师及其他技术人员，他们以各自的技术专长进入公共关系角色。

(4) 事务型角色。是组织中从事一般日常公共关系工作的人员，他们是最普通、最基层的公关人员。这些人员包括：秘书、办事员、服务员、招待员、翻译、助理员、导游、消费引导员等。

14.1.4 企业公共关系实务

企业公共关系实务又称为公共关系业务，是指在公关理论的指导下，企业开展公共关系活动，从事公共关系工作的总称。公共关系实务具有应用性、实践性和可操作性等特点。

公关实务的四步工作法，即：公关调查、公关策划、公关实施、效果评估。具体来讲，开展公关活动的基本步骤应是：首先，通过环境和形象调查确定公关问题；其次根据公关问题确定公关目标，制定公关计划，设计公关方案；第三，根据方案进行实施传播沟通活动；第四，通过调查、反馈评价公关活动的效果，寻找新问题，确定新目标，开始新的公关活动。这四个步骤相互衔接，循环往复，形成一个动态的环状模式。

14.1.4.1 公关实务的构成要素

一次理想的公关实务活动离不开目标、主体、客体、手段方法和环境这些要素。

(1) 公关实务目标。任何公共关系活动都要求解决组织特定的问题，达到某种较理想的公关状态，这就是公关实务的目标。公关实务活动在策划、实施和总结时，必然要求围绕特定目标来进行，这样才有可能提高公关实务工作的目的性、科学性和有效性。

(2) 公关实务主体。是指公关活动的组织者和执行者，即公关实务组织及人员。由某一组织及其公关人员，监测组织的公关环境和状态，确定公关活动目标，针对特定的公众实施传播，并不断地积累实务工作经验，使组织处于良好的公关状态之中。

(3) 公关实务客体。是指公关活动的承受者或接受者，即公关工作的对象——公众。

(4) 公关实务的手段和方法——管理职能和信息传播。公关活动的最终目的，是要在组织与公众之间建立一种和谐而良好的关系。一方面向公众传播和解释组织的想法和信息，另一方面又要把公众的想法和信息向组织进行传播和解释。惟其如此，企业才能求得双向沟通和对称平衡的最佳生存发展环境。所以，公关工作发挥着重要的管理职能。企业一方面对内实施科学管理，努力实现目标；另一方面要对外实施科学教育和引导，争取公众对组织的接纳和认同，塑造企业的良好形象。

(5) 公关环境。任何公关实务活动都发生在特定的环境之中，这种环境既有宏观上的政治、经济、法律、文化等因素，又有微观上具体的时间、地点、人员、条件等因素，企业正是在特定的环境背景下，演绎出一幕幕活生生的公关实务活动。

14.1.4.2 公关实务的基本原则

要想使组织公关实务工作更加科学有效，必须遵循一定的原则。

(1) 以公众利益为前提的原则。著名公关专家阿瑟·佩奇就指出："不论何时，只要公众认为应该改变一个大企业并使之按一特定轨道运行，他们就首先指控这个企业没有按要求的方向发展。对于大公司的领导来讲，唯一有效的办法就是这些企业领袖们要小心翼翼地观察公众的思想活动状态，觉察公众的情绪和公众可能要采取的决定，然后自愿地真诚地去接受。我们必须努力地避免被指控为冒犯和背叛公众利益，我们应该一丝不苟地遵循公众利益准则，甚至要在他们没有正式通知或制定之前”。这段论述表明，组织在所有决策和行动上，都应以公众利益为前提，努力谋求组织与公众利益的协调一致。如果不顾及公众利益，组织形象受损，组织的生存和发展就会受到威胁。

(2) 以事实为基础的原则。它包括两个方面：①公关工作的开展要以深入细致的调查研究为基础，有的放矢；②传播信息要客观、真实、全面、公证，即所谓据实报告，其中调查研究又是据实报告的前提和基础。而能否据实报告，不仅是一个职业道德问题，而且影响到企业和公众的利益。因此，以事实为基础，是公关活动必须遵循的原则。

(3) 以科学为指导的原则。企业的公关活动必须借助现代科学的理论和方法，以强烈的公关意识和系统的思想为指导去开展工作，而不能仅凭感觉、经验办事。

公共关系是塑造组织形象的科学和艺术。它以社会学、心理学、传播学、新闻学、组织管理学、舆论学、广告学等众多的学科为其理论基础。比如：公关活动的主体是各类组织，社会学、组织行为学中关于社会组织的理论，必然成为公关活动极有价值的理论基础。公关活动的效果最终要落在每个现实的公众身上，因此必须借助心理学、社会心理学的概念、范畴和理论方法去把握人心理和行为形成、转变的规律，预测人的行为倾向。公关活动的手段是传播，因此传播学、新闻学、广告学关于传播的过程、效果等理论必然对公关活动具有直接的指导作用。公关活动的核心是策划，因此思维科学、领导科学的理论和方法对公关有一定的指导作用。

14.1.4.3 公关实务工作的注意点

(1) 目标要明确。一个公关实务的实施方案，最主要的是要有一个明确的目标。必须以易于操作和可以实现为标准，更准确地说，应该在量和质的方面，都要可以测度。因此方案目标的确立，要有循序渐进的意识，要有一个过程，要有定性和定量的具体指标。

(2) 范围要适度。方案所提出的实务工作要有针对性，不要因一味地求全而使方案难以实施。一个方案的拟订，要有一个明确的目的。而要保证做到这一点，要尽可能地使目标分明，也即阶段性明显，应有近期、中期和长期等计划。

(3) 时间要充裕。公关工作操作性极强，它需要有一个实实在在的实施过程，正因为如此，它的时效性也就较强。国际公共关系业务的代理计时收费，并且常常以分为单位。正因为这样，在公关实务工作的时间上，至少有两个方面需重点考虑：

首先，要考虑时间的价值。即一个活动的开展，究竟需要多少时间，应该有一个比较准确的估计。其次，要留有充分的余地，即要防止“时间陷阱”。有些公共关系实务工作表面上看来很简单，很容易完成，但实际上往往又十分复杂，以至于常常弄得公共关系人员焦头烂额。根据经验，在时间上，方案最好留出25%的余地。尤其是在涉及举办一些会议，组织一些参观或开展一项调查等方面的工作时，这种时间余地更要充分。

(4) 指标要恰当。公共关系是一种累积性工作，即非常讲究效果的积累。有些案例介绍，虽说常常给人以一种马到成功的感觉，但实际往往要复杂得多。有些公共关系方案，往往容易表现出一种“狂妄性”，似乎无所不能，似乎真可以“点石成金”，指标的制订根本不切合实际，这样只会出现计划宏伟，而实施困难的局面。

(5) 维系要周全。所谓维系要周全，在方案拟订及实施过程中，应主要重视两点：关系面的周全和时间性的周全。

关系的照应与维系方面，应该予以足够的重视。这是公关实务与其他实务的最本质的区别。一个公关方案的实施，究竟要涉及哪些关系面，这是应预先认真考虑的。虽然所进行的工作与所有的关系面不可能具有相同的距离；但作为实施者，切不可将这种关系距离的状

况扩大化，也就是明显地流露出亲疏。同时，对一些必须顾及的关系面，更不能因疏忽而将其遗忘。

时间性的周全，是指关系的持续性。由于公关工作讲究累积效应，因此有不少的关系面就必然有持续维系的问题。每一个公关方案的实施者，都应该认识到“一曝十寒”、“急时抱佛脚”的处事方式是公关实务的大忌。一个策划得再具体的方案，假如不考虑关系面的持续问题，最终仍可能导致整体公关方案的失败。

(6) 特点要突出。公关实务讲究操作的技巧性与艺术性，因此就要特别强调富于创造性的个性特点。以产品促销活动为例，每天有许多的企业在开张又有那么多的企业在推出新产品，每一种新产品的推出，都会伴随着各种促销活动。如何使自己的促销活动在公众中留下久远的影响，如何使自己的促销活动在消费者中产生特殊的感觉，如何使自己的促销活动与别的企业、别的产品促销活动有所不同，甚至还有如何使自己的产品的促销活动与其他企业的同类产品的促销活动相比更具有特定的影响，所有这些，都是一个成功的公关方案的拟定及其实施过程所必须考虑的。只有具有特色的公关活动，才能产生广泛的影响，也才能给广大公众留下深刻的印象。

(7) 预算要合理。任何一项社会工作的开展都会涉及一个预算问题，公关活动的进行也不例外。把合理的预算作为工作要点提出来，主要是强调公关人员应更多地考虑到公关方案实施过程的变动性和不确定开支。有经验的公关人员，一般都要在原费用的基础上外加10％～15％的不可预见费用，以应付各种突发事宜的出现。当然，所谓合理的预算，并非是开列的费用越多越好，只有使实际的费用与预算尽可能地接近，才是成功的方案策划和实施过程所真正强调的。

案例：感受大亚湾核电的公关（节选自《公关世界》1999年12期）

1986年，正当大亚湾核电站工程各项前期准备工作如火如荼地进行之际，4月26日，前苏联切尔诺贝利核电站发生了震惊世界的核事故。许多公众开始怀疑甚至反对建造大亚湾核电站，一些香港反核人士更是借此组织了百万人签名反对建设核电站的请愿活动，一些新闻媒介也为之推波助澜，核电站建设陷入公共关系危机。如何扭转舆论、消除公众误会及偏激情绪，是尤其严峻的课题。在此复杂的背景下，公司果断决定组建公共关系处，把宣传核电、服务核电、提高全员公关意识作为公关工作的指导思想。

十多年来，大亚湾核电站的公共关系工作在坎坷中不断发展和前进。公关处已从最初以接待参观为主，逐步发展成为融科普宣传、树立形象、信息处理、资料编辑、接待参观、摄影录像、设施完善、环境优美，占地1700平方米的公众信息中心（1995年初正式启用）。

一、宣传核电，让公众认识

1986年10月，公司联合香港科技协进会在香港举办了核能技术展览会，为期16天，期间还举办了专题讲座公众咨询等活动，参观人数达8万人次。随后经充实展览内容，又在深圳及北京展出，观众数万人次。这次展览对消减由切尔诺贝利核电站泄漏事故而引起的“核”恐惧起了较好的宣传作用。

1993年2月、10月，公司先后在深圳、广州举办了为期30天的核安全科普展览和专题讲座，参观人数分别为7万人次和10万人次，分发各类宣传资料10万余册。

1995年，公司参加了由国家经贸委主办的全国工业企业进步成就展览会，为期10天，参观人数达40万人次，分发宣传资料8万余册。1995年开始，公司参加了每两年一届、由中国核工业总公司主办的国际核工业展览会，共分发宣传资料2万余册。

十余年来，公司共计举办了不同类型的展览会12次之多，参观人数达70万，分发宣传资料20余万册。通过这一系列展览和宣传，普及了核电知识，让公众了解了大亚湾核电站与切尔诺贝利核电站的区别，使公众认识到核电是一种安全可靠、清洁的能源。为核电获得社会公众广泛支持，建立良好的社会大环境奠定了基础。

二、做好对港公关工作

十余年来，有关对港公共关系工作的相关政策性问题，公司主动请香港新华分社给予指导，并主动汇报核电站的建设和生产运行情况。香港核电投资有限公司是公司的合作伙伴，公司和港核投公关部建立了热线联系渠道，做到及时沟通，正面引导，减少误差；双方定期举行公关协调会，通报公共关系工作情况，分析当前形势和任务，制定相应的策略、措施和双方合作的内容。

为了更好地加强与香港公众的沟通，广东核电合营有限公司邀请香港各界知名人士参加，于1988年成立了广东大亚湾核安全咨询委员会。委员会多为香港名流，有些更是德高望重的知名人士，他们以其特殊的身份和影响力，从不同的角度运用自己的影响，实事求是地向香港公众介绍核电站的情况，这对核电站与香港公众沟通，提高港人对核电站的信心，消除疑虑起到了极其重要的作用。

三、先于公众舆论，避免误导

公司每年定期举为两次记者招待会，增加大亚湾核电站的透明度。通过新闻媒介，让公众及时了解大亚湾核电站工程建设和生产运行等情况。此外，公司还保持与内地和中国香港10多家主要报社、电台、电视台的密切工作关系，将工程建设中的里程碑活动，生产运行期间阶段性业绩及重要生产活动，以新闻稿形式发送中外有关新闻机构。先于公众舆论，是公关宣传工作的一条宝贵经验；先于舆论，增加了核电站对社会的透明度，增强了公众对核电站的信任感，也避免了因传媒误导而引起的负面影响。

四、组织公众参观，树立核电良好形象

大亚湾核电站以其特有的知名度和神秘感受到社会各界的广泛关注。十余年来，核电站共组织接待了中外参观者近万批，约19万人次。对于每一批来访者，我们都认真做好接待工作，向他们介绍世界核能的发展情况，核能的发电原理，核电的安全保障措施，以及大亚湾核电站的管理水平、运行业绩、环境保护和环境监测等情况。同时欢迎并认真回答他们提出的各种问题，尽可能多地向他们开放参观区域，让公众更多地了解和认识核电站。他们心有所得，言有所传，在社会上起到了广泛的宣传效应，这对于在公众中树立核电的良好形象具有不可估量的作用。

五、搞好重要接待，协调政府关系

十年间，党中央、国务院、人大、政协等领导人经常来核电站视察指导，发表重要讲话。邓小平同志十分关心大亚湾核电站的建设，曾先后四次对核电站建设作出重要指示。1994年春节，他在上海得知大亚湾核电站一号机组顺利投产的喜讯后，立即请李鹏总理转达他的祝贺，并对大亚湾核电站的建设者、科学技术人员表示感谢。江泽民同志任总书记不久即来核电站视察，李鹏同志自建设开始已来过12次，来访的副省军级以上领导360余人次。他们均对中国核电事业的发展和核电站的工作做了重要的指示，在核电站的重大关键问题上具有重要的指导意义，使核电站的建设和发展始终沿着正确的轨道顺利前进。

六、密切周边关系，支持社区建设

核电站的建设和运行，离不开地方政府和当地居民的支持和帮助，建立与周边地区的睦邻友好关系，是公共关系工作的又一项重要内容。公司经常不定期地举办与周边三镇领导的座谈会，并深入群众，增进理解，消除疑虑。公司还利用新年、春节等节假日组织与周边镇村开展联谊活动，以利于相互沟通，相互了解，相互支持。在取得良好经济效益的同时，大亚湾核电站不忘关心公益事业，为周边地区办好事、办实事。资助兴建了大鹏敬老院、文化大楼、赞助教育资金、兴建高等级公路、绿化荒山、美化环境等，并配合地方政府组织各种培训班（如英语、电脑等），在提高地方整体文化素质方面做出了应有的贡献。十余年来，核电支持地方发展，地方支持核电建设，关系融洽。

七、注意收集积累，扩大宣传范围

公司每年制作大量的宣传资料，用于日常接待参观及举办展览期间向参观者派发。让公众了解公司始终把“安全第一、质量第一”放在首要位置，始终坚持高标准、严要求。十多年制作各类宣传资料30多种，共计50余万册，其中半数以上配有英文版，派发对象除国内人士外，有法、英、美、比利时、日本和港澳等国家和地区的参观者。很多社会团体、科技协会以及普通市民来大亚湾核电站参观后，普遍感到大亚湾核电站的安全是令人放心的，消除了对核电站的疑虑，同时认识到发展核电是广东地区经济持续繁荣发展的有效保证。

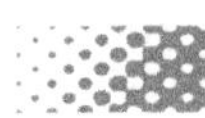

大亚湾核电站作为我国第一座大型核电站，受到国内外传媒的普遍关注，公关处订阅 20 余种报刊，并由专人阅览剪辑。1991 年之前，向领导提供了 3554 篇有关核电的报道；1991 年之后改为出版较为正式的“公关处剪报”，出版 1992 期；1997 年“公关处剪报”改名为“公关信息”，内容更加充实，并由不定期改为半月刊。我们把这些信息及时地提供给公司领导，使公司决策层能够准确地掌握世界核电信息和社会舆论动态，为公司制定各种重大决策起到了重要的参考作用。

十余年来，公关处还积累了大量的影像资料，拍摄各类接待活动照片 2 万余张，工程建设与生产运行照片 4 万余张；制作了核安全科普宣传和公司简介的录像片。还协助电影厂、电视台拍摄国内外有关核电的宣传片。

经过十余年的努力，社会各界理解“大亚湾”、支持“大亚湾”的舆论越来越多，几年来核电站收到各方面送来的锦旗一百多件。现在岭澳核电站正在热火朝天地兴建中，香港方面反映平静。这一切说明了公众对核电站认识的变化。1994 年大亚湾核电站投产的当年，即被美国电力公司杂志社评为国际上 5 个获奖电站之一，而且是获奖者中惟一的核电站。大亚湾核电站不但在香港、东南亚地区，而且在世界上也已具备了一定的知名度和美誉度。由于大亚湾核电站在环境保护方面的优异业绩，广东核电合营有限公司被评为“97 年度全国环境保护先进企业”。

大亚湾核电公关工作的成功经验值得我们在消除“化工妖魔化”、消除“谈化色变”现象的公共关系工作中借鉴。

14.2 公关危机管理

公关危机管理的定义，有广义和狭义两种理解。

狭义的理解将公关危机管理看做是危机管理的关键环节，主要指当企业遇到信任、形象危机或者工作失误时，通过一系列的公关活动来获得社会公众的谅解，进而挽回影响的一项工作。

广义的公关危机管理是危机管理的一种，也称形象管理，是一种程序。也就是理解、动员、协调和指导相关战略、战术，运用各种可能的公关运作与公关技巧来实现一个目标：有目的地参与到可能影响个人和组织形象和信誉的公共政策制定活动中。不论从理论上还是实践上，我国大多认可广义上的危机公关，认为企业危机公关必须立足在日常搜集工作和调查工作的基础上，在面临突发事件时，通过有计划的专业管理流程将公关危机的负面作用降到最低；利用这样的契机，使企业在危机过后建立良好的形象，对未来的危机事件进行预防和控制，提高企业公关危机处理能力，将日常公关和危机公关结合起来，时时监控风险，为企业良好的形象和信誉奠定基础。

14.2.1 公关危机概述

（1）什么是公关危机

危机，一般是指由非正常因素所引起的某种非常事态，其外延十分广泛，如财政危机、金融危机、经济危机、能源危机、军事危机、管理危机等等。

公共关系危机，是由于组织内部或外部的种种因素，严重损害了组织的声誉和形象，使组织陷入了强大的社会舆论的包围，并处于发展危机之下的一种公共关系状态。

（2）有效处理公关危机的好处

调查表明，当顾客从一家公司获得良好服务，并满意公司所提供的产品时，他们的拥护度一般为 60%。然而出了问题，而公司又有效地解决了问题，顾客的拥护度可以增加到 90%。

(3) 公关危机的类型

企业公关危机可分如下10类：①灾变危机，②经营危机，③信用危机，④形象危机，⑤组织内部关系危机，⑥组织间关系危机，⑦政府关系危机，⑧消费者关系危机，⑨媒介关系危机，⑩社区关系危机。

(4) 公关危机的特征

企业公关危机具有突发性、不可预料性、破坏性、社会辐射性的特征。

(5) 公关危机处理的原则

快速反应原则、实事求是原则、人道主义原则、公众利益至上原则。

(6) 处理公关危机的一般顺序

① 当企业面对出现的危机和灾难时，应考虑到最坏的可能，并有条不紊地及时采取紧急措施，防止事态发展；②危机发生时，要以最快的速度设立"战时"办公室或危机控制中心；③了解企业的公众，倾听他们的意见，并确保企业能把握公众的抱怨情绪，设法使受到危机影响的公众站到企业的一边；④邀请公正、权威机构来帮助解决危机，以便确保社会公众对企业的信任，时刻准备应付意外情况；⑤把情况准确地传递给政府部门和公众，不要夸大其辞。⑥评价总结，改进工作。

14.2.2 企业公关危机管理机制

公关危机随时随地都可能发生在企业身上，但多数企业都是危机公关失败者，如何认识和面对公关危机、进行有效的公关危机管理、科学有效地建立和维护良好的企业公共关系，已经成为企业直面的一项重要课题。

企业公关危机管理是一种全局性、战略性、综合性的管理，它的社会基础在于企业自身的经营管理过程。企业形象的维护和提升需要通过企业不断地开展公关危机管理。一个能顺利完成形象市场化的企业，应该是一个公关危机管理能力很强的企业，因此，企业公关危机管理就是使企业不断地修正自身缺陷以抵御外部压力、不断与变化的客观环境相吻合的管理过程，从而使自己把握社会动态方向，在公关危机中与公众、政府和相关的机构及时沟通，树立良好的企业形象。

企业公关危机管理机制模型分为宏观管理机制和微观管理机制两个部分，见图14-1。

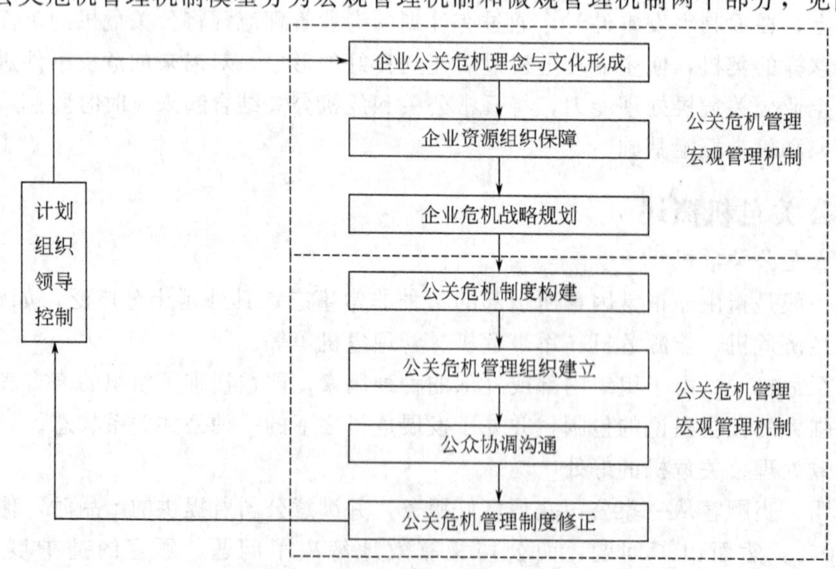

图14-1 企业公关危机管理机制模型

14.2.2.1 企业公关危机宏观管理机制模式

企业公关危机宏观管理是从企业公关危机心理和文化出发，逐渐形成企业“居安思危”的价值观和行为准则，合理组织和分配企业资源，建立和完善企业抗击公关危机的战略规划。

(1) 企业公关危机理念与文化形成。企业公关危机心理与文化的实质就是建立企业内部的公关动力机制，利用公关文化的功能，转变员工的价值观、伦理道德观、工作理念和态度，提高员工塑造企业形象知识、技能和素质，增强企业形象安全意识并使之成为一种自觉行动，以此来规范其行为、促进企业在社会环境中的持续发展。企业公关危机心理和文化的形成根源是企业领导者与全体成员共同的社会生活和经济行为，这是“主观见之于客观”的过程，企业成员在环境的刺激下，相互促进、相互制约，经过历史长期的积淀而自然形成的员工的价值判断，对企业形象建设与完善具有指导及控制的作用。

企业公关危机理念与文化形成包括以下五部分。

① 团结凝聚理念与文化。同样的公关危机，有的企业内部“同仇敌忾”，而有的却“树倒猢狲散”，这就是企业危机心理文化在危机管理中的体现，如果在企业文化中没有凝聚人心的文化导向，一旦发生公关危机，并不是危机使企业倒下，而是自己让自己倒下了。

② 居安思危理念与文化。德鲁克说过，最大的风险就是根本不冒风险。危机管理要求企业在企业文化中有深层面的危机感，使危机意识在所有员工内心中形成一种潜意识，让危机成为计划中的一部分。

③ 商业伦理理念与文化。在危机发生后，企业应具有社会责任感，它应更多地关注在危机中企业对于公众所产生的各种影响以及为此所带来的后果，承担什么样的义务与责任，这是公关危机理念的核心内容。通常在企业危机发生后，公众对危机本身的关注程度往往低于企业对事件本身的态度，就是说企业在危机事件中态度是决定一切的。如某公司通过走私偷漏关税获得成本优势，被揭露之后，该公司采取强硬态度，坚持说走私与自己没有关系，这种强硬的公关危机处理态度，使该公司陷入更大的公关危机而难以自拔。

④ 主动积极理念与文化。经常会出现的情况就是在公关危机出现后采取逃避的态度，希望通过躲避来减轻事件的危害性甚至解决公关危机，这种想法往往事与愿违。这在公众没有得到明确答复时，将会加剧对公关危机的误解而产生更大的公关危机。

⑤ 公关危机转化理念与文化。危机的反面是机遇，无数案例告诉我们，公关危机管理的理想状况是迅速将危机抑制住并转化成机遇。这就要求企业具有公关危机转化的思想，树立公关危机辩证意识，培养公关危机转化的理念与氛围。

(2) 公关资源组织保障。①公关危机管理需要一定的物资准备，要有一定的财务预算以及物资设施准备（包括各种信息传递设备、培训模拟设施、处理公关危机所需要的具体设备等）。②公关危机管理组织就是其中最基本最必要的人力资源，平时应该加强公关危机管理组织的培训，进行公关危机模拟训练，加强其决策能力、控制能力以及执行能力。③企业必须建立良好的公共关系，在公众中树立良好的公众形象，同时要加强与媒体、政府的联系和协调，与之建立良好的关系，以便在公关危机中取得同情和支持。④要有充分的信息资源准备，包括：企业背景资料、对公关危机的预案处理、公关危机案例管理、公关危机管理培训资料、企业员工信息和企业利益相关者信息等。这些资源信息要不断充实和更新，为企业公关危机管理中的预测系统、决策系统以及运行系统提供重要的信息保障。

(3) 企业公关危机战略规划。公关危机管理首先是战略层面范畴，其次才是策略层面的内容。把公关危机管理列为企业战略的实施环节，从战略的高度将公关危机管理的制度、流程、组织和资源列入企业战略管理的体系当中。

融入战略管理过程的公关危机管理的目标是预防公关危机、防患于未然，积极、有效地处理并转化公关危机，维护和提升企业形象，使企业顺利达到预期的战略目标。一般说来，企业公关危机战略管理过程是一个连续循环的过程，分为制定、实施、评估三个阶段，三个步骤是有机统一的整体。在公关危机战略制定阶段，不仅要对企业进行SWOT分析（见2.2.5），而且要对企业可能面临的公关危机进行分析，在此基础上根据企业资源状况、针对不同性质、不同领域的公关危机制定若干个紧急处理公关危机的备选方案。在实施阶段，要制定企业公关危机战略实施计划和公关危机管理实施计划，同时将其以制度的形式固定下来，建立公关危机管理小组以及公关危机信息系统等。在公关危机战略评价阶段，要对公关危机管理的结果进行评价，利用评价过程所获得的信息修改和完善企业公关危机战略，同时评价企业公关危机管理的成效并探索其他防止公关危机的战略。

14.2.2.2 企业公关危机微观管理机制模式

企业公关危机微观管理是指企业在企业公关危机宏观管理指导下，通过公关危机管理制度构建。包括：公关危机管理组织建立、公众关系协调沟通、公关危机管理制度修正、完成企业日常公关危机管理的程序和步骤。

(1) 公关危机管理制度构建。企业应根据实际情况，建立适合自身的公关危机管理制度，其中包括：界定公关危机的类型和起因，公关危机的预防措施，组建公关危机处理组织（紧急应变小组）的条件和方式，公关危机管理计划的制定，公关危机处理的原则、方法和过程控制，公关危机管理的评价等。

公关危机管理机制一旦建立，则需要严格执行公关危机管理制度，对公关危机进行处理。公关危机管理的效率和效果取决于制度的合理性与执行力度。

(2) 公关危机管理组织建立。公关危机管理组织是在企业组织架构中明确设立的常设和非常设相结合的公关危机管理组织系统，公关危机管理委员会是最高层次的非常设机构，它明确规定企业公关危机管理中不同岗位的权利与责任，最高领导是第一责任人，也是最大的权力者，其能确保一旦公关危机出现时，组织的整体运行可以达到高效统一，不会因为临时的忙乱而使指挥混乱。执行公关危机管理办公室由企业各主要部门领导组成，机构是常设机构，但成员常设一个组长（可兼任），其他成员为非常设岗位。执行公关危机管理办公室需具有几大功能系统，如：竞争情报系统、品牌管理系统、公关媒体管理系统、客户管理系统等。

(3) 公众关系协调沟通。几乎在所有成功的公关危机管理案例中，协调沟通都是一个重要的因素，公众协调沟通机制是公关危机管理的过程保障。企业公关危机管理必须进行协调沟通渠道建设。有效地协调沟通渠道包括确定沟通媒介和沟通主体，以保证沟通渠道的连续性和畅通性。因此，要加强公关危机管理小组与各部门之间的沟通，指定各部门的沟通负责人，以确保公关危机信息能够快速到达相关部门。在企业面临公关危机时，要明确传播所需要的媒介。明确媒介需要传播的外部其他重要公众；要抢占信息源，避免错误信息的发布，同时要及时更正媒介传播内容与事实不符的信息。

公关危机过后，要与广大公众全面沟通，针对企业形象的受损程度展开相应的公关活动，以最大程度减少公关危机对企业声誉的破坏，弥补公关危机对企业形象造成的损失；同时要恢复公关状态的公关活动，此外企业可以选取并培训专门的公众发言人，保证企业对外发布信息的一致性，加强公众对企业信息的信赖感。

公关危机将会严重影响企业形象，甚至使企业陷入困境并难以生存。良好的协调沟通可以在第一时间告知公众真实信息并收集公众的反应信息来评估公关危机的影响，进而做出快

 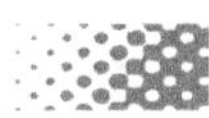

速有效的应对决策，遏制事态的发展，缩减公关危机所带来的损失。

公众协调沟通主要分为内部协调沟通和外部协调沟通。不同原因的公关危机及其波及范围将决定协调沟通的针对性（目标公众）、有效性（特定信息）和深度。

（4）公关危机管理制度修正。企业在公关危机的处理过程中，应积极总结经验和教训，及时修正公关危机管理制度，避免和减少此类事件的再次发生，从而使处理此类事件的程序和制度更加完善和高效。

14.2.3 新媒体环境下的公共危机传播管理

公关危机传播（Crisis dissemination）管理是一项非常重要的工作，它指企业、组织或政府面对危机事件所采取的旨在减少危机损坏程度的沟通信息、树立形象的公关策略。在媒体多元化的信息时代，在公关危机发生的时候，企业引起公众关注的同时，怎样有效进行危机传播管理成为关键。

化工企业、化工园区的爆炸、中毒、污染、伤亡事故，甚至蒸汽泄放等，经不正常传播都会酿成重大事件。要真正使舆论始终按照预定的方向进行引导，使一切尽在掌控之中，就必须在事前、事中和事后根据不同的受众，选择不同的传播途径和传播内容，做好危机管理。

14.2.3.1 公关危机传播管理基本原则

（1）真实准确的信息是公关危机传播的基础。危机一旦发生，公众就会积极的从各种不同的途径来了解危机事件的发展情况以及后续动态。那么以企业为主导的危机传播就应该将真实准确的信息告知给公众，即使有时信息会使得公众对企业失望，也不能用假的信息来欺骗公众，粉饰太平。因为一旦你用了假的信息，那么你可能会为了这一个谎言付出更大的代价，公众没有得到正确的信息，尤其是有关产品质量、安全方面的信息，可能因此导致更严重的后果。所以真实准确的信息传播不仅仅反映的是企业在处理公关危机时的态度，也是公关危机能够成功转危为安的基石，真实准确的信息传播贯穿公关危机传播管理的始终。

（2）真诚合作的态度是公关危机传播管理的前提。公关危机一旦发生，就会在很短的时间引起公众的关注，这些公众大多是企业的利益相关者，在日常工作中多多少少都会直接或间接的和他们联系沟通。那么当企业出现公关危机时，尤其是有关产品质量、服务和劳务纠纷的时候，企业应本着真诚合作的态度，不回避、不狡辩，尽力解决问题，而不是激化矛盾，制造更大范围的冲突。

（3）及时迅速的信息传播是有效公关危机传播管理的保证。信息传播贯穿于危机管理的始终，网络、手机、微博、微信等新传播媒体的出现改变了传统的传播方式。在新媒体环境下，普通民众只需要一部可以上网的手机、电脑就能在最短的时间内把发生在身边的最新最详细的事情公布出去，而这个最先发布危机信息的人可能来自社会的各个层次、各个不同的行业，信息一经发布就会迅速蔓延到社会的四面八方，就让企业在短时间内猝不及防。企业在这样的新媒体时代，就必须利用这些快捷的方式把企业要传播的信息第一时间发布出去，让受众了解到企业的第一手资料，只有这样才有可能把危机转化为机遇，在新媒体时代，鸵鸟方案已不再适用，积极主动的将信息迅速传递才是有效公关危机传播管理的保证。

14.2.3.2 有效公关危机传播管理策略

（1）在日常公关工作中，制订信息传播计划，根据时间有计划地、系统地传播企业相关信息。随时监控对企业可能造成威胁、并演化成危机的信息发布，建立一套完备的危机信息传播预警系统，将公关危机控制在萌芽状态，为企业良好公关形象的建立和信誉的维系开道。

(2) 在公关危机管理的部门内配备专门的传播沟通人员，专职从事在公关危机处理过程中的信息发布工作。在公关危机传播管理中，信息传播的途径、时机、内容、受众、方式和方法等不可能都是千篇一律的，这就需要专业的理论知识和丰富的实践经验作为基础，因此企业专门招聘或选调这方面的人才从事信息发布工作就显得非常重要。

(3) 通过调查研究，用事实说话，利用新闻媒体的优势来引导舆论发展的方向，避免企业因为谣言陷入危险的境地。在新媒体时代，只要有摄像头的手机，就能随时发布信息让大众知道发生了什么。但是眼见不一定为实，有时候涉及某一行业的专业知识，可普通的受众并不一定知道，在传播的过程中，谣言就产生了。出现这样的情况，企业不用气恼，更不需要与消息发布者发生口水战，本着真诚合作的态度与受众沟通，用事实和数据说话，自然能让利益相关的受众消除疑虑，转危为安。

(4) 通过议题管理，找到危机传播管理的重点，有效传播相关信息，提高危机管理的效率。国内外的学者列出了几十个危机之下媒体公众可能关心的议题，调查结果显示，有三大议题是最重要的：①局面是否得到了控制，也就是说现实状态如何；②危机为何发生，也就是危机的诱因何在；③危机当中的受害人是否得到了妥善安置，也就是说受害者的命运如何。一旦出事了，就集中精力回答这三个议题。其他议题不是不重要，而是越纠缠越混乱。

(5) 应对新闻媒体采访应注意细节问题。无论是传统媒体还是新媒体时代，新闻媒体都是企业公关传播的重要对象和手段，因此企业在与之沟通交流的时候要特别注意细节问题。在媒体采访之前，要做好充分的准备工作，设置一些假想问题，有备无患。在采访过程中，理解记者的一些追问和深究的态度，本着真诚合作的态度，积极配合。在采访结束后，注重后续交流沟通，随时准备相关信息，协助媒体进行后续的报道，跟新闻媒体保持比较近的新闻距离。在与新闻媒体交流中，选择有影响力的新闻发言人，例如企业的高层管理人员和知名人士，力图从信源上取信于人，引导媒体报道的方向。

14.2.3.3 构建基于竞争情报的企业公关危机预警机制

(1) 竞争情报作为一种智能决策支持工具，可以通过有计划地对相关信息的监测，为企业应对突发性危机事件提供事先预警、事中控制与事后复兴等途径与方法，从而将危机事件防患于未然。企业应该借鉴和应用竞争情报相关理论知识来指导企业危机管理实践，提高危机处理能力。

(2) 由于竞争情报能够有效感知外部环境变化和获取竞争对手信息，可以提高企业对外部环境变化的快速反应能力，促使企业研究制定有针对性的竞争战略，有效保护企业信息安全，实现企业信息情报共享，因而成为支持企业智能决策的有力工具。

(3) 在企业公关危机发生的大多数时候，企业外部人员获悉危机发生的消息要比企业内部人员更快更全面。特别是在网络和信息时代，在各种传媒的推波助澜作用下，各种消息可以通过互联网向全球实时传播，企业管理者对危机的处理往往处于被动状态，无法主动控制各种危机发生后导致的严重后果。因此，及时感知外部环境的变化，并对这些变化做出及时反应是现代企业可持续发展必不可少的有效手段。

由于竞争情报具有对企业威胁和机遇的早期预警功能、能够帮助企业决策者洞悉未来变化、避免各种市场环境风险，因此，竞争情报可以在企业公关危机中得到很好的应用，竞争情报可以为企业危机提供有效的理论支持与应用指导。

(4) 竞争情报在企业危机管理中的预警作用体现在：通过对企业所面临的市场环境、行业动态和竞争对手的分析，合理预测出未来可能的发展趋势；然后企业结合自身实际，展开对自身内部资源与能力的系统分析，设计出企业未来多种可能的发展前景；再运用理论推导方法对企业未来可能的发展态势进行详细描述、系统模拟和规划企业未来战略。公关危机中应用竞争情报的最大优点在于：管理者能及时发现未来变化的某些趋势，避免过高或过低估计未来发展变化及其影响。

(5) 竞争情报在企业公关危机预警过程中对环境的分析主要体现在以下几个方面：①分析企业所在行业当前面临的宏观环境，包括政治环境、经济环境、社会环境和技术环境，通常可以运用 PEST 分析工具进行分析。②确定企业在行业内外的竞争对手有哪些，通常可以运用迈克尔·波特的竞争五力模型来展开分析。③结合标杆分析方法分析当前行业内竞争对手的地位及行业内标杆企业未来可能采取的行动有哪些。④通过运用 SWOT 分析工具客观分析企业当前的优势、劣势、面临的威胁和机会，从而确定企业应对危机的决策措施。⑤运用价值链分析工具分析企业价值产生的源泉，从而区分企业生产经营过程中的基本活动和辅助活动。

企业运用竞争情报理论与方法来构建的公关危机预警机制主要包括：危机识别、风险评估、应对计划、跟踪分析、修正控制、沟通反馈六个方面。

14.2.4 重塑行业形象，破解“谈化色变”

案例 1：“万人出逃”

2011 年 2 月 10 日凌晨 2 时，有人传言，江苏响水陈家港化工园有化工厂发生毒气外溢，面临爆炸，导致镇区部分不明真相的群众产生恐慌情绪，纷纷逃往县城。在逃离过程中由于拥堵，发生交通事故并导致 4 人死亡。当日加入出逃大军的人群涉及陈家港镇等 4 个乡镇的 30 多个行政村，超过一万人。

发生爆炸谣言（谣言所称“毒气”其实是排空蒸汽）的陈家港化工园是江苏省级化工园区，2002 年投入使用，规划面积约 10 平方公里，设有化工生产区、生活服务区、污水处理区、化学危险品贮存区四大功能区。园区内分布 40 多个化工厂，主要从事医药、农药、生物化工制品、石油化工等。“万人出逃”的恐慌来自近几年园区发生的 2 起事故：2007 年 11 月 27 日，园区内的某公司发生爆炸，导致数十人伤亡；2010 年 11 月 23 日，园区内的某氯碱公司发生氯气泄漏，导致处于下风向的某公司 30 多名员工中毒。几乎所有接受采访的村民都表示对与化工企业“共同生存”感到恐慌和厌恶，“化工园区就像身边的一颗炸弹，不知道什么时候爆炸，整天心悬在半空中”。

案例 2：难产的 PX 项目

PX（p-xylene，对二甲苯）主要用于生产 PTA（对苯二甲酸），再进一步生产 PET（聚酯，可生产涤纶、饮料瓶、薄膜等）。PX 产量是一个国家石油化工发展水平的标志。2012 年，我国对 PX 的实际需求为 1385 万吨，已经成为全球最大的 PX 消费国，占全球消费量的 32%，但我国 PX 总产能仅为 880 万吨，自给率只有 63%。PX 在生产过程中一般不会被大量储存，随即被液相氧化为 PTA（所以更确切地说，应称为 PAT 项目）。就是这样的一个重要的、能安全生产的化工产品，因以全国政协委员、中科院院士、厦门大学化学系教授赵玉芬为首的 6 位院士的强烈反对，激发 2007 年 6 月 1 日的厦门“散步事件”，使厦门 PX 项目搬迁至漳州古雷半岛。随后，2011—2014 年，大连、宁波、昆明、九江、茂名接连爆发游行反对 PX 项目的事件，多地 PX 项目难产，使国家蒙受重大损失。

14.2.4.1 “谈化色变”的由来

上述事例表明，在我国社会中“谈化色变”的心理十分普遍，其原因有以下几方面。

(1) 公众环境诉求提高。在改革开放之初，很多人尚处于吃不饱、穿不暖的阶段，公众最想获得的利益就是提高经济收入，不用再为吃穿用发愁。“无工不富”，工业项目往往可以迅速带来经济利益，提高生活水平，公众可以获得的利益显而易见。在这样的大背景下，不仅上高污染、高能耗的项目很少有人反对，就连“五小”企业也是遍地开花。当温饱问题解决之后，公众逐步开始关注环境质量，对环境利益有了较高诉求。

(2) 化工属高风险、重污染行业，企业事故频发、污染严重，安全和治污，任重而道远，化工企业在公众心目中缺乏良好形象。我国大部分化工企业缺少责任关怀意识，没有将自律性的持续改进环保、健康及安全绩效的管理理念贯彻到化工企业的经营管理的全过程。

(3) 公众化工知识缺乏，这与我国缺少化工科普教学有关。人们一方面在享受现代化工带来的物质文明、科技成就，另一方面又在接受诸如“天然的就是健康”的谬论；加上不良商人制造的三聚氰胺、苏丹红等“有毒食品”事件，增强了化工在人们心目中的危害程度。

(4) 信息不公开、不对称。首先，社会在快速发展，公众的环保意识在不断增强，公众环境权利强化；其次，相当多的化工企业企业不重视与公众沟通，更缺少公关危机管理的意识和制度；再者，政府及有关部门不够尊重公众的知情权，缺少公关危机处理能力，不能有效化解公关危机。

(5) 在公关危机的关键时刻，需要权威发声，这一点很重要。如上述“万人出逃”事件，当地政府调查之后，10 日上午 6 点即开始通过手机短信、电台、电视台、网站等，向社会发布“既没有发生泄漏，也没有发生爆炸”的信息；中午响水县政府又举行新闻发布会，宣布该事件系由谣言引发的一起恐慌事件，使事态得到平息。但在“难产的 PX 项目”中，反对者有多名中国科学院院士，甚至在全国政协提案；相反，却未能及时听到政府和化工权威的声音及项目的国内外情况介绍，导致多地游行反对 PX 项目。

(6) 公众利益未得到满足，也是一个很重要的原因。

14.2.4.2 抓公关危机管理，重塑化工行业形象

我国化工行业发展至今日，“可持续”已经成为其最大挑战。化工行业要学习大亚湾的公关经验和做法，重塑“美丽化工”的行业形象。

(1) 建立公众参与机制。要建立和重视化工项目建设决策过程中的公众参与机制。化工企业对于引导公众认知、争取公众对化工项目的理解，具有不可推卸的责任。建设大型化工（化工园区）项目从立项、评估、审批到建设全过程实行信息透明公开，充分加强群众参与力度；包括决策程序、听证制度、仲裁制度，增强公众的参与度和法规的权威性。

(2) 平等对话，寻求各种利益的平衡。不管项目投资多大、工艺多先进，如果牵涉到民众利益的公共性问题，仅以“通告”、“告知”的形式单向传输，怎能在信息时代、权利时代赢得民众支持？公众激烈的表达背后，实际上是未被尊重的权利、未被满足的诉求，是没有被听见、被看见的情绪和声音。如果找不到各种利益诉求的平衡点，敏感项目，如：化工项目、垃圾焚烧站、移动通讯基站、高压变电站等，都会遭遇民意的狙击。建立公众表达的平台、疏通权利救济的渠道，才能下好这盘大棋。习近平同志指出，要防止出现“把我们党和人民群众隔开”的无形之墙。让权力与权利平等对话、政府与公众良性互动，才能打掉这堵无形之墙。

(3) 借鉴先进经验，以利益换利益。除了环境利益，公众还有其他的需求，比如教育、公共服务等需求，而且这样的需求同样迫切。台湾也曾经历过公众环保抗争阶段，最终消除“民愤”的方式是项目建设方实施的“环保回馈”：设立公园、图书馆、运动中心、温水游泳池等，供附近居民免费（或打折）使用，还有给予奖学金、申请各项小额补助等措施。

地方政府应当与公众真正站在一起，想公众之所想，急公众之所急，让公众可以获得的

综合利益最大化。公众的利益诉求解决了，原本令人讨厌的项目也许就不再讨厌，项目上马就迎刃而解了。

（4）加强科普宣传，提高公众对化工项目的认知度。在这方面，巴斯夫、陶氏、拜耳、杜邦等国际化工巨头们的做法值得借鉴。他们都分别举办面向公众的“开放日”活动，主动邀请公众参观工厂，让公众了解自己，通过信息交流与沟通，消除公众疑虑和担忧。

（5）重视舆论导向。“谈化色变”的背后既有公众对化工项目、化工生产的不了解，同时也不能排除部分媒体言论一定的误导。各级政府宣传、教育部门、行业协会、化工企业在加强对化工科普知识的传播的同时，还要重视舆论导向，加强宣传引导，为经济社会发展和重大项目建设创造良好的舆论环境。

（6）积极应对邻避效应。邻避效应（Not-In-My-Back-Yard）指居民或当地单位因担心建设项目对身体健康、环境质量和资产价值等带来诸多负面影响，从而激发人们的嫌恶情结，滋生“不要建在我家后院”的心理，以及采取强烈和坚决的、有时高度情绪化的集体反对甚至抗争行为。

应对邻避效应的措施有：①企业应坚持信息透明化，消除信息不对称对公众心理的负面影响。②项目应遵循社区自愿和企业满意的原则进行选址，主动寻找自愿性社区，不搞单厢情愿，也不依靠政府指定。③政府出面商谈受影响区域经济补偿制度，给项目所在地的发展机会损失、环境污染和生态恢复予以补偿，确保受影响区域的利益不受到损失。④完善政府与社会共同监管制度，引入第三方专业公司依法对项目建设营运进行指导、规范、监督与监测，加强社区监督，赋予社区一定的掌控权，强化政府的管理与监督作用。

（7）化工园区、化工企业要增强社会责任意识，要加强公共关系管理的机构、制度建设，加强公关危机的管理。为建设和谐社会、和谐社区而努力。

石油和化学工业是我国国民经济的基础产业和支柱产业，是一个国民经济和人民生活不可或缺、不可替代的行业，不发展绝对不行。要从长远的角度，从深层次化解危机，塑造“美丽化工”形象，就要做到：①坚持经济效益、环境效益、社会效益相统一原则，走“绿色低碳”发展之路，走与社区和谐发展之路。②利用自身独特的优势变“三废”为宝，用科学严谨的自动控制技术规避风险，并为其他工业行业的环境保护、安全生产提供技术支撑。③强化园区和大型项目规划的科学性、严肃性、权威性。要特别重视处理好石化基地与周边规划的关系，要进行充分的环境影响评估和社会风险评估，并由当地政府将环境影响评价信息向社会公开，同时要以法规的形式对布局规划调整进行必要的约束。④要更加重视群众诉求，保证公众利益的补偿。增加决策过程的透明度，完善涉及公共决策的公众参与机制、沟通机制、调处机制，实现重大决策的程序法制化。⑤要有效防范安全风险，实现化工项目的本质安全。必须完善各项安全、环保措施和基础建设，实行动态管理，制定完备的应急预案，并不断改进。⑥化工企业要严格自律，通过安全、环保的优良业绩让群众放心、安心。

化工企业的负面影响和误解由来已久，不可能一下子消除，欧美等发达国家在20世纪60、70年代也遇到过同样的问题，经过20年的努力，现在基本做到了与居民的和谐共处。和其他生产工艺过程一样，化学工业的所有生产环节都是可控的，化学工业的事故防范和污染的综合治理都是可以实现的。相信不久的将来，化工“妖魔化”终将消除，“谈化色变”的心理必将烟消云散。

14.3 日常行政管理

化工企业的日常行政管理一般由行政办公室（或行政科、总务处）来管理。行政部门，主要起着服务的职能，包括：文书管理、档案管理、印章管理、接待工作、会议管理、内保管理等。

14.3.1 文书、印章管理

文书是用来传递信息的重要工具。文书管理指的是对文书从产生到归档、废除的一连串管理过程。文书管理要按照一定的标准进行管理，主要包括收文处理和发文处理。

印章是公司经营管理活动中行使职权的重要凭证和工具，印章管理关系到公司正常经营活动的开展。为防止不必要事件的发生，维护公司利益，必须加强印章管理。

（1）文书管理的功能

文书管理的功能具体表现在以下四点：

① 不管何时何地，只要公司需要，就尽可能提供准确、及时的信息；

② 维持一个能保持企业信息开发、存储、检索、留存和处置的有效系统；

③ 保证企业的信息要求，进行有关文件、设备与程序的管理，制定标准和定期评价方法；

④ 有效地控制和处理公司文件。

（2）收文处理

一般包括登记、分办、拟办、批办、催办、归档等程序，在处理过程中应注意以下四点：

① 承办人应根据文件规定的传阅范围或领导批示安排传阅或办理；

② 上级发来的文件及所有密级的简报、资料和平级发来的文件，均由行政人员统一签发、开拆、登记、传阅、分发，并进行分类处理；

③ 凡需要办理的公文，应先送至行政办公室主管签批意见，再分送给有关部门办理或送领导批示后办理；

④ 加强公文检查催办工作。行政办公室主管对有领导批示的公文及本企业发出的文件要认真催促、催办，以防积压或漏办；企业各部门、各分厂发出的文件，需要汇报贯彻执行情况的，要及时检查反馈。

（3）发文处理

主要包括拟稿、审稿、签发等程序。

① 拟稿。文件拟稿是一项政策性、业务性很强的工作，具体要求如表 14-1。

表 14-1 文件拟稿要求

要求	具 体 说 明
主旨明了	根据上级文件精神和领导意图确定主旨，主旨要清楚明了，观点鲜明，解决实际问题
正确实际	如实反映情况，引用事实、数字、人名、地名等一定要核实无误
生动及时	文书内容表达要生动，材料讲究时效，切忌引用失效的文件内容
简洁生动	要求用简明扼要的语言表达意图，在字句上锤炼，符合文章规范化要求，切忌空洞无物
符合体例	选择恰当的文件类别，文稿采用与所选文件类别相统一的体例

② 审稿。文稿在送领导签发前，应由文件起草部门负责人审阅。

③ 签发。企业行政文件由分管领导签署意见后，由董事长（或总经理）签发。签发后，由行政办公室负责打印、盖章、装订、登记、分发。

（4）文书管理中的注意事项

企业文件是为完成企业组织目标服务的，文书管理注意点如表 14-2 所示。

表 14-2 文书管理注意事项

注意事项	具体内容
负责处理	建立严格管理制度，加强对相关人员保密纪律教育。文书传递过程中必须办理登记、签收、注销等手续，并按照收(发)文簿检查归档，以防流失。
形成文书	文件、会议记录，相关照片、图表、CD 等有保存价值的资料，都必须由承办人收集齐全，分类整理，在有关人员核对整理后及时归档。
登记销毁	没有存档价值和没有必要存档的公文，经档案室鉴定后销毁。销毁文件要办理签字登记手续
简化管理	简化审批程序，减少传递环节，缩短文件流程

（5）印章管理

印章管理主要包括企业公章、法人代表章、财务专用章、合同专用章。

① 公司印章、法人代表章由办公室专人保管，财务章由财务部门专人管理，合同章由相关业务部门管理。印章管理人员必须切实负责，不得将印章随意放置或转交他人。

② 印章管理人员对印章的使用及安全承担全部责任。印章使用必须在登记簿登记，严禁盖空白章或为外单位盖章。

③ 公司印章、法人代表章使用，必须经总经理审批。对未经审批而使用公章的行为，要追究当事人和保管人的责任，由此而产生的后果由当事人负责。

④ 因异地执行重大项目或完成重要业务需要携带印章出差的，须经公司总经理批准，并在使用时请示总经理或部门经理，携带者承担依法使用的责任，用后及时归还。

⑤ 涉及法律方面的文件使用印章，应由法律顾问审核。

⑥ 印章使用每半年核查一次，如有人员调整则应办理交接手续。

案例：某公司文书管理制度

第一章 总则

第 1 条 为使公司公文处理准确、及时，提高公文处理的工作效率和公文的质量，特制订本办法。

第 2 条 公司各部门与外界来往文书由行政办公室统一负责。

第 3 条 行政办公室指定人员负责来往文书的核稿及收发、拆封、登记、分发、稽催、校对、监印等事宜。

第二章 公文的种类

第 4 条 公司的通用公文种类

（1）请示。向上级部门请求请示、批准的事项。

（2）报告。向上级部门汇报工作、反映情况、提出建议、答复下级的请示事项。

（3）决定。对公司重要事项或重大活动作出安排。

（4）决议。经过会议讨论或议定，要求贯彻的事项。

（5）批复。上级答复下级的请示事项。

（6）通告。在公司范围内公布应当遵守或周知的事项。

（7）通知。传达、批转上级、同级、不相属部门的公文；传达要求下级部门协助或需要周知或共同执行的事项；发布规章、任免聘用事项。

（8）通报。表彰先进，批评错误，传达重要情况。

（9）函。对同级或不相属单位间相互介绍、商洽、询问、催办、答复某些问题，请有关部门批准。

（10）会议纪要。记载和表达会议重要精神及议定事项，要求与会单位共同遵守执行。

第 5 条 文书的保密等级划分

（1）绝密。指极为重要并且不得向有关人员泄露内容的文书。

（2）秘密。指次重要且所涉及内容不能向无关人员透露的文书。

(3) 机密。指不宜向公司以外人员透露内容的文书。

(4) 普通。指非机密文书。如果附有其他调查问卷之类的重要东西，则另当别论。

第三章　文书的收发

第 6 条　到达文书全部由文书主管部门接收，并按下列要点处置；

(1) 一般文书予以启封，分送各部门。

(2) 私人信件直接送收信人。

(3) 分送各部门若有差错，必须立即退回。

第 7 条　各部门的邮寄文书，必须于发送前在"发信登记本"上做好记录。

第四章　文书制作规范

第 8 条　文书格式

公文内容

发文号：由公司的代字、发文年发文顺序号组成，位于文头与界栏线上。

收文机关：向上级的请示、报告，一般只写一个主送单位，需同时报送另一个上级部门的，用"抄送"；对同级或下级则用"抄送"。

标题：对公文主要内容的概括和反映，是公文的眉目。

正文：公文的主体部分。

发文机关：制发文的单位，位于正文的右下侧，应写全称或通用简称。

公文日期：包括年、月、日，写在公文末尾，一般以印刷日期为准，重要公文以签发日期为准。

公文印章：加印在发文日期中间。

密级：保密文件注明密级。

附件：附件位于正文之后、印章之前，注明附件的序号、标题。

用纸格式：本公司公文用纸一律以 A4 为标准纸，左侧装订。

印装格式：公文均采用横书横排。单面印刷可在上端装订，双面印刷在左面装订。

装订可用钉装、胶粘办法。

第 9 条　文书的署名

(1) 公司内文书。如果是一般往来文书，只需主管署名；如果是单纯的上报文书或者不涉及各部门且内容不重要的文书，只需部门署名；如果是重要文书，按责任范围由总裁、副总裁、常务董事署名，或者署有姓名和职务。

(2) 对外文书。如合同书、责任状、政府许可申请书、回执、公告等重要文书，一律署总裁职务与姓名。如果是总裁委托事项可由指明责任者署名。上列规定以外的文书，也可署公司或分支机构主管的职务与姓名。

第 10 条　文书的盖章

(1) 在正本上必须加盖文书署名者的印章，副本可以加盖署名者或所在部门印章。

(2) 如果文书署名者不在，可加盖代理者印章，并加盖具体执行者印章。但在这种情况下，文书存档前必须加盖署名者印章。

(3) 以部门或公司名义起草的文书，须在旁侧加盖有关责任者印章。

第 11 条　文书制作注意事项

(1) 文书必须简明扼要，一事一议，语言措辞力求准确规范。

(2) 起草文书的理由包括起因以及中间交涉过程，并加以证明，附上相关资料与文件。

(3) 必须明确起草文书的责任者，并署上请示审批提案者姓名。

(4) 对请示提案文书进行修改时，修改者必须认真审阅原件，并且必须署名。

第五章　文书的整理与保存

第 12 条　文书的整理与保存

(1) 全部完结的文书，在结办后 3 天内，交行政主管归存，按"完整、有序"原则对文件整理、检查，按类别、年代立卷，分别按所属部门、文件机密程度、整理编号和保存年限进行整理与编辑，并在"文书保存簿"上做好登记，归档保存。

(2) 公司个人不得保存公司文件，凡参加会议带回的文件，应及时交行政部登记保管，调离公司的员工应将文件和记录本清理移交。

(3) 子（分）公司的文书分为两类：一类是特别重要的文书，直接归主管保存；另一类是一般的文书，留存各部门保管。

第 13 条　文书的保存年限

(1) 永久保存文书包括：章程、股东大会及董事会议事记录、重要的制度性规定；重要的契约书、协议书、登记注册文书；股票关系文书、重要的诉讼关系文书；重要的政府许可证件；有关公司历史的文书；决算书和其他重要的文书。

(2) 保存 10 年的文书包括：请求审批提案文书；认识任命文书；奖金工资与津贴有关文书；财务会计账簿、传票与会计分析报表以及永久保存以外的重要文书。

(3) 保存 5 年的文书，指不需要保存 10 年的次重要文书。

(4) 保存 1 年的文书，指无关紧要或者临时性文书。如果是调查报告则由所在部门主管负责确定保存年限。

第 14 条　注意事项

(1) 重要的机密条件，一律存放在保险柜或带锁的文件柜中。

(2) 保存期满及没必要继续保存的文书，经主管决定，填写销毁的理由和日期之后，予以销毁。机要文件一律以焚烧的方式销毁。任何个人不准擅自销毁文件，或以废纸出售。不需立卷的文件材料逐件登记报公司领导批准销毁。

(3) 销毁秘密级以上文件要进行登记，有专人监督，保证不丢失、不遗漏。

(4) 如果职务或部门划分发生变更或者做出调整，则必须在有关登记簿上注明变更与调整的理由，以及变更与调整后的结果。

(5) 必须做好重要文书的借阅登记工作，并注明归还日期。一切借阅都必须出具借阅证。

14.3.2　档案管理

企业档案，是指企业在生产经营和管理活动中形成的对国家、社会和企业有保存价值的各种形式的文件材料。

企业档案管理应按照《中华人民共和国档案法》及国家档案局《企业档案管理规定》(档发〔2002〕5 号）执行。归档范围和保管期限按照《企业文件材料归档范围和档案保管期限规定》(国家档案局令第 10 号，2012）执行。

14.3.2.1　企业档案管理机构及职责

化工企业都必须建立档案室。档案室一般由行政办公室负责管理，并设专（兼）职的档案管理员。企业档案工作接受地方档案行政管理部门的监督和指导。中央管理的企业制定本企业档案管理制度和办法须报国家档案局备案。

企业档案工作人员应当忠于职守，遵纪守法，具有相应的档案专业知识和业务能力。

企业负责档案工作的部门依法履行下列职责：

(1) 贯彻执行《档案法》等有关法律、法规和方针政策，制定本企业文件材料归档和档案保管、利用、鉴定、销毁、移交等有关规章制度；

(2) 统筹规划并负责本企业档案的收集、整理、保管、鉴定、统计和提供利用工作；

(3) 指导本企业各部门文件材料的形成、积累、整理和归档工作；

(4) 监督、指导本企业所属机构（含境外机构）的档案工作。

14.3.2.2　档案收集和整理

企业文件材料是指企业在研发、生产、服务、经营和管理等活动过程中形成的各种门类和载体的记录。凡属企业归档范围的文件材料，必须按有关规定向本企业档案部门移交，实行集中统一管理，任何个人不得据为已有或拒绝归档。

企业文件材料归档范围是：

(1) 反映本企业在研发、生产、服务、经营、管理等各项活动和基本历史面貌的，对本企业各项活动、国家建设、社会发展和历史研究具有利用价值的文件材料；

(2) 本企业在各项活动中形成的对维护国家、企业和职工权益具有凭证价值的文件材料；

(3) 本企业需要贯彻执行的有关机关和上级单位的文件材料，非隶属关系单位发来的需要执行或查考的文件材料；社会中介机构出具的与本企业有关的文件材料；所属和控股企业报送的重要文件材料；

(4) 有关法律、法规规定应归档保存的文件材料和其他对本企业各项活动具有查考价值的文件材料。

企业档案室对收集起来的档案应分门别类加以整理，使之系统化，便于查找。做好档案整理工作，应注意以下下几点：①一个企业形成的全部档案就是全宗。内部机构如业务处、科、室和车间所形成的档案则作为全宗的组成部分。②案卷分类。将全宗内档案按来源、产生时间和内容等原则进行分类。③案卷编立和排列。编立包括立卷、卷内文件的整理，案卷的装订和案卷封面的编目等；排列就是按一定的顺序使案卷体现出内在的联系。④编制案卷目录。案卷目录可以固定全宗内档案的分类体系和案卷的排列顺序，以便随时查找。

14.3.2.3 档案的保管

企业根据有关规定，确定档案保管期限，划定档案密级。企业档案的保管期限定为永久、定期两种，定期一般分为30年、10年。

(1) 永久保管的企业管理类档案

① 本企业设立、合并、分立、改制、上市、解散、破产或其他变动过程中形成的文件材料，本企业董事会、监事会、股东会的构成、变更、召开会议、履行职责和维护权益的文件材料；

② 本企业资产和产权登记、评估与证明文件材料，资产和产权转让、买卖、抵押、租赁、许可、变更、保护等凭证性文件材料，对外投资文件材料；本企业资本金核算、确认、划转、变更等文件材料，企业融资文件材料；

③ 本企业关于重要问题向有关机关和上级主管单位的请示、报告、报表及其复函、批复，有关机关和上级单位制发的需本企业办理的重要文件材料，行业协会、中介机构等对本企业做出的重要决定、出具的审计、公证、裁定等重要文件材料，本企业与其他组织和个人形成的重要合同、协议及补充协议等文件材料；

④ 本企业发展规划、战略决策、重大改革、年度计划和总结文件材料，内部管理制度、规定、办法等文件材料；

⑤ 本企业机构演变，人力资源管理的重要文件材料；本企业涉及职工权益的其他重要文件材料；企业文化建设文件材料；

⑥ 本企业经营管理工作的重要文件材料；

⑦ 本企业生产技术管理工作的重要文件材料；

⑧ 本企业行政管理工作的重要文件材料；

⑨ 本企业党群工作的重要文件材料；

⑩ 新闻媒体对本企业重要活动、重大事件、典型人物的宣传报道；

⑪ 有关机关和上级主管单位领导、社会知名人士等重要来宾到本企业检查、视察、调研、参观时的讲话、题词、批示、录音、录像、照片及企业工作汇报等重要文件材料；本企业参与国家和社会重大活动的重要文件材料，本企业职工参加省级以上党、团、工会、人大、政协等代表大会形成的重要文件材料；

⑫ 本企业直属单位、所属、控股、参股、境外企业和机构报送的关于重要问题的报告、请示和批复等文件材料。

(2) 定期保管的企业管理类档案

① 本企业资本金管理、资产管理的一般性文件材料，本企业涉及职工权益的一般性文件材料；

② 本企业部门工作或专项工作规划，半年、季度、月份计划与总结等文件材料；

③ 本企业召开会议、举办活动的一般性文件材料，发布的一般性公告；

④ 本企业经营管理工作的一般性文件材料；

⑤ 本企业生产技术管理工作的一般性文件材料；

⑥ 本企业行政管理工作的一般性文件材料；

⑦ 本企业党群工作的一般性文件材料；

⑧ 本企业关于一般性问题向有关机关和上级主管单位的请示、报告、报表及有关机关和上级主管单位的复函、批复，有关机关和上级主管单位、行业协会制发的需本企业贯彻执行的一般性文件材料和对本企业出具的一般性证明文件，本企业与其他单位和个人形成的一般性合同、协议文件材料；

⑨ 直属单位、所属和控股企业一般性问题的请示、报告、来函与本企业的批复、复函等文件材料；

⑩ 本企业参与国家和社会活动的一般性文件材料，本企业职工参加省以上党、团、工会、人大、政协等代表大会形成的一般性文件材料；本企业接待重要来宾的工作计划、方案等一般性文件材料。

企业经营管理、生产技术管理、行政管理、党群工作等管理类档案保管期限见《企业文件材料归档范围和档案保管期限规定》文件的附件：《企业管理类档案保管期限表》。企业产品生产和服务业务、科研开发、基本建设、设备仪器、会计、干部与职工人事等文件材料的归档范围和档案保管期限，按国家有关规定、标准，结合企业实际执行。

14.3.2.4 档案的鉴定和利用

企业对保管期限已满的档案进行鉴定。对确无保存价值的档案登记造册，经行政部门负责人及有关负责人和档案员鉴定，报经企业法定代表人批准后进行销毁。

企业档案现代化应与企业信息化建设同步发展，不断提高档案管理水平。

企业档案部门应积极做好档案的提供利用工作，努力开发档案信息资源，为企业提供及时、有效的服务。企业必须为政府有关部门、司法部门依法执行公务提供真实、准确的档案。

14.3.3 接待管理

企业在运营的过程中，必然要跟政府、供应商、客户、社会团体等单位打交道，企业行政办公室作为对外窗口，负责来访单位或个人的接待工作。适宜的接待工作，可以帮助企业树立良好的形象，与政府、相关企业、社团建立良好的关系。

接待来访客人是一门艺术，接待工作是企业公共关系工作的一部分。企业行管人员一定要重视接待工作，在接待过中应注意以下方面：

(1) 热情诚恳。这是接待来访客人的基本要求。对于来访者，不论其身份、职位、资历、国籍如何，接待者都应平等待之，热情诚恳，不卑不亢，落落大方。其热情、友好的言谈举止，往往能使来访者产生一种温暖、愉悦的感觉。这样，就能拉近彼此间距离，能够在一种融洽和谐的气氛中商谈业务或其他事项。

(2) 注重礼仪。在礼仪之邦的我国，接待过程中更应注意以礼待人，体现企业接待人员的礼仪素养。礼仪表现在以下几个方面：仪表方面保持衣着得体、面容亲切、和蔼友善；举止方面稳重端庄、风度自然、从容大方；言语方面声音适度、语气温和、温文尔雅。

(3) 细致周到。企业接待工作往往会涉及许多部门和人员，尤其是一些较正式的大规模接待工作，极为具体而琐碎。因此，负责接待工作的人员务必要综合考虑，把工作做得细致入微、有条不紊、善始善终。也就是要一环扣一环，一丝不苟地做好每一件事，切忌有头无尾、缺少章法。总之，整个接待工作都要周全考虑，某个环节的失误往往能使客人觉得不受重视甚至视为侮辱，这就可能影响大局，导致工作被动。

(4) 遵守规章。接待并非极为随意的人际交往，它要求达到一定的效果。因此，企业都制定有较完善的规章制度，负责接待的人员也务必严格执行这些规章制度。规章制度涉及的内容通常有：不擅自提高接待标准；重要问题随时请示汇报；不得随意表达自身职责范围以外的事项；不准向客人索要礼品，对方主动赠送应婉言谢绝，无法谢绝要及时汇报，由组织处理；区别接待风俗习惯各不相同的来访者等等。

(5) 厉行节约。接待工作需要人力、物力、财力的投入，对企业来说无疑是一项消费活动。因此，在接待过程中，企业应厉行节约，精打细算，勤俭务实。形式主义、摆阔气、讲排场、大吃大喝、奢侈铺张等不正之风都是企业接待活动中极为忌讳之事，负责接待人员要从节约考虑，既使客人满意，又使企业少花钱。

(6) 注意保密。某些重要的接待工作会涉及一些机要事务、重要会议、秘密文电资料等，这就要求，负责接待的人员一定要有较高的素养，接待中以及接待后都要保守秘密，以免给企业带来损失。作为接待人员，可能要接触各色人等，因此要加强自身保密意识，在迎来送往中尤其要注意自己的言谈举止，要内外有别，对涉及企业秘密的问题要巧妙避过，让来访者知难而退。

(7) 接待场所。根据来客情况，安排接待场所：重要客人根据人数安排在贵宾室或小会议室；业务室用于业务接待；会客室用于普通接待。除总经理室、部门经理室以外，综合办公区域不得接待客人。如客人已进入综合办公区域，应礼貌地邀请他到指定区域休息等待。

14.3.4 会议管理

会议是企业讨论议事、做出决策的场合，是指有组织、有领导的聚众议事。内容一般包括商讨问题、检查部署工作、总结经验以及进行决策等。会议是解决问题的手段之一，是领导工作的一种重要方式。

14.3.4.1 会议的类型

企业的会议类型是多种多样的，不同的会议其内容与功能也大相径庭。选择不同的会议方式应根据会议的目的或目标而定。同时，不同的会议类型对会议的召开时间、地点的需要也有所不同。所以，在我们考虑会议程序时，应该首先明白所筹划的是什么样的会议。主要的会议类型有：

(1) 董事会会议。由公司董事出席，定期或不定期召开。一般在董事会专用的会议室由董事长召集或由董事长授权委托的人召集，讨论、研究企业发展的重大事项和战略、政策等。

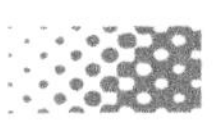

（2）公司股东年会。每年至少召开一次，由公司的股东就重大问题进行讨论、表决通过董事会提交的事项，形成股东大会决议。

（3）管理人员会议。由公司经营决策层人员参加，讨论解决企业经营管理的具体问题。

（4）研讨会议。这一类型的会议目的是收集信息并进行务虚，在会议过程中应尤其注重开放式、民主式的意见交流与意见反馈。

（5）专业会议。在一定范围内就某一领域的具体问题进行主题讨论，一般规模较大。

（6）员工大会。全体员工参加，一般由发言人做主题报告。

（7）销售会议。安排销售工作、布置销售任务、总结销售工作的专门会议。

（8）产品、成果发布会。向消费者介绍及推广某种产品，或对某项成果予以宣传、发布。

（9）奖励、表彰会议。表彰、奖励工作出色的员工为主要内容的会议，是企业的一种重要的激励手段。

（10）培训会议。培养提高员工素质的专门会议，这一类会议的时间往往不止一天，需要时间、地点、人员集中，有时在培训结束后还要进行一定的考核。

（11）其他一些特殊会议。为了与企业员工建立良好的沟通方式，经常有一些茶话会、晚餐会及一些娱乐活动。这样的会议应注意选择适宜的环境和场所。

总之，企业针对不同的情况，可以采用不同的会议类型。

14.3.4.2 会前准备

会议管理作为一个过程管理，会前准备是其第一个步骤。通常，大型会议的准备往往需要按照严格的程序进行。一般来说，企业的会前准备有以下工作。

（1）确定与会者。作为会议的主体，与会者的确定无疑是十分重要的。出于对会议成本的控制，应该控制与会者数量。但这种控制不以降低会议的目的和效果为代价。所以，确定与会者应该考虑以下因素：①与会者是不是必要成员；②与会者是不是直接参与会后执行；③与会者是否有利于会议目标的实现。

（2）选择开会的时间。选择合适的开会时间，确保与会者可以按时出席，积极参与，使会议取得好的效果。因此，确定开会时间应该考虑以下因素：①调查了解与会者方便的时间段，尽量不打乱与会者原来的时间计划安排；②注意选准会议中心人物的最佳开会时间段，确保其能集中精力，安心开会；③开会时间尽量不要与企业重要的经营活动发生冲突，避免打乱企业正常的运行秩序；④尽量开短会，可以保证参会者精力旺盛，达到最佳的开会效果。

（3）选择开会的地点。会场的选择是否合适，会议地点的物质条件、环境氛围等都会对与会者的情绪产生影响，而且还要考虑到会场硬件设施的条件。所以，应考虑：①会址的环境是安静的场所；②会场有足够的照明设施，并保持良好的通风及适宜的温度；③会场的空间合适，过于空旷和过于狭窄都会影响会议效果。

（4）会场布置。会场布置应着重做好以下几方面的工作：①合理安排会场空间，既要便于与会者进出通畅，又要保持会场紧凑的格局；②认真细致地做好设备的调试工作，及会议用品发放，登记清晰、管理统一。

（5）拟订会议日程。即拟订会议的程序表，让与会者事先对会议有所了解，以便提前做好准备。一般来说，会议日程由会议筹备部门提出草案，经分管领导审定后确定，包括：会议内容、讨论事项、与会者姓名、会议的时间地点、会议事宜的时间分配等。

（6）会议通知。在确定了会议的议题、召开的时间、地点和场所等事宜后，应该及早印发会议通知。其内容应包括会议的时间、地点、出席人员、会议内容以及日程等，并且应提示与会者尽早给予明确答复，或返还出席会议的回执，以便统计与会者名单。

14.3.4.3 会中工作

在会议进行的过程中，往往有许多会务工作需要处理。而这些会务工作的质量高低，会直接影响到会议的进程和效率。可以说，处理好会中事务是会议管理的重要环节，它为会议的成功进行提供了条件和保证。会务工作包括以下几个方面：

(1) 会议签到。目的是为了准确、及时统计会议的出席人数。一般来说，与会者进入会场都要签到。并且，有些会议只有在达到规定的人数后才能召开。而准确、及时的人数统计也为会议工作的有序安排提供了方便。

(2) 会场服务。①引导座位，②分发会议的文件资料，③维持会场秩序，④信息传递，⑤记录笔、纸等服务，⑥茶水等服务。

(3) 会议记录。会议都需要有记录，会议记录包括两个部分：①记录会议的组织情况，包括会议的名称、时间、地点、与会人员等；②记录会议的内容，包括会议的议题、发言情况、通过的决议、决定等。会议记录至关重要，它是会议内容和进程的客观记载，同时，也是重要的档案资料。

14.3.4.4 会后工作

一个会议要取得真正的成功，不仅取决于会议过程的顺利与否，更在于会议的决议和精神是否真正被贯彻执行。因此，在会议结束之后，仍有许多总结和落实的工作需要认真去做。否则，会议就变成了纸上谈兵，没有任何实际的指导意义。会后工作有以下几个方面：

(1) 会务工作总结。对会议组织及服务工作的全过程进行总结，找出其中的漏洞与不足，从中吸取经验教训，避免再次犯错。同时，对会议工作人员进行表彰与鼓励。

(2) 会议纪要。为更好地贯彻执行会议精神，会议结束后，通常要根据会议宗旨和精神撰写会议纪要印发给有关部门。会议纪要是纪实，必须反映会议的真实意思，不应掺杂个人的主观意见。同时，会议纪要必须简明扼要，语言精练概括，内容全面、条理清晰、主次得当。

案例：某公司的会议管理制度

第一章 目的

第 1 条 为了使公司的会议管理规范化、有序化，减少不必要的会议，缩短会议时间，提高公司会议效率，特制定本制度。

第 2 条 公司级会议，指公司员工大会、全公司技术人员及各种代表会议，应经总经理批准，由各相关部门负责组织召开，公司领导参加。

第 3 条 专业会议，指公司性的技术、业务综合会，由分管公司领导批准，主管业务部门负责组织。

第 4 条 各车间、部门召开的工作会议，由各车间、部门领导决定召开并负责组织。

第 5 条 班组（小组）会由各班组长决定并主持召开。

第 6 条 上级或外单位在公司召开的会议（如现场会、报告会、办公会等）或公司业务会（如联营洽谈会、用户座谈会等），一律由公司受理安排，相关部门协作做好会务工作。

第二章 会议管理

第 7 条 会议准备

(1) 明确参会人员；

(2) 选择开会地点：会场地点的环境要保证内外干净、卫生、安静、通风、照明效果好、室温有利于开会等。

(3) 会议日程安排：会议的举办时间要事先告知参会人员，要保证参会人员能准时列席会议。

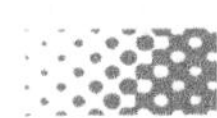

会议日程安排表

会议日期	时间	地点	内容	备注

(4) 会场布置：一般情况下，会场布置应包括会标（横幅）设置、主席台设置、座位放置、台卡摆放、音响安置、鲜花摆设等，会场布置和服务有特殊要求的按特殊要求准备。

(5) 会议通知：会议通知应包括参会人员名单、会期、开始时间、地点、需要准备的事项及要求等内容。

会议通知单

召开会议部门		会议组织部门	
会议召开时间			
会议召开地点			
会议议题			
参会人员			
参会人员相关准备工作			
注意事项			
会议组织部门联系方式			

第 8 条　会中管理

(1) 人员签到：应有《参会人员签到表》，参加会议人员在预先准备的签到簿上签名以示到会。

(2) 会场服务：主要包括座位引导、文件分发、维护现场秩序、会议记录、茶水服务、处理会议过程中的临时突发性问题等工作内容。

会议记录人员应具有良好的文字功底和逻辑思维能力，能独立记录并具有较强的汇总概括能力。会议记录应完整、准确，充分记录会议的主要精神，字迹清楚可辨。

第 9 条　会后管理

会后管理主要包括整理会议记录、形成纪要、决议等结论性文件，检查落实会议精神，并将材料分发存档以及做好会务总结等工作。

会议记录人员应在×个工作日内草拟会议纪要，经行政部领导审核后，由会议主持人签发。会议纪要应充分体现会议精神，并具有较强的可操作性。

第三章　会议安排

第 10 条　为了避免会议过多或重复，公司正常性的会议一律纳入例会制，原则上要按例行规定的时间、地点、内容组织召开。

第 11 条　其他会议安排

(1) 凡涉及多部门负责人参加的会议，均需于会议召开前×日经部门或分管公司领导批准后，分别报办公室汇总，并由公司办公室统一安排，方可召开。

(2) 行政部每周六应将全公司例会和各种临时会议，统一平衡编制会议计划并装订、分发到公司相关部门。

(3) 已列入会议计划的会议，如需改期或遇特殊情况需安排新的其他会议时，召集部门应提前×天报请公司人事行政部并经公司相关领导同意。

(4) 对于参加人员相同、内容接近、时间相适的几个会议，公司有权安排合并召开。

(5) 各部门会期必须服从公司统一安排，各部门小会不应安排在与公司例会同期召开（参会人员不发生时间上的冲突除外），应坚持小会服从大会，局部服从整体的原则。

部分例会会议内容说明

会议类型	内　　容
总经理办公会	研究、部署行政工作，讨论决定公司行政工作的重大问题；总结评价当月生产行政工作情况，安排布置下月工作任务
经营管理大会或公司员工大会	总结上季度(半年、全年)工作情况，部署本季(半年、全年)工作任务，表彰、奖励先进集体、个人
经营活动分析会	汇报、分析公司计划执行情况和经营活动成果，评价各方面的工作情况，肯定成绩，指出问题，提出改进措施，不断提高公司经济效益。
质量分析会	汇报、总结上月产品质量情况，讨论分析质量事故(问题)，研究决定质量改进措施
安全工作会	汇报、总结上月安全生产、治安、消防工作情况，分析处理事故，检查分析事故隐患，研究确定安全防范措施
技术工作会	汇报、总结当月技术改造、新产品研发、项目申报等情况
生产调度会	调度、平衡生产进度，研究解决各车间、部门不能自行解决的重大问题
各部门例会	检查、总结、布置本部门工作

第五章　会议注意事项

第 12 条　会议注意事项

(1) 发言内容是否偏离议题；

(2) 发言目的是否出于个人的利益；

(3) 全体人员是否都专心地聆听发言；

(4) 发言者是否过于集中于某些人；

(5) 某个人的发言是否过于冗长；

(6) 发言的内容是否朝着结论推进；

(7) 在必须延长会议时间时，应取得大家的同意后再决定延长会议时间。

第 13 条　会议禁忌规定

(1) 严格遵守会议时间；

(2) 发言时间不可过长（原则上以×分钟为限）

(3) 发言内容不可对他人进行人身攻击；

(4) 不可打断他人发言；

(5) 不要中途离席

第六章　附则

第 14 条　公司行政部负责本制度的制定、发放、修改、废止之起草工作。

第 15 条　总经理负责本制度的核准工作。

第 16 条　本制度从颁布之日起执行。

14.3.5 内保管理

内保管理，即企事业单位的“内部治安保卫工作”管理。

《企事业单位内部治安保卫条例》(国务院令第 421 号，2004）规定，研制、生产、销售、储存危险物品的单位是治安保卫重点单位。所以，大部分化工企业都是治安保卫重点单位。

单位内保工作贯彻预防为主，单位负责、突出重点、保障安全的方针。内保工作应当突出保护单位内部人员的人身安全，单位不得以经济效益、财产安全或者其他任何借口忽视人身安全。

单位的主要负责人对本单位的内部治安保卫工作负责。单位应当根据内部治安保卫工作需要，设置治安保卫机构或者配备专职、兼职治安保卫人员。治安保卫重点单位应当设置与治安保卫任务相适应的治安保卫机构，配备专职治安保卫人员，并将治安保卫机构的设置和人员的配备情况报主管公安机关备案。

(1) 内保工作的要求

① 有适应单位具体情况的内部治安保卫制度、措施和必要的治安防范设施；

② 单位范围内的治安保卫情况有人检查，重要部位得到重点保护，治安隐患及时得到

排查；

③ 单位范围内的治安隐患和问题及时得到处理，发生治安案件、涉嫌刑事犯罪的案件及时得到处置。

(2) 内保制度的内容

① 门卫、值班、巡查制度；

② 工作、生产、经营、教学、科研场所的安全管理制度；

③ 现金、票据、印鉴、有价证券等重要物品使用、保管、储存、运输的安全管理制度；

④ 单位内部的消防、交通安全管理制度；

⑤ 治安防范教育培训制度；

⑥ 单位内部发生治安案件、涉嫌刑事犯罪案件的报告制度；

⑦ 治安保卫工作检查、考核及奖惩制度；

⑧ 存放有爆炸性、易燃性、放射性、毒害性、传染性、腐蚀性等危险物品和传染性菌种、毒种以及武器弹药的单位，还应当有相应的安全管理制度；

⑨ 其他有关的治安保卫制度。

(3) 内保机构、治安保卫人员应当履行职责

① 开展治安防范宣传教育，并落实本单位的内部治安保卫制度和治安防范措施；

② 根据需要，检查进入本单位人员的证件，登记出入的物品和车辆；

③ 在单位范围内进行治安防范巡逻和检查，建立巡逻、检查和隐患整改记录；

④ 维护单位内部的治安秩序，制止发生在本单位的违法行为，对难以制止的违法行为以及发生的治安案件、涉嫌刑事犯罪案件应当立即报警，并采取措施保护现场，配合公安机关的侦查、处置工作；

⑤ 督促落实单位内部治安防范设施的建设和维护。

化工企业应建立如《车辆出入登记表》、《物资出门单》、《消防器材管理》等制度。应当在公安机关指导下制定单位内部治安突发事件处置预案，并定期进行消防等演练。

单位内部治安保卫人员应当接受有关法律知识和治安保卫业务、技能以及相关专业知识的培训、考核。应当依法、文明履行职责，不得侵犯他人合法权益。治安保卫人员依法履行职责的行为受法律保护。

(4) 当地公安机关指导、监督单位内保工作，并履行下列职责

① 指导单位制定、完善内部治安保卫制度，落实治安防范措施，指导治安保卫人员队伍建设和治安保卫重点单位的治安保卫机构建设；

② 检查、指导单位的内部治安保卫工作，发现单位有违反本条例规定的行为或者治安隐患，及时下达整改通知书，责令限期整改；

③ 接到单位内部发生治安案件、涉嫌刑事犯罪案件的报警，及时出警，依法处置。

14.4 后勤事务管理

“后勤”的原意是对军队组织实施物资供应、医疗救护、装备维修、交通运输等各项专业勤务保障的总称。

“后勤”一词被民间广泛使用，人们把不直接从事生产、经营、科研、教学等活动，而提供保障、服务的工作称为后勤工作，“机关后勤”、“企业后勤”、“学校后勤”、“科研后勤”等提法纷纷出现。

从职能上看，组织后勤工作分为行政管理职能和服务职能。

① 行政管理职能，主要指行政财务管理、房屋管理、基本建设管理、物资设备管理、

环境秩序管理、后勤服务的规划、协调与监督管理等。

② 后勤服务职能，是指为本组织（单位）工作和员工生活提供保障的各项劳务和技术服务的职能。主要有：服务中心（服务公司）及食堂、车队、医务室、服务班、技工班、电话班、浴室、理发室、小卖部、洗衣房、锅炉、幼儿园、疗养院、休养所、礼堂、印刷厂、房屋修建队、绿化副食品生产基地、宾馆招待所、后勤服务经济实体等。

从性质上看，组织（单位）后勤工作大致可划分为三种性质，即：后勤管理性工作、后勤服务性工作和后勤经营生产性工作。

我国的现代化工企业，后勤工作已剥离了大量的社会生活服务职能，后勤事务工作由行政办公室负责管理，或由专职的总务后勤部门管理。故本节涉及的主要内容有：车辆管理，食堂管理，宿舍管理，办公、生活用品管理，绿化环境管理，房屋（基建）管理。

14.4.1 车辆管理

公司车辆分为专车及公务车。专车是指公司为高级管理人员或特聘人员配备的车辆，公务车是指除上述专车以外的所有车辆。所有车辆由行政办公室负责管理。

（1）车辆管理

① 行政办公室负责所有车辆管理工作，包括车辆调派、维修保养、费用核算、车辆年检、证照管理、车辆保险及司机管理。

② 专车实行月费用包干，额度内凭票据报销，超过部分专车使用人自理。

③ 公司所有车辆原则上由专职司机（包括专车使用人）驾驶。公司其他持有驾照人员驾驶车辆必须填写《车辆使用申请单》，经批准后方可使用。

④ 专职司机（包括专车使用人）应每周对车辆进行检查和保养，确保行车安全。

⑤ 车辆回厂，应停放在公司指定车位。

（2）车辆派出使用

① 公务车使用实行派车制度。使用人向行政办公室提出申请并填写由办公室主任签字后安排司机出车。

② 公务车设置《车辆行驶记录表》，专职司机使用前应核对车辆里程表与前一次记录表是否相符。使用后应记录形式里程、时间、地点、用途、费用等事项，并由乘坐人签字证明。司机对发生的票据编号整理，以便报销核对。

（3）车辆维修保养

① 车辆日常维修保养由专职司机或专车使用人负责进行。

② 车辆故障需送维修厂保养，应先填写《车辆维修申请单》，行政办公室主任批准后由专职司机送指定维修厂保养。

③ 专职司机提车时应认真检查维修质量，核对维修费用是否合理、准确，然后才签字确认。提车人对维修费用的真实性负责。

（4）车辆保险

① 公司所有车辆，由公司行政办公室统一办理和支付保险费用。

② 车辆投保险种及标准按规定执行，不得私自增加或减少投保险种，也不得私自提高或降低投保额度。

③ 车辆保险索赔事件，行政办公室应在第一时间与保险公司取得联系，办理索赔手续。

（5）违章及事故处理

① 因无证驾驶、酒后驾驶、私自借车给他人使用而违规或发生事故，由驾驶人全部承担责任。

② 违反交通规则罚款，公司和司机个人各承担一半。驾照扣分由当事人负担。

③ 发生事故造成车辆损坏或需向受害人赔偿，在扣除保险额后的差额，视情况由公司和个人按比例承担。

14.4.2 食堂、宿舍、环境等管理

14.4.2.1 食堂、宿舍管理

食堂、宿舍管理的要求见表 14-3、表 14-4。

表 14-3 食堂管理的要求

要　求	具体内容
食堂工作环节，工序要求	认真负责，全面管好主副食品计划安排、采购验收、仓库保管、账目结算、成本费用摊销、生活调剂、卫生管理、机械使用、炊具摆放等各个工序及环节。
食堂伙食供应要求	经常组织厨师以及全体炊事人员，共同研究如何搞好食堂伙食供应，并根据季节变化及就餐人员的要求，尽量的变换饭菜品种，确保伙食供应正常，价格公道，质优量足。
食堂经济要求	定期做好食堂结算并公布，检查食堂的盈亏状况并想方设法扭转亏损局面。
食堂卫生要求	按照《食品卫生法》，做好食堂的清洁和卫生工作。食堂所加工制作的一切食物和库存的各种原料以及操作室、餐厅、机械用具、个人卫生都要达到卫生标准。
食堂购买原材料要求	了解市场行情，认真做好采购工作，所购买的伙食原材料应确保新鲜、物美、价廉。要根据季节变化而做好蔬菜等的采购和贮藏工作，确保食品的正常供应。
服务水平	广泛听取就餐人员的意见，想方设法改进管理，努力提高食堂员工整体服务水平和服务质量。

表 14-4 宿舍管理的要求

要　求	具体内容
完善住宿设施	宿舍内应设置总服务台和楼层服务台，根据需要及条件设置，要保证宿舍内采光、通风条件良好，有充足的空间，提供必要的用具。
制定管理办法	制定管理细则，经企业行政管理部门批准后，通知住宿员工严格执行。
统一安排住宿	受理企业员工的住宿申请，统一安排员工住宿。管理人员做好住宿登记台账，设置住宿职工一览表，准确掌握员工房间安排情况。
宿舍卫生、安全检查	定期做好宿舍区域内的卫生、安全检查工作(水、电、煤气的使用)，及时督促住宿员工做好宿舍内务和卫生工作，提高宿舍安全意识。
宿舍维修工作	受理企业住宿员工的宿舍报修工作。
宿舍治安工作	在宿舍走廊或适当位置，安装监控探头，防止偷盗等不正常行为发生。

14.4.2.2 绿化、环境管理

一个舒适、优美、整洁的工作环境，是每个企业所追求的。良好的企业环境，可以帮助企业树立良好的形象，培养企业员工良好的卫生习惯和工作作风，提高员工的工作效率和工作质量。

企业工作环境的好坏直接影响员工的敬业度，它与管理者的管理水平和激励员工的方法直接相关，同时它直接影响着组织绩效的好坏。所以企业必须重视环境卫生、绿化管理等工作。每个企业都必须制定卫生管理、绿化工作制度，并严格执行。

现在有许多企业，把食堂、绿化、环境卫生等业务外包出去，即企业整合使用外部优秀的专业化资源，从而达到降低成本、提高效率一种管理模式。

企业实施业务外包，可以将非核心业务转移出去，借助外部资源的优势来弥补和改善自

己的弱势，从而把主要精力放在企业的核心业务上，根据自身特点，专门从事某一领域，某一专业业务，从而形成自己的核心竞争力。

14.4.2.3　办公、生活用品管理

办公、生活用品等低值易耗品是企业工作人员日常工作中不可缺少的工具。如果缺乏适用而必要的办公用品，就会给工作带来很大的不便，甚至无法工作。

对办公、生活用品等低值易耗品管理，倡导健康优质、绿色环保、勤俭节约的原则。

行政办公室应根据使用情况，制定采购、领用（或使用）、保管的管理制度。企业加强这方面的工作，可以有效地控制低值易耗品的开支。

编制月度采购计划，经批准后集中采购，确保办公、生产、生活中的使用。

领用需经部门负责人签字审核，个人不得随意领用。

14.4.3　房屋（基建）管理

公司房产是指在公司属地上的一切房屋建筑物，主要有行政办公用房、生产用房、生活用房、后勤服务用房以及各类附属厂房，其产权属公司所有。

（1）房屋管理部门的职责

① 公司房产管理、维修、改建及扩建，负责拟定用房分配、调整方案和房屋建设维修的意见。

② 负责房屋建筑（内、外墙、地面、屋面、门、窗等）、水电、供暖设施、消防设施的维修和维护保养。

③ 负责公司房产台账管理。办理房产产权登记手续和房地产档案管理。

④ 负责房屋新建工程立项报批，组织新建工程施工和验收。

（2）房屋使用管理

① 公司房产实行统一管理，由用房部门提出申请，经主管领导签字，总经理审批，行政办公室统一安排调配使用。

② 用房部门未经批准，不得私自占用或调换用房，不得私自出租用房、不得私自改建、扩建，破坏房屋主体结构和改变用途。因机构调整，用房部门要按时办理用房退交及调整手续。

③ 行政办公室随时检查用房部门房屋使用情况，发现闲置用房及时调整，或收回另行调配。

④ 费用管理。严格区分公共消费和私人消费，及时收缴电费、水费、取暖费等生活费用。

（3）房产维修、维护与改造

① 为保证房屋正常使用，延长房屋使用寿命，行政办公室负责编制年度房屋维修计划、施工方案和项目工程预算，并对大、中、小维修项目及新建、改建、扩建工程项目，分别提出维修计划和施工方案，上报公司立项。待批准后，通过招标或邀标的方式，确认维修单位进行工程项目实施。

② 用房部门房屋需要进行局部维修项目时，由用房部门到行政办公室登记，并填写《维修项目报告单》。行政办公室派员到现场实地察看，确认维修设计方案和预算维修资金。

③ 单项维修项目金额在1000元以内的立项工程预算，需经用房部门主管签字，报行政办公室主管签字审批，由行政办公室直接安排维修。

④ 维修项目金额在1000元以上的立项工程预算（涉及房屋主体结构的要由设计部门论证），需经用房部门主管签字，报行政办公室主管签字审批，报总经理签字批准。由行政办

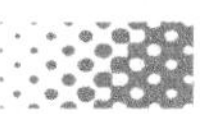

公室组织施工，施工结束后对维修项目组织验收，并由用房部门签字认可。

（4）基建项目管理

① 根据公司发展规划，参与编制和实施建设的总体规划和年度基建计划。新建、改建、扩建工程项目，由公司办公会议研究，经总经理批准后执行。根据确定的基建项目，做好施工前的各项前期准备工作（包括各部门审批、领取许可证等）。

② 掌握基建工程招标有关法规和程序，熟悉基建施工图纸，了解工程预决算、质量监管、竣工验收等的程序和方法。

③ 协助分管领导组织招投标工作，落实设计、施工、监理等单位，加强工程建设施工管理，保证工程进度，实施工程质量监管。

④ 负责搞好基建工程概算、预算审核，并报分管领导复审。负责审核图纸修改通知单和工程施工联系单，协调施工中有关问题。

⑤ 负责基建工程施工中消防（安全生产）的督查，使施工符合消防（安全生产）等有关规定的要求，杜绝事故发生。

⑥ 协助组织工程验收，对竣工决算书进行审核，并报上级有关部门审定。工程结束后办理房屋产权登记、固定资产登记，收集工程有关资料立卷归档。

参考文献

[1] 周安华，苗晋平编著．公共关系：理论、实务与技巧（第三版）[M]．北京：中国人民大学出版社，2010.

[2] 张践主编．公共关系学[M]．北京：中央广播电视大学出版社，2009.

[3] 杜岩，周咏梅．企业公关危机管理机制模型构建[J]．经济与管理，2008，22(3)：46-50.

[4] 李继红．企业公关危机对策研究[J]．华南师范大学学报（社会科学版），2005，(3)：137-140.

[5] 李燕．公关危机传播管理策略研究[J]．中国市场，2013，(44)：32-33.

[6] 朱君璇，郑建国，郭华．竞争情报在企业公关危机中的应用机理及预警机制研究[J]．湖南社会科学，2014，(2)：179-182.

[7] 赵建虎，马惠娜．试析新形势下如何发挥企业内保作用[J]．法制博览，2012，(9)：283.

[8] 黄安心．企业行政管理概论[M]．武汉：华中科技大学出版社，2010.

[9] 邓向青．企业行政管理：涵义、职能与特点[J]．文史博览，2008，(2)：78-79.

[10] 宋尚．浅议目前企业后勤分离工作存在的问题及应对措施[J]．中国电力教育，2006，(专刊)：368-369.

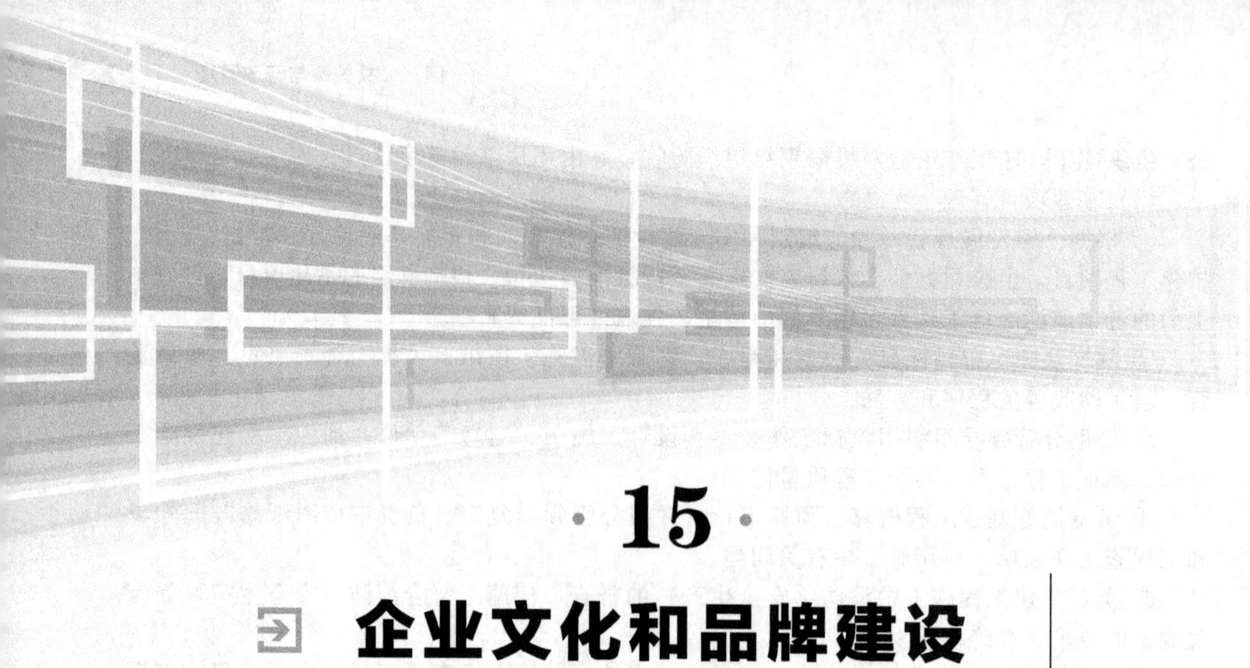

15 企业文化和品牌建设

企业文化是企业的“软实力”，是企业生存发展的内部原动力。

企业文化是企业在长期生存和发展的过程中所形成的，为组织多数成员所共同认同的基本信念、价值标准和行为规范。随着世界经济与社会环境的不断发展变化，企业现有企业文化能否支撑企业战略的发展需要，直接制约着企业的进一步发展壮大，影响着企业愿景与使命的实现。企业发展的不同阶段，与之相适应的企业文化类型也不一样，如何实现企业文化的转型对于实现企业的长期稳定发展起到了至关重要的作用。

创造优秀的企业文化是现代企业成功的关键，优秀的企业文化激励每一个员工为企业的生存和发展而奋斗。文化的极致是品牌，品牌的极致是文化，品牌不仅是企业实力的象征，同时也是民族荣誉的象征。品牌体现了每一个企业独特的文化内涵，大力加强品牌文化建设，打造国际品牌，以质量兴业，以品牌强企，是我国化工企业的神圣使命。CI 设计，既是加强企业文化建设的举措，也是打造化工企业品牌的必须手段。

15.1 企业文化概述

15.1.1 企业文化的含义

我国财政部、证监委、审计署、银监委、保监委联合发布的文件《企业内部控制应用指引第 5 号——企业文化》（财会〔2010〕11 号）对企业文化的定义是：企业文化是指企业在生产经营实践中逐步形成的、为整体团队所认同并遵守的价值观、经营理念和企业精神，以及在此基础上形成的行为规范的总称。

在 20 世纪 80 年代，随着日本企业竞争力的快速增强，许多西方学者开始对日本企业的管理进行研究，他们发现日本企业的文化特征是促使企业发展的重要因素。由此，管理学家开始对企业文化或组织文化给予了相当热情的研究。

什么是企业文化？不同的人有不同的见解。

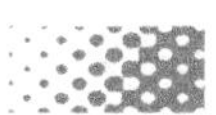

埃德加·沙因[1]认为组织（企业）文化是隐含在组织成员中的潜意识，而且文化和领导者是同一硬币的两面，当一个领导者创造了一个组织或群体的同时就创造了文化。他在1992年的名著《组织文化与领导》（Organizational Culture and Leadership）一书中，对组织文化的定义是：一种基本假设的模型——由特定组织在处理外部适应与内部融合问题的过程中发明、发现或发展出来的——由于运作效果好而被认可，并传授给组织新成员以作为理解、思考和感受相关问题的正确方式。

通俗地说，企业文化是由企业领导层（自觉或不自觉）提倡，企业在生产经营实践中逐步形成的，为全体员工所认同并遵守的、带有本组织特点的使命、愿景、宗旨、精神、价值观和经营理念，以及这些理念在生产经营实践、管理制度、员工行为方式与企业对外形象的体现的总和。

企业文化渗透于企业的各个领域和全部时空，是企业生存和发展的灵魂和动力。经济在发展，社会在变革。如果企业领导者不能够将企业文化作为应对变革的首要资源的话，所谓的企业学习、企业发展、有规划的变革等等将无从谈起。而且，如果企业管理者对自己的企业文化无意识的话，他们将被动地为文化所左右。文化最好能够为企业的每一个成员所理解，但对企业领导者来说，理解和变革自己的企业文化则是必须的。

15.1.2 有关企业文化的理论

15.1.2.1 企业文化的三个组成层次

E. H. 沙因认为，企业文化由三个相互作用的层次组成，分别是表象文化、价值观及潜意识。

① 表象文化　是企业文化的外在表象形式，我们可观察到的组织结构、工作流程、规章制度等。

② 价值观企业的战略、目标、质量意识、哲学思想等，能够有效体现出企业的价值观。

③ 潜意识企业文化的核心或精华是早已在人们头脑中生根的不被意识到的假设、价值、信仰、规范等，由于它们大部分出于一种无意识的层次，所以很难被观察到。然而，正是由于它们的存在，我们才得以理解每一个具体企业事件为什么会以特定的形式发生。这些基本隐性意识存在于人际关系与活动、现实与事实之中。

15.1.2.2 了解企业文化的五个维度

E. H. 沙因认为，了解某企业的文化必须从植根于企业深层次的五个文化维度去讨论和研究。

（1）自然和人的关系。指企业的中心人物如何看待组织和环境之间的关系？认为是可支配的关系还是从属关系，或者是协调关系等。组织持有什么样的假定毫无疑问会影响到组织的战略方向，企业对于当初的企业/环境假定的适当程度，随着环境的变化是否具有能进行检查的能力？

（2）现实和真实的本质。企业中对于什么是真实的？什么是现实的？判断它们的标准是什么？如何论证真实和现实？以及真实是否可以被发现等等一系列假定，同时包括行动上的规律、时间和空间。在现实层面上包括客观的现实、社会的现实和个人的现实。

（3）人性的本质。哪些行为是属于人性的？而哪些行为是非人性？这一关于人的本质假定决定了个人与企业间的关系。

---

[1] 埃德加·沙因（Edgar H. Schein），哈佛大学心理学博士，美国麻省理工大学斯隆商学院教授。国际上享有盛誉的实战派管理咨询专家，企业文化与组织心理学领域的奠基人。主要著作有：《组织文化与领导》、《过程咨询》、《职业锚：发现你真正的价值》、《企业文化生存指南》等。

(4) 人类活动的本质。着哪些人类行为是正确的？人的行为是主动或被动的？人是由自由意志所支配的还是被命运所支配的？什么是工作，什么是娱乐等一系列假定。

(5) 人际关系的本质。包含着什么是权威的基础？权力的正确分配方法是什么、人与人之间关系的应有态势（例如竞争的或互助的）等假定。

15.1.2.3 文化的生成和领导的作用

具有同样背景和经历的两个领导者所领导的企业，在相同的社会环境中进行生存竞争，在经过了5年或10年以后，这两个企业的文化为什么会完全不同呢？某种文化要素在新环境中已经没有任何意义了，为什么还能存在呢？尤其是企业领导者包括企业成员已经认识到这种文化要素必须要改革，但是它却还是能够存在下去，原因何在呢？

E. H. 沙因认为要解释企业文化的生成过程要综合使用群体力学理论、领导理论和学习理论。

① 群体力学理论——通过观察组织中的各种群体，说明在群体根底中潜在的个人之间情绪过程。这个过程可以帮助我们解决诸如“对于某个问题多数人所共有的思考方法，和在此之上的共同的解决方案”中“共有”的意思。因为所有对文化的定义中都包含着诸如被共有的解决方案、被共有的理解、被共有的共识等概念，可是人们的共有是如何发生的却没有被解释清楚。利用群体力学理论可以解释这个共有过程。

② 领导理论中关于领导者的个性、类型对于集团形成的影响的研究结果，对于理解文化进化会有许多帮助。

③ 学习理论是组织关于如何学习认知、感情、行为方式等的说明，而文化也是被学习到的行为。利用学习理论可以对于文化的学习过程进行解释。

15.1.2.4 企业文化包含的五种因素

《企业文化——现代企业精神支柱》[1] 一书认为：每一个企业——事实上是每个组织——都有一种文化。无论是软弱的文化还是强有力的文化，在整个公司内部都发挥巨大的影响。企业文化包含五种因素：企业环境、价值、企业英雄、风俗和礼仪、文化网络。

15.1.2.5 企业文化的类型

(1)《企业文化——现代企业精神支柱》一书将企业文化分成四种类型：

① 硬汉胆识型文化　即适应高风险、快反馈的环境、具有坚强乐观精神和强烈进取心的文化模式；

② 勤奋活跃型文化　即形成于风险小、反馈快的、行动迅速的企业文化模式；

③ 孤注一掷型文化　又称攻坚文化、赌博型文化。指的是形成于风险大、反馈慢的企业文化模式；

④ 按部就班型文化　指形成于风险小、反馈慢的、稳定保守型企业文化。

(2) 根据我国企业文化的运行特点及表现形式，有学者将我国的企业文化分为五种类型：

① 民主型企业文化　有共同的价值观念、团体意识、企业风尚、行为准则；员工能够知晓企业的重大事情、参与讨论企业的重大措施、重大决策；责任层层分解落实到每一位员工，形成一种横向到边、纵向到底的责任网络；员工和企业面对客观环境的复杂多样与各种

---

[1]《企业文化——现代企业精神支柱》(Corporate Culture，1982年7月出版)，美国哈佛大学教授特伦斯·迪尔(Terrence E. Deal) 和麦肯锡咨询公司顾问阿伦·肯尼迪 (Allan Kennedy) 合著。

不确定性，科学地进行风险分析、认真地提出风险对策、勇敢地接受风险考验、积极地承担风险后果。

这类文化还表现在重大的权力运用、集体与个人的利益分配上贯彻民主共享的原则，遵守公平、公正、公开的民主程序。这种民主型的企业文化有时可能过于理想化，但在一些公司中不乏存在。

② 专权型企业文化　权力高度集中，个人决策占据主导地位，企业经理人员往往实施家长式的指挥和决策。企业的等级制度森严、层级分明，有时是家族式的组织形态；企业管理职能绝对集中、控制严密，赏罚制度极其严厉，有时近乎苛刻。而企业员工的参与意识和参与程度较低，依附性较强，崇拜权力和权威，劳资双方往往缺乏共同理解的基础。

这种企业文化经常存在于某些民营企业中，也包括一些合资企业。在运作过程中尽管存在着或多或少的负面作用，但在企业管理的成效中却具有短期的高效用和执行企业指令的迅速性。

③ 伦理型企业文化　推崇人与社会、人与企业、人与人之间的相互融洽、相互认同的亲和力、向心力和内聚力，把伦理关系作为维系企业秩序的精神支柱和企业运行的基础。着重于培养和强化忠于职守、安于本行、敬业勤业的道德信念，企业文化带有人治特征。

这种企业文化往往存在于具有儒家思想传统的企业中。在处理和协调人际关系中那些非激烈冲突的矛盾时具有一定的优势，但在经济竞争的激烈冲击下，涉及个人根本利益时，往往显得苍白无力。

④ 法理型企业文化　强调企业规章制度的权威性、强制性、稳定性的规范作用，极力以制度的严格约束使企业员工的行为方式趋于秩序化和标准化。组织的主导作用和制约作用使个人在企业的结构体系中被定格在特定的地位、担当特定的角色。

这种企业文化能培养企业员工的法治观念，有利于管理行为步调一致和管理控制，避免推诿扯皮，可以最大限度地提高企业的整体效率。不足之处在于企业的规章制度总是有限度性的，只能在一定的范围和领域内有效。这种企业文化存在于某些比较规范化的现代化公司中。

⑤ 权变型企业文化　没有固定不变的模式，其管理思想和方式依据工作性质、工作特点、环境条件、员工素质和领导风格等具体情况确定，往往采取实用主义的态度综采各家之长，所以又称之为混合型企业文化。

其优点是能适应外界环境和内部员工队伍构成的多变性，其缺点是始终不能形成自己特色的企业文化，只能随波逐流，或者风光一时而后销声匿迹。这种企业文化存在于大多数的国有中小型企业之中。

15.1.2.6　良好的企业文化的作用

良好的企业文化在企业管理中发挥着重要作用，主要表现在以下几方面。

(1) 激励作用。良好的企业文化能够帮助企业确立明确的目标，构建和谐的关系，还具有很好的激励作用，使得个人行为与企业利益一致，将个人目标与企业目标有机结合，从而激发个人自信心，在工作中体现自我价值，产生对企业的认同感、归属感、安全感和荣誉感、成就感，充分满足员工的精神文化需求。企业文化就像风向标，引导、激励着员工不断前进，最大限度的发挥员工的潜在能力，从而提高工作效率。

(2) 导向作用。对企业员工的三观（世界观、人生观、价值观）进行引导，以期与企业目标一致。企业的运作是企业所有员工的活动，而企业员工的活动又受诸多因素影响，例如生活方式、思维方式、价值观念等等。企业文化的所具有的导向功能就是引导企业员工正确树立价值观念，确定奋斗目标，从而促使员工追求与企业一致的文化理想。

(3) 具有凝聚作用。企业文化是企业全体员工共同创造的群体意识。它所包含的价值观、企业精神、企业目标、道德规范、行为准则等，寄托着企业员工的理想、希望和要求，关系到他们的命运和前途。企业员工由此产生“认同感”，使他们感到个人的工作、学习、生活等任何事情都离不开企业这个群体，将企业视为自己的家园；认识到企业利益是大家共存共荣的根本利益，从而以企业的生存和发展为己任，愿意与企业同甘共苦。凝聚功能还反映在企业文化的排外性上，对外排斥可以使个体凝聚在这个群体之中，形成命运共同体。

(4) 约束作用。企业文化对每一个企业员工的思想、心理和行为具有约束和规范的作用。企业文化的约束不是制度式的硬约束，而是一种软约束，这种软约束就是企业内弥漫的企业文化氛围、群体行为准则和道德规范，使企业员工产生心理共鸣，继而产生行为的自我控制。

15.1.3 企业文化的内容

15.1.3.1 企业文化的显性内容

所谓显性内容就是表象文化。指那些以精神的物化产品和行为为表现形式的、人通过直觉能感受到的、又符合企业文化实质的内容。它包括企业的标志、工作环境、规章制度和管理行为等。

(1) 企业标志。企业标志是指以标志性的外化形态来表示本企业的企业文化特色，并且和其他企业明显地区别开来的内容，如企业的厂牌、厂服、厂徽、厂旗、厂歌、商标、标志性建筑等。许多先进的企业都有一整套的企业标志，这些企业标志的形成是为了明显而形象地概括企业文化的独特色彩，使人们能很快地找出本企业和其他企业的区别，使消费者能很快地想到企业及其产品与服务。因此，企业标志不是可有可无的，它有助于企业文化其他方面的建设，有助于企业形象的塑造，有助于激发员工的自豪感和责任感，使全体员工自觉地维护本企业的形象。因此，企业标志已成为企业最表层、最形象的不可或缺的重要部分。

(2) 工作环境。是指员工在企业中办公、生产、休息的场所，包括办公楼、厂房、俱乐部、图书馆等。过去企业往往只重视员工在严格的规章制度下的生产经营活动，而忽视了工作环境对员工积极性的影响。当人本观念确立以后，工作环境就成了企业文化的一个重要内容。一方面，良好的工作环境是企业爱护员工、保障员工权利的表现；另一方面，良好的工作环境能激发员工热爱企业、积极工作的自觉性。因此，以改善员工工作环境为主要内容的环境建设是企业文化的一个组成部分。

(3) 规章制度。并非所有的规章制度都是企业文化的内容，只有那些以激发员工积极性、自觉性的规章制度，才是企业文化的内容，其中最主要的就是民主管理制度。保证化工企业正常生产经营活动的规章制度很重要，这些规章制度的严格要求保障了化工企业安全优质、高产低耗、环境友好的生产目标。但这是一种硬性的约束，应有与之相辅相成的软约束。现代企业文化的理念要求在企业中建立起一套有利于领导和员工之间的沟通、有利于员工畅所欲言、鼓励员工发明创造的民主管理制度和其他有关的制度。这些规章制度是企业以人为本的企业哲学的直接体现，是使员工自觉维护企业利益的重要手段。

(4) 管理行为。非企业所有的管理行为都是企业文化的内容。众所周知，文化是精神要素，企业文化所包含的是在人本观念指导下企业管理行为。企业在生产中以“质量第一、安全第一”为核心的生产活动，在销售中以“客户至上”为宗旨的营销活动，企业内部以“建

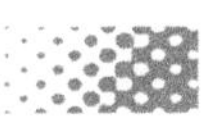

立良好的人际关系”为目标的公关活动等都饱含着企业哲学、价值观念、道德规范。再好的企业哲学或价值观念，如果不能有效地付诸实施，就无法被职工所接受，也就无法成为真正的企业文化。企业文化总是在实践——认识（观念）——再实践的过程中形成的，脱离了实践的企业文化就会成为空中楼阁，失去了实际作用。

15.1.3.2 企业文化的隐性内容

企业文化的隐性内容就是价值观、潜意识，这是企业文化的根本。它虽然隐藏在显性内容的背后，但它直接表现为精神活动，具有文化的特质。

企业文化的隐性内容主要包括：企业哲学、价值观念、道德规范、企业精神等几个方面。

（1）企业哲学。和其他哲学一样，是理论化、系统化的世界观和方法论。它是一个企业全体员工共有的对世界事务的一般看法，用它指导企业的经营管理活动，处理人际关系等，便成为方法论的原则。企业哲学是企业最高层的文化，它主导、制约着企业文化其他内容的方向发展。企业哲学的不同，企业的建设和发展方向也必然不同。企业哲学是企业人格化的基础，是企业的灵魂和中枢。

从企业管理发展史角度看，企业哲学已经经历了从“以物为中心”到“以人为中心”的转变，这是一个质的飞跃。泰勒是第一个提出建立企业哲学的人，他认为管理人员不应该是一个执鞭驱策别人的人，而应该提出一套新的管理哲学和方法。他的企业哲学着眼于工人操作的标准化，提出了工作标准、时间定额的概念和方法，确立了金钱刺激的原则。行为科学理论则使理性主义哲学开始向人本主义哲学转化，他们注重人或人的行为对企业行为的影响，注重人作为主体在企业中的决定作用，形成了全面满足人的需求、心理的“科学的人道主义”企业哲学。第二次世界大战以后，随着新技术的发明和新科学的建立，理性和科学的方法再次被管理界视为根本的方法。西方现代管理学派确立了实行系统化、定量化、自动化管理的企业哲学。进入二十世纪 80 年代，企业文化理论使企业哲学再次发生一场变革，形成了我们今天要大力提倡的企业哲学。这就是以人为本，以文化的手段激发员工自觉性的人本主义哲学。

（2）价值观念。价值观是企业文化的重要组成部分，它为企业的生存和发展提供了基本的方向和行动指南，为企业员工形成共同的行为准则奠定了基础。

观念，泛指客观世界在人脑中的反映即意识。价值观念是人们对客观事物的一种评价标准，是对客观事物和人是否具有价值以及价值大小的总的看法和根本观点。它包括企业存在的意义和目的、企业各项规章制度的价值和作用，以及企业中人的各种行为和企业利益的关系等等。

企业哲学的不同导致了企业价值观念的不同。以物为本的企业哲学，就会形成一切以有利于物的发展为标准的评价体系，而以人为本的企业哲学就会形成一切以有利于人的自觉性发挥的评价体系。评价体系的不同就是价值观念的不同，它又会导致企业管理行为的不同，前者只重视通过硬性的管理手段，迫使员工高效率地工作，而后者则注重通过文化的手段激发员工的自觉性，从而提高效率。因此，价值观念对员工的行为起着直接的支配作用，员工在共同的价值观念支配下，就能自觉地从事各种活动，这是硬性管理所达不到的。（需要注意的是：不要将化工生产中遵循科学规律，确保安全、健康、环保的硬性规定误认为是硬性管理，这从本质上讲这是两回事。违背了科学规律必然会遭到无情的惩罚）。

（3）道德规范。道德规范也是企业文化的重要内容。道德是指人的品质和人们的行为准则，而规范就是人们行为的依据或标准。企业的道德规范是企业在长期的经营活动中形成的、人们自觉遵守的道德风气和习俗，包括是非界限、善恶标准和荣辱观念等等。道德规范是调节人们行为的一种手段，和企业的规章制度相对应。它们的区别就在于规章制度是显性的，是硬性的，是靠约束力来保证实施的；而道德规范是隐性的，是软性的约束，是靠人们的自觉性来保证实施的。

道德规范是通过影响员工的思想观念，确立明确的是非观念，从而导致员工的自觉行为，因此，企业道德规范的作用是不容忽视的。道德规范的形成主要取决于企业家哲学和价值观念的作用。许多成功的企业都通过树立优秀的企业哲学和价值观念来引导企业形成良好的道德规范。良好的企业道德规范有利于维护企业的运行秩序和安定和谐的人际关系，有利于提高企业员工的劳动积极性和劳动效率。良好的道德规范主要表现在：尊重知识、尊重人才、友好相处、自觉工作、与企业共命运等，其核心作用还是激发人们的自觉性。企业文化以企业的道德规范为重要内容，是区别于其他管理理论的一个主要表现。

(4) 企业精神。企业精神是指企业群体的共同心理定势和价值取向。它是企业的企业哲学、价值观念、道德规范的综合体现和高度概括，反映了全体员工的共同追求和共同的认识。企业精神是企业员工在长期的经营管理活动中形成和发展的。由于企业中影响因素的不同，就形成了各具特色的企业精神，如大庆的“铁人精神”、日立制作所的“和”字精神等。这些企业精神虽然千差万别，但其核心内容、相通之处都旨在激发员工的工作热情，发挥自觉性，明确责任感。

企业精神主要包括：创业精神、奉献精神、主人翁精神、集体主义精神、竞争精神、民主精神、服务精神等。企业精神的这种概括性和精神性，使它具有了巨大的鼓舞作用和强烈的凝聚力。一方面，它使员工更加明确企业的追求，建立起和企业一致的目标；另一方面，它又成为员工的精神支柱，激发员工的工作热情。企业精神的这种鼓舞作用是企业文化的其他内容难以达到的。因此，现在许多企业都注意把本企业的企业文化加以总结和概括，挖掘出其中最有代表性的内核，并把它升华为一种精神，从而激励全体员工为之奋斗。企业精神的形成是比较容易的，而要真正化为每个员工的精神支柱却不是一两天所能实现的，这需要领导者和全体员工的不懈努力。

(5) 其他。企业文化的隐性内容还包括企业的美学意识、企业心理、企业的管理思维方式等内容，这些都是我们在进行更深入研究中应予以注意的。

15.2 化工企业文化建设

化工行业在我国国民经济中占有举足轻重的地位，改革开放以来，我国化学工业总体发展速度和水平超过历史上任何一个时期。但随着经济全球化和对外开放格局的形成，化工企业面临的是全球的竞争，化工企业必须开拓思路，调整战略，突出优势，确定本企业结构调整的方向，把提高总体效益和提高国际竞争力作为发展的目标。我们要从战略层面上审视我国企业文化现状，根据国情和化工行业特点寻找我国化工企业文化建设的出路，融合东西方优秀企业文化从根本上提高我国化工企业的核心竞争力，全面推动化工行业的发展。

15.2.1 我国企业文化特点及存在问题

15.2.1.1 我国企业文化的特点

文化是与民族是分不开的，一定的文化总是一定民族的文化。企业文化是一个国家的微观组织文化，它是这个国家民族文化的组成部分，所以一个国家企业文化的特点实际也代表了这个国家民族文化的特色。我国企业文化的特色主要表现为以下几方面。

① 中华民族文化特色。我国是一个历史渊源悠久的国家，我国自古以来流传的古训用

于企业经营，也属企业文化，如：君子谋道不谋富，童叟无欺，货真价实，物美价廉，“诚、信、和”等。

② 社会主义市场经济特色。我国是社会主义大国，市场经济具有社会主义特色，企业文化当然也不例外具有社会主义市场经济特色。

③ 时代特色。不同时代的企业所具有的特征也不相同，即便是同一时代，不同国家的不同企业所具有的特征也会不相同。我国的企业文化也必然具有当前的时代特色

④ 与思想政治工作相结合的特色。我国是社会主义国家，在中国共产党的政策及指导方针下发展，那么我国的企业文化必须与党的思想政治工作相结合。

15.2.1.2　我国化工企业文化存在的问题

（1）体制不健全。优秀的企业文化应建立在政府与企业权责明确、产权清晰的基础之上。但是由于我国化工企业，尤其是国有企业很难实现上述要求，常常导致核心企业文化难以形成，左右因素众多，员工信心不足，生产效率偏低。

（2）价值观不明确。随着全球经济一体化的逐渐实现，我国社会经济的快速发展，人们的价值观受到巨大的冲击，一些化工企业过于追求企业利益而忽视了自身文化建设和企业责任。从而对企业的持续发展产生严重影响。

（3）思想观念落后。我国不少化工企业功利主义严重，安全优质、高产低耗、环境友好的生产理念薄弱，普遍存在轻视技术、轻视技工的思想，亟待树立以人为本的思想观念。

（4）重视物质文化建设，忽视精神文化建设。我国赶超型的制造业特点，导致制造企业过于注重对物质文化建设的投入，以求通过购进先进设备，扩大生产规模，来提高生产效率；一些企业表面上重视精神文化建设，但实质上仅仅停留在口号上，没有从根子上得到员工的认可和内化于心。只重视物质文化建设，忽视精神文化建设，造成人才流失严重，优秀员工不断跳槽，既不利于人才的发展，企业也受到了打击，难于形成核心技术力量，创新能力严重不足。

（5）忽视对员工的激励。企业应是企业所有员工共同的企业，企业的发展离不开员工的积极支持。我国化工企业中普遍存在忽视对员工激励或激励措施不到位，员工缺乏来自企业的激励，就必定缺乏工作热情与积极性，缺乏荣誉感与成就感，企业也就失去了发展活力。

（6）文化建设滞后。我国许多化工企业为了能与国际接轨，大量引进国外先进文化，却忽视了自身文化建设，忽视了先进文化与自身特点有机结合，只是“拿来主义”，无法消化吸收，最终企业文化水平及文化建设效果不理想，甚至还对企业的发展产生了一定的阻碍。

15.2.2　企业文化建设的机制、程序和方法

15.2.2.1　企业文化的形成机制

一个比较定型的、系统的企业文化，通常是在一定外部环境下，为适应企业生存发展需要，首先由少数人倡导和实践，经过较长时间的传播和规范管理而逐步形成的。

企业文化的决定因素是企业的各种存在，包括需要、环境、倡导者、员工素质及管理。相似的需要、环境等，形成企业文化的共性，不同的需要、环境、倡导者不同的风格、不同的员工素质及管理水平形成企业文化的个性。共性存在于个性之中。企业文化的活力来自个性，共性只是企业文化发展的基础。

（1）企业文化是在一定环境下企业生存、发展需要的反映。存在决定意识，作为企业文化核心的思想观念首先是企业对生存、发展环境的反映。例如用户第一、消费者至上的经营观念，是商品经济出现买方市场，造成企业间激烈竞争环境的反映；大庆的为国分忧、艰苦创业、自力更生、“三老四严”的精神在某种程度上是21世纪60年代我国面临国外封锁、

国内经济困难、石油生产又具有分散及一定危险性等客观现实的反映。企业作为社会有机体要生存、要发展，但是客观条件又存在某些制约和困难，为了适应或改造客观环境，产生了某些相应的思想和行为模式。

可见，企业文化是适应企业自身生存发展的需要，针对特定环境、条件和矛盾而产生的。同时也只有反映企业生存发展需要的文化，才能被更多的员工所接受，才有强大的生命力。

(2) 企业文化发端于少数人的倡导与示范。文化是人们意识的能动产物，不是客观环境的消极反映。在客观上出现对某种文化需要的情况下，由于人们认识水平存在较大差异，加上文化需要往往交织在各种利益的博弈之中，羁绊于根深蒂固的传统习俗之内。因而，一开始总是只有少数人首先觉悟，他们提出反映客观需求的文化主张、倡导改变旧的观念及行为方式，成为企业文化的先驱者。T. E. 迪尔把它们称为创建企业文化的英雄。他们有的是企业的创始人或优秀的领导者，有的是员工中出类拔萃者，如大庆的王进喜等。在企业文化的形成过程中，少数领袖人物和先进分子起着十分重要的作用，他们的成功的示范作用启发、感召更多的人，使企业文化模式得以形成。

(3) 企业文化是坚持宣传、不断实践和规范管理的结果。企业文化的建设实际上是一个以新的思想观念及行为方式战胜旧的思想观念及行为方式的过程，这必然是一个充满矛盾、冲突，甚至痛苦的较长时间的过程。传统观念及行为习惯的改变是困难的，新的思想观念必须经广泛宣传、反复灌输才能逐步为群众所接受。企业文化一般都要经历一个逐步完善、定型和深化的过程，企业文化一般都是规范管理的结果。企业领导者一旦确认新文化的合理性及必要性，就要在宣传教育的同时，制定相应的行为规范、制度，并不断推行，实施奖惩，强制性地要求企业员工实践新的文化，在实践中转变企业员工的思想观念及行为模式。一旦新的思想观念及行为变成了多数企业成员自觉的行为，企业文化就建立起来了。

15.2.2.2 企业文化建设的程序

(1) 研究倡导阶段。公司领导首先必须意识到企业文化建设的重要性和必要性，领导层要在经营理念和人事管理理念上更新，并下决心重塑企业文化。要调查研究企业的历史和现状，在此基础上有针对性地提出企业文化建设目标的初步设想，使企业文化建设的目标与企业战略目标相一致。经讨论研究、审议决定后，向企业全体员工发起企业文化建设的倡议，并动员群众积极参加企业的文化建设活动。

(2) 培育与强化阶段。将企业文化建设的总任务分解成企业内部各部门、各业务环节明确的工作任务，建立相应的科学管理机制，使各部门根据自己特点，激励本部门员工形成特有的精神风貌和行为规范，把企业文化建设变成具体的行动。

(3) 分析评价阶段。首先是根据信息反馈，将整个企业文化建设工作开展以来的工作成绩和存在问题进行剖析，研讨深层次的原因，评价前阶段的成功与失误，检查企业文化建设的目标和内容是否适合实际需求，各个部门的作风、精神风貌是否体现了企业文化建设的宗旨。

(4) 确立与巩固阶段。这个阶段的工作包括处理问题与归纳成效两部分，前者是在评价基础上摒弃原来企业文化中违背时代精神、不切实际的内容，后者是将符合时代精神的企业文化建设经验加以总结，并加工成通俗易懂的、有激励作用的文字形式，以利进一步推广。

(5) 跟踪反馈阶段。随着企业经营环境的变化，企业文化的内容也要适应这种变化。不应该只依靠企业管理者的主观判断，而应依靠来源于基层实际情况的反应，这就是反馈信

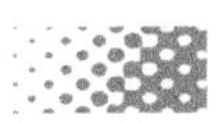

息。但检验企业文化适应性的反馈信息必须是经常的和系统性的。这阶段的工作是有布置的信息跟踪，这种有意安排的跟踪，能及时解决企业文化的应变问题，同时也是下一循环企业文化建设的基础和起点。

15.2.2.3 企业文化建设的方法

上述五个阶段的企业文化建设过程中，需要有适当的、具体的塑造企业文化的方法。一般而言，有成效的方法是：

(1) 示范法。通过总结宣传先进模范人物的事迹，表扬好人好事等方法给广大员工提供直观性强的学习榜样。这些榜样的事迹和行为，就是企业文化中关于道德规范与行为准则的具体样本。

(2) 激励法。运用精神与物质的鼓励，包括开展竞赛活动、业务技术攻关活动，提口号、提目标、提要求、评先进等，使员工感到自己的进取心有满足的机会，从而主动努力工作。使员工将成绩与自己的工作岗位、与自己的企业联系起来，同时生活上关心员工，通过不断改革分配制度去满足员工物质利益上的要求。

(3) 感染法。采用一系列的活动，如文艺活动、体育活动和读书活动等，培养员工的自豪感和向心力，使之在潜移默化的过程中形成集体的凝聚力。

(4) 自我教育法。强调员工的自我修养，摒弃不良的价值观和思想意识。爱国、敬业、诚信、友善，积极培育和践行社会主义核心价值观。

(5) 学习法。建设学习型企业，就是培养整个企业的学习气氛，充分发挥员工的创造性思维能力而建立起来的一种有机的、高度柔性的、横向网络式的、符合人性的、能持续创新发展的组织。通过各种形式的学习活动，用企业想要建立的文化目标与内容来调动员工的积极性和创造性。

(6) 定向引导法。有目的地引导员工树立新的价值观念，并创造出新价值观念氛围，提高员工的执行力。

15.2.3 社会责任文化建设

我国企业缺乏社会责任的现象比较普遍，化工企业特别需要加强社会责任文化的建设。

《企业内部控制应用指引第4号——社会责任》(财会〔2010〕11号) 指出：所称社会责任，是指企业在经营发展过程中应当履行的社会职责和义务，主要包括安全生产、产品质量(含服务，下同)、环境保护、资源节约、促进就业、员工权益保护等。

财会〔2010〕11号文强调：企业至少应当关注在履行社会责任方面的下列风险：

(1) 安全生产措施不到位，责任不落实，可能导致企业发生安全事故。

(2) 产品质量低劣，侵害消费者利益，可能导致企业巨额赔偿、形象受损，甚至破产。

(3) 环境保护投入不足，资源耗费大，造成环境污染或资源枯竭，可能导致企业巨额赔偿、缺乏发展后劲，甚至停业。

(4) 促进就业和员工权益保护不够，可能导致员工积极性受挫，影响企业发展和社会稳定。

企业应当重视履行社会责任，切实做到经济效益与社会效益、短期利益与长远利益、自身发展与社会发展相互协调，实现企业与员工、企业与社会、企业与环境的健康和谐发展。

15.2.3.1 企业安全文化建设

AQ/T 9004—2008《企业安全文化建设导则》规定了企业安全文化建设的总体要求：企业在安全文化建设中，应充分考虑自身内部和外部的文化特征，引导全体员工的安全态度和安全行为，为实现在法律和政府监管要求之上的安全自我约束，通过全员参与实现企业安全生产水平持续进步。

安全文化建设的基本要素有：①安全承诺，②行为规范与程序，③安全行为激励，④安全信息传播与沟通，⑤自身学习与改进，⑥安全事务参与，⑦审核与评估。

安全文化建设的主要内容有：

(1) 建立稳定可靠、标准规范的安全物质文化。安全文化需要依靠技术进步和技术改造来不断提高本质安全文化的程度。主要包括：①作业环境安全，将生产场所中的噪声、高温、尘毒、辐射等有害物质控制在规定的标准范围内，创造舒适、安全的作业环境。②工艺过程安全，操作者应了解物料、原料的性质，正确控制好温度、压力和质量等参数。③设备控制过程安全，通过对生产设备和安全防护设施的管理来实现设备控制过程安全。

(2) 建立符合安全伦理道德和遵章守纪的安全行为文化。包括：①使员工在掌握安全知识的基础上，熟练掌握各种安全操作技能；②严格按照安全操作规程进行操作。

(3) 建立健全切实可行的安全管理（制度）文化。包括：①建立健全企业安全管理机制，即建立起各方面各层次责任落实到位的高效运作的生产经营单位安全管理网络；建立起切实可行、奖惩严明的劳动保护监督体系。②建立健全生产经营单位安全管理的基本法规、专业安全规章制度和奖惩制度，使其规范化、科学化、适用化，并严格执行。

(4) 建立"安全第一、预防为主"的安全观念文化。包括：①通过多种形式的宣传教育，提高员工的安全生产意识，包括应急安全保护知识、间接安全保护意识和超前安全保护意识，并进行安全知识教育培训。②进行安全伦理道德教育，提高员工的责任意识，使其自觉约束自己的行为，承担起应尽的责任和义务。

AQ/T 9005—2008《企业安全文化建设评价准则》明确对企业文化建设进行评价的十个方面：①安全承诺，②安全管理，③安全环境，④安全培训与学习，⑤安全信息传播，⑥安全行为与激励，⑦安全事务参与，⑧决策层行为，⑨管理层行为，⑩员工层行为。

标准还规定了评价程序和评分方法。

15.2.3.2 企业环境文化建设

环境文化就是人类为促进人与自然和谐相处、协调发展的环境保护行为表象和生态文明建设状态。先进的环境文化也就是我们共识和倡导发展的环境文化——致力于人与自然、人与人的和谐关系，致力于可持续发展的文化形态。

环境文化的产生和变迁大体经历了三个发展阶段：

① 古代——朦胧状态的环境文化。由于生产力水平低下，科学知识极为贫乏，人类在总体上对自然界采取敬畏、膜拜的态度，但也曾闪露出天人合一的真知灼见。

② 近代——异化状态的环境文化。第一次产业革命以后，生产力获得空前的发展，人类陶醉于自身干预自然界的能力和"征服"自然界的胜利，盲目而贪婪地掠夺和消耗自然资源，以牺牲环境为代价换取经济的增长。

③ 现代——反思状态的环境文化。经济高速发展的同时带来的是生态环境的恶化，人们开始反思传统的经济增长理念和方式，开始从文化上探索人与自然协同进化的途径。

现代环境文化产生于20世纪后半叶，西方国家高增长、高消费、高消耗的工业文明促进了经济的繁荣和人们生活水平的提高，但掠夺式的开发消耗了大量自然资源，超负荷排放大量废弃物打破了生态系统的自我平衡，人与自然的关系恶化的同时，人类自身的生存环境危机也日益凸现。出于自身的生存和健康的本能需要，在受到片面追求经济增长带来的阵痛和惩罚之后，人们开始对人与自然关系、人类的经济发展和消费模式进行重新审视，并进行

了文化上的反思。可以说它是伴随着环境问题的不断出现和恶化而被逐步重视的，并由开始的出于自身利益考虑升华到环境伦理层面：还原自然固有的权利和内在价值，给予自然以人道的尊重和伦理的关怀。

环境文化的构成，包括以下四方面。

(1) 环境认知文化。是经过系统归纳和逻辑整理的环境科学（环境心理学，环境哲学，环境生态学、环境景观学、环境生物学、环境物理学、环境化学、环境工程学等）、理论化的环保知识以及环境常识（与自然环境有关的俗语、民间谚语等）。其存在意义在于为人们认识自然改造自然、协调人与自然关系提供知识和实践能力。

(2) 环境规范文化。是环境文化发展保障，主要以规范的形式表现出来：可以是“柔性”的环境伦理道德，也可以是“刚性”的环境制度和法规。其存在意义在于：为了克服自身的自私、贪欲等人性弱点和协调关系而主观制定出的内在和外在的约束，譬如：环境伦理学就是环境规范文化的一部分。

(3) 环境物态文化。是人们在认识和改造自然过程中，所形成的文化以非人格化、器物的形式直观表现出来的样态，它是环境文化产生和发展的基础。主要蕴含在宗教建筑、名胜古迹、自然风光、生活周边的生态环境之中。其存在意义在于：为环境文化的产生、传递和传承营造客观氛围、提供物质载体。

(4) 民俗环境文化。是具有地方色彩和民族特色的民俗环境文化，比如少数民族对自然的敬仰风俗文化、汉族和少数民族地区流行的堪舆风水文化。

四者之中，“环境认知文化”和“环境规范文化”侧重于主观环境意识水平的提高，而“环境物态文化”则侧重于环境文化的客观环境的营造和状况的改善。“民俗环境文化”，则是前三个环境文化的最重要的根基。这四种环境文化构成一个文化有机体，相互交融、紧密相连、不断循环、扩展交织，形成一个动态的复合体，所以只有四种文化的共同发展、和谐发展，环境文化才能沿着一个积极、良性的方向发展，厘清了环境文化的概念、实质和内容，才能为现实中的环境文化建设提供清晰的发展方向和科学的理论指导。

我国化工企业的环境文化建设任重而道远。特别是企业的领导层要加强环境文化建设的理念和决心，建立起适合自身企业特点的环境文化。如同企业安全文化建设一样，企业环境文化建设的要素有：①环保承诺，②环保管理理念，③污染物排放和控制，④环保培训与学习，⑤环保信息传播，⑥环保行为与激励，⑦环保事务参与，⑧决策层行为，⑨管理层行为，⑩员工层行为。

15.2.3.3 企业质量文化建设

质量文化就是企业在长期生产经营实践中，由企业管理层特别是主要领导倡导、职工普遍认同的逐步形成并相对固化的群体质量意识、质量价值观、质量方针、质量目标、采标原则、检测手段、检验方法、质量奖惩制度的总和。

质量文化分为物质、行为、制度及道德四个层面的内容：

(1) 质量物质文化。指的是产品和服务的外在表现，包括质量工作环境、产品加工技术、设备能力、资产的数量、质量与结构，科学与技术水平，人力资源状况等等。

(2) 质量行为文化。包括质量管理活动、宣传教育活动、员工人际关系活动中产生的文化现象。从企业人员的结构看，包括领导干部的领导行为文化、企业员工的群体行为文化，质量队伍的专业行为文化。

(3) 质量制度文化。是约束员工质量行为的规范文化，包括质量领导体制、质量组织机构、质量保证体系、质量奖励与管理制度等。

(4) 质量精神文化。它是质量文化的核心文化，包括质量文化理念、质量价值观、质量道德观、质量行为准则。

青岛海尔公司营造质量文化分五个步骤：

第一步，树立质量理念，制定严格的质量管理规范。海尔的第一个质量理念是“有缺陷的产品就是废品”；第二个质量理念是“谁生产不合格的产品，谁就是不合格的员工”；第三个质量理念是“质量改进是个没有终点的连续性活动，停止就意味着开始倒退”。

第二步，用行动传播质量意识，通过管理工具创新确立质量意识，靠组织机构贯彻质量意识。如“3E 日清工作记录卡（3E 卡）”。“3E”是每天、每人、每个方面三个英文单词的第一个字母。此卡由检查人员每两小时填一次，将每个员工每天工作的 7 个要素（产量、质量、物耗、工艺操作、安全、文明生产、劳动纪律）量化为价值，每天下班时将结果与标准相对照，对完成情况进行落实记录。工人先自我审核，然后报给上一级领导复核。上一级领导按其工作进度、工作质量与标准进行对比，给予 A、B、C 不同等级的考评结果，每人的日工资按照各自的考评等级确定。工人的工资每天都写在 3E 卡上，月末凭 3E 卡发放工资。

第三步，通过国际上通行的标准认证，强化质量意识。海尔为了取得国际市场上的通行证，创出世界一流的国际品牌，严格执行 ISO 9001 认证标准，把它贯彻到从生产到销售的各个环节中去。在取得了国际认证以后，又主动提高自己的质量标杆，实施 6 个希格玛计划，不断根据顾客的要求进行质量改进，使产品真正符合市场要求，达到客户满意。

第四步，形成自己特有的质量管理哲学和质量文化。如 OEC 管理模式，O（Overall，全方位）、E（Everyone 每人、Everything 每事、Everyday 每天），C（Control 控制、Clear 清理）。OEC 的汉语意思是每天的工作每天完成、清理，并且每天都要有提高。海尔人将其提炼为“日事日毕，日清日高”八个字，可谓简洁的语言，深刻的内涵。

第五步，质量文化的应用性扩散。海尔文化，尤其是其核心——质量文化已成为海尔珍贵的无形资产。海尔实现了这一无形资产的应用性扩散，海尔兼并企业时首先派去的是文化官员。

15.2.3.4 员工权益保护

强化企业职工权益保护，是对我国现存生产关系的一次重大调整。我们必须以社会主义和谐社会理论为指导，构建适应社会主义市场经济本质要求的新型劳动关系，明确劳动者权益保护的基本原则，进一步完善我国的劳动法律体系，加强劳动执法监察，强化制度建设，构建劳动者权益保护的有效机制，充分发挥政府、工会、雇主组织的积极作用，平衡劳资双方的力量与权益。

(1) 适应社会主义市场经济的本质要求，构筑新型劳动关系。①新型劳动关系本质上是不同生产要素所有者在共同利益驱动下的一种平等合作关系。这就要求劳资双方彼此尊重、承认对方的权利和利益，双方拥有相对平衡的谈判地位和谈判能力。只有如此才能有效化解劳资矛盾，形成一种和谐的劳动关系。②新型劳动关系是劳资双方共同参与企业的经营管理，打破资本垄断经营权的合作型劳动关系，有利于提高企业的经营效率。③新型劳动关系是一种收益分享型的劳动关系。劳动者分享合作收益，表明劳动者不仅仅是生产要素的提供者，也是企业经营的受益者。

(2) 强化“劳工权益”意识，明确企业职工权益保护的基本原则。①权益确认原则。强调“劳工权益”，重提“劳工神圣”，不仅是坚持社会主义原则的政治要求和法律要求，而且也是建立完善的市场经济体制的内在要求。②广泛覆盖原则。劳动者权益保护不仅应承认和

保护劳动者的劳动权、劳动报酬权等基本权益，还应承认和保护各层次劳动者的权益状况。赋予所有企业劳动者以劳动法意义上的“劳动者待遇”，保护一切劳动者的合法权益。③适度保护原则。劳动者各项权益的具体标准和保护程度必须做到与社会经济水平的同步协调发展。④劳资两利原则。只有尊重、承认劳资双方各自的权利和利益，使雇主与雇员双方的权益都得以维护，并在此基础上进行劳资合作，才能有效地提高生产效率，真正实现双方各自利益的最大化和劳资共赢，从而真正有效地保护劳动者权益。⑤动态调整原则。随着我国社会主义市场经济的发展和社会的进步，我国劳动者各项权益的具体标准和保护程度也应不断地进行动态调整，以不断地改善劳动者的权益状况。

(3) 完善法律体系，加强劳动执法监察力度。国际经验表明，健全完善的法律体系是协调劳资关系和保障劳工权益的基本保证。社会主义市场经济是法治经济。在市场经济条件下，劳动者权益保护必须纳入法制轨道。①修改和完善重要法律的有关条款，高度认可和有效保护企业职工作为国家和社会主人应有的各项劳动者权益。②修改完善我国现行的劳动法规，贯彻“经济、便利、及时”的原则，完善劳动争议仲裁诉讼制度，降低劳动者的法律救济成本；尽快出台和完善关于劳动标准、劳资集体谈判、劳动争议处理以及规制不当劳动行为等方面的劳动配套法规。③应“坚持从我国国情出发，尽量与国际惯例接轨”，扩大国际劳工公约尤其是核心公约的批准范围。④应加强劳动执法和劳动监察，改变“重立法、轻执法”的法制状况，建立健全有职有权、执法严明公正、运行高效的劳动监察体系和制度。

(4) 加强制度建设，完善劳动者权益保护机制，使我国的企业职工权益保护真正步入法制化、规范化、有序化的轨道。①建立和完善三方协商机制。要根据国家有关法律法规和国际惯例，合理确定三方协商机制的处理内容、关系原则和具体制度安排。②建立企业劳动关系预警机制。③建立和完善集体合同制度和集体谈判机制。④借鉴 SA 8000 社会责任标准，建立企业劳动标准认证机制，规范企业内部劳动标准。⑤完善劳动争议处理制度，建立健全劳动争议处理机制。

(5) 充分发挥政府、工会、雇主组织的积极作用，平衡劳资权益。①充分发挥政府在宏观管理中的作用。②使工会真正成为工人利益的代表。③强化企业社会责任意识，规范和引导雇主组织建设，充分发挥雇主组织的积极作用。必须健全和完善职工代表大会制度；完善职工董事、监事制度，保障职工的决策参与和监督参与；完善职工持股制度，保障职工所有参与；多渠道推进收益分享，让职工分享企业发展成果；强化企业社会责任，提升企业经营理念。同时，必须提高雇主组织与工会的合作水平。提高他们与工会组织合作处理劳资冲突的水平和能力。

15.2.4 风险文化建设

15.2.4.1 企业文化建设中的风险与管控措施

有些企业之所以经营不成功，往往是在企业文化建设方面存在严重问题。如，企业缺乏积极向上的企业文化，导致员工丧失对企业的信心和认同感，缺乏凝聚力和竞争力；企业缺乏开拓创新、团队协作和风险意识，导致企业发展目标难以实现，影响可持续发展；企业缺乏诚实守信的经营理念，导致舞弊事件的发生，造成企业损失，影响企业信誉；忽视企业间的文化差异和理念冲突，可能导致并购重组失败等等。

针对企业文化建设中存在的这些重要风险，《企业内部控制应用指引第 5 号——企业文化》(财会〔2010〕11 号) 明确提出以下加强企业文化建设的管控措施：

(1) 企业应当采取切实有效的措施，积极培育具有自身特色的企业文化，引导和规范员工行为，打造以主业为核心的企业品牌，形成整体团队的向心力，促进企业长远发展。

(2) 企业应当培育体现企业特色的发展愿景、积极向上的价值观、诚实守信的经营理念、履行社会责任和开拓创新的企业精神，以及团队协作和风险防范意识。

企业应重视并购重组后的企业文化建设，平等对待被并购方的员工，促进并购双方的文化融合。

(3) 企业应当根据发展战略和实际情况，总结优良传统，挖掘文化底蕴，提炼核心价值，确定文化建设的目标和内容，形成企业文化规范，使其构成员工行为守则的重要组成部分。

(4) 董事、监事、经理和其他高级管理人员应当在企业文化建设中发挥主导和垂范作用，以自身的优秀品格和脚踏实地的工作作风，带动影响整个团队，共同营造积极向上的企业文化环境。

企业应当促进文化建设在内部各层级的有效沟通，加强企业文化的宣传贯彻，确保全体员工共同遵守。

(5) 企业文化建设应当融入生产经营全过程，切实做到文化建设与发展战略的有机结合，增强员工的责任感和使命感，规范员工行为方式，使员工自身价值在企业发展中得到充分体现。

企业应当加强对员工的文化教育和熏陶，全面提升员工的文化修养和内在素质。

15.2.4.2 企业风险文化建设

《中央企业全面风险管理指引》(国资发改革〔2006〕108号) 强调：企业应注重建立具有风险意识的企业文化，促进企业风险管理水平、员工风险管理素质的提升，保障企业风险管理目标的实现。

(1) 风险管理文化建设应融入企业文化建设全过程。大力培育和塑造良好的风险管理文化，树立正确的风险管理理念，增强员工风险管理意识，将风险管理意识转化为员工的共同认识和自觉行动，促进企业建立系统、规范、高效的风险管理机制。

(2) 企业应在内部各个层面营造风险管理文化氛围。董事会应高度重视风险管理文化的培育，总经理负责培育风险管理文化的日常工作。董事和高级管理人员应在培育风险管理文化中起表率作用。重要管理及业务流程和风险控制点的管理人员和业务操作人员应成为培育风险管理文化的骨干。

(3) 企业应大力加强员工法律素质教育，制定员工道德诚信准则，形成人人讲道德诚信、合法合规经营的风险管理文化。对于不遵守国家法律法规和企业规章制度、弄虚作假、徇私舞弊等违法及违反道德诚信准则的行为，企业应严肃查处。

(4) 企业全体员工尤其是各级管理人员和业务操作人员应通过多种形式，努力传播企业风险管理文化，牢固树立风险无处不在、风险无时不在、严格防控纯粹风险、审慎处置机会风险、岗位风险管理责任重大等意识和理念。

(5) 风险管理文化建设应与薪酬制度和人事制度相结合，有利于增强各级管理人员特别是高级管理人员风险意识，防止盲目扩张、片面追求业绩、忽视风险等行为的发生。

企业应建立重要管理及业务流程、风险控制点的管理人员和业务操作人员岗前风险管理培训制度。采取多种途径和形式，加强对风险管理理念、知识、流程、管控核心内容的培训，培养风险管理人才，培育风险管理文化。

15.2.5 职业道德建设

职业道德，就是同人们的职业活动紧密联系的符合职业特点所要求的道德准则、道德情操与道德品质的总和，它既是对本职人员在职业活动中行为的要求，同时又是职业对社会所

负的道德责任与义务。在企业文化的每个层面都含有职业道德的因素，并发挥着重要的作用。

（1）职业道德的涵义

职业道德的涵义包括以下八个方面：①职业道德是一种职业规范，受社会普遍的认可。②职业道德是长期以来自然形成的。③职业道德没有确定形式，通常体现为观念、习惯、信念等。④职业道德依靠文化、内心信念和习惯，通过员工的自律实现。⑤职业道德大多没有实质的约束力和强制力。⑥职业道德的主要内容是对员工义务的要求。⑦职业道德标准多元化，代表了不同企业可能具有不同的价值观。⑧职业道德承载着企业文化和凝聚力，影响深远。

（2）化工行业职业道德的特殊要求

① 热爱化工事业，树立行业荣誉感是化工行业职业道德的出发点和归宿。化工企业员工只有对化工事业有强烈的责任感，内心深处热爱化工事业、热爱工厂，有了行业的责任感和荣誉感才能将自己完全投入到化工行业中去，才能充分发挥自己的主人翁精神和创造性，敬岗爱业，把本职工作做好。

②“文明生产，安全第一”是化工行业职业道德的核心。很多的安全事故很大程度上是责任心欠缺，安全意识弱化所导致的。化工企业的员工应当按照安全规程和操作规程工作，遵守劳动纪律，防止事故，保障人身安全。

③ 实施严格的岗位责任制是化工企业职业道德的根本要求。岗位责任制能够把化工产品的生产与销售等诸多环节有机地组织起来，协调各工序的工作，保证企业正常的生产秩序。化工企业应当加强员工职责管理，使其严格执行岗位责任制、严格地进行各种操作。

④ 强调团结和协作。化工生产是团队合作的结果，企业员工应全面提升自身素质，努力提高文化技术水平，不断学习新技术、新方法和新工艺，提高企业实际竞争能力。班组间要互相帮助、摒弃私心，消除嫉妒，增进友谊，真诚团结。只有这样才能圆满完成化工生产任务。

⑤ 精心爱护设备是化工行业职业道德的基本要求。化工设备的生产性损耗非常大，同时导致了高昂的维修成本。这一特点要求化工企业员工必须爱护生产设备，精心维护保养，防止设备的过度腐蚀、磨损，千方百计降低设备维修成本。

⑥ 节能减排、保护环境是化工职业的起码道德。高能耗、高污染的行业特点，迫使化工企业每一位员工必须承担节能减排、保护环境的责任和义务。这是化工企业员工必须具备的社会公德。

15.3 跨文化管理

跨文化管理（Span-Culture Management），又称为交叉文化管理（Cross Cultural Management）。即在全球化经营中，对子公司所在国的文化采取包容的管理方法，在跨文化条件下克服任何异质文化的冲突，并据此创造出企业独特的文化，从而形成卓有成效的管理过程。其目的在于在不同形态的文化氛围中设计出切实可行的组织结构和管理机制，在管理过程中寻找超越文化冲突的企业目标，以维系具有不同文化背景的员工共同的行为准则，从而最大限度地控制和利用企业的潜力与价值。全球化经营企业只有进行了成功的跨文化管理，才能使企业的经营顺利运转，竞争力增强，市场占有率扩大。

15.3.1 跨文化管理的发展

跨文化管理并不是一个新的事物，它起源于古老的国际间的商贸往来。

跨文化管理真正作为一门科学，是在20世纪70年代后期的美国逐步形成和发展起来的，它研究的是在跨文化条件下如何克服异质文化的冲突，进行卓有成效的管理。兴起这一研究的直接原因是二战后美国跨国公司进行跨国经营时屡屡受挫。

实践证明，美国的跨国公司在跨国经营过程中照搬照抄美国本土的管理理论与方法到其他国家很难取得成功，而许多案例也证明对异国文化差异的迟钝以及缺乏文化背景知识是导致美国跨国公司在新文化环境中失败的主要原因，因此，美国人也不得不去研究别国的管理经验，从文化差异的角度来探讨失败的原因，从而产生了跨文化管理这个新的研究领域。

除此以外，日本在20世纪60年代末和70年代初企业管理的成功也是导致跨文化管理研究兴起的重要原因。在这一时期，日本的跨国公司和合资企业的管理日益明显显示出对美国和欧洲公司的优越性，在这种情况下美国也明显感觉到了日本的压力，产生了研究和学习日本的要求。

美国人发现，美日管理的根本差异并不在于表面的一些具体做法，而在于对管理因素的认识有所不同。如美国过分强调诸如技术、设备、方法、规章、组织机构、财务分析这些硬因素，而日本则比较注重诸如目标、宗旨、信念、人和价值准则等这些软因素；美国人偏重于从经济学的角度去考虑管理问题，而日本则更偏重于从社会学的角度去对待管理问题；美国人在管理中注重的是科学因素，而日本人在管理中更注意的是哲学因素等等。

研究结果清楚地表明，日本人并没有仿造美国的管理系统进行管理，而是建立了更适合于其民族文化和环境的管理系统。这个系统远比美国已有的管理系统成功。这一研究结果的发现使得人们对文化以及不同文化背下管理行为的研究变得更加风行。

显然，开展跨文化研究对我国化工企业走向世界具有十分重要的意义：

(1) 有利于我们有效地吸收西方的管理理论和管理经验。实践表明，无论日本还是美国的企业若直接照搬对方的成功经验都难以取得好的效果。我们借鉴国外的先进经验，必须坚持洋为中用，结合我国化工企业文化的特点，在实践中消化、吸收、创新。

(2) 有利于进一步改善我国投资的软环境。

(3) 有利于我国的企业"走出去"。不同的价值观会造成人们管理行为上的差异。为了让外国人理解中国人的行为，同时让中国人理解外国人的行为，需要对东、西方文化进行认真的研究，找到东、西方文化的结合部和交汇点，找到相通之处，取长补短，从而使企业在国际市场环境中找到恰当的生存和发展方式。

(4) 有利于消除企业内部冲突。在海外投资，大量来自不同国家、具有不同文化传统的移民在一起工作。他们在语言、传统、习俗和宗教上有较大差异，人与人之间的态度、行为和价值观念有许多不同，造成人们沟通上的困难和偏差。而跨文化研究有利于解决这一冲突。

15.3.2 文化差异影响企业行为的研究

用文化因素分析企业管理行为的差异，世界上最著名的是G·霍夫斯坦德[1]。

G·霍夫斯坦德教授对世界五十多个国家的文化进行过调查、分析、比较。在国际学术领域，G·霍夫斯坦德教授被视为研究文化差异及文化差异如何影响管理策略的权威。他

[1] G·霍夫斯坦德（Geert Hofstede），国际上研究文化差异及文化差异如何影响管理策略的权威。社会人文学博士，曾主管过IBM欧洲分公司的人事调查工作，荷兰马城（Maastricht）大学国际管理系名誉教授，在欧洲多所大学任教，并担任香港大学荣誉教授。主要著作：《文化的影响力》（1984），《文化与主题：思想的远见》（1991，2005年新版，与Gert Jan Hofstede合著），被翻译成17种语言出版。他的代表作《跨越合作的障碍——多元文化与管理》（中国科学出版社，1996翻译出版），被中国文化界称为"具有启示性的专著"。

 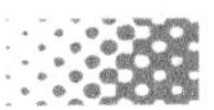

说："在全球经济一体化中，世界各公司的策略都着重发展如何能够满足最大市场、最多顾客的产品及其服务。而对不同文化及价值观的研究，是此类策略成功的关键"。霍夫斯坦德说过：企业文化是一种软的、以完整主义理论为依据的观念，但其结果是坚实的。

G·霍夫斯塔德发现，文化差异发生在六个维度上：权力距离（Power distance），个人主义（Indi-vidualism）和集体主义（Collectivism），男性主义（Masculinity）和女性主义（Femininity），不确定性规避（Uncertainty Avoidance），长期取向（Long-term orientation）和短期取向（Short-term orientation），放纵（Indulgence）和克制（Restraint）。

G·霍夫斯塔德认为，影响管理活动或决策模式的文化层面主要有四个方面：

（1）集体主义。个人主义和集体主义是不可分割的整体。在个人主义者这一边，我们发现社会中的个体和个体之间的联系是松散的，社会对每个人的期望都是照顾自己和最亲近的家人；在集体主义者这一边，在这个社会中，人们生来就被强有力的、内聚的集体所一体化，通常广义的家庭（包括爷爷、奶奶、姥姥、姥爷、叔、姨、舅、姑等）会以无条件的忠诚为交换条件一直保护自己的成员。这里的集体主义没有政治上的含义，指的是群体而不是国家。

不同的国家、社会对集体主义态度不同。中国是集体主义盛行的国家，每个人必须考虑他人利益，组织成员对组织具有精神上的义务和忠诚。而在推崇个人主义的社会中，每个人只顾及自身的利益，每个人自由选择自己的行动。

管理决策方式在这一文化层面上所呈现的差异表现为：一般说来，在集体主义倾向的公司，管理者在决策时常鼓励员工积极参与决策，决策达成时间较长，但执行和贯彻决策迅速，因为几乎每个员工都参与了决策过程、明白决策的目的和内容。而个人主义倾向强烈的公司管理者，常常自己独立决策，决策迅速但执行贯彻时间较长，因为他们不得不用更多的时间向员工来"推销"自己的决策目的、内容等等。

（2）权力距离指数（PDI）。权力距离指数是组织中或机构中权力较小的成员接受并期望权力分布不平等的程度，这表现出多对少的不平等。指数不是从上层定义的，而是从下层定义的，PDI 高，表明追随者和他们的领导者一样认可社会的不平等。当然，对于任何一个社会来说，权力和不平等是一个非常基本的事是。而且，所有的社会都不平等，但是其中一些要比其他的更不平等。

在组织管理中常常与集权程度、领导和决策联系在一起。在一个高权力距离的组织中，下属常常趋于依赖其领导人，在这种情况下，管理者常常采取集权化决策方式，管理者做决策，下属接受并执行。而在低权力距离的组织中，管理者与下属之间，只保持一个较低程度的权力差距，下属则广泛参与影响他们工作行为的决策。

（3）不确定性规避。表达了社会对不确定的和意义不明确的事物的宽容程度，它根本上指的是人们对真理的探求。尚无秩序的状态是新奇的、未知的、出人意料的、异于寻常的。规避不确定性的文化试图依靠严格的法律和制度、安全措施，以及哲学和宗教上对绝对真理的信任将这种情况的可能性最小化；人们更容易被感动，且主观能动性更强："真理永远只有一个，而且我们找到了它"。相反，接受不确定性的文化中，人们对那些异于往常的观点更能宽容；他们努力让规矩尽可能少，而且在哲学和宗教层面上是相对论者，允许多种潮流并行。在这样的文化中，人们更淡定，更爱沉思，而且环境也不期望他们表达情绪。

不确定性规避影响到一个组织对风险的态度。在一个高不确定性规避的组织中，组织就越趋向建立更多的工作条例、流程或规范以应付不确定性，管理也相对是以工作和任务指向为主，管理者决策多为程序化决策。在一个弱不确定性规避的组织中，很少强调控制、工作条例和流程规范化和标准化程度较低。

例如，日本是不确定性规避程度较高的社会，因而在日本，“全面质量管理”这一员工广泛参与的管理形式取得了极大的成功，“终身雇佣制”也得到了很好的推行。与此相反，美国是不确定性规避程度低的社会，同样的人本主义政策在美国企业中则不一定行得通，在日本推行良好的“全面质量管理”，在美国却几乎没有成效。中国与日本相似，也属于不确定性规避程度较高的社会，因而在中国推行员工参与管理和增加职业稳定性的人本主义政策，应该是适合的并且是有效的。

此外，不确定性规避程度低的社会，人们较容易接受生活中固有的不确定性，能够接受更多的意见，上级对下属的授权被执行得更为彻底，员工倾向于自主管理和独立的工作。而在不确定性规避程度高的社会，上级倾向于对下属进行严格的控制和清晰的指示。

(4) 男性度与女性度价值观。男性度与女性度即社会上居于统治地位的价值标准。男子气概和女性特质指的是社会角色的分配，男性的价值观在任何国家都如此：刚毅、自信和争强好胜，而女性是谦逊和关怀。刚毅自信这一极端称为“男性化”，对应的谦逊关怀这一极端称为“女性化”。男人在女性化的国家和女人们一样具有谦逊关怀的价值观；女人在男性化的国家她们多少有些刚毅自信和争强好胜。

对于男性社会而言，居于统治地位的是男性气概，如自信武断，进取好胜，对于金钱的索取，执著而坦然，而女性社会则完全与之相反。有趣的是，一个社会对“男子气概”的评价越高，其男性与女性之间的价值观差异也就越大。美国是男性度较强的国家，企业当中重大决策通常由高层做出，员工由于频繁地变换工作，对企业缺乏认同感，因而员工通常不会积极地参与管理。中国是一个女性度强的社会，注重和谐和道德伦理，崇尚积极入世的精神，让员工积极参与管理的人本主义政策是可行的。

企业文化的价值观中，男性度与女性度价值观和长期价值取向（LTO）两个维度也在不同程度上影响到管理者的决策方式。从某种意义上说，各国公司在决策方式上差异的本质都可以归因于多维且相互作用的各个文化尺度上。

霍夫斯塔德认为，对领导方式影响最大的，主要是“个人主义与集体主义”和“权力距离指数”。美国是个人主义最高的国家，因此美国的领导理论以被领导者追求个人利益为基点，然而美国的领导理论并不适用于第三世界国家，因为这些国家属于集体主义社会，员工关心群体，希望从群体中得到保障，并且愿意以对群体的忠诚为回报。

霍夫斯坦特认为，“接权力距离指数”直接影响到实现员工参与管理的情况。法国和比利时“权力距离指数”很高，因此人们通常没有参与管理的要求，所以企业中很少看到有工人参与管理的情况；美国接受权力差距的程度处于中间状态，因此企业中存在工人参与管理，但有一定的限度。

对企业结构影响最大的，主要是“权力距离指数”和“不确定性规避指数”。这是因为企业的主要功能就是分配权力以及减少或防止经营中不确定性。法国接受权力差距的程度较大，又迫切要求防止不确定性，因此倾向于“金字塔”式的传统层次结构；德国虽然有较强的防止不确定性的心理，但接受权力差距的程度较小，因此注重规章制度；美国、瑞士等国，接受权力差距的程度处于中间状态，因此在这类国家中各种企业形式并存。

对企业激励内容影响最大的因素，是“个人主义与集体主义”、“不确定性规避指数”和“男性度与女性度”。美国等国家，是个人主义程度很高的国家，所以这些国家的激励方法多从个人出发，以个人的自我实现和个人获得尊严作为激励的主要内容；第三世界国家与日本，是集体主义程度较高的国家，激励就需要着眼于个人与集体的关系，过分奖励个人往往行不通；美国倾向于男性化，所以适于把承担风险、进取获胜作为激励的内容；日本和法国虽然也倾向男性化，但是防止不确定性的心理较强，因此分配一种无危险、很安全的工作

岗位就成了激励因素。

15.3.3 企业跨文化管理的策略

对于计划“走出去”的化工企业，下述跨文化管理策略值得参考。全球化经营企业在进行跨文化管理时，应在充分了解本企业文化和国外文化的基础上，选择自己的跨文化管理模式，使不同的文化得以最佳融合，从而形成自己的核心竞争力。

（1）本土化策略

即根据“思维全球化和行动当地化”的原则来进行跨文化的管理。全球化经营企业在国外需要雇用相当一部分当地员工，因为当地员工熟悉当地的风俗习惯、市场动态以及其政府的各项法规，并且与当地的消费者容易达成共识。雇用当地员工不仅可节省部分开支更可有利于其在当地拓展市场、站稳脚跟。

（2）文化相容策略

根据不同文化相容的程度可分为以下两种策略：①文化的平行相容策略。这是文化相容的最高形式，习惯上称之为“文化互补”。即在国外的子公司中不以母国的文化作为主体文化。这样母国文化和东道国文化之间虽然存在着巨大的文化差异，但却并不互相排斥，反而互为补充，同时运行于公司的操作中，可以充分发挥跨文化的优势。②隐去两者主体文化的和平相容策略。即管理者在经营活动中刻意模糊文化差异，隐去两者文化中最容易导致冲突的主体文化，保存两者文化中比较平淡和微不足道的部分。使得不同文化背景的人均可在同一企业中和睦共处，即使发生意见分歧，也容易通过双方的努力得到妥协和协调。

（3）文化创新策略

即将母公司的企业文化与国外分公司当地的文化进行有效的整合，通过各种渠道促进不同的文化相互了解、适应、融合，从而在母公司文化和当地文化的基础之上构建一种新型的企业文化，以这种新型文化作为国外子公司的管理基础。这种新型文化既保留着母公司企业文化的特点，又与当地的文化环境相适应，既不同于母公司的企业文化，又不同于当地的文化，而是两种文化的有机结合。这样不仅使全球化经营企业能适应不同国家的文化环境，而且还能大大增强竞争优势。

（4）文化规避策略

当母国的文化与东道国的文化之间存在着巨大的不同，母国的文化虽然在整个公司的运作中占主体地位，可无法忽视或冷落东道国文化的存在的时候，由母公司派到子公司的管理人员，就应特别注意在双方文化的重大不同之处进行规避，不要在这些“敏感地带”造成彼此文化的冲突。特别在宗教势力强大的国家更要特别注意尊重当地的信仰。

（5）文化渗透策略

文化渗透是个需要长时间观察和培育的过程。跨国公司派往东道国工作的管理人员，基于其母国文化和东道国文化的巨大不同，并不试图在短时间内迫使当地员工服从母国的人力资源管理模式。而是凭借母国强大的经济实力所形成的文化优势，对于公司的当地员工进行逐步的文化渗透，使母国文化在不知不觉中深入人心，使东道国员工逐渐适应了这种母国文化并慢慢地成为该文化的执行者和维护者。

（6）借助第三方文化策略

跨国公司在其他的国家和地区进行全球化经营时，由于母国文化和东道国文化之间存在着巨大的不同，而跨国又无法在短时间内完全适应由这种巨大的“文化差异”而形成的完全不同于母国的东道国的经营环境。这时跨国公司所采用的管理策略通常是借助比较中性的，与母国的文化已达成一定程度共识的第三方文化对设在东道国的子公司进行控制管理。用这种策略可以避免母国文化与东道国文化发生直接的冲突。如欧洲的跨国公司想要在加拿大等美洲地区设立子公司，就可以先把子公司的海外总部设在思想和管理比较国际化的美国，然后通过在美国的总部对在美洲的所有子公司实行统一的管理。而美国的跨国公司想在南美洲设立子公司，就可以先把子公司的海外总部设在与国际思想和经济模式较为接近的巴西，然后通过巴西的子公司总部对南美洲其他的子公司实行统一的管理。这种借助第三国文化对母国管理人员所不了解的东道国子公司进行管理可以避免资金和时间的无谓浪费，使子公司在东道国的经营活动可以迅速有效地取得成果。

(7) 占领式策略

这是一种比较偏激的跨文化管理策略。全球营销企业在进行国外直接投资时，直接将母公司的企业文化强行注入国外的分公司，对国外分公司的当地文化进行消灭，国外分公司只保留母公司的企业文化。这种方式一般适用于强弱文化对比悬殊，并且当地消费者能对母公司的文化完全接受的情况下采用，但从实际情况来看，这种模式采用得非常少。

我国中石化扬巴公司在中西方企业文化的融合实践上给我们提供了许多有益的启示。企业在实施国际化经营时，到底采用哪一种策略，是综合采用某两种或几种策略，需要企业因时、因地使用。不论是何种情况，尊重、包容是第一位的，排斥、占领是不可取的，联系实际的创新是永恒的。目的只有一个，就是把企业办好，实现互利共赢。

15.4 品牌建设

“品牌”是企业的一种无形资产，“品牌”就是知名度。企业品牌的建设，要以诚信为基础，产品质量和产品特色为核心，才能培育消费者的信誉认知度，企业的产品才有市场占有率和经济效益。

品牌建设是指品牌拥有者对品牌进行设计、宣传、维护的行为。品牌建设的利益表达者和主要企业者是品牌拥有者（品牌母体），品牌建设的参与者包括了品牌的所有接触点，包括用户、渠道、合作伙伴、媒体、甚至竞争品牌。品牌建设的内容包括品牌资产建设、信息化建设、渠道建设、客户拓展、媒介管理、品牌搜索力管理、市场活动管理、口碑管理、品牌虚拟体验管理等。

CI设计也是企业品牌建设的一部分，详见15.5。

15.4.1 品牌建设的重要意义和作用

国资委《关于加强中央企业品牌建设的指导意见》(国资发综合〔2013〕266号) 指出：要充分认识加强中央企业品牌建设的重要意义。

(1) 加强品牌建设是培育世界一流企业的战略选择。世界一流企业不仅要有一流的产品和一流的服务，更要有一流的品牌。一流品牌是企业竞争力和自主创新能力的标志，是高品质的象征，是企业知名度、美誉度的集中体现，更是高附加值的重要载体。中央企业虽然进入世界500强企业的数量逐年增多，但“大而不强”的问题一直存在，尤其是缺少在全球叫得响的知名品牌。中央企业要实现“做强做优、世界一流”的目标就必须努力打造世界一流的品牌。

(2) 加强品牌建设是赢得新竞争优势的必由之路。品牌是企业竞争力和可持续发展能力的重要基础保障。随着新一轮科技和产业革命加快演进，特别是以互联网为核心的信息技术广泛应用，拥有差异化和高品质的品牌优势，日益成为企业赢得市场竞争的关键。中央企业要赢得新的竞争优势，就必须通过打造一批具有核心知识产权的自主品牌，实现由规模扩张向质量效益转变，由价值链低端向价值链高端转变。

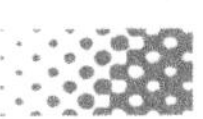

(3) 加强品牌建设是提高国际化经营水平的现实需要。品牌国际化是实施“走出去”战略的重要手段。随着经济全球化进程加快，拥有国际知名品牌已经成为引领全球资源配置和开拓市场的重要手段。知名跨国公司利用品牌影响力在全球组织研发、采购和生产，实施并购重组，主导国际标准制定，赢得了更大的发展空间。目前，我国企业在国际分工体系中多处于价值链的中低端，缺少国际话语权，全球配置资源能力和开拓国际市场能力亟待提高。中央企业作为参与国际竞争的主力军，要通过积极打造国际知名品牌，带动我国成熟的产品、技术和标准走出国门、走向世界，在更宽领域和更高层次与跨国公司开展竞争合作，努力构建与经济实力相匹配的品牌实力。

(4) 加强品牌建设是实现国有资产保值增值的内在要求。品牌作为一项无形资产，是企业价值的重要组成部分。世界一流企业都善用品牌资产，将品牌作为核心资产加以严格管理和保护，使得品牌溢价大幅高于同行业平均水平，并在兼并收购过程中获得高额品牌溢价收益。而多数中央企业还没有关注到品牌资产的保值增值，品牌资产的管理和保护水平远远落后于跨国公司。有些企业在并购重组时支付了较高的品牌溢价，但出售转让时却忽略了品牌资产，导致了品牌资产被低估或流失。中央企业要更好地实现国有资产保值增值，就必须高度重视品牌资产管理，努力提升品牌价值。品牌建设的作用有：①增加企业的凝聚力。不仅能使团队员工产生自豪感，增强员工对企业的自豪感和归属感，还有利于提高员工素质，以适应企业发展的需要，使全体员工以主人翁的态度工作，为提升企业竞争力而奋斗。②增强企业的吸引力与辐射力，有利于企业美誉度与知名度的提高。不仅使企业投资环境价值提升，还能吸引人才，使资源得到有效集聚和合理配置。③是提高企业知名度和强化竞争力的一种软实力。④是推动企业发展和社会进步的一个积极因素。品牌是企业文化的根本与表现，诚信是品牌的基石，也是企业经营的基石，见图 15-1。

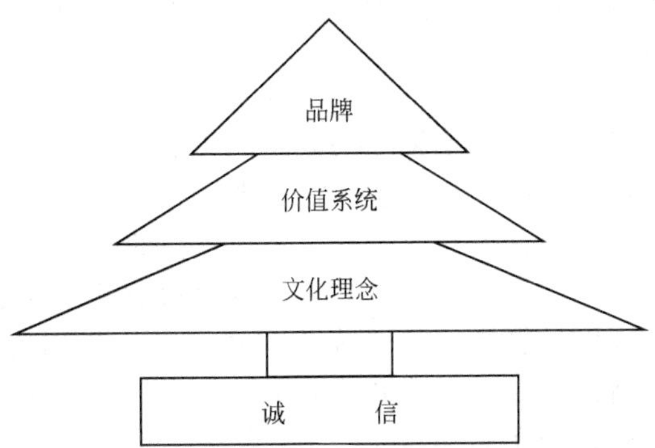

图 15-1　品牌是企业文化的根本与表现

(引自北京大学刘海峰教授《企业品牌战略讲义》)

15.4.2　品牌建设的四条主线

为了实现在消费者心智中建立起个性鲜明的、清晰的品牌联想的战略目标，品牌建设的职责与工作内容主要为：制定以品牌核心价值为中心的品牌识别系统，然后以品牌识别系统统帅和整合企业的一切价值活动（展现在消费者面前的是营销传播活动），同时优选高效的品牌化战略与品牌架构，不断地推进品牌资产的增值并且最大限度地合理利用品牌资产。

要高效创建强势大品牌，关键是围绕以下四条主线作好企业的品牌战略规划与管理工作。

(1) 品牌识别

以品牌识别统帅一切营销传播，进行全面科学的品牌调研与诊断，充分调研市场环境、目标消费群与竞争者，为品牌战略决策提供翔实、准确的信息导向；在品牌调研与诊断的基础上，提炼出高度差异化、清晰明确、易感知、有包容性和能触动感染消费者内心世界的品牌核心价值；规划以核心价值为中心的品牌识别系统，基本识别与扩展识别是核心价值的具体化、生动化，使品牌识别与企业营销传播活动的对接具有可操作性；以品牌识别统帅企业的营销传播活动，使每一次营销传播活动都演绎传达出品牌的核心价值、品牌的精神与追求，确保了企业的每一份营销广告投入都为品牌作加法，都为提升品牌资产作累积。制定品牌建设的目标，即品牌资产提升的目标体系。

(2) 优选品牌

品牌战略规划很重要的一项工作是规划科学合理的品牌化战略与品牌架构。在单一产品的格局下，营销传播活动都是围绕提升同一个品牌的资产而进行的，而产品种类增加后，就面临着很多难题，究竟是新产品沿用原有品牌进行品牌延伸呢，还是采用一个新品牌？若新产品采用新品牌，那么原有品牌与新品牌之间的关系如何协调，企业总品牌与各产品品牌之间的关系又该如何协调？品牌化战略与品牌架构优选战略就是要解决这些问题。这是理论上非常复杂，实际操作过程中又具有很大难度的课题。同时对大企业而言，有关品牌化战略与品牌架构的一项小小决策都会在标的达到几亿乃至上百亿的企业经营的每一环节中以乘数效应的形式加以放大，从而对企业效益产生难以估量的影响。

品牌化战略与品牌架构的决策水平高，让企业多赢利几千万、上亿是很平常的事情、决策水平低导致企业损失几千万、上亿也是常有的事。如雀巢灵活地运用联合品牌战略，既有效地利用了雀巢这一可以信赖的总品牌获得消费者的初步信任，又用“宝路、美禄、美极”等品牌来张扬产品个性，节省了不少广告费；雀巢曾大力推广矿物质水的独立品牌“飘蓝”，但发现“飘蓝”推起来很吃力、成本居高不下，再加上矿物质水单用雀巢这个品牌消费者也能接受，于是就果断地砍掉“飘蓝”。

(3) 品牌延伸

创建强势大品牌的最终目的是为了持续获取较好的销售与利润。由于无形资产的重复利用是不用成本的，只要有科学的态度与高超的智慧来规划品牌延伸战略，就能通过理性的品牌延伸与扩张充分利用品牌资源这一无形资产，实现企业的跨越式发展。因此，品牌战略的重要内容之一就是对品牌延伸的下述各个环节进行科学和前瞻性规划：①提炼具有包容力的品牌核心价值，预埋品牌延伸的管线；②如何抓住时机进行品牌延伸扩张；③如何有效回避品牌延伸的风险来延伸产品；④如何强化品牌的核心价值与主要联想，并提升品牌资产到品牌延伸中；⑤如何成功推广新产品。

(4) 品牌资产

创建具有鲜明的核心价值与个性、丰富的品牌联想、高品牌知名度、高溢价能力、高品牌忠诚度和高价值感的强势大品牌，累积丰厚的品牌资产。①要完整理解品牌资产的构成，透彻理解品牌资产各项指标如知名度、品质认可度、品牌联想、溢价能力、品牌忠诚度的内涵及相互之间的关系。在此基础上，结合企业的实际，制定品牌建设所要达到的品牌资产目标，使企业的品牌创建工作有一个明确的方向，做到有的放矢并减少不必要的浪费。②在品牌宪法的原则下，围绕品牌资产目标，创造性地策划低成本提升品牌资产的营销传播策略。③要不断查核品牌资产提升目标的完成情况，调整下一步的品牌资产建设目标与策略。

15.4.3 品牌建设的步骤

15.4.3.1 品牌建设的三个阶段

(1) 规划阶段。一个好的品牌规划，等于完成了一半品牌建设；一个坏的品牌规划，可

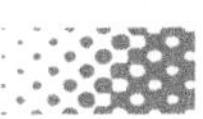

以毁掉一个事业。做规划时要根据品牌的十大要素提出很明确的目标，然后制定实现目标的措施。对于一个已经发展很多年的企业，还要先对这个企业的品牌进行诊断，找出品牌建设中的问题，总结出优势和缺陷。这是品牌建设的前期阶段，也是品牌建设的第一步。

(2) 全面建设品牌阶段。这个阶段很重要，其中最重要的一点，就是确立品牌的价值观。确立什么样的价值观，决定企业能够走多远。有相当多的企业根本没有明确、清晰而又积极的品牌价值观取向；更有一些企业，在品牌价值观取向上急功近利、唯利是图，抛弃企业对人类的关怀和对社会的责任。我们制定的品牌价值观取向非常明晰：首先是为消费者创造价值，其次才是为股东创造利益。

(3) 形成品牌影响力的阶段。企业要根据市场和企业自身发展的变化，对品牌进行不断地自我维护和提升，使之达到一个新的高度，从而产生品牌影响力。直到能够进行品牌授权，真正形成一种资产。

15.4.3.2 品牌建设的基本步骤

(1) 明确产品理念和准确的市场定位。

(2) 明确产品的设计风格和要树立的企业形象，制定 CIS 系统。

(3) 着手生产我们设定好的产品

(4) 制定详细可行的营销计划、阶段性的目标。

(5) 在企业实行营销策略的同时，配合进行广告宣传策略，制定详细的企业形象、产品宣传计划，配合着营销工作扩大企业的影响力。

(6) 要时刻留意并考虑品牌的延伸，为品牌的未来发展设定好道路。可以考虑扩大品牌涉及的行业领域，延伸、扩展品牌的文化内涵。最重要的是产品一定要与时俱进，要不断地革新、创新，不断地推出新产品，如果一个企业不具备自主研发的能力，那么这个企业就不具备竞争力。

(7) 注重品牌管理，品牌维护的工作。在产品不断推陈出新的过程中，一定要保持产品的理念和风格的一致性，不能偏离轨道。在售后服务、销售现场、服务态度、企业公关等企业运作的过程中，任何一个环节都要传递出一致性，保持和维护品牌的完整，这就是品牌管理工作的重要使命和意义所在。

(8) 一个好的品牌一定要具有公益性，能创造社会价值，或者成为振兴民族的栋梁。

15.4.4 品牌建设的六个注意点

(1) 将品牌建设纳入企业战略规划

企业在做战略规划时，就应该将企业的品牌塑造与企业宗旨有效结合起来，在企业达到什么阶段，应该让用户对品牌有什么样的认知，品牌的宣传范围应该有多广；当企业达到下一阶段时，又应该如何将树立品牌与企业的发展相结合起来。

(2) 媒体不是品牌的全部

能够成为国内外优秀品牌的企业，是依靠产品的服务、质量和价格，单纯那种依靠媒体成长起来的“知了”型企业，事实上却活不了多久。媒体只是企业展示自己的平台，犹如一个武功高手，不一定需要时时去表现，武林中知晓的人士比比皆是。

(3) 让品牌融入企业员工心中

对于企业外的大众，他们对企业品牌的理解仅仅是一个标志或者一种感觉，稍微好点的是他们能够说出品牌的理念和标志的含义。如果当您的员工和同行的人在聊天时，在谈到自身品牌的时候，都无法做到详尽的表达自己企业的品牌和宗旨时，您又如何能希望您的品牌被大众所接受呢？

（4）品牌建设需要一个过程

品牌不是短时间能够累积起来的，它是一个循序渐进的过程。但是目前国内的一些企业家在做品牌建设时，盲目地认为通过事件的炒作，就可以创造出品牌的效应。

到底什么是品牌？“品牌是一种错综复杂的象征，它是品牌属性、名称、包装、价格、历史、声誉、广告方式的无形总和。品牌同时也因消费者对其使用的印象，以及自身的经验而有所界定”。因此在品牌的建设时期，它经历着品牌定位、品牌架构、品牌推广、品牌识别、品牌延伸、品牌资产这几个过程。那种短时间内炒起来的品牌，并不能在完全意义上可定义为品牌，仅仅只能说是一个符号，在一定的时间，一定的范围内被大众提起的符号。

（5）诚信是品牌建设的一个关键

在品牌建设中，诚信尤其重要。品牌标示着企业的信用和形象，是企业最重要的无形资产。在市场经济下，环境每天都在不断的变化，谁拥有了诚信品牌，谁就掌握了竞争的主动权，就能处于市场的领导地位。

某些企业管理者认为，让消费者满意，就能提升自身的品牌价值。的确，这是衡量企业品牌的一个重要因素。但是如何让消费者满意，让消费者能够做品牌的忠诚客户？那答案只有两个字：诚信！有一些企业为了保护品牌，当事情发生时，不敢站出来承担责任。而也有一些企业，由于技术原因，召回某年某月某日之前生产出来的产品，这种行为非但没有造成自身品牌知名度下降，反而提升了社会对该企业的认可。

作为企业，要敢于坚持原则，讲诚信。妥协和沉默留给人们的印象可能是没有原则，缺少原则性的企业最终会丧失诚信品牌。

（6）多品牌发展战略

每个公司都拥有自己擅长和不擅长的东西，在品牌营造方面，首先要认准自己的长处和短处，依据自身的特点，打造出自己的核心竞争力。

品牌是由厂家创造出来，再灌输给市场，让市场接受。但最终还是要消费者认可。单一品牌抵御市场风险的能力较弱，因为市场是不断变化的，消费者的需求在变，口味在变，风格在变，因此，企业单纯地依靠一个品牌很难获得长期的发展。从知名企业的发展，就可以看出多品牌发展战略的重要性。作为企业，要充分了解消费者的心理需要，把握好他们的消费动机、购买需求、行为分析等等，建立起多品牌的战略规划。

15.5 企业形象设计（CI设计）

企业形象（CI，Corporate Identity）是指社会公众对某个企业经过主观努力所形成和表现出来的形象特征的整体看法和最终印象。CI代表了企业的经营理念、文化素质、经营方针、产品开发、商品流通等有关企业经营的所有因素。

CI设计的定义是：将企业经营理念与精神文化，运用整体传播系统（特别是视觉传播系统），传达给企业内部与大众，并使其对企业产生一致的认同感或价值观，从而达到形成良好的企业形象的设计系统。

15.5.1 企业形象策划

15.5.1.1 企业形象设计的原则

（1）战略性原则。企业形象策划一旦完成，就是企业全体员工在较长时期内严格遵循的准则，任何员工、任何环节、任何部门均不得违反。

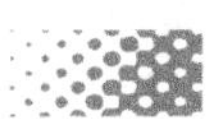

（2）民族性原则。“只有民族的，才是世界的”。美国 20 世纪 50 年代和日本 70 年代掀起企业文化、企业形象策划热时，均为美、日企业向外扩张之际，他们的企业形象策划与设计中都充分体现了本民族的文化传统特色。我国的企业融入全球一体化时，企业形象策划应当民族化。

（3）个性化原则。企业的形象要素，如企业名称、管理制度、品牌标记、广告口号等，均应突出自己的特色，体现自己鲜明的个性。有个性的东西，才能把自己与其他企业区别开来。

（4）标准化原则。企业形象策划是一项系统工程，必须从企业的经营哲学、经营宗旨、行为规范及形象传播等各方面进行系统设计，不能忽略或者歧视某个方面，对外传达的任何信息也必须突出同一形象。其标准化的内容主要有：①简化，即在一定范围内对设计内容进行提炼、浓缩，使之满足一般需求。②统一化，即把对同类事物的多种表现形式尽可能统一为一种形式。③系列化，即对同一类对象设计中的组合参数、形式、尺寸、基本结构等做出合理安排与规划，如根据不同的产品对象设计其系列包装。④通用化，即形象设计可以在各种场合使用，彼此互换。⑤组合化，即设计出若干个通用性较强的单元，可根据需要搭载成不同用途的视觉识别系统。

（5）社会化原则。就是使企业的利益与社会的利益结合起来，从而使企业得以迅速发展，创造更多的财富。就化工企业和社会的关系来说，化工企业无论强大还是弱小，都不能靠损害社会和公众利益求发展；同时应在力所能及的范围内，资助社会公益事业和社会文化事业，这样做实际上也是为企业自身发展树立了形象。

15.5.1.2 企业形象塑造

企业形象由主体形象要素、客体形象要素、延伸形象要素三部分组成。

（1）主体形象要素的塑造。主体形象要素是指作为企业主体的人应该具备的良好形象，主要包括员工形象和领导形象。

员工形象塑造　员工形象是企业员工在职业道德、专业训练、文化素养、精神风貌、言谈举止、服务态度和仪容仪表等方面的集体表现。员工形象是企业形象的代表和展示者，是企业形象人格化的体现。

领导形象塑造　企业领导形象就是企业家形象。就是社会大众和企业职工根据企业家所具备的素质和水平以及解决各种问题的工作能力与工作方法的评价。

良好的企业家形象可对社会大众产生强大的神秘感和信赖感，扩大知名度，提高威望，使人信服和令人赞誉！就企业内部来说，良好的企业家形象有巨大的吸引力和内聚力，能够深孚众望、受人钦佩，像磁铁石一般地吸引广大员工，使大家积极主动为企业的发展出谋划策，提高工作效率，保证了企业充满生机、活力和后劲。

在现代化工企业的管理中，作为一名企业家：①必须懂得尊重人、关心人、理解人和信任人。重视人才的开发，认识人才的价值，发挥人才的智慧。充分显示自己的组织才能、领导艺术和管理水平，正确安排、全面规划，最大限度地发挥每个人的潜力，调动人才的积极性。②应具备崇高的人生观和价值观，能正确对待现实生活和实际工作中所面临的一切困难，敢于面对现实，知难而进、勇于攀登，也能深谋远虑、居安思危、锐意改革、永不满足和不断进取，把握住自己的人生之路、创业之路和奋斗之路。③必须知识渊博、多才多艺，有远见、有智谋、有气魄、有胆识，不断提高领导艺术和管理才能，掌握科学决策，善用经营手段，全面搞好企业生产、技术、管理和销售等各项工作，提高企业的应变能力和竞争能力，增强企业的经济实力。④能平易近人、礼貌待人、体察下情，了解职工的疾苦和难处，为员工多办实事、好事，解决大家的后顾之忧；而且还善于听取和接收建议、意见，采用民主式的工作作风与方法，改善领导和员工的关系，不以权谋私，不感情用事，明断公案，公平合理。⑤在面临世界新技术革命严峻挑战的今天，勇于创新、敢于开拓、善于冒险、力于求实的精神风貌，来检查、督促和指导工作，以改进工作方法、完善工作程序、提高工作效率。⑥掌握“重点管理”、“目标管理”和“例外管理”等方法，精于授权下级，集中精力把握住全局性、关键性的重大问题，掌握住企业的命运和前程。放手让下级工作，信任他们、重用他们，有效地调动他们的积极性、主动性和创造性，增强他们的责任心、事业心和上进心，发挥团体的智慧和力量。这样，企业家就在社会公众和员工中树立起一个良好的形象。

(2) 客体形象要素的塑造。企业的客体形象要素主要包括：产品形象、品牌形象和服务形象。

产品形象塑造　目标是将产品塑造成一个内在质量和外观质量相一致的、使消费者满意称心的形象。塑造产品形象的途径如下：①重视产品的基础设计，采用新技术、新工艺和新材料，开发富有特色的产品。②认真实行全面质量管理，保证产品质量最优。③注重产品的外观形象塑造，产品的外形、颜色、包装、装潢都应该符合审美要求。④要充分利用传播手段，扩大产品的知名度。

品牌形象塑造　品牌是整体产品的一部分，是卖主为自己的产品所设置的有别于其他卖主同类产品的名称、术语、图案、标记及其组合。经过注册的品牌即为商标，它不仅具有经济价值，而且得到国家法律的保护，是企业的无形财富。品牌形象的塑造详见《16.4　品牌建设》。

服务形象塑造　是指企业的员工在经营活动过程中所表现出的服务态度、服务方式、服务质量、服务水准及由此引起的消费者和社会公众对企业的客观评价。服务形象塑造的目标是树立一种服务态度诚恳、热情，服务技能娴熟、高超，服务过程及时、快捷，服务项目完善、衔接，服务方式新颖、别致的形象。

(3) 延伸形象的塑造。有一些因素，既与形象主体有关，也与形象客体有关，还牵涉到形象环境、媒体等因素，同样是企业形象塑造中不可或缺的因素，将它们归类到延伸形象因素的范畴。主要有竞争形象因素、信誉形象因素和环境形象因素等三个方面。

① 竞争形象塑造　在市场经济条件下，敢于竞争、善于竞争的企业才能得到生存和发展。塑造企业竞争形象的目标，是要将企业塑造成遵循竞争规则、注意互相合作、相互理解和平等竞争的形象。

② 信誉形象塑造　是公众对企业的工作效益、产品质量、技术水平、服务态度、人员素质和总体实力等方面的信任和评价，它主要来自企业的社会责任感。对于公众而言，化工企业的信誉可以让其在荣誉、感情、性格、爱好等精神需求方面得到满足；对于化工企业而言，信誉则是重要的无形资产，能够为化工企业带来高于正常投资回报的利润。信誉形象塑造的目标是让化工企业在公众心目中树立一种恪守信用，对公众负责，勇于承担社会责任的良好形象。

③ 环境形象塑造　是指企业的生活、生产、工作及对外营业等各种环境的总和。对企业外部公众而言，企业环境是他们认识和识别该化工企业形象的窗口；对企业的员工而言，企业环境是他们工作的岗位环境和居住的生活环境；对于企业本身而言，环境代表了企业的精神风貌和管理水平。环境形象塑造的目标，是为企业塑造一种优美高雅、整洁有序、个性鲜明的环境形象。

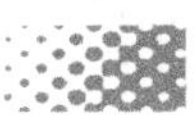

15.5.2 企业形象识别系统（CIS）

15.5.2.1 CIS的涵义

CIS（Corporate Identity System，企业形象识别系统）是指：统一而独特的企业理念，以企业理念为指导的行为活动及视觉设计所构成的展现企业形象的系统。企业通过这一系统的运用，即通过对企业经营理念的界定，并将这一理念贯彻于各种行为活动、视觉设计之中将使社会公众对企业认知、认同，以便树立良好的企业形象。

这表达有三层涵义：①提了出CIS的目标，直接目标是使企业的周边关系或团体对其产生一致的认同感和价值观；②揭示了CIS的核心，即企业的经营理念和精神文化识别；③指明CIS的手段，即统一的整体传达系统（行为活动、视觉设计等），同时还反映了CIS的系统性特点。

为进一步理解CIS，可以从以下几个角度来认识CIS。

（1）CIS是企业形象的塑造过程。有人将CIS与企业形象混为一谈，这是一种误解。CIS是塑造企业形象的一切努力，更准确地说是采取各种措施塑造企业形象的过程，而绝不是企业形象本身。企业形象的塑造不是一两天内完成的事情，实施CIS同样不是搞一个活动，而是一个长期的过程。

（2）CIS是企业管理的一项系统工程。有的企业负责人认为，本公司已有名称、标志图案、商标了，还搞什么CIS策划？这是对CIS的片面理解，因为CIS还涉及企业文化和企业实践的方方面面，是一个系统性很强的企业整体工程。

（3）CIS是企业的一项投资行为。由于企业往往缺乏通晓CIS的行家，因此他们的CIS策划基本上都是委托专门的顾问公司、公共关系公司、广告公司来承接的。企业进行CIS往往需要很多投入，有些企业觉得一下子花那么多钱，又不一定能马上见到实效，就认为很不值得，这种看法缺乏战略眼光。因为从导入CIS到实施完成，往往需要一、两年甚至三、五年或更长时间，其效果的显现具有滞后性，如果不能认识到CIS是企业的一项有价值的投资，是很难理解这一点的。

（4）CIS是企业经营战略的组成部分。CIS在塑造企业形象的过程中，最重要的就是把企业的理念、行为和视觉要素等信息传播出去。我们知道，面对日益激烈的市场竞争，以全局为对象、面向未来的战略管理是化工企业的必然选择，而企业形象的塑造正是化工企业发展战略必然涉及的问题，导入和实施CIS是有远见的企业家的明智选择。因此，我们强调CIS不是孤立的企业行为，而是影响企业未来发展的信息传播战略行为。

15.5.2.2 CIS的内容

一个完整的CIS由企业理念识别系统（Mind Identity System，简称MIS）、企业行为识别系统（Behavior Identity System，简称BIS）和企业视觉系统（Visual Identity System，简称VIS）三个要素组成。这三个要素构成一个整体，对CIS而言，VIS是“脸面”，MIS是“心脏”，BIS是“手段”。有人把VI、MI、BI分别比喻成CI的“叶、根、枝”。不管怎样，CIS的三个要素只有相互联系、互为支持才能充分展示一个企业的形象和风采，这也是CIS的魅力所在。

（1）理念识别系统（MIS）。企业灵魂，顾名思义，它主要指的是企业精神范畴的存在形式，如企业理念、企业文化、价值观念、经营思想等。一般以经营宗旨、经营方针、精神标语或者座右铭等表现出来。MI对BI和VI具有决定作用，并通过BI、VI表现出来，就好比一个人具有的内在独特气质只能通过他的行为和外表才能感受得到，MI是核心要素。

（2）行为识别系统（BIS）。是将企业理念转化为企业行为的“物化”过程。企业理念需要通过企业的行为传播出去，才能使企业的形象得以树立。而观念形态上的企业理念只有通过企业行为的实施，才能变成人们看得见摸得着的客观实在。从BI实施的对象来看，包括内部活动识别和外部活动识别。BI将MI的本质物化在企业的行为方式上，通过企业的各种制度、行为规范、管理方式、教育训练、公益文化、公共关系、营销活动等体现出来，从而获得企业员工、顾客和社会公众的识别与认同。由于员工及其集体的行为本身就是一种传播媒介，受众可以不借助其他传播媒介而直接产生对企业的认知，从而形成对企业的认识，而员工的言行无不是在企业价值观等理念要素的作用下表现出来的，因此BI实际上是MI的重要载体。

(3) 视觉识别系统（VIS）。是将企业标识符号化、视觉化的传播过程。CIS的主要功能是把反映企业的内在理念的标识通过一定的媒体，转换成企业员工、广大消费者和社会公众能够接收的符号系统。VI是MI具体化、视觉化、符号化的过程，是MI本质的表象化。研究表明，人们获取信息的最主要途径是视觉，约占80%，因此，VI是整个CIS中最形象直观、最具有冲击力的部分。人们对CIS的认识是从VI开始的，早期CIS策划也主要是VI策划。VI虽然比BI、MI容易实施、效果显示度高，但它对企业形象的影响并不持久和深入，而且有时也难以反映MI。因此，脱离了理念识别、行为识别的视觉识别本身是缺乏生命力的。

15.5.3 CI设计途径

15.5.3.1 理念识别系统设计——MI策划

MI开发设计的途径有：

(1) 培育个性化的企业精神。企业精神是企业的精神支柱，是企业在长期的生产经营活动中形成的，并经过全体员工认同和信守的理想目标、价值准则、意志品质和风格风尚。因此，企业精神是一种团体精神，反映了企业的凝聚力和活力的强度。

企业精神是否具有个性和有效，归根到底是看它对企业发展是否起着特殊的鼓舞和推动作用，可以从以下几方面来进行评判：①是否表达了企业员工共同的价值观念；②是否符合企业实际情况，企业的目标与员工的目标是否一致；③能否推动企业的生产、经营和管理，能否在企业活动中体现为员工的自觉行动；④是否唤起员工的认同，让员工感动亲切、实际、可行；⑤是否与员工的岗位意识、职业道德、心理期望相互协调，能否对他们发生统帅作用，能否通过企业文化表现出来；⑥能否包容企业经营中形成的优秀传统，并使其凝结到每个员工身上去；⑦能否把员工的行为趋向提高到具有价值意义的高度，使员工具备崇高、奋发的精神状态。

企业精神一般通过简明扼要、明了具体的文字命名，有：企业名命名祛、商标命名法、人名命名法、形象比喻命名法等。

(2) 确立具有特性的经营理念。经营理念是企业经营价值观强化为一种信念的结果，它是企业精神的集中体现，是企业形象的指南。经营价值观就是化工企业员工普遍认可的、从企业文化中衍生出来的信仰和理想，它决定企业全体员工共同的行为取向，是一种带永久性的追求信念，不会随外界环境变化而改变，它赋予员工行为的责任感和使命感，鼓舞他们为了崇高的信念而奋斗。它使企业形成巨大的群体力量，具有强大的向心力和凝聚力，它是企业承担风险、克服困难的有利保证。

经营理念是基于员工对企业价值观的认同和强化为信念而形成的，使员工有了自觉行动的方向，能使企业的生产、经营和管理活动达到高效率。经营理念主要包括：经营宗旨、经营方针、社会责任和企业价值观（目的观、质量观、服务观、责任观、人才观、政策观、法

律观、财税观，以及效益观念、系统观念、竞争观念和发展观念）等。其中，价值观是经营理念中最重要的部分。

企业经营理念的来源：①民族文化精华。如儒家思想为核心的中华民族特色的传统文化，“己所不欲，勿施于人；忠信笃敬”等。②企业优良传统。积极继承本企业的优良传统，借鉴其他企业的优良传统，在继承和借鉴的基础上加以发扬光大，常常是一种很不错的选择。③先进社会文化。企业文化在社会文化的浇灌下成长，社会文化中的积极因素同样是企业理念的重要来源。④国外先进企业理念。无论什么社会制度，现代化大生产的基本规律是共性的，应学习和借鉴一切先进的企业管理思想和管理经验，经过改造以后融入自己的企业文化。如，日本企业借鉴我国经验形成“民主管理”“劳资一体、自主管理”的理念。

（3）设计具有感召力的形象口号。即将企业精神、服务特色、公司的价值取向等用最精练的语言表达或者描述出来。形象口号是企业精神的外在反映，一方面能约束、规范企业的经营，并转化为全体员工的精神动力；另一方面，独特的富有创意的企业形象口号，能有效地吸引公众对企业的关注，加深公众对企业的理解和认同，展示企业的风采。如：×××是最佳服务的象征、×××爱心满人间、进步就是我们的产品。

15.5.3.2 行为识别系统设计——BI 策划

BI 包括两部分活动，即：以创造理想的内部经营条件为目的的活动和以创造理想的外部经营环境为目的活动。

对内活动主要有：①企业的经营管理活动，包括：管理过程、管理制度、管理方法、管理责任、管理机构等。②企业内部的员工信息沟通，有：员工大会、定期演讲、企业出版物、广播和音像制品、公告牌、电话、员工手册、标语口号、意见箱及化工企业内的非正式传播等方式。③员工教育，主要内容是思想、职业道德、人格作风、技术、管理能力、服务态度、应接技巧、电话礼仪等，目的是提高员工的素质。④生活福利与工作环境，好的工作环境和福利不仅可激发员工的自豪感和归属感，还能调动员工的工作积极性。⑤对股东的传播活动，特别是上市公司。如：年度报告、股东联谊活动、与股东交流信息等。这种活动能争取股东对企业的信任，赢得股东的支持。⑥劳动保护和环境保护对策。

对外的活动主要有：市场调查、产品开发、公关活动、促销活动、流通对策、销售代理商、金融与股市对策、社会公益活动与文化活动、与主管部门和政府职能部门的关系等。

BI 开发设计的途径有：

（1）实行科学管理。科学管理的特征是通过将企业的各项工作标准化、专门化和简单化，达到生产效率最大化的目的。具体做法是：①制定科学管理目标系统，并将总目标层层分解为具体的分目标。②按照目标的要求，设计精简的、职责权限对应的、适合企业特点的高效的企业机构。③确定各机构中具体岗位和职责，规定每个岗位的工作原则、任务标准、工作程序和绩效。④将员工的职务提升、收入和奖励与其绩效挂钩。⑤将程序化的控制与员工的自我管理相结合，充分发挥员工的工作主动性和积极性。

（2）制定严格的行为规范并付诸实施。企业的行为规范，是全体员工必须遵守的行为准则，主要有四大类：①各种业务操作规程或规范，如岗位操作规程、业务训练规范、质量管理规范、日常行为规范等。②基本制度，如企业领导制度、民主管理制度、监督制度、选举制度、培训制度等。③工作制度，如计划审批、生产管理、技术管理、研发创新、劳动人事、物资领用、产品销售、财务管理等。④岗位责任制度，即企业根据生产或分工协作要求制定的，规定每个岗位的员工应承担的任务、责任及权力的制度。

特别需要指出的是：化工企业的车间岗位操作规程、安全技术规程等是经过长期的实验和生产实践制定出来的，保证了化工企业安全优质、高产低耗、环境友好的生产目标的实现。任何人不得违反，修订需经过严格的程序。

(3) 加强对员工的教育和培训。对员工的教育和培训，是企业培育人才、选拔人才、统一思想、加强管理和形成强有力的企业凝聚力的重要手段。如果BI中没有员工的统一认识，实行CIS就缺乏起码的基础。因此，企业领导者应该把科学合理的、有目的、有特色的员工教育和培训作为长期的战略，才能为其成功的CIS提供取之不尽、用之不竭的人才。教育和培训的主要内容有：①忠诚于企业的思想和科学的世界观。②职业道德及工作责任心。③适应企业发展的经营理念、工作目标和方针，企业新的政策和战略。④对外交往的应接技巧、礼仪礼节。⑤工作作风、管理能力。⑥优质服务技巧等。⑦化工生产技术知识，安全环保知识和技能，化工单元操作技术等。

(4) 注重对外行为的整体优化。是指企业的各方面工作，如产品质量、工作态度、服务水平、关心社会发展、与公众的情感沟通、良好的协作关系等，都要注重高质量、高效益，并通过有效的传播，将上述信息展示给社会公众，让社会公众了解化工企业的行为特征，进而对化工企业及化工企业形象形成正确的评价。

在这里，任何一个部门行为的失误或者与其他部门配合不当，都可能影响到企业对外行为的整体优化而导致BI的失败。因此，BI不仅要求各部门完成自己的工作任务，而且要求各部门都从塑造企业形象的整体利益出发，团结协作，共同完成企业行为的整体优化。

(5) 搞好企业行为的对外传播策划，树立良好的BI形象。企业行为的对外传播途径主要有市场营销传播（包括市场调查、广告宣传、销售促进、协调中间商关系、回馈社会的公益活动等）和公共关系活动。

15.5.3.3 视觉识别系统的设计——VI策划

VI开发设计包括两个方面：一是视觉基本要素设计，主要包括：企业名称、企业标志(LOGO)、企业标准字、企业标准色、企业品牌名称、品牌标志、企业象征物、企业专用印刷书体等；二是视觉应用设计，主要包括：办公用品、招牌、旗帜、标识牌、员工制服、赠品、交通工具、环境设计、包装用品等。

(1) 企业名称。企业名称是采用文字来表现的识别要素，一个美好而独特的名称，可以提升企业的形象。老企业名称已具有一定的形象效用，则无需调整；新企业则需确定一个好名称。确定企业、品牌的名称，既是学问又是艺术，在操作上应注意以下要求：①用意准确。所取的名称要和企业的事业领域、经营内容和产品特性有密切关系，以便公众听、看名称时，能马上知晓企业的概况和经营性质。②体现企业理念，使名称成为企业经营哲学意境的生动展示和形象化表达。③巧妙利用典故传说等文化形象。④单纯、简短，易记易写，语感要好，语音要响亮，便于公众识别和记忆。⑤独特而有个性，避免名称雷同或相似。⑥名称有诗意美感，使公众看到名称就能产生美好的体验和联想。⑦名称有气势，冲击力强，给人以震撼，使公众产生高级、高档、高品质、高技术方面的联想。⑧名称要考虑民族风俗、法律、文化等。

(2) 企业标志。标志是企业用特定而明确的造型、图案、文字、色彩来表示企业理念、经营内容、产品性质等因素，使公众从中体验到企业的整体优秀性和鲜明个性。标志设计除遵循企业名称设计时提到的个性、民族性、简易性等原则外，还应同时坚持艺术性、持久性、适应性等原则。

(3) 企业标准字。VI设计中对企业所用的标准字包括了中文、英文或其他语种。它种类繁多，运用广泛，几乎涵盖了视觉识别符号系统中各种应用设计要素，出现的频率也几乎

与图形符号相当。由于文字具有明确的说明性，可直接传达企业名称，补充说明图形标志内涵，因而具有强化企业形象和品牌诉求力的作用。

标准字设计，主要是确定它的形式。从企业形象设计的角度来讲，要“写”出反映企业特色的标准字并不容易。各家各派都提出了一些设计原则，这些原则在概括和表达上可能有许多不同，但在本质上却是一致的。①易辨性原则：一是选用公众普遍看得懂的字体；二是避免与其它企业，特别是同行业、同地区的企业具有似曾相识的标准字面孔；三是字体的结构清楚、线条明晰，要适应不同材料、不同工艺、不同技术处理方法和放大、缩小、反白、线框等多种表现形式。②艺术性原则：做到比例适当、结构合理、线条美观，让人看起来舒服。③传达性原则：字体要与它常常出现在其上的产品、包装等的相适应，与企业产品或服务本身的特点相一致，也要与经常伴随出现的企业标志（或商标）等相协调，即可与其他视觉要素进行和谐的组织、搭配，形成视觉优势。④传达性原则：标准字设计能够在一定程度上传达企业理念。

(4) 企业标准色。标准色是企业经过设计选定的、代表企业形象的特殊颜色。标准色可以是某一特定的色彩或一组色彩系统，一般不超过三种颜色，选用是以国际标准色为标准。标准色可广泛应用于标志、广告、包装、展品陈列、运输车辆以及营业用信封、信纸、名片等应用设计项目上，是 VI 重要的基本设计要素。标准色设计应当特别注意以下问题：①充分反映企业理念。②具有显著的个性特点避免与同行业其他企业的重复或混淆。③符合社会公众心理，这主要是考虑色彩的感觉、心理效应以及公众的习惯偏好等因素。要避免采用禁忌色，尽量选择公众比较喜爱的色彩。④注意色彩的民族特性。不同的国家和地区，对色彩的象征意义有不同的理解，因而喜好、禁忌也各不一样。尊重民族喜好，对于树立良好企业形象、参与国际竞争大有好处。

色彩的心理效应见表 15-1。

表 15-1　色彩的心理效应

色彩	感情倾向
红　色	生命、热烈、喜悦、兴奋、忠诚、斗争、危险、烦恼、残暴
橙　色	温馨、活泼、渴望、华美、成熟、自由、疑惑、妒忌、不安
黄　色	新生、单纯、庄严、高贵、惊讶、和平、俗气、放荡、嫉妒
绿　色	生长、活力、和平、青春、新鲜、安全、冷漠、苦涩、悲伤
蓝　色	希望、高远、安详、寂静、清高、空灵、孤独、神秘、友谊
青　色	神圣、理智、信仰、积极、深远、寂寞、怜惜
紫　色	高贵、典雅、圣洁、温厚、诚恳、嫉妒
金　色	华美、富丽、高级、气派、庸俗
银　色	冷静、优雅、高贵
白　色	纯洁、清白、干净、和平、神圣、廉洁、朴素、光明、积极
黑　色	庄重、深沉、坚毅、神秘、消极、伤感、过失、死亡、悔恨
灰　色	谦逊、冷静、寂寞、失落、凄凉、烦恼

15.5.4　CI 导入过程

15.5.4.1　CI 手册

编制 CI 手册的目的，是将形象策划的每个要素，以简明正确的图例和说明统一规范。

制作CI手册，也应同CI策划一样，可以雇请专家或者专业设计公司，协同企业公共关系部等一起完成。CI手册的内容是由CI项目规划决定的。

> **案例：某公司CI手册**
>
> **第一部分：引言**
>
> (1) 董事长、总经理的致词；
> (2) 化工企业的经营理念体系和发展方向；
> (3) 化工企业导入CI的目的；
> (4) CI手册的使用方法和要求。
>
> **第二部分：基本视觉要素**
>
> (1) 企业标志、标准字、标准色；
> (2) 企业标志、标准字、标准色的变体设计；
> (3) 企业标志、标准字的制图法与标准色的表示法；
> (4) 附属基本要素（包括专用字体、象征物、专用图案、版面编排模式）。
>
> **第三部分：基本要素组合系统**
>
> (1) 其本要素的组合规定；
> (2) 基本要素组合系统的变体设计
> (3) 基本要素禁止组合的规定和范例。
>
> **第四部分：设计应用项目**
>
> (1) 办公事务用品设计应用项目；
> (2) 招牌、标志和旗帜设计应用项目；
> (3) 交通工具设计应用项目；
> (4) 员工制服设计应用项目；
> (5) 产品包装、造型设计应用项目；
> (6) 化工企业广告设计应用项目；
> (7) 展览与展示设计应用项目。
>
> **第五部分：印刷样本及标准色票**
>
> (1) 企业标志、标准字、象征物等印刷样本或不干胶；
> (2) 企业标准色色票。

CI手册一般是在企业视听识别开发完成之后即着手设计和编制，主要是对CI的全部内容进行系统归纳并对基本要素的使用功能和规范、媒体制作和运用等实施细节进行必要的说明。

CI手册应作为企业的规章和条例，由CI委员会根据手册的项目，发放给企业职能管理部门的负责人。手册的内容是企业重要的商业机密，不能随意泄露，一定要注意保密。

CI手册并非一成不变，在相对稳定的同时，随着时间的推移，企业经营或服务的内容可能不断增加或变化，手册内容也会不断变更，或增加或删除，在制作时必须考虑内容变动时的处理方法。因此，CI手册做成活页或分册为好。

15.5.4.2 CI导入时机

CI工程是配合企业经营战略，通过形象传播的功能和区别化战略实施，达到争取公众目的的手段，绝非即兴的偶发行动。任何企业在导入CI工程时均有其动机，并选择如下述的最佳时机。

(1) 新企业成立、合并、性质变化（如国有企业转变为中外合资或股份制经营），这时推行CI工程是最佳时机。

（2）企业新、扩、改工程结束，重大技术改造项目投产，主体产品转产，重大服务项目的推出。

（3）企业重大组织机构变化、体制改变、企业集团的组建、企业规模的扩展、员工数量大量增加、销售网点的扩展等。

（4）企业创业周年纪念。

（5）企业形象危机处理后期，CI 工程成为防止危机再发生的重要手段，也是导入 CI 工程的重要时机。

（6）新产品上市，老产品获奖，此时导入 CI 工程有扩大宣传产品形象和提高企业知名度、增强员工信心和成就感的功用。

（7）企业转向多元化经营，一业为主兼营其他业务；或进军海外市场，实现跨国营销。

（8）商标变动，多种品牌回归统一品牌也宜导入 CI 工程。

总之，根据需要和可能，企业应选择恰当时机导入 CI 工程，形成独特的体系，以富有吸引力的视觉识别符号，传播企业形象，展示企业身份，密切企业与公众感情，提高企业的竞争力。

15.5.4.3 CI 导入阶段

CI 导入一般分为提案准备阶段、调研宣传阶段、设计开发阶段、实施管理阶段。

（1）提案准备阶段。这阶段包括导入动机的确认、组织导入计划的领导机构、安排日程、编制预算、完成 CI 提案书。

一般而言，企业导入 CI 的动机大致有如下原因：企业经营业务的扩大与多元化，企业原有形象陈旧，开发国际市场的需要，最高决策者的更换而引起经营方针的改变，企业间发生了兼并或改组，企业经营不善而需重振士气，周年纪念，一直缺少统一的标志，知名度较低等。

这一阶段的工作内容有以下几个方面：①建立导入计划的领导机构。为了使领导机构有权威性，企业的主要领导应当参加；由公关部门的负责人具体组织策划，有关部门的领导共同参与，这样既可以保证领导小组有一定的专业性，又能得到有关方面的积极配合。②CI 导入的日程安排。CI 导入是一项长期、复杂的系统工程，大型化工企业的 CI 导入一般需要 1～2 年的时间，中小化工企业可以酌情减少。为了使 CI 导入工作高效有序，在工作开始之前应制定一份详细的作业时间表，规定在哪一段时间完成哪一项任务。③编制预算。CI 设计的费用包括：调研与计划费用，视觉形象的设计开发费用，实施与宣传费用及其他各项费用。④编写提案报告书。准备阶段的最后一项工作就是草拟提案报告书，详细说明 CI 导入的动机、目的、基本方针、时间安排、计划与费用等。

（2）调研宣传阶段。这阶段的工作包括企业内部的宣传调查和企业形象的外部调查两部分。CI 导入是一项关系到企业全体员工利益的重大事件，需要全员参与，因此化工企业内部的调查活动也就是一个宣传动员的过程。吸引全体员工参加，人人献计献策，这样既可以集中全体员工的智慧，也可为以后的实施管理阶段做好铺垫。

企业内部调查。内容包括：企业运营状况的分析与评估，如企业的规模、范围、市场占有情况、市场潜力、营销趋势、经济效益、利润幅度等等；员工对企业形象的意见，如企业的工资福利情况、管理人员的水平、内部沟通状况、对未来的信心、对现有商标图案的评价等。这些资料都是概括、提炼企业理念的基本素材。

企业形象的外部调查。CI 设计人员除需要了解化工企业内部的意见和看法以外，更需要了解化工企业以外的公众的意见和看法，因此，必须进行深入、细致的外部公众调查。公众对化工企业形象的基本看法，可以通过“四项基本要素”表现出来，即认知、信赖、好感和一流评价。认知是对企业最基本的了解，是企业形象进入公众头脑的初步；信赖是对企业的一种肯定的评价，它与企业的实际业绩成正比；好感是对企业是一种偏于感性的评价，如友好、和善、气派、大度等；一流则是对企业最高评价，是在同行业中的最高信任。在外部调查时，可以通过不同格式的调查表将其揭示出来。

企业应根据实际需要确定调查项目以及调查表；调查结束后，实事求是地写出调查报告。

(3) 设计开发阶段。BI的设计开发包括：根据企业的基本理念，制定各岗位、各工种的行为规范以及对外公共关系活动的整体策略，使企业无论是内部行为还是外部行为，都能表现出与众不同的特色；VS的设计开发包括：标志的创造或更新，企业标准字的选择，企业名称的重新设计和定位，企业标准色的认定，以及名称、标志、标准字、标准色在企业建筑物、商品及包装、广告、办公用品、礼品、证件、交通工具、员工服装等方面的落实。

(4) CI工程的实施。CI工程的实施要重点放在以下方面：①设立CI工程委员会，由企业领导亲自主持，企业公共关系部门为其执行（办事）机构。这个委员会并非临时组织，而是对企业CI工程全面统筹、统一管理，组织CI工程方案的实施与监督，负责实施过程中的关系协调及日常考核，对外收集反馈信息，监测化工企业形象，评价工程效果，提出改进方案，完善CI工程手册。②全面开展CI工程教育。CI工程教育的目的是强化企业全员的公关意识、企业整体意识及竞争意识，使每个员工了解CI工程内容和CI工程的意义，把教育贯穿于CI工程的始终是CI工程成功的关键。③全面开展目标管理。根据CI工程设计手册规定的内容，按部门、按项目分解指标，落实措施，全面实行目标管理。在实施目标管理过程中应努力控制好以下三个阶段：a. 目标任务确立阶段。要明确在计划期内企业CI工程总体目标及任务，根据需要和可能科学地确定任务量及阶段目标要求，注意不要脱离实际把目标值定得过高。b. 目标展开阶段。要将企业总体目标进行分解，按部门、项目、质量标准及进度要求逐一落实，应把目标分解过程和措施落实过程结合起来。c. 目标管理阶段。CI工程目标展开后，随即开展目标管理。在CI工程委员会领导下，把CI工程实施过程组织好、协调好、控制好。通常应采用矩阵方法进行管理。采用矩阵结构可使CI工程委员会对项目及部门纵横两个方向加以控制。这样既有利于目标分解与任务落实，又便于横向的信息沟通和进度管理。④审核企业传播计划，制定传播战略。企业传播应分内、外部两条路线进行设计。内部传播应以全员公共关系形式推进，其核心是树立共同价值观念，具体方式有：CI工程教育、全员公关活动、企业内部刊物、统一服装及标识物、提示物；制定行为规范及规章制度，树立具有企业自己特色的企业文化，把塑造与传播化工企业良好形象，维护公司整体利益变为企业全员的自觉行动。外部传播主要是传播企业形象、产品形象，积极开展与社会公众的双向沟通。通过对企业理念、企业政策宣传并运用VIS，重点传播企业标志、商标、环境、产品质量、服务特色，使社会公众了解企业特质，确立对企业的信任感。

参考文献

[1] 周三多．管理学［M］．北京：高等教育出版社，2010.
[2] 王忠伟．公共关系学［M］．北京：化学工业出版社，2011.
[3] 张德，吴剑平．企业文化与CI策划［M］．北京：清华大学出版社，2011.

[4] 赵长林．企业文化的五种基本类型分析［J］．中外企业文化，1999，(4)：103-106.
[5] 王必有．企业文化对制造业生产效率的影响分析［J］．科技致富向导，2014，(10)：228.
[6] 丁虎，曹永沂，吴婷．谈伦理型企业文化向法理型企业文化的转型［J］．商业经济，2013，(8)：60-62.
[7] 程恩富，胡乐明，王中保，彭五堂．关于我国企业职工权益保护状况的调研报告［J］．经济经纬，2009，(1)：75-82.
[8] 赵良斌．化工行业职业道德研究［J］．商情，2010，(8)：9.
[9] 卢冬梅．从扬巴公司企业文化看中西方文化的融合实践［J］．石油化工管理干部学院学报，2008，10(3)：53-55.

·16·

危机和风险管理

不断变化的全球性的技术、经济、政治、社会和军事环境，使我国的化工企业与其他组织一样，面临着外部环境不稳定的境遇。这种不稳定突出表现在新技术迅速发展、国际市场激烈竞争、主权债务危机蔓延、地缘政治更趋复杂、国际贸易保护主义抬头、某些国家内部政治不稳定、国际冲突和国际恐怖活动频繁爆发等方面。

不稳定的外部环境使公司危机的发生频率和危害程度与日俱增，加上企业内部的各种经营风险，如战略风险、财务风险、市场风险、运营风险、法律风险等，严重影响企业经营目标的实现。

危机处置失当，会给企业带来灭顶之灾。实施危机和风险管理，研究和防范企业经营过程中的危机，正确处理发生的各种风险，是现代化工企业的重大课题。

16.1 危机和风险管理概述

16.1.1 我国危机和风险管理的现状

整体而言，我国化工企业的风险管理和危机管理水平低下，风险管理和危机管理体系缺失或不健全，无论是理论研究还是实践探索都处于初级阶段，与化工行业高污染、高风险的状况很不适应，这也是我国社会"化工妖魔化"和"谈化色变"的一个原因。

第一，我国化工企业面临的风险与危机很多，遭遇失败的概率也较高。

第二，我国化工企业普遍缺失风险管理与危机管理意识。大多数企业面对风险或危机时束手无策，没有应急能力。既缺少风险管理与危机管理的理论指导和实践经验，也缺乏训练有素的风险管理与危机管理团队。

第三，我国三十多年的社会主义市场经济模式，经济的增长速度远远超出企业自身的管理水平，风险管理与危机管理的能力更是滞后于环境的变化，企业对外界环境的抵抗能力严重不足，容易给企业造成不必要的损失和灭顶之灾。

第四，我国已经由落后的农业国成为发展中的经济大国，综合国力有了很大提高，但经

济结构性失衡，资源消耗大，生态环境压力加大，产业处于结构调整、转型升级时期；社会就业、收入分配、社会保障等问题突出，各种社会矛盾进入凸显期；尽管我国社会主义市场经济体制已经初步建立，但仍然面临较多体制、机制障碍。不成熟的市场机制会增加企业的风险或导致危机的发生。

第五，我国化工企业要“走出去”，开展国际化经营，要面对国际上实力雄厚的企业的竞争，竞争的加剧又增加了企业的风险与危机。

案例1：肯德基“苏丹红”事件

肯德基是世界最大的炸鸡快餐连锁企业，其标记 KFC 是英文 Kentucky Fried Chicken（肯德基炸鸡）的缩写。肯德基在世界各地拥有超过 11000 多家的餐厅，遍及 80 多个国家，是全球范围内成为众口皆碑的知名企业。

但是，在 2005 年 3 月 15 日，上海市相关部门在对肯德基多家餐厅进行抽检时，发现肯德基的新奥尔良鸡翅和新奥尔良鸡腿堡调料中含有可能致癌的“苏丹红一号”成分。

肯德基对于突然遭遇的危机事件，百胜集团上海总部在 2005 年 3 月 16 日上午通知全国各肯德基分部，从 16 日开始，立即在全国所有肯德基餐厅停止售卖新奥尔良鸡翅和新奥尔良鸡腿堡两种产品，同时销毁所有剩余的调料。

两天后，北京市食品安全办紧急宣布，该市有关部门在肯德基的原料辣腌泡粉中检出可能致癌的“苏丹红一号”，这一原料主要用在“香辣鸡腿堡”、“辣鸡翅”和“劲爆鸡米花”三种产品中。在此期间，还发生了几起消费者持发票向肯德基索赔时遭遇刁难的事件。对于出现的这种情况，肯德基的解释是，这是他们自查的结果。到了 3 月 18 日，北京有关部门抽查到了这批问题调料，3 月 19 日向媒体公布，责令停售。

案例2：三鹿“毒奶粉”事件

石家庄三鹿集团股份有限公司，简称三鹿，是集奶牛饲养、乳品加工、科研开发为一体的大型企业集团。2006 年位居国际知名杂志《福布斯》评选的“中国顶尖企业百强”乳品行业第一位。中国品牌资产评价中心评定三鹿品牌价值达 149.07 亿元。2006 年 6 月三鹿集团与全球最大的乳品制造商之一——新西兰恒天然集团的合资公司正式运营，标志着三鹿向着“瞄准国际领先水平、跻身世界先进行列”的目标迈出了关键一步。

2007 年 7 月，一名儿科医生发现三鹿配方奶粉导致多名婴儿肾衰竭，向国家质检总局投诉，监管司答复请向卫生部反映。2008 年 3 月，南京儿童医院再次发现毒奶粉病例；三鹿明白是奶粉质量出了问题但不知道具体原因，但当时主要考虑企业的发展和影响，没有及时停产并召回相关产品。随后，三鹿将自己的样品 6 次送到北京、上海、天津等多家权威机构检测，结论都为合格。湖南、江苏等监督检验机构还对市场上三鹿产品进行抽查，结论也都是合格。从 2008 年 5 月底，三鹿开始对 40 多种原材料全部进行排查，包括配方、含量等，结论也都是全部合格。7 月 16 日，甘肃卫生厅接到多起患病报告；7 月 26 日，三鹿技术人员怀疑奶粉中含有三聚氰胺，送样检测确证。

8 月 9 日，《兰州晨报》等以“某毒奶粉品牌”爆料毒奶粉，三鹿回应与自己没有关系；9 月 9 日，甘肃省卫生厅接报告，婴儿患肾结石均食用了三鹿奶粉，三鹿回应：胸有成竹，没有产品不合格；9 月 11 日，新华网曝光三鹿奶粉，三鹿宣布召回 8 月 6 日前的部分批次产品，总量 700 吨。9 月 12 日，三鹿集团发布消息，此事件是由不法奶农为获取更多利润向鲜牛奶中掺入三聚氰胺；9 月 13 日，国家启动重大食品事故Ⅰ级响应，三鹿承认事前已发现问题；9 月 14 日。三鹿停产整顿；9 月 15 日下午，三鹿集团向社会各界和消费者表示诚挚道歉；9 月 17 日，三鹿董事长田华被刑拘，中央电视台公布全国三聚氰胺奶粉产品，包括伊利、蒙牛、光明等都涉及；12 月 4 日，三鹿进入破产程序。

比较肯德基“苏丹红”事件和三鹿“毒奶粉”事件，明显可以看出我国企业缺乏企业危机管理的意识和能力。

16.1.2 危机管理的基本概念

危机 是指危及公司形象和生存的突发性、灾难性事故与事件。如欧洲的二噁英污染事件、比利时的可口可乐饮料中毒事件、东芝笔记本电脑事件、三菱“帕杰罗”事件、安达信全面瓦解，我国的三株口服液事件、三鹿毒奶粉事件、PX 项目事件等都是典型的危机事件。

危机管理 在西方国家的教科书中，通常把危机管理（Crisis Management）称之为危机沟通管理（Crisis Communication Management），因为加强信息的披露与公众的沟通，争取公众的谅解与支持是危机管理的基本对策。

危机管理是一门管理科学，是企业为应对各种危机情境所进行的规划决策、动态调整、化解处理及员工培训等活动过程，其目的在于消除或降低危机所带来的威胁和损失。通常可将危机管理分为三大部分：危机的预见和诊断、防范管理和危机爆发后的应急善后管理。

根据美国《危机管理》一书的作者菲克普曾对《财富》杂志排名前 500 强的大企业董事长和 CEO 所作的专项调查表明，80%的被调查者认为，现代企业面对危机，就如同人们必然面对死亡一样，已成为不可避免的事情；其中有 14%的人承认，曾经受到严重危机的挑战。

防范危机，包括制定和执行危机管理计划，有助于树立长远观念、全局观念、战略观念。毫无疑问，危机管理在现代化工企业管理中无可替代，企业危机管理的成败，直接关系着公司的生死存亡，危机管理已成为现代企业研究的重要课题。

危机在一定条件下可以向机遇转化。事实上，许多企业都面临着经营困境或陷入即将破产的境地，但如果采取了有效的危机管理，有良好的危机管理意识，技术开发成功，产品适销对路，经营管理得法，不但可以避免危机，而且可以取得惊人的成绩，最终获得了巨大的成功。所以，危机管理的关键是捕捉先机，在危机危害企业前对其进行控制。危机管理的目的是企业通过危机防控和危机处理，达到避免、减少危机产生的危害，甚至达到将危机转化为机遇。

16.1.2.1 危机管理的发展

世界上危机管理理论的产生和发展大致可分为三个阶段。

第一阶段，20 世纪 50 年代至 60 年代，是危机管理概念的提出阶段。古巴导弹危机的妥善解决，积极地推动了政府和学术界对危机管理研究的深入。

第二阶段，20 世纪 60 年代末至 80 年代末，是危机管理的探索阶段。研究内容集中在政府、军事、战争、外交、能源等宏观研究领域。微观领域的研究成果有 Giesen 的《金融机构危机管理》(1986)、Fink 的《危机管理——规划不可避免》等，后者对危机管理进行了比较深入的研究，建立了较为系统的危机管理分析框架，主要有：危机评估、预警、应对计划、反应管理、危机沟通、后评价等，是一部具有突出贡献的著作。

第三阶段，从 20 世纪 90 年代初至现在，是危机管理的繁荣阶段。Barton 的《危机组织》(1993) 深入研究危机沟通和危机应对问题，拓展了危机管理在企业中的应用；Heath 的《危机管理的管理者和执行者》提出了 4R 危机管理模式：缩减（Reduction）、预防（Readiness）、回应（Response）、恢复（Recovery）。

我国在 20 世纪 90 年代初也开始了危机管理的研究。

16.1.2.2 危机的特征

危机可分为潜伏期、爆发期、蔓延期、消退期四个阶段，因此危机具有如下几方面特征。

（1）危机的普遍性。危机具有普遍性，危机的发生在一定程度上是不可避免的。事实上，每一个公司都会发生问题，如果处理不当，它们就会转变成全面的危机。企业必须安不忘危，居安思危，实施全员、全程、全方位的危机管理。

（2）危机的特殊性。既要注重危机的普遍性，更要注重危机的特殊性，从实际情况出发，对危机实行分类处理。不尊重危机特殊性，危机便很难化解和转化，公司出现危机的原因是很复杂的，也没有一个通行的解决办法。摆脱危机的关键在于找准原因，对症下药，才能使公司快速走上复兴之路。

（3）信息的紧缺性。危机总是从一系列细小事件发展而来，尽管危机爆发前会有一定的征兆，但由于人们认知能力的限制或获取信息的滞后，容易疏忽大意，危机突发，给企业带来混乱和惊恐。在时间有限的条件下，混乱和惊恐的心理使获取相关信息的渠道出现瓶颈，决策者很难在众多的信息中发现准确的信息。

（4）危机的两面性。“祸兮，福之所倚；福兮，祸之所伏”。危机既包含了导致失败的根源，又蕴藏着成功的种子。发现、培育，进而收获潜在的成功机会，就是危机管理的精髓；而错误地估计形势，并令事态进一步恶化，则是不良危机管理的典型特征。

（5）危机都有苗头。任何事物发生质变之前都在发生量变，都会有蛛丝马迹，就看我们是不是留意观察和分析。许多危机都能够加以预防或极大地减少它所造成的影响；当危机发生时，做了适当准备的公司可能会更有效地应对危机。

（6）舆论高度关注。危机事件的爆发能够刺激人们的好奇心理，常常成为人们谈论的热门话题和媒体跟踪报道的内容。企业越是束手无策，危机事件越会增添神秘色彩而引起各方的关注。

16.1.2.3 危机管理的基本原则

（1）快速反应原则。由于危机具有突发性的特点，因此危机处理必须快速有效。危机一旦发生，影响范围和程度都比大，而且变化迅速，后果难于预料。危机的解决，速度是关键。危机降临时，当事人应当冷静下来，采取有效的措施，隔离危机，要在第一时间查出原因，找准危机的根源，以便迅速、快捷地消除公众的疑虑。同时，企业必须以最快的速度启动危机应变计划并立刻制定相应的对策。如果是内因就要下狠心处置相应的责任人，给舆论和受害者一个合理的交代；如果是外因要及时调整企业战略目标，重新考虑企业发展方向；在危机发生后要时刻同新闻媒体保持密切的联系，借助公证、权威性的机构来帮助解决危机，承担起给予公众的精神和物质的补偿责任，做好恢复企业的事后管理，从而迅速有效的解决企业危机。

（2）实事就是原则。面对危机，企业必须本着事实就是的原则，尽快与大众媒体取得联系，主动公布事实真相，积极承担责任，争取赢得公众的信任和支持，这样才有利于危机的处理和解决。千万不可抱侥幸心理，故意掩盖或隐瞒事实真相，欲盖弥彰，只会加大危机处理难度，不利于控制危机局面，甚至导致危机进一步恶化。

（3）预防为主原则。防患于未然永远是危机管理最基本和最重要的要求，危机管理的重点应放在危机发生前的预防。应建立一套规范、全面的危机管理预警系统。事实上，危机的发生具有多种前兆，几乎所有的危机都是可以通过预防来化解的。危机的前兆主要表现在产品、服务等存在缺陷，企业有用管理、技术人员流失，企业负债过高、长期依赖银行贷款，企业销售额连续下降、企业连续多年亏损等。因此，企业要从危机征兆中透视企业存在的危机，企业越早认识到存在的威胁，越早采取适当的行动，越可能控制住危机的发展。

（4）领导重视与参与原则。企业高层的直接参与和领导是有效解决危机的重要措施。危机处理工作对内涉及到从后勤、生产、营销到财务、法律、人事等各个部门，对外不仅需要与政府与媒体打交道，还要与消费者、客户、供应商、渠道商、股东、债权银行、工会等方方面面进行沟通。如果没有企业高层领导的统一指挥协调，很难想象这么多部门能做到口径一致、步调一致、协作支持并快速行动。由于我国企业更多趋向于人治，企业高层的不重视往往直接导致整个企业对危机麻木不仁、反应迟缓。

(5) 全局利益、公众利益优先原则。在处理危机过程中，要顾全大局，局部利益要服从全局利益，更应考虑利益相关者的权益，尤其是公众利益。处理危机时，只有把公众利益放在首位，才能赢得公众的理解和支持，企业才能安渡危机。

(6) 统一对外沟通原则。沟通是危机管理的中心内容。与企业员工、媒体、相关企业组织、股东、消费者、产品销售商、政府部门等利益相关者的沟通是企业不可或缺的工作。沟通对危机带来的负面影响有最好的化解作用。企业必须指定专人对外联系与沟通，用一个声音说话，保持宣传口径一致，避免出现前后矛盾或差异，这样才能实现高效沟通。及时将事件发生的真相、处理进展传达给公众，以正视听，杜绝谣言、流言，稳定公众情绪，争取社会舆论的支持，更好地处理危机。

(7) 创新性原则。危机处理既要充分借鉴成功的处理经验，也要根据危机的实际情况，尤其要借助新技术、新信息和新思维，进行大胆创新。危机具有意外性、破坏性、紧迫性的特点，更需要企业采取超常规的创新手段处理危机。

16.1.2.4 实施危机管理的基本条件

(1) 设立危机管理领导小组，配备专业的危机管理人才。危机管理领导小组的成员应尽可能选择熟知企业和本行业内外部环境，有较高职位的公关、生产、人事、销售等部门的管理人员和专业人员参加，他们应富于创新、善于沟通、严谨细致、处乱不惊、具有亲和力等素质；担任危机领导小组组长的应该是企业一把手，或者是具备足够决策权的高层领导，能够有效控制和推动小组工作，以便于总览全局，迅速作出决策；配备专业的管理人员，对危机进行全面的深入的研究，制定严密的预控措施和应对方案，有利于实施有效的危机管理。

(2) 建立危机管理制度。危机发生的具体时间、实际规模、具体态势和影响深度，是难以完全预测的。这种突发事件往往在很短时间内对企业或品牌会产生恶劣影响。因此，企业内部应建立系统的有关危机管理和灾难恢复方面的业务流程和制度。国际上一些大公司在危机发生时往往能够应付自如，其关键之一是制度化的危机处理机制，从而在发生危机时可以井然有序地开展工作。

(3) 建立危机预警系统，采取先进的危机预测手段和措施。开发或引进先进的危机预测手段，提高危机预测的科技含量，对于现代危机管理是十分必要的。

16.1.3 企业危机的类型及其危害

在处理危机前，首先应认清到底发生了什么性质的危机。关于危机的分类十分庞杂，因为：一是诱发危机的原因复杂而多变；二是不同的学者为了便于开展研究，根据不同的标准对危机进行了分类。危机管理不同于日常管理，具有管理难度大、风险高的特点，为了更好地进行危机管理，我们有必要对危机管理进行分类，认识各类危机带来的危害。

(1) 公共危机

任何危机和突发事件均会不可避免地带来不同程度的公共问题，给人们带来生理上、心理上一定范围或一定时间的影响与危害；同样公共危机事件如果处理不当或处理不及时，可能会诱发社会问题，影响社会稳定。

当公共危机突然降临时，对于公司处理公共危机方面的做法和立场，舆论赞成与否往往

都会立刻见于传媒报道。如果公司在信息沟通上慢了一步，公共舆论就会将你淹没，并置你于死地。因此必须当机立断，快速反应，果断行动，与媒体和公众进行沟通，从而迅速控制事态，否则会扩大突发危机的范围，甚至可能失去对全局的控制。

在化工生产经营过程中，经营管理不善、市场信息不足、同行竞争，甚至遭受恶意破坏，加之自然灾害、生产事故等，所有这些危机都可能成为一种公共事件。任何组织和个人在危机中采取的行动，都会受到公共的审视，如果在公众危机处理方面采取的措施失当，将会使企业的品牌价值和信誉受到致命打击，难以生存。企业在处理公共危机时应按照《中华人民共和国突发事件应对法》（2007）和环保部《突发环境事件应急预案管理暂行办法》（环发〔2010〕113号）等法规执行。

（2）营销危机

当今变化复杂的市场环境中，企业营销要应对各种突如其来的危机。忽视这些危机或不能对危机采取有效的防御和应对措施，都会对企业带来重大损失。

市场调研是危机管理的主要依据，它是必不可少且相当重要的，而市场调研的关键就是针对性强，不然将会影响到决策的正确程度，还可能导致整个计划的失败。面对一个看似饱和、过度竞争的市场，新入者或落后者的机会在哪里？如何与行业领导者对决？如何在强手如林的商战中赢得一席之地，生存、发展并且壮大？这是众多企业面临的、共同的和最重要的商业课题，也是避免企业营销危机必须要思考的重要课题。

（3）人力资源危机

不论是企业内部原因还是外部原因引发的危机，最终都会涉及企业的人力资源，人力资源要么成为企业危机产生的原因，要么成为危机的关联因素。我们可以通过相关管理指标来判断人力资源管理危机的类型。

当企业中的销售额、利润、人均劳动生产率等指标连续下降到低于行业平均水平时，说明组织雇佣过剩，员工收益和工作热情都会降低，人力资源效率危机就会出现；当人均成本、工资增长，人员流失率指标的不断增长，则意味着成本增高大于利润增长，可能出现薪酬调整危机和人才短缺等问题；当出勤率、员工满意度明显降低则可能意味着组织中的离职危机倾向升高；如果学历结构不合理，相当部分的员工基本素质可能与岗位要求不匹配，则组织中可能出现管理及企业文化方面的危机；人才结构合理性危机的出现还可以用员工年龄结构来衡量。工作效率的下降可能说明组织结构设计及工作流程设计不尽合理，而当员工的工作责任心持续降低时，组织可能出现了绩效考评或激励机制方面的危机。

每一个优秀企业都有其领军人物，是公司管理层的核心，特别是公司的CEO、执行副总裁，甚至是高级技术人员、高级营销人员，这些主要领导人中的一位或几位突然跳槽或死亡也会引发危机。

（4）企业扩张危机

企业向来都有“求大”情结，比较热衷于追求经济总量的扩张。面对经济全球化的趋势，化工企业发展为大企业和企业集团是非常必要的，但是片面追求大而全的经营方式，不考虑自身能力，盲目走扩张的道路，是不可取的。

企业扩张，要防止过快发展，造成财务危机；避免失控发展是企业扩张中要注意的最重要的问题。要使企业持续、平稳发展，企业要将长期投资和短期发展结合起来，避免战线太长和无效投资。

求大是所有企业的共同心态，兼并重组作为低成本扩张的一条捷径，常常成为企业倾向性的选择，但是“求大容易避险难”，企业扩张之路并非坦途，在扩张决策制定、实施以及扩张后的整合过程中，稍有不慎，便有可能带来种种风险，致使企业陷入进退两难的危机中。

(5) 创新危机

高度信息化的今天，“创新”已成为价值的源泉。企业创新危机，一方面表现在其忽略新产品和新技术的引进，抱着传统产品不放，最终导致产品缺乏市场竞争力，造成企业淘汰出局的局面；另一方面企业创新本身充满着危机，如缺乏对创新风险的认识，对于技术或者产品的发展趋势做出了错误的预测，使得企业的产品完全偏离了企业总体发展方向和市场的需求。

一些在行业中根基牢固，长期居领先地位的公司，常常会染上缺乏创新、竞争意识和进取心的3C（自满 complacency，保守 conservation，自负 conceit）综合症，对于公司取得进一步发展是极为有害的。创新来自于与众不同的前瞻性的思考和行动，必须时时预防3C的思维模式影响企业前进的步伐。企业的领导者必须认清面临的威胁与自己的不足，保持积极进取的心态，确立自己的发展方向和经营策略，为公司的创新活动确定基调和基础，是避免创新危机的正道。

(6) 信誉危机

信誉是企业生命的支柱。企业之间的竞争经历了价格竞争、质量竞争和服务竞争，当今已经开始进入一个新的阶段——信誉竞争。

丧失信誉等于丧失一切。信誉是企业竞争的有力武器。企业良好信誉能够激发员工士气，提高工作效率；能够吸引和荟萃人才，提高企业生产力；能够增强金融机构贷款、股东投资的好感和信心；能够以信誉形象细分市场，以形象力占领市场，提高企业利润；能够提高和强化广告、公关和其他宣传效果。企业信誉是在企业长期运营过程中形成的，完善外部环境、作好战略定位、确立市场信誉、改善管理水平等，是避免信誉危机、保证企业发展的重要举措。

(7) 公关危机

面对公关危机，企业必须从战略的高度认识和对待这一个问题。一般来说，危机发生后，企业可采用具有不同功能的方式：司法介入、广告反击、公关控制，但是最关键的是要建立“防患于未然”的危机公关管理机制。防止公关危机加剧的重要方法之一是采取开放的手段，向媒体和消费者提供关心问题的相关信息，通过扩大企业正面信息量的方法来防止歧义的产生，消除疑虑。还要了解企业的公众，倾听他们的意见，并确保企业能够把握公众的抱怨情绪，设法使受到危机影响的公众站到企业的一边。最重要的一点是要保持信息传播口径的一致。注意发挥舆论领袖的作用，如企业的最高领导者、行业协会、政府组织等，利用他们所具有的权威性消除影响。要从正面阐述真相，并在必要的情况下适时对公众做出必要的承诺。详见14.2公关危机管理。

(8) 财务危机

财务危机是指企业不能偿还到期债务的困难和危机，其极端形式是企业破产。当企业资金匮乏和信用崩溃同时出现时，企业破产便无可挽回。因此，为防止财务危机与破产的发生，每个企业都在寻求防止财务危机的方法和挽救危机的措施，而加强财务危机的预警是企业危机管理的重中之重。

财务控制是防范和化解危机的关键，失败的管理者最明显的失误往往表现在对公司财务的失控上。当一个公司缺乏对现金流的控制、没有完善的成本核算和会计信息系统时，往往会陷入财务控制不力的沼泽中。财权控制上的失误又将导致公司在投资方向、遭受损失的原因及应该采取的对策等问题上处于混沌不清的状态，这是公司陷入困境的一个常见原因。优秀的财务审计系统是有效预防危机的天然屏障，利用财务分析手段也能有效防范危机的发生。引入现金支持、改善财务构架、降低成本是公司摆脱危机的主要方法。

(9) 品牌危机

品牌危机管理一般包括两个方面：既要建立品牌危机预警系统，又要建立和演练快速反应机制。一旦危机到来，必须全力以赴，迅速化解。全球知名企业都非常重视品牌危机管理，建立先进的危机防范预警机制，有的企业还设立“首席问题官”职位。

强化品牌危机管理是防范品牌运营风险、保证品牌良性发展的有效手段，品牌危机管理是企业品牌管理的核心内容之一。无论是新创建品牌还是已经创建起来并在运营的品牌，要打造真正的强势品牌，都必须站在战略性高度做好品牌危机防范和管理工作，使品牌良性发展，进而推动企业良性发展。

(10) 质量危机

产品质量问题能够直接引发消费者的不信任和不购买，随之造成销售量的大幅下滑，引发企业经营危机和困境；有些公司虽然产品质量较高，但是因为竞争对手的产品质量提高了，或者消费者的要求提高了，也会产生危机。不断提高产品质量是公司避免和摆脱危机的重要手段之一，因产品质量问题而出现危机的公司必须依靠提高产品质量来摆脱困境。因此一旦发生质量危机，应不惜一切代价迅速回收市场的问题产品，并利用大众传媒告知公众事实真相和退回方法。

16.1.4 风险的类别及企业风险管理

风险管理（Risk Management）作为企业的一种管理活动，起源于20世纪30年代的美国保险业。在50年代发展成为一门管理科学。随着经济、社会和技术的迅速发展，科学技术的进步在给人类带来巨大利益的同时，也给社会带来了前所未有的风险。如1979年3月美国三里岛核电站的爆炸事故，1984年12月3日美国联合碳化物公司印度博帕尔农药厂的光气泄漏事故，1986前苏联乌克兰切尔诺贝利核电站的核泄漏事故等一系列严重事件，极大地推动了风险管理在世界范围内的发展。

风险管理是一门新型的管理学科，尤其在金融和保险业得到了高度的重视和发展。目前，在围绕企业的经营和发展目标方面，风险管理和企业的经营管理、战略管理一样具有十分重要的意义。

企业在经营活动中，会遇到各种不确定性事件，这些事件发生的概率及其影响程度是无法事先预知的，这些事件将对企业经营活动产生影响，从而影响企业目标的实现。这种在一定环境下和一定期限内客观存在的、影响企业目标实现的各种不确定性事件就是风险。

风险是一个抽象和模糊的概念，有多种定义。如统计学的定义是：风险是实际结果与预期结果的偏差。传统的风险管理强调的是负偏离或损失。

根据风险形成机理，风险是在一定时期内，以相应的风险因素为必要条件、以相应的风险事件为充分条件、有关行为主体承受相应的风险结果的可能性。

16.1.4.1 风险的特征

风险有如下的特征。

(1) 风险存在的客观性。风险是客观存在的，是不以人的意志为转移的。人们只能在一定的范围内改变风险形成和发展的条件，降低风险事故发生的概率，减少损失程度，而不能彻底消除风险。

(2) 风险损失发生的不确定性。这种不确定性可分为客观不确定性和主观不确定性。客观不确定性是实际结果与预期结果的偏差，这种偏差可利用数学、统计学方法加以度量；主观不确定性是个人对客观风险的评估，评估结果与个人的知识、精神、经验和心理状态有关。

就某一具体风险损失而言其发生是不确定的，是一种随机现象。如，某一次具体火灾的发生是不确定的，也是不可预知的。

(3) 风险存在的普遍性。风险在人们生产生活中无处不在、无时不有，并威胁着人类的生命和财产的安全，如地震灾害、洪水、火灾、意外事故的发生等。随着人类社会的发展，人类将面临更多新的风险。

(4) 风险的社会性。风险与人类社会的利益密切相关，时刻关系着人类的生存与发展，具有社会性。随着风险的发生，人们在日常经济和生活中将遭受经济上的损失或身体上的伤害。企业风险将面临生产经营和财务上的损失。

(5) 风险发生的可测性。单一风险的发生虽然具有不确定性，但对总体风险而言，风险事故的发生率是可测的，即运用概率论和大数法则对总体风险事故的发生率是可以进行统计分析的。损失的可能性也可用概率来衡量，当损失事件的概率为1，表明风险是一种确定的事件，即风险必然存在，该事件也就不在风险管理的范围了；当损失事件的概率为0，表明风险不存在；损失事件的概率为0～1之间，则必然存在损失。

(6) 风险的可变性。世间万物都处于运动、变化之中，风险也是如此。风险的变化，有量的增减，有质的改变，还有旧风险的消失和新风险的产生。风险因素的变化主要是由科技进步、经济体制与结构的转变、政治与社会结构的改变等方面的变化引起的。

16.1.4.2 风险的类型

按照不同的分类标准，风险可分为各种类型。

(1) 按照性质分类，可分为纯粹风险和投机风险。

纯粹风险 是指只有损失机会而无获利可能的风险。如房屋所有者面临的火灾风险。

投机风险 相对于纯粹风险而言的，是指既有损失机会又有获利可能的风险。投机风险的后果一般有三种：一是没有损失；二是有损失；三是盈利。如股票买卖，就属于投机风险。

(2) 按照标的分类，可分为财产风险、人身风险，责任风险，信用风险等。

财产风险 是指导致一切有形财产的损毁、灭失或贬值的风险以及经济或金钱上的损失的风险。如厂房、机器设备、成品、家具等会遭受火灾、地震、爆炸等风险；船舶在航行中，可能会遭受沉没、碰撞、搁浅等风险。财产损失通常包括财产的直接损失和间接损失两方面。

人身风险 是指导致人的伤残、死亡、丧失劳动能力以及增加医疗费用支出的风险。如人会因生、老、病、死等生理规律和自然、政治、军事等原因而早逝、伤残、工作能力丧失或年老无依靠等。人身风险所致的损失一般有两种：一种是收入能力损失；一种是额外费用损失。

责任风险 是指由于个人或团体的疏忽或过失行为，造成他人财产损失或人身伤亡，依照法律、契约或道义应承担的民事法律责任的风险。

信用风险 是指在经济交往中，权利人与义务人之间，由于一方违约或违法致使对方遭受经济损失的风险。如进出口贸易中，出口方（或进口方）会因进口方（或出口方）不履约而遭受经济损失。

(3) 按照行为分类，可分为特定风险和基本风险。

特定风险 指由特定的人所引起的，而且损失仅涉及特定个人的风险。如火灾、爆炸、盗窃以及对他人财产损失或人身伤害所负的法律责任均属此类。

基本风险 其损害波及社会的风险。基本风险的起因及影响都不与特定的人有关，至少是个人所不能阻止的风险。与社会或政治有关的风险，与自然灾害有关的风险都属于基本风

险。如地震、洪水、海啸、经济衰退等均属此类。

(4) 按照产生环境，可分为静态风险和动态风险。

静态风险 是指在社会经济正常情况下，由自然力的不规则变化或人们的过失行为所致损失或损害的风险。如雷电、地震、霜害、暴风雨等自然原因所致的损失或损害；火灾、爆炸、意外伤害事故所致的损失或损害等。

动态风险 是指由于社会经济、政治、技术以及组织等方面发生变动所致损失或损害的风险。如人口增长、资本增加、生产技术改进、消费者爱好的变化等。

(5) 按照产生原因，可分为自然风险、社会风险、政治风险、经济风险、技术风险等。

自然风险 是指因自然力的不规则变化使社会生产和社会生活等遭受威胁的风险。如地震、风灾、火灾以及各种瘟疫等自然现象是经常的、大量发生的。在各类风险中，自然风险是保险人承保最多的风险。

自然风险的特征有：①形成的不可控性，②形成的周期性，③共沾性，即自然风险事故一旦发生，其涉及的对象往往很广。

社会风险 是指由于个人或团体的行为（包括过失行为、不当行为以及故意行为）或不行为使社会生产以及人们生活遭受损失的风险。如盗窃、抢劫、玩忽职守及故意破坏等行为将可能对他人财产造成损失或人身造成伤害。

政治风险 （国家风险）政治风险是指在对外投资和贸易过程中，因政治原因或订立双方所不能控制的原因；使债权人可能遭受损失的风险。如因进口国发生战争、内乱而中止货物进口；因进口国实施进口或外汇管制等等。

经济风险 是指在生产和销售等经营活动中由于受各种市场供求关系、经济贸易条件等因素变化的影响或经营者决策失误，对前景预期出现偏差等导致经营失败的风险。比如企业生产规模的增减、价格的涨落和经营的盈亏等。

技术风险 是指伴随着科学技术的发展、生产方式的改变而产生的威胁人们生产与生活的风险。如核辐射、空气污染和噪音等。

16.1.4.3 企业风险管理

企业风险管理（Enterprise Risk Management，ERM）是对企业内可能产生的各种风险进行识别、衡量、分析、评价，并采取及时有效的方法进行防范和控制，用最经济合理的方法来综合处理风险，以实现最大安全保障的一种科学管理方法。

进入 21 世纪，企业风险管理已形成了特定的概念，它来自于 COCO 委员会（美国反虚假财务报告全国委员会的发起组织委员会）委托普华永道开发的、于 2004 年 9 月发布的《COCO 企业风险管理——整合框架》，它系统地为现代企业管理当局（包括董事会、管理层、执行部门和其他员工）提供了一个以内部控制为基础的具有指导意义的逻辑框架，运用于企业战略的多层面、流程化的风险管理过程，为企业实现经营目标提供了有效的保证。除此之外，国际标准化组织（ISO）发布的 ISO 31000 标准，即《风险管理——原则和指导方针》，也为企业风险管理提供了一整套行之有效的标准化流程。

《COCO 企业风险管理——整合框架》包括八个要素。

① 内部环境。为组织内的人员如何看待和控制风险确定了基础，包括风险管理理念、风险承受能力、诚信和道德价值观以及他们所处的经营环境。

② 目标设定。必须先有目标，管理层才能识别影响目标实现的潜在事项。企业风险管理确保管理层采取适当的程序去设定目标，确保所选定的目标支持和切合该企业的使命，并且与它的风险承受能力相符。

③ 事项识别。必须识别影响企业目标实现的内部和外部事项，区分风险和机会。管理

层制定目标时应考虑到机会，并被反馈到管理当局的战略或目标制订过程中。

④ 风险评估。要对识别的风险进行分析，以便确定管理的依据。风险与可能被影响的目标相关联，既要对固有风险进行评估，也要对剩余风险进行评估，评估要考虑到风险的可能性和影响。

⑤ 风险应对。管理层选择风险应对方式，包括规避、接受、降低或分担，并制定一系列措施把风险控制在企业的风险承受能力（risk tolerance）和风险容量以内。

⑥ 控制活动。制订和实施政策与程序以帮助确保管理当局所选择的风险应对策略能有效实施。

⑦ 信息与沟通。企业的各个层级都需要借助信息来识别、评估和应对风险。有效信息沟通的外延比较广泛，包括企业内信息的上传、下达和平行流动。

⑧ 监控。整个企业风险管理处于监控之下，必要时还需进行修正。这样能够动态地反映风险管理状况，并使之根据条件的要求而变化。对企业风险管理，通过持续的管理活动进行评价或与监控结合来完成。

企业风险管理并不是一个严格的顺次过程，一个构成要素并不是仅仅影响接下来的那个构成要素。它是一个多方向的、反复的过程，在这个过程中几乎每一个构成要素都能够、也的确会影响其他构成要素。

国务院国有资产管理委员会为了指导企业开展全面风险管理工作，进一步提高企业管理水平，制定了《中央企业全面风险管理指引》（国资发改革〔2006〕108 号），我们在 16.6 作详细介绍。

《中央企业全面风险管理指引》对企业风险、全面风险管理、内部控制系统的定义是：

① 企业风险　指未来的不确定性对企业实现其经营目标的影响。企业风险一般可分为战略风险、财务风险、市场风险、运营风险、法律风险等；也可以能否为企业带来盈利等机会为标志，将风险分为纯粹风险（只有带来损失一种可能性）和机会风险（带来损失和盈利的可能性并存）。

② 全面风险管理　指企业围绕总体经营目标，通过在企业管理的各个环节和经营过程中执行风险管理的基本流程，培育良好的风险管理文化，建立健全全面风险管理体系，包括风险管理策略、风险理财措施、风险管理的组织职能体系、风险管理信息系统和内部控制系统，从而为实现风险管理的总体目标提供合理保证的过程和方法。

③ 内部控制系统　指围绕风险管理策略目标，针对企业战略、规划、产品研发、投融资、市场运营、财务、内部审计、法律事务、人力资源、采购、加工制造、销售、物流、质量、安全生产、环境保护等各项业务管理及其重要业务流程，通过执行风险管理基本流程，制定并执行的规章制度、程序和措施。

财政部为了加强和规范企业内部控制，提高企业经营管理水平和风险防范能力，发布了《企业内部控制规范》（财会〔2008〕7 号）。财政部、证监委、审计署、银监委、保监委联合发布了（财会〔2010〕11 号）文，颁布了《企业内部控制应用指引第 1 号——第 18 号》、《企业内部控制评价指引》、《企业内部控制审计指引》。

16.1.5　危机管理和风险管理的关系辨析

16.1.5.1　风险和危机的共性

(1) 风险和危机都是客观存在的，不以人的意志为转移的。

(2) 风险和危机都具有高度的不确定性。风险及其引起的损失往往以偶然的形式出现，即何时、何地发生何种风险、损失程度等都是不确定的。危机也是一种不确定性的突发事件。

(3) 风险和危机都具有一定的可测性。

(4) 风险和危机都具有突发性。

(5) 风险和危机都具有损失性。风险和危机突然发生时，往往造成一定程度的混乱和恐慌，从而引起决策失误，造成损失。

(6) 风险和危机都具有双重性。风险可理解为“机遇和危险”，尤其是投机风险；危机的双重性可理解为“危险加机遇”。

16.1.5.2 风险和危机的联系和区别

风险和危机的联系：对风险控制不力或处置不当，造成的损害达到较大程度时，危机就会发生。风险的客观存在是导致危机发生的前提，对风险进行有效的评估和管理，可以预防危机的发生；如果对各种风险熟视无睹，或者对已识别的风险不采取有效的措施，那么，今天的风险就会演化成明天的危机。

风险和危机的区别：①风险是危机的诱因，危机是风险的显化；②并非所有的风险都会引起危机，只有当风险释放所造成的危害达到一定程度，并对组织的基本目标构成威胁时，风险即演化为危机。简言之，风险集合的临界点便是危机。

16.1.5.3 风险管理与危机管理的辨析

风险管理和危机管理的相同之处：①风险管理的过程是以风险识别、风险评估、风险分析和风险处理为一个周期的循环往复过程；危机管理的过程是以危机预防、危机辨析、危机处理、危机恢复为一个周期的循环往复过程。两者都是按时间推进的动态管理的过程。②两者管理不善，都会使情况恶化，给企业带来损失。③风险管理和危机管理的目的都是为了降低损失或危害。④两者都要求对风险或危机进行预测和化解，即事先采取措施消除或控制，争取机遇和利益的最大化。⑤风险预警和危机预警的原理、程序、方法基本一致。

风险管理和危机管理的区别在于：①管理的侧重点不同。风险管理的重心在于控制和处理，危机管理的重点在于及时反应和沟通。②管理的时间跨度不同，风险管理的时间跨度短，危机管理的时间跨度长，从早期的预见、预防到后期的恢复。③面对的外部环境不同。危机管理必须考虑多方利益关系而做出决策，同时面对媒体及公众的监督；风险管理并不涉及公众。④时间的紧迫性不同。危机一旦发生，就要求组织必须立即采取果断措施予以处理，如果不及时加以控制和处理，势必会引起更大的危机，时间把握对危机管理的有效性影响较大。而风险管理可以从容收集信息、分析信息，做出预测。⑤决策的信息基础不同。风险管理是建立在信息充足的基础上进行的；而由于危机的突发性和紧迫性，危机管理的决策往往是基于信息缺乏和时间压力下做出的。⑥人员的沟通不同。风险管理不注重人员的沟通和管理，而危机管理不仅要做好组织内部沟通，还要处理好与外界媒体的沟通，为处理危机和危机后的恢复奠定基础。

综上所述，风险管理与危机管理既有联系又有区别。一般来说，风险管理侧重于预测和化解，危机管理侧重于及时反应与控制。无论从危机管理的性质、工作范围和工作量等看，危机管理都宽于风险管理，风险管理只是危机管理的一部分。从另一角度看，风险管理与危机管理只是管理学家从不同角度研究企业管理问题而得到的两种管理科学，前者在企业财务、金融、保险领域应用特别普遍。

如果在一个化工企业内既要实施危机管理，又要实施风险管理，且两者分别进行，势必造成混乱，因为两者本身就在很大程度上重叠，是你中有我，我中有你的状态。作者认为，现代化工企业必须实施危机和风险管理，即在实施危机管理的同时，按照《中央企业全面风险管理指引》，实施全面风险管理。

16.2 危机管理机构和措施

16.2.1 危机管理框架结构（CMSS）

为满足国际上一些著名的大型跨国公司在危机情境下的策略与政策需要，设计了危机管理框架结构（Crisis Mana-gement Shell Structure，CMSS）。

在CMSS结构中，管理人员根据他们的技能和能力行使责任，而不是根据他们职位的高低或在组织的工作时间。

CMSS具有很多满足行政危机管理要求的特征，这些特征包括：①简单易懂的结构，②剪短的沟通与指挥通路；③扁平管理，以在传达信息时减少信息扭曲和时滞；④集中决策；⑤有效授权；⑥重视合作而不仅是战术指挥；⑦收集、评估与整理信息；⑧在危机形势中各当事人集团间有效地沟通；⑨与危机形势的外部团体有效地沟通。

CMSS有信息和决策两部分，这两个部分又称为咨询和信息系统、决策和操作系统。

① 信息系统由信息整理部（Information Collation Office，INCO）、公众与媒体部（Public and Media Office，PUMO）、咨询形象管理部（Advisory Image Management Office，AIMO）组成。

② 咨询系统由咨询形象管理部和主要咨询团体（Principal Advisory Group，PAG）组成。

③ 决策系统是危机管理者（Crisis Manager，CM）与高层权威（CCM）的接口。

④ 操作系统有一个指挥协作部（Coordination and Command Office，CACO）及专业的战术反应部（Tactical Response Units，TUR）组成。

CM和他的来自于管理联络部（Managerial Link Office，MLO）的支持者，可将信息扩展至四个组织部分的任何范围。

（1）危机管理者（CM）

是危机中的主要管理者。一个主要的危机管理者或许负责一个独立运作的CMSS。不同的、独立的、客观的危机同时发生时，允许每位CM负责一个紧密的CMSS。CM的主要任务是制订所有的策略决策。

通过CM进行合作与控制，可集中权威实现快速决策，全面化解危机或做最后的恢复工作。CM可以使用咨询人员和信息分析人员帮助决策确定信息的有效性，从而保持一致性和协作，这些外来人员能减少思维定势和组织惯性。

CM需要足够的权威进行决策和控制危机形势，同时需要能够管理混乱的形势。这样的形势通常会丢失信息或有不确定的信息，几乎没有时间决策和进行反应，超过负担能力的资料需求会催生更大的压力和期望。CM需要必要的能力和训练以管理危机。如果CM是一个部门CEO，那么高层应授权给CM以应付长期危机。一旦危机反应开始，CM就要开始控制。只有CM才能指挥一个紧密团结的危机反应组织的运作。

（2）管理联络部（MLO）

由一小部分人负责，这一部分人负责CM的需要与CMSS内其他部门所需相连的纽带。MLO的任务就是保证CM与CMSS内其他部门之间以及CM与组织的其余部门之间的持续的信息交流。

随着信息化交换的提高，信息交流速度加快，MLO的功能有所弱化，有时可由总裁助理或总裁办公室主任兼任。

（3）信息整理部（INCO）

在危机反应团体内提供信息交流设施，分类、整理、评估和记录关于危机的信息。其人

员应该接受收集与评估信息方面的训练，也应掌握其他的技能，如记录信息以帮助操作部限定危机和进行危机反应。

（4）公众和媒体部（PUMO）

工作人员的任务是应付媒体、利益团体和危机之外的人。因此其工作人员应接受如何应付危机受害的人的要求的训练。他可以向 INCO 的人发布信息，但却不能从对方那里获取信息。他提供的所有信息必须由危机管理者提前批准。这有助于从以下三个方面改善危机管理：①隔离内外部信息交流，以减少流言、信息不稳定和信息缺乏等问题；②将对外发布信息的信息源集中在一起；③向媒体及其他利益团体更快地提供信息。

（5）咨询形象管理部（IMMO）

负责分析危机的影响和危机管理造成的大众及相关利益团体对组织的看法，并作出改善建议。IMMO 是一个特殊的“公关”单元，帮助管理者和主管制订更加平衡与恰当的声明，这使当事人从繁杂的琐事中解放出来。IMMO 也对如何应付对组织及其员工的谣言、攻击作出建议。

一般来说，在小型的组织中，CM 或许也行使 IMMO 的职能，但当 CM 有许多其他事情要处理或督导时，就不合适了。

（6）主要咨询团体（PAG）

主要是为 CM 提供专家建议，这使得 CM 有更多的时间和观点应付危机反应中的问题，从而减少思维定势和组织惯性。PAG 能够：①使 CM 集中精力处理危机反应任务与协调；②使更多的人了解大体的情况；③更快的接近专家建议。

他使得 CM 在处理危机时不必是一个多面手，PAG 成员有更多的时间和经验去考虑信息及可供选择的方案。PAG 的成员可以随危机形势的变化而改变。

（7）指挥协作部（CACO）

能帮助将来自 CM 的策略计划“翻译”成实战的反应策略，以进行现场管理。他的任务主要有两个：一是将策略决定转换为现场的具体任务，并把任务分配给战术反应部（TRU）；二是监控局势及资源配置。

CACO 进行直接的协作和指挥，这也使 CM 有精力处理危机反应中更广泛的事情，推行解决方案以及筹谋远景的策略。一旦危机反应开始，CACO 人员就应开始工作，在危机中，为实现管理的连续性应禁止角色互换。CACO 一般设在指挥中心或总部。

（8）战术反应部（TRU）

现场危机反应的努力被分为普通单元和专门单元，并配备一定的人员与设备以应付危机影响。为了进行信息沟通和指挥传递，TRU 与 CACO 相联络，以进行信息沟通和指挥传递。

（9）标准运作联络部（NOLO）——CMSS 的外部结构

在一些危机及危机恢复工作中，标准运作联络部 NOLO 可以帮助实现受影响者与未受影响者之间的联络。NOLO 人员可以作为正常经营地区与受危机影响地区之间的联络纽带，但不是 CMSS 的一部分。NOLO 可以更容易区别内外因素。当一个组织的所有高级领导都成为 CM 时，并各自领导一个 CMSS 系统时这一团体的重要性也随之增加。NOLO 设在 CCM 附近。

（10）首席危机管理者（CCM）

CMSS 需与更高级别的权威进行合作，这是因为：①不只出现一组危机或一个危机地点；②组织中只有部分受危机所困。大多数危机中，CM 应向更高的权威——国际公司总裁报告运作情况。这是一种责任与信息的供给方式，而不能仅被更高的权威用作微观管理。

CCM 提供多地点（形势）的支持和策略合作。国际公司总裁能使 CMSS 与其责任得以连续，并能使国际公司内受影响者和未受影响者合作。

CMSS 是一种将组织结构转化为危机反应的简单灵活的某种形式，将具体的任务集合在专门的部门内。不管危机的类型、规模与性质如何，CMSS 都能清楚地限定每个团队或部门的作业及目标。CMSS 将组织的内部沟通信息和提供给外部反应团体的信息分开。这种分离减少了对抗、误解，并降低了形成不良形象的可能性。通过一种整合的“单一”信息源，并考虑到信息整理的重点，CMSS 有助于更好地记录危机事态。

组织结构可以根据特定危机的需要重新架构，也可设置灵活、适宜的“处”、“部”等管理层次。并且此组织结构重点在于适当的危机管理能力上，而不是建立在非危机时工作头衔、业务流程或工作模式上，因此，这一组织结构适用于不同规模的组织。

16.2.2 制定和实施危机管理计划

是否有正式的危机管理计划已成为评价一个国际优秀公司管理水平的标准，缺少危机管理计划的公司通常被认为其发展是不稳健的、风险也大于制定危机管理计划的其他公司。。

明智的决策者会将目前的需求同未来需求引发的问题进行比较。成功的决策者以及具有危机管理观念的 CEO 承认每一个公司都会面临危机，只有那些做了最好准备的公司才能生存下赤，甚至也许还会从危机中繁荣昌盛起来。

16.2.2.1 危机管理计划的内容

危机管理计划一般都具有以下内容：

① 对公司的危机管理哲学和危机计划重要性的表述。

② 对公司认为是“危机”和危机计划实施的事件、事情或问题进行明确的定义。

③ 列出会影响公司的潜在危机情形，公司在未来可能面对的潜在危机分类。

④ 公司的整体目标和危机管理目标。

⑤ 危机报告和协调的汇报结构，危机管理团队成员的名单，附有电话、传真、手机号、邮箱号等现代信息交流方式。

⑥ 紧急情况下的工作程序，包括同警察、消防和其他社区官员联系方式，附有电话号码。

⑦ 紧急情况下需要接触的新闻媒体（包括网络媒体），包括名称、标题、电话和传真。

⑧ 公司第一、第二发言人的名单以及严禁其他人同新闻媒体或其他公司讨论此事的严正声明。

⑨ 在危机中需要立即采取的步骤，例如需要接触的人和危机管理团队应该碰面的地方。

⑩ 在危机发生期间和危机发生后所需要的有关公司和其他方面的信息事实、背景材料。

16.2.2.2 保证危机管理计划落实的措施

制定完成危机管理计划并得到批准后，可以考虑采取以下措施：

① 指定公司专人负责，将危机管理计划融入公司的整体计划中去，并在需要时及时修订计划，把这些作为决策者工作职责和业绩评价的重要部分。

② 召开由中层和高层管理人员参加的情况研讨会，审查计划并讨论他们在危机中的角色，向有关的中层和高层管理者发送计划的文件副本。

③ 安排时间同每一位接到计划的人员进行面对面讨论，听取他们的意见和建议，以改进计划。

④ 确保危机管理团队在会议上检查计划并讨论必要的修订。

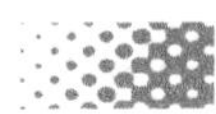

⑤ 准备危机反应手册。根据每一位在危机管理计划中负责人员的实际情况加以制定，以提供在危机期间具体的行动指南。

16.2.2.3 执行危机管理计划的六个阶段

（1）第一阶段：**危机的避免**。危机管理计划强调危机预防，但许多人往往忽视了这一既简便又经济的办法。危机管理计划将所有可能会对商业活动造成麻烦的事件一一列举出来，考虑其可能的后果，估计预防所需的费用。

谨慎和保密对于防范某些商业危机至关重要，危机管理计划特别强调培养员工对商业秘密的保密意识，要求每一位参与者签署保密协议；尽可能减少接触的人员，并只限于那些完全可以依赖且行事谨慎的人。

（2）第二阶段：**危机管理的准备**。危机就像企业纳税一样是管理工作中不可避免的，所以必须为危机做好准备，危机管理计划包括：行动计划、通讯计划、消防演练及建立重要关系等相关内容。在为危机做准备时，必须注意细节。危机的影响是多方面的，忽略它们任一方面的代价都会很大。

（3）第三阶段：**危机的确认**。这阶段的危机管理通常是最富有挑战性的，尽管危机管理计划对此作了很详尽的说明，但执行起来却并没有那么容易。经验告诉我们，在寻找危机发生的信息时，管理人员最好听听公司中各种人的看法，并与自己的看法相互印证。

（4）第四阶段：**危机的控制**。这阶段需要根据不同情况确定工作的优先次序。首先，CEO 领导的危机管理小组专门从事危机控制工作，让其他人继续公司的正常经营活动，要有明确分工；其次，指定专人向自己公司的组织成员，包括客户、拥有者、雇员、供应商以及向所在的社区通报信息，而不要让他们自己在公众媒体上获取有关的消息。管理层即使在面临着必须对新闻做出反应的巨大压力时，也不能忽视这些对公司消息特别关心的人群。事实上，人们感兴趣的往往是管理层的态度而非事情本身。

公司要想取得长远利益，在危机控制时就应更多地关注消费者的利益而不仅仅是公司的短期利益。这是危机管理计划特别强调的关键点。

（5）第五阶段：**危机的解决**。在这个阶段，速度是关键，危机不等人。

（6）第六阶段：**从危机中获利**。在一定条件下，坏事可以变为好事，这是危机管理最积极、最成功之处。危机管理的最后一个阶段其实就是总结经验教训。如果一个公司在危机管理的前 5 个阶段处理得完美无缺的话，第 6 个阶段就可以提供一个能弥补部分损失和纠正混乱的机会。如果危机处理得当，公司反而能因祸得福。其实，公众对商业公司的预期并不高，以至于公司在做一件本来应当做的事时却会受到热情洋溢的称赞。

一旦遇到危机，就要接受它、管理它，并努力将你的视野放长远些。总之，要尽一切努力避免使公司陷入危机，不能自拔。IBM 公司将危机管理的经验概括为 6 个字：说真话，赶快说。

16.2.3 预防危机的措施和危机管理注意点

16.2.3.1 预防危机的措施——设置“问题”经理

公司 CEO 最忌讳的事是信息渠道闭塞，听不到正确的不同意见，这是件危险的事情。实际上，这是 CEO 自己造成的。可能的原因有：①自己高高在上，不愿多去基层了解情况；②不够尊重他人意见。能提出不同意见的人实际上都是勤于思考的人，你不尊重他，不虚心求教，他也就不愿多说，反正公司兴衰对他关系不大；③习惯于听小报告，有些人就投其所好，专门反映某某人如何的报告；④凭个人好恶处理事情，不去深入分析、研究问题；⑤以错误方式处理意见和建议，堵塞了言路。

兼听则明，偏听则暗。公司CEO必须对经营中的问题有所了解，这就要依靠事实资料的收集，以及精明幕僚的分析。除由正常的工作流程，将下属的意见传递上来以外，还需要从不同的视角来及时指出公司经营中的问题。这就是一项新职务——问题经理。

问题经理的职责是：对可能影响公司的各种问题，包括政治、经济、社会等方面的问题，向高级理管理层提出警告，并提出解决问题的建议。问题经理对公司所存在和必须面对的环境，可作出另外一种不同方式的观察和分析。担任问题经理的人，有各式各样的人才，有研究公共关系的，有律师、经济学家、教授、记者、高级职业经理、工程师等。各企业对问题经理的职务称呼也各不相同，处理的工作任务也不同，有写讲稿、指导广告制作，甚至与公司的反对者谈判等等。

化工企业与其他企业不同，所要处理和研究的问题比其他行业的企业多得多，美国的许多化学公司大多设置了问题经理这一职务。

道化学公司（Dow Chemical Company）的“公众问题经理”原在《化学周刊》任编辑，他举例说明一天工作的多样化：50%的时间向主管宣传的副总裁报告，25%的时间向主管政府事务的副总裁报告，其余25%的时间则向研究发展的副总裁报告。

联合碳化公司（Union Carbide Corporation）的“问题经理助理”指出：化学工业处在阴影中，如果我们不好自为之，就会一败涂地。今天处理的问题，比几年前更棘手。因此，联合碳化公司任命了三位问题经理，每人专责一项对公司未来有重大影响的特定领域：能源，安全、健康和环境，国家经济政策。

孟山都公司（Monsanto Company）的“社会责任主管”，由历史学教授担当，部门内有4位博士兼职工作，有12位未来几年都有可能升任副总裁的中高层主管，分析问题并提出公司的对策。

16.2.3.2 危机管理的四大注意点

从一些公司在处理危机中的正反两方面的经验、教训来看，危机管理一定要注意防重于治的原则；在具体的处理过程中，要坚持以顾客利益为重的原则，在时间上坚持及时性原则，在公共关系上坚持积极沟通的原则。同时必须注意以下四点：

（1）不要只关心金钱上的得失。在危机处理中，常有一些公司只关心金钱上的得失，忽视了信誉、品牌这宝贵的无形资产。实际上，公司的形象和品牌声誉重于一切。自己千辛万苦建立起来的顾客信任不是用金钱就可以买来的，自己在与顾客成千上万次交易中建立起来的美誉度，经受了时间的考验，也不是花钱多作几次广告就能得来的。“不惜血本，平息危机”应是危机处理的第一要义。

（2）推卸责任是危机管理的最大的弊端。危机的产生一般是因消费者在使用产品和服务的过程中受到了伤害，而这些情况有的是公司自身所造成的，有些是外界因素所致，更有一些是别有用心者的故意加害。面对这些错综复杂的情况，有些公司出于维护自身利益的原因，或者是危机处理技术的生疏，往往采取躲躲闪闪，千方百计为自己开脱责任；更有甚者，利用消费者和社会舆论对危机的相关情况知之不多的情形，公司一手掩盖事实真相，开脱责任。这些都是很危险的举动，面对危机，公司应该勇于承担自己的责任。

在危机处理中，要遵循及时性、准确性、诚实性、积极主动性的原则，对此一点儿也不能含糊。主动承担责任，赢得消费者和社会舆论的谅解，是消除危机损害最好的策略。

（3）久拖不决是危机管理的大忌。危机的发生一般都对公司的声誉造成了威胁，从而引起了公众和社会舆论监督的关注。危机发生后，最好的招数就是以快刀斩乱麻的凌厉手段，尽早引开公众的目光，尽早恢复自己的形象。危机发生后，如不及时处理，一是继续给公司

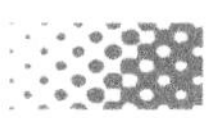

声誉造成损害；二是给竞争者造成乘虚而入，趁机占领市场的机会。从这个意义上说，时间意味着一切。

(4) 预防与处理应同等重要。未雨绸缪，建立完备的危机处理系统和运作机制是重要任务；在日常管理中，防微杜渐，这是危机管理的核心任务。危机管理最重要的是不发生危机。这就需要公司在管理中，加强忧患意识，让员工人人有市场意识、危机意识。

16.3 危机征兆和预警

美国每年成立的公司，只有20%能成功，日本公司的成功率不到12%，我国公司现在海外并购的成功率也不到30%。世界大公司的寿命也很少超过人类寿命的一半，平均寿命不到40年。

大部分失败的公司，事先都有许多征兆，然而却往往无法认清即将迫近的危机。也许在适者生存的法则下，像这样不断的以旧换新，可能对社会是好的，因为这可把经济土壤重新翻过，重新分配资源给新的公司与新的文化；然而对员工与公司而言，却是很痛苦的。所以，要警惕危机对公司的损害。

16.3.1 预见危机是最高明的危机管理

16.3.1.1 企业危机的起因

企业危机可能是由于外界环境的变化引起的，如新技术的出现使竞争对手的技能或创新能力提高，但更多情况下是公司自身内部的原因造成的，如：

(1) 财务指标低于预期值。当公司的财务指标没有达到股东、员工、市场分析家或媒体的预期值时，公司就会面临危机。公司财务指标低迷，其代价通常是信用受损、员工士气下降；如果是上市公司，其股价也会大幅度下降。当对公司的不信任逐渐扩大、管理层发生变动，公司再努力也无法恢复原有状况的时候，危机就会发生。

(2) 员工士气低下。当问题严重到会影响公司的生产能力、盈利能力，甚至工作场所的安全时，就会引发危机。

(3) 公司面临法律诉讼。每个公司都对诉讼很敏感，特别是跨国公司面临着各个不同的法律环境，法律上困境的可能性更大。在西方发达国家，不但法律费用高得吓人，而且歧视（包括性别歧视、宗教歧视、年龄歧视、外貌歧视、种族歧视、性倾向歧视以及对艾滋病毒携带者的歧视）和性骚扰都会面临诉讼索赔，公司的运营也会受到这方面的影响。

(4) 负面影响的媒体报道。一个发表在报纸或杂志、地方电视台、广播电台上的具有负面影响的报道能够导致一个公司的危机。如1998年，媒体报道湖南常德发生“三株口服液”导致死人事件，使销售额达80亿元的三株集团轰然倒塌。

(5) 破坏性传闻。一些想象、误解和传闻的传播，也会给公司带来危机。它们一般与公司的产品、顾客的起诉、对高层经理人某些行为的推测或公司经营上的失败有关，有一些也许仅仅是无意伤害公司的微小问题，但有些是恶意的，值得公司引起警惕。

(6) 技术上的失误。技术问题也能够引发危机，就像在计算机系统的日常使用中，病毒和应用程序中的一些微不足道的问题会造成系统数据毁坏甚至瘫痪一样。各种各样的公司都在充分利用技术进步所带来的优势，且对其的依赖性越来越大，危机也在逐步增大。

(7) 产品缺陷或质量问题。这些问题有些是能够加以弥补的，影响不会很大，公司一般会采取息事宁人的态度，但有时可能是灾难性的。

(8) 安全事故或污染事故。化工企业发生这类事故，如果处理不当，往往会转变成危机。

(9) 某位高层决策者的意外死亡。每一个优秀公司都有领军人物，是公司管理层的核心。当这些主要领导人中的一位或几位突然死亡时就会失去重要客户，引发危机。这种情况是每个公司特别是民营公司必须考虑的。

(10) 家族企业内部冲突。引起家族企业内部冲突有五种类型：公正冲突（justice conflict）、角色冲突（role conflict）、工作/家庭冲突（work/family conflict）、身份冲突（identity conflict）和传承冲突（succession conflict），无论东、西方，这类冲突都会引起公司危机。

(11) 接班人危机。在我国民营企业的接班人危机比较普遍，一方面传统思维不愿意让外人接班，另一方面子女不愿搞化工，加上“富二代”缺乏磨练，自以为是、目中无人，常常将企业带入危机。

(12) 盲目投资。由于无节制地投资，以致负债累累，资金亏空过大，面临偿还贷款的问题而倒闭。应合理确定投资方向，保证投资效果。

16.3.1.2 企业的“学习智障”是危机的征兆

不求进取的“学习智障”对企业来说，是致命的。企业 CEO 应该找出对策来化解那些根源，不断割去所产生的组织病毒，这种病毒使组织充斥着你争我夺、互相防卫、内部勾心斗角。它只会消耗人们大量的精力，不断打击人们的工作积极性，使组织永远不可能建立伟大公司所必须的根基。

企业 GEO 要善于辨识下述 7 项“学习智障”：

(1) 思考的局限性。当企业中的人只专注于自身职务，他们便不会对职务该负的责任负责。

(2) 归罪于别人。当出了问题，往往归罪于别人，互相推诿，不负责任。

(3) 缺乏整体思考的积极性。我们应主动积极地解决问题，并在问题扩大成为危机之前，加以解决。真正具有前瞻性的积极行动，除了正面的想法之外，还必须以整体思考的方法深思熟虑、细密量化，思考那些可能会造成我们不易觉察的严重后果的问题。

(4) 专注于个别事件。关注着短期个别事件，创造性的学习便难以持续。

(5) 温水中的青蛙。导致许多公司失败的原因，常常是对于缓缓而来的致命威胁不察，就像温水中的青蛙，变得越来越虚弱，最后无法移动，直至被煮熟。要学习看出缓慢、渐进的过程，并特别注意那些细微以及不太寻常的变化，不要对渐变的危机麻木不仁。

(6) 只从经验学习。从经验学习果然有效，但只从实践中获取经验和教训是有其局限的。只从经验中学习，企业就无法作出对未来有重要影响的决定，因为现在所作出的重要决定的后果，对整个组织系统的未来影响可能长达几年，甚至几十年。

(7) 管理团体的迷思。管理团队常把精力花在争权夺利，同时佯装每个人都在为团队目标努力，维持团结和谐的外表。实际上，团体不重视学习效果的原因，是因为管理者害怕互相追根究底、质疑求真所带来的威胁。大多数公司的误区是：只奖励提出主张的人，而不奖励质疑提出问题的人。

16.3.1.3 从财务数据中发现危机征兆

公司要高度重视下列情况，因为公司有遭遇财务危机的可能，不注意防范，将面临危险！

(1) 销售额及利润的变化。①销售低迷，因竞争对手强劲致使竞争激化，客户减少或更迭频繁；还包括行业本身正在萎缩、主要产品没有发展前景、销售人员素质差且不固定、库存产品增多、索赔增多。②人均销售额降低，预示公司的生产率低，也预示着公

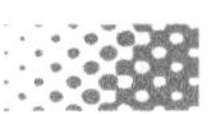

司发展速度缓慢。有必要对连续几年的数据进行追踪分析。③销售额提高但利润未增，这往往是公司临近危险的一个明显征兆，如果经费的增长大于销售额的增长，则亏损便将成为必然。

（2）流动资金呆滞。要对应收账款和库存加以关注，如果发生应收账款回收呆滞、出现坏账以及呆滞商品增加的情况，公司便会面临资金周转不灵的境地。在与新客户进行某项交易时，事先应进行充分的信誉调查，包括对那些名气较大的公司，同时严格控制信贷额。

（3）资产负债率高。一个公司能够承受多大程度的负债需视公司的自有资金而定。如果自有资金充足，即使不景气持续一段时间，公司也能渡过难关；如果自有资金不足，则可能立即陷入困境。自有资金比率越高，公司运用负债经营的风险越小。

自有资金，即内部留存，是公司发展之根本。内部留存不足，公司用于扩大再生产的投资将无从谈起，而持续负债会使资金出现缺口，最终将不得不依靠贷款维持经营，这样的结果将只有破产或被兼并。应适当控制自有资金比例，正确运用负债经营。充实自有资金的方法有两种途径：增资扩股，或增加利润留存。

16.3.1.4 防止受倒闭客户的牵连陷入危机

经济不景气时最常见的现象是连锁倒闭，原本经营状况良好的公司会因客户倒闭而受到牵连。要想预知客户的倒闭征兆，就必须重视那些并未体现在数字中的蛛丝马迹。

（1）辨别危险客户。经营状况不好的公司多发生下面所列问题，可能是其中的一项，或是其中的多项：①资金方面，提出延长清偿周期，延迟缴纳利息，延迟发薪资。②经理不知去向，财务负责人看不到人影，这种情况往往非常危险，因为经理很可能正在四处筹款之中；③员工士气低落，萎靡不振，离职人数显著增加，员工年龄偏大；④公司环境，弥漫萧条气息，公司内一片混乱，如何整顿无人关心；⑤客户纷纷离去，库存过剩，也不加以整理。⑥事故增多（次品、退货、交通事故）；⑦供货客户减少（客户停止供货）；⑧有行将倒闭的传闻，业内口碑不佳。

（2）防范客户倒闭。①设法定期取得客户的经营状况和财务报表，把握其内容和问题的所在，一旦发现危险征兆，立即要求其改善，不排除更改清偿条件。②密切保持与客户接触，保持良好的沟通状态，了解客户的苦衷，设法提供支援。③确保足够的担保。④预防万一，以合同约束收回商品的特约承诺。

（3）防止客户倒闭的影响。把握客户状况，要留意以下各项：①交换完整的合同。②设定信用额度，即设定可以融通的最高限度（信用额度）。这由客户的业绩、经营状况、业界地位和其他条件，综合判断后决定。原则上，超过信用额度以上的债权，不予接受。③取得信用额度以上的担保。设定信用额度以上的担保，担保的对象是不动产、有价证券、或保证金等。其折价率掌握在什么程度要以当时的情势或担保物品加以决定。④长期收集财务报表并分析内容。连续搜集供货结算情况表或损益计算表，且定期分析各种财务报表。一个短时间无法知道的事情，连续分析两、三年以后，就有可能看出端倪。利用经营指标的判断，十分管用。不管是什么样的公司，绝对免不了税务申请和纳税。此时，可以检查税务申报书的内容，再者就是时常访问对方，观察其公司的状况。

（4）同行业者之间的“口碑”亦不可小视。不良口碑一旦传出，散布起来相当快。银行听到后可能不愿为其融资，供应商会停止供货而造成停工、停业等等，诸如此类的事是时常会发生的。所以美国一家信息公司甚至将“口碑不良”列为公司倒闭的原因之一。

16.3.2 识别危机预警信号

16.3.2.1 危机预警信号

下述情况都是危机预警信号：

① 员工有不满情绪，工作地点发生暴力；

② 令人失望的财务结果，员工流失，士气低落；

③ 顾客报怨，产品退货，失去业务；严重的质量问题，产品质量诉讼；

④ 年龄过大的 CEO 或高层决策者突然受到严重的伤害；

⑤ 代理人、会计师遭税务罚款或处罚，环保罚款或处罚；

⑥ 银行贷款被收回，丧失信用/信任；

⑦ 研究和投资减少，丢失市场份额；

⑧ 工作业绩不佳，相互推诿责任；

⑨ 没有经营计划，由于缺乏战略/战术和长期计划，使得工作业绩不佳；

⑩ 没有危机管理计划，危机管理不当，消极的媒体报道，声誉受损。

16.3.2.2 成功是失败之母——“行为惯性”预警公司危机

好公司变坏的根本原因，在于公司不能根据市场变化采取正确的措施。公司不能采取正确措施的最根本的原因源自于公司的“行为惯性”。

行为惯性包含有两方面的含义：一是不能采取行动以适应市场变化，静止不动；二是不能改变自己的思维方式、行为模式、经营战略等。一切按照原来的模式运作，如同一个沿着一条直线向前滚动，绝不因地形的改变而改变路线的保龄球。具有行为惯性的公司，往往会执著地坚持那些过去曾为公司带来成功的思维和工作方式，在面对市场环境的剧烈变化时，他们认为只要坚持过去的成功经验也一定管用，这正是危机产生的根源。

知名公司过去的成功与辉煌，往往会使得 CEO 及其接班人相信，只要按照过去公司指定的一系列明确的战略、流程，建立和强化多方面的关系，发展现有文化和价值理念，公司也就可以和过去一样成功。过去成功的战略已经成为挡住经理人视线的眼罩，经理们坚信，只要按照这样的方式继续运行，客户仍会不断增长，人才会趋之若鹜，投资者对公司股票会不断追捧，竞争者仍会用恭维的方式打探公司的经营方法。

物极必反，事物在一定条件下会走向反面。正当 CEO 洋洋得意之时，一切发生了改变。当经理人从失败中清醒过来时，才发现失败的原因正是过去的成功和辉煌。过去可以成功的菜谱，现在却成了导致公司失败的毒方。其危机管理的经验（教训）可以总结为如下几点：

(1) 不要让关系发展成桎梏。与客户、供应商、雇员、股东等利益关联方建立良好的关系，是每一个公司成功的必要条件。但当经济环境发生变化时，过去所建立的良好关系很有可能会发展为桎梏，限制了公司应对市场的灵活性和弹性，成为导致公司经营失误的行为惯性，即为了保持与原有客户的良好关系，公司可能会不愿意放弃现在已经衰落的市场而去开发新兴的市场。

(2) 不要让价值观演变成公司的教条。价值观是社会存在的一种反映，社会存在在变化，在进步，所以价值观也要与时俱进。如果不能与时俱进，成功公司的价值观很有可能会凝固为一成不变的教条或规则，一旦这样的情况发生，公司的价值观就不再有感召的作用，也不再能够激发员工的灵感和创造性，而是蜕化为一层坚硬的外壳，将公司严密地封闭起来。于是公司就落入行为惯性的怪圈之中。

(3) 要革新，不要革命。优秀公司是可以避免和战胜行为惯性的。公司经理人必须认识

到：竞争对手面对变化的市场环境必然会采取应变措施；必须审慎地研究和决定公司的战略、流程、关系和价值观，以便公司的运作按设定目标进行，少走弯路。

公司在避免行为惯性时，要防止把本来可以引导公司走向成功的变革，发展成为具有破坏性的革命，要防止使员工和公司都失去方向；不要破坏掉公司的核心竞争能力，把那些本来还值得保留和发扬光大的东西，也当做一文不值的废物统统扔掉。这样的革命性措施，往往会给公司的发展带来极为不利的影响。

16.3.2.3 组织病症预警公司危机

(1) 员工问题。来自公司内部的敌人是最可怕的敌人，公司的失败不是迫于外力的作用，而是其员工致使其"停业"，他们因为某种原因而制造障碍，把顾客拒之门外。如果要找出所有公司失败的相似之处，只有一个共同点：员工问题。

没有员工，公司就不能生存。但每个失败的公司里同样有着员工一直在为之工作，在公司走向失败的过程中，他们未离左右；公司破产，他们也跟着倒霉。"他们不知道有更好的办法"这一共同因素，既是问题的症结所在，也是解决问题的钥匙。这明显反映了公司组织缺乏对员工的管理，缺乏激励措施和绩效考核，放任自流，过度相信员工的自觉性和责任感。实际上公司不关心员工的思想和状态，员工也不关心自己的行为是否对公司有害。

缺少敬业心、危机感、创造力的员工和企业很难避免失败。

(2) 警惕现代公司常见的组织病症。公司常见的组织病症主要有：①"帕金森定律"——由于工作目标不明确，任务不准确，进度不紧凑，使许多人的工作效率非常低下。同时，就在这种弹性已经很大的松弛环境中，人人还很疲累。②"摩非定律"——美国法学家摩非的结论是：任何事情都不会像它看上去那么容易，办任何事情所要花费的时间比你想象的都长，问题往往出在你认为最不会出问题的地方。③"彼得原理"——在层阶组织里，每位员工都将晋升到自己不能胜任的阶层。层阶组织的工作任务多半是由尚未到达不胜任阶层的员工所完成的。你会发现，不胜任几乎是我们周围最普遍的工作状态。

必须确立员工与企业共赢的思想才是克服组织病症的法宝：我＋我们（单位）＝完整的我。这是荣格[1]心理学中的一个观点。

(3) 让员工掌握找出公司病症的方法。①树立责任意识。首先你自己和你所在的公司要承认每个公司都有弱点，如果不管它们就会转变成危机，现在找出弱点要比以后面承担不良后果，痛苦小得多。②关心公司就要挑公司的毛病。公司面对主要危机时最脆弱的地方是哪儿？什么样的问题如果没有顾及到就会转变成公司的危机？能做一些什么样的工作来帮助减少危机发生的风险？③分析弱点会造成的后果。如果你没有立刻认清弱点会给公司以及你个人带来什么样的痛苦和危害，今天就列一下这些后果的清单。④采用头脑风暴法。把许多人聚拢到一起，共同挖掘可能的风险源，我们很快就会列出一份长长的病症目录。

16.3.2.4 优秀员工流失预警公司危机来临

日益激烈的竞争环境、变幻不定的经济形势中，公司最头疼的事是员工流失，特别是优秀员工的流失。员工流失说明员工对企业失去希望和信心，失去归属感，感到在企业没有安全感，没有与企业同甘共苦的精神支柱。那种对企业曾有的献身精神、优秀员工所形成的企业文化和企业竞争优势也就不复存在，优秀员工流失也就可能带走公司赖以生存的核心技术和创新思维。所以，优秀员工流失预警公司危机来临。

[1] 荣格（Carl Gustav Jung，1875～1961），瑞士心理学家，分析心理学首创人。

16.4 危机防范和化解

16.4.1 化解危机最直接的办法是改革管理

16.4.1.1 更换CEO是化解危机的常用武器

公司管理人员，特别是公司CEO，对公司经营的成败具有举足轻重的作用。实践证明，许多公司都是通过更换公司最高领导人而摆脱危机，使公司再度崛起。能够担当使公司起死回生重任的公司的CEO，应该具备如下品质：

(1) 善于变革。临危受命的公司CEO必须是具有强大的变革精神和能力，具有新观念、新思维的改革领袖。这样的人才可能抓准公司问题的实质，才可能有勇气、有魄力大刀阔斧地改革。

CEO的变革意识对公司的命运至关重要。最成功的危机管理都有一个共同特点：CEO把自己的行动定位于变革。他们永远进取的精神状态反映着一个不断提高、改变、重新定位的愿望。

(2) 善于处理危机。要求其具有临危不惧、处理危机游刃有余的能力。

(3) 具有较高的威望。在危机时期，没有权威，将一事无成。

(4) 身体力行。一个公司的CEO制定了措施，必须自己积极去督促执行。如果没有身体力行，就没有公司的起死回生。

(5) 行动果敢。行动果敢既是使公司迅速转变逆境的需要，也是树立领导者自身威望的手段，CEO的威望提高了，也就更容易推行各项行之有效的政策和措施。

(6) 精神领袖。公司CEO在创造公司文化方面的作用是任何人都不可能替代的，CEO应该成为公司文化的倡导者和这种文化的象征。

16.4.1.2 精兵简政、学会放弃是应对危机的常用手段

(1) 许多公司陷入困境，是因为机构臃肿，冗员过多，精兵简政就成为这些公司摆脱困境必须采取的措施。即使公司过去不存在冗员成堆的问题，在公司陷入困境后，也往往需要采取精兵简政措施，以削减开支，降低成本。

1981年，哈维·琼斯年过花甲而出任英国帝国化学工业公司（ICI）的总经理。在他的领导下，公司扭转了走下坡路的局面，取得了长足的发展。他的武器就是果断地采取精兵简政的措施，把董事会成员由14人减到8人，并将董事的分工明确了，原来那种机构臃肿、议而不决、办事拖拉的局面随之改变。董事会每月都要研究公司的总体战略，董事必须认真了解、检查公司的经营状况，对公司的现状和未来了如指掌，使公司董事会真正成为促进公司发展的力量。

(2) 要正视现实，学会放弃，从头再来。有的行业会因为时代的冲击而衰落，有的公司会因为行情下跌而衰败。在很多情况下，公司再坚持也不会有好的结果。当认识到这一点时，应考虑及时再创业或停业，这也是经营者摆脱困境的重要手段之一。与其步履蹒跚挣扎，不如堂堂正正地转、停业，或将公司转让出去。

"公司死亡"或许就是经营者幸福的开始，亲自为倾注了大量心血的事业打上句号，确实需要勇气。必须坚决果断，犹豫彷徨将会坐失良机。最重要的是要趁尚有余力时开始再创业，不要等事情发展到停业或倒闭的地步。

16.4.1.3 摆脱"管理病"，停止无用的工作

每一个大公司，都容易染上一类"管理病"：花大量的人力、物力去做无用的事情。而

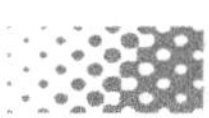

且这类“虚荣的工作”，往往占用公司中最能干的人才。

今天的危机，常常是昨天所作决策和行动的结果。每一位CEO必须花费时间、精力和才智，来弥补和跳出昨天的、无用的行动和决策（不论是他自己所做的还是他的前任所做的）。在这方面所耗的精力，有时比其他任何工作所耗的精力都大。

我们的观点是：任何计划如果无法证明其确属需要，便该立即放弃。企业的CEO在抱怨政府官僚作风的同时，亦应检讨自己的公司是否充满了形形色色的“官僚”？自己的公司是否在进行种种无用的研究，而其实只是用来装饰自己？自己的公司是否拥有各方面的人才，而其实只是为了表示有“各种研究”和有各种关系？是否沉浸于昨天的产品和成就中，浪费自己的主要智囊人物的时间，也扼杀了明天的产品？

要“纳新”，必须“吐故”。任何一个公司，都不缺乏新的创意，只是人人都在为昨天的任务而忙碌。只要能够吐故纳新，即使是最为暮气沉沉的公司，也能获得生机。

16.4.1.4 分清轻重缓急，提高公司工作效率

“疲于奔命”不等于高效率。经理人知道，善于运筹时间，不做时间的奴隶，不仅使你工作效率倍增，还可使你免于“太忙”。一位企业家面对时间管理讲了这样的警句：“忙就是落伍”！可见时间管理，对经理人何等重要。

一个成功的CEO要学会弹钢琴，首先工作应有计划，有些例行性工作，安排固定时间进行；其次，办事要分轻重缓急，不能“眉毛胡子一把抓”，最重要的事情优先做，在一段时间里集中解决一件事，否则将一事无成。

为了避免面临危机时手忙脚乱，首先要对所拥有的资源作出评价，明确工作优先次序，确定排列在工作优先次序表上的第一个项目，并且想办法避免干扰，确保执行。然后分析每一个危机，看看能不能够制订出防止再度发生的方案。此时，你就会发现你可以节省足够的时间和精力来有效地应付一些危机了，尽管有时不能控制，但只要你按下紧急处理按钮，问题是不难解决的。

公司高效率来自于公司CEO的高效率，效率是避免管理带来危机的关键要素。建立你自己“待处理”的宗卷和“待办事项表”。并且记着：瓶颈常常是在瓶子的上端，所以赶快把你公桌上的文件处理完毕，才好清理其他人的桌子。无论是自己可以支配的时间，还是受制于他人的活动，我们自己都要努力去控制，努力做一个行动果断、高效办事的人。

经理人员在日常工作中，养成下面几种习惯，将会使你受益多多：①清除你办公桌上所有的纸张，只留下和你正要处理的问题有关的；②按事情的重要程度来做事；③你碰到问题时，如果必须做决定，就当场解决，不要迟疑不决；④学会如何对公司进行分层负责和监督。

16.4.1.5 学会授权，做“一分钟”经理

管理就是如何授权。领导者要抓工作重点，不要事无巨细，什么都管。要学会授权，这样工作才会轻松而有效率。

授权，就是按照层级分工的权限，把适合下级能力和职责的任务，交给下级去做。如果习惯于享受决定一切大小事务的那种万能权力，不但极大地降低了工作效率，而且阻碍了下级发挥创意和成长，也培养了下级“向上授权”的恶习——将难事和责任推给上级。长此以往，公司必然衰落，形成危机。终止“向上授权”的唯一办法，是把这球立刻掷回下属。

需要注意的是：授权又附有控制线是自找失败。把你不愿做的或其他任何人都不愿做的事给下属去做，不是授权，而是派定任务；有时果然必须，但无助于增长下属的荣誉感。鼓励下属成长，或使下属为决策承担责任，好让自己有更多的时间去处理其他事情，最好的办

法是把具有挑战性的和有所收益的工作授权给下属。

要在公司内形成正常的工作风气，要做到：上级可越级了解情况，但不越级布置工作和处理问题；下级可越级反映问题，但不越级汇报和请示工作。

作为经理人，做事一定要干脆，说话一定要简洁有力，在美国流行“一分钟经理”的做法。

① 一分钟目标：经理给下属订出一个简单明确的工作目标，让每个下属都明确自己的职责范围；

② 一分钟称赞：对下属做对了的事及时地给予简单扼要的称赞，以鼓励士气；而不是抓下属的不足之处进行批评。

③ 一分钟指责：及时地纠正下属做得不对的地方，让他明白错在哪里。指责和批评要就事论事，对事不对人，从不伤害人的尊严。要给下属以温暖、关怀和尊重，使被批评者心悦诚服，尽快改正。

“一分钟”管理艺术的诀窍还在于“及时”，用“一分钟”简短时间来完成，即及时制订工作目标，及时检查，及时鼓励与及时纠正，争取用最少的时间取得最大的业绩。无怪乎，美国和日本的工业界人士把《一分钟管理》一书作为所有经理的必读之书，当好经理的最好教材。

16.4.2 敬业忠诚的员工队伍是化解危机的关键

16.4.2.1 争取员工的支持和理解，共渡难关

仔细考察一下世界上的知名公司，似乎没有一家公司不曾遇到危机。既然没有一种系统是十全十美的，就必须在思想上确立这样的信念：即当困难出现时，促使公司全体人员全力以赴地解决它；要争取员工的支持和理解，共渡难关。

(1) 要取得员工的支持和理解，沟通十分重要。需要建立上下双向有效的沟通，而不仅仅是上对下的单向沟通，单向的意见沟通永远不可能成功。

(2) 沟通有利于建立团队合作精神。在一个知识员工组成的公司中，依赖于知识不同、技术不同的专家所组成的团队力量，工作方能有效。

(3) 应该建立最低限度的必要沟通，以使能相互了解，能了解彼此的各自所需、彼此的目标、彼此的感受，以及彼此的处理方式。网络时代，管理者和员工之间的沟通更显重要。我们只有靠人与人之间的直接接触，通过语言才能真正沟通，而不仅仅是网络或文字。

(4) 有创新能力的化工公司，管理者本人必须有强的专业能力工作素质。从人事管理立场来看，知识员工的培训、任职记录、奖惩升迁等等，应受此项知识导向职能的制约。

(5) 管理者要重视贡献。着眼于员工的贡献，并不一定能解决公司的所有总理，但至少能够提高员工对任务的认识，同时启发下属寻求自我发展的机会，从而使一个尚未置于理想状态的公司也能发挥出实效。

16.4.2.2 打造敬业忠诚的员工队伍

建立具有敬业精神的忠诚员工队伍有八大秘诀。

(1) 设立高期望值。斗志激昂的员工乐于接受挑战，如果企业能不断提出高标准目标，他们就会迎接这些挑战。留住人才的关键是：不断提高要求，为他们提供新的成功机会。

公司必须对未来有一个令人信服的描绘，让员工相信他们能从公司未来的变化中获益。即使公司未能实现预期的目标，也需要将事实告诉员工，说明原因，取得员工的理解和

支持。

（2）相互沟通，坦诚相见。不管是裁员、合并会出售公司资产，或仅仅是需要降低成本、提高生产率，公司必须向员工说明这一切。如果公司搞暗箱操作，闲言碎语、谣言传闻就会盛行，这对士气的影响通常比事实真相更具打击性。

如果公司有困难，有降薪的事发生时，应向员工说明：本公司生死存亡的重任落在诸位肩上，希望大家同舟共济，协力渡过难关。

（3）稳固合作。员工愿意留在团队内，不接受其他公司聘用，是因为他们与上级建立了一种相互协调的合作关系，担心在其他公司可能无法构建这种关系。

优秀公司越是鼓励加强员工和其上级之间的沟通，员工对整个企业的归属感就越强，因为毕竟员工每天上班与之打交道的是他们所在的团队，而不是企业整体。员工更愿意为优秀企业尽力，都希望成为胜利团队中的一员，为实现公司的发展目标而积极主动地工作，并为承担的工作负责。

（4）提供经济保障。有的公司允许员工在公司存款，并给予丰厚的利息回报；如公司允许员工以市场一般的价格购买公司股票；或以赠送公司股份的方式奖励对公司有贡献的员工。这能帮助员工肯定自我，在感受到被关心时增强自信，并希望这种关心用金钱的方式表示。只要他们感到你在关心他们，他们就会跟随你，为你苦干。

（5）赞赏和奖励员工。工资只能帮助员工生活，买不来员工对公司的忠诚。精神的和物质的奖励才能鼓励员工热情工作，使他们充满成就感。

（6）帮助员工缓解压力。公司应帮助员工处理好工作压力，恢复他们的自信，让员工感到自己在工作岗位上做出了贡献，对自己和公司都是有价值的。

（7）成果共享。优秀公司都认识到，在驾驭企业发展方向上，让员工参与越多，每个人都能分享公司的成果，公司就越能迅速地达到目标。如果他们对公司重组、合并等变革一无所知，他们就感到自己是局外人，便会产生抵触情绪。这种抵触情绪很难察觉，但解决起来更难。

（8）经理人要鼓励员工提更多的意见，支持并奖励员工改进工作，发挥创新精神。沟通和交流在企业发生重大变革时更为迫切，公司越努力实施门户开放政策，员工就越能与公司同舟共济。

16.4.2.3 化解危机的通用之道是团队担当

（1）围绕企业文化开展团队建设。优秀领导者和加强团队建设是企业成长、变革和再生的关键因素之一。团队建设要以企业文化为中心，不空喊口号，不流于形式，而是要落实到具体的行动中；要设计合理的团队结构，让每个人的能力得到充分发挥。没有完美的个人，但有完美的团队；有了健全的团队，企业在激烈的市场竞争中就会立于不败之地。

（2）富有责任心的各级领导。优秀公司的各级领导者在企业中能名副其实地拍板。在应变速度及灵活性成为企业经营成功的关键因素的时候，往往容不得半点停留，管理人员已没有时间去请示远隔千里的企业总部或指望上司亲临指导，每级管理者必须行使其领导职能。

高级管理者应在企业内部创造一种有利于责任心成长的氛围，领导们的工作重点应转向循循善诱和言传身教，成为责任心与可靠性的楷模。

（3）组建多学科的小组。为处理企业面临的日益错综复杂的问题，需要有来自不同专业背景、生活经历及文化基础的人组成团队，其威力就在于它能使人们在思考问题时视野异常开阔。信息时代的企业必须习惯于将自发形成（或精心组成）的高效率的合作小组作为工作方式，其结果也将极大地促进企业加强竞争力。

(4) 形成有机合作。团队工作的理念需要跨越传统的组织界限而形成联结企业及团队的价值链。这样的合作伙伴包括产品开发、供应、生产、销售、市场、外部合作伙伴甚至是顾客，由此组成一个拓展了的企业（或合伙企业）来服务于最终用户。

合作失败往往来源于各种的联合议程、超乎寻常的期望、所有权之争及跨文化的冲突。需要学会怎样用相互支持形式进行合作，取长补短、优势互补，以创造更大的联合价值。创造价值的核心在于信任而不是拥有，当所有各方追求真正互利的合作关系时，就能产生协调一致的协同行为。

(5) 推进知识网络建设。掌握和管理知识以作为一种战略资产，建立并保持知识网络基础设施，包括人员、设备、技术与管理体系，并将图书馆学的有关原则运用到知识生命周期的各个阶段，即通过获得、分类、评估、储存、进入、使用、改进直至废止。

需要在企业内有意识地创立知识市场，运用市场的原理及机制来使有价值的知识得到高效率的生产及运用。在这个知识越趋密集的社会中，一知半解的思想及经验将逐步消亡，而知识的运用领域却在增加，有系统地获取知识，综合分析、分享智慧和经验，几乎是所有企业成功的重要因素。高级管理人员将成为知识资本家，要努力创立一个评价、认可、奖励并进而形成知识资产的市场。

(6) 强化全球性探索。21 世纪成功的企业将不分内外地向全球探索解决问题的方法。战略研究意味着企业所有部门都竭尽全力踏遍地球每个角落寻求市场、能力及资源。

对企业而言，在世界的每个角落进行思想、人力及革新的探索将是至关重要的，将全球探索的思维融入企业的组织结构中去，要求注入企业的价值观并奖励那些具有全球理念、全球探索及全球性行动的人——即使企业本身及其顾客都在国内也不例外。运用全球力量来解决企业问题的能力将是未来企业成功的标志之一。

16.4.3 建立顾客忠诚度防范客户危机

16.4.3.1 客户关系的危机管理是公司的重中之重

有效客户关系，使顾客满意，并建立顾客忠诚度，已成为优秀公司在市场竞争中的利器。顾客流失会引起公司危机，必须防范。

(1) 千万不要对服务失败掉以轻心。顾客的抱怨是获知对公司情况反映的最直接来源，把抱怨的顾客转变为满意的顾客，才是企业的经营之道。

顾客不满意但不抱怨的原因是：①认为不值得花时间与精力去抱怨；②觉得根本没有人在乎他的问题或愿帮他解决；③不知道向谁投诉；④和文化因素有关，如日本人就觉得对服务不满意并抱怨是件难为情的事。

顾客抱怨的主要原因有两个：①希望得到经济补偿；②重建个人应有的自尊。如果提供服务的员工表现出无理、不耐烦或轻视的态度时，顾客可能要求员工以更尊重有理的态度相对。

将顾客的抱怨加以修复，可以强化顾客对公司的忠诚度。公司必须设计一套完善的服务修复策略，而且从高层管理者和第一线服务人员都必须有足够的权力，能够弹性地处理服务的修复。

(2) 修复服务失败的方法：①塑造一个“零缺点”的服务文化，确保在第一次就将服务做好，强化客户的忠诚度。②公司应该欢迎和鼓励顾客抱怨，因为无论是多么好的公司，服

务文化如何精良，服务失败的问题还是会出现。公司管理者应视抱怨为自己改进的机会，让顾客“享受”抱怨处理，将服务做好。③公司必须以最快的速度处理顾客抱怨，才能表达公司修复一个失败服务的诚意。④以“性善”的原则公平地对待顾客。虽然并非每一位顾客都是绝对诚实，也并非每一个服务失败或抱怨都是公司的错，但顾客应该以“性善”而非“性恶”的假定被对待。⑤以市场研究的态度看待顾客抱怨，从而改进与设计服务系统。⑥从流失的顾客身上学习服务失败的原因。顾客抱怨处理不当的结果，不但会造成顾客的不满意，也会造成顾客的流失。

一般而言，维护小客户的成本可能会高于提供服务给他们的效益。但如果造成流失的是很多中、大客户的话，就是经营服务的一大失败，这要特别注意。

(3) 注意失去关键员工时，别再失去你的客户。关键员工是业绩出众的员工，他离开公司已是一个损失。如果他拥有强大的客户资源，有可能会带走客户，这是后果严重的事。

原因一：客户担心“失去了与贵公司联系的最可信赖的人”，解决办法：①部门经理应善于听取客户的意见和要求；②业务员实行轮换制；③业务以小组为单位进行；④实施“一站式”销售服务（或称为：整体营销解决方案）。即：不仅提供产品的销售，还提供相关的技术服务、维修保养服务、使用培训服务、金融保险服务等系列服务。这样，一位业务员的离开，竞争对手很难将客户争取过去。如提供定制化学品的公司，如果能为用户提供产品质量分析、安全技术、衍生产品开发等一整套服务，客户关系将是很稳定的。

原因二：客户担心“新员工不如老员工好”。解决办法：①公开公司对员工录用要求和培训计划，使客户知道所有的业务员都是高素质的；②公布员工的绩效，强调并不是个别员工做得好。

原因三：客户担心“出问题”。解决办法：①由离职的老员工推荐新员工；②经理向客户详细介绍过渡计划。

16.4.3.2 有效处理顾客市场危机的策略

顾客市场危机是公司最大的危机。管理客户资源，不仅要善于管理高端客户资源，而且要不断开拓新的客户资源。失去什么都可以，千万不失去客户资源。

(1) 追踪顾客满意度的方法。了解顾客满意度对企业至关重要，可以通过如下方法追踪测定顾客满意度：①建立顾客抱怨和建议系统，以顾客为中心的企业应方便顾客传递他们的建议和抱怨，采用如调查表、建议箱、顾客热线等，方便顾客咨询、建议和投诉。②进行顾客满意专项调查，可以聘请外界专业调查公司进行，防止内部人员“过滤”信息，报喜不报忧。③扮成顾客消费体验。聘请人员装扮成顾客，以检验企业的抱怨处理系统，管理者可以到现场“微服私访”。④流失顾客分析。与流失顾客接触，了解原因。

(2) CS（Customer Satisfaction，顾客满意）营销战略。是上世纪 90 年代初兴起于欧美、日本等的一种新型营销战略。CS 营销战略是一种完全以顾客为中心，以满足顾客需求，使顾客满意为目的的新型营销战略，它包括五大满意系统，即理念满意系统（MS）、行为满意系统（BS）、视听满意系统（VS）、产品满意系统（PS）和服务满意系统（SS）。

企业经营的最高境界应该是 CS（顾客满意）与 CI（企业形象）的完美统一。要进行：①测量顾客满意度，②实行顾客附加值战略，③重视 CS 规划并具体落实，④使顾客、员工、销售、经营决策者多方受益。

顾客满意度来源于产品/服务所设想的绩效与顾客期望所进行的比较，满意不仅仅是顾客对服务质量、产品质量、价格等方面外在表面的满意，更深一层的意义是：企业所提供的产品/服务与顾客期望的吻合程度如何，因而所产生的顾客对企业的满意程度。通过顾客满意度调查，可以达到如下目的：为企业的产品/服务提供信息，增强企业在市场竞争中的比较优势，有利于公司资源整合，使有限资源得到最大的回报。

16.4.3.3 客户“金字塔”管理模型

客户“金字塔”管理模型（Customer Pyramid Model）是美国著名营销学者隋塞莫尔（V. A. Zeithaml）、勒斯特（R. T. Rust）和兰蒙（K. N. Lemon）在 2002 年提出的。

客户金字塔模型是一种最常用的对客户进行四层级划分的模型。构建客户金字塔的关键是确定影响客户价值的指标，可以全面反映客户价值的综合性指标是顾客终身价值。客户终身价值是每一个客户在其生命周期内能够给企业带来的价值，是指客户对企业经营效益、业务发展和社会形象等方面的综合贡献，它强调客户对企业现实的和潜在的价值贡献。我们把客户按终身价值从大到小分为铂金层、黄金层、钢铁层、重铅层四个等级。

① 铂金层级顾客代表那些盈利能力最强又忠诚的典型的重要用户。他们对价格并不十分敏感，愿意花钱购买，愿意试用新产品，对企业比较忠诚。

② 黄金层级代表那些获利与忠诚度次高的使用者。这个层级的顾客没有铂金层级顾客那么忠诚，所以他们的盈利能力没有铂金层级顾客那么高。他们往往与多家企业而不是一家企业做生意，以降低他们自身的风险。

③ 钢铁层级包含的顾客数量很大，能消化企业的产能，但他们的消费支出水平、忠诚度、盈利能力不值得企业去特殊对待。

④ 重铅层级代表获利差又消耗过多资源的使用者。它们对企业的贡献最小，属微利或无利客户。

构建客户金字塔，对于企业实现有效的客户管理具有十分重要的意义。

（1）二八原则。客户金字塔有利于引导企业正确地配置营销资源。这种直观的客户价值展现可以帮助营销管理者识别那些创造了企业 80%利润的 20%的优质客户，从而可以有效地将有限的营销资源集中在最有价值或最有发展潜力的客户上。

（2）动态管理客户。按顾客终身价值构建起的客户金字塔，并不是一成不变的。这里的动态管理客户有两层含义：一是定期审视客户的发展情况，根据变化了的信息修正对客户终身价值的评估值和所处的金字塔层级；二是针对金字塔不同层级客户的具体问题进行分析，采取必要的措施防止高层级客户下滑，并将低层级客户升级。

特别需要说明的是，对待层级下滑或处于低层级的客户需要特别慎重，简单放弃往往并不是明知之举。如果某个客户层级下滑或处于低层级，企业必须跟踪调查，认真分析问题产生的原因，是该客户本身经营状况欠佳或改产，还是被竞争对手拉走，还是本企业自身的问题。如果是企业自身的问题，就必须采取有针对性的措施以提高顾客满意度，力争留住客户或将客户升级，任其发展只能是把客户更快地推向竞争对手的怀抱。

16.4.4 利用财务控制来防范与化解危机

16.4.4.1 财务控制是防范和化解危机的关键

失败的管理者最明显的失误往往表现在对公司财务控制不力。当一个公司缺乏对现金流量的控制，没有完善的成本核算和会计信息系统时，往往会陷入公司财务控制不力的状况。财务控制上的失误又导致公司在投资方向、遭受损失的原因及应该采取的对策问题上处于混沌不清的状态，这是公司陷入困境的一个最常见的原因。请参见 13.1.4。

当公司因财务管理松弛而陷入经营危机时，必须采取种种约束措施。例如加强现金流量管理和预算控制，提高财务信息质量，加强间接费用控制，建立一种现代化的财务制度，使公司脱离困境。当然，不是所有公司陷入困境都是因为财务管理混乱，但为了减少开支，降低成本，加快资金周转，更有效地利用资金，也应该健全财务制度，这是使公司摆脱困境的一剂良方。

健全财务控制一般包括以下几项措施：①对现金流量进行预测，加强预算控制；②建立管理会计数据系统，建立资本预算系统；③加强间接费用控制；④要求下属有关部门或子公司向公司最高层汇报关键财务比率；⑤改善财务信息质量；⑥将先进的信息传输和处理技术引入财务系统。

需要注意的是，每个公司陷入困境时所处的具体情况不同，所要解决的问题存在差别。因此，公司在采取上述措施时不应不分主次，而应该进行选择，有所侧重。

16.4.4.2 审计是有效预防危机的天然屏障

人事财务各自分开的特大型控股集团公司考虑到自身组织结构的特点，以及控股公司制度的原则，可以考虑建立如下的控股公司内部审计结构：

第一层次：集团总部建立可监控全部内部审计的总审计机构，总审计机构对集团董事会负责。

第二层次：在各子集团公司股东大会下设立监事会，对各子公司董事会的经济责任履行情况进行监督和评价，同时向子集团公司股东大会和集团总审计机构提供报告。

第三层次：在各控股公司董事会下设立审计委员会，对总经理经济责任的实施情况进行监督和评价，并向基层法人企业的董事会和监事会提交审计报告。

第四层次：在各控股公司总经理下设审计部门，对控股下属的分公司或事业部经理的经济责任的履行情况进行考核与管理，向各总经理和各自的审计委员会提交审计报告。

在上述的内部审计结构中，各层的内部审计组织同时接受同级的权利委托方和上级内部审计组织的领导，采取双重领导的形式。各企业内审部门的设置，根据企业自身情况和上述原则而定。

企业应该根据自身的状况，开展内部审计，防范财务风险，详见 12.5。

16.4.4.3 用财务分析方法有效防范危机

(1) 财务分析与财务预算结合。财务预算是财务计划工作的成果，它既是财务决策的具体化，又是财务控制的依据。财务分析和财务预算工作是密不可分的。

财务分析人员利用销售部门、人事部门和其他部门报上来的销售收入、员工数量及成本费用等预算数，编制未来某一期间（季、半年或一年）的预计财务报表，并根据预计财务报表计算有关财务指标，进行财务分析，为管理者进行决策和修订销售预算、生产预算、财务预算等全面预算方案提供可靠的信息。经过多次修改预算方案，最终编制出理想且可行的预计财务报表。

预计财务报表可以使未来某一段时期的大致财务状况和经营成果展现于眼前，然后再根据预计财务报表等预算资料，有针对性地组织生产经营活动，制定融资计划和投资计划，降低财务风险。

(2) 财务分析要加入营销状况分析。财务分析人员应与营销部门合作，计算当期订货量与销售收入比率等非单纯的财务指标，加入财务分析报告中，帮助销售部门分析企业的市场竞争能力和销售状况，并供投资者和管理者参考。①财务分析要参与投标决策；②预测资金需求；③判断投资渠道可靠性。④面对不同币种的资金来源，跨国公司必须十分注意防范外汇风险。

16.4.4.4 降低成本是化解危机、盘活资金的有效手段

加速流动资金周转体现在以下几个方面：①降低库存，增加公司现金流动。②减少应收账款。③增加应付款。

加速流动资金周转意味着减少流动资本，降低成本。在减少流动资本的同时，公司还应该对效益不佳的机器设备、不动产及其他固定资产的利用效率作一次全面检查，为提高公司生产率提供必要的资金。

成本是为了生产和销售一定数量的产品所支出的费用总额，包括原材料费用、燃料和动力费用、折旧费、工资等。公司管理水平的高低、生产设备的利用效率、劳动生产率的高低、原材料的节约或浪费等等，都反映在产品成本的高低上。

降低成本在公司摆脱危机中具有重要的作用，加强公司成本控制，是公司在陷入困境时必须采取的一种对策。实践表明，只要公司有决心，就一定能够想出各种降低成本的新办法。

16.5 危机应对与恢复

16.5.1 妥善处理突发危机

美国著名管理学家西蒙❶指出：处理突发事件是一种非程序化决策（Non programmed Decisions）。非程序化决策是针对那些不常发生的或例外的非结构化问题而进行的决策。随着管理者地位的提高，面临的不确定性增大，决策的难度加大，所面临的非程序化决策的数量和重要性也都在逐步提高，进行非程序化决策的能力变得越来越重要。

程序化决策，主要是运用人工智能，在精确计算的基础上进行优化，这可以借助电脑来完成。

非程序化决策，则必须在明确价值观念的情况下，建立一个决策因素关联分析框架，并按照这既定的框架来制定决策。简言之，是企业领导者按照自己的价值观念，形成一个分析框架，把所要进行分析的各种状况纳入这个框架之中进行关联比较，最后做出选择，形成决策。

《国务院办公厅关于加强基层应急管理工作的意见》（国办发〔2007〕52号）针对切实加强基层应急管理工作，提高基层预防和应对突发公共事件能力，提出了指导性的意见。

16.5.1.1 胆大心细，处理好突发事件

突发事件必须同时具备三个条件：一是突然发生，难以预料；二是问题极端严重，关系安危，必须立即处理；三是首次发生，无章可循。三者缺一不可。

突发事件是突然发生的，其严重性往往关系到组织的安危，领导者必须及时控制事态发展以避免陷入危机。对于这类突然发生的问题，若想获得主动的、满意的处理结果，避免损失，或把损失减少到最低限度，领导者应该有正确的态度和科学的处理原则。

科学态度是：胆大心细，处理好突发事件。

(1) 临危不惧。面对突如其来的突发事件，领导者必须镇定自若，无所畏惧，沉着冷静

---

❶ 赫伯特·西蒙（Herbert A. Simon，1916～2001），美国管理学家和社会科学家，经济组织决策管理大师。他倡导的决策理论，是以社会系统理论为基础，吸收古典管理理论、行为科学和计算机科学等的内容而发展起来的一门边缘学科。由于他在决策理论研究方面的突出贡献，他被授予1978年度诺贝尔经济学奖。

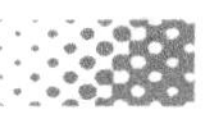

地面对现实，顶住各种压力，慎重而果断地处理问题。

（2）快刀斩乱麻。①领导者必须总揽事件的全局，通过精细快速的调查了解，尽快摸清事件的全貌和各种原由。②对各种现象和原因进行分析梳理，透过现象看本质，准确地弄清事件的性质、趋势及发展后果。③根据对事件的原因及性质的把握，找出解决事件诸问题的办法，果断地作出决策，不能犹豫不决，贻误时机，要做到快刀斩乱麻。④既要雷厉风行，抢时间争主动，不使事态进一步扩大，又要慎重从事，周密分析，不能有丝毫的粗心大意。

（3）机动灵活。处理突发事件，必须采取机动灵活、超乎常规的程序和办法。第一，实行现场决策；第二，措施留有余地；第三，必须缓解矛盾；第四，顾大局，不因小失大。

16.5.1.2 处理突发事件的原则

处理突发事件，是管理者必须面对的非程序化决策。非程序化决策不是随意的、莽撞的、为所欲为的决策，要进行科学的非程序决策应该遵循以下四条原则：

（1）掌握决策对象的有关资料。决策的两个客观要素是目标与环境，决策过程就是通过对环境的不断分析和识别，确定具体的目标。

全部的环境要素，按照它们同目标之间的关系可分为两类：一类是对目标起关键作用的要素即关键要素；另一类因素对目标有影响但不起关键作用即辅助要素。非程序决策要从大量的有关决策对象的情报资料中把握关键要素，关键要素把握得越准，决策的质量就越高。把握关键要素要适当，太多或太少都会影响决策的质量。我们应该注意的是，关键要素随目标和环境的变化而变化，准确地把握关键要素，是有效决策的必要条件，领导者一定要根据实际情况，及时准确地抓住关键要素。

（2）听取不同意见。严格的科学程序决策要求充分重视和发挥智囊专家的作用，然而在非程序化决策中，一般说来都没有智囊专家参与，许多规模较小的单位或时间紧迫的决策场合也根本找不到智囊专家，许多日常决策也不一定非要智囊专家参加，在这种情况下为了保证决策的可靠性和准确性，领导者应该重视听取各方面的意见，尽可能让下级参与决策。对于需要保密的事情，可在做好保密工作的前提下征求意见。决策的效果最终是由决策的质量和人们认同的程序这两方面的因素决定的，听取不同意见，让下级参与决策，除了提高决策的质量外，还有利于提高下级对决策的认同程序，得到下级的支持。当然，听取下级意见并不是被下级的意见所左右，对下级的意见要注意分析，领导者永远都是决策的主人。

（3）实事求是。非程序化决策解决的是实践过程中不断涌现出来的新情况，新问题，没有现成的经验和办法可循，需要发挥创造性思维。没有创造性思维，非程序化决策就是一句空话。要提高自己的创造性决策能力，就必须解放思想，敢于打破僵化的陈规陋习，敢于向传统挑战；同时要加强培养自己的逻辑思维、联想和想象能力，以及直觉和顿悟灵感能力。

（4）只作属于自己职责范围内的决策。美国总统罗斯福有一句名言：“一位最佳的领导者，是一位知人善任者，在下级甘心从事于其职守时，领导要有自我约束力量，不要随意插手干涉他们。”如果领导者代替自己的下级做决策，既浪费了自己宝贵的时间和精力，又会造就一批没有主见没有责任感的下级。一个人的精力和能力是有限的，事必躬亲的领导者肯定无法作出高质量的非程序决策。

16.5.1.3 迅速控制事态的方法

突发事件发生后，能否首先控制住事态，使其不扩大、不升级、不蔓延，是处理整个事件的关键。有效控制事态，必须遵循快速、理智的原则。控制事态发展的方法有：

（1）心理控制法。无论是哪类突发事件，都会对公众心理产生相当大的冲击和压力，使绝大多数人心绪不稳，思想混乱，不知所措。处理不好，人们的心理及其行为很可能向不利于事件妥善处理方面发展。心理学认为，任何人都有一种从众心理，即受他人活动的影响，自己也从事和他人同样的活动。因此，在突发事件的现场，领导者要特别注意以“冷”对“热”，以“静”制“动”，领导者精神振作，沉着镇定，公众就有了“定心丸”，心理压力会大大减轻。

(2) 釜底抽薪法。参与突发事件或被卷入突发事件的公众，大都事出有因，情绪激动，一触即发。处理不好，不论哪类事件，都可能出现局势逆转的情况。因此，领导者和在场工作的人员绝不能火上浇油，激化矛盾，这才是标本兼治之道。

(3) 组织控制法。对群体性的突发事件和一般性突发事件，组织控制的方式不同。

对群体性的突发事件，组织控制有两层含义：①在组织内部和广大公众中迅速进行正面引导，使大多数人有个清醒认识，稳住自己队伍的阵脚；②迅速查清突发事件的头面人物，予以重点控制。控制住首要人物，使其活动受到阻滞，事态就可得到有效控制。

对一般性突发事件，组织控制的含义是：①马上组织抢险救援，既要防止灾害扩大，波及更多地区；②又要控制受灾地区，不使灾情加深；③要使整个抢险救灾工作处于严密的组织控制之下，分工负责，对灾害进行妥善处理。

16.5.1.4 有效处理公司突发危机

危机对公司造成危害的大小，以及公司能否转危为安，都取决于危机处理的有效程度。危机处理一般可以分为隔离危机、处理危机、消除危机后果、维护组织形象和危机总结等几项内容。

(1) 隔离危机。隔离危机就是切断危机蔓延到公司其他地区和各种可能途径。突发危机往往首先在某个局部地区发生，但公司是个整体，各部分之间联系紧密。在这种情况下，第一步所做的就是要隔离危机，以免造成更大损失。①人事隔离，即在人力上进行明确的分工，一部分处理危机，另一部分照常维持日常工作。首先应对组织领导者进行分工，规定如果危机发生，领导人中何人专司危机管理，何人负责日常工作；其次在一般人员中，哪些人参加危机处理，哪些人坚守原工作岗位也要明确规定，如果状态紧急，根据危机实际情况再作进一步的调整，不能因危机发生造成日常管理无人负责，日常工作陷于停顿会使公司造成更大的损失。②事故隔离，即对危机本身的隔离。对危机的隔离应该从发出警报开始。报警信号应明确危机的范围，以便使其他部分的正常工作秩序不被影响。同时，也为处理危机创造有利条件。

(2) 迅速查明主要危机，果断行动。处理危机就是直接对危机采取果断措施。处理危机有以下四个要点：①找出主要危机。在识别和找出主要危机的基础上，危机处理就可以做到集中力量，有的放矢。主要危机得到控制，其他问题自然迎刃而解。②果断行动，控制危机。危机爆发后，会迅速扩张，应该采取果断措施，力求在危机损害扩大前控制住危机。③坚持不懈，排除危机。公司采取的危机处理措施往往不一定能在短期内奏效。面对这种局面，公司领导人是否沉着镇定，能否努力不懈，这一点显得尤其重要，有时局势的转换来自于恒久不已的坚持。④高瞻远瞩，处理与振兴相结合。造成公司危机的原因错综复杂，其解决之道也多种多样。一个成熟的企业家，往往能高瞻远瞩，透过黑暗看到光明，透过危机看到希望，把危机处理与公司振兴结合起来，指出公司的方向和未来，就相当于使公司迈出了走向成功的第一步。

16.5.1.5 公司危机应变方案

现代公司应认真履行社会责任，如果公司只有言辞承诺，而无实际行动，必将招致社会公众的嘲讽和怀疑。树立企业良好形象的关键，是向社会负责任的行为记录，美誉度的精髓在于让行动来说话。

 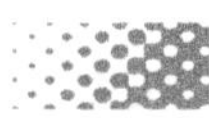

突发事件以多种形式威胁着一个企业的生命。然而无论危机性质是自然物质的、金融财务的，还是意识形态或政治的，公司都应该遵循应付不测以求生存这一危机管理的基本准则。

危机应变方案策划是公司转危为安的关键，我们需要学会制定并检测危机应变方案，以确保危机到来时危机应变方案能起作用。①对危机应变方案策划要有一种积极的态度。如果我们意识到一场危机也可构成机遇，可以广交朋友、谋取支持、吸引新客户和新股东，那么我们就有充分的准备去谋求主动。②危机应变方案应经过演练检测。如果应急计划只是应付紧急情况，即意味着当突发事件发生时，公司只能仓促应战，如此势必产生负面心态，被动应付，而非致力于采取积极主动的行动。③如果公司的立场态度不仅在于处理危机，而且还在于利用其中的潜在机遇，这种积极的心理定势必然会产生正面心态，将危机妥善处理，从坏的事情中引出好的结果。

由此，企业危机应变方案策划的指导原则如下：①对危机保持一种正确积极的态度。②使组织的行为与公众的期望保持一致，通过一系列对社会负责的行为来建立组织的信誉。③寻找并把握危机中的机遇。

危机的发生会给公司形象带来十分不利的影响，在有些危机中，这种不利影响甚至会上升为公司的存亡。因此维护公司形象在危机处理中也是必不可少的。维护公司形象具体可以从以下三方面着手：①把公众利益放在首位；②善待被害者；③争取新闻界的理解和合作。

16.5.2 创新是危机制胜的内力所在

创新是美国企业精神的核心，在美国商界流行这样一句话："要么创新，要么灭亡"，可见美国企业对创新的重视。而创新，难免又有新的危机、新的失败，甚至失败多于成功。因此，创新与危机管理有着密不可分的联系。

16.5.2.1 创新使企业保持长期领先、杜绝危机发生

许多公司虽然潜伏着许多危机，但这些缺陷可以变为创新的源泉。少数有创意的大公司，它们的领导人认为创新想法来之不易，必须刻意培养，主动寻取。这些大公司维持其领先地位的策略就是创新。

3M公司（美国明尼苏达矿业制造公司）规定，每个事业部年销售额的25%必须来自5年前没有的产品，企业从机制、管理上给创新者提供时间和物质上的保障。具体做法是：①鼓励员工为研制新产品进行试验的冒险，允许失败而不挫伤其热情和干劲。②公司内各部门规模小、人员精。部门领导对下属员工的姓名、工作态度、专业特长、学识水平等都了如指掌，以便各取所长，量才使用。③对开发性研究持科学态度，慎重对待，不轻易否定和扼杀项目。④要求研究、营销和管理人员经常接近客户，邀请他们帮助出主意开发新产品。⑤奖励改进创新者。员工提出一个开发新产品的方案后，便由他组成一个行动小组来进行开发，薪金与晋升和这种产品的进展情况挂钩。优胜者领导他自己的产品开发小组或部门。

3M公司寻找发明家和创新家的简单准则就是：不要妨碍他们的创新。

16.5.2.2 创造一种创新的环境

在公司内建立一种有利于创新者的宽松、自由的氛围，要做到：

（1）让自己决定是否创新。公司要鼓励员工的自我创新精神，而不能试图指定某人来创新。

（2）不转交别人。公司要将员工的创新工作交给一人干到底，而不要在创新过程中将项目转交给另一个人。

（3）不干扰创新者。公司要允许创新者用自己的方法工作，而不要让创新者经常停下来解释他们的行动，并请示批准。

(4) 放松控制。公司要给员工一定期的探索自由，来使用一部分时间，从事自选项目的工作，并拨出资金，让他们用来进行新设想的探索。

(5) 允许冒险、失败和错误。创新要想成功，不可能不冒险和不犯错误。成功的创新过程中，一般也总有包含若干错误的可能。

(6) 长期的资金支持。创新有时需要用足够长的时间，甚至要几十年。

(7) 避免内部冲突。由于新设想几乎总是不受公司现有规模的约束，所以由妒忌所引起的内部冲突会阻碍创新。

(8) 小组人员构成多元化。公司内成立由各职能部门有关人员组成的小组，可以解决创新中的许多基本问题。

(9) 制定明确的和切实可行的创新战略。

(10) 奖励创造力和创新。设立公司研究员，对富有成果的创新者以高薪和相应的权力，使其可利用公司的人力、物力从事他们所希望的研究工作，设立公司内的诺贝尔奖等。

(11) 训练创造力。训练员工进行研究创新的方法并鼓励他们使用这些方法，如横向思考（逆向思考）以及抓住和解释各种创新奇思妙想。

(12) 建立有利于创新的企业文化。如微软公司的管理方式是使经理人员尽可能不影响软件开发人员。公司总部就像是一个大学校园，员工既可忘我工作，同时也能玩得痛快。

16.5.3 声誉与信用是企业生命的支柱

良好的声誉与信用是企业生命的支柱，为企业摆脱不利局面提供了最好的条件。

声誉是指一个企业获得社会公众信任程度和美誉度，以及企业在社会公众中影响好坏的程度。声誉管理是对企业声誉的创建和维护，是指企业以正确决策为核心，通过声誉投资、交往等手段，从每个员工做起，建立和维持与社会公众的信任关系的一种现代管理方法。

相比“公众关系”而言，“声誉”的定义强调了准确决策的重要性。企业决策将影响到与该企业有关的人对它的看法，这些人包括股东、客户、雇员、供应商、政府调控部门及传播媒介，甚至竞争对手。一个决策将潜在地影响到该企业与任何上述对象之间的关系，即：决策影响声誉。

信用最基本的含义就是诚实、真实无欺，具体表现为“遵守诺言、践行约定”，它在社会生活的不同领域具有不同的表现形式。如在经济领域表现为经济信用，主要包括商业信用、银行信用、消费信用等；在政治领域表现为政治信用，主要是指政府信用；在日常社会生活领域表现为“社会信用”等。经济学的“主体社会信用体系”，主要是由个人信用、企业信用与政府信用三个主体所构成的一个有机系统。

社会学认为信用不纯粹是一个经济问题，而是一个经济社会问题，制度是信用及其体系的基础。制度就是人类在社会交往过程中形成的一切社会交往行为模式，包括支配与约束人们社会交往行为的定型化、非定型化的规则与规范，它是一种规则与规范体系，具体包括内在制度（如习俗、惯例、道德规范等）与外在制度（如法律制度、规定、规章等）两种基本类型。信用以制度为基础，因而其本质上就是社会信用。其中，以道德内在制度为基础形成所谓的“道德信用”，以法制外在制度为基础形成所谓的“法制信用”。社会信用体系就是由“道德信用”与“法制信用”这两种社会信用的基本形式所构成的一个有机系统，因而是一种“制度社会信用体系”。

16.5.3.1 进行有效的声誉管理

近年来，“声誉竞争”这一说法在国外日益流行，并为大众所接受。有学者认为企业之间的竞争经历了价格竞争、质量竞争和服务竞争，当今已开始进入一个新的阶段——声誉竞争。

任何一个团体组织要取得恒久的成功，良好声誉是至关重要的，声誉管理是一个价值不菲的产业。企业声誉的重要性表现在以下几个方面：

(1) 声誉是企业与公众交往的前提，人们愿意与自己信任的企业打交道。

(2) 声誉为企业摆脱不利局面提供了最好的条件。良好的声誉是企业最重要的财富，特别是企业处于困境之时。

(3) 声誉是一种特殊的无形资产。声誉的特殊性在于它既能贬值也能升值。如果企业善于声誉管理，声誉财产价值会与日俱增，并且还会创造许多潜在的价值。

(4) 声誉是企业竞争的有力武器。企业只有建立起良好的声誉，做到有口皆碑，才能在激烈的市场竞争中处于不败之地，同时良好的企业声誉有利于吸引优秀人才，创造更高品质的产品，使企业发展长久不衰。

今天的最受推崇的公司不仅令客户、股东满意，更将精力用在员工、政府监管机构、非政府组织、媒体、退休员工、供应商和经营当地的社区组织。我们推崇那些无论顺境、逆境都能成功改变自己、不断提高的公司。它们极其诊视自己的声誉，不断地为社会创造价值，同时赢得了社会的高度认可，同时也为其发展创造了好的环境，可见声誉管理对公司而言，是一种“双赢”。

16.5.3.2 丧失信用就等于丧失一切

本世纪初在商界最引起震惊的事件，恐怕莫过于用审计来证明其他公司信用的、已有90年之久的“安达信”轰然倒塌，它自己丧失了信用。

当安达信在美国休斯敦的分部毁掉与安然有关的数据时，安达信的悲剧已经注定了，那么安达信的悲剧的真正根源在于何处呢？

安达信“崩盘”的直接原因是销毁有关安然的审计文件，这当然是严重的违规操作；实际原因是因为帮助安然公司“造假（账）”“售假（虚报盈利骗取投资者）”而失去了公司立足之本的诚信。作为一个行业的领先者，安达信深知它的做法是十分危险的；如果事情败露，是要付出巨大代价的；但它为何还明知故犯呢？

根源之一：贪欲使安达信抱着侥幸的心理，忘记了信用乃是生存的条件。

根源之二：会计业界的混业经营使诚信危机变得更加明显（既当裁判员又当运动员）。

根源之三：行业垄断使同业监督、行业自律部分失去效力。

16.5.3.3. 加快我国信用体系建设

尽管我国社会主义市场经济建设得到了快速发展，取得了世界瞩目的成就。但在社会主义市场经济建设过程中出现了一些比较严重的问题，其中，社会信用资源匮乏、社会信用缺失就非常突出。如商业信用、银行信用等社会信用资源严重匮乏与缺失，具体表现为逃废债务、偷税漏税、虚假报表、黑幕交易，银行不良资产率居高不下等现象十分严重。有关资料显示，近几年来我国一些企业因社会信用缺失而导致的直接或间接的经济损失高达5 855亿元，相当于我国年财政收入的37%。全国每年因产品质量低劣、制假售假、合同欺诈造成的各种损失达2 000亿元。

很显然，社会信用资源匮乏、社会信用缺失已严重阻碍了我国社会主义市场经济的进一步发展。而社会信用资源严重匮乏、社会信用严重缺失的根本原因在于我国社会信用体系不健全、不完善。社会信用体系作为市场经济的两大基石（另一大基石是社会保障体系）之一，在市场经济的发展过程中起着基础性的作用。社会主义市场经济作为市场经济的一种新形式，本质上也是信用经济，因而也应以完善而健全的社会信用体系作为基础才能得到健康而顺利地发展。高度发达的信用体系在提高市场资源配置效率等方面发挥着积极作用。

从发达的市场经济国家的经验看，一般都已建立了比较完善的社会信用制度，美国社会信用体系建设至今已有170年的历史，美国是世界信用交易额最高的的国家，也是信用管理行业最发达的国家。在美国16项生效的信用管理相关基本法律中，直接规范的目标都集中在规范授信、平等授信、保护个人隐私方面。在16项信用相关法律中，最重要的首推《公平信用报告法》，还有《金融服务现代化法》、《平等信用机会法》、《公平信用结账法》、《信用卡发行法》等。

然而，市场经济不仅是法制经济，同时也是道德经济，因而过分偏重于社会信用体系建设的法制取向而忽视其道德取向，最终也将与发达市场经济的本质相违。事实上，在美国的社会信用体系建设与发展过程中，出现了一些非常严重的社会信用危机，它们对于美国的市场经济与社会发展产生了极大的负面影响。如2007年在美国发生了“次贷危机（次级抵押贷款危机）”以及由此引发的“次债危机（次级债券危机）”，它们最终也引爆了美国、乃至全球的金融信用危机。

我国正处于经济社会转型的关键期。利益主体更加多元化，各种社会矛盾凸显，社会组织形式及管理方式也在发生深刻变化。全面推进社会信用体系建设，是增强社会诚信、促进社会互信、减少社会矛盾的有效手段，是加强和创新社会治理、构建社会主义和谐社会的迫切要求。我国必须在借鉴美国社会信用体系建设的经验及教训的基础上，结合目前社会信用的现状，建构具有自身特色的社会信用体系。第一，加快社会信用的法律体系建设；第二，进行社会信用体系的理论研究；第三，明确社会信用的行业管理与监督的主体；第四，鼓励与促进社会信用的中介机构的发展；第五，加强社会信用的诚信道德建设；第六，建立失信惩戒机制；第七，建立社会信用教学体系。

2014年6月底，国务院相继发布了加强市场监管体系建设和社会信用体系建设规划纲要的文件。

《国务院关于促进市场公平竞争，维护市场正常秩序的若干意见》（国发〔2014〕20号）提出了总体目标：立足于促进企业自主经营、公平竞争，消费者自由选择、自主消费，商品和要素自由流动、平等交换，建设统一开放、竞争有序、诚信守法、监管有力的现代市场体系，加快形成权责明确、公平公正、透明高效、法治保障的市场监管格局，到2020年建成体制比较成熟、制度更加定型的市场监管体系。其基本原则是：

① 简政放权。充分发挥市场在资源配置中的决定性作用，把该放的权力放开放到位，降低准入门槛，促进就业创业。法不禁止的，市场主体即可为；法未授权的，政府部门不能为。

② 依法监管。更好发挥政府作用，坚持运用法治思维和法治方式履行市场监管职能，加强事中事后监管，推进市场监管制度化、规范化、程序化，建设法治化市场环境。

③ 公正透明。各类市场主体权利平等、机会平等、规则平等，政府监管标准公开、程序公开、结果公开，保障市场主体和社会公众的知情权、参与权、监督权。

④ 权责一致。科学划分各级政府及其部门市场监管职责；法有规定的，政府部门必须为。建立健全监管制度，落实市场主体行为规范责任、部门市场监管责任和属地政府领导责任。

⑤ 社会共治。充分发挥法律法规的规范作用、行业组织的自律作用、舆论和社会公众的监督作用，实现社会共同治理，推动市场主体自我约束、诚信经营。

《社会信用体系建设规划纲要（2014—2020）》（国发〔2014〕21号）提出：以健全信用法律法规和标准体系、形成覆盖全社会的征信系统为基础，以推进政务诚信、商务诚信、社会诚信和司法公信建设为主要内容，以推进诚信文化建设、建立守信激励和失信惩戒机制为重点，以推进行业信用建设、地方信用建设和信用服务市场发展为支撑，以提高全社会诚信意识和信用水平、改善经济社会运行环境为目的，以人为本，在全社会广泛形成守信光

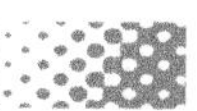

荣、失信可耻的浓厚氛围，使诚实守信成为全民的自觉行为规范。

我国社会信用体系建设的主要目标是：到2020年，社会信用基础性法律法规和标准体系基本建立，以信用信息资源共享为基础的覆盖全社会的征信系统基本建成，信用监管体制基本健全，信用服务市场体系比较完善，守信激励和失信惩戒机制全面发挥作用。政务诚信、商务诚信、社会诚信和司法公信建设取得明显进展，市场和社会满意度大幅提高。全社会诚信意识普遍增强，经济社会发展信用环境明显改善，经济社会秩序显著好转。

16.5.4 摆脱危机，有效恢复

减少危机给企业造成的损失、消除危机带来的负面影响、完善企业可持续性发展的机制是企业危机恢复管理的重要任务。

16.5.4.1 危机恢复阶段的工作内容

危机恢复阶段的主要工作有两个方面：

(1) 消除危机产生的影响、维持企业的生存。危机恢复管理的最终目标是保持企业的连续性。由于危机具有扩散性，如果危机的根源问题没有得到解决，那么危机仍会再次发生或引发新的危机。所以企业危机管理者仍需要保持清醒的头脑，立即致力于危机过后的恢复工作，积极稳妥地采取各项措施，解决各类危机遗留问题，尽力将企业的财产、设备、工作流程和人员恢复到危机前的有序状态，恢复人们正常的工作、学习、生活秩序和心态。消除危机的影响、降低损失、维持企业的生存是危机恢复管理的首要任务。

(2) 抓住危机带来的机会，为企业崛起作准备。不利的环境会使企业陷入危机，但如果能抓住危机中的机会，促使企业进行持续变革，重塑企业形象，促使企业崛起。具体工作内容如下：

① 调整发展战略。首先应对企业的内外信息环境进行分析，提炼危机诱因，尽快制定解决方案并加以实施，以防止再次引发企业危机；其次要对企业危机预警和危机处理系统进行修改，分析企业现有的机制是否能阻止或遏制危机的再次发生，适时调整企业发展战略，以使企业尽快走上良性发展的道路。

② 促进内部团结，增加员工士气。在危机发生后，员工心态势必受到影响，这时，稳定军心，对员工安抚，恢复员工对企业的信任、信心和自豪感，增加员工士气，尽力留住人才，尤为重要。一般情况下，当危机爆发和潜在爆发时，企业将更多的注意力放在了如何有效和迅速地与相关利益者进行沟通，而往往忽略了与最直接的、为企业创造价值的广大员工的沟通和交流。如果在危机发生后，仍忽略了与广大员工的沟通和交流，就会使企业陷入新的危机中。

③ 重塑企业形象。危机发生时，企业的口碑和形象多少会产生各种各样的负面影响。因此，在危机过后，企业一方面要采取一定措施，完善管理体制，调整组织机构使之更精干、更有工作效率；另一方面还要以诚实、坦率的态度安排各种交流活动，加强与社会公众的沟通和联系，及时告知他们危机后的新局面、新进展，消除危机带来负面影响。恢复或重新建立企业的良好声誉和声望，恢复客户的信任，再度赢得社会各界的理解、支持与合作。企业形象重塑策略有：媒体广告宣传、召开新闻发布会、举办公益与联谊活动、完善销售策略、提升产品质量、改进与公众交流的渠道等。

④ 强化抵御危机能力，提升竞争优势。企业应利用危机与反危机的经验和教训来培养和强化企业抵抗危机的能力，抵抗危机的能力已成为企业的一种重要资源，代表着企业的竞争优势。

16.5.4.2 危机恢复工作的步骤

(1) 建立危机恢复小组。危机恢复小组与危机反应小组的不同点见表16-1。

表16-1 危机恢复小组与危机反应小组的不同点

项　目	危机反应小组	危机恢复小组
工作目的	控制危机,减少损失	使企业从危机的影响中恢复
职　能	既要决策,又要快速行动	危机恢复管理的决策、监控和协调
人　员	一般由专业的(很少非专业)危机反应人员组成,这些人员来自企业内部和外部(如救护人员)	大多来自企业内部
决策执行者	由危机反应小组成员执行	由企业全体成员执行,也可雇用外部组织

(2) 了解和收集信息。危机恢复小组要进行危机恢复决策,必须获得有关危机的信息,了解危机的破坏性质和严重程度。信息可以来自危机的受害者、危机反应人员、帮助组织进行危机反应的其他组织成员和受到危机影响的利益相关者等,他们可为危机恢复小组提供一些详细的、容易评估的信息。而那些难以作出评估的信息,则需要企业专门的人员对危机造成的影响进行评估。如机器设备、受伤者的伤势、企业无形资产受损的程度等都不是可以直接认识到的,需要技术人员、财务人员、资产评估人员这些专业人员才能对损失情况作出较为客观的评估,为危机恢复小组提供决策的依据。危机恢复小组应对危机损失进行分门别类的归纳和整理,形成对危机损失的全面认识。

(3) 确定危机恢复对象和排序。①确定需要恢复的所有潜在对象。危机造成的损害不仅仅是那些显而易见的损害,危机恢复小组需要对危机进行全面的评估,以了解需要进行恢复的所有潜在对象。确定所有的潜在对象需要全面地了解信息和进行集体讨论,讨论人员应有广泛的代表性,包括所有的危机受影响者和与信息收集有关的人员,如企业各部门的代表、部分危机反应人员、评估专家、利益相关者的代表和危机恢复小组成员。②确定危机恢复对象,并确定危机恢复对象的重要性排序。潜在的危机恢复对象是非常广泛的,确定危机恢复的潜在对象可以使危机恢复工作考虑得更为全面。但实际能够进行恢复的对象是有限的,因为用于危机恢复的资源和时间是有限的;同时,危机恢复的目的也限定了企业需要进行恢复的对象,有时候由于各种原因对于一些损害企业会不予恢复。在确定危机恢复对象重要性排序的时候最好不要采取集体讨论的方式,因为集体讨论可能产生利益权衡的考虑,而不是基于对资源和危机恢复目标考虑后的最优选择,一旦出现争论不休的局面,既无法产生结果,同时又浪费宝贵的时间。此时的决策应该由危机恢复小组成员、危机管理专家、危机高层管理者组成的专家小组进行决策。他们对企业的资源和危机恢复的目标较为了解,并能对危机恢复作出权威性的决策。

需要指出的是,重要性排序不是危机恢复的先后排序,因为危机恢复中,许多危机恢复对象是同时进行恢复的,只是重要的危机恢复对象需要给予更多的时间、资源和人力资源的保证。

(4) 制订危机恢复计划。危机恢复计划的具体内容主要是指导危机恢复具体工作的开展,规定如何对各个危机恢复对象采取行动。计划书的阅读者阅读后要在计划书上签字。

危机恢复计划的常规项目包括:封面、联系方式、危机恢复目标、计划书阅读者和政策部分。

危机恢复计划应包括以下一些内容:①危机恢复对象总论:危机恢复对象有哪些,危机恢复对象的重要性排序,以及选择这些危机恢复对象和重要性排序的理由等。②每种危机恢复对象分配的资源:可以得到哪些资源,这些资源如何进行储备,又如何提供给危机恢复人员,这些资源供应的时间表等。③每种危机恢复对象的人员配置:由哪些人负责,谁是主要

负责人，负责人有什么样的权力和责任等。④补偿和激励：对危机恢复人员的激励政策，危机恢复人员因额外付出和努力可以得到什么样的补偿等。⑤危机恢复的预算：对危机恢复的预算、危机恢复的分阶段预算。⑥危机恢复个人与团队之间的协调和沟通政策。

(5) 危机恢复计划的执行。在危机恢复计划指导下，企业开始全面的危机恢复行动，在执行中要充分考量其他各因素的变化从而适当调整计划。除此之外，在危机恢复的执行中，企业要做到修补和建设两手抓，一方面弥合危机带来的损害和伤痕，另一方面利用危机带来的转型和机会，对组织的运作机制、形象系统和价值系统进行优化和改善。

16.6 《中央企业全面风险管理指引》要义

国务院国有资产监督管理委员会颁发的（国资发改革〔2006〕108 号）文开宗明义：企业全面风险管理是一项十分重要的工作，关系到国有资产保值增值和企业持续、健康、稳定发展。为了指导企业开展全面风险管理工作，进一步提高企业管理水平，增强企业竞争力，促进企业稳步发展，我们制定了《中央企业全面风险管理指引》，请结合本企业实际执行。

《指引》对指导我国各类经济所有制的化工企业实施全面风险管理都有着重要意义，故将文件要义摘编于此，供学习参考。

16.6.1 风险管理的流程和总体目标

风险管理主要包括以下主要工作：①收集风险管理初始信息；②进行风险评估；③制定风险管理策略；④提出和实施风险管理解决方案；⑤风险管理的监督与改进。

企业开展全面风险管理要努力实现以下风险管理总体目标：①确保将风险控制在与总体目标相适应并可承受的范围内；②确保内外部，尤其是企业与股东之间实现真实、可靠的信息沟通，包括编制和提供真实、可靠的财务报告；③确保遵守有关法律法规；④确保企业有关规章制度和为实现经营目标而采取重大措施的贯彻执行，保障经营管理的有效性，提高经营活动的效率和效果，降低实现经营目标的不确定性；⑤确保企业建立针对各项重大风险发生后的危机处理计划，保护企业不因灾害性风险或人为失误而遭受重大损失。

企业开展全面风险管理工作，应注重防范和控制风险可能给企业造成损失和危害，也应把机会风险视为企业的特殊资源，通过对其管理，为企业创造价值，促进经营目标的实现。

应本着从实际出发，务求实效的原则，以对重大风险、重大事件（指重大风险发生后的事实）的管理和重要流程的内部控制为重点，积极开展全面风险管理工作。应制定开展全面风险管理的总体规划，分步实施，可先选择发展战略、投资收购、财务报告、内部审计、衍生产品交易、法律事务、安全生产、应收账款管理等一项或多项业务开展风险管理工作，建立单项或多项内部控制子系统。通过积累经验，培养人才，逐步建立健全全面风险管理体系。

企业开展全面风险管理工作应与其他管理工作紧密结合，把风险管理的各项要求融入企业管理和业务流程中。具备条件的企业可建立风险管理三道防线，即：各有关职能部门和业务单位为第一道防线；风险管理职能部门和董事会下设的风险管理委员会为第二道防线；内部审计部门和董事会下设的审计委员会为第三道防线。

16.6.2 企业风险分类与初始信息收集

16.6.2.1 企业风险分类

《指引》将企业风险分为五大类一级风险：战略风险、财务风险、市场风险、运营风险、法律风险等，详见表 16-2（参考：《关于 2013 年中央企业开展全面风险管理工作的有关事项通知》附录）。

表 16-2　企业风险分类

一级风险	二级风险	三级风险
战略风险	投资风险	投资决策风险
		投资实施风险
		投资中止退出风险
	政策风险	
	国际化经营风险	境外投资风险
		国际工程承包风险
		海外市场开拓风险
	战略管理风险	战略规划风险
		战略实施风险
		战略调整风险
	宏观经济风险	
	产业结构风险	
	改制风险	
	并购重组风险	估值与定价风险
		尽职调查风险
		执行与整合风险
	公司治理风险	
	组织结构风险	
	集团管控风险	
	社会责任风险	
	企业文化风险	企业文化建设风险
		廉政建设风险
		职业道德风险
	公共关系风险	政府关系风险
		媒体关系风险
		危机沟通风险
		社会舆情风险
	品牌与声誉风险	品牌策略风险
		品牌与推广风险
		声誉风险
市场风险	价格风险	
	汇利率风险	
	竞争风险	
	市场供应风险	
	市场营销风险	
	行业前景风险	
	信用风险	
	客户风险	客户信用风险
		客户关系维护风险
		客户商业模式风险
财务风险	税务管理风险	税务操作风险
		税务筹划风险
	资本运作风险	
	现金流风险	融资风险
		资金短缺风险
		债务风险
		应收/预账款风险
	资金管理风险	资金使用风险
		资金安全风险

一级风险	二级风险	三级风险
财务风险	预算管理风险	预算编制风险
		预算执行风险
		预算考核风险
	会计与报告风险	会计核算风险
		财务报告风险
	资产管理风险	有形资产管理风险
		无形资产管理风险
	费用成本风险	
	关联交易风险	
	退市风险	
	担保风险	
运营风险	安全健康环保风险	安全生产风险
		职业健康风险
		环境保护风险
		节能减排风险
	人力资源风险	人力资源规划风险
		招聘与留任风险
		人员配置风险
		关键人才流失风险
		人才储备风险
		培训与发展风险
		绩效考核风险
		薪酬与福利风险
		劳动关系管理风险
	技术风险	产品/技术研发风险
		技术革新风险
		技术停滞、落后风险
		技术引进风险
		技术应用风险
	产品风险	产品质量风险
		产品结构/规划风险
		产品生命周期风险
	存货风险	
	资源保障风险	
	商业机密风险	
	运行控制风险	
	执行力风险	
	信息系统风险	信息系统运行风险
		信息系统安全风险
		信息系统规划风险
		信息系统架构风险
	供应链风险	新业务开发风险
		业务合作伙伴风险
		采购风险
		物流管理风险
		贸易风险
	设备/计量风险	
	生产管理风险	
	销售风险	销售实施风险

续表

一级风险	二级风险	三级风险	一级风险	二级风险	三级风险
运营风险	销售风险	销售渠道风险	运营风险	工程项目管理风险	工程进度风险
		产品交付风险			工程质量风险
		退货风险			工程安全风险
	审计监察风险	审计计划风险			工程竣工验收风险
		审计执行风险		衍生品交易风险	
		审计报告风险		其他项目管理风险	
	工程项目管理风险	项目报批风险	法律风险	合同管理风险	
		工程设计风险		法律纠纷风险	
		工程概预算风险		合规风险	
		工程招投标风险		知识产权风险	
		工程分包风险		重大决策法律风险	

实施全面风险管理，企业应广泛、持续不断地收集与本企业风险和风险管理相关的内部、外部初始信息，包括历史数据和未来预测。企业对收集的初始信息应进行必要的筛选、提炼、对比、分类、组合，以便进行风险评估。应把收集初始信息的职责分工落实到各有关职能部门和业务单位。

16.6.2.2 战略风险初始信息的收集

在战略风险方面，企业应广泛收集国内外企业战略风险失控导致企业蒙受损失的案例，并至少收集与本企业相关的以下重要信息。

（1）国内外宏观经济政策以及经济运行情况、本行业状况、国家产业政策；

（2）科技进步、技术创新的有关内容；

（3）市场对本企业产品或服务的需求；

（4）与企业战略合作伙伴的关系，未来寻求战略合作伙伴的可能性；

（5）本企业主要客户、供应商及竞争对手的有关情况；

（6）与主要竞争对手相比，本企业实力与差距；

（7）本企业发展战略和规划、投融资计划、年度经营目标、经营战略，以及编制这些战略、规划、计划、目标的有关依据；

（8）本企业对外投融资流程中曾发生或易发生错误的业务流程或环节。

16.6.2.3 财务风险初始信息的收集

在财务风险方面，企业应广泛收集国内外企业财务风险失控导致危机的案例，并至少收集本企业的以下重要信息（其中有行业平均指标或先进指标的，也应尽可能收集）：

（1）负债、或有负债、负债率、偿债能力；

（2）现金流、应收账款及其占销售收入的比重、资金周转率；

（3）产品存货及其占销售成本的比重、应付账款及其占购货额的比重；

（4）制造成本和管理费用、财务费用、营业费用；

（5）盈利能力；

（6）成本核算、资金结算和现金管理业务中曾发生或易发生错误的业务流程或环节；

（7）与本企业相关的行业会计政策、会计估算、与国际会计制度的差异与调节（如退休金、递延税项等）等信息。

16.6.2.4 市场风险初始信息的收集

在市场风险方面，企业应广泛收集国内外企业忽视市场风险、缺乏应对措施导致企业蒙受损失的案例，并至少收集与本企业相关的以下重要信息：

（1）产品或服务的价格及供需变化；

（2）能源、原材料、配件等物资供应的充足性、稳定性和价格变化；

（3）主要客户、主要供应商的信用情况；

（4）税收政策和利率、汇率、股票价格指数的变化；

（5）潜在竞争者、竞争者及其主要产品、替代品情况。

16.6.2.5 运行风险初始信息的收集

在运营风险方面，企业应至少收集与本企业、本行业相关的以下信息：

（1）产品结构、新产品研发；

（2）新市场开发，市场营销策略，包括产品或服务定价与销售渠道，市场营销环境状况等；

（3）企业组织效能、管理现状、企业文化，高、中层管理人员和重要业务流程中专业人员的知识结构、专业经验；

（4）期货等衍生产品业务中曾发生或易发生失误的流程和环节；

（5）质量、安全、环保、信息安全等管理中曾发生或易发生失误的业务流程或环节；

（6）因企业内、外部人员的道德风险致使企业遭受损失或业务控制系统失灵；

（7）给企业造成损失的自然灾害以及除上述有关情形之外的其他纯粹风险；

（8）对现有业务流程和信息系统操作运行情况的监管、运行评价及持续改进能力；

（9）企业风险管理的现状和能力。

16.6.2.6 法律风险初始信息的收集

在法律风险方面，企业应广泛收集国内外企业忽视法律法规风险、缺乏应对措施导致企业蒙受损失的案例，并至少收集与本企业相关的以下信息：

（1）国内外与本企业相关的政治、法律环境；

（2）影响企业的新法律法规和政策；

（3）员工道德操守的遵从性；

（4）本企业签订的重大协议和有关贸易合同；

（5）本企业发生重大法律纠纷案件的情况；

（6）企业和竞争对手的知识产权情况。

16.6.3 风险评估和管理策略

16.6.3.1 风险评估

企业应对收集的风险管理初始信息和企业各项业务管理及其重要业务流程进行风险评估。风险评估包括风险辨识、风险分析、风险评价三个步骤。风险评估应由企业组织有关职能部门和业务单位实施，也可聘请有资质、信誉好、风险管理专业能力强的中介机构协助实施。

（1）风险辨识。是指查找企业各业务单元、各项重要经营活动及其重要业务流程中有无风险，有哪些风险。风险分析是对辨识出的风险及其特征进行明确的定义描述，分析和描述风险发生可能性的高低、风险发生的条件。风险评价是评估风险对企业实现目标的影响程度、风险的价值等。

（2）风险分析。进行风险辨识、分析、评价，应将定性与定量方法相结合。定性方法可采用问卷调查、集体讨论、专家咨询、情景分析、政策分析、行业标杆比较、管理层访谈、

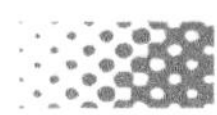

由专人主持的工作访谈和调查研究等。定量方法可采用统计推论（如集中趋势法）、计算机模拟（如蒙特卡罗分析法）、失效模式与影响分析、事件树分析等。《指引》附件：《风险管理常用技术方法简介》详细介绍了各种风险分析的方法。

风险分析应包括风险之间的关系分析，以便发现各风险之间的自然对冲、风险事件发生的正负相关性等组合效应，从风险策略上对风险进行统一集中管理。

(3) 风险评价。进行风险定量评估时，应统一制定各风险的度量单位和风险度量模型，并通过测试等方法，确保评估系统的假设前提、参数、数据来源和定量评估程序的合理性和准确性。要根据环境的变化，定期对假设前提和参数进行复核和修改，并将定量评估系统的估算结果与实际效果对比，据此对有关参数进行调整和改进。

企业在评估多项风险时，应根据对风险发生可能性的高低和对目标的影响程度的评估，绘制风险坐标图，对各项风险进行比较，初步确定对各项风险的管理优先顺序和策略。

企业应对风险管理信息实行动态管理，定期或不定期实施风险辨识、分析、评价，以便对新的风险和原有风险的变化重新评估。

16.6.3.2 风险管理策略

风险管理策略，指企业根据自身条件和外部环境，围绕企业发展战略，确定风险偏好、风险承受度、风险管理有效性标准，选择风险承担、风险规避、风险转移、风险转换、风险对冲、风险补偿、风险控制等适合的风险管理工具的总体策略，并确定风险管理所需人力和财力资源的配置原则。

一般情况下，对战略、财务、运营和法律风险，可采取风险承担、风险规避、风险转换、风险控制等方法。对能够通过保险、期货、对冲等金融手段进行理财的风险，可以采用风险转移、风险对冲、风险补偿等方法。

企业应根据不同业务特点统一确定风险偏好和风险承受度，即企业愿意承担哪些风险，明确风险的最低限度和不能超过的最高限度，并据此确定风险的预警线及相应采取的对策。确定风险偏好和风险承受度，要正确认识和把握风险与收益的平衡，防止和纠正忽视风险，片面追求收益而不讲条件、范围，认为风险越大、收益越高的观念和做法；同时，也要防止单纯为规避风险而放弃发展机遇。

企业应根据风险与收益相平衡的原则以及各风险在风险坐标图上的位置，进一步确定风险管理的优选顺序，明确风险管理的资金预算和控制风险的组织体系、人力资源、应对措施等总体安排。

企业应定期总结和分析已制定的风险管理策略的有效性和合理性，结合实际不断修订和完善。其中，应重点检查依据风险偏好、风险承受度和风险控制预警线实施的结果是否有效，并提出定性或定量的有效性标准。

16.6.4 风险管理解决方案、监督与改进

16.6.4.1 风险管理解决方案

企业应根据风险管理策略，针对各类风险或每一项重大风险制定风险管理解决方案。方案一般应包括风险解决的具体目标，所需的组织领导，所涉及的管理及业务流程，所需的条件、手段等资源，风险事件发生前、中、后所采取的具体应对措施以及风险管理工具（如：关键风险指标管理、损失事件管理等）。

企业应当按照各有关部门和业务单位的职责分工，认真组织实施风险管理解决方案，确保各项措施落实到位。

(1) 外包方案。企业制定风险管理解决的外包方案，应注重成本与收益的平衡、外包工

作的质量、自身商业秘密的保护以及防止自身对风险解决外包产生依赖性风险等，并制定相应的预防和控制措施。

(2) 内控方案。企业制定风险解决的内控方案，应满足合规的要求，坚持经营战略与风险策略一致、风险控制与运营效率及效果相平衡的原则，针对重大风险所涉及的各管理及业务流程，制定涵盖各个环节的全流程控制措施；对其他风险所涉及的业务流程，要把关键环节作为控制点，采取相应的控制措施。

企业制定内控措施，至少要建立以下制度：①建立内控岗位授权制度。对内控所涉及的各岗位明确规定授权的对象、条件、范围和额度等，任何组织和个人不得超越授权做出风险性决定；②建立内控报告制度。明确规定报告人与接受报告人，报告的时间、内容、频率、传递路线、负责处理报告的部门和人员等；③建立内控批准制度。对内控所涉及的重要事项，明确规定批准的程序、条件、范围和额度、必备文件以及有权批准的部门和人员及其相应责任；④建立内控责任制度。按照权利、义务和责任相统一的原则，明确规定各有关部门和业务单位、岗位、人员应负的责任和奖惩制度；⑤建立内控审计检查制度。结合内控的有关要求、方法、标准与流程，明确规定审计检查的对象、内容、方式和负责审计检查的部门等；⑥建立内控考核评价制度。具备条件的企业应把各业务单位风险管理执行情况与绩效薪酬挂钩；⑦建立重大风险预警制度。对重大风险进行持续不断的监测，及时发布预警信息，制定应急预案，并根据情况变化调整控制措施；⑧建立健全以总法律顾问制度为核心的企业法律顾问制度。大力加强企业法律风险防范机制建设，形成由企业决策层主导、企业总法律顾问牵头、企业法律顾问提供业务保障、全体员工共同参与的法律风险责任体系。完善企业重大法律纠纷案件的备案管理制度；⑨建立重要岗位权力制衡制度，明确规定不相容职责的分离。主要包括：授权批准、业务经办、会计记录、财产保管和稽核检查等职责。对内控所涉及的重要岗位可设置一岗双人、双职、双责，相互制约；明确该岗位的上级部门或人员对其应采取的监督措施和应负的监督责任；将该岗位作为内部审计的重点等。

16.6.4.2 风险管理的监督与改进

企业应以重大风险、重大事件和重大决策、重要管理及业务流程为重点，对风险管理初始信息、风险评估、风险管理策略、关键控制活动及风险管理解决方案的实施情况进行监督，采用压力测试、返回测试、穿行测试以及风险控制自我评估等方法对风险管理的有效性进行检验，根据变化情况和存在的缺陷及时加以改进。

(1) 企业应建立贯穿于整个风险管理基本流程，连接各上下级、各部门和业务单位的风险管理信息沟通渠道，确保信息沟通的及时、准确、完整，为风险管理监督与改进奠定基础。

(2) 企业各有关部门和业务单位应定期对风险管理工作进行自查和检验，及时发现缺陷并改进，其检查、检验报告应及时报送企业风险管理职能部门。

(3) 企业风险管理职能部门应定期对各部门和业务单位风险管理工作实施情况和有效性进行检查和检验，要根据《指引》要求对风险管理策略进行评估，对跨部门和业务单位的风险管理解决方案进行评价，提出调整或改进建议，出具评价和建议报告，及时报送企业总经理或其委托分管风险管理工作的高级管理人员。

(4) 企业内部审计部门应至少每年一次对包括风险管理职能部门在内的各有关部门和业务单位能否按照有关规定开展风险管理工作及其工作效果进行监督评价，监督评价报告应直接报送董事会或董事会下设的风险管理委员会和审计委员会。此项工作也可结合年度审计、任期审计或专项审计工作一并开展。

(5) 企业可聘请有资质、信誉好、风险管理专业能力强的中介机构对企业全面风险管理工作进行评价，出具风险管理评估和建议专项报告。报告一般应包括以下几方面的实施情况、存在缺陷和改进建议：①风险管理基本流程与风险管理策略；②企业重大风险、重大事件和重要管理及业务流程的风险管理及内部控制系统的建设；③风险管理组织体系与信息系统；④全面风险管理总体目标。

16.6.5 风险管理组织体系

企业应建立健全风险管理组织体系，主要包括规范的公司法人治理结构，风险管理职能部门、内部审计部门和法律事务部门以及其他有关职能部门、业务单位的组织领导机构及其职责。

企业应建立健全规范的公司法人治理结构，股东（大）会（对于国有独资公司或国有独资企业，即指国资委，下同）、董事会、监事会、经理层依法履行职责，形成高效运转、有效制衡的监督约束机制。

国有独资公司和国有控股公司应建立外部董事、独立董事制度，外部董事、独立董事人数应超过董事会全部成员的半数，以保证董事会能够在重大决策、重大风险管理等方面作出独立于经理层的判断和选择。

董事会就全面风险管理工作的有效性对股东（大）会负责。董事会在全面风险管理方面主要履行以下职责：

(1) 审议并向股东（大）会提交企业全面风险管理年度工作报告；

(2) 确定企业风险管理总体目标、风险偏好、风险承受度，批准风险管理策略和重大风险管理解决方案；

(3) 了解和掌握企业面临的各项重大风险及其风险管理现状，做出有效控制风险的决策；

(4) 批准重大决策、重大风险、重大事件和重要业务流程的判断标准或判断机制；

(5) 批准重大决策的风险评估报告；

(6) 批准内部审计部门提交的风险管理监督评价审计报告；

(7) 批准风险管理组织机构设置及其职责方案；

(8) 批准风险管理措施，纠正和处理任何组织或个人超越风险管理制度做出的风险性决定的行为；

(9) 督导企业风险管理文化的培育；

(10) 全面风险管理其他重大事项。

具备条件的企业，董事会可下设风险管理委员会。该委员会的召集人应由不兼任总经理的董事长担任；董事长兼任总经理的，召集人应由外部董事或独立董事担任。该委员会成员中需有熟悉企业重要管理及业务流程的董事，以及具备风险管理监管知识或经验、具有一定法律知识的董事。

风险管理委员会对董事会负责，主要履行以下职责：

(1) 提交全面风险管理年度报告；

(2) 审议风险管理策略和重大风险管理解决方案；

(3) 审议重大决策、重大风险、重大事件和重要业务流程的判断标准或判断机制，以及重大决策的风险评估报告；

(4) 审议内部审计部门提交的风险管理监督评价审计综合报告；

(5) 审议风险管理组织机构设置及其职责方案；

(6) 办理董事会授权的有关全面风险管理的其他事项。

企业总经理对全面风险管理工作的有效性向董事会负责。总经理或总经理委托的高级管理人员，负责主持全面风险管理的日常工作，负责组织拟订企业风险管理组织机构设置及其职责方案。

企业应设立专职部门或确定相关职能部门履行全面风险管理的职责。该部门对总经理或其委托的高级管理人员负责，主要履行以下职责：

(1) 研究提出全面风险管理工作报告；

(2) 研究提出跨职能部门的重大决策、重大风险、重大事件和重要业务流程的判断标准或判断机制；

(3) 研究提出跨职能部门的重大决策风险评估报告；

(4) 研究提出风险管理策略和跨职能部门的重大风险管理解决方案，并负责该方案的组织实施和对该风险的日常监控；

(5) 负责对全面风险管理有效性评估，研究提出全面风险管理的改进方案；

(6) 负责组织建立风险管理信息系统；

(7) 负责组织协调全面风险管理日常工作；

(8) 负责指导、监督有关职能部门、各业务单位以及全资、控股子企业开展全面风险管理工作；

(9) 办理风险管理其他有关工作。

企业应在董事会下设立审计委员会，企业内部审计部门对审计委员会负责。审计委员会和内部审计部门的职责应符合《中央企业内部审计管理暂行办法》(国资委令 2004 第 8 号) 的有关规定。内部审计部门在风险管理方面，主要负责研究提出全面风险管理监督评价体系，制定监督评价相关制度，开展监督与评价，出具监督评价审计报告。

企业其他职能部门及各业务单位在全面风险管理工作中，应接受风险管理职能部门和内部审计部门的组织、协调、指导和监督，主要履行以下职责：

(1) 执行风险管理基本流程；

(2) 研究提出本职能部门或业务单位重大决策、重大风险、重大事件和重要业务流程的判断标准或判断机制；

(3) 研究提出本职能部门或业务单位的重大决策风险评估报告；

(4) 做好本职能部门或业务单位建立风险管理信息系统的工作；

(5) 做好培育风险管理文化的有关工作；

(6) 建立健全本职能部门或业务单位的风险管理内部控制子系统；

(7) 办理风险管理其他有关工作。

企业应通过法定程序，指导和监督其全资、控股子企业建立与企业相适应或符合全资、控股子企业自身特点、能有效发挥作用的风险管理组织体系。

16.6.6 全面风险管理报告制度

国资委要求各中央企业要建立健全内部全面风险管理报告制度，通过报告机制及时掌控企业所属各层级单位风险变化趋势、重大风险管控进展和成效，确保各类风险信息沟通顺畅、共享及时，提高风险管理报告的时效性和有效性。要结合企业年度工作会议、预算计划会议以及月度、季度经营活动分析会议等例行工作机制，建立适时风险分析、提示、报告和通报机制，并确保与重大风险管控相关的报告能及时直接送达企业最高决策层和经营层。

国资委已建立了中央企业重大风险动态监控和报告制度，在每年底下达《关于××××

年中央企业开展全面风险管理工作有关事项的通知》和《××××年中央企业全面风险管理报告（模板）》。结合当年工作任务，提出当年开展全面风险管理工作的要求，规范全面风险管理报告。

如《关于2014年中央企业开展全面风险管理工作有关事项的通知》（国资厅发改革〔2013〕74号）就明确了2014年的任务是“保增长、调结构、促转型”、“建立管理提升长效机制”的关键一年，2014年开展全面风险管理工作的重点是：

（1）健全风险评估制度，防范战略决策风险。各中央企业要紧密围绕发展战略和年度经营目标，强化风险评估机制，健全定期和不定期的“企业体检”制度，不断提高风险评估的准确性和时效性。董事会（总经理办公会）负责督导本企业进一步完善风险评估常态化机制，企业“三重一大”、高风险业务、重大改革以及重大海外投资并购等重要事项应建立专项风险评估制度，在提交决策机构审议的重要事项议案中必须附有充分揭示风险和应对措施的专项风险评估报告，企业风险管理职能部门要坚持对上述重要事项的风险评估进行程序性合规审核。要加强战略决策的研究与论证，建立健全战略管理执行保障体系，加强战略实施的监督检查，提升对战略风险的识别和控制能力。

（2）提升风险研判能力，把控企业经营风险。各中央企业要紧密围绕企业发展战略，结合“做强做优、世界一流”核心目标的要求，切实加强对未来中长期所面临风险的全局性、趋势性研判，准确定位风险管理工作的方向和重点，并做好风险预案，提高处置应变能力，为企业实现经营目标提供支撑和保障。要及时把握并深入分析国内外形势变化，提高企业对经营环境变化的敏锐性和对发展趋势的预判能力，大力防控现金流风险、健康安全环保风险、投资风险、市场风险和信用风险等，为企业创造更大价值。要认真总结近期企业内外部发生的各类重大风险损失事件和典型案例，分析风险成因，汲取经验教训，采取有效措施，杜绝类似事件在本企业重复发生。

（3）强化重大风险管控，提高信息应用水平。各中央企业要进一步完善重大风险的管理策略，明确风险偏好和风险承受度，据此制定重大风险解决方案，明确重大风险的责任主体和应对措施，合理配置资源，确保重大风险管理措施落到实处。要建立重大风险的监控预警机制，科学设置监控指标，及时掌握、分析重大风险的变化趋势，动态调整管理策略，实现对重大风险的动态管理和有效管控。要完善风险管理信息系统建设，进一步提升风险管理信息系统与其他业务管理信息系统的集成度，整合信息资源，打破信息孤岛，不断提高风险管理信息化水平。要探索建立知识信息共享平台，促进全集团、全行业范围内的知识和信息传播与共享。

（4）完善风险管理机制，培育风险管理文化。各中央企业要进一步完善全面风险管理工作机制，提高风险管理工作的制度化、规范化水平。要健全“以风险为导向、以制度为基础、以流程为纽带、以系统为抓手”的内部控制体系，切实发挥内部控制对防范风险的重要基础作用。要建立风险管理报告制度，强化风险管理信息沟通机制。要探索建立风险管理评价与考核制度，将风险管理纳入企业绩效考核指标体系，建立风险责任追究机制。要将全面风险管理与日常经营管理有机融合，完善风险管理策略和解决方案，健全事前、事中、事后的风险管控措施。要加强对标管理，逐步建立风险管理提升长效机制。要加强全面风险管理人才队伍建设，建立一支真正掌握有效风险管理技术和方法的专业化团队。要注重营造良好风险管理文化氛围，建立风险管理工作宣传和培训常态化机制，增强全员风险管理意识。

中央企业加强全面风险管理的措施和经验值得我国所有化工企业学习。

案例：2014年度中央企业全面风险管理报告（模本）

一、2013年度企业全面风险管理工作回顾

（一）企业全面风险管理工作计划完成情况。

简要说明本企业2013年度全面风险管理工作计划执行情况，以及企业董事会（总经理办公会）对年度全面风险管理工作成效的评价。

（二）企业重大风险管理情况。

逐一简要说明2013年度本企业重大风险的管理情况。如有重大风险事件发生，请说明产生原因、发生后的影响、解决方案及今后避免再次发生的应对措施。

（三）风险管理体系建立运行情况。

1. 组织体系建立及运行情况。请简要说明本企业风险管理组织架构设置和从事风险管理工作人员情况，风险管理职能部门的职责定位和工作机制等。

2. 常态化风险评估机制建立及运行情况。简要说明本企业全面风险评估制度和重大事项专项风险评估制度的建立及运行情况，风险分析评估工具应用情况等。

3. 风险管理报告制度的建立与执行情况。简要说明本企业全面风险管理报告制度的建立与执行情况，重大风险的监控、预警、报告等机制的建立与运行情况，重大风险监控预警指标体系构建情况，风险信息数据库建立情况。

4. 专项风险管理情况。简要说明本企业开展专项风险管理的目的、内容、主要措施、进展等情况。

5. 内部控制建立与实施情况。简要说明本企业及所属上市公司建立并实施以风险管理为导向的内部控制工作情况（上市公司可以用在资本市场披露的内部评价报告代替此部分内容）。

6. 风险管理评价或考核工作情况。简要说明本企业开展风险管理工作评价的范围、标准、方法与程序，以及评价结果纳入绩效考核的有关情况。

7. 风险管理文化建设情况。简要说明本企业风险管理政策的宣贯情况，风险管理工作的宣传培训机制，风险管理文化与业务发展融合情况等。

（四）风险管理信息化有关情况。

简要说明本企业风险管理信息系统的建设状况、覆盖范围、主要功能、运行效果、与现有管理和业务信息系统对接情况以及下一步工作计划等。

（五）全面风险管理专项提升工作情况。

将全面风险管理作为管理提升活动重点领域开展专项提升的企业，简要说明专项提升工作情况以及下一步工作安排等。

二、2014年度企业风险评估情况

（一）结合2014年度本企业经营目标，简要描述本企业2014年面临的内外部环境因素的变化，并分业务板块就其对经营目标的影响进行总体研判和简要分析。

（二）企业开展2014年度风险评估的范围、方式及参与人员等有关情况。

（三）按照企业风险分类，列示企业2014年度风险评估的结果（参见附件：企业风险分类示例），以及经评估确定的重大风险。（以附件形式说明风险评估的方法和重大风险的评判标准。）

（四）按照风险事件发生的可能性和发生后对企业目标的影响程度两个维度，将企业评估出的2014年度重大风险绘制成风险坐标图。

（五）企业2014年度重大风险同2013年度相比的变动情况及原因。

（六）简要说明企业对重大风险关键成因进行分析的情况（包括建立量化分析、预测模型等）。

三、2014年度全面风险管理工作安排

（一）2014年度全面风险管理工作计划。

1. 董事会（总经理办公会）对本企业2014年度全面风险管理工作提出的安排部署和工作要求。

2. 企业2014年度全面风险管理工作计划（包括所属主要子企业推进全面风险管理工作计划）。

（二）2014 年度重大风险管理工作安排。

1. 重大风险描述。

根据企业 2014 年度风险评估结果，从风险类别、风险源（要求具体到产生的单位、项目、业务、管理活动）、风险成因、风险发生后对企业经营的影响等方面，逐一对重大风险进行简要描述。

2. 重大风险管理策略和解决方案。

（1）风险管理策略。包括企业对每项重大风险的风险偏好、风险承受度及据此确定的风险预警指标等。

（2）风险解决方案。包括每项重大风险管理现状诊断（已有的相关制度、流程、控制措施的设计和执行情况、存在的问题和缺陷等）、责任主体、关键节点、拟采取的管控措施（包括事前、事中、事后以及危机处理计划等）。

3. 监督保障机制。请简要说明企业对执行重大风险管理策略和解决方案的监督保障机制。

四、有关意见和建议

（一）需要国资委协调解决的有关重大风险问题。

（二）对国资委推动中央企业全面风险管理工作的意见和建议。

参考文献

[1] MBA 核心课程编写组编译．危机管理［M］．北京：九洲出版社，2002.

[2] 李冬元．工程企业风险管理与危机管理的关系研究［D］．西安建筑科技大学硕士学位论文，2010.

[3] 邓庆阳，阎玮斌．工程项目风险管理与危机管理的比较［J］．水利建设与管理，2009，29（5）：7-9.

[4] 曹嫒嫒，郭薇．试论危机管理与风险管理的关系——从风险管理的视角下看危机管理［J］．辽宁行政学院学报，2006，8（5）：69-70.

[5] 孙希娟，金辉，刘桂仙．浅谈危机管理在化工企业中的应用［J］．山东化工，2012，41（4）：106-109.

[6] 朱荣恩，贺欣．内部控制框架的新发展：企业风险管理框架——《COSO 企业风险管理框架》简介［J］．审计研究，2003，（6）：11-15.

[7] 石玉英，乔林等．现代企业风险管理方法简述［J］．科技与管理，2005，（4）：88-90.

[8] 李明辉．论企业风险管理组织架构的设计［J］．科学学与科学技术管理，2008，（1）：154-158.

[9] 李方芳，欧晓明．国外家族企业内部冲突研究综述［J］．嘉应学院学报（哲学社会科学），2011，29（10）：43-47.

[10] 尹春兰．基于客户金字塔模型的客户关系管理［J］．管理现代化，2006，（2）：18-21.

[11] 岳意定，胡愈，金发奇．我国社会信用体系建设审视与构想［J］．财经理论与实践，2006，27（142）：84-87.

[12] 董才生．美国社会信用体系建设的经验教训对我国的启示［J］．东北亚论坛，2008，17（6）：39-42.

[13] 朱建军，刘小弟，刘思峰．基于政府作用视角的社会信用体系建设研究［J］．征信，2013，（2）：58-62.

·17· 组织结构设计和团队建设

无论是生产型化工企业还是贸易型化工企业，无论是以集团公司运作的（特）大型化工企业还是单独的中小化工企业，企业的领导人都要认真考虑组织结构设计问题。

现代企业以客户的需求和满意度为目标，利用先进的制造技术、信息技术以及现代化的管理手段，最大限度地实现技术上的功能集成和管理上的职能集成，建立全新的学习型组织结构，从而实现企业经营成本、质量、服务和效率的巨大改善，以便更好地适应以顾客、竞争、变化为特征的现代企业经营环境。

企业的领导人要认真考虑各部门的职责、权限、工作标准，并严格考核，才能避免出现管理混乱、岗位重叠、职责不明、办事拖沓等问题。要根据变化了的情况及时对组织结构进行调整和创新，成为“小机构、大企业”的精干组织。要不断加强学习，努力提升自身的领导能力和领导艺术，打造高效管理团队，使企业始终处于高效运行状态。

17.1 企业的组织结构设计

17.1.1 组织结构设计理论

组织（organization）一词来源于生物体器官（organ）。组织如同生物体器官一样，是一个统一的有机整体。“组织”可以解释为“由一定的人员，按照一定的程序，为着一定的目标而组成的合作性统一体”。组织有各种各样的形态：政党、政府机关、社会团体、事业单位、企业等。

企业组织是指为实现企业的目标及执行企业的战略、策略，对企业的人力资源进行调配所建立的社会机构。企业组织行为策划主要通过组织设计制定目标，确定组织结构、劳动分工和权责范围。

组织结构（organizational structure）是指：对于工作任务如何进行分工、分组和协调合作。组织结构表明组织各部分排列顺序、空间位置、聚散状态、联系方式以及各要素之间相互关系的一种模式，是整个管理系统的“框架”。组织结构是组织的全体成员为实现组织

目标，在管理工作中进行分工协作，在职务范围、责任、权利方面所形成的结构体系。

17.1.1.1 组织工作的特点

组织工作是指人们为实现一定的目标，相互结合，通过对任务和权力关系的设计与授予，形成任务明确、分工协作的人为系统及其运转过程。组织工作具有以下特点：

(1) 组织工作是一个过程。设计、建立并且维持一种科学、合理的组织结构，使之成为有效实现目标的工具，这是一个连续的工作过程，由一系列的活动组成，如业务的划分和归类，权责的划分和授予等。

(2) 组织工作是一个动态过程。根据组织目标、组织环境等因素设计、建立的组织结构不是一成不变的，它总是随着内外部环境的变化而不断调整、变化。组织结构的稳定是相对的，而变化是绝对的，这是组织工作永恒的主题。

(3) 组织工作应该重视非正式组织的影响。企业中除了‘正式组织’之外，还存在着由人们在一定的相互联系中自发形成的个体和社会网络的‘非正式组织’。实际上，有正式组织存在的地方，就一定存在非正式组织。所以，管理者在进行正式组织设计、建立与维护时，就不能忽视非正式组织的存在及其影响。应该有意识、有计划地引导、利用非正式组织，使其为组织目标的实现发挥积极的、正面的作用。

17.1.1.2 企业应重视进行组织结构设计

(1) 企业组织结构必须适应社会经济发展的需要。从企业组织发展的历史来看，企业组织结构的演变过程本身就是一个不断创新、不断发展的过程，先后出现了直线制、矩阵制、事业部制等组织结构形式。当前，社会经济发展使企业出现竞争全球化、顾客主导化和员工知识化等特点。企业组织形式必须适应这样的变化。

(2) 组织结构必须随着企业的重大战略调整而调整。组织结构是企业组织在职、责、权方面的动态结构体系，其本质是为实现组织战略目标而采取的一种分工协作体系，组织结构必须随着组织的重大战略调整而调整。

(3) 组织结构必须随着企业的发展而调整。随着企业发展到一定的阶段，组织结构不合理的一些矛盾就会日益尖锐，如企业规模扩大、人员增加了，但企业效率提升速度不匹配，企业内部不协调，推诿的事情经常发生；原有部门、岗位不能适应企业的发展和生存的需求，部门经理、岗位人员明显感到工作不知为何为，消极或积极乱为。此时显然对组织结构应重新进行设计和调整。

(4) 组织结构要适应人事或管理的变化。企业组织人事或管理模式发生变化，有合适的人员或机构来优化，能最大限度发挥现有人才的作用或能引进急需的人才等等，就需对组织结构做出调整。

(5) 组织结构要适应市场的变化。当外部市场发生变化，竞争对手的销售策略发生变化时，就亟须调整组织结构。

企业组织结构设置时会犯一个普遍错误：将一种“理想的”或“普遍适用的”机械组织模式强加给一个活生生的企业，使企业组织结构与企业的实际状况不适应。其直接的表现为：①组织中管理层次过多，以至有能力的人不能经过正常的升迁程序在相当年轻和富有效率的时候达到高层管理岗位；②组织注意力集中在不恰当的问题上，加剧不必要的争论，小题大做；③使弱点和缺陷加大，而不是使长处和优势加强；④经理人花在会议上的时间，超过了他们工作的 1/4 或者更多，组织结构不合理的危险性不言而喻；⑤企业缺乏明确的战略目标，内部员工得过且过的情绪蔓延；⑥组织结构臃肿、协调困难、沟通不畅、决策缓慢，决策执行走样；⑦组织人浮于事，官僚作风严重。

诸如这样的问题，造成了组织虚有其表。调整组织结构，以使其符合企业实际情况，就摆上了企业的议事日程。在具体进行组织结构调整时，应优先考虑的四个关键目标：业务发展、客户导向、资源利用率、管理运营效率。

17.1.1.3 组织结构设计基本原则

无论企业规模大小，也无论企业采用何种组织结构形式，管理者在进行组织结构设计时必须遵循的一些最基础的出发点，都必须遵循一些共同的原则。

(1) 专业化分工协作原则。现代组织是社会化大生产方式下的产物。组织机构的设计必须按照社会化大生产方式的要求，按照专业化分工协作原则来构建组织内的工作单元。组织中实现目标任务的各种事务、各项活动，一方面应按专业化原则进行划分界定；另一方面，划分所形成的各种专业工作或职能，又必须保持密切的联系与协作。只有这样，所设计形成的组织机构才能具有一定的效率基础。

(2) 目标至上职能领先原则。组织结构是实现组织目标的手段，是落实组织职能的载体。进行组织结构的设计，无论是决定选取何种形式的组织结构，还是决定配置哪些职位、管理层次和部门，都必须服从组织目标和职能的要求。从如何实现组织目标，最优发挥组织功能出发来加以选择配置。在组织结构设计和调整过程中，对目标和职能的关注应是管理者优先考虑的原则。

(3) 有效管理幅度原则（最少管理层次原则、简洁性原则）。一个管理者直接有效领导管理下属的数目称之为管理幅度（管理跨度）。一般来说，任何主管人员能够直接有效领导管理的下属数目总是有限的，管理幅度过大，会造成对下属工作指挥监控不力，使组织陷入失控状态；管理幅度过小又会造成组织所需配备的管理职位、部门增多，管理沟通协调困难，效率降低。因此，在组织结构设计时保持管理职位的合理有效的管理幅度，是组织结构设计的一项重要原则。如果组织中每个主管人员的管理幅度都是有效的，这时组织的层次是最少的，故此原则亦称最少管理层次原则。

(4) 责权利对称原则。责权利对等是指对组织中的每一工作职位或部门，确定该职位或部门的职责范围和工作任务要求时，必须赋予该职位或部门的相对应的职权，使之能够运用职权来调度资源去完成工作任务，履行职责。与此同时，组织必须给以适当的利益，在工作中做到责权利相结合。在组织结构设计中，责、权、利对称是组织结构设计必须遵循的一条基本原则，也是组织得以有效运行的基础，组织结构中不能出现有责无权或有权无责，责大于权或权大于责，有责无利或有利无责的现象。

(5) 统一指挥原则。任何组织都是一个多层次的权责结构。组织的运转都是建立在行政权力结构体系之上的。要使组织机构能够有效地作为一个整体进行运作，在组织结构设计时，必须对行政权力结构的设置实施统一指挥，即组织中每一个下属都只能接受一个上级的指挥。应当且只能够向一个上级主管直接汇报工作，避免多头领导。可以这样说，组织内部的专业化分工越细致，协作关系越密切，统一指挥原则对于保证组织围绕其目标高效率地展开工作就越重要。

(6) 人职相结合的原则。组织中的各个部门、各个职位的工作都是要由一定的人来完成的。因此，职位或部门的设置首先应考虑该职位或部门所要完成的工作任务，即因事设职，做到每件事都有人做。避免“因人设事、因人设职”带来的人浮于事、机构臃肿、效率低下的现象。但因事设职并不意味着在设置职位时，可以不考虑人的因素。管理必须以人为本，组织结构设计应当让有能力的人有机会去做他们乐于胜任的工作，使人员在工作中得到发展和提高。因此组织设计必须考虑因事设职和因人设职相结合。

 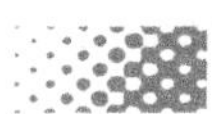

（7）适当授权原则。授权就是领导将部分事情的决定权转交接下级处理。在组织日益庞大，业务活动日益复杂和专业化，原有的组织分工、职责权力不能适应管理需要，就必须授权。“管理研究的就是如何授权”，领导把权力适当地授予下级，增强了下级的责任感和忠诚度，也使自己在复杂的事务中解脱出来。

（8）执行与监督分离原则。在组织设计时，应将监督人员与执行人员在组织上分开，避免两者组织上的一体化。否则，由于监督者与被监督者利益上趋于一致，使监督职能名存实亡。在制度建设上也是如此。

17.1.2 组织结构设计的实务操作

17.1.2.1 组织结构设计的任务

组织结构设计要解决三个有相互联系的问题：管理层次（幅度）的划分、部门的划分、职权的划分。因而组织结构的设计工作要完成以下三方面的任务：

（1）组织的职位分析和设计。自上面下地分析实现组织目标所需完成的工作任务，需要将其划分成多种性质不同的业务工作（职务工作）；设计确定组织内部具体从事管理工作所需的职位类别和数量；分析各职位的工作任务内容、性质、职责和职权、该职位与其他各职位的关系以及对该职位上人员的素质能力要求。职位分析与设计的结果表现为岗位说明书，它以文字的形式规定某一职位的工作内容、职责和职权、与其他职位或部门的关系以及该职位的任职条件等。

（2）管理层次和部门的划分。在职位分析设计的基础上，依据一定的原则和方法将各个职位组合成有内在联系的管理层次和部门。

（3）组织结构形成。管理层次的划分实现了对组织中工作任务的纵向划分，部门设计实现了对组织中工作任务的横向划分，而组织实体为实现其目标的工作任务本身有着一个内在的联系。

因此，在管理层次和部门划分的基础上，组织设计工作必须将各职位、各层次、各部门的工作内容、职责职权整合为一个有机整体，即根据组织内外的资源条件和任务要求，对初步界定的职位、层次和部门进行适当修改和调整，平衡各职位、各层次、各部之间的工作任务和职权关系，使之形成一个责权利相结合的组织结构体系，并据此画出组织结构系统图。

17.1.2.2 部门化的方法

部门化就是将整个管理系统分解成若干个相互依存的基本管理单位。部门设置直接关系到组织的健康运作和绩效。对工作活动进行分类是部门化职能的主要方法。

（1）职能部门化是根据业务活动的相似性来设置部门。制造业经理把行政、财务、制造、人事、供销等方面的专业人员划分成共同的部门来组织其工厂。

（2）产品部门化是根据生产的产品类型进行部门化。如某精细化工公司中，其三大主要领域（染料、有机颜料、化工中间体）各置于一位副总裁统辖之下，这位副总裁是本领域的专家，对与他有关的生产线的一切问题负责，每一位副总裁都有自己的生产和营销部门。这种分组方法的主要优点在于：提高产品绩效的稳定性，因为公司中与某一特定产品有关的所有活动都由同一主管指挥。

（3）过程部门化是按提供产品或服务的过程来设立。如硫黄制酸厂，由熔硫部、合成部、成品部、检验包装运输部四部分组成。由于不同的环节需要不同的技术，因此这种部门化方法对于在生产过程中进行同类活动的归并提供了基础。过程部门化方法也适用于顾客的服务，如危险化学品供应企业可分几个部门：①负责核查采购证件的查验部，②负责收费的财务部，③负责发货的仓储部。④负责送货的物流运输部。

（4）区域部门化是根据地域来进行部门划分。例如，营销工作根据地域可分为东、西、南、北4个区域，分片负责。实际上，每个地域是围绕这个地区而形成的一个部门。如果一个公司的顾客分布地域较宽，这种部门化方法就有其独特的价值。

(5) 顾客部门化 是根据顾客的类型来进行部门化。如一家销售公司可下设3个部门：零售服务部、批发服务部、政府部门服务部。根据顾客类型来划分部门的理由是：每个部门的顾客存在共同的问题和要求，因此，通过为他们分别配置有关专家，能够满足他们的需要。

大型企业进行部门化时，可综合利用上述各种方法进行组织结构设计。

17.1.2.3 扁平结构和金字塔结构

扁平结构（或宽跨度结构）是指在组织规模已定时，管理幅度较大而管理层次较少的一类组织结构，如图17-1所示。金字塔结构（锥形结构）是指组织规模已定时，管理幅度较小，而管理层次较多的高、尖、细的金字塔形的组织结构，如图17-2所示。

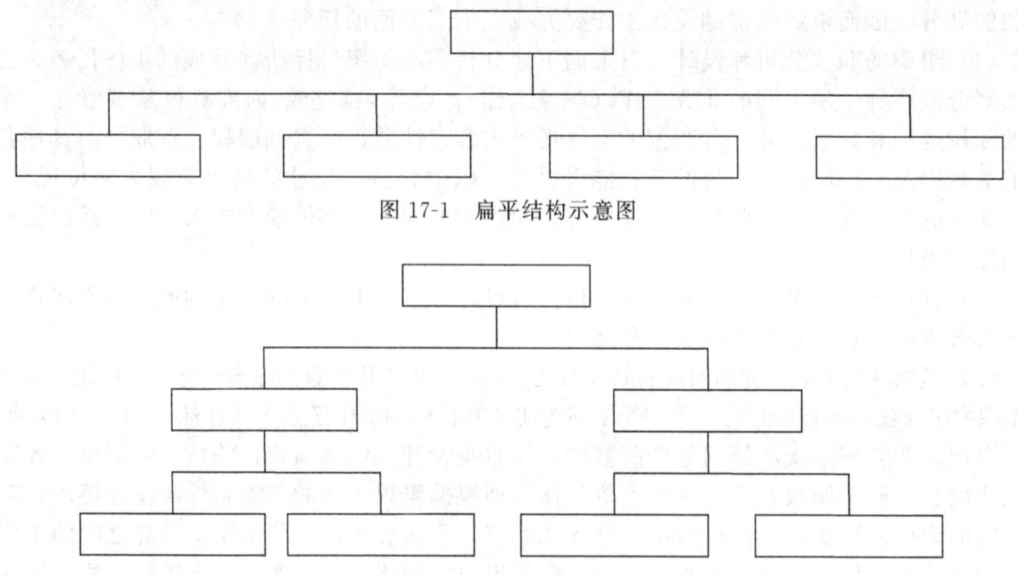

图17-1 扁平结构示意图

图17-2 锥型结构示意图

扁平结构和金字塔（锥型）结构的比较见表17-1。

一般来说，组织成员自身素质较高，且工作本身要求充分调动成员的积极性、主动性和创造性时，宜采用扁平结构，如高科技企业中的研发等部门。但在需要对下属进行严密控制的情况下，则易采用锥型结构，如军队，企业的基层生产组织等。

一般认为高层管理者管理3～10名下属，中层管理者管理6～12名下属，基层管理者管理10～20名下属比较合理，但并不绝对，以下因素也会影响到管理幅度：如管理者的素质和能力、下属的素质和能力、工作相似性、工资环境的稳定性、计划的完善程度、授权、人员空间分布、配备助手等等。

一个组织只有机构精简、队伍精干，工作效率才会提高；反之，如果组织层次繁多、机构臃肿、人浮于事，则势必导致人力资源的浪费，效率降低。

17.1.2.4 集权与分权相结合

集权化（centralization）是指组织中的决策权集中于一点的程度。这个概念只包括正式权威，也就是说，某个位置固有的权力。一般来讲，如果组织的高层管理者不考虑或很少考虑基层人员的意见就决定组织的主要事宜，则这个组织的集权化程度较高。相反，基层人员参与程度越高，或他们能够自主地作出决策，组织的分权化（decentralization）程度就越高。

表 17-1 扁平结构与金字塔（锥型）结构的比较

结构	扁平结构	锥型结构
特点	幅度大，层次少	幅度小，层次多
优点	1. 信息纵向传递的速度较快。 2. 相应的管理费用较低。 3. 有利于下属积极性、主动性和首创精神的发挥，提高他们的满足感。 4. 有利于组织培训和选择下属。	1. 管理严密。能使每位主管仔细地研究每一位下属的信息，并予以详尽的指导。 2. 上下级之间容易协调，也便于同级之间的沟通、联络。 3. 分工明确。
缺点	1. 管理幅度大造成管理粗放，使主管人员无法对每位下属进行充分、有效的指导和监管，隐含失控的危险。 2. 每位主管从较多的下属获取大量信息，可能影响信息的及时利用，加大了上下级之间、同级之间沟通、联络的困难。 3. 每位主管管理较多的下属，使上级的负担过重，易形成决策“瓶颈”。	1. 层次多影响信息纵向传递的速度，并且增加了信息传递过程中失真的可能性。 2. 层次增加带来较多的管理费用。 3. 层次越多，上下级之间互相扯皮的现象越频繁，整个组织的协调工作量就会越大。 4. 上级较多地参与下属的工作，会影响各层主管的工作积极性、主动性和创造性的发挥。 5. 易导致控制工作的复杂化、困难化，可能造成组织整体性的破裂。

集权式与分权式组织在本质上是不同的。企业所必须制定的主要战略决策与其结构的集权或分权程度有关。这通常取决于企业所处的行业、环境和采用的技术等特殊情况。

集权式组织的优点主要有：①易于协调各职能间的决策；②对报告的形式进行了规范，比如利用财务数据；③能与企业的目标达成一致；④危急情况下能进行快速决策；⑤有助于实现规模经济。

但集权式组织的缺点亦是比较突出，主要有：①高级管理层可能不会重视个别部门的不同要求；②由于决策时需要通过集权职能的所有层级向上汇报，因此决策时间长；③级别较低的管理者的职业发展有限。

集权式组织比较适用于由外部机构（比如专业的非营利性企业）实施密切监控的企业，因为所有的决策都能得以协调。

在分权式组织中，采取行动、解决问题的速度较快，有更多的人为决策提供建议。所以，员工与那些能够影响他们的工作生活的决策者隔膜较少，或几乎没有。分权则能减轻高层主管的负担，使他们集中精力抓大事，同时也有利于发挥下属的聪明才智，调动他们的积极性、主动性，提高工作效率；而且还能加强组织的灵活性和适应性。

因此在组织设计时，只有把集权与分权相结合，明确哪些职责应该集权，哪些职责应该分权，组织才能有效运行。

总体而言，分权式的生产、经营决策趋势比较突出，特别在大公司中。这与使组织更加灵活和主动地作出反应的管理思想是一致的。基层管理人员更贴近生产和市场实际，对有关问题的了解比高层管理者更翔实。因此，对他们授予了较大的决策权，使得下属的企业可以更有效地参与竞争。在跨地区的生产经营企业，主管对自己辖区内的问题反应远远快于公司总部的高级主管，处理方式也会更得当。跨国公司常把公司分成许多个独立自主的经营单位，每个单位都有自己的利润目标、员工激励方式、重点顾客。每个经营单位自主管理，保证了公司整体有效运行。

17.1.2.5 优化企业组织结构需要考虑的三个问题

在对企业进行组织结构优化时，我们要考虑下述三个方面问题：

(1) 组织机构的稳定性和适应性相平衡。企业组织能够保持相对稳定是一个企业成熟的重要标志之一，也是一个企业能够持续健康发展的重要条件。因此，在组织结构设计过程中，应充分考虑组织结构的稳定性。在快节奏的现代社会中，企业的内部条件和外部环境的变化越来越快，企业应主动适应变化才能保持稳定。一个成功的组织，应该是既能维持自身稳定，又能很快适应环境变化。

进行组织结构优化时，要稳定现时的经营生产管理活动，能将旧的机构平稳地过渡到新的机构；人员的岗位调整能顺利平稳过渡到新的部门和岗位，不适应的原有岗位人员能平稳的离职，不会因为个别人员的离职而给企业带来负面影响，不会因为个别人的离职带走人员，导致员工对企业产生没有信心的思想变化。

(2) 分工清晰，有利于考核和协调。在现有基础上改进不协调的组织关系，预防和避免今后可能存在的摩擦关系。优化的表现结果应该是部门职能清晰、权责到位，能够进行评价和考核，部门间的管理联系、工作程序协调，公司的管理制度能有效实施。

不要想当然地进行分工。如有些企业把所有采购放在一个部门，化工原料，化工设备，机电设备，机物料，化学试剂，实验、分析仪器直至办公用品、清洁工具，全部由一个供应部门采购，由自己信得过的人控制，以为这样就可避免漏洞。其结果必然是杂乱无章、毫无效率，甚至是质差价高、影响生产。

(3) 部门、岗位的设置要与培养人才、提供良好发展空间相结合。优化调整部门和岗位时，既要不考虑现有人员，又要综合考虑人员；不能为了照顾人情关系，设立人情部门或岗位；同时，又要综合考虑现有人员的品行、企业发展所需要的能力和潜力等，在对品行有保证，具有风险小的培养价值的前提下，有意识地将部门、岗位和人才培养相结合。

17.1.2.6 组织机构设计的程序

第一步，选择确定组织架构的基础模式。就是在综合分析组织外部环境和内部条件的基础上，合理确定组织的总目标及各种具体目标。根据目标要求，根据自己企业的实际，选择确定一个典型的组织模式，作为企业的组织架构的基础模式。

第二步，分析确定担负各职能目标功能作用的工作量。将必须进行的业务管理工作按其性质适当分类，如研究与开发、产品设计与制造、市场开拓、顾客服务等。明确各类活动的范围和大概工作量，进行业务流程的总设计，使总体业务流程优化。

第三步，确定职能部门。把关联关系和工作量不大的职能合并起来，由一个职能管理部门作为主承担单位，负责所合并职能工作的协调和汇总。特别要注意的是：必须把制衡关系功能分别由不同单位、部门或岗位角色承担。

第四步，平衡工作量。工作量过大的单位、部门往往会造成管理跨度过大，工作量过小的单位、部门，往往会造成管理跨度过小。所以，需要通过单位、部门之间的工作量平衡来使管理跨度实现合理化。

第五步，确立下级对口单位、部门或岗位的设置。如果企业下属的子公司、独立公司、分公司规模仍然比较大，上级职能管理部门无法完全承担其相应职能能作用的工作协调和汇总，就有必要在这个层次上设置对口的职能部门或者专员岗位。

第六步，绘制组织结构图。要求直观地勾画出整个企业的单位、部门和岗位之间的关系，及所承担的职能作用的相应工作。

第七步，拟定企业系统分析文件。为企业组织架构确立规范。企业系统分析文件是具体描绘企业内部各个职能作用，该由哪些单位、部门或者岗位来具体承担，以及所承担的内容，并对职责和权力进行界定。

第八步，根据企业系统分析文件撰写（职）岗位说明书。这一步工作就是在组织结构图

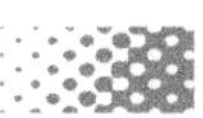

的基础上，分析界定各个单位、部门组织和岗位的具体工作职责、所享有的权力、上下级关系、任职要求、信息传递路线等。

第九步，拟定单位、部门和岗位工作标准。明确界定各个单位、部门和岗位的工作目标和工作要求（此条也可合并在岗位说明书中）。

第十步，就上述文件进行汇总讨论，通过后正式颁布。根据各单位和部门所分管的业务工作和对人员素质的要求，挑选和配备称职的人员及其行政负责人，并明确其职务和职称。组织结构调整改造工作完成。

17.1.3 企业组织结构的类型

17.1.3.1 直线制组织结构

直线制（如图 17-3 所示）是一种最早也是最简单的组织形式。

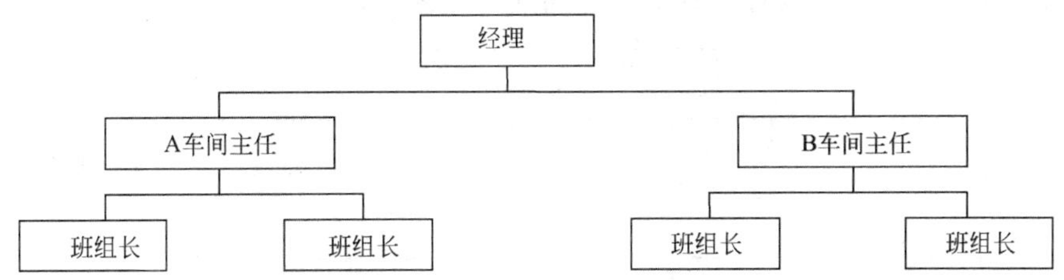

图 17-3 直线制组织结构示意图

直线制的特点是企业各级行政单位从上到下实行垂直领导，下属部门只接受一个上级的指令，各级主管负责人对所属单位的一切问题负责。厂部不另设职能机构（可设职能人员协助主管工作），一切管理职能基本上都由行政主管自己执行。直线制组织结构的优点是：结构比较简单，责任分明，命令统一。缺点是：它要求行政负责人通晓多种知识和技能，亲自处理各种业务。这在业务比较复杂、企业规模比较大的情况下，把所有管理职能都集中到最高主管一人身上，显然是难以胜任的。

直线制只适用于规模较小，生产技术比较简单的企业。

17.1.3.2 职能制组织结构

职能制组织结构（如图 17-4 所示）的各级行政单位除主管负责人外，还相应地设立一些职能机构。如在厂长下面设立职能机构和人员，协助厂长从事职能管理工作。

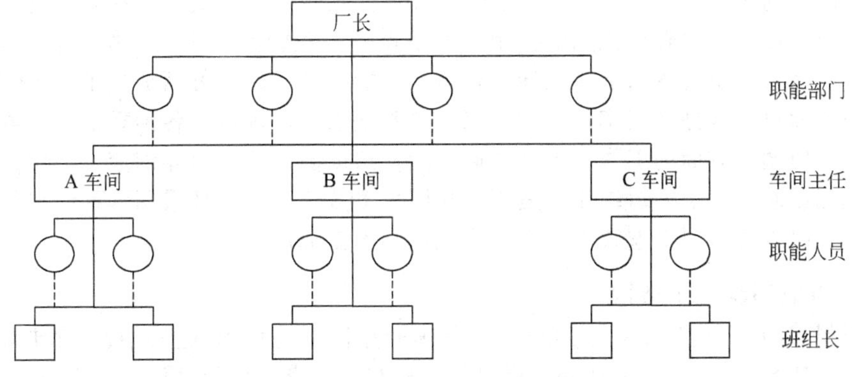

图 17-4 职能制组织机构示意图

这种结构要求行政主管把相应的管理职责和权力交给相关的职能机构，各职能机构就有权在自己业务范围内向下级行政单位发号施令。因此，下级行政负责人除了接受上级行政主管指挥外，还必须接受上级各职能机构的领导。

职能制的优点是：①能适应现代工业企业生产技术比较复杂，管理工作比较精细的特点；②能充分发挥职能机构的专业管理作用，减轻直线领导人员的工作负担。缺点是：①不利于必要的集中领导和统一指挥，形成了多头领导；②不利于建立和健全各级行政负责人和职能科室的责任制，在中间管理层往往会出现有功大家抢，有过大家推的现象；③在上级行政领导和职能机构的指导和命令发生矛盾时，下级就无所适从，影响工作的正常进行，容易造成纪律松弛，生产管理秩序混乱。

由于这种组织结构形式的明显缺陷，现代企业一般都不采用职能制。

17.1.3.3 直线职能制组织结构

直线职能制（图 17-5 所示）也叫生产区域制，或直线参谋制。是在直线制和职能制的基础上，取长补短，吸取这两种形式的优点而建立起来的。

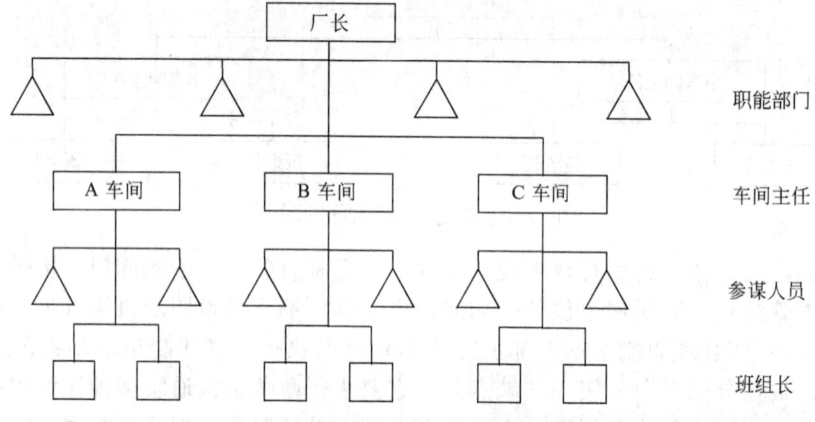

图 17-5 直线职能制组织结构示意图

直线职能制的组织结构形式是把企业管理机构和人员分为两类：一类是直线领导机构和人员，按命令统一原则对各级组织行使指挥权；另一类是职能机构和人员，按专业化原则，从事组织的各项职能管理工作。直线领导机构和人员在自己的职责范围内有一定的决定权和对所属下级的指挥权，并对自己部门的工作负全部责任。而职能机构和人员，则是直线指挥人员的参谋，不能对直接部门发号施令，只能进行业务指导。

直线职能制的优点是：既保证了企业管理体系的集中统一，又可以在各级行政负责人的领导下，充分发挥各专业管理机构的作用。其缺点是：职能部门之间的协作和配合性较差，职能部门的许多工作要直接向上层领导报告请示才能处理，这一方面加重了上层领导的工作负担，另一方面也造成办事效率低。为了克服这些缺点，可以设立各种委员会，或建立各种会议制度，以协调各方面的工作，起到沟通作用，帮助高层领导出谋划策。

直线职能制对中、小型组织比较适用，我国大多数化工企业都采用这种组织结构。但对于规模较大、决策时需要考虑较多因素的组织，则不太适用。

17.1.3.4 事业部制组织结构

事业部制（图 17-6 所示）是 1922 年由美国通用汽车公司第八任总裁艾尔弗雷德·P·斯隆（Alfred P. Sloan，1875—1966）提出的，故有“斯隆模型”之称。斯隆是 20 世纪最伟大的职业经理人。

事业部制是一种高度（层）集权下的分权管理体制，是跨国公司普遍采用的一种组织形式，近几年我国一些大型企业集团或公司也采用了这种组织结构形式。事业部制是分级管

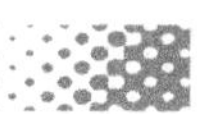

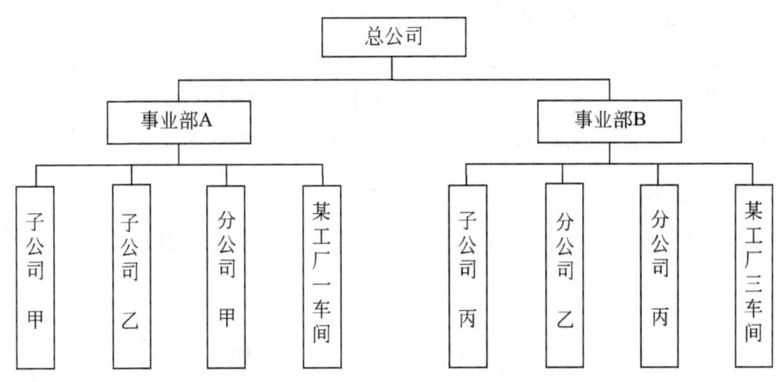

图 17-6 事业部制组织结构示意图

理、分级核算、自负盈亏的一种形式，即一个公司按产品（产品系列）、地区（地域）或服务对象等分成若干个事业部，从产品的设计，原料采购，成本核算，产品制造，一直到产品销售，均由事业部及所属工厂负责，实行单独核算、独立经营。公司总部只保留财务预算控制、长期计划、审计监督、重要负责人任免和重大项目决定权，并通过利润等指标对事业部进行考核。

事业部制的优点是：①公司最高管理层摆脱了对具体的日常事务的管理，有利于集中精力作好战略决策和长远规划；②各事业部拥有较大的独立性，独立经营、独立核算；③有利于发挥事业部主管的积极性、主动性和创造性，提高各事业部管理的灵活性和对市场的适应性；④有利于培养和训练高层管理人员。

事业部制的缺点是：①由于公司总部和各事业部都设有各自的部门，机构难免重叠，造成浪费；②由于事业部独立经营，其主管往往从本部门出发考虑问题，忽视了整个组织的利益，容易产生本位主义；③事业部门间的交流与协作也较困难。在总部机构设置时应考虑克服这些问题。

一般情况下，事业部不是独立法人企业（也有总公司的某个子公司就是某事业部），总公司下属的某一个子公司或分公司生产的产品可能分属于不同的事业部。事业部制多适用于规模庞大、品种繁多、技术复杂、市场广阔的大型企业。

在事业部制组织结构的基础上，20 世纪 70 年代在美国和日本的一些大公司又出现了一种新的组织结构形式——超事业部制组织结构。它是在总公司最高管理层和各事业部之间增加了一级管理机构，负责统辖和协调所属各事业部的活动，使领导方式在分权的基础上又适当地集中。这样做的好处是可以集中几个事业部的力量共同研究和开发新产品，可以更好地协调各事业部的活动，从而能够增强组织活动的灵活性。

17.1.3.5 模拟分权制结构

这是一种介于直线职能制与事业部制之间的结构形式。许多连续生产的大型企业，如钢铁、化工企业，由于产品品种或连续生产工艺过程的限制，难以分解成几个独立的事业部；又由于企业的规模庞大，高层管理者采用其他组织形态都难以有效管理，于是出现了这种模拟分权的结构形式。

所谓“模拟”，就是模拟事业部制的“独立经营、独立核算”，并不是真正意义的事业部，而是一个个的“生产单位”。这些生产单位有自己的职能机构，享有尽可能大的自主权，负有“模拟性”的盈亏责任。这样做的目的是要调动各生产单位的生产经营积极性，从而改善整个企业的生产经营管理。各生产单位由于生产上的连续性，很难将它们截然分开，甲单位生产出来的“产品”直接就成为乙生产单位的原料，这当中无需停顿和中转。因此，它们之间的经济核算只能依据企业内部的价格，而不是市场价格。也就是说，这些生产单位没有自己独立的外部市场，这正是它与事业部的区别所在。

模拟分权制的优点与事业部制相似，能充分调动各生产单位的积极性并有利于高层领导把精力集中到战略问题上来。缺点是：不易为各生产单位明确任务，造成考核上的困难；各生产单位主管不易了解企业全貌，在信息沟通和决策权方面也存在明显的缺陷。

17.1.3.6 矩阵制组织结构

矩阵制（图 17-7 所示）组织结构，是在 20 世纪 50 年代出现的一种组织结构。

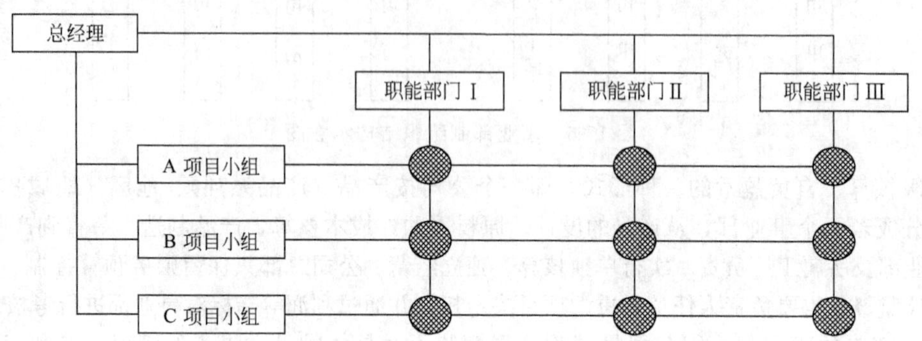

图 17-7 矩阵制组织结构示意图

矩阵制是为了改进直线职能制横向联系差，缺乏弹性的缺点而形成的一种组织形式。它的特点表现在围绕某项专门任务成立跨职能部门的专门机构上，例如组成一个专门的产品（项目）小组去从事新产品开发工作，在研究、设计、试验、制造各个不同阶段，由有关部门派人参加，力图做到条块结合，以协调有关部门的活动，保证任务的完成。

矩阵制的优点是：①机动、灵活，可随项目的开发与结束进行组织或解散；②由于是根据项目组织的，任务清楚、目的明确，各方面有专长的人都是有备而来。因此在新的工作小组里，能沟通、融合，能把自己的工作同整体工作联系在一起，为攻克难关、解决问题而献计献策，由于从各方面抽调来的人员有信任感、荣誉感，使他们增加了责任感，激发了工作热情，促进了项目的实现；③加强了不同部门之间的配合和信息交流，克服了直线职能结构中各部门互相脱节的现象。

矩阵制的缺点是：①项目负责人的责任大于权力，因为参加项目的人员都来自不同部门，隶属关系仍在原单位，只是为“会战”而来，所以项目负责人对他们管理困难，没有足够的激励手段与惩治手段，这种人员上的双重管理是矩阵结构的先天缺陷；②由于项目组成人员来自各个职能部门，当任务完成以后，仍要回原单位，因而容易产生临时观念，对工作有一定影响。

为克服双重领导带来的问题，可以采取的办法有：①授权项目负责人全面职权；②每个项目小组实行独立核算；③项目负责人和职能负责人共同制定进度、确定重点，如有矛盾，由上级解决。

矩阵结构适用于一些重大攻关项目。企业可用来完成涉及面广的、临时性的、复杂的重大工程项目或管理改革任务。特别适用于以开发与实验为主的科学研究，尤其是应用性研究和开发。

17.1.3.7 多维立体型组织结构

多维立体型组织结构是由美国道康宁化学工业公司于 1967 年首先建立的。它是矩阵型组织结构形式和事业部制组织结构形式的综合发展。这种结构形式由三方面的管理系统组成：

（1）按产品（项目或服务）划分的部门（事业部），是产品利润中心。

（2）按职能如市场研究、生产、技术、质量管理等划分的专业参谋机构，是职能利润中心。

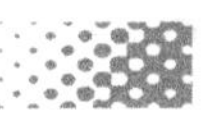

(3) 按地区划分的管理机构，是地区利润中心。

这种组织结构形式下，每一系统都不能单独作出决定，而必须由三方代表，通过共同的协调才能采取行动。因此，多维立体型组织结构能够促进每个部门都从整个组织的全局来考虑问题，从而减少了产品、职能、地区各部门之间的矛盾。即使三者之间有摩擦，也比较容易统一和协调。这种类型的组织结构最适用于跨国公司或规模巨大的跨地区公司。

17.1.3.8 附加型结构

有时企业管理当局为了保持整个组织机构的稳定性，同时又需获得灵活性，就将弹性结构单位附加在稳定的组织结构之上，任务小组和委员会就是这种附加设计。

(1) 任务小组。用来达成某种特定的、明确规定的复杂任务，一般涉及许多单位人员的介入，可以看成是临时性的、简易版矩阵结构，任务完成小组解散。如临时决定紧急开发某新产品，或紧急上马某项目，抽调人员组成小组，直接受某高层领导。

(2) 委员会。委员会是组织结构中的一种特殊类型，它是执行某方面管理职能并以集体活动为主要特征的组织形式，一般是长期的（也可以是临时的）。委员会可以起决策、咨询、合作和协调作用，一般受董事会或某高层领导。

优点：①可以集思广益；②利于集体审议与判断；③防止权力过分集中；④利于沟通与协调；⑤能够代表集体利益，容易获得群众信任；⑥促进管理人员成长等。

17.1.3.9 组织结构的发展趋势

(1) 企业组织结构的演变规律。从企业组织的发展历史看，企业组织结构的演变过程本身就是一个不断创新、不断发展的过程。企业发展已经呈现出竞争全球化、顾客主导化和员工知识化等特点，所以，企业组织形式必须是弹性的和分权化的。现代企业十分推崇流程再造、组织重构，以客户的需求和满意度为目标，对企业现有的业务流程进行根本性的再思考和彻底重建，利用先进的制造技术、信息技术以及现代化的管理手段，最大限度地实现技术上的功能集成和管理上的职能集成，以打破传统的职能型组织结构，建立全新的过程型组织结构，从而实现企业经营成本、质量、服务和效率的巨大改善，以更好地适应以顾客、竞争、变化为特征的现代企业经营环境。

(2) 企业组织结构发展的新形态。企业组织结构发展的趋势和特点是：①重心两极化；②外形扁平化；③运作柔性化；④结构动态化。团队组织、动态联盟、虚拟企业等新型的组织结构形式相继涌现。

具体的新型组织结构形态有：

第一，横向型组织。其特点是：①组织结构是围绕工作流程而不是围绕部门职能建立起来的，传统的部门界限被打破；②减少了纵向的组织层级，使组织结构扁平化；③管理者更多的是授权给较低层次的员工，重视运用自我管理的团队形式；④体现顾客和市场导向，围绕顾客和市场的需求，组织工作流程，建立相应的横向联系。

第二，无边界组织。这种组织结构寻求的是削减命令链，成员的等级秩序降到了最低点，拥有无限的控制跨度，取消各种职能部门，取而代之的是授权的工作团队。无边界的概念，是指打破企业内、外部边界。打破企业内部边界，主要是在企业内部形成多功能团队，代替传统上割裂开来的职能部门；打破企业外部边界，与外部的供应商、客户包括竞争对手进行战略合作，建立合作联盟。

第三，组织的网络化和虚拟化。无边界组织和虚拟组织是组织网络化和虚拟化的具体形式，组织的虚拟化，既可以是虚拟经营，也可以是虚拟的办公空间。

17.1.4 明茨伯格五种组织结构特点

明茨伯格[1]提出了在战略实施时五种组织结构配置时的特点，见表 17-2。

表 17-2 五种组织结构配置的特点

项　目	创业结构	机器官僚结构	专业官僚结构	事业部结构	特别结构
战略和目标	发展、生存	防御、效率	分析、有效性	事业部、利润	探索、创新
年龄和规模	年轻、小	年老、大	多样	年老、非常大	年轻
技术	简单	机器但不自动化	服务	可分开的、像机器官僚结构	很复杂、经常是自动化
环境	简单且动态的，有时是敌意的	简单而稳定	复杂而稳定	相当简单，且稳定多种市场	复杂且动态
规范化	几乎没有	很多	几乎没有	在事业部内	几乎没有
结构	职能	职能	职能或产品	产品、综合	职能和产品
合作	直接监督	纵向联盟	横向联盟	总部员工	双向调整
控制	小组	官僚的	小组和官僚的	市场和官僚的	小组
文化	发展的	薄弱的	鲜明的	子文化	鲜明的
技术人员	没有	许多	几乎没有	总部有许多操作、控制人员	几乎没有
行政人员	几乎没有	许多	许多专业人员	总部和事业部分开	有许多但在项目小组内
组织的关键部分	高层管理	技术人员	生产核心	中心管理	支持者和技术核心

五种组织结构类型的说明：

(1) 创业结构。组织常常是正处于组织生命周期第一阶段的、新的小型公司。组织以创业者为核心，由总管理者和工人组成。这种结构只需要少数的辅助人员，不需要专门化和规范化，协调和控制来自于上层。公司的建立者拥有权力，并创造企业文化。没有规范化的工作程序，员工几乎没有决定权。这种组织适合于动态的环境。它可以迅速地调整，并与更大的、不善适应的组织进行成功的竞争，它必须具备适应性以建立市场。但是这种组织没有力量，容易受到突然变化的冲击。除非它很有适应能力，否则将会失败。

(2) 机器官僚结构。这种组织很大，技术已经规范化，经常是为了大型生产而设置。专门化、规范化程度很强，关键的决策来自于上层，这种组织不善调整，其环境简单而稳定。机器官僚结构拥有大量的技术和行政人员，技术人员包括工程师、市场调研人员、财务分析人员和系统分析人员，利用他们来对组织的其他部分进行检查，并对之程式化和规范化，技术人员是组织内的支配团体。机器官僚结构经常因为缺乏较低层员工的管理、缺乏创新、弱势的文化以及工作力量分散而遭到批评，但是它们适合于大型的、稳定的环境和效率目标。

(3) 专业官僚结构。特征是生产的核心是由专业人员组成的，如医院、大学、咨询公司和高科技公司。尽管组织是官僚制的，但是生产核心的人员拥有自主权。长期的培训和经验促使这种结构的组织形成集体的管理和鲜明的文化，由此减少对官僚管理结构的需要。这些组织经常提供服务而不是有形的产品，它们存在于复杂的环境中。组织的绝大部分力量在于

[1] 明茨伯格（Henry Mintzberg），1939 年生，加拿大人，全球享有盛誉的管理学大师。他是最具原创性的管理大师，对管理领域常提出打破传统及偶像迷信的独到见解，经理角色学派的主要代表人物。

生产核心中的专业人员。技术群体很小或者不存在，但需要大量的行政管理人员来处理组织的日常事务。

（4）事业部结构。组织很大，往往根据产品或市场分成若干事业部。在事业部之间几乎没有联络措施进行协调，事业部通过损益报告强调对市场的控制。事业部的划分形式可以是相当规范化的，因为技术经常是有规可循的。尽管整个组织要服务于各种市场，但是任何事业部的环境都是简单而稳定的。每一个事业部在一定程度上都是自主的，并拥有自己的文化。在事业部的内部存在分权，总部会保留一些职能，如计划和监督。

（5）特别结构。是为了在复杂的动态环境中求得生存而提出的。该技术很复杂，如宇航和电子工业，化工研发、设计机构。特别结构组织的年龄就像是年轻人或中年人，其规模相当大，但需要适应。在团队基础上建立的结构有很多横向的联合和被授权的员工。技术人员和生产核心人员对于关键的生产要素均有权力。组织有详细的劳动分工，但不拘泥于形式。员工的专业化程度很高，文化价值观鲜明，强调群体的控制。通过分权，在任何层次的人员都可以参与决策。就结构、权力关系和环境而言，特别结构与机器官僚结构几乎正好相反。

五个结构配置的要点就是最高管理层能够设计出得以协调和使关键要素互相匹配的组织。例如，机器官僚结构适合于在稳定的环境中争取高效率的战略，但在敌对的和动态的环境中，采用机器官僚结构就是个错误。管理者可以通过设计适合所处环境的正确的结构配置来实施战略。

17.1.5 化工企业组织结构实例

（1）案例一：某精细化工集团股份有限公司（生产销售型）组织结构图

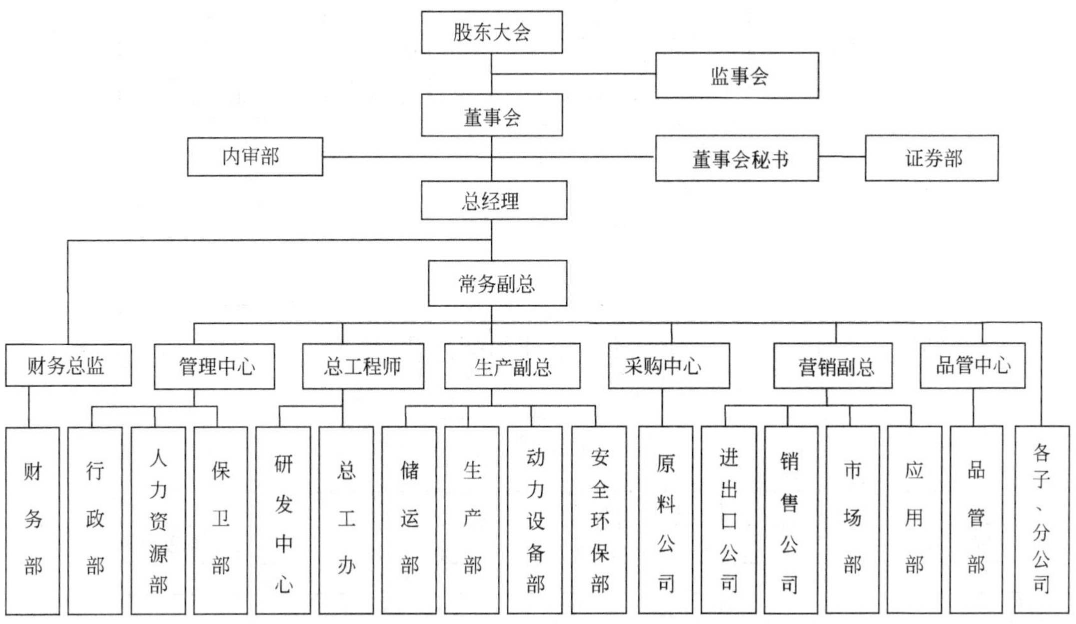

（2）案例二：台塑集团组织结构图

台塑集团由台湾著名企业家王永庆（1917—2008）创办。台塑2008年营业额达4838亿元人民币，占台湾GDP的16%，做到了四个国际一流：装置一流、产品一流、管理一流、成本一流。台塑集团是以台湾塑胶、南亚塑胶、台湾化纤、台塑石化四大上市公司为核心，

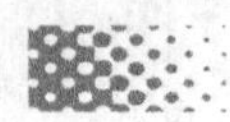

由纺织、机械、电子、汽车、钢铁、长庚医院、长庚大学等130多个关系企业、成员企业、法人实体组成的一个联合体。台塑没有母公司，但是有母公司的管理机构。总管理处内部有总经理室及若干职能部门，总管理处又有若干个直属职能部门，然后下面是各个子公司。管理架构最大的特点是双层架构。

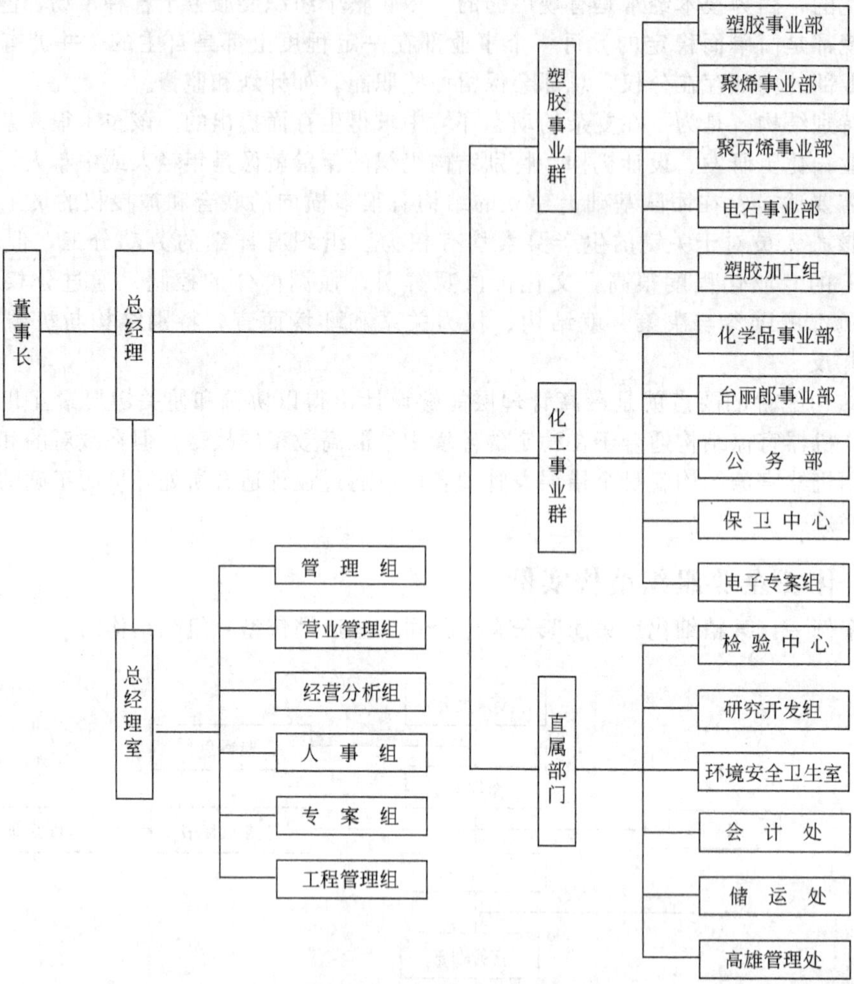

董事长
总经理
塑胶事业群
塑胶事业部
聚烯事业部
聚丙烯事业部
电石事业部
塑胶加工组
化工事业群
化学品事业部
台丽郎事业部
公 务 部
保 卫 中 心
电子专案组
直属部门
检 验 中 心
研究开发组
环境安全卫生室
会 计 处
储 运 处
高雄管理处
总经理室
管 理 组
营业管理组
经营分析组
人 事 组
专 案 组
工程管理组

(3) 案例三：某制药公司（生产销售型）组织结构图

总经理
副总经理
总工程师
生产副总
营销副总
综合管理部
资产财务部
风险管理部
技术开发部
安全环保部
计算机中心
生产制造部
质量管理部
物料控制部
原料公司
进出口公司
原料药销售公司
制剂销售一部
制剂销售二部

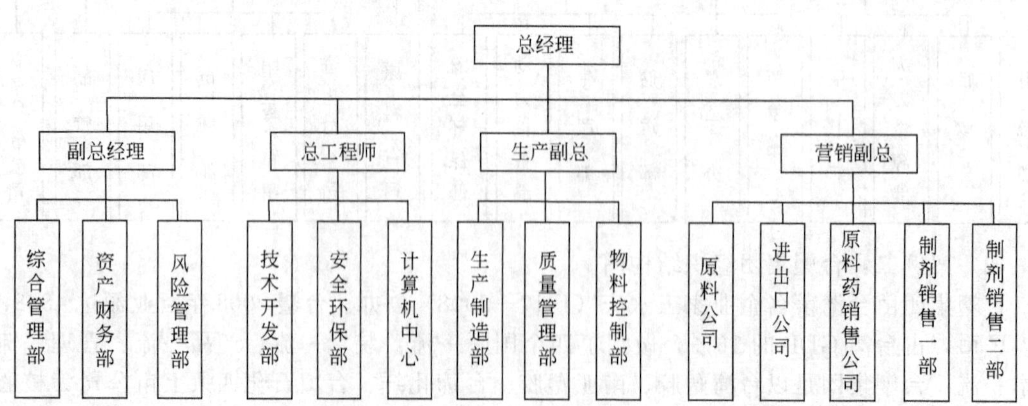

（4）案例四：某化工股份有限公司（仓储销售型）组织结构图

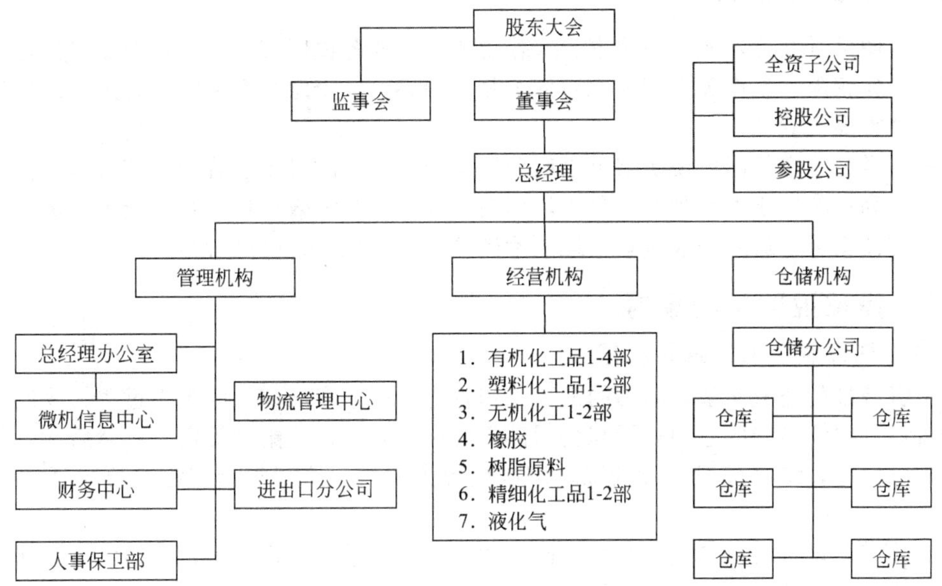

（5）案例五：某化工集团公司总部组织结构

总部组织结构说明：公司达到一定规模后，未来公司将考虑采用多元化产业发展战略。多元化方式有两种：一是与现有业务相关或相近产业的多元化，二是不相关产业的多元化（只考虑产业发展前景）。无论哪种方式，公司总部定位将向投资中心与决策中心转移，公司总部不再具有生产职能。

战略发展部负责公司战略、战略规划和阶段目标的研究、论证和制订；投资管理部负责对各投资业务板块的管理和监控；财务审计部负责财务管理、资金计划和内部审计监察；人力资源部负责中高层管理人员的培养、引进和考核，为公司发展提供人才储备；企业管理部负责监督和研究改进各下属企业的管理工作。办公室、证券部负责相应的管理职能。各产业公司或事业部则是企业的利润中心，各自完成研发、制造、营销、财务和市场开拓等职能。副总裁（人数根据实际情况决定）协助总裁处理相关业务，也有利于培养接班人。

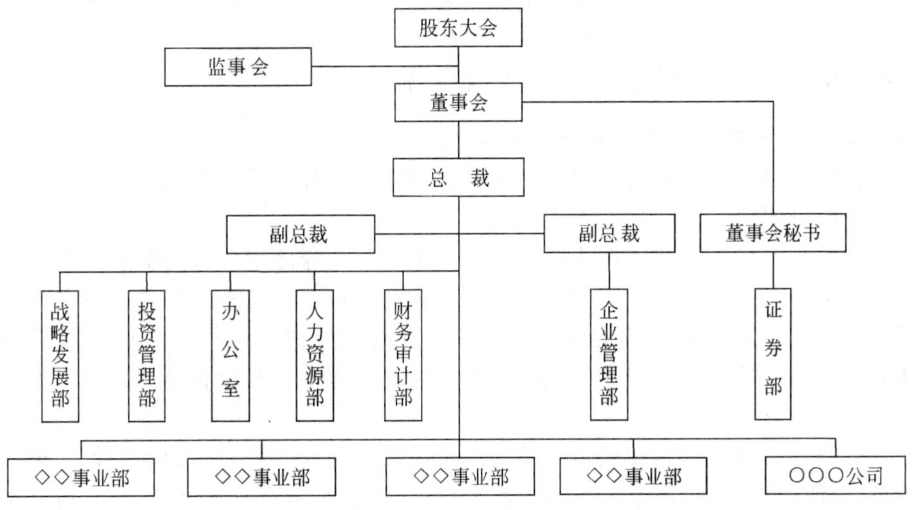

17.2 岗位说明书

岗位说明书（又称：职位说明书、工作说明书、职务说明书等）是对企业岗位名称、岗位职责、工作权限、工作关系和任职条件等相关内容的一个定义性说明。是组织结构设计工作中的一个重要步骤。

一份科学、完整的岗位说明书可以起到以下作用：①改进企业管理，使管理工作职责分明，效率提高；②用于人员聘用、员工培训与开发；③为绩效评估、薪酬定级、员工晋升提供依据；④使新员工进入企业后更快地熟悉岗位规则，规范自己的行为。

17.2.1 岗位说明书的编写

17.2.1.1 岗位说明书的编写流程

人力资源部门完成岗位说明书的编写工作首先是一个完成信息的收集过程，我们可从企业管理者设计组织结构的意图来了解公司部门的职能要求，收集相关资料；然后深入分析企业要达到的目标，结合公司实际情况，编制岗位说明书。这一编制流程主要包括下述几个部分：

(1) 收集公司资料。首先要对公司已有的相关资料进行整理收集，包括已有的部门、岗位职责说明，相关的年/季度工作报告、工作总结等。

(2) 公司员工访谈。首先，进行公司管理层访谈，与公司管理层访谈出于两个目的：一是深入了解公司的战略规划，二是得到管理层的认可。其次，进行员工访谈，与员工访谈的内容着重要了解现有岗位职责与权限，以及岗位间的联系等。

(3) 员工问卷调查。其调查内容一般包括：个人基本情况、岗位、目的、工作职责、主要工作关系、工作汇报关系、对其他岗位的指导监督、工作时间与环境、对任职者的基本要求等。

(4) 学科资料查阅。学科资料指的是资料库中相应岗位说明书模板或其他企业、项目的岗位说明书。在收集和分析相同或相似岗位说明书的一般性内容，以作参考。

(5) 初步说明书编写。在前四个步骤的基础上，我们可以编写初步的岗位说明书。

(6) 领导意见征询。岗位说明书是反映了企业管理层对组织机构中各部门、各层次的工作安排，反映了企业管理者的经营管理理念。岗位说明书的初稿完成之后，首先要送给企业领导征询意见，反复讨论和修改。

(7) 验证核实。为了保证岗位说明书的内容契合管理岗位实际，需要将初稿给相应岗位人员进行核实，提出意见和建议，确保其可操作性。

(8) 终稿输出。企业领导签字发布岗位说明书。

17.2.1.2 如何才能编写出一份高水准的岗位说明书

我国现在的许多化工企业对岗位说明书不够重视，怎样才能编写出一份科学规范、合理实用的岗位说明书呢？

(1) 领导重视，统一认识。在开展岗位说明书编写工作之前，人力资源部负责人首先要和公司高层领导进行讨论，明确工作目的，明确规范岗位职责对公司管理的意义，正确认识岗位说明书编写工作对企业管理的作用，让领导层统一思想，取得领导对岗位说明书“规范”工作的理解与支持。确保在岗位说明书编写后的工作中，高层领导首先作出表帅，改变原来随意性较大的管理方式。

(2) 加强培训，提高技能和认识。编写岗位说明书之前，人力资源部门首先要开展业务培训，为各个部门开展编写岗位说明书工作做好技术支撑。培训会上给编写人员宣讲制定岗

位说明书的目的、意义，岗位说明书中各个项目的作用，让编写人员从思想上重视该项工作。

(3) 统一尺度，规范要求。在岗位说明书中对每位任职者的资格，必须对全公司所有岗位提出一个最基本要求。比如，公司可以将生产类主操作工的最低要求定为：学历必须是中专（或高中）及以上，技能必须中级工及以上，有同行业两年及以上从业经验；管理类可以要求最低学历为大专及以上，职称为助理及以上，从事过一年以上管理工作经验等。在实际操作时只能高于这个标准。对于一些特殊岗位，可以要求是中共党员，驾龄三年等。只有这样，编写出来的岗位说明书才不会因人设岗。具有广泛的适用性。

(4) 分层实施，做到不缺不漏。岗位职责应该是部门职责的分解，部门各项职责应在岗位职责中得以体现，部门职责是界定岗位职责的基础。因此，在编写岗位说明书之前，必须先明确部门职责，再对现有人员工作进行认真的分析。在实际操作中．可以用收集数据、面谈法、工作写实、实地观察等方法取得一线真实资料。根据任务量和工作的具体要求，将各部门的工作任务合理地分解到具体的岗位，确定部门内各岗位的职责。防止有事无岗、岗位工作轻重不均或岗位职责不清、互相推诿等现象的发生。

(5) 用语要规范。是否使用规范的描述方式和用语直接关系到岗位说明书的质量。标准的岗位职责描述格式应是“动词＋宾语＋结果”。动词的选择可参照岗位职责动词使用规范表，如：主持、制定、组织、执行、策划等等；宾语表示该项任务的对象，即工作任务的内容；结果表示通过此项工作的完成要实现的目标，可用“确保、全面完成、争取、促进”等等，以保证岗位说明书的写作规范。

(6) 完善管理机制。各位编写人员完成岗位说明书编写后，首先由部门负责人进行审核，审核完成后交由分管领导审核，最后由公司领导审核。二是完善群众监督机制，可将审核完成的岗位说明书公示，让群众对岗位说明书提出意见，同时让更多的员工了解那项具体的工作应该由哪个部门谁管理。三是动态管理机制，企业的发展会对职位提出新的要求，经常会出现有些岗位不能适应公司发展，而对该岗位合并、删减或新增岗位的情况，人力资源部门应建立岗位说明书的动态管理系统，1～2 年组织修订一次。

17.2.1.3 岗位说明书编写注意点

企业在编制岗位说明书中常常会出现一些问题，导致岗位说明书编制后未达到企业所预期的改善企业绩效、提升人力资源管理工作效率的作用，岗位说明书的规范和制约作用也无法体现。所以，在编制岗位说明书的过程中要注意下述问题：

(1) 根据企业具体情况设计合适的岗位说明书模板。设计岗位说明书模板的工作直接影响着岗位说明书编制工作的成败。模板一旦被确定，所有的岗位说明书编制工作就要围绕模板来进行。模板过于简单，可能导致岗位说明书体系不能够发挥应有的作用；模板过于复杂，可能给后期的岗位说明书编制工作和实施带来巨大的困难。

(2) 不应只从岗位职员或其直接上级来获得岗位说明书所需信息。岗位说明书是对一个岗位相关信息的详细说明，是基于对岗位信息的深入了解和认识。企业为了获得岗位说明书所需信息，通常叫岗位职员本人或其直接上级填写岗位说明书。

从职员个人来说，有四方面的原因可能导致其对所在岗位了解得不透彻：①本人只清楚目前在岗位上实际做哪些工作，他们并不一定清楚这些工作是否就是该岗位应该做的全部工作；②对于某些很重要但开展周期较长的工作，职员有可能因为近期没有做而发生遗漏；③如果各岗位之间本来就存在职责交叉或空白的情况，职员就不能对这些情况做出正确的判断；④由于职员对编制岗位说明书的目的和意义理解不深，可能会采取应付的态度，或者以有利于自己的方式来填写。

职员的直接上级，也存在其对下级岗位的工作了解不够透彻的可能：①对下级岗位的了解在很大程度上取决于管理者的水平、担任该职位的时间；②管理者对下级的每一项职责所包含的具体工作任务不一定非常清楚；③管理者在填写岗位说明书时，会考虑下级的实际情况和部门工作的稳定性，有时会按照现状而不是企业的发展要求进行填写。

(3) 要准确描述岗位职责和权限。一份规范的岗位说明书，对岗位职责和权限的描述是最重要的部分，是否能够准确地描述岗位的职责和权限，是衡量岗位说明书质量的一个最重要的指标。企业在编制岗位说明书的实践中，岗位职责与权限的要求不能够达到要求的原因有三个：①企业本身对某些职责和权限在各部门、各岗位间的分配没有做好；②岗位说明书的编制人员没有能够清晰地了解该岗位到底有哪些工作，拥有哪些权限；③在岗位说明书编制过程中缺乏相应的经验、技巧和统一的要求。

(4) 合理地确定各岗位的任职资格要求。不同的岗位需要由不同能力和素质的人担任。一方面，任职者的能力素质应该满足岗位的要求，从而保证各项工作顺利完成；另一方面任职者的能力素质如过于高出岗位的要求，也会带来员工队伍不稳定，人员成本上升等问题。如果只是根据当前任职者的能力素质而不是根据岗位所需能力素质来确定任职资格要求，或者笼统地规定各岗位任职资格要求，都会导致岗位任职资格要求毫无意义。所以，必须合理确定各岗位的任职资格。

(5) 岗位职责只是岗位说明书的一部分。一般来说，岗位职责回答三方面问题：①本岗位主要在哪些领域中开展工作，②所承担的职责，③工作所要求的最终结果。而岗位说明书是对组织（企业/部门/班组）中岗位的基本信息、设置目的、岗位工作职责与权限，绩效目标、沟通关系、工作环境条件、任职资格等内容给予规范说明的书面文件。总的来说，岗位说明书包括两方面：一是岗位本身的研究，即研究每个工作岗位的目的、该岗位所承担的工作职责与工作任务、与其他岗位之间的关系等；二是上岗资格的研究，即研究能胜任该岗位工作达成目标的任职者必须具备的条件与资格，如工作经验、学历、能力特征等。因此，岗位职责只是岗位说明书的一部分。我们要按照岗位说明书管理的要求，在岗位分析的基础上清晰、规范地描述岗位的基本要素。

(6) 不能因人编写岗位说明书。各个岗位的任职人员中有优秀/合格/不合格三种，在编写岗位说明书时，如果以"优秀员工的岗位工作职责、工作任务及任职资格"为基准，这样势必导致能力要求过高，很多人员不能胜任该岗位等情况。如果参照岗位人员目前做的工作进行编写，便会使得岗位说明书成为现实工作流程的"再现"，犯下编写"现在做的"，而不是"应该做的"错误。岗位说明书的编写过程，是对企业业务流程重新认识的过程。在进行岗位分析时做到从"事"的角度，围绕部门的职能和业务流程开展工作分析，并以此为基础确定岗位的职责规范和任职资格规范。

(7) 可以"一岗多人"但不能职责重叠或"一人多岗"。有些工作任务性质相同或相近，工作量非常大。在岗位设置时可以一岗多人，但实际上每人的工作内容、范围或对象是不同的，切不可以岗位职责重叠，造成工作混乱。有些岗位工作量不大，由人兼管，实际上此岗位已撤销，工作合并给兼管人了，所以不存在一人多岗。

总之，岗位说明书是人力资源管理工作的基石，一定要从科学性、时效性、动态性、实用性出发，规避编写过程中的误区，避免岗位说明书的形式化和表面化，使岗位说明书真正起到企业管理基础工作的支撑作用，为企业开展绩效管理，提升企业管理水平服务。

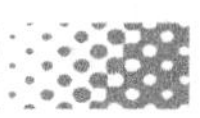

17.2.2 岗位说明书的内容和模板

17.2.2.1 岗位说明书内容

岗位说明书包含两大部分内容。第一大部分为工作描述，主要包括以下几方面。

(1) 岗位基本情况。包含：岗位名称、所属部门、直接上级、直接下属和岗位编制等项。描述原则：直接上级和直接下属描述的内容是岗位名称而非具体人名，岗位名称要注意准确、合理。

(2) 岗位说明书有效日期。可避免使用过时的岗位说明书，及时对岗位说明书进行修订。

(3) 岗位目的。描述企业为什么要设置这个岗位，这个岗位设置将发挥什么作用。岗位目的通常的填写模式为：为了……，在……的指导下（影响下），（做）……（工作）。例如，营销总监岗位的目的是：为了完成销售额、实现利润及获得市场占有率，根据公司的营业发展方向和产品，制定营销策略和优化营销部门的组织结构，提高部门绩效，完善服务质量。

(4) 岗位职责。描述该岗位的主要职责、具体工作等。描述原则：首先将工作进行分类，确定一级职责，然后填写每一类职责的具体工作内容。另外，需要对该岗位在每一项主要职责中所承担的具体工作责任进行界定和区分，即明确承担的是领导（工作）、组织开展（工作）、具体执行实施（工作）、协调（工作）还是监督（工作）。

(5) 岗位权限。描述该岗位有权自主处理的事情或做出的决定，一般包括建议权、提案权、审核权、审批权、执行权、考核权、审计权、监控权、奖罚权、申诉权和知情权等。用简洁的方法去描述岗位权限：①中高层的岗位权限主要包括部门相关业务的审批权、管辖部门的人事任免权、权限内的财务审批权、管辖部门的绩效考核权、对上级领导的建议权。②基层员工的岗位权限只包括两类：一是建议权，可以描述为部门相关业务的建议权；二是申诉权，即对绩效考核结果的申诉权。

描述原则：需要明确拥有权限的依据（法律、公司政策、指令等等）。

(6) 工作关系。沟通关系为企业内、外两部分：①在内部，需要和企业内在的哪些部门，或者上级岗位打交道；②在外部，要和哪些政府部门，相关企业、客户、或者社会中介机构打交道。

(7) 绩效标准：说明岗位工作所应达到的标准，可根据岗位特点采用关键绩效指标或全面绩效指标描述。

(8) 工作条件：对岗位所处工作环境的各种因素和劳动保护作出标准化要求，一般包括噪音、危害程度、防护措施、工作时制等。

第二大部分为工作规范，或称任职资格。主要包括下述内容：学历要求、外语要求、专业要求、专业知识、所需能力、工作经验和其他要求。

描述原则：这里需要明确专业知识和所需能力的区别。专业知识是指胜任该岗位需要了解的政策法规、行业知识、技术知识或该岗位涉及的专业知识；而所需能力一方面是指员工胜任该岗位工作需具备的一般性技能，另一方面是指员工行为对外部环境及各种信息所表现出来的一贯反应，该类能力可以预测个人长期在无人监管下的工作状态。

17.2.2.2 岗位说明书模板

应根据企业具体情况设计合适的岗位说明书模板，设计岗位说明书模板的工作直接影响着岗位说明书编制工作的成败。模板一旦被确定，所有的岗位说明书编制工作就要围绕模板来进行。模板过于简单，可能导致岗位说明书体系不能够发挥应有的作用；模板过于复杂，可能给后期的岗位说明书编制工作和实施带来巨大的困难。表 17-3 为一份岗位说明书模板，供参考。

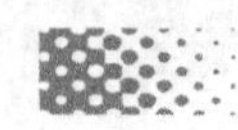

表 17-3　岗位说明书模板

<table>
<tr><td colspan="8">一、基本情况</td></tr>
<tr><td colspan="3">岗位名称：</td><td colspan="3">所属部门：</td><td colspan="2">岗位代码：</td></tr>
<tr><td colspan="8">二、岗位概述</td></tr>
<tr><td colspan="2">三、岗位关系</td><td colspan="3">直接上级：</td><td colspan="3">直接下级：</td></tr>
<tr><td colspan="8">四、工作职责</td></tr>
<tr><td colspan="2">职责分类</td><td>权重</td><td colspan="5">具体职责</td></tr>
<tr><td colspan="2">职责 1</td><td>%</td><td colspan="5"></td></tr>
<tr><td colspan="2">职责 2</td><td>%</td><td colspan="5"></td></tr>
<tr><td colspan="2">职责 3</td><td>%</td><td colspan="5"></td></tr>
<tr><td colspan="2">职责 4</td><td>%</td><td colspan="5"></td></tr>
<tr><td colspan="8">五、工作联系</td></tr>
<tr><td colspan="2">企业内部</td><td colspan="6"></td></tr>
<tr><td colspan="2">企业外部</td><td colspan="6"></td></tr>
<tr><td colspan="8">六、岗位权限</td></tr>
<tr><td colspan="2">业务权限</td><td colspan="6"></td></tr>
<tr><td colspan="2">财务权限</td><td colspan="6"></td></tr>
<tr><td colspan="2">人事权限</td><td colspan="6"></td></tr>
<tr><td colspan="8">七、岗位考核要点</td></tr>
<tr><td colspan="2">关键业绩指标</td><td>权重</td><td colspan="5">具体指标</td></tr>
<tr><td colspan="2">指标 1</td><td>%</td><td colspan="5"></td></tr>
<tr><td colspan="2">指标 2</td><td>%</td><td colspan="5"></td></tr>
<tr><td colspan="2">指标 3</td><td>%</td><td colspan="5"></td></tr>
<tr><td colspan="2">指标 4</td><td>%</td><td colspan="5"></td></tr>
<tr><td colspan="2">指标 5</td><td>%</td><td colspan="5"></td></tr>
<tr><td colspan="8">八、职业发展</td></tr>
<tr><td colspan="2">横向</td><td colspan="6"></td></tr>
<tr><td colspan="2">纵向</td><td colspan="6"></td></tr>
<tr><td colspan="8">九、任职资格</td></tr>
<tr><td rowspan="4">基本要求</td><td>性别</td><td></td><td>年龄</td><td></td><td>身体条件</td><td colspan="2"></td></tr>
<tr><td>最低学历</td><td colspan="2"></td><td>实际工作时间</td><td colspan="3"></td></tr>
<tr><td>专业知识</td><td colspan="6"></td></tr>
<tr><td>工作经历</td><td colspan="6"></td></tr>
<tr><td rowspan="5">所需技能</td><td rowspan="2">语言要求</td><td rowspan="2">外语</td><td colspan="5">第一外语____　□精通　□良好　□一般</td></tr>
<tr><td colspan="5">第二外语____　□精通　□良好　□一般</td></tr>
<tr><td rowspan="2">计算机技能</td><td>Office 软件</td><td></td><td colspan="4">□精通　□熟练　□一般　□会使用　□不需要</td></tr>
<tr><td>其它应用软件</td><td></td><td colspan="4">□精通　□熟练　□一般　□会使用　□不需要</td></tr>
<tr><td>其它技能</td><td colspan="2"></td><td colspan="4">□精通　□熟练　□一般　□会使用　□不需要</td></tr>
<tr><td rowspan="3">素质要求</td><td>思维环境</td><td colspan="6">□标准化，事事有规范　□常规性，要合情合理　□一般性规定　□抽象性规定</td></tr>
<tr><td>思维难度</td><td colspan="6">□模式化，无需界定问题　□改进性，需要界定问题　□开创性，必须界定问题</td></tr>
<tr><td>人际沟通</td><td colspan="6">□用交际礼仪与人交流　□沟通有难度，需与人合作　□策略性，需要高的沟通技巧</td></tr>
<tr><td rowspan="3">工作环境</td><td>时间特性</td><td colspan="6">□8 小时工作制　□非定时工作制　□需经常出差　□三班倒</td></tr>
<tr><td>舒适性</td><td colspan="6">□低　□较低　□一般　□较高　□高</td></tr>
<tr><td>危险性</td><td colspan="6">□低　□较低　□一般　□较高　□高</td></tr>
<tr><td rowspan="2">工作设备</td><td>办公设备</td><td colspan="6">□笔记本计算机　□台式计算机　□共享计算机　□其它</td></tr>
<tr><td>操作设备</td><td colspan="6">电脑、网络设备、电话、车辆、打印机</td></tr>
<tr><td>备注</td><td colspan="7"></td></tr>
</table>

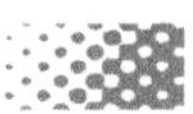

17.3 绩效考核

很多企业都经历或正在经历这样的现象：优秀员工不顾我们的挽留，翩然而去；潜力员工不顾我们的期待，悄然远去；甚至重点培养的员工，也不顾我们的重托，撒手而去，留给企业无尽的懊恼和叹息。更让企业百思不得其解的是，似乎总是该走的没有走，不该走的却走了；平凡的没有走，优秀的却走了。于是，也总能听到 HR 管理人员一遍又一遍无奈的歌谣：我拿什么来留住你？我的员工！

在快速多变与充满竞争的社会里，如何吸引、激励、奖励、发展和留住优秀员工面临着巨大挑战。其中最关键的因素就是企业的岗位分析、绩效考核与薪酬体系。

17.3.1 绩效考核的意义和作用

17.3.1.1 绩效考核的意义

（1）绩效考核是战略执行工具，是目标管理的一个方法。企业的使命和远景，如果不能转化为日常的具体目标，就很容易变为贴在墙上、挂在嘴上、写在纸上的条条框框，失去激励员工的价值。通过绩效管理中的目标体系，将远景和员工的日常工作紧密联系起来；并可通过各类监控指标，随时了解公司的战略执行情况。

（2）激发员工的工作热情。公司的目标体系，可以用来激励员工。公司的远景象灯塔一样指导员工的发展方向，让员工因目标而行动，因目标而自信！通过目标体系，使员工认识到，自己的日常工作与公司的远大目标息息相关，使员工感觉到自己工作的意义和价值，从而激发员工的成就感和使命感！这种感觉转化为实际行动后，他们往往会更自觉主动的做好自己的本职工作。

17.3.1.2 绩效考核的作用

（1）绩效考核是人员任用的依据。人员任用的标准是德才兼备，人员任用的原则是因事用人，用人所长，容人之短。通过绩效考核，能准确判断人员的德勤能绩、优点和缺点，进而分析其适合何种职位。也就是说，绩效考核是“知人”的主要手段，而“知人”是“用人”的主要前提和依据。

（2）绩效考核是决定人员调配和职务升降的依据。人员职务的晋升和降职也必须有足够的依据，必须有客观公正的绩效考核，而不能凭个人的好恶轻率地决定。通过绩效考核，了解员工的工作情况，进行岗位分析和人岗匹配程度的调查，可发现一些人的素质和能力已经超过所在职位的要求，而适合担任更具有挑战性的职务；也可发现一些人的素质和能力不能适应现在职位的要求，或一些人用非所长，则应调整到适合的岗位上去。

（3）绩效考核是进行人员培训的依据。人员培训是人力资源开发的基本手段。通过绩效考核，可准确地了解各层面员工的素质和能力，了解其知识和能力结构、优势和劣势、员工缺少什么、需要什么，也就是进行培训需求分析，这样培训才能有针对性。同时，绩效考核也是判断培训效果的主要手段。

（4）绩效考核是薪酬分配的依据。员工的工资中，有一部分是浮动工资，与员工的月底或年度绩效考核结果直接挂钩；另外，员工岗位的变动也直接与其岗位工资挂钩。因此，如果没有绩效考核，报酬就没有依据，也就提高不了员工的工作积极性和充分发挥员工的潜能。

（5）绩效考核是员工职业生涯发展的需要。员工在实现个人职业生涯过程中，伴随着岗位和层次的变化，员工必须不断接受新岗位和高层次的挑战。员工是否适应这些变化，是否满足新岗位和高层次的要求，这就需要对员工进行绩效考核。通过绩效考核，使员工明白自己存在的不足，明白自身素质与新岗位和高层次岗位要求存在的差距，帮助员工完成自我定位，最终实现员工个人职业生涯目标和企业目标。

(6) 绩效考核是对员工进行激励的手段。奖惩分明是人力资源管理的基本原则。要做到奖罚分明，就必须科学、严格、公正地进行绩效考核，以考核结果为依据，决定奖励的对象及奖励的等级。

绩效考核本身也是一种激励因素，通过考核，肯定成绩和进步，指出长处、鼓舞斗志，坚定信心；通过考核，发现存在的不足，纠正过失、寻找差距，明确努力的方向。使员工保持旺盛的工作热情，出色地完成工作任务。

(7) 绩效考核是平等竞争的前提。在企业内部，存在高岗低能或低岗高能的现象；或同一职位的不同员工之间的绩效存在着明显的差别，而且越是在高层次知识和技能的工作岗位上，这种差别越明显。为使员工能够在一个公平、公正的环境下开展竞争，实现内部人才合理流动以及人岗的最佳匹配，提高各自的绩效，企业必须建立有效的绩效考核制度，才能为员工搭建公平、公正平等的竞争平台，让员工尽情施展自己的才华，实现个人的最大价值，同时也提高了企业的核心竞争力。

17.3.2 绩效考核程序

考核是一项非常细致的工作，必须严格地按一定程序来进行。考核的基本程序如图 17-8 所示。

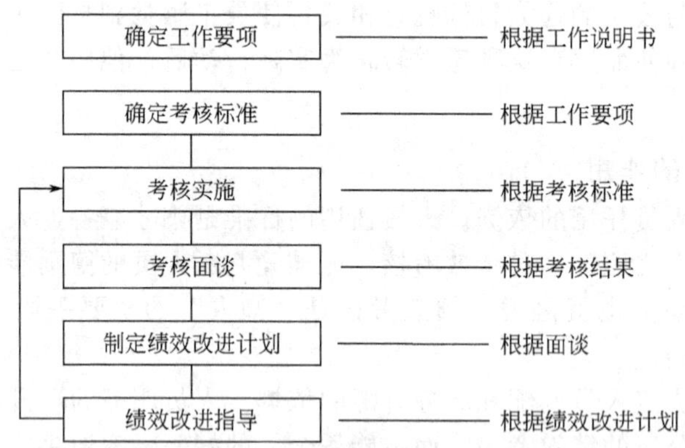

图 17-8 考核的基本程序

(1) 科学地确定工作要项

一项工作往往由许多活动所构成，但考核不可能针对每一个工作活动来进行。工作要项，是指工作结果对组织有重大影响的活动或虽然不很重要但却是大量重复的活动。一项工作，抓住了工作要项，就等于抓住了工作的关键环节，也就能够有效地组织考核。

(2) 确定绩效标准

绩效标准是考核判断的基础，因此必须客观化、定量化。具体做法是将考核要项逐一进行分解，形成考核的判断基准。例如，办公室秘书的报表工作，可以用差错数量来衡量，并分出等级，进行定量化考核。

(3) 考核实施

将工作的实际情况与考核标准逐一对照，判断绩效的等级。此时容易产生两个方面的问题：一是主观效应，二是成见效应，必须努力克服。

主观效应产生的原因是：①受过去记录的影响：某个员工以前的工作绩效很好，因此会推断现在也好；②相容性：对那些见解、性格等相同的人有宽容的倾向；③近期效应：由某

人最近表现好而推断一贯表现好；④独具效应：因某人的某一特殊条件（如能言会道、仪表不凡、高学位、同乡）而宽容；⑤盲点效应：因考核者本人也具有同类缺点而看不见下属的缺点；⑥无怨言偏差：由于没有听见抱怨而认为没有缺陷等。

成见效应产生的原因是：①完美主义：要求过高，评价过低，以至使人失望；②部下反调：对经常提意见的部下评价过低；③弱队一员：弱队中最好的人比不上强队中最差的人；④骤变效应：因最近的一次失误，使原先的有利印象完全改变；⑤人格效应：当下属缺乏主管认为应具备的品质时，会被过低地评价；⑥自我比较效应：主管用自己的工作风格、方式来评价下属等。

考核可以是单一方位（直接上级），也可以是多方位的，这取决于考核的性质和目的。一般来说，考核应以单一方位为好，因为直接上级对员工一贯的工作情况最为了解，容易客观地进行评价。

（4）考核面谈

面谈是考核中的一项重要技术，但常常被忽略。考核面谈有五个方面的功能：①通过面谈，双方形成对绩效评价的一致看法；②指出下属优点和缺点所在；③提出改进计划并对改进计划形成一致的看法；④对下一阶段工作的期望达成协议。

在评价面谈中，有几个方面是应该注意的：①建立彼此相互信任的关系，创造有利的面谈气氛；②清楚地说明面谈的目的，鼓励下属说话，倾听而不要打岔；③避免对立和冲突；④集中精力讨论绩效而不是性格；⑤集中对未来的绩效改进，而不是追究既往；⑥优、缺点并重，以优点为主；⑦以积极的方式结束面谈。

经过这样的面谈，下属在离开你的时候，会满怀积极的态度，而不是不满的情绪。这正是我们所追求的效果。

（5）制定绩效改进计划

绩效改进计划是考核工作最终的落脚点。一个切实可行的绩效改进计划应包括以下要点：

① 切合实际。在制定绩效改进计划的时候要本着这样三条原则：容易改进的优先列入计划，不易改进的列入长期计划，不急于改进的暂时不列入计划。循序渐进，由易至难，以免使员工产生抵制心理。

② 计划要有明确的时间性。绩效改进计划应有时间的约束，避免流于形式，也利于管理者的指导、监督和控制，同时给员工造成一定的心理压力，使其认真对待。

③ 计划要具体。列入绩效改进计划中的每一个内容，都要十分具体，看得见、摸得着、抓得住才行。要有明确的问题、措施、时间。

④ 计划要获得认同。绩效改进计划必须得到双方的一致认同，方为有效，才能确保计划的实现。在制定计划的时候，绩效改进者要感觉到这是他自己的事，而不是上级强加给自己的任务。这一点务必在面谈时达成。

⑤ 绩效改进指导。现代考核技术中，把在工作中培养下属视为改进工作绩效的重点。主管人员要经常带头与下属讨论工作，以有效地完成工作作为讨论的核心，并时常对下属的工作和绩效改进予以具体的忠告和指导，一直持续到下次考核为止。主管要时时牢记：下属的绩效就是你自己的绩效，下属的失误就是你自己的失误，如果不能有效地指导下属改进工作，就是你自己的失职。

17.3.3 绩效考核方法

（1）360考核法

又称全方位考核法。即考核人选择上司、同事、下属、自己和顾客五类人员，每个考核者站在自己的角度对被考核者进行考核。360 考核的产生源于以下三个原因：①单一方位考核（上级对下级）有失公平公正；②指标考核无法对（业绩难量化的）职能部门进行有效评价；③员工长期能力发展和价值观塑造的需要。

360 考核的基本原理：一是强调从与被考核者发生工作关系的多方主体那里获得信息；强调服务对象的评价权重最大。多方位考核，可以避免一方考核的主观武断，可增强绩效考核的信度和效度。但这种方法比较复杂，费时费力。

（2）目标管理法（MBO 法）

目标管理强调组织上下协商制定各级组织以及个人的目标，并以此确定彼此之间的成果责任；强调人人为实现目标而努力，进行自我调节和控制；强调通过绩效考核来对整个管理工作进行引导、监督、验证和激励。管理组织所应遵循的一个原则是“每一项工作都必须为达到总目标而展开”。目标管理通常有目标设定——目标分解——目标执行——目标评价四个步骤，如图 17-9 所示。

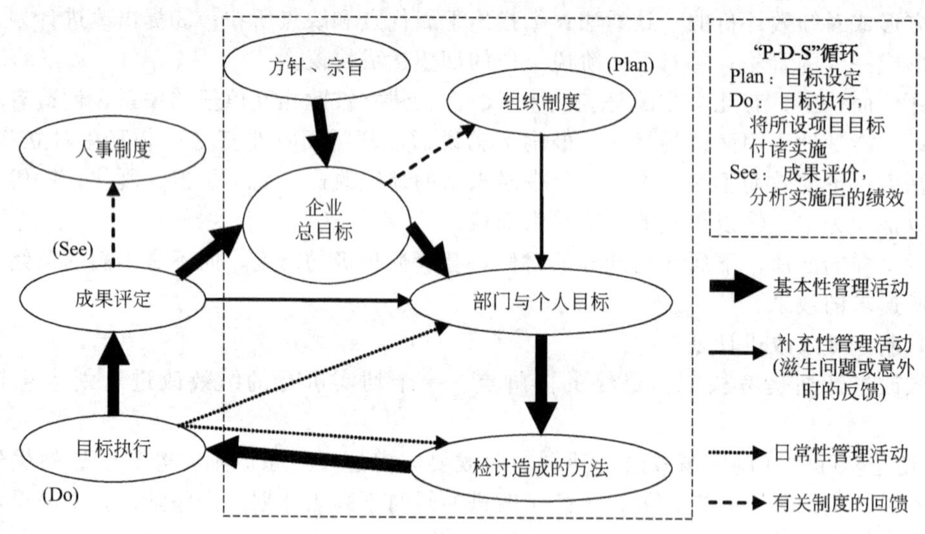

图 17-9　目标管理法的步骤

总之，目标管理是依靠管理组织的上、下级人员一起辨明他们的共同目标，根据每个管理人员对自己成果的预想来规定每个人的主要工作职责范围，并用这些价值标准来指导推进这个组织的工作，来评价它的每一个成员的贡献。

目标管理是一种有效管理的方式，管理者与被管理者都清楚自己的目标和组织的总目标，并将每个人的具体活动统一到组织目标上来；目标管理也是一种有效的绩效评估方式；实行目标管理的目的在于通过各级目标的制度、评估、鉴定、实现，激发全体成员的愿望和热情，使其发现自己为组织实现目标而工作的价值和责任，并在工作中实行“自我控制”，从中得到满足感，更好地为实现组织的总目标作出自己的贡献。

（3）岗位绩效指数化法

岗位绩效指数化，是指对考核对象的业绩与所确定的岗位指数之间进行比较的评估方式。由于岗位指数是职位要素、岗位目标以及影响目标达成的各种因素的综合指标，岗位绩效指数一旦确定，评估就有了一个动态的、相对固定的参照坐标。原有的不确定因素和不可控因素在固定的岗位绩效指数面前有了清晰的显现，从而使得考核有了较为现实的依据。模糊理论为岗位绩效指数化方法提供了理论依据。随着模糊数学的发展，人事考核和评价系统

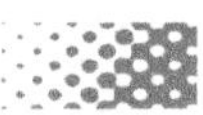

也开始引进隶属度，即把对象属于某个事物的程度用（0，1）之间的一个实数来表示：隶属0与1是两种极端，0表示最差，I表示最好，其他情况处于之间。这样就能客观地描述人员功能的差异。

（4）平衡计分卡法（BSC法）

平衡计分卡是20世纪90年代初由卡普兰和诺顿共同开发的绩效考核方法，是一套综合平衡财务指标和非财务指标的考核体系。它一方面克服了传统绩效考核方法单纯利用财务指标来进行绩效考核的局限，另一方面又以传统的财务考核指标为基础，兼顾其它三个重要方面的绩效反映，即客户角度、学习与发展角度、内部流程角度，从四方面来反映企业的整体绩效。

平衡计分卡说明了两个重要问题：一是它强调指标的确定必须包含财务性和非财务性的(因此有“平衡计分”之说)；二是强调了对非财务性指标的管理，其深层原因是财务性指标是结果性指标，而那些非财务性指标是决定结果性指标的驱动指标。

特别要指出的是，平衡计分卡不仅仅是一种测评体系，它还是一种有利于企业取得突破性竞争业绩的战略管理工具，它还可以进一步作为公司新的战略管理体系的基石。BSC明确地提出，绩效管理就是要让企业的每一位员工每天的行动都与企业的战略挂钩。具体而言，平衡计分卡具有以下功能：对战略的管理、推动组织的变革、提供一套完整的组织评估系统、建立一套系统的管理控制系统、在组织中实现有效的激励。见图17-10。

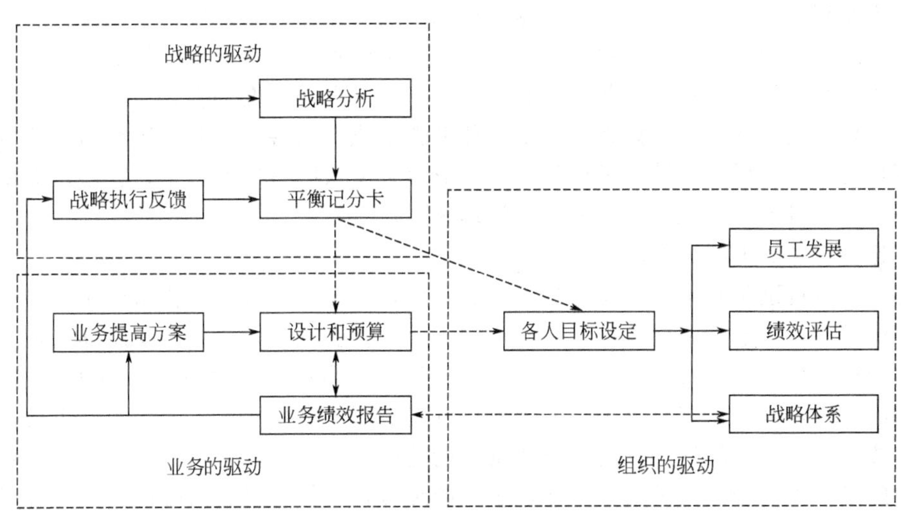

图17-10　平衡计分卡的功能

（5）关键绩效指标法（KPI）

关键绩效指标法（Key Performance Indicator，KPI），它把对绩效的评估简化为对几个关键指标的考核，将关键指标当作评估标准，把员工的绩效与关键指标作出比较的评估方法。关键指标必须符合SMART原则：具体性（Specific）、衡量性（Measurable）、可达性（Attainable）、现实性（Realistic）、时限性（Time-based）。

（6）交替排序法（ARM）

交替排序法（Alternative Ranking Method，ARM）是一种较为常用的排序考核法。其原理是：在群体中挑选出最好的或者最差的绩效表现者，较之于对其绩效进行绝对考核要简单易行得多。因此，交替排序的操作方法就是分别挑选、排列的“最好的”与“最差的”，然后挑选出“第二好的”与“第二差的”，这样依次进行，直到将所有的被考核人员排列完全为止，从而以优劣排序作为绩效考核的结果。交替排序在操作时也可以使用绩效排序表。

(7) 强制正态分布法（强制分配法）

此法是按事物“两头小，中间大”的正态分布规律，先确定好各等级在总数中所占的比例，然后按照每人绩效的相对优劣程度，强制列入其中的一定等级。这种方法适用于工作绩效难以通过数量来衡量的工作。运用该企业岗位体系和岗位职责说明，开发建立由核心能力、基本能力、专业能力组成，适应企业发展的员工能力素质模型。

(8) 民意测验法

该法把考核的内容分为若干项，制成考核表，每项后面空出 5 格：优、良、中、可、差，然后将考核表发至相当范围。考核前，也可先请被考核者汇报工作，做出自我评价，然后由参加评议的人填好评估表，最后算出每个被考核者得分平均值，以确定被考核者工作的档次。民意测验的参加范围：一般是被考核者的同事和直属下级，以及与其发生工作联系的其他人员。此法的优点是群众性和民主性较好；缺点是主要从下而上地考察干部，缺乏由上而下的考察，由于群众素质的局限，会在掌握考核标准上带来偏差或非科学因素。一般将此法用作辅助参考的手段。

17.3.4 绩效考核注意事项

(1) 开展绩效考核，企业要完善制度体系

绩效考核是企业运作的关键环节，在这个环节上，企业必须为它建立各种基础性工作和工具，如企业有中长期发展规划，并根据该规划制定出年度计划，根据规划及年度计划拟定出企业合理的组织结构，设计各部门的职能和各岗位职责，有各种合理的工作流程，有比较完善的制度体系，如薪酬及福利制度、奖惩制度、生产管理制度等等。

上述各环节互相支撑，就如链条，哪个环节断了或不完善，都可能导致绩效考核先天不足，从而半路夭折。因此，绩效考核是整个企业运行体系中最后的体系，它涉及面最广。想建立有效的考核机制，首先必须完善上述管理体系。

(2) 建立客观的考核标准

对部门考核特别是对生产单位考核目前还是比较成熟的，因为量化指标比较多；但对办公室考核比较难，由于其工作特殊性，其定性指标比较多。所以，首先要想办法把定性的指标转化为定量指标，从而实现考核。如人事部门的关键岗位员工每月不得流失超过多少名，质量部门的客户投诉可以定量化为一般客户投诉不能超过多少次，不得出现严重投诉行为等等。其次按照已经批准的计划（包括已经批准的变更的计划）进行考核。最后，对确实不能实行量化的指标进行分区段由文字表述，表述越细越好，如合格、需改进、优秀等等。

(3) 给予被考核部门或员工足够的沟通和反馈

考核的目的并不是考倒大家，而是促使员工改善工作表现或者是达到更高的标准。应当对进行绩效考核的管理者进行专门的培训，并给他们提供足够的实施考核的时间和动力，使他们认真的完成考核。为了使管理者有实施考核的动力，可以将绩效考核作为管理者的一个任务并作为考核管理者工作的一个重要指标；还需要将考核方法介绍给员工，使他们了解考核的过程和方法，以获得他们的支持；同时教给员工一些考核面谈的技巧，促使他们和上级更好的沟通；要及时给员工反馈，明确员工的绩效在哪些方面还存在着不足，确保员工能够在行为方面发生一些实质性的变化。

(4) 避免考核方式单方向

有的企业在进行绩效考核时，往往只是单向的考核，即上司对下属的审查式考核。如果考核者与被考核者曾有过私人感情或冲突、存在偏见等非客观的因素，将势必影响绩效考核的结果；而且由于考核人员也有自己的职责分工，有的时候考核者也很难了解被考核者在上

司不在场时的工作表现，这样造成信息不全面，绩效考核结果产生偏差。

(5) 科学地设计考核对象及考核周期

考核对象最终是员工，但现在社会化分工很细，企业都很强调团队精神，考核一定要引导全体员工树立团队意识。所以，考核设计时，员工的个人业绩必须和其所在的部门业绩挂钩起来，只要当其所在部门业绩和自己的业绩都提高时，才能获得较高的业绩。考核周期设定要根据不同行业来确定，一般制造单位最好以一个生产周期进行考核一次，办公室以一个季度考核一次比较适合。

(6) 选择适合的绩效考核方法

考核者应对企业的自身特性有较为深入、客观的了解，并据此选择适合于企业自身特性的绩效考核方法。企业自身的特性，决定着整个绩效考核的方向和目的。比如，在倾向于建立或维持淘汰机制的企业里，绩效考核关注的重点往往是确定哪些员工需要被淘汰，企业往往需要选择等级评价法或强制分布评价法等绩效考核方法。而对于追求团队合作效果或稳定性的企业来说，采用民意测验的方法进行绩效考核往往更有利于产生积极的绩效考核结果。可以说，选择适合的绩效考核方法，是顺利开展绩效考核的前提和基础。

(7) 正确认识各类绩效考核方法的适用条件和范围

各类绩效考核方法都有其自身适用的条件和范围。在相同情况下，不同的绩效考核方法所产生的效果是不一样的。以业务员绩效考核为例，在采用360度考核方法时，由于所涉及的评价因素和考核参与者过多，销售业绩突出的业务员往往无法取得与其销售业绩相对等的评价，这一现象导致企业难以有效运用绩效考核结果，员工也会对如何改进绩效表现而感到迷惑。此时，如果采用要素评定法进行绩效考核，由于充分考虑了业务员的岗位因素并加入了绩效分配权重，绩效考核结果就会更接近于企业预期的效果。因此，企业在选择、运用绩效考核方法时，一定要正确认识各类绩效考核方法自身的局限性，以顺利实现绩效考核目标。

17.4 企业标准体系建设

GB/T 15496—2003《企业标准体系 要求》、GB/T 15497—2003《企业标准体系 技术标准体系》、GB/T 15498—2003《企业标准体系 管理标准和工作标准体系》、GBT 19273—2003《企业标准体系 评价与改进》是企业标准体系建设的指导性文件。

建立企业标准体系应符合以下要求：

(1) 企业标准体系应以技术标准体系为主体，以管理标准体系和工作标准体系相配套；

(2) 应符合国家有关法律、法规，实施有关国家标准、行业标准和地方标准；

(3) 企业标准体系内的标准应能满足企业生产、技术和经营管理的需要；

(4) 企业标准体系应在企业标准体系表的框架下制定；

(5) 企业标准体系内的标准之间相互协调；

(6) 管理标准体系、工作标准体系应能保证技术标准体系的实施；

(7) 企业标准体系应与其他管理体系相协调并提供支持。

17.4.1 企业标准体系建设的作用

企业标准体系是企业其他各管理体系，如：质量管理、生产管理、技术管理、财务成本管理、环境管理、职业健康安全管理体系等的基础。建立企业标准体系，应根据企业的特点充分满足其他管理体系的要求，并促进企业形成一套完整、协调配合、自我完善的管理体系和运行机制。

企业标准化（enterprises standardization）是：“为在企业的生产、经营、管理范围内获得最佳秩序，对实际的或潜在的问题制定共同的和重复使用的规则的活动”。上述活动尤其要包括建立和实施企业标准体系，制定、发布企业标准和贯彻实施各级标准的过程。

标准化的主要作用在于为了其预期目的改进产品、过程和服务的适用性，防止技术壁垒，并便利技术合作，使企业获得更大的成功。具体而言，企业标准体系建设有如下作用：

（1）最主要的作用是对企业实行系统管理

企业管理系统是围绕着产品生产为中心形成的。系统结构中的每个环节都是在总目标下相互联系的，各环节相互衔接、相互联系、相互依赖，成为实现总体目标的统一整体。每个环节都包含着人、财、物、事等要素，有着任务、要求、手段、方法、程序等彼此联系的重复性活动。各个环节的任务、要求都是由企业的总目标层层分解而来的。将各环节相互联系、相互依赖的重复性活动制定成标准，用标准的形式相对固定，形成企业标准体系，对企业实行系统的管理，这样可以有效地保证企业的总目标的实现。所以，建立企业标准体系有利于对企业实行全面和系统的管理。

（2）有利于形成企业系统的稳定结构

用标准体系管理企业的各种活动，不仅为不同的人进行同一活动提供了统一的依据，消除了活动效果因人而异的现象，而且当某一局部活动有变化后，由于企业标准之间的相关性，会引起其它标准相应的变化，这种变化是有秩序进行的，维持了企业整个系统的稳定性。企业建立了标准体系，从而形成企业系统的稳定结构，使企业能够经受住内、外条件变化的冲击，如当市场变化、产品结构变化、职工队伍变化等，可以主动地、有秩序地适应环境的变化，不会引起企业经营、生产过程秩序的混乱。

（3）可以形成全员的自我管理

建立一套完整的标准体系用于管理企业后，可以把大部分重复性工作变成企业每一个成员的自我管理，既相互独立又相互协调。各级领导由被动变主动，可以不再过问经常发生的问题。企业每个员工都要执行标准，哪些问题能解决，通过什么途径解决，哪些问题不能解决，为什么不能解决，标准中都有明文规定，不必去问哪一个领导。企业经营管理者用于开会的时间可以大大缩短，一部分时间用于检查监督，其余时间可用于调查研究解决企业发展方向性的新问题。

（4）能使企业取得最佳经济效益

企业的经济效益是企业员工所有活动的综合成果。企业标准体系把保证企业经济效益目标的各种指标项目和因素层层落实到具体的部门和个人，形成许多分目标，而且把每个部门、每个成员完成具体目标的好坏与绩效考核和奖惩结合在一起，做到人人有专责、事事有人管、工作有秩序、检查有准绳、奖惩有依据。所以，企业标准体系把企业内独立分散进行的个人努力，统一协调成一个有机整体，充分调动全员的积极性，企业必然取得好的经济效益。

（5）可以不断地提高企业管理水平和技术水平

企业标准体系是由技术标准、管理标准和工作标准等构成，标准的制定、贯彻、修订过程就像一个滚动环，每循环一次便上了一个新的台阶。通过标准化活动的阶段性循环，可以不断地提高标准的水平。这样就保证了标准体系中各项标准阶段性地提高。因此，用标准体系管理企业，能够有秩序的、不停顿的、阶段性的提高企业的经营管理水平与生产技术水平。

17.4.2 企业标准体系的构成

为促进企业管理的有序化，实现企业生产、经营管理目标，对企业需要的标准按其内在

联系形成科学的有机整体就是企业标准体系。这些标准按一定形式排列起来的图表，称企业标准体系表。

企业标准体系内的所有标准都要在本企业方针、目标和有关标准化法律、法规的指导下形成。所有关于以“物”为对象而制定的标准列入技术标准体系；对于以“事”为对象而制定的标准列入管理标准体系；对于以“人”的工作为对象而制定的标准列入工作标准体系。所以，企业标准体系主要包含有技术标准、管理标准和工作标准。

17.4.2.1 技术标准

技术标准（technical standard）是对标准化领域中需要协调统一的技术事项所制定的标准。

技术标准是企业标准体系的核心，是实现产品质量的重要前提，其它标准都要围绕技术标准进行，并为技术标准服务。具体来说，技术标准是对生产相关的各种技术条件，包括生产对象、生产条件、生产方式等所作的规定。如产品标准、半成品标准、原材料标准、设备标准、工艺标准、计量检验标准、包装标准、安全技术标准、环保卫生标准、设备维修标准、设计标准、能源标准等。企业技术标准的形式可以是标准、规范、规程、守则、操作卡、作业指导书等。任何企业都应首先以其高质量的产品（包括有形产品和无形产品）标准为中心，建立完善的企业技术标准体系。技术标准体系的结构形式如下。

（1）序列结构。企业只生产单一类型的产品时，企业技术标准体系可用序列结构表示。序列结构的技术标准体系包括以产品质量形成过程为排列顺序的技术标准和能源、安全、职业健康、环境、信息等技术标准。见图 17-11。

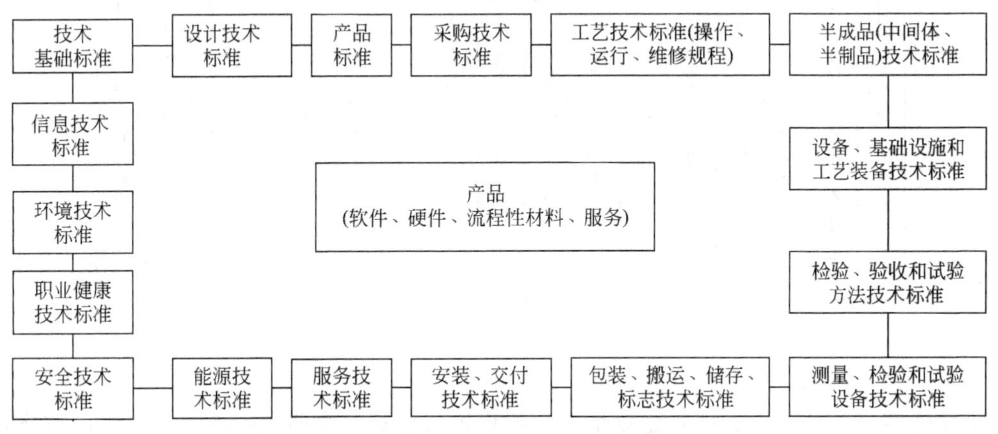

图 17-11 企业技术标准体系的序列结构形式

（2）层次结构。企业生产两个以上类型的产品时，可用层次结构表示，见图 17-12。

17.4.2.2 管理标准

管理标准（administrative standard）是对企业标准化领域中需要协调统一的管理事项所制定的标准。管理事项主要指在企业管理活动中，所涉及的经营管理、设计开发与创新管理、质量管理、设备与基础设施管理、人力资源管理、安全管理、职业健康管理、环境管理、信息管理等与技术标准相关联的重复性事物和概念。

管理标准是生产经营活动和实现技术标准的重要措施，它把企业管理的各个方面以及各个单位、部门岗位有机地结合起来，统一到产品质量的管理上，以获得最大的经济效益。

管理标准体系见图 17-13。

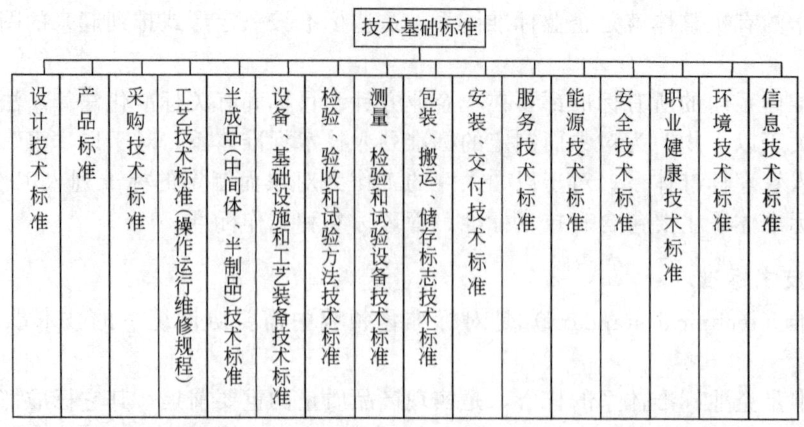

图 17-12　企业技术标准体系的层次结构形式

注：1. 本体系表中的各类技术标准均表示企业内生产的各类产品所涉及的该类技术标准的总和。

2. 层次结构的技术标准体系第一层是技术基础标准，其覆盖面是企业的产品标准、产品实现过程中所有综合性的技术基础标准。技术基础标准是指导企业产品标准和产品实现过程中技术标准制定的基础。

3. 第二层产品实现过程中的技术标准是以产品质量形成过程为顺序的技术标准和能源、安全、职业健康、环境、信息等技术标准。

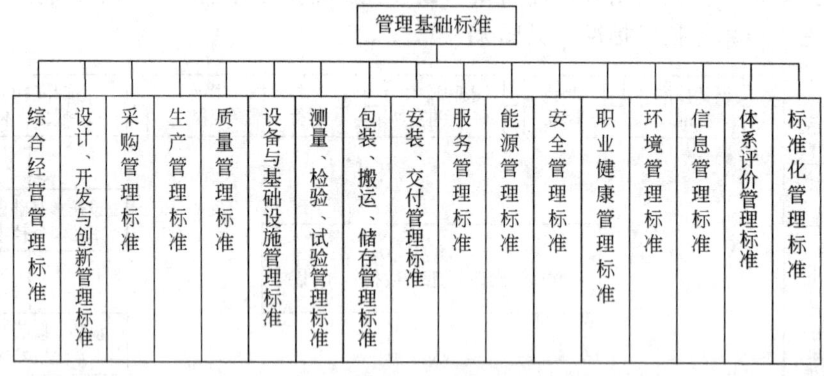

图 17-13　管理标准体系的结构形式

17.4.2.3　工作标准

工作标准（duty standard）是对企业标准化领域中需要协调统一的工作事项所制定的标准。工作标准体系见图 17-14。

工作事项主要指在执行相应管理标准和技术标准时与工作岗位的职责、岗位人员基本技能、工作内容、要求与方法、检查与考核等有关的重复性事物和概念。

按工作岗位，在岗位责任制的基础上制定企业工作标准。

17.4.3　企业标准体系建立的程序和方法

企业建立企业标准体系的程序和方法见图 17-15。

17.4.3.1　准备策划

（1）组建班子，制定计划。企业标准体系的建立是一个系统工程，涉及企业内部所有部门的活动，企业在编制企业标准体系前应首先建立起企业标准体系编制的领导班子和工作班子。

领导班子由最高管理者为首的决策层管理者和与质量有关的部门负责人组成。其任务是

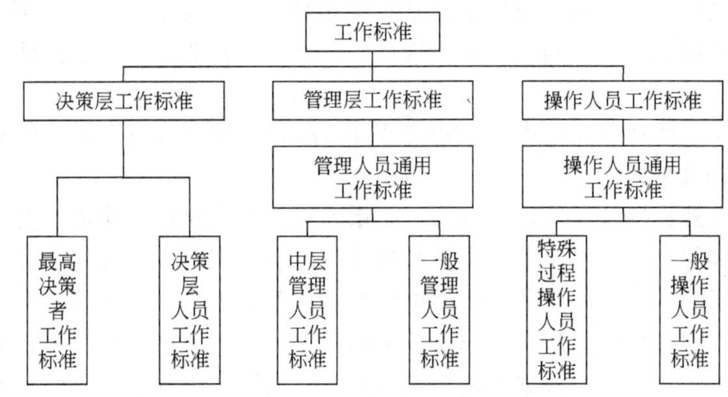

图 17-14　工作标准体系的结构形式

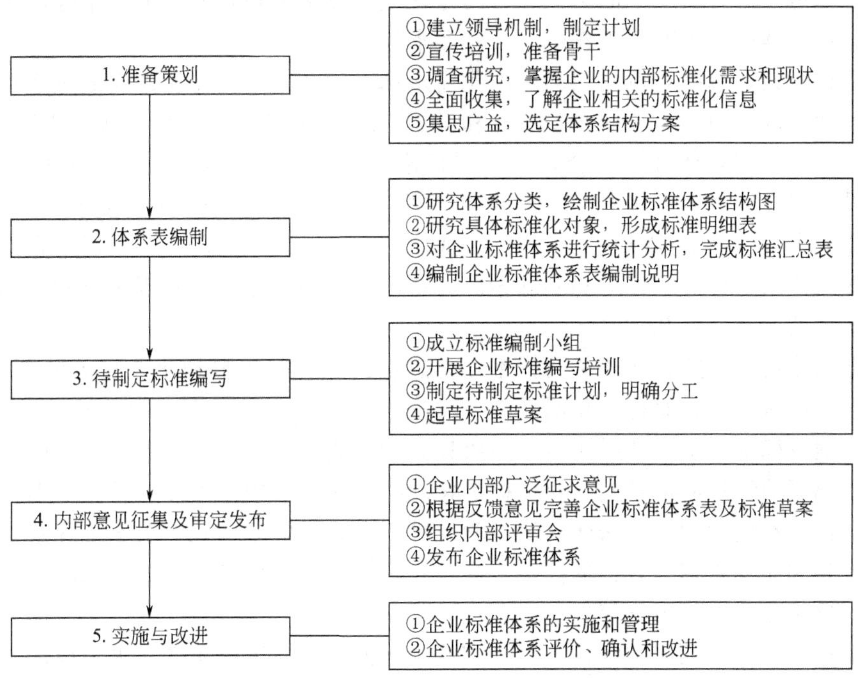

图 17-15　企业建立企业标准体系的程序和方法

制定或审议企业标准体系编制的重要方案，主持企业标准体系的总体设计，监督协调检查考核各部门企业标准体系建立实施工作，解决企业标准体系建立实施中出现的重大问题等。

工作班子可由企业标准化主管领导牵头，由企业标准化管理人员及各部门熟悉本部门业务的标准化工作业务骨干共同组成。工作班子负责对企业标准体系建立实施过程的管理，例如调查研究、提供建议或方案，组织标准体系表编制、组织待制定标准编写、进度控制、接口协调，宣传培训的组织管理等。

如有必要，企业还可以聘请企业外部的行业或标准化专家，为企业建立标准体系提供咨询和指导。企业标准体系领导班子和工作班子组建完成后，还应根据企业实际，科学制定企业标准体系编制计划；对班子成员进行合理分工，对体系编制的具体工作及其所需时间给予合理安排。

(2) 宣传培训，准备骨干。企业标准体系的建立实施有赖于企业员工的积极参与，在企业标准体系建立之初，应开展企业标准体系相关培训，宣讲建立企业标准体系的重要意义，激发员工参与企业标准体系编制工作的积极性，在企业内营造适于企业标准体系建立运行的氛围和环境。

同时也让员工了解在企业标准体系建立实施过程中的职责以及应具备的知识，为企业标准体系的编制准备骨干力量。

具体而言，企业标准体系培训可分为三个层面：①是针对企业决策层的培训。其目的是让企业高层领导和管理层理解企业标准体系的基本内容，理解企业标准体系建立实施过程中采用的先进管理思想和方法，理解企业标准体系建立实施过程中领导的职责和作用。②是针对管理层的培训。包括企业中层干部以及各部门企业标准体系的编制骨干，他们往往也是企业标准体系编制工作班子的主要成员。培训重点是让他们真正理解企业标准体系，熟练地运用和实施企业标准体系要求，不断改进完善体系，在本部门岗位确保企业标准体系的有效性和符合性。③是针对普通员工的培训。目的是让全体员工理解企业标准体系建设的概念和重要意义，企业标准体系概况、工作标准及其要求等。

(3) 调查研究，掌握企业内部的标准化需求和现状。为了确保所建立的企业标准体系全面成套、科学先进，而且与企业自身特点和发展需求相适宜，企业在编制企业标准体系时，应进行全面深入的调查研究：①企业内部对标准需求调研，深入调查本企业规划设计、采购、设施设备建设维护、服务提供、运营管理等各方面情况，研究各方面现状及其发展趋势，了解企业内各方面对标准的需求。②企业内部标准化现状调研，深入了解企业已有的企业标准、管理体系文件等的建立和实施情况，找出存在的问题，为实现企业标准体系与企业其他管理体系的融合奠定基础。

(4) 全面收集、了解企业相关的标准化信息：①全面收集整理企业相关的国家、行业、地方标准。还应对与本企业标准化活动以及安全、环境、职业健康卫生等相关的国家标准、行业标准、地方标准及贯标情况进行全面收集，为企业标准体系建立提供必要的依据。企业标准化现状调研的结果应记录到《企业标准化现状调研表》中。②其他资料收集。收集资料的范围包括：与本企业相关的法律、法规和政策信息，如国家和地方关于工程建设、安全环保、职业卫生和能源管理等方面的法律法规；化工行业相关信息，例如国家和地方化工行业发展规划、化工行业发展报告等。

(5) 集思广益，选定体系结构方案。在全面掌握企业标准体系的有关情况后，就应该着手研究和确定企业标准体系表的结构方案。企业标准体系的空间是由纵向结构和横向结构统一起来的科学有机整体。纵向结构代表标准体系的层次，横向结构代表标准体系的领域。企业标准体系表的结构一般分为“层次结构”和“序列结构”。

层次结构是以系统科学的观点和系统分析的方法，对企业范围内的标准全局进行分析和合理安排后而产生的结构。层次结构的优点在于：企业标准体系内的标准层次恰当，划分明确，避免了体系内的标准重复、遗漏，达到以最少的标准制订工作量获得最佳标准化效果的目的；通过层次结构的建立，可以使企业内各项标准覆盖范围明确，标准间关系清晰可见，便于安排标准的宣贯程序和明确标准实施范围。但层次结构因内容全面完整、篇幅较大、不便于专项或局部管理。

层次结构和序列结构本身无优劣之分，企业应根据企业自身的特点以及建立实施企业标准体系的目标，选择适合本企业的标准体系结构方案。在选定体系结构方案时，企业应广泛征集企业内外专家的意见，尤其是要收集掌握全局或总体情况的有关人员的意见，集思广益，确保选定的标准体系结构方案适合本企业。

17.4.3.2 体系表编制

企业标准体系表的编制要满足四原则：目标明确，全面成套，层次恰当，划分清楚。

（1）研究体系分类，绘制企业标准体系结构图。①确定子体系，绘制企业标准体系表第一层次结构图。在企业标准体系结构方案选定后，企业应研究确定企业标准体系的子体系。采用“层次结构”构架企业标准体系，企业可按标准化对象功能特征对企业标准体系进行第一层分类，即按标准化对象使用功能特征把企业标准体系分为技术标准、管理标准和工作标准三个子体系。确定了子体系的同时，绘制出企业标准体系表的第一层结构图，展现出企业标准体系的概貌。从企业标准体系结构总图可以看出，企业标准体系结构分为三层。第一层是综合性基础标准，包括企业通用的基础标准、企业标准化管理规定、企业方针目标以及标准化法规及各种相关法规，它是指导性标准，企业的所有标准都在这一层标准指导下形成；第二层是技术标准子体系和管理标准子体系，它们涉及企业服务提供、经营管理等各方面的具体标准，技术标准和管理标准间存在相互交叉、相互渗透的关系，技术标准是主体，管理标准是实施技术标准的保证；第三层是工作标准子体系，工作标准是技术标准和管理标准在企业内某部门或某岗位的具体落实和体现，是技术标准和管理标准共同指导的下一层次标准。②合理安排企业标准体系各子体系的层次结构，绘制子体系结构图。标准体系结构总图完成后，企业应根据企业标准需求调研的情况，分别对企业内需要协调统一的技术、管理和工作事项进行分析，根据各子系统中标准间的内在联系选择适合本企业的分类基准，合理划分企业标准体系中技术、管理和工作子体系的层次结构，并分别按照层次结构或序列结构形式绘制各子体系的结构图。③确定企业标准体系表标准分类编码规则。为了更好地管理和查询、检索及处理企业标准体系中标准信息，企业在完成企业标准体系结构构建工作后，应确定企业标准体系表的标准分类编码规则，为企业标准体系结构图中的标准类目以及标准明细表中的单个标准赋上相应的编码。

标准分类编码应具有简明、唯一的特点，且符合以下要求：

① 企业技术、管理及工作标准应分别使用各自统一的编号方法，并彼此相区别；

② 同一分类的企业标准应使用统一类别的编号标志；

③ 纳入企业标准体系中的国家、行业或地方标准也应赋予在企业标准体系中的标准编号。

根据上述要求以及企业标准体系的分类结构，推荐企业采用“六位等码结构”作为企业标准体系表的标准分类编码规则，见图 17-16。六位等码中第二、三、四三位数字（分类少于 9 个时使用）或字母（分类多于 9 个时使用）表示标准的分类代码。

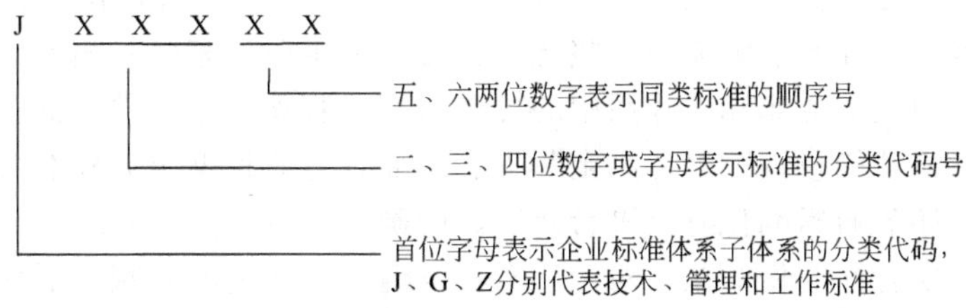

图 17-16 六位等码结构的标准分类编码规则

（2）研究具体标准化对象，形成标准明细表。企业标准体系结构总图及子体系结构图完成后，企业应根据企业标准需求调研情况，对企业内应协调统一的具体标准化对象进行分析研究，明确企业标准体系每一小类中应包含的具体标准，并将其与现有标准相对照，对于已有标准的应根据企业实际情况重新审查调整确认，对没有标准的应分析确立新标准项目，并按标准明细表的内容与格式要求，分别将调整、确认的现有标准项目和确立要发展的待制定标准项目填入标准明细表，标准明细表的内容格式如表 17-4。

表 17-4 企业标准体系标准明细表格式

分类编码	标准代号和编号	标准名称	采标情况	适用体系			实施日期	备注
				质	环	健		

标准明细表中的标准可以是国家标准、行业标准、地方标准以及企业标准。对于适用于企业的国家标准、行业标准、地方标准，企业可以直接纳入到标准体系中；对于国家、行业、地方标准中没有，或企业内部的要求高于国家、行业和地方标准的，企业应根自身需要制定企业标准。

标准明细表的填写说明如下：①分类编码。应按“企业标准体系标准分类编码规则”填写；②标准代号和编号。对于未经修改直接选用的国家、行业、地方标准以及企业内原有的标准化文件可直接将原来的标准（文件）代号或编号填入此栏。对于待制定标准此栏暂时空缺，待制定标准编写完毕后再将相应标准号补充完整。③采标情况。此栏应填入该标准采用国内或国外标准的程度以及采用对应的国内或国外标准号。根据 2001 年 12 月 4 日国家质检总局发布的《采用国际标准管理办法》，“采用国际标准”是将国际标准的内容，经过分析研究和试验验证，等同或修改转化为我国标准（包括国家标准、行业标准、地方标准和企业标准），并按我国标准审批发布程序审批发布。我国标准采用国家标准的程度，分为等同采用（idt）和修改采用（mod）。其中，“等同采用”指我国标准与国际标准在技术内容和文本结构上都相同，或者我国标准与国际标准在技术内容上相同，只存在少量编辑性修改；而“修改采用”是指我国标准与国际标准之间存在技术性差异，并清楚地标明这些差异以及解释其产生的原因，允许包含编辑性修改。此外，如果我国标准与相应的国际标准在技术内容和文本结构上不同，他们之间的差异又没有被清楚地表明，或者我国标准中只保留少量或者不重要的国际标准条款时，为了表明我国标准与国际标准间的对应关系，可用“非等效采用（neq）”来标注。例如：“GB/T 19000—2000 质量管理体系 基础和术语”就是等同采用了“ISO 9000—2000”，在此栏中应填写“itd ISO 9000—2000”。④适用体系。企业标准体系是对企业原有管理体系文件的系统梳理和整合，也可作为企业将来建立相关的管理体系奠定基础。因此应在此栏中表明企业标准体系中的标准与其他管理体系文件间的关系。⑤备注。此栏可标明标准状态如“待修订”、“待制定”等。例如，企业根据企业标准需求调研情况，对采购工作中的验收环节的标准化对象进行研究，明确了企业标准体系中每一小类中应包含的具体标准，然后与现有标准相对照，对于已有标准但在企业内实施状况不佳或根据标准需求调研需要补充完善的列为“修订标准”，对于尚无标准的列为“待制定标准”。并按照标准明细表的内容与格式要求填写标准明细表。

(3) 对企业标准体系进行统计分析，完成标准汇总表。标准明细表完成后，企业应对标准明细表的内容进行统计分析，再按照标准体系汇总表的格式填写标准汇总表（如表 17-5）。

根据企业实际情况，在标准汇总表中还可加入各类标准的采标率等指标的统计。标准汇总表能帮助企业全面了解企业标准体系的标准概括和水平。

表 17-5 企业标准体系标准汇总表格式

项目	国家标准		行业标准		地方标准		企业标准		合计
	总数	强制	总数	强制	总数	强制	已有	待制定	
技术标准									
管理标准									
工作标准									
合计									

(4) 编写企业标准体系编制说明。在完成了企业标准体系表结构图、标准明细表、标准汇总表后，企业应编写企业标准体系表的编制说明。说明编制的依据及目的、标准体系类别划分依据及划分情况、国内外标准概况、与其他体系交叉情况、协调配套和处理意见；结合统计表分析现有标准及发展方向等。具体而言，企业标准体系编制说明一般包括以下内容：

① 编制体系表的依据及要达到的目的；

② 有关的国内外标准及行业现行标准概况；

③ 分析企业现行标准水平，明确工作重点；

④ 标准体系中体系的交叉情况和处理意见；

⑤ 体系表的管理、审批程序及重要内容的解释。

17.4.3.3 待制定标准编写

企业标准体系表编制完成后，企业应成立标准编写小组，开展必要的培训，制定待制定标准计划，并按照计划安排的人员分工及进度要求，完成企业标准体系表中所列的待制定标准的草案编写工作。

(1) 成立标准编写小组。企业应在企业标准体系编制领导班子的领导下，筛选企业内标准化管理人员以及熟悉各部门业务的骨干人员组成“标准编写小组”负责待制定标准的编写工作。当然，也可以直接由企业标准体系编制工作小组成员承担标准编写工作。

(2) 开展企业标准编写培训。对标准编写小组成员开展企业标准编写的相关培训，让小组成员真正理解有关标准，如 GB/T 1.1—2000《标准化工作导则 第 1 部分：标准的结构和编写规则》、GB/T 1.2—2002《标准化工作导则 第 2 部分：标准中规范性技术要素》等的内容和要求，熟练掌握标准编写的各项技能。

(3) 制定待制定标准计划，明确分工。根据企业实际制定详细的企业标准体系待制定标准编写计划，明确待制定标准编写的人员分工和进度安排。

(4) 起草标准草案。①企业标准的编号。企业标准的代号用字母 Q 代表，企业名称(如：东港公司) 代号 (DG) 一般用企业简称的汉语拼音第一个字母缩写，一般由两个字母组成；后加 J、G、Z 分别代表技术、管理和工作标准；再加标准顺序号 3 为数字，最后为年份。其格式如下：Q/DGJ 123—2014。②企业标准的构成。技术标准由概述要素、标准要素和补充要素组成。其中，“概述要素”部分为封面、目次、前言、引言、首页。“标准要素”又分一般要素和技术要素，一般要素为标准名称、范围和引用标准；技术要素为定义、符号和缩略语、要求、抽样、试验方法、分类与命名、标志、标签、包装、标准的附录。“补充要素”为提示的附录、脚注、采用说明的注。③管理标准的构成。管理标准由概述要素、标准要素、补充要素组成。“概述要素”部分为封面、目次、前言、引言、首页。“标准要素”由一般要素和管理技术要素组成。一般要素为标准名称、范围和引用标准；而管理技术要素为术语与分类、管理的职能、管理内容与要求、检查与考核等。“补充要素”为附录、附加说明、注脚等。④工作标准的构成。工作标准仍由概述要素、标准要素和补充要素组成。“概述要素”部分由封面、目次、前言、引言、首页组成。“标准要素”由一般要素和工作技术要素组成，一般要素为标准的名称、范围和引用标准，而工作技术要素为工作内容和要求、责任与权限、检查与考核。“补充要素”为附录、附加说明、注脚。

17.4.3.4 意见征集及审定发布

（1）企业内部广泛征求意见。企业标准体系表及待制定标准草案完成后，企业应在企业内广泛征求意见，并对意见进行汇总整理。

（2）根据反馈意见完善企业标准体系表及标准草案。意见征集工作完成后，企业标准体系编制工作组以及标准编写小组成员应根据意见征集阶段收集到的意见，对企业标准体系表及待制定标准草案给予修改完善，形成企业标准体系表及待制定标准送审稿。

（3）组织企业标准体系评审会。企业标准体系表及标准草案的送审稿完成后，企业标准体系编制领导小组应组织并召开企业标准体系的评审会，对企业标准体系表及待制定标准送审稿进行审议，提出审议意见。企业标准体系编制工作组以及标准编写小组成员再根据评审会专家审议意见，对企业标准体系表及待制定标准送审稿给予修改完善，形成企业标准体系表及待制定标准的报批稿。

（4）发布企业标准体系。企业标准体系编制领导小组确认企业标准体系报批稿，并在企业内发布企业标准体系，宣布实施企业标准体系。

17.4.3.5 实施与改进

（1）企业标准体系的实施和管理。企业标准体系编制完成后，企业应认真组织企业标准体系以及其中各类标准的实施，并在实施中不断完善标准体系，从而不断提高企业标准体系的水平。更需要指出的是，企业处于不断的发展变化中，与之对应其企业标准体系也应处于不断的修订、补充和动态发展中，切忌“一劳永逸”使企业标准体系表流于形式，不能指导企业标准化工作。

企业标准体系的实施与管理应注重做好以下几项工作：①建立企业标准体系管理办法，明确规定企业标准化专（兼）职机构和有关职能部门在实施与管理企业标准体系中的职责，并纳入企业标准体系实施考核中，明确规定企业标准体系表复审、修改、补充和完善要求等；②根据企业标准体系表并结合有关业务要求，将有关标准的制定、修订和实施纳入年度标准化工作计划并认真实施；③企业标准体系表要实行动态管理，一般是每半年或一年汇总一次体系表实施的信息并通报有关部门，特殊情况要及时汇集通报企业领导；④按照企业标准体系的管理规定，一般应每隔 3～4 年对企业标准体系表进行一次复审，进行修改、补充和完善。当企业生产技术、经营管理有大的变化时，如企业产品结构或组织管理体制调整时，要及时进行修改、补充和调整，使企业标准体系表更趋完善；⑤企业标准体系表的实施与管理还应同计算机辅助标准化管理相结合，以便更有效地实行动态管理。如采用计算机辅助管理，建立企业标准体系的数据库，设立企业标准分类编码、实施年代、标准代号和编号等多种检索入口，使已建立的企业标准体系数据库能够灵活、快捷、多变地适应多种用途的需要。

（2）企业标准体系的评价、确认及改进。开展对企业标准体系的评价、确认和改进是企业标准化工作中一项不可缺少的活动。通过对企业标准体系的评价、确认，企业可以发现在生产、经营和管理各项活动中存在的不足与缺陷，并通过制定纠正措施和持续改进，达到进一步完善的目的。

企业标准体系评价分为两种形式：①自我评价，它是按照评价的基本要求和企业的自身特点由企业自己组织策划和实施的评价；②社会确认，它是经标准化行政主管部门认可的评

价机构，按照规定的组织程序和要求对企业进行的社会确认。企业标准体系评价应以自我评价为主，在自我评价的基础上，争取社会确认，使企业标准体系的评价更加全面、完整、有效。通过不断改进，使企业标准体系更完善，促进企业不断发展，实现其经营、管理的最佳秩序和最佳效益。

企业标准体系的评价、确认和改进，是企业整体业绩的一个重要组成部分，也是企业成功的一个重要措施和目标。企业标准体系的评价、确认和改进是为了不断提高企业标准化水平，以适应企业服务、经营、管理和外部环境变化等能力的周而复始、循环上升的过程。

为了提高企业的整体业绩，企业必须不断提高其标准体系编制和实施的水平以及标准化活动的有效性，以满足企业生存发展与外部环境不断变化的需求和期望。只有坚持企业标准体系的持续改进和提高企业标准化工作才能不断进步，这种持续改进是永无止境的。因此，企业标准体系的持续改进是企业的永恒的追求、永恒的目标、永恒的活动。为此在标准化过程中建立简明有效管理模式，是企业标准体系运行和改进的重要方法。

17.4.3.6 用 PDCA 模式实施企业标准体系

PDCA（策划、实施、检查、改进）模式，可以适用于企业标准化活动的所有过程。PDCA 循环的工作程序，还可以具体分为以下 8 个步骤进行，来指导企业标准体系建立和运行活动。

（1）调查研究，分析企业标准体系的现状，找出在企业标准体系中存在的问题，并尽量用数字说明。在调查分析问题时，可采用调查法、问卷法、访谈法、会议法等技术方法。凡与企业标准体系有关的内容都应作详细调查。如现有企业标准体系确立时的动机、理由、依据是什么，该标准体系是否符合企业实际情况，它们为企业生存与发展能带来什么机遇等。

（2）诊断分析影响企业标准体系的各种因素或建设企业标准体系的详细内容。在这一步要做到：逐个问题、逐个影响因素，逐项详细地分析并有数字说明，切忌主观、笼统、粗枝大叶。在分析影响因素或确定企业标准体系详细内容时，可利用讨论法、会议法、因果分析法等。

（3）找出影响企业标准体系主要因素，确定建设企业标准体系的内容。影响企业标准体系的建立和运行的因素往往是多方面的，要建设有特色和有助于企业发展的企业标准体系，就要在许多影响因素中全力找出主要的、直接的影响因素或内容，以便从主要影响因素或内容中入手建设有生命力的企业标准体系。

（4）针对影响企业标准体系的主要因素，制定措施，提出建设计划方案，并预计其效果。在这一步一般要请企业各级领导人员和员工共同制定，以利于措施和计划的贯彻与执行。制定措施可采用对策表法，内容包括：为什么制定这一措施或计划、预计达到什么目标、在哪些部门执行这一措施或计划、谁来执行、何时完成和如何执行等。

（5）按既定的措施和计划贯彻实施，即“执行”阶段。对执行计划过程中出现的各种问题要及时处理。为了提高有关人员对现有企业标准体系和企业标准的认同感以及工作的自觉性和实践能力，有必要开展教育和培训活动，并对执行计划中出现的各种问题要及时处理。

（6）检验执行后的效果，即“检查”阶段。这一步的目的就是把实施以后的结果和预期的目标进行比较，看是否达到了目标，达到什么程度，还存在什么问题。如果通过检查，达到了预期目的，就可以进入下一步。否则，就要进一步分析没有达到目的的原因，以重新修订计划、目标与措施。

（7）根据检查的结果进行总结，把成功的经验都纳入有关的标准、制度和规定之中，巩固已经取得的成绩，防止重蹈覆辙。

（8）找出这一循环中尚未解决的问题，把它们转到下一次 PDCA 循环中解决。

17.5 做一个成功的企业领导者

领导的实质是一种影响别人的过程，是一种人与人之间的交往过程，通过该过程来影响、激励和引导人们执行某项任务，以达到特定目标的一种行为。

为实现组织目标而努力的过程中，领导者要具体发挥指挥、协调和激励三个方面的作用。化工企业的高层管理者，包括董事长，总经理（总裁、CEO）、副总经理等都属领导范畴。

“只有糟糕的将军，没有糟糕的士兵”。一语道破了领导的责任和影响力！领导者与管理者是两类不同的人，虽然各个学者各有不同的认识，但都十分精辟。见表 17-5。

表 17-5 领导者和管理者的差异

学者	领导者	管理者
哈佛商学院 （A. 扎莱尼克） Abraham Zalenik	△以一种个人的、积极的态度面对目标 △工作具有冒险性，尤其在机遇和利益很高时 △注重观点，以直觉方式与他人发生关系	△以一种非个人化的或消极的态度面对目标 △把工作视为可以达到的过程 △喜欢与人打交道的工作，回避单独行为
哈佛商学院 （约翰・科特） John Kotter	△处理变化的问题 △通过开发未来前景而确定前进方向，并激励他人克服障碍达到这一目标	△处理复杂问题 △通过制定计划、设计规范的组织结构、监督计划实施结果使达到有序一致的状态
美国 （S. P. 罗宾斯） S. P. Robbins	△可以是任命的，也可能是从群体中产生的 △可以不运用正式权力来影响他人的活动	△被任命的 △拥有合法的权力进行奖励和处罚，影响力来自职位所赋予的权力
劳・米勒（Lawrence M. Miller）	△创造一种意识，并向员工灌输来调动员工 △塑造价值观，集中员工的贡献形成企业动力 △支持和推动员工个人创造力，并鼓舞其勇气 △根据企业各方面的成就及对社会的贡献看待企业的效益	△指挥或控制员工 △靠物质、地位、安全等因素调动员工积极性 △只允许员工做现在需要做的事 △依据各种技术经济指标评价企业

注：参考：文献［1］，p. 380～381；文献［14］，p. 446。

并非所有的领导者都是管理者，也不是所有的管理者都是领导者。有人虽有总经理的头衔，但很少能影响他人的行为和工作；有人虽无正式职权，但却能以个人的身份和感染力去影响他人的行为，他们不是管理者，但却是一个至关重要的非正式领导者。

要达到组织的最佳效果，领导和管理具有同等的重要性，两者缺一不可。管理者更应注重学习和培养自身的优秀特质，提高领导的作用。

17.5.1 企业领导者的作用和特质

企业领导的责任是利用有限的资源：人力、财力、物力、机器设备、技术和方法、时间、信息等，为企业带来最大的业绩成果，如企业信誉、利润、产品知名度、市场占有率、投资报酬率和有效规避风险等。

成功的企业领导者受到大家的尊重，因为他是创业者，使企业从无到有、从小到大、从差到好、从弱到强；他也是风险的承担者，他必须预见未来，规避各种风险，或在风险到来时，使企业的损失降到最少；他也是财富的创造者，他要率领全体员工敬业守法，为社会、投资者、顾客、员工创造财富。

17.5.1.1 领导的作用

在带领、引导和鼓舞部下为实现企业目标而努力的过程中，领导者具体发挥着指挥、协

调和激励三个方面的作用。

(1) 指挥作用。在企业的运作过程中，需要由头脑清醒、胸怀全局，能高瞻远瞩、运筹帷幄的领导者带领大家认清企业所处的环境和形势，指明活动的目标和达到目标的途径。领导者只有站在员工的前面，用自己的行动带领大家为实现企业目标而努力，才能真正起到指挥作用。

(2) 协调作用。在企业中，因个人的才能、理解能力、工作态度、进取精神、性格、作风、地位等不同，加上外部各种因素的干扰，人们在思想上发生各种分歧、行动上出现各种偏差是不可避免的。折旧需要领导者来协调大家的关系和活动，把大家团结起来，朝着共同的目标前进。

(3) 激励作用。在复杂的社会生活中，企业的每个员工都有不同的经历和遭遇，怎样最大限度地调动员工的积极性，使保持旺盛的工作热情，激发和鼓励员工的斗志，这就需要领导采取各种激励的措施和办法。

17.5.1.2 领导力和领导威信

成功的企业领导具有三种基本技能：分析判断能力、人际交往能力和业务技术能力。

虽然成功的企业领导的管理风格各不相同，但他们对公司的情况都有深刻的了解，非常关心公司的命运。他们一般都具有如下特征：①为实现美好的理想而坚持不懈、奋斗不息；②是事业的建设者，而不是财富的追求者；③富有合作精神，又有很强的独立工作能力；④识人，既敢于用人，又善于用人；⑤把握机遇、敢于冒险。

领导力（或执行力）来源于下述自然法则：

(1) 领导者要有心甘情愿的追随者。如果没有别人的支持，领导力也就不复存在。

(2) 领导力是一个相互作用的活动范围——是领导者们与追随者们之间的相互关系。

(3) 领导力随着事件发生而产生，不是与生俱来。

(4) 领导者不是依仗职权施加影响。管理的影响来自等级制度下的行政命令，而领导的影响来源于领导者——追随者的相互信任。

(5) 领导者在组织体制所规定的程序外工作。当组织出现尚未已知的困境时，需要有人挺身而出去处理，领导者也就脱颖而出了。

(6) 领导能力伴随着风险和不确定性。未知的活动场所内总是充满着模棱两可和混乱不清，也不能完全控制行动的后果，领导能力就是在这样的具有风险的复杂任务中体现出来。

(7) 并不是每一个人都愿意追随领导者，有的人对领导会不以为然或回避。要成功，就需要把注意力集中于那些愿追求的人们身上，取得他们的支持，努力前行。

(8) 意识信息的处理能力产生领导能力。领导者们的想法常常有别于他人，领导者们具有一种综合能力，他们能把一些不相关的信息变成一个新的、有用的统一体，以此来提供解决问题的办法和方针，并影响其追随者去理解他的办法和方针，统一了关于如何解决问题和利用机会的思想，就产生领导能力。

(9) 领导行为是一种自我安排过程。领导者和追随者的意识水平相符合时，追随者们接受领导者的行动路线，因为他们有同方向的自我安排。否则，领导者们就不能取得追随者们，领导者必须摆脱那些受限制的和有害的观念。

现代企业总经理的特征是“总经理＝实力＋威信”。没有威信的领导者比普通老百姓更糟糕！威信是一种领袖气质，是驾驭下属的能力。一个人之所以为组织、为他的总经理卖力工作，是总经理的个人威信激励大家勇往直前。带人要带心，与其做一位实权在握的总经理，不如做一位浑身散发无比威信的领导者。只有这样，才会赢得下属的信赖和忠心。

优秀总经理的个人威信或影响力，比他职位高低和提供优越的薪资、福利来得重要得多。威信才是促使人们发挥最大潜力，实现任何计划、目标的魔杖。威信（不是权力!）才是一个经理成功的关键。

17.5.1.3　领导特质

麦金泰公司通过对美国公认的37家优秀企业中的10家进行调研，得出有效领导者的标准是：①善于迅速行动，能边工作、边计划、边解决问题；②简化组织机构，防止人浮于事；③重视市场研究，一切从实际出发；④与基层人员经常联系，并通过各种办法激励其努力工作；⑤善于授权；⑥善于选择业务，发扬本公司的长处。

日本人认为有效领导应有十项品德和十项能力。

十项品德是：①使命感，②责任感，③依赖感，④积极性，⑤忠诚老实，⑥进取心，⑦忍耐性，⑧公平，⑨热情，⑩勇气。

十项能力是：①思维决策能力，②规划能力，③判断能力，④创造能力，⑤洞察能力，⑥劝说能力，⑦对人理解能力，⑧解决问题能力，⑨培养下级能力，⑩调动积极性能力。

一般来说，领导者性格较为外向、智力较高、有合作精神、责任心强，坚忍不拔，能细致周到地考虑和解决问题。但实践证明：

(1) 领导者的特质是后天的，是在实践中锻炼和培养出来的，没有天生就具有领导者特质的人。企业需要大量从基层做起，熟悉企业情况的各级领导者。不要指望招聘一个“高人”，能解决企业长期积累的问题。即使招聘到高素质的人才，也需要在实践中去培养和训练。

(2) 各种组织的工作性质不同，其目标和功能也不同，不同的组织对领导人特质的要求也大不相同。即使在同一组织中，工作岗位的性质不同，对领导者的特质要求也不同。所以，企业需要将各种不同才能、不同性格、不同学历和经历的人吸引到企业中来，团结他们，为完成企业的目标而奋斗。

案例：故事中的管理学——野狗首领的榜样

沙漠戈壁，昼夜温差竟这么大。中午，野狗们还被晒得伸着舌头直喘气，入夜，狂风骤起，温度一下子降到零下十几度，野狗们一只只冻得直打哆嗦。照这样下去，不用等到天亮，它们非冻死不可。一只年纪大的野狗顶着风站了起来，召集大家向一个方向集中。

在这只老狗的指挥下，野狗们一只紧跟一只排成一队，把头埋在两腿之间，让身子尽量紧贴在地面上。那只年纪较大的狗则爬在队伍的最前面，迎着刺骨的寒风趴下来，用身体掩护着后面的伙伴。

狂风卷着沙粒不停地打在它的脸上、头上、身上，像鞭子抽一样疼痛难忍，但它一动也不动地坚持着，它知道，身后的同伴们都靠它挡风御寒。它多坚持一分钟，伙伴们就多一分安全。

半个小时过去，它几乎要冻僵了。这时，一只健壮的狗从队伍的末尾爬到队伍的最前面，把头夹在两腿之间，顶着寒风趴下来。它接替年纪较大的狗，为伙伴们遮挡着刺骨的寒风。

半个小时过去了，又一只狗爬到队伍的最前面，把头夹在两腿之间趴下来，替换下趴在最前面的那一只狗。肆虐的狂风呼号了一整夜，野狗们为伙伴挡风御寒的交替也持续了一整夜。它们一个接一个地爬到队伍的最前头，任凭风鞭不断地抽打，没有一个往后退的，也没有一个怕死怕苦的。

太阳升起来了，又一个温暖的白昼降临大地。野狗们抖抖身上的风沙跳起来。沙漠狂风夜，野狗无一伤亡。

点评：身先士卒的老野狗赢得了同伴的拥护和爱戴，并齐心协力渡过了难关。身为一名企业领导人，如果你能做到为了员工的利益奋不顾身，那当你需要他们的时候，他们也会不惜代价地为你付出。无形中，你在自己的四周筑起了一个强大的力场。

17.5.1.4 我国企业领导方式中的问题

企业的领导者对所在团队的战斗力有着至关重要的影响。然而，我国一些企业领导者的领导方式与科学管理理念完全不同，有时会严重影响与制约企业团队的竞争能力。其表现有：

（1）军事化管理。军人创业在我国很普遍，军事化的领导在我国市场经济的早期阶段创造出很多“神话”，尤其是在没有普及科学管理的时代。随着市场竞争愈演愈烈，新一代劳动力的诉求变化，企业的管理、决策和激励机制也日益精确和复杂，以理想和斗志为核心的政治军事化领导主导的企业管理体制就变得渐趋危险。在这种领导方式下，企业文化和执行规则过于政治军事化，领导行事过于专断，常常以个体权威“奴役”团队力量，而团队的员工自然不会甘受奴役，因此团队成员通常与领导有着很深的隔阂。

（2）权谋之术。企业领导用“亲信、军师、密探、打手”的权术方式去安排人事和管理并不少见。用权术理念去管理的代价就是牺牲标准化的生产流程、规范化的管理制度和高效的生产效率，因为它不是以制度和业绩为根本，而是以人情和帮派为基础，这与现代企业制度和科学管理完全是背道而驰的。长此以往企业政治生态会恶化，部门领导之间或领导与团队之间会出现信任危机，从而对整个团队的凝聚力产生巨大的破坏，领导也不可能听到有益的意见和建议。

（3）中庸之道。中庸之道在我国企业的经营管理活动中可以这样理解：“天下无事不可为，但商人有所为民有所不为”；要注意“保持中立，不要卷入派系纷争”；“不要轻易让别人知道你有多大的发言权”；要“给自己留条后路，预防众叛亲离”。以上这几句古话恐怕也是几千年来中国商人普遍推崇的管理“圣经”。企业领导者的中庸思想泛滥，不求创新，没有统一的管理标准，这些与科学管理思想格格不入，左右看似逢源，事实上却丢掉了很多可以让企业发展的机会。领导的行为常常是见风使舵、弹性很大，亦可称之为“弹性领导”。试想，一个只会描述梦幻般远景、协调关系以及只有激励口号的企业领导，其下属会依赖他吗？坚持中庸之道的领导行为表现为原则性不足，领导威信不够，处于这样的领导方式下的团队成员往往比较懒散，领导的权威得不到尊重。

（4）家长式领导。由于深受中国传统文化的影响，在对团队进行领导与管理时还较为推崇亲情文化和家长式领导。这种家长式领导的集中表现形式就是独裁式领导。我国企业以“强领导力”来做企业管理的领导者不在少数。少数家长式的企业领导只相信自己，他们为自己营造一个至高无上的环境，不相信（或不愿意）下属或团队跟自己一样拥有出众的才华。长此以往就有两种恶果：不是优秀的员工远走高飞，就是将使员工最后都由“狼”退化成“羊”。很明显，这种家长式的领导对于团队而言是个噩耗，完全与科学管理思想相违背，团队 $1+1>2$ 的效果几乎不存在。

应该说，王永庆领导的台塑集团是典型的家长式领导，但并没有妨碍台塑发展成为具有全球影响力的特大型企业。现在的企业管理理论大多以西方社会的价值观作为出发点，但不同文化背景下，管理的风格、内涵以及其所产生的效能应是不同的。华人社会的文化价值与西方的差异明显，台湾学者郑伯埙等人（2000）提出的“家长式领导”（Paternalistic Leadership）理论认为，家长的“德行、仁慈、威权”三元领导行为模式蕴藏着深厚的中华文化积淀。家长用德行赢得下属的认同与效法，用仁慈赢得下属的感恩图报，用威权让下属产生敬畏而顺服，以达成有效领导效能的目的。家长式领导效能的有效发挥是建立在领导者、部属对自己角色的认同，以及部属的追随之上；但如果部属不愿扮演其角色而领导者却坚持采用家长式领导（尤其是威权领导）时，就会导致人际和谐破坏、绩效降低。

所以，我们也不要轻易否认上述四种领导方式，从实际情况看，无论哪种领导方式在不同的环境条件下都有成功的事例。在遇到危急情况时，军事化管理方式常常会十分有效；局部矛盾激化时，中庸之道可将矛盾缓和，事后再寻求处理办法；民主不能解决问题时，家长型的方式可能更有成效；甚至权术之道有时也有效规避了企业的风险。

17.5.2 作出明智、准确的决策

17.5.2.1 决策程序的六个步骤

目的性、可行性、经济性、合理性、应变性是在有效决策过程中应达到的要求。一般来说，一个合理的决策程序，可依次分为 6 个步骤：

(1) 研究环境、发现问题与机会。首先要研究企业的外部环境，明确企业面临的挑战与机会，然后要分析企业的内部条件、清醒地认识企业的长处和短处，优势与劣势。在寻找企业的问题时，应当明确造成问题的原因。详见 2.2 企业战略管理研究和调研。

(2) 确定决策目标。企业领导与有关人员应根据收集的企业内外部情报信息进行集体讨论和研究。如果在目标研究的过程中出现了不同意见，要尽量做到统一。如果经反复研究仍不能取得一致意见时，不同的意见可作为几个不同的决策方案，通过分析比较作出选择。

(3) 制定备择方案。每个决策目标至少要有两个行动方案。拟定这些备择方案时要充分发挥智囊的作用和职能管理人员的创造性。

(4) 选择理想方案。在若干方案中挑选一个最好的方案。不同类型的决策问题，其选择标准不也不同。风险型决策中常用的标准有：期望值标准、最小损失标准、收益最大可能性标准和机会均等的合理性标准等；确定型决策中常用的标准有：价值标准、最优标准或满意标准。

不管用什么方法对备择方案进行评估和优选，最终的决断还得依靠决策者的素质、经验和能力。

(5) 实施方案。理想的方案选定后，就要制定实施方案，积极贯彻实施。这是使决策达到预期效果的重要过程。为了做好决策方案的实施，必须把决策的目标和实现目标的措施向广大员工公布，发动群众为实现既定目标做出贡献。在实施过程中，企业领导要做好计划、组织、沟通、协调等多方面的工作。

(6) 检查效果。在决策方案的执行过程中，还要追踪检查，及时反馈，不断地修正原方案，使其更加完善。决策方案的执行过程，实际上是对方案的检验过程，修改和完善过程，也是人们认识事物的深化过程。在方案执行完之后，还要总结经验教训，为以后的决策提供借鉴。

17.5.2.2 特殊条件下的决策

(1) 确定条件下的决策。是指决策者对未来的情况有比较确定的了解，掌握决策时所需要的信息，而且能够准确地了解决策的必然结果。这类决策不存在风险，管理决策和业务决策大多数是确定条件下的决策。

(2) 风险条件下的决策。也称随机型决策。是指决策者对未来的确切情况和决策可能产生的后果均无法肯定，决策执行后将面临几种情况、几种后果、几种可能。但是决策者可以判断未来情况发生的概率，而这种概率的判断，既根据比较可靠的定量信息，同时又根据决策者的经验、直觉和对情况的了解，故或多或少冒一些风险。

决策者对风险的态度因人而异，因具体情况而异，主要取决于决策者“对风险的偏爱程度”、决策者的地位、投资量的大小，有时还取决于所涉及的资金是个人的还是公司的。一般说来，高层管理者要冒较大的风险，如发展新产品、开发新市场等；另外，投资资金越大，承担的风险就越小。事实上，没有多少决策者会采用成功概率很低的策略，尤其是在风

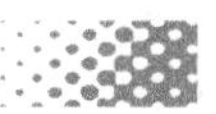

险发生后所产生的后果严重的情况下更是如此。

由于决策的结果是同概率相联系的，决策者力图其预期报酬（即：期望值）最大。在多数情况下，各个备择方案或策略的条件值并不相等，在这种情况下，期望值最大的策略就是最好的。

(3) 不确定条件下的决策。在不确定条件下，决策者对未来事件不仅无法估计在各种特定情况下的确定结果，而且也无法确定各种情况下发生结果的概率。因此，这类决策缺乏选择最佳策略的标准。决策者只能凭主观判断和经验来作决策。在不确定条件下决策的方法有大中选大法、小中选大法、拉普拉斯法及乐观系数法等。

17.5.2.3 决策时要果断

现代企业要求决策具有一定的效率，因为只有这样才能适应瞬息万变的市场竞争。犹豫不决时，领导人首先要找出拖延的主要原因，才能对症下药，着手改进。改革决策过程的方法有：

(1) 组建高效率的小组。依靠小组的力量形成更好的决策方法。

(2) 使重大决策的范围缩至最小。这个范围应能保证取得很大的成功，以便树立信心，为下面的改革提供支持。

(3) 下放决策制定的层次。发掘企业中的能干、守信，有责任心、高素质的人才，给予他们相应的决策权，同时也要有制衡机制，防止这些人才作出对企业不利的决定。

(4) 把决策过程或分为逐步递进的小步骤。让决策者作出第一阶段的决策，给予他们制定决策的机会，培养他们制定决策的能力，注意在与他们的交往中介绍情况，提供建议。当他们成功地制定了决策时，鼓励他们。

17.5.2.4 对模糊现象，运用模糊思维方式决策

企业经营决策不可避免地要涉及大量的模糊问题。所谓模糊问题，即事物在类属和状态上的不清晰性。对于模糊现象，只能用模糊思维方法来解决。模糊思维是人脑思维的一个特点，精确度虽低。但可靠性相当高。

模糊性是现实世界广泛存在的一种特征，特别是社会科学考察的对象，差不多都是模糊的。如宏观经济与微观经济、顾客对某种产品的喜好程度、对一个决策方案的评估等等，这些都没有绝对清晰的界限，是比较模糊的。如果我们把这些本身不存在明确界限的事物，人为地用精确化的办法规定其界限，这实质上是对本来相互联系的事物一种歪曲。科学的方法只能是如实反映事物的本来面目，按事物自身的规律处理问题。

运用模糊思维方式决策程序包括 3 个步骤：①处理信息阶段，包括信息的收集、选用或整理。要广泛地收集外源信息和内源信息，并选择与决策裁判有关的信息，对信息进行分类。②制定可能达到目标的行动方案。复杂决策，特别是较高层次的战略决策，其方案不必面面俱到，包罗万象，而应当根据模糊思维的总体概括原则，粗线条地勾画出本组织的未来发展轮廓，概括地制定出行动步骤和措施。③决策方案的选择，在可能选择的众多方案中抉择一种最满意的合理的方案。根据模糊思维的“择近原则”，选择与目标最近的、最有利于目标实现的方案为最佳方案。

17.5.2.5 摆脱昨天的成败得失，全心全意面对新挑战

摆脱已不再起作用的过去是管理者集中使用力量的第一个原则。首先他们要保证不把资源投在不再起作用的旧项目中去，其次立即从昨天的任务中抽出头等资源，特别是抽出最稀有的资金，并转而投到明天的机会中去。

今天总是昨天所采取的行动和决策的结果。无论一个人的头衔和地位如何，都不可能预见未来，不论昨天所采取的行动是多么大胆和明智，今天便可能成了问题。把今天的资源作为对未来的投资，这是总经理的特定职责。每一位总经理都不得不花费时间、精力和才智，来弥补或摆脱昨天的行动和决策的后果。不论这些行动和决策是他自己做的，还是他的前任做的，他都得设法弥补或摆脱。

现代社会，企业的重组、淘汰已习以为常。摆脱不了昨天的束缚，企业只能走向消亡。只有善于审时度势，眼明手快，乘上新技术的快车，甩掉昨天的包袱，事业才会欣欣向荣。

17.5.2.6 集体进行决策

现代企业的内外环境复杂而又变化多端，采取集体决策，显然要比一个人独裁、单人负责拍板定案的方式稳妥得多。人多眼杂，就易于看见航行中可能碰上暗礁，从而绕道行驶，以避免和减少风险。集体决策、科学决策都是防范决策风险的好办法。

案例：杜邦公司的集体决策

设在美国特拉华州维明顿的杜邦公司是世界上最大的化学公司，其产品包括化纤、生物医学、石油煤矿开采、工业化学、油漆、炸药、印刷设备等1800余种，年销售额达300多亿美元，世界上大多数国家都有它设立的分支机构。以“化学大王”而著称的“杜邦财团”之所以能长期在世界化学工业中雄踞霸主高位就在于它经营的灵活性、预见性、相适应性。

早在1903年，杜邦公司就建立了全美第一家集体领导的执行委员会，以一层人来取代一个人进行决策。这个由副总经理领导的执行委员会经过多年的探索和改革，形成了公司现在的经营管理执行机构。这个机构是由27位董事组成的董事会，董事会每月开一次会。会议完毕期间，由正、副董事长、总经理和6位副总经理组成的执行委员会，集体分工负责日常的经营管理决策和推行营销策略，每周星期三是执行委员会会日，先审议日常的业务活动以及决定处置的办法；正式议程则是听取和审阅各部门经理的业务报告，内容包括生产情况、业务进展、市场销售、效益、存在问题、建议等，并就进一步采取的措施和对策进行讨论；最后作出决议。对于有争议问题的处理通常需反复协商确定。

为了使公司的经营决策建立在可靠的基础上，杜邦公司还重金聘用受过专门训练的经济学家组成经济研究室，以此作为公司的“高参团”和“信息加工中心”。经济研究室的专家对公司的经营情况相当熟悉，他们通过全美乃至全世界经济发展的现状、结构、特点、发展趋势的调查和研究，特别是对与公司产品有关的市场动向。经济研究室每月还要出两份刊物：一份公开发行，发行对象是公司的主要供应商和客户，主要内容是报导有关的信息资料，诸如黄金价格、利率变动等；另一份内部发行，主要内容是专题研究，如短期和长期的、局部或全局的战略规划，市场需求量，公司与竞争对手之间的比较性资料以及公司内部的经营状况等。

17.5.2.7 灵活执行既定的决策

(1) 作出了决策，就要坚持。干任何事业，决策之后很可能会碰到许多不曾想到的困难。这时，敢于坚持自己的决策是第一位的。事业的未来和成功，也在于意志的坚定和百折不挠。这一点对于总经理来说尤为重要。

(2) 圆满地改变自己的不适当决策。坚持自己的决策也要把握一定的前提——当自己的决策经实践检验发现有明显偏颇的时候，就不能坚持错误，而是应该果断地寻求改变的策略。许多管理者都觉得改变主意是种无能的表现。而实际上则恰恰相反，及时改变错误是明智之举。当然，圆满地改变自己的决策，其中也大有“艺术”：①选择一定的时机。②列出充足的理由。③不妨试着作一次武断的决定。

17.5.3 依靠远见把握机遇，适度冒险

(1) 企业环境是人所造成的，“远见”是一个企业成败的关键

一个公司的组织、目标、优点、企业特色等，是由企业领导者和管理者经过不断讨论、分析、运行才得来的结果。但个人因素的影响，是绝对无法避免的。竞争激烈的商场正如战场，企业领导者也正如战场上的将军！“远见”仍是一个企业成败的关键。

预测和判断，是绝对无法用电脑计算出来的。一般而言，都是依赖那些在第一线上工作的经理，以丰富的临场经验而提出这类计划。企业的经营方向上，实际上也需要一个研发中心，鼓励那些具有思考力的经理说出他们的看法，而避免他们的远见被埋没在一堆要求精确的预算表中。

这件工作做得越好，公司的发展就能越顺利。比如预期今后原料紧缺或价格的变化，公司就能事先储备原料，而使公司占尽优势。

先见之明也能使公司预见困境，预作打算，甚至发挥影响力，改变未来。企业环境是人所造成的，必然也受人为因素的影响，远见卓识甚至能改变公司的未来，而造福社会。

(2) 见微知著，敏锐预测市场变化

所谓见微知著，敏锐果断，就是在竞争中密切注视每一个细微的变化，并分析出内在的本质，判断事物的发展方向，然后作出敏锐果断的决定，使自己领先一步，抓住机会，取得成功。

从一些人所共知的而又往往被忽略的信息和动态中，敏锐地觉察到它们对市场的影响，正确判断出行情的变动，抓紧时机迅速果断地采取全力以赴的行动。

(3) 机会需要等待，也需要果断把握

机会是一种稍纵即逝的东西。而且机会的产生也并非易事，因此不可能每个人什么时候都有机会可抓。而机会还没有来临时，最好的办法就是：等待，等待，再等待。在等待中为机会的到来作好准备。一旦机会在你面前出现，千万别犹豫，抓住它，你就是成功者。

在每个事件中，等待可以把要进行对抗的激动情绪、个人偏见以及由此产生的对对方所持的恶意消耗掉。这样，你就可以比较理智地去处理问题。实际上，如果你能够管理一大群有才干又能够独立思考的人，这本身就是一件很奢侈的事情。如果你学会了等待，你将会得到这种奢侈。

(4) 高瞻远瞩，敢于冒险

做生意如同下棋一样，平庸之辈往往只能看到眼前的一两步，而高明的棋手则能看出五六步甚至更多。能遇事处处留心，比别人看得更远、更准，这样用心的决策才能切合市场发展的需要；达到决胜于千里之外的目的。

敢于相信自己的商业直觉和眼光。不论做那一行，若想做得比别人更出色，首先必须具备高瞻远瞩的目光，唯有如此，才可作出正确的决策。企业领导者，必须练就高瞻远瞩的眼光，善于把握风云变幻的市场，这样，决策便有了最有力的依据。

在某些时候，必要的冒险是必须的，但在绝大多数情况下，坚持有胜算才是明智的。经营是做生意，而不是探险！

(5) 发展四个关键的管理职能

处于“鼎盛期”的企业必须有4个管理职能：目标性职能、行政管理职能、创业精神职能和整合的职能。如果迟迟不能发展出这种管理职能，那么这种缺失很可能危及企业的生存。

① 目标性职能。企业必须从一开始就明确为谁而存在、服务对象是谁以及满足他们的哪种需求。任何企业都无法、也不应当满足所有人的所有需要。要区分出本企业的市场，然后再去为之努力。提供客户所需要的服务，履行自己的承诺，并达到客户要求的标准，培育客户的品牌忠诚度。

② 行政管理职能。指企业要确保事情在适当的时间，以适当的顺序和适当的程度，产生适当的结果。企业管理者必须系统地、有条理地思考问题，并注意各种细节。正确的管理使企业能未雨绸缪，防止企业重蹈覆辙。

③ 创业精神职能。准确预见未来市场需求的变化，并对企业进行相应的调整，这种职能就叫做创业精神职能。创业精神职能让企业洞察先机，使企业发挥长期的效率。

④ 整合职能。企业需要的是远景（存在的目的）、价值观念、哲学、礼仪、行为模式和信条。这种整合职能发展出一种相互依存、密切联系的文化，就能培育一种独特的企业文化。企业文化。

兼有顾客服务、目标性和创业精神“三合一型”的企业领导人能制定注重顾客需求的决策，他们领导的企业组织严密、效率极高；他们极富创业精神，能预见到未来市场的新需要；并采取超前行动，以满足未来的需要。

企业要想获得长期生存，就必须拥有一个将企业以超然方式联结起来的价值文化，其力量远非个人的能力所比拟。所有具有目标性、行政管理性、创业精神与整合职能的企业，无论从短期还是长远来看，都能把握先机，富有效率。这些职能是无法同时发展的，必须逐步培养。

(6) 全面考虑问题，尽量减少错误

即使最优秀的管理者也会作出一些错误的决策。所以企业领导者尤其要注意下列事项：

保持清醒，避免被误导：①决策时务必全面掌握信息，情况不明不做决定。②真理不一定在多数人手里。随大流的人很多，应认真听取大家的意见，经过论证和思考，再作决定。③不为花言巧语所迷惑。④不过分迷信经验。过去的经验是成功的总结，但并不一定就是包治百病的灵丹妙药。⑤不忽略基础数字。真正准确的报表应该来自各个车间、工段。⑥切莫过分自信。自信给人勇气，使人作出大胆的决策；但过分自信则是自不量力，毁人毁己。⑦不墨守成规。成功的企业家和管理者知道敏锐的洞察力和快速的反应能力是事业成功的关键。

有些事情需要慎重，认真斟酌：①在起用新人时一定要反复斟酌。一旦选错人，就很难在短时间内纠正错误。②当别人催促你在合同上签字时，应该仔细斟酌。③当你要与他人发生冲突时，应该慎思缓行。

17.5.4 永远站在时代前列

17.5.4.1 技术创新是化工企业永恒的主题

化工企业是技术密集型企业，技术创新是化工企业永恒的主题。

企业领导者是技术创新的决策者和组织者。要搞好技术创新，领导者首先必须要有强烈的技术创新意识，才能积极有效地组织企业的技术创新活动，并推动技术创新活动的健康发展。

技术创新是一项融合着多种关系在内的综合性创新活动。其中，创新意识是企业技术创新最重要的价值观之一。创新意识可分为战略创新意识和过程创新意识。

(1) 战略创新意识。就是要从战略上、全局上，即从企业乃至国家的长远利益、整体利益出发，对企业技术创新进行决策和规划，要实施技术创新战略。

(2) 过程创新意识。即要求把技术创新作用为一个过程、一个整体，并且把各个环节、方面的创新有效协调起来。技术创新过程中，首先要有企业是创新主体的主体意识，产品工艺创新中的竞争意识和名牌意识，机制、模式创新中的改革意识，决策创新中的超前意识，市场创新中的竞争意识和服务意识，以及管理创新中的人才意识等等。整个过程的各个环节

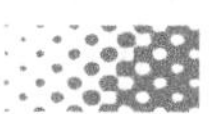

有机协调，创新意识贯穿整个过程，从而最大限度地发挥技术创新的作用。

17.5.4.2 观念创新，使企业保持旺盛的生命力

(1) 管理观念创新。世上没有永远对任何企业都通行的管理模式，在不同的时期，不同的企业都应有与之相适应的形式。

(2) 采用扁平化的组织结构。通过减少管理层次，压缩职能机构，裁减人员而建立起来的一种紧凑而富有弹性的新型组织。它具有敏捷、灵活、快速、高效的优点。扁平化组织结构不但降低了企业管理的协调成本，还大大提高了企业对市场的反应速度和能力。扁平化的企业组织将是知识经济时代独具特色的组织创新。

(3) 建立学习型的企业组织。企业唯一持久的竞争优势，或许是具备比竞争对手学习得更快的能力。真正出色的企业，应该是学习型的企业组织。

学习型组织必须做到以下几点：①超越自我，不断学习，集中精力，客观地观察事物；②改善心智模式，发掘内心，并加以审视；③建立共同愿望，把领导者个人的愿望转化为能够鼓舞组织的愿望；④组织团队学习，运用深度交谈和讨论，建立真正有创造性的“群体智力”。

化工企业的领导者，不可能是化学家，但一定是所在行业的行家，所以一定要加强学习。

(4) 制定国际化的经营战略。首先是面向全球开发与配置资本、劳动力、技术等生产资源；其次，建立一套基于国际分工协作的高效生产体制，改变以国内生产为主、海外生产为辅的传统经营方式，力求建立各种形式的海外生产基地；再次，建立面向全球的国际市场营销体系。

(5) 倡导以人为本的企业文化。在知识经济时代，最主要的经营资源就是知识。因此，企业能否成功的关键往往取决于人力资源的开发和管理。工业社会的企业文化，忽视了人的精神需要与创新精神。而知识经济时代的企业文化把人看成是“文化人”。它注重发掘人的内在潜力和积极性，偏重于人的作用和价值的实现。近年来提出的“柔性管理”就是一种以人为本的企业文化，它通过管理者与员工的直接交流，使管理者更加关注员工的需要，为员工提供更多的发展事业的空间。

(6) 重视知识型的生产要素。知识经济时代，高新技术渗透到商品产、供、销各环节，谁率先进行技术创新，拥有先进技术，生产成本更低、效用更大，能够拥有满足消费者需要的新产品，谁就会在竞争中处于不败之地。由于技术创新大多具有高效低耗、较少影响环境的特点，因而可以提高效益，加快调整结构，优化配置，实现企业要素的最佳组合，使企业始终保持旺盛的生命力。

(7) 要使今天的企业有能力创造将来。管理大师德鲁克说：“工商企业中，企业家的特殊工作是：要使今天的企业有能力创造将来。”为创造将来，企业要建立企业重视科技、使用科技、不断创新的技能和一整套体系。创造力不是自然资源，而是一种再生资源。它与资金最大的不同在于，它不但可以产生 1＋1＞2 的聚合效应，而且其产生效益的体系一旦得到鼓励并形成，则可以产生长久的滚动裂变效应。

(8) 企业的宗旨是创造“社会财富”而不只是利润。《美国企业精神》(1985 年出版)一书的作者劳·米勒 (Lawrence M. Miller) 认为，“以扩大投资报酬率作为企业最高目标是极不恰当的”，因为：①这一目标仅着眼于资本的收益，把大多数员工的应有利益排除了；②它导致管理人员“在不正当的经营上钻营”，而不是努力增强企业的功能；③它无视企业存在的“社会价值”。企业的这种宗旨必然促使员工与企业离心离德，谋求个人私利；④促使管理人员“在财务手段上创新”，而不是在企业安身立命的产品和服务上创新；⑤促使企

业同社会对立而不是同社会和谐相共处，这种办企业的指导思想会使企业走向衰败。⑥如果管理者的目标只是追求利润最大化，其结果必然造成企业经营的短期行为，而且容易掩盖企业内部管理的缺陷。

企业的使命是什么，是生产优质产品和提供优质服务，为社会创造财富！这种信念，应该是使企业成功的“第一原则”。

17.5.5 做企业要先做人

做企业要先做人，这是一句经常被人挂在嘴边的话，但要真正做到并不容易。

毒奶粉事件、地沟油事件、水污染事件、有害固废埋置于车间地下……从这些事件中可以看出，有些企业缺乏起码的良心和责任！

在金融危机中许多倒闭或被重组的企业，其企业老总大多有以下特征：好大喜功，心态浮躁，爱做虚功，爱讲排场；被过去的成功冲昏头脑，目中无人，常常口出狂言；有些人还有不良“嗜好”，譬如好赌成性，挥金如土（而对员工却十分吝啬）。

我们说人性是复杂的，更是矛盾的。太过老实、太过谨慎、太过规范，很多民企老总可能就没有今天的成就。而过去几十年的繁荣和顺风顺水，也纵容了本来就是草根出身、没有多少文化底子的老总们的张狂。他们一度认为他们有这种张扬的资本，但现在看来，没有经过“严寒”的考验，他们不理解“满招损、谦受益”这一古训的深意。

腐败问题在企业中严重存在，大股东侵害小股东利益，小股东侵害大股东利益，企业侵害员工利益屡见不鲜。《国有企业领导人员廉洁从业若干规定》（中办发〔2009〕26号）明确规范了央企各级领导人廉洁从业行为；《中央企业贯彻落实〈国有企业领导人员廉洁从业若干规定〉实施办法》（国资党委纪检〔2011〕197号）进一步强调了国有企业的反腐问题。

商道即人道，悟透并不易。台湾已故“经营之神”王永庆说过，人不可能真正拥有财富。清朝富商刘墉说：过多的财富会奴役人性，而扶贫济困，则好比为自己“治病”。

过去和现在的事实都证明：对财富的理解越透彻，则做企业就会越成功。从本质上讲，财富是社会的，财富的数额越大，社会性就越强。人拥有财富，只是取得了在一定时间内对一定财富的支配权。每个人都有追求财富的动力，但“君子爱财，要取之有道”。

（1）做人要明辨是非。要分清哪些事情该做，哪些不该做，哪些是对的，哪些是不对的。

（2）做人要有良心。良心就是要使人爱其所爱，恨其所恨，具有是非感与正义感。每个人心中都拥有一个上帝，同时也具有一个魔鬼。人的良心就像一面镜子，正义和邪恶，善良和凶残，都可以从这面镜子中反映出来。这种良心，其实是一种非常质朴的东西。我们有了良心，我们便有了同情、真诚和善良的感情。有了良心，就会对不幸者产生同情，对弱小者予以支持。

（3）做人要厚道。在人际交往上，厚道是基石。它并非一时一事的犀利，而是别人经过回味的赞赏。厚道是经得起考验的高尚品格。不光产品有品牌，企业有品牌，人也有品牌。

做人说话不算数，做人不厚道，做人没良心，这样的为人去带领公司，公司会有正确的理念吗？会有正确的价值观吗？会有正确的企业文化吗？那么，公司的品牌能好吗？

（4）做人要经得住诱惑。富而好学、富而好礼、富而担责、富而求贵！

（5）做人心胸一定要宽广。海纳百川，无为而治；水能载舟，亦能覆舟。

我们一定要加强自身修养的提高，要努力履行“责任关怀”，加强对环境、健康和安全的认知度和行动意识，使化工真正为人类造福，为使我国的化学工业可持续发展而努力。

17.6 打造高效团队

英国著名企业策划专家博比·克茨在《公司协作中的用人术》一书中认为："企业领导的责任不是仅仅考虑员工个人才能的释放问题，而是应该根据每个员工个人才能的特点，加以组织起来并形成团体协作力量的问题。没有团体协作的个人才能，仅仅是局部的效应；如果要真正的构成了重大的竞争势头，必须有效地把这些分散的个人才能组织复加起来构成团体协作的结构力量。因此，企业领导用人之术应该注重员工凝聚力的培养，这是一个企业管好人、用好人、人气旺盛的标志。"

17.6.1 执行力的三个层次

根据管理层次的不同，执行力可分为三个层次：最高执行者、中层执行者和直接执行者。

企业的最高管理者（总经理）是决策参与者，同时是最高执行者。最高执行者素质见表17-7。

表17-7 最高执行者应具备的四个素质

序号	内容	素质简述
1	执行的勇气	要有克服一切困难的勇气，坚忍不拔，勇往直前
2	执行的创造力	自己判断前进的方向，要灵活机动，善于将理论与实际巧妙结合
3	善于创建一个核心的团队	把管理者的个人能力转变成组织执行能力的核心和领导权威
4	下属执行能力的培育和启发	建立自己与下属沟通交流的平台 通过目标明确的培训，培养和启发下属的执行能力

中层管理者首先要体现最高执行者的意志，在具体工作中把最高执行者的意志传递下去。在担任"球员"的同时还要担任"教练"，即管理好自己所负责层面的员工，将他们训练成优秀的球员。所以，中层是充电器，而不能是耗电器。中层管理者要形成一个核心团队，这个团队是企业非常重要的执行团队，必须具备三个基本要素，如表17-8所示。

表17-8 中层核心团队的三个基本要素

序号	内容	基本要素简述
1	成员专业互补	在企业内部形成知识互补，技术、财务、营销、生产等人员缺一不可
2	人员相对稳定	人员基本稳定，不做大的更换
3	职业化团队	团队既有情感又有制度，还要有合理的考核机制，切忌纯粹的哥们义气

直接执行者也就是现场执行者，就是一线员工。他们执行力的强弱对于企业的成败至关重要。不管高层和中层的执行力如何强大，所有具体的工作最后还是要落实到直接执行者的身上，如果他们的执行力出现了问题，结果可想而知。所以，合格的直接执行者要具备四个方面的能力——经过职业化培训具有的专业能力，对公司、职业忠诚且有创造能力，有标准化的工作与创造能力，专注工作重视细节的能力。

17.6.2 高效团队的要求和特征

企业的最高管理者和职能部门的主管构成了管理团队。各部门又有完成各职能目标的团队，如研发团队、营销团队等等。

打造高效的管理团队，是科学管理理论的又一个精髓。团队成员团结协作，奋发进取，才能在竞争中占据优势，取得主动。团队协作形成的合力，就会产生1+1>2的效果。所以作为企业管理者的总经理，一项重要而且首要的工作就是创建与培养一支高效的团队。

17.6.2.1 高效的团队的要求

(1) 充分发挥管理者的魅力。首先，管理者应将有价值的、可接受的价值观传达给团队，是团队接受内部的规范和规则，培养团队的凝聚力。其次，亲和、平等地与团队成员进行交谈和沟通，激发员工的积极性和创造性。团队主管要与员工坦诚沟通，消除隔阂，增进了解。同时，管理者还需要不断学习以提高自身的素质和能力。

(2) 强化团队共同愿景。愿景是人们从内心追求并努力付诸实现的目标。在追求愿景的过程中，人们自然会产生勇气，去做任何为实现愿景必须要做的事。团队主管要善于不断地为团队成员营造共同愿景，形成利益一致、相互信任、共同努力的局面，这是提高团队凝聚力与打造高效团队的最佳途径。

(3) 以制度来进行管理。制度无情，管理有情。没有规矩难成方圆，制度是强制性的，是生产管理的原则，是“方”的，必须坚持；人性化管理又是软的、可操作的、灵活的，是“圆”的，能起到稳定团队的作用，也能激发团队的整体创造力。科学管理就是既有标准化的硬性管理制度，又容纳人性化的可操作管理。

(4) 团队内也要有竞争机制。团队内无竞争，干多干少、干好干坏一个样，就会形成团队内的大锅饭。相反，团队内的竞争机制才能让成员的主动性、创造性得到充分发挥，公平的竞争机制加强了团队的凝聚力。

(5) 要有严明的纪律。纪律是维护团队整体利益和成员个体利益的保证，团队内也要有明确的工作标准和考核制度，要有严格的纪律约束。

(6) 强化团队的学习气氛。团队理念的形成与强化，要通过不断地学习来实现。一是主管要率先示范，加强学习；二是激励全体成员努力学习，创造学习环境和条件；三是分期分批组织各种业务和技能培训。

(7) 避免小集团存在。团队组建的初衷是为了获得利益，但有时利益分配不均会造成冲突和混乱。过分强调团队利益，有时也会损害企业整体利益，或者团队内个体利益被忽视、被侵犯。应避免因强调团队利益而形成不正当的小集团。要坚决淘汰“害群之马”。

17.6.2.2 成功的管理团队的特征

每位成功的领导人几乎都拥有一支完美的管理团队。这些成功的领导人所率领的团队，无论是他的团队内气氛、成员工作默契程度和所发挥的工作能力，和一般团队比起来，有相当大的不同。成功的领导人所率领的管理团队常表现出以下主要特征：

(1) 目标明确。成功的领导者往往主张以成果为导向的团队合作，目标在于获得非凡的成就；他们对于自己和群体的目标，永远十分清楚，并且深知在描绘目标和远景的过程中，让每位伙伴共同参与的重要性。因此，好的领导者会向他的追随者指出明确的方向，他经常和他的成员一起确立团队的目标，并竭尽所能设法使每个人都清楚了解、认同，进而获得他们的承诺、坚持和献身于共同目标之上。

当团队的目标和远景并非由领导者一个人决定，而是由组织内的成员共同合作产生时，就可以使所有的成员有“所有权”的感觉，大家从心里认定，这是“我们的”目标和远景。

(2) 各负其责。成功团队的每一位伙伴都清晰地了解个人所扮演的角色是什么，并知道个人的行动对目标的达成会产生什么样的贡献。

(3) 强烈参与。领导者真的希望做事有成效，就会倾向参与或领导，他们相信这种做法能确实满足“有参与就受到尊重”的人性心理。成功的团队的成员身上散发出挡不住参与的狂热。众人拾柴火焰高。兄弟齐心，其利断金。群众是真正的英雄。他们相当积极、相当主

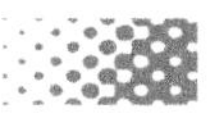

动，一遇到机会就参与。参与的成员永远会支持他们参与的事物，这时候汇聚出来的力量绝对是无法想象的。

（4）相互倾听。在好的团队里头，某位成员讲话时，其他成员都会真诚地倾听他所说的每一句话，他们都真心愿意知道其他伙伴的想法。他们展现出其他团队无法相提并论的倾听风度和技巧。

（5）死心塌地。“支持是团队合作的温床”，管理者信任员工，员工敢相信管理者，信心和信任在团队上下到处可见。几乎所有的获胜团队，都全力研究如何培养上下同行间的信任感，并使团队保持旺盛的士气。他们表现出四种独特的行为特质：①领导人常向他的伙伴灌输强烈的使命感和共有的价值观，且不断强化同舟共济，相互扶持的观念；②鼓励遵守承诺，信用第一；③依赖伙伴，并把伙伴的培养与激励视为最优先的事；④鼓励包容异己，学会获胜要靠大家协调、合作。

（6）畅所欲言。成功团队的领导人会提供给所有的成员双向沟通的舞台。群策群力，团队成员保持一种真诚的双向沟通，这样才能使组织表现日臻完美。

（7）团结互助。每位成员都会视需要自愿调整角色，完成不同的任务；同伴有困难，互相出主意、想办法。

（8）互相认同。受到团队成员的赞赏和支持是高效团队的主要特征之一。

17.6.3 人本管理的艺术

人本管理是团队员工紧密合作的基础，是打造高效管理团队不可或缺的理论根据。

人本管理的理论是：①企业应该坚持把人本管理全面地、不断地发展和完善作为企业的最高目标，为企业团队中每一成员提供发展的前景。②组织中的员工心理、动机、能力和行为都是可以塑造、影响和改变的；社会和组织的环境、文化及价值观的变化也同样可以影响员工的心理和行为方式。③管理主体（企业）和客体（员工）之间具有相关性，他们的目标可通过工作环境的改变来与之协调。

（1）留住人才，比招聘人更重要

传统的管理理论认为，人员频繁流动是企业活力的源泉。但大量人员流动带来的害处明显：①培训成本升高；②促使员工关心个人要求而忘了公司目标；③人际沟通困难、缺乏合作；④企业与员工关系淡漠，彼此缺乏信任感；⑤管理机构严重官僚化，缺乏人情味；⑥管理当局控制有余，指导和激励不足。

这种模式下，即使每个人都很出色，但要大家深刻领会企业宗旨，分担风险，为企业献身，事实上是不可能的。团队成员稳定是建立高效管理团队的基本要素，企业管理者应高度重视这一问题，及时解决团队成员中出现的各种不稳定因素。

（2）及时招聘企业紧缺人才

人是高效管理团队中的资源。要及时将企业紧缺的管理人才、技术人才、营销人才等招聘进来。放在实际岗位上去锻炼、磨合。识人、选人目的是为了用好人，领导者的责任就是“选拔干部、使用干部”。在用人方面，应用人所长、避其所短，充分尊重、放手使用，要爱护人才、教育和培养人才，最大限度地调动人才的积极性和创造性。

（3）精明的管理者善于授权

权力下放，比金钱更有效。“金钱万能”是资本主义的信条，表现在企业管理上，认为只要肯出大价钱，优秀的管理、技术以及职员工对企业的忠诚都可以买来。然而实践并非如此，人不完全是“经济人”，而且是社会人。由于物质激励是外在的，物质需求一旦满足就失去了作用力，所以物质刺激并不总是可靠，必须寻求精神激励的途径。

“一把抓的控制”是家族企业最常用的错误方式。下属人员没有一点权力，因此也不会关心公司。精明的管理者，不再是做事而在于成事，授权乃是成事的分身术。只有从具体事务中摆脱出来，才能集中精力思考和处理重大事情。

在现代企业管理中，分权是重要的管理内容。分权式管理的基本特点是授权下属各有关单位适当的决策权，使其在计划和管理中有一定的自主性。这样，既能增强下属的责任心，调动下属的积极性和创造性，又能使上层领导集中精力考虑组织的大政方针问题，以保证企业顺应形势发展。

授权的方式有 4 种：充分授权，不充分授权，弹性授权和制约授权。充分授权要求在下达任务时允许下级自行决定行动方案，并自行创造所需的一切条件。下属工作积极性和能力较强可采用这种方式。不充分授权的一种作法是由下级去了解情况，提出初步意见，由上级决定。弹性授权指在完成一项任务的不同阶段，采用不同的授权方式。制约授权指把某项任务的职权经分解后授予两个或多个子系统，使子系统之间互相制约以避免失误。

在授权时，要贯彻以下几项原则：①视能授权原则。切不可授权给无能者只知盲从的“老实人”。②用人不疑原则。领导者应做到用人不疑，疑人不用。③例行规范原则。工作可分为例行性、规范性的原则工作和例外、非规范性工作，面广量大的前者工作可授权处理。④逐级授权原则。越级授权，必然会打乱正常的工作秩序，不仅不能节约时间，而且还要为此空耗时间。⑤授权留责原则。把权力交给下属，将责任留给自己。⑥分权而不放任。减少了事务工作，要加强监督和协调。

(4) 所有者、管理者、员工的“三位一体利益”

《美国的再开拓》的作者罗伯特·瑞契指出，建立在三权分离基础上的管理原则的活力，现在已经泯灭。这种分离思想的弊病在于：三种力量互相对立，互相制约，引起了劳工不满；它以“劳工不需要思考”、“不需要创造”为假想前提，因此压抑了本来应该努力发掘的劳动者才华；它使劳动者与企业关系疏远，不愿意为企业牺牲自己的利益，不能为长远利益牺牲眼前利益。这种指导思想使企业内三种力量互相抵消了。当前，美国企业内这三种力量的实际情况是：第一，劳动者的素质比以往大大提高了；第二，劳动方式在相当多的企业时变成以脑力劳动为主；第三，三者相互关系格局发生了显著变化。现在不仅资本可以控制工人，工人也能够控制资本；资本家不很容易找到工人，工人却比较容易选择资本家，美国职工目前拥有的退休金占全国净资本的一半以上。因此以互相分离制约为方针的管理思想已不利于企业生产要素的“整合”，必须代之以三者（所有者、管理者、员工）合作，共同追求“一体利益”的管理思想。

(5) 应该激励下属而不是监督他们

在传统的管理理论看来，领导必须有至高无上的权威，必须是业务专家，必须是拥有处置大权的人物，只有这样领导行为才能有效率。

一个企业没有必要的权威是无法正常运转的。前工业时代，企业领导人的权威来自他的手艺；工业化初期，企业领导人的权威来自资本所有权；工业化时期，企业领导人的权威来自职业经理的规划和组织能力；现代企业领导人的权威则来自他能否使部下进行创造性活动并不断得到激励。

领导者注重人性、关心员工，创造让人开心、自尊自信、积极参与的环境，公司员工养成了高度的奉献精神，整个公司因而受益。

(6) 不对下属统御过严

对下属过严，会产生一些问题：①将会限制他们自主决策的能力。②表明你不信任他们。你如果不信任别人，别人就会做出不能为你所信任的事情。③这将使员工失去工作

动力。

克服对下属过严的毛病，可从以下两点努力：①培养下属的自觉性。作为总经理，目标之一就是培养自己的工作群体，使之最终不再需要一个“施力者”。②利用集体的力量，而不是你单枪匹马地努力来解决问题，不仅你可以得到许多好主意，员工们也能从别人的建议中获益（而不是老是由你来指手画脚）。

（7）要耐心倾听员工的意见，重视员工建议

不要轻视你身边的任何人，藐视别人就是轻视自己。领导的艺术在于了解员工的心理，善于把企业的决策变为员工的行动，善于使我们的每一项决策，不但决策者懂得，而且广大的员工都能懂得，都能掌握，这是一项重要的领导艺术。

将员工的合理化建议集中起来，并在工作中加以运用，既提高了员工的积极性，又改进了公司的管理。要将员工的合理化建议活动制度化和经常化。

（8）关心下属、尊重下属，敢于承担责任

领导是做“人”的工作的，要关心体谅下属的难处，尊重下属的隐私，妥善处理下属的抱怨。取得下属的忠诚，乐于为你做事。但要注意：①让下属感觉到你的关心；②关心要在组织制度许可的范围内；③不能办到的事少做，如加薪等；④关心与组织目标一致的需求，不一致的要引导；⑤下属工作失误，作为管理者，要敢于承担责任。

（9）允许下属犯错误，掌握批评下属的技巧

任何人都会犯错误，甚至有时会犯与以前相同的错误。如果对犯错的下属乱批评，这种错误做法具有破坏性，将会使员工对你关闭心胸和嘴巴，也绝不会有新构想在部门内流通。正确的做法是：①你应先检查自己，有没有教会了下属正确的工作方法；②不但要对自己的言行及后果负责，也要对下属的言行和后果负责，忠实于自己的责任和职守，是做主管的必要条件。不敢担负责任，会给下属做了一个很坏的示范。自己负责了，下属也就不敢逃避责任。③下属犯了错误，应去除情绪化的想法，仔细倾听下属陈述理由，了解事实真相。④批评要针对犯错下属的行为，不要针对其本身。用事实说话，围绕问题开展讨论，找出改进的办法

（10）要习惯表扬下属

表扬是一种很使人陶醉的东西，人们总期望别人对他有个高度评价。你对他评价越高，他对你的评价也越高，而且他会作出更大的努力。对主管来说，表扬是一种非常高超的控制人的手段，如果你经常发自内心的表扬别人，你就为对他施加影响打下了基础。所以，主管不要吝惜表扬。

17.6.4 塑造激情团队

17.6.4.1 激情是一种力量

激情是一种力量，它可以融化一切。正如西点军校将军戴维·格立森所说：“要想获得这个世界上的最大奖赏，你必须拥有过去最伟大的开拓者所拥有的将梦想转化为全部有价值的献身热情，以此来发展和展示自己的才能。”

员工用100%的激情做1%的事情，这是许多企业团队都梦寐以求的。因为，激情的环境与气氛就是团队的生命。凭借激情，员工从内心深处释放出潜能，发展成为一种坚强的个性，让团队牢不可破；凭借激情，员工让乏味的工作变得生动有趣，变成对事业的狂热追求；凭借激情，员工可以感染其他成员，让团队中充满和谐与团结，拥有良好的人际关系；凭借激情，员工可以获得管理者的赏识和提拔，赢得珍贵的成长发展机会。

激情管理就是通过各种各样的方法将员工的工作热情激发出来，使之转化为工作能

量，形成一种向上的冲击力，而企业正是在员工充满激情的努力中得到快速发展的。拥有激情的团队是企业最宝贵的财产之一。那么企业应该怎样用激情管理的手段打造出充满工作激情的卓越团队呢？人的激情来源于伟大的使命、危机感、团队感情、团队领导者。

(1) 伟大的使命。当团队负有一个伟大的使命时，身在这个团队的成员就会产生一种前所未有的荣誉感，成员会感到历史的责任。使命感不仅仅是简单地为团队成员提供一个工作，延续生存，而是社会认可的社会责任和社会价值观的体现。这种正向的、积极的使命能够把成员的潜力彻底地调动起来。

(2) 危机感。个体的激情来自个体的生存压力，如害怕失去在企业中的工作、地位、荣誉乃至事业、爱情和家庭；团队的激情也来自团队的生存压力，比尔盖茨曾说：我们距关门倒闭永远只有十五天。当一个组织面临巨大危机时，当团队成员意识到离开这个集体就意味着失败时，团队成员才在生产工作中爆发出惊人的能力。

(3) 团队感情。团队的管理者在团队成员的感情维系方面起着关键性的作用。在科学管理中，管理者除了对员工工作关心之外还要对员工生活关心。从我国企业的运作实践看，在企业经营的初期，管理者比较关注人；但是随着企业的成长，管理者越来越关注工作，而忽视了人。当团队成员之间感情越来越淡漠时，激情也就失去了其发生的动力。

(4) 团队管理者。团队管理者的激情是团队激情的火种，团队领导者如果没有激情，团队激情根本就是无稽之谈。显然，团队的激情来自团队管理者的感染和号召。

17.6.4.2 激情管理的注意点

对一个成熟的企业来说，激情是以理性为基础的，理性是核，激情是皮。作为领导，在激发员工激情的时候，应该注意下面的一些问题：

(1) 有序激励，让员工永葆激情。科学管理的方法是有序的，是以循序渐进为基础的。把激情管理作为一个长远的激励方案，并长期有序地执行下去，需要管理者做好以下几点：①要不断地对过去不正确和有待改善的工作进行自我否定。不断地否定自我，才能推陈出新，才能有激情地做事。②用自身的魅力吸引团队中的追随者。团队管理者如果没有一种能够点燃员工心中火焰的驱动力，绝不可能有跟随者。管理者要不断地为自身充电，不断地吸取、接受别人的意见，反省自己，同时接受他人。③激情的注入要有序，绝不能冲动，不能将激情领导工具化，否则很有可能得到与期望相反的结果。

(2) 向团队注入激情要适度。科学管理虽然提倡要标准化、制度化管理，但其也是有弹性的。以激情管理作为激励团队员工的方式，难免会使员工的压力过大，使团队整体沉重烦闷。所以团队管理者给员工施加的工作压力力度应以管理者的经验为基础。激情管理是必要的，但实行起来要适当，只有适时、适宜的注入激情来影响员工的工作状态，才有可能收到良好的效果。

(3) 展现管理者的魅力。真正的激情管理源于切合实际的远景规划，源于极具说服力的措施。对有些创业型管理者来说，创业的激情是与生俱来的，但是能长时间管理好一个企业绝不是凭一时的激情，更多的是靠知识与能力的推动。应该说，每个员工心中都有一种英雄情结，只要团队的管理者用心去点燃它，它就会释放得很灿烂。管理者的魅力是在实践中形成、经受检验并进一步提升的，知识、学历仅仅是基础。

在科学管理中，对员工的激励和把激情传递给团队，大体上可以利用两种力量：一种是恐惧、危机感，另一种是诱惑。伟大的使命表现在对未来美好愿望的向往，在企业中取得骄人的成绩，体现自我的价值，得到应有的尊重和关心，这是激情管理中最重要、也是管理者

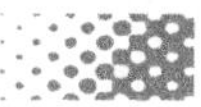

最需要在团队管理中学习与体会的。这两种力量是促生激情的来源，也是激情管理得以发挥的主要来源。

参考文献

[1] 吴照云等编著．管理学（第五版）[M]．北京：中国社会科学出版社，2008.
[2] MBA 核心课程编译组编译．总经理手册 [M]．北京：九州出版社，2002.
[3] 组织结构 [OL]，http：//baike. baidu. com/view/543252. htm.
[4] 吴筱主编．科学管理 [M]．北京：中国纺织出版社，2008.
[5] 方真，林彦新，刑凯旋编著．化工企业管理 [M]．北京：中国纺织出版社，2007.
[6] 陈文安，穆庆贵，胡焕绩主编．新编企业管理 [M]．上海：立信会计出版社，2008.
[7] 关维秋．岗位说明书工作职责编写研究——以 A 公司为例 [D]．对外经济贸易大学国际商学院 工商管理硕士学位论文，2012.
[8] 何玲．岗位说明书的编写方法 [J]．魅力中国，2011（7）：329-330.
[9] 贺翔．企业在编制岗位说明书中存在问题探析 [J]．企业活力，2006（11）：90-91.
[10] 张慧．澄清岗位说明书编写过程中五个基本问题 [J]．科技创新导报，2008（32）：192-194.
[11] 肖斗金．浅析职位说明书的编写 [J]．劳动保障世界，2011，（5）：83-84.
[12] 谭伟．浅析绩效考核方法 [J]．中国电力教育，2009，150（12）：234-236.
[13] 彭德嘉．绩效考核常见问题及对策 [J]．中小企业管理与科技，2010（1）：16.
[14] 企业标准体系建立的程序和方法 [OL]．http：//wenku. baidu. com/view/c46b5bd380eb6294dd886c7c. html.
[15] 任迎伟，阮萍萍，王存福．家长式领导效能的实证研究 [J]．财经科学，2012，（12）：89-95.